SEGURANÇA e SAÚDE no TRABALHO

NRs 1 a 38

Comentadas e Descomplicadas

O GEN | Grupo Editorial Nacional – maior plataforma editorial brasileira no segmento científico, técnico e profissional – publica conteúdos nas áreas de concursos, ciências jurídicas, humanas, exatas, da saúde e sociais aplicadas, além de prover serviços direcionados à educação continuada.

As editoras que integram o GEN, das mais respeitadas no mercado editorial, construíram catálogos inigualáveis, com obras decisivas para a formação acadêmica e o aperfeiçoamento de várias gerações de profissionais e estudantes, tendo se tornado sinônimo de qualidade e seriedade.

A missão do GEN e dos núcleos de conteúdo que o compõem é prover a melhor informação científica e distribuí-la de maneira flexível e conveniente, a preços justos, gerando benefícios e servindo a autores, docentes, livreiros, funcionários, colaboradores e acionistas.

Nosso comportamento ético incondicional e nossa responsabilidade social e ambiental são reforçados pela natureza educacional de nossa atividade e dão sustentabilidade ao crescimento contínuo e à rentabilidade do grupo.

MARA QUEIROGA CAMISASSA

SEGURANÇA e SAÚDE no TRABALHO

NRs 1 a 38

Comentadas e Descomplicadas

9ª edição revista, atualizada e ampliada

- A autora deste livro e a editora empenharam seus melhores esforços para assegurar que as informações e os procedimentos apresentados no texto estejam em acordo com os padrões aceitos à época da publicação, e todos os dados foram atualizados pela autora até a data de fechamento do livro. Entretanto, tendo em conta a evolução das ciências, as atualizações legislativas, as mudanças regulamentares governamentais e o constante fluxo de novas informações sobre os temas que constam do livro, recomendamos enfaticamente que os leitores consultem sempre outras fontes fidedignas, de modo a se certificarem de que as informações contidas no texto estão corretas e de que não houve alterações nas recomendações ou na legislação regulamentadora.

- Fechamento desta edição: 03.04.2023

- A autora e a editora se empenharam para citar adequadamente e dar o devido crédito a todos os detentores de direitos autorais de qualquer material utilizado neste livro, dispondo-se a possíveis acertos posteriores caso, inadvertida e involuntariamente, a identificação de algum deles tenha sido omitida.

- Atendimento ao cliente: (11) 5080-0751 | faleconosco@grupogen.com.br

- Direitos exclusivos para a língua portuguesa
  Copyright © 2023 by
  Editora Forense Ltda.
  Uma editora integrante do GEN | Grupo Editorial Nacional
  Travessa do Ouvidor, 11 – Térreo e 6º andar
  Rio de Janeiro – RJ – 20040-040
  www.grupogen.com.br

- Reservados todos os direitos. É proibida a duplicação ou reprodução deste volume, no todo ou em parte, em quaisquer formas ou por quaisquer meios (eletrônico, mecânico, gravação, fotocópia, distribuição pela Internet ou outros), sem permissão, por escrito, da Editora Forense Ltda.

- Capa: Danilo Oliveira

- **CIP – BRASIL. CATALOGAÇÃO NA FONTE.
  SINDICATO NACIONAL DOS EDITORES DE LIVROS, RJ.**

C191s
9. ed.

Camisassa, Mara Queiroga
 Segurança e saúde no trabalho: NRS 1 a 38 comentadas e descomplicadas / Mara Queiroga Camisassa. – 9. ed. – [9. Reimp.] – Rio de Janeiro: Método, 2024.
 928 p.; 23 cm.

Inclui bibliografia
ISBN 978-65-5964-828-3

1. Direito do trabalho - Brasil. 2. Segurança do trabalho - Normas - Brasil. I. Título.

23-83129

CDU: 349.243:331.45(81)

Gabriela Faray Ferreira Lopes – Bibliotecária – CRB-7/6643

*Aos meus pais, Elmo e Amparo, pelo exemplo
de vida, de cumplicidade e de superação.
Aos meus filhos, Tiago e Juliana, simplesmente por existirem.*

AGRADECIMENTOS

Aos tios queridos, Vitor e Valdimir (*in memorian*), pelos exemplos de amor ao próximo.

À querida tia Delba, por me apresentar o mundo das artes.

À querida tia Nilda, por me apresentar a língua inglesa.

À Meyuri, amiga-irmã, pelo apoio incondicional na elaboração deste livro.

À Mary Ann, amiga-irmã, por me apresentar a fiscalização do trabalho.

A todos os alunos e futuros colegas Auditores-Fiscais do Trabalho que, com suas dúvidas e seus questionamentos, muito contribuíram para o enriquecimento do conteúdo desta obra.

Agradecimento especial à editora Camila Amadi por toda a atenção e suporte.

NOTA À 9ª EDIÇÃO

Queridos leitores,

Nesta edição foram incluídas as novas redações e alterações das seguintes normas regulamentadoras:

NR	Abrangência da alteração
NR1 – Disposições Gerais e Gerenciamento de Riscos Ocupacionais	Alteração aprovada pela Portaria MTP 4.219, de 20 de dezembro de 2022
NR4 – Serviços Especializados em Segurança e em Medicina do Trabalho (SESMT)	Redação aprovada pela Portaria MTP 2.318, de 3 de agosto de 2022
	Alteração aprovada pela Portaria MTP 4.219, de 20 de dezembro de 2022
NR5 – Comissão Interna de Prevenção de Acidentes (CIPA)	Alteração aprovada pela Portaria MTP 4.219, de 20 de dezembro de 2022
NR6 – Equipamentos de Proteção Individual (EPI)	Redação aprovada pela Portaria MTP 2.175, de 28 de julho de 2022
	Alteração aprovada pela Portaria MTP 4.219, de 20 de dezembro de 2022
NR8 – Edificações	Redação aprovada pela Portaria MTP 2.188, de 28 de julho de 2022
NR12 – Segurança no Trabalho em Máquinas e Equipamentos	Alteração aprovada pela Portaria MTP 4.219, de 20 de dezembro de 2022
NR13 – Caldeiras, vasos de pressão, tubulações e tanques metálicos de armazenamento	Redação aprovada pela Portaria MTP 1.486, de 1º de julho de 2022
NR14 – Fornos	Redação aprovada pela Portaria MTP 2.189, de 28 de julho de 2022
NR15 – Atividades e Operações Insalubres	Alteração aprovada pela Portaria MTP 806, de 13 de abril de 2022
NR17 – Ergonomia	Alteração aprovada pela Portaria MTP 4.219, de 20 de dezembro de 2022
NR19 – Explosivos	Alteração aprovada pela Portaria MTP 4.219, de 20 de dezembro de 2022
NR20 – Inflamáveis e Combustíveis	Alteração aprovada pela Portaria MTP 4.219, de 20 de dezembro de 2022
NR22 – Segurança e Saúde Ocupacional na Mineração	Alteração aprovada pela Portaria MTP 4.219, de 20 de dezembro de 2022
NR23 – Proteção contra Incêndios	Redação aprovada pela Portaria MTP 2.769, de 5 de setembro de 2022
NR24 – Condições Sanitárias e de Conforto nos Locais de Trabalho	Alteração aprovada pela Portaria MTP 2.772, de 5 de setembro de 2022

NR25 – Resíduos Industriais	Redação aprovada pela Portaria SIT 3.994, de 5 de dezembro de 2022
NR26 – Sinalização de Segurança	Redação aprovada pela Portaria MTP 2.770, de 5 de setembro de 2022
NR28 – Fiscalização e Penalidades	Alteração aprovada pela Portaria MTP 4.406, de 29 de dezembro de 2022
NR29 – Segurança e Saúde no Trabalho Portuário	Redação aprovada pela Portaria MTP 671, de 30 de março de 2022 Alteração aprovada pela Portaria MTP 4.219 de 20 de dezembro de 2022
NR30 – Segurança e Saúde no Trabalho Aquaviário	Alteração aprovada pela Portaria MTP 4.219, de 20 de dezembro de 2022
NR31 – Segurança e Saúde no Trabalho na Agricultura, Pecuária, Silvicultura, Exploração Florestal e Aquicultura	Alteração aprovada pela Portaria MTP 4.371, de 28 de dezembro de 2022
NR32 – Segurança e Saúde no Trabalho em Serviços de Saúde	Alteração aprovada pela Portaria MTP 4.219, de 20 de dezembro de 2022
NR33 – Espaços Confinados	Redação aprovada pela Portaria 1.690, de 15 de junho de 2022
NR34 – Condições e Meio Ambiente de Trabalho na Indústria da Construção, Reparação e Desmonte Naval	Alteração aprovada pela Portaria MTP 4.219, de 20 de dezembro de 2022
NR35 – Trabalho em Altura	Redação aprovada pela Portaria MTP 4.218, de 20 de dezembro de 2022
NR36 – Segurança e Saúde no Trabalho em Empresas de Abate e Processamento de Carnes e Derivados	Alteração aprovada pela Portaria MTP 4.219, de 20 de dezembro de 2022
NR37 – Segurança e Saúde em Plataformas de Petróleo	Alteração aprovada pela Portaria MTP 4.219, de 20 de dezembro de 2022
NR38 – Segurança e Saúde no Trabalho nas Atividades de Limpeza Urbana e Manejo de Resíduos Sólidos	Redação aprovada pela Portaria MTP 4.101, de 16 de dezembro de 2022 (entra em vigor em 2 de janeiro de 2024)

NOTA À 8ª EDIÇÃO

Queridos leitores,

Nesta edição foram incluídas as novas redações e alterações das seguintes normas regulamentadoras:

NR	Abrangência da alteração
NR5 – Comissão Interna de Prevenção de Acidentes	Redação aprovada pela Portaria MTP 422, de 07 de outubro de 2021
NR7 – Programa de Controle Médico de Saúde Ocupacional	Alterações aprovadas pela Portaria MTP 567, de 10 de março de 2022
NR9 – Anexo 1 (Vibrações) e Anexo 3 (Calor)	Redação dos Anexos 1 e 3 aprovada pela Portaria MTP 426, de 7 de outubro de 2021
NR12 – Segurança no trabalho com máquinas e equipamentos	Portaria MTP 428, de 7 de outubro de 2021. Alteração pontual no Anexo III – Meios de acesso a máquinas e equipamentos
NR15 – Atividades e operações insalubres – Anexo 3 – Limites de tolerância para exposição ao calor e Anexo 8 – Vibração	Harmonização da redação dos Anexos 3 e 8 aprovada pela Portaria MTP 426, de 7 de outubro de 2021
NR17 – Ergonomia	Redação aprovada pela Portaria MTP 423, de 7 de outubro de 2021
NR19 – Explosivos	Redação aprovada pela Portaria MTP 424, de 7 de outubro de 2021
NR20 – Segurança e saúde no trabalho com inflamáveis e combustíveis	Inclusão no Anexo 4 – Exposição ocupacional a benzeno em postos de serviços revendedores de combustíveis automotivos, aprovado pela Portaria 427, de 7 de outubro de 2021
NR30 – Segurança e saúde no trabalho aquaviário	Redação aprovada pela Portaria 425, de 7 de outubro de 2021
NR37 – Segurança e saúde no trabalho em plataformas de petróleo	Redação aprovada pela Portaria 90, de 18 de janeiro de 2022

NOTA À 7ª EDIÇÃO

Queridos leitores,

Esta é uma edição muito especial, pois é a primeira publicada após o início da "revisão das NRs". Como integrante de alguns grupos de revisão, gostaria de deixar aqui meu depoimento sobre este processo.

Como sabemos, as primeiras 28 normas regulamentadoras (NR1 a NR28) foram publicadas em 1978. As demais, nos anos seguintes; com algumas exceções, a maioria delas sofreu apenas alterações pontuais ao longo destes mais de quarenta anos!

A omissão em determinada norma era complementada por outra mais atual, porém com abrangência limitada. Desde a publicação das NRs, nunca houve um compromisso de harmonização e padronização entre os textos normativos, o que levou a entendimentos e interpretações diversas não somente entre os próprios auditores fiscais, como também pelos profissionais da área, provocando muitas vezes insegurança jurídica.

A revisão das normas, ainda em andamento, teve início em 2019 e é resultado da construção conjunta Governo-Empregados-Empregadores. Os grupos representantes do Governo são compostos por Auditores Fiscais do Trabalho, em sua maioria médicos e engenheiros, e também por pesquisadores da Fundacentro, todos eles renomados especialistas (doutores e pós-doutores) nas mais diversas áreas do conhecimento, como química, física, medicina e ergonomia.

O que se viu ao longo dos meses foi um trabalho eminentemente técnico, com o objetivo não somente de harmonizar, padronizar e desburocratizar, mas também de atualizar o texto normativo alinhado ao que há de mais moderno no que se refere às boas práticas da medicina do trabalho, da higiene ocupacional e da engenharia de segurança, por meio do estudo de diversos instrumentos normativos, regulamentações e diretrizes nacionais e internacionais. Para exemplificar, cito o *Enforcement Management Model (EMM) Operational version 3.2*, do *Health and Safety Executive (HSE)*[1], metodologia na qual foi baseada a atual redação da NR3 – Embargo e Interdição.

Até agora, o resultado tem sido positivo. Destaco, entretanto, duas perdas significativas:

1 – Exclusão, do Anexo 3 da NR15, da caracterização de insalubridade das atividades com exposição a fontes naturais de calor;

2 – Exclusão, do texto da NR12, da obrigação do empregador de adotar medidas para pessoas com deficiência envolvidas com máquinas e equipamentos. Por óbvio, a atual omissão sobre esse assunto na norma não dispensa o cumprimento da Lei Brasileira de Inclusão – Lei 13.146/2015 – Estatuto da Pessoa com Deficiência.

---

[1] Órgão regulador britânico.

Esta sétima edição[2] já contempla as seguintes alterações:

NR	Abrangência da alteração
NR1 – Disposições Gerais e Gerenciamento de Riscos Ocupacionais	Redação aprovada pela Portaria 6.730/2020
NR3 – Embargo e Interdição	Redação aprovada pela Portaria 1.069/2019
NR7 – Programa de Controle Médico de Saúde Ocupacional (PCMSO)	Redação aprovada pela Portaria 6.734/2020
NR9 – Avaliação e controle das exposições ocupacionais a agentes físicos, químicos e biológicos	Texto Geral aprovado pela Portaria 6.735/2020 Anexo 2 – Exposição ocupacional ao benzeno em postos revendedores de combustíveis. Alterações aprovadas pela Portaria 1.358/2020. Anexo 3 (Calor) com redação aprovada pela Portaria 1.359/2019
NR12 – Segurança no trabalho em máquinas e equipamentos	Redação aprovada pela Portaria 916/2019
NR15 – Atividades e Operações Insalubres	Anexo 3 – Limites de Exposição Ocupacional ao Calor com redação aprovada pela Portaria 1.359/2019
NR16 – Atividades e Operações Perigosas	Inclusão do item 16.6.1.1 com redação aprovada pela Portaria 1.357/2019
NR18 – Segurança e saúde no trabalho na indústria da construção	Redação aprovada pela Portaria 3.733/2020
NR20 – Segurança e saúde no trabalho com inflamáveis e combustíveis	Redação aprovada pela Portaria 1.360/2019
NR24 – Condições de sanitárias e de conforto nos locais de trabalho	Redação aprovada pela Portaria 1.066/2019
NR28 – Fiscalização e penalidades	Anexo 2 – Normas Regulamentadoras com redação aprovada pela Portaria 9.834/2020

Também constam nesta edição as alterações decorrentes da Portaria 915, de 30 de julho de 2019, que revogou disposições comuns a várias normas regulamentadoras, agrupando-as na NR1. Este é o caso, por exemplo, do direito de recusa e dos treinamentos.

Espero que tenham todos uma ótima leitura!

Mara Queiroga Camisassa

---

[2] Por enquanto, algumas normas tiveram alterações apenas em Anexos, conforme informado na Tabela.

NOTA DA AUTORA

Prezado leitor,

Esta obra é indicada tanto para os profissionais de Segurança e Saúde no Trabalho quanto para os candidatos de concursos nos quais são cobradas as Normas Regulamentadoras (NRs).

O livro tem como proposta apresentar o texto normativo de maneira simples e objetiva, sem perder a qualidade do conteúdo. Também oferece subsídios para a aplicação das normas e desmistifica conceitos que, ao serem erroneamente propagados, têm prejudicado sobremaneira o entendimento das NRs e sua implementação.

Não obstante existam livros voltados para esse assunto, é importante que a apresentação da teoria seja feita de forma didática, com exemplos e ilustrações que contextualizem os principais conceitos, facilitando o entendimento e minimizando o impacto do estudo de uma disciplina técnica, uma vez que o público-alvo tem as mais diversas formações.

A teoria das NRs é apresentada de forma detalhada e ilustrada com esquemas, quadros e tabelas. A obra não se atém apenas à redação das normas ("letra da norma"): são abordados também temas relacionados e complementares, além de Portarias, Instruções Normativas, Notas Técnicas e jurisprudência sumulada do Tribunal Superior do Trabalho (TST) que possibilitam ao leitor agregar conhecimento à matéria, o que, com certeza, fará a diferença na hora da prova e também na sua vida profissional.

SOBRE A OBRA

A proposta principal desta obra é apresentar as Normas Regulamentadoras publicadas atualmente pelo Ministério do Trabalho e Previdência por meio de uma linguagem simples, clara e objetiva, de forma a "traduzir" a redação técnica das normas em um texto de fácil leitura, que flui à medida que o assunto é aprofundado. Enfim, tornar um tema que, a princípio, parece difícil, em conteúdo de fácil assimilação, auxiliando na interpretação e na aplicação das normas regulamentadoras.

O texto normativo é complementado com quadros informativos intitulados "Saiba mais" e "Além da NR", que apresentam artigos de profissionais consagrados na área, além de interpretações desenvolvidas pela autora ao longo de mais de quatorze anos no exercício da auditoria fiscal do trabalho.

Para cada NR é apresentada a teoria com tabelas e quadros que facilitam o entendimento e auxiliam na fixação do conteúdo. Sempre que possível, são mostrados quadros e tabelas comparativas que fazem a inter-relação entre as normas, oferecendo uma visão do "todo".

Acesse aqui, por meio do QR Code, os artigos da autora e seus comentários sobre eventuais atualizações da matéria publicadas após o fechamento desta edição.

http://genjuridico.com.br/maracamisassa/

ABREVIATURAS

ABERGO – Associação Brasileira de Ergonomia
ABHO – Associação Brasileira de Higienistas Ocupacionais
ABNT – Associação Brasileira de Normas Técnicas
ACGIH – *American Conference of Governmental Industrial Hygienists*
ACT – Acordo Coletivo de Trabalho
ADCT – Ato das Disposições Constitucionais Transitórias
AET – Análise Ergonômica do Trabalho
AFT – Auditor Fiscal do Trabalho
ANM - Agência Nacional de Mineração
ANVISA – Agência Nacional de Vigilância Sanitária
AOPD – *Active Opto-electronic Protective Device*
APR – Análise Preliminar de Risco
ART – Anotação de Responsabilidade Técnica
ASME – *American Society of Mechanical Engineers*
ASO – Atestado de Saúde Ocupacional
AT – Acidente de Trabalho
AT – Alta-tensão
BT – Baixa Tensão
CA – Certificado de Aprovação
CAI – Certificado de Aprovação das Instalações
CANPAT – Campanha Nacional de Prevenção de Acidentes do Trabalho
CAS – *Chemical Abstract Service*
CAT – Comunicação de Acidente do Trabalho
CCT – Convenção Coletiva de Trabalho
CFRB – Constituição Federal da República Federativa do Brasil
CGR – Coordenação Geral de Recursos
CGSST – Coordenação Geral de Segurança e Saúde no Trabalho
CIPA – Comissão Interna de Prevenção de Acidentes
CIPAMIN – Comissão Interna de Prevenção de Acidentes na Mineração
CIPATR – Comissão Interna de Prevenção de Acidentes no Trabalho Rural
CLT – Consolidação das Leis do Trabalho
CNAE – Classificação Nacional de Atividades Econômicas
CNEN – Comissão Nacional de Energia Nuclear
CNPJ – Cadastro Nacional da Pessoa Jurídica
CREA – Conselho Regional de Engenharia e Agronomia
CRFB – Constituição da República Federativa do Brasil
CRM – Conselho Regional de Medicina

CTPS	–	Carteira de Trabalho e Previdência Social
dB	–	Decibel
dB(A)	–	Decibel em circuito de compensação "A"
DNPM	–	Departamento Nacional de Produção Mineral
DORT	–	Distúrbios Osteomusculares Relacionados ao Trabalho
DRT	–	Delegacia Regional do Trabalho
DSST	–	Departamento de Segurança e Saúde no Trabalho
END	–	Ensaio Não Destrutivo
EPC	–	Equipamento de Proteção Coletiva
EPI	–	Equipamento de Proteção Individual
EPP	–	Empresa de Pequeno Porte
EPR	–	Equipamento de Proteção Respiratória
FD	–	Fator de Desvio
FGTS	–	Fundo de Garantia do Tempo de Serviço
FISPQ	–	Ficha de Informações de Produtos Químicos
FUNDACENTRO	–	Fundação Jorge Duprat Figueiredo de Segurança e Medicina do Trabalho
GHE	–	Grupo Homogêneo de Exposição
GIR	–	Grave e Iminente Risco
GLP	–	Gás Liquefeito de Petróleo
GRO	–	Gerenciamento de Riscos Ocupacionais
GRT	–	Gerência Regional do Trabalho
GRTE	–	Gerência Regional do Trabalho e Emprego
GSSTB	–	Grupo de Segurança e Saúde no Trabalho a Bordo das Embarcações
IBUTG	–	Índice de Bulbo Úmido e Termômetro de Globo
IEA	–	*International Ergonomics Association*
IEC	–	*International Electrotechnical Commission*
INMETRO	–	Instituto Nacional de Metrologia, Normalização e Qualidade Industrial
INSS	–	Instituto Nacional do Seguro Social
IOE	–	Indivíduo Ocupacionalmente Exposto
IPVS	–	(Atmosfera) Imediatamente Perigosa à Vida e à Saúde
JIS	–	*Japanese Industrial Standards*
LAVG	–	*Average level*
Leq	–	*Equivalent level*
LER	–	Lesão por Esforços Repetitivos
LIE	–	Limite Inferior de Explosividade
LSE	–	Limite Superior de Explosividade
LT	–	Limite de Tolerância
LTCAT	–	Laudo Técnico de Condições Ambientais do Trabalho
ME	–	Ministério da Economia
ME	–	Microempresa
MEI	–	Microempreendedor Individual

MTb	–	Ministério do Trabalho
MTE	–	Ministério do Trabalho e Emprego
MTP	–	Ministério do Trabalho e Previdência
NA	–	Nível de Ação
NBR	–	Norma Brasileira elaborada pela ABNT e registrada no INMETRO
NHO	–	Norma de Higiene Ocupacional
NIOSH	–	*National Institute for Occupational Safety and Health*
NPS	–	Nível de Pressão Sonora
NR	–	Norma Regulamentadora
NRRsf	–	*Noise Reduction Rate-Self Fee*t
NTEP	–	Nexo Técnico Epidemiológico Previdenciário
OGMO	–	Órgão Gestor de Mão de Obra
OIT	–	Organização Internacional do Trabalho
OJ	–	Orientação Jurisprudencial
OMS	–	Organização Mundial de Saúde
OS	–	Ordem de Serviço
OSHA	–	*Occupational Safety and Health Administration*
PAT	–	Programa de Alimentação do Trabalhador
PCA	–	Programa de Conservação Auditiva
PCMAT	–	Programa de Condições e Meio Ambiente do Trabalho na Indústria da Construção
PCMSO	–	Programa de Controle Médico de Saúde Ocupacional
PET	–	Permissão de Entrada e Trabalho
PLH	–	Profissional Legalmente Habilitado
PH	–	Profissional Habilitado
PGR	–	Programa de Gerenciamento de Riscos
PIE	–	Prontuário das Instalações Elétricas
PPEOB	–	Programa de Prevenção da Exposição Ocupacional ao Benzeno
ppm	–	Partes de vapor ou gás por milhão de partes de ar contaminado
PPR	–	Programa de Proteção Respiratória
PRC	–	Posto Revendedor de Combustíveis
PT	–	Permissão de Trabalho
RIT	–	Regulamento da Inspeção do Trabalho
RTP	–	Recomendações Técnicas de Procedimentos
PMTA	–	Pressão Máxima de Trabalho Admissível
PMTP	–	Pressão Máxima de Trabalho Permitida
PPEOB	–	Programa de Prevenção de Exposição Ocupacional ao Benzeno no Trabalho
PPP	–	Perfil Profissiográfico Previdenciário
PPR	–	Programa de Proteção Respiratória
RIT	–	Regulamento da Inspeção do Trabalho
SEP	–	Sistema Elétrico de Potência
SEPTR	–	Secretaria Especial de Previdência e Trabalho

SESMT	–	Serviços Especializados em Engenharia de Segurança e em Medicina do Trabalho
SESSTP	–	Serviços Especializados em Segurança e Saúde do Trabalho Portuário
SESTR	–	Serviço Especializado em Segurança e Saúde no Trabalho Rural
SGH	–	Sistema Globalmente Harmonizado
SINMETRO	–	Sistema Nacional de Metrologia, Normalização e Qualidade Industrial
SIPAT	–	Semana Interna de Prevenção de Acidentes do Trabalho
SIT	–	Subsecretaria de Inspeção do Trabalho
SPDA	–	Sistema de Proteção contra Descargas Atmosféricas
SPIE	–	Serviço Próprio de Inspeção de Equipamentos
SPCQ	–	Sistema de proteção coletiva contra quedas
SPIQ	–	Sistema de proteção individual contra quedas
SPQ	–	Sistema de proteção contra quedas
SRT	–	Superintendência Regional do Trabalho
SST	–	Segurança e Saúde no Trabalho
STRAB	–	Secretaria de Trabalho
Tb	–	Temperatura de bulbo seco
Tbn	–	Temperatura de bulbo úmido natural
Tg	–	Temperatura de globo
TST	–	Tribunal Superior do Trabalho
UVA	–	Raios Ultravioleta A
UVB	–	Raios Ultravioleta B
VCI	–	Vibrações de Corpo Inteiro
VM	–	Valor máximo
VMB	–	Vibrações de Mãos e Braços
VRT	–	Valor de Referência Tecnológico
WHO	–	*World Health Organization*

SUMÁRIO

DOENÇAS DOS AZEITEIROS, DOS CURTIDORES, DOS QUEIJEIROS E DE OUTROS OFÍCIOS IMUNDOS 1

INTRODUÇÃO À SEGURANÇA E SAÚDE NO TRABALHO 3

NR 1

DISPOSIÇÕES GERAIS E GERENCIAMENTO DE RISCOS OCUPACIONAIS

1. INTRODUÇÃO 9
2. TERMOS E DEFINIÇÕES 10
3. CAMPO DE APLICAÇÃO 12
4. COMPETÊNCIAS E ESTRUTURA 13
   - 4.1 Secretaria de Inspeção do Trabalho 13
   - 4.2 Superintendência Regional do Trabalho 14
   - 4.3 Dupla subordinação do AFT 15
5. DIREITOS E DEVERES 15
   - 5.1 Do empregador 15
     - 5.1.1 Das medidas de prevenção e combate ao assédio sexual e demais formas de violência 18
   - 5.2 Do trabalhador 19
     - 5.2.1 Do direito de recusa 21
     - 5.2.2 Das informações sobre os riscos 21
6. GERENCIAMENTO DE RISCOS OCUPACIONAIS 21
   - 6.1 Breve histórico 21
   - 6.2 Introdução ao gerenciamento de riscos ocupacionais 22
   - 6.3 Responsabilidades da organização 24
   - 6.4 Riscos ocupacionais 26
   - 6.5 Levantamento preliminar de perigos 30
   - 6.6 Identificação de perigos 30
   - 6.7 Avaliação de riscos ocupacionais 33

	6.7.1	Gradação da probabilidade	33
	6.7.2	Gradação da severidade	34
	6.7.3	Técnicas de Análise de Riscos	35
	6.7.4	Classificação dos riscos	38
6.8	Controle dos riscos		38
	6.8.1	Hierarquia das medidas de controle	40
	6.8.2	Plano de ação	43
	6.8.3	Implementação e acompanhamento das medidas de prevenção	43
	6.8.4	Acompanhamento da saúde ocupacional dos trabalhadores	44
	6.8.5	Análise de acidentes e doenças relacionadas ao trabalho	45
	6.8.6	Documentação	46
		6.8.6.1 Inventário de riscos ocupacionais	47
	6.8.7	Disposições gerais do gerenciamento de riscos ocupacionais	48
	6.8.8	Pontos importantes sobre o GRO e PGR	48

7. PREPARAÇÃO PARA EMERGÊNCIAS 49

8. DA PRESTAÇÃO DE INFORMAÇÃO DIGITAL E DIGITALIZAÇÃO DE DOCUMENTOS 49

9. CAPACITAÇÃO E TREINAMENTO EM SEGURANÇA E SAÚDE NO TRABALHO 50

10. TRATAMENTO DIFERENCIADO AO MICROEMPREENDEDOR INDIVIDUAL – MEI, À MICROEMPRESA – ME E À EMPRESA DE PEQUENO PORTE – EPP 53

    10.1 Da dispensa de elaboração do Programa de Gerenciamento de Riscos (PGR) 53

    10.2 Da dispensa de elaboração do PCMSO – Programa de Controle Médico de Saúde Ocupacional 54

11. DIRETRIZES E REQUISITOS MÍNIMOS PARA UTILIZAÇÃO DA MODALIDADE DE ENSINO A DISTÂNCIA E SEMIPRESENCIAL (Anexo II da NR1) 56

    11.1 Introdução 56

    11.2 Disposições gerais 57

    11.3 Estruturação pedagógica 57

    11.4 Requisitos operacionais e administrativos 57

    11.5 Requisitos tecnológicos 58

NR 3

EMBARGO E INTERDIÇÃO

1. INTRODUÇÃO 59

2. CONCEITOS 60

3. CONSIDERAÇÕES SOBRE A CARACTERIZAÇÃO DO GRAVE E IMINENTE RISCO 62

   3.1 Estabelecimento do excesso de risco 65

   3.2 Requisitos de embargo e interdição 68

4. COMPETÊNCIA ORIGINÁRIA PARA EMBARGAR OU INTERDITAR ... 69

   4.1 Portaria 672/2021 (vigência a partir de 10 de dezembro de 2021) 69

5. PARALISAÇÃO DAS ATIVIDADES 69

6. PAGAMENTO DE SALÁRIOS 70

7. DESCUMPRIMENTO DO EMBARGO OU INTERDIÇÃO 70

8. DA CIÊNCIA DO EMPREGADOR 71

9. DOS DOCUMENTOS 71

10. RECURSO CONTRA EMBARGO OU INTERDIÇÃO 72

11. VIGÊNCIA 72

12. LEVANTAMENTO OU MANUTENÇÃO DO EMBARGO OU INTERDIÇÃO 73

13. ASPECTOS EM COMUM E DIFERENÇA 73

   13.1 Aspectos em comum 73

   13.2 Diferença 73

14. CONSIDERAÇÕES FINAIS 74

NR 4
SERVIÇOS ESPECIALIZADOS EM SEGURANÇA E MEDICINA DO TRABALHO – SESMT

1. INTRODUÇÃO 75

2. OBJETIVO 75

3. CAMPO DE APLICAÇÃO 76

4. COMPOSIÇÃO 76

   4.1 Qualificação dos profissionais do SESMT 76

5. MODALIDADES DE SESMT 77

   5.1 SESMT individual 77

   5.2 SESMT regionalizado 77

   5.3 SESMT estadual 78

   5.4 SESMT compartilhado 78

6. DIMENSIONAMENTO 79

   6.1 Grau de risco 79

6.2	Atividade econômica principal	80
6.3	Atividade econômica preponderante	81
6.4	Contratantes e contratadas: dimensionamento do SESMT da contratante	81
6.5	SESMT regionalizado ou estadual com graus de risco diversos	82
6.6	Canteiros de obras e frentes de trabalho	82
6.7	Contratação de trabalhadores por prazo determinado	83
6.8	Exemplos	83
7.	ATRIBUIÇÕES	86
8.	JORNADA DE TRABALHO SEMANAL	88
9.	REGISTRO	89
10.	TERCEIRIZAÇÃO DO SESMT	89
11.	CONSIDERAÇÕES FINAIS	90

NR 5

COMISSÃO INTERNA DE PREVENÇÃO DE ACIDENTES E DE ASSÉDIO – CIPA

1.	INTRODUÇÃO	93
2.	CAMPO DE APLICAÇÃO	93
3.	CONSTITUIÇÃO	94
	3.1 Obrigatoriedade de constituição da CIPA	94
	3.2 Princípio da Primazia da Realidade	96
	3.3 Indicação do nomeado da CIPA	96
4.	ATRIBUIÇÕES	97
	4.1 Atribuições dos trabalhadores e da organização	99
	4.2 Vedações relativas à organização	100
5.	ORGANIZAÇÃO	100
6.	CARGOS	101
	6.1 Atribuições do presidente e do vice-presidente	101
	6.2 Vacância	102
7.	FUNCIONAMENTO	102
	7.1 Reuniões ordinárias	102
	7.2 Reuniões extraordinárias	103
	7.3 Decisões	104
	7.4 Perda de mandato	104
8.	GARANTIA DE EMPREGO	104
	8.1 Garantia de emprego para o Suplente da CIPA – Súmula 339 TST	106

8.2   Contrato de trabalho por prazo determinado 106
9.   PROCESSO ELEITORAL 107
   9.1   Da Comissão Eleitoral 107
   9.2   Procedimentos 107
   9.3   Denúncias 109
10.   MEMBROS TITULARES E SUPLENTES 109
11.   TREINAMENTO 109
   11.1 Conteúdo programático 110
   11.2 Carga horária 110
12.   QUADRO COMPARATIVO: SESMT x CIPA 111
   12.1 Comentário sobre o objetivo do SESMT e da CIPA 112
13.   CIPA DAS ORGANIZAÇÕES CONTRATADAS PARA PRESTAÇÃO DE
   SERVIÇOS 112
   13.1 CIPA centralizada 113
   13.2 CIPA própria 113
   13.3 Representante nomeado 114
   13.4 Integração – Contratante e contratadas 115
   13.5 Disposições finais 115
14.   ANEXO 1 – CIPA DA INDÚSTRIA DA CONSTRUÇÃO 115
   14.1 Campo de Aplicação 115
   14.2 Organização responsável pela obra 116
   14.3 Frentes de trabalho 117
   14.4 Organização prestadora de serviços a terceiros (contratada) 117
   14.5 Obras com até 180 dias de duração 117
   14.6 Treinamento para a CIPA e para o nomeado 118
   14.7 Encerramento da CIPA 118

NR 6

EQUIPAMENTOS DE PROTEÇÃO INDIVIDUAL – EPI

1.   INTRODUÇÃO 119
2.   OBJETIVO E CAMPO DE APLICAÇÃO 119
3.   O QUE É UM EQUIPAMENTO DE PROTEÇÃO INDIVIDUAL (EPI)? 120
4.   EQUIPAMENTO CONJUGADO DE PROTEÇÃO INDIVIDUAL (ECPI) 122
5.   QUANDO O EPI DEVE SER FORNECIDO? 123
6.   NOMENCLATURA 125
7.   SELEÇÃO DO EPI 125

8. RESPONSABILIDADES DA ORGANIZAÇÃO 129
9. RESPONSABILIDADES DO TRABALHADOR 132
10. RESPONSABILIDADES DE FABRICANTES E IMPORTADORES 134
11. TREINAMENTOS E INFORMAÇÕES 136
12. CREME PROTETOR x PROTETOR FACIAL x PROTETOR SOLAR 137
    12.1 Creme protetor de segurança 137
    12.2 Protetor facial 137
    12.3 Protetor solar 138
13. CONCEPÇÃO E FABRICAÇÃO DE EPI 138
14. CERTIFICADO DE APROVAÇÃO (CA) 139
    14.1 Validade do CA x Validade do EPI x Vida útil 141
    14.2 Suspensão e cancelamento do CA 142
15. COMPETÊNCIAS 142
16. ANEXO I – LISTA DE EQUIPAMENTOS DE PROTEÇÃO INDIVIDUAL... 143
    16.1 Grupos de EPI 143
    16.2 Termos técnicos 144
    16.3 Alteração da lista do Anexo I 145
    16.4 Proteção respiratória 145
    16.5 Pontos importantes do Anexo I da NR6 146
17. CONSIDERAÇÕES FINAIS 147

NR 7

PROGRAMA DE CONTROLE MÉDICO DE SAÚDE OCUPACIONAL – PCMSO

1. INTRODUÇÃO 149
2. OBJETIVO 152
3. CAMPO DE APLICAÇÃO 153
    3.1 Microempreendedor individual (MEI), Microempresa (ME) e Empresa de pequeno porte (EPP) 153
4. DIRETRIZES 154
    4.1 Vigilância à saúde dos trabalhadores 160
5. RESPONSABILIDADES DO EMPREGADOR 161
6. PLANEJAMENTO 161
    6.1 Exames médicos obrigatórios 163
        6.1.1 Exame clínico 164
        6.1.2 Exames complementares 166
    6.2 Atestado de Saúde Ocupacional 167

6.3	Condutas no caso de constatação de doença ocupacional	167

7. DOCUMENTAÇÃO 168

7.1 Prontuário médico 168

7.2 Relatório analítico 169

8. ANEXO I – MONITORAÇÃO DA EXPOSIÇÃO OCUPACIONAL A AGENTES QUÍMICOS 171

8.1 Introdução 171

8.2 Laboratório e momento da coleta 172

8.3 Indicador biológico de exposição excessiva (IBE/EE) 173

8.4 Indicador biológico de exposição com significado clínico (IBE/SC) 175

8.5 Periodicidade de avaliação dos indicadores biológicos de exposição ... 176

9. ANEXO II – CONTROLE MÉDICO OCUPACIONAL DA EXPOSIÇÃO A NÍVEIS DE PRESSÃO SONORA ELEVADOS 177

9.1 Perda auditiva 177

9.2 Exames audiométricos 178

9.3 Periodicidade de realização do exame audiométrico 179

9.4 Interpretação dos resultados dos exames audiométricos 180

9.5 Aptidão para o trabalho 181

10. ANEXO III – CONTROLE RADIOLÓGICO E ESPIROMÉTRICO DA EXPOSIÇÃO A AGENTES QUÍMICOS 182

10.1 Introdução 182

10.2 Classificação das partículas de poeira 182

    10.2.1 Quanto à origem 182

    10.2.2 Quanto ao tamanho 183

10.3 Radiografias e espirometrias 185

10.4 Radiografias de tórax para apoio ao diagnóstico de pneumoconioses .. 185

    10.4.1 Médicos qualificados e/ou certificados 186

    10.4.2 Periodicidade dos exames radiológicos para empregados expostos a poeira contendo sílica, asbesto ou carvão mineral 187

    10.4.3 Exposição a asbesto – Exames radiológicos pós-demissionais 188

    10.4.4 Periodicidade dos exames radiológicos para empregados expostos a partículas insolúveis ou pouco solúveis de baixa toxicidade e não classificadas de outra forma 189

    10.4.5 Espirometrias ocupacionais 190

11. ANEXO IV – CONTROLE MÉDICO OCUPACIONAL DE EXPOSIÇÃO A CONDIÇÕES HIPERBÁRICAS 190

11.1 Introdução 190

11.2 Trabalhador na indústria da construção exposto a condições hiperbáricas 191

SEGURANÇA E SAÚDE NO TRABALHO – *Mara Queiroga Camisassa*

11.3 Guias internos de câmaras hiperbáricas *multiplace* 194

    11.3.1 Introdução 194

11.4 Mergulhadores profissionais 195

12. ANEXO V – CONTROLE MÉDICO OCUPACIONAL DA EXPOSIÇÃO A SUBSTÂNCIAS QUÍMICAS CANCERÍGENAS E A RADIAÇÕES IONIZANTES 197

12.1 Câncer ocupacional no Brasil 197

12.2 Objetivo... 198

12.3 Campo de aplicação 198

12.4 Diretrizes 198

12.5 Substâncias químicas cancerígenas 198

12.6 Benzeno... 198

12.7 Radiações ionizantes 199

13. CONSIDERAÇÕES FINAIS... 199

NR 8

EDIFICAÇÕES

1. INTRODUÇÃO 201

2. PÉ-DIREITO 201

3. CIRCULAÇÃO... 201

4. PROTEÇÃO CONTRA INTEMPÉRIES 201

NR 9

AVALIAÇÃO E CONTROLE DAS EXPOSIÇÕES OCUPACIONAIS A AGENTES FÍSICOS, QUÍMICOS E BIOLÓGICOS

1. INTRODUÇÃO 203

2. OBJETIVO... 204

3. CAMPO DE APLICAÇÃO... 207

3.1 Identificação das exposições ocupacionais aos agentes físicos, químicos e biológicos 208

3.2 Avaliação das exposições ocupacionais aos agentes físicos, químicos e biológicos.. 212

3.3 Medidas de prevenção e controle das exposições ocupacionais aos agentes físicos, químicos e biológicos 214

3.4 Disposições transitórias 215

4. ANEXO 1 – VIBRAÇÃO 217

4.1	Conceito e classificação	217
4.2	Objetivo	218
4.3	Disposições gerais	218
4.4	Avaliação Preliminar dos Riscos	218
4.5	Avaliação quantitativa da exposição	219

4.5.1 Avaliação quantitativa da exposição dos trabalhadores às VMB 220

4.5.2 Avaliação quantitativa da exposição dos trabalhadores às VCI 221

4.6	Medidas de prevenção	222
4.7	Medidas corretivas	222
5.	ANEXO 3 – CALOR	223
5.1	Introdução	223
	5.1.1 Equilíbrio térmico do corpo humano	223
	5.1.2 Distúrbios causados pelo calor	225
5.2	Objetivo	225
5.3	Campo de aplicação	225
5.4	Responsabilidades da organização	225
	5.4.1 Medidas de prevenção	225
	5.4.2 Orientação aos trabalhadores	225
	5.4.3 Treinamento anual	226
5.5	Avaliação preliminar da exposição	227
5.6	Avaliação quantitativa	227
	5.6.1 Índice de Bulbo Úmido Termômetro de Globo (IBUTG)	229
	5.6.2 Taxa metabólica (M)	230
	5.6.3 Equipamentos de medição	232
	5.6.4 Procedimentos quanto à conduta do avaliador	232
	5.6.5 Medições e cálculos	232
5.7	Medidas de prevenção	233
	5.7.1 Medidas preventivas	233
	5.7.2 Medidas corretivas	236
	5.7.3 Vestimentas	238
5.8	Procedimentos de emergência	239

NR 10

SEGURANÇA EM INSTALAÇÕES E SERVIÇOS EM ELETRICIDADE

1.	INTRODUÇÃO	241
2.	CHOQUE ELÉTRICO	241

3. OBJETIVOS DA NR10 242

4. CAMPO DE APLICAÇÃO 243

5. MEDIDAS DE CONTROLE 246

    5.1 Medidas de proteção coletiva 246

        5.1.1 Aterramento 247

    5.2 Medidas de proteção individual 247

    5.3 Técnicas de análise de risco 248

    5.4 Esquemas unifilares 248

    5.5 Prontuário das Instalações Elétricas 249

        5.5.1 Prontuário das instalações elétricas em função da potência ou carga instalada 249

        5.5.2 Prontuário das instalações elétricas em função da área de atividade 251

            5.5.2.1 Empresas que operam em instalações ou equipamentos integrantes do Sistema Elétrico de Potência (SEP) 251

            5.5.2.2 Empresas que realizam trabalhos em proximidade do Sistema Elétrico de Potência 251

6. SEGURANÇA EM PROJETOS 252

7. SEGURANÇA NA CONSTRUÇÃO, MONTAGEM, OPERAÇÃO E MANUTENÇÃO 253

8. SEGURANÇA EM INSTALAÇÕES ELÉTRICAS DESENERGIZADAS 254

    8.1 Desenergização 254

    8.2 Reenergização 255

9. SEGURANÇA EM INSTALAÇÕES ELÉTRICAS ENERGIZADAS 256

10. TRABALHOS ENVOLVENDO ALTA-TENSÃO 257

    10.1 Ordem de serviço 258

    10.2 Procedimentos específicos 258

    10.3 Testes elétricos e ensaios 258

    10.4 Sistema de comunicação 259

    10.5 Intervenção em alta-tensão dentro da zona de risco 259

11. HABILITAÇÃO, QUALIFICAÇÃO, CAPACITAÇÃO E AUTORIZAÇÃO DOS TRABALHADORES 259

12. TREINAMENTO 260

    12.1 Treinamento específico (básico e complementar) 261

    12.2 Treinamento de reciclagem 261

13. TRABALHO EM ÁREA CLASSIFICADA 262

14. SINALIZAÇÃO DE SEGURANÇA 262

15. PROCEDIMENTO DE TRABALHO 263

16. PRIMEIROS SOCORROS 264

17. EMBARGO/INTERDIÇÃO 264

18. INFORMAÇÕES IMPORTANTES SOBRE A NR10 264

NR 11

TRANSPORTE, MOVIMENTAÇÃO, ARMAZENAGEM E MANUSEIO DE MATERIAIS

1. INTRODUÇÃO 267

2. ELEVADORES 267

3. EQUIPAMENTOS DE TRANSPORTE COM FORÇA MOTRIZ PRÓPRIA .. 268

4. TRANSPORTE DE SACAS 269

5. EMPILHAMENTO 269

NR 12

SEGURANÇA NO TRABALHO EM MÁQUINAS E EQUIPAMENTOS

1. INTRODUÇÃO 271

2. RISCOS DE ACIDENTES NAS INTERVENÇÕES EM MÁQUINAS E EQUIPAMENTOS 273

3. TERMOS TÉCNICOS 274

4. PRINCÍPIOS GERAIS 277

5. ARRANJO FÍSICO E INSTALAÇÕES 281

6. INSTALAÇÕES E DISPOSITIVOS ELÉTRICOS 282

7. DISPOSITIVOS DE PARTIDA, ACIONAMENTO E PARADA 283

    7.1 Requisitos gerais 283

    7.2 Dispositivo de acionamento bimanual 284

        7.2.1 Descrição 284

        7.2.2 Requisitos do dispositivo de acionamento bimanual 284

        7.2.3 Máquinas com mais de um dispositivo de acionamento bimanual 285

        7.2.4 Sincronicidade x simultaneidade 285

        7.2.5 Dispositivos de acionamento bimanuais em pedestais 285

    7.3 Máquinas e equipamentos com dois ou mais operadores 285

    7.4 Máquinas e equipamentos de grande dimensão 286

7.5 Máquinas e equipamentos comandados por radiofrequência	286
7.6 Interface de operação em extrabaixa tensão	286
8. SISTEMAS DE SEGURANÇA	286
8.1 Proteção	288
8.1.1 Dispositivos de intertravamento	290
8.1.2 Distância de segurança	291
8.1.3 Proteções usadas como meio de acesso	291
8.2 Dispositivos de segurança	292
8.3 Presença na zona de perigo	293
9. DISPOSITIVOS DE PARADA DE EMERGÊNCIA	293
10. COMPONENTES PRESSURIZADOS	294
11. TRANSPORTADORES DE MATERIAIS	295
12. ASPECTOS ERGONÔMICOS	295
13. MANUTENÇÃO, INSPEÇÃO, PREPARAÇÃO, AJUSTE, REPARO E LIMPEZA	296
14. SINALIZAÇÃO DE SEGURANÇA	298
15. MANUAIS	299
16. PROCEDIMENTOS DE TRABALHO E SEGURANÇA	299
17. CAPACITAÇÃO	301
17.1 Capacitação de reciclagem	302

NR 13

CALDEIRAS, VASOS DE PRESSÃO, TUBULAÇÕES E TANQUES METÁLICOS DE ARMAZENAMENTO

1. INTRODUÇÃO	305
2. OBJETIVO	307
3. RESPONSABILIDADES	307
4. CAMPO DE APLICAÇÃO	307
5. EQUIPAMENTOS DISPENSADOS DO CUMPRIMENTO DA NR13	308
6. INFORMAÇÕES GERAIS	309
6.1 Profissional Legalmente Habilitado	309
6.2 Pressão Máxima de Trabalho Admissível	310
6.3 Placa de identificação indelével	311
6.4 Projeto de alteração ou reparo	312
6.5 Inspeções de segurança	313
6.6 Válvula de segurança	314
6.7 Instrumento indicador de pressão	314

6.8	Teste hidrostático (TH)	314
6.9	Serviço Próprio de Inspeção de Equipamentos (SPIE)	315
6.10	Documentação	316
7.	RISCO GRAVE E IMINENTE	316
8.	COMUNICAÇÃO DE ACIDENTES	318

CALDEIRAS

1.	INTRODUÇÃO	318
2.	CLASSIFICAÇÃO DAS CALDEIRAS	319
3.	SISTEMA DE INDICAÇÃO DO NÍVEL DE ÁGUA	320
4.	DISPOSITIVOS OBRIGATÓRIOS	320
5.	DOCUMENTAÇÃO	322
	5.1 Prontuário	322
	5.2 Registro de segurança	323
	5.3 Projeto de instalação	323
	5.4 Projetos de alteração ou reparo	323
	5.5 Relatórios de inspeção de segurança	323
	5.6 Informações importantes sobre a documentação das caldeiras	324
6.	INSTALAÇÃO DE CALDEIRAS	324
	6.1 Área de Caldeiras	324
	6.2 Casa de Caldeiras	325
	6.3 Projeto de instalação	326
7.	SEGURANÇA NA OPERAÇÃO DE CALDEIRAS	326
	7.1 Operador de caldeira	327
	7.1.1 Treinamento de segurança	328
	7.1.2 Atualização dos conhecimentos	328
	7.1.3 Prática profissional supervisionada	329
	7.2 Manual de Operação	329
8.	INSPEÇÃO DE SEGURANÇA DE CALDEIRAS	329
	8.1 Inspeção inicial	330
	8.2 Inspeção periódica	330
	8.3 Inspeção de segurança extraordinária	331
	8.4 Avaliação de integridade	331
	8.5 Relatório de inspeção de segurança	332

VASOS DE PRESSÃO

1.	INTRODUÇÃO	332
2.	ABRANGÊNCIA	333

3. CLASSIFICAÇÃO DOS VASOS DE PRESSÃO 333
   3.1   Classe do fluido 334
   3.2   Grupo Potencial de Risco 334
   3.3   Categorias dos vasos de pressão 335
   3.4   Exemplo – Classificação de Vaso de Pressão 336
4. DISPOSITIVOS OBRIGATÓRIOS 337
5. DOCUMENTAÇÃO DO VASO DE PRESSÃO 337
   5.1   Prontuário 338
   5.2   Registro de segurança 339
   5.3   Projetos de alteração ou reparo 339
   5.4   Relatórios de inspeção de segurança 339
6. INSTALAÇÃO DE VASOS DE PRESSÃO 340
   6.1   Vasos de pressão instalados em ambientes fechados 340
   6.2   Vasos de pressão instalados em ambientes abertos 341
7. SEGURANÇA NA OPERAÇÃO DE VASOS DE PRESSÃO 341
   7.1   Operação de unidades de processo 341
   7.2   Treinamento de segurança na operação de unidades de processo 341
   7.3   Prática profissional supervisionada 341
   7.4   Manual de operação 342
   7.5   Atualização dos conhecimentos 342
8. INSPEÇÃO DE SEGURANÇA DE VASOS DE PRESSÃO 342
   8.1   Inspeção inicial 343
   8.2   Inspeção periódica 343
        8.2.1   Ampliação dos prazos de inspeção periódica 344
        8.2.2   Vasos de pressão com enchimento interno 344
        8.2.3   Vasos de pressão criogênicos 345
        8.2.4   Válvulas de segurança 345
   8.3   Inspeção de segurança extraordinária 345
   8.4   Relatório de inspeção de segurança 345

TUBULAÇÕES

1. INTRODUÇÃO 346
2. ABRANGÊNCIA 346
3. PLANO DE INSPEÇÃO 346
4. DISPOSITIVOS DE SEGURANÇA 347
5. DOCUMENTAÇÃO 347
6. INSPEÇÃO DE SEGURANÇA 347
   6.1   Inspeção de segurança periódica 348
   6.2   Inspeção extraordinária 348
   6.3   Relatório de Inspeção 348

TANQUES METÁLICOS DE ARMAZENAMENTO

1. INTRODUÇÃO 349
2. DOCUMENTAÇÃO 349
3. REGISTRO DE SEGURANÇA 350
4. SEGURANÇA NA OPERAÇÃO DE TANQUES 350
5. INSPEÇÃO DE SEGURANÇA DE TANQUES METÁLICOS DE ARMA-ZENAMENTO 350

NR 14
FORNOS

1. INTRODUÇÃO 353
2. OBJETIVO E CAMPO DE APLICAÇÃO 353
3. MEDIDAS DE PREVENÇÃO 354

NR 15
ATIVIDADES E OPERAÇÕES INSALUBRES

1. INTRODUÇÃO 355
   1.1 A desatualização da NR15 357
   1.2 Referências internacionais 358
   1.3 A monetização do risco 359
2. CARACTERIZAÇÃO DA INSALUBRIDADE 360
   2.1 Avaliação qualitativa 360
   2.2 Avaliação quantitativa 361
   2.3 Limites de exposição ocupacional 361
3. GRAUS DE INSALUBRIDADE 364
4. TRABALHO INSALUBRE 365
   4.1 Proibição de trabalho insalubre para menores 18 anos 365
   4.2 Exercício do trabalho insalubre de forma intermitente 365
   4.3 Exercício simultâneo de atividades insalubres 365
5. SITUAÇÕES DE RISCO GRAVE E IMINENTE NA NR15 366

ANEXO 1
LIMITES DE TOLERÂNCIA PARA RUÍDO
CONTÍNUO OU INTERMITENTE

1. INTRODUÇÃO 367
2. SOM × RUÍDO 368

3. DECIBEL 369

4. RUÍDO CONTÍNUO OU INTERMITENTE 369

    4.1 Conceito 369

    4.2 Máxima exposição permitida x nível de ruído 370

    4.3 Avaliação quantitativa da exposição ao ruído – Cálculo da dose 371

    4.4 Cálculo da dose na prática 376

    4.5 Fator de Duplicação da Dose 377

    4.6 Grave e iminente risco 379

    4.7 Níveis de ruído intermediários 379

    4.8 Adição de níveis de pressão sonora 379

ANEXO 2
LIMITES DE TOLERÂNCIA PARA RUÍDOS DE IMPACTO

1. INTRODUÇÃO 381

2. LIMITE DE TOLERÂNCIA 381

3. RISCO GRAVE E IMINENTE 381

ANEXO 3
LIMITES DE EXPOSIÇÃO OCUPACIONAL AO CALOR

1. OBJETIVO 382

2. CARACTERIZAÇÃO DA ATIVIDADE OU OPERAÇÃO INSALUBRE 382

3. LAUDO TÉCNICO PARA CARACTERIZAÇÃO DA EXPOSIÇÃO OCUPACIONAL AO CALOR 386

ANEXO 4
REVOGADO PELA PORTARIA MTPS 3.751,
DE 23 DE NOVEMBRO DE 1990

ANEXO 5
RADIAÇÕES IONIZANTES

1. INTRODUÇÃO 387

2. LIMITES DE TOLERÂNCIA 388

ANEXO 6
TRABALHO SOB CONDIÇÕES HIPERBÁRICAS

1. INTRODUÇÃO 388

    1.1 Trabalhos sob ar comprimido 389

    1.2 Trabalhos submersos 389

2. TRABALHOS SOB AR COMPRIMIDO 389

2.1	Tubulões pneumáticos ou tubulão de ar comprimido	389
2.2	Túneis pressurizados	390
2.3	Duração do trabalho sob ar comprimido	390
2.4	Requisitos dos trabalhadores para exercerem atividades sob ar comprimido	390
2.5	Procedimentos de compressão e descompressão	391
	2.5.1 Procedimentos de compressão	391
	2.5.2 Procedimentos de descompressão	391
2.6	Períodos computados para fins de remuneração	393
2.7	Proibições da NR15 relativas aos trabalhos com tubulões pneumáticos e túneis pressurizados	393
3.	TRABALHOS SUBMERSOS	394
3.1	Mergulhador e supervisor de mergulho	394
3.2	Técnicas de saturação	395
3.3	Condições perigosas	395
3.4	Tabelas de descompressão	395

ANEXO 7
RADIAÇÕES NÃO IONIZANTES

1.	INTRODUÇÃO	397
2.	RADIAÇÃO ULTRAVIOLETA	398
3.	RADIAÇÃO LASER	399

ANEXO 8
VIBRAÇÕES

1.	INTRODUÇÃO	399
2.	CARACTERIZAÇÃO DA INSALUBRIDADE	399
3.	LAUDO TÉCNICO	400
4.	GRAU DE INSALUBRIDADE	400

ANEXO 9
FRIO

1.	INTRODUÇÃO	400
2.	CARACTERIZAÇÃO DA INSALUBRIDADE	401

ANEXO 10
UMIDADE

1.	INTRODUÇÃO	401

ANEXO 11
AGENTES QUÍMICOS CUJA INSALUBRIDADE É CARACTERIZADA POR LIMITE DE TOLERÂNCIA E INSPEÇÃO NO LOCAL DE TRABALHO

1. INTRODUÇÃO 401
2. PROPRIEDADES NOCIVAS DAS SUBSTÂNCIAS QUÍMICAS 402
3. TABELA DE LIMITES DE EXPOSIÇÃO 404
4. ASFIXIANTES SIMPLES 405
   4.1 Asfixiantes 406
       4.1.1 Asfixiantes simples 406
       4.1.2 Asfixiantes químicos 406
   4.2 Irritantes.. 406
   4.3 Anestésicos 407
5. CARACTERIZAÇÃO DA INSALUBRIDADE................................... 407
6. CARACTERIZAÇÃO DE RISCO GRAVE E IMINENTE............................ 408

ANEXO 12
LIMITES DE TOLERÂNCIA PARA POEIRAS MINERAIS

1. ASBESTO 409
   1.1 Introdução 409
   1.2 Obrigações das empresas responsáveis pela remoção de materiais que contenham asbesto 410
   1.3 Limite de tolerância... 410
   1.4 Avaliação ambiental 410
   1.5 Proibições relativas ao asbesto 411
   1.6 Vestimentas de trabalho.. 411
   1.7 Vestiário duplo 412
   1.8 Exames médicos.. 412
   1.9 Risco ocupacional e ambiental....................................... 412
2. MANGANÊS E SEUS COMPOSTOS.. 413
   2.1 Introdução 413
   2.2 Limites de tolerância 413
   2.3 Recomendações e medidas de prevenção e controle, independentemente de os limites de tolerância terem sido ultrapassados ou não 413
   2.4 Precauções de ordem médica e de higiene, independentemente de os limites de tolerância terem sido ultrapassados ou não (caráter obrigatório para todos os trabalhadores expostos às operações com manganês e seus compostos) 414
3. SÍLICA LIVRE CRISTALIZADA.. 414
   3.1 Introdução 414

3.2 Limites de tolerância 415

    3.2.1 Limite de tolerância para poeira respirável 415

    3.2.2 Limite de tolerância para poeira total 416

3.3 Outras disposições 417

ANEXO 13
AGENTES QUÍMICOS

1. INTRODUÇÃO 418

ANEXO 13-A
BENZENO

1. INTRODUÇÃO 418
2. ABRANGÊNCIA 419
3. PROIBIÇÕES E EXCEÇÕES 419
4. CADASTRO DE EMPRESAS 419
5. RESPONSABILIDADES 419
6. VALOR DE REFERÊNCIA TECNOLÓGICO 420

ANEXO 14
AGENTES BIOLÓGICOS

1. INTRODUÇÃO 420

NR 16

ATIVIDADES E OPERAÇÕES PERIGOSAS

1. INTRODUÇÃO 423
2. ATIVIDADES E OPERAÇÕES PERIGOSAS 423

    2.1 Risco acentuado 424

    2.2 Contato permanente x Exposição permanente 425

    2.3 Adicional de periculosidade – porcentagem e base de cálculo 426

ANEXO 1
ATIVIDADES E OPERAÇÕES PERIGOSAS COM EXPLOSIVOS

1. INTRODUÇÃO 426
2. ATIVIDADES E OPERAÇÕES PERIGOSAS COM EXPLOSIVOS 427

ANEXO 2
ATIVIDADES E OPERAÇÕES PERIGOSAS COM INFLAMÁVEIS

1. INTRODUÇÃO 429

2. ATIVIDADES E ÁREAS DE RISCO 430

   2.1 Regra 430

   2.2 Exceções 430

      2.2.1 Atividades de transporte de inflamáveis não consideradas perigosas dependendo do volume transportado 430

      2.2.2 Atividades de manuseio, armazenagem e transporte de líquidos inflamáveis não consideradas perigosas sob determinadas condições 431

   2.3 Observações sobre as áreas de risco 432

ANEXO 3
ATIVIDADES E OPERAÇÕES PERIGOSAS COM EXPOSIÇÃO A ROUBOS OU OUTRA ESPÉCIE DE VIOLÊNCIA FÍSICA NAS ATIVIDADES PROFISSIONAIS DE SEGURANÇA PESSOAL OU PROFISSIONAL

1. INTRODUÇÃO 432

2. ATIVIDADES ABRANGIDAS PELO ANEXO 3 433

ANEXO 4
ATIVIDADES E OPERAÇÕES PERIGOSAS COM ENERGIA ELÉTRICA

1. INTRODUÇÃO 434

2. SISTEMA ELÉTRICO DE CONSUMO 435

3. TRABALHO INTERMITENTE 436

ANEXO 5
ATIVIDADES PERIGOSAS EM MOTOCICLETA

ANEXO (*)
(Este Anexo está sem numeração na própria norma)
ATIVIDADES E OPERAÇÕES PERIGOSAS COM
RADIAÇÕES IONIZANTES OU SUBSTÂNCIAS RADIOATIVAS

1. INTRODUÇÃO 436

2. ATIVIDADES E OPERAÇÕES PERIGOSAS 437

NR 17

ERGONOMIA

1. INTRODUÇÃO 439

2. OBJETIVO 440

3. CONDIÇÕES DE TRABALHO 441

4. LEVANTAMENTO, TRANSPORTE E DESCARGA DE MATERIAIS 443

4.1	Equação de NIOSH para levantamento manual de cargas	444
	4.1.1 Limite de Peso Recomendado (LPR)	444
	4.1.2 Índice de Levantamento (IL)	445
4.2	Levantamento, manuseio e transporte individual e não eventual de cargas	446
4.3	Trabalhadora mulher e trabalhador menor	448
5.	MOBILIÁRIO DOS POSTOS DE TRABALHO	448
5.1	Apoio para os pés	448
5.2	Trabalho manual	449
5.3	Zona de alcance máximo	449
5.4	Pedais	449
5.5	Assentos	450
5.6	Trabalho em pé	450
6.	TRABALHO COM MÁQUINAS, EQUIPAMENTOS E FERRAMENTAS MANUAIS	451
7.	CONDIÇÕES DE CONFORTO NO AMBIENTE DE TRABALHO	452
7.1	Conforto visual	452
7.2	Conforto acústico	452
7.3	Conforto térmico	453
8.	ORGANIZAÇÃO DO TRABALHO	453
8.1	Normas de produção	453
8.2	Modo operatório	454
8.3	Exigência de tempo	455
8.4	Ritmo de trabalho	455
8.5	Conteúdo das tarefas e instrumentos e meios técnicos disponíveis	456
8.6	Aspectos cognitivos	456
9.	MEDIDAS DE PREVENÇÃO	457
9.1	Atividades com sobrecarga muscular	457
9.2	Movimentos contínuos e repetitivos	458
9.3	Pausas e rodízios	459
9.4	Avaliação de desempenho	459
9.5	Concepção dos postos e espaços de trabalho	460
9.6	Relações hierárquicas	460
10.	AVALIAÇÃO DAS SITUAÇÕES DE TRABALHO	460
10.1	Avaliação ergonômica preliminar	460
10.2	Análise ergonômica do trabalho	461
	10.2.1 Introdução	461
	10.2.2 Gatilhos para realização da AET	462
	10.2.3 Etapas	463

10.2.4 Tratamento Diferenciado para MEI, ME e EPP 464

10.3 Disposições gerais referentes à avaliação ergonômica preliminar e à AET... 464

ANEXO I
TRABALHO DOS OPERADORES DE *CHECKOUT*

1. INTRODUÇÃO 465

2. MOBILIÁRIO DOS POSTOS DE *CHECKOUT* 466

3. MERCADORIAS... 467

    3.1 Manipulação 467

    3.2 Ensacamento 467

    3.3 Pesagem... 467

4. ORGANIZAÇÃO DO TRABALHO 467

5. ASPECTOS PSICOSSOCIAIS DO TRABALHO 468

6. TREINAMENTO 468

    6.1 Conteúdo programático... 469

    6.2 Carga horária e prazo de realização 469

ANEXO II
TRABALHO EM TELEATENDIMENTO/*TELEMARKETING*

1. INTRODUÇÃO 470

2. MOBILIÁRIO DO POSTO DE TRABALHO 471

    2.1 Assentos 471

3. EQUIPAMENTOS DOS POSTOS DE TRABALHO 472

    3.1 *Headsets*... 472

    3.2 Monitores de vídeo 472

4. CONDIÇÕES AMBIENTAIS DE TRABALHO 473

    4.1 Condições do conforto acústico 473

    4.2 Condições de conforto térmico 473

    4.3 Síndrome do edifício doente 473

5. ORGANIZAÇÃO DO TRABALHO 474

    5.1 Atividades aos domingos e feriados... 474

    5.2 Repouso semanal remunerado 474

    5.3 Escalas 474

    5.4 Tempo de trabalho.. 475

        5.4.1 Pausas... 475

    5.5 Intervalo para repouso e alimentação 475

    5.6 Idas ao banheiro... 476

    5.7 Atividades físicas 476

5.8	Prorrogação da jornada de trabalho	476

6. PROIBIÇÕES IMPUTADAS À ORGANIZAÇÃO 476
7. CAPACITAÇÃO E TREINAMENTO 477

7.1	Conteúdo programático	478
7.2	Elaboração, execução e avaliação da capacitação	478

8. CONDIÇÕES SANITÁRIAS E DE CONFORTO 479
9. PROGRAMA DE CONTROLE MÉDICO DE SAÚDE OCUPACIONAL (PCMSO) 479
10. ANÁLISE ERGONÔMICA DO TRABALHO 480
11. PESSOAS COM DEFICIÊNCIA 481

NR 18

SEGURANÇA E SAÚDE NO TRABALHO NA INDÚSTRIA DA CONSTRUÇÃO

1. INTRODUÇÃO 483
2. OBJETIVO E CAMPO DE APLICAÇÃO 483
3. RESPONSABILIDADES DA ORGANIZAÇÃO RESPONSÁVEL PELA OBRA 485
4. PROGRAMA DE GERENCIAMENTO DE RISCOS (PGR) 486

4.1	Documentos obrigatórios	487
4.2	Responsabilidade pela elaboração do PGR	487
4.3	Soluções alternativas	488
4.4	Considerações importantes sobre o PGR da obra	489

5. ÁREAS DE VIVÊNCIA 489

5.1	Instalação sanitária		489
	5.1.1	Dimensionamento	490
5.2	Vestiário		490
5.3	Local para refeições		491
5.4	Alojamento		491
5.5	Água potável		492
5.6	Frentes de trabalho		492

6. INSTALAÇÕES ELÉTRICAS 492
7. ETAPAS DA OBRA 494

7.1	Demolição		495
7.2	Escavação, fundação e desmonte de rochas		496
	7.2.1	Escavação	496
	7.2.2	Fundação	497
7.3	Carpintaria e armações de aço		500

7.3.1	Carpintaria	500
7.3.2	Armações de aço	500
7.4	Estruturas de concreto	501
7.4.1	Protensão de cabos	501
7.5	Estruturas metálicas	502
7.6	Trabalhos a quente	502
7.7	Telhados e coberturas	504

8. ESCADAS, RAMPAS E PASSARELAS 504

8.1	Escadas	505
8.2	Rampas e passarelas	508

9. MEDIDAS DE PREVENÇÃO CONTRA QUEDAS DE ALTURA E QUEDA DE MATERIAIS 508

9.1	Aberturas no piso	508
9.2	Vãos de acesso às caixas do elevador	508
9.3	Periferia da edificação	509
9.3.1	Proteção contra queda de materiais	510
9.3.2	Redes de segurança	510

10. MÁQUINAS, EQUIPAMENTOS E FERRAMENTAS 511

10.1	Serra circular	511
10.1.1	Componentes da serra circular	512
10.2	Máquina autopropelida	513
10.3	Equipamentos de guindar	513
10.3.1	Plano de cargas	513
10.3.2	Análise de risco	515
10.3.3	Documentos	515
10.3.4	Itens de segurança	516
10.3.5	Cabine de comando	517
10.3.6	Dispositivos auxiliares de içamento	517
10.3.7	Guindastes e Gruas	517
10.3.8	Proibições	518
10.3.9	Gruas	518
10.3.10	Gruas de pequeno porte	522
10.3.11	Guincho de coluna	523
10.3.12	Outras disposições relativas a equipamentos de guindar	523
10.4	Ferramentas	523

11. MOVIMENTAÇÃO E TRANSPORTE VERTICAL DE MATERIAIS E PESSOAS (elevadores) 525

11.1	Documentos	525
11.2	Atribuições do operador	527
11.3	Acesso à torre do elevador	527
11.4	Elementos mínimos constitutivos dos elevadores	528

SUMÁRIO **XLVII**

11.5 Movimentação de pessoas 529

11.6 Proibições 530

12. ANDAIMES E PLATAFORMAS DE TRABALHO 530

    12.1 Andaimes 531

        12.1.1 Andaimes simplesmente apoiados 532

        12.1.2 Andaime suspenso 532

    12.2 Plataforma de trabalho de cremalheira 534

    12.3 Plataforma Elevatória Móvel de Trabalho (PEMT) 535

    12.4 Cadeira suspensa 537

    12.5 Ancoragem 537

    12.6 Proibições relativas aos andaimes e plataformas de trabalho 538

13. SINALIZAÇÃO DE SEGURANÇA 538

14. CAPACITAÇÃO 539

15. DISPOSIÇÕES GERAIS 540

16. CABOS DE AÇO E FIBRA SINTÉTICA 542

NR 19

EXPLOSIVOS

1. INTRODUÇÃO 545

2. DEFINIÇÕES 546

3. PROIBIÇÕES RELATIVAS A EXPLOSIVOS 546

    3.1 Quanto à fabricação 546

    3.2 Quanto ao manuseio 546

    3.3 Quanto à armazenagem 546

4. DISPOSIÇÕES GERAIS 547

    4.1 Programa de gerenciamento de riscos ocupacionais (PGR) 547

5. FABRICAÇÃO DE EXPLOSIVOS 547

6. ARMAZENAMENTO DE EXPLOSIVOS 547

7. TRANSPORTE 549

NR 20

SEGURANÇA E SAÚDE NO TRABALHO COM INFLAMÁVEIS E COMBUSTÍVEIS

1. INTRODUÇÃO 551

2. CONCEITOS 552

3. ABRANGÊNCIA 554

4. CLASSIFICAÇÃO DAS INSTALAÇÕES 555

5. ANÁLISE DE RISCOS 556
6. PRONTUÁRIO DA INSTALAÇÃO 557
7. SEGURANÇA OPERACIONAL 558
8. CAPACITAÇÃO DOS TRABALHADORES 559
9. INSTRUÇÃO DE TRABALHO E PERMISSÃO DE TRABALHO 560
10. MANUTENÇÃO E INSPEÇÃO DAS INSTALAÇÕES 561
11. CONTROLE DE FONTES DE IGNIÇÃO 562
12. INSPEÇÃO EM SEGURANÇA E SAÚDE NO AMBIENTE DE TRABALHO ... 563
13. PREVENÇÃO E CONTROLE DE VAZAMENTOS, DERRAMAMENTOS, INCÊNDIOS, EXPLOSÕES E EMISSÕES FUGITIVAS 563
14. PLANO DE RESPOSTA A EMERGÊNCIAS DA INSTALAÇÃO 563
    14.1 Equipe de respostas a emergências 564
15. TANQUE DE LÍQUIDOS INFLAMÁVEIS NO INTERIOR DE EDIFÍCIOS ... 564
16. COMUNICAÇÃO DE OCORRÊNCIAS 566

NR 21

TRABALHO A CÉU ABERTO

1. INTRODUÇÃO 567
2. ALOJAMENTOS E MORADIAS 567

NR 22

SEGURANÇA E SAÚDE OCUPACIONAL NA MINERAÇÃO

1. INTRODUÇÃO 569
2. TERMOS TÉCNICOS 570
3. OBJETIVO 573
4. ABRANGÊNCIA 573
5. RISCOS NA ATIVIDADE DE MINERAÇÃO 574
6. PROGRAMA DE GERENCIAMENTO DE RISCOS (PGR) 576
    6.1 Conteúdo mínimo do PGR 576
    6.2 Etapas do PGR 577
7. OBRIGAÇÕES DA EMPRESA, DO PERMISSIONÁRIO DA LAVRA GARIMPEIRA OU RESPONSÁVEL PELA MINA 577
8. OBRIGAÇÕES E DIREITOS DOS TRABALHADORES 578
9. TRABALHOS REALIZADOS COM, NO MÍNIMO, DOIS TRABALHADORES 578

SUMÁRIO **XLIX**

9.1 Trabalho desacompanhado 578

10. ORGANIZAÇÃO DOS LOCAIS DE TRABALHO 578

11. CIRCULAÇÃO E TRANSPORTE DE PESSOAS E MATERIAIS 579

11.1 Plano de Trânsito 579

11.2 Equipamentos de transporte de materiais e pessoas............................ 580

11.3 Veículos de pequeno porte 580

11.4 Vias de circulação 580

11.5 Transporte de trabalhadores 581

11.6 Deslocamento do trabalhador ao subsolo.. 582

11.7 Vagonetas... 582

12. TRANSPORTADORES CONTÍNUOS POR MEIO DE CORREIA............. 582

13. ESCADAS.. 583

14. MÁQUINAS, EQUIPAMENTOS, FERRAMENTAS E INSTALAÇÕES....... 583

15. ESTABILIDADE DOS MACIÇOS.. 584

16. ABATIMENTO DE CHOCOS E BLOCOS INSTÁVEIS......................... 585

17. PROTEÇÃO CONTRA POEIRA MINERAL... 585

17.1 Umidificação 586

18. PLANO DE FOGO 586

19. PROTEÇÃO CONTRA INCÊNDIOS E EXPLOSÕES ACIDENTAIS 587

20. VENTILAÇÃO.. 587

21. DEPOSIÇÃO DE ESTÉRIL, REJEITOS E PRODUTOS 589

22. COMISSÃO INTERNA DE PREVENÇÃO DE ACIDENTES E DE ASSÉ-
DIO NA MINERAÇÃO (CIPAMIN) 589

22.1 Atribuições da CIPAMIN 591

23. TREINAMENTO 592

23.1 Treinamento introdutório geral.. 592

23.2 Treinamento específico na função.. 593

23.3 Treinamento específico com reciclagem.. 594

23.4 Orientação em serviço 594

23.5 Outras disposições relativas a treinamentos 594

24. DISPOSIÇÕES GERAIS... 594

NR 23

PROTEÇÃO CONTRA INCÊNDIOS

1. OBJETIVO E CAMPO DE APLICAÇÃO 597

2. MEDIDAS DE PREVENÇÃO CONTRA INCÊNDIOS........................... 597

SEGURANÇA E SAÚDE NO TRABALHO – *Mara Queiroga Camisassa*

NR 24

CONDIÇÕES SANITÁRIAS E DE CONFORTO NOS LOCAIS DE TRABALHO

1. INTRODUÇÃO 599
2. INSTALAÇÕES SANITÁRIAS... 599
3. COMPONENTES SANITÁRIOS 600
   - 3.1 Bacias sanitárias 600
   - 3.2 Mictórios... 601
   - 3.3 Lavatórios 602
   - 3.4 Chuveiros... 602
4. VESTIÁRIOS 603
   - 4.1 Armários... 604
5. LOCAIS PARA REFEIÇÕES 605
6. COZINHAS 606
7. ALOJAMENTO.. 607
8. VESTIMENTA DE TRABALHO... 608
9. DISPOSIÇÕES GERAIS... 609
10. TABELA-RESUMO 611
11. ANEXO I – CONDIÇÕES SANITÁRIAS E DE CONFORTO APLICÁVEIS A TRABALHADORES EM *SHOPPING CENTER*.................... 611
12. ANEXO II – CONDIÇÕES SANITÁRIAS E DE CONFORTO APLICÁVEIS A TRABALHADORES EM TRABALHO EXTERNO DE PRESTAÇÃO DE SERVIÇOS 612
13. ANEXO III – CONDIÇÕES SANITÁRIAS E DE CONFORTO APLICÁVEIS A TRABALHADORES EM TRANSPORTE PÚBLICO RODOVIÁRIO COLETIVO URBANO DE PASSAGEIROS EM ATIVIDADE EXTERNA 613
   - 13.1 Condições de satisfação de necessidades fisiológicas, alimentação e hidratação.. 613

NR 25

RESÍDUOS INDUSTRIAIS

1. OBJETIVO 615
2. REQUISITOS DE SEGURANÇA E SAÚDE NAS ATIVIDADES PARA O GERENCIAMENTO DE RESÍDUOS INDUSTRIAIS.................... 615

NR 26

SINALIZAÇÃO DE SEGURANÇA

1. OBJETIVO E CAMPO DE APLICAÇÃO 617

SUMÁRIO | LI

2. SINALIZAÇÃO POR COR.. 617
3. IDENTIFICAÇÃO DE PRODUTO QUÍMICO 617
   3.1 Classificação dos produtos químicos 619
   3.2 Rotulagem preventiva 619
   3.3 Ficha com dados de segurança 620

NR 28

FISCALIZAÇÃO E PENALIDADES

1. INTRODUÇÃO 623
2. LAVRATURA DO AUTO DE INFRAÇÃO 623
   2.1 Dupla visita (CLT, art. 627) 624
   2.2 Procedimento Especial para Ação Fiscal (CLT, art. 627-A)........ 627
3. NOTIFICAÇÃO 627
4. EMBARGO E INTERDIÇÃO 628
5. DESCUMPRIMENTO REITERADO 628
6. PENALIDADES 629

NR 29

SEGURANÇA E SAÚDE NO TRABALHO PORTUÁRIO

1. BREVE HISTÓRICO DO TRABALHO PORTUÁRIO BRASILEIRO........... 631
2. OBJETIVO 632
3. CAMPO DE APLICAÇÃO 633
4. TERMOS TÉCNICOS 633
5. COMPETÊNCIAS E RESPONSABILIDADES 634
   5.1 Dos operadores portuários e tomadores de serviço.................... 635
   5.2 Do OGMO com relação aos seus trabalhadores avulsos............. 635
   5.3 Dos trabalhadores... 635
   5.4 Da administração portuária 636
6. PROGRAMA DE GERENCIAMENTO DE RISCOS 636
7. SERVIÇO ESPECIALIZADO EM SEGURANÇA E SAÚDE DO TRABA-LHADOR PORTUÁRIO (SESSTP) 637
   7.1 Dimensionamento 637
   7.2 Custeio 638
   7.3 Atribuições 638

8. SERVIÇOS ESPECIALIZADOS EM ENGENHARIA DE SEGURANÇA E EM MEDICINA DO TRABALHO (SESMT)... 639

   8.1 Dimensionamento de Engenheiros de Segurança do Trabalho e Técnicos de Segurança do Trabalho.. 639

   8.2 Atribuições 639

9. COMISSÃO DE PREVENÇÃO DE ACIDENTES NO TRABALHO PORTUÁRIO – CPATP 639

   9.1 Objetivo.. 640

   9.2 Dimensionamento 640

   9.3 Eleição 641

   9.4 Composição.. 641

   9.5 Atribuições 641

   9.6 Treinamento 642

   9.7 Competências do OGMO.. 642

   9.8 Reuniões... 642

   9.9 Extinção da comissão ou redução do número de membros 643

10. CONDIÇÕES SANITÁRIAS E DE CONFORTO NOS LOCAIS DE TRABALHO.. 643

11. OPERAÇÕES COM CARGAS PERIGOSAS 643

12. PLANO DE CONTROLE DE EMERGÊNCIA (PCE)......................... 645

13. PLANO DE AJUDA MÚTUA – PAM 646

14. OPERAÇÕES DE ATRACAÇÃO, DESATRACAÇÃO E MANOBRAS DE EMBARCAÇÕES... 647

15. ACESSO A EMBARCAÇÕES ATRACADAS E FUNDEADAS 647

16. OPERAÇÃO EM CONVESES 648

17. PORÕES 648

NR 30

SEGURANÇA E SAÚDE NO TRABALHO AQUAVIÁRIO

1. INTRODUÇÃO 649

2. OBJETIVO 649

3. TERMOS TÉCNICOS... 650

4. CAMPO DE APLICAÇÃO.. 650

5. DIREITOS E DEVERES.. 651

6. PROGRAMA DE GERENCIAMENTO DE RISCOS NO TRABALHO AQUAVIÁRIO – PGRTA.. 652

7. PROTEÇÃO À SAÚDE	652
8. COMISSÃO INTERNA DE PREVENÇÃO DE ACIDENTES E DE ASSÉDIO – CIPA	653
9. GRUPO DE SEGURANÇA E SAÚDE NO TRABALHO A BORDO DAS EMBARCAÇÕES (GSSTB)	653
9.1 Composição do GSSTB	654
9.2 Atribuições	654
9.3 Reuniões	655
10. TREINAMENTO E CAPACITAÇÃO	655
10.1 Treinamento inicial	656
11. ALIMENTAÇÃO	656
12. CAMAROTES	656
13. SEGURANÇA NA MANUTENÇÃO EM EMBARCAÇÃO EM OPERAÇÃO	657

NR 31

SEGURANÇA E SAÚDE NO TRABALHO NA AGRICULTURA, PECUÁRIA, SILVICULTURA, EXPLORAÇÃO FLORESTAL E AQUICULTURA

1. INTRODUÇÃO	659
2. ABRANGÊNCIA	659
3. APLICABILIDADE DAS DEMAIS NRs AO TRABALHO RURAL	660
4. TERMOS TÉCNICOS	662
5. RESPONSABILIDADES	664
5.1 Responsabilidades do empregador rural ou equiparado	664
5.2 Responsabilidades dos trabalhadores	666
6. DIREITOS DOS TRABALHADORES	666
7. PROGRAMA DE GERENCIAMENTO DE RISCOS NO TRABALHO RURAL – PGRTR	667
7.1 Etapas do PGRTR	667
7.2 Documentos do PGRTR	668
7.3 Especificidades do trabalho rural	669
7.4 Exames médicos	670
7.4.1 Atestado de Saúde Ocupacional	671
7.5 *Kit* de primeiros socorros	671
7.6 Vacinação	672
7.7 Acidentes e doenças ocupacionais	672

8. MEDIDAS DE PROTEÇÃO PESSOAL	672
9. AGROTÓXICOS, ADITIVOS, ADJUVANTES E PRODUTOS AFINS	674
9.1 Introdução	674
9.2 Atividades abrangidas	675
9.3 Classificações dos agrotóxicos	675
9.4 Trabalhadores em exposição direta e indireta	676
9.5 Proibições	677
9.6 Disposições específicas relativas a agrotóxicos	678
9.7 Agrotóxicos e o PGRTR	680
10. ERGONOMIA	681
11. TRANSPORTE DE TRABALHADORES	682
12. INSTALAÇÕES ELÉTRICAS	685
13. FERRAMENTAS MANUAIS	685
14. SEGURANÇA NO TRABALHO EM MÁQUINAS, EQUIPAMENTOS E IMPLEMENTOS	686
15. SECADORES, SILOS E ESPAÇOS CONFINADOS	688
15.1 Silos	688
15.2 Secadores	691
15.3 Espaços confinados	692
16. MOVIMENTAÇÃO E ARMAZENAMENTO DE MATERIAIS	694
17. TRABALHO EM ALTURA	695
18. CONDIÇÕES SANITÁRIAS E DE CONFORTO NO TRABALHO RURAL	696
18.1 Instalações sanitárias fixas	696
18.2 Locais fixos para refeições	697
18.3 Instalações sanitárias nas frentes de trabalho	698
18.4 Locais para refeição e descanso nas frentes de trabalho	699
18.5 Alojamentos	699
18.6 Disposições gerais sanitárias e de conforto no trabalho	700
19. SERVIÇO ESPECIALIZADO EM SEGURANÇA E SAÚDE NO TRABALHO RURAL (SESTR)	701
19.1 Competências	701
19.2 Modalidades	703
19.3 Dimensionamento	704
19.3.1 Considerações importantes sobre o dimensionamento do SESTR	705
19.4 Composição, formação e jornada	705
19.4.1 Composição	705

SUMÁRIO | LV

19.4.2 Formação 705

19.4.3 Jornada 705

19.5 Registro 706

19.6 Prestação de serviço por empresa especializada...................... 707

19.7 Dispensa de constituição do SESTR.. 707

20. COMISSÃO INTERNA DE PREVENÇÃO DE ACIDENTES E DE ASSÉDIO DO TRABALHO RURAL (CIPATR) 708

20.1 Constituição 708

20.2 Atribuições da CIPATR... 709

20.3 Responsabilidades do empregador quanto à CIPATR................. 710

20.4 Eleição e posse.. 710

20.5 Funcionamento 710

20.6 Treinamento 711

21. CAPACITAÇÃO E TREINAMENTO.. 712

21.1 Complementação e convalidação de treinamentos.................... 712

21.2 Certificado de participação 713

21.3 Capacitações e treinamentos específicos previstos na NR31 714

21.3.1 Trabalhadores que operam máquinas, equipamentos e implementos... 714

21.3.2 Operadores de motosserra e moto poda 716

21.3.3 Operadores de roçadeira costal motorizada e derriçadeira...... 716

21.3.4 Empregados que realizam atividades em espaços confinados.... 716

21.3.5 Operadores de equipamentos de transporte com força motriz própria.. 717

21.3.6 Trabalhador designado para movimentação de cargas 718

21.3.7 Trabalhadores que realizam trabalho em altura...................... 718

21.3.8 Trabalhadores diretamente expostos a agrotóxicos, aditivos, adjuvantes e produtos afins............................. 719

NR 32

SEGURANÇA E SAÚDE NO TRABALHO EM SERVIÇOS DE SAÚDE

1. INTRODUÇÃO 721

2. ATIVIDADES ABRANGIDAS PELA NR32... 722

3. RISCOS BIOLÓGICOS... 723

3.1 Exposição deliberada e não deliberada..................................... 724

3.2 Classificação 725

3.3 Programa de Gerenciamento de Riscos – PGR........................... 726

3.3.1	Identificação dos riscos biológicos mais prováveis	726
3.3.2	Avaliação do local de trabalho e do trabalhador	727
3.4	Programa de Controle Médico de Saúde Ocupacional (PCMSO)	728
3.5	Comunicação de Acidente do Trabalho (CAT)	729
3.6	Medidas de proteção	729
3.7	Proibições	731
3.8	Capacitações	731
3.9	Plano de Prevenção de Riscos de Acidentes com Materiais Perfurocortantes	731
3.10	Vacinação	733
4.	DOS RISCOS QUÍMICOS	733
4.1	Programa de Gerenciamento de Riscos (PGR)	733
4.2	Programa de Controle Médico de Saúde Ocupacional (PCMSO)	734
4.3	Capacitação	734
4.4	Das medidas de proteção	734
4.5	Dos gases medicinais	734
4.5.1	Proibições relativas aos gases medicinais	735
4.6	Dos medicamentos e das drogas de risco	736
4.6.1	Dos gases e vapores anestésicos	736
4.6.2	Quimioterápicos antineoplásicos	736
4.6.2.1	Obrigações do empregador	737
4.6.2.2	Procedimentos operacionais em caso de ocorrência de acidentes ambientais ou pessoais	738
4.7	Capacitação	738
5.	RADIAÇÕES IONIZANTES	738
5.1	Plano de Proteção Radiológica	739
5.1.1	Monitoração	739
5.1.1.1	Monitoração individual	740
5.1.1.2	Monitoração de áreas	740
5.2	PCMSO	741
5.3	Obrigações do empregador	741
6.	RESÍDUOS	742
6.1	Capacitação	742
6.2	Acondicionamento	742
7.	DAS CONDIÇÕES DE CONFORTO POR OCASIÃO DAS REFEIÇÕES	744
8.	LAVANDERIAS	744
8.1	Calandra	745
9.	LIMPEZA E CONSERVAÇÃO	745

SUMÁRIO | LVII

10. ANIMAIS SINANTRÓPICOS 746
11. PROIBIÇÕES 746

NR 33

SEGURANÇA E SAÚDE NOS TRABALHOS EM ESPAÇOS CONFINADOS

1. INTRODUÇÃO 749
2. OBJETIVO E CAMPO DE APLICAÇÃO 750
3. DEFINIÇÃO DE ESPAÇO CONFINADO 751
   3.1 Atmosfera perigosa 751
4. PERMISSÃO DE ENTRADA E TRABALHO (PET) 753
   4.1 Emissão 754
   4.2 Rastreabilidade e arquivamento 755
   4.3 Encerramento 755
   4.4 Validade e prorrogação 755
5. PROFISSIONAIS ENVOLVIDOS NO TRABALHO EM ESPAÇOS CONFI-
   NADOS 755
   5.1 Responsável Técnico 756
   5.2 Supervisor de entrada 757
   5.3 Trabalhador autorizado 757
   5.4 Vigia 757
   5.5 Equipe de emergência e salvamento 758
6. RESPONSABILIDADES DA ORGANIZAÇÃO 759
7. GERENCIAMENTO DE RISCOS OCUPACIONAIS EM ESPAÇOS CON-
   FINADOS 760
8. MEDIDAS DE PREVENÇÃO EM ESPAÇOS CONFINADOS 762
   8.1 Riscos de incêndio ou explosão – trabalhos a quente 762
   8.2 Procedimentos de segurança 762
   8.3 Sinalização de segurança 763
   8.4 Controle de energias perigosas 764
   8.5 Avaliações atmosféricas 765
   8.6 Ventilação 766
   8.7 Equipamentos 767
   8.8 Plano de ação 768
   8.9 Acompanhamento da saúde dos trabalhadores 768
   8.10 Preparação para emergências 768
   8.11 Documentação 769

8.12 Capacitação 769

    8.12.1 Carga horária 770

    8.12.2 Conteúdo programático 770

    8.12.3 Instrutores 771

    8.12.4 Avaliação.. 771

NR 34

CONDIÇÕES E MEIO AMBIENTE DE TRABALHO NA INDÚSTRIA DA CONSTRUÇÃO, REPARAÇÃO E DESMONTE NAVAL

1. INTRODUÇÃO 773

2. RESPONSABILIDADES DO EMPREGADOR 773

3. ANÁLISE PRELIMINAR DE RISCO 774

4. PERMISSÃO DE TRABALHO 774

5. TRABALHO A QUENTE 774

    5.1 Medidas de ordem geral.. 775

        5.1.1 Inspeção preliminar 775

        5.1.2 Proteção contra incêndio.. 775

        5.1.3 Controle de fumos e contaminantes 775

        5.1.4 Utilização de gases.. 776

        5.1.5 Equipamentos elétricos.. 777

    5.2 Medidas específicas 777

6. TRABALHO EM ALTURA 777

    6.1 Metodologia de trabalho.. 777

    6.2 Escadas, rampas e passarelas.. 778

        6.2.1 Escadas... 778

        6.2.2 Rampas e passarelas 778

    6.3 Plataformas fixas... 778

    6.4 Plataformas elevatórias 779

    6.5 Acesso por corda... 780

    6.6 Plataformas para trabalho em altura inferior a 2 metros 780

7. TRABALHO COM EXPOSIÇÃO A RADIAÇÕES IONIZANTES............. 780

8. TRABALHOS DE JATEAMENTO E HIDROJATEAMENTO 782

    8.1 Medidas de proteção 783

    8.2 Requisitos a serem observados nas atividades de jateamento e hidroja-teamento 783

9. ATIVIDADES DE PINTURA 784

9.1 Higiene e proteção do trabalhador.. 784

10. MOVIMENTAÇÃO DE CARGAS.. 784

10.1 Inspeção de equipamentos 784

10.2 Procedimentos de movimentação de cargas.................................... 786

10.3 Sinalização.. 786

10.4 Treinamento e avaliação 786

11. ANDAIMES.. 786

11.1 Medidas de ordem geral.. 786

11.2 Requisitos para trabalhos em andaimes 787

11.3 Montagem e desmontagem de andaimes 787

12. TESTE DE ESTANQUEIDADE... 787

13. TRABALHO SOB INTEMPÉRIES – VENTOS....................................... 788

14. CAPACITAÇÃO E TREINAMENTO... 789

15. PROIBIÇÕES DA NR34 789

16. SOLUÇÕES ALTERNATIVAS... 790

17. PLANO DE RESPOSTAS A EMERGÊNCIAS (PRE) 791

18. CONSIDERAÇÕES FINAIS... 791

NR 35

TRABALHO EM ALTURA

1. INTRODUÇÃO 793

2. TERMOS TÉCNICOS... 794

3. CONCEITO 795

4. TRABALHO EM ALTURA E O PGR... 796

4.1 Gradação da severidade de lesões decorrentes da queda de altura........ 796

4.2 Gradação da probabilidade de ocorrência de lesões decorrentes da queda de altura.. 797

5. OBJETIVO E CAMPO DE APLICAÇÃO 797

6. RESPONSABILIDADES 797

6.1 Da organização.. 797

6.2 Dos trabalhadores 799

7. PLANEJAMENTO E ORGANIZAÇÃO... 799

7.1 Análise de risco... 800

7.2 Procedimento operacional 803

7.3 Permissão de Trabalho (PT)... 803

LX │ SEGURANÇA E SAÚDE NO TRABALHO – *Mara Queiroga Camisassa*

8.	AUTORIZAÇÃO, CAPACITAÇÃO E APTIDÃO	804
	8.1 Trabalhador autorizado	804
	8.2 Trabalhador capacitado	804
	8.3 Aptidão para trabalho em altura	806
9.	SISTEMAS DE PROTEÇÃO CONTRA QUEDAS	806
	9.1 Sistema de Proteção Individual contra Quedas (SPIQ)	807
10.	EMERGÊNCIA E SALVAMENTO	810

NR 36

SEGURANÇA E SAÚDE NO TRABALHO EM EMPRESAS DE ABATE E PROCESSAMENTO DE CARNES E DERIVADOS

1.	INTRODUÇÃO	811
2.	OBJETIVO	812
3.	TERMOS TÉCNICOS	812
4.	MOBILIÁRIO DOS POSTOS DE TRABALHO	813
	4.1 Alternância de posturas – Assentos	813
	4.2 Trabalho manual sentado ou em pé	814
	4.3 Apoio para os pés	815
	4.4 Trabalho realizado exclusivamente em pé	815
	4.5 Uso de pedais	816
	4.6 Câmaras frias	816
5.	ESTRADOS, PASSARELAS E PLATAFORMAS	816
6.	MANUSEIO DE PRODUTOS	816
7.	LEVANTAMENTO E TRANSPORTE DE PRODUTOS E CARGAS	818
8.	RECEPÇÃO E DESCARGA DE ANIMAIS	819
9.	MÁQUINAS	821
10.	EQUIPAMENTOS E FERRAMENTAS	822
11.	CONDIÇÕES AMBIENTAIS DE TRABALHO	823
	11.1 Ruído	823
	11.2 Qualidade do ar nos ambientes artificialmente climatizados	824
	11.3 Agentes químicos	824
	11.3.1 Amônia	824
	11.4 Agentes biológicos	827
	11.5 Conforto térmico	827
12.	EQUIPAMENTOS DE PROTEÇÃO INDIVIDUAL (EPI)	828

13. GERENCIAMENTO DOS RISCOS 829

14. PROGRAMAS DE PREVENÇÃO DOS RISCOS AMBIENTAIS E DE CONTROLE MÉDICO DE SAÚDE OCUPACIONAL (PPRA e PCMSO)... 830

15. ORGANIZAÇÃO TEMPORAL DO TRABALHO 832

15.1 Trabalho no interior de câmaras frigoríficas e em ambiente quente e frio 833

15.2 Pausas psicofisiológicas 833

15.3 Requisitos a serem observados na concessão das pausas 834

15.4 Atividade física 835

15.5 Outras disposições 835

16. ORGANIZAÇÃO DAS ATIVIDADES 835

17. RODÍZIOS 836

18. ASPECTOS PSICOSSOCIAIS 837

19. ANÁLISE ERGONÔMICA DO TRABALHO 837

20. INFORMAÇÕES E TREINAMENTO 838

21. PROIBIÇÕES DA NR36 840

NR 37

SEGURANÇA E SAÚDE EM PLATAFORMAS DE PETRÓLEO

1. INTRODUÇÃO 841

2. CAMPO DE APLICAÇÃO 842

3. RESPONSABILIDADES 843

3.1 Operadora da instalação 843

3.2 Operador do contrato 844

3.3 Empresas prestadoras de serviços 844

3.4 Trabalhadores 844

4. DIREITOS DOS TRABALHADORES 844

5. DECLARAÇÃO DA INSTALAÇÃO MARÍTIMA – DIM 845

6. PROGRAMA DE GERENCIAMENTO DE RISCOS – PGR E ANÁLISE DE RISCOS DAS INSTALAÇÕES E PROCESSOS 846

6.1 Elaboração e implementação 846

6.2 Revisão 846

6.3 Inventário de riscos e plano de ação 846

6.4 Análises de riscos 847

7. ATENÇÃO À SAÚDE NA PLATAFORMA 848

7.1	Programa de Controle Médico de Saúde Ocupacional – PCMSO	848
7.2	Plataforma habitada	849
7.3	Treinamentos	850
7.4	Equipamentos, materiais e medicamentos	850

8. CAPACITAÇÃO E TREINAMENTO EM SEGURANÇA E SAÚDE NO TRABALHO ... 850

8.1	Modalidades	850
	8.1.1 *Briefing*	850
	8.1.2 Treinamento básico	851
	8.1.3 Treinamento avançado	852
	8.1.4 Treinamento eventual	852
	8.1.5 Reciclagem	853
	8.1.6 Diálogo Diário de Segurança – DDS	853
8.2	Treinamentos a distância e semipresencial	853
8.3	Instrutores	854
8.4	Disposições gerais	854

9. ACESSO À PLATAFORMA ... 854

10. CONDIÇÕES DE VIVÊNCIA A BORDO ... 857

10.1	Alojamentos	858
10.2	Instalações sanitárias	858
10.3	Higiene, segurança e conforto por ocasião das refeições	859
10.4	Cozinha	861
10.5	Camarotes	861
10.6	Lavanderia	862
10.7	Serviços de bem-estar a bordo	863
10.8	Espaço para atividades físicas	863

11. SERVIÇOS ESPECIALIZADOS EM SEGURANÇA E MEDICINA DO TRABALHO – SESMT ... 864

11.1	SESMT em terra	864
11.2	SESMT a bordo da plataforma constituído pela operadora da instalação	864
11.3	SESMT a bordo da plataforma constituído pela empresa prestadora de serviços	865
11.4	SESMT a bordo – atividades noturnas	865
11.5	SESMT a bordo – dimensionamento	865

12. COMISSÃO INTERNA DE PREVENÇÃO DE ACIDENTES E DE ASSÉDIO EM PLATAFORMAS – CIPLAT ... 866

12.1	Constituição	866

12.2 Empregado nomeado 866

12.3 CIPA das empresas prestadoras de serviços temporários 866

12.4 Processo eleitoral 867

12.5 Reuniões 867

13. INSPEÇÕES DE SEGURANÇA E SAÚDE A BORDO 867

14. CALDEIRAS, VASOS DE PRESSÃO E TUBULAÇÕES 868

15. SISTEMA DE DETECÇÃO E ALARME DE INCÊNDIO E GASES 869

16. PREVENÇÃO E CONTROLE DE VAZAMENTOS, DERRAMAMENTOS, INCÊNDIOS E EXPLOSÕES 870

17. PROTEÇÃO E COMBATE A INCÊNDIOS 872

17.1 Dispositivos de controle e parada de emergência 872

17.2 Sistemas fixos de combate a incêndio 873

17.3 Extintores de incêndio portáteis 873

18. PLANO DE RESPOSTA A EMERGÊNCIAS – PRE 873

19. COMUNICAÇÃO E INVESTIGAÇÃO DE INCIDENTES 875

NR 38

SEGURANÇA E SAÚDE NO TRABALHO NAS ATIVIDADES DE LIMPEZA URBANA E MANEJO DE RESÍDUOS SÓLIDOS

1. INTRODUÇÃO 877

2. OBJETIVO 877

3. CAMPO DE APLICAÇÃO 878

4. VEÍCULOS, MÁQUINAS E EQUIPAMENTOS 880

5. COLETA DE RESÍDUOS SÓLIDOS 881

5.1 Plataforma operacional 882

5.2 Contentores móveis 883

5.3 Resíduos sólidos domiciliares 884

6. VARRIÇÃO 884

7. PODA DE ÁRVORES 884

7.1 Análise de riscos 885

7.2 Permissão de Trabalho (PT) 885

7.3 Trabalho em altura 886

8. TREINAMENTO 886

8.1 Treinamento inicial 887

8.2 Treinamento periódico 887

8.3 Treinamento eventual 888

9. PROGRAMA DE CONTROLE MÉDICO DE SAÚDE OCUPACIONAL – PCMSO.. 888

10. DISPOSIÇÕES GERAIS.. 889

10.1 Registro dos logradouros.. 889

10.2 Pontos de apoio... 889

10.3 Transporte dos trabalhadores ao local de prestação de serviço 890

BIBLIOGRAFIA 891

DOENÇAS DOS AZEITEIROS, DOS CURTIDORES, DOS QUEIJEIROS E DE OUTROS OFÍCIOS IMUNDOS

"Muitas outras oficinas existem e são pestíferas para o olfato e compensam os ganhos dos seus operários impondo-lhes um tributo de males; são aquelas em que trabalham os azeiteiros, curtidores, fabricantes de cordas musicais, carniceiros, pescadores, salgadores de pescado, queijeiros e fabricantes de velas de sebo. Confesso ter sentido o estômago revolto todas as vezes que entrei nas ditas oficinas e não consegui tolerar por longo tempo tão mau odor, sem ter dores de cabeça e vômitos. Com razão exigem as leis que tais operários não exerçam sua profissão em casa, mas em subúrbios ou zonas desabitadas da cidade [...]. À categoria dos curtidores podem ser equiparados aqueles que fabricam cordas para instrumentos musicais, vítimas de iguais padecimentos, por ser necessária a sua permanência em lugares úmidos e nauseabundos onde manipulam tripas de animais, lavando-as e desdobrando-as; assim se veem geralmente esses operários com rostos macilentos, caquéticos e com pernas inchadas."

"As doenças dos trabalhadores"
De Morbis Artificum Diatriba, Bernardino Ramazzini, 1700
FUNDACENTRO, tradução Dr. Raimundo Estrela.

INTRODUÇÃO À SEGURANÇA E SAÚDE NO TRABALHO

Breve Histórico

A relação entre trabalho e saúde tem sido observada desde a Antiguidade. No século IV a.C., a toxicidade do chumbo nos mineiros foi reconhecida e identificada pelo médico e filósofo grego Hipócrates. Plínio, O Velho, escritor e naturalista romano, que viveu no início da era cristã, descreveu, em seu tratado *De Historia Naturalis*, as condições de saúde dos trabalhadores com exposição ao chumbo e poeiras. Ele fez uma descrição dos primeiros equipamentos de proteção respiratória conhecidos, feitos com membranas de pele de bexiga de animais e usados como máscaras a fim de atenuar a inalação de poeiras nocivas. Também descreveu diversas moléstias do pulmão entre mineiros e o envenenamento em razão do manuseio de compostos de enxofre e zinco.

Em meados do século XVI, o pesquisador alemão George Bauer publicou um trabalho chamado *De Re Metallica*, no qual apresentava os problemas relacionados à extração de minerais, com destaque para uma doença chamada "asma dos mineiros", que sabemos hoje tratar da silicose, doença pulmonar que atinge os trabalhadores expostos à poeira contendo sílica.

Entretanto, o marco de maior evidência histórica no tocante ao estudo das doenças dos trabalhadores ocorreu em 1700, na Itália, quando o médico Bernardino Ramazzini publicou um livro sobre doenças ocupacionais chamado *De Morbis Artificum Diatriba* (Doenças dos Trabalhadores), no qual relacionou o adoecimento dos trabalhadores aos riscos existentes nos ambientes de trabalho. Ele orientava os demais médicos a fazer a seguinte pergunta ao paciente: "Qual o seu trabalho?", ou na linguagem da época, "Que arte exerce?". Por sua vida dedicada a esse assunto, Ramazzini ficou conhecido como o pai da Medicina Ocupacional.

Ao longo dos anos, vários médicos e higienistas se ocuparam da observação do trabalho em diversas atividades e conseguiram chegar a várias descobertas importantes, como o médico francês Philibert Patissier, que recomendava aos ourives levantarem a cabeça de vez em quando e olhar para o infinito como modo de evitar a fadiga visual. E também o médico francês René Villermé, que foi além dos ambientes de trabalho insalubres e identificou alguns dos hoje chamados fatores de risco psicossociais. Ele associou a influência das jornadas excessivas, as péssimas condições dos alojamentos, a baixa qualidade da alimentação e o salário abaixo das necessidades reais ao estado de saúde dos trabalhadores.

Revolução Industrial

No final do século XVIII, a Revolução Industrial, processo de grandes transformações econômicas, tecnológicas e sociais, introduziu novos fatores de risco nos locais de trabalho. O avanço tecnológico dos meios de produção se contrastava com o crescimento das doenças e mortes dos trabalhadores assalariados, entre eles mulheres e crianças, em virtude das precárias condições de trabalho. Apesar de diversos riscos em várias atividades serem conhecidos, as ações preventivas para sua redução ou eliminação eram praticamente inexistentes. Naquela época, o objetivo era tratar as consequências do adoecimento ou dos acidentes, e não as intervenções necessárias no ambiente de trabalho para se evitar o dano à saúde ou à integridade física do trabalhador.

Um dos marcos da legislação internacional relativa à proteção do trabalho foi a aprovação, pelo parlamento britânico, a partir de 1802, de várias leis conhecidas como Leis das Fábricas, do inglês, *Factory Law* ou *Factory Acts*, abrangendo inicialmente as indústrias têxteis e, mais tarde, todas as atividades industriais. A Lei das Fábricas tinha o objetivo de proteção do trabalho de mulheres e crianças, tanto no que se referia ao ambiente de trabalho quanto às jornadas excessivas, comumente praticadas. Se, por um lado, os proprietários das fábricas, detentores dos meios de produção, faziam forte oposição à aprovação desta lei, por outro lado, eles sabiam da necessidade de se preservar o potencial humano como forma de garantir a produção.

Em 1844 houve um grande *avanço* na legislação britânica com a nova publicação da *Factories Law*, incluindo requisitos expressos como a obrigatoriedade de comunicação e investigação de acidentes fatais e a proteção de máquinas. É claro que essa proteção era tão precária quanto a própria redação da lei que obrigava sua implantação, mas de qualquer modo já era uma evolução. Nessa mesma época surgiram na Alemanha as primeiras leis que tratavam sobre acidentes do trabalho, o que também começou a acontecer em outros países da Europa.

No século XX foram criados vários organismos internacionais com o objetivo final de proteção do meio ambiente de trabalho, como o *American Conference of Governmental Industrial Hygienists* (ACGIH), o *National Institute of Occupational Safety and Health* (NIOSH) e, no Brasil, a Fundação Jorge Duprat Figueiredo de Segurança e Medicina do Trabalho (FUNDACENTRO). Também foi no início do século XX, graças ao pioneirismo de estudos como os da médica americana Alice Hamilton (1869-1970), que o estudo das doenças ocupacionais tomou impulso.

Segurança e Saúde no Trabalho no Brasil

Enquanto no início do século XIX a Inglaterra já se preocupava com a proteção dos trabalhadores das indústrias têxteis, somente no final daquele século, por volta de 1870, é que se tem notícia da instalação da primeira indústria têxtil no Brasil, no Estado de Minas Gerais. E somente vinte anos depois é que surgiria no país um dos primeiros dispositivos legais relativos à proteção do trabalho, mais precisamente em 1891, com a publicação do Decreto 1.313, considerado o marco da Inspeção do Trabalho no País. Esse decreto instituiu a fiscalização permanente de todos os estabelecimentos fabris em que trabalhavam menores. Em 1919, foi publicado o Decreto 3.724, que tratava dos acidentes de trabalho e respectivas indenizações e de vários assuntos que constam atualmente na Lei Previdenciária 8.213/1991, que dispõe sobre os planos de benefícios da Previdência Social.

Em 1943 foi publicada a Consolidação das Leis Trabalhistas (CLT) por meio do Decreto 5.452. A CLT foi um marco na legislação trabalhista brasileira, pois consolidou em um único documento as legislações esparsas sobre direito do trabalho e segurança e saúde no trabalho.

Até meados da década de 1970, entretanto, a legislação da segurança no trabalho existente no Brasil era basicamente corretiva e não preventiva. Havia a preocupação em determinar as indenizações por acidentes de trabalho, mas não em investigar e prevenir as causas desses acidentes de forma efetiva. Em 1977, foi publicada a Lei 6.514, com o propósito de aprofundar as medidas preventivas para retirar o Brasil da incômoda posição de campeão mundial em acidentes do trabalho. Essa lei alterou o art. 200 da CLT, delegando competência normativa ao então Ministério do Trabalho não só para

INTRODUÇÃO À SEGURANÇA E SAÚDE NO TRABALHO | 5

regulamentar, mas também para complementar as normas do Capítulo VII – Da Segurança e da Medicina do Trabalho:

Art. 200. Cabe ao Ministério do Trabalho estabelecer disposições complementares às normas de que trata este Capítulo, tendo em vista as peculiaridades de cada atividade ou setor de trabalho, especialmente sobre:

I – medidas de prevenção de acidentes e os equipamentos de proteção individual em obras de construção, demolição ou reparos;

II – depósitos, armazenagem e manuseio de combustíveis, inflamáveis e explosivos, bem como trânsito e permanência nas áreas respectivas;

III – trabalho em escavações, túneis, galerias, minas e pedreiras, sobretudo quanto à prevenção de explosões, incêndios, desmoronamentos e soterramentos, eliminação de poeiras, gases, etc. e facilidades de rápida saída dos empregados;

IV – proteção contra incêndio em geral e as medidas preventivas adequadas, com exigências ao especial revestimento de portas e paredes, construção de paredes contrafogo, diques e outros anteparos, assim como garantia geral de fácil circulação, corredores de acesso e saídas amplas e protegidas, com suficiente sinalização;

V – proteção contra insolação, calor, frio, umidade e ventos, sobretudo no trabalho a céu aberto, com provisão, quanto a este, de água potável, alojamento e profilaxia de endemias;

VI – proteção do trabalhador exposto a substâncias químicas nocivas, radiações ionizantes e não ionizantes, ruídos, vibrações e trepidações ou pressões anormais ao ambiente de trabalho, com especificação das medidas cabíveis para eliminação ou atenuação desses efeitos, limites máximos quanto ao tempo de exposição, à intensidade da ação ou de seus efeitos sobre o organismo do trabalhador, exames médicos obrigatórios, limites de idade, controle permanente dos locais de trabalho e das demais exigências que se façam necessárias;

VII – higiene nos locais de trabalho, com discriminação das exigências, instalações sanitárias, com separação de sexos, chuveiros, lavatórios, vestiários e armários individuais, refeitórios ou condições de conforto por ocasião das refeições, fornecimento de água potável, condições de limpeza dos locais de trabalho e modo de sua execução, tratamento de resíduos industriais;

VIII – emprego das cores nos locais de trabalho, inclusive nas sinalizações de perigo.

Em 1978, o Ministério do Trabalho regulamentou a Lei 6.514/1977 com a publicação da Portaria 3.214, que aprovou as Normas Regulamentadoras (NRs) 1 a 28 de "Segurança e Medicina no Trabalho", materialmente recepcionadas pela Constituição Federal, promulgada em 1988. Além de cumprir a delegação normativa expressa na CLT, a publicação das NRs também efetiva direito fundamental insculpido no art. 7.º, XXII, da nossa Carta Magna, que garante aos trabalhadores urbanos e rurais a redução dos riscos inerentes ao trabalho, por meio de normas de saúde, higiene e segurança.

A delegação normativa de matérias que envolvem conhecimento técnico e científico, tal como prevista no art. 200 da CLT e na Constituição Federal, tem sido usual no mundo todo. Sobre esse assunto, o administrativista José dos Santos Carvalho Filho[1] ensina:

---

[1] *Manual de direito administrativo*. 14. ed. Rio de Janeiro: Lumen Juris, 2005.

Modernamente, contudo, em virtude da crescente complexidade das atividades técnicas da Administração, passou a aceitar-se nos sistemas normativos, originariamente na França, o fenômeno da deslegalização, pelo qual a competência para regular certas matérias se transfere da lei (ou ato análogo) para outras fontes normativas por autorização do próprio legislador: a normatização sai do domínio da lei (*domaine de la loi*) para o domínio de ato regulamentar (*domaine de l'ordonnance*). O fundamento não é difícil de conceber: incapaz de criar a regulamentação sobre algumas matérias de alta complexidade técnica, o próprio Legislativo delega ao órgão ou à pessoa administrativa a função específica de instituí-la, valendo-se de especialistas e técnicos que melhor podem dispor sobre tais assuntos.

Regras de Aplicação, Interpretação e Estruturação das Normas Regulamentadoras

As regras de aplicação, interpretação e estruturação das Normas Regulamentadoras constam no Capítulo VI da Portaria 672, publicada em 8 de novembro de 2021.

Segundo essa portaria, as NRs são classificadas em **normas gerais**, **especiais e setoriais**.

Consideram-se **gerais** as normas que regulamentam aspectos decorrentes da relação jurídica prevista em Lei sem estarem condicionadas a outros requisitos, como atividades, instalações, equipamentos ou setores e atividades econômicas específicas. Sua aplicabilidade está condicionada apenas à existência da relação jurídica de trabalho prevista em Lei.

Consideram-se **especiais** as normas que regulamentam a execução do trabalho considerando as atividades, instalações ou equipamentos empregados, sem estarem condicionadas a setores ou atividades econômicas específicas.

Consideram-se **setoriais** as normas que regulamentam a execução do trabalho em setores ou atividades econômicas específicas.

As disposições previstas em normas setoriais se aplicam, exclusivamente, ao setor ou atividade econômica por elas regulamentados.

Já os anexos das NRs são classificados em:

I – anexo tipo 1: complementa diretamente a parte geral da norma regulamentadora de segurança e saúde no trabalho, exemplifica ou define seus termos; e

II – anexo tipo 2: dispõe sobre situação específica.

A classificação da NR e seus anexos constam na sua portaria de publicação.

Vigência

As NRs e suas alterações começam a vigorar em todo o país quarenta e cinco dias corridos após sua publicação, salvo disposto em contrário. Alterações meramente formais do texto, como reorganização ou correção ortográfica, não reiniciam o prazo previsto.

Complementação das Normas Setoriais

As disposições contidas nas NRs setoriais se complementam com as disposições previstas em normas especiais no que não lhes forem contrárias, e estas, com as disposições das normas gerais.

Regras no caso de lacunas nas NRs

Em caso de lacunas na aplicação de NR se aplicam as regras seguintes:

I – NR setorial pode ser complementada por NR especial ou geral quando aquela não contemple todas as situações sobre determinado tema; e

II – NR especial pode ser complementada por NR geral.

Regras no caso de conflitos entre NRs

Em caso de conflito aparente entre dispositivos normativos, a solução se dará pela aplicação das seguintes regras:

I – NR setorial se sobrepõe à especial ou geral;

II – NR especial se sobrepõe à geral;

III – parte geral de NR se sobrepõe ao anexo tipo 1; e

IV – anexo tipo 2, considerando o seu campo de aplicação, sobrepõe-se à parte geral de NR: por exemplo, as disposições dos anexos da NR12 que tratam da proteção de máquinas e equipamentos específicos (ex. Anexo VIII – Prensas e similares) se sobrepõem às disposições do texto geral da norma.

Entretanto, as regras anteriores não serão aplicadas quando houver disposição expressa em sentido contrário no campo de aplicação de NR setorial. Este é o caso da NR31 (norma setorial do trabalho rural), cujo campo de aplicação determina expressamente quais normas especiais e gerais que se aplicam ao trabalho rural. Também é o caso da NR37 (Plataformas de petróleo) que dispõe expressamente sobre a não aplicação da NR24 (Condições sanitárias e de conforto nos locais de trabalho).

Normas Regulamentadoras

A seguir apresento a lista das 38 NRs já publicadas (35 NRs em vigor[2]) e respectiva classificação:

NR1 – Disposições Gerais e Gerenciamento de Riscos Ocupacionais (Geral)

NR3 – Embargo e Interdição (Geral)

NR4 – Serviços Especializados em Segurança e Medicina do Trabalho – SESMT (Geral)

NR5 – Comissão Interna de Prevenção de Acidentes e de Assédio – CIPA (Geral)

NR6 – Equipamentos de Proteção Individual – EPI (Especial)

NR7 – Programa de Controle Médico de Saúde Ocupacional – PCMSO (Geral)

NR8 – Edificações (Especial)

NR9 – Avaliação e Controle das Exposições Ocupacionais a Agentes Físicos, Químicos e Biológicos (Geral)

NR10 – Segurança em Instalações e Serviços em Eletricidade (Especial)

NR11 – Transporte, Movimentação, Armazenagem e Manuseio de Materiais (Especial)

NR12 – Segurança no Trabalho em Máquinas e Equipamentos (Especial)

NR13 – Caldeiras, Vasos de Pressão, Tubulações e Tanques Metálicos de Armazenamento (Especial)

---

[2] Até a data do fechamento desta edição, haviam sido publicadas 38 NRs, porém, somente 35 estavam em vigor: A NR2 – Inspeção Prévia foi revogada pela Portaria SEPRT 915, de 30 de julho de 2019 e a NR27 – Registro Profissional do Técnico de Segurança do Trabalho foi revogada pela Portaria GM 262, de 29 de maio de 2008. No caso da NR38 – Segurança e saúde nas atividades de limpeza urbana e manejo de resíduos sólidos, a data da entrada em vigor é 2 de janeiro de 2024.

NR14 – Fornos (Especial)

NR15 – Atividades e Operações Insalubres (Especial)

NR16 – Atividades e Operações Perigosas (Especial)

NR17 – Ergonomia (Geral)

NR18 – Segurança e Saúde no Trabalho na Indústria da Construção (Setorial)

NR19 – Explosivos (Especial)

NR20 – Segurança e Saúde no Trabalho com Inflamáveis e Combustíveis (Especial)

NR21 – Trabalho a Céu Aberto (Especial)

NR22 – Segurança e Saúde Ocupacional na Mineração (Setorial)

NR23 – Proteção Contra Incêndios (Especial)

NR24 – Condições Sanitárias e de Conforto nos Locais de Trabalho (Especial)

NR25 – Resíduos Industriais (Especial)

NR26 – Sinalização de Segurança (Especial)

NR28 – Fiscalização e Penalidades (Geral)

NR29 – Segurança e Saúde no Trabalho Portuário (Setorial)

NR30 – Segurança e Saúde no Trabalho Aquaviário (Setorial)

NR31 – Segurança e Saúde no Trabalho na Agricultura, Pecuária Silvicultura, Exploração Florestal e Aquicultura (Setorial)

NR32 – Segurança e Saúde no Trabalho em Serviços de Saúde (Setorial)

NR33 – Segurança e Saúde nos Trabalhos em Espaços Confinados (Especial)

NR34 – Condições e Meio Ambiente de Trabalho na Indústria da Construção, Reparação e Desmonte Naval (Setorial)

NR35 – Trabalho em Altura (Especial)

NR36 – Segurança e Saúde no Trabalho em Empresas de Abate e Processamento de Carnes e Derivados (Setorial)

NR37 – Segurança e Saúde em Plataformas de Petróleo (Setorial)

NR38 – Segurança e saúde nas atividades de limpeza urbana e manejo de resíduos sólidos (Setorial)

Vale destacar que a elaboração das normas regulamentadoras adota as disposições preconizadas pela Convenção 144 da Organização Internacional do Trabalho (OIT), que recomenda o uso de Sistema Tripartite Paritário (representantes do Governo, Empregadores e Trabalhadores) para discussão e elaboração de normas de Segurança e Saúde no Trabalho.

Os procedimentos referentes à elaboração e à revisão das NRs se encontram consolidados na Portaria 672/2021, Capítulo VII – "Dos procedimentos para elaboração e revisão das normas regulamentadoras de segurança e saúde no trabalho".

NR 1 DISPOSIÇÕES GERAIS E GERENCIAMENTO DE RISCOS OCUPACIONAIS

Classificação: Norma Geral

Última atualização: Portaria MTP 4.219, de 20 dezembro de 2022

1. INTRODUÇÃO

A NR1 é uma norma introdutória às demais Normas Regulamentadoras (NRs).

Seu objetivo é estabelecer as disposições gerais, o campo de aplicação, os termos e as definições comuns às NRs, as diretrizes e os requisitos para o gerenciamento de riscos ocupacionais, bem como as medidas de prevenção em segurança e saúde no trabalho.

Nesse sentido, são apresentados diversos conceitos para fins de aplicação das demais NRs, a atribuição das responsabilidades de empregadores e empregados e também o órgão de âmbito nacional competente em matéria de segurança e saúde no trabalho.

A redação atual também traz importantes disposições que veremos ao longo deste capítulo, entre as quais destaco:

- requisitos a serem observados para fins de prevenção e gerenciamento dos riscos ocupacionais;
- tratamento diferenciado para o Microempreendedor Individual, as Microempresas e as Empresas de Pequeno Porte, no que se refere ao cumprimento de determinadas obrigações, sob condições específicas;
- aproveitamento de treinamentos anteriores por meio de convalidação ou complementação;
- possibilidade de emprego da modalidade de ensino a distância ou semipresencial nos treinamentos previstos nas NRs;
- requisitos para a prestação de informação digital e digitalização de documentos; e
- direito de recusa, conforme previsto na Convenção 155 – Segurança e Saúde dos Trabalhadores, da Organização Internacional do Trabalho (OIT).

Além do texto geral, a norma possui dois anexos:

- Anexo I: Termos e Definições
- Anexo II: Diretrizes e requisitos mínimos para utilização da modalidade de ensino a distância e semipresencial

A fim de facilitar o entendimento do texto geral da norma, veremos inicialmente alguns conceitos constantes do Anexo I – Termos e Definições.

2. TERMOS E DEFINIÇÕES

Agente biológico: Microrganismos, parasitas ou materiais originados de organismos que, em função de sua natureza e do tipo de exposição, são capazes de acarretar lesão ou agravo à saúde do trabalhador. Exemplos: bactéria *Bacillus anthracis*, vírus linfotrópico da célula T humana, príon agente de doença de *Creutzfeldt-Jakob*, fungo *Coccidioides immitis*.

Agente físico: Qualquer **forma de energia** que, em função de sua natureza, intensidade e exposição, é capaz de causar lesão ou agravo à saúde do trabalhador. Exemplos: ruído, vibrações, pressões anormais, temperaturas extremas, radiações ionizantes, radiações não ionizantes. Neste ponto, relembro o leitor que *umidade* não é agente físico, o que se depreende pelo próprio conceito deste agente. A umidade é uma condição adversa presente no ambiente de trabalho.

No texto da NR1 também consta a seguinte observação sobre agentes físicos: "Critérios sobre iluminamento, conforto térmico e conforto acústico da NR17 não constituem agente físico para fins da NR9". Apesar da impropriedade da redação (*"critérios"* ... *"não constituem agentes..."*), a intenção do elaborador aqui foi esclarecer que as avaliações das condições de **conforto** visual, térmico e acústico devem observar o disposto na NR17 (Ergonomia), apesar de luz, calor e ruído se enquadrarem tecnicamente como agentes físicos.

Agente químico: Substância química, por si só ou em misturas, quer seja em seu estado natural, quer seja produzida, utilizada ou gerada no processo de trabalho, que, em função de sua natureza, concentração e exposição, é capaz de causar lesão ou agravo à saúde do trabalhador. Exemplos: fumos de cádmio, poeira mineral contendo sílica cristalina, vapores de tolueno, névoas de ácido sulfúrico. Destaco que nestes exemplos o elaborador da norma indicou não somente o agente químico (cádmio, sílica, tolueno e ácido sulfúrico), mas também as respectivas <u>formas de apresentação</u> ou <u>formas de dispersão</u> destes agentes no ar ambiente (fumos, poeira, vapores e névoas). Isso posto, concluímos que não está correto dizer, por exemplo, que "poeira é agente químico". Esta frase apenas indica que determinado agente (qual?) está presente no ambiente de trabalho na forma de poeira. A identificação da forma de apresentação do agente (poeira, fumos, névoas, neblinas, gases ou vapores) é de fundamental importância para a seleção da proteção respiratória a ser utilizada, quando for o caso. Já a identificação do agente químico é importante para a determinação da sua toxicidade e das consequências à saúde do trabalhador exposto.

Canteiro de obra: Área de trabalho fixa e temporária, onde se desenvolvem operações de apoio e execução à construção, demolição ou reforma de uma obra.

Empregado: A pessoa física que presta serviços de natureza não eventual a empregador, sob a dependência deste e mediante salário.

Empregador: A empresa individual ou coletiva que, assumindo os riscos da atividade econômica, admite, assalaria e dirige a prestação pessoal de serviços. Equiparam-se ao empregador as organizações, os profissionais liberais, as instituições de beneficência, as associações recreativas ou outras instituições sem fins lucrativos, que admitam trabalhadores como empregados.

NR 1 · DISPOSIÇÕES GERAIS E GERENCIAMENTO DE RISCOS OCUPACIONAIS | 11

Estabelecimento: Local privado ou público, edificado ou não, móvel ou imóvel, próprio ou de terceiros, onde a empresa ou a organização exerce suas atividades em caráter temporário ou permanente.

Evento perigoso: Ocorrência ou acontecimento com o potencial de causar lesões ou agravos à saúde.

Frente de trabalho: Área de trabalho móvel e temporária. Este termo abrange também as frentes de trabalho rurais.

Local de trabalho: Área onde são executados os trabalhos.

Obra: Todo e qualquer serviço de engenharia de construção, montagem, instalação, manutenção ou reforma.

Ordem de serviço de segurança e saúde no trabalho: Instruções por **escrito** a respeito das precauções para evitar acidentes do trabalho ou doenças ocupacionais. A ordem de serviço pode estar contemplada em procedimentos de trabalho ou outras instruções de SST.

Organização: Pessoa ou grupo de pessoas com suas próprias funções com responsabilidades, autoridades e relações para alcançar seus objetivos. Inclui, mas <u>não é limitada a</u> empregador, tomador de serviços, empresa, empreendedor individual, produtor rural, companhia, corporação, firma, autoridade, parceria, organização de caridade ou instituição, ou parte ou combinação destes, seja incorporada ou não, pública ou privada. Trata-se aqui de lista exemplificativa, não exaustiva.

Perigo ou fator de risco ocupacional/Perigo ou fonte de risco ocupacional: Fonte com o potencial de causar lesões ou agravos à saúde, seja um produto, uma máquina ou equipamento, uma atividade ou método de trabalho, entre outras fontes. Elemento que, isoladamente ou em combinação com outros, tem o potencial intrínseco de dar origem a lesões ou agravos à saúde.

Prevenção: O conjunto das disposições ou medidas tomadas ou previstas em todas as fases da atividade da organização, visando **evitar, eliminar, minimizar ou controlar** os riscos ocupacionais.

Quando falamos em *evitar* os riscos, referimo-nos à etapa de *antecipação* de riscos potenciais, futuros, ainda não existentes, mas que podem vir a existir no ambiente de trabalho, seja pela aquisição de novas máquinas ou equipamentos ou alteração de processos, produtos, *layout* ou outros. Quando falamos em *eliminar, minimizar ou controlar os riscos*, referimo-nos às medidas adotadas após a realização da correspondente etapa do *reconhecimento e avaliação dos riscos*.

Responsável técnico pela capacitação: Profissional legalmente habilitado[1] ou trabalhador qualificado, conforme disposto em NR específica, responsável pela elaboração das capacitações e treinamentos. Cito, como exemplo, a NR12, que determina que o *profissional habilitado para a supervisão da capacitação* é aquele que comprove conclusão de curso específico na área de atuação, compatível com o curso a ser ministrado, com registro no competente conselho de classe, se necessário. Já a NR37 – Segurança e Saúde em Plataformas de Petróleo, item 37.9.6.1, determina que os treinamentos ministrados pelo operador da instalação devem ter <u>engenheiro de segurança do trabalho como responsável técnico</u>. Entretanto, caso a NR específica não determine

---

[1] O profissional legalmente habilitado é aquele registrado no respectivo conselho de classe e habilitado apenas para as atividades técnicas conforme suas atribuições.

qual profissional deve ser o responsável técnico pela capacitação, caberá à própria organização esta indicação.

Risco ocupacional: Combinação da ***probabilidade*** de ocorrer lesão ou agravo à saúde causados por um evento perigoso, exposição a agente nocivo ou exigência da atividade de trabalho (seja uma exigência cognitiva, biomecânica, visual, de atenção, afetiva, entre outras) e a correspondente ***severidade*** da lesão ou agravo à saúde. Vejam que a ***probabilidade*** se refere à chance de ocorrência do ***dano final*** (*end point*), e não do evento que o provocou.

Setor de serviço: A menor unidade administrativa ou operacional compreendida no mesmo estabelecimento.

Trabalhador: Pessoa física inserida em uma relação de trabalho, inclusive de natureza administrativa, como os empregados e outros sem vínculo de emprego.

3. CAMPO DE APLICAÇÃO

As NRs obrigam, nos termos da lei, empregadores e empregados, urbanos e rurais. No que se refere ao **regime celetista**, são de observância obrigatória pelas organizações e pelos órgãos públicos da administração direta e indireta (Poder Executivo), bem como pelos órgãos dos Poderes Legislativo e Judiciário e do Ministério Público que contratarem empregados regidos por este regime[2].

Para as **demais relações jurídicas de trabalho (além da relação jurídica celetista),** as normas regulamentadoras se aplicarão nos termos previstos em lei, conforme item 1.2.1.2 da NR1. Por exemplo, os trabalhadores avulsos são alcançados pela proteção das normas de segurança e saúde, uma vez que a Lei 12.023, de 27 de agosto de 2009, que dispõe sobre esta relação jurídica, determina que:

> Art. 5.º São deveres do sindicato intermediador:
> V – zelar pela observância das normas de segurança, higiene e saúde no trabalho;
> Art. 9.º As empresas tomadoras do trabalho avulso são responsáveis pelo fornecimento dos Equipamentos de Proteção Individual e por zelar pelo cumprimento das normas de segurança no trabalho. (grifos acrescentados)

Várias legislações municipais também preveem a aplicação das NRs aos servidores estatutários. Por exemplo, a Lei Ordinária 11.334, de 9 de agosto de 2007, do município de Ribeirão Preto[3]. Segundo o art. 1.º, § 1.º, desta lei:

> Art. 1.º, § 1.º: Serão observadas no cumprimento desta Lei as Normas Regulamentadoras de Segurança e Saúde no Trabalho promulgadas pelo Ministério do Trabalho e Emprego.

---

[2]   Conforme Consolidação das Leis do Trabalho – CLT.

[3]   Disponível em: https://leismunicipais.com.br/a/sp/r/ribeirao-preto/lei-ordinaria/2007/1134/11334/lei-ordinaria-n-11334-2007-institui-as-comissoes-internas-de-prevencao-de-acidentes-cipa-s-no-ambito-da--administracao-municipal?q=regulamentadoras.

• DISPOSIÇÕES GERAIS E GERENCIAMENTO DE RISCOS OCUPACIONAIS | 13

> **Além da NR**
> **Aplicabilidade das normas regulamentadoras de**
> **Segurança e Saúde no Trabalho aos servidores públicos**
> Vejamos a redação do art. 7.º, XXII, da Constituição Federal c/c o art. 39, § 3.º: (grifos acrescentados)
> Art. 7.º São direitos dos **trabalhadores urbanos e rurais**, além de outros que visem à melhoria de sua condição social:
> XXII – redução dos riscos inerentes ao trabalho, por meio de **normas** de saúde, higiene e segurança;
> [...]
> Art. 39, § 3.º **Aplica-se aos servidores ocupantes de cargo público o disposto no art. 7.º, inciso [...] XXII;** (grifo acrescentado)
> Portanto, a previsão de aplicabilidade das normas de segurança e saúde aos servidores públicos consta na própria Constituição Federal.
> E, para corroborar esse entendimento, cito o art. 3 da Convenção 155 da Organização Internacional do Trabalho (OIT) – Segurança e Saúde dos Trabalhadores, ratificada pelo Brasil em 18.05.1992 e promulgada pelo Decreto 1.254, de 29.09.1994:
> Art. 3 Para os fins da presente Convenção:
> a) a expressão 'áreas de atividade econômica' abrange todas as áreas em que existam trabalhadores empregados, **inclusive a administração pública;**
> b) o termo **'trabalhadores'** **abrange todas as pessoas empregadas, incluindo os funcionários públicos**; (grifos acrescentados)
> Destaco que o art. 1.º do Decreto 1.254/1994 determina o cumprimento integral da Convenção 155.

De ressaltar que a observância das NRs não desobriga as organizações do cumprimento de outras disposições que, com relação à segurança e saúde no trabalho, sejam incluídas em códigos de obras ou regulamentos sanitários dos Estados ou Municípios, bem como daquelas oriundas de convenções e acordos coletivos de trabalho.

4. COMPETÊNCIAS E ESTRUTURA

Segundo o art. 21 da Constituição Federal:

Art. 21. Compete à União:
[...]
XXIV – organizar, manter e executar a inspeção do trabalho.

As atribuições relativas à organização, manutenção e execução da inspeção da segurança e saúde no trabalho no Brasil estão a cargo dos seguintes órgãos integrantes do Ministério do Trabalho:

4.1 Secretaria de Inspeção do Trabalho[4]

A **Secretaria de Inspeção do Trabalho – SIT**, é o órgão de âmbito **nacional** competente em matéria de segurança e saúde no trabalho para:

a) formular e propor as diretrizes, as normas de atuação e supervisionar as atividades da área de segurança e saúde do trabalhador;

---

[4] O Decreto 11.359, de 1.º de janeiro de 2023, aprovou a estrutura regimental do Ministério do Trabalho e Emprego, criando novamente a Secretaria de Inspeção do Trabalho (SIT), órgão nacional competente em matéria de SST. Porém, até a data de fechamento desta edição, a NR1 ainda não havia sido alterada.

b) promover a Campanha Nacional de Prevenção de Acidentes do Trabalho – CANPAT;

c) coordenar e fiscalizar o Programa de Alimentação do Trabalhador – PAT;

d) promover a fiscalização do cumprimento dos preceitos legais e regulamentares sobre segurança e saúde no trabalho – SST em todo o território nacional;

e) participar da implementação da Política Nacional de Segurança e Saúde no Trabalho – PNSST;

f) conhecer, em última instância, dos recursos voluntários ou de ofício, das decisões proferidas pelo órgão regional competente em matéria de segurança e saúde no trabalho, salvo disposição expressa em contrário.

> ### Além da NR
> #### Campanha Nacional de Prevenção de Acidentes do Trabalho (CANPAT)
> A CANPAT foi *instituída, em caráter permanente, pelo Decreto 68.255, de 16 de fevereiro de 1971. Tem por objetivo divulgar conhecimentos técnicos e ministrar ensinamentos práticos de prevenção de acidentes, de segurança, higiene e medicina do trabalho. Entre outras, são atividades obrigatórias desta campanha:*
> - *Congresso Nacional de Prevenção de Acidentes do Trabalho;*
> - *Semana de Prevenção de Acidentes do Trabalho;*
> - *Promoção de simpósios, conferências, seminários, palestras e aulas;*
> - *Divulgação educativa.*
>
> #### Programa Nacional de Alimentação do Trabalhador (PAT)
> *O PAT é um programa que visa o fornecimento de alimentação (refeição ou cesta de alimentação) aos trabalhadores de baixa renda, assim entendidos aqueles que recebem até cinco salários mínimos. O empregador pode optar pela autogestão do serviço de alimentação ou contratação de terceiros mediante convênios.*
>
> *As empresas participantes do PAT recebem incentivos fiscais, e a participação do trabalhador é limitada a 20% do custo direto da refeição.*
>
> *O programa foi instituído pela Lei 6.321/1976, atualmente regulamentado pelo Decreto 10.854/2021. Sua gestão é uma das atribuições da Secretaria de Trabalho.*

4.2 Superintendência Regional do Trabalho

Com a publicação do Decreto 8.894, de 03.11.2016, o órgão **regional** competente em matéria de Segurança e Saúde no Trabalho passou a ser denominado **Superintendência Regional do Trabalho (SRT)**, em substituição à nomenclatura anterior (Delegacia Regional do Trabalho). Cada um dos 26 Estados da Federação, além do Distrito Federal (DF), conta com uma SRT, cuja sede é localizada na capital e no DF.

Compete à SIT e às SRT, nos limites de sua competência, executar:

a) a fiscalização dos preceitos legais e regulamentares sobre segurança e saúde no trabalho;

b) as atividades relacionadas com a CANPAT e o PAT.

Cabe à autoridade regional competente em matéria de segurança e saúde no trabalho a *imposição das penalidades* por descumprimento dos preceitos legais e regulamentares relativos a SST, conforme redação do inciso III do art. 156 da CLT:

• DISPOSIÇÕES GERAIS E GERENCIAMENTO DE RISCOS OCUPACIONAIS | 15

Art. 156. Compete especialmente às Delegacias Regionais do Trabalho[5], nos limites de sua jurisdição:

I – promover a fiscalização do cumprimento das normas de segurança e medicina do trabalho;

II – adotar as medidas que se tornem exigíveis, em virtude das disposições deste Capítulo, determinando as obras e reparos que, em qualquer local de trabalho, se façam necessárias;

III – impor as penalidades cabíveis por descumprimento das normas constantes deste Capítulo, nos termos do art. 201.

Para fins de *imposição das penalidades*, a autoridade regional é Chefe de Seção de Multas e Recursos (SEMUR) ou do Núcleo de Multas e Recursos (NEMUR), conforme o Regimento Interno das Superintendências Regionais do Trabalho[6].

4.3 Dupla subordinação do AFT

Os Auditores Fiscais do Trabalho têm dupla subordinação: ao órgão nacional e ao regional, diferindo, entretanto, conforme o órgão:

- Subordinação **administrativa** ao **órgão regional**, no caso, a Superintendência Regional do Trabalho, com base de atuação a Lei 8.112/1990: questões relativas a férias, ponto eletrônico e pagamento de salários são tratadas com o órgão regional.
- Subordinação **técnica** ao **órgão nacional**, no caso, a Secretaria de Inspeção do Trabalho, com base de atuação o Decreto 4.552/2002, que aprovou o Regulamento da Inspeção do Trabalho (RIT): questões relativas ao planejamento nacional da fiscalização, metas de inspeção, projetos nacionais, entre outras questões relativas à fiscalização do trabalho são definidas pelo órgão nacional.

5. DIREITOS E DEVERES

5.1 Do empregador

Cabe ao empregador cumprir as leis e as normas regulamentadoras referentes à segurança e saúde no trabalho e também **exigir seu cumprimento** (= *fazer cumprir*) não somente pelos trabalhadores, mas também por todos aqueles que permaneçam em seu estabelecimento, sejam prestadores de serviços ou visitantes.

O empregador também tem a obrigação de informar aos trabalhadores os riscos ocupacionais existentes nos locais de trabalho, as medidas de prevenção adotadas para eliminar ou reduzir tais riscos, e também os resultados das **avaliações ambientais realizadas nos locais de trabalho,** como avaliações de concentração e/ou intensidade dos agentes agressores presentes no ambiente.

Também devem ser informados aos empregados os resultados dos **exames médicos e exames complementares de diagnóstico** aos quais tenham sido submetidos. Destaco que cabe ao empregador tão somente **encaminhar** os resultados dos exames

---

[5] Atuais Superintendências Regionais do Trabalho.
[6] Portaria 1.151, de 30 de outubro de 2017.

ao obreiro, não devendo ter acesso ao seu conteúdo, cuja cópia deve integrar o prontuário clínico individual do trabalhador, sob os cuidados do médico responsável pelo Programa de Controle Médico de Saúde Ocupacional (PCMSO), observando-se o sigilo médico-paciente.

O empregador deverá elaborar **ordens de serviço** que informem aos empregados os riscos aos quais estarão sujeitos durante a execução de suas atividades. A ciência aos empregados sobre o conteúdo dessas ordens de serviço pode ser feita por meio de comunicados, cartazes ou ainda meios eletrônicos, por exemplo, *e-mails*. Na lição do Desembargador Sebastião Geraldo de Oliveira, os empregados devem ser instruídos *quanto às precauções a tomar, no sentido de evitar acidentes do trabalho ou doenças ocupacionais, prestando informações pormenorizadas sobre os riscos da operação a executar e do produto a manipular*[7].

Durante o procedimento fiscalizatório do cumprimento da legislação de **segurança e saúde do trabalho**, a organização **deverá permitir que representantes dos trabalhadores** acompanhem a equipe de fiscalização. Elenco entre estes representantes os membros **eleitos** da CIPA. Destaco que essa permissão de acompanhamento está limitada à fiscalização da legislação de **segurança e saúde do trabalho, e não da legislação trabalhista como um todo**. Por exemplo, caso o AFT inicie a análise de documentos para auditoria do pagamento das guias de recolhimento do Fundo de Garantia do Tempo de Serviço (FGTS), a organização não será obrigada a permitir que os representantes dos trabalhadores acompanhem esse procedimento fiscalizatório, de acordo com a redação normativa.

Também cabe ao empregador determinar **procedimentos** a serem adotados no caso de acidentes ou doenças relacionadas ao trabalho, incluindo a **análise de suas causas**. Destaco que os procedimentos a serem adotados se referem a ações de *prevenção reativa* a fim de evitar que aconteçam novos acidentes e/ou adoecimentos. E aqui temos uma importante alteração incluída na NR1 pela Portaria SEPRT 915/2019: **todos** os empregadores devem realizar análise de acidentes e doenças do trabalho, e não somente aqueles obrigados a constituir o SESMT – Serviços Especializados em Segurança e Medicina do Trabalho, conforme NR4. A norma não determina o profissional responsável por esta análise, mas não há dúvida de que deve ser capacitado na área de segurança e saúde no trabalho, a ser indicado pela própria organização.

A análise dos acidentes não deve se restringir somente a causas técnicas ou imediatamente visíveis ou "proximais", mas também aos *aspectos organizacionais e outros fatores latentes, determinantes e "invisíveis"*. Modelos simplistas que buscam no comportamento das vítimas ou no erro humano (*ato inseguro*) a causa do acidente refletem apenas uma visão reducionista da situação e estão há muito superados. Devemos sempre lembrar que "os acidentes têm história" e são reveladores poderosos das disfunções organizacionais. A análise de acidentes e doenças do trabalho deve ter como principal objetivo a identificação de seus fatores causais, a fim de evitar que ocorram novamente.

---

[7] OLIVEIRA, Sebastião Geraldo. *Proteção jurídica à saúde do trabalhador*. 6. ed. São Paulo: LTr, 2011.

NR 1 • DISPOSIÇÕES GERAIS E GERENCIAMENTO DE RISCOS OCUPACIONAIS | **17**

> ### Além da NR
> ### O acidente é previsível?[8]
>
> *Com efeito, levanta-se a questão de saber se o acidente sobrevém brutalmente como poderia parecer. De fato, em razão da brutalidade de alguns acidentes de avião, de algumas explosões químicas etc., um exame superficial poderia confirmar a subtaneidade e a imprevisibilidade do acidente. Se fosse o caso, as organizações que geram os riscos e os especialistas da segurança estariam numa situação particularmente difícil, dada a impossibilidade de prevenir os acidentes.*
>
> *Seria então, interessante descobrir se os acidentes são sempre precedidos de um período mais ou menos longo de <u>degradação da segurança</u>. Essa é uma oportunidade para todos os profissionais de segurança, sobretudo para aqueles que procuram conhecer as organizações: a chance de antecipar um acidente é muito maior. Este período, chamado de <u>período de incubação do acidente</u> (TURNER, 1978), caracteriza-se pela emergência de sintomas ou de sinais anunciadores de um possível acidente e que se pode classificar de maneira simples: sinais fracos e repetitivos, incidentes menores, mas frequentes, incidentes mais graves, indo até a quase acidentes em relação aos quais os profissionais concordam em dizer que faltava pouco para que acontecesse uma catástrofe.*
>
> *Não se pode confundir o período de incubação de um acidente, que pode ser muito longo, e a sequência acidental que é desencadeada por um iniciador (ou gatilho) e que pode ser, ao contrário, muito curta. Por exemplo, o período de incubação do acidente da nave Challenger em 1986 pode ser estimado em 13 anos, sendo de 73 segundos a sequência acidental, entre a queima dos boosters e a explosão da nave. (grifos acrescentados)*

O empregador deve disponibilizar à Inspeção do Trabalho todas as informações relativas à segurança e saúde no trabalho. Essa disposição abrange não somente as informações previstas nas normas regulamentadoras, mas quaisquer outras relacionadas ao tema.

O empregador deve também implementar medidas de **prevenção**, **ouvidos os trabalhadores**[9], de acordo com a seguinte ordem de prioridade:

I. eliminação dos fatores de risco;

II. minimização e controle dos fatores de risco, com a adoção de medidas de proteção coletiva;

III. minimização e controle dos fatores de risco, com a adoção de medidas administrativas ou de organização do trabalho[10]; e

IV. adoção de medidas de proteção individual.

Os incisos I e II se referem às medidas de **prevenção** (prevenção primária) implementadas por meio de ações ou controles de engenharia. Trata-se de sistemas, equipamentos, dispositivos ou quaisquer outros meios de que se vale a organização para eliminar, minimizar ou controlar os fatores de riscos, sempre priorizando as ações de prevenção na fonte geradora. São as chamadas *medidas de proteção coletiva*, ainda que *alcancem um único trabalhador*. Exemplos: dispositivo diferencial residual[11], sistema guarda-corpo e rodapé, sis-

---

8   LLORY, Michel; MONTMAYEUL, René. *O acidente e a organização*. Belo Horizonte: Fabrefactum, 2014.

9   É importante que a organização mantenha registro de que os trabalhadores foram ouvidos, ou seja, participaram do processo de adoção das medidas de prevenção. A forma deste registro fica a critério da empresa. Uma sugestão é o registro nas atas de reunião da CIPA, uma vez que faz parte da atribuição da comissão acompanhar o processo de identificação de perigos e avaliação de riscos bem como a adoção de medidas de prevenção implementadas pela organização.

10   Na verdade, as medidas administrativas e de organização do trabalho têm por objetivo minimizar e controlar a **exposição** aos fatores de risco, uma vez que não agem diretamente sobre estes.

11   Proteção contra choque elétrico.

tema de umidificação, fechamento da cabine de trator de aplicação de agrotóxicos (trator cabinado), enclausuramento de zona perigosa de máquinas e equipamentos, ventilação local exaustora, ventilação diluidora, encamisamento de tubulão escavado manualmente entre vários outros. Entretanto, para que cumpram suas funções, quais sejam, a eliminação, minimização ou controle dos fatores de riscos, essas medidas devem ser devidamente projetadas, dimensionadas, instaladas, monitoradas e mantidas. O monitoramento da medida adotada deve considerar o correspondente fator de degradação. A manutenção da medida tem por objetivo garantir as condições iniciais de prevenção.

As medidas administrativas e de organização do trabalho citadas no inciso III se referem a ações como alteração de *layouts*, redução da jornada, introdução de rodízios e/ou pausas, introdução e/ou alteração de turnos, dentre outras formas de redução do tempo de exposição ao risco.

Também são consideradas medidas administrativas os procedimentos de trabalho e treinamentos, mas não como substitutos às medidas de prevenção, e, sim, como medidas complementares. Neste sentido, os treinamentos já realizados devem constar no inventário de riscos, por se tratar de medidas administrativas já implementadas. Caso ainda sejam ministrados, esta informação deverá constar no plano de ação, com data prevista para realização.

A adoção de medidas de proteção individual citadas no inciso IV, em especial o fornecimento de *equipamentos de proteção individual*, é considerada precária pois sua efetividade depende de fatores comportamentais, como a iniciativa do trabalhador de usar o EPI da forma correta e ininterruptamente durante todo o tempo de exposição ao risco, além de guardá-lo e conservá-lo adequadamente e por isso deve ser considerada pela organização como última opção.

Segundo Sebastião Geraldo de Oliveira,

> *a maioria das empresas brasileiras, no entanto, praticamente ignora a hierarquia das medidas de controle do risco indicada na legislação e utiliza de pronto a última alternativa (uso do EPI) como a primeira opção. Isso porque é de fácil aplicação, tem baixo custo, sugere condições de segurança e dispensa planejamento mais elaborado. Desenvolveram-se mais técnicas e equipamentos para conviver com o agente agressivo, esquecendo-se da meta prioritária de eliminá-lo. Em vez de segregar o agente nocivo, segrega-se o trabalhador que tem os sentidos limitados pela utilização incômoda dos equipamentos de proteção[12]. (grifos acrescentados)*

Também é considerada medida de proteção individual a prestação de informações aos trabalhadores sobre bons hábitos de higiene, como não se alimentar ou não levar as mãos aos olhos ou à boca nos locais de trabalho.

Vemos, portanto, que os trabalhadores devem ser "ouvidos" quando da implementação das medidas de prevenção. Como apresentado adiante, sua **percepção** acerca dos riscos aos quais estão expostos, ou seja, o **saber operário**, é informação valiosíssima e deve integrar o processo de gestão da segurança e saúde da organização em todas as suas etapas.

5.1.1 Das medidas de prevenção e combate ao assédio sexual e demais formas de violência[13]

As organizações obrigadas a constituir CIPA nos termos da NR5 devem adotar as seguintes medidas, além de outras que entenderem necessárias, com vistas à prevenção e ao combate ao assédio sexual e às demais formas de violência no âmbito do trabalho:

---

[12] OLIVEIRA, Sebastião Geraldo de. *Proteção jurídica à saúde do trabalhador*. 6. ed. São Paulo: LTr, 2011.

[13] Lei 14.457, de 21 de setembro de 2022: Institui o Programa Emprega + Mulheres e dá outras providências.

a) inclusão de regras de conduta a respeito do assédio sexual e de outras formas de violência nas normas internas da empresa, com ampla divulgação do seu conteúdo aos empregados e às empregadas;

b) fixação de procedimentos para recebimento e acompanhamento de denúncias, para apuração dos fatos e, quando for o caso, para aplicação de sanções administrativas aos responsáveis diretos e indiretos pelos atos de assédio sexual e de violência, garantido o anonimato da pessoa denunciante, sem prejuízo dos procedimentos jurídicos cabíveis; e

c) realização, no mínimo a cada 12 (doze) meses, de ações de capacitação, de orientação e de sensibilização dos empregados e das empregadas de todos os níveis hierárquicos da organização sobre temas relacionados à violência, ao assédio, à igualdade e à diversidade no âmbito do trabalho, em formatos acessíveis, apropriados e que apresentem máxima efetividade de tais ações.

5.2 Do trabalhador

Cabe aos empregados cumprir a legislação de Segurança e Saúde no Trabalho e também as ordens de serviço expedidas pelo empregador, para sua segurança e de terceiros.

Os empregados devem usar o Equipamento de Proteção Individual (EPI) fornecido pelo empregador, porém, como vimos anteriormente, há que se observar a **hierarquia das medidas de prevenção**, que devem ter **prioridade** sobre medidas de proteção individual, como o fornecimento do EPI. No entanto, uma vez fornecido, o empregado deverá usá-lo somente para os fins a que se destina, ou seja, para proteção contra os riscos existentes no ambiente de trabalho. Com relação ao EPI destaco que:

- O EPI não evita acidentes (apenas minimiza suas consequências: por exemplo, o cinto de segurança não elimina a queda – a queda é o acidente – porém minimiza suas consequências);

- O EPI **não elimina, não controla nem reduz** os riscos presentes no ambiente, apenas **controla a exposição** ao risco: na verdade, o EPI controla a exposição ao risco **residual,** que é aquele que permanece após a adoção das medidas de prevenção;

- Seu uso deve ser **precedido** de treinamento conforme o disposto na NR6, bem como de procedimentos específicos, quando for o caso, por exemplo, ensaios de vedação e verificação quando do uso de proteção respiratória[14];

- Alguns EPIs têm limitações e podem introduzir novos riscos (por exemplo, trabalhador que sofre queda usando cinto de segurança e permanece suspenso pelo cinto, pode sofrer a síndrome da suspensão inerte, a depender do tempo de resgate);

- Deve ser usado pelo trabalhador de forma ininterrupta, enquanto houver a exposição ao risco.

Os empregados também deverão se submeter aos **exames médicos** previstos nas NRs e no próprio PCMSO – Programa de Controle Médico de Saúde Ocupacional – da organização, para verificação da aptidão para o trabalho que exerceram, exercerão ou exercem. Lembrando que *se submeter* aos exames médicos não significa pagar por eles.

---

[14] Portaria 672, de 8 de novembro de 2021 (que revogou a Instrução Normativa 1, de 11 de abril de 1994), e Programa de Proteção Respiratória (PPR) da Fundacentro 2016.

Todo o custo referente a esses exames, inclusive o do transporte até o local onde serão realizados, quando for o caso, é responsabilidade do empregador.

Também devem **colaborar** com a organização na aplicação das NRs. Para o cumprimento desta disposição é fundamental que os trabalhadores se sintam encorajados a participar de forma proativa para garantia de ambientes seguros e salubres, por exemplo, **comunicando** seus superiores sobre situações que impliquem risco para si mesmos ou para terceiros, como: rampa com piso escorregadio, zonas de perigo de máquinas sem proteção, fiação elétrica exposta e acessíveis com risco de choque elétrico ou iluminação deficiente. Veremos adiante sobre o direito do trabalhador de se **recusar** a realizar atividades que representem riscos à sua saúde e integridade física.

Ademais, é importante que os empregados conheçam todos os procedimentos de segurança **para a realização da sua atividade.** Algumas NRs exigem que as organizações ofereçam **treinamentos específicos** que abordem as informações necessárias para a execução das atividades com segurança, como, por exemplo, os treinamentos previstos na NR13 – Caldeiras, Vasos de Pressão, Tubulações e Tanques Metálicos de Armazenamento, na NR12 – Segurança no Trabalho em Máquinas e Equipamentos, na NR35 – Trabalho em Altura, entre outros.

Ato faltoso

O ato faltoso é aquele que ocorre quando o empregado, **sem justificativa**, se recusa a cumprir qualquer das obrigações atribuídas a ele, citadas anteriormente. Pode ter como consequência a demissão por justa causa, após medidas de advertência e suspensão, quando presentes, por exemplo, fatores como desídia ou indisciplina. Nesse sentido, vejam a redação do art. 482, alíneas "e" e "h", da CLT:

> Constituem justa causa para rescisão do contrato de trabalho pelo empregador:
>
> e) desídia no desempenho das respectivas funções;
>
> h) ato de indisciplina ou de insubordinação.

Devemos distinguir **ato faltoso** de **ato inseguro**. Como vimos anteriormente, o ato inseguro refere-se a uma cultura **ultrapassada**, baseada no **comportamento** do trabalhador, atribuindo a este toda a culpa no caso de acidentes do trabalho. Essa expressão constava na antiga redação da NR1, item 1.7, alínea "b", inciso I, que foi revogado pela Portaria SIT 84/2009. De acordo com Sebastião Geraldo de Oliveira[15], o combate aos chamados *atos inseguros* **entrava o desenvolvimento de uma cultura de prevenção de acidentes e doenças ocupacionais,** e infelizmente ainda é uma postura dominante no Brasil. Segundo o ilustre jurista,

> [...] quando ocorre um acidente, as investigações, normalmente conduzidas por prepostos do empregador, sofrem forte inclinação para constatar um "ato inseguro" da vítima, **analisando apenas o último fato que desencadeou o infortúnio**, sem aprofundar nos demais fatores da rede causal, até por receio das consequências jurídicas ou para não expor a fragilidade do sistema de gestão de segurança da empresa. [...] Ademais, no campo da responsabilidade civil, quando fica comprovado que o dano ocorreu "por culpa exclusiva da vítima", não cabe indenização alguma. [...] Essa tendência de culpabilizar a vítima está impedindo que haja progresso nas políticas de segurança e saúde do trabalhador no Brasil, tanto que os índices de acidentes do trabalho continuam elevados (grifo acrescentado).

---

[15] OLIVEIRA, Sebastião Geraldo. *Proteção jurídica à saúde do trabalhador.* 6. ed. São Paulo: LTr, 2011.

NR 1 · DISPOSIÇÕES GERAIS E GERENCIAMENTO DE RISCOS OCUPACIONAIS | 21

5.2.1 Do direito de recusa[16]

O trabalhador poderá interromper suas atividades quando constatar uma situação de trabalho que, a seu ver, ou seja, com base na sua experiência e conhecimento, envolva um risco grave e iminente para sua vida e saúde, informando imediatamente ao seu superior hierárquico. Comprovada pelo empregador a situação de grave e iminente risco, não poderá ser exigida a volta dos trabalhadores à atividade, enquanto não forem tomadas as medidas corretivas para eliminação do risco.

Tal determinação encontra-se positivada na Convenção 155 da OIT, art. 19, "f":

> *Art. 19. Deverão ser adotadas disposições, em nível de empresa, em virtude das quais: f) o trabalhador informará imediatamente o seu superior hierárquico direto sobre qualquer situação de trabalho que, a seu ver e por motivos razoáveis, envolva um perigo iminente e grave para sua vida ou sua saúde; enquanto o empregador não tiver tomado medidas corretivas, se forem necessárias, não poderá exigir dos trabalhadores a sua volta a uma situação de trabalho onde exista, em caráter contínuo, um perigo grave ou iminente para sua vida ou sua saúde.*

5.2.2 Das informações sobre os riscos

Todo trabalhador, ao ser admitido ou quando mudar de função que implique alteração de risco, deve receber informações sobre:

a) os riscos ocupacionais que existam ou possam se originar nos locais de trabalho;

b) os meios para prevenir e controlar tais riscos;

c) as medidas adotadas pela organização;

d) os procedimentos a serem adotados em situação de emergência; e

e) os procedimentos a serem adotados quando o trabalhador exercer o direito de recusa.

As informações podem ser transmitidas:

a) durante os treinamentos;

b) por meio de diálogos de segurança (DDS), documento físico ou eletrônico.

É importante que a organização disponha de meios para comprovar à fiscalização que todo o conteúdo expresso nas alíneas "a" a "e" tenha sido transmitido aos trabalhadores, ainda que essa obrigação não esteja expressa na norma. No caso dos treinamentos, essa comprovação pode ser feita por indicação no próprio certificado. No caso dos DDS, devem ser disponibilizados registros auditáveis, físicos ou eletrônicos.

6. GERENCIAMENTO DE RISCOS OCUPACIONAIS

6.1 Breve histórico

O item Gerenciamento de Riscos Ocupacionais (GRO)[17] foi incluído na NR1 com a publicação da Portaria 6.730, de 9 de março de 2020. A inclusão desse tema foi motivada

---

[16] Antes da publicação da Portaria 915/2019, o direito de recusa estava previsto de forma esparsa apenas em algumas NRs. Após sua publicação, todos os itens das NRs que tratavam do Direito de Recusa foram revogados e incluído na NR1 o item 1.4.3, de forma a deixar claro que o direito de recusa se aplica a todos os trabalhadores em todas as atividades econômicas, sem distinção.

[17] Apesar de a sigla GRO não ser citada na NR1 como referência ao gerenciamento de riscos ocupacionais, optei por adotá-la nesta obra para facilitar as referências a este processo.

por diversos fatores. Desde a publicação das primeiras normas regulamentadoras em 1978, observamos, por grande parte das organizações, um distanciamento das boas práticas de segurança do trabalho e higiene ocupacional. O que deveria ser um processo de melhoria contínua de SST tornou-se, em muitos casos, mera comercialização de *"Programas"* padronizados (o famoso CTRL C + CTRL V), com priorização do fornecimento de Equipamentos de Proteção Individual em detrimento da eliminação e prevenção dos riscos ocupacionais no ambiente de trabalho, ou seja, da prevenção primária.

Com a inclusão do item **Gerenciamento de Riscos Ocupacionais**, os elaboradores da norma buscaram determinar, de forma sistematizada, a obrigatoriedade da prioridade da eliminação e a prevenção desses riscos, com base nos pilares antecipação, reconhecimento, avaliação e controle[18]. Veremos que há exigência, claro, de registro dos dados em documentos, porém sem modelos ou padrões predefinidos pela norma.

Finalmente, destaco que, dado o caráter prevencionista do GRO, não abordaremos aqui temas relacionados à insalubridade ou periculosidade; para fins de caracterização de atividades ou operações insalubres ou perigosas, devem ser aplicadas as disposições previstas na NR15 – Atividades e operações insalubres e NR16 – Atividades e operações perigosas.

Além da NR
Diferença entre Prevenção e Gestão
Berenice Goelzer[19]

O círculo vicioso "ambiente insalubre – doença profissional" só será rompido se houver ação corretiva sobre o processo, o ambiente e as práticas de trabalho, ou seja, prevenção primária. O que Alice Hamilton, médica e grande pioneira da Higiene Ocupacional, escreveu, quanto à silicose e poeira contendo sílica, se aplica a qualquer tipo de risco: "[...] a única maneira de prevenir a silicose é evitar a formação e a disseminação da poeira, [...]" [...]

Um conceito de gestão mal aplicado pode até prejudicar a prevenção primária. Por exemplo, um programa com o objetivo de fornecer EPI para todos os trabalhadores em determinado tempo, que for cuidadosamente cronometrado e obedecido, poderá ser auditado com êxito. Porém, do ponto de vista de prevenção, poderá ser um programa completamente inadequado, por exemplo, se houver uma solução factível de controle de risco na fonte. A definição de objetivos e metas adequados é crucial. Um exemplo anedótico seria uma fábrica que se propõe a produzir coletes salva-vidas de concreto e que, visto cumprir exatamente o proposto, em termos de qualidade, produção e tempo, recebe certificação internacional, mas para um produto sem nenhuma utilidade.

No caso de saúde ocupacional, o estabelecimento de objetivos e metas pertinentes e adequados requer conhecimentos especializados e complexos, que muitos "gestores de SST" não possuem. Esse é o grande e perigoso problema. Podem ocorrer grandes falhas, por exemplo, quanto à identificação e avaliação dos fatores de risco, estabelecimento de prioridades, escolha das estratégias de prevenção e controle, entre outros aspectos, o que pode ser desastroso e, inclusive, afetar a aplicação de competências disponíveis para realizar tarefas específicas.

6.2 Introdução ao gerenciamento de riscos ocupacionais

O Gerenciamento de Riscos Ocupacionais (GRO) é um **processo contínuo** que abrange ações coordenadas de **prevenção** com o objetivo de garantir aos trabalhadores **condições** e **ambientes** de trabalho seguros e saudáveis.

---

[18] Alguma semelhança com a "antiga" NR9 – PPRA não é mera coincidência! Afinal de contas, as boas práticas da segurança do trabalho e da higiene ocupacional não são novidades, ou, pelo menos, não deveriam ser.

[19] Disponível em: http://nneventos.com.br/new/2imagens/repositorio/N%C3%B3ticias%20-%20BERENICE. pdf. Acesso em: 11 jun. 2020.

NR 1 • DISPOSIÇÕES GERAIS E GERENCIAMENTO DE RISCOS OCUPACIONAIS | **23**

A organização deve empregar todos os meios técnicos, organizacionais e administrativos para assegurar que o objetivo do GRO seja cumprido, devendo **implementá-lo por estabelecimento.**

Trata-se de **processo** de aperfeiçoamento **contínuo e permanente**, que deve estar integrado às práticas de gerenciamento da organização em **todos os níveis e ser constituído por um Programa de Gerenciamento de Riscos (PGR)**. De pronto, vemos que os profissionais de SST devem estar envolvidos em todos os níveis da gestão da organização.

O PGR é, portanto, um programa que visa a melhoria <u>contínua</u> das condições de exposição dos trabalhadores por meio de ações *multidisciplinares e sistematizadas*.

Ou seja, enquanto o GRO é um <u>processo</u>, o PGR é a forma como se implementa ou se materializa esse processo, a fim de garantir sua rastreabilidade. Enquanto **programa**, o PGR pode ser composto por **vários documentos <u>escritos</u>** que retratem fielmente a realidade das condições de exposição dos trabalhadores. Nesse sentido, não há que falar em *prazo de validade do PGR*, dado o seu caráter de atualização permanente. A NR1 exige que o PGR contenha, no mínimo, **inventário de riscos e plano de ação.**

O **inventário de riscos** é um documento que consolida todas as informações obtidas durante a identificação dos perigos e avaliação dos riscos, e que irão subsidiar a adoção das medidas de prevenção, como veremos a seguir.

Já o **Plano de Ação** surge a partir da identificação da necessidade de adoção de medidas de prevenção e respectivo cronograma de implementação.

A critério da organização, o PGR pode ser implementado por unidade operacional, setor ou atividade, dependendo da conveniência ou da complexidade organizacional, entre outros fatores. Também pode ser atendido por *sistemas de gestão*[20], desde que estes cumpram as exigências previstas na NR1 e nos dispositivos legais de segurança e saúde no trabalho, ou seja, o PGR pode integrar sistemas de gestão já implementados e mantidos pela organização, desde que esses sistemas observem as disposições **legais** e normativas.

Destaco que o PGR **substitui** os programas de gerenciamento de riscos previstos anteriormente nas demais NRs enquanto exigências legais, como o PPRA – Programa de Prevenção de Riscos Ocupacionais (antiga NR9) e o PCMAT – Programa de Condições e Meio Ambiente de Trabalho da Indústria da Construção (antiga NR18).

A elaboração e a implementação do PGR, inclusive, não dispensam a organização de elaborar, implementar e manter planos, programas e/ou outros documentos previstos nas demais NRs, quando aplicáveis, como o Programa de Proteção Respiratória (PPR[21]), o Programa de Conservação Auditiva (PCA), o Plano de Prevenção de Riscos de Acidentes com Materiais Perfurocortantes (NR32), os relatórios de inspeção de caldeiras e vasos de pressão (NR13) e, claro, o Programa de Controle Médico de Saúde Ocupacional (PCMSO), previsto na NR7. Estes seriam, portanto, *subprogramas* de um programa maior, que é o PGR. Outros programas ou planos inerentes às atividades e ao processo produtivo da organização também podem fazer parte do PGR, ou nele serem referenciados, como a avaliação ergonômica preliminar e a Análise Ergonômica do Trabalho (AET). O importante é que o PGR garanta **rastreabilidade** a todo o processo de gerenciamento de riscos.

---

[20] Sistemas de gestão certificados ou não certificados (OHSAS 18001, ISO 45001, dentre outros).

[21] A exigência de elaboração de programas relacionados à seleção, ao uso e à manutenção de EPIs, como PPR e PCA consta no item 6.5.3 da NR6. No caso do PPR, também consta na Portaria 672/2021, Capítulo II, Regulamento técnico sobre o uso de equipamentos para proteção respiratória.

Veremos adiante que há previsão de tratamento diferenciado, sob determinadas condições, para o microempreendedor individual (MEI) e também para as microempresas (ME) e empresas de pequeno porte (EPP), no que se refere à obrigatoriedade de elaborar a documentação mínima que compõe o PGR (Inventário e Plano de Ação).

Saiba Mais

Gerenciamento de riscos

Berenice Goelzer[22]

O conceito de gerenciamento de riscos ("risk management") engloba identificação e avaliação dos fatores de risco, estabelecimento de prioridades para ação, bem como aplicação coordenada e econômica de recursos para prevenir/controlar riscos, por meio de medidas adequadas e eficazes, integradas em programas de prevenção e controle relevantes, multidisciplinares, eficientes e sustentáveis. Tais programas devem ter boa gestão, passar por auditorias periódicas por profissionais competentes, e incluir ações para aperfeiçoamento contínuo.

6.3 Responsabilidades da organização

A **responsabilidade** de **implementação** do Gerenciamento de Riscos Ocupacionais é da organização. E essa responsabilidade se traduz nas seguintes ações coordenadas e sistematizadas:

a) *evitar* os riscos ocupacionais que possam ser originados no trabalho: evitar no sentido de **antecipar ou antever** os riscos potenciais (futuros) associados a determinado processo, produto, etc. que viria a ser adotado/implementado e se decidir pela não adoção do produto ou não implementação do processo;

b) identificar os perigos e possíveis lesões ou agravos à saúde (para os riscos que não puderam ser *evitados* – alínea "a");

c) avaliar os riscos ocupacionais indicando o nível de risco; *dimensionamento* da significância do risco;

d) classificar os riscos ocupacionais – o objetivo desta classificação é, a partir do nível de risco, determinar a necessidade de adoção de medidas de prevenção e correspondente priorização;

e) implementar medidas de prevenção, de acordo com a classificação dos riscos e considerando a hierarquia de adoção dessas medidas[23];

f) acompanhar o controle dos riscos ocupacionais: a fim de se verificar sua eficácia e garantir a manutenção das condições iniciais de prevenção, considerando o fator de degradação da medida adotada.

Veremos cada uma dessas alíneas em detalhes; por enquanto, nelas destaco a presença dos quatro pilares da segurança do trabalho e da higiene ocupacional: *antecipação*

---

[22] Disponível em: http://nneventos.com.br/new/2imagens/repositorio/N%C3%B3ticias%20-%20BERENICE. pdf. Acesso em: 11 jun. 2020.

[23] Como vimos anteriormente, de acordo com o item 1.4.1, "g", da norma: 1.4.1 Cabe ao empregador: g) implementar medidas de prevenção, ouvidos os trabalhadores, de acordo com a seguinte **ordem de prioridade**: I. eliminação dos fatores de risco; II. minimização e controle dos fatores de risco, com a adoção de medidas de proteção coletiva; III. minimização e controle dos fatores de risco, com a adoção de medidas administrativas ou de organização do trabalho; e IV. adoção de medidas de proteção individual.

NR 1 • DISPOSIÇÕES GERAIS E GERENCIAMENTO DE RISCOS OCUPACIONAIS | **25**

(alínea "a"), *reconhecimento* (alínea "b"), *avaliação* (alíneas "c" e "d") e *controle dos riscos* (alíneas "e" e "f").

Além disso, as **condições de trabalho**, nos termos da NR17, também devem ser consideradas na implementação do Gerenciamento de Riscos Ocupacionais, o que significa que riscos relacionados a fatores ergonômicos[24] também devem ser objeto do GRO. O termo **condições de trabalho** se refere às condições materiais e imateriais (físicas e não físicas) disponibilizadas pela organização para que os empregados executem suas atividades, como mobiliário, máquinas e equipamentos, condições ambientais, organização do trabalho, entre outros, como veremos no capítulo da NR17.

A organização deve adotar mecanismos para consultar os trabalhadores quanto à sua percepção dos riscos ocupacionais. Nesse sentido, o **conhecimento e a percepção** que eles têm do processo de trabalho e dos riscos ocupacionais deverão ser considerados para fins de planejamento e execução do GRO.

Como mecanismo de consulta podem ser consideradas as manifestações da Comissão Interna de Prevenção de Acidentes e de Assédio – CIPA, quando houver. Cito, como exemplo, o Mapa de Riscos ou ainda as manifestações constantes em atas de reunião desta comissão ou outras ferramentas, a critério da comissão, nos termos da NR5[25]. Entretanto, entendo que estes são documentos que retratam uma **percepção coletiva** dos riscos, e que de forma alguma dispensam as considerações das **percepções individuais** dos trabalhadores. Em ambos os casos (percepção individual ou coletiva), trata-se de avaliações <u>subjetivas</u> dos riscos, visto que não se baseiam em técnicas ou metodologias específicas de avaliação de riscos.

Tais informações também podem ser obtidas durante reuniões ou por meio de questionários ou de outras formas, a critério da organização.

Destaco que a norma ABNT NBR IEC 31010:2021 sugere as seguintes técnicas para obtenção de pontos de vista (lista não exaustiva):

– *Brainstorming;*

– Técnica Delphi;

– Técnica de Grupo Nominal;

– Entrevistas; e

– Pesquisas.

Também devem ser adotados mecanismos para comunicar aos trabalhadores os riscos consolidados no inventário de riscos e as medidas de prevenção do plano de ação do PGR.

---

[24] Apesar de a expressão "riscos ergonômicos" ainda ser utilizada na redação de algumas NRs e na literatura técnica nacional e internacional – *ergonomic risk factor* –, seu uso nesta obra é feito com restrições pelo seguinte motivo: a palavra "ergonômico" tem o sentido de "o que se adapta ao homem"; sendo assim, é inapropriada a expressão "risco ergonômico", que leva à ideia de um *risco que se adapta ao homem*. Como consta na NR1 e nesta obra, a expressão correta é *riscos relacionados a fatores ergonômicos*.

[25] NR5, item 5.3.1. A CIPA tem por atribuição: "[...] b) registrar a percepção dos riscos dos trabalhadores, em conformidade com o subitem 1.5.3.3 da NR1, por meio do mapa de risco ou outra técnica ou ferramenta apropriada à sua escolha, sem ordem de preferência, com assessoria do Serviço Especializado em Segurança e em Medicina do Trabalho – SESMT, onde houver".

> **Além da NR**
> **Participação dos trabalhadores no processo de Gerenciamento dos Riscos[26]:**
> A participação dos trabalhadores constitui um elemento essencial do sistema de gestão da SST na organização. O empregador deve assegurar que os trabalhadores e seus representantes de segurança e saúde sejam consultados, informados e capacitados em todos os aspectos de SST associados ao seu trabalho, incluindo as medidas relativas a situações de emergência. O empregador deve adotar medidas para que os trabalhadores e seus representantes, em matéria de SST, disponham de tempo e recursos para participarem ativamente dos processos de organização, planejamento e implementação, avaliação e ação para melhorias do sistema de gestão da SST.

Veremos neste capítulo que também faz parte do processo de avaliação dos riscos ocupacionais a análise criteriosa da execução das tarefas, ou seja, o modo como o operador realiza suas atividades (modo operatório, trabalho real, ou WAD – *work as done*). Segundo Rasmussen, em 1997,

> "ao analisarmos as características do trabalho real muitas vezes é encontrada uma variedade de atividades vividas pelos trabalhadores que não foram previstas nas normas e regras sistematizadas pelas empresas"[27].

Diferentes modos operatórios podem, inclusive, introduzir novos riscos não porque o trabalhador assim o desejou, mas porque não encontrou outros meios para executar a atividade.

6.4 Riscos ocupacionais

Vamos começar nosso estudo sobre riscos ocupacionais apresentando o conceito de Perigo.

Segundo a NR1, *Perigo*[28] é a fonte com potencial de causar **lesões ou agravos à saúde**, de forma isolada ou em combinação com outras fontes. A lesão ou agravo à saúde podem ser causados por evento perigoso, exposição a agente nocivo ou ainda exigência da atividade.

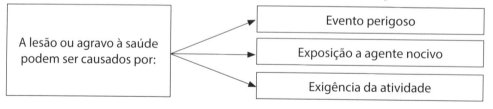

O *Risco Ocupacional*, por sua vez, é a combinação dos seguintes fatores:

a) a **probabilidade** de <u>concretização do perigo</u>, ou seja, há ou haverá exposição do trabalhador ao perigo com probabilidade ou chance de ocorrer lesão ou agravo à sua saúde; e

b) a **gravidade** da lesão ou agravo.

---

[26] Fundacentro. OIT – Organização Internacional do Trabalho Diretrizes sobre Sistemas de Gestão da Segurança e Saúde no Trabalho. Tradução Professor Gilmar da Cunha Trivelato.
[27] FERREIRA FILHO, Nelson; GONTIJO, Leila Amaral. Estratégias cognitivas e a opacidade entre o trabalho prescrito e o trabalho real. Disponível em: http://www.revistas.udesc.br/index.php/hfd/article/view/5849. Acesso em: 11 jun. 2020.
[28] Perigo tem o mesmo sentido de fator de risco ocupacional ou fonte de risco ocupacional.

Dessa forma, sempre que o trabalhador estiver exposto a um perigo, ou seja, a uma fonte com potencial de causar lesão ou agravo à saúde, inerente a seu trabalho ou a ele relacionado, haverá um risco ocupacional.

Segundo a NR1:

> Risco ocupacional é a combinação da probabilidade de ocorrer lesão ou agravo à saúde causados por um evento perigoso, exposição a agente nocivo ou exigência da atividade de trabalho e da severidade dessa lesão ou agravo à saúde.

Como os fatores *probabilidade* e *severidade* têm gradações, por exemplo, alta probabilidade de ocorrer uma lesão de média severidade, o risco ocupacional, como combinação desses fatores, também apresenta gradações. A gradação do risco é chamada de nível de risco.

Vemos, portanto, que o perigo tem caráter *qualitativo*, enquanto o risco tem caráter *quantitativo*.

O nível de risco é identificado a partir de um processo denominado de **avaliação de riscos**, cujo objetivo é subsidiar a adoção de medidas de prevenção, como veremos adiante. No entanto, antes de realizar a avaliação de riscos, a organização deverá fazer um **levantamento preliminar dos perigos** *existentes* no ambiente de trabalho (observação diagnóstica preliminar) para identificar situações que exijam **ações imediatas de prevenção**, como apresentado no item a seguir.

Não devemos ter dúvidas sobre a abrangência da expressão *riscos ocupacionais*. Riscos ocupacionais são aqueles relativos à **ocupação, ou seja, ao trabalho**[29]. Nesse sentido, as ações de prevenção devem compreender **todos os riscos** aos quais os trabalhadores possam estar expostos em decorrência de seu trabalho ou a ele relacionados, por exemplo:

a) riscos mecânicos, como aqueles gerados por movimentos perigosos de máquinas e equipamentos;
b) riscos de acidentes, como aqueles decorrentes das instalações/edificações (ex. queda de altura), eletricidade (ex. choque elétrico), superfícies aquecidas (ex.: queimaduras) ou da exposição a animais peçonhentos ou venenosos[30] (ex. picada de escorpião);

---

[29] Verbete "*Ocupação. S.f*: trabalho, serviço, ofício, função". *Novo dicionário Aurélio da língua portuguesa*. 3. ed. Curitiba: Positivo, 2004:

[30] Segundo o Guia de Bolso – Animais Peçonhentos da Fundação Ezequiel Dias (FUNED), *"animais peçonhentos são aqueles que possuem glândulas de veneno que se comunicam com dentes, ferrões, ou aguilhões, estruturas por onde o veneno é injetado. Como exemplo destes animais, podemos citar as abelhas africanizadas, as aranhas, escorpiões e algumas espécies de serpentes. Já os animais venenosos produzem veneno, mas não possuem um aparelho inoculador. O envenenamento ocorre por contato, ou compressão. Algumas espécies de sapos e de taturanas são animais venenosos".* A exposição a animais peçonhentos ou venenosos correspon-

c) riscos ambientais originados pela exposição a agentes físicos, químicos e biológicos;
d) riscos relacionados a fatores ergonômicos, resultantes das exigências da atividade, como exigências biomecânicas, cognitivas, visuais, entre outras;
e) **riscos psicossociais**;
f) outros.

Vemos, portanto, que o Perigo é *visível*, já o risco ocupacional é *invisível*, pois está associado a uma probabilidade.

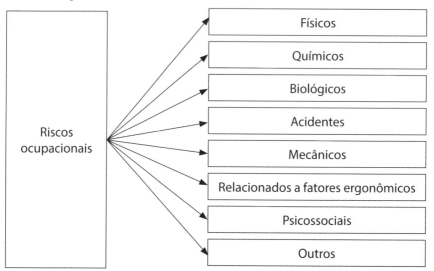

> Os riscos psicossociais são espécie do gênero riscos ocupacionais. Para corroborar esse entendimento, cito o conceito de **saúde** dado pela Organização Mundial de Saúde (OMS) e pela Convenção 155 da OIT (grifos acrescentados):
>
> **OMS**: Saúde é um estado de completo bem-estar **físico, mental e social**, e não a simples ausência de doença[31].
>
> **Convenção 155**: Art. 3. Para os fins da presente Convenção: e) o termo 'saúde', com relação ao trabalho, abrange não só a ausência de afecções ou de doenças, mas também os **elementos físicos e mentais** que afetam a saúde e estão diretamente relacionados com a segurança e a higiene no trabalho.

---

de a **risco de acidente**, por exemplo, picadas de aranhas ou escorpiões, entre outros. Alguns acidentes relacionados a animais peçonhentos, por sua vez, como a picada de uma serpente ou contato com uma taturana, poderão expor o trabalhador a **risco biológico** devido à probabilidade de contato com as toxinas do veneno.

[31] Disponível em: https://www.paho.org/hq/index.php?option=com_content&view=article&id=14401:health-indicators-conceptual-and-operational-considerations-section-1&Itemid=0&limitstart=1&lang=pt#:~:text=O%20conceito%20de%20sa%C3%BAde%20adotado,ou%20enfermidade%22%20(4). Acesso em 11 jun. 2020.

Além da NR
Riscos psicossociais

Riscos psicossociais são aqueles relativos à forma como o trabalho é projetado, organizado e gerenciado, bem como ao contexto econômico e social do trabalho, que provocam aumento do nível de estresse e podem levar a uma grave deterioração da saúde física e mental [32].

De acordo com a Dra. Lailah Vilela[33], auditora fiscal do trabalho e médica do trabalho, os fatores ligados à organização do trabalho que influenciam a saúde das pessoas, por meio de mecanismos psicofisiológicos conhecidos, são considerados exigências psicológicas ou **fatores psicossociais**. Eles se referem à percepção subjetiva dos trabalhadores sobre os fatores organizacionais.

Os fatores psicossociais são riscos para a saúde originados na organização do trabalho. O estudo de Burton et al. (2005) focalizou fatores psicossociais que representariam obstáculos à permanência no trabalho, haja vista a elevação dos custos relativos aos afastamentos e a dificuldade de retorno ao trabalho, relacionados às queixas musculoesqueléticas. Os fatores psicossociais foram classificados em dois tipos:

(1) fatores organizacionais – satisfação no trabalho, suporte, responsabilidade, controle do trabalhador sobre a tarefa, restrições de pessoal, jornadas prolongadas, clima organizacional;

(2) fator clínico – nervosismo.

O conjunto de fatores apresentou-se como preditor para o absenteísmo por problemas na coluna e nos membros superiores.

Sob o ponto de vista quantitativo, os fatores psicossociais referem-se ao volume de trabalho por unidade de tempo, alocado pela gestão da produção. No cotidiano, essa característica é sentida como pressão temporal, que se manifesta na ansiedade derivada das perturbações no processo que obrigam a execução simultânea de dupla tarefa, preocupação constante com metas ou interrupção da realização da tarefa principal.

Sob o ponto de vista qualitativo, as exigências psicológicas mobilizam a emoção e o afeto. Se as vivências emocionais são negativas, a insatisfação é produzida.

Relacionando todos estes conceitos ao surgimento das lesões ou agravos à saúde, temos:

---

[32] Eurofound and EU-OSHA (2014), *Psychosocial risks in Europe:* Prevalence and strategies for prevention. Publications Office of the European Union, Luxembourg.

[33] VILELA, Lailah Vasconcelos O.; ASSUNÇÃO, Ada Ávila. *Lesões por esforços repetitivos* – Guia para profissionais de saúde. Centro de Referência em Saúde do Trabalhador. Piracicaba: CEREST, 2009.

6.5 Levantamento preliminar de perigos

O levantamento preliminar de perigos tem por objetivo identificar aqueles presentes no ambiente de trabalho ou que possam vir a estar presentes e que exigem a **adoção imediata de medidas de prevenção para eliminá-los ou evitá-los**. São perigos que não requerem uma avaliação mais detalhada pois são **evidentes**, não oferecem dúvida da gravidade de suas consequências sobre os trabalhadores e para os quais as **informações obtidas são suficientes** para adoção das medidas de prevenção adequadas.

O levantamento preliminar de perigos deve ser realizado:

Na antecipação:

- **antes** do início do funcionamento do estabelecimento ou novas instalações;
- nas **mudanças** e **introdução** de novos processos ou atividades de trabalho.

No reconhecimento:

- para as atividades **existentes**.

A cada nova aquisição de máquinas, equipamentos, ferramentas, ou alteração do processo produtivo, produtos, insumos, *layout*, condições ambientais e outros, os profissionais de SST devem estar envolvidos para antever se as modificações correspondentes implicarão a introdução de novos riscos ou alterações daqueles existentes.

Caso o perigo seja identificado na **antecipação** (**perigo potencial, futuro**), a organização deve procurar **evitá-lo**: por exemplo, foi identificado que o sistema de exaustão a ser adquirido é fonte geradora de ruído excessivo. Nesse caso, necessário buscar outras opções no mercado que gerem níveis de pressão sonora[34] reduzidos.

Caso o perigo seja identificado no **reconhecimento** (**perigo presente, evidente**), a organização deve buscar **eliminá-lo**: por exemplo, substituição de produtos sabidamente tóxicos com possibilidade de exposição do trabalhador, por exemplo, substituição de produtos contendo tolueno (agente ototóxico[35], pode comprometer a visão, provocar danos reprodutivos femininos, é também abortivo) por outros que não contenham este agente agressor.

O reconhecimento dos riscos é uma das principais etapas do gerenciamento de riscos, uma vez que *risco não reconhecido significa risco não controlado*.

Quando o risco não puder ser eliminado nem evitado na fase de levantamento preliminar de perigos, a organização deve implementar o processo de identificação de perigos e avaliação de riscos ocupacionais, como apresentado nos itens a seguir. Este processo deve considerar o disposto nas NRs e demais exigências legais de segurança e saúde no trabalho.

A critério da organização, a etapa de levantamento preliminar de perigos pode estar contemplada na etapa de identificação de perigos.

6.6 Identificação de perigos

A etapa de identificação de perigos deve incluir:

---

[34] Segundo a norma ABNT NBR 16077, nível de pressão sonora é a grandeza que reflete a percepção humana do som.

[35] Substâncias químicas ototóxicas são aquelas que podem causar perda auditiva pela inalação, mesmo que o trabalhador não esteja exposto a ruído.

NR 1 • DISPOSIÇÕES GERAIS E GERENCIAMENTO DE RISCOS OCUPACIONAIS | 31

a) descrição dos perigos e possíveis lesões ou agravos à saúde;

b) identificação das fontes ou circunstâncias; e

c) indicação do grupo de trabalhadores sujeitos aos riscos.

Na identificação do perigo é necessário discriminar tanto a <u>fonte e as circunstân-cias</u> (as circunstâncias englobam, por exemplo, as exigências da atividade relacionadas à organização do trabalho) quanto a correspondente lesão/agravo à saúde, bem como os trabalhadores expostos. O objetivo aqui é identificar os perigos inerentes ao trabalho realizado ou a ele relacionados.

Temos aqui, portanto, a etapa do reconhecimento dos riscos (exposição do trabalhador ao perigo). Esta é uma das etapas mais importantes do gerenciamento dos riscos, pois, como dito anteriormente, nenhum risco é passível de prevenção se não for conhecido.

O reconhecimento dos riscos se inicia necessariamente com a inspeção detalhada do local de trabalho, devendo ser realizada por equipe multidisciplinar, sempre que aplicável. De se destacar a importância da experiência e expertise dos membros desta equipe, para a troca de conhecimentos. Todo o ambiente laboral deve ser considerado, desde as condições ambientais, mobiliário, máquinas, equipamentos, ferramentas, agentes físicos, químicos, biológicos, até exigências das atividades, carga mental, fatores psicossociais, dentre outros.

De forma complementar, também fazem parte do reconhecimento a consulta a diversas fontes de informações relacionadas, como a legislação aplicável, os manuais de máquinas e equipamentos, a Ficha de Informações de Produtos Químicos (FISPQ), no caso de avaliação desses riscos específicos, entre outras fontes.

Saiba Mais
Ficha de Informações de Produtos Químicos[36]

A Convenção 170[37] da OIT (Segurança no trabalho com produtos químicos), em seu art. 6º, estabelece que: a autoridade competente, em conformidade com as normas nacionais ou internacionais, deverá estabelecer sistemas e critérios específicos apropriados para classificar todos os produtos químicos em função do tipo e do grau dos riscos físicos e para a saúde que eles oferecem, e para avaliar a pertinência das informações necessárias para determinar a sua periculosidade.

Segundo a NR26, o fabricante ou, no caso de importação, o fornecedor no mercado nacional deve elaborar e tornar disponível Ficha com dados de Segurança do Produto Químico[38] para todo produto químico classificado como perigoso. A NR26 também exige que o formato e conteúdo da FISPQ devem seguir o estabelecido pelo Sistema Globalmente Harmonizado de Classificação e Rotulagem de Produtos Químicos (GHS), da Organização das Nações Unidas.

A norma ABNT 14725-4 (Produtos químicos – Informações sobre segurança, saúde e meio ambiente Parte 4: Ficha de informações de segurança de produtos químicos) determina o conteúdo obrigatório de toda FISPQ, seguindo as premissas básicas do GHS.

Por exemplo, considere um processo que utilize determinado agente químico. É necessário que o profissional responsável faça um levantamento de várias informações relacionadas ao processo, como:

---

[36] Para informações detalhadas sobre a FISPQ, remeto o leitor ao capítulo da NR9.

[37] Promulgada pelo Decreto 2.657, de 3 de julho de 1998.

[38] O produto químico pode ser substância ou mistura.

- características físico-químicas como pressão de vapor, limiar de odor, ponto de fulgor, limite inferior/superior de inflamabilidade/explosividade, entre outras aplicáveis;
- possibilidade de o agente se incorporar ao ar ambiente e sua forma de dispersão durante o processo, ou seja, se o agente estará presente na forma de particulados como fumos, poeiras, névoas ou neblinas, ou ainda como gases ou vapores;
- possibilidade de inalação do agente pelo trabalhador ou de contato com a pele ou mucosas;
- vias de entrada do agente no organismo (se inalatória, dérmica ou digestiva) – a identificação das vias de entrada subsidia a escolha das medidas de proteção individual que venham a ser necessárias, por exemplo, proteção respiratória ou proteção dérmica;
- toxicidade do agente;
- características do processo (ex.: calor ou pressão) que possam gerar subprodutos;
- possíveis contaminantes presentes no agente;
- outras informações.

Além da NR
Equipes Multidisciplinares

*Considerando a diversidade de riscos existentes nos ambientes de trabalho, é importante que a avaliação de riscos seja realizada por equipe multidisciplinar cujos membros tenham formação nas diversas áreas do conhecimento, entre elas, Medicina do Trabalho, Higiene Ocupacional, Segurança do Trabalho, Ergonomia e Psicologia do Trabalho, que agreguem também suas aptidões, habilidades, experiências, saberes especializados, de forma a garantir uma abordagem técnica, completa e aprofundada dos riscos. Ressalto também a importância da **integração** dos trabalhos destes profissionais.*

Como a avaliação de riscos também deve envolver os empregados, uma característica importante dos membros da equipe multidisciplinar é a facilidade de interação com pessoas.

Saiba mais
A percepção do trabalhador

Como dito anteriormente, a percepção que o empregado tem dos riscos aos quais está exposto é fundamental e deve ser considerada na avaliação. Nesse sentido, a conversa com os trabalhadores do "chão de fábrica" assume vital importância. A avaliação de riscos também deve alcançar os fatores humanos, conforme mencionado, por exemplo, o modo operatório real, particular de cada trabalhador, que pode revelar riscos até então invisíveis.

Durante a conversa, o trabalhador deve ficar à vontade para descrever/apresentar seu trabalho, o que faz, como faz, máquinas, equipamentos e instrumental utilizados, mobiliário do posto de trabalho, posturas, movimentos, verbalizações, entre vários outros fatores. Fundamental também a linguagem a ser utilizada nessa abordagem: sugere-se não usar expressões técnicas ou em outros idiomas muitas vezes desconhecidas pelo trabalhador e que podem inclusive constrangê-lo; também é importante que o entrevistador conheça os jargões da atividade. Devem ser evitadas perguntas fechadas, por exemplo, Você usa EPI?, dando preferência para perguntas abertas como "Quais as medidas de prevenção você identifica neste ambiente?".

NR 1 • DISPOSIÇÕES GERAIS E GERENCIAMENTO DE RISCOS OCUPACIONAIS | **33**

É possível que o descumprimento de determinadas disposições normativas não represente fontes potenciais para provocar lesões ou danos à saúde e, por conseguinte, não serão objeto da avaliação de riscos. Por exemplo, disponibilizar armários simples com dimensões menores que as definidas na NR24; ou ainda compartimento destinado a chuveiro com paredes não revestidas com material impermeável e lavável: em princípio, nenhuma dessas situações representa fonte potencial de lesão ou agravos à saúde e, por esse motivo, podem não ser abrangidas pela avaliação de riscos, mas, claro, correspondem ao descumprimento de disposições normativas, o que implicará na lavratura de autos de infração.

A identificação dos perigos também deve abordar os perigos **externos** (ao estabelecimento), previsíveis, relacionados ao trabalho e que possam afetar a saúde e segurança dos trabalhadores, por exemplo, alagamentos ou ataques de animais peçonhentos ou selvagens.

6.7 Avaliação de riscos ocupacionais

Uma vez identificados os perigos, a organização deve avaliar os riscos ocupacionais correspondentes, separadamente. Essa avaliação servirá de **subsídio para a adoção das medidas de prevenção** necessárias para eliminar, reduzir ou manter os riscos sob controle,[39] *priorizando aqueles que mais impactam a saúde e segurança dos trabalhadores.* Nesse sentido, a eficácia do gerenciamento de riscos dependerá, entre outros fatores, que a avaliação dos riscos seja feita de forma *adequada e suficiente*, bem como da utilização efetiva de seus resultados.

A avaliação de riscos também possibilita a comparação entre diferentes opções de controle do risco, oferecendo subsídios para a tomada de decisão acerca da medida de controle mais adequada. Portanto, não há que se falar em avaliação de riscos para tentar justificar uma decisão já tomada; é exatamente o contrário: a avaliação é que subsidia a decisão.

Para cada **risco deve ser indicado o nível correspondente** que, como vimos, será determinado pela <u>combinação</u> da gradação da <u>*probabilidade*</u> de ocorrência de lesão ou agravo à saúde com a gradação da <u>*severidade*</u> dessas lesões ou agravos.

6.7.1 *Gradação da probabilidade*

A **gradação da probabilidad**e de ocorrência das lesões ou agravos à saúde deve levar em conta:

a) *os requisitos estabelecidos em Normas Regulamentadoras;*

Caso as disposições normativas relativas à segurança e saúde no trabalho estejam sendo cumpridas pela organização, por exemplo, enclausuramento da zona de perigo de prensa excêntrica, a probabilidade de ocorrência de lesões será menor, certo? Por outro lado, caso sejam identificados descumprimentos, essa probabilidade será elevada.

b) *as medidas de prevenção implementadas;*

Da mesma forma, caso a empresa tenha implementado medidas de prevenção **adequadas** e **eficazes**, os riscos estarão sob controle (pelo menos é o que se

---

[39] "Manter os riscos sob controle" significa mantê-los nos menores níveis possíveis ou abaixo do nível de ação, nos casos em que este parâmetro for aplicável.

espera!) e estarão presentes apenas *riscos residuais,* que são aqueles que permanecem no ambiente após a adoção das medidas de prevenção. Logo, a probabilidade de ocorrência de lesões e agravos a saúde será menor. Entretanto, não basta que as medidas de proteção estejam implementadas, elas devem ser **adequadas** ao controle dos riscos e controlá-los efetivamente. Tais medidas são ações de engenharia e, como vimos, devem ser devidamente projetadas, dimensionadas, instaladas, monitoradas e mantidas. Destaco novamente que o monitoramento da medida de prevenção adotada deve considerar o correspondente fator de degradação. Já a manutenção da medida tem por objetivo garantir que as condições iniciais de prevenção estão sendo mantidas.

c) *as exigências da atividade de trabalho;*

Atividades que exponham os trabalhadores a exigências relacionadas a fatores ergonômicos, como esforço muscular intenso, movimentos repetitivos, flexão ou torção de tronco, posturas extremas, ausência de pausas, mobiliário do posto de trabalho não adaptado às características psicofisiológicas do trabalhador, metas inalcançáveis, entre outras, podem aumentar a probabilidade de ocorrência de lesões e agravos à saúde. Da mesma forma, outras exigências com efeitos negativos do ponto de vista psicológico, físico, econômico e social também podem impactar essa probabilidade.

d) *a comparação do perfil de exposição ocupacional*[40] *com valores de referência estabelecidos na NR9.*

Esse é o caso em que tenha sido necessária a realização de avaliação quantitativa para comparação da exposição do trabalhador a um determinado agente ambiental com os valores de referência estabelecidos nos anexos da NR9 (nível de ação e limite de exposição ocupacional). Caso o trabalhador esteja exposto a agentes ambientais em intensidade ou concentração superior ao limite de exposição ocupacional, a probabilidade de lesões ou agravos à saúde será elevada. Entretanto, como veremos no capítulo da NR15, os limites de exposição são estimativas quantitativas do risco, às quais, acredita-se, a maioria da população trabalhadora possa estar repetidamente exposta sem sofrer danos à saúde.

6.7.2 Gradação da severidade

A gradação da severidade das lesões ou agravos à saúde deve levar em conta **a magnitude da consequência e o número de trabalhadores possivelmente afetados.** A magnitude também deve considerar as consequências de ocorrência de acidentes ampliados[41].

A magnitude da consequência deve considerar o dano potencial mais grave que pode ocorrer, independente do histórico de adoecimento na organização. Ou seja, mesmo que não haja registro de lesões ou agravos à saúde correspondentes ao perigo em análise, ainda assim deve ser considerado o dano de maior severidade.

---

[40] O perfil de exposição ocupacional é um conjunto de informações que caracterizam a variabilidade da exposição ao risco.

[41] Acidente ampliado é aquele que tem consequências para além do estabelecimento, seja nas comunidades próximas ou distantes, seja no meio ambiente.

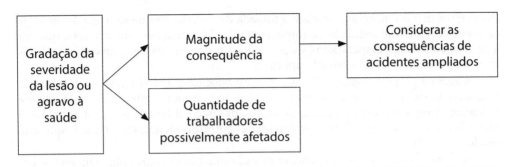

> **Saiba mais**
> **Gradação da Severidade**
>
> De acordo com o documento Perguntas frequentes – gerenciamento de risco ocupacional da NR1[42], pode-se estabelecer como regra que deve ser considerado, para fins de estabelecimento da severidade, o pior agravo/lesão para cada via de exposição/fonte/circunstância.
>
> Se um agente químico, além de ser irritante para as vias aéreas superiores, é carcinogênico se inalado, o nível do risco, considerada a exposição por via aérea, deveria ser estabelecido em função do câncer, evento mais severo. Se os controles implementados para o câncer forem suficientes para evitar a irritação das vias superiores, então não seriam necessárias medidas adicionais.
>
> Entretanto, se além da via de exposição respiratória, houver exposição dérmica, devem ser listados todos os agravos possíveis e considerado o mais severo para fins de classificação do risco. Possivelmente medidas preventivas distintas das previstas para a exposição respiratória serão estabelecidas.
>
> Fatores ergonômicos como repetitividade e sobrecarga muscular devem ser avaliados separadamente, bem como os agravos específicos no sistema musculoesquelético, observada a causa (fonte) e as circunstâncias. Isso porque o trabalho repetitivo de membros superiores pode provocar, temporária ou permanentemente, lesões incapacitantes em ombro, cotovelo e punho, admitindo-se medidas de controle diversas para os diferentes agravos em cada uma dessas articulações. Assim, não é prudente classificar em um único "pacote" o nível de risco para trabalhos com repetitividade em membros superiores", devendo o profissional responsável selecionar as ferramentas mais adequadas para a avaliação dos riscos e posterior classificação em níveis de risco.

6.7.3 Técnicas de Análise de Riscos

As Técnicas de Análises de Riscos são metodologias que identificam os cenários hipotéticos de ocorrências indesejadas (acidentes), as possibilidades de danos, efeitos e consequências. Correspondem a processos lógicos e estruturados e auxiliam na identificação do nível de risco. Estas técnicas podem se valer de ferramentas de avaliações qualitativas (por exemplo, o ICCT – *International Chemical Toolkit* para avaliação qualitativa de riscos químicos), semiquantitativas, e em casos específicos ou que exijam soluções mais complexas, de avaliações quantitativas.

As ferramentas de avaliação qualitativa podem ser de especial interesse para as pequenas e médias empresas, pois considerando a limitação de recursos humanos e

---

[42] Perguntas frequentes – Gerenciamento de Risco Ocupacional da NR1. Ministério da Economia. Secretaria Especial de Previdência e Trabalho. Secretaria do Trabalho. Versão 01 – 2022.

financeiros destas empresas, auxiliam a tomada de decisão no que se refere às medidas de controle sem a necessidade de implementação de avaliações quantitativas, que em geral, são complexas, dispendiosas, exigem *expertise* do responsável bem como conhecimento da metodologia de avaliação aplicável.

Caberá à própria organização identificar e selecionar as ferramentas e técnicas de avaliação de riscos adequadas ao risco ou situação a avaliar[43]. Porém, de nada adianta conhecer profundamente as técnicas de análise de risco existentes, se o profissional não identificar os riscos específicos e as exposições correspondentes da atividade que está sendo analisada.

A técnica a ser utilizada dependerá de cada situação em particular. Diferentes técnicas podem ser empregadas em diferentes setores de um mesmo estabelecimento. Ou ainda, diferentes técnicas podem ser empregadas em um mesmo setor ou na análise de um mesmo risco, de forma complementar.

O espectro da avaliação dos riscos no que se refere à sua abrangência e nível de detalhamento dependerá da complexidade do processo analisado, em especial dos riscos intrínsecos correspondentes. Nesse sentido, quanto maiores a severidade do dano e a complexidade do processo, maiores devem ser o rigor e o detalhamento da avaliação.

Para cada risco a ser avaliado deve ser determinado se o nível de risco correspondente é aceitável ou não (**_significância_** do risco), se as medidas de controle existentes são adequadas e suficientes ou se será necessária a adoção de novas medidas ou alteração daquelas já **implantadas**. A **_significância_** do risco pode se enquadrar em um dos níveis de uma **_matriz de risco_**[44], por exemplo, desde o nível de *risco tolerável*, passando por riscos intermediários, até o nível de *risco intolerável*.

Importante frisar que a significância dos riscos avaliados deve ser enquadrada em uma **mesma** matriz de risco e, claro, deve haver uma coerência técnica na definição da estratificação, ou seja, dos níveis de significância da matriz. Resumindo, a escolha da técnica de análise de riscos depende do risco a ser avaliado, mas a **matriz** de significância dos riscos deve ser a mesma para todos os riscos. A norma ABNT NBR IEC 31010:2021 (Gestão de riscos: técnicas para o processo de avaliação de riscos) sugere algumas técnicas de avaliação da significância do risco, dentre elas, a ALARP (*As Low As Reasonably Practicable*).

Ressalto ainda que, além dos trabalhadores da organização, pessoas do público podem ser objeto da avaliação de riscos, quando se trata, por exemplo, de riscos que envolvam acidentes ampliados.

---

[43] O item 1.5.4.4.2.1 da NR1 dispõe que *"a organização deve selecionar as ferramentas e técnicas de avaliação de riscos que sejam adequadas ao risco ou circunstância em avaliação".* A Auditora Fiscal do Trabalho Bruna Quadros destaca que esse dispositivo busca consagrar a autonomia do administrado para a gestão dos riscos ocupacionais, entretanto esbarra em alguns inconvenientes, visto que a proposta de uma ferramenta original requer colaboração em equipes multidisciplinares, e se faz necessária a articulação de diversas competências técnicas e não técnicas, como as linguísticas e de trabalho em equipe. Esse desafio só pode ser superado a partir de extensa pesquisa do estado da arte e da técnica, pesquisa essa que pode ser obstaculizada por consideráveis barreiras, como a falta de domínio da língua inglesa e de atualização profissional, já que o acesso a cursos, congressos, periódicos e normas técnicas nacionais e internacionais é restrito (QUADROS, Bruna Carolina et al. Matriz de nível de risco ocupacional: proposta de um modelo segundo os requisitos normativos da norma regulamentadora nº 01. *Revista da Escola Nacional de Inspeção do Trabalho* ano 6. Brasília, 2022).

[44] Eventualmente a matriz (de riscos) será insuficiente para a correta classificação do nível de determinados riscos, demandando outras técnicas e recursos que deverão ser manejados por uma equipe especializada e experiente, principalmente em sistemas sociotécnicos complexos (QUADROS, Bruna Carolina et al. Matriz de nível de risco ocupacional: proposta de um modelo segundo os requisitos normativos da norma regulamentadora nº 01. *Revista da Escola Nacional de Inspeção do Trabalho* ano 6. Brasília, 2022).

• DISPOSIÇÕES GERAIS E GERENCIAMENTO DE RISCOS OCUPACIONAIS | 37

Além das atividades rotineiras, a avaliação de risco **deve** abranger aquelas **não rotineiras, independentemente do tempo de duração e da frequência de exposição**[45], **regra geral**. A frequência de exposição, entretanto, deve ser considerada quando da elaboração do cronograma do Plano de Ação, ou seja, riscos com a mesma classificação (do nível de risco) porém com diferentes frequências de exposição devem ter as correspondentes medidas de controle priorizadas em função deste parâmetro.

> **Saiba mais**
> **Gradação da probabilidade, frequência da exposição e a priorização das medidas de controle[46]**
> As diretrizes para a tomada de decisão quanto ao cronograma do plano de ação deveriam determinar diferentes prazos para riscos de mesmo nível, o que deve ser feito em consideração a ferramentas de priorização de controles, como a *Hazard Rating Number* – HRN (STEEL, 1990). A HRN é produto de quatro fatores e sua pontuação orienta a priorização de ações em um cronograma. A frequência de exposição – FE é um desses multiplicadores e cenários que contemplam situações de risco operacionais constantes são 10 vezes mais pontuados do que situações excepcionais de manutenção anual, por exemplo. Para agentes físicos, químicos e biológicos, é possível utilizar a frequência da tarefa (de mais de 2 vezes ao dia a 1 ou 2 vezes por mês) e a duração da tarefa (de mais de 4 horas por dia a menos de 10 minutos por dia) para priorização da implementação de controles, ressalvando-se que esse tipo de priorização não afasta a necessidade de controle, impactando o cronograma e a alocação de recursos (AMERICAN INDUSTRIAL HYGIENE ASSOCIATION, 2015).
>
> Em um cenário em que haja transmissão de força desprotegida, mas em local inacessível à operação ordinária e que poderia expor apenas o empregado incumbido da manutenção anual, a ação de controle terá menor prioridade do que a medida a ser adotada em face de uma transmissão de força localizada próxima a uma área de passagem no chão de fábrica, mesmo que o nível de risco nos dois cenários seja rigorosamente o mesmo. Os fatores empregados como critério para a definição da probabilidade no modelo implicam **mesma probabilidade** para os agravos e lesões decorrentes das duas situações, embora estatisticamente o risco seja menor no primeiro cenário. Também deve-se ponderar, para a definição da priorização dos controles, que há menos expostos em potencial no primeiro cenário.

A avaliação de riscos pode ser feita por estabelecimento, por setor ou por área de produção. Caberá à organização decidir pela forma mais adequada à sua atividade. Em qualquer caso, deve-se garantir que todos os riscos estejam contemplados na avaliação. É possível, inclusive, que a organização decida inicialmente pela avaliação de riscos por estabelecimento e posteriormente identifique a necessidade de sua realização para determinados setores de forma individualizada.

A obrigatoriedade da avaliação de riscos por estabelecimento se aplica, claro, às organizações que possuam diversos estabelecimentos "similares", por exemplo, uma rede de supermercados: ainda que todas as filiais sejam *parecidas*, nunca serão idênticas, cada uma terá suas particularidades, seja de *layout*, seja de equipamentos, condições ambientais, entre outras, o que obriga a **avaliação de riscos específica para cada filial**.

---

[45] No caso de análise de riscos relacionados a fatores ergonômicos, a frequência da exigência da atividade pode ser de especial importância na determinação da probabilidade.

[46] QUADROS, Bruna Carolina et al. Matriz de nível de risco ocupacional: proposta de um modelo segundo os requisitos normativos da norma regulamentadora n° 01. *Revista da Escola Nacional de Inspeção do Trabalho* ano 6. Brasília, 2022.

6.7.4 Classificação dos riscos

Após a avaliação, os riscos ocupacionais devem ser *classificados*, observando respectivo nível de risco, com o objetivo de identificar a necessidade de adoção de medidas de prevenção. Por exemplo, para riscos classificados como *elevado*, as medidas de prevenção correspondentes devem ser adotadas imediatamente.

Vimos que a avaliação de riscos é um processo contínuo,[47] porém, a NR1 determina que este processo deve ser revisto a cada dois anos[48] ou quando da ocorrência das seguintes situações:

a) após implementação das medidas de prevenção, para avaliação de riscos residuais;

b) após inovações e modificações nas tecnologias, ambientes, processos, condições, procedimentos e organização do trabalho que impliquem novos riscos ou modifiquem os riscos existentes;

c) quando identificadas inadequações, insuficiências ou ineficácias das medidas de prevenção;

d) na ocorrência de acidentes ou doenças relacionadas ao trabalho;

e) quando houver mudança nos requisitos legais aplicáveis.

> **Saiba mais**
>
> **Riscos Residuais**
>
> Mesmo após a implantação de medidas de prevenção sempre haverá um **risco residual**, uma vez que a fonte geradora não foi eliminada. Segundo Michel Llory, em O acidente e a organização, "como o risco zero não existe, chama-se classicamente de 'risco residual' o risco que subsiste depois do tratamento dos riscos ou aquele que subsiste depois que as medidas de prevenção são tomadas. Ele é em geral muito fraco quando um dispositivo de gestão de riscos eficaz foi implementado e é corretamente mantido. Ele pode, infelizmente, corresponder à ocorrência de acontecimentos de muito fraca probabilidade, mas com consequências particularmente catastróficas (por exemplo, a fusão do interior de um reator nuclear, explosão de usina química etc.)".

6.8 Controle dos riscos

O controle dos riscos é realizado por meio da implementação das medidas de prevenção no ambiente de trabalho. Essas medidas, também chamadas *medidas de proteção coletiva ou equipamentos de proteção coletiva*,[49] têm por objetivo eliminar, reduzir ou controlar os riscos existentes nos ambientes de trabalho. Devem ser adotadas sempre que:

a) as exigências previstas em Normas Regulamentadoras e nos dispositivos legais determinarem: por exemplo, instalação nos canteiros de obra de Sistema de Proteção contra Descargas Atmosféricas (SPDA), projetado, construído e mantido conforme normas técnicas nacionais vigentes (item 18.6.18 da NR18);

b) a classificação dos riscos ocupacionais assim determinar, conforme subitem 1.5.4.4.5; por exemplo, o risco de ocorrência de silicose nas atividades com

---

[47] Aqui temos a obrigatoriedade do monitoramento contínuo das condições de exposição.

[48] No caso de organizações que tiverem certificações em sistema de gestão de SST, o prazo poderá ser de até três anos.

[49] Sobre a adequação deste termo, remeto o leitor ao próximo quadro "Além da NR".

exposição à poeira contendo sílica no setor de corte de pedras ornamentais foi avaliado da seguinte forma: probabilidade de ocorrer a lesão: ALTA; gravidade da lesão: ALTA, o que representa um nível de risco ELEVADO, exigindo a adoção imediata de medidas de controle para eliminar ou reduzir a concentração do agente a níveis aceitáveis;

c) houver evidências de associação, por meio do controle médico da saúde, entre as lesões e os agravos à saúde dos trabalhadores com os riscos e as situações de trabalho identificados, ou seja, há um nexo causal entre o adoecimento do trabalhador e os riscos aos quais ele está exposto. Neste caso, deve ser realizada uma reavaliação dos riscos. Temos aqui o que chamamos de prevenção reativa ou prevenção secundária.

Lembro que, segundo Berenice Goelzer, "**quanto mais próxima da fonte geradora for a intervenção preventiva, mais eficaz será o resultado**".

A figura a seguir apresenta de forma esquemática tudo o que vimos até agora, desde o levantamento preliminar dos perigos até o controle dos riscos:

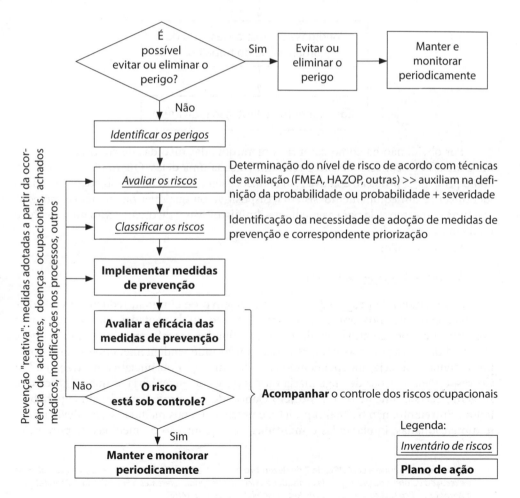

6.8.1 Hierarquia das medidas de controle

Quando comprovada pela organização a inviabilidade técnica da adoção de medidas de proteção coletiva (medidas de prevenção), ou quando estas não forem suficientes ou se encontrarem em fase de estudo, planejamento ou implantação ou, ainda, em caráter complementar ou emergencial, deverão ser adotadas outras medidas, obedecendo-se à seguinte hierarquia:

a) medidas de caráter administrativo ou de organização do trabalho;
b) utilização de equipamento de proteção individual (EPI).

Hierarquia das Medidas de Controle

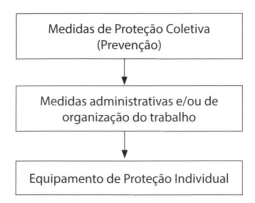

Por óbvio, não há como cumprir a hierarquia das medidas de controle sem o conhecimento dos conceitos básicos referentes a cada uma delas. Quero dizer o seguinte: como priorizar a proteção coletiva sem conhecer seu conceito ou seu objetivo? Ou como identificar se um equipamento, sistema, dispositivo ou qualquer outro meio é proteção coletiva? O mesmo vale para as medidas administrativas e de organização do trabalho e também para os EPIs.

Vejamos então:

Medidas de Proteção Coletiva:

São medidas de **prevenção** que têm o objetivo de eliminar, reduzir ou controlar os riscos existentes nos ambientes de trabalho. São implementadas com o objetivo de prevenir que o perigo atinja ou alcance o trabalhador, transformando-se em um risco. São medidas passivas, pois cumprem sua função independentemente de fatores comportamentais, ou seja, independentemente de uma ação ou iniciativa do trabalhador. Correspondem a ações de engenharia ou controles de engenharia, o que significa que surgem necessariamente de um **projeto elaborado** por profissional legalmente habilitado[50]. Entretanto, não basta um projeto, é preciso que tais medidas sejam devidamente dimensionadas, implantadas e **mantidas**. A implantação de medidas de prevenção

---

[50] Destaco que segundo a Lei 6.496, de 7 de dezembro de 1977, art. 1.º: *Todo contrato, escrito ou verbal, para a execução de obras ou prestação de quaisquer serviços profissionais referentes à Engenharia, à Arquitetura e à Agronomia fica sujeito à "Anotação de Responsabilidade Técnica" (ART)*.

NR 1 • DISPOSIÇÕES GERAIS E GERENCIAMENTO DE RISCOS OCUPACIONAIS | 41

deverá ser acompanhada de informação aos trabalhadores acerca de suas limitações e procedimentos a serem adotados.

São exemplos de proteção coletiva (medidas de prevenção):

✓ Sistema guarda-corpo e rodapé;

✓ Isolamento ou amortecimento de superfícies sujeitas à vibração;

✓ Sistema de contenção de taludes;

✓ Encamisamento da parede do tubulão escavado manualmente;

✓ Enclausuramento de fonte geradora de ruído;

✓ Sistema de exaustão;

✓ Ventilação local exaustora;

✓ Enclausuramento da zona de perigo de máquinas e equipamentos;

✓ Dispositivo Diferencial Residual (prevenção contra choque elétrico);

✓ Sistema de Proteção contra Descargas Atmosféricas (SPDA);

✓ Cortina de luz;

✓ *Scanner* de presença; e

✓ Fechamento da cabine de trator de aplicação de agrotóxicos (trator cabinado – claro que com a devida manutenção dos filtros), entre inúmeros outros.

Esclarecidos os conceitos de proteção coletiva, vejamos alguns exemplos de equipamentos, dispositivos, meios ou sistemas que **NÃO SÃO PROTEÇÃO COLETIVA**, apesar de, infelizmente, ainda serem amplamente divulgados como tal, inclusive em provas de concursos:

✓ **Sinalização de segurança** (por exemplo, placas, cones, fita zebrada): a sinalização, como o próprio nome diz, serve apenas para sinalizar, advertir o trabalhador acerca dos riscos existentes nas proximidades;

✓ **Corrimão de escadas**: não elimina o risco de queda, depende de uma ação do trabalhador;

✓ **Extintor de incêndios, *sprinklers* e outros sistemas de combate a incêndio**: não eliminam o risco de incêndio! Apenas combatem o princípio do incêndio;

✓ **Chuveiro de emergência e lava olhos**: são considerados medidas de primeiros socorros; são utilizados **após** a exposição a agente químico, ou seja, após o acidente;

✓ **Gaiola da escada fixa vertical** (escada *marinheiro*): a gaiola não elimina o risco de queda, pode potencializar as consequências da queda e até mesmo dificultar o resgate; por esse motivo, a NR18[51] exige a utilização de Sistema de Proteção Individual contra Quedas (SPIQ) nos casos de utilização de escadas fixas verticais como meio de acesso.

---

[51] Redação aprovada pela Portaria 3.733/2020.

> ### Além da NR
> ### Equipamento de Proteção Coletiva: Este termo é adequado?
> *Entendo que os termos "equipamentos de proteção coletiva" ou mesmo "proteção coletiva" não são apropriados para a finalidade à qual se propõem.*
>
> *Primeiro, porque, como medidas implementadas no ambiente de trabalho, se referem às ações de prevenção.*
>
> *Já as medidas de proteção são aquelas relativas ao trabalhador e correspondem principalmente ao fornecimento de EPIs para proteção contra os riscos residuais que, como dito anteriormente, correspondem àqueles riscos que não foram eliminados, reduzidos, nem controlados pelas medidas de prevenção.*
>
> *Segundo, porque podem alcançar apenas um único trabalhador, e não necessariamente a coletividade de trabalhadores, por exemplo, o fechamento da cabine de trator para aplicação de agrotóxicos (trator cabinado) ou ainda o encamisamento do tubulão escavado manualmente.*

Medidas administrativas e/ou de organização do trabalho:

São medidas não associadas necessariamente a ações de engenharia, mas, sim, a decisões administrativas e têm por objetivo principal reduzir o tempo de exposição do trabalhador aos riscos, por exemplo, redução da jornada, introdução de pausas, introdução de rodízios, alteração do *layout*, introdução e/ou alteração de turnos, entre outros.

Como vimos anteriormente, treinamentos e procedimentos de trabalho também se enquadram como medidas administrativas, porém de forma complementar às medidas de proteção coletiva.

Equipamentos de Proteção Individual (EPI):

Conforme o disposto na NR6, EPI é todo dispositivo ou produto, de uso individual, utilizado pelo trabalhador, destinado à **proteção de riscos**[52] suscetíveis de ameaçar sua segurança e sua saúde no trabalho. Agora, sim, temos aqui uma medida de **proteção** do trabalhador. A lógica associada ao fornecimento do EPI é a seguinte: como as medidas de prevenção não conseguiram evitar que o risco alcançasse ou atingisse o trabalhador, e as medidas administrativas e de organização do trabalho não foram capazes de reduzir o tempo de exposição ao risco, será necessária a adoção de medidas para proteger o trabalhador, com o fornecimento de equipamentos de proteção individual[53].

Enquanto as medidas de prevenção apresentadas anteriormente buscam eliminar, reduzir ou controlar os riscos presentes nos ambientes de trabalho, o equipamento de proteção individual tem por objetivo apenas proteger o trabalhador, não sendo capaz de interferir diretamente sobre os riscos. Por isso, dizemos que o EPI não elimina os riscos nem mesmo evita acidentes. Mesmo com o uso do EPI, é possível que ocorra um

---

[52] Importante lembrar novamente que o EPI controla a exposição ao risco *residual,* que é aquele que permanece no ambiente e atinge o trabalhador, mesmo após a adoção das medidas de proteção coletiva e/ou administrativas e de organização do trabalho.

[53] Além do EPI, encontramos na literatura técnica outras medidas consideradas como de proteção individual, como as *medidas higiênicas*. Estas assumem importância principalmente nos casos em que ocorre exposição a agentes químicos e objetivam orientar o trabalhador a adotar bons hábitos de higiene como não se alimentar no local de trabalho onde ocorre a exposição ou ainda não levar a mão à boca, nariz ou olhos (Fundacentro – Aspectos de prevenção e controle de acidentes no trabalho com agrotóxicos. 2005).

NR 1 · DISPOSIÇÕES GERAIS E GERENCIAMENTO DE RISCOS OCUPACIONAIS | 43

acidente (já que os riscos persistem no ambiente), e, se ocorrer, suas consequências poderão ser mitigadas pelo uso de EPI.

> ### Saiba mais
> ### Medidas de controle e níveis de intervenção[54]
>
> *O princípio básico do controle de riscos no trabalho é controlar a exposição dos trabalhadores, de preferência eliminando-a ou, se não for possível, mantendo-a abaixo de limites considerados aceitáveis. A escolha dos métodos adequados de controle requer um amplo entendimento sobre as circunstâncias que compõem o problema a ser enfrentado. No entanto, pelos princípios da segurança e higiene do trabalho, as ações de controle de riscos não devem ser prioritariamente exercidas sobre os sujeitos expostos a esses riscos, mas sim sobre o ambiente e as condições de trabalho, incluindo, quando necessário, a intervenção sobre o próprio processo de produção.*
>
> *Na aplicação dessas medidas, três níveis de intervenção são propostos para controlar exposições:*
>
> *– no processo de produção ou na fonte de emissão do contaminante;*
>
> *– na trajetória do agente danoso entre a fonte e o indivíduo exposto;*
>
> *– no indivíduo sujeito ao risco.*
>
> *Entende-se que sejam diferentes níveis de intervenção porque se leva em consideração a priorização das medidas coletivas sobre as individuais. Assim sendo, as ações sobre esses três níveis de intervenção devem dar-se, principalmente, sobre o processo, a fonte e a trajetória do contaminante, buscando garantir boas e seguras condições de trabalho e do ambiente de trabalho. Quando essas medidas forem insuficientes ou temporariamente não factíveis para controlar a exposição, as medidas de controle individual devem ser consideradas, sempre na perspectiva de complementar, e não de substituir as medidas coletivas. (grifos acrescentados)*

6.8.2 Plano de ação

Uma vez identificadas as medidas de prevenção a serem adotadas, a organização deverá elaborar o plano de ação correspondente, indicando aquelas a serem implementadas, aprimoradas ou mantidas e respectivo cronograma de implantação, conforme a classificação dos riscos ocupacionais (item 1.5.4.4.5 da NR1).

Além do cronograma, o plano de ação também deve contemplar as formas de acompanhamento e aferição (validação) de resultados das medidas adotadas (por exemplo, se eficazes ou não).

6.8.3 Implementação e acompanhamento das medidas de prevenção

A organização deve adotar as medidas necessárias para melhorar o desempenho em SST, buscando sempre a melhoria contínua das condições de exposição dos trabalhadores. O desempenho das medidas de prevenção deve ser acompanhado de forma planejada e contemplar:

a) a verificação da execução das ações planejadas;

b) as inspeções dos locais e equipamentos de trabalho; e

c) o monitoramento das condições ambientais e exposições a agentes nocivos, quando aplicável.

---

[54] Fundacentro – Aspectos de prevenção e controle de acidentes no trabalho com agrotóxicos. 2005.

Importante destacar que as ações de acompanhamento do desempenho das medidas de prevenção indicadas anteriormente integram o PGR/GRO e também devem estar documentadas.

Caso os dados obtidos no acompanhamento indiquem ineficácia no desempenho das medidas de prevenção, deve-se proceder à sua revisão. Trata-se aqui do chamado *monitoramento ativo*[55] ou *prevenção ativa*[56]. Segundo o Guia – Diretrizes sobre Sistemas de Gestão da Segurança e Saúde no Trabalho (Fundacentro), o *monitoramento ativo* deve compreender os elementos necessários para estabelecer um sistema proativo e abranger:

(a) o monitoramento da realização de planos específicos, do atendimento a critérios de desempenho e do alcance de objetivos estabelecidos;

(b) a inspeção sistemática de métodos de trabalho, instalações e equipamentos;

(c) a vigilância do ambiente de trabalho, incluindo a *organização do trabalho*;

(d) a vigilância da saúde dos trabalhadores por meio de controle ou acompanhamento médico adequado dos trabalhadores para diagnóstico precoce de sinais e sintomas de danos à saúde, com a finalidade de determinar a eficácia das medidas de prevenção e controle; e

(e) o cumprimento da legislação nacional que seja aplicável, dos acordos coletivos e de outras obrigações às quais a organização subscreve.

6.8.4 Acompanhamento da saúde ocupacional dos trabalhadores

As ações de prevenção e controle dos riscos que vimos anteriormente referem-se à chamada *prevenção primária*. A organização deverá desenvolver também ações em **saúde ocupacional**. Essas ações correspondem à *prevenção secundária* e devem estar integradas às demais medidas de prevenção. Nesse sentido, é importante que o profissional médico responsável por essas ações <u>participe</u> também de todo o processo de reconhecimento dos riscos. Entretanto, é muito comum encontrarmos nas fiscalizações das empresas PCMSO elaborado por médico do trabalho que nunca tenha ido até o chão de fábrica para verificar as condições de exposição dos trabalhadores, tendo baseado a elaboração do programa apenas nos riscos identificados no PGR elaborado por profissional de qualificação diversa. Ora, o olhar do médico do trabalho perante situações críticas, como exposição a determinados agentes químicos agressores ou exposição a ruído simultaneamente à vibração, é diferenciado e sua qualificação possibilita o reconhecimento de riscos muitas vezes não identificados por profissionais com outras qualificações.

O controle da saúde dos empregados deve ser um processo preventivo planejado, sistemático e continuado, de acordo com a classificação de riscos ocupacionais e nos termos da NR7. Resultados dos exames médicos indicadores de adoecimento dos trabalhadores são fonte de retroalimentação do PGR, pois indicam a necessidade de adequação das medidas de prevenção e/ou reconhecimento de riscos não identificados anteriormente.

---

[55] FUNDACENTRO. OIT – Organização Internacional do Trabalho - Diretrizes sobre Sistemas de Gestão da Segurança e Saúde no Trabalho. Tradução Professor Gilmar da Cunha Trivelato.

[56] BINDER, Maria C. et al. Árvore de causas. Método de investigação de acidente do trabalho. São Paulo: Limiar, 1996.

NR 1 • DISPOSIÇÕES GERAIS E GERENCIAMENTO DE RISCOS OCUPACIONAIS | 45

6.8.5 Análise de acidentes e doenças relacionadas ao trabalho

A organização **deve analisar os acidentes e as doenças relacionadas ao trabalho**. Como vimos anteriormente, temos aqui uma importante alteração: todas as organizações deverão realizar essas análises, independentemente de terem ou não a obrigatoriedade de constituição do SESMT. Apesar de não constar expressamente na norma, é importante que a análise do acidente seja realizada por profissional capacitado em Segurança e Saúde no Trabalho, utilizando técnicas apropriadas ao acidente sob análise.

Ressalto novamente que o objetivo da análise não é identificar culpados, mas, sim, descobrir a *história* do acidente, ou seja, seus fatores causais, para evitar que não ocorra novamente.

O acidente de trabalho é uma **ocorrência**[57] que provoca uma consequência no trabalhador, seja uma lesão ou agravo à saúde. Como vimos, esta **ocorrência** pode ser:

- Evento perigoso;
- Exposição a agente ambiental;
- Exigência da atividade.

Segundo Maria Cecília Pereira Binder[58],

> *o acidente é sempre um acontecimento complexo que coloca em jogo grande número de fatores interdependentes. Pode ser considerado como o final de uma série de antecedentes em determinado sistema. [...] Descrito como um processo iniciado por uma primeira perturbação de um elemento do sistema, passando por uma cadeia de sistemas intermediários, evolui até a lesão de um indivíduo (grifo acrescentado).*

E acrescenta:

> *O acidente não pode ser explicado sem que ao menos um elemento da situação habitual de trabalho tenha sido modificado. Em outras palavras, não é possível dar conta da ocorrência de um acidente retendo apenas fatos permanentes.*

As análises de acidentes e doenças relacionadas ao trabalho devem ser documentadas e:

- a) considerar as situações geradoras dos eventos, levando em conta as atividades efetivamente desenvolvidas, ambiente de trabalho, materiais e organização da produção e do trabalho: a expressão *"atividades efetivamente desenvolvidas"* corresponde ao modo operatório (WAD – *Work As Done*);
- b) identificar os fatores relacionados com o evento: por exemplo, fatores organizacionais ou relacionados à concepção de máquinas, equipamento e postos de trabalho;
- c) fornecer evidências para subsidiar e revisar as medidas de prevenção existentes.

---

[57] Devemos ter em mente que a maioria dos acidentes do trabalho ocorre quando há uma variação da atividade rotineira, por exemplo, nas intervenções de manutenção, reparo, limpeza ou ajuste em máquinas e equipamentos.

[58] BINDER, Maria C. et al. *Árvore de causas.* Método de investigação de acidente do trabalho. São Paulo: Limiar, 1996.

A análise de acidentes enquadra-se no chamado *monitoramento reativo*[59] ou *prevenção passiva*[60]. Segundo o Guia – Diretrizes sobre Sistemas de Gestão da Segurança e Saúde no Trabalho (Fundacentro), o *monitoramento reativo* deve incluir a identificação, a notificação e a investigação de:

(a) lesões, degradações da saúde, doenças e incidentes relacionados ao trabalho (incluindo o monitoramento das faltas acumuladas por motivo de doença);
(b) outras perdas, tais como danos à propriedade;
(c) desempenho deficiente em segurança e saúde e outras falhas no sistema de gestão da SST; e
(d) programas de reabilitação e restauração da saúde dos trabalhadores.

A ocorrência de incidentes, quase acidentes e acidentes também são situações de retroalimentação do PGR, pois indicam que as medidas de prevenção não são efetivas e necessitam ser revistas.

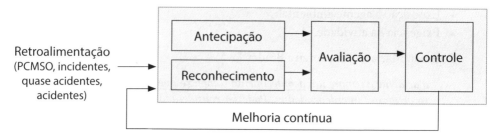

6.8.6 Documentação

Como vimos, o PGR deve conter, no mínimo, os seguintes documentos:

a) inventário de riscos; e
b) plano de ação.

Estes e outros documentos integrantes do PGR devem ser elaborados sob a responsabilidade da organização, respeitado o disposto nas demais Normas Regulamentadoras, datados e assinados[61]. Devem estar sempre disponíveis aos trabalhadores interessados ou seus representantes e à Inspeção do Trabalho.

---

[59] Guia OIT – Organização Internacional do Trabalho. Diretrizes sobre Sistemas de Gestão da Segurança e Saúde no Trabalho. Tradução Professor Gilmar da Cunha Trivelato.
[60] BINDER, Maria C. et al. *Árvore de causas*. Método de investigação de acidente do trabalho. São Paulo: Limiar, 1996.
[61] Conforme esclarece a Nota Técnica SEI 51.363/2021/ME, tanto o inventário de riscos quanto o plano de ação do PGR podem ser datados e assinados de forma eletrônica, em conformidade ao disposto no item 1.6.2 da NR1, desde que o sistema permita a rastreabilidade e verificação por auditorias futuras. Tal medida possibilita, por exemplo, o uso do certificado digital (eCNPJ) da própria organização. Optando-se por uma pessoa natural, indicada pela organização como responsável ou representante legal, esta datará e assinará os referidos documentos, o que também pode ser feito com uso do certificado digital. Cabe salientar, porém, que algumas NRs exigem profissionais específicos para proceder determinadas análises de risco, especificações técnicas ou procedimentos, devendo nesses casos ser observados e mantidos os respectivos registros, a serem anexados ou referenciados pelo PGR, conforme o caso.

> **Saiba mais**
> **Para elaboração do PGR deverá ser emitida**
> **Anotação de Responsabilidade Técnica (ART)?**
> Segundo o documento Perguntas frequentes – gerenciamento de risco ocupacional da NR1[62], a elaboração do PGR não exige a emissão da ART, uma vez que a <u>responsabilidade de elaboração do Programa é da organização</u>, que deve demonstrar liderança e comprometimento com a gestão dos riscos ocupacionais. Entretanto, eventualmente, alguns documentos que compõem o PGR devem ser acompanhados da respectiva ART em cumprimento à Lei 6.496/1977, art. 1.º: Todo contrato, escrito ou verbal, para a execução de obras ou prestação de quaisquer serviços profissionais referentes à Engenharia, à Arquitetura e à Agronomia fica sujeito à "Anotação de Responsabilidade Técnica" (ART).

Vejam que a NR1 não determina qual é o profissional ou quais são os profissionais responsável(is) pela <u>elaboração dos documentos do PGR</u>, esta decisão fica a critério da organização – lembrando que é dela a responsabilidade pela implementação do programa.

Como vimos anteriormente, dependendo da complexidade do processo produtivo, é importante contar com equipe multidisciplinar cujos membros tenham formação nas diversas áreas do conhecimento. Entretanto, há que considerar o disposto em normas específicas, por exemplo, a NR18 – Condições de Segurança e Saúde no Trabalho na Indústria da Construção, que determina:

> 18.4.2 O <u>PGR deve ser elaborado por profissional legalmente habilitado em segurança do trabalho</u> e implementado sob responsabilidade da organização.

> 18.4.2.1 Em canteiros de obras com até 7 m (sete metros) de altura e com, no máximo, 10 (dez) trabalhadores, o <u>PGR pode ser elaborado por profissional qualificado em segurança do trabalho</u> e implementado sob responsabilidade da organização. (grifos acrescentados)

6.8.6.1 Inventário de riscos ocupacionais

O inventário de riscos deve conter todos os dados da identificação dos perigos e das avaliações dos riscos ocupacionais. Nele deverão ser contempladas, no mínimo, as seguintes informações:

a) caracterização dos processos e ambientes de trabalho;

b) caracterização das atividades;

c) descrição de perigos e de possíveis lesões ou agravos à saúde dos trabalhadores, com a identificação das fontes ou circunstâncias, descrição de riscos gerados pelos perigos, indicação dos grupos de trabalhadores sujeitos a esses riscos, e descrição de medidas de prevenção implementadas;

d) dados da análise preliminar ou do monitoramento das exposições a agentes físicos, químicos e biológicos e os resultados da avaliação de ergonomia nos termos da NR17;

---

[62] Perguntas frequentes – gerenciamento de risco ocupacional da NR1. Ministério da Economia. Secretaria Especial de Previdência e Trabalho. Secretaria do Trabalho. Versão 01 – 2022.

e) avaliação dos riscos, incluindo a classificação para fins de elaboração do plano de ação; e

f) critérios adotados para avaliação dos riscos e tomada de decisão.

Enquanto integrante de programa de gestão de riscos, o inventário de riscos ocupacionais deve ser mantido sempre atualizado, retratando as condições de exposição existentes na empresa. O histórico das atualizações deve ser mantido por um período mínimo de 20 anos ou pelo período estabelecido em normatização específica. Apesar de não estar expresso na NR1, entendo que, regra geral, o período de contagem do prazo de 20 anos se inicia especificamente a cada atualização. Daí a obrigação expressa no item 1.5.7.2:

> Os documentos integrantes do PGR devem ser elaborados sob a responsabilidade da organização, respeitado o disposto nas demais Normas Regulamentadoras, datados e assinados.

6.8.7 Disposições gerais do gerenciamento de riscos ocupacionais

Sempre que várias organizações realizarem, simultaneamente, atividades no mesmo local de trabalho, deverão executar ações integradas para aplicar as medidas de prevenção, visando à proteção de todos os trabalhadores expostos aos riscos ocupacionais.

O PGR da empresa contratante poderá incluir as medidas de prevenção das empresas contratadas para prestação de serviços que atuem em suas dependências ou local previamente convencionado em contrato ou referenciar os programas das próprias contratadas.

As organizações contratantes devem fornecer às contratadas informações sobre os riscos ocupacionais sob sua gestão e que **possam impactar as atividades das contratadas**. Neste caso, as contratadas deverão realizar o levantamento preliminar de perigos, instituindo medidas de prevenção adequadas e ajustando seu controle de saúde ocupacional, promovendo exames médicos e complementares em virtude da exposição de seus empregados aos riscos ocupacionais existentes nas dependências da contratante ou local estabelecido contratualmente.

As organizações **contratadas devem fornecer ao contratante o Inventário de Riscos Ocupacionais específicos de suas atividades** que serão realizadas nas dependências da contratante ou local previamente convencionado em contrato.

6.8.8 Pontos importantes sobre o GRO e PGR

✓ Os objetivos do Gerenciamento de Riscos Ocupacionais (GRO) somente serão atingidos se a organização integrar as políticas de prevenção ao gerenciamento global da empresa;

✓ O GRO deve ser **implementado por estabelecimento**, consequentemente, o PGR também deve ser elaborado por estabelecimento;

✓ O PGR substitui, como obrigação legal, os demais programas de gerenciamento de riscos anteriormente previstos nas NRs, como o PPRA – Programa de Prevenção de Riscos Ambientais (NR9), e o PCMAT – Programa de Condições e Meio Ambiente de Trabalho na Indústria da Construção.

NR 1 • DISPOSIÇÕES GERAIS E GERENCIAMENTO DE RISCOS OCUPACIONAIS | **49**

✓ Não é objetivo da norma ensinar <u>como</u> fazer o gerenciamento de riscos, determinar modelos de inventário ou ainda indicar a(s) técnica(s) de avaliação de riscos a serem utilizadas. Aqui entra o *domínio da técnica* e a *capacitação* que se espera dos profissionais de SST.

7. PREPARAÇÃO PARA EMERGÊNCIAS

A organização deve estabelecer, implementar e manter procedimentos de respostas aos cenários de emergências, de acordo com os riscos, as características e as circunstâncias das atividades. Os procedimentos de respostas aos cenários de emergências devem prever:

a) os meios e recursos necessários para os primeiros socorros, encaminhamento de acidentados e abandono; e

b) as medidas necessárias para os cenários de *emergências de grande magnitude*, quando aplicável.

Segundo a Convenção 174 da OIT – Prevenção de Acidentes Industriais Maiores –, a expressão *acidente maior* designa todo evento súbito, como explosão de grande magnitude, no curso de uma atividade em instalação sujeita a riscos de acidentes maiores, envolvendo uma ou mais substâncias perigosas e que implica grave perigo, imediato ou retardado, para os trabalhadores, a população ou o meio ambiente.

Destaco que, como não se trata de medidas de prevenção, os procedimentos de resposta a emergências não integram o PGR e devem ser contemplados em documento separado.

8. DA PRESTAÇÃO DE INFORMAÇÃO DIGITAL E DIGITALIZAÇÃO DE DOCUMENTOS

As organizações devem prestar informações de segurança e saúde no trabalho em formato digital. Estas informações se referem àquelas previstas nas NRs e devem ser mantidas atualizadas.

Sobre os documentos em formato digital

Os documentos previstos nas NR, como, por exemplo, o PCMSO – Programa de Controle Médico de Saúde Ocupacional (NR7) ou o Inventário e o Plano de Ação que compõem o PGR, podem ser emitidos e armazenados em meio digital com certificado digital emitido no âmbito da Infraestrutura de Chaves Públicas Brasileira (ICP-Brasil), normatizada por lei específica.

Os documentos físicos assinados manualmente, inclusive os anteriores à vigência da NR1, podem ser arquivados em meio digital, pelo período correspondente exigido pela legislação própria, mediante processo de digitalização, conforme disposto em lei. Neste caso, os empregadores devem manter os originais também conforme previsão legal.

O processo de digitalização deve ser realizado de forma a manter a integridade, a autenticidade e, se necessário, a confidencialidade do documento digital, com o emprego de certificado digital emitido no âmbito da Infraestrutura de Chaves Públicas Brasileira (ICP-Brasil). O Certificado Digital funciona como identidade da pessoa física ou jurídica no meio virtual, com validade legal. É, portanto, garantia de autenticidade e integridade dos documentos assinados pela internet.

O empregador deve garantir a preservação de todos os documentos originalmente digitais ou digitalizados por meio de procedimentos e tecnologias que permitam verificar, a qualquer tempo, sua validade jurídica em todo território nacional, garantindo permanentemente sua autenticidade, integridade, disponibilidade, rastreabilidade, irretratabilidade, privacidade e interoperabilidade. Também deve garantir à Inspeção do Trabalho amplo e irrestrito acesso a todos os documentos digitalizados ou originalmente digitais. No caso de documentos que devem estar à disposição dos trabalhadores ou dos seus representantes, a organização deverá prover meios de acesso destes às informações, de modo a atender os objetivos da norma específica, por exemplo, os registros das manutenções das máquinas e equipamentos conforme a NR12.

9. CAPACITAÇÃO E TREINAMENTO EM SEGURANÇA E SAÚDE NO TRABALHO

A capacitação e os treinamentos sobre segurança e saúde no trabalho devem ser realizados de acordo com as disposições das NRs, como carga horária e conteúdo programático, e sob responsabilidade do empregador. Destaco que a atual redação da NR1 harmoniza e padroniza requisitos gerais sobre estes eventos como apresentado a seguir.

A capacitação deve incluir:

a) **treinamento inicial**: deve ocorrer **antes** de o trabalhador iniciar suas funções, seja no caso da admissão ou de mudança de função. NR específica pode também determinar outro momento de realização deste treinamento. Cito como exemplo o item 7.2.1 do Anexo I (Trabalho dos Operadores de *Checkout*) da NR17 – Ergonomia:

> *7.2.1. Cada trabalhador deve receber treinamento com duração mínima de duas horas, até o* **trigésimo dia da data da sua admissão***, e treinamento periódico anual com duração mínima de duas horas, ministrados durante sua jornada de trabalho.* (grifo acrescentado)

b) **treinamento periódico**: deve ocorrer de acordo com periodicidade estabelecida nas NRs ou, quando não estabelecido, em prazo determinado pelo empregador: neste último caso, cito como exemplo alguns treinamentos previstos na NR18, como o treinamento para os operadores de grua e operadores de guindaste: a periodicidade destes treinamentos fica a critério do empregador;

c) **treinamento eventual**[63,64]: deve ocorrer nas seguintes situações:

– quando houver mudança nos procedimentos, condições ou operações de trabalho, que **impliquem alteração** dos riscos ocupacionais;

– na ocorrência de **acidente grave ou fatal** que indique a necessidade de novo treinamento;

– após retorno de afastamento ao trabalho por **período superior a 180** (cento e oitenta) dias.

---

[63] O treinamento eventual na NR12 tem o nome de "capacitação para reciclagem". Segundo o item 12.16.8: *Deve ser realizada capacitação para reciclagem do trabalhador sempre que ocorrerem modificações significativas nas instalações e na operação de máquinas ou troca de métodos, processos e organização do trabalho, que impliquem novos riscos.*

[64] O treinamento eventual também pode ser chamado de *treinamento situacional*, uma vez que sua realização depende da ocorrência de situações ou acontecimentos específicos.

NR 1 • DISPOSIÇÕES GERAIS E GERENCIAMENTO DE RISCOS OCUPACIONAIS | 51

Sobre o treinamento eventual

A carga horária do **treinamento eventual**, o prazo para sua realização e o conteúdo programático devem ser **determinados pelo próprio empregador e atender à situação que o motivou.**

No caso de **mudança nos procedimentos, condições ou operações de trabalho, que impliquem alteração dos riscos ocupacionais**, o treinamento eventual poderá abordar aspectos como as (novas) fontes de perigo, medidas de prevenção e dispositivos de segurança, procedimentos em situações de emergência, entre outros.

No caso de **acidente grave ou fatal**, apesar de a redação da norma aparentar **certa liberalidade do empregador** quanto à decisão de realizar o treinamento eventual (*caso o acidente "indique a necessidade de novo treinamento"*), entendo que, nestes casos, o treinamento é mandatório (afinal, ocorreu um acidente! Grave ou fatal!). E, ainda, compreendo também que o treinamento deverá ser realizado posteriormente ao término da análise do acidente correspondente (esta, sim, expressamente obrigatória, segundo o item 1.4.1, "e") e envolver todos os trabalhadores cuja atividade tenha relação direta ou indireta com o acidente.

Quando houver **retorno de afastamento ao trabalho por período superior a 180 dias**, o treinamento eventual deve ser focado nas atividades que serão realizadas pelo trabalhador que acabou de retornar, sejam elas anteriores ao afastamento ou novas. Observem que este treinamento será obrigatório, independentemente do motivo do afastamento. Este treinamento deve ser ministrado ao trabalhador afastado.

Os treinamentos devem ser ministrados por **instrutores qualificados** e estar sob a **responsabilidade de profissional legalmente habilitado ou trabalhador qualificado** (responsável técnico), conforme disposto em NR específica, que será o responsável por sua elaboração.

Ao término dos treinamentos inicial, periódico ou eventual deve ser emitido **certificado** contendo o nome e assinatura do trabalhador, conteúdo programático, carga horária, data, local de realização, nome e qualificação dos instrutores e assinatura do responsável técnico. O certificado deve ser disponibilizado ao trabalhador e uma cópia arquivada na organização. Importante destacar que lista de presença não substitui nem dispensa a obrigatoriedade de emissão do certificado de treinamento.

A NR1 não exige que os treinamentos sejam realizados durante a jornada de trabalho; entretanto, normas especiais ou setoriais podem estabelecer de forma diversa sobre este tema. Neste sentido, cito duas normas especiais, a NR12 – Segurança no trabalho em máquinas e equipamentos e a NR20 – Segurança e saúde no trabalho com inflamáveis e combustíveis – que exigem expressamente que a capacitação seja realizada **durante a jornada de trabalho ou o expediente normal da empresa**; neste caso, vale a disposição destas normas especiais.

A própria NR1, entretanto, esclarece que o tempo despendido nos treinamentos deve ser considerado como de trabalho efetivo, o que significa que, caso um treinamento seja ministrado, por exemplo, após a jornada de trabalho, as horas correspondentes devem ser remuneradas como horas extras.

A capacitação pode incluir:

a) estágio prático, prática profissional supervisionada ou orientação em serviço;

b) exercícios simulados; ou

c) habilitação para operação de veículos, embarcações, máquinas ou equipamentos.

A capacitação deve ser consignada nos documentos funcionais do empregado.

Aproveitamento de Treinamentos

Os treinamentos previstos nas NRs podem ser ministrados em conjunto com outros treinamentos da organização, observados os conteúdos e a carga horária previstos na respectiva norma regulamentadora.

Aproveitamento de conteúdos de treinamentos na mesma organização

O aproveitamento de conteúdos de treinamentos ministrados na mesma organização será possível desde que:

a) o conteúdo e a carga horária requeridos no novo treinamento estejam compreendidos no treinamento anterior;

b) o conteúdo do treinamento anterior tenha sido ministrado no prazo inferior ao estabelecido em NR ou há menos de 2 (dois) anos, quando não estabelecida esta periodicidade; e

c) seja validado pelo responsável técnico do treinamento.

O aproveitamento de conteúdos deve ser registrado no certificado, indicando o conteúdo e a data de realização do treinamento aproveitado.

Para fins de validade do novo treinamento, deve ser considerada a data do treinamento mais antigo aproveitado.

Aproveitamento de treinamentos entre organizações

Os treinamentos dos quais o trabalhador tenha participado em organizações anteriores poderão ser convalidados (aproveitamento total) ou complementados (aproveitamento parcial) pela organização atual onde exerce suas atividades.

A convalidação ou complementação deve considerar:

a) as atividades desenvolvidas pelo trabalhador na organização anterior, quando for o caso;

b) as atividades que desempenhará na organização;

c) conteúdo e carga horária cumpridos;

d) o conteúdo e carga horária exigidos; e

e) que o último treinamento tenha sido realizado em período inferior ao estabelecido na NR ou há menos de 2 (dois) anos, nos casos em que não haja prazo estabelecido em NR.

O aproveitamento de treinamentos anteriores, total ou parcialmente, não exclui a responsabilidade de a organização emitir a certificação da capacitação do trabalhador, devendo mencionar no certificado a data da realização dos treinamentos convalidados ou complementados, além das demais informações obrigatórias.

Para efeito de periodicidade de realização de novo treinamento, é considerada a data do treinamento mais antigo convalidado ou complementado.

Treinamentos ministrados na modalidade de ensino a distância ou semipresencial

Os treinamentos podem ser ministrados na modalidade de ensino a distância ou semipresencial, desde que atendidos os requisitos operacionais, administrativos,

• DISPOSIÇÕES GERAIS E GERENCIAMENTO DE RISCOS OCUPACIONAIS | 53

tecnológicos e de estruturação pedagógica, conforme o disposto no Anexo II da NR1 e apresentados adiante.

O **conteúdo prático** do treinamento somente poderá ser realizado na modalidade de ensino a distância ou semipresencial, se previsto em NR específica.[65]

10. TRATAMENTO DIFERENCIADO AO MICROEMPREENDEDOR INDIVIDUAL – MEI, À MICROEMPRESA – ME E À EMPRESA DE PEQUENO PORTE – EPP

10.1 Da dispensa de elaboração do Programa de Gerenciamento de Riscos (PGR)

A NR1 prevê a possibilidade de dispensa da *elaboração* do PGR, sob determinadas condições, como veremos a seguir. Destaco, entretanto, que esta dispensa é aplicável somente quanto à obrigação de **elaboração** do PGR e não afasta a obrigação de cumprimento, por parte do MEI, ME e EPP, **das disposições previstas nas demais NRs, incluindo a gestão dos riscos**.

Microempreendedor Individual

O Microempreendedor Individual (MEI) está dispensado de elaborar o PGR. Entretanto, a dispensa da obrigação de elaborar o PGR **não alcança a organização contratante do MEI**, que deverá incluí-lo nas suas ações de prevenção e no seu PGR[66], quando este **atuar em suas dependências ou local previamente convencionado em contrato**.

Trata-se de dispensa de procedimento administrativo (elaboração de um programa) e não, a dispensa de garantir um ambiente de trabalho seguro e salubre para seu empregado. Neste sentido, em maio/2021, a então Secretaria Especial de Previdência e Trabalho (SEPRT) publicou *fichas*[67] com orientações sobre as medidas de prevenção a serem adotadas pelo MEI, chamadas Fichas MEI.

Microempresas e Empresas de Pequeno Porte

As microempresas e empresas de pequeno porte que **não forem obrigadas a constituir SESMT** e optarem pela utilização de ferramenta(s)[68] de avaliação de risco em alternativa às ferramentas e técnicas previstas no subitem 1.5.4.4.2.1 da NR1 (técnicas de análise de riscos), poderão estruturar o PGR considerando o relatório produzido por

---

[65] O item 7.5 do Anexo I da NR17 (Trabalho dos Operadores de *checkout*) prevê a possibilidade de treinamento prático à distância: "*A forma do treinamento (contínuo ou intermitente, presencial ou à distância, por palestras, cursos ou audiovisual) fica a critério de cada organização.*"

[66] Para cumprimento desta obrigação a contratante poderá utilizar as FICHAS MEI, expedidas pela então Secretaria Especial de Previdência e Trabalho – SEPRT. Estas fichas relacionam os principais perigos e riscos comumente presentes nas atividades legalmente permitidas ao microempreendedor individual – MEI, bem como as medidas de prevenção e proteção a serem adotadas para resguardar a saúde e a integridade física deste contratado.

[67] Fichas MEI – Disponíveis em: www.gov.br/trabalho/fichas-mei/.

[68] Tutorial da ferramenta disponível em: https://www.gov.br/trabalho-e-previdencia/pt-br/composicao/orgaos-especificos/secretaria-de-trabalho/inspecao/pgr/tutorial-de-acesso-e-utilizacao-dir.pdf.

esta(s) **ferramentas**(s) e o plano de ação. Vários países já viabilizam, para pequenas e médias empresas, ferramentas *on-line* de avaliação de riscos[69].

As microempresas e empresas de pequeno porte, graus de risco 1 e 2[70], que no levantamento preliminar de perigos não identificarem exposições ocupacionais[71] a agentes físicos, químicos e biológicos, em conformidade com a NR9, e declararem as informações de SST em formato digital conforme o disposto no subitem 1.6.1 da norma, **ficam dispensadas da elaboração do PGR**.[72] Independentemente desta dispensa, as informações digitais de segurança e saúde no trabalho declaradas devem ser **divulgadas** aos trabalhadores.

Sobre a dispensa de elaboração do PGR, para MEI, ME e EPP, temos o seguinte:

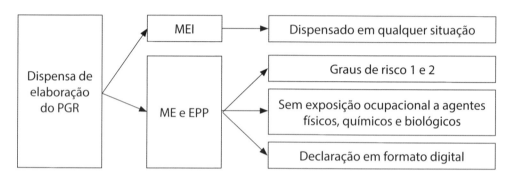

Importante destacar que a dispensa do PGR se refere à declaração da não exposição a agentes ambientais (físicos, químicos e biológicos) e não inclui os demais riscos ocupacionais como riscos mecânicos, riscos de acidentes e riscos relacionados a fatores ergonômicos. Por exemplo, considere organização dispensada de elaborar o PGR. Caso esta empresa possua empregados que realizem intervenções em instalações elétricas e trabalho em altura, deverá cumprir as disposições da NR10 e NR35, respectivamente, mesmo dispensada da elaboração do PGR.

10.2 Da dispensa de elaboração do PCMSO – Programa de Controle Médico de Saúde Ocupacional

Da mesma forma, o MEI, a ME e a EPP, graus de risco 1 e 2, que declararem as informações digitais e não identificarem exposições ocupacionais[73] a agentes químicos,

---

[69] Um exemplo de ferramenta *on-line* de avaliação de riscos é a *On-line Interactive Risk Assessment* (OIRA). Disponível em: https://oiraproject.eu/en/oira-tools?text=&field_language%3Avalue%5Bpt%5D=pt&sort=date. Acesso em: 11 jun. 2020.

[70] Graus de risco 1 e 2 conforme o disposto na NR4 – Serviços Especializados em Segurança e Medicina do Trabalho.

[71] Trata-se aqui da existência ou inexistência do agente no ambiente de trabalho. Isso quer dizer que, mesmo se a intensidade ou concentração do agente estiver abaixo do nível de ação, não caberá tratamento diferenciado.

[72] Caso a ME ou EPP dispensada da elaboração do PGR não esteja dispensada da elaboração do PCMSO, a elaboração deste último poderá utilizar os dados obtidos a partir do levantamento preliminar de perigos realizado pela organização – uma vez que todas as organizações deverão fazer o gerenciamento do risco ocupacional do seu estabelecimento e que faz parte deste gerenciamento o levantamento preliminar de perigos.

[73] Como dito anteriormente, trata-se aqui da presença ou não do agente ou do risco relacionado a fator ergonômico, no ambiente de trabalho.

• DISPOSIÇÕES GERAIS E GERENCIAMENTO DE RISCOS OCUPACIONAIS | 55

físicos, biológicos e riscos relacionados a fatores ergonômicos, ficarão dispensados de elaboração do Programa de Controle Médico de Saúde Ocupacional (PCMSO).

Vemos, então, que é possível que a organização (MEI, ME ou EPP) esteja dispensada de elaborar o PGR, mas não seja dispensada de elaborar o PCMSO, caso declare a exposição a riscos relacionados a fatores ergonômicos.

Enfatizo, porém, que a <u>dispensa da elaboração do PCMSO não implica a dispensa de acompanhamento da saúde ocupacional dos trabalhadores</u> por parte do empregador, inclusive no que se refere à realização dos exames médicos, conforme exigido pelo art. 168 da CLT, e emissão do respectivo Atestado de Saúde Ocupacional, conforme NR7[74]:

> *CLT, Art. 168. Será obrigatório exame médico, por conta do empregador, nas condições estabelecidas neste artigo e nas instruções complementares a serem expedidas pelo Ministério do Trabalho:*
>
> *I – na admissão;*
>
> *II – na demissão;*
>
> *III – periodicamente.*
>
> *NR7 – Programa de Controle Médico de Saúde Ocupacional*
>
> *7.5.19. Para cada exame clínico realizado, o médico emitirá Atestado de Saúde Ocupacional – ASO, que deve ser comprovadamente disponibilizado ao empregado, devendo ser fornecido em meio físico quando solicitado.*

Além da declaração da inexistência de riscos químicos, físicos, biológicos e ergonômicos em formato digital, para que a dispensa de elaboração do PCMSO se concretize, é necessário que todas as condições estejam presentes na data da declaração:

– a organização deve estar enquadrada como MEI, ME ou EPP, conforme determinações legais;

– a atividade principal deve estar associada ao grau de risco 1 ou 2, de acordo com a Classificação Nacional da Atividade Econômica (CNAE), conforme estabelecido no Quadro I da NR4;

Observa-se, por fim, que essa dispensa não é perene, claro. Caso a organização inicialmente enquadrada como MEI, ME ou EPP deixe de apresentar os requisitos para este enquadramento, ou passe a declarar a existência de riscos anteriormente inexistentes, ou, ainda, passe a exercer atividade econômica principal que implique classificação de grau de risco diferente de 1 ou 2, a elaboração do PCMSO passa a ser obrigatória.

Por óbvio, não se enquadram nas dispensas elencadas anteriormente e, portanto, não estão dispensadas da elaboração dos programas citados as organizações grau de risco 1 e 2 que não podem se enquadrar como ME ou EPP por determinação legal, tais como bancos, cooperativas de crédito, agências de fomento, fundos de investimento, entre outras.

---

[74] Veremos no capítulo da NR7 que o MEI, a ME e a EPP dispensados da elaboração do PCMSO devem realizar e custear exames médicos ocupacionais admissionais, demissionais e periódicos de seus empregados, **a cada dois anos**.

A declaração das informações para fins de dispensa de elaboração do PGR e PCM-SO é responsabilidade do empregador. Nesse sentido, destaco que, segundo o art. 299 do Código Penal, é tipificado como crime de falsidade ideológica:

> Art. 299. Omitir, em documento público ou particular, declaração que dele devia constar, ou nele inserir ou fazer inserir declaração falsa ou diversa da que devia ser escrita, com o fim de prejudicar direito, criar obrigação ou alterar a verdade sobre fato juridicamente relevante.

11. DIRETRIZES E REQUISITOS MÍNIMOS PARA UTILIZAÇÃO DA MODALIDADE DE ENSINO A DISTÂNCIA E SEMIPRESENCIAL (Anexo II da NR1)

11.1 Introdução

O Anexo II da NR1 estabelece as diretrizes e requisitos mínimos para utilização da modalidade de ensino a distância (EaD) e semipresencial para as capacitações previstas nas normas regulamentadoras.

O ensino a distância é previsto no art. 80 da Lei 9.394/1996 e regulamentado pelo Decreto 9.432/2018. Caracteriza-se como modalidade educacional na qual a mediação didático-pedagógica nos processos de ensino e aprendizagem ocorre com a utilização de meios e tecnologias de informação e comunicação, com estudantes e professores desenvolvendo atividades educativas em lugares ou tempos diversos.

Já o ensino semipresencial corresponde à conjugação de atividades presenciais obrigatórias com outras atividades educacionais que podem ser realizadas sem a presença física do participante em sala de aula, utilizando recursos didáticos com suporte de tecnologia, de material impresso e/ou de outros meios de comunicação.

Nesse sentido, o Anexo II disciplina tanto aspectos relativos à estruturação pedagógica quanto exigências relacionadas às condições operacionais, tecnológicas e administrativas necessárias para estas modalidades de ensino.

Com a publicação da Portaria 915/2019, positivando na NR1 a autorização para o ensino EaD, todos os itens nas demais NRs que autorizavam esta modalidade foram revogados, simplificando o conjunto normativo.

Como dito anteriormente, as modalidades EaD e semipresencial somente poderão ser utilizadas se atendidos os requisitos operacionais, administrativos, tecnológicos e de estruturação pedagógica apresentados no Anexo II da norma.

No que se refere ao conteúdo prático, estas modalidades apenas poderão ser empregadas se houver **autorização expressa** em NR geral, especial ou setorial, ou seja, regra geral, o conteúdo prático deve ser ministrado presencialmente.

Caso a norma não autorize expressamente o emprego da modalidade EaD ou semipresencial para ministrar treinamento de conteúdos práticos, este deverá ser realizado na modalidade presencial. É o caso da NR20 – Segurança e saúde no trabalho com inflamáveis e combustíveis. Esta norma prevê a realização de diversas etapas práticas nos treinamentos, mas é silente no que se refere ao emprego das modalidades EaD ou semipresencial. Logo, no silêncio da norma, aplica-se a regra geral, devendo todos os conteúdos (práticos e teóricos) dos treinamentos da NR20 ser ministrados presencialmente.

11.2 Disposições gerais

O empregador que optar pela realização das capacitações por meio das modalidades de ensino a distância ou semipresencial poderá ele próprio desenvolver toda a capacitação ou contratar empresa ou instituição especializada que a oferte, devendo em ambos os casos observar os requisitos constantes no Anexo II e também no texto geral da NR1.

As capacitações que utilizam ensino a distância ou semipresencial devem ser estruturadas com, no mínimo, a duração definida para as respectivas capacitações na modalidade presencial.

A elaboração do conteúdo programático deve abranger os tópicos de aprendizagem requeridos, bem como respeitar a carga horária estabelecida para todos os conteúdos.

As atividades práticas obrigatórias devem respeitar as orientações previstas nas NRs e estar descritas no Projeto Pedagógico do curso.

11.3 Estruturação pedagógica

Sempre que a modalidade de ensino a distância ou semipresencial for utilizada, será obrigatória a elaboração de projeto pedagógico com conteúdo previsto na norma e que deverá ser validado a cada dois anos ou quando houver mudança na NR, procedendo a sua revisão, caso necessário.

O projeto pedagógico é o instrumento de concepção do processo ensino/aprendizagem. Nele devem-se registrar o objetivo da aprendizagem, a estratégia pedagógica escolhida para a formação e a capacitação dos trabalhadores, bem como todas as informações que estejam envolvidas no processo.

11.4 Requisitos operacionais e administrativos

Para todo treinamento oferecido na modalidade EaD ou semipresencial deve ser mantido canal de comunicação para esclarecimento de dúvidas, devendo tal canal estar operacional durante o período de realização do curso.

A verificação de aprendizagem deve ser realizada de acordo com a estratégia pedagógica adotada para a capacitação, estabelecendo a classificação com o conceito satisfatório ou insatisfatório.

Já a avaliação da aprendizagem ocorrerá pela aplicação da prova no formato presencial, com o registro da assinatura do empregado, ou pelo formato digital, exigindo a sua identificação e senha individual. Esta avaliação visa aferir o conhecimento adquirido pelo trabalhador e o respectivo grau de assimilação após a realização da capacitação.

Quando a avaliação da aprendizagem for *on-line*, devem ser preservadas condições de rastreabilidade que garantam a confiabilidade do processo. O processo de avaliação da aprendizagem deve contemplar situações práticas que representem a rotina laboral do trabalhador para a adequada tomada de decisões com vistas à prevenção de acidentes e doenças relacionadas ao trabalho.

Após o término do curso, as empresas devem registrar a realização do mesmo, mantendo o resultado das avaliações de aprendizagem e informações sobre acesso dos participantes (logs). O histórico do registro de acesso dos participantes (logs) deve ser mantido pelo prazo mínimo de dois anos após o término da validade do curso.

11.5 Requisitos tecnológicos

Somente serão válidas as capacitações realizadas na modalidade de ensino a distância ou semipresencial que sejam executadas em um Ambiente Virtual de Aprendizagem apropriado à gestão, transmissão do conhecimento e à aprendizagem do conteúdo.

NR 3   EMBARGO E INTERDIÇÃO

Classificação: Norma Geral

Portaria SEPRT 1.068, de 23 de setembro de 2019

1. INTRODUÇÃO

A NR3 regulamenta o art. 161 da CLT, estabelece as diretrizes para a caracterização do grave e iminente risco à saúde e integridade física dos trabalhadores, bem como os requisitos técnicos objetivos a serem observados pelos Auditores Fiscais do Trabalho para interposição dos procedimentos de embargo e interdição. A adoção destes procedimentos tem previsão nas Convenções OIT – Organização Internacional do Trabalho, em particular a Convenção 81 – Inspeção do Trabalho, que registra em seu art. 13, itens 1 e 2:

> 1. Os inspetores do trabalho serão autorizados a tomar medidas destinadas a eliminar irregularidades constatadas nas instalações, montagens ou métodos de trabalho, sobre os quais possam ter motivo razoável para considerá-los como uma ameaça à saúde ou à segurança dos trabalhadores.
>
> 2. A fim de permitir a adoção de tais medidas, os inspetores terão o direito de, salvo recurso judiciário ou administrativo que possa prever a legislação nacional, ordenar ou fazer que se ordene:
>
> (...)
>
> b) a adoção de medidas de aplicação imediata, em caso de perigo iminente para a saúde ou segurança dos trabalhadores. (grifo acrescentado)

As diretrizes apresentadas na atual redação da norma foram baseadas na metodologia desenvolvida pelo órgão regulatório britânico HSE – *Health and Safety Executive (Enforcement Management Model (EMM) Operational version 3.2)*[1]. Trata-se de metodologia de avaliação qualitativa com a finalidade específica de caracterização de situações de grave e iminente risco pelo Auditor Fiscal do Trabalho durante procedimento de inspeção. Não se trata de metodologia padronizada para gestão de riscos pelo empregador, mas entendo que pode ser por ele usada para fundamentação do pedido de suspensão do embargo/interdição.

Destaco que esta metodologia deve ser aplicada tanto aos riscos à **segurança** quanto aos riscos à **saúde** do trabalhador, considerando neste último caso o dano à saúde mais previsível decorrente da exposição ocupacional. Nesse sentido, não se deve levar em consideração a resistência ou susceptibilidade individuais, mas, sim, a resposta provável da população trabalhadora como um todo.

---

[1] De se destacar que não houve consenso na CTPP – Comissão Tripartite Paritária Permanente – para aprovação do texto final da NR3, que foi arbitrado, à época, pelo então Ministério da Economia.

De se ressaltar também que algumas normas regulamentadoras trazem expressamente em seu texto condições ou situações consideradas como de grave e iminente risco: nesses casos, a interposição do embargo ou interdição é ato vinculado do Auditor Fiscal do Trabalho, ficando **dispensada** a aplicação da metodologia apresentada neste capítulo. Por exemplo, na NR13 – Caldeiras, Vasos de Pressão, Tubulações e Tanques Metálicos de Armazenamento, há disposição expressa das condições e situações consideradas como grave e iminente risco e que, ao serem constatadas no local da inspeção, devem ter como consequência a interdição desses equipamentos, conforme item 13.3.1:

> 13.3.1 As seguintes situações constituem condição de grave e iminente risco:
>
> a) operação de equipamentos abrangidos por esta NR sem os dispositivos de segurança previstos nos subitens 13.4.1.2 "a", 13.5.1.2 "a", 13.6.1.2 e 13.7.2.1;
>
> b) atraso na inspeção de segurança periódica de caldeiras;
>
> c) ausência ou bloqueio de dispositivos de segurança, sem a devida justificativa técnica, baseada em códigos, normas ou procedimentos formais de operação do equipamento;
>
> d) ausência ou indisponibilidade operacional de dispositivo de controle do nível de água na caldeira;
>
> e) operação de equipamento enquadrado nesta NR, cujo relatório de inspeção ateste a sua inaptidão operacional; ou
>
> f) operação de caldeira em desacordo com o disposto no item 13.4.3.3 desta NR.

2. CONCEITOS

O **EMBARGO** e a **INTERDIÇÃO** não são medidas punitivas, mas, sim, medidas administrativas de urgência, de cunho cautelar, e têm como consequência a **paralisação total ou parcial** das atividades. Sua imposição não dispensa a lavratura de autos de infração por descumprimento das normas de segurança e saúde no trabalho ou dos demais dispositivos da legislação trabalhista relacionados à situação analisada.

O embargo implica a paralisação parcial ou total de uma obra; já a interdição implica a paralisação parcial ou total da atividade, máquina ou equipamento, setor de serviço ou até mesmo estabelecimento.

O embargo e a interdição podem estar associados a uma ou mais destas hipóteses, porém, segundo a NR3, sua interposição deve ser adotada na menor unidade onde for constatada situação de grave e iminente risco. Por exemplo, falta de proteção contra queda de altura na periferia de um dos andares de edificação em construção, sem possibilidade de regularização imediata: deve ser interposto embargo parcial da obra, referente ao andar sem a proteção coletiva, e não o embargo total da obra.

Para a correta interpretação da norma faz-se imprescindível o entendimento dos seguintes termos e expressões:

I. Embargar e interditar

Segundo o *Novo dicionário Aurélio da Língua Portuguesa*, 3.ª edição, os verbos *embargar* e *interditar* têm o sentido de *impedir*, o que, no contexto da NR3, significa *impedir a continuidade* das atividades até que a situação de risco grave e iminente seja regularizada conforme o disposto nas normas regulamentadoras.

II. Medidas de proteção de urgência

O embargo e a interdição são medidas que devem ser tomadas imediatamente, pois a saúde e integridade física do trabalhador estão ameaçadas.

III. Risco ocupacional

> *Combinação da probabilidade de ocorrer lesão ou agravo à saúde causados por um evento perigoso, exposição a agente nocivo ou exigência da atividade de trabalho e da severidade dessa lesão ou agravo à saúde.*

IV. Grave e iminente risco
Segundo o item 3.2.1 da NR3:

> *Considera-se grave e iminente risco toda condição ou situação de trabalho que possa causar acidente ou doença com lesão grave ao trabalhador.*

Ou seja, toda condição ou situação de trabalho que, de forma iminente, isto é, a qualquer momento, possa provocar acidente ou doença relacionada ao trabalho com **lesão grave à sua integridade física** é considerada uma situação de risco grave e iminente. Dessa feita, é de ressaltar que a **exposição iminente** a uma condição que poderá provocar lesão **grave** em um momento **futuro**, seja de médio ou longo prazo, também deve ser considerada situação de risco grave e iminente. Ou seja, a iminência se refere à exposição ao risco e não à sua consequência.

Esse é o caso, por exemplo, de doenças com longo tempo de latência, como a Perda Auditiva Induzida por Níveis de Pressão Sonora Elevados (PAINPSE) pela exposição continuada a ruído excessivo, a silicose por exposição continuada à poeira contendo sílica e a asbestose, por exposição continuada ao asbesto[2]. Todas são doenças progressivas que acometem o trabalhador pela exposição prolongada ao agente nocivo e que, uma vez instaladas, são irreversíveis.

Importante destacar também que são abrangidos não somente os riscos graves e iminentes **evidentes**, ou facilmente observáveis, por exemplo, inexistência de proteção contra acesso indevido na zona de perigo de prensas, mas também riscos "**ocultos**", como aqueles originados de fatores organizacionais, que podem levar a um ambiente de trabalho patogênico, como turnos de revezamento, jornadas excessivas, trabalho em turno noturno, política de remuneração, repartição de tarefas, dentre outros.

I. Lesão Grave
A **lesão** que poderá ocorrer deve ser **grave**. Destaco que, de acordo com o *Guia de Análise de Acidentes de Trabalho*[3], são considerados **acidentes graves** aqueles que tenham como consequência amputações ou esmagamentos, perda de visão, lesão ou doença que leve a perda permanente de funções orgânicas (por exemplo: pneumoconioses fibrogênicas, perdas auditivas), fraturas que necessitem de intervenção cirúrgica ou que tenham elevado risco de causar incapacidade permanente, queimaduras que atinjam toda a face ou mais de 30% da superfície corporal ou outros agravos que resultem em incapacidade para as atividades habituais por mais de trinta dias.

Apresento também o conceito de **Acidente de Trabalho Grave** conforme consta na "*Notificação de Acidentes de Trabalho Fatais, Graves e com Crianças e Adolescentes*",

---

[2] Também chamado *amianto*.

[3] *Guia de Análise de Acidentes de Trabalho*. MTE 2010.

do Ministério da Saúde[4], apenas a título de referência, uma vez que tal documento não vincula a ação do AFT:

> *Acidente de trabalho grave é aquele que acarreta mutilação, física ou funcional, e o que leva à lesão cuja natureza implique comprometimento extremamente sério, preocupante; que pode ter consequências nefastas ou fatais.*

Além da NR

As situações de grave e iminente risco à saúde e à integridade física do trabalhador representam uma das mais nefastas dimensões do trabalho precário, pois refletem a deterioração das condições de vida e a insegurança e a instabilidade, tanto em nível individual quanto coletivo[5].

"O conceito de grave e iminente risco foi incorporado pelos países a seus textos legais após a segunda metade do século passado, com maior ênfase entre as décadas de 60 e 70. Apesar de já existirem, na prática, inúmeras situações de grave e iminente risco, como, por exemplo, na questão de proteção de máquinas e nos riscos de quedas de altura, a incorporação do assunto nos arcabouços normativos dos países ocorreu principalmente após a publicação e posterior ratificação da Convenção 81 da Organização Internacional do Trabalho (OIT), de 1947, que trata da Fiscalização do Trabalho. Os instrumentos e formas de intervenção no caso de situações de grave e iminente risco têm grande variabilidade quando de sua aplicação[6]".

Todavia, o conceito de "grave e iminente risco" é adotado com praticamente igual acepção pela maioria dos países.

Veremos que a atual redação da norma também apresenta uma classificação das consequências (lesão ou adoecimento), entendidas como o resultado ou resultado potencial esperado de um *evento*, assim considerado como *evento perigoso, exposição a agente nocivo ou exigência da atividade.*

II. Saneamento do risco

O Auditor Fiscal do Trabalho deve considerar se a condição ou situação encontrada é passível de imediata adequação. Concluindo pela viabilidade de imediata adequação, determinará a necessidade de paralisação das atividades relacionadas à situação de risco e a adoção imediata de medidas de prevenção e precaução para o saneamento do risco, que não gerem riscos adicionais.

3. CONSIDERAÇÕES SOBRE A CARACTERIZAÇÃO DO GRAVE E IMINENTE RISCO

A caracterização do grave e iminente risco deve considerar:

- a consequência, como o resultado ou resultado potencial esperado de um evento, conforme Tabela 1 apresentada a seguir; e
- a probabilidade, como a chance de o resultado ocorrer ou estar ocorrendo, conforme Tabela 2 apresentada a seguir.

---

[4] Notificação de Acidentes do Trabalho – Fatais, Graves e com Crianças e Adolescentes. Ministério da Saúde, 2006.

[5] CATTANI, Antônio David; HOLZMANN, Lorena (Org.). *Dicionário de trabalho e tecnologia.* Porto Alegre: Ed. da UFRGS, 2006.

[6] Embargo e Interdição – Instrumentos de Preservação da Vida e da Saúde dos Trabalhadores / SEGUR/SRTE/RS, Ministério do Trabalho e Emprego 2010.

NR 3 • EMBARGO E INTERDIÇÃO | **63**

Desta forma, para fins de aplicação da NR3, o risco é expresso em termos da combinação das consequências de um evento e da probabilidade de sua ocorrência. Ao avaliar o risco, o Auditor Fiscal do Trabalho deve considerar a consequência e a probabilidade separadamente.

Consequência

As consequências de um evento são classificadas em Morte/Severa, Significativa, Leve ou Nenhuma, conforme Tabela 1 a seguir[7]:

Tabela 1 – Classificação das consequências

CONSEQUÊNCIA	PRINCÍPIO GERAL	EXEMPLOS
MORTE E SEVERA	MORTE - A condição ou situação de risco pode ter como consequência o óbito imediato ou que venha a ocorrer posteriormente. SEVERA - Pode prejudicar a integridade física e/ou a saúde, provocando lesão ou sequela permanentes. São indicadores de consequência Severa: 1) incapacidade para as ocupações habituais, por mais de 30 dias; 2) incapacidade permanente para o trabalho; 3) enfermidade incurável; 4) debilidade permanente de membro, sentido ou função; 5) perda ou inutilização do membro, sentido ou função; 6) deformidade permanente	– Morte – Cegueira permanente de um ou ambos os olhos; – Fraturas múltiplas graves; – Ferimentos na cabeça que envolvem danos cerebrais permanentes; – Amputação de mão/braço ou pé/perna; – Queimaduras graves (que recubram mais do que 20% do corpo) – Lesões por esmagamento levando a danos permanentes nos órgãos internos; – Paralisia permanente; – Efeitos severos à saúde devido a agentes físicos tais como: doença de descompressão; barotrauma resultando em lesão no pulmão ou outros órgãos; síndrome da vibração do segmento mão-braço; perda auditiva induzida por ruído. – Infecções severas devidas a agentes biológicos, tais como *Legionella pneumophila* e leptospirose; – Doenças agudas que requeiram tratamento médico em que exista razão para acreditar que resulte de exposição ao agente biológico, suas toxinas ou ao material infectado; – Condições severas, devido a exposição a substâncias perigosas, tais como: – Câncer de pulmão ou de brônquio; – Carcinoma primário do pulmão, onde exista evidência de que acompanha silicose; – Câncer do trato urinário ou da bexiga; – Angiossarcoma do fígado; – Mesotelioma; – Câncer da cavidade nasal e dos seios da face; – Neuropatia periférica; – Ulceração do nariz ou da garganta devidas ao cromo; – Pneumoconiose; – Asbestose; – Asma ocupacional; – Dermatite de contato alérgica, que possa causar sensibilização da pele; – Alveolite extrínseca (incluindo pulmão do granjeiro).

---

[7] Tabela 3.1 da NR3 e Guia de Aplicação da NR3.

CONSEQUÊNCIA	PRINCÍPIO GERAL	EXEMPLOS
SIGNIFICATIVA	Pode prejudicar a integridade física e/ou a saúde, provocando lesão que implique incapacidade temporária por prazo superior a 15 (quinze) dias.	– Queimaduras significativas (que recubram mais do que 10% do corpo); – Amputação de um dedo ou mais de um dedo, após a primeira articulação; – Ferimentos na cabeça que levem a perda de consciência; – Lesões por esmagamento que levem dano temporário de órgão interno; – Qualquer grau de escalpelamento ou desenluvamento; – Asfixia; – Fratura complexa ou fratura de um osso longo; – Efeitos à saúde tais como condições devidas a agentes físicos e às exigências físicas do trabalho, por exemplo, inflamação traumática dos tendões da mão ou do antebraço ou das bainhas dos tendões associados; síndrome do túnel do carpo. – Infecções devidas a agentes biológicos, tais como *Salmonella spp* (intoxicação alimentar) e *Campylobacter spp*. – Condições devidas a substâncias, tais como ulceração da pele das mãos ou do antebraço pela exposição ao cromo; – Dermatite de contato irritante
LEVE	A condição ou situação de risco pode prejudicar a integridade física e/ou a saúde, provocando lesão que implique incapacidade temporária por prazo igual ou inferior a 15 dias.	– Escoriações – Pequenos cortes – Contusões de pequena monta
NENHUMA	A condição ou situação de risco não provoca nenhuma lesão ou efeito à saúde	

As probabilidades de o resultado ocorrer ou estar ocorrendo são classificadas em Provável, Possível, Remota ou Rara, conforme tabela a seguir[8]:

Tabela 2 – Classificação das probabilidades

PROBABILIDADE	PRINCÍPIO GERAL	EXEMPLOS
PROVÁVEL	Não há medidas de prevenção ou estas são reconhecidamente inadequadas. Uma consequência é esperada, com grande probabilidade de que aconteça ou se realize.	Se uma consequência semelhante ocorreu em repetidas ocasiões no passado, nestas circunstâncias, é provável que irá ocorrer novamente em algum lugar.
POSSÍVEL	As medidas de prevenção existentes apresentam desvios ou problemas significativos. Não há garantias de que as medidas sejam mantidas. Uma consequência talvez aconteça, com possibilidade de que se efetive, concebível.	Se uma consequência semelhante ocorreu com pouca frequência em circunstâncias semelhantes, é possível que possa acontecer de novo nestas circunstâncias.
REMOTA	Há medidas de prevenção adequadas, porém, com pequenos desvios. Ainda que estejam em funcionamento ou condição operacional, não há garantias de que sejam mantidas nesta condição de forma permanente, ou a longo prazo. Uma consequência é pouco provável que aconteça, quase improvável.	Se uma consequência semelhante não ocorreu nestas circunstâncias, mas pode ter ocorrido em circunstâncias diferentes.
RARA	Há medidas de prevenção adequadas e com garantia de continuidade desta situação. Uma consequência não é esperada, não é comum sua ocorrência, seria uma ocorrência extraordinária.	Não se tem conhecimento de sua ocorrência. Na prática, deve-se esperar que a consequência não ocorra.

---

[8]   Guia de Aplicação da NR3.

Observações:

> A *frequência da atividade ou da exposição ao risco* não é critério para classificação da probabilidade: ainda que o trabalhador permaneça exposto ao risco uma vez ao ano, por tempo reduzido, esta situação deve ser considerada;

> A probabilidade de ocorrer um acidente dependerá das medidas de prevenção, caso existam;

> Para classificar a probabilidade como *Rara* deve-se constatar a *perenidade* da proteção se perpetuando no longo prazo; ou seja, se não há possibilidade de ser retirada, burlada ou fraudada;

> A classificação da Consequência como *Significativa* ou *Leve* se aplica mesmo se a lesão for reversível;

> A classificação da consequência e da probabilidade deve ser fundamentada pelo Auditor Fiscal do Trabalho.

O próximo e último parâmetro a ser considerado pelo AFT na caracterização do risco grave e iminente é o **excesso de risco**. Esse parâmetro é estabelecido por meio da comparação entre o **risco atual (situação encontrada durante a inspeção) e o risco de referência (situação objetivo[9])**.

Excesso de Risco

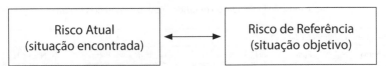

O excesso de risco representa o quanto o risco atual está distante do risco de referência esperado após a adoção de medidas de prevenção (situação objetiva). Trata-se de **análise qualitativa** e deve considerar os seguintes descritores:

- E – Extremo;
- S – Substancial;
- M – Moderado;
- P – Pequeno; e
- N – Nenhum.

3.1 Estabelecimento do excesso de risco

Para estabelecer o excesso de risco, o Auditor Fiscal do Trabalho deve utilizar uma das seguintes tabelas:

- **Tabela 3 (Tabela 3.3 da NR3)**: Nos casos de exposição individual ou de reduzido número de potenciais vítimas expostas ao risco avaliado; ou

---

[9] As condições ou situações de trabalho contempladas em normas regulamentadoras são consideradas como situação objetivo (risco de referência). Nas condições ou situações de trabalho em que não haja previsão normativa da situação objetivo (risco de referência), o Auditor-Fiscal do Trabalho deverá incluir na fundamentação os critérios técnicos utilizados para determinação dessa situação.

- **Tabela 4 (Tabela 3.4 da NR3)**: Nos casos em que a exposição ao risco pode resultar em lesão ou adoecimento de diversas vítimas simultaneamente.

A Tabela 4 deve ser utilizada para avaliação de situação em que vários trabalhadores estejam **simultaneamente** expostos ao risco e/ou para os riscos que possam atingir **pessoas fora do local de trabalho**, não envolvidos na atividade, como é o caso de acidentes ampliados. Por exemplo, exposição à bactéria *Legionella* a partir de sistemas de refrigeração, instalação de andaime sobre calçada de pedestres, ou ainda situação com risco de explosão de caldeira que pode afetar não apenas os operadores e demais trabalhadores do estabelecimento, mas também o seu entorno.

A Tabela 3 deve ser utilizada mesmo se mais de um trabalhador estiver em risco. Por exemplo, o trabalho de concretagem da laje de um prédio em construção, em que cinco trabalhadores executam as atividades expostos ao risco de queda na periferia da obra, deve-se utilizar a Tabela 3[10]. Contudo, se existir risco de desabamento da laje ou do prédio, afetando a coletividade, deve-se utilizar a Tabela 4.

Outro exemplo de uso da Tabela 3: empresa de confecção que emprega 50 (cinquenta) costureiras, ___cada uma delas___ operando máquinas com exposição a fatores não ergonômicos. Neste caso, a exposição ao risco é ___individual___, e deve ser considerada a Tabela 3.

Tabela 3 – Tabela de excesso de risco:
exposição individual ou reduzido número de potenciais vítimas

Classificação do risco atual (situação encontrada):

Consequência	Probabilidade											
Nenhuma	Rara	N	N	N	N	N	N	N	N	N	N	N
Leve	Remota	N	N	P	N	N	N	P	N	N	N	P
Leve	Possível	N	N	P	N	N	N	P	N	N	P	P
Leve	Provável	N	N	M	N	N	N	M	N	P	M	M
Significativa	Remota	N	N	M	N	N	N	M	P	M	M	M
Significativa	Possível	N	N	M	N	N	M	M	M	M	M	M
Significativa	Provável	N	N	S	N	M	M	S	M	M	M	S
Morte/Severa	Remota	N	N	S	M	M	M	S	M	M	S	S
Morte/Severa	Possível	N	M	E	M	S	S	E	S	S	S	E
Morte/Severa	Provável	S	S	E	S	S	S	E	S	S	E	E
Probabilidade de referência		Possível	Remota	Rara	Provável	Possível	Remota	Rara	Provável	Possível	Remota	Rara
Consequência de referência		Morte/Severa			Significativa				Leve/Nenhuma			
Classificação do **risco de referência (situação objetivo)**												

Excesso de Risco:

E – Extremo	S – Substancial	M – Moderado	P – Pequeno	N – Nenhum

---

[10] Destaco que a norma não determina a quantidade de trabalhadores que corresponde a um *número reduzido de potenciais vítimas*, para uso da Tabela 1.

Tabela 4 – Tabela de excesso de risco: exposição ao risco pode resultar em lesão ou adoecimento de diversas vítimas simultaneamente

Consequência	Probabilidade											
Nenhuma	Rara	N	N	N	N	N	N	N	N	N	N	N
Leve	Remota	N	N	P	N	N	N	P	N	N	N	P
Leve	Possível	N	N	P	N	N	N	P	N	N	P	P
Leve	Provável	N	N	M	N	N	N	M	N	P	M	M
Significativa	Remota	N	N	S	N	N	N	S	M	M	M	S
Significativa	Possível	N	N	S	N	N	M	S	S	S	S	S
Significativa	Provável	N	N	S	N	M	M	S	S	S	S	S
Morte/Severa	Remota	N	N	S	M	S	S	S	S	S	S	S
Morte/Severa	Possível	N	S	E	S	S	S	E	S	S	S	E
Morte/Severa	Provável	E	E	E	E	E	E	E	E	E	E	E
Probabilidade de referência		Possível	Remota	Rara	Provável	Possível	Remota	Rara	Provável	Possível	Remota	Rara
Consequência de referência		Morte/Severa			Significativa				Leve/Nenhuma			
Classificação do risco de referência (situação objetivo)												

Coluna lateral esquerda: Classificação do risco atual (situação encontrada)

Excesso de Risco:

E – Extremo	S – Substancial	M – Moderado	P – Pequeno	N – Nenhum

No caso de empresas com trabalho em turnos, deve ser considerada a quantidade de trabalhadores expostos (potenciais vítimas) por turno, considerando aquele com maior quantidade de trabalhadores.

Uma vez identificada a tabela a ser usada (Tabela 3 ou 4), o AFT deve seguir as seguintes etapas para estabelecimento do excesso de risco:

- **Primeira etapa:** avaliar o risco atual (situação fática, constatada na inspeção) decorrente das circunstâncias encontradas, levando em consideração as medidas de controle existentes, ou seja, o nível total de risco que se observa ou se considera existir na atividade, utilizando a classificação indicada nas colunas do lado esquerdo da tabela;
- **Segunda etapa:** estabelecer o risco de referência (situação objetivo), ou seja, o nível de risco remanescente (residual) quando da implementação das medidas de prevenção necessárias, utilizando a classificação nas linhas da parte inferior da tabela;
- **Terceira etapa:** determinar o excesso de risco por cruzamento entre o risco atual e o risco de referência, localizando a interseção entre os dois riscos.

Para ambos os riscos, atual e de referência (definidos na primeira e na segunda etapas, respectivamente), deve-se determinar a consequência em primeiro lugar e, em seguida, a probabilidade de a consequência ocorrer. O Auditor Fiscal do Trabalho deve sempre considerar a consequência de maior previsibilidade de ocorrência.

Exemplo: Situação encontrada pelo AFT durante inspeção: serra circular sem proteções, utilizada em carpintaria.

Tabela a ser utilizada para identificação do Excesso de Risco: Tabela 3 (risco individual)

Primeira Etapa: Risco Atual (situação encontrada)
Consequência: Severa (amputação de membros superiores)
Probabilidade: Provável
Risco Atual (consequência x probabilidade): Severa x Provável

Segunda Etapa: Risco de Referência (situação objetivo) – Serra circular com proteções conforme NR18
Consequência[11]: Severa (amputação de membros superiores)
Probabilidade: Rara (ou remota)
Risco Atual (consequência x probabilidade): Severa x Rara

Terceira Etapa: Excesso de Risco
Para verificar o excesso de risco, devemos fazer o cruzamento, na **Tabela 3**, entre o risco atual (Severa x Provável) e o risco de referência (Severa x Rara). Neste caso, encontramos o Excesso de Risco **E – Extremo**! Isso significa que a máquina deve ser interditada, como apresentado no próximo item.

3.2 Requisitos de embargo e interdição

É passível de embargo a obra, e são passíveis de interdição a atividade, a máquina ou equipamento, o setor de serviço e o estabelecimento, com a brevidade que a ocorrência exigir:

- sempre que o Auditor Fiscal do Trabalho constatar a existência de **excesso de risco extremo (E)**;
- consideradas as circunstâncias do caso específico, quando o Auditor Fiscal do Trabalho constatar a existência de **excesso de risco substancial (S)**.

Portanto, situações com excesso de risco *Extremo* devem ser *embargadas ou interditadas*.

Já no caso de risco *Substancial*, a interposição do embargo ou interdição deve considerar "*as circunstâncias do caso específico*". Vejam que temos aqui um atenuador que poderá influenciar na decisão do AFT. Estas *circunstâncias* seriam, por exemplo, a implantação, pela empresa, de sistema de gerenciamento de riscos ou programa de treinamento dos empregados, ou até mesmo o fornecimento de EPIs, desde que inseridos no programa de gestão de riscos, com procedimentos de trabalho, análises de riscos, dentre outros fatores que, se consideradas em conjunto, podem resultar na decisão de não interposição do embargo ou interdição, ainda que o excesso de risco encontrado seja substancial.

Não são passíveis de embargo ou interdição as situações com avaliação de excesso de risco Moderado (M), Pequeno (P) ou Nenhum (N). Ou seja, somente as situações com excesso de risco extremo (E) e substancial (S) serão passíveis de embargo ou interdição.

---

[11] A consequência do evento (corte ou amputação pelo disco de corte sem proteção) permanece SEVERA, o que muda na situação objetivo é a probabilidade da ocorrência do evento.

NR 3 · EMBARGO E INTERDIÇÃO | 69

4. COMPETÊNCIA ORIGINÁRIA PARA EMBARGAR OU INTERDITAR

A competência originária para decidir sobre o embargo/interdição (e respectiva suspensão) é da *autoridade máxima regional em matéria de inspeção do trabalho*. Tal determinação consta no art. 161 da CLT:

> *O Delegado Regional do Trabalho[12], à vista do laudo técnico do serviço competente que demonstre grave e iminente risco para o trabalhador, poderá interditar estabelecimento, setor de serviço, máquina ou equipamento, ou embargar obra, indicando na decisão, tomada com a brevidade que a ocorrência exigir, as providências que deverão ser adotadas para prevenção de infortúnios de trabalho.*

É de se destacar, entretanto, não ser razoável submeter a decisão de embargar e interditar à autoridade que não o AFT que constatou o excesso de risco, por dois motivos:

i. a necessária celeridade na tomada dessa decisão; e

ii. a *autoridade máxima regional em matéria de inspeção do trabalho* é o Superintendente Regional do Trabalho: cargo de livre nomeação, sem nenhuma exigência que seu ocupante possua qualquer formação técnica, o que pode não somente limitar, mas também prejudicar a análise da situação de grave e iminente risco objeto do embargo ou interdição, colocando em risco os trabalhadores envolvidos. Ressalto ainda que a submissão da decisão de embargar e interditar ao SRT está em desacordo com o art. 13 da Convenção 81 da OIT, citado anteriormente.

Entretanto, considerando a decisão proferida no curso da Ação Civil Pública 0010450-12.2013.5.14.0008 (TRT/RO) em favor da autonomia dos Auditores Fiscais do Trabalho para interposição de embargo e interdição, em 8 de novembro de 2021 foi publicada a Portaria 672[13], cujo Capítulo V, apresentado a seguir, disciplina tais procedimentos.

4.1 Portaria 672/2021 (vigência a partir de 10 de dezembro de 2021)

Segundo a Portaria 672/2021, os **Auditores Fiscais do Trabalho estão autorizados, em todo o território nacional, a ordenar a adoção de medidas de interdições e embargos, e o levantamento posterior das mesmas**, quando se depararem com uma condição ou situação de risco iminente à vida, à saúde ou à segurança dos trabalhadores.

Para o início ou manutenção da produção de seus efeitos, o embargo ou interdição **não depende de prévia autorização ou confirmação por autoridade diversa não envolvida na ação fiscal**, ressalvada exclusivamente a possibilidade de recurso.

De qualquer forma, ressalto como positivos os benefícios advindos com a publicação da Portaria 672/2021 (e de sua predecessora, a Portaria 1.069/2019), como a garantia da celeridade e efetividade dos procedimentos de embargo e interdição, enquanto instrumentos de preservação da vida e da saúde dos trabalhadores.

5. PARALISAÇÃO DAS ATIVIDADES

Como vimos anteriormente, a principal consequência do embargo ou da interdição é a paralisação das atividades. E essa paralisação poderá ser total ou parcial, a

---

[12] Atual Superintendente Regional do Trabalho.

[13] A Portaria 672/2021 revogou a Portaria 1.069/2019 que também disciplinava os procedimentos de embargo e interdição.

depender do alcance da situação que a(o) motivou. No tocante às atividades a serem realizadas durante a vigência do embargo ou interdição, vejamos a redação do item 3.5.4:

> *3.5.4 Durante a vigência de embargo ou interdição, podem ser desenvolvidas atividades necessárias à correção da situação de grave e iminente risco, desde que garantidas condições de segurança e saúde aos trabalhadores envolvidos.*

Ou seja, somente as atividades necessárias para a regularização da situação de grave e iminente risco é que poderão ser executadas durante a vigência do embargo ou interdição, desde que sejam tomadas as medidas de proteção adequadas aos trabalhadores envolvidos. Por exemplo, durante a instalação de sistema guarda-corpo e rodapé em periferia de edificação, como medida de proteção individual contra queda de altura os empregados encarregados desta atividade deverão utilizar Sistema de Proteção Individual Contra Quedas (SPIQ), conforme NR35 – Trabalho em Altura.

6. PAGAMENTO DE SALÁRIOS

As interrupções da prestação do trabalho por fatos alheios ao empregado não devem afetar a percepção de salários. Dessa forma, durante a paralisação das atividades em decorrência da interdição ou do embargo, os trabalhadores devem receber os salários como se estivessem em efetivo exercício. Tal situação caracteriza *interrupção* do contrato de trabalho, e não sua *suspensão*.

Vejamos a definição desses dois institutos[14]:

Interrupção do contrato de trabalho: Sustação temporária da principal obrigação do empregado no contrato de trabalho (prestação de trabalho e disponibilidade perante o empregador), em virtude de um fato juridicamente relevante, mantidas em vigor todas as demais cláusulas contratuais.

Suspensão do contrato de trabalho: Sustação temporária dos principais efeitos do contrato de trabalho no tocante às partes, em virtude de um fato juridicamente relevante, sem ruptura, contudo, do vínculo contratual formado.

7. DESCUMPRIMENTO DO EMBARGO OU INTERDIÇÃO

Segundo o art. 161, § 4.º, da CLT:

> *Responderá por desobediência, além das medidas penais cabíveis, quem, após determinada a interdição ou embargo, ordenar ou permitir o funcionamento do estabelecimento ou de um dos seus setores, a utilização de máquina ou equipamento, ou o prosseguimento de obra, se, em consequência, resultarem danos a terceiros.*

A *desobediência* corresponde ao descumprimento de ordem administrativa, no caso, a determinação da paralisação das atividades pela interposição de embargo ou interdição. Já as *medidas penais cabíveis* pelo descumprimento do embargo ou interdição são estabelecidas pelos seguintes artigos do Código Penal:

> *Desobediência*
>
> *Art. 330 – Desobedecer a ordem legal de funcionário público:*
>
> *Pena – detenção, de quinze dias a seis meses, e multa.*

---

[14] DELGADO, Maurício Godinho. *Curso de direito do trabalho.* 11. ed. São Paulo: LTr, 2012.

Exercício de atividade com infração de decisão administrativa
Art. 205 – Exercer atividade, de que está impedido por decisão administrativa:
Pena – detenção, de três meses a dois anos, ou multa.

Oportuno destacar que, caso a violação tenha como consequência lesão ou morte, o empregador poderá responder por lesão corporal ou homicídio com dolo eventual.

8. DA CIÊNCIA DO EMPREGADOR[15]

O embargo ou a interdição produzirão efeitos desde a ciência, pelo empregador, do respectivo Termo de Embargo ou Interdição.

Na hipótese de recusa do empregador em assinar ou receber o termo de embargo ou interdição, o Auditor-Fiscal do Trabalho deverá consignar o fato no próprio termo, indicando a data, horário, local do ato, bem como o nome do empregador ou preposto, caracterizando tal conduta como resistência à fiscalização, considerando-se o empregador ciente a partir desse momento.

O termo de embargo ou interdição poderá ser remetido via postal, com Aviso de Recebimento – AR ou por via eletrônica, mediante confirmação de recebimento, quando o estabelecimento se situar em localidade de difícil acesso ou ainda na hipótese de ação fiscal na modalidade indireta.

Quando houver recusa consignada no Aviso de Recebimento, caracteriza-se a ciência do empregador a partir da data e hora da sua recusa. Quando o termo de embargo ou interdição for remetido via postal e a entrega for frustrada por quaisquer razões, à exceção da recusa por parte do empregador, deverá ser feita a notificação por meio de edital, considerando-se a ciência feita na data da sua publicação no *DOU*.

A apresentação de recurso ou de pedido de levantamento de embargo ou interdição, pelo empregador, pode ser considerada como ato comprobatório do recebimento do termo de embargo ou interdição.

9. DOS DOCUMENTOS

O embargo e a interdição são procedimentos administrativos que devem ser formalizados e fundamentados por meio de documentos específicos.

A **formalização** do embargo ou interdição é realizada mediante a lavratura do **Termo de Embargo ou Termo de Interdição**.

A formalização do levantamento total ou parcial do embargo ou interdição ou ainda de sua manutenção é realizada mediante a lavratura do termo correspondente.

A **fundamentação** do embargo ou interdição (e do respectivo levantamento ou manutenção) é realizada por meio da elaboração de **Relatório Técnico**.

A norma não determina um prazo para lavratura do Relatório Técnico, devendo ocorrer com a urgência de cada caso. Vejam a redação do art. 81 da Portaria 672/2021:

*Art. 81. Quando o Auditor-Fiscal do Trabalho constatar, em verificação física no local de trabalho, grave e iminente risco que, nos termos da Norma Regulamentadora n.º 3 (NR 03), justifique embargo ou interdição, deverá lavrar, com a **urgência que o caso requer**, relatório técnico em duas vias [...]. (grifo acrescentado)*

---

[15] Portaria 672, de 8 de novembro de 2021.

Então, sempre que o AFT constatar situação de risco grave e iminente, nos termos da NR3, que justifique embargo ou interdição, deverá lavrar o Termo de Embargo ou Interdição imediatamente, para formalizar tal procedimento, e, para fundamentá-lo, deverá também lavrar Relatório Técnico, **com a urgência que o caso requer**.

O Relatório Técnico deve conter:

I – identificação do empregador com nome, inscrição no Cadastro Nacional da Pessoa Jurídica – CNPJ ou Cadastro de Pessoa Física – CPF, código na Classificação Nacional de Atividades Econômicas – CNAE e endereço do estabelecimento em que será aplicada a medida;

II – endereço do empregador, caso a medida seja aplicada em obra, local de prestação de serviço ou frente de trabalho realizada fora do estabelecimento;

III – identificação precisa do objeto da interdição ou embargo;

IV – descrição dos fatores de risco e indicação dos riscos a eles relacionados;

V – indicação clara e objetiva das medidas de proteção da segurança e saúde no trabalho que deverão ser adotadas pelo empregador, identificando e fundamentando o risco atual (situação encontrada), risco de referência (situação objetivo), e o excesso de risco, conforme estabelecido na NR3;

VI – assinatura e identificação do AFT, contendo nome, cargo e número da Carteira de Identidade Fiscal – CIF; e

VII – indicação da relação de documentos que devem ser apresentados pelo empregador quando houver a necessidade de comprovação das medidas de proteção por meio de relatório, projeto, cálculo, laudo ou outro documento.

10. RECURSO CONTRA EMBARGO OU INTERDIÇÃO

Em face dos atos relativos a embargo ou interdição, cabe a interposição de recurso administrativo à Coordenação Geral de Recursos do Ministério do Trabalho, que poderá atribuir-lhe efeito suspensivo.

O recurso é cabível em face de termo de:

I – embargo ou interdição;

II – manutenção de embargo ou interdição; e

III – levantamento parcial de embargo ou interdição.

Conforme disposto no art. 96 da Portaria 672/2021, o recurso deverá ser protocolizado, preferencialmente, através do peticionamento eletrônico, por usuário externo do Sistema Eletrônico de Informações (SEI), selecionando o tipo de processo *"Fiscalização do Trabalho: Termo de Embargo/Interdição"* e indicando a unidade da federação do local do embargo ou interdição. Deve ser interposto no prazo de dez dias corridos contados do dia útil seguinte à ciência do administrado do ato contra o qual ele deseja recorrer, e será recebido e autuado em processo administrativo apartado no qual constituirá a peça inaugural.

Caso seja concedido ao recurso o efeito suspensivo, as atividades não serão interrompidas até sua apreciação.

11. VIGÊNCIA

O embargo ou a interdição permanecerão vigentes enquanto existir a condição ou situação de grave e iminente risco que motivou a paralisação. Isso quer dizer que não há um prazo de duração previamente determinado para a manutenção desses procedimentos. Tão logo a condição ou situação seja regularizada, o empregador deverá solicitar o levantamento do embargo/interdição. Ou seja, a duração ou vigência do embargo ou interdição depende somente da empresa, pois é ela que deverá regularizar a situação que a(o) motivou.

12. LEVANTAMENTO OU MANUTENÇÃO DO EMBARGO OU INTERDIÇÃO

O empregador poderá requerer o levantamento do embargo ou da interdição a qualquer momento, após a adoção das medidas de proteção da segurança e saúde no trabalho indicadas no Relatório Técnico. O requerimento também deverá ser protocolizado, preferencialmente, por meio do Sistema Eletrônico de Informações (SEI), selecionando o tipo de processo *"Fiscalização do Trabalho: Termo de Embargo/Interdição"* e indicando a unidade da federação do local do embargo ou interdição.

Recebido o pedido de levantamento de embargo ou interdição, ainda que parcial, será providenciada nova inspeção para verificação da adoção das medidas indicadas no relatório técnico. Para esta nova inspeção, será designado, <u>preferencialmente</u>, Auditor-Fiscal do Trabalho que participou da inspeção inicial, lavrando termo e relatório técnico correspondentes no sistema eletrônico. Esta nova inspeção deve ser realizada no prazo máximo de um dia útil a contar:

I – da data do protocolo do requerimento, quando realizado pelo sistema SEI;

II – da data do recebimento do requerimento de levantamento do embargo ou interdição na unidade descentralizada da inspeção do trabalho, quando realizada por outros meios.

Como dito anteriormente, o <u>levantamento</u> poderá ser <u>total ou parcial</u>, e será formalizado mediante lavratura de Termo de Levantamento Total ou Termo de Levantamento Parcial de Embargo ou Interdição, e fundamentado com a elaboração de novo Relatório Técnico que fundamente a decisão.

O embargo ou interdição também poderá ser <u>mantido</u>, caso se constate que as medidas de proteção não foram adotadas, ou, ainda, as medidas adotadas não foram suficientes para eliminar o risco grave e iminente que motivou a interposição do procedimento. Neste caso, será lavrado Termo de Manutenção.

13. ASPECTOS EM COMUM E DIFERENÇA

13.1 Aspectos em comum

O embargo e a interdição possuem os seguintes aspectos em comum:

✓ mesmo fator causal: situação de risco grave e iminente;

✓ mesma consequência: paralisação das atividades (total ou parcial);

✓ caráter preventivo (para o futuro);

✓ procedimentos de urgência.

13.2 Diferença

A diferença entre o embargo e a interdição é o **objeto** que será embargado ou interditado:

• O **embargo** terá como consequência a paralisação total ou parcial de **obra**;

- A **interdição** terá como consequência a paralisação total ou parcial de atividade, máquina ou equipamento, setor de serviço ou estabelecimento;
- Para interposição do embargo/interdição, o ônus da prova, qual seja a existência de risco grave e iminente, cabe ao AFT;
- Para levantamento do embargo/interdição, o ônus da prova, qual seja o saneamento do risco grave e iminente, cabe ao empregador.

14. CONSIDERAÇÕES FINAIS

- O risco que motivará o embargo ou a interdição deve ser simultaneamente GRAVE e IMINENTE;
- Verificado o **descumprimento** de embargo ou interdição, o Auditor Fiscal do Trabalho deverá dar conhecimento à autoridade policial, bem como lavrar os autos de infração correspondentes e encaminhar relatório circunstanciado à autoridade policial, ao Ministério Público Federal e ao Ministério Público do Trabalho[16];
- **Descumprir o embargo ou interdição** significa manter os empregados trabalhando com exposição ao risco grave e iminente, em flagrante desobediência à ordem legal de paralisação das atividades;
- A imposição de embargo ou interdição **não elide,** ou seja, não dispensa a lavratura de autos de infração por descumprimento das normas regulamentadoras de segurança e saúde no trabalho ou dos dispositivos da legislação trabalhista relacionados à situação analisada. Dessa forma, além da imposição do embargo ou interdição, o AFT deverá lavrar os autos de infração referentes às situações que motivaram tais procedimentos;
- A imposição de embargo ou interdição tem caráter **preventivo**, para o futuro, enquanto multa decorrente da lavratura dos autos de infração (casos subsistentes) tem caráter **punitivo**, referente a fatos pretéritos, em função do descumprimento da legislação trabalhista e das normas regulamentadoras de segurança e saúde no trabalho;
- A Secretaria de Inspeção do Trabalho publicará, na página própria da *internet*, informações sobre embargos e interdições interpostos por Auditores-Fiscais do Trabalho.

Enfatiza-se, finalmente, que o embargo e a interdição, à luz do art. 161 da Consolidação das Leis do Trabalho, representam um ultimato da prevenção de acidentes graves ou fatais, pois revelam uma das piores situações de desrespeito e descuido à vida, à segurança e à saúde do trabalhador. Seu resultado é recompensador, do ponto de vista humano, especialmente quando o Estado consegue chegar a tempo. Agindo preventivamente, a Auditoria Fiscal do Trabalho contribui para evitar o acidente, a doença, a incapacidade laborativa ou a própria morte do trabalhador, ou seja, a tempo de impedir a ocorrência de infortúnios e, de fato, cumprir o seu papel na proteção ao trabalho. Embargo e interdição não são atos de punição à empresa, nem de condenação por cometimento de infração, mas sim atos de proteção à vida, à saúde e à segurança dos trabalhadores[17].

---

[16] Como vimos, segundo a CLT, art. 161 § 4.º "Responderá por desobediência, além das medidas penais cabíveis, quem, após determinada a interdição ou embargo, ordenar ou permitir o funcionamento do estabelecimento ou de um dos seus setores, a utilização de máquina ou equipamento, ou o prosseguimento de obra, se, em consequência, resultarem danos a terceiros".

[17] Embargo e Interdição – Instrumentos de Preservação da Vida dos Trabalhadores – A experiência da Seção de Segurança e Saúde no Trabalho – SEGUR/RS. 2010.

NR 4 SERVIÇOS ESPECIALIZADOS EM SEGURANÇA E MEDICINA DO TRABALHO – SESMT

Classificação: Norma Geral

Última atualização: Portaria MTP 4.219, de 20 de dezembro de 2022

1. INTRODUÇÃO

A NR4 regulamenta o art. 162 da CLT e dispõe sobre as regras de constituição e manutenção dos Serviços Especializados em Segurança e em Medicina do Trabalho (SESMT)[1].

Sendo uma norma geral[2], a NR4 alcança todas as atividades econômicas. Entretanto, algumas normas setoriais possuem regras específicas para constituição do SESMT. Nesses casos, a NR4 deve ser aplicada subsidiariamente, ou seja, na omissão da norma específica, valerá o disposto na norma geral. Trata-se do princípio hermenêutico de afastamento da norma geral, na existência de norma específica. Cito como exemplo de normas setoriais que estabelecem regras próprias de constituição do SESMT:

NR29	Segurança e saúde no trabalho portuário;
NR31	Segurança e saúde no trabalho na agricultura, pecuária, silvicultura, exploração florestal e aquicultura[3]; e
NR37	Segurança e saúde em plataformas de petróleo.

2. OBJETIVO

A NR4 tem por objetivo estabelecer os parâmetros e requisitos para constituição e manutenção dos Serviços Especializados em Segurança e Medicina do Trabalho – SESMT com a finalidade de promover a saúde e proteger a integridade dos trabalhadores. Como o próprio nome diz, esse é um serviço **especializado**, o que significa que seus membros devem ser especialistas, ou seja, **qualificados** para atuarem em atividades relacionadas à segurança e saúde do trabalho.

---

[1] A obrigatoriedade de constituição desses serviços está inserida no ordenamento jurídico brasileiro desde 1967, com a publicação do Decreto-lei 229/1967, onze anos antes da publicação da Portaria 3.214/1978, que aprovou as normas regulamentadoras NR1 a NR28.

[2] Portaria 672, de 8 de novembro de 2021, art. 117.

[3] Destaco, porém, que a NR4 não se aplica nem de forma subsidiária à NR31 por não haver remissão expressa a esta norma, conforme item 31.2.1.1.

3. CAMPO DE APLICAÇÃO

As organizações e os órgãos públicos da administração direta e indireta, bem como os órgãos dos Poderes Legislativo e Judiciário e do Ministério Público, que possuam empregados <u>celetistas</u>, devem constituir e manter o SESMT nos locais de trabalho, de acordo com o disposto na NR4. Entretanto, trabalhadores de outras relações jurídicas de trabalho que não a celetista, também são alcançados pela proteção das normas regulamentadoras, se houver previsão legal, conforme dispõe o item 4.2.2[4]:

> *Nos termos previstos em lei, aplica-se o disposto nesta NR a outras relações jurídicas de trabalho.*

Veremos que a obrigatoriedade de constituição do SESMT, entretanto, dependerá do **enquadramento** da organização ou órgão a determinados **critérios,** conforme apresentado adiante. Isso significa que nem todas as organizações e órgãos públicos que mantenham em seus quadros empregados celetistas estarão obrigados a constituir o SESMT.

Destaco que, **regra geral**, caso haja enquadramento, o SESMT deve ser constituído **por estabelecimento**, chamado SESMT individual. Nos casos em que a organização possua mais de um estabelecimento, essa regra deverá ser aplicada a cada um deles. Porém, a própria norma tratou de alcançar algumas situações específicas que acontecem na prática, por exemplo, casos em que apenas alguns estabelecimentos de uma mesma organização se enquadram nos critérios da NR4 e outros não, ou ainda, casos em que nenhum estabelecimento se enquadra.

4. COMPOSIÇÃO

O SESMT deve ser composto pelos seguintes profissionais de nível técnico e de nível superior, com as seguintes especialidades:

Profissionais de nível superior	
Segurança do Trabalho	**Saúde do Trabalho**
Engenheiro de Segurança do Trabalho	Médico do Trabalho Enfermeiro do Trabalho
Profissionais de nível médio	
Segurança do Trabalho	**Saúde do Trabalho**
Técnico de Segurança do Trabalho	Auxiliar ou Técnico de Enfermagem do Trabalho

O SESMT deve ser coordenado por qualquer um dos profissionais integrantes.

O Anexo II da norma apresenta os critérios de dimensionamento destes profissionais, conforme veremos adiante.

4.1 Qualificação dos profissionais do SESMT

Os profissionais integrantes do SESMT devem possuir formação e registro profissional de acordo com o disposto na regulamentação da profissão e nos instrumentos normativos emitidos pelo Conselho Profissional, quando existente.

---

[4] Como vimos anteriormente, a própria Constituição Federal garante aos trabalhadores urbanos e rurais o direito à redução dos riscos inerentes ao trabalho, conforme o disposto no *art. 7.º São direitos dos trabalhadores urbanos e rurais, além de outros que visem à melhoria de sua condição social:*
XXII – *redução dos riscos inerentes ao trabalho, por meio de normas de saúde, higiene e segurança.*

NR 4 • SERVIÇOS ESPECIALIZADOS EM SEGURANÇA E MEDICINA DO TRABALHO – SESMT | 77

A Lei 7.410, de 27.11.1985, dispõe sobre a especialização de Engenheiros e Arquitetos em Engenharia de Segurança do Trabalho e também sobre a profissão de Técnico de Segurança do Trabalho.

No caso do Médico do Trabalho, a profissão foi reconhecida como especialidade médica pelo Conselho Federal de Medicina (CFM) em 2002 (Resolução CFM 1.634/2002).

Já a regulamentação das profissões de Enfermagem do Trabalho, Auxiliar e Técnico de Enfermagem do Trabalho é disciplinada pela Lei 7.498/1986, regulamentada pelo Decreto 94.406/1987.

> ### Além da NR
> ### Profissionais membros do SESMT
> A NR4 determina a composição do SESMT tanto no que se refere à quantidade de profissionais quanto à sua especialização. Entretanto, além daqueles que obrigatoriamente integrarão o serviço, entendo que a organização **poderá, a seu critério**, contratar outros profissionais com qualificações em diferentes áreas de concentração em saúde do trabalhador, tais como fisioterapeutas do trabalho ou psicólogos do trabalho. Tal entendimento tem como fundamento o fato de que as normas regulamentadoras estabelecem o grau de exigibilidade **mínimo** a ser cumprido, para fins de auditoria e punibilidade. Qualquer iniciativa que venha beneficiar o trabalhador será sempre bem-vinda.

5. MODALIDADES DE SESMT

O SESMT deve ser constituído em uma das seguintes modalidades:

➢ Individual;

➢ Regionalizado; ou

➢ Estadual.

A norma também prevê a possibilidade de constituição de SESMT compartilhado.

Destaco que, regra geral, o SESMT deve atender estabelecimentos de uma mesma organização localizados na mesma unidade da federação (Estado ou DF), ressalvadas as disposições relativas ao SESMT compartilhado, como apresentado a seguir.

5.1 SESMT individual

Como o próprio nome diz, o <u>SESMT individual</u> deve ser constituído nos casos em que a organização possuir um ou mais estabelecimentos enquadrados no Anexo II da norma. Nesse caso, cada estabelecimento tem seu próprio SESMT individual.

5.2 SESMT regionalizado

A organização deve constituir <u>SESMT regionalizado</u> quando possuir pelo menos um estabelecimento que se enquadre no Anexo II e outro(s) estabelecimento(s) que não se enquadre(m), devendo o primeiro estender a assistência em segurança e saúde aos demais. Nesse caso, a base de cálculo deve ser o somatório de trabalhadores atendidos.

Caso a organização possua mais de um estabelecimento que se enquadre no Anexo II, e outros que não se enquadrem, poderá constituir mais de um SESMT regionalizado.

5.3 SESMT estadual

O <u>SESMT estadual</u> deve ser constituído pela organização nos casos em que nenhum estabelecimento individualmente se enquadre no Anexo II, porém o total de trabalhadores de todos os estabelecimentos alcance os limites previsto nesse mesmo Anexo.

5.4 SESMT compartilhado

Diferentes organizações podem constituir SESMT compartilhado desde que os seguintes aspectos sejam atendidos, simultaneamente:

➤ Organizações de mesma atividade econômica;

➤ Estabelecimentos estejam localizados no mesmo município ou em municípios <u>limítrofes</u>, ainda que em <u>diferentes unidades da federação;</u>

➤ Estabelecimentos devem ser enquadrar no Anexo II (é possível que o SESMT compartilhado atenda a organizações cujos estabelecimentos não se enquadrem no Anexo II, neste caso, a base de cálculo deve ser o somatório dos trabalhadores assistidos).

O SESMT compartilhado pode ser organizado pelas próprias organizações interessadas ou na forma definida em acordo ou convenção coletiva de trabalho.

Destaco que, de acordo com a redação do item 4.4.5[5], é possível que o SESMT compartilhado seja constituído por uma única organização para atender a seus estabelecimentos de mesma atividade econômica, que se localizem em diferentes unidades da federação, desde que em municípios limítrofes.

Finalmente, ressalto que os trabalhadores assistidos pelo SESMT compartilhado não devem integrar a base de cálculo para dimensionamento de outras modalidades de SESMT. Na verdade, esta é uma regra geral: um mesmo trabalhador deve integrar a base de cálculo de apenas um SESMT[6].

A tabela a seguir apresenta um resumo sobre as modalidades de SESMT:

MODALIDADE	CRITÉRIO	BASE DE CÁLCULO	OBSERVAÇÃO
Individual	Estabelecimento(s) se enquadra(m) no Anexo II	Trabalhadores do estabelecimento	1) Cada estabelecimento constitui seu próprio SESMT
Regionalizado	Pelo menos um estabelecimento se enquadra e os demais não se enquadram no Anexo II	Somatório dos trabalhadores atendidos	1) Todos os estabelecimentos da organização, na mesma unidade da federação, serão atendidos pelo SESMT regionalizado 2) Havendo mais de um estabelecimento que se enquadre no Anexo II, a organização pode constituir mais de um SESMT regionalizado

---

[5] NR4, item 4.4.5: **Uma** ou mais organizações de mesma atividade econômica, localizadas em um mesmo município ou em municípios limítrofes, ainda que em diferentes unidades da federação, cujos estabelecimentos se enquadrem no Anexo II, podem constituir SESMT compartilhado, organizado pelas próprias interessadas ou na forma definida em acordo ou convenção coletiva de trabalho. (grifo acrescentado)

[6] Veremos no capítulo da NR5 que esta regra também vale para a CIPA: um mesmo trabalhador deve integrar a base de cálculo de apenas uma CIPA.

• SERVIÇOS ESPECIALIZADOS EM SEGURANÇA E MEDICINA DO TRABALHO – SESMT | 79

Estadual	Nenhum estabelecimento individualmente se enquadra no Anexo II, mas o somatório de todos os estabelecimentos da mesma unidade da federação alcança os limites indicados naquele Anexo	Somatório dos trabalhadores atendidos	Todos os estabelecimentos da organização, localizados na mesma unidade da federação, serão atendidos pelo SESMT estadual
Compartilhado	Diferentes organizações de mesma atividade econômica. Estabelecimentos se enquadram no Anexo II e se localizam no mesmo município ou em municípios limítrofes. Pode ser estendido a estabelecimentos que não se enquadrem. Obs.: Uma mesma organização também pode constituir SESMT compartilhado para atender seus estabelecimentos de mesma atividade econômica, que se localizem em diferentes unidades da federação, desde que em municípios limítrofes.	Somatório dos trabalhadores atendidos	1) Os municípios limítrofes podem se localizar em diferentes unidades da federação 2) Pode ser organizado pelas organizações interessadas ou na forma definida em acordo ou convenção coletiva de trabalho 3) Pode ser estendido a estabelecimentos que não se enquadrem no Anexo II 4) Trabalhadores assistidos pelo SESMT compartilhado não integram a base de cálculo para dimensionamento de outras modalidades de SESMT

6. DIMENSIONAMENTO

O dimensionamento do SESMT vincula-se aos seguintes critérios:

– Número de *empregados da organização*[7]; e
– Maior grau de risco entre a atividade econômica principal e a atividade econômica preponderante no estabelecimento, nos termos dos Anexos I e II, observadas as exceções previstas na própria norma.

Vejamos a seguir breve descrição acerca das expressões sublinhadas anteriormente:

6.1 Grau de risco

O grau de risco corresponde a um valor numérico entre 1 e 4 em ordem crescente do risco, e está associado ao risco à saúde e à integridade física dos empregados em função da atividade executada pela empresa.

---

[7] Veremos que a NR4 prevê a inclusão dos trabalhadores das prestadoras de serviços na base de cálculo do dimensionamento do SESMT da organização contratante, nas situações previstas na própria norma; neste caso, a base de cálculo será o somatório dos empregados da própria organização e dos trabalhadores das prestadoras de serviços (exceto no caso de trabalhadores de prestadora que já sejam atendidos por SESMT constituído pela própria prestadora). Sempre considerando o maior grau de risco entre a atividade principal e a atividade preponderante.

O Grau de Risco 1 está relacionado a atividades de risco reduzido, tais como administração pública, seguros, previdência complementar, planos de saúde, atividades imobiliárias, entre outros.

O Grau de Risco 4 está relacionado a atividades de risco elevado, como indústria extrativa (minerais, petróleo, gás), fabricação de explosivos, fabricação de cimento, algumas atividades da metalurgia e siderurgia, entre outras.

Cada atividade econômica está associada a um e somente um grau de risco, conforme disposto no Anexo I da NR4.

6.2 Atividade econômica principal

A atividade econômica **principal** da empresa é aquela informada no "cartão CNPJ"[8] – Cadastro Nacional da Pessoa Jurídica –, no campo "Código e descrição da atividade econômica principal". Esse código é identificado pela CNAE – Classificação Nacional da Atividade Econômica –, corresponde a uma sequência de sete números[9] e tem por objetivo padronizar a identificação das atividades das diversas unidades produtivas no Brasil. Esse sistema de classificação encontra embasamento em diretivas internacionais para fins de estudos estatísticos.

Exemplo: a figura a seguir apresenta o excerto do cartão CNPJ de organização cuja atividade principal é "Fabricação de cabines, carrocerias e reboques para caminhões", CNAE 29.30-1-01. O grau de risco desta atividade é obtido no Anexo 1 da norma e, neste caso, corresponde ao grau de risco 3.

Para fins de auditoria, caso a atividade econômica principal indicada no cartão CNPJ seja diferente daquela efetivamente realizada pela empresa, o AFT deve considerar essa última, em observância ao *__Princípio da Primazia da Realidade__*, quando os fatos prevalecem sobre a forma. Este entendimento se fundamenta na Teoria da

---

[8] O número do CNPJ é constituído por catorze algarismos, sendo que os oito primeiros compõem o chamado CNPJ principal ou CNPJ básico.

[9] O código da CNAE adotado na NR4 inclui apenas os cinco primeiros dígitos correspondentes à Classe da Atividade. Os dois últimos algarismos que identificam a Subclasse não estão incluídos.

• SERVIÇOS ESPECIALIZADOS EM SEGURANÇA E MEDICINA DO TRABALHO – SESMT | 81

Normatividade dos Princípios, que considera como normas as regras e os princípios. Portanto, o Princípio da Primazia da Realidade tem força normativa.

Nesse sentido, vejamos a redação do Precedente Administrativo 70 publicado pelo então Ministério do Trabalho:

> *O dimensionamento do SESMT deve estar de acordo com o grau de risco da atividade efetivamente realizada no estabelecimento, que pode ser constatada em inspeção do trabalho. Irregular o dimensionamento que considerou o grau de risco correspondente ao CNAE declarado pelo empregador, mas se mostrou inadequado ao risco constatado no local de trabalho. Autuação procedente. Referência Normativa: Item 4.2[10] da Norma Regulamentadora NR4.*

6.3 Atividade econômica preponderante

A atividade econômica **preponderante** é aquela que ocupa o maior número de trabalhadores: destaco novamente que o termo *trabalhadores* inclui tanto os empregados da organização quanto os trabalhadores das prestadoras de serviço; caso a atividade principal e a atividade preponderante sejam exercidas pelo mesmo número de trabalhadores, deve ser considerada como preponderante aquela com maior grau de risco.

6.4 Contratantes e contratadas: dimensionamento do SESMT da contratante

Nos casos de contratação de organização prestadora de serviços, o SESMT da contratante deve ser dimensionado considerando o total de empregados da própria contratante e o total de trabalhadores das contratadas, quando o trabalho for realizado de forma **não eventual** nas dependências da contratante ou em local previamente convencionado em contrato, observadas as regras de dimensionamento indicadas anteriormente (maior grau de risco x quantidade de trabalhadores). Exemplos de trabalho **não eventuais**: prestação de serviços de limpeza e vigilância patrimonial.

Considera-se **trabalho eventual**, para fins da NR4, aquele decorrente de evento futuro e incerto. Exemplos de trabalhos eventuais: instalação de ar condicionado, manutenção na rede de internet e limpeza de caixa d'água.

No dimensionamento do SESMT da contratante devem ser excluídos da base de cálculo os trabalhadores das contratadas já assistidos pelos SESMTs das próprias

---

[10] Atual item 4.5.1 da NR4.

contratadas (por exemplo, nos casos em que a própria contratada é obrigada a constituir o SESMT em função do enquadramento no Anexo II da NR4).

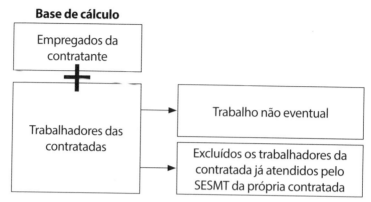

6.5 SESMT regionalizado ou estadual com graus de risco diversos

O dimensionamento do SESMT regionalizado ou estadual com estabelecimentos de **graus de risco diversos** deve considerar o **somatório** dos trabalhadores de todos os estabelecimentos atendidos.

Porém, a NR4 dispõe sobre o tratamento diferenciado para a constituição de SESMT regionalizado ou estadual para estabelecimentos dos graus de risco 1 e 2 de Microempresas – ME e Empresas de Pequeno Porte – EPP. Neste caso, o dimensionamento do SESMT regionalizado ou estadual deve considerar o **somatório da metade do número de trabalhadores desses estabelecimentos**.

6.6 Canteiros de obras e frentes de trabalho

Para fins de dimensionamento, os canteiros de obras e as frentes de trabalho com menos de mil trabalhadores e situados na mesma unidade da federação **não são considerados como estabelecimentos**[11], mas como integrantes da empresa de engenharia principal responsável, a quem cabe organizar os SESMT.

Neste caso deve-se observar o seguinte:

a) os profissionais de nível superior – engenheiros de segurança do trabalho, médicos do trabalho e enfermeiros do trabalho – podem ficar centralizados; e

b) dimensionamento dos profissionais de nível médio – técnicos de segurança do trabalho e auxiliares/técnicos de enfermagem do trabalho – deve ser feito por canteiro de obra ou frente de trabalho, conforme o Anexo II.

A organização deve garantir que o SESMT atenda, no exercício de suas competências, a todos os canteiros de obras e frentes de trabalho.

---

[11] No caso de canteiros de obras e frentes de trabalho com mil ou mais trabalhadores, considerados, portanto, como estabelecimentos, o dimensionamento do SESMT correspondente seguirá a regra geral.

NR 4 · SERVIÇOS ESPECIALIZADOS EM SEGURANÇA E MEDICINA DO TRABALHO – SESMT

Quando se tratar de empreiteiras, considera-se estabelecimento, para fins de aplicação da norma, o local em que seus empregados estiverem exercendo suas atividades. Isso significa que, caso haja enquadramento, a empreiteira deve constituir o SESMT no local onde presta o serviço.

Ressalto que também no dimensionamento do SESMT dos canteiros de obra e frente de trabalho devem ser considerados os empregados das organizações prestadoras de serviços conforme o disposto no item 4.5.2, visto anteriormente:

> 4.5.2 Na contratação de empresa prestadora de serviços a terceiros, o SESMT da contratante deve ser dimensionado considerando o número total de empregados da contratante e trabalhadores das contratadas, quando o trabalho for realizado de forma não eventual nas dependências da contratante ou local previamente convencionado em contrato, observado o disposto no item 4.5.1 e seus subitens.

6.7 Contratação de trabalhadores por prazo determinado

Para as organizações que já possuem SESMT constituído, em qualquer uma das suas modalidades, em caso de aumento no dimensionamento decorrente da contratação de trabalhadores por prazo determinado, o SESMT deve ser complementado durante o período de aumento para atender ao disposto no Anexo II.

6.8 Exemplos

Uma vez identificados o grau de risco e a quantidade de empregados do estabelecimento (e a quantidade de trabalhadores das prestadoras de serviço, quando for o caso), basta enquadrá-los no Anexo II da NR4 e verificar a obrigatoriedade de constituição do SESMT; caso existente essa obrigatoriedade, deve-se identificar a quantidade de membros e respectiva especialização.

Exemplo 1: Organização NÃO OBRIGADA a constituir o SESMT

Considere organização cuja atividade principal é a fabricação de cabines, que possua um único estabelecimento. Como vimos anteriormente, o CNAE associado a esta atividade é CNAE 29-30-1-01 e o grau de risco é 3. Considere também que esta organização tenha em seu quadro 90 empregados. Cruzando essas informações no Anexo II da NR4 apresentado a seguir, veremos que **não há obrigação da constituição do SESMT**, ou seja, não há enquadramento no Anexo II:

ANEXO II – DIMENSIONAMENTO DO SESMT

Grau de Risco	Nº de Trabalhadores no estabelecimento / Profissionais	50 a 100	101 a 250	251 a 500	501 a 1000	1001 a 2000	2001 a 3500	3501 a 5000	Acima de 5000 para cada grupo de 4000 ou fração acima de 2000**
1	Técnico Seg. Trabalho				1	1	1	2	1
	Engenheiro Seg. Trabalho						1*	1	1*
	Aux. Enferm. do Trabalho						1***	1	1
	Enfermeiro do Trabalho							1*	
	Médico do Trabalho					1*	1*	1	1*

Grau de Risco	Profissionais	50 a 100	101 a 250	251 a 500	501 a 1000	1001 a 2000	2001 a 3500	3501 a 5000	Acima de 5000 para cada grupo de 4000 ou fração acima de 2000**
2	Técnico Seg. Trabalho				1	1	2	5	1
	Engenheiro Seg. Trabalho					1*	1	1	1*
	Aux. Enferm. do Trabalho					1***	1***	1	1
	Enfermeiro do Trabalho							1	
	Médico do Trabalho					1*	1	1	1
3	Técnico Seg. Trabalho		1	2	3	4	6	8	3
	Engenheiro Seg. Trabalho				1*	1	1	2	
	Aux. Enferm. do Trabalho				1***	1	1	1	
	Enfermeiro do Trabalho					1	1		
	Médico do Trabalho				1*	1	1	2	1
4	Técnico Seg. Trabalho	1	2	3	4	5	8	10	3
	Engenheiro Seg. Trabalho		1*	1*	1	1	2	3	1
	Aux. Enferm. do Trabalho			1***	1***	1	1	1	
	Enfermeiro do Trabalho						1	1	
	Médico do Trabalho		1*	1*	1	1	2	3	1

(*) Tempo parcial (mínimo de três horas)[12].

(**) O dimensionamento total deverá ser feito levando-se em consideração o dimensionamento da faixa de 3501 a 5000 acrescido do dimensionamento do(s) grupo(s) de 4000 ou fração acima de 2000.

(***) O empregador pode optar pela contratação de um enfermeiro do trabalho em tempo parcial, em substituição ao auxiliar ou técnico de enfermagem do trabalho.

Observações:

1) Hospitais, ambulatórios, maternidades, casas de saúde e repouso, clínicas e estabelecimentos similares devem contratar um enfermeiro do trabalho em tempo integral quando possuírem mais de 500 (quinhentos) trabalhadores[13].

Exemplo 2: Organização OBRIGADA a constituir o SESMT

Considere agora que a mesma organização (fabricação de cabines, grau de risco 3) tenha 501 empregados. Cruzando essas informações no Anexo II veremos que **há obrigatoriedade de constituição do SESMT**, ou seja, há enquadramento no Anexo II da NR4. Vejam:

ANEXO II – DIMENSIONAMENTO DO SESMT

Grau de Risco / Profissionais	50 a 100	101 a 250	251 a 500	501 a 1000	1001 a 2000	2001 a 3500	3501 a 5000	Acima de 5000 para cada grupo de 4000 ou fração acima de 2000**
1 Técnico Seg. Trabalho				1	1	1	2	1
Engenheiro Seg. Trabalho						1*	1	1*
Aux. Enferm. do Trabalho						1***	1	1*
Enfermeiro do Trabalho							1*	
Médico do Trabalho					1*	1*	1	1*

---

12 Esta informação está incorreta, e deve ser corrigida na próxima revisão da norma, pois a jornada a tempo parcial corresponde a 15 horas semanais.

13 Entendo que esta contratação não altera o dimensionamento do SESMT conforme o Anexo II.

• SERVIÇOS ESPECIALIZADOS EM SEGURANÇA E MEDICINA DO TRABALHO – SESMT | 85

2	Técnico Seg. Trabalho				1	1	2	5	1
	Engenheiro Seg. Trabalho					1*	1	1	1*
	Aux. Enferm. do Trabalho							1	
	Enfermeiro do Trabalho					1***	1***	1	1
	Médico do Trabalho							1	
						1*	1	1	1
3	Técnico Seg. Trabalho		1	2	3	4	6	8	3
	Engenheiro Seg. Trabalho				1*	1	1	2	1
	Aux. Enferm. do Trabalho								
	Enfermeiro do Trabalho					1***	1	1	1
	Médico do Trabalho						1	1	
					1*	1	1	2	1
4	Técnico Seg. Trabalho	1	2	3	4	5	8	10	3
	Engenheiro Seg. Trabalho		1*	1*	1	1	2	3	1
	Aux. Enferm. do Trabalho								
	Enfermeiro do Trabalho				1***	1***	1	1	1
	Médico do Trabalho						1	1	
			1*	1*	1	1	2	3	1

(*) Tempo parcial (mínimo de três horas).

(**) O dimensionamento total deverá ser feito levando-se em consideração o dimensionamento da faixa de 3501 a 5000 acrescido do dimensionamento do(s) grupo(s) de 4000 ou fração acima de 2000.

(***) O empregador pode optar pela contratação de um enfermeiro do trabalho em tempo parcial, em substituição ao auxiliar ou técnico de enfermagem do trabalho.

Observações:

2) Hospitais, ambulatórios, maternidades, casas de saúde e repouso, clínicas e estabelecimentos similares devem contratar um enfermeiro do trabalho em tempo integral quando possuírem mais de 500 (quinhentos) trabalhadores[14].

Nesse exemplo, o SESMT deverá ter a seguinte composição:

Profissional especializado	Quantidade de profissional(is)	Jornada de trabalho semanal
Técnico de Segurança do Trabalho	3	Integral (44 horas)
Engenheiro de Segurança do Trabalho	1	Parcial (mínimo: 15 horas)
Médico do Trabalho	1	Parcial (mínimo: 15 horas)

Exemplo 3: Contratante e contratadas

Considerem agora a seguinte situação: um hospital possui 210 empregados próprios e contratos de prestação de serviços com as seguintes empresas:

		Quantidade de empregados	Grau de risco
Contratante	Hospital Santa Maria	210	3
Contratadas	Serviços de limpeza	50	3
	Portaria	20	2
	Jardinagem	5	1
	Serviços administrativos	20	1

---

14 Entendo que esta contratação não altera o dimensionamento do SESMT conforme o Anexo II.

Qual deve ser o dimensionamento do SESMT do hospital?

1.º passo: verificar se alguma das organizações prestadoras de serviços é obrigada a constituir SESMT em função do enquadramento no Anexo II da NR4 ou se seus empregados já são atendidos por SESMT regionalizado ou estadual. Vamos considerar, hipoteticamente, as seguintes situações neste exemplo:

– Serviços de limpeza: os empregados desta prestadora não são atendidos por SESMT regionalizado nem estadual, porém, em função do grau de risco e quantidade de empregados, é obrigada a constituir SESMT individual, portanto, seus empregados **não integram** a base de cálculo de SESMT do hospital;

– Portaria: os empregados desta prestadora já são atendidos por SESMT regionalizado, logo, também **não integram** a base de cálculo de SESMT do hospital;

– Jardinagem: os empregados desta prestadora não são atendidos por SESMT regionalizado nem estadual, e a prestadora não se enquadra no Anexo II da NR4 (grau de risco *x* quantidade de empregados), logo, não é obrigada a constituir SESMT individual. Desta forma, seus empregados devem integrar a base de cálculo do SESMT do hospital.

– Serviços administrativos: os empregados desta prestadora também não são atendidos por SESMT regionalizado nem estadual, e a prestadora não se enquadra no Anexo II da NR4, logo, não é obrigada a constituir SESMT individual. Desta forma, seus empregados devem integrar a base de cálculo do SESMT do hospital.

2.º passo: fazer o somatório dos empregados que devem integrar a base de cálculo do SESMT do hospital:

Base de cálculo do SESMT do hospital

		Quantidade de empregados
Contratante	Hospital Santa Maria	210
Contratadas	Jardinagem	5
	Serviços administrativos	20
Total:		**235**

3.º passo: identificar o maior grau de risco entre a atividade econômica principal e a atividade preponderante (lembrando que a atividade econômica preponderante é aquela que ocupa o maior número de **trabalhadores**): Grau de risco 3 (no exemplo, a atividade principal é a mesma atividade preponderante: atividade de atendimento hospitalar).

4.º passo: dimensionamento:

Segundo o Anexo II da NR4, organização com grau de risco 3 e base de cálculo 235 empregados deve constituir o SESMT com a seguinte composição:

Profissional especializado	Quantidade de profissional(is)	Jornada de trabalho semanal
Técnico de Segurança do Trabalho	1	Integral (44 horas)

7. ATRIBUIÇÕES

Os membros do SESMT devem **elaborar ou participar** da elaboração do inventário de riscos e **implementar** as medidas de prevenção de acordo com a classificação de riscos do PGR e a ordem de prioridade estabelecida na NR1 – Disposições Gerais e

Gerenciamento de Riscos Ocupacionais. Vemos, portanto, que tanto para elaboração do inventário de riscos quanto para a implementação das medidas de prevenção, há uma participação efetiva dos membros do SESMT, que também devem acompanhar a implementação do plano de ação do PGR.

Também devem elaborar **plano de trabalho** e monitorar metas, indicadores e resultados de segurança e saúde no trabalho. A norma não detalha os indicadores a serem monitorados; entendo que devem ser considerados tanto indicadores estatísticos ativos quanto reativos, como taxa de frequência e taxa de gravidade.

Os membros também possuem **responsabilidade técnica** pela orientação com relação ao cumprimento do disposto nas NRs aplicáveis às atividades executadas pela organização. Para cumprir esta atribuição devem aplicar os conhecimentos de segurança e saúde do trabalho da sua área de formação aos diversos ambientes de trabalho, exercendo a competência técnica relativa à sua especialização. Claro que também devem contar com outros profissionais em questões específicas além da sua capacitação, como por exemplo, ergonomia ou em situações nas quais as NRs exijam a atuação de profissionais legalmente habilitados, como a NR13 – Caldeiras, vasos de pressão, tubulações e tanques metálicos de armazenamento.

A norma também determina que o SESMT deve manter permanente **interação** com a Comissão Interna de Prevenção de Acidentes e de Assédio – CIPA, quando existente. Ressalto que **não há relação de hierarquia entre SESMT e CIPA**, o relacionamento entre eles deve ser de colaboração e reciprocidade. Entendo inclusive que esta interação se estende ao nomeado representante da NR5 nas organizações dispensadas de constituir a CIPA e obrigadas a esta nomeação.

A realização de atividades de **orientação, informação e conscientização dos trabalhadores** para a prevenção de acidentes e doenças relacionadas ao trabalho é também competência do SESMT.

Os membros do serviço devem ainda propor, imediatamente, a interrupção das atividades e a adoção de medidas corretivas e/ou de controle quando constatarem condições ou situações de trabalho que estejam associadas a grave e iminente risco para a segurança ou a saúde dos trabalhadores.

O SESMT também deve conduzir ou acompanhar as investigações dos acidentes e das doenças relacionadas ao trabalho, em conformidade com o previsto no PGR, conforme item 4.3, alínea "i". Importante relembrarmos a redação do item 1.4.1, alínea "e", da NR1:

> *Cabe ao empregador:*
> *e) determinar procedimentos que devem ser adotados em caso de acidente ou doença relacionada ao trabalho, incluindo a análise de suas causas;*

A redação da NR1 não deixa dúvidas acerca da responsabilidade de todas as organizações, tendo ou não SESMT constituído, pela análise das causas dos acidentes ou doenças relacionadas ao trabalho. Combinando este entendimento com a redação do item 4.3, alínea "i", da NR4, concluímos que, no caso de organizações que possuam SESMT, seus membros poderão *conduzir* a investigação, ou *acompanhar* este procedimento, caso seja realizado por terceiros. De qualquer forma, a responsabilidade final pela realização das análises de acidentes e doenças relacionadas ao trabalho é da organização.

> **Além da NR**
> **Análise de Acidentes do Trabalho**
> *Vale lembrar que, sendo o acidente um evento multifatorial, a correspondente investigação deve ter por objetivo identificar os reais fatores que concorreram para a sua ocorrência, muitas vezes relacionados a aspectos organizacionais como jornada excessiva, falhas de procedimentos ou até mesmo sua inexistência, entre outros.*
>
> *A análise não deve se limitar a tratar o acidente de trabalho como fato isolado, não podendo também se restringir a apontar como causa a mera desatenção por parte do empregado (o "famoso" ato inseguro).*
>
> *Segundo o* Guia de Análise de Acidentes de Trabalho, *publicado em 2010, pelo então Ministério do Trabalho e Emprego, como consequência da análise de acidentes, tem-se a própria prevenção no ambiente de trabalho: a maioria dos eventos adversos é previsível e prevenível e, ao contrário de constituir obra do acaso, como sugere a palavra "acidente", são fenômenos socialmente determinados, relacionados a fatores de risco presentes nos sistemas de produção. O conhecimento derivado da sua análise amplia as possibilidades de prevenção.*

Também deve haver um compartilhamento, entre os SESMTs de uma mesma organização, de informações relevantes para a prevenção de acidentes e de doenças relacionadas ao trabalho. Esta atribuição é de fundamental importância, por exemplo, em organização com presença em vários estados, pois possibilita a divulgação de informações e troca de experiências entre os diversos SESMT da organização. Estas informações também devem ser compartilhadas com a CIPA, quando solicitado.

Uma importante atribuição do SESMT constante na atual redação é o acompanhamento e participação nas ações do Programa de Controle Médico de Saúde Ocupacional – PCMSO, nos termos da NR7. Vemos aqui a importante integração entre os setores de saúde e segurança da organização. Neste sentido, cito os seguintes itens da NR4 e NR7:

> NR4, 4.7.3 A organização deve indicar, entre os médicos do SESMT, um responsável pelo PCMSO.

> NR7, 7.5.5 O médico responsável pelo PCMSO, caso observe inconsistências no inventário de riscos da organização, deve reavaliá-las em conjunto com os responsáveis pelo PGR.

Aos profissionais do SESMT é vedado o exercício de atividades que não façam parte das atribuições apresentadas anteriormente, e previstas também em outras NR, durante o horário de atuação neste serviço. A organização deve garantir os meios e os recursos necessários para o cumprimento dos objetivos e das atribuições do SESMT.

8. JORNADA DE TRABALHO SEMANAL

Profissionais de nível médio

O técnico de segurança do trabalho e o auxiliar/técnico de enfermagem do trabalho devem dedicar **44 horas por semana** para as atividades do SESMT, de acordo com o estabelecido no Anexo II, observadas as disposições, inclusive relativas à duração do trabalho, de legislação pertinente, bem como de acordo ou de convenção coletiva de trabalho.[15]

---

[15] Destaco o art. 59-A da CLT: "Em exceção ao disposto no art. 59 desta Consolidação, é facultado às partes, mediante acordo individual escrito, convenção coletiva ou acordo coletivo de trabalho, estabelecer horário de trabalho de doze horas seguidas por trinta e seis horas ininterruptas de descanso, observados ou indenizados os intervalos para repouso e alimentação."

NR 4 • SERVIÇOS ESPECIALIZADOS EM SEGURANÇA E MEDICINA DO TRABALHO – SESMT | **89**

Na modalidade de SESMT individual, caso a organização possua mais de um técnico de segurança do trabalho, conforme dimensionamento previsto no Anexo II, as escalas de trabalho <u>devem</u> ser estabelecidas de forma a garantir o atendimento por <u>pelo menos um desses profissionais em cada turno que atingir</u>:

– 101 ou mais trabalhadores, para a atividade de grau de risco 3; e

– 50 ou mais trabalhadores, para a atividade de grau de risco 4.

Esta exigência não deve implicar acréscimo no número de profissionais previstos no Anexo II.

Profissionais de nível superior

O engenheiro de segurança do trabalho, o médico do trabalho e o enfermeiro do trabalho devem dedicar, no mínimo, 15 horas (jornada a tempo parcial) ou 30 horas (jornada a tempo integral) por semana, para as atividades do SESMT, de acordo com o estabelecido no Anexo II, respeitada a legislação pertinente em vigor. As jornadas de trabalho dos membros do SESMT devem ser cumpridas durante o horário de expediente do estabelecimento.

Nos casos em que a composição do SESMT tenha profissional de nível superior devendo cumprir jornada integral, a organização pode contratar mais de um profissional de mesma qualificação (engenheiro de segurança do trabalho, médico do trabalho ou enfermeiro do trabalho), desde que cada um dedique, no mínimo, a metade da carga horária semanal.

9. REGISTRO

A organização deve registrar os SESMT por meio de sistema eletrônico disponível no portal gov.br.

Para registro os seguintes dados devem ser informados e mantidos atualizados:

a) número de Cadastro de Pessoa Física – CPF dos profissionais integrantes do SESMT;

b) qualificação e número de registro dos profissionais;

c) grau de risco estabelecido, conforme item 4.5.1 e seus subitens e o número de trabalhadores atendidos, por estabelecimento; e

d) horário de trabalho dos profissionais.

Sobre a composição do SESMT e sua atualização, vejam a redação do Precedente Administrativo 100:

> *Tendo em vista que o SESMT é constituído de pessoas, a substituição de profissionais não significa mera atualização, mas constituição de novo SESMT, principalmente quando há redimensionamento do Serviço, que deve ser comunicado de imediato ao MTE como se de novo registro se tratasse.*

10. TERCEIRIZAÇÃO DO SESMT

Com a exclusão do item da redação anterior que obrigava a contratação dos membros do SESMT como empregados da organização, a terceirização do serviço passou a ser possível.

Segundo o Parecer 00261/2022/CONJUR-MTP/CGU/AGU a permissão para terceirização do SESMT encontra amparo legal no art. 4.º-A da Lei 6.019, de 1974, inserido pela Lei 13.467, de 2017, e fundamento jurisprudencial na ADPF 324 e no RE 958.252, do Supremo Tribunal Federal.

> Art. 4.º-A. Considera-se prestação de serviços a terceiros a transferência feita pela contratante da execução de quaisquer de suas atividades, inclusive sua atividade principal, à **pessoa jurídica de direito privado** prestadora de serviços que possua capacidade econômica compatível com a sua execução. (grifos acrescentados)

A contratação de terceiros para prestação de serviços de SESMT deve, portanto, se enquadrar no art. 4.º-A da Lei 6.019/1974. Neste sentido, vemos que o MEI – microempreendedor individual e o empresário individual não podem ser contratados para prestação de serviços terceirizados de SESMT pois não se enquadram como **pessoa jurídica de direito privado**[16].

Destaco também o art. 5.º-A da Lei 6.019/1974 e seu § 3.º:

> Art. 5.º-A. Contratante é a pessoa física ou jurídica que celebra contrato com empresa de prestação de serviços relacionados a quaisquer de suas atividades, inclusive sua atividade principal.
>
> § 3.º É responsabilidade da contratante garantir as condições de segurança, higiene e salubridade dos trabalhadores, quando o trabalho for realizado em suas dependências ou local previamente convencionado em contrato.

Esclareço ainda que é possível a terceirização "parcial" do SESMT, por exemplo, a contratante opta por terceirizar apenas os profissionais de nível superior, ou apenas os profissionais de saúde, ou qualquer outra configuração, desde que observado o art. 4.º-A da Lei 6.019/1974.

11. CONSIDERAÇÕES FINAIS

- O único profissional que está presente em qualquer composição do SESMT é o técnico de segurança do trabalho;
- Entendo que a composição do SESMT indicada no Anexo II é a **mínima** obrigatória a ser observada pela organização sempre que se enquadrar nos critérios estabelecidos;
- Substituição de profissionais: a atual redação prevê a possibilidade de *substituição* do auxiliar ou técnico de enfermagem do trabalho pelo enfermeiro do trabalho.[17] A substituição porém, não é a regra, e sim, a exceção, não sendo prevista para

---

[16] Segundo a Lei 10.406, de 2002, art. 44:
"São pessoas jurídicas de direito privado:
I – as associações;
II – as sociedades;
III – as fundações.
IV – as organizações religiosas;
V – os partidos políticos."

[17] Conforme disciplina o art. 11 da Lei 7.498/1986, que dispõe sobre a regulamentação do exercício da enfermagem, o "enfermeiro exerce todas as atividades de enfermagem, cabendo-lhe [...]". Desta forma, em 27 de julho de 2012, foi publicada a Nota Técnica 235/2012/CGNOR/DSST esclarecendo que as atribuições

os outros profissionais membros do serviço.[18] Por exemplo, dois técnicos de segurança não substituem um engenheiro de segurança, ou um enfermeiro do trabalho não substitui um médico do trabalho: os profissionais têm capacitações específicas que os qualificam para atuar neste serviço, e que são, inclusive, atribuídas pelo conselho profissional, quando existente. Portanto, não há que se falar em substituição de um por outro, a não ser pela previsão expressa em lei e reproduzida na norma. Destaco que a NR31 (Trabalho rural) também prevê a possibilidade de substituição de auxiliar/técnico de enfermagem por um enfermeiro do trabalho, com jornada em tempo integral;
- Os profissionais de nível superior (engenheiro de segurança do trabalho, médico do trabalho e enfermeiro do trabalho) têm jornada de trabalho a tempo parcial (mínimo de 15 horas semanais) ou integral (mínimo de 30 horas semanais), conforme o caso (indicado pelo "*" – asterisco – na legenda do Anexo II da NR4);
- Os profissionais de nível médio (técnico de segurança do trabalho e auxiliar ou técnico de enfermagem do trabalho) cumprem jornada integral de 44 horas semanais. Esses profissionais não estão sujeitos a jornada parcial;
- O enfermeiro do trabalho fará parte da composição do SESMT nas empresas a partir de 2.001 empregados para organizações com grau de risco 3 ou 4, **exceto** no caso de hospitais, ambulatórios, maternidades, casas de saúde e repouso, clínicas e estabelecimentos similares com **mais de 500 empregados**. No caso desses estabelecimentos, deve ser contratado enfermeiro do trabalho em tempo integral;
- Sempre que a composição do SESMT contar com dois ou mais profissionais de nível superior de uma mesma especialização, estes cumprirão necessariamente horário integral;
- A obrigatoriedade de constituição do SESMT ocorre a partir da seguinte quantidade de empregados, de acordo com o grau de risco:

Grau de risco	Quantidade de trabalhadores no estabelecimento a partir da qual o SESMT deve ser constituído
1	501
2	501
3	101
4	50

Sugiro a memorização da tabela anterior, pois ela pode ser útil em questões como a apresentada a seguir, elaborada pelo CESPE/2010, cujo gabarito é ERRADO:

 Em uma empresa com grau de risco 2 e com 500 funcionários, é exigida a presença em tempo parcial de 1 médico do trabalho.

---

do auxiliar ou técnico de enfermagem do trabalho, dentro do SESMT também podem ser conferidas ao enfermeiro do trabalho.

[18] Temos algumas exceções a esta regra previstas em NRs setoriais: a NR37 (Plataformas de petróleo) dispõe que, caso o dimensionamento do SESMT a bordo da plataforma exija a contratação de três ou mais técnicos de segurança do trabalho, a operadora da instalação pode substituir um desses profissionais por um engenheiro de segurança do trabalho.

NR 5 COMISSÃO INTERNA DE PREVENÇÃO DE ACIDENTES E DE ASSÉDIO – CIPA

Classificação: Norma Geral

Última atualização: Portaria MTP 4.219, de 20 de dezembro de 2022

1. INTRODUÇÃO

A Comissão Interna de Prevenção de Acidentes e de Assédio (CIPA), como o próprio nome diz, é uma comissão que tem por objetivo a prevenção de acidentes e doenças relacionadas ao trabalho, de modo a tornar compatível, permanentemente, o trabalho com a preservação da vida e a promoção da saúde do trabalhador.

A NR5 estabelece os parâmetros e requisitos para a constituição e funcionamento da CIPA. A redação atual possui texto geral e um anexo que dispõe sobre os requisitos específicos relativos à CIPA da indústria da construção.

A obrigatoriedade de constituição da CIPA pelas organizações está prevista na legislação brasileira há mais de setenta anos e surgiu com a publicação do Decreto-lei 7.036, de 10.11.1944, hoje revogado.

2. CAMPO DE APLICAÇÃO

Devem constituir e manter a CIPA organizações, órgãos públicos da administração direta e indireta, e órgãos do Poder Legislativo, do Judiciário e do Ministério Público que possuam empregados regidos pela CLT.

Entretanto, além do regime celetista, outras relações jurídicas de trabalho como estatutários e trabalhadores avulsos, também são alcançadas pela norma, nos termos previstos em lei, conforme dispõe o item 5.2.2:

> 5.2.2 Nos termos previstos em lei, aplica-se o disposto nesta NR a outras relações jurídicas de trabalho.

Na verdade, este item reproduz a redação do item 1.2.1.2 da NR1 – Disposições Gerais e Gerenciamento de Riscos Ocupacionais que vimos anteriormente. Para maiores detalhes sobre este assunto, remeto o leitor ao item 3, *Campo de Aplicação*, do capítulo da NR1.

> **Além da NR**
> **CIPA em Normas Setoriais**
> Algumas atividades econômicas possuem regramento próprio a respeito da CIPA, conforme consta na respectiva norma setorial. Atualmente essas atividades são:
> – Mineração   NR22 – CIPAMIN
> – Trabalho portuário   NR29 – CIPATP
> – Trabalho aquaviário   NR30
> – Trabalho rural   NR31 – CIPATR
> – Plataformas de petróleo NR37 – CIPLAT
> A NR5 será aplicada a esses setores de forma subsidiária nos casos de omissão das respectivas normas setoriais. Em caso de conflito entre o disposto na NR5 e na norma setorial, prevalece o comando desta última.
> Destaco, entretanto, que no caso do trabalho rural, a NR5 não se aplica nem de forma subsidiária por não haver remissão expressa a esta norma na NR31, conforme item 31.2.1.1.

3. CONSTITUIÇÃO

A CIPA é composta por dois grupos: representantes da organização e representantes dos próprios empregados, em quantidade paritária, ou seja, a quantidade de membros de ambas as representações é a mesma.

Os representantes dos empregados são por eles **eleitos**, e os representantes da organização são por ela **designados**[1]. A eleição dos representantes dos empregados é feita por meio de voto secreto; devem participar apenas os empregados interessados e pertencentes ao quadro do estabelecimento, **independentemente** de filiação sindical[2], ou seja, participam da eleição apenas os empregados que assim o desejarem.

Tanto os representantes dos empregados quanto os representantes da organização se dividem em membros titulares (ou efetivos) e suplentes.

Não é exigido que os membros da CIPA tenham qualquer qualificação ou especialização na área de Segurança e Medicina do Trabalho, ao contrário do que é requerido para os integrantes do SESMT. Os membros de ambas as representações, titulares e suplentes, devem receber treinamento com conteúdo programático específico, conforme veremos ao longo deste capítulo.

3.1 Obrigatoriedade de constituição da CIPA

A CIPA deve ser constituída **por estabelecimento**. Conforme redação do Anexo 1 da NR1, entende-se por <u>estabelecimento</u> o local privado ou público, edificado ou não, móvel ou imóvel, próprio ou de terceiros, onde a organização exerce suas atividades em caráter temporário ou permanente.

---

[1] A norma não exige que os membros da representação do empregador sejam empregados do estabelecimento, porém entendo como importante que estes representantes tenham pelo menos, conhecimento do processo produtivo.

[2] A independência de filiação sindical cumpre os objetivos do art. 8.º da CRFB, em seu inciso V: "ninguém será obrigado a filiar-se ou a manter-se filiado a sindicato".

NR 5 • COMISSÃO INTERNA DE PREVENÇÃO DE ACIDENTES E DE ASSÉDIO – CIPA | 95

A obrigatoriedade de constituição da CIPA depende da **quantidade** de empregados do estabelecimento e do **grau de risco**[3] da atividade econômica principal, de acordo com o Quadro I, apresentado a seguir.

Quadro I – Dimensionamento da CIPA

Grau de risco	N.º de integrantes da CIPA	0 a 19	20 a 29	30 a 50	51 a 80	81 a 100	101 a 120	121 a 140	141 a 300	301 a 500	501 a 1000	1001 a 2500	2501 a 5000	5001 a 10.000	Acima de 10.000 para cada grupo de 2500 acrescentar
1	Efetivos					1	1	1	1	2	4	5	6	8	1
	Suplentes					1	1	1	1	2	3	4	5	6	1
2	Efetivos				1	1	2	2	3	4	5	6	8	10	1
	Suplentes				1	1	1	1	2	3	4	5	6	8	1
3	Efetivos		1	1	2	2	2	3	4	5	6	8	10	12	2
	Suplentes		1	1	1	1	1	2	2	4	4	6	8	8	2
4	Efetivos		1	2	3	3	4	4	4	5	6	9	11	13	2
	Suplentes		1	1	2	2	2	2	3	4	5	7	8	10	2

Uma vez identificados o grau de risco da atividade econômica e a quantidade de empregados do estabelecimento, basta fazer o cruzamento dessas duas informações no Quadro I para verificar se a organização está obrigada a constituir a CIPA. A intercessão indicará a obrigatoriedade de constituição da comissão (ou não, caso a intercessão esteja em branco), e, em caso afirmativo, informará a quantidade de membros efetivos[4] e suplentes, de **cada representação**.

A CIPA não poderá ter a quantidade de membros reduzida **antes do término do mandato, ainda que haja redução do número de empregados da empresa**. Deverá ser aguardado o término do mandato vigente para convocação das eleições da gestão seguinte e adequação da composição dos membros ao novo quadro de empregados. A comissão tampouco pode ser desativada, exceto no caso de **encerramento das atividades do estabelecimento**.

Mesmo na hipótese de haver alteração do grau de risco do estabelecimento, o redimensionamento da CIPA deve ser efetivado na próxima eleição.

Organizações que operam em regime sazonal

As CIPAs das organizações que operam em regime sazonal devem ser dimensionadas tomando-se por base a média aritmética do número de trabalhadores contratados no ano civil anterior (1.º de janeiro a 31 de dezembro) e obedecido o disposto no Quadro I[5].

---

[3] Grau de Risco conforme estabelecido no Quadro I da NR4 – Relação da Classificação Nacional de Atividades Econômicas – CNAE (Versão 2.0).

[4] Membros efetivos são os membros titulares. Tanto a representação dos empregados quanto a representação do empregador são formadas por membros titulares (efetivos) e suplentes.

[5] Entretanto, caso a atividade econômica principal da organização, que opere em regime sazonal, se enquadre em uma daquelas abrangidas pela NR31 (Trabalho rural), deverá constituir **CIPATR**, caso se enquadre nos termos do item 31.5.

Exemplo

Considere organização com a atividade principal "Tecelagem de fios de fibras artificiais e sintéticas" CNAE 13.23-5, grau de risco 3. Considere ainda que essa organização conta com 120 empregados em seu quadro e não possui filiais (caso a empresa possua mais de um estabelecimento, deverá ser verificada a obrigatoriedade de constituição da CIPA para cada um deles). Cruzando essas informações no Quadro I (120 empregados, grau de risco 3), veremos que a organização está obrigada a constituir a CIPA com a seguinte composição:

Representantes dos empregados:
– Membros efetivos: 2 (dois)
– Membros suplentes   1 (um)
– Total: 3 (três)

Representantes do empregador:
Considerando a paridade entre as representações:
– Membros efetivos: 2 (dois)
– Membros suplentes   1 (um)
– Total: 3 (três)

Total de membros da comissão: 6 (seis): três representantes dos empregados e três representantes do empregador.

3.2 Princípio da Primazia da Realidade

A atividade a ser considerada no dimensionamento da CIPA, para identificação do grau de risco correspondente, deve ser aquela efetivamente realizada, ainda que o cartão CNPJ da organização apresente CNAE – Código Nacional da Atividade Econômica – correspondente a atividade diversa. Tal entendimento se baseia no Princípio da Primazia da Realidade, que prioriza a verdade real sobre a verdade formal, ou seja, os fatos prevalecem sobre a forma. Como vimos no capítulo anterior, esse mesmo raciocínio se aplica ao dimensionamento do SESMT.

Por exemplo, no cartão CNPJ de uma organização consta CNAE 14.12-6, atividade principal "Confecção de peças do vestuário", que corresponde ao grau de risco 2.

Entretanto, ao fazer a inspeção no local, o Auditor Fiscal do Trabalho constata que a atividade efetivamente realizada é a "Tecelagem de fios de fibras artificiais e sintéticas", CNAE 13.23-5, enquadrada no grau de risco 3.

Dessa forma, levando em conta o Princípio da Primazia Realidade, para fins de auditoria deverá ser considerado o grau de risco 3 para o dimensionamento da CIPA.

3.3 Indicação do nomeado da CIPA

Um olhar mais atento ao Quadro I nos mostra que nem todas as organizações, apesar de possuírem empregados celetistas em seu quadro, estão obrigadas a constituir a CIPA, pois não se enquadram no Quadro I.

Quando o estabelecimento for <u>desobrigado</u> de constituir a comissão e não for atendido por SESMT, nos termos da NR4, o empregador deverá **nomear** um <u>**responsável**</u>, dentre os empregados do estabelecimento que chamaremos de "**nomeado da CIPA**", para auxiliar nas ações de prevenção em segurança e saúde no trabalho. Neste caso também podem ser adotados mecanismos de participação dos empregados, por meio de negociação coletiva.

• COMISSÃO INTERNA DE PREVENÇÃO DE ACIDENTES E DE ASSÉDIO – CIPA | 97

Vemos então que a nomeação do responsável depende simultaneamente de duas condições:

- ✓ O estabelecimento <u>não é obrigado a constituir a CIPA</u> (não se enquadra no Quadro I); e
- ✓ O estabelecimento <u>não é atendido por SESMT</u>: este é o caso de o estabelecimento não ser obrigado a constituir SESMT individual ou não ser atendido por SESMT regionalizado ou estadual, nos termos da NR4.

Vejam a redação do item 5.4.13:

> *5.4.13 Quando o estabelecimento não se enquadrar no disposto no Quadro I e não for atendido por SESMT, nos termos da Norma Regulamentadora n.º 4 (NR4), a organização nomeará um representante da organização entre seus empregados para auxiliar na execução das ações de prevenção em segurança e saúde no trabalho, podendo ser adotados mecanismos de participação dos empregados, por meio de negociação coletiva.*

O texto normativo deixa claro que o **nomeado da CIPA** deve ser **empregado** do estabelecimento, não podendo ser estagiário, prestador de serviços, nem o próprio empregador, uma vez que estes não possuem vínculo celetista com a organização. Por analogia, e considerando o art. 8.º da CLT[6], as disposições referentes à CIPA se estendem também ao nomeado, sempre que aplicáveis.

Com relação ao nomeado destaco que:

- ✓ Tanto a nomeação quanto a forma e atuação do nomeado devem ser formalizadas <u>anualmente</u> pela organização;
- ✓ A nomeação não impede o ingresso do nomeado na CIPA, quando da sua constituição, seja como representante do empregador ou dos empregados[7];
- ✓ O MEI – Microempreendedor Individual está dispensado de nomear o representante da NR5.

4. ATRIBUIÇÕES

Uma das principais atribuições da CIPA é **acompanhar** o processo de identificação de perigos e avaliação de riscos bem como a adoção de medidas de prevenção implementadas pela organização. Ou seja, acompanhar a implementação do PGR – Programa de Gerenciamento de Riscos. Entendo que não se trata aqui de acompanhamento meramente passivo, mas sim, ***participativo***, pois a CIPA, no que tange à representação dos

---

[6] CLT, art. 8.º: "As autoridades administrativas e a Justiça do Trabalho, na falta de disposições legais ou contratuais, decidirão, conforme o caso, pela jurisprudência, por **analogia**, por equidade e outros princípios e normas gerais de direito, principalmente do direito do trabalho, e ainda, de acordo com os usos e costumes, o direito comparado, mas sempre de maneira que nenhum interesse de classe ou particular prevaleça sobre o interesse público." (Grifo acrescentado)

[7] Este é o caso em que a organização, anteriormente desobrigada de constituir a CIPA, passa se enquadrar nos critérios do Quadro I, seja por alteração no grau de risco ou aumento do número de empregados. Neste caso, não há óbice de o empregado, anteriormente nomeado como representante da NR5, se candidatar a membro da CIPA.

empregados, na maioria dos casos, vivencia o *chão de fábrica* e conhece os riscos gerados nos processos produtivos.

Os membros da comissão também devem **registrar** a percepção dos trabalhadores com relação aos riscos nos ambientes de trabalho, com assessoria do SESMT, onde houver. A formalização deste registro pode ser feita por meio do Mapa de Riscos[8] ou qualquer outra técnica ou ferramenta apropriada (sem ordem de preferência), a critério da própria comissão. Trata-se aqui do registro da percepção dos riscos em conformidade com o disposto no subitem 1.5.33 da NR1[9]. É importante que a organização mantenha um canal aberto e <u>permanente</u> para que os trabalhadores se sintam à vontade, sem medo de represálias, para apresentar sua percepção acerca dos riscos.

Também é atribuição da comissão a **elaboração e acompanhamento** de **plano de trabalho** que possibilite a ação preventiva em segurança e saúde no trabalho. É importante que o plano contenha, por exemplo, as ações a serem realizadas, metas, cronograma de execução e estratégia de ação. Além da <u>elaboração</u>, a execução do plano também deve ser <u>acompanhada</u> pela comissão. Este acompanhamento pode ser feito, por exemplo, a cada reunião ordinária, quando os membros devem avaliar o cumprimento das ações realizadas e metas fixadas.

Outra atribuição é a **verificação** dos ambientes e **condições de trabalho** visando identificar situações que possam trazer riscos para a segurança e saúde dos trabalhadores, por exemplo, piso escorregadio, máquinas com zonas de perigo desprotegidas, realização de trabalho em altura sem a devida proteção coletiva e/ou individual e/ou sem a devida sinalização, ferramentas inadequadas ou ainda condições ambientais que provoquem desconforto. Destaco a abrangência da expressão **<u>condições de trabalho</u>**, que, conforme a NR17 inclui aspectos relacionados ao levantamento, transporte e descarga de materiais, ao mobiliário dos postos de trabalho, ao trabalho com máquinas, equipamentos e ferramentas manuais, às condições de conforto no ambiente de trabalho e à própria organização do trabalho. As verificações dos ambientes são uma das ações a serem incluídas no Plano de Trabalho. No silêncio da norma, cabe à própria CIPA determinar a periodicidade de realização destas inspeções.

A CIPA deve **participar** do desenvolvimento e da implementação dos programas relacionados à SST como por exemplo, o PCMSO – Programa de Controle Médico de Saúde Ocupacional, o PPR – Programa de Proteção Respiratória (onde houver), e o próprio PGR – Programa de Gerenciamento de Riscos. Destaco aqui a importância do treinamento dos membros da CIPA para que recebam as informações mínimas necessárias para desempenhar seu papel, visto que, em princípio, não possuem capacitação na área de SST.

A CIPA também deve **propor** ao SESMT, quando houver, ou à organização, a **análise das condições ou situações de trabalho** nas quais considere haver risco grave e iminente à segurança e saúde dos trabalhadores, e se for o caso, a interrupção das atividades

---

[8]   Destaco que o art. 4 da Portaria 422/21 (que aprovou a redação da atual NR5) **revogou** o art. 2.º da Portaria SSST 25, de 29 de dezembro de 1994, que atribuía à CIPA a responsabilidade de elaboração do Mapa de Riscos. Desta forma, a elaboração do Mapa de Riscos não é mais obrigatória. E assim também fica revogada a "famosa" tabela onde constava (erroneamente) umidade como risco físico.

[9]   NR1, Item 1.5.3.3. A organização deve adotar mecanismos para: a) consultar os trabalhadores quanto à percepção de riscos ocupacionais, podendo para este fim ser adotadas as manifestações da Comissão Interna de Prevenção de Acidentes e de Assédio – CIPA, quando houver; [...]

COMISSÃO INTERNA DE PREVENÇÃO DE ACIDENTES E DE ASSÉDIO – CIPA | 99

até a adoção das medidas corretivas e de controle. Dado o caráter de **colaboração** na relação entre SESMT e CIPA, e não de relação hierárquica, tal atribuição não corresponde a uma **requisição**, no sentido estrito, de atendimento obrigatório, mas sim de uma **solicitação** que poderá ou não ser atendida. Claro que, sendo identificada situação de grave e iminente risco à segurança e saúde dos trabalhadores, deve-se proceder à paralisação da máquina ou setor. A paralisação das atividades nesta situação atende ao direito de recusa, previsto no item 1.4.3 da NR1[10].

Outra importante atribuição da CIPA é o **acompanhamento** da análise dos acidentes e doenças relacionadas ao trabalho, sob responsabilidade da organização nos termos da NR1 e propor, quando for o caso, medidas para a solução dos problemas identificados. Destaco que o tema **"Metodologia de investigação e análise de acidentes e doenças relacionadas ao trabalho"** é parte integrante do conteúdo do treinamento que deve ser ministrado aos membros da CIPA, como veremos adiante.

Também cabe à comissão **requisitar** à organização informações sobre questões relacionadas à segurança e saúde dos trabalhadores, incluindo as Comunicações de Acidentes do Trabalho – CAT emitidas pela organização, resguardados o sigilo médico e as informações pessoais. Vemos neste caso que não se trata de mera solicitação, mas sim de requisição. Neste sentido, a organização deverá fornecer as informações requisitadas pela comissão.

A CIPA deve também **promover**, anualmente, em conjunto com o SESMT, onde houver, a Semana Interna de Prevenção de Acidentes do Trabalho – SIPAT, conforme programação definida pela própria comissão.

Deve também incluir temas referentes à prevenção e ao combate ao assédio sexual e a outras formas de violência no trabalho nas suas atividades e práticas.

Saiba mais
Semana Interna de Prevenção de Acidentes no Trabalho – SIPAT

Em 15 de março de 2016, o Ministério do Trabalho publicou a Nota Técnica 57/2016 firmando entendimento no sentido de que não existe uma forma única de organizar e desenvolver a Semana Interna de Prevenção de Acidentes do Trabalho – SIPAT.

Segundo a nota, a programação do evento dependerá do tipo de atividade econômica da empresa, do número de empregados, do nível de conhecimento destes em relação às questões de SST, dos assuntos de interesse tanto dos empregados quanto do empregador, entre diversas outras variáveis.

Os objetivos da Semana Interna de Prevenção de Acidentes estão intrinsecamente conectados aos objetivos da própria CIPA, tendo sempre em conta a busca pela promoção da saúde dos trabalhadores. Seus organizadores devem buscar as melhores estratégias para transmitir o conteúdo e despertar o interesse dos envolvidos.

4.1 Atribuições dos trabalhadores e da organização

Cabe aos trabalhadores indicar à CIPA, ao SESMT e à organização situações de riscos e apresentar sugestões para melhoria das condições de trabalho.

Cabe à organização:

---

[10] NR1, item 1.4.3. *O trabalhador poderá interromper suas atividades quando constatar uma situação de trabalho onde, a seu ver, envolva um risco grave e iminente para a sua vida e saúde, informando imediatamente ao seu superior hierárquico.*

a) Proporcionar aos membros da CIPA os meios necessários ao desempenho de suas atribuições, garantindo tempo suficiente para a realização das tarefas constantes no plano de trabalho;

b) Permitir a colaboração dos trabalhadores nas ações da CIPA;

c) Fornecer à CIPA, quando requisitadas, as informações relacionadas às suas atribuições.

4.2 Vedações relativas à organização

É vedada à organização, em relação ao membro **eleito** da CIPA a:

a) Alteração de suas atividades normais na organização que prejudique o exercício de suas atribuições; e

b) Transferência para outro estabelecimento, sem a sua anuência, ressalvado o disposto nos parágrafos primeiro e segundo do art. 469 da CLT. Vejamos a redação deste artigo:

> Art. 469. Ao empregador é vedado transferir o empregado, sem a sua anuência, para localidade diversa da que resultar do contrato, não se considerando transferência a que não acarretar necessariamente a mudança do seu domicílio.
>
> § 1.º Não estão compreendidos na proibição deste artigo: os empregados que exerçam cargo de confiança e aqueles cujos contratos tenham como condição, implícita ou explícita, a transferência, quando esta decorra de real necessidade de serviço.
>
> § 2.º É lícita a transferência quando ocorrer extinção do estabelecimento em que trabalhar o empregado.

Então somente nos seguintes casos poderá ocorrer a transferência do membro da CIPA, *sem a sua anuência*, para localidade diversa da que resultar do contrato:

- O empregado membro da CIPA exerce **cargo de confiança**;
- O **contrato** do empregado membro da CIPA tem como **condição, implícita ou explícita, a transferência** nos casos de **real necessidade de serviço**;
- Nos casos de **extinção** do estabelecimento no qual o empregado trabalhe (na verdade, a extinção do estabelecimento – encerramento das atividades – é uma das exceções de extinção da própria CIPA, conforme dispõe o item 5.4.10).

Também é vedada a dispensa arbitrária ou sem justa causa do empregado eleito para cargo de direção da CIPA, desde o registro de sua candidatura até um ano após o final de seu mandato. Para maiores informações sobre a estabilidade dos membros da CIPA remeto o leitor para o item 8, *Garantia de emprego*, neste capítulo.

5. ORGANIZAÇÃO

A quantidade de membros titulares e suplentes de cada representação deve ser a mesma, de forma a sempre manter a paridade entre as duas representações. No caso dos membros eleitos, as vagas serão ocupadas considerando a ordem **decrescente** dos votos recebidos, conforme o quantitativo indicado no Quadro I. Em caso de empate, assumirá aquele que tiver **maior tempo de serviço no estabelecimento.**

Além da NR
Critério de Desempate
Chamo a atenção para dois pontos importantes sobre o critério de desempate. Deve assumir o candidato:
- *com maior **tempo de serviço** (e não o candidato mais velho);*
- *no **estabelecimento** (e não na empresa, no caso de empresa com mais de um estabelecimento).*

Exemplo:
Determinada empresa possui dois estabelecimentos: matriz e uma filial. Houve empate na eleição da CIPA da filial da empresa, que aconteceu no mês passado. Os candidatos João e Antônio foram os mais votados e receberam a mesma quantidade de votos. João está na empresa há 30 anos, e sempre trabalhou na matriz, e há apenas um ano foi transferido para a filial. Antônio está na empresa há 10 anos e sempre trabalhou na filial. Então, vemos que João está há mais tempo na empresa, mas Antônio trabalha há mais tempo na filial. Dessa forma, considerando o critério de desempate, concluímos que Antônio terá prioridade sobre João, para tomar posse como membro da CIPA da filial.

O **mandato dos membros eleitos** da CIPA terá a duração de **um ano**, permitida uma **reeleição**. (Existem duas exceções a essa regra: o mandato dos membros eleitos da CIPA do trabalho portuário (CPATP – NR29) e da CIPA do trabalho rural (CIPATR – NR31) é de **dois anos**, permitida uma reeleição.

De se destacar que reeleição é a eleição subsequente, ou seja, considere um empregado eleito para o mandato referente ao ano de 2019 e reeleito para o ano de 2020. Ele está formalmente impedido de se candidatar ao mandato de 2021 porque seria a segunda reeleição. Mas nada impede que ele venha a se candidatar novamente para a eleição de 2022, voltando a valer a mesma regra anterior[11].

Já os membros designados pelo empregador, na mesma proporção dos eleitos, podem ser reiteradamente indicados para participar da comissão a cada nova gestão.

6. CARGOS

A NR5 prevê os seguintes cargos para a CIPA com respectivas indicações:

Cargo	Responsável pela indicação	Deve ser membro da CIPA?
Presidente	Empregador	Sim, é um dos representantes do empregador
Vice-presidente	Representantes dos empregados	Sim, é um dos representantes dos empregados (titular)

A redação atual também prevê a figura do Secretário, porém este não é mais um cargo fixo. O secretário deve ser escolhido pelos membros da CIPA a cada reunião ordinária ou extraordinária e terá como responsabilidade redigir a ata (pode inclusive nem ser membro da comissão).

6.1 Atribuições do presidente e do vice-presidente

A NR5 determina expressamente quais são as responsabilidades do presidente e do vice-presidente e as obrigações a eles atribuídas **em conjunto**, da seguinte forma:

---

[11] Manual da CIPA. Atualização em junho de 2016 com adaptações.

Atribuições do presidente	Atribuições do vice-presidente	Atribuições em conjunto
Convocar os membros para as reuniões	Substituir o Presidente nos seus impedimentos eventuais ou nos seus afastamentos temporários	Coordenar e supervisionar as atividades da CIPA, zelando para que os objetivos propostos sejam alcançados
Coordenar as reuniões		
Encaminhar à organização e ao SESMT, quando houver, as decisões da Comissão		Divulgar as decisões da CIPA a todos os trabalhadores do estabelecimento

6.2 Vacância

No caso de afastamento definitivo do presidente, seu substituto deve ser indicado pela organização. O indicado deverá ser, preferencialmente, um dos membros da CIPA. No caso de afastamento definitivo do vice-presidente, o substituto será escolhido pelos membros titulares da representação dos empregados, entre os próprios titulares. Em ambos os casos, o prazo para indicação do novo presidente ou escolha do novo vice-presidente é de dois dias úteis.

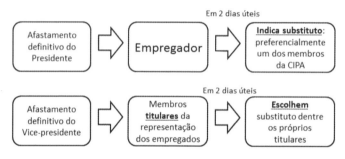

A vacância definitiva de cargo ocorrida durante o mandato (exceto no caso do presidente e do vice-presidente, como vimos anteriormente) será suprida por suplente, obedecida a ordem de colocação decrescente que consta na ata de eleição. Os motivos da vacância devem ser registrados em ata de reunião.

Caso não existam mais suplentes, **durante os seis primeiros meses do mandato**, a organização deve realizar eleição extraordinária para suprir a vacância. Esta eleição extraordinária somente será considerada válida se houver a participação de, no mínimo, um terço dos trabalhadores. Todas as exigências estabelecidas para o processo eleitoral, que veremos adiante, deverão ser cumpridas, **exceto** quanto aos prazos, que devem ser **reduzidos pela metade**. O mandato do membro eleito em processo eleitoral extraordinário deve ser **compatibilizado** com o mandato dos demais membros da Comissão, ou seja, o mandato extraordinário se encerrará junto com o mandato da gestão vigente. O treinamento do membro eleito em processo extraordinário deve ser realizado no prazo máximo de trinta dias, contados a partir da data da posse.

7. FUNCIONAMENTO

7.1 Reuniões ordinárias

Os membros da CIPA deverão se reunir mensalmente[12], em reuniões ordinárias, que devem ocorrer de acordo com calendário preestabelecido. A própria norma prevê

---

[12] Destaco que os membros da CIPATR prevista na NR31 se reúnem bimestralmente.

NR 5 · COMISSÃO INTERNA DE PREVENÇÃO DE ACIDENTES E DE ASSÉDIO – CIPA | 103

uma exceção a esta regra: nas Microempresas – ME e Empresas de Pequeno Porte – EPP, graus de risco 1 e 2, as reuniões <u>poderão</u> ser bimestrais, a critério da própria comissão.

As reuniões ordinárias da CIPA serão realizadas na organização, preferencialmente, de forma presencial. A participação pode ocorrer também de forma remota.

A data e horário das reuniões serão acordadas entre os seus membros, observando os turnos e as jornadas de trabalho.

As reuniões devem ser registradas em atas, assinadas pelos presentes e disponibilizadas a todos os membros, podendo a disponibilização ser por meio eletrônico.

Além disso, visando maior engajamento dos empregados nas ações da comissão, a NR5 determina que as <u>deliberações e encaminhamentos</u> das reuniões da CIPA devem ser disponibilizadas a todos os empregados, em quadro de aviso ou por meio eletrônico.

Além da NR
Reuniões ordinárias da CIPA

Como vimos no início deste capítulo, o objetivo da CIPA é a prevenção de acidentes e doenças decorrentes do trabalho. Neste sentido, um dos principais propósitos das reuniões ordinárias é a formalização, pela representação dos empregados à representação do empregador, da identificação de situações e condições de trabalho que podem provocar acidentes e adoecimentos no ambiente de trabalho, e solicitação das adequações e soluções necessárias. Cabe aos representantes da organização o encaminhamento destas demandas ao empregador e o correspondente acompanhamento pelos membros da comissão.

Entretanto, no dia a dia da fiscalização, é comum a apresentação pela empresa de atas de reunião da CIPA com conteúdo que fogem a este objetivo. Não é raro encontrarmos atas de reunião com programação de festa do dia das mães, teatro para o dia das crianças, comemoração do dia dos pais, entre outros. Claro que estes eventos são importantes, mas não se enquadram nos objetivos da comissão.

7.2 Reuniões extraordinárias

A norma também prevê a realização de reuniões extraordinárias que devem ocorrer quando:

a) ocorrer **acidente do trabalho grave ou fatal**;

b) houver solicitação de uma das representações.

Apesar de não constar na norma, entendo que o objetivo da reunião extraordinária no caso de acidente de trabalho grave ou fatal é, não somente comunicar o ocorrido, mas também discutir as condições nos quais o acidente ocorreu. Estas informações, inclusive, podem subsidiar a análise do acidente a ser realizada pela organização. Importante também que participem da reunião o acidentado, quando possível, bem como empregados envolvidos no acidente ou ainda que o tenham testemunhado. Não é à toa que o tema "metodologia de investigação e análise de acidentes e doenças relacionadas ao trabalho" integra o conteúdo programático do treinamento para os membros da CIPA, como veremos neste capítulo.

No silêncio da norma, entendo que as reuniões extraordinárias devem ser realizadas sempre presencialmente.

> **Além da NR**
> **Acidente de Trabalho Grave e Acidente de Trabalho Fatal**
>
> Como vimos em capítulo anterior, segundo a "Notificação de Acidentes de Trabalho Fatais, Graves e com Crianças e Adolescentes", do Ministério da Saúde[13], "acidente de trabalho grave" é aquele que acarreta mutilação, física ou funcional, e o que leva à lesão cuja natureza implique comprometimento extremamente sério, preocupante, que pode ter consequências nefastas ou fatais. Segundo esse documento, para evitar interpretações díspares, considera-se a necessidade da existência de pelo menos um dos seguintes critérios objetivos, para a definição dos casos de acidente de trabalho grave:
>
> 1) necessidade de tratamento em regime de internação hospitalar;
>
> 2) incapacidade para as ocupações habituais, por mais de 30 dias;
>
> 3) incapacidade permanente para o trabalho;
>
> 4) enfermidade incurável;
>
> 5) debilidade permanente de membro, sentido ou função;
>
> 6) perda ou inutilização do membro, sentido ou função;
>
> 7) deformidade permanente;
>
> 8) aceleração de parto;
>
> 9) aborto;
>
> 10) fraturas, amputações de tecido ósseo, luxações ou queimaduras graves;
>
> 11) desmaio (perda de consciência) provocado por asfixia, choque elétrico ou outra causa externa;
>
> 12) qualquer outra lesão: levando à hipotermia, doença induzida pelo calor ou inconsciência; requerendo ressuscitação; ou requerendo hospitalização por mais de 24 horas;
>
> 13) doenças agudas que requeiram tratamento médico em que exista razão para acreditar que resulte de exposição ao agente biológico, suas toxinas ou ao material infectado.
>
> Ainda segundo a mesma notificação, "acidente de trabalho fatal" é aquele que leva a óbito imediatamente após sua ocorrência ou que venha a ocorrer posteriormente, a qualquer momento, em ambiente hospitalar ou não, desde que a causa básica, intermediária ou imediata da morte seja decorrente do acidente.
>
> Trata-se, portanto, de referências motivadoras para a realização da reunião extraordinária.

7.3 Decisões

As decisões da CIPA serão tomadas **preferencialmente por consenso**. Caso não haja consenso, a própria comissão deve regular o procedimento de votação e o pedido de reconsideração da decisão. Vejam então que, somente se não houver consenso na tomada de decisões, será realizada votação, de forma subsidiária.

7.4 Perda de mandato

O membro titular perderá o mandato, sendo substituído por suplente, quando **faltar a mais de *quatro* reuniões ordinárias (sequenciais ou não) sem justificativa**. Se houver justificativa para a falta, não há que se falar em perda de mandato.

8. GARANTIA DE EMPREGO

Os representantes dos empregados na CIPA têm *garantia de emprego*, com início a partir do registro da candidatura e término um ano após o final do mandato. Segundo

---

[13] Notificação de Acidentes do Trabalho – Fatais, Graves e com Crianças e Adolescentes. Ministério da Saúde, 2006.

NR 5 • COMISSÃO INTERNA DE PREVENÇÃO DE ACIDENTES E DE ASSÉDIO – CIPA | 105

Maurício Godinho Delgado[14], a *garantia de emprego*, também conhecida como *estabilidade provisória*, é uma "vantagem jurídica de *caráter transitório*, deferida ao empregado em virtude de uma circunstância contratual ou pessoal obreira de caráter especial, de modo a assegurar a manutenção do vínculo empregatício por um lapso temporal definido, independentemente da vontade do empregador".

A garantia de emprego alcança apenas os membros **eleitos**, representantes dos empregados, não abrangendo aqueles designados pelo empregador como seus representantes, e tem como objetivo principal assegurar ao seu destinatário a autonomia necessária para cumprimento de suas atribuições, uma vez que, em alguns casos, tal cumprimento poderá colocá-lo em confronto com as determinações do empregador.

Essa garantia não é absoluta, e, sim, *relativa*, pois impede apenas a despedida arbitrária – entendida como aquela que não tem como fundamento motivação disciplinar, técnica, econômica ou financeira – e a despedida sem justa causa. Nesse sentido, a redação do art. 165 da CLT que trata da estabilidade dos membros eleitos da CIPA:

> CLT, Art. 165. Os titulares da representação dos empregados nas CIPA(s) não poderão sofrer despedida arbitrária, *entendendo-se como tal a que não se fundar em motivo disciplinar, técnico, econômico ou financeiro*. (grifo acrescentado)
>
> Parágrafo único. Ocorrendo a despedida, caberá ao empregador, em caso de reclamação à Justiça do Trabalho, comprovar a existência de qualquer dos motivos mencionados neste artigo, sob pena de ser condenado a reintegrar o empregado.

Vejamos também a redação do art. 10, II, "a", do Ato das Disposições Constitucionais Transitórias (ADCT) da CFRB/1988:

> Art. 10. Até que seja promulgada a lei complementar a que se refere o art. 7.º, I, da Constituição:
>
> II – fica vedada a **dispensa arbitrária ou sem justa causa**:
>
> a) do empregado **eleito** para cargo de direção de comissões internas de prevenção de acidentes, desde o registro de sua candidatura até um ano após o final de seu mandato (grifos acrescentados).

E também a redação do item 5.4.12:

> 5.4.12 É vedada a dispensa arbitrária ou sem justa causa do empregado eleito para cargo de direção da CIPA, desde o registro de sua candidatura até um ano após o final de seu mandato.

Segundo Delgado, a despedida arbitrária trata da dispensa que não se baseia em *motivo relevante*: esse pode ser disciplinar, como ocorre com a dispensa por justa causa, tipificada no art. 482 da CLT. Tal motivo pode ser ainda de caráter técnico, econômico ou financeiro.

Entretanto, caso deseje sair da empresa, o empregado deverá, primeiramente, solicitar por escrito sua renúncia ao mandato da CIPA ou ao direito da garantia de emprego, quando o mandato já houver encerrado. A empresa deverá manter registro da substituição do membro da CIPA pelo suplente. Também poderá efetivar o acordo junto ao

---

14 Segundo Maurício Godinho Delgado, "tais garantias (de emprego) têm sido chamadas, também, de *estabilidades temporárias* ou *estabilidades provisórias* (expressões algo contraditórias, mas que vêm se consagrando)". Curso de direito do trabalho. 11. ed. São Paulo: LTr.

sindicato da categoria. O número de suplentes, constante no Quadro I, deve ser mantido com a nomeação do próximo candidato mais votado, conforme a ata de eleição[15].

8.1 Garantia de emprego para o Suplente da CIPA – Súmula 339 TST

Apesar de o item 5.4.12 da norma restringir a garantia de emprego ao empregado **eleito para cargo de direção**[16], a jurisprudência sumulada do Tribunal Superior do Trabalho – TST (Súmula 339) esclarece que não há dúvida de que tal direito alcança todos os membros da representação dos empregados, ou seja, tanto os titulares (CLT, art. 165) quanto os suplentes.

> SÚM. 339. CIPA. SUPLENTE. GARANTIA DE EMPREGO. CF/1988. Res. 129/2005, DJ 20, 22 e 25.04.2005.
>
> I – O suplente da CIPA goza da garantia de emprego prevista no art. 10, II, "a", do ADCT a partir da promulgação da Constituição Federal de 1988.
>
> II – A estabilidade provisória do cipeiro não constitui vantagem pessoal, mas garantia para as atividades dos membros da CIPA, que somente tem razão de ser quando em atividade a empresa. Extinto o estabelecimento, não se verifica a despedida arbitrária, sendo impossível a reintegração e indevida a indenização do período estabilitário.

Importante ressaltar que a garantia de emprego não é extensiva ao **nomeado** da CIPA, uma vez que este é indicado pelo empregador.

8.2 Contrato de trabalho por prazo determinado

Segundo o art. 443, § 1.º, da CLT, considera-se como de prazo determinado o contrato de trabalho cuja vigência dependa de termo prefixado ou da execução de serviços especificados ou ainda da realização de certo acontecimento suscetível de previsão aproximada. O contrato por prazo determinado só será válido em se tratando:

a) de serviço cuja natureza ou transitoriedade justifique a predeterminação do prazo;

b) de atividades empresariais de caráter transitório;

c) de contrato de experiência.

O **término** do contrato de trabalho por prazo determinado do empregado eleito para cargo de direção da CIPA **não caracteriza dispensa arbitrária ou sem justa causa**. A redação deste item aborda um tema já consolidado na jurisprudência majoritária dos tribunais. O entendimento é que a candidatura/eleição do empregado não altera a natureza da relação contratual. Considere um empregado contratado por prazo determinado que se candidate e seja eleito para a representação dos empregados. Caso o término do contrato ocorra durante o mandato da CIPA, seu desligamento não caracterizará dispensa arbitrária ou sem justa causa.

---

[15]   Manual da CIPA. Atualização em junho de 2016.

[16]   Os elaboradores da NR5 mantiveram na nova redação a expressão "empregado eleito para cargo de direção", porém entendo que se trata de expressão inadequada e ultrapassada: inadequada porque o empregado é eleito para ser membro da representação dos empregados, se ele virá ou não a ser escolhido para cargo de direção (vice-presidente, no caso) será definido posteriormente por seus pares; e ultrapassada, porque desde 2005 o próprio TST entende que a garantia de emprego se estende a todos membros eleitos, titulares e suplentes, e não somente àquele que ocupa cargo de direção.

• COMISSÃO INTERNA DE PREVENÇÃO DE ACIDENTES E DE ASSÉDIO – CIPA

Neste caso, como vimos anteriormente, a vacância deve ser suprida por suplente, obedecida a ordem de colocação decrescente que consta na ata de eleição, devendo os motivos ser registrados em ata de reunião. Caso não haja suplentes para suprir a vacância, deve ser observado o disposto no item 5.5.8:

> Os candidatos votados e não eleitos serão relacionados na ata de eleição e apuração, em ordem decrescente de votos, possibilitando nomeação posterior, em caso de vacância de suplentes.

Além da NR
O membro eleito da CIPA pode pedir demissão?
Segundo o Manual da CIPA, caso deseje se desligar da empresa, o empregado eleito deverá, primeiramente, solicitar por escrito sua renúncia ao mandato da CIPA ou ao direito da garantia de emprego, quando o mandato já houver encerrado. A empresa deverá manter registro da substituição do membro da CIPA pelo suplente. E poderá efetivar o acordo junto ao sindicato da categoria. O número de suplentes, constante no Quadro I, deve ser mantido com a nomeação do próximo candidato mais votado, conforme a ata de eleição[17].

9. PROCESSO ELEITORAL

É responsabilidade do empregador a convocação de eleições para escolha dos representantes dos empregados na CIPA, no prazo mínimo de 60 (sessenta) dias antes do término do mandato em curso.

O **início** do processo eleitoral deve ser comunicado, com antecedência, ao sindicato da categoria profissional preponderante no estabelecimento. Esta comunicação pode ser feita por meio eletrônico, com comprovante de entrega.

9.1 Da Comissão Eleitoral

Nas empresas onde já exista CIPA, cabe ao presidente e ao vice-presidente constituir a comissão eleitoral, entre seus membros, que será a responsável pela organização e acompanhamento do processo eleitoral.

Nos estabelecimentos onde não houver CIPA, a comissão eleitoral será constituída pela organização.

9.2 Procedimentos

O processo eleitoral observará as condições estabelecidas pelo item 5.5.3.

Todos os empregados do estabelecimento têm liberdade de inscrição e devem receber o respectivo comprovante, em meio físico ou eletrônico, independentemente de setores ou locais de trabalho[18]. Os empregados **inscritos** têm garantia de emprego até a eleição.

---

[17] Manual da CIPA. Atualização em junho de 2016.
[18] Oportuno salientar que a NR22, norma do setor minerário, contém disposições específicas para a constituição da CIPAMIN, observando-se a representatividade **por setor da mina**. Neste caso, a NR5 é aplicada de forma subsidiária. Destacam-se os seguintes itens:
22.36.3.1: A composição da CIPAMIN deverá observar critérios que permitam estar representados os setores que ofereçam maior risco ou que apresentem maior número de acidentes do trabalho.

A eleição deve ocorrer em dia normal de trabalho, respeitando os horários de turnos e em horário que possibilite a participação da maioria dos empregados do estabelecimento. A apuração dos votos também deve ser realizada em horário normal de trabalho, com acompanhamento de representante da organização e dos empregados, em número a ser definido pela comissão eleitoral, sendo facultado o acompanhamento pelos candidatos.

Como vimos anteriormente, o voto é secreto e não obrigatório. O empregado, se assim desejar, poderá abster-se de votar.

Se a participação na eleição for **inferior a cinquenta por cento dos empregados**, os votos não serão apurados e a comissão eleitoral deverá **prorrogar** o período de votação para o dia subsequente, computando-se os votos já registrados no primeiro dia. Vejam que não se trata de nova votação, mas sim, de uma prorrogação, ou seja, extensão do prazo de votação.

A votação neste segundo dia será considerada válida se o total de votos (do primeiro e segundo dia) corresponder à participação de, **no mínimo, um terço do total de empregados do estabelecimento**.

Porém, caso constatada a participação **inferior a um terço dos empregados**, não haverá a apuração dos votos e a comissão eleitoral deverá novamente prorrogar o período de votação para o dia subsequente, computando-se os votos já registrados nos dias anteriores. A votação neste terceiro dia será considerada válida com a participação de **qualquer** número de empregados.

Vejam a figura a seguir:

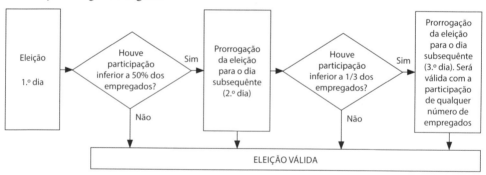

De se destacar que:

(i) Como se trata de prorrogação e não nova votação, os empregados devem votar uma única vez;
(ii) Apesar de a norma não esclarecer, o segundo e terceiro dia de votação devem ser dias de expediente normal no estabelecimento.

22.36.4.1. Em obediência aos critérios do subitem 22.36.3.1 para a composição da CIPAMIN, esta indicará as áreas a serem contempladas pela representatividade individual de empregados do setor.

22.36.4.1.1 Observado o dimensionamento do Quadro III, a CIPAMIN deverá ser composta de forma a abranger a representatividade de todos os setores da empresa, podendo, se for o caso, agrupar áreas ou setores preferencialmente afins.

Outras normas setoriais também possuem prazos diferenciados para o processo eleitoral.

NR 5 • COMISSÃO INTERNA DE PREVENÇÃO DE ACIDENTES E DE ASSÉDIO – CIPA | 109

As prorrogações devem ser comunicadas ao sindicato da categoria profissional preponderante no estabelecimento.

9.3 Denúncias

Denúncias sobre o processo eleitoral devem ser protocolizadas na unidade descentralizada de inspeção do trabalho (Superintendência Regional do Trabalho ou Gerência Regional do Trabalho) até 30 dias após a data da divulgação do resultado da eleição da CIPA.

Confirmadas irregularidades no processo eleitoral, compete à autoridade máxima regional em matéria de inspeção do trabalho (Superintendente Regional do Trabalho), determinar sua correção ou proceder à anulação quando for o caso.

Em caso de anulação somente da votação (ou seja, todas as demais condições do processo eleitoral foram cumpridas), a organização deve convocar nova votação, no prazo de dez dias[19], a contar da data da ciência da anulação, garantidas as inscrições anteriores. Nos demais casos, a decisão da autoridade máxima regional em matéria de inspeção do trabalho determinará os atos atingidos, as providências e os prazos a serem adotados, atendidos aqueles previstos na NR5.

Caso a anulação ocorra antes da posse dos membros da CIPA, o mandato anterior (quando houver) será prorrogado até a complementação do processo eleitoral.

10. MEMBROS TITULARES E SUPLENTES

Vimos anteriormente que os candidatos mais votados assumirão a condição de membros titulares e suplentes e, em caso de empate, assumirá aquele que **tiver maior tempo de serviço no estabelecimento**.

Os candidatos votados e não eleitos serão relacionados na ata de eleição e apuração, em ordem decrescente de votos, possibilitando nomeação posterior, em caso de vacância de suplentes. No caso das CIPAs constituídas de acordo com o disposto na NR5, a suplência não é específica de cada titular. Veremos adiante nesta obra que, diversamente, a NR29 – Segurança e Saúde no Trabalho Portuário – determina que a suplência na CIPA seja específica de cada membro titular.

Os membros da CIPA, eleitos e designados, serão empossados no primeiro dia útil após o término do mandato anterior. A organização deve fornecer cópias das atas de eleição e posse aos membros titulares e suplentes da CIPA.

Quando solicitada, a organização encaminhará a documentação referente ao processo eleitoral da CIPA ao sindicato da categoria profissional preponderante, no prazo de até 10 (dez) dias úteis.

11. TREINAMENTO

Ao contrário dos membros do SESMT, não existe nenhuma obrigatoriedade de que os membros da CIPA tenham qualquer qualificação ou especialização em Segurança e Saúde do Trabalho. No entanto, como a principal atribuição dessa comissão é zelar pela prevenção dos acidentes e doenças do trabalho, é importante que seus membros tenham um mínimo de conhecimento sobre este tema.

---

[19] A norma não esclarece se dez dias úteis ou corridos.

Pensando nisso, a NR5 determina que os membros da CIPA, titulares e suplentes, e também o representante nomeado participem de treinamento a ser realizado antes da posse, com carga horária mínima e conteúdo mínimo predeterminados. A carga horária, inclusive, varia proporcionalmente ao grau de risco da atividade principal do estabelecimento: quanto maior o grau de risco, maior a carga horária, como veremos a seguir.

No caso de CIPA em primeiro mandato, o treinamento será realizado no prazo máximo de trinta dias, contados a partir da data da posse.

A atual redação prevê que o integrante do SESMT (que seja membro da CIPA) fica dispensado do treinamento. Porém, minha sugestão para as organizações é no sentido contrário: entendo ser muito importante a participação deste profissional no treinamento da CIPA, pois, poderá contribuir com seu conhecimento e experiência para o enriquecimento do conteúdo. Além disso, o curso é também uma oportunidade de firmar laços entre os participantes para a consecução dos objetivos da comissão, além de formar o senso de pertencimento.

11.1 Conteúdo programático

O treinamento para os membros da CIPA deverá contemplar, <u>no mínimo</u>, os seguintes temas:

a) estudo do ambiente, das condições de trabalho, bem como dos riscos originados do processo produtivo;

b) noções sobre acidentes e doenças relacionadas ao trabalho decorrentes das condições de trabalho e da exposição aos riscos existentes no estabelecimento e suas medidas de prevenção;

c) metodologia de investigação e análise de acidentes e doenças relacionadas ao trabalho;

d) princípios gerais de higiene do trabalho e de medidas de prevenção dos riscos;

e) noções sobre as legislações trabalhista e previdenciária relativas à segurança e saúde no trabalho;

f) noções sobre a inclusão de pessoas com deficiência e reabilitados nos processos de trabalho;

g) organização da CIPA e outros assuntos necessários ao exercício das atribuições da Comissão; e

h) prevenção e combate ao assédio sexual e a outras formas de violência no trabalho.

Outros temas também poderão ser abordados no treinamento, a critério da organização.

11.2 Carga horária

Como dito anteriormente, a carga horária <u>mínima</u> do treinamento varia em função do grau de risco da atividade principal do estabelecimento, da seguinte forma:

Grau de risco	Carga horária mínima (h)
1	8
2	12
3	16
4	20

O treinamento deve ser realizado **durante o expediente normal da empresa**. A carga horária deve ser distribuída, em no máximo, oito horas diárias.

• COMISSÃO INTERNA DE PREVENÇÃO DE ACIDENTES E DE ASSÉDIO – CIPA | 111

Aproveitamento de treinamento

O treinamento realizado há menos de dois anos, contados da conclusão do curso, pode ser aproveitado na mesma organização, observado o estabelecido na NR1, no que se refere à convalidação e complementação.

Considere, por exemplo, a reeleição de CIPA estendendo o mandato por mais um ano. O treinamento anteriormente realizado (há menos de dois anos) poderá ser convalidado ou complementado, a critério da organização.

Treinamento da CIPA – Estabelecimentos grau de risco 2, 3 e 4

Nos estabelecimentos grau de risco 2, 3 e 4, o treinamento da CIPA pode ser realizado na modalidade presencial ou semipresencial. Caso a organização opte pela modalidade semipresencial, deve ser observada a seguinte **carga horária mínima para a parte presencial**:

a) quatro horas para estabelecimentos de grau de risco 2; e

b) oito horas para estabelecimentos de grau de risco 3 e 4.

Treinamento da CIPA – Estabelecimentos grau de risco 1 e nomeado

O treinamento da CIPA nos estabelecimentos de grau de risco 1 e também do representante nomeado pode ser realizado integralmente na modalidade de ensino à distância ou semipresencial, nos termos da NR1. Caso seja realizado na modalidade semipresencial, a carga horária da parte presencial deve ser definida pela própria organização.

12. QUADRO COMPARATIVO: SESMT x CIPA

A tabela a seguir apresenta uma comparação entre CIPA e SESMT. É de ressaltar que suas atribuições não se confundem, elas são complementares.

	SESMT	CIPA
Objetivo (vejam comentário no próximo item)	Promover a saúde e proteger a integridade do trabalhador no local de trabalho.	Prevenção de **acidentes e doenças relacionadas ao trabalho**, de modo a tornar compatível permanentemente o trabalho com a preservação da vida e a promoção da saúde do trabalhador.
Critério de constituição	– Quantidade de empregados do estabelecimento. – **Grau de risco** da atividade econômica **principal**. (Exceção no caso do SESMT: item 4.2.2 da NR4.)	
Composição	Os membros do SESMT são **especializados** em SST: – Médico do trabalho. – Engenheiro de segurança do trabalho. – Técnico de segurança do trabalho. – Enfermeiro do trabalho. – Auxiliar de enfermagem do trabalho.	Os membros da CIPA não precisam ter especialização em SST: – Empregados **eleitos** pelos empregados. – Empregados **designados** pelo empregador.
Atuação	Os membros do SESMT são contratados para trabalhar **especificamente no SESMT e não** podem realizar funções **estranhas** a esse serviço durante seu horário normal de trabalho. Podem ser terceirizados ou não.	Os membros da CIPA são **empregados** do estabelecimento, que espontaneamente se candidataram (e foram eleitos) ou aceitaram a designação do empregador como seu representante. Reúnem-se periodicamente de acordo com a programação das reuniões ordinárias.
Obrigatório registro na Superintendência Regional do Trabalho	SIM	NÃO

	SESMT	CIPA
Mandato	Não há que se falar em **mandato** para os membros do SESMT. Esses profissionais permanecerão na função enquanto durar seu contrato de trabalho.	O mandato dos membros **ELEITOS** da CIPA (representantes dos empregados) terá a duração de um ano, permitida **uma** reeleição.
Estabilidade provisória/ despedida arbitrária	Os componentes do SESMT não possuem estabilidade provisória e podem sofrer despedida de acordo com a liberalidade do empregador.	– Os representantes dos empregados (efetivos e suplentes – ver Súmula 339 do TST) possuem estabilidade provisória e **não podem** sofrer despedida arbitrária. – Os representantes do empregador **não têm estabilidade provisória**.
Redução/Aumento no quadro de empregados	A composição do SESMT será redimensionada (Quadro I da NR4), se necessário, sempre que houver alteração no quadro de empregados ou alteração na gradação de risco.	Ainda que a empresa tenha o seu número de empregados reduzido ou ampliado, a composição da CIPA não deve ser alterada. A composição inicial deve ser mantida em qualquer circunstância, salvo se houver encerramento das atividades no estabelecimento. Nesse caso, o mandato da CIPA é considerado encerrado.
Titulares e suplentes	Não há que falar em suplentes para os membros do SESMT.	A CIPA será composta por membros titulares e suplentes em cada representação.

12.1 Comentário sobre o objetivo do SESMT e da CIPA

Os itens 5.1 da NR5 e 4.1 da NR4 dispõem sobre o objetivo da CIPA e do SESMT. Esses itens têm redações diferentes, porém convergentes em um mesmo sentido: tanto o SESMT quanto a CIPA visam preservar a saúde e a segurança do trabalhador, o que muda de um para outro é **como** esses órgãos trabalham para atingir esse objetivo.

O trabalho do SESMT é qualificado, seus membros são especialistas nas diversas áreas de atuação da Segurança e Saúde do Trabalho, e, por esse motivo, têm competência técnica para realizar trabalhos que demandam conhecimento especializado, por exemplo, responsabilizar-se tecnicamente pela orientação quanto ao cumprimento do disposto nas NRs aplicáveis às atividades executadas pela organização, conforme item 4.3.1 da NR4.

A CIPA, por outro lado, é formada por trabalhadores das mais diversas qualificações, e, dependendo da organização, muitos deles nem chegaram a concluir o ensino médio. Não há como exigir dessa comissão um trabalho de nível técnico ou altamente qualificado no que se refere a SST. Entretanto, os membros (enquanto empregados da empresa) conhecem os processos de produção, as condições de trabalho e, consequentemente, têm ou espera-se que tenham uma boa percepção dos riscos existentes no ambiente de trabalho, no dia a dia da empresa.

13. CIPA DAS ORGANIZAÇÕES CONTRATADAS PARA PRESTAÇÃO DE SERVIÇOS[20]

A atual redação da NR5 possui várias disposições relativas à obrigatoriedade de constituição da CIPA das <u>organizações contratadas para prestação de serviços</u>, identificadas como *contratadas*, daqui em diante.

A contratante deve adotar medidas para que as contratadas, suas CIPAs, os representantes nomeados e os demais trabalhadores lotados em seu estabelecimento recebam

---

[20] Segundo a Lei 6.019/1974, art. 4.º-A, considera-se prestação de serviços a terceiros a transferência feita pela contratante da execução de quaisquer de suas atividades, inclusive sua atividade principal, à pessoa jurídica de direito privado prestadora de serviços que possua capacidade econômica compatível com a sua execução.

NR 5 • COMISSÃO INTERNA DE PREVENÇÃO DE ACIDENTES E DE ASSÉDIO – CIPA | 113

informações sobre os riscos presentes nos ambientes de trabalho, bem como sobre as medidas de prevenção, em conformidade com o Programa de Gerenciamento de Riscos, previsto na NR1.

Conforme apresentado a seguir, as contratadas devem constituir CIPA centralizada, CIPA própria ou nomear representante dentre os empregados para auxiliar na execução das ações de prevenção em segurança e saúde no trabalho.

13.1 CIPA centralizada

Regra geral, a contratada deve constituir **CIPA centralizada**, sempre que o número total de seus empregados na <u>unidade da Federação</u> (Estado ou Distrito Federal) se enquadrar no Quadro I – Dimensionamento da CIPA, apresentado anteriormente.

A CIPA poderá ser composta por empregados lotados nos diversos estabelecimentos onde a contratada presta serviços na unidade da federação.

Exemplo: Considere contratada que presta serviços de limpeza (grau de risco 3 de acordo com a NR4) e conta com 70 empregados no estado do Paraná, distribuídos em estabelecimentos de contratantes que exercem atividades de comércio atacadista de calçados (grau de risco 2), naquele estado. De acordo com o Quadro I, empresas grau de risco 3 são obrigadas a constituir a CIPA a partir de 20 empregados, logo a contratada estará obrigada a constituir CIPA centralizada, considerando a quantidade total de empregados (70 empregados) e seu grau de risco (GR 3).

A contratada deve:

✓ Garantir que a CIPA centralizada mantenha interação entre os estabelecimentos nos quais possua empregados;

✓ Garantir a participação dos representantes nomeados, nas reuniões da CIPA centralizada;

✓ Dar condições aos integrantes da CIPA centralizada de atuarem nos estabelecimentos que não possuem representante nomeado da NR5.

13.2 CIPA própria

A constituição de **CIPA própria** ocorre nos casos em que a contratada presta serviços em estabelecimento de contratante cuja atividade principal se enquadra em grau de risco 3 ou 4, e a quantidade total de seus empregados (da contratada) no estabelecimento da contratante se enquadra no Quadro I.

Neste caso, a contratada deve constituir **CIPA própria**, considerando o grau de risco da contratante.[21, 22] Para os demais estabelecimentos onde a contratada presta serviços, continua valendo a obrigação de constituição de CIPA centralizada, se houver enquadramento no Quadro I. Vejam o exemplo a seguir:

Exemplo: Considere a mesma empresa prestadora de serviços de limpeza (70 empregados, grau de risco 3). Porém, considere agora que, dos 70 empregados, 30 (trinta) prestam serviços em empresa cuja atividade principal é produção de tubos de aço com costura (grau de risco 4). Os demais 40 (quarenta) empregados prestam serviços em estabelecimentos cujas atividades se enquadram no grau de risco 2.

---

[21] A contratada está dispensada da constituição da CIPA própria no caso de prestação de serviços a terceiros com até 180 (cento e oitenta) dias de duração.

[22] A CIPA própria será considerada encerrada, para todos os efeitos, quando encerradas as atividades da contratada no estabelecimento.

Neste caso, a contratada deverá constituir CIPA própria no estabelecimento da contratante (grau de risco 4) e também CIPA centralizada, considerando o seguinte:

- ✓ *CIPA própria* (considerando o grau de risco da contratante): De acordo com o Quadro I, empresas grau de risco 4 são obrigadas a constituir a CIPA a partir de 20 empregados, logo a contratada estará obrigada a constituir CIPA própria (no estabelecimento da contratante), considerando o grau de risco 4 (da contratante) tendo como base de cálculo a quantidade de empregados próprios que prestam serviço no estabelecimento (30 empregados).
- ✓ *CIPA centralizada*: A contratada também estará obrigada a constituir CIPA centralizada que terá como base de cálculo os outros 40 (quarenta) empregados do seu quadro[23] e o seu próprio grau de risco 3 (empregados da área administrativa também entram na base de cálculo da CIPA centralizada).

13.3 Representante nomeado

Caso quantidade de empregados da contratada, no estabelecimento de contratante GR3 ou GR4, seja maior ou igual 5 (cinco), porém inferior a 20 (vinte), não haverá enquadramento para constituição de CIPA própria, neste caso a contratada deverá **nomear um representante** da NR5, dentre os empregados que exercem atividades no estabelecimento da contratante. A norma determina que a contratante deve exigir da contratada esta nomeação. Destaco, porém, que é dispensada a nomeação do representante em estabelecimento onde há empregado membro de CIPA centralizada.

O item 5.8.4 determina que o **representante nomeado** da contratada deve participar de treinamento de acordo com o grau de risco da contratante. Entretanto, como o conteúdo do treinamento não varia em função do grau de risco, entendo que a intenção do elaborador foi dizer que a **carga horária** do treinamento do nomeado deve observar o grau de risco da contratante.

As figuras a seguir apresentam de forma simplificada a obrigatoriedade de constituição da CIPA centralizada, CIPA própria e nomeação do representante:

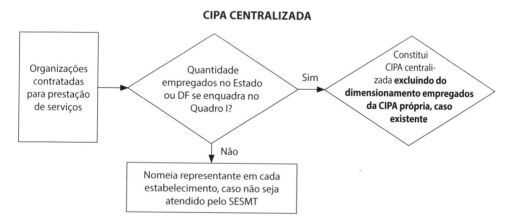

---

[23] Segundo o item 5.8.1.2: *O número total de empregados da organização contratada para prestação de serviços, para efeito de dimensionamento da CIPA centralizada, deve desconsiderar os empregados alcançados por CIPA própria.* Ou seja, cada empregado integra a base de cálculo de apenas uma CIPA, o mesmo valendo para a base cálculo do SESMT.

NR 5 • COMISSÃO INTERNA DE PREVENÇÃO DE ACIDENTES E DE ASSÉDIO – CIPA | 115

CIPA PRÓPRIA

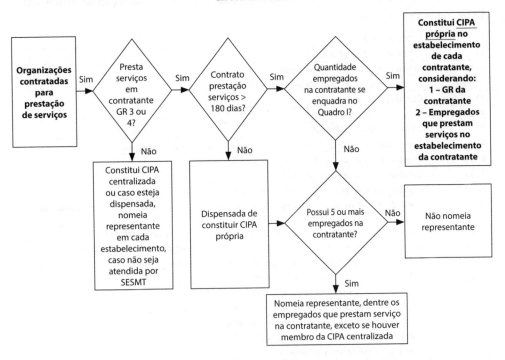

13.4 Integração – Contratante e contratadas

A contratante deve convidar a contratada para participar da reunião da CIPA com a finalidade de integrar as ações de prevenção, sempre que as organizações atuarem em um mesmo estabelecimento. A contratada deve indicar um membro da CIPA ou o representante nomeado para participar da reunião da CIPA da contratante.

13.5 Disposições finais

Toda a documentação referente à CIPA deve ser mantida no estabelecimento, à disposição da inspeção do trabalho, pelo prazo mínimo de cinco anos.

14. ANEXO 1 – CIPA DA INDÚSTRIA DA CONSTRUÇÃO

Este anexo estabelece os requisitos a serem observados para a constituição da Comissão Interna de Prevenção de Acidentes e de Assédio – CIPA da indústria da construção.

14.1 Campo de aplicação

As disposições deste Anexo se aplicam às atividades da indústria da construção constantes da seção "F" do Código Nacional de Atividades Econômicas – CNAE (quadro a seguir) e também às atividades e serviços de demolição, reparo, pintura, limpeza e manutenção de edifícios em geral e de manutenção de obras de urbanização.

Conforme mostra o quadro a seguir, estas atividades possuem grau de risco 3 ou 4, exceto a atividade incorporação de empreendimentos imobiliários, que possui grau de risco 1.

O texto geral da NR5 se aplica à CIPA da indústria da construção de forma subsidiária, na omissão do anexo.

F	CONSTRUÇÃO	
41	CONSTRUÇÃO DE EDIFÍCIOS	
41.1	Incorporação de empreendimentos imobiliários	
41.10-7	Incorporação de empreendimentos imobiliários	1
41.2	Construção de edifícios	
41.20-4	Construção de edifícios	3
42	OBRAS DE INFRAESTRUTURA	
42.1	Construção de rodovias, ferrovias, obras urbanas e obras de arte especiais	4
42.11-1	Construção de rodovias e ferrovias	4
42.12-0	Construção de obras de arte especiais	3
42.13-8	Obras de urbanização – ruas, praças e calçadas	
42.2	Obras de infraestrutura para energia elétrica, telecomunicações, água, esgoto e transporte por dutos	
42.21-9	Obras para geração e distribuição de energia elétrica e para telecomunicações	4
42.22-7	Construção de redes de abastecimento de água, coleta de esgoto e construções correlatas	4
42.23-5	Construção de redes de transportes por dutos, exceto para água e esgoto	4
42.9	Construção de outras obras de infraestrutura	
42.91-0	Obras portuárias, marítimas e fluviais	4
42.92-8	Montagem de instalações industriais e de estruturas metálicas	4
42.99-5	Obras de engenharia civil não especificadas anteriormente	3
43	SERVIÇOS ESPECIALIZADOS PARA CONSTRUÇÃO	
43.1	Demolição e preparação do terreno	
43.11-8	Demolição e preparação de canteiros de obras	4
43.12-6	Perfurações e sondagens	4
43.13-4	Obras de terraplanagem	3
43.19-3	Serviços de preparação do terreno não especificados anteriormente	3
43.2	Instalações elétricas, hidráulicas e outras instalações em construções	
43.21-5	Instalações elétricas	3
43.22-3	Instalações hidráulicas, de sistemas de ventilação e refrigeração	3
43.29-1	Obras de instalações em construções não especificadas anteriormente	3
43.3	Obras em acabamento	
43.30-4	Obras em acabamento	3
43.9	Outros serviços especializados para construção	
43.91-6	Obras de fundações	4
43.99-1	Serviços especializados para construção não especificados anteriormente	3

14.2 Organização responsável pela obra

A organização responsável pela obra deve constituir a CIPA **por canteiro de obras**, quando o número de empregados próprios que exercem atividades no canteiro se enquadrar no dimensionamento previsto no Quadro I – Dimensionamento da CIPA, apresentado anteriormente.

Quando a quantidade de empregados do canteiro de obras **não se enquadrar no dimensionamento previsto no Quadro I**, a organização responsável pela obra deverá **nomear**, entre os empregados que exercem atividades no local, no mínimo, um representante para cumprir os objetivos da NR5. Vejam então que, a critério da organização

• COMISSÃO INTERNA DE PREVENÇÃO DE ACIDENTES E DE ASSÉDIO – CIPA   117

responsável pela obra, é possível a nomeação de mais de um representante da NR5 para o canteiro de obra.

14.3 Frentes de trabalho

As frentes de trabalho da indústria da construção <u>não constituirão CIPA</u>. Esta regra vale tanto para a organização responsável pela obra quanto para as contratadas. E para esta regra não há exceções.

Quando existir frente de trabalho, **independentemente da quantidade de empregados próprios no local**, a organização responsável pela obra deverá **nomear**, entre seus empregados, **no mínimo**, **um representante**, que exerça suas atividades na frente de trabalho ou no canteiro de obras, para cumprir os objetivos da NR5.

O representante nomeado da organização responsável pela obra pode ser nomeado como representante para mais de uma frente de trabalho.

14.4 Organização prestadora de serviços a terceiros (contratada)

Nomeado

Toda empresa contratada que prestar serviços em canteiro de obras ou frente de trabalho e possuir **cinco ou mais empregados próprios no local**, deve <u>**nomear**</u>, <u>**no mínimo**</u>, um representante para cumprir os objetivos da norma.

A organização responsável pela obra deve <u>exigir</u> da contratada a nomeação do representante, quando essa alcançar o mínimo de cinco empregados no canteiro de obra ou frente de trabalho.

CIPA centralizada

A contratada que presta serviços nos canteiros de obras ou frentes de trabalho deve constituir **CIPA centralizada** sempre que o número total de empregados nos diferentes locais de trabalho se enquadrar no Quadro I da NR5.

Nesse caso, o dimensionamento da CIPA centralizada deve considerar como base de cálculo o número de empregados próprios distribuídos nos diferentes locais de trabalho onde presta serviços (canteiros ou frentes), tendo como limite territorial a unidade da Federação (Estado ou Distrito Federal). Deve ser garantido que a CIPA centralizada mantenha interação entre os canteiros de obras e frentes de trabalho na unidade da Federação onde atua.

14.5 Obras com até 180 dias de duração

As obras com até 180 (cento e oitenta) dias de duração:

- ✓ Estão dispensadas da constituição da CIPA;
- ✓ A Comunicação Prévia da Obra deve ser enviada ao sindicato dos trabalhadores da categoria preponderante no local, no prazo máximo de dez dias, a partir de seu registro eletrônico no SCPO – Sistema de Comunicação Prévia de Obras[24];
- ✓ A organização responsável pela obra deverá nomear, no mínimo, um representante para cumprir os objetivos da NR5;

---

[24] Segundo NR18, item 18.3.1: "A organização da obra deve: [...] b) fazer a Comunicação Prévia de Obras em sistema informatizado [...], antes do início das atividades, de acordo com a legislação vigente."

✓ Caso a contratada possua mais de cinco empregados próprios no local, deverá nomear, no mínimo, um representante para cumprir os objetivos da NR5.

14.6 Treinamento para a CIPA e para o nomeado

Treinamento para a CIPA

Os membros da CIPA do canteiro de obras devem participar de treinamento, com carga horária e conteúdo programático conforme apresentado anteriormente neste capítulo.

Treinamento para o nomeado

O treinamento do representante nomeado deve ter carga horária mínima de **oito horas**, considerando o disposto no item 1.7 da NR1 (que trata das disposições relativas a Capacitação e Treinamento em SST) e observadas as disposições gerais da NR5.

O treinamento deve ter o seguinte conteúdo programático:

a) noções de prevenção de acidentes e doenças relacionadas ao trabalho;

b) estudo do ambiente e das condições de trabalho, dos riscos originados no processo produtivo e das medidas de prevenção, de acordo com a etapa da obra;

c) noções sobre a legislação trabalhista e previdenciária relativas à segurança e saúde no trabalho; e

d) prevenção e combate ao assédio sexual e a outras formas de violência no trabalho.

A validade do treinamento do representante nomeado deve atender ao disposto na NR5. O treinamento pode ser aproveitado em diferentes canteiros de obras ou frentes de trabalho, desde que dentro do prazo de validade e para a organização que promoveu o treinamento.

É permitida a convalidação do treinamento do representante por diferentes organizações, desde que atendido o disposto no item 1.7 da NR1, mencionado anteriormente.

14.7 Encerramento da CIPA

A CIPA do canteiro de obras será considerada encerrada, para todos os efeitos, quando as atividades da obra forem finalizadas. Consideram-se **finalizadas as atividades da obra, para fins da NR5, quando todas as etapas previstas em projetos estiverem concluídas**.

A conclusão da obra deverá ser formalizada em documento próprio pelo responsável técnico da obra e cuja cópia deve ser encaminhada – física ou eletronicamente – ao sindicato da categoria dos trabalhadores predominante no estabelecimento.

NR 6 EQUIPAMENTOS DE PROTEÇÃO INDIVIDUAL – EPI

Classificação: Norma Especial

Última atualização: Portaria MTP 4.219, de 20 de dezembro de 2022

1. INTRODUÇÃO

A NR6 trata dos Equipamentos de Proteção Individual (EPI) e estabelece as condições sob as quais esses equipamentos deverão ser fornecidos, bem como as responsabilidades dos trabalhadores, da organização, do fabricante, do importador e as atribuições do órgão nacional competente em matéria de segurança e saúde no trabalho. Dispõe também sobre o Certificado de Aprovação (CA) que todos os EPIs deverão possuir, como uma das condições para serem comercializados e/ou utilizados.

A norma possui um único anexo em que são apresentados os equipamentos para os quais os fabricantes e importadores poderão solicitar a emissão do CA. Somente podem ser comercializados no Brasil EPIs nacionais ou importados que tenham esse certificado. Para cada EPI constante nesse anexo[1] existem normas técnicas de conformidade que devem ser atendidas como condição para emissão do CA.

2. OBJETIVO E CAMPO DE APLICAÇÃO

O objetivo da NR6 é estabelecer os requisitos para aprovação, comercialização, fornecimento e utilização de Equipamentos de Proteção Individual – EPI.

A norma se aplica:

- Às organizações que adquiram EPI;

- Aos trabalhadores que os utilizem;

  – *Observem que neste ponto a norma utiliza o termo trabalhadores, e não empregados; sempre que qualquer NR utilizar este termo devemos ter em conta que são abrangidos tanto os empregados pertencentes ao quadro da organização quanto os trabalhadores de organizações contratadas que prestem serviços no estabelecimento da contratante;*

- Aos fabricantes e importadores de EPI:

  – *Considera-se **fabricante** a pessoa jurídica estabelecida em território nacional que fabrica o EPI ou o manda projetar ou fabricar, assumindo a responsabilida-*

---

[1] Exceto meias para proteção dos pés.

de pela fabricação, desempenho, garantia e assistência técnica pós-venda, e que o comercializa sob seu nome ou marca;

– Considera-se **importador** a pessoa jurídica estabelecida em território nacional que, sob seu nome ou marca, importa e assume a responsabilidade pela comercialização, desempenho, garantia e assistência técnica pós-venda do EPI;

– Equiparam-se a importador o adquirente da importação por conta e ordem de terceiro e o encomendante predeterminado da importação por encomenda previstos na legislação nacional.

3. O QUE É UM EQUIPAMENTO DE PROTEÇÃO INDIVIDUAL (EPI)?

Equipamento de Proteção Individual é todo **dispositivo ou produto** de uso individual, utilizado pelo trabalhador, concebido e fabricado para oferecer proteção contra riscos ocupacionais existentes no ambiente de trabalho. São EPIs os produtos e dispositivos constantes na lista apresentada no Anexo I da norma. Trata-se de lista exaustiva, não exemplificativa.

Vejamos a redação do item 6.3.1:

Para os fins de aplicação desta NR considera-se EPI o dispositivo ou produto de uso individual utilizado pelo trabalhador, concebido e fabricado para oferecer proteção contra os riscos ocupacionais existentes no ambiente de trabalho, conforme previsto no Anexo I.

É preciso entender muito bem essa definição. Então vamos estudá-la por partes:

I – O EPI é um *dispositivo ou produto*

Vejam que esse é um conceito genérico, que nos mostra que o EPI é o resultado de um processo industrial. Podemos entender que o EPI do tipo *produto* é aplicado sobre a pele e por ela absorvido – este é o caso do Creme Protetor de Segurança para proteção dos membros superiores contra agentes químicos –, e o EPI do tipo *dispositivo* é usado sobre o corpo ou partes do corpo do trabalhador.

Até 1994, segundo a redação da NR6, o conceito de EPI se limitava a *dispositivos*. Com a publicação da Portaria SSST 26/1994[2], o *Creme Protetor* passou a constar da lista de Equipamentos de Proteção Individual e o conceito de EPI foi alterado, passando a ser considerado um *produto ou dispositivo*. Tal alteração, porém, ocorreu somente em 2001, sete anos após a inclusão do creme protetor na lista de EPIs.

II – Objetivo do EPI

O objetivo do EPI é **proteger o trabalhador,** individualmente, **contra riscos que ameacem sua segurança, saúde e integridade física** durante a atividade laboral.

Vejam a seguir importantes considerações:

– EPI **não elimina** os riscos existentes no ambiente:

É exatamente pelo fato de os riscos não terem sido eliminados, reduzidos nem mantidos sob controle pelas medidas de prevenção (coletiva, administrativa e/ou de organização do trabalho) que será necessário o uso do EPI para proteger o trabalhador contra a

---

[2] Revogada pela Portaria MTP 2.175, de 28 de julho de 2022, que aprovou a redação da NR6.

*exposição a estes riscos ou, no máximo, mitigar as consequências desta exposição. Trata-se aqui da proteção contra a exposição a **riscos residuais**[3].*

– EPI **não evita** acidentes:

Infelizmente vemos até hoje notícias na mídia que atribuem a causa do acidente de trabalho à não utilização do EPI pelo empregado, em detrimento à não adoção de medidas de prevenção pela organização. Este tipo de notícia é muito comum nos casos de queda de altura de trabalhadores da construção civil, sendo que o título da notícia chama a atenção pelo fato de o trabalhador ter caído porque "não usava o EPI (cinto de segurança)". Ora, onde fica a responsabilidade da empresa pela prioridade da adoção de medidas de proteção coletiva para eliminar o risco de queda? Se EPI evitasse acidentes, não seria a última opção na hierarquia das medidas de controle.

– EPIs têm limitações e em alguns casos podem até mesmo introduzir novos riscos:

Considere um trabalhador usando cinto de segurança e que sofreu uma queda: caso ele permaneça suspenso por longo período, poderá sofrer as consequências da suspensão inerte, como veremos adiante. Outro exemplo, protetores auditivos do tipo "concha" protegem os trabalhadores contra ruídos excessivos, porém podem diminuir a percepção de sinais sonoros de emergência. Exemplifico também a vestimenta condutiva[4] para proteção contra choques elétricos, usada pelos trabalhadores que realizam intervenções em redes elétricas energizadas: a depender das condições térmicas do local (por exemplo, ambiente aberto com exposição à radiação solar) e do tempo de duração da atividade, o trabalhador poderá sofrer os efeitos da sobrecarga térmica, devido ao isolamento térmico característico da vestimenta.

> ### Além da NR
> #### Protetores auditivos
> *O protetor auditivo é uma barreira acústica que tem por objetivo proteger o sistema auditivo do trabalhador contra o ruído excessivo presente no ambiente de trabalho. Entretanto, quando do fornecimento deste protetor devemos considerar os vazamentos acústicos em função de:*
> *– Transmissão do ruído via ossos e tecidos;*
> *– Vibrações do protetor auditivo;*
> *– Transmissão do ruído através do material do protetor auditivo;*
> *– Vazamento pelo contato entre o protetor auditivo e a cabeça[5].*

III – O EPI deve oferecer proteção contra quais riscos?

O EPI deve oferecer proteção contra riscos oriundos de agentes ambientais existentes no local de trabalho (químicos, físicos e biológicos). Deve proteger também contra riscos de acidentes como queda de altura e choque elétrico, ou riscos de origem mecânica como é o caso do colete à prova de balas.

---

[3] Como vimos em capítulo anterior, mesmo após a implantação de medidas de prevenção sempre haverá um **risco residual**, uma vez que a fonte geradora não foi eliminada.

[4] Segundo o Anexo I da NR6, é EPI para proteção contra choques elétricos a vestimenta condutiva para proteção de todo o corpo do trabalhador. O termo *condutiva* significa que a vestimenta possui continuidade elétrica entre todas as partes da roupa (macacão, calça, meia, luvas) formando a famosa gaiola de Faraday, garantindo ao trabalhador uma blindagem contra interferências eletromagnéticas externas. Destaco a importância de esta vestimenta também oferecer elevada resistência à abrasão e cortes a fim de garantir a continuidade elétrica. Quando necessário deve possuir também propriedades de resistência contra os efeitos térmicos de arco elétrico.

[5] Professor Gustavo Rezende, Curso Agentes Físicos, realizado em fevereiro de 2022.

No caso de queda de altura, destaco que a queda é o acidente, o EPI não elimina o risco de queda, apenas minimiza suas consequências.

Ressalto também que os EPIs não protegem contra riscos mecânicos decorrentes dos movimentos perigosos de máquinas e equipamentos. Neste caso, a medida a ser adotada é a <u>proteção coletiva</u>, por exemplo, enclausuramento da área de risco, de forma a impedir o acesso dos membros superiores à zona de perigo da máquina. Desta forma, é totalmente <u>inadequado</u> o uso de *luvas para proteção das mãos contra agentes cortantes e perfurantes*[6] (como a "luva de malha de aço" usada pelos açougueiros) pelos operadores de máquinas como serra fita, serras circulares, máquinas rotativas e outras similares pois, caso o movimento perigoso alcance a mão do trabalhador, a malha da luva não o protegerá podendo até mesmo potencializar as consequências do corte, aprisionamento, esmagamento e/ou amputação.

É possível também que um EPI ofereça proteção contra um ou mais riscos. Vejam o item a seguir.

4. EQUIPAMENTO CONJUGADO DE PROTEÇÃO INDIVIDUAL (ECPI)

O Equipamento Conjugado de Proteção Individual (ECPI) é um EPI **composto por *vários dispositivos*** que o <u>fabricante</u> tenha conjugado para proteger o trabalhador contra um ou mais riscos ocupacionais existentes no ambiente de trabalho. São exemplos de ECPI: capacete conjugado com protetor facial ou capacete conjugado com protetor auditivo. Destaco que o ECPI, ainda que seja constituído por vários dispositivos, possui um único Certificado de Aprovação.

Vemos, portanto, que a associação ou conjugação de dispositivos que irão compor um ECPI é responsabilidade do <u>fabricante</u>. O empregador não pode, por sua conta e risco, fazer nenhuma associação de EPIs de modo a obter um equipamento conjugado, uma vez que qualquer alteração na integridade do EPI, que não seja feita por seu fabricante, o descaracterizará como tal.

Neste sentido, a redação do item 6.3.2.:

> Entende-se como Equipamento Conjugado de Proteção Individual todo aquele utilizado pelo trabalhador, composto por vários dispositivos que o ***fabricante*** tenha conjugado contra um ou mais riscos ocupacionais existentes no ambiente de trabalho. (grifo acrescentado)

É possível que o equipamento conjugado seja composto por dispositivos de diferentes fabricantes. Neste caso, é necessário que o fabricante ou o importador detentor do CA do equipamento que será conjugado a outro EPI <u>autorize</u> a utilização do seu dispositivo para integrar o equipamento conjugado[7].

Segundo a Portaria 672/2021, todos os dispositivos de ligação, extensão ou complemento conexos a um EPI devem ser concebidos e fabricados de forma que não diminuam o nível de proteção do equipamento. Ainda segundo esta Portaria, os EPIs conjugados,

---

[6]   NR6, Anexo I, grupo F: EPI para proteção dos membros superiores, subgrupo F1: Luvas.

[7]   Segundo a Portaria 672/2021, Anexo I (Requisitos técnicos, documentais e de marcação para avaliação de equipamento de proteção individual), item 3.1.2: Em caso de EPI conjugado, cujos dispositivos são fabricados por empresas distintas, o fabricante ou importador deverá apresentar ao laboratório de ensaio declaração emitida, há menos de dois anos, pelo detentor do Certificado de Aprovação do equipamento que será conjugado com o equipamento do requerente, autorizando a utilização do seu dispositivo para a fabricação do equipamento conjugado.

• EQUIPAMENTOS DE PROTEÇÃO INDIVIDUAL – EPI | 123

formados por *calçado + vestimentas ou luvas + vestimentas para proteção contra agentes meteorológicos, água e químicos*, devem ter suas conexões e junções avaliadas de acordo com os requisitos estabelecidos no Anexo B da norma ISO 16602:2007. A portaria determina também que os dispositivos de EPI conjugados devem oferecer proteção contra o mesmo risco.

5. QUANDO O EPI DEVE SER FORNECIDO?

De acordo com o item 1.5.5.1.2 da NR1[8], quando comprovada pela organização a inviabilidade técnica da adoção de medidas de proteção coletiva, ou quando estas não forem suficientes ou encontrarem-se em fase de estudo, planejamento ou implantação ou, ainda, em caráter complementar ou emergencial, deverão ser adotadas outras medidas, obedecendo-se à seguinte hierarquia:

a) medidas de caráter administrativo ou de organização do trabalho;

b) utilização de equipamento de proteção individual (EPI).

Vemos, então, que o fornecimento de EPI ao empregado deve ser a última alternativa adotada pelo empregador. **Antes** de decidir pelo seu fornecimento, a empresa deve observar a hierarquia das medidas de prevenção conforme a figura a seguir:

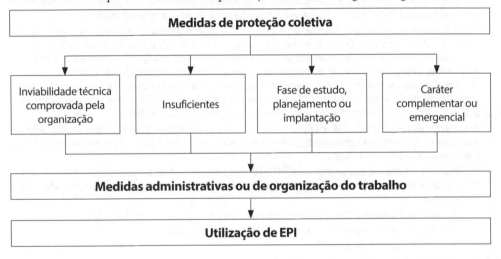

Além da NR
Por que o EPI é a última opção?

O principal motivo para priorizar outros tipos de medidas de proteção, antes de se decidir pelo fornecimento do EPI, é o fato de que as medidas de proteção individual pressupõem uma <u>exposição direta</u> do trabalhador ao risco, sem que exista nenhuma outra barreira para eliminar ou diminuir as consequências do dano, caso ocorra o acidente. Nessas circunstâncias, se o EPI falhar ou for ineficaz, o trabalhador sofrerá todas as consequências da exposição[9]. (grifo acrescentado)

---

[8] Redação aprovada com a publicação da Portaria 6.730/2020.

[9] Manual de orientação para especificação das vestimentas de proteção contra os efeitos térmicos do arco elétrico e do fogo repentino. Secretaria de Inspeção do Trabalho – SIT. Departamento de Segurança e Saúde no Trabalho – DSST.

Devemos sempre nos lembrar que o fornecimento de EPI é medida **precária, pois além de ser a última barreira entre o trabalhador e o risco, sua utilização depende do fator humano**. Segundo Reginaldo Pedreira Lapa[10], "quanto mais dependente das pessoas, mais frágil se torna o controle".

Além da NR
Equipamentos de Proteção Coletiva

Tratamos deste assunto no capítulo da NR1. No entanto, tal é sua importância que vale a pena estudá-lo novamente.

Equipamentos de Proteção Coletiva (EPC) são medidas de prevenção que têm por objetivo reduzir ou controlar os riscos no ambiente de trabalho, ou seja, são medidas implantadas no ambiente e classificadas como "Proteção passiva", pois cumprem sua função protetiva independentemente da ação ou do comportamento do trabalhador, e, por esse motivo, devem ter prioridade de implementação sobre as demais medidas de controle.

Como exemplo de proteção coletiva, temos o conjunto guarda-corpo/rodapé instalado na periferia de edificação em construção para proteção contra queda de altura, sistemas de exaustão, sistemas de umidificação, sistemas de ventilação, ou ainda o enclausuramento de fontes de ruído. Apesar do uso da palavra "coletiva", é plenamente possível que um EPC alcance apenas um único trabalhador, por exemplo, o encamisamento do tubulão escavado manualmente (NR18), que tem por objetivo reduzir o risco de deslizamento das paredes internas do tubulão sobre o poceiro.

Já o EPI, como vimos, tem por objetivo proteger o trabalhador contra os riscos (residuais) existentes no ambiente de trabalho. O EPI "age" no trabalhador. É medida de proteção ativa, pois seu uso depende de um fator comportamental, já que somente cumprirá sua função protetiva se o trabalhador tiver a iniciativa de usá-lo. E deve usá-lo da forma correta e ininterrupta durante todo tempo de exposição ao risco! E também conservá-lo e guardá-lo adequadamente. Por isso, qualquer sistema de gestão de segurança baseado somente no fornecimento de EPI é considerado um sistema precário e fadado ao fracasso, no que se refere à proteção dos trabalhadores.

Entendidos os conceitos de EPC e EPI, precisamos desmistificar entendimentos equivocados sobre este assunto que encontramos com frequência nas redes sociais e até mesmo em literatura técnica e em provas de concurso público.

*Os seguintes sistemas e equipamentos **NÃO SÃO** equipamentos de proteção coletiva pelo simples fato de não eliminarem nem reduzirem, tampouco controlarem os riscos existentes nos ambientes de trabalho:*

- *Extintor de incêndio e demais sistemas de combate a incêndio*
- *Sinalização de segurança como cones ou faixas de sinalização*
- *Gaiola da escada fixa vertical[11]*
- *Chuveiro de emergência e lava-olhos[12]*
- *Kit de primeiros socorros*

---

[10] LAPA, Reginaldo Pedreira. Simplificando a gestão de risco. São Paulo: Zero Harm Consulting, 2020.

[11] A gaiola da escada fixa vertical (nomenclatura anterior: gaiola da escada marinheiro) NÃO é proteção coletiva pois não elimina nem reduz o risco de queda de altura, muito pelo contrário, no caso de queda pode até provocar um dano ainda maior, além de dificultar o resgate. Corroborando esta afirmação, destaco que desde 2018 a OSHA – *Occupational Safety and Health Administration* exige que o acesso pela escada fixa vertical deve ser realizado utilizando-se sistema de proteção individual contra queda de altura, desconsiderando a gaiola como meio de proteção contra queda (https://www.osha.gov/laws-regs/standardinterpretations/2019-05-17).

[12] Destaco neste ponto uma atecnia da NR36, que considera chuveiro de emergência e lava olhos como equipamentos de proteção coletiva. Estes dispositivos devem ser considerados como medida de primeiros socorros, pois são utilizados após a exposição ao agente químico, ou seja, após o acidente, mas não são medidas de proteção coletiva pois não eliminam, nem controlam nem reduzem o risco de exposição ao agente agressor.

> *Alguns destes equipamentos apenas mitigam as consequências de um acidente, por exemplo, o chuveiro de emergência e o lava-olhos, usados <u>após</u> a exposição a agentes químicos, e o extintor, usado <u>após</u> o princípio de incêndio.*
> *De ressaltar que treinamentos e procedimentos de trabalho também não são medidas de proteção coletiva, pois não eliminam nem controlam os riscos existentes nos ambientes de trabalho. Treinamentos e procedimentos de trabalho são medidas administrativas, complementares à proteção coletiva, e dependem também de fatores comportamentais.*

Atenção:

1. Os EPIs também devem ser fornecidos **durante** a implantação das medidas de proteção coletiva.

2. O fornecimento de EPI também deverá ocorrer para atender a **situações de emergência,** por exemplo, vazamento de amônia em um frigorífico: os empregados da área atingida devem usar EPI do tipo máscara com filtro para amônia ou equipamento de respiração autônomo, para saída rápida do ambiente.

3. Como vimos em capítulo anterior, são exemplos de medidas administrativas ou de organização do trabalho a alteração de *layout*, a introdução e/ou alteração de procedimentos, a implantação de rodízios, a introdução de pausas, ou a redução da jornada, reduzindo-se, assim, o tempo de exposição ao risco.

6. NOMENCLATURA

Todo EPI é identificado por um nome composto por três partes:

- Identificação;
- Parte do corpo a ser protegida;
- Riscos contra os quais o EPI oferece proteção.

Exemplo:

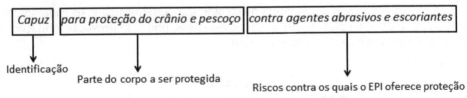

7. SELEÇÃO DO EPI

A seleção dos EPIs deve ser realizada pela organização com a participação do Serviço Especializado em Segurança e Medicina do Trabalho – SESMT, quando houver, após ouvidos **empregados usuários** e a Comissão Interna de Prevenção de Acidentes e de Assédio – CIPA ou nomeado. Tal determinação atende ao disposto no art. 5.º, "e", da Convenção 161 – Serviços de saúde do trabalho – da OIT:

> *Art. 5.º Sem prejuízo da responsabilidade de cada empregador a respeito da saúde e da segurança dos trabalhadores que emprega, e tendo na devida conta a necessidade de participação dos trabalhadores em matéria de segurança e saúde no trabalho, os **serviços de saúde no trabalho devem assegurar as funções, entre as seguintes,** que sejam adequadas e ajustadas aos riscos da empresa com relação à saúde no trabalho:*

e) prestar assessoria nas áreas da saúde, da segurança e da higiene no trabalho, da ergonomia e, também, no que concerne aos equipamentos de proteção individual e coletiva (grifos acrescentados).

Observem que a norma exige expressamente que os **empregados usuários** participem do processo de seleção do equipamento de proteção individual que irão utilizar. Ou seja, devem ter a oportunidade de emitir sua opinião sobre o EPI a ser utilizado, se confortável ou não, sua funcionalidade, se há dificuldade no seu uso, entre outras considerações. Mas **a escolha do EPI não deve se basear em critérios técnicos?** Claro que sim, no entanto **também** é muito importante que a opinião do trabalhador seja considerada, pois ele é o usuário final do produto.

Por exemplo, EPIs destinados à proteção da face, olhos e vias respiratórias devem restringir o mínimo possível o campo visual do usuário e ser dotados, se necessário, de dispositivos para evitar o embaçamento. Ou, ainda, EPI com dispositivos de regulagem devem oferecer mecanismos de fixação que impeçam sua alteração involuntária após ajustados pelo trabalhador (observadas as condições previsíveis de utilização). Então, é importante que o empregador, antes de decidir pela compra de determinado EPI, adquira amostras para que os trabalhadores possam verificar na prática a viabilidade de uso e sua funcionalidade.

É comum, durante as fiscalizações, encontrarmos EPI "modificados" pelo próprio empregado para que ele consiga desempenhar sua função. Cito como exemplo luvas para proteção contra agentes térmicos (no caso, calor) usadas pelos trabalhadores em máquinas injetoras plásticas para conformação de peças de dimensões reduzidas: geralmente são luvas grossas que oferecem proteção adequada contra agentes térmicos porém dificultam ou até mesmo impedem a pega ou pinça fina (uso da polpa dos dedos indicador e polegar): e para conseguir realizar a atividade os trabalhadores *cortam* as extremidades dos dedos das luvas para possibilitar a pega. Claro que esta é uma situação irregular, mas é preciso entender porque isso acontece e adotar as medidas de prevenção/proteção adequadas que, ao mesmo tempo em que protegem o trabalhador, não impeçam nem dificultem a realização da atividade.

Também deve-se levar em conta que, como dito anteriormente, os equipamentos de proteção individual podem introduzir novos riscos, podendo provocar limitações de movimento, desconforto térmico, entre outros.

Além da NR

Limitações na utilização de protetores auditivos

A adoção de protetores auditivos como medida de proteção do trabalhador contra a exposição a níveis de pressão sonora elevados envolve diversas variáveis que impossibilitam uma avaliação precisa da atenuação do protetor, pois:

– O protetor deve ser usado pelo trabalhador durante toda a exposição ao ruído;

– A atenuação pode ser alterada:

➤ *Em função das características físicas do usuário: dependendo destas características a pressão da haste do protetor pode impactar na proteção;*

➤ *Em função das condições de guarda, conservação e manutenção; e*

➤ *Se houver uso simultâneo com outros EPIs: por exemplo, uso de protetor auditivo tipo concha com óculos de segurança sendo a haste dos óculos posicionada sob a concha; ou uso de protetor auditivo tipo concha com capacete sendo a haste do protetor colocada na diagonal e não verticalmente sobre a cabeça.*

NR 6 • EQUIPAMENTOS DE PROTEÇÃO INDIVIDUAL – EPI 127

Neste sentido, é importante que a seleção e o uso dos protetores auditivos façam parte de um Programa de Conservação Auditiva.

A seleção do EPI deve ser revista nas situações previstas no subitem 1.5.4.4.6 da NR1, quando couber. Vejamos a redação deste item:

> *A avaliação de riscos deve constituir um processo contínuo e ser revista a cada dois anos ou quando da ocorrência das seguintes situações:*
>
> *a) após implementação das medidas de prevenção, para avaliação de riscos residuais;*
>
> *b) após inovações e modificações nas tecnologias, ambientes, processos, condições, procedimentos e organização do trabalho que impliquem em novos riscos ou modifiquem os riscos existentes;*
>
> *c) quando identificadas inadequações, insuficiências ou ineficácias das medidas de prevenção;*
>
> *d) na ocorrência de acidentes ou doenças relacionadas ao trabalho;*
>
> *e) quando houver mudança nos requisitos legais aplicáveis.*

Além da NR
Dupla proteção auditiva[13,14]

A dupla proteção auditiva é obtida pelo uso simultâneo de protetor auditivo tipo plug e protetor tipo concha. Várias legislações internacionais preveem o uso da dupla proteção auditiva, porém ainda não temos esta previsão na legislação trabalhista brasileira.

Estudos mostram que o uso combinado destes protetores, desde que corretamente utilizados, possibilita uma atenuação maior que aquela estimada para cada um dos protetores individualmente, porém, a atenuação obtida não é a soma algébrica da atenuação individual de cada um. Isso ocorre devido ao acoplamento mecânico entre os protetores auditivos através do tecido do corpo humano, do volume de ar entre os dois protetores e também devido à limitação da atenuação da transmissão do som via ossos e tecidos.

Os estudos concluíram que não há uma fórmula precisa para estimar a atenuação combinada pelo uso de dois protetores auditivos a partir de atenuação individual de cada um.

No momento da compra, é importante também que o empregador observe se determinadas características do EPI atendem ao trabalho a ser executado. Por exemplo, luvas que oferecem proteção contra corte e perfuração podem ter níveis de desempenho diferentes; caso o risco de corte e perfuração seja acentuado na atividade a ser exercida, deverá ser adquirida a luva que ofereça o nível de desempenho mais elevado nesse quesito. A informação sobre o nível de desempenho do EPI consta no respectivo CA.

A seleção, o uso e a manutenção de EPI deve, ainda, considerar os **programas e regulamentações** relacionados a EPI. Ou seja, programas como o PPR – Programa de Proteção Respiratória e o PCA – Programa de Conservação Auditiva, ambos elaborados pela Fundacentro devem ser considerados na seleção, no uso e na manutenção dos EPIs. Isso significa que a organização deve elaborar e implementar seus próprios programas tendo como referência aqueles já estabelecidos por entidades competentes.

Muito importante também considerar a integração entre estes programas, a fim de se verificar a compatibilidade do uso simultâneo de proteção respiratória, proteção auditiva e outros EPIs pois pode haver prejuízo da eficácia de algum ou mais de um deles quando do uso concomitante.

---

[13] Associação Brasileira de Normas Técnicas (ABNT) CE-32:001.001 – Comissão de estudo – Equipamentos de Proteção Auditiva. Disponível em: https://animaseg.com.br/publicacoes-tecnicas/.

[14] GERGES, Samir N. Y. *Protetores auditivos*. Florianópolis: NR Consultoria e Treinamento LTDA., 2003.

Como **_regulamentação_** relacionada a EPIs de proteção respiratória cito a Portaria 672/2021, em especial o Capítulo II – Regulamento Técnico sobre o Uso de Equipamentos de Proteção Respiratória.

A organização deve selecionar os EPIs, considerando:

a) a **atividade exercida**;

b) as **medidas de prevenção** em função dos perigos identificados e dos riscos ocupacionais avaliados;

c) o disposto no **Anexo I**: somente produtos ou dispositivos que constam no Anexo I é que são EPIs e que devem ser selecionados; trata-se de lista exaustiva, não exemplificativa;

d) a **eficácia**[15] necessária para o controle da exposição ao risco: a seleção deve ser feita de tal forma que não ocorra uma superestimativa nem uma subestimativa do nível de proteção requerido;

e) as **exigências** estabelecidas em normas regulamentadoras e nos dispositivos legais;

f) a **adequação do equipamento ao empregado e o conforto oferecido**, segundo avaliação do conjunto de empregados: adequação do EPI ao empregado se refere também ao **ajuste** apropriado às variabilidades antropométricas do usuário; e

g) a **compatibilidade**, em casos que exijam a utilização simultânea de vários EPIs[16], de maneira a assegurar as respectivas eficácias para proteção contra os riscos existentes: por exemplo, uso simultâneo de proteção respiratória tipo PFF com óculos de segurança sendo as hastes dos óculos posicionadas sob o tirante do protetor respiratório prejudicando a vedação necessária, ou ainda uso de protetor auditivo sobre capuz ou balaclava, como é caso de trabalhadores de frigorífico, prejudicando sobremaneira a atenuação correspondente, dentre vários outros exemplos.

Saiba mais
Comprovação da eficácia do protetor auditivo

A eficácia do protetor auditivo e/ou seu uso correto pelo trabalhador pode ser avaliada por meio de medições realizadas em campo, ou seja, no local de trabalho, da efetiva exposição ao ruído dos trabalhadores que utilizam tipo de proteção auditiva do tipo concha ou inserção. Uma destas medições é a chamada técnica MIRE Technique[17] (Microphone in Real Ear Tecnhique) também conhecida como F_MIRE – (Field microphone-in-real-ear), em tradução livre Microfone em Ouvido Real.

A aplicação dessa técnica consiste na utilização de um dosímetro de duplo canal contendo um microfone convencional fixado na zona auditiva[18] do trabalhador e um minimicrofone instalado na entrada do canal auditivo. A partir da avaliação da diferença entre os níveis de pressão sonora (externo, ao qual o trabalhador está exposto, e interno, ou seja, dentro do conduto auditivo, "após" a atenuação do protetor) é possível estimar a atenuação de ruído do protetor auditivo. Claro que também devem ser considerados aspectos como o correto posicionamento do protetor, vida útil e condições de guarda e conservação.

---

[15] Segundo a norma ABNT NBR ISO 9000:2015: o termo *eficácia* corresponde à extensão na qual atividades planejadas são realizadas e resultados planejados são alcançados. Por exemplo, a eficácia de um protetor auditivo corresponderia à sua capacidade de reduzir a exposição do trabalhador a níveis de pressão sonora abaixo daqueles estabelecidos nos Anexos 1 e 2 da NR15. Já o termo *eficiência* é a relação entre o resultado alcançado e os recursos utilizados.

[16] Não se trata aqui de EPI conjugado, mas sim de uso simultâneo de EPIs.

[17] Conforme ISO 11904-1:2002: "*Acoustics Determination of sound imission from sound sources placed close to the ear – Part 1: Technique using a microfone in a real ear (MIRE Technique).*"

[18] A zona auditiva é a região do espaço delimitada por um raio de 150 mm +/- 50 mm medido a partir da entrada do canal auditivo.

• EQUIPAMENTOS DE PROTEÇÃO INDIVIDUAL – EPI | 129

Porém, faço algumas considerações sobre o uso da técnica MIRE: como garantir que as condições nas quais foi realizada a avaliação se repetirão nos demais dias de exposição? Ou até mesmo ao longo do mesmo dia? Todas as variáveis de campo foram consideradas?

Além da NR
Adequação do EPI ao empregado

Apresento a seguir alguns exemplos de procedimentos que deveriam ser adotados pelas empresas a fim de garantir a adequação do EPI ao empregado:

Protetores auditivos: Previamente ao fornecimento de protetores auditivos de inserção (observado o item 1.5.5.2 da NR1), é importante a realização de um exame chamado *otometria*. Trata-se de exame que tem por objetivo a medição do comprimento e diâmetro do *conduto auditivo externo* a fim de identificar, para fins de seleção, o protetor de inserção adequado, se P, M ou G. Apesar de este exame não constar expressamente no Anexo II da NR7 (Controle médico ocupacional da exposição a níveis de pressão sonora elevados), sua realização é de suma importância, pois possibilita a adaptação do EPI de forma individualizada ao trabalhador. Por esse motivo, é importante que a empresa tenha em estoque EPIs de diversos tamanhos (pequeno, médio, grande, extragrande) de forma a atender às diversas medidas e conformações corporais da população trabalhadora. Atenção especial deve ser dada aos trabalhadores que já apresentam alguma deficiência auditiva.

Proteção respiratória: A adequação da proteção respiratória ao trabalhador usuário varia em função de diversos fatores como peso do trabalhador, marcas de expressão na face como rugas ou cicatrizes ou uso de barba (aspectos proibitivos no caso de proteção que exija vedação facial), uso de óculos de grau, necessidades individuais dentre vários outros. Para a proteção respiratória que exija vedação facial o ensaio de vedação assume fundamental importância. De se destacar que este ensaio não pode ser feito por amostragem, uma vez que todos os perfis de rostos usuários devem ser avaliados (por exemplo, distância nariz/queixo).

A seleção do EPI deve ser registrada, podendo integrar ou ser referenciada no Programa de Gerenciamento de Riscos – PGR. Para as organizações dispensadas de elaboração do PGR, deve ser mantido registro que especifique as atividades exercidas e os respectivos EPIs a serem utilizados.

A seleção do EPI também deve considerar o uso de **óculos de segurança de sobrepor** em conjunto com lentes corretivas ou a **adaptação** do EPI, sem ônus para o empregado, quando for necessária a utilização de correção visual no desempenho de suas funções.

8. RESPONSABILIDADES DA ORGANIZAÇÃO

Adquirir o EPI aprovado pelo órgão competente

A organização deve adquirir somente o EPI *aprovado* pelo órgão de âmbito nacional competente em matéria de segurança e saúde no trabalho. Para que um EPI seja aprovado pelo órgão nacional, e consequentemente comercializado como tal, é necessário que seja submetido a rigorosos testes ou ensaios técnicos específicos para os riscos contra os quais ofereça proteção. Entenda-se como EPI *aprovado* aquele que possui CA válido! Claro, pois se o EPI possui CA, mas este se encontra *vencido*, entende-se que o EPI não é mais aprovado pelo órgão competente.

Uma vez atendidos tais requisitos, e a partir de relatório de ensaio, termo de responsabilidade ou certificado de conformidade,[19] conforme o caso, emitido pelo laboratório

---

19   Este e outros documentos correspondem a relatórios conclusivos acerca da eficácia do EPI, conforme a Portaria 672/2021, Capítulo I – Dos procedimentos e requisitos técnicos para avaliação de equipamentos

responsável pelos ensaios, o órgão nacional emitirá o documento chamado **Certificado de Aprovação** (CA), indicando que o EPI atende aos requisitos técnicos aplicáveis e oferece proteção eficaz. Somente poderão ser comercializados no Brasil EPIs que possuam CA. Veremos detalhes sobre esse documento mais adiante neste capítulo.

Orientar e treinar o empregado

A organização deve também orientar e treinar o empregado. Veremos mais adiante os requisitos acerca dos treinamentos e das orientações relacionadas a EPI.

Fornecer o EPI adequado ao risco

O fornecimento do EPI deve observar o item 1.5.5.1.2 da NR1, que nos mostra novamente que o fornecimento do EPI deve ser a última opção do empregador:

> *Quando comprovada pela organização a inviabilidade técnica da adoção de medidas de proteção coletiva, ou quando estas não forem suficientes ou encontrarem-se em fase de estudo, planejamento ou implantação ou, ainda, em caráter complementar ou emergencial, deverão ser adotadas outras medidas, obedecendo-se a seguinte hierarquia:*
> *a) medidas de caráter administrativo ou de organização do trabalho;*
> *b) utilização de equipamento de proteção individual – EPI.*

A organização deve fornecer ao empregado, gratuitamente[20], EPI **adequado ao risco,** em perfeito estado de conservação e funcionamento, ou seja, o EPI deve ser apropriado à proteção dos riscos aos quais o trabalhador estará exposto durante o exercício de sua função. A adequação ao risco pode ser verificada a partir das informações constantes no respectivo CA.

Por exemplo, para o trabalhador que realizará atividade de acabamento externo de edifício em andaime suspenso, ou seja, trabalho em altura, deverá ser fornecido cinto de segurança tipo paraquedista com talabarte ou trava-queda, integrante de Sistema de Proteção Individual contra Quedas (SPIQ), e não cinto de segurança tipo abdominal. O cinto de segurança tipo paraquedista é aquele que possui fixação peitoral, abdominal, dorsal e lateral, de tal forma que, no caso de queda, os esforços solicitantes relativos ao peso do trabalhador serão distribuídos por vários pontos do seu corpo. Isto significa que haverá uma distribuição da força de impacto, bem como minimização dos efeitos da suspensão inerte, até a chegada do salvamento. O cinto de segurança abdominal, por si só, não é indicado para proteção contra queda de altura, devendo ser utilizado apenas como limitador de movimento.

Outro exemplo: as luvas para corte de cana-de-açúcar a serem fornecidas para os trabalhadores que exercem esta atividade devem atender aos **níveis de desempenho** relativos à resistência ao corte, abrasão, perfuração e rasgamento, entre outros, conforme o disposto na Portaria 672/2021.

Registrar o fornecimento do EPI

O fornecimento do EPI ao empregado também deve ser registrado pela organização. Para este fim podem ser adotados livros, fichas ou sistemas eletrônicos, inclusive sistemas

---

de proteção individual – EPI. Veremos que no caso de meias de segurança deve ser emitido, pelo próprio fabricante ou importador, Termo de Responsabilidade.

[20] Destaco o art. 462 da CLT: "Ao empregador é vedado efetuar qualquer desconto nos salários do empregado, salvo quando este resultar de adiantamentos, de dispositivos de lei ou de contrato coletivo. § 1.º Em caso de dano causado pelo empregado, o desconto será lícito, desde que esta possibilidade tenha sido acordada ou na ocorrência de dolo do empregado." (Grifo acrescentado)

EQUIPAMENTOS DE PROTEÇÃO INDIVIDUAL – EPI | 131

biométricos[21]. A norma não fornece maiores detalhes sobre esse registro, apenas exige que o sistema eletrônico, para fins de registro de fornecimento de EPI, caso seja adotado, permita a extração de relatórios. Entendo que, para fins de auditoria, nestes relatórios deverão ser consignados pelo menos o nome do empregado, o tipo do EPI, a data da entrega e o número do CA. A NR6 não contém nenhum modelo de formulário para o registro do fornecimento dos EPIs, sendo exigido apenas que esse controle seja feito pela organização.

Quando inviável o registro de fornecimento de EPI descartável e creme de proteção, cabe à organização garantir sua disponibilização, na embalagem original, em quantidade suficiente para cada trabalhador nos locais de trabalho, assegurando-se imediato fornecimento ou reposição. A norma ainda esclarece que caso não seja mantida a embalagem original, deve-se disponibilizar no local de fornecimento as informações de identificação do produto, nome do fabricante ou importador, lote de fabricação, data de validade e CA do EPI.

Exigir o uso do EPI

A obrigação do empregador não se encerra com o fornecimento do EPI, ele deve exigir que o empregado o utilize, após participar de treinamentos e/ou testes específicos, como é o caso, por exemplo, dos testes de vedação aos quais devem ser submetidos os trabalhadores que usam EPIs para proteção respiratória[22]. Muitas vezes, na prática, a utilização do EPI por iniciativa do empregado ocorre de forma incorreta ou nem ocorre. Por esse motivo é importante não somente a supervisão por parte do empregador, mas também a realização de campanhas de conscientização e treinamentos contínuos. Quando estudamos a NR1, vimos que a recusa **injustificada** em usar o EPI constitui **ato faltoso** do empregado, o que pode ensejar até mesmo demissão por justa causa.

Responsabilizar-se pela higienização e manutenção periódicas

A responsabilidade pelos procedimentos de higienização e manutenção periódicas dos EPIs, quando aplicáveis, também é da organização. Estes procedimentos devem ser realizados em conformidade com as informações fornecidas pelo fabricante ou importador.

Segundo o glossário, a **higienização** corresponde ao processo de remoção de contaminantes a partir de cuidados ou procedimentos específicos. Contempla os processos de descontaminação e desinfecção. Tal definição é importante para diferenciar o procedimento de *higienização* do procedimento de *limpeza* (este último, de responsabilidade do empregado), como veremos adiante.

O item 6.5.1.3 da norma dispõe que a organização pode estabelecer procedimentos específicos para a higienização, manutenção periódica e substituição de EPI, com a correspondente informação e treinamento para os empregados envolvidos.

Substituir imediatamente o EPI quando danificado ou extraviado

A organização deve também substituir imediatamente o EPI nos casos de dano ou extravio. Quando o EPI é danificado, ele perde suas propriedades protetivas intrínsecas e por este motivo deve ser substituído imediatamente. Para que essa substituição ocorra

---

[21]   De acordo com o Glossário, para fins da NR6, considera-se sistema biométrico aquele que analisa características físicas para identificar de forma inequívoca um indivíduo, como por exemplo, por meio de impressão digital, reconhecimento facial e íris.

[22]   Os EPIs que oferecem proteção respiratória com contato facial não garantem a vedação entre o respirador e a face do trabalhador, daí a necessidade de se realizarem ensaios de vedação individuais nos empregados que farão uso desse equipamento, bem como testes de verificação efetuados pelos próprios empregados antes de cada utilização. Essa necessidade decorre do fato que o CA garante apenas que o meio filtrante foi testado e atende às especificações técnicas, porém não assegura a vedação, por isso o teste de vedação deve ser individual, feito com cada trabalhador usuário do respirador. Para todo respirador que tenha vedação na face deve ser feito ensaio de vedação.

em conformidade com a norma é importante que a organização tenha EPIs em estoque à disposição do empregado a qualquer hora da jornada de trabalho, inclusive no horário noturno. Importante destacar que incorrem em infração a essa determinação normativa as organizações que estabelecem dias e horários restritos para troca de EPI, impossibilitando sua imediata substituição quando necessário.

Comunicar irregularidades ao órgão competente

Sempre que o empregador observar qualquer irregularidade em EPI por ele adquirido, por exemplo, trincas em capacete para proteção contra impactos de objetos sobre o crânio, deverá imediatamente comunicar esse fato ao órgão nacional competente em matéria de segurança e saúde no trabalho, para que sejam tomadas as devidas providências, como o recolhimento de amostras do produto para que seja submetido a novos testes.

9. RESPONSABILIDADES DO TRABALHADOR

O trabalhador deve usar o EPI fornecido pela organização e usá-lo somente para a finalidade a que se destina.

Cada trabalhador também é responsável pela **limpeza**[23], **guarda e conservação** dos EPIs recebidos.

Segundo o Glossário, o procedimento de **limpeza** se refere à remoção de sujidades e resíduos de forma manual ou mecânica, utilizando produtos de *uso comum*, tais como água, detergente, sabão ou sanitizante. O empregado deve receber informações sobre cuidados de limpeza, higienização, guarda e conservação dos EPIs, como veremos adiante.

Saiba mais

Guarda de EPI – Conjugando NR6 e NR15 – Anexo 12

*No tocante à responsabilidade de **guarda do EPI** que, regra geral, é do empregado, chamo a atenção para a seguinte **exceção**:*

NR15, Anexo 12 – Poeiras Minerais – ASBESTO[24]

*"O **empregador** será responsável pela limpeza, manutenção e **guarda** da vestimenta[25] de trabalho, **bem como dos EPIs utilizados pelo trabalhador**."*

*Ou seja, nos casos de trabalhadores expostos a asbesto, o empregador, que já era responsável pela higienização e manutenção do EPI, será responsável também por sua **guarda**.*

---

23   A organização deve disponibilizar os meios necessários para a realização da limpeza do EPI.

24   Sobre o Asbesto, oportuno destacar decisão do Supremo Tribunal Federal – STF prolatada em agosto/2017: Por maioria, o Plenário do STF julgou improcedente a ADI 3937 (Ação Direta de Inconstitucionalidade) que havia sido ajuizada pela Confederação Nacional dos Trabalhadores na Indústria (CNTI) contra a Lei 12.687/2007, do Estado de São Paulo, que proibia o uso de quaisquer produtos que contenham quaisquer tipos de amianto no território estadual. Os ministros do Tribunal também declararam, incidentalmente, a inconstitucionalidade do art. 2.º da Lei Federal 9.055/1995, que permitia a extração, industrialização, comercialização e a distribuição do uso do amianto na variedade crisotila no País. Assim, com o julgamento da ADI 3937, o Supremo julgou inconstitucional o dispositivo da norma federal que autoriza o uso dessa modalidade de amianto e assentou a validade da norma estadual que proíbe o uso de qualquer tipo. E, finalmente, em 29.11.2017 o Pleno do STF decidiu proibir em todo o País o uso do amianto crisotila, ficando vetadas, portanto, a extração, a industrialização e a comercialização do produto em qualquer Estado do País, não mais só naqueles que tinham leis estaduais que efetivavam a proibição – como São Paulo, Rio de Janeiro e Pernambuco. Segundo os ministros, o Congresso e os Estados não poderão mais aprovar leis para autorizar o uso da fibra. Infelizmente, parte da exposição ao amianto não cessará por muitos anos, em razão dos ambientes e edificações já contaminados. E muitos dos danos causados à saúde serão irreversíveis. O Anexo 12 da NR15, que trata das atividades com exposição a asbesto, permanece em vigor no que se refere às atividades de remoção da fibra e demais disposições não alcançadas pela decisão do STF.

25   A higienização da vestimenta de trabalho (entendendo-se esta como uniforme) como responsabilidade do empregador conforme o disposto neste dispositivo se enquadra na exceção prevista no parágrafo úni-

• EQUIPAMENTOS DE PROTEÇÃO INDIVIDUAL – EPI | 133

O trabalhador também tem a obrigação de comunicar à organização eventual extravio ou dano do EPI ou ainda quando ocorrer qualquer alteração que o torne impróprio para uso, por exemplo, por motivos de desgaste. Sobre esse assunto, vejam questão do CESPE/2014 cujo gabarito é CERTO:

> *O empregado deverá comunicar o dano ou a alteração de seu equipamento de proteção individual ao empregador, a quem caberá a substituição do equipamento.*

Não podemos confundir essa obrigação do empregado (item 6.6.1, "d"), com a obrigação da organização, apresentada anteriormente (item 6.5.1, "h"). Vejam a figura a seguir, que mostra as "obrigações de comunicar" e os respectivos responsáveis:

A diferença apontada na figura anterior é a seguinte:

– Comunicar *o extravio, dano ou* qualquer *alteração que torne o EPI impróprio para uso*:
Neste caso, o EPI adquirido pela organização não apresentava nenhuma irregularidade no momento da aquisição, porém, após ser fornecido ao empregado, foi extraviado ou sofreu alterações ou danos que o tornaram impróprio para o uso, por exemplo, luva para proteção das mãos contra agentes biológicos que se rasgou durante a execução da atividade. Nesse caso, o empregado deve comunicar tal fato ao empregador, devolver o EPI danificado/alterado e receber novo EPI. Também no caso de extravio o empregador deve ser comunicado.

– *Comunicar qualquer irregularidade observada no EPI*:
Esta comunicação deve ocorrer quando o empregador, após adquirir o EPI e antes de fornecê-lo ao empregado, observou que o produto apresentava irregularidades, por exemplo, que o impediam de ser usado com segurança ou que o descaracterizavam como EPI. Tal fato deve ser comunicado pelo empregador ao órgão nacional competente em matéria de segurança e saúde no trabalho, para que as providências cabíveis sejam tomadas.

co do art. 456-A da CLT (incluído pela Lei 13.467/2017 – Reforma Trabalhista): "A higienização do uniforme é de responsabilidade do trabalhador, **salvo nas hipóteses em que forem necessários procedimentos ou produtos diferentes dos utilizados para a higienização das vestimentas de uso comum**" (grifos acrescentados).

134 | SEGURANÇA E SAÚDE NO TRABALHO – *Mara Queiroga Camisassa*

Os trabalhadores também devem cumprir as determinações da organização sobre o uso adequado do EPI. Por exemplo, o protetor auditivo tipo concha deve ser colocado de forma que as conchas cubram completamente as orelhas, não deve ser manuseado com as mãos sujas e nem entrar em contato com solventes químicos. As conchas devem ser inspecionadas antes de cada uso, não devendo apresentar rachaduras. Outro exemplo: trabalhadores que façam uso de respirador com contato facial não devem apresentar pelos faciais, rugas ou até mesmo cicatrizes na área de contato da vedação.

10. RESPONSABILIDADES DE FABRICANTES E IMPORTADORES

Comercializar ou colocar à venda somente EPI portador de CA

O fabricante e o importador deverão comercializar ou colocar à venda **somente** o EPI portador de CA, emitido pelo órgão nacional competente em matéria de segurança e saúde no trabalho.

Destaco que o EPI deve ser concebido e avaliado segundo os requisitos técnicos estipulados conforme Portaria 672/2021. É responsabilidade do fabricante e do importador do EPI a **comprovação da eficácia** da proteção do equipamento, previamente à sua comercialização no território nacional, em conformidade com as exigências contidas nesta Portaria.

Segundo o art. 9.º da Portaria 672/2021:

> *Art. 9.º Para solicitar emissão, renovação ou alteração de Certificado de Aprovação, o fabricante ou importador de EPI deve apresentar a folha de rosto de emissão, renovação ou alteração de Certificado de Aprovação, gerada em sistema próprio, acompanhada dos seguintes documentos, conforme o tipo do equipamento:*
>
> *I – certificado de conformidade do equipamento, emitido nos termos do Anexo III-A e respectivos anexos, para EPI envolvendo os riscos de categoria I, II ou III;*
>
> *II – Relatório Técnico Experimental, Resultado de Avaliação Técnica ou certificado de conformidade, acompanhado de Título de Registro válido e respectiva Apostila, emitidos pelo Exército Brasileiro, para o EPI tipo colete à prova de bala; e*
>
> *III – termo de responsabilidade, para o EPI tipo meia de segurança. (grifos acrescentados)*

Vemos, portanto, que o documento comprobatório do cumprimento das normas técnicas aplicáveis varia de acordo com o EPI que será submetido aos testes. Esse documento será emitido pelo laboratório responsável pelos ensaios.[26] Todo esse processo (envio do EPI para testes, realização dos testes e emissão do documento comprobatório) é realizado entre o fabricante/importador e o laboratório.

Somente após a emissão de documento comprobatório que ateste a eficácia do EPI, emitido pelo laboratório competente,[27] é que o CA será emitido pelo órgão de âmbito nacional competente em SST.

---

[26] A exceção a esta regra se aplica ao EPI tipo meia de segurança. Segundo o art. 4.º, § 3.º, da Portaria 672/2021, este EPI "terá sua conformidade atestada mediante **termo de responsabilidade** emitido pelo próprio fabricante ou importador, no qual assegure a eficácia do equipamento para o fim a que se destina e declare ciência quanto às consequências legais, civis e criminais em caso de falsa declaração e falsidade ideológica" (grifo acrescentado).

[27] Segundo o Capítulo II, Seção II, art. 6.º, § 2.º, da Portaria 672/2022: "Os relatórios de ensaios de laboratórios estrangeiros serão aceitos, para fins de avaliação dos EPI citados no *caput*, quando o laboratório for acreditado por um organismo signatário de acordo multilateral de reconhecimento mútuo, estabelecido por:

NR 6 • EQUIPAMENTOS DE PROTEÇÃO INDIVIDUAL – EPI | 135

Comercializar o EPI com Manual de Instruções

O fabricante ou importador também deverão comercializar o EPI com **manual de instruções em língua portuguesa**[28]. O manual de instruções deve conter orientações sobre a utilização do EPI, procedimentos de manutenção, limpeza e higienização, bem como restrições, limitações e demais referências ao seu uso. Ressalto que alguns EPIs não aceitam higienização por serem descartáveis, como é o caso dos protetores auditivos de inserção moldáveis (de espuma) e dos protetores respiratórios do tipo peça semifacial filtrante PFF1/PFF2/PFF3.

Além disso, as informações sobre os processos de limpeza e higienização do EPI devem indicar, quando for o caso, o número de higienizações acima do qual não é possível garantir a manutenção da proteção original, sendo necessária a substituição do produto. Este é caso, por exemplo, das vestimentas para proteção contra agentes químicos, usadas pelos trabalhadores com exposição direta a agrotóxicos. Alguns fabricantes determinam como limite, para garantir a classe de proteção da vestimenta, a quantidade máxima de 60 (sessenta) higienizações.

O manual de instruções do EPI pode ser disponibilizado em meio eletrônico[29], desde que presentes na embalagem final ou no próprio EPI:

a) a descrição;

b) os materiais de composição;

c) as instruções de uso;

d) a indicação de proteção oferecida;

e) as restrições e as limitações do equipamento; e

f) o meio de acesso eletrônico ao manual completo do equipamento.

Comercializar o EPI com as marcações previstas

O EPI deve ser comercializado com as marcações previstas na NR6. Segundo o item 6.9.3, todo EPI deve apresentar, em caracteres indeléveis, legíveis e visíveis as seguintes marcações:

➢ nome comercial do fabricante ou do importador;

➢ lote de fabricação; e

➢ o número do CA.

A indicação do número do lote de fabricação tem por objetivo facilitar a rastreabilidade caso haja necessidade de recolhimento de amostras para verificação de irregularidades.

Na impossibilidade de cumprir a determinação das marcações (por exemplo, devido às características próprias do EPI, como dimensões reduzidas no caso do protetor auditivo de inserção), pode ser autorizada forma alternativa de gravação, que deverá constar do CA.

---

    a) IAAC (*Interamerican Accreditation Cooperation*); ou

    b) ILAC (*International Laboratory Accreditation Cooperation*)".

[28]   CF/1988, art. 13: "A língua portuguesa é o idioma oficial da República Federativa do Brasil."

[29]   Salvo disposição em contrário da norma técnica de avaliação.

136 SEGURANÇA E SAÚDE NO TRABALHO – *Mara Queiroga Camisassa*

Responsabilizar-se pela manutenção da qualidade do EPI

O fabricante ou importador também são responsáveis pela **manutenção da qualidade do EPI** que deu origem ao CA. Isso significa que, uma vez obtido o CA para determinado EPI, o fabricante ou importador deve garantir que os equipamentos daquele modelo, fabricados e comercializados posteriormente à emissão do CA, tenham a mesma qualidade da amostra que foi submetida aos testes.

Caso ocorra qualquer alteração das especificações do EPI possuidor de CA, como por exemplo, alteração de material na sua fabricação, o fabricante ou importador deverá **requerer a emissão de novo certificado**. Novas especificações do EPI implicam a necessidade de realização de novos testes. Vejam então que não se trata aqui de **renovação** do certificado: qualquer alteração nas especificações do EPI acarreta a obrigatoriedade de obtenção de novo CA.

Não devemos confundir a responsabilidade sobre a **manutenção do EPI** com a responsabilidade sobre a **manutenção da qualidade do EPI**. Vejam a tabela a seguir:

RESPONSABILIDADE	RESPONSÁVEL
Manutenção do EPI	Empregador
Manutenção da **qualidade** do EPI	Fabricante ou importador

Vimos que a **emissão** do CA é competência do órgão nacional, após apresentação do documento apropriado (conforme art. 9.º da Portaria 672/2021 citado anteriormente) no qual conste a conformidade do EPI às normas aplicáveis. Já a **solicitação** de emissão do CA é de responsabilidade do fabricante ou importador do EPI.

Promover a adaptação do EPI detentor de CA

O fabricante ou importador também devem promover, quando solicitado, e se tecnicamente possível, a adaptação do EPI detentor de CA para pessoas com deficiência, preservando sua eficácia. Esta adaptação **não invalida** o certificado já emitido, sendo desnecessária a emissão de novo CA.

Tal disposição normativa vai ao encontro do disposto na Lei Brasileira de Inclusão – Lei 13.146/2015 (Estatuto da Pessoa com Deficiência), que garante à pessoa com deficiência direito ao trabalho em ambiente acessível e inclusivo, em igualdade de oportunidades com as demais pessoas.

A tabela a seguir apresenta um resumo de três importantes atribuições relativas aos EPIs e respectivos responsáveis, que não devem ser confundidas:

ATRIBUIÇÃO	RESPONSÁVEL
Manutenção e higienização do EPI	Empregador
Informações sobre os procedimentos de manutenção e higienização do EPI	Fabricante ou importador
Limpeza, guarda e conservação do EPI	Empregado

11. TREINAMENTOS E INFORMAÇÕES

As informações e os treinamentos relativos a EPIs devem atender às disposições da NR1.

Quando do fornecimento de EPI, a organização deve assegurar a **prestação de informações**, observadas as recomendações do manual de instruções fornecidas pelo fabricante ou importador do EPI, em especial sobre:

NR 6 • EQUIPAMENTOS DE PROTEÇÃO INDIVIDUAL – EPI   137

a) descrição do equipamento e seus componentes;
b) risco ocupacional contra o qual o EPI oferece proteção;
c) restrições e limitações de proteção;
d) forma adequada de uso e ajuste;
e) manutenção e substituição; e
f) cuidados de limpeza, higienização, guarda e conservação.

A organização também deve realizar **treinamento quando as características do EPI requeiram**, observada a atividade realizada e as exigências estabelecidas em normas regulamentadoras e nos dispositivos legais. Trata-se aqui de treinamento técnico-preventivo.

12. CREME PROTETOR x PROTETOR FACIAL x PROTETOR SOLAR

Apesar de nomes parecidos, o creme protetor, o protetor facial e o protetor solar são produtos e dispositivos diferentes e se propõem a objetivos totalmente diversos, como apresentado a seguir.

12.1 Creme protetor de segurança

O creme protetor de segurança é um produto que protege os membros superiores contra agentes químicos, funcionando como barreira contra esses agentes. Como vimos anteriormente, a partir da publicação da Portaria SSST 26/1994, os cremes protetores de segurança passaram a ser classificados como **EPI**, o que implica que somente poderão ser postos à venda ou utilizados como tal, caso possuam Certificado de Aprovação (CA).

Os cremes protetores devem ser enquadrados nos seguintes grupos[30]:

GRUPO	CARACTERÍSTICA	DESCRIÇÃO
1	Resistente a água	Quando aplicado à pele do usuário, não é facilmente removível com água.
2	Resistente a óleo	Quando aplicado à pele do usuário, não é facilmente removível na presença de óleos ou substâncias apolares (por exemplo, derivados diretos do petróleo, como gasolina e querosene).
3	Cremes especiais	Cremes com indicações e usos definidos e bem especificados pelo fabricante.

Obs.: É possível que um mesmo creme protetor seja resistente a água e óleo, simultaneamente.

Existem atualmente vários cremes protetores de segurança disponíveis no mercado, e cada um oferece proteção contra agentes químicos específicos.

12.2 Protetor facial

O protetor facial é um dispositivo classificado como EPI que protege a face e/ou os olhos contra os seguintes agentes nocivos:

Agente nocivo	Proteção
Luminosidade intensa	Olhos
Partículas volantes	Face
Radiação infravermelha	
De origem térmica	
Radiação ultravioleta	

---

30   Norma ABNT NBR 16276:2018 – Cremes protetores de segurança – Requisitos e métodos de ensaio.

SEGURANÇA E SAÚDE NO TRABALHO – *Mara Queiroga Camisassa*

O protetor facial é composto por um visor produzido geralmente em policarbonato, podendo ser usado de forma única (nesse caso com dispositivo de adaptação à cabeça do usuário) ou conjugado com proteção à cabeça e/ou proteção auditiva.

Da mesma forma que o creme protetor de segurança e os demais dispositivos classificados como EPI, o protetor facial somente poderá ser comercializado ou utilizado como tal mediante o Certificado de Aprovação.

12.3 Protetor solar

O protetor solar, entendido como o produto que oferece proteção contra a incidência de raios solares (radiação ultravioleta UVA e UVB) **não** é EPI. Isso ocorre pela simples falta de previsão normativa: os elaboradores da NR6 não incluíram o protetor solar na lista de EPI (Anexo I).

Entretanto, é importante ressaltar que vários **cremes protetores de segurança** comercializados no Brasil, além da proteção contra agentes químicos, oferecem também proteção contra a radiação ultravioleta, **porém tal proteção não é abrangida pelo Certificado de Aprovação.** Trata-se apenas de uma proteção **adicional** oferecida pelo fabricante. Vejam a tabela a seguir:

Produto ou Dispositivo	É EPI?
Creme Protetor de Segurança	Sim
Protetor Facial	Sim
Protetor Solar	Não

Claro que a não classificação do protetor solar como EPI não diminui a importância de seu uso, para proteção contra a exposição a radiações ultravioleta[31].

13. CONCEPÇÃO E FABRICAÇÃO DE EPI

Os seguintes requisitos devem ser observados na concepção e fabricação dos EPIs:

- Propiciar o **nível mais alto possível de proteção**;
- Considerar o **conforto e a facilidade de uso por** *diferentes grupos de trabalhadores*, em diversos tipos de atividades e de condições ambientais;
- Propiciar o **menor nível de desconforto possível**;
- **Não acarretar riscos adicionais** ao usuário e **não reduzir ou eliminar sentidos importantes** para reconhecer e avaliar os riscos das atividades;
- Garantir que as partes do EPI em contato com o usuário sejam **desprovidas de asperezas, saliências** ou outras características capazes de provocar irritação ou ferimentos;

---

[31] Destaco que a NR31 classifica o protetor solar como dispositivo de proteção pessoal. Vejam a redação dos seguintes itens da NR31: "31.6.2.1: O empregador deve, se indicado no PGRTR ou configurada exposição à radiação solar sem adoção de medidas de proteção coletiva ou individual, <u>disponibilizar protetor solar</u>. 31.6.2.1.1 O protetor solar pode ser <u>disponibilizado</u> por meio de dispensador coletivo e seu uso é facultativo pelo trabalhador." (Grifos acrescentados)

- **Adaptar-se à variabilidade de morfologias** do usuário quanto a dimensões e regulagens, ser de fácil colocação e permitir uma completa liberdade de movimentos, sem comprometimento de gestos, posturas ou destreza;
- Ser **tão leves quanto possível**, sem prejuízo de sua eficiência, e resistentes às condições ambientais previsíveis;
- **Satisfazer as exigências específicas de cada um dos riscos** e de possíveis sinergias entre eles, nos casos de EPI que se destinam a proteger simultaneamente contra vários riscos;
- Ser fabricados com materiais que **não apresentem efeitos nocivos à saúde**.

É importante que a escolha do EPI pela organização leve em consideração todos os requisitos indicados anteriormente.

14. CERTIFICADO DE APROVAÇÃO (CA)

Como vimos anteriormente, o Certificado de Aprovação é um documento que atesta a conformidade de determinado produto ou dispositivo às especificações técnicas de proteção contra riscos específicos, **qualificando-o como EPI**.

Os procedimentos para emissão e renovação de CA são estabelecidos em regulamento emitido pelo órgão de âmbito nacional competente em matéria de segurança e saúde no trabalho[32].

É importante esclarecer que não é qualquer produto ou dispositivo para o qual poderá ser emitido um Certificado de Aprovação, mas tão somente para aqueles elencados no Anexo 1 da NR6.

Ainda, caso o produto ou dispositivo não se enquadre no Anexo 1 da NR6, ou mesmo que haja enquadramento, mas o produto ou dispositivo não possua CA, ele não poderá ser posto à venda ou utilizado **como EPI** para os fins estabelecidos na NR6; porém, tais fatos não impedem que o fabricante ou importador o comercialize como um produto comum (não EPI).

Validade do CA

A validade do CA[33] se refere ao **prazo da certificação** conferida ao equipamento, durante o qual o fabricante ou importador estará autorizado a **comercializar** determinado EPI. Tal determinação também está expressa na CLT, art. 167:

> Art. 167. O equipamento de proteção só poderá ser posto à venda ou utilizado com a indicação do Certificado de Aprovação do Ministério do Trabalho.

O CA concedido ao EPI tem validade vinculada ao prazo da avaliação da conformidade definida em regulamento emitido pelo órgão de âmbito nacional competente em matéria de segurança e saúde no trabalho. Como vimos, este regulamento é a Portaria 672/2021.

Após o vencimento do prazo de validade do CA ficam proibidas a fabricação e a comercialização de novos lotes do respectivo EPI.

---

[32] Portaria 672/2021, Capítulo I: Dos procedimentos e requisitos técnicos para avaliação de equipamentos de proteção individual – EPI.

[33] Como veremos adiante, não devemos confundir validade do CA com validade do produto, este último de informação obrigatória pelo fornecedor, segundo o art. 31 da Lei 8.078/1990 – Código de Defesa do Consumidor.

A Portaria 672/2021 esclarece sobre o prazo de validade do CA[34]:

Art. 15. O Certificado de Aprovação concedido ao EPI terá validade:

I – de três anos, para EPI tipo meia de segurança;

II – de cinco anos, para EPI contra riscos de categoria I[35];

III – equivalente ao certificado de conformidade nos termos do Anexo III-A e respectivos anexos, para EPI contra riscos de categoria II e III; e

IV – equivalente ao prazo vinculado ao Título de Registro emitido pelo Exército Brasileiro, para coletes à prova de balas, limitado a cinco anos.

§ 1.º Em caso de certificado de conformidade emitido sem prazo de validade, com prazo de validade indeterminado ou com prazo de validade superior a cinco anos, o prazo de validade do Certificado de Aprovação será de cinco anos.

§ 2.º Em caso de EPI de proteção contra queda de altura composto por cinturão de segurança, talabarte ou trava-quedas, a data de validade do Certificado de Aprovação será equivalente àquela do certificado de conformidade do cinturão de segurança.

§ 3.º A manutenção da validade do Certificado de Aprovação emitido mediante a apresentação de certificado de conformidade é condicionada à regular execução de suas manutenções periódicas, nos termos deste Capítulo.

Comercialização

O EPI deve ser comercializado com o CA válido. Esta determinação vale não somente para o fabricante e importador, como também para o distribuidor/comerciante. Ou seja, na data da compra do EPI a organização deve verificar se o respectivo CA está dentro do prazo de validade.

Depois de adquirido, o fornecimento do EPI deve observar as condições de armazenamento e o prazo de validade do equipamento informados pelo fabricante ou importador. O uso do EPI pelo trabalhador deve observar também a vida útil do produto, como veremos adiante.

Cessão de uso

É vedada a cessão de uso do CA emitido a determinado fabricante ou importador para que outro fabricante ou importador o utilize sem que se submeta ao procedimento regular para a obtenção de CA próprio, ressalvados os casos de matriz e filial.

Informações que constam no CA

O Certificado de Aprovação é identificado por um número e nele constam as seguintes informações relativas ao EPI:

- Produto nacional ou importado;
- Enquadramento no Anexo I da NR6 (identificação do EPI);
- Descrição;
- Fins para os quais o EPI se destina (por exemplo, proteção das mãos do usuário contra agentes abrasivos);
- Observações (por exemplo, se o EPI possui alguma restrição de uso);
- Normas técnicas atendidas;

---

[34] Atualizada pela Portaria 4.389, de 29 de dezembro de 2022.

[35] Segundo a Portaria 4.389, de 29 de dezembro de 2022, que alterou a Portaria 672/2021, para fins de avaliação os EPI são enquadrados em função da categoria do risco contra o qual oferecem proteção, conforme Tabela 1.

NR 6 • EQUIPAMENTOS DE PROTEÇÃO INDIVIDUAL – EPI | 141

- Nome do laboratório que realizou os ensaios;
- Número do laudo de ensaio;
- Nome/CNPJ/Endereço/Código da atividade econômica da empresa responsável (fabricante ou importador).

O CA pode se encontrar em uma das seguintes condições:

- *Expedido*: CA Válido. Nesse caso, a data constante no certificado indica a data de emissão, renovação ou alteração.
- *Suspenso*: A validade do CA encontra-se suspensa, para apuração. Fabricação proibida.
- *Cancelado*: Fabricação e comercialização proibidas.
- *Vencido*: Validade do CA expirada. Fabricação e comercialização proibidas[36].

14.1 Validade do CA x Validade do EPI x Vida útil[37]

Vimos que o Certificado de Aprovação deve estar válido na data da compra do EPI. Após o vencimento do CA, o EPI poderá continuar a ser utilizado até o vencimento de sua validade, enquanto produto de consumo.

A **validade** do EPI como produto de consumo é determinada pelo tempo em que este mantém sua qualidade e características de proteção contra os riscos para os quais é indicado. Deve ser informada pelo fabricante ou importador em atendimento ao art. 31 da Lei 8.078, de 11 de setembro de 1990[38]. Nesse sentido, não podemos confundir a validade do EPI (produto de consumo) com a validade do CA.

Entretanto, outro parâmetro importante a ser observado é a **vida útil do EPI**, que depende principalmente de suas condições de uso, manutenção e também das condições ambientais, por exemplo, calor ou umidade excessivos, ou ainda elevada concentração de poeira. Dessa forma, o desgaste de seus componentes deverá ser avaliado *pelo empregador*, a fim de determinar a periodicidade de troca, higienização ou manutenção, considerando também as informações fornecidas pelo fabricante ou importador.

A vida útil do EPI corresponde a um intervalo de tempo variável, porém nunca superior à validade do produto. Nesse sentido, recomenda-se que os fabricantes ou importadores indiquem nos manuais de instrução os principais sinais de desgaste, permitindo ao empregador escolher pela substituição ou pela manutenção, a depender das condições de sua utilização.

Importante destacar que a **vida útil** de um mesmo EPI pode ser **diferente entre setores de uma mesma empresa,** a depender das características e das condições ambientais, por exemplo, um setor com umidade elevada, ou temperatura excessiva ou ainda elevada concentração de poeira: estas condições podem provocar deteriorações nos

---

[36] É claro que, considerando possíveis demoras e atrasos na realização dos ensaios, sugere-se que o fabricante ou importador não aguarde a expiração da validade do CA, e inicie o processo de renovação do certificado antes do seu vencimento. Importante ressaltar que o processo de **renovação** é apenas uma validação do CA já existente, não é gerado um novo número de certificado.

[37] Nota Técnica 176/2016/CGNOR/DSST/SIT.

[38] Código de Defesa do Consumidor – Lei 8.078/1990, art. 31. *A oferta e apresentação de produtos ou serviços devem assegurar informações corretas, claras, precisas, ostensivas e em língua portuguesa sobre suas características, qualidades, quantidade, composição, preço, garantia, **prazos de validade** e origem, entre outros dados, bem como sobre os riscos que apresentam à saúde e segurança dos consumidores* (grifo acrescentado).

materiais que constituem o EPI, com impacto direto na redução da sua vida útil. Por outro lado, o mesmo EPI sendo usado em outro setor com características e condições ambientais mais amenas poderá ter maior vida útil. Cabe ao profissional de SST avaliar os locais, as condições de uso e as informações do fabricante para fazer a estimativa da vida útil do EPI.

14.2 Suspensão e cancelamento do CA

Os procedimentos de suspensão e cancelamento dos Certificados de Aprovação estão disciplinados na Portaria 672/2021.

15. COMPETÊNCIAS

Cabe ao órgão de âmbito nacional competente em matéria de segurança e saúde no trabalho:

a) estabelecer os regulamentos para aprovação de EPI;

b) emitir ou renovar o CA;

c) fiscalizar a qualidade do EPI;

d) solicitar o recolhimento de amostras de EPI ao órgão regional competente em matéria de segurança e saúde no trabalho; e

e) suspender e cancelar o CA.

Caso seja identificada alguma irregularidade ou em caso de denúncia fundamentada, o órgão de âmbito nacional competente em matéria de segurança e saúde no trabalho pode requisitar amostras de EPI ao fabricante ou importador.

Além da NR
Problemas decorrentes do uso de EPI

Segundo a Dra. Lailah Vilella, Auditora Fiscal do Trabalho e Médica do Trabalho, "as especificações dos EPIs visam a proteção para agentes isolados e ignoram a coexistência de outros agentes nos processos de uso e manutenção, cuja importância é eventualmente agravada em decorrência do uso dos próprios EPIs".

Entre os principais problemas decorrentes do uso de EPI podem-se citar:

– Sobrecarga térmica: Alguns EPIs podem provocar desconforto térmico, tornando-os bastante incômodos para uso, podendo levar, em casos extremos, ao estresse térmico do trabalhador, principalmente nos trabalhos a céu aberto nas regiões de clima quente, ou ainda em ambientes naturalmente quentes.

– Fonte de contaminação: Nos casos de exposição a agentes químicos, os EPIs podem se tornar uma fonte de contaminação, criando um risco à saúde do trabalhador. Falhas nos cuidados básicos de conservação, nos procedimentos manutenção, uso (vestir/despir), higienização, ou ainda sua reutilização sem prévia higienização, colocam os EPI como fontes de contaminação do trabalhador, por exemplo, no trabalho rural com exposição a agrotóxicos. Outro ponto a ser considerado é a permeabilidade de alguns EPI com relação a determinados produtos químicos: os EPIs não são testados com a grande gama de compostos químicos utilizados nas formulações dos agrotóxicos para agricultura, o que explica o problema da permeabilidade de alguns EPIs com determinados produtos. Além disso, a guarda de EPI em uso e com manutenção inadequada facilita a contaminação dos armários e a dispersão de material contaminante entre os EPIs.

- *Interferências no uso de outros EPIs: Por exemplo, óculos de segurança não podem ser usados com protetores respiratórios em que a vedação é pressuposto para a eficiência da proteção.*
- *Protetores auditivos com alto fator de atenuação expõem o trabalhador a certos riscos, pois evitam que determinados sons ou ruídos sejam por ele ser detectados, por exemplo, sinais sonoros de advertência e trânsito de veículos. Além disso, a falta de higienização do protetor auditivo do tipo inserção, a falta de higienização das mãos ao manusear o protetor, a falta de cuidado na sua guarda e a redução da ventilação no conduto auditivo devido ao uso, podem ocasionar otite externa.*
- *Cinto de segurança: suspensão inerte: a suspensão inerte, mesmo em períodos curtos de tempo, pode desencadear transtornos fisiológicos graves, em função da compressão dos vasos sanguíneos e problemas de circulação. Esses transtornos podem levar à morte se o resgate não for realizado rapidamente.*

16. ANEXO I – LISTA DE EQUIPAMENTOS DE PROTEÇÃO INDIVIDUAL

16.1 Grupos de EPI

O Anexo I da NR6 contém a lista dos produtos que são enquadrados como EPI. Estes são divididos em nove grupos, classificados de acordo com a parte do corpo para o qual oferecem proteção, conforme a seguir:

Grupo A	EPI para proteção da **cabeça**
Grupo B	EPI para proteção dos **olhos e face**
Grupo C	EPI para proteção **auditiva**
Grupo D	EPI para proteção **respiratória**
Grupo E	EPI para proteção do **tronco**
Grupo F	EPI para proteção dos **membros superiores**
Grupo G	EPI para proteção dos **membros inferiores**
Grupo H	EPI para proteção do **corpo inteiro**
Grupo I	EPI para proteção (do usuário) contra **quedas de diferença de nível**

Dentro de cada grupo, os EPIs são divididos de acordo com o risco contra o qual oferecem proteção. Por exemplo:

GRUPO E – EPI PARA PROTEÇÃO DO TRONCO

E.1 – Vestimentas

*a) Vestimenta para proteção do tronco contra **riscos de origem térmica**;*

*b) Vestimenta para proteção do tronco contra **riscos de origem mecânica**;*

*c) Vestimenta para proteção do tronco contra **agentes químicos**;*

*d) Vestimenta para proteção do tronco contra **riscos de origem radioativa**;*

e) Vestimenta para proteção do tronco contra umidade proveniente de precipitação pluviométrica;

*f) Vestimentas para proteção do tronco contra **umidade** proveniente de operações com uso de água.*

*E.2 – Colete à prova de balas de uso permitido para vigilantes que trabalhem portando arma de fogo, para proteção do tronco contra **riscos de origem mecânica**.*

16.2 Termos técnicos

Chamo a atenção para alguns termos do Anexo I que, a princípio, podem ser desconhecidos:

- **Artelhos**
  [Calçado para proteção contra impactos de quedas de objetos sobre os *artelhos*]
  Artelhos são os ossos das mãos e dos pés. A palavra tem origem na palavra em latim *articulus*, que significa *junta de ossos.*

- **Partículas volantes**
  [Óculos para proteção dos olhos contra impactos de *partículas volantes*]
  Partículas volantes são partículas sólidas ou líquidas de diversos tamanhos, multidirecionais e que, ao serem projetadas no ar, podem colidir com os olhos dos operadores. Além dos óculos, outros EPIs são usados para proteção dos olhos e face contra impactos de partículas volantes.

- **Balaclava**
  [Capuz ou **balaclava**]
  É um tipo de proteção do crânio e pescoço que cobre completamente a cabeça e o pescoço, podendo cobrir inclusive parte dos ombros.

- **PFF1/PFF2/PFF3**
  [Peça Semifacial Filtrante PFF1/PFF2/PFF3]
  Tipo de respirador[39] para proteção das vias respiratórias onde o próprio respirador é o meio filtrante. Este é um produto sem manutenção, ou seja, descartável. Os respiradores PFF têm formatos diferentes pois devem oferecer vedação para diferentes formatos de rostos, porém não estão disponíveis em diferentes tamanhos.

- **P1/P2/P3**
  [Filtro P1/P2/P3]
  Filtros para proteção das vias respiratórias acoplado à peça facial; são utilizados em respiradores não descartáveis, ou seja, que permitem manutenção e higienização. Destaco que os filtros P1/P2/P3 não possuem CA, mas somente a peça facial na qual são acoplados.

- **Talabarte**
  [Cinturão de segurança com *talabarte* para proteção do usuário contra riscos de queda em trabalhos em altura]
  O talabarte é um dispositivo que permite a conexão do cinto de segurança a um ponto de ancoragem.

- **IPVS – (Atmosfera) Imediatamente Perigosa à Vida e a Saúde** (*IDLH – Immediately Dangerous to Life or Health*)

---

[39] Para todo respirador com contato facial deve ser feito ensaio de vedação, também conhecido como *fit test*. Como vimos anteriormente, pelos faciais, rugas ou até mesmo cicatrizes na área de contato da vedação podem prejudicá-la e são fatores impeditivos de uso destes respiradores.

Atmosfera que implica ameaça direta de morte ou consequências graves e irreversíveis à saúde, imediatas ou retardadas.

16.3 Alteração da lista do Anexo I

Como dito anteriormente, somente será considerado EPI o produto ou dispositivo constante na lista do Anexo I. Entretanto, para acompanhar a evolução tecnológica e a criação de novos produtos e dispositivos de proteção individual, faz-se necessária a possibilidade de alteração dessa lista. Essa alteração é feita por solicitação do interessado (fabricante ou importador).

As solicitações para que os produtos que não estejam relacionados no Anexo I sejam considerados como EPI, bem como as propostas para reexame daqueles ora elencados, devem ser avaliadas pelo órgão de âmbito nacional competente em matéria de segurança e saúde no trabalho.

Uma vez aprovada, a alteração será publicada por meio de portaria específica. Vemos, então, que existe todo um procedimento formal para a inclusão ou alteração de um produto ou dispositivo na lista do Anexo I para que ele venha a ser considerado EPI.

16.4 Proteção respiratória

Os EPIs para proteção respiratória são divididos em dois grupos:

– Respirador Purificador de Ar
– Respirador de Adução de Ar

O **Respirador Purificador de Ar** é um EPI para proteção respiratória que **depende** da atmosfera ambiente, uma vez que o ar inalado é o próprio ar presente no local, cujos contaminantes serão *filtrados* pelo EPI. Por esse motivo, esse tipo de respirador somente pode ser utilizado em locais em que o teor de oxigênio seja suficiente para não provocar efeitos deletérios nos usuários.

Esses respiradores não devem ser adotados para proteção contra contaminantes cuja presença não possa ser percebida pelo sabor, cheiro ou irritação, ou cujo filtro apresente vida útil muito curta ou ainda contra substâncias extremamente tóxicas, como partículas radioativas.

Já o **Respirador de Adução de Ar** é um EPI para proteção respiratória que **independe** da atmosfera ambiente, uma vez que o ar inalado pelo trabalhador não é aquele presente no ar ambiente, mas, sim, proveniente de dispositivos (por exemplo, cilindro transportado pelo próprio usuário) ou outro ambiente que contenha ar respirável. Em ambos os casos (cilindro ou ambiente externo), esse EPI deve possuir vedação facial de forma que o ar que chega às vias respiratórias é somente aquele fornecido pela fonte de ar respirável.

Antes de iniciar o fornecimento de EPIs para proteção respiratória e para fins de seleção, uso e manutenção, o empregador deve elaborar o Programa de Proteção Respiratória (PPR) com base no documento de mesmo nome elaborado pela Fundacentro (2016)[40]. Destaco novamente que tal determinação encontra-se positivada no item 6.5.3 da NR6:

> *A seleção, uso e manutenção de EPI deve, ainda, considerar os programas e regulamentações relacionados a EPI.*

---

[40] Programa de Proteção Respiratória. Recomendações, seleção e uso de respiradores. Fundacentro, 2016.

E também na Portaria 672/2021, Capítulo IV (Regulamento técnico sobre o uso de equipamentos para proteção respiratória), art. 44, § 2.º:

Para a adequada observância dos princípios previstos neste artigo, o empregador deve seguir, além do disposto nas normas regulamentadoras de segurança e saúde no trabalho, no que couber, as recomendações da Fundação Jorge Duprat Figueiredo de Segurança e Medicina do Trabalho – Fundacentro, contidas na publicação intitulada "Programa de Proteção Respiratória – Recomendações, Seleção e Uso de Respiradores", e também as normas técnicas oficiais vigentes, quando houver.

> **Além da NR**
>
> **Troca de Respiradores**
>
> **Odor como propriedade de Alerta**
>
> *O odor é um sinal da presença de substâncias no ambiente (no caso de substâncias que possuam esta propriedade de alerta), mas seu uso como indicativo para troca de respiradores (assim como os sinais de irritação de vias aéreas ou sensação gustativa) é uma prática não mais reconhecida pela Occupational Safety and Health Administration (OSHA) desde 1998.*
>
> *Para a troca de respiradores, é necessário o estabelecimento de uma estimativa do período de uso e da data de troca a partir do histórico de dados da empresa, análise dos processos e ambientes ou de acordo com as instruções do fabricante de cartuchos e filtros.*
>
> *Não é seguro confiar no odor como propriedade de alerta em condições normais de atividade, pois o organismo se acostuma à presença constante do agente nocivo, deixando de percebê-lo, devido à acomodação/fadiga olfativa; ou, havendo uma mistura de substâncias no ambiente, o odor de uma delas pode mascarar o de outra; e, ainda, o sistema olfativo pode estar obstruído ou alterado por causa de resfriados ou alergias, não percebendo a presença das substâncias. Além disso, alguns agentes químicos têm limiar de odor **superior** ao limite de exposição ocupacional! Este é o caso do benzeno, substância comprovadamente cancerígena, que tem limiar de odor de 61 ppm e limite de exposição ocupacional de 0,5 ppm (ACGIH). O limiar de odor é a menor concentração de uma substância com odor, que é perceptível pela maioria das pessoas. Mas é importante ressaltar também que a sensibilidade olfativa varia muito entre as pessoas, dependendo de diversos fatores como fumante/não fumante, sexo, idade, dentre outros. A variabilidade da sensibilidade olfativa é mais uma justificativa para não se usar o odor como parâmetro para troca de respiradores.*
>
> *Existem também substâncias que possuem o limiar de odor em baixas concentrações e muito abaixo do limite de exposição ocupacional, como é o caso da amônia. Nestes casos é possível que o trabalhador sinta o cheiro da substância, mas a avaliação quantitativa da concentração do agente não irá detectá-lo.*
>
> *Outras substâncias, ao atuarem no sistema nervoso central, como o sulfeto de hidrogênio que é altamente tóxico, em altas concentrações inibem a sensibilidade olfativa, fazendo com que o trabalhador não perceba seu cheiro.*

16.5 Pontos importantes do Anexo I da NR6

- É considerado EPI para proteção do tronco contra riscos de origem mecânica o **colete à prova de balas** de uso permitido para vigilantes (e não para vigias) que trabalhem portando arma de fogo.
- O Anexo I discrimina os seguintes EPIs para **proteção contra choques elétricos**: capacete, luvas para proteção das mãos, manga para proteção do braço e antebraço e vestimenta condutiva para proteção de todo o corpo.

• EQUIPAMENTOS DE PROTEÇÃO INDIVIDUAL – EPI | 147

- Devem ser utilizados os seguintes EPIs para proteção contra radiação eletromagnética de baixa frequência (infravermelho): óculos para proteção dos olhos, protetor facial e máscara de solda para proteção dos olhos e da face.
- O Anexo I também discrimina vários EPIs do tipo respirador purificador de ar para proteção das vias respiratórias contra gases, vapores, névoas, fumos, poeiras, e radionuclídeos[41].
- Vimos que o fornecimento do EPI deve ser a última alternativa do empregador, que deverá priorizar as medidas de proteção coletiva. Entretanto, caso se decida pelo fornecimento do EPI, devem ser implantadas medidas que garantam seu uso efetivo. Por exemplo, no caso de uso de protetores auditivos, a empresa deve elaborar e implementar o Programa de Conservação Auditiva (PCA). Ou, como vimos anteriormente, se forem usados protetores respiratórios, deve ser elaborado e implantado o Programa de Proteção Respiratória (PPR), de acordo com o disposto no PPR da Fundacentro (2016) e também na Portaria 672/2021[42].

É importante a leitura do Anexo I da norma para que o leitor possa se familiarizar com os EPIs nele elencados, bem como com os termos técnicos utilizados.

> **Além da NR**
> **Colete à prova de balas**
> O colete à prova de balas é EPI composto por:
> - dois painéis balísticos, ou placas balísticas: um para proteção tórax-abdominal e outro para proteção dorsal. São os painéis balísticos que efetivamente oferecem a proteção contra projéteis de armas de fogo e objetos perfurantes;
> - capa de tecido (colete), no qual os painéis são inseridos.
> Destaco que é prática comum de algumas empresas de vigilância o **compartilhamento dos painéis balísticos frontal e dorsal** entre os vigilantes. Trata-se, porém, de prática irregular, principalmente por questões de adaptação às características antropométricas dos usuários.
> A Portaria 18 do Departamento Logístico do Exército Brasileiro de 19 de dezembro de 2006 define, em seu art. 15 que os coletes são constituídos de painel balístico, envolto em um invólucro, e este conjunto inserido na capa do colete.
> Segundo a Nota Informativa 23/2017/CGNOR/DSST/SIT, diante das definições previstas na Regulamentação do Exército Brasileiro, pode-se afirmar que o equipamento colete à prova de balas é composto pelo **conjunto painel balístico, envolto em invólucro, e capa do colete**, que dará sustentação ao painel, devendo ser usado **individualmente**, por cada trabalhador.

17. CONSIDERAÇÕES FINAIS

O *uniforme* disponibilizado pelas empresas não é EPI. Sobre esse assunto, vejam a redação do Precedente Administrativo 99/MTE:

EQUIPAMENTO DE PROTEÇÃO INDIVIDUAL – EPI. UNIFORME.
O uniforme simples não é considerado EPI, pois sua finalidade é servir de vestimenta para o trabalho e não proteger o trabalhador de acidentes ou exposição a agentes nocivos. O

---

[41] Radionuclídeos são partículas radioativas que têm como origem elementos químicos que emitem radiação ionizante (ou seja, agentes químicos emitindo agentes físicos), como por exemplo, Gadolínio, Iodo 131 e Tecnécio 99, vários deles utilizados em medicina nuclear diagnóstica.

[42] A Portaria 672/2021 revogou a Instrução Normativa 1, de 11 de abril de 1994, que tratava sobre a obrigatoriedade de elaboração e implantação do PPR.

não fornecimento de uniforme pode configurar transferência indevida do custo da atividade econômica ao empregado e, não, infração à Norma Regulamentadora n.º 6.

Também não são EPIs os seguintes produtos:

- Tornozeleira;
- Joelheira;
- Protetor solar;
- Boné;
- Chapéu;
- Cinto lombar;
- Colete refletivo;
- *Headset.*

Além da NR
Vestimenta x EPI (NR6 e NR24)

Segundo o item 24.8.1 da NR24:

*"Vestimenta de trabalho é toda peça ou conjunto de peças de vestuário, destinada a atender exigências de determinadas atividades ou condições de trabalho que impliquem contato com sujidade, agentes químicos, físicos ou biológicos ou para permitir que o trabalhador seja mais bem visualizado, **não considerada como uniforme ou EPI**" (grifo acrescentado).*

*Entretanto, segundo o Anexo I da NR6, **são consideradas EPI as seguintes vestimentas**:*

Grupo E – EPI PARA PROTEÇÃO DO TRONCO

E.1 – Vestimentas:

a) vestimenta para proteção do tronco contra agentes térmicos;

b) vestimenta para proteção do tronco contra agentes mecânicos;

c) vestimenta para proteção do tronco contra agentes químicos;

d) vestimenta para proteção do tronco contra radiação ionizante;

e) vestimenta para proteção do tronco contra umidade proveniente de precipitação pluviométrica; e

f) vestimenta para proteção do tronco contra umidade proveniente de operações com utilização de água.

Grupo H – EPI PARA PROTEÇÃO DO CORPO INTEIRO

H.2 – Vestimenta de corpo inteiro:

a) vestimenta para proteção de todo o corpo contra agentes químicos;

b) vestimenta condutiva para proteção de todo o corpo contra choques elétricos;

c) vestimenta para proteção de todo o corpo contra umidade proveniente de operações com utilização de água; e

d) vestimenta para proteção de todo o corpo contra umidade proveniente de precipitação pluviométrica.

Portanto, temos um conflito entre duas normas classificadas como especiais, segundo a Portaria 672/2021. Entendo que o item 24.8.1 da NR24 contém uma atecnia ao declarar que "vestimenta não é EPI". Para fins de provas de concursos, vale, claro, a letra da norma. Para objetivos práticos, sabemos que algumas vestimentas são EPI, conforme o disposto no Anexo 1 da NR6 indicado anteriormente.

NR 7 PROGRAMA DE CONTROLE MÉDICO DE SAÚDE OCUPACIONAL – PCMSO

Classificação: Norma Geral

Última atualização: Portaria MTP 567, de 10 de março de 2022

1. INTRODUÇÃO

A constatação da relação entre trabalho e adoecimento não é recente; as primeiras referências escritas relacionadas ao tema datam de 2360 a.C., no Egito antigo. Ao longo dos séculos, estudiosos como *Hipócrates, Plutarco, Paracelso* e *Agrícola* apresentaram contribuições relevantes para o tema[1,2].

A LER/DORT (Lesões por Esforços Repetitivos/Doenças Osteomusculares Relacionadas ao Trabalho), hoje tão conhecida por todos nós, já havia sido identificada pelo médico italiano Bernardino Ramazzini há mais de trezentos anos como a Doença dos Escribas e Notários[3]:

> *Três são as causas das afecções nos escreventes: Contínua vida sedentária, contínuo e sempre o mesmo movimento da mão e atenção mental. [...] A necessária posição da mão para fazer correr a pena sobre o papel ocasiona não um leve dano, que se comunica a todo o braço, devido à tensão tônica dos músculos e tendões, e com o andar do tempo diminui o vigor da mão.*

Tais riscos ficaram mais evidentes com o surgimento das Corporações de Ofício, nos séculos XIII a XV, quando os aprendizes eram submetidos a jornadas excessivas e trabalhavam por longos anos em condições insalubres, sob a supervisão do mestre de ofício. Alguns séculos depois, com a Revolução Industrial, novos postos de trabalho surgiram e com eles novos riscos.

Até o final da década de 1970, não havia no Brasil nenhuma legislação orientada à atenção médica com foco na saúde ocupacional. Não havia legislação disciplinando medidas específicas para prevenção, detecção e diagnóstico precoce de doenças ocupacionais. Naquela época, algumas empresas, a maioria de grande porte, possuíam por iniciativa própria serviços médicos que ofereciam assistência a seus empregados com atuação pautada pelos princípios da clínica médica, e com foco nas doenças em geral,

---

[1] Manual de Inspeção do Trabalho. Ministério do Trabalho. 2017.

[2] Sobre a História da Segurança e Saúde no Trabalho no Brasil e no mundo remeto o leitor ao artigo no blog da editora Método. Veja mais: http://genjuridico.com.br/maracamisassa/.

[3] RAMAZZINI, Bernardino. *De Morbis Artificum Diatriba*. Fundacentro, tradução Dr. Raimundo Estrela.

mas não nas doenças ocupacionais. Tais serviços eram constituídos por médicos *clínicos gerais;* ainda não existia a especialização médica chamada "Medicina do Trabalho" ou "Medicina Ocupacional".

Com a publicação da Portaria 3.214, em 1978, que aprovou as Normas Regulamentadoras, entre elas a NR7 – Programa de Controle Médico de Saúde Ocupacional, as empresas passaram a ser obrigadas a realizar exames médicos admissionais. Naquela época, a tuberculose no Brasil era um problema de saúde pública, e, como tentativa de detecção dessa doença, tornou-se obrigatória, além dos exames clínicos, a realização do exame de abreugrafia antes da admissão de qualquer trabalhador. Entretanto, tal obrigatoriedade não tinha como objetivo a prevenção e o rastreamento do adoecimento dos trabalhadores por razões ocupacionais.

A publicação das redações inaugurais da NR7 e da NR4 – Serviços Especializados em Engenharia de Segurança e em Medicina do Trabalho modificou a forma de lidar a relação trabalho/saúde nas empresas e fez nascer uma nova época de trabalho médico. Com a publicação dessas normas, o foco da atenção médica passou da doença em geral para a doença ocupacional, mostrando, segundo o Dr. Luiz Antônio Rabelo Rocha[4], médico do trabalho e Auditor Fiscal do Trabalho, um novo cenário caracterizado principalmente pelo surgimento de verdadeiras epidemias (na realidade endemias ocupacionais não diagnosticadas anteriormente), entre as quais podemos citar as pneumoconioses[5], como a silicose na mineração, a leucopenia pela exposição de hidrocarbonetos aromáticos[6] e as Perdas Auditivas Induzidas por Níveis de Pressão Sonora Elevados (PAINPSE)[7], entre outras.

Vemos, porém, que, apesar de representar um grande avanço no campo da medicina ocupacional, a NR7 em sua primeira redação, não tinha ainda o caráter **prevencionista**. Começou-se a perceber a existência de um contingente expressivo de trabalhadores com manifestação de doenças relacionadas direta ou indiretamente ao trabalho. Tornava-se imperativo criar um sistema com foco preventivo das doenças ocupacionais e também de acompanhamento da saúde dos trabalhadores no seu local de trabalho. Tal alteração ocorreu em 1994 com a publicação da Portaria 24, quando o texto da NR7 passou por profunda modificação, trazendo a obrigatoriedade de elaboração e implementação do Programa de Controle Médico de Saúde Ocupacional (PCMSO). Esse programa fez duas importantes alterações na prática da atenção médica ocupacional: a primeira, o caráter de *prevenção*, e a segunda, a obrigatoriedade de utilização dos fundamentos e instrumentos da *epidemiologia.*

Nesse sentido, o PCMSO não deve incluir somente a avaliação individual (clínica) do trabalhador, mas também uma abordagem coletiva (epidemiológica) que propicia a avaliação da população de trabalhadores da empresa, alvo das suas ações. Ainda segundo

---

[4]   ROCHA, Luiz Antônio Rabelo. *PCMSO* – Teoria e Prática. São Paulo: LTr, 2011.

[5]   Doenças pulmonares fibrogênicas causadas pela inalação de poeiras na fração respirável, ou seja, cujas partículas possuem dimensões microscópicas e que alcançam a região de troca de gases.

[6]   Hidrocarbonetos são substâncias que possuem apenas carbono e hidrogênio na sua estrutura molecular. Se o composto possuir pelo menos um anel benzênico aí temos o chamado hidrocarboneto aromático. Exemplos de hidrocarbonetos aromáticos: benzeno, tolueno, trimetilbenzeno, estireno, naftaleno, dentre outros. Vários deles são encontrados em solventes e produtos desmoldantes. Importante esclarecer que nem todos os hidrocarbonetos aromáticos são cancerígenos. A toxicidade depende do agente. Por exemplo, benzeno e tolueno são hidrocarbonetos aromáticos, porém somente o benzeno é cancerígeno; já o tolueno, apesar de não ser cancerígeno, pode provocar outros agravos à saúde, como perda auditiva devido a propriedades ototóxicas.

[7]   Chamada de Perda Auditiva por Ruído (PAIR) em redações anteriores da norma.

o Dr. Luiz Antônio Rabelo Rocha, com a criação do PCMSO em 1994, podemos dizer que o foco do médico, que era a doença em geral antes de 1978 e a doença ocupacional entre 1978 e 1994, passou a ser a "saúde ocupacional".

Essa colocação pode parecer uma figura de linguagem, porém devemos atentar para a enorme diferença entre *doença ocupacional* e *saúde ocupacional*. O conceito de doença ocupacional é estreito e engloba uma série de patologias já catalogadas e aceitas pela comunidade científica como tal.

Por outro lado, quando falamos em saúde ocupacional, estamos entrando em um amplo campo de estudos, pois saúde ocupacional não é somente ausência de doença ocupacional, mas todo um conceito de **funcionamento orgânico ante uma** <u>**ocupação profissional**</u>, independentemente de qual seja. Tudo o que estiver ligado à ocupação e trouxer perturbação à saúde ocupacional passa a ser objeto de estudo do PCMSO.

Nesse sentido, apresento o conceito do termo *saúde* com relação ao trabalho, conforme a Organização Mundial de Saúde:

> Saúde é um estado de completo bem-estar físico, mental e social e não meramente a ausência de doença.

Na mesma esteira, a Convenção 155 (Segurança e saúde dos trabalhadores) da OIT, art. 3.º, alínea "e", ratificada pelo Brasil:

> Art. 3. Para os efeitos do presente Convênio:
> e) "o termo saúde, em relação com o trabalho, abrange não somente a ausência de afecções ou de doença, mas também os elementos físicos e mentais que afetam a saúde e estão diretamente relacionados com a segurança e higiene no trabalho".

Além do texto geral, a redação atual possui Glossário e cinco anexos:

ANEXO I – Monitoração da exposição ocupacional a agentes químicos;

ANEXO II – Controle médico ocupacional da exposição a níveis de pressão sonora elevados;

ANEXO III – Controle radiológico e espirométrico da exposição a agentes químicos;

ANEXO IV – Controle médico ocupacional de exposição a condições hiperbáricas;

ANEXO V – Controle médico ocupacional da exposição a substâncias químicas cancerígenas e a radiações ionizantes.

Finalizando esta introdução, cito novamente Bernardino Ramazzini[8] sobre a atuação do médico que atende trabalhadores e a famosa e principal pergunta: "que arte exerce?":

> [...] O médico que vai atender um operário não deve se limitar a pôr a mão no pulso, com pressa, sem informar-se de suas condições; não delibere de pé sobre o que convém ou não fazer [...]; deve sentar-se com a dignidade de um juiz, ainda que não seja em cadeira dourada... sente-se mesmo num banco, examine o paciente com fisionomia alegre e observe detidamente o que ele necessita dos seus conselhos médicos e dos seus cuidados preciosos... e quando visitares um doente convém perguntar-lhe o que sente, qual a causa, desde quantos dias, se seu ventre funciona e que alimento ingeriu; a estas interrogações devia-se acrescentar outra: e que arte exerce?

---

[8] RAMAZZINI, Bernardino. *De Morbis Artificum Diatriba*. Fundacentro, tradução Dr. Raimundo Estrela.

2. OBJETIVO

A NR7 estabelece **diretrizes** e **requisitos** para o desenvolvimento do Programa de Controle Médico de Saúde Ocupacional (PCMSO) nas organizações, com o objetivo de proteger e preservar a saúde de seus empregados com relação aos riscos ocupacionais, conforme avaliação de riscos do Programa de Gerenciamento de Risco (PGR). Estas diretrizes e requisitos devem nortear a interpretação e implementação da norma.

Vemos, portanto, que o PCMSO é um programa de atenção à saúde do trabalhador. Tem caráter **prevencionista** (prevenção *secundária*) e como objetivo principal a promoção e preservação da saúde dos empregados.

Além da NR
Promoção da saúde

Segundo a Carta de Ottawa[9], "Promoção da saúde é o nome dado ao processo de capacitação da comunidade para atuar na melhoria de sua qualidade de vida e saúde, incluindo uma maior participação no controle deste processo.

Para atingir um estado de completo bem-estar físico, mental e social indivíduos e grupos devem saber identificar aspirações, satisfazer necessidades e modificar favoravelmente o meio ambiente.

A saúde deve ser vista como um recurso para a vida, e não como objetivo de viver.

Nesse sentido, a saúde é um conceito positivo, que enfatiza os recursos sociais e pessoais, bem como as capacidades físicas. Assim, a promoção da saúde não é responsabilidade exclusiva do setor saúde, e vai para além de um estilo de vida saudável, na direção de um bem-estar global."

Enquanto **programa**, o PCMSO tem caráter permanente, ou seja, não há que se falar em *validade do PCMSO*. Deve ser elaborado em função dos riscos aos quais os empregados estarão submetidos durante sua atividade laboral, de forma *integrada* ao PGR. Podemos dizer que esta *integração* do PCMSO com o PGR é *uma via de mão dupla*, na medida em que possibilita sua retroalimentação, no seguinte sentido: o PCMSO se baseia nos riscos identificados e classificados no PGR, mas ao mesmo tempo retroalimenta este programa ao constatar a necessidade de adequação das medidas de proteção nos casos de indícios e/ou comprovação e/ou agravamento de adoecimento dos trabalhadores.

Seu nível de complexidade, por exemplo, no que se refere aos exames complementares a serem realizados ou indicadores biológicos de exposição (IBE) a serem analisados depende do contexto laboral e inclui aspectos como os riscos existentes nos ambientes de trabalho, as exigências das atividades desenvolvidas (biomecânicas, cognitivas, visuais, dentre outras), bem como as suscetibilidades e características psicofisiológicas da população trabalhadora.

Segundo leciona Sebastião Geraldo de Oliveira, Desembargador do Tribunal Regional do Trabalho da 3.ª Região, o princípio constitucional de que a saúde é direito de todos e dever do Estado (Constituição Federal, art. 196), adaptado para o campo do Direito do Trabalho, indica que a saúde é direito do trabalhador e dever do **empregador**, razão pela qual o empregado não pode estar exposto a riscos que possam comprometer seu bem-estar físico, mental ou social[10].

---

[9] CARTA DE OTTAWA. Primeira Conferência Internacional sobre Promoção da Saúde. Ottawa, novembro de 1986.

[10] OLIVEIRA, Sebastião Geraldo de. Estrutura normativa da segurança e saúde do trabalhador no Brasil. *Rev. Trib. Reg. Trab. 3.ª Reg.*, Belo Horizonte, v. 45, n. 75, jan.-jun. 2007.

• PROGRAMA DE CONTROLE MÉDICO DE SAÚDE OCUPACIONAL – PCMSO | 153

> **Além da NR**
> **PCMSO – Foco na prevenção**
> Um trabalho realmente preventivo deve privilegiar o conhecimento dos fatores que podem levar ao adoecimento dos trabalhadores, ainda que tais fatores estejam aparentemente encobertos no dia a dia da atividade laboral. Como exemplo de um fator frequentemente presente, mas pouco observado, podemos citar o excesso de jornada algumas vezes incorporado à rotina de trabalho e muitas vezes não verificado pelo médico do trabalho.
> O excesso de jornada diária pode levar à inobservância dos limites de tolerância biológica, à fadiga, à redução de reflexos, à predisposição aos acidentes de trabalho e ao adoecimento do trabalhador ao longo da sua vida laboral[11].
> Portanto, para que o médico do trabalho desenvolva um programa realmente eficaz, deve atentar para seu objetivo prevencionista, tendo um olhar atento para todos os fatores do ambiente de trabalho, identificando não somente os aspectos físicos e objetivos do trabalho, mas também a forma de organização do trabalho e o clima organizacional no ambiente laboral.

3. CAMPO DE APLICAÇÃO

A norma se aplica às organizações e aos órgãos públicos da administração direta e indireta, bem como aos órgãos dos Poderes Legislativo e Judiciário e ao Ministério Público, que tenham empregados regidos pela Consolidação das Leis do Trabalho (CLT).

Ao contrário do PGR, que deve ser elaborado por estabelecimento, entendo que poderá ser elaborado um único PCMSO para vários estabelecimentos de uma mesma organização[12]. Nesse caso, o programa deverá considerar e consolidar **todos** os riscos identificados e classificados no PGR de cada estabelecimento. O mesmo vale para a construção civil. Basta que a construtora tenha um único PCMSO que inclua todos os riscos identificados e classificados no PGR de cada obra executada pela empresa, incluindo, claro, o setor administrativo.

3.1 Microempreendedor individual (MEI), Microempresa (ME) e Empresa de pequeno porte (EPP)

Conforme vimos no capítulo da NR1, as organizações enquadradas como MEI, ME e EPP, graus de risco 1 e 2, que declararem as informações digitais na forma do subitem 1.6.1 e não identificarem exposições ocupacionais a agentes físicos, químicos, biológicos e riscos relacionados a fatores ergonômicos, **ficam dispensadas de elaborar o PCMSO**[13].

Entretanto, em razão da obrigatoriedade de cumprimento do art. 168[14] da CLT, a NR7 determina que o MEI, a ME e a EPP mesmo desobrigados de elaborar o PCMSO

---

[11] ROCHA, Luiz Antônio Rabelo. *PCMSO*: teoria e prática. São Paulo: LTr, 2011.
[12] Exceto no caso de disposição contrária, expressa em norma especial ou setorial, como é o caso da NR37 – Segurança e Saúde em Plataformas de Petróleo, que determina a elaboração do PCMSO **por plataforma habitada**.
[13] Sobre maiores detalhes acerca do tratamento diferenciado dado ao MEI, à ME e à EPP remeto o leitor ao capítulo da NR1.
[14] CLT, art. 168. Será obrigatório exame médico, por conta do empregador, nas condições estabelecidas neste artigo e nas instruções complementares a serem expedidas pelo Ministério do Trabalho:
I – a admissão;
II – na demissão;
III – periodicamente.

devem realizar e custear exames médicos ocupacionais admissionais, demissionais e periódicos, de seus empregados, <u>a cada dois anos</u>. Os empregados devem ser encaminhados pela organização, para realização dos exames médicos ocupacionais, a:

a) médico do trabalho; ou

b) serviço médico especializado em medicina do trabalho, devidamente registrado, de acordo com a legislação.

A organização deve **informar** ao médico do trabalho ou ao serviço médico especializado em medicina do trabalho que está dispensada da elaboração do PCMSO, de acordo com a NR1 pois não há no estabelecimento exposições ocupacionais a agentes físicos, químicos, biológicos e nem a riscos relacionados a fatores ergonômicos.

Para cada exame clínico[15] ocupacional, o médico que realizou o exame emitirá Atestado de Saúde Ocupacional – ASO, que deve ser disponibilizado ao empregado, mediante recibo, <u>em meio físico, quando assim solicitado</u>, com conteúdo mínimo conforme o disposto na norma, como veremos adiante.

Por óbvio, caso a organização não se enquadre nas condições de tratamento diferenciado para dispensa da elaboração do programa, estará obrigada a elaborá-lo, independentemente da quantidade de empregados e do grau de risco.

4. DIRETRIZES

O PCMSO é parte integrante do conjunto mais amplo de iniciativas da organização no campo da saúde de seus empregados, devendo estar **harmonizado** com o disposto nas demais NR.

Por exemplo, a NR35 determina que para os empregados que exercem atividades em altura o médico do trabalho considere as patologias que poderão originar mal súbito e queda de altura, bem como os fatores psicossociais.

Já o item 10.2 do Anexo II da NR17 (Telemarketing e Teleatendimento) dispõe que os "[...] programas de prevenção e cuidados para segurança pessoal devem levar em conta as necessidades dos trabalhadores com deficiência".

Para que essa harmonização se concretize é importante a *participação* do médico responsável pelo PCMSO no processo de avaliação dos riscos ocupacionais, devendo integrar a equipe multidisciplinar responsável pelo PGR. A identificação dos riscos ocupacionais é o ponto de partida do PCMSO. Entretanto, como destacado em capítulos anteriores, no dia a dia da fiscalização nos deparamos com situações nas quais o médico do trabalho simplesmente desconhece o ambiente fabril deixando o reconhecimento e a avaliação dos riscos a cargo somente do responsável pela elaboração do PGR.

É importante que o médico do trabalho faça valer sua especialização e participe efetivamente do processo de gerenciamento de riscos ocupacionais pois é a partir destes riscos identificados no PGR e de vários outros aspectos, como o conhecimento da população trabalhadora, o estudo dos cargos/funções e a organização do trabalho, que o médico deverá elaborar o PCMSO. Veremos, dentre outras aspectos, que o PCMSO deve definir, para cada função, o respectivo conjunto de exames complementares específicos (quando for o caso) que devem ser realizados, a fim de prevenir ou detectar de forma precoce quaisquer danos à saúde dos trabalhadores.

---

[15] Veremos que o exame clínico não deve ser um exame genérico, mas sim, dirigido em função dos riscos aos quais o trabalhador está exposto.

• PROGRAMA DE CONTROLE MÉDICO DE SAÚDE OCUPACIONAL – PCMSO | 155

Veremos também que a própria NR7 se encarrega de determinar a realização de exames complementares quando trabalhadores são expostos a riscos específicos ou quando o risco de acidente e/ou adoecimento é aumentado[16]. Outros exames complementares poderão ser definidos, a critério médico, desde que relacionados aos riscos ocupacionais classificados no PGR e tecnicamente justificados no PCMSO.

Segundo o Dr. Luiz Antônio Rabelo Rocha, "o mais importante é compreender a dinâmica da saúde do grupo trabalhador alvo do PCMSO e adotar as estratégias para desenvolvimento do programa mais coerente com as situações detectadas, privilegiando sempre a prevenção e a melhoria das condições de trabalho".

A fim de direcionar as ações a serem desenvolvidas na execução do PCMSO, a norma estabelece as diretrizes a serem observadas, dentro dos conhecimentos científicos atualizados e da boa prática médica. Veremos a seguir cada uma das diretrizes a partir das quais o PCMSO deve ser elaborado, implementado e mantido:

a) <u>rastrear e detectar precocemente os agravos à saúde relacionados ao trabalho:</u>

Entendo que esta é a razão de existir do PCMSO. Com base nos achados médicos, resultados dos exames clínicos e complementares e também nas ferramentas epidemiológicas, o médico responsável deverá identificar os indícios que podem sinalizar um provável adoecimento de trabalhadores e adotar as medidas necessárias antes que a doença se manifeste.

Mas como realizar esse rastreamento? Existem inúmeras formas de rastrear esses indícios, por exemplo, fazendo-se um estudo do nível de absenteísmo com afastamento menor que 15 dias, ou ainda realizando entrevistas diretamente com os empregados, ouvindo suas queixas e reclamações.

> **Saiba Mais**
> **O que são agravos à saúde?**
> Segundo a Instrução Normativa IN 31/2008 do INSS, considera-se <u>agravo</u>: "a lesão, a doença, o transtorno de saúde, o distúrbio, a disfunção ou a síndrome de evolução aguda, subaguda ou crônica, de natureza clínica ou subclínica, inclusive morte, independentemente do tempo de latência".
> Já a Portaria de Consolidação 4, de 28 de setembro de 2017[17], apresenta o seguinte conceito de <u>agravo</u>: "qualquer dano à integridade física ou mental do indivíduo, provocado por circunstâncias nocivas, tais como acidentes, intoxicações por substâncias químicas, abuso de drogas ou lesões decorrentes de violências interpessoais, como agressões e maus-tratos, e lesão autoprovocada".

---

[16] A realização de exames complementares está prevista na CLT, art. 168 § 1.º: "O Ministério do Trabalho baixará instruções relativas aos casos em que serão exigíveis exames: a) por ocasião da demissão; b) complementares". Alguns exames complementares também são previstos em normas específicas, como a NR17 (Ergonomia) Anexo 2, que estabelece a obrigatoriedade de os trabalhadores que exercem atividades de teleatendimento e telemarketing serem submetidos a exames médicos dirigidos à coleta de dados sobre sintomas referentes aos aparelhos psíquico, osteomuscular, vocal, visual e auditivo. E também a NR35 – Trabalho em altura determina que os trabalhadores que exercem essas atividades devem ser submetidos a exames médicos voltados às patologias que poderão originar mal súbito e queda de altura, considerando também os fatores psicossociais.

[17] Portaria de Consolidação 4, de 28 de setembro de 2017, do Ministério da Saúde: *Define a Lista Nacional de Notificação Compulsória de doenças, agravos e eventos de saúde pública nos serviços de saúde públicos e privados em todo o território nacional, nos termos do anexo, e dá outras providências.*

Segundo o Dr. Luiz Antônio Rabelo Rocha, "o PCMSO é um programa eminentemente prevencionista, e quaisquer patologias que estejam ligadas ao trabalho deverão, sempre que possível, ser identificadas em suas fases subclínicas, isto é, antes que estejam plenamente instaladas no organismo do trabalhador. Para tanto, o médico do trabalho deverá adotar em sua prática diária mecanismos de rastreamento, ou seja, rotinas de trabalho que identifiquem indícios de desequilíbrios orgânicos de qualquer natureza, para que, assim, possa tomar medidas cabíveis antes da instalação definitiva das doenças".

b) detectar possíveis exposições excessivas a agentes nocivos ocupacionais:

Temos aqui as exposições aos diversos agentes ambientais, químicos, físicos e biológicos. As exposições excessivas a agentes químicos são identificadas por meio de indicadores biológicos de mesmo nome. Como veremos adiante, os indicadores biológicos de exposição excessiva (EE) **não têm caráter diagnóstico** ou **significado clínico**. Avaliam a **absorção** dos agentes por todas as vias de exposição (inalatória, dérmica e digestiva) e indicam, quando alterados, após descartadas outras causas não ocupacionais que justifiquem o achado, a possibilidade de exposição acima dos limites de exposição ocupacional.

Como nos ensina Gilmar da Cunha Trivelato, pesquisador titular da Fundacentro, a monitoração biológica da exposição, apesar de constar na NR7, é uma ferramenta da Higiene Ocupacional, uma vez que retrata a condição do ambiente de trabalho[18].

Alterações nos exames clínicos e complementares podem indicar a exposição excessiva a estes agentes e indicar possíveis falhas das medidas de prevenção.

c) definir a aptidão de cada empregado para exercer suas funções ou tarefas determinadas:

Após avaliação médica, o médico responsável decidirá pela aptidão ou inaptidão do empregado para exercer determinada função. Mas esta decisão deve ser baseada na análise das atividades realizadas pelo trabalhador, do seu posto de trabalho, dos riscos aos quais se expõe, das condições ambientais, ou seja, do que chamamos de *situações de trabalho*. Para isso é importante que o médico vá até o local de trabalho e faça as avaliações e inspeções necessárias. Destaco novamente ser fundamental a participação do médico responsável pelo PCMSO na equipe multidisciplinar que irá elaborar o PGR.

A aptidão para trabalho em atividades específicas deve ser consignada no ASO sempre que houver esta exigência nas NRs e/ou seus Anexos. Este é o caso, por exemplo, do trabalho em altura: Segundo o item 35.4.4.1 da NR35, a aptidão para trabalho em altura deve ser consignada no atestado de saúde ocupacional do trabalhador.

A NR7 também exige que seja registrada no ASO do empregado a informação sobre aptidão ou inaptidão para exercer atividade com exposição a radiação ou material radioativo (item 5.1.1. do Anexo V).

Destaco que não há que se falar em *aptidão com restrições*. Ou o trabalhador é apto a exercer determinada função, ou não é apto. Claro que a indicação de aptidão no ASO não significa que o trabalhador esteja livre de alguma patologia, por exemplo, o trabalhador pode ter hipertensão arterial controlada e estar apto a exercer uma

---

[18] Disponível em: https://www.youtube.com/watch?v=4vqDEANIMP4.

NR 7 • PROGRAMA DE CONTROLE MÉDICO DE SAÚDE OCUPACIONAL – PCMSO | 157

função administrativa. Ou seja, ele tem uma doença, mas está apto ao desempenho da função. Vemos, portanto, que o ASO não é um documento que atesta a saúde do trabalhador, mas sim, sua *saúde ocupacional*, que o habilita a exercer determinada atividade.

d) subsidiar a implantação e o monitoramento da eficácia das medidas de prevenção adotadas na organização:

Resultados anormais obtidos nos exames médicos, queixas dos trabalhadores bem como análises epidemiológicas, dentre outros, podem indicar a necessidade imediata de adoção das medidas de prevenção (caso inexistentes), ou ainda a sua ineficácia (caso já tenham sido implementadas), o que pode demandar a necessidade de nova avaliação dos riscos e possivelmente nova intervenção nos processos, produtos, máquinas e equipamentos, entre outros. É o que chamamos de prevenção reativa, levando à retroalimentação do PGR com o objetivo de garantir a melhoria contínua das condições de trabalho.

e) subsidiar análises epidemiológicas e estatísticas sobre os agravos à saúde e sua relação com os riscos ocupacionais:

A epidemiologia objetiva "controlar os problemas de saúde em populações por meio do conhecimento das 'causas', orientar a intervenção sobre elas, a fim de produzir mudanças nos quadros de saúde dessas populações"[19].

A abordagem epidemiológica no contexto ocupacional prioriza a avaliação **coletiva da população trabalhadora**, avaliada a partir de "grupos homogêneos de exposição", atualmente chamados de "grupos de exposição similar", que reúnem trabalhadores expostos a riscos semelhantes, de forma que o resultado fornecido pela avaliação da exposição de qualquer trabalhador do grupo seja representativo da exposição do restante dos trabalhadores do mesmo grupo[20].

O médico responsável pelo PCMSO deve, portanto, ter conhecimento do diagnóstico epidemiológico da população trabalhadora para, ao identificar uma maior ocorrência de adoecimento em determinado grupo, por exemplo, por meio de estudos da incidência e prevalência de doenças profissionais, busque as causas desse adoecimento a partir da investigação dos agentes agressores presentes no ambiente de trabalho.

Nessa abordagem, devem ser usados **instrumentos da epidemiologia**, como cálculo de taxas ou coeficientes para verificar se há locais de trabalho, setores, atividades, funções, turnos, ou grupos de trabalhadores, com mais agravos à saúde do que outros[21]. Esta abordagem pode permitir, inclusive, ao longo do tempo, a comparação de dados estatísticos com outros estabelecimentos da organização, ou até mesmo, entre organizações, servindo também como fator de direcionamento do gerenciamento de riscos.

---

[19] MENDES, René. *Patologia do trabalho*. 3. ed. São Paulo: Atheneu, 2013.

[20] Norma de Higiene Ocupacional 8 – NHO8 – Coleta de material particulado sólido suspenso no ar de ambientes de trabalho. Fundacentro, 2009.

[21] NR7 – PCMSO – Despacho da Secretaria de Segurança e Saúde no Trabalho, 1.º de outubro de 1996.

> **Saiba Mais**
>
> **Epidemiologia: Estudos descritivos e analíticos[22]**
>
> A Epidemiologia é uma disciplina que utiliza a metodologia da lógica indutiva, ou seja, parte dos dados obtidos para formular uma hipótese a ser comprovada. Existem estudos chamados **descritivos** que registram a frequência dos eventos ou agravos patológicos e sua variação no tempo e no espaço, e outros chamados **analíticos**, os quais procuram explicar as características dessa frequência ou associações entre estas e outros fatores observados (nexo de relação de causa e efeito ou de causalidade). Na medicina do trabalho, as duas formas são necessárias para melhor compreensão dos fenômenos em estudo. Podem-se adotar estudos de vários tipos:
>
> **Ecológico:** estuda as variáveis ambientais, socioeconômicas ou relacionadas a áreas geográficas.
>
> **Corte transversal ou seccional:** observa simultaneamente, num determinado momento, o fator causal e o efeito de determinado agravo. Trata-se do estudo da relação entre o agravo e a causa atribuída.
>
> **Estudo de caso controle:** estudo longitudinal ou de segmento. Estuda a frequência de determinado agravo na presença ou ausência de um fator condicionante/determinante. Pressupõe a existência de doença, porém, com a introdução do diagnóstico nas fases subclínicas, pode ser adaptado para essa condição.
>
> **Estudo de coorte:** estudo longitudinal abordando hipóteses etiológicas (coorte = unidades do exército romano que possuíam equipamentos e uniformes homogêneos).

f) subsidiar decisões sobre o afastamento de empregados de situações de trabalho que possam comprometer sua saúde;

Afastamentos têm consequências para o trabalhador e para a organização. O PCMSO deve subsidiar as decisões sobre afastamento no sentido de auxiliar na definição dos motivos do afastamento e sua duração. Esta alínea deve ser interpretada em conjunto com as duas próximas alíneas "g" e "h".

g) subsidiar a emissão de notificações de agravos relacionados ao trabalho, de acordo com a regulamentação pertinente:

Incluem-se aqui tanto a notificação de lesões e adoecimentos para os quais deve ser emitida a Comunicação de Acidente do Trabalho (CAT), conforme item 7.5.19.5 da NR7[23] e art. 22 da Lei 8.213/1991. E também quanto à notificação compulsória de doenças, agravos e eventos de saúde pública, conforme a Portaria de Consolidação 4, de 28 de setembro de 2017, Capítulo V, Anexo I.[24]

h) subsidiar o encaminhamento de empregados à Previdência Social:

Dependendo do período de afastamento será necessário o encaminhamento do empregado à perícia da Previdência Social para o estabelecimento (ou não) do Nexo Técnico Epidemiológico Previdenciário (NTEP). Neste caso, é de fundamental importância o preenchimento correto e completo dos dados da CAT.

---

[22] ROCHA, Luiz Antônio Rabelo. PCMSO: teoria e prática. São Paulo: LTr, 2011.

[23] E também art.169 da CLT: *Será obrigatória a notificação das doenças profissionais e das produzidas em virtude de condições especiais de trabalho, comprovadas ou objeto de suspeita, de conformidade com as instruções expedidas pelo Ministério do Trabalho.*

[24] Lista nacional de notificação compulsória de doenças, agravos e eventos de saúde pública (Redação dada pela PRT GM/MS 3.418, de 31 de agosto de 2022).

NR 7 • PROGRAMA DE CONTROLE MÉDICO DE SAÚDE OCUPACIONAL – PCMSO | **159**

i) **acompanhar de forma diferenciada o empregado cujo estado de saúde possa ser especialmente afetado pelos riscos ocupacionais:**

Além dos riscos ocupacionais, vários outros aspectos devem ser considerados na elaboração e implementação do PCMSO, como o conhecimento da população trabalhadora, a faixa etária predominante, e em especial os trabalhadores vulneráveis que apresentem suscetibilidades específicas que possam inclusive ser agravadas em função dos riscos existentes no ambiente onde eles exercerão suas atividades. Novamente destaco a importância de o médico responsável pelo PCMSO conhecer os locais de trabalho.

Nesse sentido, trabalhadores portadores de patologias diversas, como hipertensão arterial, diabetes, obesidade, processos reumáticos, além de vícios (bebidas, cigarros), deficiências e outros, devem receber especial atenção com o objetivo de resguardar sua saúde. A organização poderá comprovar à fiscalização o acompanhamento diferenciado desses empregados de várias formas, como a realização de exames complementares específicos, ou ainda acompanhamento psicológico individualizado, sempre a critério médico.

j) **subsidiar a Previdência Social nas ações de reabilitação profissional;**

k) **subsidiar ações de readaptação profissional;**

As alíneas "j" e "k" nos mostram que os elaboradores da norma também se preocuparam com os trabalhadores que perdem alguma funcionalidade devido a lesões ou adoecimentos ocupacionais, mas ainda possuem capacidade residual para trabalhar. A ideia aqui é impulsionar as ações de reabilitação e readaptação profissional. Neste sentido, o PCMSO pode ajudar a organização a desenvolver estas ações, inclusive cumprindo relevante papel social.

l) **controlar a imunização ativa dos empregados, relacionada a riscos ocupacionais, sempre que houver recomendação do Ministério da Saúde.**

Esta alínea dispõe sobre a obrigação do controle, pela empresa, da vacinação dos empregados, de acordo com os riscos aos quais estão expostos nos casos recomendados pelo Ministério da Saúde.

Algumas NRs setoriais também contêm previsões expressas relativas à obrigatoriedade de imunizações ativas específicas decorrentes das atividades exercidas. Por exemplo, a NR32 (Segurança e saúde no trabalho em serviços de saúde) dispõe como obrigação do empregador o fornecimento gratuito, aos trabalhadores, de programa de imunização ativa *contra tétano, difteria, hepatite B e outros estabelecidos no PCMSO.*

Já a NR31 (Segurança e saúde no trabalho na agricultura, pecuária, silvicultura, exploração florestal e aquicultura) determina que o empregador rural ou equiparado deve possibilitar aos trabalhadores o acesso aos órgãos de saúde com a finalidade de aplicação de vacina antitetânica e outras.

Saiba mais

Imunização ativa e Imunização passiva[25]

A imunização ativa ocorre quando há o estímulo do sistema imunológico de forma que este produza sua própria imunidade específica. Esta imunidade geralmente é eficaz e duradoura, e é o que se pretende com o uso de vacinas.

Já a imunização passiva ocorre quando há transferência de anticorpos prontos seja de forma natural (transferência da mãe para o feto via transplacentária) ou artificial (imunoglobulinas animais ou humanas, plasma hiperimune ou concentrado de anticorpos).

---

[25] MENDES, René. *Patologia do trabalho.* 3. ed. São Paulo: Atheneu, 2013.

160 SEGURANÇA E SAÚDE NO TRABALHO – *Mara Queiroga Camisassa*

Finalmente, a norma determina que o PCMSO não deve ter caráter de seleção de pessoal. Além do aspecto preventivo, um dos objetivos do programa é que o médico responsável decida, por meio do exame admissional, sobre a aptidão do trabalhador para exercer determinada atividade. Nesse sentido, não há que falar em trabalhador "mais saudável" para fins de seleção tampouco se utilizar de práticas discriminatórias. No entanto, é claro que para a execução de determinadas atividades há que considerar condições preexistentes que podem inviabilizar a contratação do trabalhador. Por exemplo, a própria NR determina os exames médicos para trabalhadores ***candidatos*** a trabalho em pressões hiperbáricas (construção civil), que deverão ser avaliados por médico qualificado em medicina hiperbárica (Anexo IV).

4.1 Vigilância à saúde dos trabalhadores

Para que as diretrizes anteriores sejam efetivamente cumpridas, o PCMSO deve conter as ações relacionadas à vigilância da saúde dos trabalhadores. Temos, portanto, ações de vigilância passiva e vigilância ativa, como mostrado a seguir.

Vigilância passiva:

A vigilância passiva da saúde ocupacional é empreendida a partir do recebimento de demanda espontânea de empregados que procuram serviços médicos, por exemplo, apresentando queixas ou desconfortos. Estas queixas e desconfortos podem ser indicação precoce de algum adoecimento. Neste sentido, faz-se imprescindível a presença na organização, do médico do trabalho, cumprindo jornada de acordo com o disposto na NR4.

Vigilância ativa:

A vigilância ativa da saúde ocupacional é realizada por meio de exames médicos dirigidos[26] (previstos na NR7 e também definidos a critério médico, mediante justificativa técnica), e também pela coleta de dados sobre sinais e sintomas de agravos à saúde relacionados aos riscos ocupacionais e a correspondente análise/pesquisa sobre as causas destes sinais e sintomas, que podem ser, por exemplo, consequências da hiper suscetibilidade individual ou da falta de controle da exposição por parte da organização, sinalizando, precocemente, o adoecimento.

> **Saiba mais**
> **Vigilância Ativa – Exames médicos**
> *O exame médico pode consistir somente em exame clínico (anamnese e exame físico) ou ser complementado por exames laboratoriais da esfera de análises clínicas, de imagem, dentre outros. Não são exames da Toxicologia, mas de Clínica Médica.*
> *O exame médico de vigilância à saúde é utilizado para detecção precoce de possíveis efeitos. Este tipo de monitoramento constitui prática comum na Medicina do Trabalho para todos os tipos de agentes. Como exemplo, para trabalhadores sujeitos a movimentos repetitivos, pode-se recorrer a anamnese e a exame físico com atenção especial aos membros superiores; em indivíduos expostos a ruído elevado, a audiometria é uma ferramenta essencial para detecção precoce do efeito auditivo deste agente físico; a telerradiografia de tórax é realizada para a detecção precoce de possível pneumoconiose por particulados fibrogênicos; a prova de função pulmonar é indicada para expostos a agentes químicos sensibilizantes que podem causar asma ocupacional, por exemplo, o TDI – diisocianato de tolueno (CAS 584-84-9).[27]*

---

[26]   *"Dirigidos"* no sentido de serem definidos de acordo com os riscos aos quais o trabalhador está exposto.

[27]   BUSCHINELLI, José Tarcísio P. *Toxicologia ocupacional.* Fundacentro, 2020.

NR 7 • PROGRAMA DE CONTROLE MÉDICO DE SAÚDE OCUPACIONAL – PCMSO | **161**

5. RESPONSABILIDADES DO EMPREGADOR

Uma das responsabilidades do empregador é *garantir a elaboração e efetiva implantação* do PCMSO:

✓ *Garantir a elaboração* significa que a responsabilidade legal pela elaboração do programa é do empregador. A NR7 dispõe que o empregador deve indicar médico do trabalho que será o responsável pelo PCMSO (chamado médico coordenador nas redações anteriores);

✓ *Garantir a efetiva implantação* do programa significa o cumprimento, na prática, das determinações nele contidas e também de acordo com as disposições normativas e outras, a critério médico. Por exemplo, os exames devem ser efetuados nos prazos previstos, no caso de exames laboratoriais devem ser observados os momentos de coleta de material biológico, quando aplicável, como veremos adiante. O laboratório escolhido pelo empregador para realizar os exames complementares laboratoriais também deverá atender aos requisitos constantes na norma.

O empregador também deve assegurar que os procedimentos relacionados ao programa sejam realizados sob seu custeio, inclusive o transporte até o local onde serão efetuados, caso não seja possível que os exames sejam realizados no estabelecimento.

Segundo a NR7, inexistindo médico do trabalho na localidade, a organização pode contratar médico de **outra especialidade** como responsável pelo PCMSO. Entendo que esta é situação *excepcionalíssima*, pois o médico do trabalho é o profissional clínico especializado na avaliação da relação entre os riscos ocupacionais e a saúde do trabalhador. Acredito que a redação deste item tem por objetivo de atender a áreas mais remotas do nosso país onde ainda possa existir alguma dificuldade de se encontrar médicos com esta especialidade.

Importante destacar o art. 6.º, III, da Resolução 2.183 do Conselho Federal de Medicina:

> *Art. 6.º É vedado ao médico que presta assistência ao trabalhador:*
> *[...]*
> *III – Emitir ASO sem que esteja **familiarizado** com os princípios da patologia ocupacional e suas causas, bem como com o ambiente, as condições de trabalho e os riscos a que está ou será exposto cada trabalhador (grifo acrescentado).*

6. PLANEJAMENTO

Vimos que o PCMSO deve ser elaborado considerando os riscos ocupacionais identificados e classificados pelo PGR. Deve incluir também a avaliação do estado de saúde dos empregados em *atividades críticas*.

Atividades críticas são aquelas que exigem avaliação médica específica para determinar a aptidão do empregado, como por exemplo, trabalho em altura, trabalho em espaços confinados ou atividades com exposição a agentes químicos, ruídos excessivos, pressões hiperbáricas, bem como a agentes cancerígenos e radiações ionizantes. Devem ser considerados os riscos envolvidos e as especificidades de cada situação, além da investigação de patologias que possam impedir o exercício de tais atividades com segurança.

Por exemplo, no caso de agentes químicos, é importante considerar a principal rota de exposição (via de entrada inalatória, digestiva ou dérmica), a frequência e a duração da exposição, suas propriedades físico-químicas[28], a concentração no ambiente e também a suscetibilidade individual.

No caso de agentes físicos, é essencial levar em conta a dose quando aplicável ou a intensidade do agente, frequência e duração da exposição e também a suscetibilidade individual.

Caso o médico responsável pelo PCMSO observe inconsistências no inventário de riscos da organização, deve reavaliá-las com os *responsáveis pelo PGR*. Esta é a redação do item 7.5.5 da NR7, porém, como dito anteriormente, **entendo que o médico do trabalho deve ser também um dos responsáveis pela elaboração do PGR**.

A organização deve garantir que o PCMSO:

a) descreva os possíveis agravos à saúde relacionados aos riscos ocupacionais identificados e classificados no PGR;

O médico responsável pelo PCMSO deverá indicar, para cada risco ocupacional identificado e classificado no PGR, quais os possíveis agravos à saúde da população trabalhadora, destacando aqueles que podem **agravar condições preexistentes**;

b) contenha planejamento de exames médicos clínicos e complementares necessários, conforme os riscos ocupacionais identificados, atendendo ao determinado nos Anexos da norma;

Para cada função, devem estar indicados no PCMSO quais exames deverão ser realizados (clínicos e complementares), bem como o momento da realização e sua periodicidade, quando aplicável.

Lembrando que alguns exames são obrigatórios e pré-definidos pela própria norma. Um outro detalhe importante é que é possível que empregados que exerçam a mesma função estejam expostos a riscos diferentes, daí novamente a importância de o médico responsável inspecionar os locais de trabalho.

No caso dos exames com coleta de material biológico (sangue, urina, ar exalado), deve ser indicado o respectivo momento da coleta. Todas essas informações devem atender ao disposto na norma e seus anexos.

c) contenha os critérios de interpretação e planejamento das condutas relacionadas aos achados dos exames médicos;

O médico responsável pelo programa deve indicar os critérios de interpretação dos resultados dos exames e como estes critérios servirão de subsídio para a conduta médica a ser adotada. Temos aqui um dos itens mais importantes da norma, pois exige do médico responsável pelo programa não somente a aplicação de todo o seu conhecimento clínico, mas também seu aprimoramento constante.

De acordo com a Resolução 2.183/2018 do Conselho Federal de Medicina, art. 2.º:

Para o estabelecimento do nexo causal entre os transtornos de saúde e as atividades do trabalhador, além da anamnese, do exame clínico (físico e mental), de relatórios e dos exames complementares, é dever do médico considerar:

---

[28] As propriedades físico-químicas de um agente químico se referem às suas características físicas e químicas, tais como aspecto (estado físico, forma, cor), odor e limite de odor, pressão de vapor, ponto de fulgor, entre outros.

• PROGRAMA DE CONTROLE MÉDICO DE SAÚDE OCUPACIONAL – PCMSO | 163

I – a história clínica e ocupacional atual e pregressa, decisiva em qualquer diagnóstico e/ou investigação de nexo causal;
II – o estudo do local de trabalho;
III – o estudo da organização do trabalho;
IV – os dados epidemiológicos;
V – a literatura científica;
VI – a ocorrência de quadro clínico ou subclínico em trabalhadores expostos a riscos semelhantes;
VII – a identificação de riscos físicos, químicos, biológicos, mecânicos, estressantes e outros;
VIII – o depoimento e a experiência dos trabalhadores;
IX – os conhecimentos e as práticas de outras disciplinas e de seus profissionais, sejam ou não da área da saúde.

Ressalto que, em alguns casos, a própria NR7 dispõe sobre critérios específicos de interpretação dos resultados de determinados exames e a respectiva conduta a ser adotada. Este é o caso, por exemplo, das audiometrias e radiografias de tórax para apoio ao diagnóstico de pneumoconioses.

d) seja conhecido e atendido por todos os médicos que realizarem os exames médicos ocupacionais dos empregados;

Dependendo do porte da organização e também considerando a amplitude dos exames complementares no que se refere às diversas áreas da clínica médica, não se espera que estes sejam realizados por um único profissional. Desta forma, a NR7 exige que os médicos que realizarem os exames ocupacionais (chamado *médico encarregado*, em redações anteriores) tenham conhecimento e cumpram o disposto no PCMSO que estejam atendendo. A norma não exige que estes médicos tenham a especialidade em medicina do trabalho, mas tão somente o médico responsável pelo programa (regra geral). Porém, destaco novamente o art. 6.º, III, da Resolução 2.183 do Conselho Federal de Medicina:

Art. 6.º É vedado ao médico que presta assistência ao trabalhador:
[...]
III – Emitir ASO sem que esteja <u>familiarizado</u> com os princípios da patologia ocupacional e suas causas, bem como com o ambiente, as condições de trabalho e os riscos a que está ou será exposto cada trabalhador.

e) inclua relatório analítico sobre o desenvolvimento do programa, conforme o subitem 7.6.2 da norma.

O relatório analítico (chamado relatório anual em redações anteriores) deve ser elaborado anualmente; seu conteúdo mínimo é definido na norma, como veremos adiante.

6.1 Exames médicos obrigatórios

O PCMSO deve incluir a realização obrigatória dos exames médicos:

a) admissional;
b) periódico;
c) de retorno ao trabalho;
d) de mudança de riscos ocupacionais;
e) demissional.

Estes exames incluem o exame clínico e os exames complementares, realizados de acordo com as especificações da própria NR7 e de outras NRs. Tanto o exame clínico quanto os exames complementares devem ser realizados em função da exposição a riscos específicos aos quais o trabalhador está exposto e que podem desencadear danos à saúde ou ainda agravar condições preexistentes.

Durante o exame clínico, os empregados devem ser informados das razões da realização dos exames complementares aos quais serão submetidos e do significado dos resultados. A NR7 não determina *como* esta informação deve ser prestada ao empregado. De qualquer forma, para fins de auditoria, considero importante que se mantenham registros correspondentes, assinados e datados, referentes à prestação destas informações.

Além dos exames complementares previstos na NR7, podem ser realizados outros, a critério do médico responsável, *desde que relacionados aos riscos ocupacionais classificados no PGR e tecnicamente justificados no PCMSO*. Tal disposição visa coibir prática não tanto incomum de realização de exames médicos sem nenhuma relação com a efetiva exposição aos riscos ocupacionais.

6.1.1 Exame clínico

A norma determina os prazos e a periodicidade do exame clínico para cada um dos exames obrigatórios, conforme mostra a tabela a seguir:

Exame	Condição	Prazo de realização da avaliação clínica
Admissional	Todos os empregados sem exceção	**Antes** que o empregado assuma suas atividades
Periódico (prazos máximos)	Empregados expostos a riscos ocupacionais identificados e classificados no PGR e para portadores de doenças crônicas que aumentem a susceptibilidade a tais riscos.	A cada ano ou a intervalos menores, a critério do médico responsável.
		De acordo com a periodicidade especificada no Anexo IV da NR7, relativo a empregados expostos a condições hiperbáricas.
	Demais empregados.	A cada dois anos.
Mudança de risco ocupacional	Empregados expostos a novos riscos, ou seja, exposição a riscos diferentes dos anteriores, que pode ocorrer, por exemplo, no caso de alteração de função, processos produtivos, entre outros.	Antes da data da mudança, adequando-se o controle médico aos novos riscos.
Retorno ao trabalho	Empregado ausente por período igual ou superior a 30 dias por motivo de doença ou acidente, de natureza ocupacional ou não.	Antes que o empregado reassuma suas funções. No exame de retorno ao trabalho, a avaliação médica deve definir a necessidade de retorno gradativo ao trabalho.
Demissional	– Empregados de organizações **graus de risco 1 e 2** podem ser dispensados da avaliação clínica no exame demissional, caso a avaliação clínica ocupacional mais recente tenha sido realizado há **menos de 135 dias.** – Empregados de organizações **graus de risco 3 e 4** podem ser dispensados da avaliação clínica no exame demissional, caso a avaliação clínica ocupacional mais recente tenha sido realizado há **menos de 90 dias.**	Em até dez dias contados do término do contrato.

Pontos importantes sobre os exames médicos

Admissional

No exame admissional, a critério do médico responsável, poderão ser aceitos exames complementares realizados nos 90 dias anteriores à data da admissão, exceto

NR 7 • PROGRAMA DE CONTROLE MÉDICO DE SAÚDE OCUPACIONAL – PCMSO | 165

quando definidos prazos diferentes nos Anexos da norma. Tal disposição ganha importância principalmente nos casos de realização de exames radiológicos de forma a diminuir a exposição do trabalhador a radiações ionizantes.

Mudança de risco ocupacional

Sempre que houver alteração de riscos aos quais o trabalhador estará exposto, terá ocorrido o "fato gerador" para a realização do exame de mudança de risco ocupacional. O controle médico deverá ser adequado aos novos riscos, inclusive com a realização de novos exames complementares, se for o caso.

Por exemplo, considere uma trabalhadora que exerce a função "Operadora de Prensa Hidráulica" e realiza seu trabalho no Setor de Produção A, exposta ao risco físico *ruído contínuo e intermitente*. A empresa decide transferir essa prensa para o Setor de Produção B, onde, além do ruído, a operadora também ficará exposta ao calor, em razão da existência no local de fonte geradora desse agente físico. A trabalhadora irá exercer a mesma atividade, agora, no setor de Produção B. Nesse caso, deve ser realizado exame de mudança de risco, pois houve *mudança de setor* com exposição a risco diferente (calor), apesar de na prática não ter ocorrido nem mesmo a mudança de função.

Retorno ao trabalho

No exame de retorno ao trabalho, o exame clínico deve ser realizado antes que o empregado reassuma suas funções, quando ausente por período igual ou superior a 30 dias por motivo de doença ou acidente, de natureza ocupacional ou não.

Exemplo:

Pergunta: Trabalhador que, durante o fim de semana, quebrou o pé jogando futebol, e precisou ficar afastado 40 dias, quando retornar ao trabalho, deverá se submeter ao exame de retorno ao trabalho?

Resposta: Sim, pois ainda que o acidente que causou o afastamento **não tenha natureza ocupacional**, o exame de retorno ao trabalho deverá ser realizado. Lembrando que o período do afastamento deve ser **igual ou superior a trinta dias**.

Demissional

No exame demissional, o exame clínico deve ser realizado em até dez dias contados do término do contrato, podendo ser dispensado caso o exame clínico ocupacional mais recente tenha sido realizado há menos de 135 dias, para as organizações graus de risco 1 e 2, e há menos de 90 dias, para as organizações graus de risco 3 e 4. Por óbvio que, se a organização entender importante a realização do exame demissional, mesmo estando dispensada, ela poderá fazê-lo, porém não será por uma obrigação normativa.

Exemplo:

Pergunta: É possível que um trabalhador seja demitido e não submetido ao exame clínico demissional, sem que isso corresponda a uma infração?

Resposta: Sim, por exemplo: Pedreiro foi admitido em 01.06.2022, em uma construtora (CNAE 43.30-4, grau de risco 3) para realização de serviços de acabamento, e submetido a exame admissional na mesma data. Foi demitido em 15.07.2022. Como o exame clínico ocupacional mais recente (admissional, neste exemplo) foi realizado há menos de 90 dias (45 dias, neste exemplo) e o grau de

166 SEGURANÇA E SAÚDE NO TRABALHO – *Mara Queiroga Camisassa*

risco da empresa é 3 (Quadro II da NR4), ele não precisará ser submetido ao exame clínico demissional.

6.1.2 Exames complementares

Com o objetivo de monitorar a **exposição ocupacional**[29] do trabalhador, além da avaliação clínica, devem ser realizados, conforme o caso, exames complementares. A própria norma se encarrega de determinar a obrigatoriedade de realização de exames complementares nos casos em que o trabalhador esteja exposto a determinados agentes químicos nas suas diversas formas de dispersão (poeiras, fumos, névoas, neblinas, gases e vapores), e também a ruído excessivo, a pressões hiperbáricas, bem como a agentes cancerígenos e radiações ionizantes conforme o disposto nos Anexos I a V.

Como dito anteriormente, podem ser realizados outros exames complementares, a critério do médico responsável, desde que relacionados aos riscos ocupacionais classificados no PGR e tecnicamente justificados no PCMSO.

Exames complementares laboratoriais

Os exames complementares laboratoriais previstos na norma são <u>obrigatórios</u> quando:

a) o levantamento preliminar do PGR indicar a necessidade de medidas de prevenção imediatas;

b) houver exposições ocupacionais **acima dos níveis de ação**[30] **determinados na NR9**. Esta é a *regra geral*. Destaco, entretanto, que os exames complementares para os empregados expostos a agentes químicos cancerígenos, conforme informado no PGR da organização, são obrigatórios quando a exposição estiver *acima de 10% dos limites de exposição ocupacional*, ou quando não houver avaliação ambiental, e devem ser executados e interpretados com base nos critérios constantes na própria norma.

Os exames laboratoriais também são obrigatórios se a **classificação de riscos do PGR** justificar tal obrigatoriedade, em função da criticidade da exposição.

Estes exames devem ser executados por laboratório que atenda ao disposto na RDC/Anvisa 302/2005, no que se refere aos procedimentos de coleta, acondicionamento, transporte e análise, e interpretados com base nos critérios constantes nos Anexos da NR7.

O momento da coleta das amostras biológicas deve seguir as determinações constantes nos Quadros 1 e 2 do Anexo I. Caso a própria organização realize o armazenamento e o transporte das amostras, deverá seguir os procedimentos recomendados pelo laboratório contratado.

Veremos em detalhes os exames exigidos em cada anexo da norma.

---

[29] A **exposição ocupacional** do trabalhador ocorre quando a superfície externa ou interna do organismo entra em contato com o agente nocivo.

[30] Segundo o item 9.6.1. alínea "b" da NR9, o nível de ação dos agentes químicos corresponde à metade do limite de exposição ocupacional. Veremos no capítulo da NR9 que os critérios nos quais se baseia o conceito de *nível de ação* não são tão simplistas.

6.2 Atestado de Saúde Ocupacional

Para cada exame clínico ocupacional realizado, o médico emitirá Atestado de Saúde Ocupacional (ASO), que deve ser comprovadamente disponibilizado ao empregado, devendo ser fornecido em meio físico quando solicitado. Vemos então que a regra é a disponibilização do ASO em meio digital. Na omissão da norma, cabe à organização definir a forma de comprovação da disponibilização do ASO.

O ASO deve conter no mínimo:

a) **razão social e CNPJ ou CAEPF** da organização[31];

b) **nome completo** do empregado, o número de seu CPF e sua função;

c) descrição dos **perigos ou fatores de risco** identificados e classificados no PGR que necessitem de controle médico previsto no PCMSO, ou a sua inexistência: vemos aqui a necessidade imperiosa de o médico responsável pelo PCMSO conhecer o ambiente de trabalho, seja para descrever os fatores de riscos ou declarar sua inexistência;

d) indicação e data de realização dos **exames ocupacionais clínicos e complementares** a que foi submetido o empregado;

e) definição de **apto ou inapto** para a função do empregado: destaco novamente que o ASO não atesta que o trabalhador é uma pessoa saudável, mas tão somente sua aptidão (ou não aptidão) para o trabalho;

f) nome e número do registro profissional do **médico responsável** pelo PCMSO, se houver (nos casos em que a empresa não está dispensada da elaboração do Programa);

g) data, número de registro profissional e assinatura do médico que realizou o **exame clínico**.

Como dito anteriormente, a aptidão para trabalho em atividades específicas, quando assim definido em Normas Regulamentadoras e seus Anexos, por exemplo, trabalho em altura, deve ser consignada no ASO.

Quando forem realizados exames complementares sem que tenha ocorrido exame clínico, a organização emitirá recibo de entrega do resultado do exame. O recibo deve ser fornecido ao empregado em meio físico, quando solicitado. Esta situação (exame complementar sem exame clínico) pode ocorrer nos casos em que o exame complementar tem periodicidade diferente do exame clínico.

6.3 Condutas no caso de constatação de doença ocupacional

Caso seja constatada, por meio dos exames complementares[32], a ocorrência ou o agravamento de doença relacionada ao trabalho ou alteração que revele disfunção orgânica:

I – Caberá à organização, após informada pelo médico responsável pelo PCMSO:

a) emitir a Comunicação de Acidente do Trabalho – CAT;

b) afastar o empregado da situação, ou do trabalho, quando necessário;

---

[31] CNPJ – Cadastro Nacional de Pessoa Jurídica; CAEPF – Cadastro de Atividade Econômica da Pessoa Física.

[32] Exames complementares conforme Quadro 2 do Anexo I, dos demais Anexos da norma ou aqueles incluídos a critério médico.

c) encaminhar o empregado à Previdência Social, quando houver afastamento do trabalho superior a 15 (quinze) dias, para avaliação de incapacidade e definição da conduta previdenciária;

d) reavaliar os riscos ocupacionais e as medidas de prevenção pertinentes no PGR como vimos anteriormente, esta reavaliação dos riscos se refere ao que chamamos de prevenção reativa;

II – O empregado deverá ser submetido a exame clínico e informado sobre o significado dos exames alterados e condutas necessárias;

III – O médico responsável pelo PCMSO deve avaliar a necessidade de realização de exames médicos em outros empregados sujeitos às mesmas situações de trabalho.

Destaco que a CAT deve ser emitida mesmo nos casos de suspeição, conforme o disposto no art. 169 da CLT:

> CLT, Art. 169. Será obrigatória a notificação das doenças profissionais e das produzidas em virtude de condições especiais de trabalho, comprovadas ou *objeto de suspeita*, de conformidade com as instruções expedidas pelo Ministério do Trabalho. (grifos acrescentados)

7. DOCUMENTAÇÃO

7.1 Prontuário médico

Os dados dos exames clínicos e complementares deverão ser registrados em prontuário médico individual sob os cuidados do médico responsável pelo PCMSO ou pelos exames, nos casos em que a organização estiver dispensada da elaboração do Programa. Os prontuários médicos podem ser armazenados em meio eletrônico desde que atendidas as exigências do Conselho Federal de Medicina.

O prontuário do empregado deve ser mantido pela organização, no mínimo, por 20 anos contados a partir de seu desligamento, exceto em caso de previsão diversa constante nos Anexos da norma. Esta determinação se justifica porque em vários casos os trabalhadores estão sujeitos às consequências "tardias" das exposições aos agentes nocivos, como no caso de doenças com longo tempo de latência, como o câncer, as pneumoconioses fibrogênicas ou até mesmo a perda auditiva, que pode levar anos para se manifestar. Assim, a conservação dos registros é importante para se recuperar a história ocupacional do trabalhador em caso de necessidade futura e também para estudos epidemiológicos[33].

Cito algumas exceções a esta regra previstas na própria NR7 e também na NR32:

✓ NR7 Anexo V: Os prontuários médicos dos empregados expostos a **substâncias químicas cancerígenas** devem ser mantidos por *período mínimo de 40 (quarenta) anos após o desligamento do empregado*;

✓ NR7 Anexo V: Os prontuários médicos dos empregados expostos a **radiações ionizantes** devem ser mantidos até a data em que o empregado completará *75*

---

[33] MARINHO, Airton. *PCMSO/Epidemiologia*. São Paulo: MTE, 2007.

NR 7 • PROGRAMA DE CONTROLE MÉDICO DE SAÚDE OCUPACIONAL – PCMSO | 169

anos e, pelo menos, por período mínimo de 30 (trinta) anos após o desligamento do empregado;

✓ NR32 Segurança e Saúde no Trabalho em Serviços de Saúde: Trabalhadores de serviços de saúde que realizam atividades em áreas onde existam **fontes de radiações ionizantes:** O item 32.4.8 da NR32 determina que "o prontuário clínico individual previsto pela NR7 deve ser mantido atualizado e ser conservado por *30 (trinta) anos após o término de sua ocupação"* (ocupação da instalação radiativa).

Caso o médico responsável pelo PCMSO seja substituído, a organização deve garantir que os prontuários médicos sejam **formalmente transferidos** para seu sucessor para que as informações não se percam.

Importante lembrar que a dispensa da elaboração do PCMSO, como apresentado no início deste capítulo, não dispensa o médico da manutenção do prontuário[34].

7.2 Relatório analítico

O relatório analítico (como vimos, chamado relatório anual em redações anteriores), apresenta a consolidação das ações de vigilância à saúde da população de trabalhadores que foram realizadas pela organização nos últimos doze meses.

Este relatório deve ser elaborado pelo médico responsável pelo PCMSO considerando a data do último relatório, contendo, no mínimo:

a) o número de exames clínicos realizados;

b) o número e tipos de exames complementares efetuados;

c) estatística de resultados anormais dos exames complementares, categorizados por tipo do exame e por unidade operacional, setor ou função: permite que o médico identifique de forma coletiva, os setores e/ou funções onde estão ocorrendo adoecimentos;

d) incidência e prevalência[35] de doenças relacionadas ao trabalho, categorizadas por unidade operacional, setor ou função: dados a serem considerados na análise epidemiológica;

e) informações sobre o número, tipo de eventos e doenças informadas nas CAT, emitidas pela organização, referentes a seus empregados;

f) análise comparativa em relação ao relatório anterior e discussão sobre as variações nos resultados: permite que o médico avalie se está, ou não, havendo alguma evolução/melhora nos níveis de adoecimento em relação ao ano anterior. Por exemplo, se os casos de PAINPSE em determinado setor estão aumentando a cada ano, pode ser um indicativo de que as medidas de controle do ruído, caso existam, não estão sendo eficazes.

---

[34] Código de Ética Médica – Conselho Federal de Medicina: *Capítulo X – É vedado ao médico: Art. 87. Deixar de elaborar prontuário legível para cada paciente. § 1.º O prontuário deve conter os dados clínicos necessários para a boa condução do caso, sendo preenchido, em cada avaliação, em ordem cronológica com data, hora, assinatura e número de registro do médico no Conselho Regional de Medicina.*

[35] Incidência sendo o número de casos que ocorreram no período analisado (últimos doze meses) e prevalência a quantidade de casos acumulados desde o início da pesquisa.

Vejam que não basta o mero registro, no relatório analítico, dos dados de vigilância à saúde. É necessário que o médico responsável inclua as análises correspondentes e no caso de adoecimentos ou mesmo indícios ou agravamentos, reporte ao empregador estas situações para que se faça o efetivo controle dos riscos. Temos aqui um exemplo da retroalimentação do PGR, como dito anteriormente.

O relatório analítico deve ser <u>apresentado e discutido com os responsáveis por segurança e saúde no trabalho da organização, incluindo a CIPA, quando existente</u>. Faz-se necessária uma análise dos reflexos na saúde dos trabalhadores das medidas anteriormente adotadas, caracterizando a eficácia das ações empreendidas ou a necessidade de adoção de novas medidas de prevenção.

A organização deve garantir que o médico responsável pelo PCMSO considere, na elaboração do relatório analítico, os dados dos prontuários médicos a ele transferidos, se for o caso. Se não tiver recebido os prontuários médicos ou considerado as informações insuficientes, deve comunicar o ocorrido no relatório analítico.

As organizações de graus de risco 1 e 2 com até 25 empregados e aquelas de graus de risco 3 e 4 com até dez empregados podem elaborar relatório analítico *simplificado* informando apenas: 1. número de exames clínicos realizados; e 2. número e tipos de exames complementares efetuados.

RELATÓRIO ANALÍTICO SIMPLIFICADO
(Para organizações obrigadas a elaborar o PCMSO, porém com reduzido quadro de empregados)

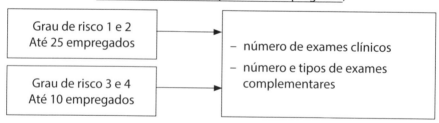

O relatório analítico não será exigido para:

a) Microempreendedores Individuais (MEI);

b) ME e EPP dispensadas da elaboração do PCMSO.

RELATÓRIO ANALÍTICO
Tratamento diferenciado
(Para MEI, ME e EPP)

8. ANEXO I – MONITORAÇÃO DA EXPOSIÇÃO OCUPACIONAL A AGENTES QUÍMICOS

8.1 Introdução

A monitoração biológica da exposição ocupacional a agentes químicos é ferramenta para avaliação e interpretação da exposição do trabalhador a determinados agentes químicos por meio de **indicadores biológicos, também chamados de biomarcadores**. Estes indicadores objetivam avaliar o risco derivado da exposição por meio da quantidade efetivamente absorvida pelo organismo[36] e dependendo do agente em questão, refletem a correspondente exposição, diária ou acumulada.

Os indicadores biológicos são obtidos a partir da análise de _amostras biológicas (sangue, urina, ar exalado)_ coletadas dos trabalhadores expostos. Como veremos a seguir, as amostras devem ser coletadas em momentos apropriados, relacionados às jornadas de trabalho em que o trabalhador estiver efetivamente exposto ao agente a ser monitorado.

A monitoração biológica é atividade complementar à _vigilância à saúde_, mas com ela não se confunde[37]. Como vimos anteriormente, a vigilância à saúde envolve exames médicos para **detecção precoce de alterações ou agravos à saúde** em função da exposição aos riscos ocupacionais. Essas alterações podem ser consequências da falta de controle da exposição por parte da empresa ou da suscetibilidade individual do trabalhador.

Os indicadores biológicos podem ser conceituados como toda substância, estrutura ou processo passível de ser quantificado no organismo ou em seus meios biológicos e que influencia ou prediz a incidência de um acontecimento ou de uma doença (IPCS, 2001). A substância ou elemento químico determinado pode ser produto de uma _biotransformação_ ou alteração bioquímica precoce decorrente da introdução deste agente tóxico no organismo.

A _biotransformação_ é o conjunto de reações que modificam a estrutura do agente tóxico absorvido pelo organismo tornando-o mais hidrossolúvel, mais polarizado e mais ionizado, com o objetivo de facilitar sua eliminação ou neutralização. Estas reações ocorrem principalmente no fígado, estômago ou intestino, em virtude da ação de enzimas presentes nesses órgãos, e geram os chamados _metabólitos_, mas a maior parte delas acontece no fígado (reações hepáticas), pois este é o órgão que tem maior concentração de enzimas. Ressalto, inclusive, que em alguns casos, essas reações podem aumentar a toxicidade do agente ingerido. Destaco que também é possível que o agente não sofra nenhuma biotransformação, como é o caso da acetona, que uma vez absorvida pelo organismo, pode ser detectada na urina (a própria acetona). Já o xileno é biotransformado em ácido hipúrico coletado em amostras de urina.

A monitoração biológica, portanto, refere-se à avaliação dos _metabólitos_ gerados pela biotransformação e que são excretados pelo organismo por meio da urina, sangue, ar expirado e outras secreções.

Indo mais além, a monitoração biológica permite também a avaliação da eficácia do EPI (por exemplo, protetores respiratórios quando a via de entrada é a inalatória ou

---

[36] BUSCHINELLI, José Tarcísio P. _Toxicologia ocupacional_. Fundacentro, 2020.

[37] A **monitoração biológica** também não se confunde com a **monitoração ambiental**, esta última realizada por meio da avaliação de concentração do agente químico (ou intensidade do agente físico ou biológico) no ambiente de trabalho.

luvas de segurança quando a pele é a via de absorção). E também a avaliação do impacto dos modos de trabalho, por exemplo, o esforço físico excessivo dedicado a determinada tarefa com exposição ao agente (o que pode levar a uma necessidade maior do ar inalado) ou ainda o excesso de horas extras. A monitoração biológica pode levar até à alteração de procedimentos que tenham relação direta com a exposição.

> ### Saiba Mais
> ### Objetivos da Monitoração Biológica
>
> Segundo Dr. Tarcísio Buschinelli[38], o monitoramento biológico objetiva verificar a absorção da substância monitorada e não tem relação com detecção de alterações clínicas, tarefa esta da Vigilância à Saúde. Utilizam-se de indicadores biológicos específicos que têm relação com as exposições nos ambientes de trabalho. Não obstante ser complementar, o monitoramento biológico da exposição apresenta uma série de vantagens em relação ao monitoramento ambiental, entre as quais se pode citar a identificação de (SARAZIN et al., 2019; ALESSIO et al., 1988; WHO, 1996):
>
> a) exposição relativa em uma jornada de trabalho maior que a normal;
>
> b) exposição resultante da movimentação do trabalhador no ambiente de trabalho;
>
> c) absorção de uma substância através de várias vias de absorção, e não apenas por inalação;
>
> d) exposição global decorrente de várias fontes de exposição, seja ocupacional, seja ambiental;
>
> e) quantidade da substância absorvida pelo trabalhador em função de outros fatores, como atividade física no trabalho e fatores climáticos;
>
> f) quantidade da substância absorvida pelo trabalhador em função de fatores individuais (idade, sexo, características genéticas, condições funcionais dos órgãos relacionados com a biotransformação e a eliminação do agente tóxico).
>
> Como o monitoramento biológico da exposição complementa o monitoramento ambiental, se não existirem ações de Higiene do Trabalho no controle dos ambientes de trabalho e se os achados nos exames não forem úteis para retroalimentação do controle do ambiente, os exames médicos ocupacionais (incluindo o monitoramento biológico da exposição) servirão apenas para uma série de outros propósitos, como cumprir legislação trabalhista, notificar agravos de saúde à Previdência Social, entre outros, mas conceitualmente não se estará cumprindo o seu objetivo primordial, que é o monitoramento da exposição ocupacional a agentes químicos para consequente melhoria das condições ambientais de trabalho.

A NR7 determina a avaliação dos seguintes indicadores biológicos de exposição, conforme apresentados nos Quadros I e II, respectivamente[39]:

- ✓ Indicador biológico de exposição excessiva (IBE/EE);
- ✓ Indicador biológico com significado clínico (IBE/SC).

8.2 Laboratório e momento da coleta

Para implantar um programa de monitoramento biológico, a acurácia do resultado do indicador biológico é fundamental para uma boa interpretação dos resultados. Se o

---

[38] BUSCHINELLI, José Tarcísio P. *Toxicologia ocupacional*. Fundacentro, 2020.

[39] Segundo a Portaria 6.734/2020, quando das atualizações dos limites de exposição ocupacional constantes dos Anexos da NR15, os Quadros 1 – Indicadores Biológicos de Exposição Excessiva (IBE/EE) e 2 – Indicadores Biológicos de Exposição com Significado Clínico (IBE/SC) do Anexo I da NR7 deverão ser atualizados devido à relação intrínseca entre estes valores. Alguns dos exames laboratoriais serão obrigatórios em prazos diferenciados após a entrada em vigor desta mesma Portaria, prazos estes necessários para o desenvolvimento dos respectivos métodos analíticos.

NR 7 • PROGRAMA DE CONTROLE MÉDICO DE SAÚDE OCUPACIONAL – PCMSO | 173

laboratório (responsável pela análise) não atingir resultados próximos ao valor correto, as conclusões estarão comprometidas. Portanto, a escolha de um laboratório com resultados confiáveis é o primeiro passo para um bom programa de monitoração biológica[40].

Além disso, para que a interpretação do indicador seja precisa e confiável, algumas condições devem ser observadas, das quais uma das mais importantes é o momento da coleta das **amostras biológicas**. Caso o momento da coleta não seja observado, a correlação entre a exposição ao agente e o indicador biológico não será válida.

As amostras devem ser *coletadas* nas jornadas de trabalho em que o trabalhador efetivamente estiver exposto ao agente a ser monitorado. O momento da coleta é determinado pela própria norma e varia de acordo com o agente químico cuja exposição se pretende analisar e tem relação com seu tempo de permanência no organismo (meia-vida). Por exemplo, para substâncias de meia-vida de menos de um dia, a coleta da amostra deve ocorrer no final da jornada. Já para as substâncias com alguns dias de meia-vida a coleta deve ser feita no último dia de jornada de trabalho da semana e representa a absorção dos últimos dias de exposição.

Devem ser observados os seguintes momentos de coleta, entre outros, a depender do agente:

AJ – Antes da Jornada

AJ-FJ – Diferença pré e pós-jornada

AJ48 – Antes da jornada com no mínimo 48 horas sem exposição

AJFS – Início da última jornada de trabalho da semana

FJ – Final de jornada de trabalho

FJFS – Final do último dia de jornada da semana

FS – Após 4 ou 5 jornadas de trabalho consecutivas

NC – Não crítica (pode ser colhido a qualquer momento, desde que o trabalhador esteja trabalhando nas últimas semanas)

Dentre vários outros fatores, a observância do momento de coleta das amostras é fator crítico no que se refere à assertividade dos resultados dos exames laboratoriais, uma vez que o monitoramento biológico depende intrinsecamente do "comportamento" da substância no organismo: por exemplo, para substâncias que têm uma passagem ou uma presença no corpo durante um período muito curto, a coleta da amostra deve ser feita logo ao final da jornada, que corresponde ao pico da exposição.

Em alguns casos, como na exposição a cromo hexavalente, substância comprovadamente cancerígena, a coleta deve ser feita antes da jornada e ao seu final, para se comparar os níveis de exposição pré e pós jornada. Outras substâncias demoram algum tempo para serem excretadas, como o *clorobenzeno* e o *tricloroetileno*. Nestes casos a coleta deve ser realizada ao final da jornada do último dia da semana de trabalho.

8.3 Indicador biológico de exposição excessiva (IBE/EE)

Os indicadores biológicos de exposição excessiva (IBE/EE – Quadro I) avaliam a absorção dos agentes por todas as vias de exposição (inalatória, dérmica e digestiva) e indicam, quando alterados, após descartadas outras causas não ocupacionais que justifiquem o achado, a possibilidade de exposição acima dos limites de exposição

---

[40] BUSCHINELLI, José Tarcísio P. *Toxicologia ocupacional*. Fundacentro, 2020.

ocupacional, ou seja, são indicadores da contaminação do ambiente de trabalho e, neste sentido, ferramenta da higiene ocupacional. São os chamados "*eventos sentinela*", pois se tratam de ocorrências inesperadas que requerem atenção imediata em virtude do risco de dano deles decorrentes.

Sendo verificada a possibilidade de exposição excessiva aos agentes listados no Quadro I do Anexo I, o médico do trabalho responsável pelo PCMSO deve informar o fato aos responsáveis pelo PGR para reavaliação dos riscos ocupacionais e das medidas de prevenção. Neste caso, o empregado deve ser submetido a exame clínico e informado sobre o significado dos exames alterados e condutas necessárias.

Os exames relativos aos indicadores IBE/EE previstos no Quadro I <u>não serão obrigatórios nos exames admissional, de retorno ao trabalho, de mudança de risco ocupacional e demissional</u>, uma vez que nestas situações não há exposição ao agente específico.

A figura a seguir apresenta um excerto do Quadro I:

Substância	Número CAS	Indicador(es)	Momento da Coleta	Valor do IBE/EE	Observações
Clorobenzeno	108-90-7	4clorocatecol (H) na urina ou	FJFS	100 mg/g creat.	NE
		p-clorofenol (H) na urina	FJFS	20 mg/g creat.	NE
Monóxido de carbono	630-08-0	Carboxihemoglobina no sangue ou	FJ	3,5% da hemoglobina	EPNE, NE, NF
		monóxido de carbono no ar exalado final	FJ	20 ppm	EPNE, NE, NF
Chumbo tetraetila	78-00-2	Chumbo na urina	FJ	50 µg/L	

Para cada agente químico são apresentados:

✓ Número CAS (*Chemical Abstracts Service*): Código numérico que permite a identificação inequívoca do agente químico[41];

✓ Indicador biológico correspondente;

✓ Momento da coleta;

✓ Valor do indicador IBE/EE;

✓ Observações, sendo:

- NE: não específico (pode ser encontrado por exposições a outras substâncias);
- NF: valores para não fumantes (fumantes apresentam valores basais elevados deste indicador);
- EPNE: encontrado em populações não expostas ocupacionalmente (mesmo populações sem exposição ocupacional ao agente podem apresentar variações nos resultados).

Claro que o médico não deve analisar os exames de forma isolada e descontextualizada, e sim, considerar também as características individuais do trabalhador e as condições nas quais o trabalho é realizado.

---

[41] As substâncias químicas, às vezes, apresentam vários nomes, muitos deles comerciais e diferentes do nome oficial, confundindo os profissionais que precisam fazer uma análise química (MAGALHÃES, Leandro. *101 perguntas e respostas sobre agentes químicos para higiene ocupacional*. São Paulo: Editora LUX, 2019). O código CAS tem a função de permitir a identificação inequívoca do agente.

• PROGRAMA DE CONTROLE MÉDICO DE SAÚDE OCUPACIONAL – PCMSO | 175

8.4 Indicador biológico de exposição com significado clínico (IBE/SC)

Os indicadores biológicos de exposição com significado clínico (IBE/SC – Quadro II) evidenciam disfunções orgânicas e efeitos adversos à saúde.

Neste sentido, caso seja constatada ocorrência ou agravamento de doença relacionada ao trabalho ou alteração que revele disfunção orgânica por meio dos exames complementares do Quadro II, bem como dos demais Anexos da norma ou ainda dos exames complementares incluídos a critério médico, caberá à organização, após ser informada pelo médico responsável pelo PCMSO:

a) emitir a Comunicação de Acidente do Trabalho (CAT);

b) afastar o empregado da situação, ou do trabalho, quando necessário[42];

c) encaminhar o empregado à Previdência Social, quando houver afastamento do trabalho superior a 15 dias, para avaliação de incapacidade e definição da conduta previdenciária;

d) reavaliar os riscos ocupacionais e as medidas de prevenção pertinentes no PGR.

Neste caso, o empregado também deve ser submetido a exame clínico e informado sobre o significado dos exames alterados e condutas necessárias.

O médico responsável pelo PCMSO deve avaliar a necessidade de realização de exames médicos em outros empregados sujeitos às mesmas situações de trabalho.

A figura a seguir apresenta um excerto do Quadro II:

Substância	Número CAS	Indicador(es)	Momento da Coleta	Valor do IBE/EE	Observações
Cádmio e seus compostos inorgânicos	7440-43-9	Cádmio na urina	NC	5 µg/g creat.	
Inseticidas inibidores da Colinesterase	–	Atividade da acetilcolinesterase eritrocitária ou atividade da butilcolinesterase no plasma ou soro	FJ	70% da atividade basal[43]	NE
			FJ	60% da atividade basal	NE
Flúor, ácido fluorídrico e fluoretos inorgânicos		Fluoreto urinário	AJ48	2 mg/L	EPNE

Destaco que, no caso de afastamento, o trabalhador deve retornar ao trabalho quando o indicador biológico correspondente tiver voltado à normalidade e já tenham sido implantadas as medidas de controle no ambiente de trabalho – claro, porque de nada adiantaria o trabalhador retornar ao trabalho e se submeter novamente ao mesmo risco sob as mesmas condições.

---

[42] Em algumas situações, indicadores biológicos do Quadro II com resultados alterados podem indicar danos irreversíveis à saúde do trabalhador, caso ele não seja afastado da situação ou do trabalho, por exemplo, o indicador *cádmio na urina*.

[43] A atividade basal é a atividade enzimática pré-ocupacional e deve ser estabelecida com o empregado afastado por pelo menos 30 (trinta) dias da exposição a inseticidas inibidores da colinesterase.

> **Saiba Mais**
>
> **Toxicologia Ocupacional**
>
> *Segundo o Dr. Tarcísio Buschinelli[44], a Toxicologia estuda os efeitos danosos de substâncias quími- cas nos organismos vivos visando à prevenção e, em caso de falha, ao tratamento dos afetados. A questão, porém, é que não há substâncias químicas com ou sem efeitos danosos, mas sim doses com potencial nocivo – dose, neste contexto, entendida como aquela interna, ou seja, a quantida- de de substância efetivamente absorvida pelo organismo a ponto de poder afetá-lo.*
>
> *A Toxicologia Ocupacional é eminentemente preventiva, sendo-lhe fundamental a correta avalia- ção do risco a que o trabalhador está exposto. Para isso, o primeiro passo é a informação qualitati- va: qual(is) substância(s) está(ão) sendo utilizada(s) ou gerada(s) no processo.*
>
> *Este dado, todavia, é apenas um ponto de partida e não tem muito valor em Toxicologia, que é uma ciência essencialmente quantitativa, razão pela qual também é fundamental o detalhamen- to das características físico-químicas da(s) substância(s) às quais há exposição.*
>
> *Para um bom trabalho nesta área, no entanto, é essencial que a essas informações some-se a ob- servação atenta do cenário da exposição em matéria de: geração de poeira, vapores, névoas, fu- mos, gases; capacidade do composto gerado ser absorvido pelo organismo e por quais vias isso pode ocorrer.*

8.5 Periodicidade de avaliação dos indicadores biológicos de exposição

Os exames complementares laboratoriais previstos nos Quadros I e II devem ser realizados a **cada seis meses**. Como vimos anteriormente, sua realização será obrigatória quando:

a) o levantamento preliminar do PGR indicar a necessidade de medidas de preven- ção imediatas;

b) houver exposições ocupacionais acima dos níveis de ação determinados na NR9 ou se a classificação de riscos do PGR indicar.

O prazo de seis meses para realização destes exames, quando obrigatórios, pode ser **antecipado ou postergado por até 45 dias**, a critério do médico responsável, mediante justificativa técnica, a fim de que os exames sejam efetuados em situações mais represen- tativas da exposição ao agente.

Temos aqui uma importante alteração incluída na NR7 com a publicação da Por- taria 6.734/2020: a previsão expressa da possibilidade de antecipação ou postergação da data de realização destes exames complementares, mediante justificativa técnica, que evidencie condições específicas para a alteração desta data: por exemplo, considere que a data do exame coincida com o período de parada para manutenção da planta. Nesta situação, não há atividade (considerando que o trabalhador não está envolvido na manu- tenção), logo, não há exposição ao agente, e, caso o exame complementar fosse realizado neste período, poderia indicar resultado falso negativo, uma vez que a condição não é representativa da exposição ou a exposição é inexistente.

Para as atividades realizadas de forma **sazonal**, a periodicidade dos exames cons- tantes nos Quadros I e II pode ser **anual**, desde que efetuados em concomitância com o período da execução da atividade, para que sejam representativos da exposição.

---

[44] BUSCHINELLI, José Tarcísio P. *Toxicologia ocupacional*. Fundacentro, 2020.

NR 7 • PROGRAMA DE CONTROLE MÉDICO DE SAÚDE OCUPACIONAL – PCMSO

9. ANEXO II – CONTROLE MÉDICO OCUPACIONAL DA EXPOSIÇÃO A NÍVEIS DE PRESSÃO SONORA ELEVADOS

O objetivo deste Anexo é estabelecer diretrizes para avaliação e controle médico ocupacional da audição de empregados expostos a níveis de pressão sonora elevados por meio da realização de exames audiométricos e interpretação de seus resultados. Estes exames são feitos utilizando-se um aparelho chamado audiômetro.

Os exames audiométricos, também chamados audiometrias, são exames específicos que têm por objetivo identificar perdas auditivas em determinadas frequências de forma a se traçar um perfil da audição do trabalhador. Por não ser um exame de precisão absoluta, é muito importante o cumprimento dos critérios técnicos para sua realização, conforme dispõe o Anexo II.

9.1 Perda auditiva

Os danos provocados no sistema auditivo em função da exposição a níveis de pressão sonora elevados podem ser classificados em três tipos:

– Trauma acústico;
– Perda auditiva temporária;
– Perda auditiva permanente.

O **trauma acústico** é uma perda auditiva de instalação súbita, provocada por ruído intenso, como uma explosão.

A **perda auditiva temporária**, também conhecida como **mudança temporária do limiar de audição**, ocorre após a exposição a níveis de pressão sonora elevados, por determinado período de tempo, e tende a regredir após repouso auditivo.

A **perda auditiva permanente**, ao contrário do trauma acústico, é de instalação lenta e progressiva, e, diferente da perda auditiva temporária, é *irreversível*. Tal perda se relaciona à degeneração de células ciliadas de um órgão do ouvido interno chamado *cóclea*, que, uma vez destruídas, não se regeneram. A perda auditiva permanente, quando causada por níveis de pressão sonora elevados, é comumente chamada de Perda Auditiva Induzida por Níveis de Pressão Sonora Elevados (PAINPSE)[45]. É geralmente bilateral, o que significa que na maioria dos casos não há diferença entre os graus de perda auditiva dos dois ouvidos. Por se caracterizar como perda permanente de função orgânica, a PAINPSE é considerada acidente de trabalho grave[46].

O diagnóstico conclusivo, o diagnóstico diferencial e a definição da aptidão para a função ou atividade, na suspeita de PAINPSE, são atribuições do médico do trabalho responsável pelo PCMSO.

O profissional de Segurança e Saúde no Trabalho deve ficar atento ao empregado que, exposto a níveis de pressão sonora elevados, declara "estar acostumado ao barulho". É possível que a PAINPSE já esteja instalada.

---

[45] O termo PAINPSE – Perda Auditiva Induzida por Níveis de Pressão Sonora Elevados, ou, ainda, Perda Auditiva Neurossensorial por Exposição Continuada a Níveis Elevados de Pressão Sonora de Origem Ocupacional, é tecnicamente mais correto que PAIR – Perda Auditiva Induzida por Ruído, uma vez que nem todo ruído provocará perda auditiva, mas tão somente aqueles com níveis de pressão sonora elevados, dependendo ainda de vários fatores como tempo de exposição e suscetibilidade individual.

[46] Guia de Análise de Acidentes do Trabalho. MTE. 2010.

> **Além da NR**
> **Perda Auditiva – Agentes Ototóxicos**
>
> *A exposição a níveis de pressão sonora elevados não é a única causa das perdas auditivas. A presença, nos ambientes de trabalho, de produtos ou substâncias químicas com propriedades **ototóxicas** também pode comprometer a função da audição, acelerando o processo de perda auditiva. Atualmente, são reconhecidas as propriedades deletérias de vários agentes químicos otoagressores como solventes orgânicos ou suas misturas (tolueno, xileno, tetracloroetileno, entre outros).*
>
> *O Instituto Americano para Segurança e Saúde Ocupacional, National Institute for Occupational Safety and Health (NIOSH), recomenda que os trabalhadores expostos a agentes químicos ototóxicos façam parte dos programas de prevenção de perdas auditivas, ainda que não sejam submetidos a níveis de pressão sonora elevados.*
>
> *A atual redação da NR7 determina que devem ser motivo de especial atenção empregados expostos a substâncias ototóxicas e/ou vibração de forma isolada ou simultânea à exposição a ruído potencialmente nocivo à audição.*

9.2 Exames audiométricos

Exames de referência e sequenciais

Devem ser submetidos a exames audiométricos[47] de referência e sequenciais todos os empregados que exerçam ou exercerão suas atividades em ambientes cujos níveis de pressão sonora estejam acima dos níveis de ação, conforme informado no PGR da organização, independentemente do uso de protetor auditivo.

Exame audiométrico de referência é aquele com o qual os exames sequenciais serão comparados e que deve ser realizado:

a) quando não houver um exame audiométrico de referência prévio;

b) quando algum exame audiométrico sequencial apresentar alteração significativa em relação ao exame de referência.

Exame audiométrico sequencial é aquele que será comparado com o exame de referência e se aplica a todo empregado que já tenha feito um exame audiométrico de referência prévio.

O exame audiométrico de **referência** deve permanecer como tal até que algum dos exames audiométricos sequenciais *demonstre desencadeamento ou agravamento de PAINPSE.*

O exame audiométrico **sequencial** que venha a demonstrar desencadeamento ou agravamento de PAINPSE passará a ser, a partir de então, o novo exame audiométrico de **referência**.

Audiômetro e Cabine Audiométrica

O exame audiométrico deve ser realizado em cabina audiométrica, cujos níveis de pressão sonora não ultrapassem os níveis máximos permitidos, de acordo com a norma técnica ISO 8253-1:2010 (*Audiometric test methods*). Nas empresas em que existir ambiente acusticamente tratado, que atenda a esta norma técnica, a cabina audiométrica poderá ser dispensada.

---

[47] A norma apresenta os termos exame audiométrico e exame audiológico, indistintamente.

• PROGRAMA DE CONTROLE MÉDICO DE SAÚDE OCUPACIONAL – PCMSO | 179

O **audiômetro** deve ser submetido a procedimentos de verificação e controle periódico do seu funcionamento, incluindo:

I – aferição[48] acústica anual;

II – calibração[49] acústica:

a) sempre que a aferição acústica indicar alteração;

b) quando houver recomendação de prazo pelo fabricante;

c) a cada 5 (cinco) anos, se não houver indicação do fabricante;

III – aferição biológica *precedendo* a realização dos exames audiométricos.

O exame audiométrico deve ser executado por médico ou fonoaudiólogo, conforme resoluções dos respectivos conselhos federais profissionais. O empregado deve permanecer em repouso auditivo por um **período mínimo de 14 horas até o exame audiométrico**.

9.3 Periodicidade de realização do exame audiométrico

O exame audiométrico deve ser efetuado, no mínimo:

a) na admissão;

b) anualmente, tendo como referência o exame realizado na admissão[50];

c) na demissão.

Na demissão pode ser aceito exame audiométrico realizado até 120 dias **antes** da data de finalização do contrato de trabalho.

O intervalo entre os exames audiométricos pode ser **reduzido** a critério do médico do trabalho responsável pelo PCMSO.

Vimos anteriormente que empregados expostos a **substâncias ototóxicas e/ou vibração, de forma isolada ou simultânea à exposição a ruído potencialmente nocivo à audição**, devem receber *atenção especial*, que se refere à vigilância da sua função auditiva. Mas como a empresa poderia comprovar perante a fiscalização que está dando especial atenção a estes empregados? Entendo que uma das possíveis formas é submetê-los a exames audiométricos em periodicidade menor que a anual (como exigido pela NR7), por exemplo, periodicidade semestral ou outras, a critério médico.

---

[48] Apesar de constar na NR7 o termo "aferição", no contexto da metrologia legal o termo correto a ser utilizado é "verificação". Não há uma definição formal para o termo aferição. A verificação de um instrumento de medição consiste na execução de procedimentos para observar se o instrumento em uso conserva as características do modelo aprovado e se seus erros de medição estão dentro dos limites permitidos pela regulamentação técnica. Disponível em: https://www.gov.br/inmetro/pt-br/acesso-a-informacao/perguntas-frequentes/metrologia-legal/qual-o-termo-correto-a-ser-utilizado-verificacao-ou-afericao.

[49] A calibração estabelece o erro de medição e a incerteza de medição associada de um instrumento, ao compará-lo a um padrão. Disponível em: https://www.ipem.pr.gov.br/sites/default/arquivos_restritos/files/migrados/File/Laboratorio_-_material_de_apoio_Processo_de_Medicao_e_Calibracao.pdf.

[50] Com a publicação da Portaria 6.734 que alterou a redação da NR7, o exame audiométrico do 6.º mês após a admissão, passou a ser a exceção, e não mais a regra. As exceções se referem aos empregados expostos a condições hiperbáricas, como veremos neste capítulo.

9.4 Interpretação dos resultados dos exames audiométricos

Os resultados dos exames audiométricos são registrados em traçados chamados audiogramas. O Anexo II da NR7 apresenta as seguintes referências para interpretação dos audiogramas:

- ✓ Limites aceitáveis;
- ✓ Resultados sugestivos de PAINPSE;
- ✓ Resultados sugestivos de desencadeamento de PAINPSE;
- ✓ Resultados sugestivos de agravamento de PAINPSE.

Limites aceitáveis

Os resultados cujos audiogramas mostrem limiares auditivos menores ou iguais a 25 dB (NA) em todas as frequências examinadas são considerados dentro dos limites aceitáveis.

Resultados sugestivos de PAINPSE

São considerados sugestivos de PAINPSE os casos cujos audiogramas, nas frequências de 3.000 e/ou 4.000 e/ou 6.000 Hz, apresentem limiares auditivos acima de 25 dB (NA) e mais elevados do que nas outras frequências testadas, estando estas comprometidas ou não, tanto no teste da via aérea quanto da via óssea, em um ou em ambos os lados.

Saiba Mais

Condução aérea e condução óssea

A principal via de entrada dos sons em nosso sistema auditivo é o canal auditivo externo e médio, por onde as ondas sonoras se propagam, pela cadeia tímpano-ossicular até um órgão interno chamado cóclea. Trata-se da condução aérea. No entanto, ouvimos também por condução óssea, neste caso a cóclea é estimulada por vibrações aplicadas ao osso mastoide, que as transmite até a cóclea. Entretanto, alguns estudos – FREEMAN, SICHEL, SOHMER (2000)[51] indicam que a condução óssea não acontece única e exclusivamente através dos ossos cranianos, mas que a vibração óssea talvez gere um nível de pressão sonora que estimularia o córtex e os fluidos cerebrais. Estes fluidos cerebrais estariam ligados aos fluidos da orelha interna, gerando uma estimulação não puramente óssea.

Resultados sugestivos de desencadeamento de PAINPSE

São considerados sugestivos de desencadeamento de PAINPSE os casos em que os limiares auditivos em todas as frequências testadas no exame audiométrico de referência e sequencial permaneçam menores ou iguais a 25 dB (NA), mas a comparação do audiograma sequencial com o de referência mostra evolução que preencha um dos critérios a seguir:

a) a diferença entre as médias aritméticas dos limiares auditivos no grupo de frequências de 3.000, 4.000 e 6.000 Hz iguala ou ultrapassa 10 dB (NA);

b) a piora em pelo menos uma das frequências de 3.000, 4.000 ou 6.000 Hz iguala ou ultrapassa 15 dB (NA).

---

[51] Disponível em: https://www.researchgate.net/publication/12405726._Bone_conduction_experiments_in_animals_-_Evidence_for_a_non_osseous_mechanism.

NR 7 • PROGRAMA DE CONTROLE MÉDICO DE SAÚDE OCUPACIONAL – PCMSO | 181

Também são considerados sugestivos de desencadeamento de PAINPSE os casos em que apenas o exame audiométrico de referência apresente limiares auditivos em todas as frequências testadas menores ou iguais a 25 dB (NA), e a comparação do audiograma sequencial com o de referência preencha um dos critérios a seguir:

a) a diferença entre as médias aritméticas dos limiares auditivos no grupo de frequências de 3.000, 4.000 e 6.000 Hz iguala ou ultrapassa 10 dB (NA);

b) a piora em pelo menos uma das frequências de 3.000, 4.000 ou 6.000 Hz iguala ou ultrapassa 15 dB (NA).

Resultados sugestivos de agravamento de PAINPSE

São considerados sugestivos de agravamento da PAINPSE os casos já confirmados em exame audiométrico de referência e nos quais a comparação de exame audiométrico sequencial com o de referência mostra evolução que preenche um dos critérios a seguir:

a) a diferença entre as médias aritméticas dos limiares auditivos no grupo de frequências de 500, 1.000 e 2.000 Hz, ou no grupo de frequências de 3.000, 4.000 e 6.000 Hz iguala ou ultrapassa 10 dB (NA);

b) a piora em uma frequência isolada iguala ou ultrapassa 15 dB (NA).

9.5 Aptidão para o trabalho

A **PAINPSE, por si só, <u>não</u> é indicativa de inaptidão** para o trabalho, devendo-se levar em consideração na análise de cada caso, além do traçado audiométrico ou da evolução sequencial de exames audiométricos, os seguintes fatores:

a) a história clínica e ocupacional do empregado;

b) o resultado da otoscopia[52] e de outros testes audiológicos complementares;

c) a idade do empregado;

d) os tempos de exposição pregressa e atual a níveis de pressão sonora elevados;

e) os níveis de pressão sonora a que o empregado estará, está ou esteve exposto no exercício do trabalho;

f) a demanda auditiva do trabalho ou da função;

g) a exposição não ocupacional a níveis de pressão sonora elevados;

h) a exposição ocupacional a outro(s) agente(s) de risco ao sistema auditivo;

i) a exposição não ocupacional a outro(s) agente(s) de risco ao sistema auditivo;

j) a capacitação profissional do empregado examinado;

k) os programas de conservação auditiva aos quais tem ou terá acesso o empregado.

Nos casos de **desencadeamento ou agravamento** de PAINPSE, conforme os critérios deste Anexo, o médico do trabalho responsável pelo PCMSO deve:

a) definir a aptidão do empregado para a função;

b) incluir o caso no Relatório Analítico do PCMSO;

---

[52] Exame audiológico visual para avaliação do canal auditivo externo e do tímpano por meio de aparelho chamado otoscópio.

182 SEGURANÇA E SAÚDE NO TRABALHO – *Mara Queiroga Camisassa*

c) participar da implantação, aprimoramento e controle de programas que visem à conservação auditiva e prevenção da progressão da perda auditiva do empregado acometido e de outros expostos a riscos ocupacionais à audição, **levando-se em consideração, inclusive, a exposição à vibração e a agentes ototóxicos ocupacionais**;

d) disponibilizar cópias dos exames audiométricos aos empregados.

Nos casos em que o exame audiométrico de referência demonstre alterações cuja evolução esteja em desacordo com os moldes definidos neste Anexo para PAINPSE, o médico do trabalho responsável pelo PCMSO deve:

a) verificar a possibilidade da presença concomitante de mais de um tipo de agressão ao sistema auditivo;

b) orientar e encaminhar o empregado para avaliação especializada;

c) definir sobre a aptidão do empregado para função;

d) participar da implantação e aprimoramento de programas que visem à conservação auditiva e prevenção da progressão da perda auditiva do empregado acometido e de outros expostos a riscos ocupacionais à audição, levando-se em consideração, inclusive, a exposição à vibração e a agentes ototóxicos ocupacionais;

e) disponibilizar cópias dos exames audiométricos aos empregados.

10. ANEXO III – CONTROLE RADIOLÓGICO E ESPIROMÉTRICO DA EXPOSIÇÃO A AGENTES QUÍMICOS

10.1 Introdução

Este Anexo estabelece as obrigações de periodicidade, condições técnicas e parâmetros mínimos para a realização de *radiografias de tórax e espirometrias* em empregados expostos a poeiras minerais (asbesto e poeira contendo sílica), carvão mineral e também a **poeiras contendo partículas insolúveis ou pouco solúveis de baixa toxicidade e não classificadas de outra forma**.

As **poeiras** são partículas sólidas produzidas pela ruptura mecânica de um material originalmente sólido, suspensas ou capazes de se manter suspensas no ar. Tais partículas são geradas por meio de diversos processos industriais, por exemplo, trituração, perfuração, esmerilhamento, lixamento, corte e polimento de pedras, britagem ou moagem de minérios, detonação de rochas, entre outros.

As partículas de poeira são classificadas como fibra quando seu comprimento corresponde a três vezes o seu diâmetro; veremos que esse é o caso das fibras de *asbesto*. Os efeitos das poeiras inaladas dependem de vários fatores, como as espécies químicas que as compõem, sua concentração no ar, local de deposição no sistema respiratório, tempo de exposição, bem como susceptibilidade do trabalhador.

10.2 Classificação das partículas de poeira

10.2.1 Quanto à origem

Quanto à sua origem, as partículas de poeiras podem ser classificadas em:

– **Minerais**: quartzo (sílica) e misturas que apresentam quartzo (carvão, caulim, quartzito, areia, argila); asbesto e misturas que contenham asbesto (asbesto bru-

NR 7 • PROGRAMA DE CONTROLE MÉDICO DE SAÚDE OCUPACIONAL – PCMSO | **183**

to, crisotila, anfibólios; fibrocimento, talco); metais e compostos metálicos (alumínio, ferro, chumbo, manganês, berílio, crômio, cádmio);

– **Animais**: peles, couros, pelos, plumas, escamas;

– **Vegetais**: madeiras, cereais, algodão, linho, cânhamo.

10.2.2 Quanto ao tamanho

Como a forma das partículas sólidas em geral é *irregular*, é comum caracterizar seu tamanho sob o título "diâmetro aerodinâmico", que representa a dimensão de uma partícula imaginária de tamanho esférico com densidade unitária e que tem o mesmo comportamento aerodinâmico, isto é, velocidade de deposição da partícula real que tem formato e densidade próprios.

Temos então que, quanto ao tamanho da partícula[53], as poeiras são divididas em:

Inaláveis: é a fração de material particulado suspenso no ar constituída por partículas de diâmetro aerodinâmico menor que 100 μm[54], capaz de entrar pelas narinas e pela boca, penetrando no trato respiratório durante a inalação. É apropriada para avaliação do risco ocupacional associado com as partículas que exercem efeito adverso quando depositadas no trato respiratório como um todo.

Vejam que o local de deposição das partículas no trato respiratório, bem como as consequências para o organismo, é função do seu diâmetro aerodinâmico.

Torácicas: é a fração de material particulado suspenso no ar constituída por partículas de diâmetro aerodinâmico menor que 25 μm, capaz de passar pela laringe, entrar pelas vias aéreas superiores e penetrar nas vias aéreas dos pulmões. É apropriada para avaliação do risco ocupacional associado com as partículas que exercem efeito adverso quando depositadas nas regiões traqueobronquial e de troca de gases.

Respiráveis: é a fração de material particulado suspenso no ar constituída por partículas de diâmetro aerodinâmico menor que 10 μm, capaz de penetrar além dos bronquíolos terminais e se depositar na região de troca de gases dos pulmões, causando efeito adverso nesse local.

Sobre esse assunto, vejam a questão do CESPE/2011, cujo gabarito é ERRADO:

A poeira é classificada como respirável quando o tamanho de suas partículas não ultrapassa 12 μm.

A questão está errada, pois os particulados de poeira são classificados como *respiráveis* quando o diâmetro de suas partículas não ultrapassar 10 μm.

Veremos que, no caso de poeira de asbesto, a NR15 determina que "entende-se por '**fibras** respiráveis de asbesto' aquelas com diâmetro inferior a 3 μm".

Apresento a seguir algumas informações sobre estas poeiras:

> ### Além da NR
> #### Sílica
> A sílica (SiO_2) é um dos minerais encontrados em maior abundância na Terra. A exposição ocupacional ocorre principalmente na mineração, fabricação de abrasivos, fundições, construção civil, indústria de refratários e siderurgia. O grau de nocividade da sílica varia de acordo com sua forma, e a variedade amorfa é a que apresenta menor grau de nocividade.

---

[53] Conforme Norma de Higiene Ocupacional NHO-8, Fundacentro.

[54] 1 μm = 0,001 mm.

A exposição crônica via inalatória a poeira contendo sílica pode causar silicose, um tipo de pneumoconiose, tendo como principal consequência a insuficiência respiratória. A silicose é uma doença pulmonar fibrogênica caracterizada por nódulos de tecido cicatrizado, disseminados no pulmão. Para que a exposição ocupacional se torne efetivamente lesiva ao organismo do trabalhador, alguns fatores dependentes do agente (sílica livre ou quartzo) são importantes, como a porcentagem de sílica livre na fração respirável, bem como o tempo de exposição, a ventilação, o ritmo de trabalho e a suscetibilidade individual. As partículas maiores são selecionadas pelo sistema respiratório, enquanto as menores podem chegar aos alvéolos pulmonares.

Asbesto

O asbesto (origem do grego), também conhecido como amianto (origem do latim), é a denominação de um grupo de fibras minerais extraídas de rochas metamórficas abundantes na natureza e compostas basicamente de silicatos hidratados de magnésio, ferro, cálcio e sódio. O termo hidratado se refere à sua propriedade higroscópica, ou seja, de absorção de água.

Trata-se de agente mundialmente reconhecido como cancerígeno em quaisquer de suas formas, e não há limites seguros de exposição. Apesar da decisão histórica do STF, em 2017, pela proibição das atividades de extração, produção e comercialização de materiais contendo asbesto, ainda teremos por muitos anos trabalhadores expostos a esta fibra, principalmente nos trabalhos de remoção de materiais que a contêm ou podem liberá-la para o ambiente, como telhas de fibrocimento.

Particulados insolúveis ou pouco solúveis de baixa toxicidade e não classificados de outra forma

Estas partículas (sólidas ou líquidas) são aquelas também conhecidas como Particles not Otherwise Specified (PNOS). Esta é uma classificação dada pela ACGIH[55], e segundo esta entidade, para que o particulado seja considerado PNOS, três condições devem ser atendidas simultaneamente:

1. Deve ser insolúvel em água e preferencialmente nos fluidos pulmonares;

2. Não possuir limite de exposição ocupacional específico;

3. Possuir baixa toxicidade. Conforme esclarece a própria ACGIH, entende-se como partículas com baixa toxicidade aquelas que não sejam citotóxicas, genotóxicas ou de outra forma reativas quimicamente com o tecido pulmonar, não emitam radiação ionizante, causem imunossensibilização ou outros efeitos tóxicos que não a inflamação ou o mecanismo de sobrecarga pulmonar.

A NR15 não determina limites de exposição ocupacional para PNOS (nem a NR9, até a data de fechamento desta edição), motivo pelo qual, para adoção de medidas de prevenção da exposição a este agente, devem ser usados aqueles recomendados pela ACGIH[56], quais sejam:

- ***PNOS inalável: 10mg/m³***
- ***PNOS respirável: 3mg/m³***

Para se decidir sobre qual destes limites adotar, é necessário que o profissional de SST analise o processo e identifique se o particulado é gerado na fração inalável ou respirável.

Apesar de biologicamente inertes, insolúveis ou pouco solúveis, estas partículas podem apresentar efeitos adversos à saúde.

No entanto, as pneumoconioses provocadas por partículas PNOS são potencialmente reversíveis[57].

---

[55] *ACGIH© – American Conference of Governmental Industrial Hygienists – TLV© e BEI©, 2020.*

[56] Conforme o disposto no item 9.6.1.1 da NR9: Na ausência de limites de tolerância previstos na NR15 e seus anexos, devem ser utilizados como referência para a adoção de medidas de prevenção aqueles previstos pela *American Conference of Governmental Industrial Hygienists* – ACGIH.

[57] TORLONI, Maurício; VIEIRA, Antônio Vladimir. *Manual de proteção respiratória.* ABHO – Associação Brasileira de Higienistas Ocupacionais, 2003.

10.3 Radiografias e espirometrias

As radiografias de tórax (RXTP) em programas de controle médico em saúde ocupacional devem ser realizadas de acordo com os critérios da Organização Internacional do Trabalho (OIT) e têm como propósito o *apoio* ao diagnóstico de *pneumoconioses*. Este diagnóstico envolve a integração do histórico clínico/ocupacional associado à radiografia do tórax. A palavra *pneumoconiose* significa *"acúmulo de partículas nos pulmões e as consequentes reações do tecido pulmonar"*[58].

As espirometrias têm por objetivo a avaliação da função respiratória, ou seja, verificar o comprometimento das vias aéreas dos empregados expostos a poeiras minerais, e também a avaliação de empregados com indicação de uso de equipamentos individuais de proteção respiratória. O objetivo da espirometria *não é fazer diagnóstico de pneumoconioses*.

> ### Saiba Mais
> ### Espirometria[59]
>
> *A espirometria avalia a função ventilatória, refletindo a distensibilidade, complacência ou resistência elástica dos pulmões e parede torácica e sobre a resistência ao fluxo aéreo.*
>
> *A prova espirométrica consiste na realização de manobras de expiração forçada até o limite do volume de reserva expiratório, após a inspiração máxima. Os resultados do teste dependem da capacidade de o paciente-trabalhador entender e realizar corretamente a manobra, do treinamento do técnico em espirometria e da calibragem do equipamento.*

Segundo o Dr. Eduardo Algranti[60], o principal benefício do uso da espirometria para fins de avaliações periódicas em trabalhadores expostos a poeiras minerais é seu uso *longitudinal*, ou seja, a verificação do comprometimento da função pulmonar do trabalhador exposto *ao longo dos anos*. Para que este objetivo seja alcançado é importante que a espirometria tenha qualidade técnica e que seja realizada, de preferência, nos mesmos aparelhos.

No mesmo sentido, o Dr. Algranti[61] nos ensina que o seguimento espirométrico *longitudinal*, como forma de monitoramento funcional individual ou populacional em trabalhadores expostos, tem como principal vantagem a utilização do *indivíduo como o seu próprio controle.*

10.4 Radiografias de tórax para apoio ao diagnóstico de pneumoconioses

O controle radiológico periódico atualmente exigido pela NR7 é baseado na versão da classificação radiológica da OIT de 2011. Conforme o Dr. Eduardo Algranti[62], a classificação radiológica da OIT, iniciada na década de 1930, vem se alterando ao longo dos anos, de acordo com o surgimento das diversas pneumoconioses no mundo. Iniciou-se com a exposição à sílica (silicose), posteriormente foi alterada devido ao aparecimento

---

[58] TORLONI, Maurício. VIEIRA, Antônio Vladimir. *Manual de proteção respiratória*. ABHO – Associação Brasileira de Higienistas Ocupacionais, 2003.

[59] MENDES, René. *Patologia do trabalho*. 3. ed. São Paulo: Atheneu, 2013.

[60] Disponível em: https://www.youtube.com/watch?v=gghlEOJAy7E&t=1937s.

[61] MENDES, René. *Patologia do trabalho*. 3. ed. São Paulo: Atheneu, 2013.

[62] Disponível em: https://www.youtube.com/watch?v=gghlEOJAy7E&t=1937s.

das pneumoconioses em minas de carvão e, em seguida, em virtude da exposição ao asbesto (asbestose).

A NR7 permite a utilização de ***radiografias convencionais ou digitais***:

- ✓ A identificação dos filmes radiográficos usados em **radiologia convencional** deve incluir, no canto superior direito do filme radiográfico, a data da realização do exame, o número de ordem do serviço ou do prontuário do empregado e nome completo do empregado ou as iniciais do nome completo.

- ✓ As **radiografias digitais** correspondem às imagens em formato DICOM (formato oficial de imagens radiológicas médicas, e não formatos *jpeg* ou outros) que devem ser lidas em monitores de **qualidade diagnóstica**, o que exclui os monitores de *notebooks* e de *desktops* em geral. A identificação dos filmes digitais deve conter, no mínimo, a data da realização do exame, o número de ordem do serviço ou do prontuário do paciente e o nome completo do paciente ou as iniciais do nome completo.

Os procedimentos para realização de RXTP devem atender às diretrizes da Resolução da Diretoria Colegiada (RDC) 330, de 20 de dezembro de 2019, que dispõe sobre o uso dos raios X diagnósticos em todo o território nacional, ou suas revisões mais recentes.

A norma apresenta as características dos equipamentos utilizados para realização de RXTP. Caso sejam usados equipamentos para RXTP em unidades móveis, devem ser cumpridas, além do disposto na norma, as seguintes condições:

a) dispor de **alvará específico** para funcionamento da unidade transportável de raios X;

b) ser realizado por **profissional legalmente habilitado** e sob a supervisão de responsável técnico nos termos da RDC já referida;

c) dispor de **Laudo Técnico** emitido por profissional legalmente habilitado, comprovando que os equipamentos empregados atendem ao exigido neste Anexo.

A técnica radiológica para RXTP deve observar os padrões conforme o disposto na NR7.

A leitura radiológica deve ser descritiva e, para a interpretação e emissão dos laudos dos RXTP, devem ser utilizados, obrigatoriamente, os critérios da OIT na sua revisão mais recente e a coleção de radiografias-padrão da OIT.

Em casos selecionados, a critério clínico, pode ser realizada a tomografia computadorizada de alta resolução de tórax.

As leituras radiológicas devem ser anotadas em *Folha de Leitura Radiológica* que contenha a identificação da radiografia e do leitor, informações sobre a qualidade da imagem e os itens da classificação. A norma não apresenta um modelo para esta Folha. A Fundacentro elaborou uma *Folha de leitura-padrão*, que é de domínio público e contém todos os itens relacionados à classificação radiológica.

10.4.1 Médicos qualificados e/ou certificados

O laudo do exame radiológico deve ser assinado por um ou mais de um, em caso de múltiplas leituras, dos seguintes profissionais:

NR 7 • PROGRAMA DE CONTROLE MÉDICO DE SAÚDE OCUPACIONAL – PCMSO | 187

a) *médico radiologista* com título de especialista ou registro de especialidade no Conselho Regional de Medicina e com *qualificação e/ou certificação em Leitura Radiológica das Pneumoconioses – Classificação Radiológica da OIT*, por meio de curso/módulo específico;

b) *médicos de outras especialidades*, que tenham título ou registro de especialidade no Conselho Regional de Medicina em Pneumologia, Medicina do Trabalho ou Clínica Médica (ou uma das suas subespecialidades) e *qualificação e/ou certificação em Leitura Radiológica das Pneumoconioses – Classificação Radiológica da OIT*, por meio de curso/módulo específico.

Entendo que devem ser considerados inválidos laudos de exames radiológicos assinados por médicos que não se enquadrem nas condições anteriores.

Além da NR
Curso de Leitura Radiológica das Pneumoconioses – Classificação Radiológica da OIT

Este curso é oferecido pela Fundacentro. O curso de Qualificação fornece as noções teóricas e práticas para uso adequado da classificação radiológica das pneumoconioses. Segundo a Fundação, a prática regular de Leitura Radiológica OIT, obedecendo-se as normas corretas de aplicação, torna o leitor experiente ao longo do tempo.

O profissional que participou do curso é considerado "Qualificado". Entretanto, a qualificação não envolve avaliação de proficiência. A proficiência é avaliada por meio de exames objetivos específicos, tais como o exame "B Reader" do National Institute for Occupational Health (NIOSH), EUA, ou o exame AIR-Pneumo, desenvolvido pela Universidade de Fukui, Japão.

Um leitor aprovado em exame de proficiência (certificação e recertificação periódicas) é considerado "Certificado". A relação de médicos certificados do tipo "B Reader" é válida por quatro anos. A certificação do tipo AIR-Pneumo é válida por cinco anos.

A Fundacentro mantém relação atualizada[63] dos médicos qualificados e certificados que participaram, desde 1994, do curso de leitura radiológica de acordo com os critérios da OIT[64]. A relação é atualizada a cada curso realizado.

Os serviços que ofertem radiologia digital devem assegurar a confidencialidade dos arquivos eletrônicos e de dados dos trabalhadores submetidos a RXTP admissionais, periódicos e demissionais, para fins da classificação radiológica da OIT, por meio de procedimentos técnicos e administrativos adequados.

10.4.2 Periodicidade dos exames radiológicos para empregados expostos a poeira contendo sílica, asbesto ou carvão mineral

Os empregados expostos a poeira contendo sílica, asbesto ou carvão mineral devem ser submetidos periodicamente a exames radiológicos. Esta periodicidade varia em função da realização ou não, pela organização, de avaliações quantitativas periódicas da concentração destes agentes no ambiente de trabalho.

Organizações que executam avaliações quantitativas periódicas podem realizar exames radiológicos em **periodicidade maior** que aquelas que não fazem estas avaliações, conforme apresentado no Quadro a seguir.

---

[63] Disponível em: https://www.gov.br/fundacentro/pt-br.
[64] Disponível em: https://www.gov.br/fundacentro/pt-br.

SEGURANÇA E SAÚDE NO TRABALHO – *Mara Queiroga Camisassa*

Entretanto, entendo que somente devem ser consideradas <u>realizadas</u> as avaliações quantitativas que cumprirem rigorosamente os métodos de avaliação e estratégias de amostragens, conforme o disposto em normas técnicas reconhecidas.

O Quadro a seguir indica a periodicidade dos exames radiológicos para empregados expostos a poeira contendo sílica, asbesto ou carvão mineral (Quadro 1 do Anexo 3):

Empresas com medições quantitativas periódicas	Radiografia de tórax
LSC* <= 10% LEO**	– na admissão; e – na demissão, se o último exame foi realizado há mais de 2 anos.
LSC > 10% e <= 50% LEO	– na admissão; – a cada 5 anos até os 15 anos de exposição, e, após, a cada 3 anos; e – na demissão, se o último exame foi realizado há mais de 2 anos.
LSC > 50% e <= 100% LEO	– na admissão; – a cada 3 anos até os 15 anos de exposição, e, após, a cada 2 anos; e – na demissão, se o último exame foi realizado há mais de 1 ano.
LSC > 100% LEO	– na admissão; – a cada ano de exposição; e – na demissão, se o último exame foi realizado há mais de 1 ano.
Empresas sem avaliações quantitativas	– na admissão; – a cada 2 anos até os 15 anos de exposição, e, após, a cada ano; e – na demissão, se o último exame foi realizado há mais de 1 ano.

*   LSC = Limite superior do intervalo de confiança da média aritmética estimada para uma distribuição lognormal com confiança estatística de 95%.

**   LEO = Limite de exposição ocupacional.

NOTA 1: Trabalhadores que apresentarem Leitura Radiológica 0/1 ou mais deverão ser avaliados por profissionais médicos especializados.

NOTA 2: Para trabalhadores que tenham sua exposição diminuída, mas que estiveram expostos a concentrações superiores por um ano ou mais, deverá ser mantido o mesmo intervalo de exames radiológicos do período de maior exposição.

10.4.3 Exposição a asbesto – Exames radiológicos pós-demissionais

Cabe ao empregador, após o término do contrato de trabalho envolvendo exposição ao asbesto, disponibilizar a realização <u>periódica</u> de exames médicos de controle, incluindo raios X de tórax durante, **no mínimo**, 30 anos, sem custos aos trabalhadores[65]. Veremos adiante que, além do raio X de tórax, os exames pós-demissionais devem incluir espirometria, com igual periodicidade.

A periodicidade destes exames varia em função do tempo de exposição do trabalhador ao agente, da seguinte forma:

PERÍODO DE EXPOSIÇÃO	PERIODICIDADE DO EXAME
Até 12 (doze) anos	3 anos
Mais de 12 (doze) até 20 (vinte) anos	2 anos
Mais de 20 anos	Anual

---

[65]   Claro está, e não poderia ser diferente, que os exames podem ser realizados tanto na rede privada quanto na rede pública. Mas todos os custos envolvidos, inclusive de deslocamento, devem correr por conta do empregador, bem como a responsabilidade pelo agendamento tempestivo dos exames.

• PROGRAMA DE CONTROLE MÉDICO DE SAÚDE OCUPACIONAL – PCMSO

Por ocasião da demissão e retornos posteriores, a organização deve comunicar ao trabalhador a data e o local do próximo exame.

Destaco que, conforme o Anexo 12 da NR15, item 7, as empresas responsáveis pela remoção de sistemas que contêm ou podem liberar fibras de asbesto para o ambiente deverão ter seus estabelecimentos **cadastrados**[66] no órgão nacional competente em matéria de segurança e saúde no trabalho.

10.4.4 Periodicidade dos exames radiológicos para empregados expostos a partículas insolúveis ou pouco solúveis de baixa toxicidade e não classificadas de outra forma

Os empregados expostos a partículas insolúveis ou pouco solúveis de baixa toxicidade e não classificadas de outra forma (PNOS) devem ser submetidos periodicamente a exames radiológicos. Esta periodicidade varia em função da realização ou não, pela organização, de avaliações quantitativas periódicas da concentração destes agentes no ambiente de trabalho.

Organizações que efetuam avaliações quantitativas periódicas podem realizar exames radiológicos em periodicidade **maior** que aquelas que não fazem estas avaliações, conforme apresentado no Quadro a seguir.

Novamente, entendo que somente devem ser consideradas realizadas as avaliações quantitativas que cumprirem rigorosamente os métodos de avaliação e estratégias de amostragens conforme o disposto em normas técnicas reconhecidas. Caso contrário, a organização deve cumprir a mesma periodicidade daquelas que não realizam estas avaliações.

O Quadro a seguir indica a periodicidade dos exames radiológicos para empregados expostos a poeiras contendo partículas insolúveis ou pouco solúveis de baixa toxicidade e não classificadas de outra forma (Quadro 2 do Anexo 3):

Empresas com medições quantitativas periódicas de poeira respirável	Radiografia de tórax
LSC* <= 10% LEO**	– na admissão.
LSC > 10% e <= 100% LEO	– na admissão; – após 5 anos de exposição; e – repetir a critério clínico.
LSC > 100% LEO	– na admissão; e – a cada 5 anos.
Empresas sem avaliações quantitativas	– na admissão; e – a cada 5 anos.

*   LSC = Limite superior do intervalo de confiança da média aritmética estimada para uma distribuição lognormal com confiança estatística de 95%.

** LEO = Limite de exposição ocupacional.

NOTA: Para ser classificado como PNOS (*particles not otherwise specified*), o material particulado sólido deve ter as seguintes características (ACGIH, 2017):

   a) não possuir um LEO definido;

   b) ser insolúvel ou pouco solúvel na água (ou preferencialmente no fluido pulmonar, se esta informação estiver disponível);

   c) ter baixa toxicidade, isto é, não ser citotóxico, genotóxico ou quimicamente reativo com o tecido pulmonar, não ser emissor de radiação ionizante, não ser sensibilizante, não causar efeitos tóxicos além de inflamação ou mecanismo de sobrecarga.

---

66   Link para cadastro: https://www.gov.br/pt-br/servicos/cadastrar-empresas-que-utilizam-amianto.

10.4.5 Espirometrias ocupacionais

Os empregados expostos ocupacionalmente a poeiras minerais indicadas no inventário de riscos do PGR devem ser submetidos a espirometria no exame médico admissional e no exame médico a cada dois anos.

Os empregados expostos ocupacionalmente a outros agentes agressores pulmonares[67] indicados no inventário de riscos do PGR, que não as poeiras minerais, deverão ser submetidos a espirometria se desenvolverem sinais ou sintomas respiratórios.

Nas funções com indicação de uso de equipamentos individuais de proteção respiratória, os empregados com histórico de doença respiratória crônica ou sinais e sintomas respiratórios devem ser submetidos a espirometria no exame médico admissional ou no exame de mudança de risco.

Nos exames pós-demissionais em empregados expostos ao asbesto, a periodicidade da espirometria deve ser a mesma do exame radiológico.

No caso da constatação de alteração espirométrica, o médico do trabalho responsável pelo PCMSO deve investigar possíveis relações do resultado com exposições ocupacionais no ambiente de trabalho e avaliar a necessidade de encaminhamento para avaliação médica especializada.

A organização deve garantir que a execução e a interpretação das espirometrias sigam as padronizações constantes nas Diretrizes do Consenso Brasileiro sobre Espirometria em sua mais recente versão.

A interpretação do exame e o laudo da espirometria devem ser feitos por **médico**. Esta determinação da norma exclui a possibilidade de análises espirométricas realizadas por programas *on-line*.

11. ANEXO IV – CONTROLE MÉDICO OCUPACIONAL DE EXPOSIÇÃO A CONDIÇÕES HIPERBÁRICAS

11.1 Introdução

Trabalhos em condições hiperbáricas são aqueles executados em ambientes onde o trabalhador é obrigado a suportar pressões superiores à pressão atmosférica e nos quais são exigidos cuidadosos processos de compressão e descompressão.

Em geral, as doenças profissionais nestas atividades são de instalação muito rápida. Os **efeitos da pressão no organismo** podem ser **diretos**, decorrentes do próprio aumento da pressão, ou **indiretos**, resultantes da solubilidade dos gases da mistura respiratória como aquela utilizada em mergulhos profissionais.

Entre os **efeitos diretos** destacam-se o barotrauma e a embolia traumática pelo ar. O barotrauma é uma síndrome ocasionada pela dificuldade de equilibrar a pressão no interior de uma das cavidades pneumáticas do corpo humano (como o pulmão, orelha, trato gastrointestinal, seios paranasais, entre outros) com a pressão do meio ambiente em variação.

---

[67] Segundo a NR7, a expressão "outros agentes agressores pulmonares" se refere a agentes químicos que possam ser inalados na forma de partículas, fumos, névoas ou vapores e que sejam considerados como sensibilizantes e/ou irritantes pelos critérios constantes no Sistema Globalmente Harmonizado de Classificação e Rotulagem de Produtos Químicos – GHS.

• PROGRAMA DE CONTROLE MÉDICO DE SAÚDE OCUPACIONAL – PCMSO

Entre os **efeitos indiretos** evidenciam-se os bioquímicos, como a narcose pelo nitrogênio e intoxicação pelo gás carbônico, e também os biofísicos, como a doença descompressiva.

O Anexo IV da NR7 abrange trabalhadores nas seguintes atividades com exposição a condições hiperbáricas:

- ✓ Trabalhadores na indústria da construção;
- ✓ Guias internos de câmaras de tratamento hiperbárico;
- ✓ Mergulho profissional (raso e profundo, este último também chamado de mergulho *saturado*).

As atividades de escavação de tubulões sob ar comprimido, túneis pressurizados e em câmaras hiperbáricas de tratamento são também chamadas de **atividades hiperbáricas** no mergulho seco. As atividades de mergulho profissional são denominadas de **mergulho úmido**.

11.2 Trabalhador na indústria da construção exposto a condições hiperbáricas

Os trabalhadores na indústria da construção são expostos a condições hiperbáricas quando realizam atividades de *escavação de tubulão sob ar comprimido*[68] e *escavação de túneis pressurizados*.

- ✓ Túnel pressurizado: técnica de escavação (utilizando-se tuneladoras), abaixo da superfície do solo, cujo maior eixo faz um ângulo não superior a 45° com a horizontal, fechado nas duas extremidades, em cujo interior há pressão superior a uma atmosfera (1 atm).
- ✓ Tubulão sob ar comprimido: técnica de fundação que utiliza estrutura vertical que se estende abaixo da superfície da água ou solo, através da qual os trabalhadores devem descer, entrando por uma câmara chamada campânula, para realizar o trabalho a uma pressão maior que a pressão atmosférica. A atmosfera pressurizada opõe-se à pressão da água e da permeabilidade dos gases pelo solo, o que permite que os trabalhadores exerçam atividades em seu interior.

Exames Médicos

Os exames médicos para trabalhadores na construção civil candidatos a trabalho em pressões hiperbáricas deverão ser avaliados por médico qualificado (médico com habilitação em medicina hiperbárica).

Caso seja considerado apto, o atestado de aptidão correspondente terá validade por seis meses.

Compressões

O trabalhador não pode sofrer mais que uma compressão num período de 24 horas.

---

[68] Segundo a Portaria 3.733/2020, a escavação de tubulão sob ar comprimido será proibida a partir de 24 meses a contar da entrada em vigor da NR18 com redação aprovada por esta mesma Portaria. Durante o decurso deste prazo, as atividades de abertura de tubulões que utilizem este processo hiperbárico devem atender ao estabelecido neste Anexo IV da NR7 e também nos subitens 18.17.3 a 18.17.18 da NR18, e, após esse prazo, só será permitido o término das atividades ainda em andamento.

A compressão deve ser feita a uma vazão máxima de 0,3 atm no primeiro minuto e não poderá exceder 0,7 atm nos minutos subsequentes.

Profissionais que realizem liberação de base dentro dos tubulões de ar comprimido em jornadas de curta duração, de até 30 minutos, podem ser submetidos a mais de uma compressão em menos de 24 horas e até o máximo de três compressões.

O trabalhador não pode ser exposto à pressão superior a 4,4 ATA[69], exceto em caso de emergência, sob supervisão direta do médico qualificado.

Se durante o processo de compressão o empregado apresentar queixas, dores no ouvido ou dores de cabeça, a compressão deve ser imediatamente *__interrompida__* com redução gradual da pressão na campânula até que o empregado se recupere.

Caso não ocorra a recuperação, a descompressão deve continuar até a pressão atmosférica, retirando-se, então, o empregado e encaminhando-o ao serviço médico.

Duração da jornada

A duração do período de trabalho sob ar comprimido depende da pressão máxima de trabalho à qual o trabalhador foi submetido e não pode ser superior a oito horas, em pressões de trabalho de 1,0 a 2,0 ATA; a seis horas, em pressões de trabalho de 2,1 a 3,5 ATA; e a quatro horas, em pressão de trabalho de 3,6 a 4,4 ATA.

Pressão máxima de trabalho (ATA)	Duração máxima da jornada (horas)
1,0 a 2,0	8
2,1 a 3,5	6
3,6 a 4,4	4

Descompressão

A descompressão deve ser realizada segundo as tabelas constantes no Anexo IV da NR7. Após a descompressão, os trabalhadores devem ser obrigados a permanecer, no mínimo, por duas horas, no canteiro de obra, cumprindo um **período de observação** médica, em local adequado a ser designado pelo médico do trabalho responsável pelo PCMSO ou pelo médico qualificado.

Assistência médica

O médico qualificado deve manter **disponibilidade para contato enquanto houver trabalho sob ar comprimido**, e, em caso de acidente de trabalho, deve ser providenciada assistência, bem como local apropriado para atendimento médico.

Todo empregado que trabalhe sob ar comprimido deve ter um prontuário médico, no qual devem ser registrados os dados relativos aos exames realizados.

Afastamentos

Em caso de ausência ao trabalho por doença, **por até 15 dias**, o empregado deve ser submetido a novo exame clínico supervisionado pelo médico qualificado, sem a necessidade da emissão de um novo ASO.

---

[69] ATA = Atmosfera de Pressão Absoluta. Unidade de pressão que considera a pressão manométrica e a pressão atmosférica ambiente.

• PROGRAMA DE CONTROLE MÉDICO DE SAÚDE OCUPACIONAL – PCMSO | 193

Em caso de ausência ao trabalho **por mais de 15 dias** ou afastamento por doença, o empregado, ao retornar, deve ser submetido a novo exame médico, com emissão de ASO.

Exames complementares

Devem ser efetuados os seguintes exames complementares quando da realização do admissional e periódico, para trabalho em condições hiperbáricas (a critério médico, outros exames complementares poderão ser solicitados a qualquer tempo):

a) radiografia de tórax em visão anteroposterior e de perfil: admissional e anual;

b) eletrocardiograma: admissional e anual;

c) hemograma completo: admissional e anual;

d) grupo sanguíneo e fator RH: admissional;

e) dosagem de glicose sanguínea: admissional e anual;

f) radiografia bilateral das articulações escapuloumerais, coxofemorais e de joelhos: admissional e bienal;

g) audiometria: admissional, seis meses após o início da atividade e, a seguir, anualmente;

h) eletroencefalograma: admissional;

i) espirometria: admissional e bienal.

Recursos médicos

Deve ser disponibilizada uma **câmara hiperbárica de tratamento, 24 horas por dia, sete dias por semana**, situada a uma distância tal que o trabalhador seja atendido em, no máximo, uma hora após a ocorrência médica.

O empregador deve garantir a disponibilidade, no local de trabalho, de recursos médicos, incluindo oxigênio medicinal de superfície, e de pessoal necessário para os primeiros socorros, em casos de acidentes descompressivos ou outros eventos que comprometam a saúde dos trabalhadores na frente de trabalho, cabendo o planejamento desses recursos ao médico do trabalho responsável pelo PCMSO ou ao médico qualificado.

O tratamento recompressivo deve ser conduzido sob supervisão do médico qualificado.

Disposições gerais

Todo empregado que vá exercer trabalho sob ar comprimido deve ser **orientado** acerca dos riscos decorrentes da atividade e das precauções que devem ser tomadas. Apesar de não constar expressamente na norma, entendo que:

✓ a organização deve manter os registros destas orientações para apresentação à fiscalização;

✓ esta orientação deve ocorrer na admissão e nos casos de alterações de riscos, por exemplo, alteração da pressão de trabalho.

A capacidade física de empregados para trabalho em condições hiperbáricas deve ser avaliada antes do início das atividades e supervisionada por médico qualificado. Esta disposição tem por objetivo não colocar em risco o trabalhador que já esteja com alguma dificuldade respiratória ou circulatória prévia ou qualquer outra condição que possa ser agravada pela exposição às condições hiperbáricas.

É proibido o trabalho de menores de 18 anos em qualquer ambiente hiperbárico.

Não é permitido à organização submeter o empregado a voos ou elevações acima de 700 metros nas 24 horas que sucederem um mergulho seco[70].

11.3 Guias internos de câmaras hiperbáricas *multiplace*

11.3.1 Introdução

Temos aqui uma importante alteração na NR7: a inclusão de procedimentos de vigilância à saúde dos trabalhadores que exercem atividades em tratamentos de oxigenoterapia hiperbárica (OHB).

A oxigenoterapia hiperbárica é um tratamento realizado pela inalação de 100% de oxigênio com pureza maior que 99%, estando o paciente submetido a uma pressão maior que a atmosférica, no interior de uma câmara hiperbárica[71].

As câmaras hiperbáricas são equipamentos médicos estanques e resistentes à pressão. São classificadas em:

- ✓ *Monoplace*: permitem apenas acomodação do próprio paciente, pressurizadas, em geral, diretamente com O_2;
- ✓ *Multiplace*: de maior porte, pressurizadas com ar comprimido e com capacidade para vários pacientes simultaneamente.

Segundo o Glossário da norma, a ***câmara hiperbárica de tratamento*** é aquela que, independentemente da câmara de trabalho, é usada para tratamento de indivíduos que adquiram doença descompressiva ou embolia e é diretamente supervisionada por médico qualificado. Constitui Vaso de Pressão para Ocupação Humana (VPOH)[72], do tipo multipaciente (para mais de uma pessoa).

No interior das câmaras *monoplace* permanece somente o paciente em tratamento. Já nas câmaras *multiplace*, além dos vários pacientes, permanecem em seu interior trabalhadores denominados ***guias internos***, em geral, enfermeiros e/ou técnicos de enfermagem. Por este motivo, o Anexo 4 da NR7 trata das câmaras *multiplace*, abrangendo os trabalhadores que exercem suas atividades no interior destes equipamentos.

Estes profissionais são encontrados em número cada vez maior em razão do crescimento dos tratamentos com oxigenoterapia hiperbárica. Na década de 1980, quando o Anexo 6 da NR15 foi publicado, a utilização desta atividade era ainda incipiente no Brasil. Entretanto, em 2015, a Sociedade Brasileira de Medicina Hiperbárica registrou 119 clínicas de tratamento hiperbárico no País, o que coloca uma categoria crescente de trabalhadores em exposição à condição hiperbárica durante o seu trabalho[73].

---

[70] Como vimos anteriormente, as atividades de escavação de tubulões sob ar comprimido, túneis pressurizados e em câmaras hiperbáricas de tratamento são também chamadas de atividades hiperbáricas no *mergulho seco.*

[71] Sociedade Brasileira de Medicina Hiperbárica. Diretrizes de Segurança, Qualidade e Ética, 6ª revisão, 2016-2018.

[72] Não alcançado, portanto, pela NR13, conforme redação do item 13.2.2, alínea "b": "13.2.2 Esta NR não se aplica aos seguintes equipamentos: b) ***vasos de pressão destinados à ocupação humana***" (grifos acrescentados).

[73] Sociedade Brasileira de Medicina Hiperbárica. Diretrizes de Segurança, Qualidade e Ética, 6ª revisão, 2016-2018.

Os guias internos das câmaras *multiplace* devem ser avaliados com os mesmos critérios clínicos e de exames complementares dos trabalhadores na indústria da construção expostos a condições hiperbáricas.

Podem ser submetidos a até duas exposições em 24 horas, sob supervisão do médico qualificado.

Não é permitido à organização submeter o guia interno de câmara *multiplace* a voos ou elevações acima de 700 metros nas 24 horas que sucederem um *mergulho seco*.

11.4 Mergulhadores profissionais

As disposições da NR7 relativas aos mergulhadores profissionais alcançam tanto os mergulhadores rasos (mergulhos em profundidade até 50 metros) quanto os mergulhadores profundos (mergulhos em profundidade superior a 50 metros).

> **Além da NR**
> **Mergulhador Raso e Mergulhador Profundo**
> Os mergulhadores profissionais são divididos em Mergulhador Raso e Mergulhador Profundo, como a seguir descrito:
> a) Mergulhador Raso (Mergulhador que Opera com Ar Comprimido – MGE): mergulhador qualificado para operar até a profundidade de 50 metros, empregando ar comprimido como mistura respiratória, possuidor de diploma do Curso Expedito de Mergulho a Ar com Equipamento Dependente (C-EXP-MARDEP), realizado no Centro de Instrução e Adestramento Almirante Áttila Monteiro Aché (CIAMA), da MB, ou de Curso Básico de Mergulho Raso Profissional realizado em escola de mergulho credenciada pela Diretoria de Portos e Costas (DPC).
> b) Mergulhador Profundo (Mergulhador que Opera com Mistura Artificial – MGP): mergulhador qualificado para operar em profundidades maiores que 50 metros, empregando mistura respiratória artificial (MRA), possuidor do diploma do Curso Especial de Mergulho Saturado (C-ESP-MGSAT), realizado no CIAMA, ou Curso Básico de Mergulho Profundo Profissional realizado em escola de mergulho credenciada pela Diretoria de Portos e Costas (DPC)[74].

Acompanhamento e registro das atividades

As atividades de mergulho profissional devem ser acompanhadas e orientadas por **médico qualificado com conhecimento de fisiologia de mergulho**, escolha de misturas gasosas, diagnóstico e tratamento de doenças e acidentes ligados ao mergulho.

Todos os mergulhos devem ser **registrados**, incluindo a identificação dos mergulhadores participantes e os dados técnicos de pressões, tempos e composição do gás respirado.

Nos mergulhos em que se utilize mistura gasosa diferente do ar, devem ser obedecidas **medidas específicas para evitar enganos, troca de cilindros e erros na execução de paradas de descompressão**.

Exames médicos

Os exames médicos ocupacionais dos empregados em mergulho profissional devem ser realizados:

a) por ocasião da admissão;

b) a cada seis meses, para todo o pessoal em efetiva atividade de mergulho;

---

[74] NORMAM/15 – DPC. 2ª revisão.

c) após acidente ocorrido no desempenho de atividade de mergulho ou doença grave;

d) em situações especiais, outros exames podem ser solicitados a critério médico.

Devem ser efetuados os seguintes exames complementares quando da realização do admissional e periódico, para mergulho profissional:

a) radiografia de tórax em visão anteroposterior e de perfil: admissional e anual;

b) eletrocardiograma ou teste ergométrico de esforço, a critério médico: anual;

c) ecocardiograma: admissional;

d) teste ergométrico de esforço: admissional;

e) hemograma completo: admissional e anual;

f) grupo sanguíneo e fator RH: admissional;

g) dosagem de glicose sanguínea: admissional e anual;

h) radiografia bilateral das articulações escapuloumerais, coxofemorais e de joelhos: admissional e bienal, que poderão ser substituídos, a critério médico, por ressonância nuclear magnética ou tomografia computadorizada;

i) audiometria: admissional, seis meses após o início da atividade e, a seguir, anualmente;

j) eletroencefalograma: admissional;

k) espirometria: admissional e bienal;

l) acuidade visual: admissional e anual.

A critério médico, outros exames complementares e pareceres de outros profissionais de saúde podem ser solicitados a qualquer tempo.

Disposições Gerais

É vedada a atividade de mergulho para gestantes e lactantes.

A segurança de mergulho deve seguir a NORMAM-15/DPC em sua última revisão.

Não é permitido à organização submeter o empregado a voos ou elevações acima de 700 metros nas 24 horas que sucederem um mergulho raso, ou 48 horas para mergulho saturado.

A compressão e a descompressão devem ser definidas pelo médico qualificado responsável pelo mergulho. O tratamento recompressivo deve ser conduzido sob supervisão do médico qualificado.

Recursos médicos

Todas as embarcações para trabalho de mergulho profissional devem ter, a bordo, uma **câmara hiperbárica de tratamento** para atendimento de doenças ou acidentes de mergulho, cujo tratamento deve estar a cargo de médico qualificado.

Para os mergulhos realizados a partir de bases em terra, deve ser disponibilizada uma câmara hiperbárica de tratamento, 24 horas por dia, sete dias por semana, para que o mergulhador seja atendido em, no máximo, uma hora após a ocorrência.

O empregador deve garantir a disponibilidade, no local de trabalho, de recursos médicos, incluindo oxigênio medicinal de superfície, e de pessoal necessário para os primeiros socorros, em casos de acidentes descompressivos ou outros eventos que comprometam a saúde dos trabalhadores na frente de trabalho, e o planejamento desses recursos cabe ao médico qualificado.

12. ANEXO V – CONTROLE MÉDICO OCUPACIONAL DA EXPOSIÇÃO A SUBSTÂNCIAS QUÍMICAS CANCERÍGENAS E A RADIAÇÕES IONIZANTES

12.1 Câncer ocupacional no Brasil

Segundo o Atlas do Câncer Relacionado ao Trabalho no Brasil[75], o câncer relacionado ao trabalho é definido como decorrente da exposição a agentes carcinogênicos presentes no ambiente de trabalho, mesmo após a cessação da exposição. Em geral, ocorre após um longo período de exposição a fatores ou condições de risco do ambiente de trabalho, o que dificulta o diagnóstico em alguns tipos de câncer, por exemplo, o resultante da exposição às fibras de asbesto, em que o trabalhador pode estar aposentado, ter trocado de função ou de emprego quando do surgimento dos primeiros sintomas.

Considera-se que uma substância, combinação ou mistura de substâncias têm potencial carcinogênico ocupacional quando a exposição a elas pode causar aumento da incidência de neoplasias benignas ou malignas, ou substancial diminuição do período de latência entre a exposição e o aparecimento da doença.

Nos ambientes de trabalho podem ser encontrados cancerígenos como amianto, sílica, benzeno, níquel, cromo, radiação ionizante, e alguns agrotóxicos, cujo efeito pode ser potencializado na exposição concorrente a fatores como a poluição ambiental, dieta rica em gorduras trans, álcool, tabagismo e agentes biológicos.

O câncer por exposições ocupacionais geralmente atinge regiões do corpo que estão em contato direto com as substâncias cancerígenas, seja durante a fase de absorção (pele e aparelho respiratório) ou de excreção (aparelho urinário), o que explica a maior frequência de câncer de pulmão e mesoteliomas de pele e de bexiga nesse tipo de exposição.

Segundo o mesmo Atlas, o câncer é a segunda principal causa de morte no nosso país. Sua ocorrência não se distribui de forma homogênea no Brasil, e aproximadamente 60% dos casos acontecem em estados e municípios de baixa e média renda. Estudos mais recentes atribuem a fatores ambientais cerca de 19% de todos os tipos de câncer. Entre estes fatores, cerca de 900 agentes cancerígenos são costumeiramente identificados e avaliados pelo seu potencial carcinogênico no local de trabalho, sendo a exposição à maioria deles **absolutamente evitável**.

A epidemiologia tem avançado no entendimento e análise das relações causais entre câncer e exposição a substâncias presentes no ambiente de trabalho, porém muitas lacunas ainda precisam ser preenchidas. Por exemplo, a análise dos dados epidemiológicos indica uma subestimação significativa do câncer ocupacional, principalmente em razão do longo período de latência dessas doenças.

Ainda que tímida, a inclusão deste anexo na NR7 é um passo importante da vigilância à saúde do trabalhador no que se refere ao câncer ocupacional. Lembremos que fatores organizacionais também podem estar relacionados a esta patologia. Neste sentido, destaco o estudo da *International Agency for Research on Cancer* (IARC)[76], que classifica o **trabalho em período noturno** como provável carcinogênico para humanos (Grupo 2A).

---

[75] Atlas do câncer relacionado ao trabalho no Brasil. Ministério da Saúde. 2018.

[76] Disponível em: iarc.fr/news-events/iarc-monographs-volume-124-night-shift-work/.

12.2 Objetivo

O objetivo deste anexo é estabelecer diretrizes e parâmetros complementares no PCMSO para vigilância da saúde dos empregados expostos ocupacionalmente a substâncias químicas cancerígenas e a radiações ionizantes, de acordo com as informações fornecidas pelo Programa de Gerenciamento de Risco (PGR), visando à prevenção e à detecção do câncer e de lesões e alterações pré-cancerígenas relacionados ao trabalho.

12.3 Campo de aplicação

Este anexo se aplica às organizações nas quais os processos de trabalho exponham seus empregados a radiações ionizantes e também àquelas organizações que produzam, transportem, armazenem, utilizem ou manipulem:

- ✓ substâncias químicas cancerígenas, com registro CAS[77], conforme indicadas no Inventário de Riscos do PGR;
- ✓ misturas líquidas contendo concentração igual ou maior que 0,1% em volume dessas substâncias: por exemplo, a gasolina, que contém até 1% de benzeno, substância comprovadamente cancerígena;
- ✓ misturas gasosas que apresentam essas substâncias, como é o caso da produção do coque em coquerias de siderúrgicas, com geração de gases contendo benzeno.

12.4 Diretrizes

O médico do trabalho responsável pelo PCMSO deve registrar no programa as atividades e funções na organização com exposição ocupacional a radiações ionizantes e a substâncias químicas cancerígenas, identificadas e classificadas no PGR.

Deve também orientar os médicos que realizam o exame clínico desses empregados sobre a importância da identificação de lesões e alterações clínicas ou laboratoriais que possam estar relacionadas à exposição ocupacional a substâncias químicas cancerígenas e a radiações ionizantes.

12.5 Substâncias químicas cancerígenas

Os prontuários médicos dos empregados expostos a substâncias químicas cancerígenas devem ser mantidos por período mínimo de 40 anos após o desligamento do empregado.

Os exames complementares para os empregados expostos a agentes químicos cancerígenos, conforme informado no PGR da organização, são obrigatórios quando a exposição ocupacional estiver acima de **10% dos limites de exposição ocupacional**, ou quando não houver avaliação ambiental, e devem ser executados e interpretados com base nos critérios constantes na NR7.

12.6 Benzeno

As ações de vigilância da saúde dos empregados expostos a benzeno devem seguir o disposto na Instrução Normativa 2, de 8 de novembro de 2021[78], publicada pelo então

---

[77] Como vimos anteriormente, o registro CAS – *Chemical Abstracts Service* se refere a um código numérico que permite a identificação inequívoca de um agente químico.

[78] Esta portaria revogou a Instrução Normativa 2, de 20 de dezembro de 1995.

• PROGRAMA DE CONTROLE MÉDICO DE SAÚDE OCUPACIONAL – PCMSO

Ministério do Trabalho e Previdência, e na Portaria de Consolidação 5, Anexos LXVIII, LXIX, LXX e LXXI, de 28 de setembro de 2017, do Ministério da Saúde.

12.7 Radiações ionizantes

Os empregados devem ser avaliados, no exame médico admissional, de retorno ao trabalho ou de mudança de risco, acerca de sua aptidão para exercer atividades em áreas **controladas ou supervisionadas**, de acordo com as informações do PGR e a classificação da CNEN (Norma CNEN NN 3.01) para áreas de trabalho com radiação ou material radioativo.

Segundo a Norma CNEN NN 3.01:

- ✓ **Área supervisionada**: área para a qual as condições de exposição ocupacional são mantidas sob supervisão, mesmo que medidas de proteção e segurança específicas não sejam normalmente necessárias;
- ✓ **Área controlada**: área sujeita a regras especiais de proteção e segurança, com a finalidade de controlar as exposições normais, prevenir a disseminação de contaminação radioativa e evitar ou limitar a amplitude das exposições potenciais.

A informação sobre aptidão ou inaptidão para exercer atividade com exposição a radiação ou material radioativo deve ser consignada no ASO do empregado.

No caso de exposição ocupacional acima do limite de dose anual de radiação ionizante, efetiva ou equivalente, deve ser realizada nova avaliação médica do empregado para definição sobre a sua continuidade na atividade, quando deve ser emitido novo ASO.

No caso de exposição ocupacional acidental a níveis elevados de radiação ionizante, deve ser realizada nova avaliação médica, com coleta de hemograma completo imediatamente *em até* 24 horas após a exposição.

Os prontuários médicos dos empregados expostos a radiações ionizantes devem ser mantidos até a data em que o empregado completará 75 anos e, pelo menos, por período mínimo de 30 anos após o desligamento do empregado.

13. CONSIDERAÇÕES FINAIS

Homologação: O PCMSO não precisa ser homologado ou registrado na SRT.

Validade: É muito comum as empresas apresentarem PCMSO com a seguinte informação na capa (exemplo): *"Data de validade: 01.05.2019 a 30.04.2020 (um ano)"*. Essa indicação está equivocada: o PCMSO não tem prazo de validade, pois é um **programa de execução permanente** de atenção à saúde do trabalhador. O documento que deve ser elaborado a cada ano é o relatório analítico.

Alterações: O PCMSO deve ser alterado, no todo ou em parte, sempre que ocorrerem modificações no PGR relativas a alterações nos riscos ocupacionais decorrentes de mudanças nos processos produtivos ou produtos utilizados, ou ainda nos casos de novas descobertas da ciência médica com relação a efeitos de riscos existentes ou mudança de critérios de interpretação de exames.

Organização com vários estabelecimentos: Conforme vimos anteriormente, caso a organização possua mais de um estabelecimento, poderá ser elaborado um único PCMSO que considere todos os riscos ocupacionais reconhecidos e classificados no

PGR, devendo ser mantida uma cópia do programa em cada local. Ressalta-se, como dito anteriormente, que a NR37 exige a elaboração do PCMSO para cada plataforma habitada.

Vacinação: A NR7 exige o controle, pela organização, da imunização ativa dos empregados, relacionada a riscos ocupacionais, sempre que houver recomendação do Ministério da Saúde. Destaco também a NR32 – Segurança e Saúde no Trabalho em Estabelecimentos de Saúde, norma setorial aplicável aos trabalhadores dos estabelecimentos de saúde, que determina expressamente em seu texto a obrigatoriedade de inclusão de programa de vacinação para seus trabalhadores, fixando, inclusive, o rol mínimo de vacinas a serem aplicadas, bem como o controle da eficácia da vacinação sempre que recomendado pelo Ministério da Saúde.

Relatório Analítico: Deve ser apresentado e discutido na CIPA (quando existente na empresa). Pode ser armazenado em arquivo informatizado, desde que esteja sempre disponível à fiscalização do trabalho. Não é necessário registrá-lo na Superintendência Regional do Trabalho.

NR 8 EDIFICAÇÕES

Classificação: Norma Especial

Última atualização: Portaria MTP 2.188, de 28 de julho de 2022

1. INTRODUÇÃO

A NR8 estabelece requisitos que devem ser atendidos nas edificações para garantir segurança e conforto aos trabalhadores. As medidas de prevenção constantes na noma se aplicam às edificações já construídas onde se desenvolvam atividades laborais. As edificações **em construção** são abrangidas pela NR18 – Segurança e saúde no trabalho na indústria da construção.

2. PÉ-DIREITO

A expressão "pé-direito" corresponde à altura livre do piso ao teto.

Segundo o art. 171 da CLT:

Os locais de trabalho deverão ter, no mínimo, 3 (três) metros de pé-direito, assim considerada a altura livre do piso ao teto.

Já a NR8 determina que o pé-direito dos locais de trabalho deve atender ao código de obras local ou posturas municipais, atendido o previsto em normas técnicas oficiais e considerando também as condições de segurança, conforto e salubridade, estabelecidas nas NRs.

3. CIRCULAÇÃO

Os pisos dos locais de trabalho não devem apresentar saliências nem depressões que prejudiquem a circulação de pessoas ou a movimentação de materiais. As aberturas nos pisos e também nas paredes devem ser protegidas para impedir a queda de pessoas ou objetos.

Os pisos, escadas fixas e rampas devem ser projetados, construídos e mantidos em condições de suportar as cargas permanentes e móveis, para as quais a edificação se destina, de acordo com as normas técnicas oficiais.

Nos pisos, escadas fixas, rampas, corredores e passagens dos locais de trabalho, **onde houver risco de escorregamento**, devem ser empregados materiais ou sistemas antiderrapantes.

Os andares acima do solo devem dispor de proteção contra queda de pessoas ou objetos, de acordo com a legislação municipal e as normas técnicas oficiais, atendidas as condições de segurança e conforto.

4. PROTEÇÃO CONTRA INTEMPÉRIES

As partes externas, bem como todas as que separem unidades autônomas de uma edificação, ainda que <u>não acompanhem sua estrutura,</u> devem, obrigatoriamente, observar as normas técnicas oficiais relativas à resistência ao fogo, ao isolamento térmico, isolamento e condicionamento acústico, resistência estrutural e impermeabilidade.

Entre as normas a serem observadas estão aquelas publicadas pela Associação Brasileira de Normas Técnicas (ABNT) e também a legislação do Corpo de Bombeiros Militar da unidade da federação onde se localiza a edificação.

Sempre que aplicável, os pisos e as paredes dos locais de trabalho devem ser impermeabilizados e protegidos contra a umidade.

As coberturas dos locais de trabalho devem assegurar proteção contra as chuvas.

As edificações devem ser projetadas e construídas de modo a evitar insolação excessiva ou falta de insolação.

NR 9 AVALIAÇÃO E CONTROLE DAS EXPOSIÇÕES OCUPACIONAIS A AGENTES FÍSICOS, QUÍMICOS E BIOLÓGICOS

Classificação: Norma Geral

Última atualização: Texto geral: Portaria SEPRT 6.735, de 10 de março de 2020
Anexos 1 e 3: Portaria 426, de 7 de setembro de 2021

1. INTRODUÇÃO

A NR9 é uma norma de higiene ocupacional. Segundo a Associação Brasileira de Higienistas Ocupacionais (ABHO), a Higiene Ocupacional é a:

> ***Ciência e a arte*** *dedicadas ao estudo e ao gerenciamento das exposições ocupacionais aos agentes físicos, químicos e biológicos, por meio de ações de* **antecipação, reconhecimento, avaliação e controle** *das condições e locais de trabalho, visando à preservação da saúde e bem-estar dos trabalhadores, considerando ainda o meio ambiente e a comunidade*[1] *(grifos acrescentados).*

É **ciência** porque se baseia em metodologias, procedimentos e análises estatísticas que devem ser criteriosamente cumpridos. Segundo Gilmar Trivelato, pesquisador titular da Fundacentro, *a NR1 e principalmente a NR9 exigem conhecimento dos princípios e métodos da Higiene Ocupacional*[2].

E também é **arte** porque várias decisões são baseadas no julgamento profissional do higienista, em sua experiência e muitas vezes em sua intuição.

No mesmo sentido, a *American Industrial Hygiene Association* (AIHA) descreve a Higiene Ocupacional como:

> *Ciência e arte dedicadas à antecipação, reconhecimento, avaliação, prevenção e controle dos estressores ou fatores ambientais que surgem no ambiente de trabalho ou são dele decorrentes, e que podem causar doenças, agravos à saúde e bem-estar, ou ainda desconforto significativo entre os trabalhadores ou indivíduos da comunidade*[3].

---

[1] Disponível em: https://www.abho.org.br/abho/.

[2] Disponível em: https://www.youtube.com/watch?v=4vqDEANIMP4.

[3] *Industrial Hygiene is both a science and an art devoted to the anticipation, recognition, evaluation, prevention, and control of those environmental factors or stresses arising in or from the workplace which may cause sickness, impaired health and well being, or significant discomfort among workers or among citizens of the community.* Disponível em: https://www.aiha.org/about-aiha#:~:text=Industrial%20Hygiene%20is%20both%20a,workers%20or%20among%20citizens%20of.

Vemos, portanto, que a Higiene Ocupacional se baseia em quatro ações principais que chamo de pilares:

- ✓ Antecipação;
- ✓ Reconhecimento;
- ✓ Avaliação; e
- ✓ Controle dos riscos ocupacionais.

Os 4 pilares da Higiene Ocupacional

> **Além da NR**
> **Antecipação e Reconhecimento dos riscos**
> *Segundo Berenice Goelzer*[4], "foi somente no século XX, sob a liderança de pioneiros como Alice Hamilton, que tomou impulso a abordagem de estudar e modificar locais, processos e práticas de trabalho, com o objetivo de **evitar riscos antes de haver dano para a saúde**. Este é o conceito de higiene ocupacional que, mesmo hoje em dia, ainda não é aplicado universalmente. A grande contribuição da higiene ocupacional para a saúde dos trabalhadores foi o conceito de que a **ação preventiva** deve ser desencadeada pelo reconhecimento (ou melhor, a antecipação) de que existe um fator de risco no local de trabalho, e não somente pelo aparecimento de danos para a saúde entre os trabalhadores." *(grifos acrescentados)*

A NR9 aborda os requisitos relativos aos pilares: **avaliação e controle** dos riscos ocupacionais, identificados no Programa de Gerenciamento de Riscos (PGR). O controle alcança tanto a implementação quanto a validação e o acompanhamento das medidas de prevenção implementadas.

A publicação da Portaria SEPRT 6.735/2020 foi o primeiro passo para a construção da nova NR9. A norma receberá novos anexos, cada um referente a determinados agentes químicos, físicos e biológicos, além dos já existentes relativos à Vibração e Calor.

2. OBJETIVO

O objetivo da norma é estabelecer os requisitos a serem observados para **avaliação** das exposições ocupacionais a **agentes físicos, químicos e biológicos** identificados no

---

[4] GOELZER, Berenice. Notas sobre introdução à higiene ocupacional, antecipação e reconhecimento de fatores de risco nos locais de trabalho. *Curso básico de higiene ocupacional*. São Paulo, 2011.

NR 9 • AVALIAÇÃO E CONTROLE DAS EXPOSIÇÕES OCUPACIONAIS | 205

Programa de Gerenciamento de Riscos (PGR) e subsidiar as medidas de prevenção para o **controle** destas exposições tanto no que se refere à decisão para adoção destas medidas quanto para seu dimensionamento.

Avaliação

A avaliação se refere à análise (*ciência*) e julgamento técnico (*arte*) quanto à aceitabilidade ou não das exposições ocupacionais a partir de abordagens pragmáticas e metodologias apropriadas, de acordo com a situação em análise. O resultado da avaliação servirá de subsídio para a adoção das medidas de prevenção.

Controle

Como vimos no capítulo da NR1, as medidas de prevenção dos riscos correspondem a ações ou controles de engenharia, e para que sejam efetivas devem ser devidamente dimensionadas, projetadas, instaladas e mantidas.

Agente físico

Agente físico é qualquer forma de energia como ruídos, vibrações, pressões anormais, temperaturas extremas, radiações ionizantes, radiações não ionizantes.

Caso o agente físico seja capaz de causar lesão ou agravo à saúde do trabalhador, em função de sua natureza, intensidade e exposição, será considerado um risco físico e deverá ser, portanto, devidamente avaliado e controlado.

Ressalto que a ***umidade, por não ser forma de energia, não é um agente físico***, e sim uma condição adversa presente no ambiente de trabalho. A redação da NR9, acertadamente, não inclui a umidade na lista de agentes físicos. Porém, a umidade relativa do ar tem influência direta na troca de calor (este sim, um agente físico) entre nosso organismo e o ambiente de trabalho, sendo um dos parâmetros que mais impacta na avaliação da sobrecarga térmica, como veremos no Anexo 3 – Calor.

Agente químico

Agente químico é a substância química, por si só ou em misturas, quer seja em seu estado natural, quer seja produzida, utilizada ou gerada no processo de trabalho. Caso o agente químico seja capaz de causar lesão ou agravo à saúde do trabalhador, em função de sua natureza, concentração e exposição, será considerado um risco químico e deverá ser devidamente avaliado e controlado.

Os **agentes químicos** penetram no organismo pela via respiratória[5], através da pele ou ainda por ingestão, neste último caso, quando não adotadas boas práticas de higiene no ambiente de trabalho.

A penetração no organismo ocorrerá pela via respiratória, caso a substância ou mistura se **apresente na forma** de poeiras, fumos, névoas, neblinas, gases ou vapores. Dessa feita, não é tecnicamente correto dizer de forma isolada que poeiras, fumos, névoas, neblinas, gases e vapores são agentes químicos, mas sim a **forma** como os diversos agentes químicos se dispersam no ar ambiente, por exemplo, *fumos de cádmio*: cádmio é o agente químico que se apresenta ou se incorpora ao ar ambiente na forma de fumos. Outros exemplos: *poeira* mineral contendo *sílica cristalina*, *vapores* de *tolueno*, *névoas* de *ácido sulfúrico*.

---

[5]   Na Toxicologia Ocupacional a via inalatória é a principal via de entrada dos agentes químicos no organismo, seguida pelas vias dérmica e digestiva. Já no caso da Toxicologia tradicional a via digestiva é a principal via de entrada.

O fato de um agente químico estar presente em determinado processo não significa necessariamente que a correspondente substância ou mistura representa um risco. Há que se analisar se existe a possibilidade de incorporação ao ar ambiente, a forma como ocorre esta incorporação, a correspondente toxicidade, as características do processo como calor e pressão, a possibilidade de geração de subprodutos durante o processo, entre outras variáveis. Vemos aqui a importância da análise do processo que deve preceder a avaliação dos riscos.

Além da NR

Aerodispersoides

Poeiras, fumos, névoas e neblinas são classificados como aerodispersoides, ou aerossóis. Os aerodispersoides são partículas líquidas ou sólidas, de tamanho microscópico, que permanecem temporariamente em suspensão no ar, até sua deposição no solo ou em alguma superfície.

Tais partículas podem representar risco à saúde, pois, em razão das suas dimensões reduzidas, penetram no trato respiratório, podendo alcançar os alvéolos pulmonares, como é o caso da inalação de poeiras respiráveis. Quanto menor a partícula, maior o tempo de suspensão, consequentemente, maior a chance de inalação.

Poeiras: Partículas sólidas *geradas pela ruptura mecânica de um sólido. Poeiras são geradas, por exemplo, durante operações como escavações, explosões, perfurações, lixamento, esmerilhamento, limpeza abrasiva, moagem etc. As poeiras podem ser vegetais (por exemplo, poeira do algodão, linho ou cânhamo, poeira do bagaço da cana) ou minerais (por exemplo, poeira de manganês, poeira de sílica, poeira de asbesto, poeira de ferrovanádio). Algumas poeiras, como o asbesto, têm forma alongada e por este motivo são chamadas de fibras.*

Fumos: Partículas sólidas *formadas por condensação de vapores após a volatilização de substância sólida fundida, daí também serem chamados de aerossóis termicamente gerados. Os fumos podem ser metálicos ou plásticos. Os fumos metálicos são gerados nas operações de solda, fundição ou outras atividades envolvendo aquecimento e fusão de metais. Os fumos plásticos são gerados em operações de injeção e extrusão de polímeros, ou outras atividades abrangendo aquecimento e fusão de materiais plásticos.*

Névoas: Partículas líquidas *formadas pela ruptura mecânica de um líquido. Por exemplo, névoa formada por gotículas de solvente durante aplicação de pintura com pistola, ou névoa formada durante aplicação de agrotóxicos por nebulização. Tal como as poeiras, as névoas também são aerossóis mecanicamente gerados.*

Neblinas: Partículas líquidas *provenientes de um líquido previamente volatilizado por processo térmico. Segundo Torloni[6], "na indústria, a ocorrência de neblina de um agente químico é muito rara, pois a condensação do vapor no ar só pode ocorrer quando esse fica saturado pelo vapor de um líquido, seguindo-se da diminuição da temperatura do ar, provocando, então, a condensação do excesso de vapor presente".*

A **proteção** contra inalação de poeiras, fumos, névoas, neblinas, gases e vapores deve ser feita mediante a utilização de respiradores[7]. Estes, por sua vez, devem ter filtros mecânicos ou químicos que impeçam ou dificultem a passagem dessas partículas. Os filtros mecânicos devem ser usados para proteção contra inalação de poeiras, fumos, névoas, neblinas. Os filtros químicos devem ser empregados para proteção contra inalação de gases e vapores. É também possível o uso de filtros combinados.

---

[6] TORLONI, Maurício; VIEIRA, Antônio. *Manual de proteção respiratória*. ABHO, 2003.

[7] Lembrando que o fornecimento de respiradores deve sempre respeitar a hierarquia de adoção das medidas de prevenção, conforme item 1.4.1, alínea "g", da NR1.

• AVALIAÇÃO E CONTROLE DAS EXPOSIÇÕES OCUPACIONAIS | 207

> *Saiba mais*
> *Gases e Vapores*
> **Gás** *é um fluido que se encontra no estado gasoso, em condições normais de temperatura e pressão.*
> **Vapor** *corresponde à fase gasosa de uma sustância que existe normalmente no estado líquido ou sólido, em condições normais de temperatura e pressão.*

Sobre esse assunto vejam questão do CESPE/2013, cujo gabarito é ERRADO:

 Define-se como vapor a substância que, nas condições normais de pressão e temperatura, já esteja em estado gasoso.

Agente biológico

Agentes biológicos são microrganismos, parasitas ou materiais originados de organismos. Caso o agente biológico seja capaz de acarretar lesão ou agravo à saúde do trabalhador, em função de sua natureza e do tipo de exposição, corresponderá a um risco biológico e deverá, portanto, ser avaliado e controlado. Exemplos: *bactéria Bacillus anthracis, vírus linfotrópico da célula T humana, príon agente de doença de Creutzfeldt-Jakob, fungo Coccidioides immitis.*

Vejam, portanto, que a classificação do agente biológico (bactéria, fungo etc.) deve ser seguida de sua identificação, como citado, por exemplo, *fungo* (classificação) Coccidioides immitis (identificação).

> *Saiba Mais*
> *Agentes biológicos*[8]
> *Berenice Goelzer*
> *Os agentes biológicos podem ser encontrados em muitos setores ocupacionais. Porém, quando existe a preocupação com estes agentes, a ênfase é geralmente no trabalho em hospitais, laboratórios e outros serviços de saúde, e algumas vezes, em trabalhos com animais e seus produtos, lixo e dejetos (coleta e transporte), águas residuais e esgoto. Contudo, muitas outras ocupações devem ser consideradas como passíveis de oferecer esses riscos, como, por exemplo, as atividades de agricultura, bem como qualquer trabalho que possa incluir contato com solo, argila (manufatura de objetos de cerâmica), plantas, poeira orgânica, alimentos. Este risco também pode estar presente em certos processos industriais (como metalurgia, em que são utilizados óleos de corte), indústria de alimentos (mesmo locais limpos como, por exemplo, padarias), de papel, de objetos de cortiça, assim como na construção civil. Também podem estar potencialmente expostos os que trabalham em salas com ar-condicionado e em lugares como salões de cabeleireiros e locais de lazer (piscinas, spas, resorts), entre outros.*

3. CAMPO DE APLICAÇÃO

As medidas de prevenção se aplicam onde houver exposições ocupacionais aos agentes físicos, químicos e biológicos. Riscos classificados como irrelevantes podem ser desconsiderados, por exemplo, exposições a agentes químicos **classificados como não**

---
[8] *Revista ABHO*, Edição 37, 2014.

208 | SEGURANÇA E SAÚDE NO TRABALHO – *Mara Queiroga Camisassa*

perigosos ou situações que representam apenas desconforto (por exemplo, desconforto térmico ou desconforto acústico), e não um risco à saúde.

No caso de agentes químicos, informações sobre toxicidade da substância ou mistura podem ser encontradas na respectiva Ficha de Informação de Produtos Químicos (FISPQ)[9], de elaboração obrigatória pelo fabricante nacional ou importador, conforme NR26:

> 26.4.3 Ficha com dados de segurança
>
> 26.4.3.1 O fabricante ou, no caso de importação, o fornecedor no mercado nacional, deve elaborar e tornar disponível ficha com dados de segurança do produto químico para todo produto químico classificado como perigoso.
>
> 26.4.3.1.1 O formato e conteúdo da ficha com dados de segurança do produto químico devem seguir o estabelecido pelo GHS.
>
> 26.4.3.1.1.1 No caso de mistura, deve ser explicitado na ficha com dados de segurança o nome e a concentração, ou faixa de concentração, das substâncias que:
>
> a) representam perigo para a saúde dos trabalhadores, se estiverem presentes em concentração igual ou superior aos valores de corte/limites de concentração estabelecidos pelo GHS para cada classe/categoria de perigo; e
>
> b) possuam limite de exposição ocupacional estabelecidos.
>
> 26.4.3.2 Os aspectos relativos à ficha com dados de segurança devem atender ao disposto em norma técnica oficial.
>
> 26.4.3.3 O disposto no subitem 26.4.3.1 se aplica também a produto químico não classificado como perigoso, mas cujos usos previstos ou recomendados derem origem a riscos à segurança e à saúde dos trabalhadores.

A norma técnica oficial vigente citada no item 26.2.3.2 é a ABNT 14725, parte 4[10].

A abrangência e profundidade das medidas de prevenção dependem das características das exposições e das necessidades de controle, ou seja, da complexidade do processo.

A NR9 e seus anexos devem ser utilizados com o objetivo de **prevenção e controle** dos riscos ocupacionais causados por agentes físicos, químicos e biológicos. Para fins de caracterização de atividades ou operações insalubres ou perigosas, devem ser aplicadas as disposições previstas na NR15 – Atividades e operações insalubres e NR16 – Atividades e operações perigosas. Para a avaliação de condições de conforto, deve ser observado o disposto na NR17 – Ergonomia.

3.1 Identificação das exposições ocupacionais aos agentes físicos, químicos e biológicos

A identificação das exposições ocupacionais aos agentes físicos, químicos e biológicos deverá considerar dados obtidos a partir de **análise preliminar** com o objetivo de se constituir a caracterização básica da exposição dos trabalhadores aos agentes. **Os dados obtidos nesta análise preliminar irão alimentar o inventário de riscos.** A análise preliminar deve abordar, no mínimo:

---

[9]   Entretanto, a FISPQ não deve ser a única fonte de consulta sobre agentes químicos.

[10] A ABNT 14725, parte 4, apresenta as informações que devem constar em uma FISPQ e seu cumprimento é obrigatório devido à exigência expressa em Norma Regulamentadora (NR26). Caso a FISPQ não apresente o conteúdo mínimo exigido pela norma técnica, o fornecedor e/ou importador do respectivo produto ou mistura deve ser contatado. Outras fontes também podem ser consultadas.

NR 9 • AVALIAÇÃO E CONTROLE DAS EXPOSIÇÕES OCUPACIONAIS | 209

a) descrição das atividades:

As atividades devem ser detalhadamente descritas, com identificação das características dos ambientes de trabalho, processos e operações; caracterização da força de trabalho; esforços físicos e aspectos posturais também devem ser considerados, quando for o caso; nesta descrição deve ser considerado o modo operatório (WAD – Work As Done) do trabalhador, e não os procedimentos de trabalho.

b) identificação do agente e formas de exposição:

Todos os agentes ambientais devem ser identificados bem como as respectivas fontes geradoras. Entretanto, não basta a identificação genérica do agente, por exemplo, "agente físico".

Como vimos anteriormente, no caso de agentes químicos também não basta citar a forma de apresentação do agente (fumos ou poeiras, por exemplo), mas, sim, identificar também a <u>substância ou mistura</u> correspondente, por exemplo, <u>fumos de cobre</u> ou <u>poeira de manganês</u>.

A toxicidade do agente químico pode variar em função de sua forma de incorporação ao ar ambiente e também da via de entrada no organismo. Daí a importância da identificação do agente e forma de apresentação. Outras informações como inflamabilidade e volatilidade também devem ser levantadas. Quanto maior a pressão de vapor de um agente químico, maior sua volatilidade; consequentemente, maior é o risco de exposição por inalação.

Da mesma forma, no caso de agentes biológicos, não basta citar sua classificação (vírus ou parasitas, por exemplo), mas também sua identificação inequívoca, por exemplo, <u>Vírus Epstein-Barr</u>, ou ainda <u>Parasita Ascaris lumbricoides</u>.

*Também devem ser identificadas as **formas de exposição** aos agentes, ou seja, <u>como</u> ocorre a exposição; neste sentido, devem ser indicadas as vias de entrada (inalatória, dérmica, digestiva), se a exposição é eventual, permanente ou intermitente, tempo de duração, fonte geradora, trajetória do agente (quando aplicável), ou seja, <u>como</u> o agente alcança o trabalhador, forma como se dá a transmissão (no caso de agentes biológicos), limites de exposição (se existentes para o agente), entre outras informações aplicáveis às especificidades de cada caso. Destaco novamente que exposições decorrentes de atividades não rotineiras também devem ser consideradas. As formas de exposição podem ser identificadas por processo, função, setor ou atividade, dependendo da complexidade das situações analisadas;*

c) possíveis lesões ou agravos à saúde relacionados às exposições identificadas:

Devem ser pesquisadas informações ou registros relacionados a queixas e antecedentes médicos relacionados aos trabalhadores expostos, bem como os possíveis danos à saúde relacionados aos riscos identificados, disponíveis na literatura técnica;

d) fatores determinantes da exposição:

Identificar os fatores que podem contribuir para as condições da exposição, por exemplo, condições ambientais, tempo efetivo de exposição diária, bem como as circunstâncias que podem agravar suas consequências.

De destacar também que a exposição simultânea a várias substâncias químicas pode alterar uma série de fatores (absorção, ligação proteica, metabolização e excreção) que influem na toxicidade de cada uma das substâncias separadamente. Assim, a resposta final aos tóxicos combinados pode ser maior ou menor que a soma dos efeitos de cada um deles, podendo-se ter[11]:

- *Efeito aditivo* – quando o efeito final é igual à soma dos efeitos de cada um dos agentes envolvidos;
- *Efeito sinérgico* – quando o efeito final é maior que a soma dos efeitos de cada agente em separado;
- *Potencialização* – quando o efeito de um agente é aumentado se combinado com outro agente;
- *Antagonismo* – quando o efeito de um agente é diminuído, inativado ou eliminado se combinado com outro agente;
- *Reação idiossincrática* – é uma reação anormal a certos agentes tóxicos. Nesses casos, o indivíduo pode apresentar uma reação adversa a doses extremamente baixas (doses consideradas não tóxicas) ou apresentar tolerância surpreendente a doses consideradas altas ou até mesmo letais;
- *Reação alérgica* – é uma reação adversa que ocorre após uma prévia sensibilização do organismo a um agente tóxico. Na primeira exposição, o organismo, após incorporar a substância, produz anticorpos. Esses, após atingirem uma determinada concentração, ficam disponíveis para provocarem reações alérgicas no indivíduo, sempre que houver nova exposição àquele agente tóxico.

Saiba mais
Estudos sobre exposições combinadas

Considerando que, no ambiente de trabalho, o homem está exposto a uma diversidade de riscos, Yokohama et al. (1974) realizaram uma pesquisa experimental para verificar as possíveis consequências acarretadas aos trabalhadores pela exposição à vibração de corpo inteiro, ao ruído e à combinação de ambos os riscos. A pesquisa encontrou mudanças temporárias de limiar (de audição) mais expressivas, e um tempo de recuperação mais longo, em pessoas que se expuseram simultaneamente ao ruído e à vibração, quando em comparação ao grupo somente exposto ao ruído. Quanto à exposição à vibração de corpo inteiro isoladamente, foi percebido que não provocou nenhuma alteração importante no traçado audiométrico.

O Dr. Tarcísio Buschinelli[12] também nos ensina que, além dos efeitos comuns dos solventes, o tolueno em exposições crônicas elevadas (>200 ppm) pode resultar em alterações do sistema nervoso central, como cefaleias, agitação psicomotora e distúrbios no ritmo sono-vigília. É também ototóxico, podendo levar à perda auditiva, mas este efeito é evidente quando em **sinergismo com ruído**, conduzindo a uma perda auditiva maior do que a exposição a ruído isoladamente (grifo acrescentado).

---

[11] RUPPENTHAL, Janis Elisa. *Toxicologia*, UFSM. 2013.
[12] BUSCHINELLI, José Tarcísio P. *Toxicologia ocupacional*. Fundacentro, 2020.

• AVALIAÇÃO E CONTROLE DAS EXPOSIÇÕES OCUPACIONAIS | 211

e) medidas de prevenção já existentes:

Identificar as medidas de prevenção existentes, indicando se são eficazes no controle dos riscos, se há ações de monitoramento e/ou programa de manutenção implantado;

f) identificação dos grupos de trabalhadores expostos:

Trata-se da identificação do grupo de exposição similar (GES). Este grupo corresponde a um conjunto de trabalhadores que experimentam exposição similar, de forma que o resultado fornecido pela avaliação da exposição de qualquer trabalhador do grupo seja representativo da exposição do restante dos trabalhadores do mesmo grupo. Vemos, portanto, como o próprio nome indica, que o GES corresponde ao agrupamento de trabalhadores com similaridade de exposição, e não necessariamente aqueles que exercem as mesmas atividades ou funções. Chamo a atenção para funções com nomes genéricos, pois pode ocorrer de dois trabalhadores exercerem a mesma função, porém estarem submetidos a diferentes exposições, por realizarem suas atividades em locais diversos ou até mesmo com modo operatório próprio. Pode ser necessária a realização de várias Análises Preliminares, uma para cada grupo de exposição.

Pelas informações a serem levantadas na Análise Preliminar, vemos que esta deve ser realizada em campo, no chamado *chão de fábrica* e a partir da observação criteriosa de como e onde as atividades são executadas. É neste momento que também devem ser feitas as entrevistas com gestores, supervisores e outras lideranças que possam contribuir para a coleta de informações pertinentes à análise. Também, e mais importante, devem ser conduzidas entrevistas com os empregados. Vocês se lembram do item 1.5.3.3. da NR1? Vejamos:

1.5.3.3. A organização deve adotar mecanismos para:

a) consultar os trabalhadores quanto à <u>percepção</u> de riscos ocupacionais [...] (grifo acrescentado).

Além da NR
Conhecendo e questionando o processo produtivo

Sempre que você se vir diante de um processo em que haja algum risco, é importante se questionar o porquê de ele ocorrer dessa maneira. Algumas perguntas podem nos ajudar nessa pesquisa[13]:
– O produto que gera o contaminante é insubstituível?
– O trabalhador realmente precisa estar naquele local? Não pode realizar a atividade de outro posto, ou em uma cabine isolada?
– Não existe outra forma de realizar a operação?
– O material perigoso precisa ser utilizado daquela forma? Não é possível usar flocos em lugar de um pó fino, para diminuir a dispersão, por exemplo?
– Posso reduzir o tempo a que o trabalhador fica exposto ao risco?

---

[13] Disponível em: https://www.saberssst.com.br/hierarquia_medidas_controle/.

3.2 Avaliação das exposições ocupacionais aos agentes físicos, químicos e biológicos

Uma vez realizada a análise preliminar (caracterização básica) das atividades de trabalho e dos dados já disponíveis relativos aos agentes físicos, químicos e biológicos, será possível reunir elementos que permitam enquadrar as situações analisadas em três distintas possibilidades, a partir do julgamento técnico do profissional, quais sejam:

✓ A situação de exposição é **ACEITÁVEL**: neste caso, deve-se *manter* a situação e realizar novas análises periodicamente para verificar se a aceitabilidade da exposição se mantém ou foi alterada (por exemplo, caso tenham ocorrido mudanças nos processos, produtos etc.); a periodicidade será definida pelo profissional responsável;

✓ A situação de exposição é **INACEITÁVEL**: neste caso, devem ser adotadas *imediatamente medidas de prevenção, para eliminar ou controlar e manter os riscos em níveis aceitáveis*;

✓ Há uma **INCERTEZA** quanto à aceitabilidade das situações de exposição analisadas, ou seja, as informações obtidas na avaliação preliminar *não foram suficientes* para permitir a tomada de decisão quanto à necessidade de adoção de medidas de prevenção: neste caso, devem-se realizar avaliações mais aprofundadas, qualitativas ou quantitativas.

Estas disposições estão elencadas no item 9.4.1 da NR9:

> Deve ser realizada análise preliminar das atividades de trabalho e dos dados já disponíveis relativos aos agentes físicos, químicos e biológicos, a fim de determinar a necessidade de adoção direta de medidas de prevenção ou de realização de avaliações qualitativas ou, quando aplicáveis, de avaliações quantitativas (grifos acrescentados).

Como dito, a convicção para enquadramento da situação analisada (ACEITÁVEL, INACEITÁVEL, INCERTEZA) decorre do conhecimento técnico e experiência do(s) profissional(is) responsável(is) pela análise preliminar. Além das informações indicadas anteriormente relativas à análise preliminar, devem ser considerados outros aspectos em função das particularidades de cada condição de trabalho.

Vemos, portanto, que, ao contrário do que ocorre na maioria das organizações, as avaliações quantitativas não devem, necessariamente, ser a regra, indistintamente. Além de serem procedimentos complexos e dispendiosos, devem ser realizadas com observância criteriosa das metodologias e estratégias de amostragem aplicáveis a cada caso, o que requer do responsável competência e conhecimento técnico aprofundado. *Ademais, cada agente, seja químico, físico ou biológico, tem suas especificidades ou particularidades, o que leva a metodologias diferenciadas de avaliação*.

Segundo Berenice Goelzer[14]:

> *"Em muitas situações óbvias, por exemplo, quando não há risco ou o risco é evidente e sério, requerendo controle imediato, as avaliações quantitativas não são realmente necessárias (mesmo que existam os meios para realizá-las). Existem algumas **abordagens pragmáticas** que permitem tomadas de decisão quanto à exposição e ao*

---

[14] Avaliação Qualitativa de Riscos Químicos. Fundacentro. 2012.

NR 9 • AVALIAÇÃO E CONTROLE DAS EXPOSIÇÕES OCUPACIONAIS | 213

controle, mesmo em situações não tão óbvias. Tais métodos foram desenvolvidos a fim de facilitar, nos casos em que isto é possível, a recomendação de ações preventivas, sem esperar por avaliações quantitativas complicadas e dispendiosas.

Deve ser enfatizado, porém, que a utilização de abordagens pragmáticas para resolver certos problemas de saúde ocupacional __não significa que as avaliações quantitativas não sejam importantes__. Não só existem muitos casos em que avaliações quantitativas são necessárias, como indispensáveis para a própria validação de qualquer abordagem pragmática.

Além disto, a eficiência das medidas de controle recomendadas é sempre testada através de avaliações quantitativas (antes e depois), cuidadosamente realizadas. Cabe a uma instituição central fazer estes estudos detalhados, que requerem conhecimentos e equipamentos caros, normalmente fora do alcance, particularmente, da pequena empresa" (grifos acrescentados).

Os resultados das avaliações das exposições ocupacionais aos agentes físicos, químicos e biológicos devem ser <u>incorporados ao inventário</u> de riscos do PGR.

As avaliações das exposições ocupacionais devem ser registradas pela organização, conforme os aspectos específicos constantes nos Anexos da norma.

Avaliações qualitativas

As avaliações qualitativas são abordagens pragmáticas que utilizam ferramentas reconhecidas de avaliação da exposição ocupacional; têm como referência os perigos identificados e medidas de controle recomendadas.

No caso de riscos químicos, um dos métodos mais conhecidos é o chamado *control banding* (Faixas ou níveis de controle), desenvolvido pelo *Health and Safety Executive* (HSE), Reino Unido. Esta metodologia consta em uma publicação chamada COSHH Essentials: *Easy Steps to Control Health Risks from Chemicals* e tem como objetivo principal ajudar as pequenas empresas a reconhecer os riscos químicos nos locais de trabalho e orientá-las acerca das medidas de controle a serem adotadas. Outras ferramentas:

- *International Chemical Control Toolkit*[15], desenvolvido pela OIT;
- *Advanced Reach Tool* (ART)[16].

Avaliações quantitativas

A avaliação quantitativa das exposições ocupacionais aos agentes físicos, químicos e biológicos, <u>quando necessária</u>, deverá ser realizada para:

a) <u>comprovar o controle da exposição ocupacional aos agentes identificados</u>: para comprovação da eficácia das medidas de prevenção, ou seja, se a concentração ou intensidade do agente se encontra agora abaixo dos valores de referência; caso os valores obtidos permaneçam acima **do limite de exposição**, as medidas de controle devem ser revistas; caso tenham ultrapassado o nível de ação, é importante que a organização adote ações preventivas de monitoramento periódico das exposições, bem como de controle médico;

---

[15]   Disponível em: https://www.ilo.org/legacy/english/protection/safework/ctrl_banding/toolkit/icct/.

[16]   Disponível em: https://www.advancedreachtool.com/.

b) <u>dimensionar a exposição ocupacional dos grupos de trabalhadores</u>: como vimos anteriormente, as medidas de prevenção são ações baseadas em projetos de engenharia; os resultados das avaliações quantitativas, entre outras informações, subsidiarão a elaboração destes projetos; e

c) <u>subsidiar o equacionamento das medidas de prevenção</u>: por meio da obtenção de dados para o dimensionamento destas medidas: por exemplo, considere ambiente com ruído excessivo onde uma das medidas de controle que está sendo considerada será o enclausuramento da fonte geradora utilizando material fonoabsorvente. A avaliação quantitativa deverá fornecer informações não somente sobre os níveis de pressão sonora gerados, mas também as respectivas frequências para especificação do material fonoabsorvente[17] a ser utilizado.

A avaliação quantitativa deve ser **representativa** da exposição ocupacional, ou seja, realizada em dia e condições normais de trabalho. Deve abranger aspectos organizacionais e condições ambientais que envolvam os trabalhadores no exercício das suas atividades. Por exemplo, avaliação quantitativa de calor efetuada no inverno não será representativa da exposição.

3.3 Medidas de prevenção e controle das exposições ocupacionais aos agentes físicos, químicos e biológicos

As medidas de prevenção e controle das exposições ocupacionais estão estabelecidas nos Anexos da NR9. Como dito anteriormente, a norma receberá novos anexos, cada um referente a determinados agentes químicos, físicos e biológicos.

Até a data de fechamento desta edição, a NR9 contava com dois anexos:[18]

✓ Anexo 1 – Vibração;

✓ Anexo 3 – Calor.

Segundo Berenice Goelzer[19], *ainda que o ideal seja a eliminação completa de qualquer agente ou fator de risco que possa afetar a saúde nos ambientes de trabalho, isto nem sempre é possível. A proposta, ao se implementar um sistema efetivo de controle da exposição aos agentes químicos no ambiente de trabalho, é buscar a redução máxima da exposição e, consequentemente, do risco. A emissão da fonte de perigo, a propagação através do ambiente de trabalho e a exposição do trabalhador devem ser interrompidas de alguma forma; quanto mais cedo e mais perto da fonte, melhor.*

Neste sentido, a aplicação de medidas para prevenção e controle de riscos ocupacionais deve obedecer à seguinte hierarquia:

---

[17] Material com capacidade de absorção acústica que reduz a reflexão do ruído. Existem diversos materiais fonoabsorventes, cada um com coeficientes de absorção diferentes. O projeto de isolamento acústico deve considerar o material que oferecer maior coeficiente de absorção acústica para o tipo de ruído a ser tratado.

[18] Com a publicação da Portaria 427 de 7 de outubro de 2021, o Anexo 2 – "Exposição ocupacional ao benzeno em postos revendedores de combustíveis" foi retirado da NR9 e incluído como Anexo 4 da NR20 – Segurança e saúde no trabalho com inflamáveis e combustíveis, e teve seu nome alterado para "Exposição ocupacional ao benzeno em postos de serviços revendedores de combustíveis automotivos".

[19] Avaliação Qualitativa de Riscos Químicos. Fundacentro. 2012.

NR 9 • AVALIAÇÃO E CONTROLE DAS EXPOSIÇÕES OCUPACIONAIS | 215

✓ Medidas que atuam na fonte – eliminando ou minimizando o risco;

✓ Medidas que interceptam/removem o fator de risco em sua trajetória – entre a fonte e o trabalhador – minimizando a exposição;

✓ Medidas que evitam que o fator de risco atinja o trabalhador – proteção individual.

Segundo o Desembargador Sebastião Geraldo de Oliveira, *a maioria das empresas brasileiras no entanto, **praticamente ignora a hierarquia das medidas de controle do risco** indicada na legislação e utiliza de pronto a última alternativa (uso do EPI) como a primeira opção. Isso porque é de fácil aplicação, tem baixo custo, sugere condições de segurança e dispensa planejamento mais elaborado. Desenvolveram-se mais técnicas e equipamentos para conviver com o agente agressivo, esquecendo-se da meta prioritária de eliminá-lo. Em vez de segregar o agente nocivo, segrega-se o trabalhador que tem os sentidos limitados pela utilização incômoda dos equipamentos de proteção*[20] (grifo acrescentado).

A organização deve adotar as medidas necessárias e suficientes para a **eliminação** ou o **controle** das exposições ocupacionais relacionados aos agentes físicos, químicos e biológicos, de acordo com os critérios estabelecidos nos Anexos da norma, em conformidade com o PGR.

Apesar de não estar expresso na NR9, é importante que a **implantação** das medidas de prevenção seja acompanhada de **treinamento** dos trabalhadores que informe, dentre outros aspectos, as limitações das medidas implantadas.

As medidas de prevenção e controle das exposições ocupacionais integram os controles dos riscos do PGR e devem ser incorporadas ao Plano de Ação.

3.4 Disposições transitórias

Enquanto não forem estabelecidos os Anexos à NR9, devem ser adotados para fins de medidas de prevenção:

a) os critérios e limites de tolerância constantes na NR15 e seus anexos;

b) como nível de ação para agentes químicos, a metade do respectivo limite de tolerância[21,22];

c) como nível de ação para o agente físico ruído, a metade da dose: a dose diária de ruído é o resultado dos efeitos combinados dos diversos ruídos aos quais o trabalhador foi exposto durante a jornada de trabalho.

---

[20] OLIVEIRA, Sebastião Geraldo de. *Proteção jurídica à saúde do trabalhador*. 6. ed. São Paulo: LTr, 2011.

[21] Segundo o Manual de Estratégia de Amostragem da NIOSH, existem alguns critérios que devem ser atendidos para se considerar o nível de ação como a metade do limite de tolerância, porém tais critérios não estão explicitados na NR9.

[22] Além disso, esta é uma generalização que, se considerada de forma isolada, pode ser prejudicial ao trabalhador: por exemplo, a exposição do trabalhador a poeira de sílica na fração respirável, a uma concentração de metade do respectivo LT, é substancialmente perigosa, podendo provocar silicose no caso de exposição continuada, e outros agravos à saúde. Já a exposição do trabalhador a outro tipo de particulado não tóxico, também a uma concentração de metade do respectivo LT, pode representar um risco bem mais reduzido de instalação de algum dano à saúde. Daí a importância da determinação da severidade da lesão ou agravo à saúde, na avaliação do risco correspondente (probabilidade x severidade).

216 SEGURANÇA E SAÚDE NO TRABALHO – *Mara Queiroga Camisassa*

Na ausência de limites de tolerância previstos na NR15 e seus anexos, devem ser utilizados como referência para a **adoção de medidas de prevenção** aqueles previstos pela *American Conference of Governmental Industrial Higyenists* (ACGIH)[23].

Limite de exposição ocupacional[24]

Segundo o item 15.1.5 da NR15, *limite de tolerância* é um valor correspondente à concentração ou intensidade máxima ou mínima, relacionada com a natureza e o tempo de exposição ao agente, que **não causará danos à saúde do trabalhador, durante a sua vida laboral**[25]. Temos aqui uma atecnia neste conceito como consta na NR15: na verdade, os valores de limite de exposição ocupacional representam condições-limite de intensidade e/ou concentrações de agentes às quais, acredita-se, a ***maioria*** dos trabalhadores possa estar exposta, repetidamente, sem sofrer efeitos adversos à saúde, e não a *totalidade* dos trabalhadores, como dá a entender a redação do item 15.1.5. da NR15. Neste sentido, é possível que trabalhadores mais suscetíveis sofram agravos à saúde mesmo se expostos a valores inferiores ao limite de exposição.

Nível de ação

A exposição a alguns agentes ambientais representa risco de tal ordem que a própria norma se encarrega de definir um *valor acautelatório* que corresponde a um **alerta** para que a organização inicie a adoção de **medidas preventivas** a fim de minimizar a probabilidade de que a concentração ou a intensidade desses agentes ultrapassem o limite de exposição.

Segundo o item 9.6.1.2. da NR9:

> Considera-se nível de ação, o valor acima do qual devem ser implementadas *ações de controle sistemático* de forma a minimizar a probabilidade de que as exposições ocupacionais ultrapassem os limites de exposição (grifo acrescentado).

As *ações de controle sistemático* têm por objetivo o acompanhamento dos níveis de exposição e também a introdução ou a modificação das medidas de controle sempre que necessário. Exemplos de *ações de controle sistemático*: realização periódica de monitoramento ambiental e monitoramento biológico da exposição; este último, conforme item 7.5.12, alínea "b", da NR7:

> 7.5.12 Os exames complementares laboratoriais previstos nesta NR [...] são obrigatórios quando:
>
> [...]
>
> b) houver exposições ocupacionais acima dos níveis de ação determinados na NR9 ou se a classificação de riscos do PGR indicar.

---

[23] ACGIH – American Conference of Governmental Industrial Hygienists: Instituição governamental científica americana, sem fins lucrativos. Seus membros são profissionais da área de higiene ocupacional que se organizam em comitês responsáveis pela publicação de Guias de orientação relativos a Limites de Exposição Ocupacional (TLV – *Threshold Limit Values*) para agentes químicos e físicos e também Índices de Exposição Biológica (BEI – *Biological Exposure Index*) para agentes biológicos. Essas informações são revistas anualmente. A ACGIH não é um organismo normativo, ou seja, não estabelece normas: as publicações dessa entidade são referências técnicas cuja observância pelos órgãos reguladores dos diversos países não é obrigatória. Entretanto, a importância e a qualidade de suas publicações são mundialmente reconhecidas, sendo suas recomendações seguidas pela maioria dos órgãos reguladores internacionais.

[24] Ainda consta no texto geral da NR9 a expressão "limite de tolerância". Tão logo a norma receba os novos anexos, esta expressão deve ser corrigida para "Limite de exposição ocupacional". A expressão "Limite de tolerância" não é adequada: o que é *tolerável* para alguns pode não ser *tolerável* para outros.

[25] NR15, Atividades e Operações Insalubres, item 15.1.5.

NR 9 • AVALIAÇÃO E CONTROLE DAS EXPOSIÇÕES OCUPACIONAIS | 217

4. ANEXO 1 – VIBRAÇÃO

4.1 Conceito e classificação

As vibrações são movimentos oscilatórios e periódicos de um corpo, geradas por forças de componentes rotativos ou movimentos alternados de máquinas ou equipamentos. Segundo a Convenção OIT 148 – Contaminação do Ar, Ruído e Vibrações –, o termo "vibrações" compreende toda vibração transmitida ao organismo humano por estruturas sólidas e que seja nociva à saúde ou contenha qualquer outro tipo de perigo.

As vibrações ocupacionais podem ser **localizadas** ou de **corpo inteiro**. As vibrações **localizadas** são transmitidas por certas partes do corpo, na maioria das vezes mãos e braços, e por esse motivo são também chamadas de *vibrações segmentares* ou *vibrações do sistema mão-braço*. Alguns autores preferem a expressão "vibrações transmitidas pelas mãos" uma vez que a energia decorrente do estímulo vibratório não se concentra em um único ponto, mas, sim, transmite-se para outras partes do corpo. A NR9 usa a denominação *Vibrações em mãos e braços (VMB)*. São exemplos desse tipo de vibrações aquelas às quais estão expostos os operadores de motosserras, marteletes pneumáticos e ferramentas manuais elétricas, como lixadeiras e parafusadeiras.

As vibrações de **corpo inteiro** são aquelas em que todo o corpo ou grande parte dele está exposto aos movimentos vibratórios. São transmitidas geralmente por meio da superfície de sustentação do corpo, na posição sentado, em pé ou deitado. A NR9 usa a denominação *Vibrações de Corpo Inteiro (VCI)*. São exemplos desse tipo de vibrações aquelas às quais estão expostos os motoristas de ônibus e maquinistas, bem como os operadores de veículos pesados como retroescavadeiras, tratores e empilhadeiras. Os operadores desses equipamentos recebem a vibração em todo o corpo transmitida pelo assento.

O estudo das vibrações é tema complexo e foge ao objetivo deste livro. Entretanto, para melhor entendimento das disposições do Anexo I é importante conhecermos alguns conceitos básicos. A vibração é uma grandeza vetorial, o que significa que possui magnitude (ou intensidade) e direção. A magnitude da vibração pode ser medida por vários meios. A NR9 adotou a aceleração (m/s^2) como grandeza para quantificar esse agente. A direção da vibração toma como referência um sistema de coordenadas x, y e z, relacionadas à mão, no caso das vibrações em mãos e braços, ou relacionada ao esqueleto humano, no caso das vibrações de corpo inteiro, considerando uma posição anatômica sentada, em pé ou deitada. Além da direção e magnitude, outros parâmetros importantes para medir as vibrações são a frequência e duração da exposição.

A exposição ocupacional às vibrações pode causar diversos danos à saúde como distúrbios circulatórios, osteomusculares, neurológicos, musculares, bem como do sistema nervoso central.

Importante destacar:

- ✓ Ao contrário dos demais agentes físicos, a exposição à vibração surge do contato físico do trabalhador com a máquina ou equipamento gerador (ou reverberante) deste agente;

- ✓ No caso das ferramentas manuais é importante que a empresa fique atenta ao tempo de uso, pois quanto maior este tempo, maior poderá ser a intensidade da vibração mão-braço transmitida;

✓ Entendo que, no caso de exposição a vibrações, não há que se falar em grupo de exposição similar (GES), uma vez que as respostas individuais à exposição a este agente são substancialmente diferentes: cito por exemplo, no caso da vibração de corpo inteiro: a massa corporal do trabalhador interfere na transmissibilidade do agente; já no caso da vibração em mãos e braços a força de empunhadura difere entre os trabalhadores, uma mesma ferramenta é operada de forma diferente; outro fator importante na VMB é a superfície que será trabalhada (madeira, superfície de concreto, etc.). Mesmo que a avaliação seja realizada no trabalhador "exposto de maior risco – EMR" não é possível garantir que será representativa da exposição dos demais trabalhadores.

4.2 Objetivo

O Anexo I foi incluído na NR9 com a publicação da Portaria 1.297, de 13 de agosto de 2014. Esse anexo tem por objetivo estabelecer os requisitos para a avaliação da exposição ocupacional às Vibrações em Mãos e Braços – VMB e às Vibrações de Corpo Inteiro – VCI, quando identificadas no Programa de Gerenciamento de Riscos – PGR, previsto na NR1, e subsidiá-lo quanto às medidas de prevenção.

4.3 Disposições gerais

As organizações devem adotar medidas de prevenção e controle da exposição às vibrações mecânicas que possam afetar a segurança e a saúde dos trabalhadores, eliminando o risco ou, onde comprovadamente não houver tecnologia disponível, reduzindo-o aos menores níveis possíveis.

No processo de eliminação ou redução dos riscos relacionados à exposição às vibrações mecânicas, devem ser considerados, entre outros fatores, os esforços físicos necessários para a realização da tarefa, como por exemplo, a força de empunhadura em ferramentas manuais e aspectos posturais adotados.

A organização deve comprovar, no âmbito das ações de manutenção preventiva e corretiva de veículos, máquinas, equipamentos e ferramentas, a adoção de medidas que visem ao controle e à redução da exposição a vibrações.

As ferramentas manuais vibratórias que produzam acelerações superiores a 2,5 m/s^2 nas mãos dos operadores devem informar junto às suas especificações técnicas a vibração emitida pelas mesmas, indicando as normas de ensaio que foram utilizadas para a medição. Esse valor corresponde ao nível de ação da exposição às vibrações em mãos e braços, conforme veremos a seguir.

Ressalto que as disposições deste anexo têm caráter prevencionista. No caso de caracterização de insalubridade decorrente da exposição a vibrações devem ser observadas as determinações do Anexo 8 da NR15.

4.4 Avaliação Preliminar dos Riscos

A Avaliação Preliminar de Riscos é uma avaliação qualitativa baseada na observação da atividade e das condições de trabalho, e conta também com a experiência do profissional responsável. Os resultados da avaliação preliminar deverão subsidiar a adoção de medidas preventivas e corretivas, por exemplo, medidas para amortecimento e/ou isolamento da fonte de vibração, sem prejuízo de outras medidas previstas nas demais NRs.

NR 9 • AVALIAÇÃO E CONTROLE DAS EXPOSIÇÕES OCUPACIONAIS | **219**

Caso os resultados da avaliação preliminar não sejam suficientes para permitir a tomada de decisão quanto à necessidade de implantação de medidas preventivas e corretivas, deverá ser realizada a avaliação quantitativa da exposição.

A avaliação preliminar deve considerar os aspectos relativos aos ambientes de trabalho, processos, operações e condições de exposição, bem como a constatação de condições específicas de trabalho que possam contribuir para o agravamento dos efeitos decorrentes da exposição às vibrações, por exemplo, ambientes com ruído excessivo. Neste sentido, como vimos no capítulo da NR7, segundo o item 7 do Anexo II – Controle médico ocupacional da exposição a níveis de pressão sonora elevados – devem ser motivo de especial atenção empregados expostos a substâncias ototóxicas e/ou **vibração**, de **forma isolada ou simultânea à exposição a ruído potencialmente nocivo à audição**.

Também devem ser considerados os modelos, tipos e características das máquinas, veículos[26], ferramentas e equipamentos de trabalho. A avaliação deve abranger suas condições de uso e estado de conservação principalmente no que se refere aos componentes ou dispositivos de isolamento e amortecimento que possam interferir na exposição dos operadores ou condutores. Já no caso das ferramentas manuais, devem ser observados a empunhadura, a distribuição de peso, o tipo e o tamanho.

Também devem ser consideradas as informações fornecidas por fabricantes sobre os níveis de vibração gerados pelas ferramentas, veículos, máquinas ou equipamentos envolvidos na exposição, quando disponíveis.

A avaliação preliminar deve considerar a estimativa de tempo efetivo de exposição diária, os esforços físicos e aspectos posturais.

No caso das vibrações de corpo inteiro, deverão ser consideradas as características da superfície de circulação dos veículos, cargas transportadas e velocidades de operação.

Finalmente, a avaliação preliminar também deve abranger os dados de exposição ocupacional existentes na organização e as informações ou registros relacionados a queixas e antecedentes médicos relacionados aos trabalhadores expostos, tais como susceptibilidades ou predisposições atípicas. Vemos aqui novamente a profunda relação entre a NR9 e a NR7.

4.5 Avaliação quantitativa da exposição

A norma determina que a avaliação quantitativa das vibrações seja representativa da exposição, ou seja, deve abordar o trabalhador no exercício de suas funções, abrangendo tanto aspectos organizacionais quanto ambientais.

Esta avaliação é realizada por um aparelho chamado acelerômetro, que converte a aceleração da superfície – devido à vibração – à qual está conectado, em um sinal elétrico. A norma determina que os procedimentos de avaliação quantitativa para VCI e VMB são aqueles estabelecidos nas Normas de Higiene Ocupacional publicadas pela Fundacentro[27].

---

[26] Por exemplo, algumas empilhadeiras possuem ajuste do sistema de amortecimento do assento de acordo com o peso do trabalhador. Neste sentido, é importante que o trabalhador receba estas informações e realize o ajuste antes de iniciar a movimentação do equipamento.

[27] NHO9 – Avaliação da Exposição Ocupacional a Vibrações de Corpo Inteiro e NHO10 – Avaliação da Exposição Ocupacional à Vibração em Mãos e Braços.

4.5.1 Avaliação quantitativa da exposição dos trabalhadores às VMB

A avaliação da exposição ocupacional à vibração em mãos e braços deve ser feita utilizando-se de sistemas de medição que permitam a obtenção da aceleração resultante de exposição normalizada (*aren*), parâmetro representativo da exposição diária do trabalhador. Trata-se da aceleração resultante da combinação dos movimentos vibratórios nos eixos x, y e z do corpo do trabalhador, convertida para uma jornada diária padrão de 8 horas.

A norma estabelece os seguintes valores de nível de ação e limite de tolerância para as vibrações em mãos e braços:

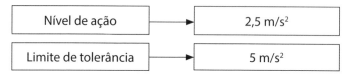

As situações de exposição ocupacional **superior ao nível de ação**, independentemente do uso de equipamentos de proteção individual implicam a adoção obrigatória de medidas de caráter **preventivo**, sem prejuízo do disposto no item 1.5.5. da NR1.

De ressaltar que o Anexo I da NR6 prevê, como EPI para proteção contra VMB, apenas "*luvas para proteção das mãos contra vibrações*". Contudo, destaco que a utilização desse EPI deve ser avaliada com restrições (e claro, considerando a hierarquia das medidas de controle), pois a maioria delas não oferece proteção contra vibrações em baixa frequência (<50Hz) geradas pela maioria das máquinas vibratórias manuais. Trata-se de situação perigosa, pois, os órgãos internos do nosso organismo também vibram em baixas frequências, e ao serem expostos a vibrações de igual frequência, pode ocorrer o fenômeno da ressonância e a consequente amplificação do sinal vibratório.

Segundo a Revista Portuguesa de Saúde Ocupacional, não há evidência científica robusta que comprove a eficácia das luvas antivibração. Elas podem, inclusive, gerar riscos adicionais, pois, geralmente são mais grossas, o que aumenta o esforço para a empunhadura das ferramentas/equipamentos manuais, potencializando a fadiga muscular. Além disso, a proteção oferecida não é homogênea entre diferentes direções da vibração, ou seja, o benefício proporcionado para a região palmar é diferente dos dedos[28].

Alguns artigos internacionais destacam as discrepâncias existentes entre os resultados dos testes de avaliação da atenuação das luvas antivibração. Ressaltam também que a performance destas luvas depende das características da fonte geradora da vibração bem como das características antropométricas do trabalhador que está empunhando a ferramenta manual e seu uso pode proporcionar uma falsa sensação de segurança. Outro fator a ser considerado é que a transmissão da vibração difere entre os dedos e a palma da mão[29].

As situações de exposição ocupacional **superior ao limite de exposição,** independentemente do uso de equipamentos de proteção individual, implicam obrigatória adoção de medidas de caráter **corretivo**, sem prejuízo do disposto no item 1.5.5. da NR1.

---

[28] Revista Portuguesa de Saúde Ocupacional on line. 2020, volume 9, 1-16. DOI: 10.31252/RPSO.01.05.2020 – Luvas antivibratórias: qual a evidência científica?

[29] BUDD, Diandra; HOUSE, Ron. *Examining the Usefulness of ISO 10819 Anti-Vibration Glove Certification*. Department of Occupational and Environmental Health, St. Michael's Hospital, Toronto, Ontario M5B 1W8, Canada.2016.

Medidas preventivas e corretivas

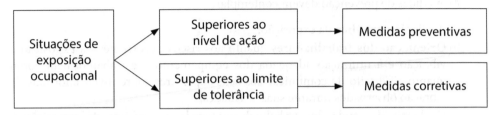

4.5.2 Avaliação quantitativa da exposição dos trabalhadores às VCI

A avaliação da exposição ocupacional à vibração de corpo inteiro deve ser feita utilizando-se de sistemas de medição que permitam a determinação dos seguintes parâmetros, representativos da exposição diária do trabalhador:
— Aceleração resultante de exposição normalizada (aren), que, como dito anteriormente, corresponde à aceleração resultante de exposição convertida para uma jornada diária padrão de 8 horas;
— Valor da dose de vibração resultante (VDVR).

A norma estabelece os seguintes valores de nível de ação e limite de tolerância para as vibrações de corpo inteiro:

Vibrações de corpo inteiro

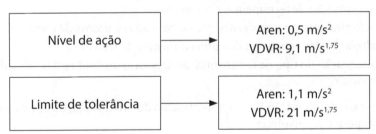

Para fins de caracterização da exposição, o empregador deve comprovar a avaliação dos dois parâmetros acima descritos (valor da aceleração resultante de exposição normalizada (aren) e da dose de vibração resultante – VDVR).

Da mesma forma que para as vibrações em mãos e braços, as situações de exposição ocupacional a vibrações de corpo inteiro **superiores ao nível de ação** implicam obrigatória adoção de medidas de caráter **preventivo**, sem prejuízo do disposto no item 1.5.5 da NR1.

E as situações de exposição ocupacional **superiores ao limite de exposição ocupacional** implicam obrigatória adoção de medidas de caráter **corretivo**, também sem prejuízo do disposto no item 1.5.5 da NR1.

Da mesma forma que as luvas, a utilização de assentos antivibratórios como medida de proteção à exposição a vibração de corpo inteiro deve ser analisada com cautela.

Na prática, as avaliações realizadas nos assentos de um grande número de veículos têm mostrado que, muito frequentemente, eles amplificam as vibrações em vez de reduzi-las[30].

---

[30] MENDES, René. *Patologia do trabalho*. 3. ed. São Paulo: Atheneu, 2013.

4.6 Medidas de prevenção

As medidas de prevenção devem contemplar:

a) Avaliação **periódica** da exposição;

b) **Orientação dos trabalhadores** quanto aos riscos decorrentes da exposição à vibração e à utilização adequada dos equipamentos de trabalho, bem como quanto ao direito de comunicar aos seus superiores sobre níveis anormais de vibração observados durante suas atividades;

c) Vigilância da saúde dos trabalhadores focada nos **efeitos da exposição à vibração**;

d) Adoção de procedimentos e métodos de trabalho alternativos que permitam **reduzir a exposição** a vibrações mecânicas.

4.7 Medidas corretivas

Como vimos anteriormente, as medidas corretivas devem ser adotadas sempre que as situações de exposição ocupacional forem **superiores ao limite de exposição.** Precisam contemplar, no mínimo, uma das medidas abaixo, obedecida a hierarquia prevista na alínea "g" do subitem 1.4.1 da NR1:

a) No caso de exposição às VMB, modificação do processo ou da operação de trabalho, podendo envolver:
- a substituição de ferramentas e acessórios;
- a reformulação ou a reorganização de bancadas e postos de trabalho;
- a alteração das rotinas ou dos procedimentos de trabalho;
- a adequação do tipo de ferramenta, do acessório utilizado e das velocidades operacionais.

b) No caso de exposição às VCI, modificação do processo ou da operação de trabalho, podendo envolver:
- o reprojeto de plataformas de trabalho;
- a reformulação, a reorganização ou a alteração das rotinas ou dos procedimentos e organização do trabalho;
- a adequação de veículos utilizados, especialmente pela adoção de assentos antivibratórios;
- a melhoria das condições e das características dos pisos e pavimentos utilizados para circulação das máquinas e dos veículos.

c) Redução do tempo e da intensidade de exposição diária à vibração;

d) Alternância de atividades ou operações que gerem exposições a níveis mais elevados de vibração com outras que não apresentem exposições ou impliquem exposições em níveis menores.

Também devem ser adotadas outras medidas de caráter preventivo ou corretivo, além daquelas indicadas anteriormente, e que possam ser consideradas necessárias ou recomendáveis em função das particularidades de cada condição de trabalho.

5. ANEXO 3 – CALOR

5.1 Introdução

Calor é energia térmica em movimento pelas diversas formas de troca térmica: condução, convecção, radiação e evaporação.

De todos os agentes físicos, o calor é o que provoca a maior variabilidade de efeitos individuais. Isso significa que a suscetibilidade individual é fator determinante para a resposta à exposição a esse agente: dois trabalhadores expostos às mesmas condições ambientais que realizem a mesma atividade e usem vestimentas de trabalho idênticas podem ter respostas fisiológicas substancialmente diversas. Tal fato reforça a importância de uma boa avaliação individual da população trabalhadora, inclusive com aplicação de questionários específicos para avaliar a percepção e a tolerância ao calor.

São diversos os fatores individuais que predispõem ao adoecimento em função do calor, por exemplo, idade[31], sexo[32], hidratação inadequada, condicionamento cardiopulmonar, distúrbios do sono, distúrbios endócrinos, uso de medicamentos, obesidade, uso de álcool, doenças preexistentes, entre outros. Fatores como aclimatização insuficiente e vestimenta inadequada também contribuem negativamente à exposição ao calor.

Trabalhadores de inúmeros setores econômicos exercem atividades expostos ao calor, como operadores de fornos em siderurgias (forneiros), cozinheiros e operadores de caldeiras.

Saiba mais
Mecanismos de Trocas Térmicas

São quatro os mecanismos e trocas térmicas: condução, convecção, radiação e evaporação.

Condução: Troca de calor que ocorre entre corpos que estejam em contato. Quanto maior a diferença de temperatura entre os corpos, maior será a troca de calor.

Convecção: Troca de calor que ocorre através de um fluido, geralmente o ar atmosférico, em contato com um corpo. A temperatura do ar e a velocidade do ar interferem nas trocas por convecção.

Radiação: Troca de calor que ocorre pela radiação infravermelha (ondas eletromagnéticas não ionizantes), não sendo necessário meio físico para se propagar. Todos os corpos que não estão na temperatura "zero absoluto" emitem radiação infravermelha, e o calor transmitido através deste mecanismo é chamado "calor radiante". Em alguns ambientes de trabalho, as fontes radiantes podem ser responsáveis por 60% das trocas térmicas de calor. Apenas a carga radiante do ambiente é que interfere neste tipo de troca, que não é afetada pela temperatura ou velocidade do ar.

Evaporação: É o processo de passagem de um líquido para a fase gasosa, sendo, neste caso, a troca de calor produzida pela evaporação do suor. Além de sofrer interferência da temperatura e velocidade do ar, a umidade do ar é um importante interferente na evaporação.

5.1.1 Equilíbrio térmico do corpo humano

Nosso organismo possui mecanismos de autorregulação que têm por objetivo manter um estado de equilíbrio, chamado *homeostase*. Desta forma, a *homeostase* busca

---

[31] Indivíduos mais velhos não se adaptam facilmente à exposição ao calor devido à eficiência reduzida de sua sudorese.

[32] Mulheres geram mais calor interno do que os homens quando realizam a mesma tarefa.

manter as condições do meio interno de nosso corpo relativamente estáveis e compatíveis com o funcionamento de nossas células. Para que isso ocorra, são necessários diversos mecanismos reguladores, entre eles os termorreguladores que buscam manter a temperatura do nosso corpo em torno de 36 °C[33] por meio do equilíbrio entre a produção e a perda de calor chamado equilíbrio homeotérmico. A perda do calor ocorre por meio da vasodilatação – possibilitando a transferência interna do calor para a pele – e da evaporação do suor[34] – possibilitando a transferência externa do calor.

Entretanto, a exposição ao calor excessivo dificultará ou até mesmo impedirá a atuação eficaz destes mecanismos termorreguladores. Nesta condição, a perda de calor não é suficiente para reduzir a temperatura corporal, ocorrendo, então, a sobrecarga térmica[35], caracterizada pelo aumento da temperatura do núcleo corporal em condições que podem provocar danos à saúde do trabalhador[36].

Veremos que a sobrecarga térmica depende principalmente de duas variáveis: as condições térmicas do ambiente e o esforço físico necessário para realizar a atividade: é possível que ocorra sobrecarga térmica em um ambiente com temperatura amena, porém com exigência de esforço físico excessivo. Da mesma forma, a sobrecarga térmica pode ocorrer em atividades onde o esforço físico não seja significativo, porém as condições de calor são extremas.

Saiba mais

Vasodilatação e Sudorese

Geralmente, nas situações habituais do dia a dia, os mecanismos de troca de calor (condução, convecção, radiação e evaporação) promovem perda de calor pelo corpo, uma vez que a temperatura ambiente é inferior à temperatura corporal.

Para temperatura ambiente superior a 37 °C (trinta e sete graus célsius) ocorre ganho de calor pelo organismo, através dos mesmos mecanismos, sendo que a principal forma de troca de calor com o ambiente é através da pele.

Quando a temperatura do ambiente é maior que a do corpo, a única forma de o corpo se livrar do calor é a evaporação. Quando a vasodilatação máxima não consegue, de forma isolada, eliminar o calor na mesma velocidade em que ele é produzido, o organismo lança mão da sudorese, como mecanismo de perda de calor.

Pode-se resumir em três os mecanismos importantes para reduzir calor do organismo, frente à temperatura corporal excessiva:

– Inibição da termogênese: diminuição da produção de calor.

– Vasodilatação: intensa dilatação dos vasos sanguíneos cutâneos (pode aumentar a transferência de calor para a pele em até oito vezes), estimulando as glândulas sudoríparas a produzir suor.

– Sudorese: ocorre acentuada elevação na perda de calor através da evaporação do suor, quando a temperatura corporal total ultrapassa o nível crítico de 37 °C (trinta e sete graus célsius). Após a evaporação do suor, o sangue resfriado retorna ao interior do corpo e o ciclo se repete.

---

[33] Além da regulação da temperatura interna, a homeostase também envolve a regulação da pressão, concentração iônica e de gases (O_2 e CO_2) e pH, bem como de nutrientes e metabólitos.

[34] Veremos que a velocidade e a umidade do ar também são fatores críticos em ambientes quentes: quando a umidade é elevada, o corpo continua a produzir suor, mas sua evaporação fica prejudicada, e se o suor não evapora, não sentiremos "*refrescar*", pois o suor escorre pelo corpo e se desperdiça, e desta forma não terá contribuído para a regulação térmica.

[35] Não devemos confundir sobrecarga térmica, objeto deste Anexo 3, com conforto térmico, objeto da Ergonomia, como veremos no capítulo da NR17.

[36] Apesar dos diferentes parâmetros e métodos existentes quanto à temperatura corporal máxima, existe um consenso de que a mesma não deve ultrapassar 38 °C (trinta e oito graus célsius).

NR 9 • AVALIAÇÃO E CONTROLE DAS EXPOSIÇÕES OCUPACIONAIS | 225

5.1.2 Distúrbios causados pelo calor

Apresento a seguir alguns distúrbios que podem ser causados pela exposição ao calor excessivo:

✓ Intermação (choque térmico): Forma potencialmente fatal de hipertermia, é considerada uma emergência médica. Ocorre falha dos mecanismos termorreguladores, levando a uma redução da sudorese e consequente perda de calor por evaporação, resultando numa elevação acelerada e descontrolada da temperatura interna do corpo. O trabalhador pode apresentar confusão mental. O quadro pode evoluir para convulsões;

✓ Exaustão pelo calor (insolação) – efeito agudo: O trabalhador com exaustão pelo calor ainda apresenta sudorese, porém experimenta sensação de fadiga, desmaio e fraqueza extremas, além de tonturas, náuseas e cefaleia;

✓ Câimbras e espasmos: Estão relacionados à diluição de eletrólitos no sangue devido à sudorese excessiva sem a adequada reposição de líquidos e eletrólitos;

✓ Síncope por calor: Ocorre inconsciência repentina como resultado da dilatação dos vasos da pele, principalmente membros inferiores e consequente redução do retorno venoso e baixo fluxo cerebral.

Além disso, a fadiga e o estresse decorrentes da exposição ao calor prejudicam sobremaneira a manutenção do estado de vigilância e prontidão, fundamentais para evitar acidentes de trabalho, especialmente em sistemas intrinsecamente inseguros.

5.2 Objetivo

O Anexo 3 da NR9 tem por objetivo estabelecer os requisitos para a avaliação da exposição ocupacional ao agente físico calor, quando identificado no Programa de Gerenciamento de Riscos – PGR, previsto na NR1, e subsidiá-lo quanto às medidas de prevenção.

Neste sentido, não trataremos aqui de caracterização da insalubridade devido à exposição ocupacional ao calor, mas, sim, da prevenção dos riscos à saúde na realização de atividades nas quais ocorre esta exposição.

5.3 Campo de aplicação

As disposições estabelecidas no Anexo 3 se aplicam onde houver exposição ocupacional ao agente físico calor, seja de fonte natural ou artificial.

5.4 Responsabilidades da organização

5.4.1 Medidas de prevenção

A organização deve adotar medidas de prevenção de modo que a exposição ocupacional ao calor não cause efeitos adversos à saúde do trabalhador, sejam agudos ou crônicos.

5.4.2 Orientação aos trabalhadores

Os trabalhadores devem ser **orientados** especialmente quanto aos seguintes aspectos:

a) fatores que influenciam os riscos relacionados à exposição ao calor;

b) distúrbios relacionados ao calor, com exemplos de seus sinais e sintomas, tratamentos, entre outros;

c) necessidade de informar ao superior hierárquico ou ao médico a ocorrência de sinais e sintomas relacionados ao calor;

d) medidas de prevenção relacionadas à exposição ao calor, de acordo com a avalição de risco da atividade;

e) informações sobre o ambiente de trabalho e suas características; e

f) situações de emergência decorrentes da exposição ocupacional ao calor e **condutas** a serem adotadas: entendo ser importante neste caso tanto o automonitoramento, quando o próprio trabalhador percebe alterações no seu organismo, quanto o monitoramento entre os trabalhadores com exposição simultânea ao calor, quando um trabalhador percebe alterações em outro.

Temos aqui uma lista mínima, obrigatória, porém não exaustiva, das informações a serem transmitidas aos trabalhadores expostos ao calor. É claro que a empresa poderá acrescentar outros dados que julgar necessários, por exemplo:

✓ Procedimentos de aclimatização, necessidade de hidratação e pausas no trabalho;

✓ Eventuais limitações de proteção das medidas de prevenção, sua importância e seu uso correto;

✓ Outros fatores não ocupacionais agravantes da exposição, tais como uso de medicação, consumo de bebidas alcoólicas e drogas;

✓ Doenças ou distúrbios que possam limitar o trabalho sob condições de sobrecarga térmica, tais como doenças cardiovasculares, hipertensão arterial, diabetes e obesidade.

A norma não estabelece a forma como estas informações devem ser transmitidas. Entendo que isso pode ocorrer durante treinamentos, reuniões, palestras ou até mesmo por meio de cartazes ou *e-mail*. Entretanto, considerando os riscos envolvidos, a significativa variabilidade interindividual e a inquestionável falta de conhecimento sobre as consequências da exposição ao calor excessivo, minha sugestão é que as informações sejam apresentadas de forma **presencial** em evento dedicado especificamente a este assunto, com **registro** de sua realização, das informações prestadas, bem como dos trabalhadores participantes.

5.4.3 Treinamento anual

O empregador deve também realizar treinamentos periódicos anuais específicos, quando indicados nas medidas de prevenção. A norma delegou ao empregador, com certo grau de subjetividade, a identificação das situações nas quais os treinamentos anuais seriam necessários. De qualquer forma, sempre que forem realizados, sugiro que seja feito seu registro da mesma forma que o das Orientações.

NR 9 • AVALIAÇÃO E CONTROLE DAS EXPOSIÇÕES OCUPACIONAIS | 227

5.5 Avaliação preliminar da exposição

O objetivo da avaliação preliminar da exposição ocupacional ao calor é subsidiar a adoção de medidas de prevenção, sem prejuízo de outras medidas previstas nas demais NRs.

A avaliação preliminar deve considerar os seguintes aspectos, quando aplicáveis:

a) identificação do perigo;

b) a caracterização das fontes geradoras, por exemplo, fornos, superfícies aquecidas e outras fontes de calor radiante;

c) a identificação das possíveis trajetórias e dos meios de propagação dos agentes no ambiente de trabalho: nos casos de ambientes fechados, identificar também as condições de ventilação;

d) identificação das funções e determinação do número de trabalhadores expostos: identificar também as características da população trabalhadora com fatores individuais que podem potencializar os efeitos adversos da exposição ao calor;

e) a caracterização das atividades e do tipo da exposição, considerando a organização do trabalho, por exemplo, frequência de execução das atividades, tempo de exposição efetiva ao calor; trabalho em turno noturno, fruição de pausas, entre outros.

f) a obtenção de dados existentes na empresa, indicativos de possível comprometimento da saúde decorrente do trabalho;

g) as possíveis lesões ou agravos à saúde relacionados aos perigos identificados, disponíveis na literatura técnica;

h) a descrição das medidas de prevenção já existentes;

i) as características dos fatores ambientais e demais riscos que possam influenciar na exposição ao calor e no mecanismo de trocas térmicas entre o trabalhador e o ambiente, como, por exemplo, velocidade e umidade relativa do ar;

j) as estimativas do tempo de permanência em cada atividade e situação térmica às quais o trabalhador permanece exposto ao longo da sua jornada de trabalho: veremos que a avaliação à sobrecarga térmica se refere à exposição durante os sessenta minutos corridos que correspondam à condição de sobrecarga térmica mais desfavorável ou seja, com maior potencial de provocar efeitos adversos, conforme o disposto na NHO6 – Avaliação da Exposição Ocupacional ao Calor (Fundacentro);

k) a taxa metabólica para execução das atividades com exposição ao calor: a taxa metabólica corresponde à quantidade de energia gasta para se executar determinada atividade; e

l) os registros disponíveis sobre a exposição ocupacional ao calor.

Importante destacar que alterações nos ambientes, processos, produtos, máquinas e equipamentos, e até mesmo nos *layouts*, entre outros aspectos, que possam levar à alteração da exposição, implicam novo reconhecimento do risco.

5.6 Avaliação quantitativa

Caso as informações obtidas após avaliação preliminar não forem suficientes para permitir a tomada de decisão quanto à necessidade de implementação de medidas de prevenção, ou seja, caso haja uma incerteza sobre a aceitabilidade das condições de exposição, deve-se proceder à avaliação quantitativa para:

a) comprovar o controle da exposição ou a inexistência de riscos identificados na etapa de avaliação preliminar;
b) dimensionar a exposição dos trabalhadores; e
c) subsidiar o equacionamento das medidas de prevenção.

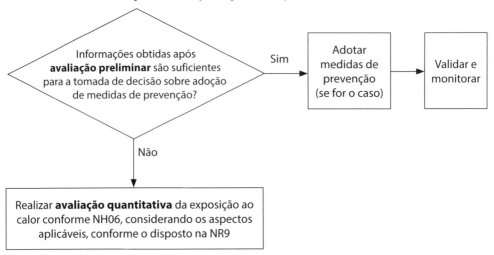

A atual redação do Anexo 3 exige que a avaliação quantitativa do calor seja realizada com base na metodologia e procedimentos descritos na Norma de Higiene Ocupacional – NHO6 – Avaliação da Exposição Ocupacional ao Calor (2ª edição – 2017), da FUNDACENTRO. O critério de avaliação da exposição ocupacional ao calor adotado pela NHO6 se baseia no Índice de Bulbo Úmido Termômetro de Globo (IBUTG) relacionado à Taxa Metabólica (M).

Segundo a NR9, a avaliação quantitativa do calor deve considerar os seguintes aspectos da NHO6[37]:

a) determinação de sobrecarga térmica por meio do índice IBUTG – Índice de Bulbo Úmido Termômetro de Globo;
b) equipamentos de medição e formas de montagem, posicionamento e procedimentos de uso dos mesmos nos locais avaliados;
c) procedimentos quanto à conduta do avaliador; e
d) medições e cálculos.

Veremos a seguir cada um destes aspectos:

---

[37] Para atividades em ambientes externos sem fontes artificiais de calor, alternativamente ao previsto nas alíneas "b", "c", e "d", pode ser utilizado o aplicativo "Monitor IBUTG" desenvolvido pela Fundacentro e disponibilizado para download gratuitamente. Este aplicativo possibilita a avaliação da exposição ao calor em todo território nacional onde o trabalhador exerce atividades a céu aberto.

5.6.1 Índice de Bulbo Úmido Termômetro de Globo (IBUTG)

Esse índice considera a contribuição dos seguintes fatores ambientais à sobrecarga térmica: temperatura ambiente, calor radiante, velocidade do ar e umidade relativa do ar. Por este motivo, o IBUTG não deve ser utilizado nas situações em que o trabalhador utiliza vestimentas impermeáveis ou altamente resistentes ao vapor de água ou ao movimento do ar.

O IBUTG é obtido a partir de medições de temperatura realizadas por três tipos de termômetros:

1 – Termômetro de bulbo úmido natural;
2 – Termômetro de globo;
3 – Termômetro de bulbo seco (termômetro de mercúrio comum).

Todos os termômetros medem a temperatura do ar. A diferença entre eles é que sua leitura é afetada pelos diferentes parâmetros ambientais, como mostra a tabela a seguir:

TERMÔMETRO	PARÂMETRO DO AMBIENTE QUE AFETA SUA LEITURA
Bulbo Úmido Natural	Temperatura do ar – Velocidade do ar – Umidade relativa do ar
Bulbo Seco	Temperatura do ar
Globo	Calor radiante no ambiente – Temperatura do ar – Velocidade do ar

Fonte: FANTAZZINI, Mário. Manual SESI / Técnicas de Avaliação de Agente Ambientais, 2007.

A equação para o cálculo do IBUTG varia em função da presença ou não de carga solar direta[38] no ambiente, da seguinte forma:

IBUTG para ambientes internos ou externos sem carga solar direta:
IBUTG = 0,7 tbn + 0,3 tg
IBUTG para ambientes externos com carga solar direta:
IBUTG = 0,7 tbn + 0,1 tbs + 0,2 tg

onde:
tbn = temperatura de bulbo úmido natural;
tg = temperatura de globo;
tbs = temperatura de bulbo seco.

Observem que:

✓ O termômetro **tbs** é usado somente para medição do IBUTG em ambientes externos **com carga solar direta**;
✓ A umidade do ar é o fator de maior influência no cálculo do IBUTG. Dessa forma, sendo o Brasil um país tropical, nas cidades em que o calor é intenso e a umidade do ar elevada, os limites de tolerância são facilmente ultrapassados, já que o IBUTG tem sua maior variação em função da umidade do ar. Por outro

---

[38] Segundo a NHO6, considera-se carga solar direta quando não há nenhuma interposição entre a radiação solar e o trabalhador exposto, por exemplo, a presença de barreiras como: nuvens, anteparos, telhas de vidro etc.

230 | SEGURANÇA E SAÚDE NO TRABALHO – *Mara Queiroga Camisassa*

lado, nas cidades onde, apesar do calor intenso, a umidade do ar é baixa, é provável que os respectivos limites de exposição nem sejam alcançados.

Além da NR
Índices para avaliação da exposição ocupacional ao calor
Existem vários índices para avaliação da exposição ocupacional ao calor, entre os quais se destacam:
- *Índice de Temperatura Efetiva (TE);*
- *Índice de Temperatura Efetiva Corrigida (TEC);*
- *Índice de Sobrecarga Térmica (IST);*
- *Índice de Termômetro de Globo Úmido (TGU);*
- *Índice de Bulbo Úmido e Termômetro de Globo (IBUTG).*

O Índice de temperatura efetiva (TE) não é adequado para avaliação da sobrecarga térmica, pois em sua determinação não são considerados fatores importantes como tempo de exposição, calor radiante e tipo de atividade. Assim sendo, sua aplicação é voltada para a avaliação do **conforto térmico**. *O Índice de Temperatura Efetiva Corrigida (TEC) é praticamente idêntico ao Índice de Temperatura Efetiva (TE), diferindo apenas na correção do calor radiante. Todos os demais índices IST, TGU e IBUTG são adequados para avaliação da sobrecarga térmica, pois consideram todos os fatores ambientais e metabólicos, além do tempo de exposição a cada situação de sobrecarga térmica.*

5.6.2 Taxa metabólica (M)

Para avaliação da sobrecarga térmica não basta calcular o IBUTG. Precisamos fazer a relação entre o IBUTG e a taxa metabólica.

A taxa metabólica corresponde à quantidade de calor produzida pelo organismo devido à atividade muscular e pode ser medida em W (Watt) ou kcal/hora.[39]

Vemos, portanto, que além do calor do ambiente, o trabalhador também está exposto ao calor interno do próprio corpo, representado pela Taxa Metabólica, daí a necessidade de também se considerar esta taxa na avaliação do calor.

A taxa metabólica é atribuída (e não, calculada) de acordo com a atividade realizada pelo trabalhador considerando os dados do Quadro 1 a seguir (Quadro 3 do Anexo 3[40]):

Quadro 1 – Taxa Metabólica por Tipo de Atividade

Atividade	Taxa Metabólica Watt(W)
Sentado, em repouso	100
Trabalho leve com as mãos	126
Trabalho moderado com as mãos	153
Trabalho pesado com as mãos	171
Trabalho leve com um braço	162
Trabalho moderado com um braço	198
Trabalho pesado com um braço	234
Trabalho leve com dois braços	216
Trabalho moderado com dois braços	252

---

[39] M [kcal/h] = 0,859845 x M [W]. O Watt é a unidade de potência do Sistema Internacional de Unidades (SI) e equivale à 1 (um) Joule por segundo, ou seja, à quantidade de energia térmica gasta em um segundo.

[40] Este quadro foi baseado na norma ISO 8996:2004 – *Ergonomics of the thermal environment – Determination of metabolic rate.*

NR 9 · AVALIAÇÃO E CONTROLE DAS EXPOSIÇÕES OCUPACIONAIS | 231

Atividade	Taxa Metabólica Watt(W)
Trabalho pesado com dois braços	288
Trabalho leve com braços e pernas	324
Trabalho moderado com braços e pernas	441
Trabalho pesado com braços e pernas	603
Em pé, agachado ou ajoelhado, em repouso	126
Trabalho leve com as mãos	153
Trabalho moderado com as mãos	180
Trabalho pesado com as mãos	198
Trabalho leve com um braço	189
Trabalho moderado com um braço	225
Trabalho pesado com um braço	261
Trabalho leve com dois braços	243
Trabalho moderado com dois braços	279
Trabalho pesado com dois braços	315
Trabalho leve com o corpo	351
Trabalho moderado com o corpo	468
Trabalho pesado com o corpo	630
Em pé, em movimento, andando no plano, sem carga a 2 km/h	198
Em pé, em movimento, andando no plano, sem carga a 3 km/h	252
Em pé, em movimento, andando no plano, sem carga a 4 km/h	297
Em pé, em movimento, andando no plano, a 5 km/h	360
Em pé, em movimento, andando no plano, com carga 10 kg a 4 km/h	333
Em pé, em movimento, andando no plano, com carga 30 kg, 4 km/h	450
Em pé, em movimento, correndo no plano, a 9km/h	787
Em pé, em movimento, correndo no plano, a 12 km/h	873
Em pé, em movimento, correndo no plano, a 15km/h	990
Subindo rampa sem carga com 5° de inclinação, 4 km/h	324
Subindo rampa sem carga com 15° de inclinação, 3 km/h	378
Subindo rampa sem carga com 25° de inclinação, 3 km/h	540
Subindo rampa com carga de 20kg com 15° de inclinação, 4 km/h	486
Subindo rampa com carga de 20kg com 25° de inclinação, 4 km/h	738
Descendo rampa (5 km/h) sem carga com 5° de inclinação	243
Descendo rampa (5 km/h) sem carga com 15° de inclinação	252
Descendo rampa (5 km/h) sem carga com 25° de inclinação	324
Subindo escada (80 degraus por minuto – altura do degrau de 0,17 m) sem carga	522
Subindo escada com carga (20 kg)	648
Descendo escada (80 degraus por minuto – altura do degrau de 0,17 m) sem carga	279
Descendo escada (80 degraus por minuto – altura do degrau de 0,17 m) Com carga (20 kg)	400
Trabalho moderado de braços (ex.: varrer, trabalho em almoxarifado)	320
Trabalho moderado de levantar ou empurrar	349
Trabalho de empurrar carrinhos de mão, no mesmo plano, com carga	391
Trabalho de carregar pesos ou com movimentos vigorosos com os braços (ex.: trabalho com foice)	495
Trabalho pesado de levantar, empurrar ou arrastar pesos (ex.: remoção com pá, abertura de valas)	524

Quanto mais *pesado* o trabalho, ou seja, quanto maior o esforço físico, maior a intensidade do calor produzido, consequentemente, maior a Taxa Metabólica.

232 | SEGURANÇA E SAÚDE NO TRABALHO – *Mara Queiroga Camisassa*

Caso uma atividade específica não esteja incluída no quadro anterior, o valor da taxa metabólica correspondente deverá ser obtido por **associação com atividade similar**. Na impossibilidade de enquadramento por similaridade, a taxa metabólica poderá ser estimada com base em **outras referências técnicas, desde que justificadas**.

5.6.3 Equipamentos de medição

Segundo a NHO6, a determinação do IBUTG pode ser feita utilizando-se dispositivos convencionais ou eletrônicos, desde que apresentem resultados equivalentes aos obtidos com a utilização do conjunto convencional. Os medidores só podem ser utilizados dentro das condições de umidade, temperatura, campos magnéticos e demais interferentes especificados pelos fabricantes.

A altura de montagem dos equipamentos deve coincidir com a região mais atingida do corpo. Quando esta não for definida, o conjunto deve ser montado à altura do tórax do trabalhador exposto.

Saiba mais

Calibração dos dispositivos de medição

Os dispositivos de medição de temperatura devem ser periodicamente calibrados pelo Instituto Nacional de Metrologia, Qualidade e Tecnologia (Inmetro), por laboratórios por ele acreditados para esta finalidade ou por laboratórios internacionais, desde que reconhecidos pelo Inmetro. A periodicidade de calibração deve ser estabelecida com base nas recomendações do fabricante, em dados históricos da utilização dos dispositivos que indiquem um possível comprometimento na sua confiabilidade e em critérios que venham a ser estabelecidos em lei ou normas legais. A calibração também deve ser refeita sempre que ocorrer algum evento que implique suspeita de dano ou comprometimento do sistema de medição.

Esta é a determinação da NHO6, porém, entendo que vale não somente para instrumentos de medição de calor, mas sim para todo instrumento passível de calibração.

5.6.4 Procedimentos quanto à conduta do avaliador

Os procedimentos de avaliação devem interferir o mínimo possível nas condições ambientais e operacionais características da condição de trabalho em análise.

Antes do início dos procedimentos de avaliação é importante que o avaliador obtenha informações administrativas visando identificar as variáveis, as peculiaridades e as especificidades que envolvem as condições de trabalho que serão objetos da análise e necessárias à adequada caracterização da exposição dos trabalhadores. Essas informações devem ser confirmadas por observações de campo.

5.6.5 Medições e cálculos

O conjunto de medições deve ser representativo das condições reais de exposição ocupacional do grupo de trabalhadores objeto do estudo. Desta forma, a avaliação deve abranger todas as condições habituais – operacionais e ambientais – que envolvem o trabalhador no exercício de suas funções.

Para que as medições sejam representativas da exposição ocupacional, é importante que o período de amostragem seja adequadamente escolhido de forma a considerar os 60 minutos corridos de exposição que correspondam à condição de sobrecarga térmica

NR 9 · AVALIAÇÃO E CONTROLE DAS EXPOSIÇÕES OCUPACIONAIS | 233

mais desfavorável, por meio da análise conjunta do IBUTG x atividades físicas desenvolvidas pelo trabalhador.

5.7 Medidas de prevenção

5.7.1 Medidas preventivas

As medidas preventivas devem ser adotadas sempre que os níveis de ação para exposição ocupacional ao calor forem excedidos. Neste caso, além de considerar a devida aclimatização descrita no PCMSO[41], o empregador deve implementar uma ou mais das seguintes ações:

a) disponibilizar água fresca potável (ou outro líquido de reposição adequado) e incentivar a sua ingestão; e

b) programar os trabalhos mais pesados (acima de 414W – quatrocentos e quatorze Watts), preferencialmente nos períodos com condições térmicas mais amenas, desde que nesses períodos não ocorram riscos adicionais.

Para os <u>ambientes fechados ou com fontes artificiais de calor</u>, além de cumprir o disposto nas alíneas anteriores, o empregador deverá fornecer vestimentas de trabalho adaptadas ao <u>tipo de exposição e à natureza da atividade</u>. Algumas vestimentas facilitam a evaporação do suor; outras tem alta resistência térmica, possibilitando a reflexão do calor. Destaco que constam no Anexo I da NR6 vários EPIs para proteção contra riscos de origem térmica.

Aclimatização

A aclimatização é um processo de **adaptação fisiológica gradual** do organismo a ambientes quentes (ou frios) e manifesta-se por uma maior tolerância ao trabalho nestes ambientes. Entre os fenômenos observados nos indivíduos aclimatizados ao calor, cito: aumento da capacidade de sudorese, o que contribui para um menor acúmulo de calor corporal; e diminuição da frequência cardíaca.

A aclimatização deve ser específica para o nível de sobrecarga térmica a que o trabalhador será submetido e, consequentemente, para a qual deverá estar adaptado.

> **Saiba mais**
>
> **Aclimatização**
>
> *A aclimatização requer a realização de atividades físicas e exposições sucessivas e graduais ao calor, a fim de promover a adaptação fisiológica do trabalhador a este agente físico. O plano de aclimatização deve ser estruturado e implementado sob supervisão médica, para que, de forma progressiva, o trabalhador atinja as condições de sobrecarga térmica similares àquelas previstas para sua rotina normal de trabalho. Deve considerar tanto o trabalhador que nunca exerceu atividade com sobrecarga térmica quanto aquele que está retornando ao trabalho com esta exposição.*
>
> *Segundo a NHO6, a aclimatização deve ser específica para o nível de sobrecarga térmica a que o trabalhador será submetido e, consequentemente, para a qual deverá estar adaptado.*
>
> *São considerados não aclimatizados os trabalhadores:*
>
> *• que iniciarem atividades que impliquem exposição ocupacional ao calor;*

---

[41] Segundo a NHO6, para exposições ocupacionais abaixo ou igual ao nível de ação, não é necessária a aclimatização. Neste caso, o trabalhador não aclimatizado pode assumir de imediato a rotina normal de trabalho.

> *• que passarem a exercer atividades que impliquem exposição ocupacional ao calor mais críticas do que aquelas a que estavam expostos anteriormente;*
>
> *• que, mesmo já anteriormente aclimatizados, tenham se afastado da condição de exposição por mais de 7 (sete) dias;*
>
> *• que tiverem exposições eventuais ou periódicas em atividades nas quais não estão expostos diariamente.*
>
> *Para exposições acima do nível de ação, deve ser realizado um plano de aclimatização gradual. Neste caso, o trabalhador inicia suas atividades cumprindo um regime de trabalho mais ameno, que deve ter como ponto de partida os valores do nível de ação, sendo a sua exposição elevada progressivamente até atingir a condição da exposição ocupacional existente na rotina de trabalho (condição real).*
>
> *Trabalhadores já aclimatizados que passarem a exercer atividades que impliquem condições de exposição mais severas deverão ser submetidos à aclimatização adicional.*

O plano de aclimatização deve ser elaborado a critério médico em função das condições ambientais, individuais e da taxa metabólica das atividades realizadas com exposição a calor.

Segundo a ACGIH, um trabalhador será considerado aclimatizado se tiver trabalhado *recentemente*, sob condições de calor similares ao do trabalho que será realizado, durante duas horas contínuas, desde 5 dias dos últimos 7 dias até 10 dias dos últimos 14 dias. A *perda* da aclimatização é observada por meio da <u>descontinuação gradual da exposição ao calor, ocorrendo a perda total em 3 ou 4 semanas.</u>

Como dito anteriormente, sempre que houver **exposição ocupacional ao calor acima do nível de ação** deverá ser considerada a devida aclimatização prevista no PCMSO. Quando houver necessidade de elaboração de plano de aclimatização, devem ser considerados os parâmetros previstos na NHO6 da Fundacentro ou outras referências técnicas emitidas por organização competente. Entre estas organizações destaco o *National Institute for Occupational Safety and Health* – NIOSH, com informações disponíveis em: https://www.cdc.gov/niosh/topics/heatstress/acclima.html.

O Quadro 2, a seguir, apresenta os níveis de ação para trabalhadores aclimatizados[42]:

Quadro 2 – Nível de Ação para Trabalhadores Aclimatizados

M [W]	IBUTG_MAX [° C]	M [W]	IBUTG_MAX [° C]	M [W]	IBUTG_MAX [° C]
100	31,7	183	28,0	334	24,3
101	31,6	186	27,9	340	24,2
103	31,5	189	27,8	345	24,1
105	31,4	192	27,7	351	24,0
106	31,3	195	27,6	357	23,9
108	31,2	198	27,5	363	23,8
110	31,1	201	27,4	369	23,7
112	31,0	205	27,3	375	23,6
114	30,9	208	27,2	381	23,5
115	30,8	212	27,1	387	23,4
117	30,7	215	27,0	394	23,3

---

[42] Observem que o nível de ação é uma correspondência entre a Taxa Metabólica e o IBUTG.

119	30,6	219	26,9	400	23,2
121	30,5	222	26,8	407	23,1
123	30,4	226	26,7	414	23,0
125	30,3	230	26,6	420	22,9
127	30,2	233	26,5	427	22,8
129	30,1	237	26,4	434	22,7
132	30,0	241	26,3	442	22,6
134	29,9	245	26,2	449	22,5
136	29,8	249	26,1	456	22,4
138	29,7	253	26,0	464	22,3
140	29,6	257	25,9	479	22,1
143	29,5	262	25,8	487	22,0
145	29,4	266	25,7	495	21,9
148	29,3	270	25,6	503	21,8
150	29,2	275	25,5	511	21,7
152	29,1	279	25,4	520	21,6
155	29,0	284	25,3	528	21,5
158	28,9	289	25,2	537	21,4
160	28,8	293	25,1	546	21,3
163	28,7	298	25,0	555	21,2
165	28,6	303	24,9	564	21,1
168	28,5	308	24,8	573	21,0
171	28,4	313	24,7	583	20,9
174	28,3	318	24,6	593	20,8
177	28,2	324	24,5	602	20,7
180	28,1	329	24,4		

Nos casos em que a Taxa Metabólica relativa à atividade realizada (Quadro 1) não estiver indicada no Quadro 2, minha sugestão é que se considere a taxa metabólica imediatamente superior. Exemplo: Trabalhador exerce atividade pesada com os dois braços, o que corresponde a uma Taxa Metabólica de 315W (Quadro 1). Entretanto, o Quadro 2 não tem valor IBUTG correspondente a esta taxa metabólica. Neste caso, sugiro utilizar o IBUTG correspondente à taxa metabólica imediatamente superior, ou seja: 318W, IBUTG 24,6 °C.

Saiba mais
Plano de Aclimatização

O documento Criteria for a recommended standard – occupational exposure to heat and hot environments[43] sugere o seguinte Plano de Aclimatização:

1. Aumente gradualmente o tempo de exposição em condições ambientais quentes durante um período de 7 a 14 dias.
2. Para trabalhadores que não possuem experiência de trabalho em ambientes quentes, o tempo de exposição não deve ser superior a 20% da duração normal de trabalho no ambiente quente no dia 1 e um aumento não superior a 20% em cada dia adicional. Nos primeiros 14 dias de trabalho em ambientes quentes estes trabalhadores devem ser mantidos sob supervisão, até que estejam totalmente aclimatizados.
3. Para trabalhadores com experiência anterior no trabalho em ambientes quentes, o regime de aclimatação não deve ser superior a 50% da duração habitual de trabalho em ambiente quente no dia 1, 60% no dia 2, 80% no dia 3 e 100% no dia 4.
4. O tempo necessário para indivíduos não fisicamente aptos desenvolverem a aclimatização é cerca de 50% maior do que para os fisicamente aptos.

---

[43] Department of Health and Human Services. Centers for Disease Control and Prevention. National Institute for Occupational Safety and Health.

Manutenção do estado de aclimatização:

1. A aclimatização pode ser mantida por alguns dias sem exposição ao calor.
2. A ausência do trabalho com exposição ao calor por uma semana ou mais resultará em perda significativa nas adaptações benéficas da aclimatização, levando a uma maior probabilidade de desidratação aguda, doença ou fadiga.
3. A aclimatização pode ser recuperada em 2 a 3 dias após o retorno a um trabalho com exposição a calor.
4. A aclimatização parece ser mantida de forma melhor por trabalhadores fisicamente aptos.
5. Mudanças sazonais nas temperaturas podem resultar em dificuldades de se manter a aclimatização.
6. Períodos de repouso em ambientes com ar condicionado não interferem na aclimatização.

5.7.2 Medidas corretivas

As medidas corretivas visam **reduzir** a exposição a valores abaixo do limite de exposição. Os limites de exposição ocupacional ao calor são apresentados no Quadro 3 a seguir:

Quadro 3 – Limite de Exposição Ocupacional ao Calor para Trabalhadores Aclimatizados

M [W]	IBUTG_MAX [° C]	M [W]	IBUTG_MAX [° C]	M [W]	IBUTG_MAX [° C]
100	33,7	186	30,6	346	27,5
102	33,6	189	30,5	353	27,4
104	33,5	193	30,4	360	27,3
106	33,4	197	30,3	367	27,2
108	33,3	201	30,2	374	27,1
110	33,2	205	30,1	382	27,0
112	33,1	209	30,0	390	26,9
115	33,0	214	29,9	398	26,8
117	32,9	218	29,8	406	26,7
119	32,8	222	29,7	414	26,6
122	32,7	227	29,6	422	26,5
124	32,6	231	29,5	431	26,4
127	32,5	236	29,4	440	26,3
129	32,4	241	29,3	448	26,2
132	32,3	246	29,2	458	26,1
135	32,2	251	29,1	467	26,0
137	32,1	256	29,0	476	25,9
140	32,0	261	28,9	486	25,8
143	31,9	266	28,8	496	25,7
146	31,8	272	28,7	506	25,6
149	31,7	277	28,6	516	25,5
152	31,6	283	28,5	526	25,4
155	31,5	289	28,4	537	25,3
158	31,4	294	28,3	548	25,2
161	31,3	300	28,2	559	25,1
165	31,2	306	28,1	570	25,0
168	31,1	313	28,0	582	24,9
171	31,0	319	27,9	594	24,8
175	30,9	325	27,8	606	24,7
178	30,8	332	27,7		
182	30,7	339	27,6		

NR 9 • AVALIAÇÃO E CONTROLE DAS EXPOSIÇÕES OCUPACIONAIS | 237

Destaco duas importantes considerações sobre os limites de exposição constantes no Quadro 3:

✓ São válidos apenas para trabalhadores com aptidão para o trabalho conforme avaliação médica prevista na NR7 e que usem vestimentas que não incrementem o ajuste de IBUTG médio, conforme Quadro 4;

✓ Segundo a NHO6, são válidos apenas para trabalhadores sadios, com reposição de água e sais perdidos durante sua atividade, mediante orientação e controle médico e com o uso de vestimentas tradicionais, compostas por calça e camisa de manga longa ou macacão de tecido simples, que permitam a circulação de ar junto à superfície do corpo e viabilizem a troca de calor com o ambiente pelos mecanismos da convecção e evaporação do suor.

Caso os limites de exposição do Quadro 3 sejam ultrapassados, o empregador deverá adotar uma ou mais das seguintes medidas corretivas:

a) adequar os processos, as rotinas ou as operações de trabalho;

b) alternar operações que gerem exposições a níveis mais elevados de calor com outras que não apresentem exposições ou impliquem exposições a níveis menores, resultando na redução da exposição;

c) disponibilizar acesso a **locais, inclusive naturais, termicamente mais amenos,** que possibilitem **pausas espontâneas,** permitindo a recuperação térmica nas atividades realizadas em locais abertos e distantes de quaisquer edificações ou estruturas naturais ou artificiais.

Para os ambientes fechados ou com fontes artificiais de calor, além das alíneas anteriores, o empregador deverá:

a) adaptar os locais e postos de trabalho;

b) reduzir a temperatura ou a emissividade das fontes de calor;

c) utilizar barreiras para o calor radiante: por exemplo, barreiras isolantes ou refletivas;

d) adequar o sistema de ventilação do ar;

e) adequar a temperatura e a umidade relativa do ar.

O Programa de Controle Médico de Saúde Ocupacional – PCMSO, previsto na NR7, deve prever procedimentos e avaliações médicas considerando a necessidade de exames complementares e **monitoramento fisiológico**, quando ultrapassados os limites de exposição previstos no Quadro 3 – *Limite de Exposição Ocupacional ao Calor para Trabalhadores Aclimatizados*, apresentado a seguir (Quadro 2 do Anexo) e caracterizado o risco de sobrecarga térmica e fisiológica dos trabalhadores expostos ao calor.

O **monitoramento fisiológico** pode englobar, além da verificação da presença de sintomas, a avaliação dos seguintes parâmetros[44]:

a) Frequência cardíaca;

---

[44] No caso do monitoramento fisiológico não há que se considerar grupos de exposição similares devido à variabilidade das respostas individuais com relação à exposição ao calor. Ou seja, o monitoramento fisiológico deve ser individual.

b) Temperatura corporal[45];

c) Perda de massa corporal[46];

d) Temperatura da pele;

e) Sódio urinário.

A escolha do(s) parâmetro(s) a ser(em) avaliado(s) depende de vários fatores, como disponibilidade de pessoal treinado, recursos e materiais disponíveis, local de trabalho, conforto do trabalhador, entre outros, porém, deve-se sempre tentar adotar os parâmetros mais protetivos à saúde dos trabalhadores.

Neste sentido, em princípio, devem ser escolhidos os parâmetros mais sensíveis para avaliação da sobrecarga fisiológica. De se ressaltar que o monitoramento fisiológico deve ser realizado **durante** a realização da atividade, não se enquadrando como um tipo de exame ocupacional (como admissional, periódico etc.) e seus resultados devem ser avaliados em conjunto com outros dados como os fatores individuais já citados anteriormente.

O risco de sobrecarga térmica e fisiológica com possibilidade de lesão grave à integridade física ou à saúde dos trabalhadores restará caracterizado quando:

a) não forem adotadas as medidas preventivas e/ou corretivas; ou

b) as medidas adotadas não forem suficientes para a redução do risco.

Segundo a NHO6, situações de trabalho cujas exposições impliquem variações significativas do IBUTG no intervalo de tempo de uma hora, ou seja, que intercalem exposições a ambientes frios e quentes de forma rotineira, como, por exemplo, trabalhos em fornos seguidos de descanso em salas refrigeradas, devem ser avaliadas com cuidado, mesmo que o IBUTG médio esteja abaixo dos limites de exposição. Trabalhos nestas condições só devem ser realizados sob supervisão médica e após estudos que garantam que o tempo de descanso é suficiente para a recuperação térmica de cada um dos trabalhadores.

Ainda conforme a NHO6, mesmo que as exposições sejam consideradas aceitáveis, a adoção de medidas corretivas que reduzam os níveis de exposição, se disponíveis ou viáveis, deve ser considerada prática positiva, uma vez que melhora as condições de trabalho e minimiza os riscos de danos à saúde.

5.7.3 Vestimentas

A seleção das vestimentas é fator preponderante no que se refere à remoção do calor da superfície da pele, pois influenciam nas trocas de calor do corpo com o ambiente, devendo, portanto, ser consideradas na avaliação da exposição ocupacional ao calor. Isso é feito por meio de um *ajuste* ou *correção* do IBUTG medido, dependendo do tipo de vestimenta usada. Segundo a NHO6, esta correção deve ser realizada sempre que o trabalhador utilizar vestimentas ou EPIs diferentes dos uniformes tradicionais (compostos por calça e camisa de manga comprida) que prejudiquem a livre circulação do ar sobre a superfície do corpo, dificultando as trocas de calor com o ambiente. Nestes casos, o IBUTG **medido** deve ser **previamente** corrigido para depois ser comparado com os limites de exposição estabelecidos pela NHO6.

---

[45] A temperatura oral, a temperatura timpânica e a temperatura do canal auditivo refletem satisfatoriamente a temperatura do centro termorregulador.

[46] No caso de utilização deste parâmetro, há necessidade de medições antes e depois da exposição; pois sofre influência da ingestão e excreção de sólidos e líquidos.

NR 9 • AVALIAÇÃO E CONTROLE DAS EXPOSIÇÕES OCUPACIONAIS | 239

O Quadro 4 apresentado a seguir indica os valores, para alguns tipos de vestimentas, que devem ser acrescidos ao IBUTG medido, determinado como representativo da exposição ocupacional do trabalhador avaliado.

Nas situações em que o trabalhador utilizar equipamentos de proteção individual ou roupas especiais diferentes dos citados neste quadro, poderá ocorrer uma contribuição positiva ou negativa na condição de sobrecarga térmica do trabalhador. Neste caso, a quantificação desta variável é de caráter complexo, devendo ser analisada caso a caso pelo higienista ocupacional.

Quadro 4 – Incrementos de ajuste do IBUTG médio para alguns tipos de vestimentas[47]

TIPO DE ROUPA	ADIÇÃO AO IBUTG (°C)
Uniforme de trabalho (calça e camisa de manga comprida)	0
Macacão de tecido	0
Macacão de polipropileno SMS (*Spun-Melt-Spun*)	0,5
Macacão de poliolefina	2
Vestimenta ou macacão forrado (tecido duplo)	3
Avental longo de manga comprida impermeável ao vapor	4
Macacão impermeável ao vapor	10
Macacão impermeável ao vapor sobreposto à roupa de trabalho	12

5.8 Procedimentos de emergência

A organização deverá possuir procedimento de emergência específico para exposições ocupacionais o calor, contemplando:

a) meios e recursos necessários para o primeiro atendimento ou encaminhamento do trabalhador para atendimento;

b) informação a todas as pessoas envolvidas nos cenários de emergências.

---

[47] Vestimentas com capuz devem ter seu valor acrescido em 1 °C.

NR 10 SEGURANÇA EM INSTALAÇÕES E SERVIÇOS EM ELETRICIDADE

Classificação: Norma Especial

Última atualização: Portaria SEPRT 915, de 30 de julho de 2019

1. INTRODUÇÃO

A privatização do setor elétrico na década de 1990 foi acompanhada não somente da introdução de novas tecnologias e materiais, mas também de profundas alterações nos processos e na organização do trabalho, com a terceirização dos serviços e consequente precarização das condições de segurança e saúde no trabalho. O índice de acidentes envolvendo energia elétrica aumentou de forma significativa mostrando a gravidade das condições de segurança e saúde existentes nas atividades e serviços no setor energético.

Com o objetivo de mudar esse cenário, em outubro de 2002 foi colocado em consulta pública o texto da NR10 que alterava profundamente a redação anterior, com a introdução de novas diretrizes em consonância com conceitos mais modernos de segurança e saúde em instalações e serviços com eletricidade.

Com a publicação da Portaria 598, de 7 de dezembro de 2004, a NR10 ganhou nova redação. Foram incluídas importantes disposições como a proibição de trabalho individual em atividades em alta-tensão ou no sistema elétrico de potência e a obrigatoriedade de elaboração do Prontuário de Instalações Elétricas e do Manual descritivo dos itens de segurança nas instalações. Também foi detalhado o perfil do trabalhador habilitado, qualificado, capacitado e autorizado, entre outras importantes alterações.

2. CHOQUE ELÉTRICO

O choque elétrico é uma das principais causas de acidentes fatais no Brasil. Os acidentes com energia elétrica decorrem de vários motivos, como falta de projeto adequado, inexistência de programas e procedimentos de manutenção das instalações e dos equipamentos, falta de aterramento e de isolamento de cabos e circuitos elétricos, entre vários outros, até mesmo como a desconsideração do choque elétrico como risco adicional.

O choque elétrico é um conjunto de perturbações sofridas pelo organismo ao ser percorrido por uma corrente elétrica. Suas principais consequências são as paradas cardiorrespiratórias, perturbações no sistema nervoso, queimaduras internas e externas resultantes do **efeito térmico** da passagem de corrente elétrica, e até mesmo a morte.

A gravidade dos danos causados pela passagem da corrente elétrica no corpo depende da intensidade da corrente, do seu percurso e do tempo de duração. A **intensidade** da corrente dependerá da resistência oferecida pelo corpo humano à sua passagem. Essa resistência abrange a resistência oferecida pela pele, também chamada de resistência de contato, e a resistência apresentada pela parte interna do nosso corpo, composta pelos músculos, sangue e demais órgãos e tecidos. A resistência oferecida pela pele varia em função da condição em que esta se apresenta no momento do choque: seca ou molhada. A pele seca, sem cortes, oferece resistência que pode variar entre 100.000 Ohms e 600.000 Ohms (ou 100 kOhms a 600 kOhms) – esse valor vai depender também da espessura da pele. No entanto, se a pele estiver molhada, a resistência de contato cai drasticamente para cerca de 500 Ohms. A resistência oferecida pela parte interna também é muito pequena, cerca de 300 a 500 Ohms, dependendo do percurso da corrente pelo corpo.

O **percurso** da corrente elétrica pelo corpo é também fator importante sobre as consequências do choque elétrico. Por exemplo, se a corrente circular apenas de uma perna a outra (sem passar pelo coração), podem ocorrer queimaduras, mas é possível que não aconteçam lesões mais sérias. Entretanto, se a mesma intensidade de corrente circular de um braço a outro, passando pelo coração, o trabalhador poderá sofrer uma parada cardíaca.

No tocante à **duração** do choque, quanto maior o tempo de exposição à corrente elétrica, mais graves os danos ao corpo humano. Por isso, geralmente os acidentes de maior gravidade são aqueles em que o trabalhador fica inevitavelmente preso ao circuito elétrico.

3. OBJETIVOS DA NR10

Segundo o disposto no item 10.1.1, o objetivo da NR10 é estabelecer os **requisitos** e **condições mínimas** que devem ser adotados na implementação de medidas de controle e sistemas **preventivos**, de forma a garantir a segurança e a saúde dos trabalhadores que, **direta ou indiretamente,** interajam em instalações elétricas e serviços com eletricidade. A redação desse item é muito rica e merece comentários detalhados, como veremos a seguir.

Trabalhadores com interação direta e indireta em instalações elétricas

Trabalhadores com interação direta são aqueles objetivamente envolvidos na atividade como eletricistas, cabistas, montadores, instaladores e técnicos. Trabalhadores com interação indireta são aqueles que não realizam intervenções diretamente em instalações elétricas, mas estão sujeitos às irregularidades ou ausência de medidas de controle e sistemas de prevenção, além de usuários de equipamentos e sistemas elétricos e outras pessoas não advertidas.

Grau de exigibilidade mínimo

Tal como as demais normas regulamentadoras, as disposições da NR10 correspondem ao grau de exigibilidade mínimo para fins de auditoria e punibilidade a ser observado pelas organizações, dentro do universo de medidas de controle e prevenção possíveis de aplicação nos serviços e instalações em eletricidade.

Caráter prevencionista

O objetivo principal da norma é a **prevenção** de acidentes com eletricidade, por meio da obrigatoriedade de implementação de medidas de controle e sistemas preventivos.

Instalações elétricas – Conceito

Conforme o Glossário da NR10:

> *Instalações elétricas: Conjunto das partes elétricas e não elétricas associadas e com características coordenadas entre si, que são necessárias ao funcionamento de uma parte determinada de um sistema elétrico.*

4. CAMPO DE APLICAÇÃO

A NR10 se aplica às fases de **geração, transmissão, distribuição** e **consumo**, incluindo as etapas de **projeto, construção, montagem, operação, manutenção das instalações elétricas e *quaisquer trabalhos realizados nas suas proximidades*.**

- A etapa de **Projeto** inclui planejamentos, levantamentos, medições;
- A etapa de **Construção** alcança preparação, montagens e instalações;
- A etapa de **Operação** abrange supervisão, controles, ação e acompanhamentos; e
- A etapa de **Manutenção** inclui diagnóstico, reparação, substituição de partes e peças, e testes.

Fase de geração

A energia elétrica pode ser gerada a partir de várias fontes, sejam elas renováveis[1] (sol, vento, água) ou não renováveis, também chamadas de esgotáveis (biomassa e energia nuclear). A fase de geração corresponde ao conjunto de sistemas geradores como usinas hidrelétricas, termelétricas, eólicas e nucleares.

Fase de transmissão

Geralmente, as usinas são construídas longe dos centros consumidores, sendo necessária a **transmissão da energia gerada**. Isso ocorre por meio de redes de transmissão compostas por cabos aéreos, transformadores, sistemas isolantes e subestações. Nessa fase a energia elétrica é transmitida em alta-tensão a fim de evitar a perda excessiva de energia.

Fase de distribuição

Ao chegar aos centros de consumo, a energia precisa ser distribuída a todos os consumidores, devendo ser convertida em um nível de tensão no qual os equipamentos elétricos operam (110 V ou 220 V). Essa é a função dos sistemas de **distribuição**. Uma vez disponibilizada nas tomadas das residências, escritórios, empresas e demais unidades consumidoras, a energia elétrica poderá ser finalmente consumida, o que ocorre quando são ligadas as máquinas, equipamentos ou aparelhos eletroeletrônicos.

Para que todo esse processo ocorra com segurança são necessários **projetos e procedimentos contínuos de manutenção e operação** das redes de energia elétrica.

A figura a seguir apresenta um resumo do item 10.1.2 mostrando as fases e etapas dos serviços em instalações elétricas, abrangidos pela NR10:

---

[1] Diz-se que uma fonte de energia é renovável quando não é possível estabelecer um fim temporal para a sua utilização.

ABRANGÊNCIA DA NR10
NR10 – ITEM 10.1.2

FASES
- GERAÇÃO
- TRANSMISSÃO
- DISTRIBUIÇÃO
- CONSUMO

ETAPAS
- PROJETO
- CONSTRUÇÃO
- MONTAGEM
- OPERAÇÃO
- MANUTENÇÃO
- TRABALHOS REALIZADOS NAS PROXIMIDADES

Finalmente, a NR10 se aplica também aos trabalhos realizados na **proximidade** de instalações elétricas. O risco na execução de serviços em instalações elétricas será maior ou menor dependendo de o trabalhador estar mais próximo ou mais afastado do ponto energizado. **Segundo o** Glossário:

> **Trabalho em proximidade** é o "trabalho durante o qual o trabalhador pode entrar na **zona controlada**" (entorno de parte condutora energizada), "ainda que seja com uma parte do seu corpo ou com extensões condutoras, representadas por materiais, ferramentas ou equipamentos que manipule".

Para isso, a NR10 nos apresenta os conceitos de "zona controlada" e "zona de risco":

> **Zona Controlada (Zc):** entorno de parte condutora energizada, não segregada, acessível, de dimensões estabelecidas de acordo com o nível de tensão, cuja aproximação só é permitida a profissionais autorizados.

> **Zona de Risco (Zr):** entorno de parte condutora energizada, não segregada, acessível inclusive acidentalmente, de dimensões estabelecidas de acordo com o nível de tensão, cuja aproximação só é permitida a profissionais autorizados e com a adoção de técnicas e instrumentos apropriados de trabalho.

Tais zonas correspondem à distância radial medida a partir do ponto energizado (PE), de forma que quanto maior a faixa de tensão nominal da instalação elétrica, maior será o raio que delimita a respectiva zona.

Sobre esse assunto vejam questão do CESPE/2013 cujo gabarito é CERTO:

✎ *A NR10 estabelece zonas de trabalho específicas nas instalações elétricas, conforme o distanciamento seguro do serviço a ser executado com eletricidade.*

A figura a seguir mostra a distância radial da zona Zr, delimitada pelo raio Rr. E também a distância radial da Zc, delimitada pelo raio Rc. Tanto a zona controlada quanto a zona de risco correspondem ao volume espacial no entorno do ponto energizado, delimitado pelos respectivos raios.

NR 10 • SEGURANÇA EM INSTALAÇÕES E SERVIÇOS EM ELETRICIDADE

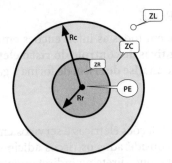

ZR: Zona de Risco (mais próxima ao ponto energizado)
ZC: Zona Controlada (mais distante do ponto energizado, mas ainda apresenta risco)
ZL: Zona Livre
PE: Ponto Energizado

Concluímos, então, que a simples entrada na zona controlada já caracteriza trabalho nas proximidades de instalações elétricas. A tabela a seguir mostra as distâncias espaciais que delimitam a zona de risco e a zona controlada:

ZONA DE RISCO E ZONA CONTROLADA

Tabela de raios de delimitação de zonas de risco, controlada e livre.

Faixa de tensão nominal da instalação elétrica em kV	Rr – Raio de delimitação entre zona de risco e controlada em metros	Rc – Raio de delimitação entre zona controlada e livre em metros
< 1	0,20	0,70
³ 1 e < 3	0,22	1,22
³ 3 e < 6	0,25	1,25
³ 6 e < 10	0,35	1,35
³ 10 e < 15	0,38	1,38
³ 15 e < 20	0,40	1,40
³ 20 e < 30	0,56	1,56
³ 30 e < 36	0,58	1,58
³ 36 e < 45	0,63	1,63
³ 45 e < 60	0,83	1,83
³ 60 e < 70	0,90	1,90
³ 70 e < 110	1,00	2,00
³ 110 e < 132	1,10	3,10
³ 132 e < 150	1,20	3,20
³ 150 e < 220	1,60	3,60
³ 220 e < 275	1,80	3,80
³ 275 e < 380	2,50	4,50
³ 380 e < 480	3,20	5,20
³ 480 e < 700	5,20	7,20

Vejam que, quanto maior a tensão nominal do ponto energizado (1.ª coluna da tabela), maior é o raio de delimitação da zona de risco e da zona controlada (2.ª e 3.ª colunas).

5. MEDIDAS DE CONTROLE

A NR10 determina que em todas as intervenções em instalações elétricas devem ser adotadas **medidas preventivas de controle do risco elétrico e de outros riscos adicionais**, mediante **técnicas de análise de risco**, de forma a garantir a segurança e a saúde no trabalho.

Riscos adicionais

Nas intervenções em instalações elétricas e serviços em eletricidade, além do risco elétrico, também devem ser considerados os riscos adicionais específicos de cada ambiente ou processos de trabalho que, direta ou indiretamente, possam afetar a segurança e a saúde do trabalhador, por exemplo, risco de queda de altura, condições atmosféricas, risco de atropelamento (trabalhos em vias públicas), espaços confinados, umidade, animais peçonhentos (atividades em redes subterrâneas), entre outros.

5.1 Medidas de proteção coletiva

Segundo o item 10.2.8.1, em todos os serviços executados em instalações elétricas devem ser previstas e adotadas, **prioritariamente**, medidas de proteção coletiva de forma a garantir a segurança e a saúde dos trabalhadores. As medidas de proteção coletiva compreendem os seguintes procedimentos, nessa ordem:

1. Desenergização elétrica e, na sua **impossibilidade**,
2. Emprego de tensão de segurança.

MEDIDAS DE PROTEÇÃO COLETIVA
NR10 – 10.2.8.2

PRIORITARIAMENTE

NA IMPOSSIBILIDADE DE DESENERGIZAÇÃO ELÉTRICA

MEDIDAS DE PROTEÇÃO COLETIVA ⇨ DESENERGIZAÇÃO ELÉTRICA ⇨ EMPREGO DE TENSÃO DE SEGURANÇA

<=50 VCA
<=120 VCC

A *Tensão de Segurança* é uma tensão muito baixa, chamada de extrabaixa tensão, e corresponde a uma tensão não superior a 50 volts em corrente alternada ou 120 volts em corrente contínua, entre fases ou entre fase e terra.

Caso não seja possível implementar esses procedimentos, outras medidas de proteção coletiva devem ser utilizadas, como:

Isolamento de partes vivas: Separação, isolamento de partes energizadas.

Obstáculos, barreiras: Elemento que impede o contato com partes vivas (acidental ou não acidental). A diferença entre obstáculo e barreira é:

OBSTÁCULO	BARREIRA
Impede o contato acidental	Impede qualquer contato com partes energizadas.
Não impede o contato por ação deliberada (intencional)	

Sinalização[2]: Identificação por placas de advertência e orientação sobre o risco de acidente elétrico.

Seccionamento automático: Interrupção da alimentação mediante o acionamento de um dispositivo de proteção (disjuntores, fusíveis, relés etc.).

Bloqueio do religamento automático: Impede o religamento automático de um circuito no caso de ocorrência de alguma irregularidade.

5.1.1 Aterramento

Segundo o item 10.2.8.3, o **aterramento** das instalações elétricas deve ser executado conforme regulamentação estabelecida pelos órgãos competentes e, na ausência desta, deve atender às Normas Internacionais vigentes. O **aterramento** elétrico tem funções importantíssimas, entre elas: proteger o usuário contra descargas atmosféricas, através de um caminho "alternativo" para a terra, e também permitir a descarga das cargas estáticas acumuladas nas carcaças das máquinas ou equipamentos para a terra.

5.2 Medidas de proteção individual

As medidas de proteção individual devem ser adotadas quando as medidas de proteção coletiva forem **tecnicamente** inviáveis ou insuficientes para controlar os riscos. Nesse caso, deverão ser adotados Equipamentos de Proteção Individual (EPI) **específicos** e **adequados** às atividades desenvolvidas, conforme o disposto na NR6. Uma das medidas de proteção individual determinada pela NR10 é a proibição de uso de **adornos pessoais** nos trabalhos em instalações elétricas ou em suas proximidades, em razão da sua característica condutiva. Segundo o Manual de Auxílio na Interpretação e Aplicação da NR10, relógios, óculos ou outros objetos requeridos ou indispensáveis à realização das atividades não são considerados adornos, cabendo à empresa a responsabilidade pela análise e liberação para o uso. Outra medida de proteção individual contemplada na norma é a adequação das vestimentas[3] de trabalho às atividades, devendo contemplar a condutibilidade, inflamabilidade e influências eletromagnéticas.

Condutibilidade: Visa a proteção contra os riscos de contato que podem acarretar choque elétrico, de forma que as vestimentas não devem possuir elementos condutivos.

Inflamabilidade: A vestimenta de trabalho deve ser feita de tecido que não propague a chama, funcionando como uma barreira para o calor.

Influências eletromagnéticas: A vestimenta deve oferecer proteção contra os efeitos provocados por campos eletromagnéticos, fazendo que a energia circule em sua periferia, e não na parte interna.

A figura a seguir apresenta um resumo das medidas de proteção individual conforme o item 10.2.9:

---

[2] Temos aqui uma atecnia da NR10, uma vez que sinalização não é medida de proteção coletiva como consta na norma, pois não elimina nem reduz os riscos decorrentes dos serviços em eletricidade. A sinalização, como o próprio nome diz, tem por objetivo sinalizar, advertir a respeito da existência de riscos. Trata-se de medida administrativa. Entendo que as demais medidas como isolamento das partes vivas, obstáculos, barreiras, etc. também devem ser consideradas medidas administrativas, e não medidas de proteção coletiva.

[3] Estas vestimentas são EPI conforme Anexo I da NR6.

5.3 Técnicas de análise de risco

A adoção de medidas de controle deve ser precedida da aplicação de técnicas de análise de risco. As técnicas de **análise de risco** são métodos sistemáticos de exame e avaliação de todas as etapas de um determinado trabalho e têm como principais objetivos:

- Identificar a existência de riscos potenciais na atividade;
- Dimensionar o grau de exposição do trabalhador;
- Identificar e corrigir problemas operacionais;
- Determinar a adoção de medidas de controle.

A análise de risco é, portanto, uma ferramenta que possibilita a realização de exame criterioso da atividade ou situação, proporcionando a identificação e a antecipação de possíveis acidentes ou eventos indesejáveis. Existem várias metodologias utilizadas na implementação de técnicas de análise de risco, por exemplo:

- Análise Preliminar de Risco (APR);
- Análise de modos de falha e efeitos (FMEA);
- *Hazard and Operability Studies* (HAZOP);
- Análise Preliminar de Perigo (APP), entre outras.

A NR10 não determina quais metodologias devem ser utilizadas, sendo sua escolha uma decisão do empregador, de acordo com a complexidade da situação a ser analisada.

O reconhecimento dos riscos, avaliação e medidas de controle devem integrar o Programa de Gerenciamento de Riscos (PGR).

5.4 Esquemas unifilares

Os esquemas ou diagramas unifilares são representações gráficas simplificadas das instalações elétricas. Neles devem constar as especificações do sistema de **aterramento** e **demais dispositivos de proteção, por exemplo, relés de proteção e disjuntores diferenciais residuais**. Apesar de ser um diagrama simplificado, o esquema unifilar permite a realização de trabalho seguro.

Diferentemente do Prontuário de Instalações Elétricas que veremos a seguir, todas as empresas devem possuir esquema unifilar e mantê-lo atualizado.

5.5 Prontuário das Instalações Elétricas

O Prontuário das Instalações Elétricas (PIE) é um conjunto de documentos com informações sobre as instalações elétricas, como especificações técnicas, características e limitações. Essas informações poderão estar contidas em uma pasta, um manual, sistema microfilmado ou mesmo um sistema informatizado, ou a combinação destes, desde que seu conteúdo seja imediatamente acessível, quando necessário, respeitadas as limitações de capacidade, autorização e área de atuação dos envolvidos.

O Prontuário deve ser organizado por estabelecimento e mantido atualizado pelo empregador ou pessoa formalmente designada pela empresa, devendo seus documentos técnicos ser elaborados por profissional legalmente habilitado. A exigência de se manter um Prontuário das Instalações Elétricas varia em função do porte do estabelecimento e dos riscos envolvidos. As empresas obrigadas a manter o PIE foram divididas segundo dois critérios:

- **Quanto à potência instalada**

Empresas com estabelecimentos com carga instalada superior a 75 kW.

- **Quanto à área de atividade**

Empresas de geração, transmissão ou distribuição, que integram o sistema elétrico de potência.

5.5.1 *Prontuário das instalações elétricas em função da potência ou carga instalada*

A NR10 determina que todos os estabelecimentos com **carga instalada superior a 75 kW** devem **constituir** e **manter** o Prontuário de Instalações Elétricas.

Esclarecendo:

1. O que é carga instalada: Termo utilizado para indicar a soma das potências nominais dos equipamentos e máquinas elétricas, instalados em determinado estabelecimento. Ou ainda de forma mais simples: é a quantidade de energia requerida para o funcionamento dessas máquinas e equipamentos.

2. Por que superior 75 kW? Porque toda edificação com carga instalada acima de 75 kW deve ser atendida com média ou alta-tensão, e por esse motivo torna-se necessário um controle mais criterioso sobre suas instalações elétricas.

Além das especificações do sistema de aterramento e demais equipamentos e dispositivos de proteção, o Prontuário das Instalações Elétricas deve conter no mínimo:

a) conjunto de **procedimentos e instruções técnicas e administrativas** de segurança e saúde, implantadas e relacionadas à NR10 e descrição das medidas de controle existentes;

b) **documentação das inspeções e medições** do sistema de proteção contra descargas atmosféricas e aterramentos elétricos;

c) **especificação dos equipamentos de proteção coletiva e individual** e o ferramental, aplicáveis conforme determina a NR10;

d) **documentação comprobatória** da qualificação, habilitação, capacitação, autorização dos trabalhadores e dos treinamentos realizados;

e) **resultados dos testes de isolação elétrica** realizados em equipamentos de proteção individual e coletiva;

f) **certificações** dos equipamentos e materiais elétricos em áreas classificadas;

g) **relatório técnico das inspeções** atualizadas com recomendações, cronogramas de adequações, contemplando as alíneas de "a" a "f".

Vejamos a seguir cada um destes itens:

O Prontuário deve conter os **procedimentos operacionais e as instruções técnicas e administrativas** de segurança e saúde, abrangendo todos os trabalhos e intervenções nas instalações elétricas e as medidas de controle existentes, ou seja, já implantadas.

Também deve constar do Prontuário a documentação completa relativa às **inspeções e medições** dos sistemas de aterramento e do Sistema de Proteção contra Descargas Atmosféricas (SPDA), cuja função principal é reduzir danos físicos devido às descargas atmosféricas em uma estrutura. A periodicidade e a natureza das inspeções e medição de aterramentos são determinadas pela Norma Técnica da ABNT (NBR 5419) e dependem de vários fatores, como a finalidade de uso da edificação, o grau de proteção e o sistema utilizado.

As **especificações** de todos os Equipamentos de Proteção Individual (EPI) e Equipamentos de Proteção Coletiva (EPC) também integram o Prontuário, bem como a lista do ferramental, cujas especificações devem abranger as respectivas funções, características e limitações de uso[4]. Os EPIs utilizados devem possuir Certificados de Aprovação (CA) conforme disposto na NR6, que devem ser juntados ao Prontuário. Para os equipamentos de proteção coletiva devem constar informações quanto ao uso, limitações e características relacionadas à segurança com eletricidade, como níveis de isolamento, capacidade de corrente suportável pelos conjuntos de aterramento temporário, fixação de barreiras etc. Na listagem das ferramentas devem ser observados a sua finalidade, a descrição das características e os seus limites ao uso em instalações elétricas. O Anexo I da NR6 lista os seguintes EPIs para proteção contra choques elétricos: capacete para proteção da cabeça, luvas para proteção das mãos, manga para proteção do braço e antebraço, calçado para proteção dos pés e vestimenta condutiva para proteção de todo o corpo.

É comum encontrarmos em várias empresas, principalmente nas de pequeno porte, trabalhadores que realizam intervenções em instalações elétricas que possuem apenas experiência prática, adquirida no dia a dia, sem nenhuma qualificação formal, e que por esse motivo ignoram ou subestimam os riscos aos quais estão expostos. Ressalte-se que a norma obriga a manutenção de **documentação comprobatória** da qualificação, habilitação, capacitação e autorização dos trabalhadores e dos treinamentos realizados para aqueles envolvidos com serviços em instalações elétricas. Veremos mais adiante a diferença entre trabalhador qualificado, habilitado, capacitado e autorizado.

Também são parte integrante do Prontuário os **resultados dos testes de isolação elétrica** realizados em equipamentos de proteção individual e coletiva. Esses testes são importantes medidas de proteção nos casos de intervenções em instalações elétricas energizadas. Com o passar do tempo, devido ao uso, danos sofridos e outros fatores, alguns EPIs como luvas perdem suas características de isolamento, motivo pelo qual os testes de isolação são imprescindíveis. Devem ser submetidos a testes de isolação, em conformidade com as normas técnicas aplicáveis, as luvas, mangas, perneiras, ferramentas manuais, bastões e varas isolantes de manobras, entre outros.

Os equipamentos que operam em áreas classificadas devem atender a requisitos específicos de construção e operação a fim de não gerarem riscos adicionais nesses

---

[4] Informações sobre limitações de uso podem ser obtidas junto ao fabricante ou por meio de consulta às normas técnicas aplicáveis.

NR 10 · SEGURANÇA EM INSTALAÇÕES E SERVIÇOS EM ELETRICIDADE | 251

ambientes. Áreas classificadas são locais onde existe ou onde há a probabilidade de existência de atmosferas explosivas, a ponto de exigir precauções especiais para construção, instalação e utilização de equipamentos elétricos.

Somente poderão operar nessas áreas máquinas e equipamentos que possuírem **certificação**, ou seja, que atenderem a requisitos e ensaios específicos. Esse assunto não é abordado em detalhes na NR10, mas sim em regulamentações próprias como a Portaria INMETRO 179/2010 que trata dos requisitos de Avaliação da Conformidade de Equipamentos Elétricos para Atmosferas Explosivas, nas Condições de Gases e Vapores Inflamáveis e Poeiras Combustíveis. A NR10 exige que os equipamentos que operem em áreas classificadas tenham certificação para tal. Vejam que o item 10.9.2 determina que "os materiais, peças, dispositivos, equipamentos e sistemas destinados à aplicação em instalações elétricas de ambientes com atmosferas potencialmente explosivas devem ser avaliados quanto à sua conformidade", no âmbito do Sistema Brasileiro de Certificação (desde 2002 o nome desse sistema passou a ser SBAC – Sistema Brasileiro de Avaliação de Conformidade). A certificação dos equipamentos e materiais elétricos em áreas classificadas deverá ser incluída no prontuário.

Finalmente, o **relatório técnico** que também deverá constar no PIE tem por objetivo apresentar um panorama das condições de segurança das instalações elétricas da empresa e resulta da necessidade de auditorias periódicas nessas instalações. Esse documento deve conter as não conformidades encontradas, recomendações, propostas de adequação e melhorias devidamente inseridas em um cronograma de ações.

O que se pretende com a obrigatoriedade do prontuário é a manutenção de uma **memória dinâmica** das instalações elétricas.

5.5.2 Prontuário das instalações elétricas em função da área de atividade

O item 10.2.5 e seu subitem determinam a **obrigatoriedade** da empresa de constituir e manter o Prontuário das Instalações Elétricas em função das seguintes áreas de atividade:

5.5.2.1 Empresas que operam em instalações ou equipamentos integrantes do Sistema Elétrico de Potência (SEP)

O Sistema Elétrico de Potência (SEP) consiste no conjunto das instalações e equipamentos destinados à geração, transmissão e distribuição de energia elétrica até a medição, inclusive.

Além de toda a documentação exigida para as empresas com carga instalada superior a 75 kW, o prontuário das empresas que operam em instalações ou equipamentos integrantes do SEP também deve conter:

– **descrição** dos procedimentos para emergências;
– **certificações** dos equipamentos de proteção coletiva e individual.

5.5.2.2 Empresas que realizam trabalhos em proximidade do Sistema Elétrico de Potência

O prontuário dessas empresas deve conter os seguintes documentos:

a) Conjunto de procedimentos e instruções técnicas e administrativas de segurança e saúde, implantadas e relacionadas à NR10 e descrição das medidas de controle existentes;

b) Especificação dos equipamentos de proteção coletiva e individual e o ferramental, aplicáveis conforme determina a NR10;

c) Documentação comprobatória da qualificação, habilitação, capacitação, autorização dos trabalhadores e dos treinamentos realizados;

d) Resultados dos testes de isolação elétrica realizados em equipamentos de proteção individual e coletiva;

e) Descrição dos procedimentos para emergências;

f) Certificações dos equipamentos de proteção coletiva e individual.

OBRIGATORIDADE DE CONSTITUIÇÃO E MANUTENÇÃO
DO PRONTUÁRIO DAS INSTALAÇÕES ELÉTRICAS

> Empresas com carga instalada superior a 75kW

> Empresas que operam em instalações ou equipamentos integrantes do SEP

> Empresas que realizam trabalhos em proximidade do SEP

6. SEGURANÇA EM PROJETOS

A segurança nos serviços em instalações elétricas deve ser concebida a partir do projeto, que deve ser assinado por profissional legalmente habilitado, e prever elementos e dispositivos que permitam a aplicação de recursos de segurança.

O item 10.3.1. determina que o projetista deve contemplar no seu projeto dispositivos de desligamento de circuitos que possuam recursos para impedimento de reenergização, para sinalização de advertência com indicação da condição operativa. Essa é uma condição que impede a energização do circuito por meio de manobras não autorizadas. É fundamental que o projeto especifique equipamentos e dispositivos que já incorporem ou permitam a aplicação desses recursos, bem como para a imposição e fixação de sinalização e advertências.

O projeto das instalações elétricas deve considerar também o espaço seguro no que se refere ao dimensionamento e localização de seus componentes e influências externas. O conceito de espaço seguro visa à delimitação espacial de áreas para evitar contatos acidentais com partes energizadas, tanto nos procedimentos de operação quanto na realização de serviços de construção e manutenção.

As especificações do sistema de aterramento também devem ser definidas no projeto, tais como a configuração e a localização da haste de aterramento. Também deve ser especificado o aterramento de partes condutoras não integrantes dos circuitos elétricos (por exemplo, a carcaça do equipamento), eliminando o risco de choque elétrico por meio do contato com essas partes, que poderiam ser energizadas por indução elétrica ou contato acidental com outros condutores. Ademais, todo projeto deve prever condições

NR 10 • SEGURANÇA EM INSTALAÇÕES E SERVIÇOS EM ELETRICIDADE | 253

para a adoção de aterramento temporário, que permitirá a proteção do trabalhador contra reenergização acidental de circuitos previamente desenergizados. Segundo o Glossário da norma, *aterramento elétrico temporário* é a ligação elétrica efetiva, confiável e adequada intencional à terra, destinada a garantir a equipotencialidade e mantida continuamente durante a intervenção na instalação elétrica.

Todo projeto de instalações elétricas também deve possuir um memorial descritivo que deve conter um conjunto mínimo de itens de segurança, conforme mostra a figura a seguir:

Especificação das características relativas à proteção contra choques elétricos, queimaduras e outros riscos adicionais	Recomendações de restrições e advertências quanto ao acesso de pessoas aos componentes das instalações
Indicação de posição dos dispositivos de manobra dos circuitos elétricos Verde – "D", desligado Vermelho –"L", ligado	Precauções aplicáveis em face das influências externas
Descrição do sistema de identificação de circuitos elétricos e equipamentos, incluindo dispositivos de manobra, de controle, de proteção, de intertravamento, dos condutores e os próprios equipamentos e estruturas, definindo como tais indicações devem ser aplicadas fisicamente nos componentes das instalações	Princípio funcional dos dispositivos de proteção, constantes do projeto, destinados à segurança das pessoas
	Descrição da compatibilidade dos dispositivos de proteção com a instalação elétrica

O atendimento a esse item por parte dos projetistas é fundamental, pois as informações do memorial servirão de referência para os procedimentos de operação e manutenção dos circuitos.

7. SEGURANÇA NA CONSTRUÇÃO, MONTAGEM, OPERAÇÃO E MANUTENÇÃO

Todas as atividades de construção, montagem, operação, reforma, ampliação, reparação e inspeção em instalações elétricas devem ser realizadas sempre de forma a garantir a segurança dos trabalhadores e também dos usuários. Tais atividades devem ser **supervisionadas por profissional autorizado.**

Nas atividades de construção, montagem, operação e manutenção em sistemas elétricos, além das medidas de proteção específicas previstas na NR10, também devem ser adotadas medidas de proteção **adicionais** relativas a outros riscos, que também podem estar presentes na execução dessas tarefas, por exemplo:

- **Queda de altura:** Manutenção de sistema de iluminação pública ou torres de alta-tensão.
- **Confinamento:** Trabalho em caixas subterrâneas (espaço confinado), com risco de asfixia ou exposição à atmosfera explosiva.
- **Campos eletromagnéticos:** Podem causar interferências em aparelhos de medição ou comandos remotos, impedindo leituras corretas.
- **Fauna:** Animais peçonhentos como formigas, aranhas, escorpiões, abelhas que podem se instalar em locais como medidores, caixas de passagem etc.

- **Flora:** Fungos e bactérias que também podem estar presentes em pequenos cubículos, caixas de passagem, armários de distribuição, nos quais o trabalhador precise entrar.

Os equipamentos e ferramentas que serão utilizados nas intervenções em instalações elétricas devem ser apropriados ao nível de tensão de trabalho, aterramento e capacidade de potência a fim de preservar suas características de proteção. Devem também ser respeitadas as recomendações do fabricante e as condições do ambiente no qual o serviço será executado (presença de umidade, calor etc.).

Os equipamentos, dispositivos e ferramentas devem possuir isolamento elétrico adequado às tensões envolvidas. O isolamento elétrico impede a passagem de corrente elétrica por interposição de materiais isolantes.

Os locais onde são realizados serviços elétricos, bem como os compartimentos e invólucros de equipamentos e instalações elétricas, devem ser utilizados **exclusivamente para essa finalidade**, sendo **expressamente proibido** usá-los para armazenamento ou guarda de quaisquer objetos.

As instalações elétricas devem ser mantidas em condições seguras de funcionamento e seus sistemas de proteção devem ser inspecionados e controlados periodicamente, de acordo com as regulamentações existentes e definições de projetos. Importante destacar que não há determinação expressa na NR10 sobre qual deve ser a periodicidade dessa inspeção, devendo ser observadas as recomendações de projeto e as boas práticas de segurança.

8. SEGURANÇA EM INSTALAÇÕES ELÉTRICAS DESENERGIZADAS

8.1 Desenergização

A desenergização é um conjunto de ações coordenadas entre si, sequenciadas e controladas, destinadas a garantir a **efetiva ausência de tensão** no circuito, trecho ou ponto de trabalho, durante todo o tempo de intervenção e sob controle dos trabalhadores envolvidos. Nesse sentido, a **desenergização** de instalações elétricas deve obedecer a uma **sequência previamente determinada**, a fim de que as instalações possam ser liberadas para trabalho, com segurança. **O estado de instalação desenergizada deve ser mantido até a autorização para reenergização.** A sequência de desenergização deve observar procedimentos apropriados (medidas administrativas, complementares à proteção coletiva), na ordem apresentada a seguir:

1. **Seccionamento**

    Corresponde à desenergização dos circuitos por meio de chaves seccionadoras, disjuntores ou outros elementos.

2. **Impedimento de reenergização**

    O impedimento de reenergização é obtido pela instalação de travamentos mecânicos, como cadeados ou outros dispositivos que impedem a reenergização indesejada ou não autorizada dos circuitos; somente a pessoa responsável pelo bloqueio do circuito poderá desbloqueá-lo para ser reenergizado novamente.

3. **Constatação da ausência de tensão**

    Trata-se da verificação por meio de medidores de que os circuitos estão desenergizados.

NR 10 · SEGURANÇA EM INSTALAÇÕES E SERVIÇOS EM ELETRICIDADE | 255

4. Instalação de aterramento temporário com equipotencialização dos condutores dos circuitos

O aterramento temporário de todos os condutores do circuito garante a proteção do trabalhador nos casos de possível energização desses condutores mediante indução ou contatos com outros condutores energizados. A equipotencialização é um procedimento que consiste na interligação de determinados elementos visando obter a equipotencialidade necessária para os fins desejados, sendo utilizada na proteção contra choques elétricos, sobretensões e perturbações eletromagnéticas.

5. Proteção dos elementos energizados existentes na zona controlada

A proteção dos elementos energizados existentes na zona controlada é realizada por meio da instalação de barreiras físicas ou outra isolação conveniente, que impeçam o contato acidental do trabalhador.

6. Instalação da sinalização de impedimento de reenergização

Essa sinalização tem o objetivo de advertir o trabalhador com relação ao impedimento de reenergização, indicando que há pessoas trabalhando nos circuitos desenergizados. Devem ser instaladas placas de aviso ou até mesmo etiquetas de aviso, tais como "Não acione essa chave" ou "Equipamento em manutenção". Lembro novamente ao leitor que sinalizações de segurança não são medidas de proteção coletiva, pois, como o próprio nome diz, servem para *sinalizar*, advertir o trabalhador dos riscos existentes nas proximidades.

8.2 Reenergização

O estado de instalação desenergizada deve ser mantido até a autorização para reenergização. O procedimento de reenergização deve observar a seguinte sequência de procedimentos:

1. Retirada das ferramentas, utensílios e equipamentos

Consiste na remoção de ferramental e utensílios para fora da zona controlada, para permitir a liberação das instalações.

2. Retirada da zona controlada de todos os trabalhadores não envolvidos no processo de reenergização

Os trabalhadores não envolvidos no procedimento de reenergização devem se retirar da zona controlada, e dessa fase em diante não podem mais intervir nas instalações nem retornar à zona controlada.

3. Remoção do aterramento temporário, da equipotencialização e das proteções adicionais

Consiste na retirada dos materiais usados para proteção de partes energizadas próximas ao local de trabalho e de utensílios empregados na manutenção da equipotencialização. Observe-se que este procedimento se inicia numa **instalação desenergizada**, mas termina em instalação apenas **desligada**, o que sugere a adoção de técnicas, equipamentos e procedimento próprio para circuitos energizados. É muito útil que aos dispositivos de aterramento temporário seja adicionada sinalização que chame a atenção dos trabalhadores de forma a que sejam garantidamente removidos, evitando esquecimento.

4. Remoção da sinalização de impedimento de reenergização

Consiste na retirada das placas e avisos de impedimento de reenergização. Esta atividade também será realizada com as medidas e técnicas adotadas para os trabalhos com circuitos energizados.

5. Destravamento, se houver, e religação dos dispositivos de seccionamento

Esse é o último procedimento da sequência para reenergização, quando devem ser removidos os elementos de bloqueio, travamentos e realizada a reinserção de elementos condutores retirados anteriormente para garantir a não religação.

Finalmente deve o circuito ser reenergizado, restabelecendo a condição de funcionamento das instalações.

As medidas previstas na NR10 referentes aos procedimentos de desenergização e reenergização **podem ser alteradas, substituídas, ampliadas ou eliminadas**, em função das peculiaridades de cada situação, por profissional legalmente habilitado, autorizado e **mediante justificativa técnica previamente formalizada**, desde que seja mantido o mesmo nível de segurança originalmente preconizado.

Segundo o item 10.5.4, os serviços a serem executados em instalações elétricas **desligadas**, mas com **possibilidade de energização, por qualquer meio ou razão**, devem atender aos requisitos de segurança em instalações elétricas **energizadas**.

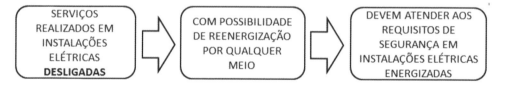

9. SEGURANÇA EM INSTALAÇÕES ELÉTRICAS ENERGIZADAS

As intervenções em instalações elétricas com tensão igual ou superior a 50 volts em corrente alternada ou superior a 120 volts em corrente contínua somente podem ser realizadas por trabalhadores autorizados, desde que capacitados, qualificados ou habilitados, conforme as determinações do item 10.8 da norma.

Esses trabalhadores devem receber treinamento de segurança para trabalhos com instalações elétricas energizadas, com currículo mínimo, carga horária e demais determinações estabelecidas no Anexo III da norma.

Operações elementares como **ligar e desligar** circuitos elétricos, realizadas **em baixa tensão**, com materiais e equipamentos elétricos em **perfeito estado de conservação**, adequados para operação, podem ser executadas por qualquer **pessoa não advertida**. Segundo o Glossário, é considerada **pessoa advertida** aquela informada ou com conhecimento suficiente para evitar os perigos da eletricidade. Ou seja, a **pessoa não advertida**, aquela que não tem conhecimentos para evitar os perigos da eletricidade, poderá apenas **ligar ou desligar circuitos elétricos em baixa tensão**.

Ainda segundo o Glossário:

> **Baixa tensão (BT):** Tensão superior a 50 volts em corrente alternada ou 120 volts em corrente contínua e igual ou inferior a 1000 volts em corrente alternada ou 1500 volts em corrente contínua, entre fases ou entre fase e terra.

NR 10 • SEGURANÇA EM INSTALAÇÕES E SERVIÇOS EM ELETRICIDADE | 257

Extrabaixa Tensão (EBT): Tensão não superior a 50 volts em corrente alternada ou 120 volts em corrente contínua, entre fases ou entre fase e terra. A NR10 não é aplicável a instalações elétricas alimentadas por extrabaixa tensão.

10. TRABALHOS ENVOLVENDO ALTA-TENSÃO

O trabalho envolvendo alta-tensão (AT) é extremamente perigoso. Por isso, a fim de garantir maior segurança aos trabalhadores que realizam serviços em instalações elétricas energizadas em alta-tensão, o item 10.7.3 determina que esses serviços, bem como aqueles executados no **Sistema Elétrico de Potência** (SEP), **não podem ser realizados individualmente.** Vejamos a redação desse item:

> Os serviços em instalações elétricas energizadas em AT, bem como aqueles executados no Sistema Elétrico de Potência – SEP, não podem ser realizados individualmente.

Esse foi um dos itens mais polêmicos no processo de aprovação da norma, e o único para o qual não se obteve consenso, sendo aprovado ao final, por arbitramento do Ministro do Trabalho, que considerou como prioritária a proteção da saúde, segurança e integridade física dos trabalhadores. Foi introduzido na norma em função do elevado risco presente nas atividades com instalações elétricas energizadas em alta-tensão e no SEP, e também devido aos altos índices de acidentes do trabalho no setor.

Trabalho acompanhado

Vimos que o item 10.7.3 **não permite o exercício de atividade individual** pelo trabalhador, instituindo a obrigatoriedade de **acompanhamento** quando da realização de trabalhos em instalações energizadas com alta-tensão e todas aquelas desenvolvidas no SEP. O objetivo deste dispositivo normativo é garantir que os trabalhadores expostos a riscos elétricos não fiquem desassistidos em caso de ocorrência de algum tipo de acidente ou situação em que haja necessidade de auxílio ao trabalhador diretamente exposto ao risco como a prestação de pronto atendimento em situações de emergência nos casos de parada cardiorrespiratória em consequência de choque elétrico. Essa determinação normativa aplica-se também a trabalhos em espaços confinados.

Deve ser enfatizado que esse acompanhamento pressupõe a **supervisão, por aquele que acompanha**, do trabalho executado por quem está sendo acompanhado. Dessa forma, **não se pode considerar como acompanhado** o trabalho executado por profissionais que realizam a tarefa em locais próximos, cada um executando seu próprio trabalho, **porém sem supervisão**. Tecnicamente, o mero fato de os profissionais trabalharem próximos uns dos outros não caracteriza trabalho acompanhado, e, sim, individual, incorrendo a empresa em descumprimento do item 10.7.3, caso o trabalho esteja sendo realizado em alta-tensão ou no SEP.

Alta-tensão

Considera-se alta-tensão aquela superior a 1.000 volts em corrente alternada (CA) ou 1.500 volts em corrente contínua (CC), entre fases ou entre fase e terra.

NR10 NÃO SE APLICA: EXTRABAIXA TENSÃO

EXTRABAIXA TENSÃO	BAIXA TENSÃO	ALTA-TENSÃO
<=50VCA Ou <=120VCC	Entre > 50VCA ou >120VCC E <=1000VCA ou <=1500VCC	>1000VCA ou >1500VCC

10.1 Ordem de serviço

Segundo o item 10.7.4 c/c item 10.11.2 as intervenções em instalações elétricas incluindo as instalações em alta-tensão e no SEP somente poderão ser executadas mediante ordem de serviço específica para a data e o local onde serão realizadas. A ordem de serviço deverá ser assinada pelo superior responsável pela área, devendo este, ser trabalhador autorizado.

O objetivo desses itens é garantir total controle sobre os procedimentos, de maneira que todos os envolvidos, desde o trabalhador que vai executar a tarefa até a chefia responsável, tenham conhecimento da atividade específica a ser realizada e de seus procedimentos, bem como da data e do local da execução.

A ordem de serviço bem como os procedimentos de desenergização e reenergização são documentos a serem auditados nos casos de investigação e análise de acidentes de trabalho, realizadas pelo AFT.

10.2 Procedimentos específicos

Os serviços em instalações elétricas energizadas em alta-tensão somente podem ser executados quando houver procedimentos específicos, detalhados e assinados por profissional autorizado. Antes de iniciar trabalhos em circuitos energizados em alta-tensão, o superior imediato e a equipe, responsáveis pela execução do serviço, devem realizar uma avaliação prévia, estudar e planejar as atividades e ações a serem desenvolvidas de forma a atender os princípios técnicos básicos e as melhores técnicas de segurança em eletricidade aplicáveis. Os equipamentos e dispositivos desativados devem ser sinalizados com identificação da condição de desativação, conforme procedimento de trabalho específico padronizado.

10.3 Testes elétricos e ensaios

Os equipamentos, ferramentas e dispositivos isolantes ou equipados com materiais isolantes, destinados ao trabalho em alta-tensão, devem ser submetidos a testes elétricos ou ensaios de laboratório periódicos, de acordo com as especificações do fabricante, os procedimentos operacionais da empresa, e, na ausência destes, anualmente. Ou seja, os testes deverão ser realizados anualmente somente caso o fabricante não especifique a periodicidade ou a empresa não possua procedimentos específicos para a sua execução.

10.4 Sistema de comunicação

Todo trabalhador em instalações elétricas energizadas em alta-tensão, bem como aqueles envolvidos em atividades no Sistema Elétrico de Potência, deve dispor de equipamento que permita a comunicação permanente com os demais membros da equipe ou com o centro de operação durante a realização do serviço.

10.5 Intervenção em alta-tensão dentro da zona de risco

A intervenção em instalações elétricas energizadas em alta-tensão dentro dos limites estabelecidos como **zona de risco somente** pode ser realizada mediante a **desativação** dos conjuntos e dispositivos de religamento automático do circuito, sistema ou equipamento.

Como vimos anteriormente, a **zona de risco** corresponde ao (1) entorno de parte condutora energizada, (2) não segregada, (3) acessível inclusive acidentalmente, (4) de dimensões estabelecidas de acordo com o nível de tensão, (5) cuja aproximação só é permitida a profissionais autorizados e com a adoção de técnicas e instrumentos apropriados de trabalho.

(1) **Entorno de parte condutora energizada:** área delimitada pelo raio Rr, a partir do ponto energizado (conforme Anexo II da norma)

(2) **Não segregada:** sem interposição de barreiras físicas

(3) **Acessível inclusive acidentalmente:** uma vez que não possui impedimento físico de acesso

(4) **Dimensões estabelecidas de acordo com o nível de tensão:** conforme tabela do Anexo II, quanto maior a tensão nominal da instalação elétrica, maior será o raio Rr, consequentemente, maior a área da zona de risco

(5) **Cuja aproximação só é permitida a profissionais autorizados e com a adoção de técnicas e instrumentos apropriados de trabalho:** medida de segurança, somente os trabalhadores autorizados podem adentrar a zona de risco

11. HABILITAÇÃO, QUALIFICAÇÃO, CAPACITAÇÃO E AUTORIZAÇÃO DOS TRABALHADORES

O item 10.8. e subitens contêm as definições de **habilitação, qualificação, capacitação e autorização.**

Trabalhador qualificado

O trabalhador qualificado é aquele que completou **curso específico na área elétrica,** reconhecido pelo Sistema Oficial de Ensino, por exemplo, curso técnico de Eletrotécnica ou Engenharia Elétrica.

Sobre esse assunto vejam questão da ESAF/2006, cujo gabarito é CERTO:

Profissional qualificado é aquele que comprove, perante o empregador, a capacitação mediante curso específico do sistema oficial de ensino, independentemente da escolaridade.

Profissional legalmente habilitado

É considerado profissional legalmente habilitado o trabalhador previamente qualificado e com registro no competente conselho de classe, por exemplo, no caso do engenheiro eletricista, o Conselho Regional de Engenharia e Agronomia (CREA).

Trabalhador capacitado

É considerado capacitado o profissional que:

1) tenha sido treinado por profissional HABILITADO e AUTORIZADO e
2) trabalhe sob a responsabilidade de profissional HABILITADO e AUTORIZADO.

Essas duas condições devem ser atendidas **simultaneamente**. E essa capacitação **só tem valor na empresa que o capacitou e nas condições estabelecidas** pelo profissional habilitado e autorizado responsável pela capacitação.

Trabalhador autorizado

Serão considerados autorizados os trabalhadores qualificados e capacitados, e os profissionais habilitados, que receberem a **anuência formal** da empresa em que trabalham (ou seja, uma autorização) para exercerem atividades em instalações elétricas. Os trabalhadores autorizados a trabalhar em instalações elétricas devem ter essa condição **consignada** no sistema de registro de empregado da empresa (livro ou fichas de registro).

A autorização é um processo administrativo por meio do qual a empresa declara formalmente sua anuência, autorizando o trabalhador a intervir em suas instalações elétricas. Claro está, portanto, que a autorização pressupõe a responsabilidade em autorizar. Por essa razão é fundamental que as empresas adotem critérios bem claros para assumir tais responsabilidades.

Resumindo:

- A qualificação refere-se ao curso na área de elétrica reconhecido pela instituição oficial de ensino, por exemplo, curso técnico de eletrotécnica ou curso superior de engenharia elétrica;
- A habilitação decorre do registro no conselho de classe;
- A capacitação é obtida com participação em treinamento de segurança de acordo com o disposto na NR10;
- A autorização é dada pela empresa pela anuência formal para realizar intervenções em instalações elétricas.

12. TREINAMENTO

A NR10 prevê os seguintes tipos de treinamento para os profissionais que interagem com instalações elétricas:

- Treinamento Específico (básico e complementar);
- Treinamento de Reciclagem.

De ressaltar que esses treinamentos não visam à capacitação ou qualificação do empregado, que deverá ser comprovada conforme o disposto no item 10.8 da norma, mas sim à abordagem dos riscos inerentes à atividade, bem como das medidas de proteção, conforme apresentado a seguir.

De acordo com o item 1.7.9 da NR1:

> 1.7.9 Os treinamentos podem ser ministrados na modalidade de ensino a distância ou semipresencial desde que atendidos os requisitos operacionais, administrativos, tecnológicos e de estruturação pedagógica previstos no Anexo II desta NR.

• SEGURANÇA EM INSTALAÇÕES E SERVIÇOS EM ELETRICIDADE | 261

O conteúdo prático, entretanto, deve ser ministrado na modalidade **presencial** por falta de autorização expressa na norma de sua realização na modalidade a distância ou semipresencial.

12.1 Treinamento específico (básico e complementar)

Os trabalhadores autorizados a intervir em instalações elétricas devem ser submetidos a treinamento **básico** e **complementar** sobre os riscos da energia elétrica e as principais medidas de prevenção de acidentes, de acordo com o estabelecido no Anexo III da norma.

O **treinamento básico** deve ser ministrado aos trabalhadores que realizarão intervenções em sistemas elétricos. Seu conteúdo abrange temas como a prevenção de acidentes de natureza elétrica, análise e antecipação do risco, noções de responsabilidades civil e criminal, conhecimento de normas e regulamentos aplicáveis, prevenção e combate a incêndios e primeiros socorros. Deve ter carga horária mínima de 40 horas.

O **treinamento complementar** é destinado a trabalhadores envolvidos com instalações elétricas do Sistema Elétrico de Potência ou aqueles que atuem nas suas proximidades. Também deve ter carga horária mínima de 40 horas. A participação com aproveitamento satisfatório no curso básico é pré-requisito para participar do curso complementar. Sobre o conceito de "aproveitamento satisfatório", remeto o leitor para o quadro a seguir:

> *Além da NR*
> *Curso Básico – Aproveitamento Satisfatório*
> *Em 2014 foi publicada a Nota Técnica 151/2014/CGNOR/DSST/SIT esclarecendo o que se entende por aproveitamento "satisfatório", uma vez que a NR10 é silente sobre esse assunto. Segundo a NT, considerando que compete à empresa conceder autorização aos seus empregados para intervenção em instalações elétricas, nada mais justo que a própria empresa defina o aproveitamento que julga aceitável para a concessão da autorização.*
> *Entretanto, com relação à presença, entende-se que, justamente pelo critério preventivo do treinamento, a assiduidade do trabalhador no curso deve ser integral. De nada adianta que o empregado tenha frequentado 75% das aulas do conteúdo preventivo, se no período em que esteve ausente for abordado procedimento que será de fundamental importância para sua sobrevivência. Assim, a frequência integral, aliada à avaliação eficaz, subsidia o empregador na concessão da autorização para intervenção em instalações elétricas.*

12.2 Treinamento de reciclagem

O treinamento do empregado não se exaure com a participação nos cursos Básico e Complementar. Considerando o risco em potencial inerente às atividades em instalações elétricas, a norma também dispõe sobre a obrigatoriedade de realização de treinamentos de reciclagem.

Este treinamento deve ser realizado a cada dois anos e sempre que ocorrer uma das seguintes situações:

   a) **troca** de função ou **mudança** de empresa;
   b) **retorno de afastamento** ao trabalho ou inatividade, por período superior a **três meses**;

c) modificações significativas nas instalações elétricas ou **troca de métodos, processos e organização** do trabalho.

Segundo o Manual de Interpretação e Auxílio da NR10:

- "Troca de função" deve ser entendida como alteração em atribuições ou local de trabalho, com alteração do cenário de desenvolvimento dos trabalhos e assim alterações de exposição a riscos elétricos;
- "Mudança de empresa" refere-se às empresas prestadoras de serviço que deslocam seus empregados entre clientes distintos.

É de ressaltar que a NR10 não especifica a carga horária nem o conteúdo programático dos treinamentos de reciclagem; estes deverão atender às necessidades da situação que os motivou.

Saiba mais

Treinamentos

Os treinamentos previstos nas diversas normas regulamentadoras, entre elas a NR10, não são cursos profissionalizantes. Esses treinamentos têm uma abordagem preventiva, pois apresentam os riscos decorrentes do emprego da energia elétrica e as respectivas medidas de prevenção de acidentes e devem ser ministrados para os empregados que exerçam intervenções em instalações elétricas.

Destaca-se que compete ao empregador realizar o treinamento em SST, adotando os parâmetros estipulados pela respectiva NR, sendo responsável por sua organização, execução e gestão, estando aí incluídas questões como local para realização, elaboração de material didático, projeto pedagógico, métodos de avaliação e seleção dos profissionais para ministrar o curso.

---

13. TRABALHO EM ÁREA CLASSIFICADA

Como dito anteriormente, *Área Classificada* é aquela na qual uma atmosfera explosiva está presente ou na qual é provável sua ocorrência a ponto de exigir precauções especiais para construção, instalação e utilização de equipamentos elétricos.

Já *atmosfera explosiva* é aquela que possui proporção de gases, vapores ou poeiras e oxigênio em tal concentração que uma centelha proveniente de um circuito elétrico ou até mesmo da energização de uma máquina pode provocar uma explosão.

Segundo o item 10.9.5, os serviços em instalações elétricas nas **áreas classificadas** somente poderão ser realizados mediante:

- **permissão** para o trabalho com liberação formalizada, conforme estabelece o item 10.5 (Procedimentos de segurança para instalações elétricas desenergizadas); ou
- **supressão** do agente de risco que determina a classificação da área (por exemplo, por meio de ventilação artificial para eliminação ou redução da concentração de gases e vapores a valores aceitáveis).

14. SINALIZAÇÃO DE SEGURANÇA

O item 10.10.1 determina expressamente algumas situações nas quais deve ser adotada sinalização de segurança destinada à advertência e à identificação de áreas de riscos, obedecendo ao disposto na NR26. São elas:

a) **identificação** de circuitos elétricos;

b) **travamentos** e **bloqueios** de dispositivos e sistemas de manobra e comandos;

c) **restrições** e **impedimentos** de acesso;

d) **delimitações** de áreas;

e) **sinalização** de áreas de circulação, de vias públicas, de veículos e de movimentação de cargas;

f) **sinalização** de **impedimento** de **energização**;

g) **identificação** de equipamento ou **circuito impedido**.

A identificação correta dos circuitos e dispositivos de proteção é extremamente importante, pois pode impedir a energização/desenergização indevida de circuitos. Muitos acidentes na área elétrica ocorrem em virtude da ausência de sinalização ou da identificação incorreta de dispositivos.

O impedimento de energização deve ser sinalizado como forma de advertência, com o objetivo de evitar uma reenergização indevida.

Vejam que no tocante a essa sinalização não existe uma padronização expressa na NR10, e sim uma referência à NR26 – Sinalização de Segurança, que ainda deverá ser complementada com as especificações de caracteres, símbolos, conjunto de palavras, cores, e demais detalhes aplicáveis ao risco elétrico.

Ressalto novamente que *sinalização de segurança* **não** é medida de proteção coletiva, uma vez que não elimina, não reduz, nem mantém os riscos sob controle. A sinalização de segurança serve apenas para **advertir** os trabalhadores sobre os riscos nas proximidades, no entorno, ou no trabalho a realizar e se classifica como medida administrativa.

15. PROCEDIMENTO DE TRABALHO

O procedimento de trabalho corresponde à sequência de operações ou ações a serem desenvolvidas para realização de um determinado trabalho, com a inclusão dos meios materiais e humanos, instruções e orientações técnicas de segurança e as possíveis circunstâncias que impeçam a sua realização. Trata-se do *trabalho prescrito*, que é a "maneira como o trabalho deve ser executado: o modo de utilizar as ferramentas e as máquinas, o tempo concedido para cada operação, e as regras a respeitar; nunca corresponde exatamente ao trabalho real" (Daniellou et al., 1989).

O procedimento de trabalho deve ser formalizado e também indicar a equipe responsável pela tarefa, o detalhamento dos circuitos, dispositivos e outros elementos envolvidos, data, hora e local dos serviços.

Os procedimentos de trabalho devem conter, no mínimo:

- objetivo;
- campo de aplicação;
- base técnica;
- competências e responsabilidades;
- disposições gerais;
- medidas de controle;
- orientações finais.

Ordem de Serviço

Os serviços em instalações elétricas somente poderão ter início se houver **ordens de serviço** específicas, aprovadas por trabalhador autorizado, contendo, no mínimo, o tipo, a data, o local e as referências aos procedimentos de trabalho a serem adotados.

Segundo o Manual de Auxílio na Interpretação e Aplicação da NR10, a ordem de serviço é um documento de mandado de responsabilidade que se aplica tanto a instalações energizadas quanto desenergizadas, que autorizam o trabalhador ou a equipe para a execução do trabalho.

Há muito questionamento sobre a assinatura da ordem de serviço, em função das dificuldades e urgências cotidianas. Entende-se que ela pode ser também eletrônica dentro dos padrões legais instituídos. Tal faculdade, entretanto, não consta expressamente na NR10. As organizações poderão adotar soluções adequadas à sua realidade desde que atendam ao espírito de controle e responsabilização do documento.

16. PRIMEIROS SOCORROS

Os **trabalhadores autorizados** devem estar aptos a executar o resgate e a prestar primeiros socorros a acidentados, especialmente por meio de reanimação cardiorrespiratória. Esses trabalhadores deverão receber treinamento sobre técnicas de primeiros socorros, que fazem parte do conteúdo programático do curso básico.

17. EMBARGO/INTERDIÇÃO

O item 10.14.3 determina que:

> Na ocorrência do não cumprimento das normas constantes nessa NR, o MTb adotará as providências estabelecidas na NR3.

Ou seja, no caso de não cumprimento de qualquer dos itens da NR10, deverá ocorrer a **interdição** dos serviços realizados na(s) respectiva(s) instalação(ões) elétrica(s). Neste caso, a interposição da interdição será ***ato vinculado*** do Auditor Fiscal do Trabalho, ficando **dispensado** o uso da metodologia constante na NR3 – Embargo e Interdição, conforme item 3.5.1.1:

> NR3, item 3.5.1.1
>
> Fica dispensado o uso da metodologia prevista nesta norma para imposição de medida de embargo ou interdição quando constatada condição ou situação definida como grave e iminente risco nas Normas Regulamentadoras.

18. INFORMAÇÕES IMPORTANTES SOBRE A NR10

Outras normas aplicáveis

É claro que em uma única norma não seria possível abranger assunto tão vasto e, em determinados casos, tão complexo quanto a segurança em instalações e serviços em eletricidade. Por isso, a própria NR10 prevê que as empresas devem também observar as normas técnicas oficiais estabelecidas pelos órgãos competentes. Entre as normas técnicas nacionais podemos citar as seguintes, publicadas pela ABNT e respectivas atualizações:

NBR 5410   Instalações elétricas de baixa tensão
NBR 14039 Instalações elétricas de média tensão de 1,0 kV a 36,2 kV
NBR 5419   Proteção contra descargas atmosféricas

Na ausência ou omissão das normas técnicas oficiais, poderão ser utilizadas as normas internacionais cabíveis. Entre os principais organismos internacionais, podemos citar:

IEC   – *International Electrotecnical Commission*
EN   – *European Standards*
IEEE – *Institute of Electrical and Electronics Engineers*

Sobre esse assunto vejam questão do CESPE/2013, cujo gabarito é CERTO:

A NR10 aplica-se às fases de geração, transmissão, distribuição e consumo, incluindo as etapas de projeto, construção, montagem, operação, manutenção das instalações elétricas e quaisquer trabalhos realizados nas suas proximidades, observando-se as normas técnicas oficiais estabelecidas pelos órgãos competentes e, na ausência ou na omissão dessas, as normas internacionais cabíveis.

NR 11 TRANSPORTE, MOVIMENTAÇÃO, ARMAZENAGEM E MANUSEIO DE MATERIAIS

Classificação: Norma Especial

Última atualização: Portaria MTPS 505, de 29 de abril de 2016

1. INTRODUÇÃO

A NR11 estabelece as condições de segurança que devem ser observadas nas seguintes atividades:

- Operação de elevadores, guindastes, transportadores industriais e máquinas transportadoras;
- Transporte de sacas;
- Movimentação e armazenamento de materiais.

A movimentação e o armazenamento de materiais nas empresas são realizados por meio de diversos tipos de equipamentos, que podem ser classificados em:

- Veículos industriais: empilhadeiras, paleteiras;
- Equipamentos de elevação e movimentação: guindastes, elevadores;
- Transportadores contínuos: esteiras rolantes de correia, esteira de roletes.

A norma possui também glossário e um anexo que trata dos procedimentos para movimentação, armazenagem e manuseio de chapas de rochas ornamentais dispondo sobre os requisitos do carro porta-bloco, carro transportador, cavaletes, pátio de estocagem, entre outros.

Cabe ressaltar que a NR11 trata principalmente da movimentação de materiais em edificações já construídas. A maioria dos equipamentos utilizados para movimentação de materiais em edificações em construção, como gruas, guinchos e elevadores de cremalheira, é abordada na NR18 – Segurança e saúde no trabalho na indústria da construção, norma setorial. Nesse caso, a NR11, classificada como norma especial conforme Portaria 672/2021, é aplicada de forma subsidiária.

2. ELEVADORES

Os poços de elevadores e monta-cargas deverão ser cercados, solidamente, em toda a sua altura, exceto as portas ou cancelas de acesso a pavimentos. Quando a cabina do elevador não estiver ao nível do pavimento, a abertura deverá estar devidamente fechada de modo a impedir a queda de altura, caso contrário, estará caracterizado risco grave e iminente à integridade física dos trabalhadores, e o elevador deverá ser interditado.

Vejam a redação do item 11.1.2:

> *Quando a cabina do elevador não estiver ao nível do pavimento, a abertura deverá estar protegida por corrimão ou outros dispositivos convenientes.*

Entretanto, um simples corrimão, sem travessões intermediários e rodapé, instalado na abertura do poço do elevador, como consta na redação desse item, não oferece a proteção necessária contra queda de altura quando a cabine do elevador não estiver ao nível do pavimento.

Além de serem conservados em perfeitas condições de trabalho, os equipamentos utilizados na movimentação de materiais, tais como elevadores de carga, guindastes, monta-carga, pontes rolantes, talhas, empilhadeiras, guinchos, esteiras rolantes e transportadores de diferentes tipos devem ser projetados e construídos de maneira que ofereçam as necessárias garantias de resistência e segurança. Em todos os equipamentos deve ser indicada, em lugar visível, a carga máxima de trabalho permitida.

Atenção especial deve ser dada aos cabos de aço, cordas, correntes, roldanas e ganchos que deverão ser inspecionados, permanentemente, substituindo-se as suas partes defeituosas, principalmente nos casos de materiais e produtos sujeitos a esforços como tração, torção e tensão. Neste grupo incluem-se os cabos de aço que devem ser inspecionados diariamente. No caso de constatação de deformações severas que possam prejudicar a segurança na sua utilização, o cabo deve ser imediatamente descartado. Dentre estas deformações, citam-se exemplificativamente: aumento ou redução localizada do diâmetro, dobras, alma[1] saltada (comumente chamada de "gaiola de passarinho": deformação decorrente do alívio repentino da tensão no cabo, com extrusão da alma – núcleo do cabo de aço). Se por acaso, durante a ação fiscal, o AFT verificar deformações severas nos dispositivos utilizados na movimentação de materiais que coloquem em risco sua utilização segura, deverá interditar a respectiva máquina, equipamento, atividade, setor de serviço ou até mesmo o estabelecimento, em função do risco grave e iminente de acidentes.

3. EQUIPAMENTOS DE TRANSPORTE COM FORÇA MOTRIZ PRÓPRIA

O operador dos equipamentos de transporte com força motriz própria, por exemplo, empilhadeiras, deverá receber treinamento específico, dado pela empresa, que o habilitará nessa função. Ao dirigir tais equipamentos, os operadores devem portar um cartão de identificação, com o nome e fotografia, em lugar visível. O cartão terá a validade de um ano, salvo imprevisto, e, para a revalidação, o empregado deverá passar por exame de saúde completo, por conta do empregador. Os equipamentos de transporte motorizados deverão possuir sinal de advertência sonora (buzina).

Segundo a Nota Técnica 227/2016/CGNOR/DSST/SIT, a "habilitação" do operador dos equipamentos de transporte a que se referem os dispositivos da NR11 está relacionada ao que se convencionou chamar de "capacitação" nas normas regulamentadoras mais recentes, e não deve ser confundida com a habilitação exigida para dirigir veículos em vias públicas. Com efeito, não haveria sentido em exigir a Carteira Nacional de Habilitação prevista pelas legislações de trânsito para a operação desses equipamentos nos espaços privados das empresas. Também não há sentido em relacionar esse tipo de habilitação a algum tipo de registro profissional previsto em legislação de conselhos de classe, tal como o Conselho Federal de Engenharia e Agronomia. A operação desses equipamentos, portanto, deverá ser realizada

---

[1] Alma do cabo de aço: núcleo em torno do qual as pernas do cabo são dispostas em forma de hélice.

por profissional devidamente capacitado para a atividade, em treinamento ministrado pela empresa. Como a NR11 não define carga horária mínima nem o conteúdo a ser ministrado, deverá ser adotado o que é preconizado pela NR12 – Segurança no trabalho em máquinas e equipamentos, em seu Anexo II – Conteúdo programático da capacitação, item 1.1 (Capacitação de operadores de máquinas automotrizes ou autopropelidas).

As pistas de deslocamento devem estar em boas condições de uso, os pisos não devem apresentar saliências nem depressões, pois, além de prejudicar a movimentação do equipamento ou provocar sua instabilidade, podem expor o trabalhador a vibrações de corpo inteiro.

As áreas de trânsito de pessoas e equipamentos de transporte devem ser devidamente demarcadas e respeitadas por pedestres e operadores, de acordo com o disposto na NR12. A não adoção de medidas simples como essas é causa de inúmeros acidentes com empilhadeiras como atropelamentos, vários deles fatais ou muito graves.

Emissão de gases

É responsabilidade da empresa realizar o controle da emissão dos gases tóxicos (dióxido de carbono, monóxido de carbono, entre outros) emanados pelos veículos motorizados, principalmente aqueles movidos a motores de combustão interna, a fim de evitar concentrações no ambiente de trabalho acima dos valores permissíveis.

Em locais fechados e sem ventilação é proibida a utilização de equipamentos transportadores movidos a motores de combustão interna, **salvo se providos de dispositivos neutralizadores adequados**.

4. TRANSPORTE DE SACAS

Entende-se como *Transporte manual de sacas* toda atividade realizada de maneira contínua ou descontínua, essencial ao transporte manual de sacos, na qual o peso da carga é suportado, **integralmente**, **por um só trabalhador**, compreendendo também o levantamento e sua deposição.

Realizado por um único trabalhador

A NR11 determina que a distância máxima para o transporte manual de um saco é 60,00 m. Caso a distância a percorrer seja maior que esse limite, o transporte da carga deverá ser realizado mediante impulsão de vagonetes, carros, carretas, carros de mão apropriados, ou qualquer tipo de tração mecanizada. A norma proíbe o transporte manual de sacos, por meio de pranchas, sobre vãos superiores a 1,00 m ou mais de extensão. As pranchas deverão ter a largura mínima de 0,50 m. Na operação manual de carga e descarga de sacos, em caminhão ou vagão, o trabalhador deverá contar com o auxílio de ajudante.

5. EMPILHAMENTO

No processo mecanizado de empilhamento, é aconselhado o uso de esteiras rolantes ou empilhadeiras. Deve ser dada especial atenção à altura máxima das pilhas de sacos, nos armazéns, que deve ser limitada à:

- Resistência do piso;
- Forma e resistência dos materiais de embalagem;
- Estabilidade, baseada na geometria, tipo de amarração e inclinação das pilhas.

Quando não for possível o uso de processo mecanizado no empilhamento, será admitido o processo manual, mediante uso de escada removível de madeira, porém esta somente deve ser admitida caso possua as seguintes características:

- Lance único de degraus com acesso a patamar final;
- Reforço lateral e vertical, por meio de estrutura metálica ou de madeira que assegure sua estabilidade;
- Corrimão ou guarda-corpo lateral, em toda a sua extensão.

Nesse caso, devem ser observadas as seguintes dimensões (em metros):

Largura mínima	1,00
Patamar – dimensões mínimas	1,00 x 1,00
Patamar – altura máxima em relação ao solo	2,25
Altura máxima do espelho do degrau (ver obs.)	0,15
Largura mínima do piso do degrau	0,25
Altura do corrimão ou guarda corpo (toda a extensão)	1,00

Obs.: Espelho é a "parede" do degrau; vejam a figura a seguir:

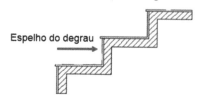

Além disso, a escada removível de madeira deve apresentar perfeitas condições de estabilidade e segurança e ser substituída imediatamente quando apresentar qualquer defeito.

EMPILHAMENTO
ITENS 11.2.7 E 11.2.8

Piso do armazém

Deve ser de material não escorregadio, sem aspereza, utilizando-se, de preferência, o mastique[2] asfáltico, e mantido em perfeito estado de conservação.

Armazenamento de materiais

O material armazenado não poderá causar a obstrução de portas, de equipamentos contra incêndio, ou de saídas de emergências. A distância entre o material empilhado e as estruturas laterais do prédio deve ser no mínimo de 0,50 m.

---

[2] Mastique asfáltico é um revestimento asfáltico selante.

NR 12 SEGURANÇA NO TRABALHO EM MÁQUINAS E EQUIPAMENTOS

Classificação: Norma Especial

Última atualização: Portaria MTP 4.219, de 20 de dezembro de 2022

1. INTRODUÇÃO

A NR12 define referências técnicas, princípios fundamentais e medidas de proteção que visam resguardar a saúde e a integridade física dos trabalhadores principalmente contra os riscos de origem mecânica originados dos movimentos perigosos das máquinas e equipamentos. A norma estabelece também requisitos mínimos para a prevenção de acidentes e doenças do trabalho aplicáveis desde a concepção até o desmonte.

A primeira redação da NR12 foi aprovada com a publicação da Portaria 3.214/1978; até o ano de 2010, sofreu alterações pontuais: em 1995, foi incluído o anexo de motosserras; em 1996, o de cilindros de massa; e em 1997 houve uma pequena alteração nesse anexo. Finalmente, mais de 30 anos após o início de sua vigência, a norma ganhou nova redação com a publicação da Portaria 197, de 17.12.2010. E em 2019, teve seu texto novamente alterado.

A redação atual possui conceitos fundamentais sobre proteções de máquinas já consagradas em outras normas de segurança nacionais e internacionais, e busca acompanhar a evolução tecnológica e a crescente entrada no mercado de máquinas e equipamentos que empregam tecnologias de última geração, bem como harmonizar a legislação nacional com as normas internacionais, propiciando um tratamento equânime entre as máquinas fabricadas no País e as importadas.

Possui uma abordagem mais adaptada à nova realidade do mercado, sem muitas "amarras", como havia nas redações anteriores. Por exemplo, redação anterior determinava que: "a distância mínima entre máquinas e equipamentos deve ser de 0,60 m a 0,80 m, a critério da autoridade competente em segurança e medicina do trabalho". Já a redação atual dispõe que:

> *a distância mínima entre máquinas, em conformidade com suas características e aplicações, deve <u>resguardar a segurança dos trabalhadores</u> durante sua operação, manutenção, ajuste, limpeza e inspeção, e permitir a movimentação dos segmentos corporais, <u>em face da natureza da tarefa</u>.*

A seguir, apresento uma lista com algumas das principais alterações da norma:

- Ampliação da abrangência, desde a fase de **projeto** das máquinas e equipamentos;
- Descrição detalhada de **proteções e diversos dispositivos de segurança**;
- Introdução do conceito de categoria de segurança;

- Obrigatoriedade de operação, manutenção, inspeção e demais intervenções em máquinas e equipamentos por trabalhadores **habilitados ou qualificados ou capacitados e autorizados**;
- Maior detalhamento dos **manuais de instrução**;
- Exclusão expressa de equipamentos estáticos da abrangência da norma;
- Exclusão da obrigatoriedade de elaboração de inventário de máquinas[1].

Destaco também que não consta mais no texto a obrigatoriedade de o empregador garantir a adoção de medidas apropriadas para pessoas com deficiência envolvidas direta ou indiretamente com máquinas e equipamentos. Por óbvio, a atual omissão sobre este assunto não desobriga nenhum empregador de cumprir o disposto na Lei Brasileira de Inclusão – 13.146/2015 (Estatuto da Pessoa com Deficiência), em especial seu art. 34:

> Art. 34. A pessoa com deficiência tem direito ao trabalho de sua livre escolha e aceitação, em ambiente acessível e inclusivo, em igualdade de oportunidades com as demais pessoas.
>
> § 1.º As pessoas jurídicas de direito público, privado ou de qualquer natureza são obrigadas a garantir ambientes de trabalho acessíveis e inclusivos. (grifo acrescentado)

O texto da norma é dividido da seguinte maneira:

Parte principal: 18 Títulos: Definições básicas e medidas de ordem geral para todas as máquinas e equipamentos.

Anexos I a IV: Informações para atendimento à parte principal e aos demais anexos.

- **Anexo I:** Requisitos para o uso de detectores de presença optoeletrônicos (Tipo 1)[2]
- **Anexo II:** Conteúdo programático da capacitação (Tipo 1)
- **Anexo III:** Meios de acesso a máquinas e equipamentos (Tipo 1)
- **Anexo IV:** Glossário (Tipo 1)

Anexos V a XII: Especificidades ou excepcionalidades sobre determinado tipo de máquina, divididos da seguinte forma:

- **Anexo V:** Motosserras (Tipo 2)
- **Anexo VI:** Máquinas para panificação e confeitaria (Tipo 2)
- **Anexo VII:** Máquinas para açougue, mercearia, bares e restaurantes (Tipo 2)
- **Anexo VIII:** Prensas e similares (Tipo 2)
- **Anexo IX:** Injetora de materiais plásticos (Tipo 2)
- **Anexo X:** Máquinas para fabricação de calçados e afins (Tipo 2)
- **Anexo XI:** Máquinas e implementos para uso agrícola e florestal (Tipo 2)
- **Anexo XII:** Equipamentos de guindar para elevação de pessoas e realização de trabalho em altura (Tipo 2)

---

[1] A empresa, entretanto, é obrigada a manter no estabelecimento relação atualizada das máquinas e equipamentos.

[2] Segundo o disposto no art. 118 da Portaria 672/2021:

"Art. 118. Os Anexos das normas regulamentadoras de segurança e saúde no trabalho são classificados em:

I – anexo tipo 1: complementa diretamente a parte geral da norma regulamentadora de segurança e saúde no trabalho, exemplifica ou define seus termos; e

II – anexo tipo 2: dispõe sobre situação específica".

NR 12 • SEGURANÇA NO TRABALHO EM MÁQUINAS E EQUIPAMENTOS | 273

Os Anexos Tipo 2 da NR12 contemplam obrigações, disposições especiais ou exceções que se aplicam a um determinado tipo de máquina ou equipamento, em **caráter prioritário** aos demais requisitos do texto geral da norma, sem prejuízo do disposto em Norma Regulamentadora específica. Nesse sentido, nas situações em que os itens dos Anexos conflitarem com os itens da parte geral da Norma, prevalecem os requisitos do anexo. Importa destacar também que as obrigações dos Anexos V a XII se aplicam exclusivamente às máquinas e aos equipamentos neles contidos.

É proibida a fabricação, importação, comercialização, leilão, locação, cessão a qualquer título e exposição de máquinas e equipamentos que não atendam ao disposto na norma.

Importante observar que existem centenas ou milhares de outras máquinas que também oferecem riscos de acidentes aos trabalhadores, além daquelas identificadas nos Anexos V a XII. O que se buscou nestes anexos foi identificar aquelas cujo risco é aumentado e que são responsáveis pela maioria dos acidentes de trabalho registrados no Brasil. Máquinas e equipamentos não enquadrados nos Anexos devem obedecer aos requisitos do texto geral, buscando sempre sua operação segura[3].

2. RISCOS DE ACIDENTES NAS INTERVENÇÕES EM MÁQUINAS E EQUIPAMENTOS

Nas intervenções em máquinas e equipamentos o risco de acidentes manifesta-se substancialmente em dois pontos[4]:

- No ponto de operação, em que se processa a transformação da peça trabalhada, seja corte, dobra, moldagem, prensagem, outros;
- Em sistemas de transmissão de força, nos quais há a transferência de energia mecânica para os elementos da máquina realizarem a operação, tais como: roldanas, polias, correias, volantes, acoplamentos, correntes e engrenagens.

Há ainda outras partes que podem ser importantes na geração de fator de risco de natureza mecânica, como elementos de movimento transversal e de rotação e outros mecanismos que, embora não se enquadrem nas categorias citadas, integram o funcionamento das máquinas.

A norma também elenca os seguintes riscos adicionais nas intervenções em máquinas e equipamentos:

- a) Substâncias perigosas quaisquer, sejam agentes biológicos ou agentes químicos em estado sólido, líquido ou gasoso, que apresentem riscos à saúde ou integridade física dos trabalhadores por meio de inalação, ingestão ou contato com a pele, olhos ou mucosas;
- b) Radiações ionizantes geradas pelas máquinas e equipamentos ou provenientes de substâncias radiativas por eles utilizadas, processadas ou produzidas;
- c) Radiações não ionizantes com potencial de causar danos à saúde ou integridade física dos trabalhadores;
- d) Vibrações;

---

[3] Este assunto é abordado detalhadamente no item 8. Sistemas de Segurança, neste capítulo.

[4] MENDES, René; SILVA, Luiz Felipe; RUBIN, Josebel. *Patologia do trabalho:* condições de riscos de natureza mecânica. Ed. Atheneu, 2013.

e) Ruído;

f) Calor;

g) Combustíveis, inflamáveis, explosivos e substâncias que reagem perigosamente; e

h) Superfícies aquecidas acessíveis que apresentem risco de queimaduras causadas pelo contato com a pele.

A adoção de medidas de controle dos riscos adicionais provenientes da emissão ou liberação de agentes químicos, físicos e biológicos pelas máquinas e equipamentos deve observar a seguinte ordem de prioridade, conforme NR9 – Avaliação e controle das exposições ocupacionais a agentes físicos, químicos e biológicos:

- Eliminação do agente;
- Redução de sua emissão ou liberação; e
- Redução da exposição dos trabalhadores.

As máquinas e equipamentos que utilizem, processem ou produzam combustíveis, inflamáveis, explosivos ou substâncias que reagem perigosamente devem oferecer **medidas de proteção** contra sua emissão, liberação, combustão, explosão e reação acidentais, bem como contra ocorrência de incêndio.

Também deve ser prevista a adoção de medidas de prevenção contra queimaduras causadas pelo contato da pele com superfícies aquecidas de máquinas e equipamentos, tais como:

- Redução da temperatura superficial;
- Isolação com materiais apropriados e barreiras, sempre que a temperatura da superfície for maior do que o limiar de queimaduras do material do qual é constituída, para um determinado período de contato.

3. TERMOS TÉCNICOS

Antes de iniciarmos o estudo da NR12, apresento uma breve descrição dos principais termos técnicos presentes na norma que, acredito, muito ajudará na leitura e compreensão dos seus objetivos. Os termos estão em ordem alfabética.

Burla

Ato de anular de maneira simples o funcionamento normal e seguro de dispositivos ou sistemas da máquina, utilizando quaisquer objetos disponíveis, tais como parafusos, agulhas, peças em chapa de metal, objetos de uso diário, como chaves e moedas ou ferramentas necessárias à utilização normal da máquina.

Dispositivo de acionamento bimanual

Dispositivo de **acionamento** de máquinas e equipamentos. Possui dois elementos de atuação (geralmente botões, em dispositivos mais avançados tecnologicamente são usados sensores de luz) que devem ser acionados simultaneamente pelas duas mãos do operador para iniciar e manter a operação da máquina ou equipamento, de forma a mantê-las fora da zona de perigo durante o movimento perigoso. Assim que o operador deixar de acionar um dos botões (ou ambos), a máquina terá seu movimento interrompido. É uma medida de proteção apenas para a pessoa que o atua, não oferece proteção para terceiros. A proteção para terceiros contra o ingresso de membros superiores ou partes do corpo na zona de risco é obtida por meio do uso de cortinas de luz devidamente posicionadas.

Dispositivo de intertravamento

Dispositivo associado a uma proteção utilizado para interromper ou prevenir o movimento perigoso ou outro perigo decorrente do funcionamento da máquina enquanto a proteção contra acesso à zona de perigo for ou estiver aberta.

Seu acionamento ocorre por meio de atuação mecânica (com contato físico), como os dispositivos mecânicos de intertravamento, ou sem atuação mecânica (sem contato físico), como os dispositivos de intertravamento indutivos, magnéticos, capacitivos, ultrassônicos, óticos e por rádio frequência.

Podem ou não ser codificados, a depender da aplicação, e sua instalação tem por objetivo dificultar a burla por meios simples como exemplificado anteriormente.

Dispositivos de parada de emergência

Dispositivos que, quando acionados, têm a finalidade de paralisar o movimento perigoso da máquina ou equipamento, desabilitando seu comando.

Distância de segurança

Distância segura entre a proteção (fixa ou móvel) e a zona de perigo da máquina ou equipamento. Essa distância impede que o corpo do trabalhador ou parte dele alcancem as zonas perigosas. Quando a proteção for confeccionada com material descontínuo, devem ser observadas as distâncias de segurança para impedir o acesso às zonas de perigo, conforme previsto nas normas técnicas oficiais ou nas normas internacionais aplicáveis.

Máquina e equipamento

A NR12 não faz diferenciação entre máquina e equipamento, tampouco apresenta conceitos individualizados para esses termos.

Sistemas de segurança

Essa é uma expressão genérica que, para fins de aplicação da NR12, engloba o conjunto de:

- Proteções fixas;
- Proteções móveis;
- Dispositivos de segurança.

As proteções fixas, móveis e dispositivos de segurança, interligados ou não, oferecem proteção contra acesso indevido à zona perigosa da máquina ou equipamento.

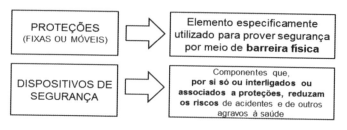

Proteção fixa

Elemento especificamente utilizado para prover segurança contra o acesso indevido em zona perigosa de máquina ou equipamento, por meio de barreira física. A proteção fixa deve ser mantida em sua posição de forma permanente, por exemplo, por meio de solda, ou por elementos de fixação (rebites, porcas etc.) que só permitam sua remoção ou abertura com o uso de ferramentas. Proteções que são mantidas fechadas apenas com **cadeados** não são consideradas proteções fixas. Além disso, as proteções fixas não exigem a instalação de dispositivos eletrônicos associados, ao contrário das proteções móveis.

Proteção móvel

Elemento especificamente utilizado para prover segurança contra acesso indevido em zona perigosa de máquina ou equipamento, por meio de barreira física. A proteção móvel, ao contrário da proteção fixa, pode ser aberta sem o uso de ferramentas. Geralmente, essa proteção é ligada por elementos mecânicos à estrutura da máquina (ou a um elemento fixo próximo), e deve se associar a dispositivos de intertravamento. Veremos adiante que os dispositivos de intertravamento têm o objetivo principal de interromper o movimento perigoso da máquina ou equipamento quando da abertura da respectiva proteção móvel.

Veremos adiante quando deve ser usada a proteção fixa ou móvel.

Transmissão de força

Transmissão de força é qualquer componente de um sistema mecânico que transmite energia para as partes da máquina que executam o trabalho. Exemplos: conjunto de correia e polia, engrenagens, eixo cardã, sistema pinhão e cremalheira, entre outros.

Zona perigosa (ou zona de perigo)

Qualquer zona ou área dentro ou ao redor de uma máquina ou equipamento, onde uma pessoa possa ficar exposta a risco de dano à saúde ou lesão, por exemplo, corte, esmagamento, aprisionamento, queimadura ou amputação de membros.

Exemplo de zonas perigosas:

- Zona de prensagem;
- Zona de convergência de cilindros;
- Zona de corte de uma guilhotina;

NR 12 • SEGURANÇA NO TRABALHO EM MÁQUINAS E EQUIPAMENTOS | 277

- Zona de convergência de engrenagens;
- Quinas vivas;
- Superfícies aquecidas; e
- Zona de transmissão de força.

4. PRINCÍPIOS GERAIS

A NR12 define referências técnicas, princípios fundamentais e medidas de proteção que devem ser observados e adotados pelo empregador para resguardar a saúde e a integridade física dos trabalhadores.

Estabelece também requisitos **mínimos** para a prevenção de acidentes e doenças do trabalho em máquinas e equipamentos de **todos os tipos** e em **todas as atividades econômicas**, nas seguintes **fases**:

- Projeto;
- Utilização;
- Fabricação;
- Importação;
- Comercialização;
- Exposição;
- Cessão a qualquer título.

Vejamos a seguir detalhes importantes sobre algumas destas fases:

O projeto das máquinas ou equipamentos:

- – fabricados a partir da publicação da Portaria SIT 197, de 17 de dezembro de 2010, deve levar em conta a segurança intrínseca da máquina ou equipamento durante as fases de construção, transporte, montagem, instalação, ajuste, operação, limpeza, manutenção, inspeção, desativação, desmonte e sucateamento por meio das referências técnicas, a serem observadas para resguardar a saúde e a integridade física dos trabalhadores.
- – não deve permitir erros na montagem ou remontagem de determinadas peças ou elementos que possam gerar riscos durante seu funcionamento, especialmente quanto ao sentido de rotação ou deslocamento.
- – fabricados ou importados **após** vigência da redação da norma aprovada pela Portaria SEPRT 916, de 30 de julho de 2019, deve prever meios adequados para o seu levantamento, carregamento, instalação, remoção e transporte.

A exposição se refere à mostra de máquinas e equipamentos em eventos do tipo feiras de negócios e exposições.

A cessão a qualquer título abrange, por exemplo, a cessão da posse da máquina ou equipamento, como ocorre nos casos de doação, empréstimo, aluguel ou comodato.

Fase de utilização

A fase de utilização abrange as atividades de transporte, montagem, instalação, ajuste, operação, limpeza, manutenção, inspeção, desativação e desmonte.

Vejam a figura a seguir:

A norma prevê a possibilidade de movimentação de máquinas e equipamentos além das instalações físicas da empresa para fins de reparos, adequações, modernização tecnológica, desativação, desmonte e descarte, desde que essa movimentação seja feita de forma segura.

Também devem ser previstos meios seguros para as atividades de instalação, remoção, desmonte ou transporte, mesmo que em partes, de máquinas e equipamentos fabricados ou importados antes da vigência da norma.

Destaco que, enquanto nas redações anteriores o foco estava principalmente nas fases de operação e manutenção das máquinas, o texto atual não deixa dúvidas de que as disposições da norma alcançam todas as fases da existência de uma máquina ou de um equipamento, desde o projeto até o seu eventual desmonte e sucateamento.

> **Além da NR**
> **Prevenção na concepção (proteção intrínseca)**
> O médico especialista em Saúde Pública e em Medicina do Trabalho, Dr. René Mendes, nos ensina que um acidente começa muito antes da concepção do processo de produção e da instalação de uma empresa. O projeto escolhido, as máquinas disponibilizadas e as demais escolhas prévias já influenciam a probabilidade de acidentes de trabalho. Dessa forma, se a prevenção se funda e se inicia ainda na fase de concepção de máquinas, equipamentos e processos de produção, a ação de prevenção flui com muito mais facilidade e os acidentes se tornam eventos com reduzida probabilidade de ocorrência.[5]

As disposições da norma devem ser cumpridas sem prejuízo da observância do disposto nas demais NRs aprovadas pela Portaria MTb 3.214, de 8 de junho de 1978, nas normas técnicas oficiais ou nas normas internacionais aplicáveis e, na ausência ou omissão destas, opcionalmente, nas normas Europeias tipo "C" harmonizadas.

---

[5] MENDES, René. *Máquinas e acidentes de trabalho.* Coleção Previdência Social, v. 13.

> **Saiba mais**
> **Normas europeias harmonizadas,**
> **normas técnicas oficiais e normas técnicas internacionais**
>
> Normas europeias harmonizadas são as normas técnicas europeias desenvolvidas por Organização Europeia de Normalização reconhecida. A lista atualizada das normas harmonizadas é publicada no Jornal Oficial da União Europeia.
>
> Normas do tipo A são normas fundamentais de segurança que definem com rigor conceitos fundamentais, princípios de concepção e aspectos gerais válidos para todos os tipos de máquinas.
>
> Normas do tipo B são normas de segurança relativas a um grupo que tratam de um aspecto ou de um tipo de dispositivo condicionador de segurança, aplicáveis a uma extensa gama de máquinas.
>
> Normas do tipo C são normas de segurança por categoria de máquinas, que são prescrições detalhadas aplicáveis a uma máquina em particular ou a um grupo de máquinas.
>
> Normas técnicas oficiais são aquelas publicadas pela Associação Brasileira de Normas Técnicas (ABNT), entidade privada reconhecida como Foro Nacional de Normalização por intermédio da Resolução 07, de 24 de agosto de 1992, do Conselho Nacional de Metrologia, Normalização e Qualidade Industrial – CONMETRO
>
> Normas técnicas internacionais são aquelas publicadas por uma das seguintes entidades internacionais: International Organization for Standardization (ISO) ou International Electrotechnical Commission (IEC).

Campo de aplicação

Como dito anteriormente, as disposições contidas na NR12 se aplicam a máquinas e equipamentos **novos ou usados**, exceto naqueles itens em que houver menção **específica** quanto à sua aplicabilidade. A expressão máquina ou equipamento novo refere-se àquele que ainda não entrou em operação, abrangendo, portanto, as fases de projeto, fabricação, importação, comercialização e exposição.

Na aplicação da NR12 e de seus anexos devem ser consideradas as características de máquinas, equipamentos e do processo, a *apreciação de riscos* e o *estado da técnica*.

Segundo a norma NBR12.100[6], a *apreciação de riscos* corresponde ao processo completo que compreende a análise de risco e a avaliação de risco. A análise de risco é a combinação da especificação dos limites da máquina, identificação de perigos e estimativa de riscos. Já a avaliação de risco corresponde ao julgamento, com base na análise de risco, do quanto os objetivos de redução de risco foram atingidos.

A expressão *"estado da técnica"* remete ao entendimento de que a segurança absoluta não é um estado completamente acessível e, portanto, o objetivo é atingir o mais alto nível de segurança possível, levando-se em conta os meios técnicos mais eficazes disponíveis no momento a um custo razoável, considerando o custo total da máquina em questão e a necessária redução de riscos.[7] Não se espera que os fabricantes de máquinas utilizem soluções que ainda estão em fase de investigação ou meios técnicos que ainda não se encontram no mercado. Por outro lado, estes devem estar atentos ao progresso técnico e adotar as soluções técnicas mais eficazes adequadas à máquina em questão.

---

[6] ABNT NBR ISO 12100:2013. Segurança de máquinas – Princípios gerais de projeto – Apreciação e redução de riscos.
[7] Nota Técnica 48/2016/CGNOR/DSST/SIT/MTPS.

Entretanto, não é obrigatório o cumprimento de novas exigências advindas de normas técnicas publicadas posteriormente à data de fabricação, importação ou adequação das máquinas e equipamentos, desde que atendam à NR12 publicada pela Portaria SIT 197, de 17 de dezembro de 2010, seus anexos e alterações posteriores, bem como às normas técnicas vigentes à época de sua fabricação, importação ou adequação.

A norma não se aplica:

- às máquinas e equipamentos movidos ou impulsionados por força humana ou animal, por exemplo, dobradeiras manuais ou ponteadeiras acionadas por pedal (as chamadas solda-ponto);
- às máquinas e equipamentos expostos em museus, feiras e eventos, para fins históricos ou que sejam considerados como antiguidades e não sejam mais empregados com fins produtivos, desde que sejam adotadas medidas que garantam a preservação da integridade física dos visitantes e expositores;
- às máquinas e equipamentos classificados como eletrodomésticos;
- aos equipamentos estáticos;
- às ferramentas portáteis e ferramentas transportáveis (semiestacionárias) operadas eletricamente e que atendam aos princípios construtivos estabelecidos em norma técnica tipo "C" (parte geral e específica) nacional ou, na ausência desta, em norma técnica internacional aplicável; e
- às máquinas certificadas pelo INMETRO, desde que atendidos todos os requisitos técnicos de construção relacionados à segurança.

Equipamentos estáticos são as estruturas ou edificações que não possuem movimentos mecânicos de partes móveis realizados por força motriz própria, por exemplo, vasos de pressão, tanques, silos, moegas[8] e plataformas de petróleo.

No entanto, importante destacar que as **disposições da norma se aplicam às máquinas existentes nos equipamentos estáticos**, por exemplo, compressores de ar associados a vasos de pressão, transportadores de grãos ou roscas sem-fim associados às moegas; secadores, limpadores, elevadores, sistemas insufladores de ar existentes nos silos; e os diversos equipamentos presentes nas plataformas de petróleo, entre outros.

No caso das máquinas certificadas pelo INMETRO, há que se verificar o alcance da certificação e comparar com as disposições da NR12. Somente caso todos os requisitos técnicos de construção relacionados à segurança, elencados na NR12, tenham sido abrangidos pela certificação é que a norma não se aplicará.

Além disso, as máquinas e os equipamentos comprovadamente destinados à exportação estão isentos do atendimento dos requisitos técnicos de segurança previstos na norma (exportamos o risco de acidentes?).

Medidas de proteção

O empregador deve adotar medidas de prevenção para o trabalho em máquinas e equipamentos, capazes de resguardar a saúde e a integridade física dos trabalhadores, a serem adotadas na seguinte ordem de prioridade:

---

[8] Silos são estruturas utilizadas para armazenamento de grãos e materiais secos a granel, como cereais e cimento. Moegas são estruturas destinadas à recepção/encaminhamento de produtos a granel dos ou para os silos ou outra destinação final. Geralmente as moegas têm forma cônica; suas faces internas devem possuir ângulo de inclinação tal que evite a retenção de material. Estas estruturas são apresentadas em detalhes no capítulo da NR31.

NR 12 · SEGURANÇA NO TRABALHO EM MÁQUINAS E EQUIPAMENTOS | 281

a) medidas de proteção coletiva;

b) medidas administrativas ou de organização do trabalho;

c) medidas de proteção individual.

Responsabilidades dos trabalhadores

Os trabalhadores deverão cumprir as orientações relativas aos procedimentos de operação, alimentação, abastecimento, limpeza, manutenção, inspeção, transporte, desativação, desmonte e descarte das máquinas e equipamentos.

Não deverão realizar nenhum tipo de alteração nas proteções mecânicas ou nos dispositivos de segurança, de maneira que possa colocar em risco sua saúde, sua integridade física ou a de terceiros.

Deverão comunicar ao seu superior imediato quando uma proteção ou um dispositivo de segurança for removido, danificado ou perder sua função.

Também deverão participar dos treinamentos oferecidos pelo empregador para atender às determinações da NR12 e colaborar na sua implementação. Esses treinamentos têm caráter prevencionista e objetivam fornecer informações para que a operação das máquinas e equipamentos seja realizada com segurança.

Destaco, novamente, o direito de recusa, expresso na atual redação da NR1, que permite que o trabalhador interrompa suas atividades quando constatar uma situação de trabalho que, a seu ver, ou seja, com base na sua experiência e conhecimento, envolva um risco grave e iminente para sua vida e saúde, informando imediatamente ao seu superior hierárquico. Como vimos anteriormente, tal determinação encontra-se positivada na Convenção 155 da OIT, art. 13:

> *Em conformidade com a prática e as condições nacionais deverá ser protegido, de consequências injustificadas, todo trabalhador que julgar necessário interromper uma situação de trabalho por considerar, por motivos razoáveis, que ela envolve um perigo iminente e grave para sua vida ou sua saúde.*

5. ARRANJO FÍSICO E INSTALAÇÕES

Nos locais de instalação de máquinas e equipamentos, as áreas de circulação destinadas a pedestres e veículos devem:

– ser devidamente demarcadas em conformidade com as normas técnicas oficiais, sendo permitida a utilização de marcos, balizas ou outros meios físicos. Destaco, entretanto, que esses objetos não são equipamentos de proteção coletiva, mas, sim, sinalizações que têm por objetivo advertir acerca de algum risco, por exemplo, o risco de atropelamento por máquinas com força motriz própria;

– ser mantidas desobstruídas; a desobstrução e a sinalização dessas áreas, com acesso fácil aos postos de trabalho e às áreas de armazenagem possibilitam trânsito seguro dos trabalhadores, melhor fluxo do trabalho e movimentação segura de materiais.

Tanto as áreas de circulação quanto aquelas utilizadas para armazenamento de materiais, bem como os espaços em torno de máquinas devem ser projetados, dimensionados e mantidos de forma que os trabalhadores e os transportadores de materiais, mecanizados e manuais se movimentem com segurança.

A **distância mínima entre máquinas**, em **conformidade com suas características e aplicações**, deve resguardar a **segurança** dos trabalhadores durante sua operação, manutenção, ajuste, limpeza e inspeção, e permitir a movimentação dos segmentos corporais, **em face da natureza da tarefa.**

Nas máquinas **móveis** que possuem rodízios **pelo menos dois** deles devem possuir travas. A trava impede o deslocamento acidental da máquina por meio do atrito com o rodízio.

As máquinas, as áreas de circulação, os postos de trabalho e quaisquer outras áreas em que possa haver trabalhadores **devem ser localizados de modo que não ocorram transporte e movimentação aérea de materiais**. É permitido, entretanto, o transporte de cargas em teleférico nas áreas internas e externas à edificação fabril, desde que não haja postos de trabalho sob o seu percurso, exceto aqueles indispensáveis para sua inspeção e manutenção, que devem ser programadas e realizadas de acordo com a própria NR12 e a NR35 – Trabalho em Altura.

As máquinas estacionárias devem possuir medidas preventivas quanto à sua estabilidade, por exemplo, fixação especial, de modo que **não basculem** e **não se desloquem intempestivamente** por vibrações, choques, forças externas previsíveis, forças dinâmicas internas ou qualquer outro motivo acidental.

6. INSTALAÇÕES E DISPOSITIVOS ELÉTRICOS

Os circuitos elétricos de comando e potência[9] das máquinas e equipamentos:

– devem ser projetados e mantidos de modo a prevenir, por meios seguros, os perigos de choque elétrico, incêndio, explosão e outros tipos de acidentes, conforme previsto nas normas técnicas oficiais e, na falta destas, nas normas internacionais aplicáveis;

– que estejam ou possam estar em contato direto ou indireto com água ou agentes corrosivos devem ser projetados com meios e dispositivos que garantam sua blindagem, estanqueidade, isolamento e aterramento, de modo a prevenir a ocorrência de acidentes.

Todas as carcaças, os invólucros, as blindagens ou as partes condutoras das máquinas e equipamentos, ainda que não façam parte dos circuitos elétricos, mas que possam ficar sob tensão, devem ser aterradas, conforme as normas técnicas oficiais vigentes.

Os quadros ou painéis de comando e potência das máquinas e equipamentos devem atender aos seguintes requisitos mínimos de segurança:

a) possuir porta de acesso mantida permanentemente fechada, exceto nas situações de manutenção, pesquisa de defeitos e outras intervenções, devendo ser observadas as condições previstas nas normas técnicas oficiais ou nas normas internacionais aplicáveis;

b) possuir sinalização quanto ao perigo de choque elétrico e restrição de acesso por pessoas não autorizadas;

---

[9] A expressão "instalações elétricas" que constava na redação anterior foi substituída por "circuitos elétricos de comando e potência" para esclarecer que os dispositivos normativos da NR12 tratam apenas dos circuitos elétricos das máquinas e equipamentos, e não das instalações elétricas do local de trabalho, cujas intervenções com segurança são estabelecidas pela NR10 – Segurança em Instalações e Serviços em Eletricidade.

NR 12 • SEGURANÇA NO TRABALHO EM MÁQUINAS E EQUIPAMENTOS

c) ser mantidos em bom estado de conservação, limpos e livres de objetos e ferramentas;

d) possuir proteção e identificação dos circuitos; e

e) observar o grau de proteção[10] adequado em função do ambiente de uso.

São proibidas nas máquinas e equipamentos:

a) a utilização de chave geral como dispositivo de partida e parada;

b) a utilização de chaves tipo faca nos circuitos elétricos; e

c) a existência de partes energizadas expostas de circuitos que utilizam energia elétrica.

A chave geral, ou seja, aquela que permite a energização da máquina ou equipamento, **não pode ser a mesma** utilizada como dispositivo de partida ou parada. Ou seja, primeiro a máquina deve ser energizada. E depois o operador deverá acionar outro dispositivo para iniciar (dar a partida) ou interromper (parar) os movimentos.

A norma não permite a utilização de chave tipo faca, em nenhuma hipótese. Essa chave é um dispositivo usado para o seccionamento em carga do circuito elétrico. Seus contatos não possuem isolamento, e existe a possibilidade de geração de arco elétrico no momento do acionamento ou desligamento.

Partes energizadas expostas também são proibidas, pois aumentam o risco de choque elétrico.

7. DISPOSITIVOS DE PARTIDA, ACIONAMENTO E PARADA[11]

7.1 Requisitos gerais

Os dispositivos de partida, acionamento e parada das máquinas devem ser projetados, selecionados e instalados de modo que:

a) não se localizem em suas zonas perigosas;

b) possam ser acionados ou desligados em caso de emergência **por outra pessoa que não seja o operador;**

c) **impeçam acionamento ou desligamento involuntário** pelo operador ou por qualquer outra forma acidental;

d) não acarretem riscos adicionais;

e) dificulte-se a burla.

Devem possuir dispositivos que **impeçam** seu funcionamento automático ao serem energizadas. Ou seja, no momento em que a máquina ou equipamento for energizado, o movimento perigoso não deve ser iniciado. A energização da máquina é evento independente de sua partida ou acionamento. Por exemplo, considere a queda de energia principal durante um procedimento de manutenção em máquina ou equipamento. Caso

---

[10] O *Grau de Proteção* é um código numérico que identifica as características de um invólucro quanto à proteção: (i) para o equipamento, contra penetração de objetos sólidos ou líquidos; e (ii) para proteção das pessoas contra acesso às partes perigosas, conforme ABNT NBR IEC 60529 – Grau de proteção provido por invólucros – Códigos IP.

[11] A NR12 não faz distinção entre partida e acionamento.

a energia retorne antes do término desta intervenção, o movimento perigoso não terá início, o que poderia provocar um acidente.

7.2 Dispositivo de acionamento bimanual

7.2.1 Descrição

Como vimos anteriormente, esse é um dispositivo de **acionamento** que possui dois elementos de atuação – geralmente botões, ou como dito anteriormente, podem ser usados sensores de luz.

A norma exige que o acionamento desses elementos seja feito por meio da atuação síncrona com a utilização das duas mãos. Esse procedimento tem o objetivo de iniciar e manter a operação da máquina, mantendo as mãos do operador fora da zona de perigo, por exemplo, a zona de prensagem da prensa no momento da conformação de uma peça, ou seja, alteração da sua geometria.

O dispositivo de acionamento bimanual é **medida de proteção apenas para a pessoa que o atua, e não se classifica como EPI!** Enquanto o operador estiver com as duas mãos sobre os elementos de acionamento, a máquina deve permanecer em operação. Assim que retirar uma das mãos (ou ambas), o movimento perigoso deve ser interrompido.

7.2.2 Requisitos do dispositivo de acionamento bimanual

O acionamento dos dois botões do dispositivo bimanual deve ser sincronizado, sendo permitida uma diferença de tempo de acionamento entre um e outro de no máximo 0,5 s (meio segundo ou cinco décimos de segundo).

Seu funcionamento deve ser monitorado por interface de segurança, caso seja indicado pela apreciação de risco[12]. A interface de segurança realiza o monitoramento por meio da verificação da interligação, posição e funcionamento, impedindo a ocorrência de falha que provoque a perda da função de segurança do dispositivo monitorado. São interfaces de segurança os relés de segurança, controladores configuráveis de segurança e CLP de segurança.

Deve existir uma relação entre os sinais de entrada e saída, de modo que os sinais de entrada aplicados simultaneamente a cada um dos dois dispositivos de atuação devem juntos iniciar e manter o sinal de saída somente durante a aplicação dos dois sinais, ou seja, somente a atuação simultânea dos botões é que deverá iniciar e manter o sinal de saída (comando que dá início à operação da máquina e a mantém em operação). O sinal de saída deverá ser interrompido quando houver desacionamento de qualquer dos dispositivos de atuação. Caso o operador acione um dos botões novamente, o sinal de saída **não poderá ser reiniciado**. O reinício deste sinal deve ocorrer somente após a desativação dos dois dispositivos de atuação (retirada das duas mãos) e novo acionamento simultâneo.

Outra importante determinação da norma se refere ao distanciamento dos dispositivos de atuação. Estes devem ser construídos de tal forma que seu acionamento exija a intenção do operador em acioná-los, e não seja possível que ocorra de forma acidental, por exemplo, com um esbarrão. Também não deve ser possível o acionamento utilizando-se o braço, ou o cotovelo e a mão ou até mesmo uma única mão (botões de acionamento muito próximos um do outro).

---

[12] A obrigatoriedade do monitoramento é vinculada à categoria de segurança.

NR 12 • SEGURANÇA NO TRABALHO EM MÁQUINAS E EQUIPAMENTOS | 285

Além do distanciamento, os dispositivos de atuação devem possuir barreiras para dificultar a burla do efeito de proteção, impedindo, por exemplo, que se empregue artifício tal que os mantenha "sempre acionados".

Os dispositivos de acionamento bimanual devem ser posicionados a uma distância segura da zona de perigo, levando em consideração:

a) sua forma, disposição e tempo de resposta;

b) o tempo máximo necessário para a paralisação da máquina ou para a remoção do perigo, após o término do sinal de saída do dispositivo de acionamento bimanual: quanto maior este tempo, maior a distância entre o dispositivo e a zona de perigo;

c) a utilização projetada para a máquina.

7.2.3 Máquinas com mais de um dispositivo de acionamento bimanual

Nas máquinas e equipamentos operados por dois ou mais dispositivos de acionamento bimanual, a atuação síncrona é requerida somente para cada um dos dispositivos, e não entre dispositivos diferentes, que devem manter simultaneidade entre si, conforme apresentado no próximo item.

7.2.4 Sincronicidade x simultaneidade

Vimos que a atuação **entre os botões** do comando bimanual deve ser **síncrona** (com tempo de retardo menor que 0,5 s). Já a atuação **entre dois ou mais comandos bimanuais** deve ser **simultânea**, e nesse caso não há exigência, expressa na norma, de tempo de retardo máximo.

7.2.5 Dispositivos de acionamento bimanuais em pedestais

Os dispositivos de acionamento bimanuais podem ser instalados em pedestais; neste caso, deverão atender aos seguintes requisitos:

a) manter-se estáveis em sua posição de trabalho;

b) possuir altura compatível com o alcance do operador em sua posição de trabalho.

7.3 Máquinas e equipamentos com dois ou mais operadores

Nas máquinas e equipamentos, cuja operação requeira a participação de mais de um trabalhador, o número de dispositivos de acionamento bimanual simultâneos deve corresponder ao número de operadores expostos aos perigos decorrentes de seu acionamento, de modo que o nível de proteção seja o mesmo para cada um deles. A máquina deve possuir seletor do número de dispositivos de acionamento em utilização, com bloqueio que impeça a sua seleção por pessoas não autorizadas.

O circuito de acionamento deve ser projetado de forma a impedir o funcionamento dos dispositivos de acionamento bimanual habilitados pelo seletor enquanto os demais dispositivos de acionamento bimanuais não habilitados não forem desconectados. Por exemplo, uma prensa de grande porte que é operada por mais de um operador: nesse caso, cada um dos operadores envolvidos deve acionar um dispositivo de acionamento bimanual. A máquina deverá ter seletor para que se defina com quantos dispositivos de acionamento vai operar (de acordo com o número de operadores para a peça específica a ser conformada; esse seletor deve ter chave de bloqueio para impedir a mudança por pessoas não autorizadas). Caso seja selecionada a operação por apenas dois trabalhadores, a máquina só pode funcionar se os demais comandos estiverem desconectados.

Quando utilizados dois ou mais dispositivos de acionamento bimanual simultâneos, estes devem possuir sinal **luminoso** que indique seu funcionamento.

7.4 Máquinas e equipamentos de grande dimensão

O acionamento e o desligamento simultâneo por um único comando de um conjunto de máquinas e equipamentos ou de máquinas e equipamentos de grande dimensão devem ser precedidos de sinal de alarme sonoro ou visual. Quando necessário, devem ser adotadas medidas adicionais de alerta, por exemplo, alertas por dispositivos de telecomunicações, considerando as características do processo produtivo e dos trabalhadores.

7.5 Máquinas e equipamentos comandados por radiofrequência

As máquinas e equipamentos comandados por **radiofrequência** devem possuir proteção contra interferências eletromagnéticas. Esse requisito busca evitar o acionamento ou desligamento acidental provocados por estas interferências.

7.6 Interface de operação em extrabaixa tensão

Os componentes de partida, parada, acionamento e controles que fazem parte da interface de operação das máquinas e equipamentos fabricados a partir de 24 de março de 2012 devem:

a) possibilitar a instalação e o funcionamento do sistema de parada de emergência, quando aplicável;

b) operar em extrabaixa tensão de até 25 VCA (vinte e cinco volts em corrente alternada) ou de até 60 VCC (sessenta volts em corrente contínua).

A exigência de extrabaixa tensão nas interfaces de operação tem o objetivo de minimizar os riscos de choque elétrico para o operador, uma vez que as máquinas operam com tensões bem mais elevadas (110V, 220V, etc.).

Os componentes de partida, parada, acionamento e controles que fazem parte da interface de operação das máquinas e equipamentos fabricados até 24 de março de 2012 devem:

a) possibilitar a instalação e o funcionamento do sistema de parada de emergência, quando aplicável;

b) quando a apreciação de risco indicar a necessidade de proteções contra choques elétricos, operar em extra baixa tensão de até 25 VCA (vinte e cinco volts em corrente alternada) ou de até 60 VCC (sessenta volts em corrente contínua).

8. SISTEMAS DE SEGURANÇA

As máquinas e equipamentos devem possuir sistemas de segurança que resguardem proteção à saúde e à integridade física dos trabalhadores. Como vimos anteriormente, estes sistemas são compostos por:

- Proteções fixas;
- Proteções móveis;
- Dispositivos de segurança.

NR 12 • SEGURANÇA NO TRABALHO EM MÁQUINAS E EQUIPAMENTOS | 287

Quando forem utilizadas proteções para restringir o acesso do corpo do trabalhador ou parte dele às zonas de perigo, devem ser observadas as distâncias mínimas conforme normas técnicas oficiais ou normas internacionais aplicáveis[13].

A adoção de sistemas de segurança nas zonas de perigo deve considerar as características técnicas da máquina e do processo de trabalho, bem como as medidas e alternativas técnicas existentes[14], de modo a atingir o nível necessário de segurança previsto na norma. Em outras palavras, diferentes máquinas, bem como diferentes processos de trabalho, podem exigir soluções de segurança diversas, observando sempre as disposições normativas.

Uma das principais funções dos **sistemas de segurança** é garantir a **paralisação dos movimentos perigosos** da máquina e a proteção contra exposição a riscos quando ocorrerem falhas ou situações anormais.

Os **sistemas de segurança** devem ter **categoria de segurança** definida a partir da apreciação de riscos[15]. Para as máquinas constantes nos Anexos da NR12, já foi realizada a apreciação de riscos, definida a correspondente categoria de segurança e consequentemente os sistemas de segurança que deverão possuir. No entanto, sabemos que existe uma infinidade de outras máquinas não elencadas nos anexos, e seria impossível que um único documento normativo previsse todos os sistemas de segurança necessários para todas as máquinas existentes. Então, nessas situações, ou seja, nos casos de máquinas que não constam nos Anexos, a própria empresa deverá realizar apreciação de riscos e em seguida identificar a categoria de segurança aplicável para, a partir daí, determinar os sistemas de segurança necessários.

A apreciação de riscos deve:

– ser realizada nos termos das normas técnicas oficiais, em especial a ABNT NBR 12.100. Nesta etapa devem ser identificados os perigos (fatores de riscos) presentes na máquina durante todos seus modos de operação e também em cada estágio de sua vida; e

– avaliar os riscos provenientes dos perigos identificados e decidir sobre a redução apropriada de risco para essa aplicação.

Uma vez realizada a apreciação de riscos, determina-se a categoria de segurança, de acordo com a ABNT NBR 14.153.

A categoria se refere à classificação das partes de um sistema de comando relacionadas à segurança, no que diz respeito à sua resistência a defeitos e seu subsequente comportamento na condição de defeito; estas condições são alcançadas pela combinação e interligação das partes e/ou por sua confiabilidade. O desempenho com relação à ocorrência de defeitos, de uma parte de um sistema de comando, relacionado à segurança, é dividido

---

[13] Redação do item 12.5.1.1, incluído com a publicação da Portaria 916/2019, em substituição ao item A do Anexo I (Distâncias de segurança para impedir o acesso a zonas de perigo quando utilizada barreira física) da redação anterior.

[14] Entende-se por alternativas técnicas existentes aquelas previstas na própria NR12 e seus anexos, bem como nas normas técnicas oficiais ou nas normas internacionais aplicáveis e, na ausência ou omissão destas, nas normas Europeias tipo "C" harmonizadas.

[15] As máquinas nacionais ou importadas fabricadas de acordo com a NBR ISO 13849, Partes 1 e 2, são consideradas em conformidade com os requisitos de segurança previstos na NR12, com relação às partes de sistemas de comando relacionadas à segurança. Os sistemas robóticos que obedeçam às prescrições das normas ABNT ISO 10218-1, ABNT ISO 10218-2, da ISO/TS 15066 e demais normas técnicas oficiais ou, na ausência ou omissão destas, nas normas internacionais aplicáveis, também estão em conformidade com os requisitos de segurança previstos na norma.

em cinco categorias (B, 1, 2, 3 e 4), em ordem crescente da segurança oferecida, segundo a norma ABNT NBR14153 – Segurança de máquinas – Partes de sistemas de comando relacionadas à segurança – Princípios gerais para projeto. Por exemplo, nas máquinas classificadas com categoria de segurança B, a ocorrência de um defeito pode levar à perda da função de segurança. Já nas máquinas classificadas com categoria de segurança 4, no caso da ocorrência de defeitos, a função de segurança será sempre mantida, e os defeitos serão detectados a tempo de impedir a perda das funções de segurança[16].

Os **sistemas de segurança** devem estar sob a responsabilidade técnica de profissional legalmente habilitado. Sua instalação deve ser realizada por profissional legalmente habilitado ou profissional qualificado ou capacitado, quando autorizados pela empresa.

Devem possuir conformidade técnica com o sistema de comando a que são integrados e ser instalados de modo a dificultar sua burla. Também devem ser mantidos sob vigilância automática, ou seja, **sob monitoramento**, se indicado pela categoria de segurança requerida, exceto no caso de dispositivos de segurança exclusivamente mecânicos. O monitoramento é realizado por dispositivos de segurança do tipo **comandos elétricos ou interfaces de segurança,** conforme mostrado adiante.

Os sistemas de segurança, se indicado pela apreciação de riscos, devem exigir rearme (*reset*) manual. O *reset* ou rearme manual é uma função de segurança utilizada para restaurar manualmente uma ou mais funções de segurança antes da ação de reiniciar uma máquina ou parte dela. Depois que um comando de parada tiver sido iniciado pelo sistema de segurança, a condição de parada deve ser mantida até que existam condições seguras para o rearme. Finalmente, destaca-se que as **proteções**, os **dispositivos e os sistemas de segurança são partes integrantes das máquinas e equipamentos, e não podem ser considerados itens opcionais para qualquer fim**.

O enquadramento equivocado na categoria de segurança, realizado a partir da apreciação de riscos, poderá resultar em acidente grave. Por este motivo e também pelo fato de ser uma atividade eminentemente técnica, entendo que a apreciação de riscos deve ser elaborada por profissional legalmente habilitado, apesar de a norma não conter disposição expressa sobre este tema.

8.1 Proteção

Proteção é o elemento especificamente utilizado para prover segurança por meio de **barreira física,** podendo ser:

a) **Proteção fixa:** mantida em sua posição de maneira permanente ou por meio de elementos de fixação que só permitam sua remoção ou abertura com o uso de ferramentas;

b) **Proteção móvel:** pode ser aberta sem o uso de ferramentas.

Como decidir pelo uso da proteção fixa ou da proteção móvel? A proteção deverá ser móvel quando o acesso a uma zona de perigo **for requerido mais de uma vez por turno de trabalho,** observando-se que:

a) a proteção móvel deve ser associada a um dispositivo de intertravamento quando sua abertura não possibilitar o acesso à zona de perigo antes da eliminação do risco (por exemplo, parada do movimento perigoso);

---

[16] Não é objetivo desta obra esgotar o assunto relativo à Apreciação de Riscos e Categorias de Segurança. Remeto o leitor às normas técnicas oficiais aplicáveis.

b) a proteção móvel deve ser associada a um dispositivo de **intertravamento com bloqueio** quando sua abertura possibilitar o acesso à zona de perigo <u>antes</u> da eliminação do risco (sobre *Dispositivos de Intertravamento* vejam o item a seguir).

As máquinas e equipamentos dotados de proteções móveis associadas a dispositivos de intertravamento devem:

a) operar somente quando as proteções estiverem fechadas;
b) paralisar suas funções perigosas quando as proteções forem abertas durante a operação; e
c) garantir que o fechamento das proteções por si só não possa dar início às funções perigosas[17].

A proteção deverá ser fixa quando não for necessário o acesso à zona de perigo durante o turno de trabalho. É claro que uma mesma máquina poderá ter proteções fixas e móveis, tudo vai depender das zonas de perigo existentes e da frequência de acesso correspondente. A figura a seguir apresenta um esquema que mostra as condições para se decidir pelo uso de proteção fixa ou móvel para determinada zona de perigo:

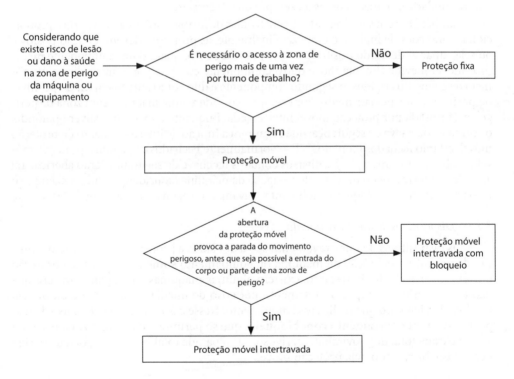

Quando usar Proteção Fixa ou Proteção Móvel?

---

[17] Há previsão na própria NR12 da utilização de proteções intertravadas com comando de partida como exceção a esta alínea "c". Porém esta deve ser limitada e aplicada conforme as exigências específicas previstas em normas técnicas oficiais.

Os componentes relacionados aos sistemas de segurança e comandos de acionamento e parada das máquinas, inclusive de emergência, devem garantir a manutenção do estado seguro da máquina ou equipamento quando ocorrerem flutuações no nível de energia além dos limites considerados no projeto, incluindo o corte e restabelecimento do seu fornecimento.

Como vimos anteriormente, as proteções, sejam fixas ou móveis, devem impedir o acesso à zona de perigo e também cumprir suas funções apropriadamente **durante a vida útil**[18] **da máquina** ou possibilitar a **reposição** de partes deterioradas ou danificadas. Devem também ser constituídas de materiais resistentes e adequados à contenção de projeção de peças, materiais e partículas. Sua fixação deve ser firme e sua resistência mecânica deve ser compatível com os esforços requeridos.

Importante destacar que as proteções não devem acarretar riscos adicionais. Por exemplo, não devem criar pontos de esmagamento ou agarramento com partes da máquina ou com outras proteções nem possuir extremidades e arestas cortantes, quinas vivas ou outras saliências que possam apresentar riscos de acidentes.

Ademais, devem resistir às condições ambientais do local onde estão instaladas, como calor ou umidade excessivos ou elevada concentração de poeiras. Neste sentido, os dispositivos de intertravamento das proteções devem ser protegidos adequadamente contra sujidade, poeiras e corrosão, sempre que necessário.

Também devem ser projetadas e construídas de forma a dificultar sua burla e proporcionar condições de higiene e limpeza. Finalmente, as proteções devem ter ação positiva, ou seja, atuação de modo positivo. A *ação positiva* ocorre quando um componente mecânico móvel inevitavelmente move outro componente consigo, por contato direto ou por meio de elementos rígidos; o segundo componente é dito como atuado em modo positivo, ou positivamente, pelo primeiro. Por exemplo, considere uma máquina com zona de perigo enclausurada por proteção móvel intertravada. Enquanto a máquina estiver operando, os contatos da chave de segurança, que cumprem a função de intertravamento da proteção móvel, estarão fechados (contatos NF – Normalmente Fechados). Quando a proteção móvel for aberta por uma ação positiva, os contatos da chave de segurança serão abertos. Tal ação deve interromper o movimento perigoso da máquina (considerando nesse exemplo o intertravamento sem bloqueio). Sobre intertravamento vejam o item a seguir.

8.1.1 Dispositivos de intertravamento

Os dispositivos de intertravamento são associados a proteções móveis e têm a função de permitir a operação da máquina ou equipamento **somente** enquanto a proteção móvel estiver fechada. Entretanto, existem algumas máquinas e equipamentos em que não é possível interromper o movimento perigoso de imediato, em virtude da inércia residual do elemento que realiza esse movimento. Nesse caso, é mandatório o uso de dispositivos de **intertravamento com bloqueio**, que só permitem o acesso à zona perigosa após a parada total do movimento perigoso. Até a parada total, o acesso à zona de perigo permanece bloqueado pela proteção móvel.

---

[18]   De acordo com o Glossário da norma, *a vida útil* das máquinas e equipamentos é aquela estimada pelo fabricante como limite temporal nos termos da norma ABNT NBR ISO 12.100:2015. Para fins de aplicação da informação prevista no item 12.13.4, alínea "p", o vencimento do tempo de vida útil das máquinas e equipamentos e/ou de seus componentes relacionados com a segurança, por si, não significa a proibição da continuidade da sua utilização. Recursos técnicos podem ser usados para determinar a continuidade de sua utilização com segurança.

Dessa forma, os dispositivos de **intertravamento com bloqueio** associados às proteções móveis das máquinas e equipamentos devem:

a) permitir a operação somente enquanto a proteção estiver fechada e bloqueada;
b) manter a proteção fechada e bloqueada até que tenha sido eliminado o risco de lesão devido aos movimentos perigosos da máquina ou do equipamento;
c) garantir que o fechamento e bloqueio da proteção por si só não possa dar início às funções perigosas da máquina ou do equipamento[19].

Desta forma, a escolha do dispositivo de intertravamento, se com bloqueio ou não, dependerá, entre outros fatores, do tempo necessário para a parada do movimento perigoso.

Transmissões de Força

As transmissões de força e os componentes móveis a elas interligados, acessíveis ou expostos, *desde que ofereçam risco*[20], devem possuir proteções fixas, ou móveis com dispositivos de intertravamento, que impeçam o acesso por todos os lados. Quando forem utilizadas proteções móveis para o enclausuramento de transmissões de força que possuam inércia, devem ser utilizados dispositivos de intertravamento com bloqueio.

Ruptura de partes ou projeção de materiais

As máquinas e equipamentos que ofereçam risco de ruptura de suas partes, projeção de materiais, partículas ou substâncias, também devem possuir proteções que garantam a segurança e a saúde dos trabalhadores.

8.1.2 Distância de segurança

Como vimos anteriormente, a distância de segurança corresponde ao afastamento seguro entre a proteção e a zona perigosa, de forma a impedir o ingresso dos membros superiores nas zonas de perigo, nos casos em que a proteção (fixa ou móvel) for confeccionada com **material descontínuo**. Nesses casos, em virtude dessa descontinuidade, existem aberturas na própria proteção e, sendo assim, devem ser observadas as distâncias de segurança entre a proteção e a zona de perigo para impedir o acesso de membros superiores a esta última, conforme previsto nas normas técnicas oficiais ou nas normas internacionais aplicáveis.

8.1.3 Proteções usadas como meio de acesso

É possível que as proteções sejam utilizadas como meio de acesso por exigências das caraterísticas da própria máquina ou equipamento. Neste caso, devem atender aos requisitos de resistência e segurança adequados a ambas as finalidades, quais sejam,

---

[19] Há previsão na própria NR12 da utilização de proteções intertravadas com bloqueio com comando de partida como exceção a esta alínea "c". Porém esta deve ser limitada e aplicada conforme as exigências específicas previstas em normas técnicas oficiais.

[20] Com a publicação da Portaria 916/2019 que deu nova redação à NR12, o enclausuramento obrigatório das transmissões de força passou a ter como condicionante a **existência de risco** oferecida por eventuais partes acessíveis ou expostas. Entretanto, devemos lembrar que esta condição deve ser considerada para todas as intervenções a serem realizadas nas transmissões de força, inclusive aquelas eventuais ou não rotineiras como manutenção, limpeza, reparos e ajustes.

292 | SEGURANÇA E SAÚDE NO TRABALHO – *Mara Queiroga Camisassa*

proteção e acesso. Caso seja utilizada escada como meio de acesso, deve haver proteção no fundo dos degraus, ou seja, nos espelhos, sempre que uma parte saliente do pé ou da mão possa entrar em contato com uma zona perigosa.

8.2 Dispositivos de segurança

Dispositivos de segurança são os componentes que, por si só ou interligados ou associados a proteções, reduzem os riscos de acidentes e de outros agravos à saúde, e possuem confiabilidade superior a outros dispositivos não enquadrados como de segurança. São classificados em:

a) comandos elétricos ou interfaces de segurança;

b) dispositivos de intertravamento;

c) sensores de segurança;

d) válvulas e blocos de segurança ou sistemas pneumáticos e hidráulicos de mesma eficácia;

e) dispositivos mecânicos;

f) dispositivos de validação.

Os **comandos elétricos ou interfaces de segurança** são responsáveis por realizar o monitoramento dos demais dispositivos de segurança, mediante a verificação da interligação, posição e funcionamento desses dispositivos, de forma a impedir a ocorrência de falha que provoque a perda da função de segurança. São exemplos desses comandos os relés de segurança, os controladores configuráveis de segurança e o controlador lógico programável (CLP) de segurança;

Como dito anteriormente, os **dispositivos de intertravamento** têm a função de impedir o funcionamento de elementos da máquina sob condições específicas, paralisando o movimento perigoso. Tais dispositivos operam em conjunto com proteções móveis. Sempre que a proteção móvel for aberta, a zona de perigo estará exposta: o dispositivo de intertravamento deve, então, interromper o funcionamento da máquina a fim de paralisar o movimento perigoso. Exemplos de dispositivos de intertravamento: chaves de segurança eletromecânicas, magnéticas e eletrônicas codificadas, optoeletrônicas, sensores indutivos de segurança e outros.

Os **sensores de segurança** são dispositivos detectores de presença mecânicos e não mecânicos, que atuam quando uma pessoa ou parte do seu corpo adentra a zona de detecção. Assim que for detectada a presença de uma pessoa ou parte de seu corpo, esses dispositivos enviam um sinal para interromper ou impedir o início de funções perigosas. Exemplos de sensores de segurança: cortinas de luz, detectores de presença optoeletrônicos, laser de múltiplos feixes, barreiras óticas, monitores de área ou scanners, batentes, tapetes e sensores de posição. A seleção destes sensores depende de vários fatores, entre eles o tipo de máquina ou equipamento. Por exemplo, a cortina de luz não pode ser usada como dispositivo de proteção contra acesso na área de prensagem de prensas excêntricas mecânicas do tipo engate por chaveta em função das características construtivas desta prensa que impossibilitam garantir a parada segura do martelo[21] devido à sua velocidade e tempo de resposta da máquina. A cortina de luz deve ser utilizada em

---

[21] Dispositivo que, associado a uma ferramenta (estampos ou matrizes) é responsável pelo corte e conformação de diversos materiais e cujo movimento é proveniente de um sistema hidráulico (prensas hidráulicas), pneumático (prensas pneumáticas) ou mecânico (prensas mecânicas).

prensas hidráulicas ou pneumáticas, sempre associadas a um ou mais comandos bimanuais, como veremos adiante.

As **válvulas e blocos de segurança** ou sistemas pneumáticos e hidráulicos de mesma eficácia têm a finalidade de permitir ou bloquear, quando acionados, a passagem de fluidos líquidos (sistemas hidráulicos) ou gasosos (sistemas pneumáticos), como fluidos hidráulicos e ar comprimido, de modo a iniciar ou cessar as funções da máquina ou equipamento.

Os **dispositivos mecânicos** têm por função inserir em um mecanismo um obstáculo mecânico (por exemplo, um calço) capaz de se opor, pela sua própria resistência, a qualquer movimento perigoso, por exemplo, queda de uma corrediça no caso de falha do sistema de retenção. São exemplos de dispositivos mecânicos: dispositivos de restrição, limitadores, separadores, empurradores, inibidores/ defletores retráteis ajustáveis ou com autofechamento.

Os **dispositivos de validação** são dispositivos suplementares de controle operados manualmente, e que, quando aplicados de modo permanente, habilitam o dispositivo de acionamento.

Todos estes dispositivos ganham especial importância em intervenções críticas como manutenção, reparos, limpeza e ajustes pois nestes casos o trabalhador acessa, necessariamente, as zonas perigosas da máquina ou equipamento, seja com seu corpo, ou parte dele. A maioria dos acidentes com máquinas e equipamentos ocorre durante estas ações de intervenção.

8.3 Presença na zona de perigo

Sempre que forem utilizados sistemas de segurança, inclusive proteções distantes, com possibilidade de alguma pessoa permanecer na zona de perigo, deve ser adotada uma das seguintes medidas adicionais de proteção coletiva para impedir a partida da máquina enquanto houver pessoas nessa zona:

a) sensoriamento da presença de pessoas;

b) proteções móveis ou sensores de segurança na entrada ou acesso à zona de perigo, associadas a rearme (*reset*) manual.

A localização dos atuadores de rearme (*reset*) manual deve permitir uma visão completa da zona protegida pelo sistema. Caso isso não seja possível, deverá ser adotado o sensoriamento da presença de pessoas nas zonas de perigo com a visualização obstruída, ou a adoção de sistema que exija a ida à zona de perigo não visualizada, por exemplo, duplo rearme (*reset*).

Também deve haver dispositivos de parada de emergência localizados no interior da zona protegida pelo sistema, bem como meios de liberar pessoas presas dentro dela.

9. DISPOSITIVOS DE PARADA DE EMERGÊNCIA

Regra geral, todas as máquinas e equipamentos devem ser equipados com um ou mais dispositivos de parada de emergência. Esses dispositivos têm o objetivo de garantir a parada da operação ou movimento perigoso, de forma que, quando acionados, a operação da máquina ou equipamento seja interrompida, evitando situações de perigo latentes e existentes. Destaco que estão dispensadas desta regra as máquinas autopropelidas (já que neste caso o operador por interromper o movimento desligando a máquina ou usando o freio, conforme o caso) e aquelas nas quais o dispositivo de parada de emergência não possibilita a redução do risco (por exemplo, no caso de máquinas com inércia para parada do movimento, o botão de emergência não elimina o risco).

Os dispositivos de parada de emergência devem ser posicionados em locais de fácil acesso e visualização pelos operadores em seus postos de trabalho e por outras pessoas, e mantidos permanentemente desobstruídos.

Uma vez pressionado o dispositivo de parada de emergência, seu acionador deve ser **mantido retido**, de tal forma que, quando a ação no acionador for descontinuada, este se mantenha retido até que seja desacionado, ou seja, o desacionamento deve ser possível apenas como resultado de uma ação manual **intencional** sobre o acionador, por meio de manobra apropriada.

Os dispositivos de parada de emergência devem:

a) ser selecionados, montados e interconectados de forma a suportar as condições de operação previstas, bem como as influências do meio;

b) ser usados como medida auxiliar, não podendo ser alternativa a medidas adequadas de proteção ou a sistemas automáticos de segurança;

c) possuir acionadores projetados para fácil atuação do operador ou outros que possam necessitar da sua utilização;

d) prevalecer sobre todos os outros comandos;

e) provocar a parada da operação ou processo perigoso em período de tempo tão reduzido quanto tecnicamente possível, sem provocar riscos suplementares; e

f) ter sua função disponível e operacional a qualquer tempo, independentemente do modo de operação.

A função parada de emergência não deve:

a) prejudicar a eficiência de sistemas de segurança ou dispositivos com funções relacionadas com a segurança;

b) prejudicar qualquer meio projetado para resgatar pessoas acidentadas; e

c) gerar risco adicional.

Além disso, a parada de emergência deve exigir rearme, ou *reset* manual, a ser realizado somente após a correção do evento que motivou seu acionamento.

Finalmente, destaca-se que os dispositivos de parada de emergência não devem ser utilizados como dispositivos de partida ou acionamento.

10. COMPONENTES PRESSURIZADOS

Os componentes pressurizados são mangueiras, dutos, tubulações, pneus que contêm fluido ou ar sob pressão. Tais componentes devem ser localizados ou protegidos de tal forma que uma situação de ruptura e vazamento não provoque acidentes de trabalho. Devem ser adotadas medidas adicionais de proteção das mangueiras, tubulações e demais componentes pressurizados sujeitos a eventuais impactos mecânicos e outros agentes agressivos, quando houver risco.

Como medida de proteção para o operador e terceiros, as mangueiras dos sistemas pressurizados devem possuir indicação da pressão **máxima** de trabalho admissível especificada pelo fabricante. Nas atividades de montagem e desmontagem de pneumáticos das rodas das máquinas e equipamentos não estacionários, **que ofereçam riscos de acidentes**, devem ser observadas as seguintes condições:

NR 12 • SEGURANÇA NO TRABALHO EM MÁQUINAS E EQUIPAMENTOS | **295**

- Os pneumáticos devem ser **completamente despressurizados**, removendo o núcleo da válvula de calibragem **antes** da desmontagem e de qualquer intervenção que possa acarretar acidentes;
- O enchimento de pneumáticos só poderá ser executado dentro de dispositivo de **clausura ou gaiola** adequadamente dimensionada, até que seja alcançada uma pressão suficiente para forçar o talão sobre o aro e criar uma vedação pneumática.

11. TRANSPORTADORES DE MATERIAIS

Transportador de material ou transportador contínuo de material é o sistema de transporte que utiliza esteiras ou correias para movimentação de matéria-prima ou produtos acabados.

As aberturas que possibilitem acesso aos movimentos perigosos dos transportadores contínuos de materiais, acessíveis durante a operação normal, devem ser protegidas, especialmente nos pontos de esmagamento, agarramento e aprisionamento de esteiras, correias, roletes, acoplamentos, freios, roldanas, amostradores, volantes, tambores, engrenagens, cremalheiras, correntes, guias, alinhadores, região do esticamento e contrapeso e outras partes móveis acessíveis que possam provocar acidentes. Entretanto, os transportadores contínuos de correia cuja altura da borda da correia que transporta a carga esteja superior a 2,70 m do piso estão dispensados desta exigência, desde que não haja circulação nem permanência de pessoas nas zonas de perigo, e deverão também possuir, em toda a sua extensão, passarelas em ambos os lados, estáveis e seguras.

Os transportadores contínuos acessíveis aos trabalhadores devem dispor, **ao longo de sua extensão**, de dispositivos de parada de emergência, de modo que **possam ser acionados em todas as posições de trabalho. Entretanto, alguns transportadores poderão ser dispensados dessa exigência,** se a análise de risco assim indicar.

A permanência e circulação de pessoas **SOBRE** os transportadores contínuos são permitidas **desde que sejam realizadas por meio de passarelas com sistema de proteção contra quedas.**

A permanência e a circulação de pessoas **SOB** os transportadores contínuos são permitidas **somente em locais protegidos que ofereçam** resistência **e** dimensões **adequadas contra quedas de materiais**.

Os cabos de aço, correntes, eslingas, ganchos e outros elementos de suspensão ou tração e suas conexões devem ser adequados ao tipo de material a ser movimentado e dimensionados para suportar os esforços solicitantes. Ressalto também a importância da inspeção periódica visual destes componentes com o objetivo de identificar danos em sua integridade que possam ocasionar acidentes.

Nos transportadores contínuos de materiais que necessitem de parada durante o processo é proibida a reversão de movimento para esta finalidade, ou seja, a parada do movimento deve ocorrer no sentido do movimento, e não no sentido contrário.

12. ASPECTOS ERGONÔMICOS

Em todas as intervenções em máquinas e equipamentos devem ser respeitadas as disposições contidas na NR17 – Ergonomia[22].

---

[22] Uma das premissas para a alteração das NRs iniciada em 2019 foi a simplificação no que se refere a evitar redundâncias entre as normas. Desta forma, entendeu-se que não fazia sentido manter na NR12 disposições referentes à Ergonomia, uma vez que a NR17 cumpre este papel.

Com relação aos aspectos ergonômicos, as máquinas e equipamentos nacionais ou importados fabricados a partir da vigência da redação da norma dada pela Portaria 916/2019 devem ser projetados e construídos de modo a atender às disposições das normas técnicas oficiais ou normas técnicas internacionais aplicáveis.

13. MANUTENÇÃO, INSPEÇÃO, PREPARAÇÃO, AJUSTE, REPARO E LIMPEZA

As máquinas e equipamentos devem ser submetidos a manutenções na forma e periodicidade determinadas pelo **fabricante**, por profissional legalmente habilitado ou por profissional qualificado, conforme as normas técnicas oficiais nacionais vigentes ou normas técnicas internacionais aplicáveis. Os procedimentos de manutenção têm por objetivo manter as máquinas e equipamentos em condições operacionais seguras. Sempre que detectado qualquer defeito em peça ou componente que comprometa a segurança, deve ser providenciada sua reparação ou substituição imediata por outra peça ou componente original ou equivalente, de modo a garantir as mesmas características e condições seguras de uso.

As manutenções devem ser registradas em livro próprio, ficha ou sistema informatizado, contendo os seguintes dados:

a) **intervenções** realizadas;

b) **data** da realização de cada intervenção;

c) **serviço** realizado;

d) peças **reparadas ou substituídas**;

e) condições de **segurança** do equipamento;

f) **indicação conclusiva** quanto às condições de segurança da máquina; e

g) **nome do responsável** pela execução das intervenções.

O registro deve ficar disponível aos trabalhadores envolvidos na operação, manutenção e reparos, bem como à Comissão Interna de Prevenção de Acidentes e de Assédio – CIPA, aos Serviços Especializados em Segurança e Medicina do Trabalho – SESMT e à Auditoria Fiscal do Trabalho.

As manutenções de itens que influenciem na segurança devem:

a) no caso de preventivas, possuir cronograma de execução;

b) no caso de preditivas, possuir descrição das técnicas de análise e meios de supervisão centralizados ou de amostragem.

Saiba mais
Manutenção preventiva

A *manutenção preventiva*, também conhecida como *Time Based Maintenance* (TBM), é realizada a intervalos predefinidos de tempo, daí a exigência da norma de se elaborar o respectivo cronograma. Essa manutenção tem por objetivo reduzir falhas ou quedas no desempenho dos equipamentos, mantendo o sistema em estado operacional ou disponível por meio da prevenção da ocorrência de falhas. Complementando, segundo o Glossário, a manutenção preventiva é aquela realizada a intervalos predeterminados ou de acordo com critérios prescritos, e destinada a reduzir a probabilidade de falha ou a degradação do funcionamento de um componente.

> **Manutenção preditiva**
> A **manutenção preditiva**, também conhecida como **Condition Based Maintenance** (CBM), corresponde a um conjunto de atividades periódicas de acompanhamento das condições, variáveis e parâmetros dos equipamentos (por exemplo, temperatura, vibração, viscosidade do óleo), que indicam sua **performance** ou desempenho, com o objetivo de definir a necessidade ou não de intervenção. Complementando, segundo o Glossário, a Manutenção preditiva é aquela com ênfase na predição da falha e em ações baseadas na condição do equipamento para prevenir falhas ou sua degradação.

A manutenção de máquinas e equipamentos deve contemplar, quando indicado pelo fabricante, a realização de Ensaios Não Destrutivos (ENDs), nas estruturas e componentes submetidos a solicitações de força e cuja ruptura ou desgaste possa ocasionar acidentes. Os ENDs devem atender às normas técnicas oficiais ou normas técnicas internacionais aplicáveis.

A manutenção, inspeção, reparo, limpeza, ajuste e outras intervenções que se fizerem necessárias devem ser executadas por profissionais capacitados, qualificados ou legalmente habilitados, formalmente autorizados pelo empregador, com as máquinas e equipamentos parados.

> **Além da NR**
> **Intervenções em máquinas paradas**
> Vimos no início deste livro que a Inglaterra foi um dos primeiros países a possuir leis voltadas para a proteção da segurança e saúde no trabalho.
> O Factories Act, publicado em 1844(!), proibia a realização de serviços de limpeza de máquinas em movimento. Regulamentos posteriores exigiam a instalação de proteções contra acesso em zonas de perigo.
> Quase 200 anos depois, as legislações ainda precisam dispor sobre estas mesmas determinações, inclusive, claro, a nossa NR12! Vários acidentes de trabalho ocorrem diariamente em decorrência de intervenções que deveriam ser feitas com as máquinas paradas, como manutenção e ajustes. Será que evoluímos?

Nas intervenções em máquinas e equipamentos devem ser adotados os seguintes procedimentos:

a) isolamento e desenergização de todas as fontes de energia, de modo visível ou facilmente identificável por meio dos dispositivos de comando;

b) bloqueio mecânico e elétrico na posição "desligado" ou "fechado" de todos os dispositivos de corte de fontes de energia, a fim de impedir a reenergização, e sinalização com cartão ou etiqueta de bloqueio contendo o horário e a data do bloqueio, o motivo da manutenção e o nome do responsável;

c) medidas que garantam que à jusante[23] dos pontos de corte de energia não exista possibilidade de geração risco de acidentes;

---

[23] As palavras jusante e montante têm origem na corrente fluvial dos rios, que correm da nascente para a foz. Tomando-se um ponto de referência entre a nascente e a foz, tudo o que estiver entre este ponto e a nascente, estará a montante. E tudo o que estiver entre este ponto e a foz, estará a jusante. Como vemos

SEGURANÇA E SAÚDE NO TRABALHO – *Mara Queiroga Camisassa*

d) medidas adicionais de segurança, quando for realizada manutenção, inspeção e reparos de máquinas ou equipamentos sustentados somente por sistemas hidráulicos e pneumáticos; e

e) sistemas de retenção com trava mecânica, para evitar o movimento de retorno acidental de partes basculadas ou articuladas abertas das máquinas e equipamentos.

Milhares de acidentes de trabalho fatais e não fatais poderiam ter sido evitados no nosso país caso as empresas adotassem procedimentos de trabalho básicos como os elencados anteriormente.

14. SINALIZAÇÃO DE SEGURANÇA

A sinalização de segurança tem o objetivo de advertir os trabalhadores e terceiros sobre os riscos a que estão expostos, as instruções de operação e manutenção e outras informações necessárias para sinalizar sobre os riscos existentes nas proximidades[24].

As máquinas e equipamentos devem possuir sinalização de segurança a ser adotada em toda sua fase de utilização e vida útil.

A sinalização de segurança compreende os símbolos, as inscrições, os sinais luminosos e sonoros, bem como outras formas de comunicação de mesma eficácia, e devem seguir os padrões estabelecidos pelas normas técnicas oficiais ou pelas normas técnicas internacionais aplicáveis.

As inscrições devem:

– indicar claramente o risco e a parte da máquina ou equipamento a que se referem, **não devendo ser utilizada somente a inscrição "perigo";**

– **ser utilizadas** para indicar as especificações e limitações técnicas fundamentais à segurança;

– ser escritas na língua portuguesa (Brasil); e

– ser legíveis.

O uso de sinais sonoros e visuais envolvem aspectos da ergonomia cognitiva, ao exigirem raciocínio, interpretação, memória e atenção.

No caso da iminência ou ocorrência de um evento perigoso como a partida, parada ou velocidade excessiva de uma máquina ou equipamento, devem ser adotados, sempre que necessários, sinais ativos de aviso ou de alerta, como sinais luminosos e sonoros intermitentes. Esses sinais não devem ser ambíguos; devem também ser observados os seguintes requisitos:

---

na redação da norma, estes termos também são usados na área elétrica, indicando o que está "antes" ou "depois" de determinado ponto ou dispositivo na instalação elétrica, considerando o sentido da entrada da alimentação até a carga.

[24] Segundo redação do item 12.12.1, as máquinas e equipamentos, bem como as instalações em que se encontram, devem possuir sinalização de segurança contendo informações necessárias para *garantir a integridade física e a saúde dos trabalhadores*. Não há como concordar com a redação final deste item, uma vez que sinalizações não têm o condão de **garantir** a segurança e saúde dos trabalhadores, pois, além de não eliminarem os riscos no ambiente, dependem, para o cumprimento de seu objetivo (advertir os trabalhadores), da visualização, leitura e correspondente interpretação por parte do trabalhador. A instalação de sinalização de segurança tampouco dispensa o empregador da adoção das medidas de proteção coletiva, estas sim, têm o objetivo de garantir a segurança e saúde dos trabalhadores.

NR 12 • SEGURANÇA NO TRABALHO EM MÁQUINAS E EQUIPAMENTOS | 299

a) emitidos antes que ocorra o evento perigoso;

b) claramente compreendidos e distintos de todos os outros sinais utilizados;

c) inequivocamente reconhecidos pelos trabalhadores.

Não somente as máquinas e equipamentos, mas também as instalações onde estes se encontram devem possuir sinalização de segurança, mesmo que as máquinas ou equipamentos estejam desativados.

Ressalto novamente que sinalizações de segurança não são equipamentos de proteção coletiva, pois não eliminam nem reduzem os riscos – têm apenas o propósito de sinalizar, ou seja, advertir acerca dos riscos existentes.

15. MANUAIS

As máquinas e equipamentos devem possuir manual de instruções escrito em língua portuguesa – Brasil, que deverá ser fornecido pelo **fabricante ou importador**. O manual deve conter instruções relativas à segurança em todas as fases de **utilização** da máquina.

No caso de máquinas ou equipamentos que apresentem risco, caso o manual não exista ou tenha sido extraviado, ele deverá ser reconstituído pelo empregador ou por pessoa por ele designada sob a responsabilidade de profissional qualificado ou legalmente habilitado.

Microempresas e empresas de pequeno porte que não disponham de manual de instruções de máquinas e equipamentos fabricados antes de 24 de junho de 2012 deverão elaborar a respectiva **ficha de informação** contendo os seguintes itens:

a) tipo, modelo e capacidade;

b) descrição da utilização prevista para a máquina ou equipamento;

c) indicação das medidas de segurança existentes;

d) instruções para utilização segura da máquina ou do equipamento;

e) periodicidade e instruções quanto a inspeções e manutenção;

f) procedimentos a serem adotados em emergências, quando aplicável.

A ficha de informação pode ser elaborada pelo empregador ou pessoa por ele designada.

Além dos manuais e fichas de informação, toda a documentação prevista na norma deve ficar disponível para a CIPA ou CIPAMIN (Comissão Interna de Prevenção de Acidentes e de Assédio na Mineração), os sindicatos representantes da categoria profissional e a Auditoria Fiscal do Trabalho, podendo ser apresentada em formato digital ou meio físico.

16. PROCEDIMENTOS DE TRABALHO E SEGURANÇA

Os procedimentos de trabalho e segurança correspondem a uma sequência lógica para execução, de forma segura, de determinada tarefa relativa a intervenções diversas nas máquinas e equipamentos, como inspeção, operação, manutenção, limpeza, entre outras.

Os procedimentos correspondem ao trabalho prescrito, ou seja, à tarefa a ser realizada conforme regras definidas pela empresa. Segundo Françóis Guérin[25], a tarefa não é o trabalho,[26] mas o que é prescrito pela empresa ao operador. Essa prescrição lhe é imposta, sendo, portanto, exterior: a tarefa determina e impõe sua atividade. A execução real da tarefa, ou trabalho real, ocorre quando o trabalhador articula seus recursos cognitivos para planejá-la e implementá-la.

Num mundo ideal há uma convergência entre o trabalho prescrito e o trabalho real, todavia, na prática, o trabalho prescrito se distancia do trabalho real de forma a serem até mesmo contraditórios. Ao analisarmos o trabalho real, muitas vezes são encontradas várias atividades vivenciadas pelos trabalhadores que não foram previstas nos procedimentos de trabalho, o que leva ao improviso. Portanto, é importante que os procedimentos também alcancem as diversas intervenções do operador necessárias para tratar os disfuncionamentos, incidentes e paradas inesperadas que possam ocorrer nas máquinas e equipamentos.

Os procedimentos de trabalho devem ser elaborados a partir da apreciação de riscos e expressos de maneira formalizada. Neste sentido, devem ser documentados, divulgados, conhecidos, entendidos e cumpridos por todos os trabalhadores. Devem também ser *específicos* e *padronizados*. *Específicos* no sentido de corresponderem a uma tarefa facilmente identificável e de forma inequívoca a determinada máquina ou equipamento; e *padronizados* no sentido de constituírem uma sequência lógica de ações além de utilizarem a mesma linguagem.

Os procedimentos de trabalho e segurança são medidas administrativas e não podem ser as únicas medidas de proteção adotadas para se prevenir acidentes, sendo considerados complementos e não substitutos das medidas de proteção coletivas necessárias para a garantia da segurança e saúde dos trabalhadores.

Ao início de cada turno de trabalho ou após nova preparação da máquina ou equipamento, o operador deve efetuar *inspeção rotineira* das condições de operacionalidade e segurança. A inspeção rotineira é aquela que ocorre de forma habitual, independentemente da frequência, e que está inserida no processo de trabalho da empresa. Caso, durante a inspeção rotineira, sejam constatadas anormalidades que afetem a segurança, as atividades devem ser interrompidas, com a comunicação ao superior hierárquico. A atual redação da norma dispensa o registro desta inspeção em quaisquer meios. Destaco, entretanto, que, apesar de esta dispensa constar expressamente na norma, é importante que a empresa possa comprovar a realização da inspeção rotineira à auditoria fiscal, caso contrário, ficará caracterizada a infração correspondente[27].

Os serviços que envolvam riscos de acidentes de trabalho em máquinas e equipamentos, exceto operação, devem ser planejados e realizados em conformidade com os procedimentos de trabalho e segurança, sob supervisão e anuência expressa de profissional habilitado ou qualificado, desde que autorizados. Esta é a redação do item 12.14.3 e o texto dá margem a interpretações erradas. A intenção do elaborador aqui foi exigir que atividades com elevado risco de acidentes como manutenção e reparo sejam realizadas de acordo com procedimentos de trabalho e sejam supervisionadas,

---

[25] GUÉRIN François et al. *Compreender o trabalho para transformá-lo*. São Paulo: Blucher, 2017.

[26] Nota da autora: A tarefa corresponde ao "o que" deve ser realizado, enquanto o trabalho corresponde a como realizá-la.

[27] "Deixar de efetuar inspeção rotineira das condições de operacionalidade e segurança [...]."

NR 12 • SEGURANÇA NO TRABALHO EM MÁQUINAS E EQUIPAMENTOS | 301

durante toda a sua execução, por profissional habilitado ou qualificado, desde que autorizados. Também devem possuir anuência expressa deste profissional para sua realização. A exceção à atividade de operação se refere à exigência da supervisão e anuência. As empresas que não possuem serviço próprio de manutenção de suas máquinas ficam desobrigadas de elaborar procedimentos de trabalho e segurança para essa finalidade.

17. CAPACITAÇÃO

A capacitação para operação segura de máquinas deve abranger as etapas teórica e prática, a fim de proporcionar a competência adequada do operador para trabalho seguro. Destaco que o conteúdo prático deve ser ministrado na modalidade **presencial** por falta de autorização expressa na norma para sua realização na modalidade a distância ou semipresencial.

De acordo com a NR1:

> 1.7.9 Os treinamentos podem ser ministrados na modalidade de ensino a distância ou semipresencial desde que atendidos os requisitos operacionais, administrativos, tecnológicos e de estruturação pedagógica previstos no Anexo II desta NR.

A capacitação deve ser providenciada pelo empregador e compatível com as respectivas funções, devendo abordar os riscos aos quais os trabalhadores estão expostos e as medidas de proteção existentes e necessárias. São requisitos da capacitação:

a) ocorrer **antes** que o trabalhador assuma a sua função;

b) ser realizada sem ônus para o trabalhador;

c) ter carga horária mínima, definida pelo empregador, que garanta aos trabalhadores executarem suas atividades com segurança, sendo realizada durante a jornada de trabalho;

d) ter conteúdo programático conforme o estabelecido pela norma (Anexo II); e

e) ser ministrada por trabalhadores ou profissionais qualificados para este fim, com supervisão de profissional legalmente habilitado que se responsabilizará pela adequação do conteúdo, forma, carga horária, qualificação dos instrutores e avaliação dos capacitados (no caso de microempresas e empresas de pequeno porte a capacitação poderá ser ministrada por trabalhador da própria empresa que tenha sido capacitado nos termos das alíneas "a" a "d" anteriores, em entidade oficial de ensino de educação profissional).

Observem que, conforme alínea "c", para as máquinas em geral, a norma não determina a carga horária mínima do treinamento. Esta deve ser dimensionada pelo próprio empregador com base na complexidade da máquina a ser operada e nas demais intervenções a serem realizadas, como manutenções, reparos, limpezas e ajustes, de tal forma que permita aos trabalhadores executarem suas atividades com segurança. Destaco as seguintes exceções: para Motosserras e similares (Anexo V) e Máquinas Injetoras (Anexo IX), a carga horária mínima do treinamento é oito horas, neste último caso, por tipo de máquina.

A capacitação só terá validade para o empregador que a realizou e nas condições estabelecidas pelo profissional legalmente habilitado responsável pela supervisão da capacitação, considerando as exceções apresentadas a seguir:

EXCEÇÃO 1: Microempresas e Empresas de Pequeno Porte

A capacitação poderá ser ministrada por trabalhador da própria empresa que tenha sido capacitado por entidade oficial de ensino de educação profissional. O trabalhador de microempresa e empresa de pequeno porte que apresentar declaração ou certificado emitido por essas entidades também será considerado capacitado.

EXCEÇÃO 2: Operadores de Máquinas Injetoras

O curso de capacitação para operadores de máquinas injetoras deve possuir carga horária mínima de oito horas por tipo de máquina citada no Anexo IX (Injetoras de Materiais Plásticos). Além disso, o curso de capacitação deve ser específico para o tipo de máquina na qual o operador irá exercer suas funções e atender ao conteúdo programático mínimo definido na norma.

Segundo o glossário:

- **Profissional habilitado para a supervisão da capacitação:** profissional que comprove conclusão de curso específico na área de atuação, compatível com o curso a ser ministrado, com registro no competente conselho de classe, se necessário.
- **Profissional legalmente habilitado:** trabalhador previamente qualificado e com registro no competente conselho de classe, se necessário.
- **Profissional ou trabalhador capacitado:** aquele que recebeu capacitação sob orientação e responsabilidade de profissional habilitado.
- **Profissional ou trabalhador qualificado:** aquele que comprove conclusão de curso específico na sua área de atuação e reconhecido pelo sistema oficial de ensino.

São considerados **autorizados** os trabalhadores qualificados, capacitados ou profissionais legalmente habilitados, com autorização dada por meio de documento formal do empregador[28].

17.1 Capacitação de reciclagem

A capacitação para reciclagem do trabalhador deverá ser realizada sempre que ocorrerem **modificações significativas** nas instalações e na operação de máquinas ou **troca de métodos, processos e organização do trabalho que impliquem novos riscos**. O conteúdo programático da capacitação de reciclagem deve atender às necessidades da situação que a motivou, com carga horária mínima definida pelo empregador. Deve ser realizada durante a jornada de trabalho.

Destaco que a NR12 em vigor foi publicada antes da NR1 – Disposições Gerais e Gerenciamento de Riscos Ocupacionais. Desta forma, o treinamento chamado de *eventual* pela NR1, é chamado pela NR12 de treinamento de reciclagem.

Tanto a NR1 quanto a NR12 determinam como situação motivadora destes treinamentos as mudanças nos procedimentos, condições ou operações de trabalho que impliquem em alterações nos riscos.

---

[28] A função do trabalhador que opera e realiza intervenções em máquinas deve ser anotada no registro de empregado, consignado em livro, ficha ou sistema eletrônico e em sua CTPS – Carteira de Trabalho e Previdência Social.

A NR1, entretanto, acrescenta mais duas situações motivadoras para realização do treinamento eventual, quais sejam:

- Ocorrência de acidente grave ou fatal;
- Retorno do trabalhador após afastamentos superiores a 180 dias.

Como a NR12 é norma especial, tem prevalência sobre a NR1. Porém, a NR1 se aplica de forma subsidiária, e sendo assim, entendo que as duas situações motivadoras de treinamento eventual que constam na NR1, indicadas acima, também devem ser consideradas como situações motivadoras para realização do treinamento de reciclagem previsto na NR12.

NR 13 CALDEIRAS, VASOS DE PRESSÃO, TUBULAÇÕES E TANQUES METÁLICOS DE ARMAZENAMENTO

Classificação: Norma Especial

Última atualização: Portaria 1.846, de 1.º de julho de 2022 (com retificações publicadas em 20 de outubro de 2022, no Diário Oficial da União)

1. INTRODUÇÃO

Caldeiras, um dos principais símbolos da primeira revolução industrial, são equipamentos destinados a **produzir** e **acumular** vapor sob pressão superior à atmosférica, utilizando qualquer fonte de energia[1].

Vasos de pressão são recipientes estanques, de quaisquer tipos, formatos ou finalidade, capazes de conter fluidos sob pressão manométrica, positivas ou negativas (vasos de pressão à vácuo), diferentes da pressão atmosférica. Será considerado vaso de pressão o recipiente que se enquadrar nos critérios definidos pela NR13, conforme veremos neste capítulo.

O termo **tubulações** se refere ao conjunto formado por tubos e seus respectivos acessórios, projetados por códigos específicos, destinado ao transporte de fluidos.

Tanques metálicos de armazenamento são equipamentos estáticos[2], metálicos, não enterrados, sujeitos à pressão atmosférica ou a pressões menores que 103kPa (cento e três kilo Pascal). Preponderantemente, os tanques são construídos na forma cilíndrica.

Tanto as caldeiras quanto os vasos de pressão são equipamentos de grande utilidade em diversos processos industriais. No entanto, em virtude de sua operação sob pressão, e no caso das caldeiras, também sob calor, o projeto, a instalação, a operação e a manutenção destes equipamentos devem observar rígidos procedimentos de segurança. Sua operação também exige a instalação de diversos dispositivos de segurança[3] e o

---

[1] As caldeiras possibilitam a transformação da energia térmica em energia mecânica: o vapor é gerado a partir do aquecimento da água da caldeira; ao ser gerado, o vapor se expande e gera a energia necessária em diversos processos produtivos.

[2] Não somente os tanques são equipamentos estáticos, mas também as caldeiras, os vasos de pressão e as tubulações, motivo pelo qual a eles não se aplica a NR12. Entretanto, como vimos no capítulo anterior, as disposições da NR12 se aplicam às máquinas existentes nos equipamentos estáticos, como é o caso do compressor de ar associado ao vaso de pressão que contém ar comprimido.

[3] Dispositivos de segurança são dispositivos ou componentes que protegem um equipamento contra sobrepressão manométrica, independentemente da ação do operador e de acionamento por fonte externa de energia. O dispositivo também pode ser projetado para evitar vácuo interno excessivo. Exemplos: vál-

controle, a manutenção de registros e documentações atualizadas, profissionais qualificados nas diversas intervenções e a realização de várias inspeções.

No início do século XIX, inúmeros acidentes ocorridos com equipamentos sob pressão, principalmente caldeiras, levaram à necessidade de se elaborarem códigos de construção que garantissem condições seguras de operação e manutenção desses equipamentos[4].

Saiba mais

Códigos de Construção

Os códigos de construção são publicações normativas desenvolvidas por associações técnicas ou por sociedades de normalização, dotadas de um conjunto coerente de regras, exigências, procedimentos, fórmulas e parâmetros, oriundas de entidades nacionais, internacionais ou estrangeiras e utilizadas na construção dos equipamentos abrangidos pela NR13.
Exemplos: *ASME Boiler and Pressure Vessel Code, British Standards Institution, AD 2000 Merkblatt, SNCTTI*, ABNT, entre outros.

Um dos parâmetros a ser observado durante a vida útil das caldeiras, vasos de pressão, tanques e tubulações é a **integridade estrutural** desses equipamentos, em razão do processo de degradação sofrido por seus componentes ao longo de sua vida útil. Entende-se por **integridade estrutural** o conjunto de propriedades e características físicas necessárias para que o equipamento desempenhe com segurança e eficiência as funções para as quais foi projetado.

Falhas estruturais podem ocorrer também em virtude de erros de projeto, inobservância das especificações técnicas na fase de fabricação ou condições de operação e manutenção inadequadas. Por esses motivos, a NR13 estabelece os requisitos mínimos que o empregador deve adotar nos procedimentos de **gestão da integridade estrutural** destes equipamentos durante todo o seu ciclo de vida de forma planejada e controlada, uma vez que acidentes com estes equipamentos têm potencial destruidor devastador.

Destaco que a avaliação da integridade estrutural subsidia não somente sua operação segura, mas também serve de parâmetro de projeção da vida remanescente (ou vida residual)[5] e eventuais reparos para alcançá-la. No caso de caldeiras, um dos mecanismos que podem comprometer a integridade estrutural é a falta de tratamento ou o tratamento inadequado da água utilizada para geração do vapor, que pode provocar oxidação e incrustações nas paredes internas, diminuindo sua espessura e, consequentemente, alterando ou excedendo os limites originais de projeto. Outros fatores como fadiga, processos de soldagem inadequados e até mesmo mecanismos combinados (corrosão-fadiga) também podem comprometer a integridade estrutural. Destaco que a NR13 **não** contém disposições sobre o **projeto** ou características construtivas de caldeiras, vasos de pressão,

---

vulas de segurança, válvulas de alívio, válvulas de segurança e alívio, válvulas piloto-operadas, discos de ruptura, quebra-vácuo.

[4] Por este motivo a NR13 proíbe a construção, a importação, a comercialização, o leilão, a locação, a cessão a qualquer título, a exposição e a utilização de caldeiras e vasos de pressão sem a indicação do respectivo código de construção no prontuário e na placa de identificação.

[5] Estimativa do tempo restante de vida de um equipamento ou acessório, a partir de dados coletados em ensaios e testes destinados a monitorar os efeitos dos mecanismos de danos atuantes.

NR 13 • CALDEIRAS, VASOS DE PRESSÃO, TUBULAÇÕES E TANQUES METÁLICOS

tubulações ou tanques, sendo apenas exigido que sejam atendidas as especificações contidas nos códigos de construção pertinentes.

2. OBJETIVO

O objetivo da NR13 é estabelecer requisitos mínimos para a gestão da integridade estrutural de caldeiras, vasos de pressão, suas tubulações de interligação e tanques metálicos de armazenamento nos aspectos relacionados à instalação, inspeção, operação e manutenção, visando à segurança e saúde dos trabalhadores.

3. RESPONSABILIDADES

O empregador é o responsável pela adoção das medidas determinadas na NR13, inclusive no que se refere aos equipamentos pertencentes a terceiros, circunscritos ao seu estabelecimento. De se destacar, entretanto, que a responsabilidade do empregador não elide, ou seja, não dispensa o dever do proprietário dos equipamentos de cumprir as disposições legais e regulamentares acerca do tema.

4. CAMPO DE APLICAÇÃO

A NR13 se aplica aos seguintes equipamentos:

CALDEIRAS:

Caldeiras com pressão de operação <u>superior</u> a 60kPa (0,61 kgf/cm²).

VASOS DE PRESSÃO:

- Vasos de pressão cujo produto (PxV)[6] seja superior a oito;
- Vasos de pressão que contenham fluidos classe A[7], independentemente do produto (PxV);
- Recipientes móveis[8] com (PxV) superior a oito ou que contenham fluidos classe A.

TUBULAÇÕES:

Tubulações que contenham fluidos de classe A ou B, ligadas a caldeiras ou vasos de pressão abrangidos pela NR13.

---

[6] Produto (PxV): P é o módulo da pressão máxima de operação em kPa e V o seu volume interno, em m³. A pressão máxima de operação se refere a uma condição operacional e depende do processo de cada empresa. Muita atenção para as unidades a serem adotadas no enquadramento do equipamento como vaso de pressão (Pressão em kPa e Volume em m³).

Pressão é uma grandeza escalar que corresponde à relação entre a intensidade de uma força que age perpendicularmente sobre uma superfície, e a área dessa superfície. A unidade de pressão no sistema internacional (SI) é o N/m² (Newton por metro quadrado), chamada de *Pascal*, cujo símbolo é Pa. No entanto, outras unidades de pressão, baseadas em outros sistemas de medidas, também podem ser utilizadas, como *kgf/cm², bar* e *psi*. A NR13 utiliza as unidades Pa (Pascal) e kgf/cm² (quilograma-força por centímetro quadrado).

[7] Veremos neste capítulo que os fluidos contidos nos vasos de pressão são classificados em quatro classes: A, B, C e D, conforme sua toxicidade e inflamabilidade.

[8] Recipientes móveis são vasos de pressão que podem ser movidos dentro de uma instalação ou entre instalações e que não podem ser enquadrados como transportáveis.

TANQUES METÁLICOS DE ARMAZENAMENTO:

Tanques metálicos de armazenamento, com diâmetro externo maior que 3m (três metros), capacidade nominal acima de 20.000 l (vinte mil litros), e que contenham fluidos de classe A ou B[9].

A tabela a seguir apresenta de forma esquematizada os equipamentos abrangidos pela NR13:

EQUIPAMENTO	OBSERVAÇÃO
Caldeiras	Pressão de operação superior a 60kPa (0,61 kgf/cm²)
Vasos de Pressão	P x V > 8
	Que contenham fluidos Classe A independente do produto P x V
Recipientes Móveis	P x V > 8 ou que contenham fluidos Classe A
Tubulações	Que contenham fluidos Classe A ou B
	Ligadas a caldeiras ou vasos de pressão abrangidos pela NR13
Tanques metálicos de armazenamento	Diâmetro externo: > 3 m
	Capacidade nominal: > 20.000 l
	Que contenham fluidos classe A ou B

5. EQUIPAMENTOS DISPENSADOS DO CUMPRIMENTO DA NR13

Os equipamentos apresentados a seguir não são abrangidos pela NR13[10]:

a) recipientes transportáveis, vasos de pressão destinados ao transporte de produtos, reservatórios portáteis de fluido comprimido e extintores de incêndio;

b) vasos de pressão destinados à ocupação humana;

c) vasos de pressão integrantes de sistemas auxiliares de pacote de máquinas[11];

d) dutos e seus componentes;

e) fornos, serpentinas para troca térmica e aquecedores de fluido térmico;

f) vasos de pressão com diâmetro interno inferior a cento e cinquenta milímetros independentemente da classe do fluido;

g) geradores de vapor não enquadrados em códigos de vasos de pressão ou caldeira: estes geradores produzem vapor sob pressão superior à pressão atmosférica, porém, sem acumulação;

h) tubos de sistemas de instrumentação;

---

[9] Conforme art. 3.º da Portaria 1.846/2022, que aprovou a redação da NR13, a aplicabilidade desta disposição se iniciará após quatro anos contados a partir da publicação da referida portaria.

[10] Porém, tal dispensa não exime o empregador do dever de inspecionar e executar a manutenção destes equipamentos e de outros sistemas pressurizados que ofereçam riscos aos trabalhadores. Os procedimentos de inspeção e manutenção devem ser acompanhados ou executados por um responsável técnico, observadas as recomendações do fabricante, bem como o disposto em códigos ou normas aplicáveis.

[11] Segundo o Glossário, pacote de máquinas é o conjunto formado por equipamentos e acessórios periféricos de máquinas de fluido (bombas, compressores, turbinas, etc.), máquinas operatrizes e demais equipamentos dinâmicos, normalmente agrupados em sistemas de selagem, lubrificação e arrefecimento.

NR 13 • CALDEIRAS, VASOS DE PRESSÃO, TUBULAÇÕES E TANQUES METÁLICOS | 309

i) tubulações de redes públicas de distribuição de gás;

j) vasos de pressão fabricados em Plástico Reforçado de Fibra de Vidro – PRFV, inclusive aqueles sujeitos à condição de vácuo;

k) caldeiras com volume inferior a cem litros;

l) tanques estruturais de embarcações, navios e plataformas marítimas de exploração e produção de petróleo;

m) vasos e acumuladores de equipamentos submarinos destinados à produção e exploração de petróleo;

n) tanques enterrados ou apoiados sobre pernas, sapatas, pedestais ou selas[12];

o) panelas de cocção;

p) acumuladores de blocos hidráulicos;

q) tubulações que operam com vapor[13];

r) trocador de calor de placas corrugadas gaxetadas e brasadas; e

s) vasos de pressão sujeitos exclusivamente a condições de vácuo menor ou igual a 5 kPa, que não contenham fluidos de classe A.

Chamo novamente a atenção para a diferença entre **recipientes transportáveis** (não abrangidos pela NR13) e **recipientes móveis** (abrangidos pela NR13):

- Recipientes transportáveis: recipientes projetados e construídos para serem transportados pressurizados e em conformidade com normas e regulamentações específicas de recipientes transportáveis, incluindo recipientes para GLP com capacidade volumétrica de 5.5 a 500 L (conforme ABNT 8460), cilindros recarregáveis para gases comprimidos, liquefeitos ou dissolvidos (ABNT NBR ISSO 9809), entre outros;

- Recipientes móveis: vasos de pressão que podem ser movidos dentro de uma instalação ou entre instalações e que não podem ser enquadrados como transportáveis.

6. INFORMAÇÕES GERAIS

6.1 Profissional Legalmente Habilitado

Para fins da NR13, considera-se Profissional Legalmente Habilitado aquele que tem competência legal para o exercício da profissão de **engenheiro** nas atividades referentes a projeto de construção, acompanhamento da operação e da manutenção, inspeção e supervisão de inspeção de caldeiras, vasos de pressão, tubulações e tanques metálicos de armazenamento, em conformidade com a **regulamentação profissional** vigente no País.

---

[12] Ou seja, os tanques abrangidos pela NR13 são os tanques de superfícies, não enterrados, com fundo apoiado sobre o solo.

[13] A NR13 determina que as tubulações de vapor de água devem ser mantidas em boas condições operacionais, de acordo com plano de manutenção.

A **regulamentação profissional** de que trata esse item é dada pelo Conselho Federal de Engenharia e Agronomia (CONFEA) por meio da Decisão Normativa 029/1988, que determina:

As atividades inerentes à Engenharia de Caldeiras, no que se refere à Inspeção e Manutenção de Caldeiras e Projeto de Casa de Caldeiras, competem:

1 – Aos Engenheiros Mecânicos e aos Engenheiros Navais;

2 – Aos Engenheiros Civis com atribuições do Art. 28 do Decreto Federal n.º 23.569/33, desde que tenham cursado as disciplinas "Termodinâmica e suas aplicações" e "Transferência de Calor" ou outras com denominações distintas, mas que sejam consideradas equivalentes por força de seu conteúdo programático.

Complementando essa regulamentação, cito a Decisão Normativa 045/1992, também do CONFEA, que estabelece:

1 – As atividades de elaboração, projeto, fabricação, montagem, instalação, inspeção, reparos e manutenção de geradores de vapor, vasos sob pressão, em especial caldeiras e redes de vapor são enquadradas como atividades de engenharia e só podem ser executadas sob a Responsabilidade Técnica de profissional legalmente habilitado.

2 – São habilitados a responsabilizar-se tecnicamente pelas atividades citadas no item 1 os profissionais da área da Engenharia Mecânica, sem prejuízo do estabelecido na DECISÃO NORMATIVA n.º 029/88 do CONFEA.

3 – Todo contrato que envolva qualquer atividade constante do item 1 é objeto de Anotação de Responsabilidade Técnica – ART.

4 – As empresas que se propõem a executar as atividades citadas no item 1 são obrigadas a se registrar no CREA, indicando Responsável Técnico legalmente habilitado.

Dessa forma, para fins da NR13, são *Profissionais Legalmente Habilitados* os engenheiros mecânicos, os engenheiros navais e os engenheiros civis nos termos da regulamentação do CONFEA, conforme apresentado anteriormente, com registro no conselho profissional. Sendo assim, entendo que laudos, relatórios e pareceres relativos a caldeiras, vasos de pressão, tubulações e tanques somente terão valor legal e poderão ser aceitos quando assinados por esses profissionais devidamente habilitados.

Deve ser ressaltado que o profissional legalmente habilitado pode ser consultor autônomo, empregado de empresa prestadora de serviços ou empregado da empresa proprietária da caldeira, vaso de pressão, tubulações ou tanques.

O PLH também pode, por meio de certificação voluntária no âmbito do Sistema Brasileiro de Avaliação da Conformidade – SBAC, obter o reconhecimento de sua competência profissional como PLH Certificado da NR13 para o exercício das atividades referentes a acompanhamento da operação e da manutenção, inspeção e supervisão de inspeção de caldeiras, de vasos de pressão, de tubulações e de tanques metálicos de armazenamento, conforme o disposto no Anexo III da norma.

A inspeção de segurança dos equipamentos abrangidos pela NR13 deve ser executada sob a responsabilidade técnica do PLH.

6.2 Pressão Máxima de Trabalho Admissível

A Pressão Máxima de Trabalho Admissível (PMTA) é o maior valor de pressão a que um equipamento pode ser submetido continuamente, de acordo com o código de construção, a resistência dos materiais utilizados, as dimensões do equipamento e seus parâmetros operacionais. A **PMTA** é, portanto, uma **especificação de projeto**, e corresponde às condições normais mais severas de pressão e temperatura utilizadas em

NR 13 • CALDEIRAS, VASOS DE PRESSÃO, TUBULAÇÕES E TANQUES METÁLICOS | 311

operação normal. Importante esclarecer que o valor da PMTA pode ser alterado ao longo da vida útil da caldeira ou do vaso de pressão, em função da alteração da resistência mecânica dos materiais empregados, por exemplo, redução de espessura da parede em virtude da agressividade do fluido que provoca corrosão.

Nesse caso, o novo valor da PMTA deve ser calculado a partir das fórmulas e tabelas existentes nos respectivos códigos de construção e/ou normas pertinentes. Sempre que houver alteração da PMTA, esta deverá ser devidamente documentada em Projeto de Alteração, com a respectiva memória de cálculo.

Além disso, a(s) válvula(s) de segurança deverá(ão) ter sua pressão de abertura ajustada para o novo valor, a placa de identificação e o prontuário também deverão ser atualizados. Da mesma forma, outros elementos de controle dependentes desse valor devem receber os ajustes necessários. Lembrando que o novo valor de PMTA calculado não pode ser maior que a PMTA de projeto.

6.3 Placa de identificação indelével

A NR13 determina que toda caldeira e vaso de pressão devem ter afixados em seu corpo, em local de fácil acesso e visível, **placa de identificação** indelével. O objetivo dessa placa é apresentar as principais informações sobre o equipamento. Deve ser fabricada com material resistente às intempéries, como alumínio ou aço inoxidável. Os caracteres também devem ser gravados de forma indelével, de maneira que não se apaguem com o tempo. Nela devem constar, no **mínimo**, as seguintes informações:

a) nome do fabricante;

b) número de ordem dado pelo fabricante da caldeira ou número de identificação dado pelo fabricante do vaso de pressão;

c) ano de fabricação;

d) pressão máxima de trabalho admissível (PMTA);

e) capacidade de produção de vapor (somente caldeiras);

f) área de superfície de aquecimento (somente caldeiras);

g) código de construção e ano de edição.

Na placa de identificação deve constar o **nome do fabricante**, a quem a norma estabelece obrigações, como a realização de inspeção final e a elaboração do Prontuário.

O **número de ordem** (caldeiras) ou **número de identificação** (vasos) é um número de controle dado pelo próprio fabricante da caldeira ou do vaso de pressão. Não podemos confundir esse número com o *número ou código de identificação*, que deve constar em local visível. O *número ou código de identificação* é um código numérico e/ou alfanumérico dado pelo **proprietário** da caldeira ou do vaso de pressão a fim de identificá-la(o) como item de seu patrimônio. Vejam a redação dos itens 13.4.1.4 e 13.5.1.4:

> *13.4.1.4. Além da placa de identificação, deve constar, em local visível, a categoria da caldeira e seu número ou código de identificação[14].*

---

[14] Segundo o Glossário, número ou código de identificação corresponde a uma designação distintiva, normalmente alfanumérica, também conhecida como "tag" ou "posição", por meio da qual os equipamentos abrangidos pela NR13 são identificados em documentos técnicos, relatórios, registros, sistemas informatizados, bem como nas instalações.

> *13.5.1.4. Além da placa de identificação, devem constar, em local visível, a categoria do vaso e seu número ou código de identificação.*

Observem que a norma não obriga a indicação da *categoria da caldeira* ou a *categoria do vaso de pressão* na placa de identificação indelével. Essa informação, bem como o respectivo número ou código de identificação, deve constar em **local visível**. Normalmente, esses dados são afixados no próprio corpo ou costado do equipamento. Sobre *Categorias das caldeiras e vasos de pressão*, vejam itens "Classificação das Caldeiras" e "Classificação dos Vasos de Pressão", neste capítulo.

A **PMTA** indicada na placa de identificação deve ser confrontada com os dados constantes no certificado de calibração[15] de válvula de segurança e no prontuário.

Destaco que a **capacidade de produção de vapor da caldeira**, por exemplo, tonelada de vapor/h, **não** é parâmetro indicativo do risco, já que não considera a pressão do vapor produzido ou o volume de vapor armazenado, estes, sim, indicadores de risco.

A placa de identificação deve ser firmemente fixada no costado da caldeira ou vaso e conter informações sobre o **código de construção e respectivo ano de edição**, pois, em caso de perda dos documentos do equipamento, estas informações servirão de referência para os cálculos de reconstituição e/ou redefinição de parâmetros importantes como a PMTA pelo PLH.

Como vimos anteriormente, a NR13 proíbe a construção, a importação, a comercialização, o leilão, a locação, a cessão a qualquer título, a exposição e a utilização de caldeiras e vasos de pressão sem a indicação do respectivo código de construção no prontuário e na placa de identificação.

6.4 Projeto de alteração ou reparo

O projeto de alteração é aquele elaborado por ocasião de alteração que implique intervenção estrutural ou mudança de processo significativa nos equipamentos abrangidos pela NR13. Segundo o Glossário, considera-se alteração qualquer mudança nas condições de projeto ou nos parâmetros operacionais, com impactos na integridade estrutural do equipamento, ou que possam afetar a segurança dos trabalhadores e de terceiros. Por exemplo, alteração da especificação de materiais, alteração do valor da PMTA, inclusão de novas conexões, entre outros.

Já o projeto de reparo estabelece os procedimentos de execução e controle de reparos que possam comprometer a segurança do equipamento. Apesar de no Glossário da atual redação não constar a definição de reparo, podemos entender como toda e qualquer intervenção realizada para **correção** de danos, defeitos ou avarias em equipamentos e seus componentes, visando **restaurar a condição do projeto original de construção do equipamento**. Por exemplo, substituição de conexões corroídas ou reparos em isolantes térmicos.

---

[15] Calibração é uma comparação entre os valores das medições, fornecidos por um instrumento com valores-padrão, aplicando-se, caso necessário, ajustes ou regulagens. O resultado da calibração é registrado em um documento chamado certificado de calibração ou relatório de calibração. Para ter validade, a calibração deve ser feita por um dos laboratórios acreditados pelo INMETRO, pertencente à Rede Brasileira de Calibração (RBC). Essa rede é composta por uma série de laboratórios ligados a universidades, empresas, fundações e outras entidades, que recebem a acreditação do INMETRO e estão aptas a expedir certificados de calibração oficiais.

NR 13 • CALDEIRAS, VASOS DE PRESSÃO, TUBULAÇÕES E TANQUES METÁLICOS | 313

Todos os reparos ou alterações em equipamentos abrangidos pela NR13 devem respeitar os respectivos códigos de construção e as prescrições do fabricante no que se refere a:

a) materiais;

b) procedimentos de execução;

c) procedimentos de controle de qualidade; e

d) qualificação e certificação de pessoal.

Quando não for conhecido o código de construção, deve ser respeitada a concepção original da caldeira, vaso de pressão, tubulação ou tanque metálico de armazenamento, empregando-se os procedimentos de controle prescritos pelos códigos aplicáveis a esses equipamentos. A critério técnico do PLH, podem ser utilizadas tecnologias de cálculo ou procedimentos mais avançados, em substituição aos previstos pelos códigos de construção.

Os projetos de alteração ou reparo devem ser concebidos previamente nas seguintes situações:

a) sempre que as condições de projeto forem modificadas; ou

b) sempre que forem realizados reparos que possam comprometer a segurança.

Os projetos de alteração e os projetos de reparo devem:

a) ser concebidos ou aprovados por PLH;

b) determinar materiais, procedimentos de execução, controle de qualidade e qualificação de pessoal; e

c) ser divulgados para os empregados do estabelecimento que estão envolvidos com o equipamento.

Todas as intervenções que exijam mandrilamento ou soldagem em partes que operem sob pressão devem ser objeto de **exames ou testes** para controle da qualidade com parâmetros definidos pelo PLH, de acordo com normas ou códigos aplicáveis.

6.5 Inspeções de segurança

As caldeiras, os vasos de pressão, as tubulações e os tanques abrangidos pela NR13 devem ser submetidos a inspeções de segurança, como veremos adiante. Os relatórios destas inspeções devem ser elaborados em até 60 (sessenta) dias contados do término da inspeção, ou em até 90 (noventa) dias, no caso de parada geral para manutenção.

Imediatamente após a inspeção de segurança de caldeira, vaso de pressão ou tanque metálico de armazenamento, a condição operacional e de segurança deve ser anotada no respectivo registro de segurança. As recomendações decorrentes das inspeções de segurança devem ser registradas e implementadas pelo empregador, com a determinação de prazos e responsáveis pela execução.

Os instrumentos e sistemas de controle e segurança dos equipamentos abrangidos pela NR13 devem ser mantidos em condições adequadas de uso e devidamente inspecionados e testados ou, quando aplicável, calibrados.

6.6 Válvula de segurança

A válvula de segurança[16] é um dispositivo mecânico de segurança, que deve ser ajustada com pressão de abertura em valor **igual ou inferior** à PMTA. Tal dispositivo é acionado automaticamente[17] (sem ação humana) pela pressão interna do equipamento e tem a finalidade de impedir que esta ultrapasse um valor prefixado, no caso, a PMTA, ou seja, a válvula é responsável por "aliviar" o excesso de pressão (sobre pressão) de tal forma que a pressão da caldeira ou vaso de pressão permaneça em nível seguro de operação.

A pressão de abertura da válvula de segurança pode ser comprovada com a apresentação, pelo empregador, do respectivo Certificado de Calibração. Caso a válvula de segurança esteja calibrada com pressão de abertura em valor **superior** à PMTA, a caldeira ou vaso de pressão deve ser interditado(a). A suspensão da interdição somente deve ocorrer quando o empregador comprovar ajuste da pressão de abertura em valor menor ou igual à PMTA.

6.7 Instrumento indicador de pressão

A norma determina que as caldeiras devem possuir instrumento que indique a pressão de vapor acumulado e os vasos de pressão devem possuir instrumento que indique a pressão de operação, instalado diretamente no vaso ou no sistema que o contenha. Esse instrumento é o **manômetro**, que poderá ser digital ou analógico.

6.8 Teste hidrostático (TH)

O teste hidrostático, bem como outros testes, por exemplo, pneumáticos, hidropneumáticos[18] e hidrodinâmicos são testes de pressão realizados utilizando-se diversas técnicas de pressurização de equipamentos novos ou em serviço, normalmente executados com água ou ar, com a finalidade de detectar vazamentos, atestar a resistência estrutural, bem como verificar a estanqueidade de juntas e de outros elementos de vedação.

Esse teste deve ser **realizado pelo fabricante, na fase de fabricação** da caldeira ou vaso de pressão por meio da apresentação do respectivo laudo técnico. No caso de caldeiras, o laudo deve ser assinado por PLH, e no caso de vasos de pressão, o laudo deve ser assinado por responsável técnico[19], designado pelo fabricante ou importador.

Caso não existam documentos que comprovem a realização do teste hidrostático na fabricação, deve ser observado o seguinte:

---

[16] A *válvula de segurança* no contexto da NR13 não deve ser confundida com a válvula de segurança citada na NR12, enquanto dispositivo de segurança. A primeira é dispositivo que atua por acionamento mecânico; a segunda é o componente conectado à máquina ou equipamento com a finalidade de liberar ou bloquear, quando acionado, a passagem de fluidos líquidos ou gasosos, como ar comprimido e fluidos hidráulicos, de modo a iniciar ou cessar as funções da máquina ou equipamento.

[17] Porém, em alguns casos específicos pode ser necessário o acionamento forçado da abertura da válvula, por meio de ação humana, como em casos de emergência, emperramento por incrustações ou para testes de funcionamento. Na verdade, para se evitar este emperramento por incrustações é importante que a organização implemente rotina de acionamento manual das válvulas de segurança, para fins de teste.

[18] Segundo o item 13.3.4.3, a execução de testes pneumáticos ou hidropneumáticos, quando indispensável, deve ser realizada sob responsabilidade técnica de PLH, com aprovação prévia dos procedimentos a serem aplicados.

[19] Segundo o Glossário, considera-se responsável técnico aquele que tem competência legal para o exercício das demais atribuições de cunho técnico preconizadas na NR13, na respectiva modalidade profissional, em conformidade com a regulamentação vigente no país.

NR 13 • CALDEIRAS, VASOS DE PRESSÃO, TUBULAÇÕES E TANQUES METÁLICOS | **315**

a) para caldeiras ou vasos de pressão fabricados ou importados a partir de 2 de maio de 2014, o teste hidrostático correspondente ao da fase de fabricação deve ser feito durante a inspeção de segurança inicial;

b) para caldeiras ou vasos de pressão em operação antes de 2 de maio de 2014, a execução do teste hidrostático correspondente ao da fase de fabricação fica a critério do PLH e, caso julgue necessário, o teste deve ser realizado até a próxima inspeção de segurança periódica interna.

A execução do teste hidrostático é assunto polêmico. Existe um entendimento no sentido de que se trata de ensaio destrutivo, em razão da presença de grande solicitação de esforços mecânicos durante sua realização, que poderiam comprometer a própria estrutura do equipamento que está sendo testado. Por isso a realização desse teste após a instalação é questionada por especialistas.

6.9 Serviço Próprio de Inspeção de Equipamentos (SPIE)

A denominação Serviço Próprio de Inspeção de Equipamentos (SPIE) indica a existência na empresa, de setor[20] responsável pelas ações de inspeção de segurança das caldeiras, vasos de pressão e tubulações, visando assegurar a condição segura de operação desses equipamentos.

Considera-se estabelecimento com SPIE aquele cujo empregador obtém, de forma voluntária, a certificação prevista no Anexo II da NR13.

Toda empresa que possua SPIE deverá observar os períodos entre as inspeções periódicas, que poderão ser maiores do que aqueles a serem seguidos por empresas que não disponham desse serviço. Ou seja, sempre que a empresa possuir SPIE, os prazos das inspeções periódicas poderão ser estendidos.

A constituição do SPIE pela empresa não é obrigatória, sendo muito mais uma decisão técnico-administrativa, que normalmente depende, entre outros fatores, do parque instalado de caldeiras, vasos de pressão, tubulações e tanques[21]. Caso esse serviço não seja constituído, a empresa deverá contratar profissional habilitado ou empresas especializadas para a realização da inspeção das caldeiras, vasos de pressão e tubulações, conforme o disposto na NR13.

O SPIE da empresa, organizado na forma de setor, seção, departamento, divisão, ou equivalente, deve ser certificado por OCP acreditado pelo INMETRO, que irá verificar, por meio de auditorias programadas, o atendimento aos seguintes requisitos:

a) existência de pessoal próprio da empresa onde estão instalados caldeiras, vasos de pressão, tubulações e tanques, com dedicação exclusiva a atividades de inspeção, avaliação de integridade e vida remanescente, com formação, qualificação e treinamento compatíveis com a atividade proposta de preservação da segurança;

b) mão de obra contratada para ensaios não destrutivos certificada segundo regulamentação vigente e, para outros serviços de caráter eventual, selecionada e avaliada segundo critérios semelhantes ao utilizado para a mão de obra própria;

---

[20] Setor, seção, departamento, divisão ou equivalente.

[21] A constituição deste serviço vai de encontro ao que determina a Convenção 174 da OIT, que tem por objetivo a prevenção de acidentes industriais maiores que envolvam substâncias perigosas e a limitação de suas consequências.

c) serviço de inspeção de equipamentos proposto com um responsável pelo seu gerenciamento formalmente designado para esta função;

d) existência de pelo menos um PLH;

e) existência de condições para manutenção de arquivo técnico atualizado, necessário ao atendimento da NR13, assim como mecanismos para distribuição de informações quando requeridas;

f) existência de procedimentos escritos para as principais atividades executadas;

g) existência de aparelhagem condizente com a execução das atividades propostas; e

h) cumprimento mínimo da programação de inspeção.

A certificação do SPIE e a sua manutenção estão sujeitas a regulamento específico do INMETRO.

6.10 Documentação

A documentação dos equipamentos abrangidos pela NR13 deve permanecer à disposição para consulta dos operadores, do pessoal de manutenção, de inspeção e das representações dos trabalhadores e do empregador na Comissão Interna de Prevenção de Acidentes e de Assédio – CIPA, devendo o empregador assegurar pleno acesso a essa documentação, inclusive à representação sindical da categoria profissional predominante do estabelecimento, quando formalmente solicitado.

7. RISCO GRAVE E IMINENTE

Segundo o item 3.2.1 da NR3 – Embargo e Interdição –, considera-se risco grave e iminente (RGI) toda condição ou situação de trabalho que possa causar acidente ou doença com lesão grave ao trabalhador.

As situações apresentadas a seguir constituem condição de risco grave e iminente e têm como consequência a interposição de interdição pelo Auditor Fiscal do Trabalho. Trata-se de lista exaustiva:[22]

a) operação de equipamentos abrangidos pela NR13 **sem os seguintes dispositivos de segurança:**

Caldeiras: válvula de segurança com pressão de abertura ajustada em valor igual ou inferior à Pressão Máxima de Trabalho Admissível – PMTA, respeitados os requisitos do código de construção relativos a aberturas escalonadas[23] e tolerâncias de pressão de ajuste[24];

---

[22] Atenção: caso o auditor fiscal do trabalho constate qualquer uma destas situações, a interposição da interdição será ato vinculado, ficando dispensado o uso da metodologia constante na NR3 – Embargo e Interdição, conforme item 3.5.1.1 *Fica dispensado o uso da metodologia prevista nesta norma para imposição de medida de embargo ou interdição quando constatada condição ou situação definida como grave e iminente risco nas Normas Regulamentadoras.*

[23] Abertura escalonada de válvulas de segurança se refere a uma condição diferenciada de ajuste da pressão de abertura de múltiplas válvulas de segurança, prevista no código de construção do equipamento por elas protegido, quando podem ser estabelecidos valores de abertura acima da PMTA, consideradas as vazões necessárias para o alívio da sobrepressão em cenários distintos.

[24] Caldeiras e vasos de pressão que operem sem válvulas de segurança, ou que possuam esses dispositivos calibrados com pressão de abertura em valor maior que a PMTA deverão ser interditados pelo auditor

NR 13 • CALDEIRAS, VASOS DE PRESSÃO, TUBULAÇÕES E TANQUES METÁLICOS | **317**

Vasos de pressão: válvula de segurança ou outro dispositivo de segurança com pressão de abertura ajustada em valor igual ou inferior à PMTA, instalado diretamente no vaso ou no sistema que o inclui, considerados os requisitos do código de construção relativos a aberturas escalonadas e tolerâncias de pressão de ajuste;

Tubulações: dispositivos de segurança em conformidade com o respectivo código de construção;

Tanques metálicos de armazenamento: dispositivos de segurança contra sobrepressão e vácuo, conforme os critérios do código de construção utilizado, ou em atendimento às recomendações de estudo de análises de cenários de falhas.

b) atraso na inspeção de segurança periódica de caldeiras[25];

O atraso na inspeção de segurança periódica de caldeiras deve ser entendido como a não realização da inspeção periódica no prazo determinado pela norma. Neste caso, a suspensão da interdição deve ocorrer somente após a realização da inspeção de segurança e apresentação, à auditoria fiscal, do respectivo relatório conclusivo, indicando que o equipamento possui condições seguras de operação. Veremos adiante que a periodicidade da inspeção de segurança varia de acordo com a categoria da caldeira.

c) ausência ou bloqueio de dispositivos de segurança, sem a devida justificativa técnica, baseada em códigos, normas ou procedimentos formais de operação do equipamento;

d) ausência ou indisponibilidade operacional de dispositivo de controle do nível de água na caldeira;

As caldeiras devem possuir dispositivo de controle do nível de água. Não somente a ausência deste dispositivo caracteriza risco grave e iminente de acidentes, mas também sua indisponibilidade operacional. Um exemplo deste dispositivo é o visor de coluna da água. Deve ser considerado inoperante nos casos de impossibilidade de leitura da coluna de água por problemas de sujeira, bloqueio, vazamento ou outros que caracterizem condição não operacional, devendo o AFT, nessa situação, também proceder à interdição da caldeira.

e) operação de equipamento enquadrado na NR13, cujo relatório de inspeção ateste a sua inaptidão operacional; ou

Caso o relatório de inspeção de segurança da caldeira, vaso de pressão, tubulação ou tanque recomende sua retirada de operação por motivos de inaptidão operacio-

---

fiscal do trabalho. A suspensão da interdição deve ocorrer somente após a instalação e/ou calibração da válvula de segurança com pressão de abertura menor ou igual à PMTA, devidamente comprovada.

[25] Segundo o item 13.3.1.1, por motivo de força maior e com justificativa formal do empregador, acompanhada por análise técnica e respectivas medidas de contingência para mitigação dos riscos, elaborada por Profissional Legalmente Habilitado – PLH ou por grupo multidisciplinar por ele coordenado, pode ocorrer postergação de até seis meses do prazo previsto para a inspeção de segurança periódica dos equipamentos abrangidos pela NR13. Neste caso, o empregador deve comunicar ao sindicato dos trabalhadores da categoria predominante do estabelecimento a justificativa formal para postergação da inspeção de segurança periódica do equipamento.

nal, e esse equipamento seja encontrado em operação pela fiscalização do trabalho, tal situação também será considerada de risco grave e iminente, devendo o equipamento ser interditado.

f) operação de caldeira por trabalhador que:

(i) não possua certificado de treinamento de segurança na operação de caldeiras expedido por instituição competente e comprovação de prática profissional supervisionada, conforme item 1.5 do Anexo I da NR13; **ou**

(ii) não possua certificado de treinamento de segurança na operação de caldeiras previsto na NR13 aprovada pela Portaria SSMT 02, de 8 de maio de 1984 ou na Portaria SSST 23, de 27 de dezembro de 1994.

8. COMUNICAÇÃO DE ACIDENTES

A ocorrência de **vazamento, incêndio ou explosão** envolvendo os equipamentos abrangidos pela NR13 e que tenha como consequência uma das situações apresentadas a seguir, deverá ser comunicada pelo empregador à autoridade regional competente em matéria de trabalho e ao sindicato da categoria predominante do estabelecimento:

a) morte de trabalhador(es);
b) internação hospitalar de trabalhador(es);
c) eventos de grande proporção.

A comunicação deve ser encaminhada até o **segundo dia útil** após a ocorrência e deve conter:

a) razão social do empregador, endereço, local, data e hora da ocorrência;
b) descrição da ocorrência;
c) nome e função da(s) vítima(s);
d) procedimentos de investigação adotados;
e) cópia do último relatório de inspeção de segurança do equipamento envolvido;
f) cópia da comunicação de acidente de trabalho (CAT).

O empregador deverá também comunicar formalmente a representação sindical dos trabalhadores predominante do estabelecimento para participar da respectiva investigação.

Veremos a seguir as disposições específicas da NR13 para caldeiras, vasos de pressão, tubulações e tanques metálicos de armazenamento.

CALDEIRAS

1. INTRODUÇÃO

Como vimos, as **caldeiras** são equipamentos destinados a **produzir** e **acumular** vapor sob pressão superior à atmosférica, utilizando **qualquer fonte de energia.** O vapor é gerado por meio da energia térmica fornecida à água da caldeira pela queima do combustível (fonte de energia). As caldeiras devem ser projetadas conforme códigos de construção pertinentes.

Refervedores e equipamentos similares, apesar de gerarem vapor, não são considerados caldeiras, pelo fato de **não acumularem** o vapor, apenas utilizam ou reaproveitam o vapor gerado nos processos.

O vapor gerado e acumulado pela caldeira pode ser vapor de **água ou outro fluido**. No entanto, a maioria das caldeiras gera vapor a partir da **água**, por vários motivos, entre eles, baixo custo de obtenção, segurança e alto calor específico (alta capacidade de absorção de calor).

Existem caldeiras de vários tamanhos, que variam em função da capacidade de armazenamento do vapor.

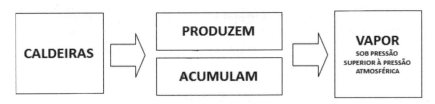

Para gerar vapor é necessária uma fonte de calor que, segundo a NR13, pode ser **qualquer fonte de energia**. As fontes de energia utilizadas no aquecimento das caldeiras podem ser líquidas (caldeiras a óleo diesel), gasosas (caldeiras a gás), ou sólidas (caldeiras a carvão mineral ou vegetal). Existem também caldeiras que utilizam energia elétrica como fonte geradora de calor.

Mas por que gerar vapor? Porque pelo vapor será obtido o **calor** que será utilizado em inúmeros setores da atividade econômica, por exemplo, hotéis, hospitais, indústrias metalúrgicas, frigoríficos, indústrias alimentícias, usinas de açúcar e álcool, indústrias de papel e celulose, petroquímicas etc. Além de ser utilizado para aquecimento, o vapor pode ser empregado para produção de trabalhos mecânicos.

Como o vapor é gerado? A produção do vapor em uma caldeira inicia-se primeiramente com o fornecimento de calor (pela queima do combustível) à água, através das paredes metálicas da caldeira. Uma vez aquecida, a água passará do estado líquido para o gasoso, produzindo o vapor d'água, que será usado como agente transportador de calor.

As caldeiras que produzem vapor pela queima de combustíveis podem ser classificadas em dois grupos básicos, de acordo com o conteúdo dos tubos:

- **Flamotubulares:** os gases quentes, resultantes da combustão, circulam no interior dos tubos, vaporizando a água que circula por fora destes.
- **Aquatubulares:** os gases circulam por fora dos tubos e a vaporização da água ocorre dentro destes.

A classificação das caldeiras em aquatubulares e flamotubulares integra o conteúdo programático do Treinamento de Segurança previsto no item 1.9 do Anexo 1 da NR13.

2. CLASSIFICAÇÃO DAS CALDEIRAS

Para os fins da NR13, as caldeiras são classificadas em duas categorias: A e B, em ordem decrescente do risco envolvido. A classificação em categorias se baseia na pressão de operação do equipamento: quanto maior pressão de operação, maior o risco.

A classificação em categorias possibilita a adoção de procedimentos de segurança específicos, de acordo com o risco oferecido pelo equipamento, e tem impacto direto nos prazos de realização das respectivas inspeções de segurança.

Caldeiras categoria A: são classificadas como categoria A as cadeiras que possuam pressão de operação **igual ou superior** a 1.960 kPa (19,98 kgf/cm²). As caldeiras categoria A deverão possuir painel de instrumentos instalados em sala de controle, construída segundo o que estabelecem as normas regulamentadoras aplicáveis.

Caldeiras categoria B: são classificadas como categoria B as caldeiras que possuam pressão de operação **superior** a 60 kPa (0,61 kgf/cm²) e inferior a 1960 kPa (19,98 kgf/cm²).

A tabela a seguir apresenta a classificação das caldeiras:

	Categoria A	Categoria B
Pressão de Operação	>= 1960 kPa	>60 kPa (0,61 kgf/cm²)
	(19,98 kgf/cm²)	<1960 kPa (19,98 kgf/cm²)

> **Para lembrar**
> *A categoria da caldeira e seu código de identificação devem constar em local visível, no corpo da caldeira, e não obrigatoriamente na placa de identificação indelével.*

3. SISTEMA DE INDICAÇÃO DO NÍVEL DE ÁGUA

As caldeiras devem possuir sistema que indique o nível de água, por exemplo, visores de coluna de água. Os visores ou vidros indicadores do nível da água devem sempre estar perfeitamente limpos, a fim de evitar erros de leitura.

Além de alimentar a produção do vapor, a água utilizada pelas caldeiras também serve como elemento de refrigeração, evitando seu superaquecimento. Por esse motivo, é crucial que a água se mantenha em um nível que garanta a operação segura da caldeira. Caso o nível da água esteja muito baixo, a superfície imersa ficará reduzida e o superaquecimento causado pela ação do calor poderá provocar consequências graves como deformações nos tubos, vazamentos, danos nos componentes e até mesmo uma explosão. Como vimos anteriormente, a **ausência** de dispositivo operacional de controle do nível de água de caldeira caracteriza risco grave e iminente de acidentes, e na sua constatação a caldeira deve ser imediatamente interditada.

4. DISPOSITIVOS OBRIGATÓRIOS

As caldeiras devem ser dotadas dos seguintes itens:

a) válvula de segurança com pressão de abertura ajustada em valor igual ou inferior a PMTA, respeitados os requisitos do código de construção relativos a aberturas escalonadas e tolerâncias de pressão de ajuste;

*Como vimos, a pressão de abertura da válvula de segurança da caldeira deve estar ajustada em valor **igual ou inferior** a PMTA. A ausência de **válvula de segurança** ou sua operação com pressão de abertura **superior** à PMTA é condição que caracteriza risco grave e iminente de acidentes, devendo levar à interdição da*

NR 13 • CALDEIRAS, VASOS DE PRESSÃO, TUBULAÇÕES E TANQUES METÁLICOS | **321**

caldeira. Devem ser considerados nessa situação, entretanto, os requisitos definidos no respectivo código de construção no que se referem a aberturas escalonadas e tolerâncias de pressão de ajuste. A expressão "abertura escalonada" se refere a uma condição diferenciada de ajuste da pressão de abertura de múltiplas válvulas de segurança, prevista no código de construção do equipamento por elas protegido, em que podem ser estabelecidos valores de abertura acima da PMTA, consideradas as vazões necessárias para o alívio da sobrepressão em cenários distintos. As tolerâncias de pressão de ajuste indicam o máximo desvio da variável que está sendo medida, no caso, a pressão de abertura da válvula de segurança.

b) instrumento que indique a pressão do vapor acumulado;

Como vimos, a caldeira deve possuir também instrumento que indique a pressão do vapor acumulado. Esse instrumento é o manômetro, que permite a leitura direta da pressão pelo operador da caldeira.

c) injetor ou sistema de alimentação de água independente do principal que evite o superaquecimento por alimentação deficiente, acima das temperaturas de projeto, de caldeiras de combustível sólido não atomizado ou com queima em suspensão (caldeiras a lenha ou carvão);

Combustível sólido não atomizado é o combustível não pulverizado, ou seja, não reduzido a partículas sólidas em suspensão, como por exemplo, cavaco de madeira. Caldeiras que utilizam este tipo de combustível devem possuir dispositivo de injeção ou sistema de alimentação de água independente do sistema principal, pois em situações de falha nesse sistema (principal) o injetor ou outro sistema independente garantirá a alimentação da água da caldeira, evitando o superaquecimento. Este sistema não é necessário nas demais caldeiras (alimentadas a gás ou outro combustível), pois no caso de problemas no fornecimento da água, basta interromper a alimentação do combustível, interrompendo a chama e, consequentemente, o processo de superaquecimento. Alguns profissionais recomendam a instalação de caixa de areia próxima a estas caldeiras para abafar a fornalha em situações de emergência, principalmente considerando a possibilidade de falhas no sistema de injeção.

d) sistema dedicado de drenagem rápida de água em caldeiras de recuperação de álcalis, com ações automáticas após acionamento pelo operador; e

Caldeiras de recuperação de álcalis são caldeiras que utilizam como combustível principal o licor negro oriundo do processo de fabricação de celulose, realizando a recuperação de químicos e geração de energia. A norma exige sistema dedicado de drenagem rápida da água para estas caldeiras porque seu combustível principal somente reage à queima na presença de água, logo, a drenagem (redução) da água implicará a diminuição do processo de queima possibilitando, desta forma, o controle da temperatura, quando necessário.

e) sistema automático de controle do nível de água com intertravamento que evite o superaquecimento por alimentação deficiente.

Como dito anteriormente, problemas na alimentação da água da caldeira podem levar ao superaquecimento do equipamento, que, aliado a danos anteriores na estrutura molecular do material do costado como incrustações, podem provocar acidentes graves e até mesmo explosões. Entretanto, este sistema automático de controle do nível de água não se confunde com o sistema de alimentação de água independente do sistema principal (alínea "c" anterior): este último, obrigatório para as caldeiras de combustível sólido não atomizado ou com queima em suspensão (caldeiras a lenha ou carvão), como veremos a seguir, pois nestas caldeiras não é possível automatizar o controle da chama em função das características físicas do combustível (sólido).

5. DOCUMENTAÇÃO

Vimos anteriormente que toda caldeira deve possuir no estabelecimento **onde estiver instalada** a seguinte documentação devidamente atualizada:

a) Prontuário;

b) Registro de Segurança;

c) Projeto de Instalação;

d) Projetos de Alteração ou Reparo;

e) Relatórios de Inspeção de Segurança;

f) Certificados de inspeção e teste dos dispositivos de segurança.

Quando a caldeira for vendida ou transferida de estabelecimento, os seguintes documentos devem acompanhá-la:

- Prontuário;
- Projeto de alteração ou reparo; e
- Relatórios de inspeção de segurança.

5.1 Prontuário

O Prontuário é o conjunto de documentos organizados de forma a conter uma memória dinâmica e atualizada de informações pertinentes à caldeira. Deve ser fornecido pelo seu fabricante e conter as seguintes informações:

- código de construção e ano de edição;
- especificação dos materiais;
- procedimentos utilizados na fabricação, montagem e inspeção final[26];
- metodologia para estabelecimento da PMTA;
- registros da execução do teste hidrostático de fabricação;
- conjunto de desenhos e demais dados necessários para o monitoramento da vida útil da caldeira;
- características funcionais;
- dados dos dispositivos de segurança;
- ano de fabricação;
- categoria da caldeira.

---

[26] Essa **inspeção final** corresponde à inspeção da caldeira realizada por seu **fabricante, antes** da entrega ao futuro proprietário. Não deve ser confundida com as inspeções de segurança inicial, periódica e extraordinária que devem ser realizadas sob responsabilidade do **proprietário**, após a instalação da caldeira, de acordo com o disposto na NR13.

Atenção: Observem que o *Manual de Operação* **não** integra o Prontuário da Caldeira.

Como vimos, a princípio, a elaboração do Prontuário da Caldeira é responsabilidade do seu **fabricante**, porém, quando inexistente ou extraviado, o prontuário deve ser **reconstituído** pelo **empregador**, com responsabilidade técnica do fabricante ou de PLH, sendo imprescindível a reconstituição das características funcionais, dos dados dos dispositivos de segurança e da memória de cálculo da PMTA.

Destaco que a reconstituição do prontuário é importante não somente para determinação dos parâmetros operacionais da caldeira, mas também porque servirá como referência na preparação e execução das atividades de inspeção e manutenção do equipamento.

5.2 Registro de segurança

O Registro de Segurança deve ser considerado o diário da caldeira e deve ser constituído por livro de páginas numeradas, pastas ou sistema informatizado.

Nele devem ser registradas todas as ocorrências importantes, capazes de **influir** nas condições de segurança do equipamento, por exemplo, calibração ou troca da válvula de segurança ou do manômetro, paradas de emergência, testes realizados, rupturas de componentes e, inclusive, alterações nos prazos de inspeção.

Nele também devem ser registradas as ocorrências de **inspeções de segurança inicial, periódicas e extraordinárias,** devendo constar a condição operacional do equipamento, o nome legível e assinatura do PLH e do operador da caldeira presente na ocasião da inspeção.

Caso a caldeira venha a ser considerada inadequada para uso, o Registro de Segurança deve conter tal informação e receber encerramento formal.

5.3 Projeto de instalação

Segundo o Glossário, o Projeto de Instalação das caldeiras corresponde às plantas de arranjo ou de locação, correspondendo a desenhos em escala que mostrem, em projeção horizontal, a disposição geral dos equipamentos, representados em um ou mais documentos.

A autoria do projeto de instalação de caldeiras é de responsabilidade de PLH, e deve obedecer aos aspectos de segurança, saúde e meio ambiente previstos nas normas regulamentadoras, convenções e disposições legais aplicáveis.

5.4 Projetos de alteração ou reparo

Como vimos, os Projetos de Alteração ou Reparo devem ser elaborados nos casos em que as condições do projeto da caldeira forem modificadas ou quando houver correção de danos para restaurar a condição do projeto original. Sobre este assunto vejam item 4.4 neste capítulo.

5.5 Relatórios de inspeção de segurança

Sempre que a caldeira for submetida à *inspeção de segurança*, conforme o disposto na NR13, deve ser emitido "Relatório de Inspeção de Segurança" com páginas numeradas, que passará a fazer parte da sua documentação. Esse relatório deve conter no mínimo:

a) dados constantes na placa de identificação;

b) categoria;

c) tipo;

d) tipo de inspeção executada;

e) data de início e término da inspeção;

f) descrição das inspeções, exames e testes executados;

g) registros fotográficos do exame interno;

h) resultado das inspeções e intervenções executadas;

i) relação dos itens da NR13, relativos a caldeiras, que não estão sendo atendidos;

j) recomendações e providências necessárias;

k) parecer conclusivo quanto à integridade da caldeira até a próxima inspeção;

l) data prevista para a nova inspeção de segurança;

m) nome legível, assinatura e número do registro do PLH no conselho profissional, e nome legível e assinatura de técnicos que participaram da inspeção; e

n) número do certificado de inspeção e teste da válvula de segurança.

Veremos adiante as inspeções de segurança obrigatórias às quais as caldeiras devem ser submetidas.

5.6 Informações importantes sobre a documentação das caldeiras

Entre os documentos que integram a documentação da caldeira, o único emitido pelo **fabricante** é o **Prontuário** da Caldeira (com as devidas ressalvas no caso de reconstituição). Todos os demais devem ser providenciados tempestivamente pelo **empregador**, a partir da instalação da caldeira.

Caso a caldeira seja vendida ou transferida de estabelecimento, os seguintes documentos deverão acompanhá-la:

- Prontuário da Caldeira;
- Projeto de Alterações ou Reparos;
- Relatórios de Inspeção de Segurança.

6. INSTALAÇÃO DE CALDEIRAS

As caldeiras de qualquer estabelecimento devem ser instaladas em local específico para tal fim, denominado Casa de Caldeiras (ambiente fechado) ou Área de Caldeiras (ambiente aberto).

6.1 Área de Caldeiras

Quando a caldeira for instalada em ambiente aberto, a "Área de Caldeiras" deve satisfazer os seguintes requisitos:

a) estar afastada, **no mínimo, três metros** de(o)(s):
- Outras instalações do estabelecimento;
- Depósitos de combustíveis, excetuando-se reservatórios para partida com até dois mil litros de capacidade;
- Limite de propriedade de terceiros;
- Limite com as vias públicas;

NR 13 • CALDEIRAS, VASOS DE PRESSÃO, TUBULAÇÕES E TANQUES METÁLICOS | 325

b) dispor de **pelo menos duas saídas amplas**, permanentemente desobstruídas, sinalizadas e dispostas em direções distintas;

c) dispor de **acesso fácil e seguro**, necessário à operação e à manutenção da caldeira, sendo que, para guarda-corpos vazados, os vãos devem ter dimensões que impeçam a queda de pessoas;

d) ter sistema de **captação e lançamento dos gases e material particulado**, provenientes da combustão (como CO_2 e CO), para fora da área de operação atendendo às normas ambientais vigentes: por exemplo, sistemas de exaustão;

e) dispor de **iluminação** conforme normas oficiais vigentes;

f) ter sistema de **iluminação de emergência caso opere à noite**.

A iluminação de emergência deve garantir a iluminação adequada de todos os pontos estratégicos para a operação da caldeira, durante a falha do sistema de iluminação principal.

6.2 Casa de Caldeiras

Quando a caldeira for instalada em ambiente fechado[27], a "Casa de Caldeiras" deve satisfazer os seguintes requisitos:

a) constituir prédio separado, construído de material resistente ao fogo, podendo ter apenas uma parede adjacente a outras instalações do estabelecimento, porém com as outras paredes afastadas, **no mínimo, três metros** de(o)(s):
   – Outras instalações;
   – Limite de propriedade de terceiros;
   – Limite com as vias públicas
   – Depósitos de combustíveis, excetuando-se reservatórios para partida com até dois mil litros de capacidade;

b) dispor de pelo menos duas saídas amplas, permanentemente desobstruídas, sinalizadas e dispostas em direções distintas;

c) dispor de ventilação permanente com entradas de ar que não possam ser bloqueadas;

d) dispor de sensor para detecção de vazamento de gás, quando se tratar de caldeira a combustível gasoso;

e) não ser utilizada para qualquer outra finalidade;

f) dispor de acesso fácil e seguro, necessário à operação e à manutenção da caldeira, sendo que, para guarda-corpos vazados, os vãos devem ter dimensões que impeçam a queda de pessoas;

g) ter sistema de captação e lançamento dos gases e material particulado, provenientes da combustão, para fora da área de operação, atendendo às normas ambientais vigentes; e

h) dispor de iluminação conforme normas oficiais vigentes e ter sistema de iluminação de emergência.

---

[27] Atenção: Caldeiras e vasos de pressão podem ser instalados em ambientes fechados, **porém não podem ser instalados em espaços confinados.** Vejam "Além da NR: Ambiente Fechado *x* Espaços Confinados", neste capítulo.

No caso da **Área de Caldeiras**, a iluminação de emergência é obrigatória somente se a caldeira operar à noite. Já para a **Casa de Caldeiras**, a iluminação de emergência é requisito obrigatório em qualquer caso.

6.3 Projeto de instalação

Como vimos, a autoria do "Projeto de Instalação" de caldeiras é de responsabilidade de PLH.

O projeto deve obedecer aos aspectos de segurança, saúde e meio ambiente previstos nas NRs, convenções e disposições legais aplicáveis.

Quando o estabelecimento não puder atender ao disposto na norma no que se refere aos requisitos da Área de Caldeiras ou Casa de Caldeiras, deverá ser elaborado **Projeto Alternativo de Instalação**, com medidas complementares de segurança que permitam a atenuação dos riscos, de forma a aumentar a confiabilidade operacional da caldeira. A elaboração de projeto alternativo deve ser previamente comunicada à representação sindical da categoria profissional predominante no estabelecimento.

Além da NR
Ambiente Fechado x Espaços Confinados

Nesse ponto, chamo a atenção para o seguinte:

Há alguns anos constava na redação da NR13 que as caldeiras poderiam ser instaladas em ambientes confinados. Entretanto, em 2006, com a publicação da NR33 – Espaços Confinados – e a respectiva conceituação formal da expressão "espaço confinado", verificou-se a incompatibilidade entre tais redações. Vejamos a definição de espaço confinado segundo a NR33:

"33.2.2 Considera-se espaço confinado qualquer área ou ambiente que atenda simultaneamente aos seguintes requisitos: a) não ser projetado para ocupação humana contínua; b) possuir meios limitados de entrada e saída; e c) em que exista ou possa existir atmosfera perigosa".

Agora vejamos alguns requisitos do ambiente fechado, dispostos pela NR13, que impedem que as caldeiras ou vasos de pressão sejam instaladas em espaços confinados:

"– Dispor de pelo menos 2 (duas) saídas amplas, permanentemente desobstruídas, sinalizadas e dispostas em direções distintas;

– Dispor de ventilação permanente com entradas de ar que não possam ser bloqueadas."

Sendo assim, em 2008, a redação da NR13 foi alterada, sendo retirada a possibilidade de instalação de caldeiras em espaços confinados, e incluída a permissão de instalação em ambientes fechados, que devem atender às disposições elencadas no item 13.4.2.4.

Esta observação vale também para vasos de pressão (item 13.5.2.2). Entretanto, como dito anteriormente, o Manual Técnico de Caldeiras e Vasos de Pressão elaborado antes da publicação da NR33 não foi alterado e nele ainda consta, erroneamente, a possibilidade de instalação de caldeiras em espaços confinados, baseada na antiga redação da NR13.

---

7. SEGURANÇA NA OPERAÇÃO DE CALDEIRAS

Para uma operação segura da caldeira, é importante que os respectivos instrumentos e controles sejam mantidos calibrados e em boas condições operacionais. A redação anterior da NR13 determinava que o emprego de artifícios que **neutralizassem** os sistemas de controle e segurança da caldeira caracterizava risco grave e iminente. Entretanto, a redação atual prevê, como exceção, a possibilidade de inibição provisória nos instrumentos, controles e sistemas de segurança. Esta inibição somente poderá ocorrer se houver previsão, de forma provisória, em procedimentos formais de operação e manutenção

NR 13 • CALDEIRAS, VASOS DE PRESSÃO, TUBULAÇÕES E TANQUES METÁLICOS | 327

ou mediante justificativa formalmente documentada elaborada por responsável técnico, com prévia análise de risco e anuência do empregador ou de preposto por ele designado, desde que mantida a segurança operacional.

Outro aspecto importante relativo à segurança na operação de caldeiras se refere à qualidade da água usada na geração do vapor e no resfriamento da caldeira: a qualidade da água deve ser controlada e tratamentos devem ser implementados, quando necessários, para compatibilizar suas propriedades físico-químicas com os parâmetros de operação da caldeira, **definidos pelo fabricante**, evitando depósitos excessivos (incrustações), corrosões e outras deteriorações nas paredes internas. De maneira geral, quanto maior a pressão de operação, mais rígidos deverão ser os requisitos do tratamento da água.

O uso de água sem tratamento ou com tratamento inadequado pode provocar situações de risco como a formação de incrustações nas paredes internas da caldeira. Estas incrustações funcionarão como material isolante, reduzindo a capacidade de troca térmica do equipamento, e sua consequente eficiência e vida útil.

Devem ser objeto de análise, e posterior tratamento, diversas propriedades físico-químicas da água como pH, condutividade, alcalinidade, dureza, presença de ferro, cobre, entre outras. Os parâmetros recomendados variam, inclusive, de acordo com a PMTA.

Sobre esse assunto, vejam questão do CESPE/2011, cujo gabarito é ERRADO:

✎ A presença de incrustações nas paredes, embora reduza a eficiência térmica, não oferece maior risco à operação das caldeiras.

A primeira parte da questão está correta, pois, como vimos, as incrustações nas paredes internas da caldeira reduzem a transferência térmica, uma vez que o material depositado acaba por oferecer uma resistência contra a transferência do calor gerado para vaporizar a água, diminuindo a eficiência do equipamento. Entretanto, tal situação aumenta o risco de acidente, pois provoca a redução das propriedades mecânicas das paredes e tubos da caldeira em contato com a água.

7.1 Operador de caldeira

A operação e o controle das caldeiras devem estar obrigatoriamente sob a responsabilidade de um operador de caldeira.

Para ser considerado *operador de caldeira*, o trabalhador deve atender a uma das seguintes condições:

a) possuir certificado de treinamento de segurança na operação de caldeiras expedido por instituição competente e comprovação de prática profissional supervisionada, conforme item 1.5 deste Anexo; ou

b) possuir certificado de treinamento de segurança na operação de caldeiras previsto na NR-13 aprovada pela Portaria SSMT 02, de 8 de maio de 1984 ou na Portaria SSST 23, de 27 de dezembro de 1994.

Como vimos anteriormente, a operação de caldeira por trabalhador que não seja operador de caldeira é considerada situação de risco grave e iminente, e caso seja constatada, deve ter como consequência a interdição imediata do equipamento pelo Auditor Fiscal do Trabalho. Por óbvio, a empresa que possuir caldeiras nestas condições deve interromper sua operação até a designação de operador qualificado.

O Manual Técnico de Caldeiras e Vasos de Pressão (2006) complementa a disposição normativa esclarecendo que "caldeira sob controle de operador" é aquela para a qual exista pelo menos um operador em condições de **atuar prontamente** para corrigir situações anormais que se apresentem. Isso significa que, enquanto a caldeira estiver em operação, deverá haver pelo menos um operador, o que se aplica inclusive nos turnos noturnos e demais situações como férias e afastamentos.

Saiba Mais

Operadores de Caldeira – Adicional de Periculosidade

Segundo o item 2, inciso I, alínea "e", do Anexo 2 da NR16 – Atividades e Operações perigosas com inflamáveis, as atividades de operação ou manutenção de caldeiras são consideradas perigosas, ad referendum do Ministério do Trabalho, conferindo o adicional de periculosidade, nos casos aplicáveis (quando a fonte de energia da caldeira se enquadrar como inflamável), aos trabalhadores que se dedicam a essas atividades ou operações, bem como àqueles que operam na área de risco. A área de risco será definida conforme item 3 do citado anexo.

7.1.1 Treinamento de segurança

Para participação como aluno no treinamento de segurança na operação de caldeiras, o empregado deve apresentar atestado de conclusão do Ensino Médio.

O treinamento de segurança na operação de caldeiras deve, obrigatoriamente:

a) ser supervisionado tecnicamente por PLH;

b) ser ministrado por instrutores com proficiência no assunto;

c) obedecer, no mínimo, ao currículo proposto no item 1.9 do Anexo 1;

d) ser integrado com prática profissional supervisionada, conforme item 1.5 do Anexo 1;

e) ter carga horária mínima de quarenta horas; e

f) estabelecer formas de avaliação de aprendizagem.

A prática profissional supervisionada é o momento em que o trabalhador desenvolve atividades profissionais vinculadas com os conteúdos teóricos recebidos em treinamento, com o acompanhamento e a supervisão de outro profissional ou instrutor com domínio das atividades desenvolvidas.

O treinamento de segurança na operação de caldeiras pode ser realizado na modalidade de Ensino a Distância – EaD, exceto a prática profissional supervisionada, que deve ser realizada presencialmente, na caldeira que o operador irá operar.

Caso as disposições anteriores não sejam cumpridas, os responsáveis pela promoção do treinamento estarão sujeitos ao impedimento de ministrar novos cursos, bem como a outras sanções legais cabíveis.

7.1.2 Atualização dos conhecimentos

Deve ser realizada a atualização dos conhecimentos[28] dos operadores de caldeiras quando:

---

[28] Chamada de *Treinamento de Reciclagem* na redação anterior.

NR 13 • CALDEIRAS, VASOS DE PRESSÃO, TUBULAÇÕES E TANQUES METÁLICOS | **329**

a) ocorrer modificação na caldeira;

b) ocorrer acidentes e/ou incidentes de alto potencial, que envolvam a operação da caldeira;

c) houver recorrência de incidentes.

7.1.3 Prática profissional supervisionada

Todo operador de caldeira deve ser submetido à prática profissional supervisionada na operação da própria caldeira que irá operar. Exemplo: Considere um operador que participou de treinamento de segurança e prática profissional supervisionada em caldeira Categoria B. Suponhamos que esse trabalhador seja realocado para operar **outra caldeira**, ainda que de mesma categoria, mesmo fabricante, no mesmo estabelecimento. Ele deverá ser submetido a **nova prática profissional supervisionada**, na nova caldeira que irá operar.

A prática profissional supervisionada deve ser documentada e sua duração mínima varia em função da categoria da caldeira:

- Caldeiras da categoria A: 80 horas
- Caldeiras da categoria B: 60 horas

O estabelecimento onde for realizada a prática deve informar, **quando requerido** pela representação sindical da categoria profissional predominante no estabelecimento:

a) período de realização;

b) entidade, empregador ou profissional responsável pelo treinamento de segurança na operação de caldeira;

c) relação dos participantes.

7.2 Manual de Operação

Toda caldeira deve possuir Manual de Operação **atualizado**, em língua portuguesa, em local de fácil acesso aos operadores, contendo no mínimo:

a) procedimentos de partidas e paradas;

b) procedimentos e parâmetros operacionais de rotina;

c) procedimentos para situações de emergência;

d) procedimentos gerais de segurança, saúde e de preservação do meio ambiente.

8. INSPEÇÃO DE SEGURANÇA DE CALDEIRAS

Todas as caldeiras devem ser submetidas às seguintes inspeções, a serem realizadas sob responsabilidade técnica do PLH:

- Inicial;
- Periódica;
- Extraordinária.

8.1 Inspeção inicial

A **inspeção de segurança inicial** deve ser feita em caldeiras **novas, ANTES da entrada em funcionamento**[29]**, no local definitivo de instalação**, devendo compreender os seguintes exames:

- Exame interno;
- Exame externo; e
- Teste de pressão.

O **exame interno** corresponde a um exame da superfície interna e de componentes internos da caldeira. É realizado visualmente para detecção de defeitos com relação a pontos de corrosão, trincas, incrustações e depósitos ou qualquer descontinuidade nas regiões das soldas; são também empregados ensaios e testes apropriados para avaliar a integridade estrutural.

O **exame externo** é um exame da superfície e de componentes externos da caldeira. Pode ser realizado com o equipamento em operação, e tem por objetivo avaliar sua integridade estrutural.

O **teste de pressão**, como dito anteriormente, é um termo genérico que compreende diversas técnicas de pressurização de equipamentos novos ou em serviço, incluindo testes hidrostáticos, pneumáticos, hidropneumáticos e hidrodinâmicos, normalmente executados com água ou ar, com a finalidade de detectar vazamentos, atestar a resistência estrutural, bem como verificar a estanqueidade de juntas e de outros elementos de vedação.

8.2 Inspeção periódica

A inspeção periódica das caldeiras é constituída por exames interno e externo e deve ser realizada dentro dos prazos **máximos** apresentados a seguir. O PLH responsável pela caldeira poderá determinar prazos **menores** do que os exigidos pela norma.

Caso a empresa **não** possua Serviço Próprio de Inspeção de Equipamentos (SPIE), devem ser considerados os seguintes **prazos máximos**:

Caldeira	Prazo
Categorias A e B	12 meses
Caldeiras de recuperação de álcalis de qualquer categoria	18 meses
Caldeiras categoria A, desde que aos doze meses sejam testadas as pressões de abertura das válvulas de segurança	24 meses
Caldeiras categoria B com sistema de gerenciamento de combustão – SGC que atendam ao disposto no Anexo IV da norma	30 meses

---

[29] Para fins de auditoria é importante, portanto, constar no Livro de Registro a data de entrada em operação da caldeira para que a empresa possa comprovar à fiscalização a realização da inspeção inicial ANTES desta data. Este entendimento também vale para os vasos de pressão.

NR 13 • CALDEIRAS, VASOS DE PRESSÃO, TUBULAÇÕES E TANQUES METÁLICOS | **331**

Caso a empresa possua Serviço Próprio de Inspeção de Equipamentos (SPIE), os prazos a serem observados entre as inspeções de segurança poderão ser **estendidos**, devendo ser observado o seguinte:

Caldeira	Prazo
Caldeiras de recuperação de álcalis	24 meses
Caldeiras categoria B	24 meses
Caldeiras categoria A	30 meses
Caldeiras categoria A com Sistema Instrumentado de Segurança – SIS, que atendam ao disposto no Anexo IV da NR13	48 meses

8.3 Inspeção de segurança extraordinária

A inspeção de segurança **extraordinária** em caldeiras deve ser executada no caso de ocorrências que possam afetar sua condição física, tais como hibernação prolongada, mudança de locação, surgimento de deformações inesperadas, choques mecânicos de grande impacto ou vazamentos, entre outros, com abrangência definida por PLH.

Esta inspeção deve ser realizada nas seguintes ocasiões:

a) sempre que a caldeira for danificada por acidente ou outra ocorrência capaz de comprometer sua segurança;

b) quando a caldeira for submetida a alteração ou reparo importante capaz de alterar suas condições de segurança;

c) antes de a caldeira ser recolocada em funcionamento, quando permanecer inativa por **mais de seis meses:** mesmo as caldeiras inativas ou inoperantes podem sofrer desgastes significativos em virtude da corrosão;

d) quando houver mudança de local de instalação da caldeira.

Vejam que a norma não define quais testes devem ser efetuados por ocasião da inspeção extraordinária, mas sim as situações que ensejam sua realização.

8.4 Avaliação de integridade

A NR13, em seu item 13.4.4.6, determina que, na inspeção subsequente à data em que completar 25 anos de <u>uso</u>, a caldeira deve ser submetida a uma avaliação de integridade com maior abrangência para determinar a sua vida remanescente e novos prazos máximos para inspeção, caso ainda esteja em condições de uso.

Este item realmente é muito rico em informações, vejamos:

– Vamos considerar que em janeiro/2022 uma caldeira completou 25 anos de uso. Na primeira inspeção de segurança realizada **após** esta data (e não necessariamente na data em que a caldeira completar os 25 anos de uso), deverá também ser feito um teste de integridade, para avaliar sua vida remanescente. Observem com atenção que essa inspeção de segurança subsequente poderá ser uma inspeção de segurança periódica programada (que ocorrerá dentro da programação de inspeções da caldeira, conforme os prazos máximos da norma) OU uma inspeção extraordinária, que deve ser realizada nas situações definidas na norma.

- Além da vida remanescente, a avaliação de integridade deverá determinar os novos prazos máximos para inspeção, que não poderão ser maiores do que aqueles já definidos na norma.
- Essa exigência de avaliação de integridade após os 25 anos não é expressamente obrigatória para vasos de pressão e tubulações, porém a norma não deixa de contemplar a necessidade de avaliação de integridade nesses equipamentos, conforme itens 13.5.4.6, 13.6.2.5 e 13.7.3.4.

O objetivo da avaliação de integridade é permitir a continuação **segura** do uso da caldeira, geralmente para além do período estimado na fase de projeto, aumentando sua disponibilidade operacional.

Sobre esse assunto vejam questão do CESPE/2011, cujo gabarito é ERRADO:

 Ao completarem 25 anos de operação, as caldeiras devem ser submetidas à avaliação de integridade e da sua vida remanescente.

8.5 Relatório de inspeção de segurança

Imediatamente após a inspeção da caldeira, sua condição operacional deverá ser anotada no respectivo Registro de Segurança. O Relatório de Inspeção correspondente, que passará a fazer parte da documentação da caldeira, deve ser elaborado em até 60 dias, podendo esse prazo ser estendido para 90 dias, nos casos em que houver parada geral de manutenção.

Sobre os itens obrigatórios que devem constar do relatório de inspeção de segurança da caldeira, veja o item 5.5 apresentado anteriormente neste capítulo.

As recomendações decorrentes da inspeção devem ser registradas e implementadas pelo empregador, com a determinação de prazos e indicação dos responsáveis por sua execução. É possível que os resultados da inspeção determinem alterações de parâmetros de projeto, por exemplo, alteração da PMTA[30]. Nesses casos, a placa de identificação e a documentação do prontuário devem ser atualizadas.

Ressalto novamente que a norma define os exames a serem realizados somente nas inspeções inicial e periódica das caldeiras e também na fase de fabricação. No caso da inspeção **extraordinária**, são definidas apenas as respectivas situações motivadoras.

VASOS DE PRESSÃO

1. INTRODUÇÃO

Como vimos no início deste capítulo, vasos de pressão são recipientes estanques, de quaisquer tipos, formato ou finalidade, capazes de conter fluidos sob pressões manométricas positivas ou negativas, diferentes da atmosférica, observados os critérios de enquadramento que constam na NR13.

Os fluidos contidos nos vasos de pressão podem ser líquidos, gases ou uma mistura deles. Podem ser construídos de diversos materiais (fibra de vidro, aço inoxidável, alumínio, entre outros) e possuir formas geométricas variadas (esferas, cilindros, entre outros), dependendo do uso a que se destinam.

---

[30] A PMTA somente poderá ser reduzida, nunca aumentada.

Aqui temos uma das grandes diferenças entre Caldeiras e Vasos de Pressão: Enquanto as caldeiras geram e armazenam vapor, os vasos de pressão contêm fluidos.

Tal como as caldeiras, os vasos de pressão também estão inseridos em diversos processos produtivos de diversos setores econômicos, por exemplo, frigoríficos, indústria automobilística, indústria alimentícia, metalurgia, siderurgia, mineração, entre outros.

2. ABRANGÊNCIA

Como vimos anteriormente, os seguintes vasos de pressão estão sujeitos ao cumprimento das disposições contidas na NR13:

a) vasos de pressão cujo produto PxV seja superior a 8 (oito);

b) vasos de pressão que contenham fluidos da classe A, independentemente do produto PxV; e

c) recipientes móveis com PxV superior a oito ou com fluidos da classe A.

Os fatores do produto (PxV) são:

- Pressão máxima de operação (P): módulo da pressão máxima de operação em kPa;
- Volume interno[31] (V), em m^3.

Observem que os vasos de pressão que contenham fluidos Classe A (a classificação dos fluidos é apresentada no item a seguir) devem obrigatoriamente observar as determinações da NR13, **independentemente** do produto (PxV).

A pressão máxima de operação é a máxima pressão manométrica esperada durante a operação normal do sistema. Refere-se a uma condição operacional, depende do processo de cada empresa e não deve ser confundida com a PMTA – Pressão Máxima de Trabalho Admissível.

3. CLASSIFICAÇÃO DOS VASOS DE PRESSÃO

A NR13 classifica os vasos de pressão em cinco categorias: I, II, III, IV e V, em ordem decrescente do risco, de forma que vasos de pressão categoria I representam maior risco, e vasos categoria V, menor risco. A determinação da categoria do vaso de pressão tem impacto direto nos prazos de realização das inspeções de segurança periódicas. A categoria é definida em função da **classe do fluido** e do **grupo potencial de risco.**

Os fluidos contidos nos vasos de pressão são divididos em **quatro classes**: A, B, C e D. Essas classes correspondem ao grau de risco do **fluido**, em ordem decrescente de gravidade, de tal forma que fluidos Classe A representam maior risco e fluidos Classe D, menor risco.

---

[31] Volume interno útil do vaso de pressão, excluindo o volume dos acessórios internos, de enchimentos ou de catalisadores.

O **grupo potencial de risco** é determinado em função do produto P x V, e é dividido em **cinco grupos**: 1, 2, 3, 4 e 5.

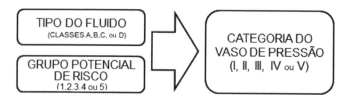

3.1 Classe do fluido

A tabela a seguir apresenta a classificação dos fluidos:

CLASSE A	CLASSE B	CLASSE C	CLASSE D
Fluidos inflamáveis	Fluidos combustíveis com temperatura inferior a 200ºC	Vapor de água	Outros fluidos não enquadrados nas classes anteriores
Fluidos combustíveis com temperatura superior ou igual a 200ºC		Gases asfixiantes simples[32]	
Fluidos tóxicos com limite de tolerância igual ou inferior a 20 ppm[33]	Fluidos tóxicos com limite de tolerância superior a 20 ppm	Ar comprimido	
Hidrogênio			
Acetileno			

Quando se tratar de mistura, deverá ser considerado para fins de classificação o fluido que apresentar maior risco aos trabalhadores e às instalações, considerando-se sua toxicidade, inflamabilidade e concentração.

3.2 Grupo Potencial de Risco

O Grupo Potencial de Risco é estabelecido pelo produto P x V, sendo que:

P: pressão máxima de operação em MPa
V: volume geométrico interno em m³

De acordo com o produto PxV, o vaso deverá ser enquadrado em um dentre cinco grupos conforme a seguir:

GRUPO POTENCIAL DE RISCO	P x V
1	PxV ≥ 100
2	100 > PxV ≥ 30
3	30 > PxV ≥ 2,5
4	2,5 > PxV ≥ 1
5	PxV < 1

---

[32] São classificados como gases asfixiantes simples os gases inertes, que, quando em altas concentrações em ambientes confinados, deslocam o oxigênio do ar reduzindo sua disponibilidade. Ex.: gases nobres, dióxido de carbono (CO_2), metano, butano e propano (GLP – gás liquefeito de petróleo).

[33] Quanto menor o limite de tolerância, maior o risco, em função da toxicidade, inflamabilidade e explosividade do fluido.

NR 13 • CALDEIRAS, VASOS DE PRESSÃO, TUBULAÇÕES E TANQUES METÁLICOS | 335

3.3 Categorias dos vasos de pressão

A classificação dos vasos de pressão em categorias baseia-se em dois parâmetros: energia acumulada (Produto PxV) e periculosidade do fluido armazenado, conforme a tabela a seguir:

CLASSE DE FLUIDO	GRUPO POTENCIAL DE RISCO				
	1	2	3	4	5
	PxV ≥ 100	100 > PxV ≥ 30	30 > PxV ≥ 2,5	2,5 > PxV ≥ 1	PxV < 1
A	I	I	II	III	III
B	I	II	III	IV	IV
C	I	II	III	IV	V
D	II	III	IV	V	V

Saiba mais

Produto P x V:

Pressão em kPa ou MPa?

O produto P x V, em que P é a pressão máxima de operação do vaso de pressão e V, seu volume interno, é utilizado tanto para verificar se o vaso é abrangido pela NR13 (item 13.2.1, "b", "c" e "d") quanto para determinar o Grupo Potencial de Risco correspondente (item 13.5.1.1.3).

Entretanto, apesar de esses itens usarem a mesma fórmula (P x V), é fundamental observar que o múltiplo da unidade de pressão é diferente em cada caso: para determinar se a NR13 é aplicável ao vaso de pressão, deve-se usar o múltiplo kPa (item 13.2.1, "b", "c" e "d"), ao se calcular o produto (P x V). Caso o objetivo seja classificar o vaso de acordo com o Grupo Potencial de Risco, o múltiplo da unidade de pressão deve ser MPa (item 13.5.1.1.3). Vejamos a redação desses itens:

13.2.1 Esta NR deve ser aplicada aos seguintes equipamentos: [...]

*b) vasos de pressão cujo produto P.V seja superior a 8 (oito), onde P é o módulo da pressão máxima de operação em **kPa** e V o seu volume interno em m³;*

c) vasos de pressão que contenham fluidos da classe A, especificados na alínea "a" do subitem 13.5.1.1.1, independentemente do produto P.V;

d) recipientes móveis com P.V superior a oito, onde P é o módulo da pressão máxima de operação em kPa, ou com fluidos da classe A, especificados na alínea "a" do subitem 13.5.1.1.1;

*13.5.1.1.3 O grupo de potencial de risco do vaso de pressão deve ser estabelecido a partir do produto P.V, onde P é a pressão máxima de operação em **MPa**, em módulo, e V o seu volume em m³ (metro cúbico), conforme segue:*

a) Grupo 1 – P.V ³ 100;

b) Grupo 2 – P.V < 100 e P.V ³ 30;

c) Grupo 3 – P.V < 30 e P.V ³ 2,5;

d) Grupo 4 – P.V < 2,5 e P.V ³ 1; ou

e) Grupo 5 – P.V < 1.

Vejam o exemplo a seguir.

336 | SEGURANÇA E SAÚDE NO TRABALHO – *Mara Queiroga Camisassa*

3.4 Exemplo – Classificação de Vaso de Pressão

Dados:

Fluido armazenado:	Óleo lubrificante
Temperatura de operação:	45°C
Volume interno:	300 litros
Pressão de operação:	500 kPa

1.º passo: Verificar se o vaso de pressão se enquadra na NR13

Para verificar se o vaso se enquadra na NR13, precisamos calcular o produto (P x V). Se esse produto foi maior que oito, o vaso se enquadra nas disposições da norma.

Para calcular esse produto, devemos primeiro verificar se as grandezas *pressão* e *volume* estão nas unidades apropriadas, respectivamente **kPa** e m^3. Caso não estejam, será necessário fazer a conversão:

Pressão:	500 kPa
Volume:	300 litros = 300 dm^3 = 0,3 m^3

Temos então que:

P x V = 500 x 0,3 = 150, logo P x V > 8, então o vaso se enquadra na NR13. Podemos passar então para o segundo passo:

2.º passo: Determinar a categoria do vaso de pressão

Para determinar a categoria do vaso, é preciso identificar a classe do fluido e o grupo potencial de risco:

Fluido:	Óleo lubrificante
Classe do fluido:	B

Grupo Potencial de Risco: O grupo potencial de risco também é determinado por meio do cálculo do produto P x V, porém, nesse caso, a pressão deve estar em **MPa**:

Pressão:	500 kPa = 0,5 MPa
Volume:	300 litros = 300 dm^3 = 0,3 m^3

Logo:

Grupo Potencial de Risco = P $\times$ V = 0,5 $\times$ 0,3 = 0,15

Vemos então que o produto (P $\times$ V) é menor que 1.

3.º passo: Verificar o enquadramento na tabela Categorias de Vasos de Pressão

Classe de Fluido: B

(P $\times$ V) < 1

Agora basta fazer o cruzamento dessas duas informações na tabela de Categorias de Vasos de Pressão, apresentada a seguir:

CLASSE DE FLUIDO				
1	2	3	4	5
PxV > 100	100 > PxV > 30	30 > PxV > 2,5	2,5 > PxV > 1	PxV < 1
A I	I	II	III	III
B I	II	III	IV	IV
C I	II	III	IV	V
D II	III	IV	V	V

Conclusão: O vaso de pressão deve ser enquadrado na Categoria IV.

NR 13 • CALDEIRAS, VASOS DE PRESSÃO, TUBULAÇÕES E TANQUES METÁLICOS | **337**

4. DISPOSITIVOS OBRIGATÓRIOS

Os vasos de pressão devem ser dotados dos seguintes itens[34]:

a) válvula de segurança ou outro dispositivo de segurança com pressão de abertura ajustada em valor igual ou inferior à PMTA, instalado diretamente no vaso ou no sistema que o inclui, considerados os requisitos do código de construção relativos a aberturas escalonadas e tolerâncias de inspeção e teste;

*A pressão de abertura da válvula de segurança do vaso de pressão deve estar ajustada em valor **igual ou inferior** a PMTA. A ausência de válvula de segurança ou sua operação com pressão de abertura superior à PMTA é condição que caracteriza risco grave e iminente de acidentes, devendo levar à interdição do vaso. Devem ser considerados nessa situação, entretanto, os requisitos definidos no respectivo código de construção relativos a aberturas escalonadas (quando podem ser estabelecidos valores de pressão de abertura **acima da PMTA**, em situações específicas) e tolerâncias de inspeção e teste. Como dito anteriormente, as tolerâncias de calibração indicam o máximo desvio da variável que está sendo medida, no caso, a pressão de abertura da válvula de segurança.*

b) vasos de pressão submetidos a vácuo devem ser dotados de dispositivos de segurança ou outros meios previstos no projeto;

c) medidas para evitar o bloqueio inadvertido de dispositivos de segurança, incluindo controles administrativos ou, quando inexistentes, utilização de dispositivos físicos como o Dispositivo Contra Bloqueio Inadvertido – DCBI associado à sinalização de advertência; e

O Dispositivo Contra Bloqueio Inadvertido – DCBI é um dispositivo utilizado para evitar o fechamento inadvertido de válvulas instaladas à montante e à jusante de dispositivos de segurança.

d) instrumento que indique a pressão de operação, instalado diretamente no vaso ou no sistema que o contenha.

O vaso de pressão também deve possuir instrumento que indique a pressão de operação. Em geral, esse instrumento é o manômetro, que permite a leitura direta da pressão de operação. O certificado de calibração desse dispositivo deve constar da documentação do vaso de pressão.

Importante enfatizar que, no caso dos vasos de pressão, tanto a válvula de segurança quanto o instrumento indicador da pressão de operação podem ser instalados diretamente no vaso ou no sistema que o contenha, de acordo com o disposto na NR13.

5. DOCUMENTAÇÃO DO VASO DE PRESSÃO

Como vimos no início deste capítulo, todo vaso de pressão deve possuir, no estabelecimento onde estiver instalado, a seguinte documentação devidamente atualizada:

---

[34] Os sistemas intrinsecamente protegidos, concebidos e mantidos em conformidade com o respectivo código de construção, podem prescindir do disposto nas alíneas "a" ou "b" apresentadas a seguir, mediante parecer técnico emitido por PLH. Segundo o Glossário, sistemas intrinsecamente protegidos correspondem a vasos isolados ou interligados cuja pressão se mantenha inferior à PMTA em todos os cenários possíveis, bem como aqueles dotados de instrumentos de segurança concebidos em substituição ou em complemento aos dispositivos de segurança preconizados na NR13, observadas as premissas e os requisitos técnicos e documentais previstos nos respectivos códigos de construção.

a) Prontuário;

b) Registro de Segurança;

c) Projetos de Alteração ou Reparo;

d) Relatórios de Inspeção de Segurança;

e) Certificados de inspeção e teste dos dispositivos de segurança.

Vejamos a seguir cada um deles:

5.1 Prontuário

O Prontuário é o conjunto de documentos organizados de forma a conter uma memória dinâmica e atualizada de informações pertinentes ao vaso de pressão. Deve ser fornecido pelo seu fabricante e conter as seguintes informações:

- código de construção e ano de edição;
- especificação dos materiais (utilizados na construção do vaso de pressão);
- procedimentos utilizados na fabricação, montagem e inspeção final[35];
- metodologia para estabelecimento da PMTA;
- conjunto de desenhos e demais dados necessários para o monitoramento da sua vida útil;
- pressão máxima de operação;
- registros da execução, na fase de fabricação, do teste hidrostático;
- características funcionais;
- dados dos dispositivos de segurança;
- ano de fabricação;
- categoria.

Atenção: O *Manual de Operação* **não** integra o Prontuário do Vaso de Pressão.

A princípio, a elaboração do Prontuário do Vaso de Pressão é responsabilidade do seu **fabricante**, porém, quando inexistente ou extraviado, deve ser reconstituído pelo **empregador** com responsabilidade técnica do fabricante ou de PLH, sendo imprescindível a reconstituição das premissas de projeto, dos dados dos dispositivos de segurança e da memória de cálculo da PMTA.

Vasos de pressão construídos **sem códigos de construção**, instalados **antes** da publicação da Portaria MTb 1.082, de 18 de dezembro de 2018, para os quais não seja possível a reconstituição da memória de cálculo por códigos reconhecidos, devem ter **PMTA atribuída por PLH a partir dos dados operacionais** e ser submetidos a inspeções periódicas conforme os prazos abaixo:

a) um ano, para inspeção de segurança periódica externa;

b) três anos, para inspeção de segurança periódica interna.

A empresa deverá elaborar Plano de Ação para realização de **inspeção extraordinária especial** de todos dos vasos construídos sem códigos de construção citados no

---

[35] Essa inspeção final corresponde à inspeção do vaso de pressão realizada por seu fabricante, antes da entrega ao futuro proprietário. Não deve ser confundida com as inspeções de segurança inicial, periódica e extraordinária, que devem ser realizadas sob responsabilidade do proprietário, após a instalação do vaso, de acordo com o disposto na NR13.

parágrafo anterior, considerando um prazo máximo de 60 (sessenta) meses[36]. A **inspeção extraordinária especial** tem como objetivo a coleta de dados que permitam ao PLH definir com maior precisão os valores de PMTA e outras informações importantes para o acompanhamento da vida remanescente do vaso, como os tipos de materiais utilizados nas suas diferentes partes, suas dimensões, especialmente espessura, e respectivas resistências mecânicas, a eficiência de junta a ser considerada para as juntas soldadas, os detalhes de conexões e reforços e a reconstituição dos principais desenhos. Caso necessário, devem ser implementados alterações ou reparos que permitam a operação segura do vaso de pressão.

5.2 Registro de segurança

O Registro de Segurança deve ser constituído de livro de páginas numeradas, pastas ou sistema informatizado no qual serão registradas:

a) Ocorrências importantes, capazes de **influir** nas condições de segurança do vaso, por exemplo, calibração ou troca da válvula de segurança ou do manômetro, paradas de emergência, testes realizados, inclusive alterações nos prazos de inspeção.

b) Ocorrências de **inspeções de segurança inicial, periódica e extraordinária**, devendo constar a condição operacional do vaso, nome legível e assinatura de PLH.

5.3 Projetos de alteração ou reparo

Como vimos, projeto de alteração é o projeto elaborado por ocasião de alteração que implique intervenção estrutural ou mudança de processo significativa no vaso de pressão.

Projeto de reparo é o projeto que estabelece procedimentos de execução e controle de reparos que possam comprometer a segurança do vaso de pressão.

O prazo para implementação do projeto de alteração ou de reparo não deve ser superior à vida remanescente calculada quando da execução da inspeção extraordinária especial[37].

5.4 Relatórios de inspeção de segurança

Sempre que o vaso for submetido à inspeção de segurança, deverá ser elaborado Relatório de Inspeção correspondente, que passará a fazer parte da sua documentação, devendo conter, no mínimo:

a) identificação do vaso de pressão;

b) categoria do vaso de pressão;

c) fluidos de serviço;

d) tipo do vaso de pressão;

e) tipo de inspeção executada;

f) data de início e término da inspeção;

g) descrição das inspeções, exames e testes executados;

---

[36]   Prazo para cumprimento desta disposição: 20 de dezembro de 2023.

[37]   Prazo para cumprimento desta disposição: 20 de dezembro de 2028.

h) registro fotográfico das anomalias detectadas no exame interno e externo;

i) resultado das inspeções e intervenções executadas;

j) recomendações e providências necessárias;

k) parecer conclusivo quanto à integridade do vaso de pressão até a próxima inspeção;

l) data prevista para a próxima inspeção de segurança;

m) nome legível, assinatura e número do registro no conselho profissional do PLH e nome legível e assinatura de técnicos que participaram da inspeção; e

n) número do certificado de inspeção e teste da(s) válvula(s) de segurança.

Veremos adiante as inspeções de segurança obrigatórias às quais os vasos de pressão devem ser submetidos.

6. INSTALAÇÃO DE VASOS DE PRESSÃO

A instalação de vasos de pressão deve obedecer aos aspectos de segurança, saúde e meio ambiente previstos nas normas regulamentadoras, convenções e disposições legais aplicáveis.

O local da instalação deve ser escolhido com critério, de modo que todos os drenos, respiros, bocas de visita e indicadores de nível, de pressão e de temperatura, quando existentes, sejam acessados por meios seguros.

Da mesma forma que as caldeiras, os vasos de pressão podem ser instalados em ambientes fechados ou abertos. Caso não seja possível o cumprimento das disposições relativas a estes ambientes, o empregador deverá adotar **medidas complementares de segurança, constantes em relatório elaborado por responsável técnico,** que permitam a atenuação dos riscos.

Os ambientes abertos e fechados onde serão instalados vasos de pressão devem atender às condições apresentadas a seguir.

6.1 Vasos de pressão instalados em ambientes fechados

Quando os vasos de pressão forem instalados em **ambientes fechados**[38], a instalação deverá atender aos seguintes requisitos:

a) dispor de pelo menos duas saídas amplas, permanentemente desobstruídas, sinalizadas e dispostas em direções distintas;

b) dispor de acesso fácil e seguro para as atividades de manutenção, operação e inspeção, sendo que, para guarda-corpos vazados, os vãos devem ter dimensões que impeçam a queda de pessoas;

c) dispor de ventilação permanente com entradas de ar que não possam ser bloqueadas;

d) dispor de iluminação nos termos da legislação vigente;

e) possuir sistema de iluminação de emergência, <u>exceto</u> para vasos de pressão móveis que não exijam a presença de um operador para seu funcionamento.

---

[38] Vale aqui a mesma informação apresentada anteriormente: Caldeiras e vasos de pressão podem ser instalados em ambientes fechados, **porém não podem ser instalados em espaços confinados.** Vejam o texto "Além da NR: Ambiente Fechado x Espaços Confinados", nesse capítulo.

NR 13 • CALDEIRAS, VASOS DE PRESSÃO, TUBULAÇÕES E TANQUES METÁLICOS | 341

6.2 Vasos de pressão instalados em ambientes abertos

Quando o vaso de pressão for instalado em ambiente aberto, a instalação deve satisfazer todas as alíneas anteriores aplicáveis a ambientes fechados, exceto a alínea "c". Ou seja, no caso de vasos de pressão instalados em ambiente aberto, não é exigida a instalação de ventilação permanente, em virtude das características inerentes a esse ambiente.

7. SEGURANÇA NA OPERAÇÃO DE VASOS DE PRESSÃO

7.1 Operação de unidades de processo

A operação de unidade(s) de processo que possuam vasos de pressão de categorias I ou II deve ser efetuada por profissional capacitado com treinamento de segurança na operação de unidades de processos.

Para fins da NR13 é considerado profissional com treinamento de segurança na operação de unidades de processo aquele que satisfizer uma das seguintes condições:

a) possuir certificado de treinamento de segurança na operação de unidades de processo expedido por instituição competente para o treinamento e comprovação de prática profissional supervisionada, conforme apresentado a seguir; ou

b) possuir experiência comprovada na operação de vasos de pressão das categorias I ou II de pelo menos dois anos antes da vigência da NR13, aprovada pela Portaria SSST 23, de 27 de dezembro de 1994.

7.2 Treinamento de segurança na operação de unidades de processo[39]

O pré-requisito mínimo para participação, como aluno, no treinamento de segurança na operação de unidades de processo é o atestado de conclusão do ensino médio. Este treinamento deve, obrigatoriamente[40]:

a) ser supervisionado tecnicamente por PLH;

b) ser ministrado por instrutores com proficiência no assunto;

c) obedecer, no mínimo, ao currículo proposto no item 2.9 do Anexo 2;

d) ser integrado com a prática profissional supervisionada;

e) ter carga horária mínima de quarenta horas; e

f) estabelecer formas de avaliação de aprendizagem.

O treinamento de segurança na operação de unidades de processo pode ser realizado na modalidade EaD, exceto a prática profissional supervisionada, que deve ser realizada presencialmente.

7.3 Prática profissional supervisionada

Todo profissional com treinamento de segurança na operação de unidades de processo deve ser submetido à prática profissional supervisionada com duração de trezentas

---

[39] Unidade de processo é o conjunto de equipamentos e interligações de unidade(s) destinados ao processamento, à transformação ou ao armazenamento de materiais/substâncias.

[40] Os responsáveis pelo treinamento de segurança na operação de unidades de processo estão sujeitos ao impedimento de ministrar novos cursos, bem como a outras sanções legais cabíveis, no caso de inobservância dos requisitos exigidos pela norma.

horas na **operação** de unidade de processo que possua vasos de pressão de categorias I ou II.

A prática profissional supervisionada obrigatória deve ser realizada após a conclusão de todo o conteúdo programático do treinamento, inclusive nos casos de aproveitamento de treinamentos entre organizações, com carga horária definida pelo empregador.

7.4 Manual de operação

Todo vaso de pressão enquadrado nas categorias I ou II deve possuir manual de operação próprio, manual de operação da unidade ou instruções de operação, em língua portuguesa, em local de fácil acesso aos operadores, contendo, no mínimo:

a) procedimentos de partidas e paradas;

b) procedimentos e parâmetros operacionais de rotina;

c) procedimentos para situações de emergência; e

d) procedimentos gerais de segurança, saúde e de preservação do meio ambiente.

Observem que a NR13 não exige manual de operação para os vasos categorias III, IV e V.

7.5 Atualização dos conhecimentos

Deve ser realizada a atualização dos conhecimentos dos operadores de unidades de processo quando:

a) ocorrer modificação na respectiva unidade;

b) ocorrer acidentes e/ou incidentes de alto potencial, que envolvam a operação de vasos de pressão; ou

c) houver recorrência de incidentes.

8. INSPEÇÃO DE SEGURANÇA DE VASOS DE PRESSÃO

Os vasos de pressão devem ser submetidos às seguintes inspeções de segurança, sob responsabilidade técnica de PLH:

– Inspeção inicial;

– Inspeção periódica;

– Inspeção extraordinária.

A NR13 não determina quais devem ser os procedimentos ou a metodologia de testes a ser utilizada nas inspeções de segurança dos vasos de pressão. Estes deverão seguir os respectivos códigos de construção e as normas técnicas aplicáveis.

Os vasos de pressão também devem, obrigatoriamente, ser submetidos a teste hidrostático na fase de fabricação, com comprovação por meio de laudo assinado por responsável técnico designado pelo fabricante ou importador.

Vejamos os detalhes de cada uma dessas inspeções:

8.1 Inspeção inicial

A inspeção de segurança inicial deve ser feita em **vasos de pressão novos, ANTES** de sua entrada em funcionamento e no **local definitivo de instalação**, devendo compreender exame externo e interno.

O **exame interno** corresponde ao exame da superfície interna e de componentes internos do vaso, executado visualmente, para detecção de defeitos com relação a pontos de corrosão, trincas, incrustações e depósitos ou qualquer descontinuidade nas regiões das soldas, com o emprego de ensaios e testes apropriados para avaliar sua integridade estrutural.

O **exame externo** também visa avaliar a integridade estrutural do vaso, e corresponde ao exame da superfície e de componentes externos, podendo ser realizado em operação.

Porém, é possível que alguns vasos de pressão, por impossibilidade física, não permitam acesso visual para o exame interno nem para o externo. Nesses casos, os equipamentos devem ser submetidos alternativamente a outros exames **não destrutivos** ou a outras metodologias de avaliação da integridade definidas por PLH, considerados os mecanismos de danos previsíveis. São exemplos de ensaios não destrutivos de avaliação de integridade: ensaio ultrassônico, ensaio radiográfico, ensaio com líquido penetrante e ensaio com partículas magnéticas.

Os vasos de pressão categorias IV ou V de produção seriada, certificados por Organismo de Certificação de Produto – OCP, acreditado pelo INMETRO, ficam **dispensados da inspeção inicial, desde que instalados de acordo com as recomendações do fabricante.**

8.2 Inspeção periódica

Os vasos de pressão devem ser submetidos a inspeções periódicas dentro dos prazos **máximos** apresentados nas tabelas a seguir.

A inspeção periódica também é constituída por exame interno e exame externo.

Destaco que a contagem do prazo para a inspeção de segurança periódica **inicia-se a partir da data de instalação (e não da data de operação) do vaso de pressão, que deve ser anotada no Registro de Segurança.**

Prazos para Inspeção Periódica de Vasos de Pressão
em Empresas que <u>não</u> possuam SPIE
(em anos)

CATEGORIA DO VASO	EXAME EXTERNO	EXAME INTERNO
I	1	3
II	2	4
III	3	6
IV	4	8
V	5	10

**Prazos para Inspeção Periódica de Vasos de Pressão
em Empresas que possuam SPIE
(em anos)**

CATEGORIA DO VASO	EXAME EXTERNO	EXAME INTERNO
I	3	6
II	4	8
III	5	10
IV	6	12
V	7	A critério do Profissional Habilitado

Pelas tabelas, depreendemos que quanto maior o risco oferecido pelo vaso de pressão, ou seja, quanto maior a energia acumulada (PxV) e quanto maior a periculosidade do fluido armazenado, **menor** deve ser o prazo entre inspeções de segurança periódicas.

8.2.1 Ampliação dos prazos de inspeção periódica

A inspeção periódica interna dos vasos de pressão poderá ser postergada, pela metade do prazo, mediante o atendimento dos seguintes requisitos:

a) empresas que possuam SPIE;

b) avaliação de risco aprovada por PLH, assegurada a participação dos responsáveis pela operação do equipamento;

c) definição dos parâmetros operacionais e dos instrumentos de controle essenciais ao monitoramento do equipamento;

d) implementação de metodologia documentada de Inspeção Não Intrusiva – INI, observado o disposto na ABNT NBR 16455 ou alteração posterior;

e) emissão de relatório de inspeção, com a definição da data improrrogável da próxima inspeção periódica interna; e

f) anuência do empregador ou de preposto por ele designado.

Os estabelecimentos que possuam SPIE certificado poderão ampliar os prazos de inspeção periódica nos casos de implementação de metodologia documentada de inspeção baseada em risco, observado o limite máximo de 10 (dez) anos para o exame interno de vasos categoria I. Esta metodologia deve ser integrada ao Programa de Gerenciamento de Riscos – PGR, nos termos da NR1, com a definição dos critérios, das normas de referência e dos responsáveis pela sua implementação e aprovação.

8.2.2 Vasos de pressão com enchimento interno

Segundo o Glossário, enchimento interno corresponde aos materiais inseridos no interior dos vasos de pressão com finalidades específicas e período de vida útil determinado, tipo catalisador, recheio, peneira molecular e carvão ativado. Bandejas e acessórios internos não configuram enchimento interno.

Os vasos que possuam enchimento interno ou com catalisador podem ter a periodicidade de **exame interno ampliada** para que coincida com a época da substituição dos enchimentos ou do catalisador. Entretanto, essa ampliação do prazo de realização do exame interno deve ser precedida por estudos conduzidos por PH ou por grupo multidisciplinar por ele coordenado, baseados em normas ou códigos aplicáveis, nos quais sejam implementadas tecnologias alternativas para a avaliação da sua integridade estrutural.

8.2.3 Vasos de pressão criogênicos

Vasos de pressão criogênicos são aqueles que operam com temperatura inferior a 0°C e em condições nas quais a experiência mostra que não ocorre deterioração. Esses vasos devem ser submetidos a exame externo a cada dois anos e a exame interno quando exigido pelo código de construção ou a critério do PLH. Essa disposição da norma decorre do fato de que esses vasos raramente estarão sujeitos à deterioração severa. Um exemplo de vaso criogênico é aquele usado em ambiente hospitalar para armazenamento de oxigênio medicinal.

8.2.4 Válvulas de segurança

As válvulas de segurança dos vasos de pressão devem ser desmontadas, inspecionadas e testadas com prazo adequado à sua manutenção. Esse prazo não poderá ser superior ao previsto para a inspeção de segurança periódica interna dos vasos de pressão por elas protegidos.

8.3 Inspeção de segurança extraordinária

A inspeção de segurança **extraordinária** em vasos de pressão deve ser executada no caso de ocorrências que possam afetar sua condição física, tais como hibernação prolongada, mudança de locação, surgimento de deformações inesperadas, choques mecânicos de grande impacto ou vazamentos, entre outros, com abrangência definida por PLH.

Esta inspeção deve ser realizada:

a) sempre que o vaso de pressão for danificado por acidente ou outra ocorrência que comprometa sua segurança;

b) quando o vaso de pressão for submetido a reparo ou alterações importantes, capazes de alterar sua condição de segurança;

c) antes de o vaso de pressão ser recolocado em funcionamento, quando permanecer inativo por mais de **12 meses;**

d) quando houver alteração do local de instalação do vaso de pressão, **exceto para vasos móveis.**

8.4 Relatório de inspeção de segurança

Como dito anteriormente, imediatamente após a inspeção do vaso de pressão (seja ela inicial, periódica ou extraordinária), a sua **condição operacional** deverá ser anotada no respectivo Registro de Segurança. A partir daí deverá ser emitido o relatório correspondente, em até 60 dias, que passará a fazer parte da sua documentação. Esse prazo pode ser estendido para 90 dias em caso de parada geral de manutenção.

346 | SEGURANÇA E SAÚDE NO TRABALHO – *Mara Queiroga Camisassa*

Sempre que os resultados da inspeção determinarem alterações das condições de projeto, por exemplo, alteração no valor da PMTA e consequentemente da pressão de abertura da válvula de segurança, a placa de identificação e documentação do prontuário devem ser atualizadas.

TUBULAÇÕES

1. INTRODUÇÃO

O termo *Tubulações* refere-se ao conjunto formado por tubos e seus respectivos acessórios, projetados por códigos específicos, destinado ao transporte de fluidos. A necessidade da existência das tubulações se deve ao fato de que o ponto de geração ou de armazenagem dos fluidos geralmente se localiza em um ponto distante de onde será utilizado. Nesse sentido, as tubulações servem para interligar, além das caldeiras e vasos de pressão, os demais equipamentos de um processo industrial, como tanques, bombas, trocadores de calor etc.

Como vimos, as tubulações de vapor de água devem ser mantidas em boas condições operacionais, de acordo com um plano de manutenção.

As tubulações devem ser identificadas conforme padronização formalmente instituída pelo estabelecimento.

2. ABRANGÊNCIA

A NR13 aplica-se às tubulações que contenham fluidos de classe A ou B, ligadas a caldeiras ou vasos de pressão abrangidos pela NR13.

Como vimos anteriormente neste capítulo, são considerados fluidos Classe A:

- fluidos inflamáveis;
- fluidos combustíveis com temperatura superior ou igual a 200ºC (duzentos graus Celsius);
- fluidos tóxicos com limite de tolerância igual ou inferior a 20 (vinte) partes por milhão (ppm);
- hidrogênio;
- acetileno.

São considerados fluidos Classe B:

- fluidos combustíveis com temperatura inferior a 200ºC (duzentos graus Celsius);
- fluidos tóxicos com limite de tolerância superior a 20 (vinte) partes por milhão (ppm).

3. PLANO DE INSPEÇÃO

As empresas que possuam tubulações enquadradas na NR13 devem elaborar um programa e um plano de inspeção que considerem, no mínimo, as seguintes variáveis, condições e premissas:

a) os fluidos transportados;
b) a pressão de trabalho;

NR 13 • CALDEIRAS, VASOS DE PRESSÃO, TUBULAÇÕES E TANQUES METÁLICOS | **347**

c) a temperatura de trabalho;

d) os mecanismos de danos previsíveis;

e) as consequências para os trabalhadores, instalações e meio ambiente devido a possíveis falhas das tubulações.

O Plano de Inspeção deve conter a descrição das atividades, incluindo os exames e testes a serem realizados necessários para avaliar as condições físicas das tubulações, considerando o histórico e os mecanismos de danos previstos.

4. DISPOSITIVOS DE SEGURANÇA

As tubulações devem possuir dispositivos de segurança conforme o respectivo código de construção. Quanto à frequência de inspeção e teste, deve ser observado que os intervalos de inspeção devem atender aos prazos máximos da inspeção interna do vaso ou caldeira mais crítica a elas ligados.

As tubulações também devem possuir **indicador de pressão**, como manômetro, conforme definido em projeto, diagramas de engenharia, processos e instrumentação.

5. DOCUMENTAÇÃO

Todo estabelecimento que possua tubulações deve ter a seguinte documentação devidamente atualizada:

a) especificações aplicáveis às tubulações ou sistemas[41], necessárias ao planejamento e à execução da inspeção;

b) fluxograma de engenharia com a identificação da linha[42] e dos seus acessórios;

c) projeto de alteração ou reparo;

d) relatórios de inspeção de segurança; e

e) certificados de inspeção e teste dos dispositivos de segurança, se aplicável.

Os documentos indicados nas alíneas "a" e "b", quando inexistentes ou extraviados, devem ser reconstituídos pelo empregador, sob a responsabilidade técnica de PLH.

6. INSPEÇÃO DE SEGURANÇA

As tubulações devem ser submetidas às seguintes inspeções:

- Inicial;
- Periódica;
- Extraordinária.

Sobre a **inspeção inicial** a norma apenas determina a obrigatoriedade de realização, sendo silente quanto aos exames a serem feitos.

---

[41] Entre as especificações aplicáveis às tubulações ou sistemas podemos citar as condições de risco potencial como propriedades de inflamabilidade ou explosividade ou outros possíveis efeitos deletérios dos fluidos nelas contidos, incompatibilidades de materiais com fluidos conduzidos, necessidade de isolamento térmico em razão das características do processo, informações sobre os bocais, dilatação, entre outros.

[42] Linha é o trecho de tubulação individualizado entre dois pontos definidos e que obedece a uma única especificação de materiais, produtos transportados, pressão e temperatura de projeto.

As tubulações também devem ser submetidas a testes hidrostáticos na fase de fabricação, em conformidade com o respectivo código de construção. A critério técnico do PLH, observado o disposto no respectivo código de construção, poderão ser adotadas outras técnicas em substituição ao teste hidrostático.

No caso de risco à saúde e à integridade física dos trabalhadores envolvidos na execução da inspeção, a linha deve ser retirada de operação.

O programa de inspeção pode ser elaborado por tubulação, por linha ou por sistema.

6.1 Inspeção de segurança periódica

Os intervalos de inspeção periódica das tubulações devem atender aos prazos máximos da inspeção interna do vaso ou caldeira **mais crítica** a elas interligados. Esse prazo poderá ser **duplicado** a critério do PLH, desde que fundamentado tecnicamente e observado o limite máximo de dez anos.

A norma não define quais exames ou análises devem ser realizadas por ocasião das inspeções periódicas das tubulações.

6.2 Inspeção extraordinária

As tubulações devem ser submetidas à inspeção extraordinária nas seguintes situações:

a) sempre que for danificada por acidente ou outra ocorrência que comprometa a segurança dos trabalhadores;

b) quando for submetida a reparo provisório ou alterações significativas, capazes de alterar sua capacidade de contenção de fluido;

c) antes de ser recolocada em funcionamento, quando permanecer inativa por mais de doze meses, ou para sistemas com comprovação de hibernação, vinte e quatro meses: a hibernação corresponde à desativação temporária da tubulação já em funcionamento ou em construção, por longa duração e com previsão de retorno operacional, preservando suas características.

Atenção: Vimos que, sempre que caldeiras, vasos de pressão e tubulações permanecerem inativos por determinado período, deve ser realizada a inspeção extraordinária antes de entrarem novamente em funcionamento[43]. Entretanto, esse período varia em função do equipamento:

- No caso das **caldeiras**, esse período deve ser superior a **seis meses.**
- No caso dos **vasos de pressão**, esse período deve ser superior a **doze meses.**
- No caso das tubulações, esse período deve ser superior a **doze meses ou no caso de sistemas com comprovação de hibernação, vinte e quatro meses.**

6.3 Relatório de Inspeção

Após a inspeção de tubulações (inicial, periódica ou extraordinária), também deverá ser emitido Relatório de Inspeção com o seguinte conteúdo mínimo:

---

43   Daí a necessidade de ser indicado no Livro de Registro a data de início da parada.

• CALDEIRAS, VASOS DE PRESSÃO, TUBULAÇÕES E TANQUES METÁLICOS | 349

a) identificação da(s) linha(s) ou sistema de tubulação;
b) fluidos de serviço da tubulação, e respectivas temperatura e pressão de operação;
c) tipo de inspeção executada;
d) data de início e de término da inspeção;
e) descrição das inspeções, exames e testes executados;
f) registro fotográfico ou registro da localização das anomalias significativas detectadas no exame externo da tubulação;
g) resultado das inspeções e intervenções executadas;
h) recomendações e providências necessárias;
i) parecer conclusivo quanto à integridade da tubulação, do sistema de tubulação ou da linha até a próxima inspeção;
j) data prevista para a próxima inspeção de segurança; e
k) nome legível, assinatura e número do registro no conselho profissional do PLH e nome legível e assinatura de técnicos que participaram da inspeção.

TANQUES METÁLICOS DE ARMAZENAMENTO

1. **INTRODUÇÃO**

Como vimos anteriormente, a NR13 se aplica aos tanques metálicos de armazenamento, com diâmetro externo maior do que três metros, capacidade nominal acima de vinte mil litros, e que contenham fluidos de classe A ou B.

As empresas que possuem tanques metálicos com essas características devem elaborar um programa e um plano de inspeção que considerem, no mínimo, as seguintes variáveis, condições e premissas:

a) os fluidos armazenados;
b) as condições operacionais;
c) os mecanismos de danos previsíveis;
d) as consequências para os trabalhadores, instalações e meio ambiente decorrentes de possíveis falhas dos tanques.

2. **DOCUMENTAÇÃO**

Todo estabelecimento que possua tanques enquadrados na NR13 deve ter a seguinte documentação devidamente atualizada:

a) folhas de dados com as especificações necessárias ao planejamento e execução da sua inspeção;
b) projeto de alteração ou reparo;
c) relatórios de inspeção de segurança;
d) registro de segurança; e
e) certificados de inspeção e teste dos dispositivos de segurança, se aplicável.

3. REGISTRO DE SEGURANÇA

O Registro de Segurança dos tanques deve ser constituído por livro de páginas numeradas, pastas ou sistema informatizado no qual devem ser registradas:

a) as ocorrências importantes capazes de influir nas condições de segurança dos tanques; e

b) as ocorrências de inspeções de segurança inicial, periódica e extraordinária, devendo constar a condição operacional do tanque, o nome legível e a assinatura de responsável técnico formalmente designado pelo empregador.

A documentação indicada na alínea "a" anterior, caso inexistente ou extraviada, deverá ser reconstituída pelo empregador.

4. SEGURANÇA NA OPERAÇÃO DE TANQUES

Os tanques devem possuir dispositivos de segurança contra sobrepressão e vácuo, conforme os critérios do código de construção utilizado, ou em atendimento às recomendações de estudo de análises de cenários de falhas.

Devem possuir também instrumentação de controle, conforme definido no projeto de processo e instrumentação.

O empregador deve elaborar plano de manutenção com o objetivo de manter os dispositivos contra sobrepressão e vácuo, válvulas corta chamas e instrumentação de controle em boas condições operacionais. Estes dispositivos contra sobrepressão, vácuo e válvulas corta-chamas, quando aplicáveis, devem ser mantidos e inspecionados em conformidade com um plano de manutenção.

A norma não obriga a fixação de placa de identificação nos tanques, porém deve seguir padronização instituída pelo empregador. Lembro que as normas determinam um grau de exigibilidade mínimo a ser observado pelas empresas, para fins de auditoria e punibilidade, o que significa, por óbvio, que o empregador pode ir além dessas determinações, sempre visando garantir a operação segura dos equipamentos.

5. INSPEÇÃO DE SEGURANÇA DE TANQUES METÁLICOS DE ARMAZENAMENTO

Os tanques devem ser submetidos a inspeções de segurança inicial, periódica e extraordinária.

A exigência da inspeção de segurança inicial vale para tanques instalados a partir de 20 de dezembro de 2018.

Os intervalos de inspeção de segurança periódica dos tanques devem atender aos prazos estabelecidos no programa de inspeção elaborado por responsável técnico, de acordo com códigos ou normas aplicáveis. A data para a primeira inspeção de segurança periódica deve ser definida no programa de inspeção citado anteriormente.

Os tanques também devem ser submetidos à inspeção extraordinária nas seguintes situações:

a) sempre que for danificado por acidente ou outra ocorrência que comprometa a segurança dos trabalhadores;

b) quando for submetido a reparos ou alterações significativas, capazes de alterar sua capacidade de contenção de fluido;

c) antes de o tanque ser recolocado em funcionamento, quando permanecer inativo por mais de vinte e quatro meses;

d) quando houver alteração do local de instalação.

O relatório de inspeção de segurança dos tanques, seja inicial, periódica ou extraordinária, deve conter no mínimo as seguintes informações:

a) identificação;

b) fluidos armazenados, e respectiva temperatura de operação;

c) tipo de inspeção executada;

d) data de início e de término da inspeção;

e) descrição das inspeções, exames e testes executados;

f) registro fotográfico ou registro da localização das anomalias significativas detectadas nos exames internos e externos;

g) resultado das inspeções e intervenções executadas;

h) recomendações e providências necessárias;

i) parecer conclusivo quanto à integridade dos tanques até a próxima inspeção;

j) data prevista para a próxima inspeção de segurança;

k) nome legível, assinatura e número do registro no conselho profissional do responsável técnico e nome legível e assinatura de técnicos que participaram da inspeção; e

l) certificados de inspeção e teste dos dispositivos de sobrepressão e vácuo.

Saiba Mais
Tanques Esféricos

Os tanques esféricos são comumente utilizados em plantas petroquímicas para armazenamento de gases inflamáveis. A opção por tanques com esta geometria pode ser explicada por razões como:

– A forma geométrica não permite, quando esvaziado, que resíduos permaneçam no interior;

– Não apresenta vértices, o que possibilita uma liberação mais eficaz do gás armazenado[44];

– Estabilidade: a forma esférica tem menor proporção de área de superfície por volume, o que neutraliza pressões provenientes de todas as direções.

---

[44] Disponível em: https://martinsindustrial.com.

NR 14 FORNOS

Classificação: Norma Especial
Última atualização: Portaria MTP 2.189, de 28 de julho de 2022

1. INTRODUÇÃO

Os fornos são encontrados nas mais diversas atividades econômicas como fundições, indústria automotiva e aeroespacial, indústrias metalúrgicas e siderúrgicas, indústria da cerâmica (produção de materiais refratários, revestimentos, louça sanitária, isoladores elétricos de porcelana) e várias outras atividades que requeiram tratamentos térmicos ou termoquímicos de endurecimento.

A principal função dos fornos é o fornecimento de calor gerado a partir de diversas fontes, sendo basicamente classificados em fornos elétricos e a combustão, como mostra a figura a seguir:

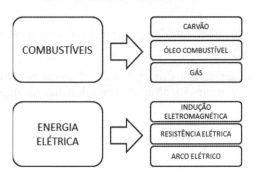

TIPOS DE FORNOS DE ACORDO COM A FONTE GERADORA DE CALOR

As altas temperaturas de operação dos fornos tornam esses equipamentos fontes de vários acidentes que vão desde queimaduras (que ocorrem, por exemplo, nas fundições, em razão dos respingos do material fundido), até explosões.

A norma trata dos fornos para quaisquer fins e também determina a instalação de sistemas de proteção específicos quando forem utilizados combustíveis gasosos ou líquidos.

2. OBJETIVO E CAMPO DE APLICAÇÃO

A NR14 tem por objetivo estabelecer requisitos para a operação de fornos com segurança.

As medidas de prevenção estabelecidas na norma se aplicam às organizações que utilizem fornos em seus processos produtivos.

3. MEDIDAS DE PREVENÇÃO

Os principais agentes ambientais gerados pela utilização de fornos são agentes físicos e químicos:

- **Agentes físicos:** Calor, radiações não ionizantes e ruído;
- **Agentes químicos:** substâncias, compostos ou produtos utilizados ou gerados no processo, e que se dispersam na forma de poeiras, fumos, névoas, neblinas, gases ou vapores.

Como medida de proteção contra o calor, a norma determina que os fornos, para qualquer utilização, devem ser construídos solidamente, revestidos com material **refratário**, de forma que o **calor radiante** não ultrapasse os limites de exposição ocupacional estabelecidos pela NR15 (Anexo 3 – Calor). *Calor radiante* corresponde à quantidade de calor que é transferida sem suporte material algum, ou seja, a energia radiante é transmitida pelo ar e aquecerá a superfície que será atingida.

Os fornos devem ser instalados:

a) em conformidade com o disposto nas normas técnicas oficiais;

b) em locais que ofereçam segurança e conforto aos trabalhadores; e

c) de forma a evitar acúmulo de gases nocivos e altas temperaturas em áreas vizinhas.

As escadas e plataformas dos fornos devem ser construídas de modo a garantir aos trabalhadores o acesso e a execução de suas atividades com segurança.

Os fornos que utilizem combustíveis gasosos ou líquidos devem ter sistemas de proteção para evitar:

a) explosão por falha da chama de aquecimento e/ou no acionamento do queimador;

b) retrocesso da chama.

Os fornos devem ser dotados de chaminé, suficientemente dimensionada para a livre saída dos gases de combustão, de acordo com normas técnicas oficiais.

NR 15 ATIVIDADES E OPERAÇÕES INSALUBRES

Classificação: Norma Especial
Última atualização: Portaria MTP 806, de 13 de abril de 2022

1. INTRODUÇÃO

A palavra insalubre tem origem no latim (*insalubris*) e significa "o que faz mal à saúde". Um ambiente insalubre é aquele onde há riscos aumentados de o trabalhador sofrer agravos à saúde. O risco é acentuado em comparação ao dos trabalhadores envolvidos em atividades e ambientes sem exposição ocupacional ou com exposição controlada, ao mesmo agente.

A insalubridade não se confunde com a periculosidade: enquanto esta coloca em risco a **vida** do trabalhador, aquela põe em risco sua **saúde.**

O art. 189 da CLT apresenta o conceito de atividade ou operação insalubre:

> *Art. 189. Serão consideradas atividades ou operações insalubres aquelas que, por sua natureza, condições ou métodos de trabalho, exponham os empregados a agentes nocivos à saúde, acima dos limites de tolerância fixados em razão da natureza e da intensidade do agente e do tempo de exposição aos seus efeitos.*

A NR15, ao regulamentar o art. 189 da CLT, tem por objetivo determinar os parâmetros qualitativos[1] e quantitativos para caracterização de determinadas exposições ocupacionais como insalubres.

Nos casos em que a avaliação quantitativa deva ser realizada, a norma determina os limites de exposição ou remete expressamente à adoção dos limites constantes em outros normativos, como é o caso do Anexo 5 (Radiações Ionizantes). São fundamentais para o entendimento da norma os conceitos de limite de exposição e avaliação qualitativa e quantitativa, que veremos adiante.

Saiba mais

Limites de exposição[2,3]

Limite Média Ponderada no Tempo (TLV-TWA, do inglês *Threshold Limit Value – Time Weighted Average*): este limite tem por objetivo a proteção do trabalhador contra efeitos crônicos, ou seja, com longo tempo de latência. Trata-se da concentração média ponderada no tempo para jornada normal de 8 horas diárias (40 horas por semana, no caso da ACGIH e 48 horas semanais, no caso da NR15) à qual acredita-se que a maioria dos trabalhadores possa estar repetidamente exposta, dia após dia, durante toda a vida de trabalho, sem sofrer efeitos adversos à saúde.

---

[1] A avaliação qualitativa citada na NR15 para fins de caracterização de insalubridade não se confunde com as abordagens pragmáticas, com fins prevencionistas, citadas no capítulo da NR1.

[2] ACGIH© – American Conference of Governmental Industrial Hygienists – TLV© e BEI© – Limites de Exposição Ocupacional (TLVs©) para Substâncias Químicas e Agentes Físicos. Índices Biológicos de Exposição (BEIs©). Tradução da ABHO – Associação Brasileira de Higienistas Ocupacionais, 2022.

[3] MAGALHÃES, Leandro. *101 perguntas e respostas sobre agentes químicos para higiene ocupacional*. São Paulo: Editora LUX, 2019.

Por ser uma média ponderada, é possível ocorram exposições a concentrações mais elevadas durante um curto espaço de tempo, desde que sejam *compensadas* por exposições a concentrações mais baixas que o limite, fazendo com que a média ponderada, ao final do dia, seja inferior ao limite de exposição.

Este limite não visa à proteção contra efeitos agudos, como no caso de sensibilização e irritação.

Limite Teto (TLV-C, do inglês *Threshold Limit Value – Ceiling*): o limite tipo teto é um limite de exposição ocupacional para exposições de curta duração que podem causar *irritação física* no trabalhador (de acordo com a ACGIH, "há evidências crescentes de que a *irritação física* pode iniciar, favorecer ou acelerar os efeitos adversos à saúde pela interação com outros agentes químicos ou biológicos, ou por outros mecanismos").

Este limite não pode ser ultrapassado em nenhum momento da jornada e a forma de coleta indicada é a amostragem instantânea (usando-se amostradores de leitura direta como os digitais ou até tubos colorimétricos).

Veremos que o Anexo 11 da NR15 indica as substâncias para as quais deve ser considerado o limite teto.

Limite de Curta Duração (TLV-STEL, do inglês *Threshold Limit Value – Short Term Exposure Limit*): o limite de exposição de curta duração, como o próprio nome diz, é o limite para exposições de curta duração e geralmente suplementa o limite de exposição Média Ponderada no Tempo nos casos em que são reconhecidos efeitos agudos para substâncias cujos efeitos tóxicos primários são de natureza crônica; no entanto o limite de curta duração também pode ser uma referência de exposição independente, isolada.

Trata-se de limite de exposição média ponderada em 15 minutos, que não deve ser ultrapassado em nenhum momento da jornada de trabalho, mesmo que a concentração média ponderada em 8 horas esteja dentro do limite Média Ponderada no Tempo (TLV-TWA).

O limite de Curta Duração corresponde à concentração à qual, acredita-se, quase todos os trabalhadores possam estar expostos continuamente por um curto período de tempo sem sofrer: (i) irritação; (ii) lesão tissular crônica ou irreversível; (iii) efeitos tóxicos dependentes; ou (iv) narcose em grau suficiente para aumentar a predisposição a acidentes, impedir autossalvamento ou reduzir significativamente a eficiência no trabalho.

De se destacar que este limite não protegerá contra estes efeitos se o limite Média Ponderada no Tempo for ultrapassado. Ressalto, entretanto, que não temos ainda na NR15 a indicação de substâncias para as quais devem ser considerados limites de curta duração.

Limite de Exposição para Superfícies (TLV – SL, do inglês *Threshold Limit Value – Surface Level*): os limites apresentados anteriormente se referem a agentes químicos dispersos no ar, ou seja, quando a exposição se dá pela via inalatória. Já o limite de exposição para superfícies, recomendado pela ACGIH desde 2019, tem por objetivo a proteção do trabalhador contra a exposição via dérmica ou digestiva, neste último caso, pela não adoção de boas práticas de higiene no local de trabalho.

O agente químico que possua limite de exposição para superfícies deve ser amostrado em uma área de 100 cm^2 da área superficial de trabalho e sua unidade é dada em mg/100 cm^2, em que esta unidade de área representa aproximadamente a área média da palma da mão de um trabalhador adulto. Devemos ter em conta que este é um limite complementar aos demais limites que correspondem à concentração dos agentes no ar. A NR15 também não indica substâncias para as quais devem ser considerados os limites de exposição para superfícies.

Atualmente, a NR15 possui treze anexos em vigor, como mostra a tabela a seguir. Cada anexo trata da exposição a determinado agente químico, físico ou biológico[4]. Já o Anexo 10 compreende atividades que expõem o trabalhador à **umidade** – como vimos em capítulo anterior, a umidade não é agente ambiental (e muito menos agente físico), e, sim, uma condição adversa presente no ambiente de trabalho. O Anexo 4 que tratava de *Iluminação Deficiente* foi revogado em 1990. Iluminação deficiente é circunstância de natureza ergonômica, e não situação motivadora para caracterizar a atividade como insalubre.

ANEXO	TÍTULO
1	Limites de Tolerância para Ruído Contínuo ou Intermitente
2	Limites de Tolerância para Ruídos de Impacto
3	Limites de Exposição Ocupacional ao Calor
4	(Revogado)
5	Radiações Ionizantes
6	Trabalho sob Condições Hiperbáricas
7	Radiações Não Ionizantes
8	Vibrações
9	Frio
10	Umidade
11	Agentes Químicos cuja insalubridade é caracterizada por limite de tolerância e inspeção no local de trabalho
12	Limites de Tolerância para Poeiras Minerais
13	Agentes Químicos
13-A	Benzeno
14	Agentes Biológicos

1.1 A desatualização da NR15

A NR15, aprovada pela Portaria 3.214, de 08.06.1978, foi baseada nos parâmetros publicados pela *American Conference of Governmental Industrial Hygienists* (ACGIH)[5] em 1976. Como vimos no Capítulo 9, a ACGIH é uma instituição científica, que tem contribuído substancialmente para o desenvolvimento e aperfeiçoamento da proteção da saúde dos trabalhadores. Seus membros são profissionais da área de higiene ocupacional que se organizam em comitês responsáveis pela publicação de guias de orientação relativos a Limites de Exposição (TLV – *Thereshold Limit Values*) para agentes físicos e químicos e Índices de Exposição Biológica (BEI – *Biological Exposure Index*) para agentes biológicos.

A ACGIH não é um organismo normativo, ou seja, suas publicações não são normas internacionais: são **referências técnicas**, cuja observância pelos órgãos reguladores dos diversos países é **facultativa**, e não obrigatória. Entretanto, a importância e a qualidade de suas publicações são reconhecidas internacionalmente, sendo suas recomendações adotadas por várias agências e órgãos reguladores internacionais, tendo se tornado a principal referência das normas de Higiene Ocupacional utilizadas em diversos países.

Os Limites de Tolerância e Índices de Exposição Biológica constantes nos guias de orientação da ACGIH são reavaliados **anualmente**, com base em novos conhecimentos e

---

[4]   Para maiores detalhes sobre agentes químicos, físicos e biológicos, consulte o capítulo da NR1.

[5]   Com algumas exceções, como o Anexo 6 da norma (Trabalhos sob condições hiperbáricas), cuja redação foi baseada nas tabelas de compressão e descompressão utilizadas pela Marinha Americana, na 2.ª Guerra Mundial.

publicações científicas. Na verdade, os valores desses parâmetros têm sido **reduzidos** ao longo do tempo, donde se conclui que houve uma superestimação do risco no passado, e daí a **desatualização da NR15.** Apresento a seguir um histórico das alterações da norma:

1991:   Incluídos os Limites de Tolerância para exposição ao asbesto[6];

1992:   Incluídos os Limites de Tolerância para exposição à poeira de sílica e poeira e fumos de manganês;

1995:   Incluído o Anexo 13-A que trata de atividades que expõem o trabalhador a benzeno, substância comprovadamente cancerígena;

2004:   Incluída a proibição de processo de trabalho de jateamento que utilize areia seca ou úmida como abrasivo;

2008:   Incluída a obrigatoriedade de máquinas e ferramentas utilizadas nos processos de corte e acabamento de rochas ornamentais serem dotadas de sistema de umidificação para minimizar ou eliminar a geração de poeira decorrente de seu funcionamento;

2019:   Atualização no Anexo 3 – Limites de exposição ocupacional ao calor

A desatualização da maioria dos limites de exposição presentes na NR15, aliada à evolução técnico-científica das últimas décadas, faz com que diversas exposições consideradas atualmente toleráveis pela norma não sejam sequer admitidas por órgãos normativos e científicos internacionais (entre eles a própria ACGIH), por serem, comprovadamente, danosas à saúde do trabalhador. Para exemplificar, cito o limite de tolerância à exposição ao agente químico *Tolueno* determinado pela NR15, que é de 78 ppm (setenta e oito partes por milhão), enquanto a ACGIH estabelece que esse valor deva ser 20 ppm (vinte partes por milhão)[7]. Temos, portanto, há vários anos no Brasil, milhares ou milhões de trabalhadores expostos a condições insalubres que são inaceitáveis pela comunidade científica internacional.

Esta edição apresenta o primeiro anexo da norma a ser atualizado – Anexo 3 – após mais de 40 anos de abandono!

1.2   Referências internacionais

Com relação às referências internacionais, é muito importante esclarecer que, apesar de a redação da maioria dos anexos da norma ter sido baseada nas orientações da ACGIH, não há disposição expressa na norma determinando que, na sua omissão, tais referências ou quaisquer normas internacionais, sejam utilizadas para caracterização da insalubridade.

Entretanto, ressalta-se que o item 9.6.1.1 da NR9[8] exige que, na ausência de limites de tolerância previstos na NR15 e seus anexos, deverão ser utilizados como referência para a adoção de ***medidas de prevenção*** aqueles indicados pela ACGIH. Como exemplo, cito a exposição à poeira de algodão bruto, sem tratamento[9]. Não há, na NR15, limites de exposição para esse particulado. Neste caso, a adoção das medidas de prevenção deve considerar como referência os valores recomendados pela ACGIH.

---

[6]   Sobre as atividades que exponham os trabalhadores às fibras de asbesto, remete-se o leitor à Nota de Rodapé 12 do capítulo da NR6.

[7]   TLVs® e BEIs® – Limites de Exposição Ocupacional e Índices Biológicos de Exposição ACGIH 2016.

[8]   Redação aprovada pela Portaria 6.735, de 10 de março de 2020.

[9]   Limite de tolerância, segundo ACGIH: 0,1 mg/m³. A exposição continuada a este particulado pode provocar bissinose, bronquite e outros prejuízos à função pulmonar.

NR 15 • ATIVIDADES E OPERAÇÕES INSALUBRES | **359**

A NR15 também regulamenta o art. 190 da CLT:

> *CLT, art. 190. O Ministério do Trabalho aprovará o quadro das atividades e operações insalubres e adotará normas sobre os critérios de caracterização da insalubridade, os limites de tolerância aos agentes agressivos, meios de proteção e o tempo máximo de exposição do empregado a esses agentes.*

A matéria objeto do art. 190 da CLT encontra-se regulamentada nos Anexos da norma e a insalubridade somente será caracterizada quando houver o enquadramento da situação em análise com a redação do anexo correspondente. No mesmo sentido, temos a Súmula 460 do STF:

> *STF, Súmula 460. Para efeito do adicional de insalubridade, a perícia judicial, em reclamação trabalhista, **não dispensa o enquadramento da atividade entre as insalubres**, que é ato da competência do Ministro do Trabalho e Previdência Social.* (grifo acrescentado)

Isso significa que o perito, em reclamação trabalhista, somente poderá caracterizar determinada atividade como insalubre caso seja enquadrada como tal pela NR15. Por exemplo, não há hipótese na norma de caracterização de insalubridade devido à atividade exercida em ambientes com iluminação precária[10]. Dessa forma, o perito, ainda que encontre essa condição, não poderá classificá-la como insalubre por falta de previsão normativa.

1.3 A monetização do risco

O trabalho sob condições insalubres dá ao empregado o direito ao recebimento do adicional de insalubridade.

O pagamento desse adicional foi incluído no ordenamento jurídico brasileiro em 1936, com a publicação da Lei 185, regulamentada pelo Decreto-lei 399, de 30 de abril de 1938, inserindo na nossa cultura a *monetização do risco*. Trata-se, portanto, de uma *compensação* monetária perante o risco de adoecimento existente no ambiente insalubre, desprezando o que o trabalhador tem de mais importante: sua saúde.

Entretanto, enquanto o Brasil insiste no pagamento do adicional de insalubridade desde o início do século passado, ou seja, insiste na cultura da *monetização do risco*, a tendência internacional é **favorável à redução da jornada** nos trabalhos insalubres. Ao revés, nossa legislação prevê, ainda, a possibilidade de prorrogação da jornada em trabalhos insalubres, conforme art. 60 da CLT.

Segundo Sebastião Geraldo de Oliveira[11], desembargador do TRT 3.ª região, "pela análise do Direito do Trabalho comparado, observa-se que o legislador adotou três estratégias básicas diante dos agentes agressivos, no ambiente de trabalho: a) aumentar a remuneração para compensar o maior desgaste do trabalhador (monetização do risco); b) proibir o trabalho; c) reduzir a duração da jornada. A primeira alternativa é a mais cômoda e a menos aceitável; a segunda é a hipótese ideal, mas nem sempre possível, e a terceira representa o ponto de equilíbrio cada vez mais adotado. Por um erro de perspectiva, o Brasil preferiu a primeira opção desde 1936 e, pior ainda, insiste em mantê-la, quando praticamente o mundo inteiro já mudou de estratégia". Destaca ainda as palavras do médico do trabalho Dr. Diogo Pupo Nogueira, ao afirmar que "a opção de instituir

---

[10] Como dito anteriormente, iluminação precária é risco relacionado a fatores ergonômicos, conforme o disposto na NR17 – Ergonomia.

[11] OLIVEIRA, Sebastião Geraldo. *Proteção jurídica à saúde do trabalhador*. 6. ed. São Paulo: LTr, 2011.

360 | SEGURANÇA E SAÚDE NO TRABALHO – *Mara Queiroga Camisassa*

recompensa monetária pela exposição aos riscos desvia a preocupação com o problema principal, que é a saúde do trabalhador. Foram criados mecanismos para conviver com o mal e não para cortá-lo pela raiz, como aconteceu no Canadá, em 1979".

2. CARACTERIZAÇÃO DA INSALUBRIDADE

A caracterização de determinada atividade como insalubre é realizada a partir de uma avaliação. E essa avaliação pode ser **qualitativa** ou **quantitativa**[12], a depender do agente nocivo ou da condição existente no ambiente de trabalho. Entretanto, reitero novamente que a organização deve priorizar a adoção de medidas de prevenção que garantam ambientes de trabalho seguros e salubres.

2.1 Avaliação qualitativa

A avaliação qualitativa é objetiva, ou seja, basta a constatação da exposição a determinado agente (por exemplo, condições hiperbáricas) ou da condição de trabalho (por exemplo, umidade) para que a atividade seja caracterizada como insalubre. Em alguns casos, faz-se necessária a elaboração de laudo de inspeção. A realização da avaliação qualitativa está prevista nos itens 15.1 e 15.1.3:

> *15.1 São consideradas atividades ou operações insalubres as que se desenvolvem:*
>
> *15.1.3 Nas atividades mencionadas nos Anexos no 6, 13 e 14.*

Isso significa que a mera exposição a condições hiperbáricas (conforme Anexo 6), a agentes químicos[13] (Anexo 13) e a agentes biológicos[14] (nas condições estabelecidas no Anexo 14), caracteriza a atividade como insalubre.

Os itens 15.1 e 15.1.4 determinam que, nas atividades indicadas, a caracterização da insalubridade será baseada em laudo de inspeção do local de trabalho. Vejam a redação desses itens:

> *15.1 São consideradas atividades ou operações insalubres as que se desenvolvem:*
>
> *(...)*
>
> *15.1.4 Comprovadas através de laudo de inspeção do local de trabalho, constantes dos Anexos no 7, 8, 9 e 10.*

Essas atividades são aquelas que expõem os trabalhadores a radiações não ionizantes (Anexo 7), Frio (Anexo 9) e Umidade (Anexo 10). No caso do Anexo 8, para elaboração do laudo, pode ser necessária a realização de avaliação quantitativa.

---

[12] É importante esclarecer que a norma não determina os procedimentos ou a metodologia de realização das avaliações quantitativas, mas sim como interpretar seus resultados para fins de caracterização da insalubridade. Regra geral, as metodologias a serem utilizadas devem ser aquelas constantes nas Normas de Higiene Ocupacional (NHO) da Fundacentro ou em normas específicas, como é o caso daquelas relativas às radiações ionizantes.

[13] Arsênico, Carvão, Chumbo, Cromo, Fósforo, Hidrocarbonetos e outros compostos de carbono, Mercúrio, Silicatos, substâncias cancerígenas e outras operações conforme o disposto no Anexo 13.

[14] Agentes biológicos também podem ser avaliados quantitativamente, mas não para fins de insalubridade. Sobre este tema, remeto o leitor para o quadro "Além da NR – Avaliação Quantitativa de Agentes Biológicos", ao final deste capítulo.

> ## Saiba mais
> ### Perícias judiciais e elaboração de laudos
> Os Auditores Fiscais do Trabalho, como responsáveis pela proteção administrativa dos trabalhadores, não têm competência para atuar como peritos em processos judiciais, nem para elaborar laudos de insalubridade e periculosidade[15].
>
> Ora, a ação ordinária de um perito esgota-se na própria perícia. Diversamente, o auditor, caso funcionasse como perito, faria seu laudo ao mesmo tempo em que, diante da constatação de uma irregularidade, seria obrigado a lavrar auto de infração, iniciando o procedimento para imposição de multa, ou seja, a ação pericial se converteria necessariamente em uma ação fiscal.
>
> Isso porque não pode o Auditor Fiscal do Trabalho deixar de atuar em favor de um trabalhador ou de toda uma coletividade de trabalhadores simplesmente pelo fato de estar, em um caso concreto, agindo como perito e não como auditor. Tal obrigação decorre de previsão legal expressa no art. 628 da CLT que determina que "... Salvo o disposto nos arts. 627 e 627-A, a toda verificação em que o Auditor-Fiscal do Trabalho concluir pela existência de violação de preceito legal deve corresponder, sob pena de responsabilidade administrativa, a lavratura de auto de infração". Previsão esta corroborada pelo Item 2 do art. 3.º da Convenção 81 da OIT da qual o Brasil é signatário: "Se forem confiadas outras funções aos inspetores do trabalho, estas não deverão ser obstáculo ao exercício de suas funções principais, nem prejudicar de qualquer maneira a autoridade ou a imparcialidade necessárias aos inspetores nas suas relações com os empregadores".

2.2 Avaliação quantitativa

Para fins da NR15, a avaliação quantitativa[16] , como o próprio nome diz, implica a medição da intensidade, no caso de agentes físicos e da concentração, no caso dos agentes químicos, aos quais o trabalhador está exposto. A realização dessa avaliação encontra fundamento nos itens 15.1 e 15.1.1, que consideram insalubres as atividades ou operações dos Anexos 1, 2, 3, 5, 11 e 12, quando exercidas com exposição acima do limite de tolerância:

> 15.1 São consideradas atividades ou operações insalubres as que se desenvolvem:
>
> 15.1.1 **Acima dos limites de tolerância** previstos nos Anexos n.º 1, 2, 3, 5, 11 e 12 (grifo meu).

A norma enquadra como insalubre as atividades que exponham os trabalhadores a ruído contínuo e intermitente (Anexo 1), ruído de impacto (Anexo 2), calor (Anexo 3), radiações ionizantes (Anexo 5), agentes químicos[17] (Anexo 11) e poeiras minerais (Anexo 12) em intensidades ou concentrações excessivas, ou seja, acima dos limites de tolerância. Veremos todos esses anexos em detalhes ao longo deste capítulo.

2.3 Limites de exposição ocupacional

O resultado obtido a partir das avaliações quantitativas deve ser comparado com valores de referência aceitos. Tais valores de referência correspondem aos limites de

---

[15]   Nota técnica 86/2011, Nota técnica 357/2011, Nota técnica 132/2016.

[16]   Sobre avaliações quantitativas, remeto o leitor ao item 3.2 do capítulo da NR9.

[17]   Os Anexos 11, 12 e 13 tratam de agentes químicos. No entanto, a caracterização da insalubridade das atividades que expõem os trabalhadores aos agentes químicos constantes nos Anexos 11 e 12 é **quantitativa**; no caso do Anexo 13, essa caracterização é **qualitativa**.

exposição ocupacional que constam na NR15. Caso o resultado encontrado (intensidade ou concentração) esteja acima do respectivo limite, a organização deverá adotar medidas de controle para eliminação ou redução da concentração ou intensidade do agente para valores abaixo desse limite, conforme determina o item 15.4.1:

> *15.4.1 A eliminação ou neutralização da insalubridade deverá ocorrer:*
>
> *a) com a adoção de **medidas de ordem geral** que conservem o ambiente de trabalho dentro dos limites de tolerância (grifo acrescentado);*
>
> *b) com a utilização de equipamento de proteção individual.*

As medidas de ordem geral citadas no *caput* do item 15.4.1 correspondem às medidas de prevenção para as quais deve ser observada a hierarquia prevista no item 1.4.1, "g", da NR1:

> *NR1, item 1.4.1. Cabe ao empregador:*
>
> *g) implementar medidas de prevenção, ouvidos os trabalhadores, de acordo com a seguinte ordem de prioridade:*
>
> *I. eliminação dos fatores de risco;*
>
> *II. minimização e controle dos fatores de risco, com a adoção de medidas de proteção coletiva;*
>
> *III. minimização e controle dos fatores de risco, com a adoção de medidas administrativas ou de organização do trabalho;*
>
> *IV. adoção de medidas de proteção individual.*

Com relação à alínea "b" do item 15.4.1 (fornecimento de EPI), destaco a Súmula 289 do TST:

> *INSALUBRIDADE. ADICIONAL. FORNECIMENTO DO APARELHO DE PROTEÇÃO. EFEITO (mantida) – Res. 121/2003, DJ 19, 20 e 21.11.2003*
>
> *O simples fornecimento do aparelho de proteção pelo empregador não o exime do pagamento do adicional de insalubridade. Cabe-lhe tomar as medidas que conduzam à diminuição ou eliminação da nocividade, entre as quais as relativas **ao uso efetivo**[18] do equipamento pelo empregado. (grifo acrescentado)*

Caso os resultados permaneçam acima desses limites, restará caracterizada a insalubridade, sendo devido o respectivo adicional. Uma vez eliminado o agente insalubre

---

[18] O uso efetivo do EPI envolve não somente a utilização daquele adequado ao risco, mas também seu uso da forma correta e ininterrupta durante toda a exposição ao risco. A escolha do EPI adequado ao risco deve partir de criteriosa análise técnica, considerando também a avaliação do trabalhador usuário no que se refere a diversos aspectos, como conforto e funcionalidade. O uso da forma correta parte do pressuposto de que o trabalhador tenha sido devidamente treinado para tal, conforme o disposto no item 6.5.1, "b" da NR6. A utilização incorreta de EPIs, por exemplo, protetor auditivo inserido na orelha em desacordo com os devidos procedimentos ou não utilizado durante todo o período de exposição, ou ainda o uso de proteção respiratória sem a realização de testes de vedação e verificação descaracteriza a proteção e o adicional passa a ser devido. Também devem ser observadas as condições de armazenamento, o prazo de validade do EPI e do respectivo CA (Certificado de Aprovação), a periodicidade de troca definida pela organização (considerando as especificações do fabricante e as condições de uso), bem como sua higienização e manutenção (quando for o caso), limpeza, guarda e conservação.

NR 15 · ATIVIDADES E OPERAÇÕES INSALUBRES | 363

ou reduzida sua concentração ou intensidade a valores abaixo do limite de tolerância o adicional respectivo não será mais devido.

Segundo o item 15.1.5:

> Entende-se por "Limite de Tolerância", para os fins dessa Norma, a concentração ou intensidade máxima ou mínima, relacionada com a natureza e o tempo de exposição ao agente, que não causará danos à saúde do trabalhador, durante a sua vida laboral.

Sobre a impropriedade da redação deste item remeto o leitor ao quadro "Além da NR – Limites de Exposição Ocupacional: Níveis seguros de exposição?", apresentado adiante.

Saiba Mais
Limites de Tolerância: Concentração ou intensidade máxima ou mínima

*Atualmente, os limites de tolerância que constam na NR15 se referem às concentrações ou intensidades máximas relacionadas aos agentes nocivos, químicos, físicos ou biológicos. Segundo Mário Luiz Fantazzini et al., "os ambientes de trabalho nas décadas de 70/80 apresentavam, de forma geral, iluminação totalmente deficiente. E como era fácil realizar a correção da iluminação, entendeu-se que se estivesse incluída no conceito da NR15, ao se constatarem níveis **abaixo dos recomendados**, seria obrigatória a adoção de medidas de controle, o que colaboraria para a preservação da vida dos trabalhadores. E daí surgiu na definição dos limites de tolerância a expressão "concentração ou intensidade máxima ou **mínima**. O conceito de intensidade **mínima** era restrito aos níveis de iluminamento[19, 20].*

O limite de exposição, portanto, é um valor que indica, de acordo com a natureza do agente, a concentração máxima no caso de agentes químicos, ou a intensidade máxima, no caso de agentes físicos, que não poderá ser excedida durante a jornada de trabalho ou, dependendo do agente, durante um determinado período de exposição.

Além da NR
Limites de Exposição Ocupacional: Níveis seguros de exposição?

*Os limites de exposição não representam linhas imaginárias que separam valores seguros de valores perigosos, mas, sim, níveis de exposição aos quais o trabalhador típico pode se submeter sem sofrer efeitos adversos à saúde, ou seja, são **estimativas quantitativas do risco**, às quais, acredita-se, a **maioria da população trabalhadora** possa estar repetidamente exposta sem sofrer danos a saúde. Nesse sentido, tais valores estão sujeitos a alterações em razão da contínua evolução do conhecimento técnico-científico.*

Entretanto, sempre existirá um porcentual de trabalhadores que não estará protegido quando expostos a valores iguais ou até mesmo menores que os limites de tolerância. Temos aqui a variabilidade individual: pessoas que apresentam uma suscetibilidade maior à exposição de determinados agentes (indivíduos hipersuscetíveis), em virtude de vários fatores, como predisposição genética, idade, massa corporal, exposições prévias, uso de medicamentos, e até mesmo hábitos pessoais, como uso de álcool, fumo ou outras drogas. Nesses casos, o médico do trabalho deverá avaliar a necessidade de proteções adicionais a serem implementadas caso a caso.

Pelo exposto, concluímos pela impropriedade do texto do item 15.1.5 apresentado anteriormente: não há como garantir que toda a população trabalhadora não sofrerá agravos à saúde quando exposta a intensidades ou concentrações de agentes abaixo dos limites de tolerância, mas, sim, a maioria desta população.

---

[19] Revista ABHO, ano 9, n. 21.

[20] Porém, como iluminamento precário não é mais fator de caracterização de insalubridade, não faz mais sentido falarmos em "intensidade mínima" na referência ao limite de tolerância.

3. GRAUS DE INSALUBRIDADE

O art. 192 da CLT, regulamentado pela NR15, define os graus de insalubridade a serem observados quando do pagamento do adicional de insalubridade:

> *O exercício de trabalho em condições insalubres, acima dos limites de tolerância estabelecidos pelo Ministério do Trabalho, assegura a percepção de adicional respectivamente de 40% (quarenta por cento), 20% (vinte por cento) e 10% (dez por cento) do salário mínimo da região, segundo se classifiquem nos graus máximo, médio e mínimo.*

De modo geral, o grau de insalubridade está associado à probabilidade de adoecimento e à gravidade do dano à saúde. A tabela apresentada ao final da NR15 determina o grau de insalubridade a ser observado de acordo com o agente nocivo ou condição insalubre (no caso da umidade).

O quadro a seguir contém uma consolidação das informações referentes aos Anexos 1 a 14 (o Anexo 4 foi revogado em 1990):

ANEXO NR15	AGENTE / CONDIÇÃO INSALUBRE	CLASSIFICAÇÃO QUANTO AO TIPO DE RISCO AMBIENTAL	CARACTERIZAÇÃO DA INSALUBRIDADE	PORCENTUAL DO ADICIONAL DE INSALUBRIDADE
1	Ruído contínuo ou intermitente	Físico	Quantitativa	20%
2	Ruído de impacto	Físico	Quantitativa	20%
3	Calor	Físico	Quantitativa	20%
5	Radiações ionizantes	Físico	Quantitativa	40%
6	Pressão superior à atmosférica	Físico	Qualitativo	40%
7	Radiações não ionizantes	Físico	Qualitativo(2)	20%
8	Vibrações	Físico	Quantitativo(3)	20%
9	Frio	Físico	Qualitativo(2)	20%
10	Umidade	Não é agente ambiental, é uma condição adversa existente no ambiente	Qualitativo(2)	20%
11	Agentes químicos	Químico	Quantitativa	10%, 20% e 40%
12	Poeiras minerais	Químico	Quantitativa	40%
13	Agentes químicos(1)	Químico	Qualitativo	10%, 20% e 40%
14	Agentes biológicos	Biológico	Qualitativo	20% e 40%

(1) Excluem-se do Anexo 13 as atividades ou operações que exponham os trabalhadores aos agentes químicos constantes dos Anexos 11 e 12. Observem que a caracterização de insalubridade no caso de agentes químicos poderá ser qualitativa (agentes químicos do Anexo 13) ou quantitativa (agentes químicos dos Anexos 11 e 12).

(2) Caracterização da insalubridade comprovada por meio de laudo de inspeção do local de trabalho e avaliação quantitativa, quando for o caso.

(3) Caracterização da insalubridade comprovada por meio de laudo de inspeção do local de trabalho.

Observem na tabela anterior que as únicas atividades que podem ser caracterizadas como insalubres em grau mínimo (10%) são aquelas que envolvem agentes químicos (dependendo do agente).

4. TRABALHO INSALUBRE

4.1 Proibição de trabalho insalubre para menores 18 anos

Destaco que somente no Anexo 6 – Trabalhos sob condições hiperbáricas e no Anexo 12 – Poeiras Minerais – Asbesto consta expressamente que é proibido para menores de 18 anos o exercício de atividade com exposição a estes agentes. Entretanto, a redação destes anexos é anterior à Constituição Federal de 1988. Atualmente, o exercício de qualquer atividade insalubre é proibido aos menores de 18 anos, conforme art. 7.º, XXXIII, da Constituição Federal e art. 405 da CLT:

> *CF/1988, Art. 7.º São direitos dos trabalhadores urbanos e rurais, além de outros que visem à melhoria de sua condição social: XXXIII – **proibição de trabalho** noturno, perigoso ou **insalubre** a menores de dezoito e de qualquer trabalho a menores de dezesseis anos, salvo na condição de aprendiz, a partir de quatorze anos. (grifo acrescentado)*
>
> *CLT, Art. 405. Ao menor não será permitido o trabalho: I – nos locais e serviços perigosos ou **insalubres** constantes de quadro para esse fim aprovado pelo Diretor-Geral do Departamento de Segurança e Higiene do Trabalho. (grifo acrescentado)*

As atividades e os locais onde é proibido o trabalho de menores de 18 anos estão regulamentados no Decreto 6.481/2008 que regulamenta os arts. 3.º, alínea "d", e 4.º da Convenção 182 da Organização Internacional do Trabalho (OIT), que trata da proibição das piores formas de trabalho infantil e ação imediata para sua eliminação.

4.2 Exercício do trabalho insalubre de forma intermitente

Ainda que a atividade insalubre seja realizada de forma intermitente, será devido o adicional correspondente, conforme redação da Súmula 47 do TST:

> *SÚM. 47 INSALUBRIDADE – Res. 121/2003, DJ 19, 20 e 21.11.2003*
> *O trabalho executado em condições insalubres, **em caráter intermitente**, **não afasta**, só por essa circunstância, o direito à percepção do respectivo adicional.*

4.3 Exercício simultâneo de atividades insalubres

No caso de incidência de mais de um fator de insalubridade, para efeito de acréscimo salarial, será considerado o de grau mais elevado, sendo vedada a percepção cumulativa desses adicionais. Ora, qual o motivo para essa proibição? Segundo Sebastião Geraldo de Oliveira[21], não há razão do ponto de vista biológico, nem lógico e muito menos jurídico para tal vedação.

Em termos biológicos, está comprovado que a exposição simultânea a mais de um agente agressivo reduz a resistência do trabalhador, agravando-se ainda mais o potencial nocivo, seja pelo efeito aditivo ou pelo efeito sinérgico das agressões, isto é, a presença de mais de um agente insalubre, dependendo do agente, além de somar, em algumas circunstâncias pode potencializar os danos à saúde, caso atuem sobre o mesmo órgão alvo. Exatamente por isso a Convenção 148 da OIT (Contaminação do ar, ruído e vibrações), ratificada pelo Brasil, estabelece que os critérios e limites de exposição deverão ser

---

[21] OLIVEIRA, Sebastião Geraldo de. *Proteção jurídica à saúde do trabalhador.* 6. ed. São Paulo: LTr, 2011.

366 | SEGURANÇA E SAÚDE NO TRABALHO – *Mara Queiroga Camisassa*

fixados tendo em conta qualquer aumento dos riscos profissionais resultante da exposição simultânea a vários fatores nocivos no local de trabalho[22].

Acrescenta ainda o magistrado que "a previsão da Portaria, ao estabelecer adicional único quando da presença de um ou diversos agentes insalubres, está na realidade, instituindo um adicional complessivo, o que o Direito do Trabalho não admite".

O **direito do empregado ao adicional de insalubridade cessará com a *eliminação do risco*** à sua saúde ou integridade física. Isso significa que o adicional não se incorpora ao salário, daí sua característica de salário-condição. Uma vez eliminada a condição insalubre, cessará também o pagamento do respectivo adicional. Nas palavras de Valentin Carrion, "a integração do adicional de insalubridade é **relativa**".

5. SITUAÇÕES DE RISCO GRAVE E IMINENTE NA NR15

A NR15 prevê expressamente algumas situações que devem ser consideradas como ensejadoras de risco grave e iminente. Na constatação de sua ocorrência, deverá o AFT proceder ao embargo da obra ou interdição da atividade, máquina ou equipamento, setor de serviço ou do estabelecimento. Nestes casos, a interposição do embargo ou interdição será ***ato vinculado*** do Auditor Fiscal do Trabalho, ficando **dispensado** o uso da metodologia constante na NR3 – Embargo e Interdição, conforme item 3.5.1.1:

> NR3, item 3.5.1.1
> Fica dispensado o uso da metodologia prevista nesta norma para imposição de medida de embargo ou interdição quando constatada condição ou situação definida como grave e iminente risco nas Normas Regulamentadoras.

A NR15 prevê as seguintes situações de grave e iminente risco:

Anexo 1 – Limites de Tolerância para Ruído Contínuo ou Intermitente

1. Atividades ou operações que exponham os trabalhadores a níveis de ruído, contínuo ou intermitente, superiores a 115 dB(A), sem proteção adequada.

Anexo 2 – Limites de Tolerância para Ruídos de Impacto

1. Atividades ou operações que exponham os trabalhadores, sem proteção adequada, a níveis de ruído de impacto superiores a 140 dB (LINEAR), medidos no circuito de resposta para impacto, ou superiores a 130 dB(C), medidos no circuito de resposta rápida (FAST). Veremos esses conceitos (LINEAR, FAST, entre outros) adiante neste capítulo.

Anexo 6 – Trabalho sob condições hiperbáricas

1. O não cumprimento do disposto no Anexo 6 caracteriza situação de risco grave e iminente (itens 1.3.20 e 2.14.3).

---

[22] Convenção OIT 148, Parte III – Medidas de Prevenção e de Proteção, art. 8.º, item 3. "Os critérios e limites de exposição deverão ser fixados, completados e revisados a intervalos regulares, de conformidade com os novos conhecimentos e dados nacionais e internacionais, e tendo em conta, na medida do possível, qualquer aumento dos riscos profissionais resultante da **exposição simultânea a vários fatores nocivos** no local de trabalho" (grifos acrescentados).

NR 15 • ATIVIDADES E OPERAÇÕES INSALUBRES | 367

Anexo 11 – Agentes químicos cuja insalubridade é caracterizada por limite de tolerância e inspeção no local de trabalho

1. Ambientes nos quais, na presença de asfixiantes simples, a concentração de oxigênio estiver abaixo de 18% em volume.

2. Situações nas quais a concentração de pelo menos uma amostra de determinado agente químico ultrapassa o valor máximo conforme disposto na norma.

Anexo 13 – Agentes químicos

1. Atividades com substâncias cancerígenas cujos processos ou operações não forem hermetizados.

ANEXO 1

LIMITES DE TOLERÂNCIA PARA RUÍDO CONTÍNUO OU INTERMITENTE

1. INTRODUÇÃO

O ruído é um dos principais agentes físicos presentes nos ambientes de trabalho, e a exposição acima dos limites de tolerância é um dos mais graves problemas de saúde ocupacional existentes atualmente, em que pese a notória subnotificação dos casos de doenças ocupacionais correspondentes à Perda Auditiva Induzida por Níveis de Pressão Sonora Elevados (PAINPSE).

Os efeitos do ruído no nosso organismo dependem principalmente do tempo de exposição, da intensidade sonora e da susceptibilidade individual. Dessa forma, ambientes saudáveis para a maioria dos trabalhadores podem ser *"insalubres"* para os suscetíveis, assim como uma proteção suficiente para aqueles pode ser insuficiente para estes. Daí a importância de se manter no ambiente laboral níveis de ruído o mais reduzido possível, bem como a realização das audiometrias quando estes níveis ultrapassarem o nível de ação conforme determinado na NR7 – PCMSO (Programa de Controle Médico de Saúde Ocupacional)[23], e da implantação do Programa de Conservação Auditiva (PCA), quando aplicável.

A exposição continuada, dia após dia, ao ruído, em níveis e duração excessivos, pode levar, ao cabo de alguns anos, à perda auditiva permanente ou irreversível[24]. Isso significa que, uma vez instalada, mesmo que o trabalhador seja retirado permanentemente do ambiente ruidoso, não haverá regressão do dano auditivo.

De instalação lenta e progressiva, a perda auditiva passa despercebida por muito tempo. Geralmente, o trabalhador só se dá conta do problema quando as lesões já estão avançadas. Por se caracterizar como perda permanente de função orgânica, a perda auditiva ocupacional é considerada acidente de trabalho grave[25]. Trabalhadores

---

[23] NR7, Anexo II – Controle Médico Ocupacional da exposição a níveis de pressão sonora elevados: "Item 2. Devem ser submetidos a exames audiométricos de referência e sequenciais todos os empregados que exerçam ou exercerão suas atividades em ambientes cujos <u>níveis de pressão sonora estejam acima dos níveis de ação</u>, conforme informado no PGR da organização, independentemente do uso de protetor auditivo." (Grifo acrescentado)

[24] MENDES, René. *Patologia do trabalho*. 3. ed. São Paulo: Atheneu, 2013.

[25] Guia de Acidentes do Trabalho. MTE. 2010.

que, exercendo atividade em ambiente ruidoso, ao serem questionados sobre o ruído respondem "*Já me acostumei com o barulho*" provavelmente já apresentam algum grau de perda auditiva.

Porém, os efeitos nocivos da exposição ao ruído não se limitam apenas ao sistema auditivo, podendo provocar efeitos extra-auditivos, como danos a outros órgãos, aparelhos e funções do organismo, por exemplo, distúrbios gastrointestinais, cardiovasculares e distúrbios relacionados ao sistema nervoso como irritabilidade, vertigens, insônia, depressão, entre vários outros.

Segundo a ACGIH[26], enquanto os efeitos auditivos do ruído são determinados em grande parte pela intensidade e frequência do sinal, os efeitos extra-auditivos podem ser influenciados pela previsibilidade do sinal, pelo controle percebido, pela hora do dia, pelo tempo de subida e até mesmo pelo conteúdo informativo.

2. SOM × RUÍDO

O som é uma onda mecânica longitudinal tridimensional provocada por variações de pressão muito rápidas (rarefação e compressão), capazes de sensibilizar nossos ouvidos. Ao contrário do que ocorre com a luz, o som não pode se propagar no vácuo, ou seja, não é possível perceber o som se não existir um meio elástico[27] (gasoso, líquido ou sólido) entre o corpo que vibra e o nosso ouvido.

Apenas as vibrações entre aproximadamente[28] 20 Hz e 20 kHz estimulam nosso aparelho auditivo, ou seja, são audíveis pelos seres humanos. Por isso, dizemos que o espectro audível encontra-se nessa faixa. Frequências inferiores a 20 Hz são denominadas infrassom, e superiores a 20 kHz, ultrassom.

Mas qual a diferença entre som e ruído? O ruído é a percepção subjetiva e desagradável de um som. Isso significa que todo ruído é som, mas nem todo som é ruído, pois, como dito, essa interpretação é subjetiva e varia de pessoa para pessoa.

Segundo o art. 3 da Convenção 148 da OIT, o termo **ruído** compreende qualquer som que possa provocar perda de audição ou envolver qualquer outro tipo de dano.

Saiba Mais
Frequências das ondas sonoras

A avaliação da frequência é muito importante na determinação do risco da exposição ao ruído. Ruídos que contêm muitas frequências em sua composição se dispersam por muitas células ciliadas e são menos nocivos. Já os ruídos com poucas frequências em sua composição, no limite do tom puro (som com uma frequência predominante), concentram a energia em um pequeno grupo de células ciliadas e consequentemente são mais lesivos[29].

---

[26] ACGIH© – American Conference of Governmental Industrial Hygienists – TLV© e BEI© – Limites de Exposição Ocupacional (TLVs©) para Substâncias Químicas e Agentes Físicos. Índices Biológicos de Exposição (BEIs©). Tradução da ABHO – Associação Brasileira de Higienistas Ocupacionais, 2022.

[27] Neste contexto, a elasticidade do meio se refere à sua capacidade de compressão e rarefação, permitindo o transporte da energia acústica.

[28] Usa-se o termo *aproximadamente* porque esses limites variam de pessoa para pessoa e também dependem da idade.

[29] SANTOS, Ubiratan de Paula. *Ruído: riscos e prevenção*. 3. ed. São Paulo: Hucitec, 1999.

> *Células ciliadas (células sensitivas) são órgãos receptores localizadas em uma estrutura do ouvido interno chamada órgão de Corti. Estas células geram impulsos nervosos em resposta às vibrações da membrana basilar, também localizada no ouvido interno.*
>
> *As frequências altas também são mais lesivas que as frequências baixas, mas são, em geral, de mais fácil controle. Entretanto, o limiar de dor que geralmente está situado entre 130dB e 140dB independe da frequência[30].*

3. DECIBEL

Grandezas como massa, comprimento e temperatura são lineares, pois variam linearmente ou proporcionalmente: o dobro de dois metros são quatro metros, a metade de 10 kg são 5 kg, e daí por diante.

A intensidade sonora, que é a quantidade de energia vibratória que se propaga nas áreas próximas a partir da fonte geradora do som, pode ser expressa em termos de potência (W/m^2) ou em termos de pressão (N/m^2 ou Pascal).

A faixa de níveis de pressão sonora, que é de importância para o ouvido humano, chamada de faixa de audibilidade, varia de $2x10^{-5}$ N/m^2 (mínima pressão perceptível à frequência de 1.000Hz) até valores muito elevados, atingindo 200 N/m^2, sendo este último considerado como valor limiar da dor ou de lesão auditiva imediata (subtendida referência ao limiar de audição de 0dB). Do mesmo modo, há expressivas variações das potências sonoras das fontes de importância para o ouvido humano. Esses valores podem oscilar desde um cochicho, que apresenta valores da ordem de $1x10^{-6}$ W, até o outro extremo, como o ruído gerado por um avião, que alcança valores da ordem de $1x10^6$ W.

Como pode ser verificado, essas faixas são bastante amplas, compreendendo um número expressivo de valores. Em virtude da inconveniência de utilizá-los de forma linear e também em razão de a resposta do ouvido humano ser proporcional ao logaritmo do estímulo[31], utiliza-se a escala logarítmica para se trabalhar com estes valores. O benefício oferecido pelo uso dessa escala de medida consiste na evidente redução do campo de variabilidade[32]. Isso significa que escalas enormes podem ser comprimidas se forem expressas em termos de logaritmos das relações. Essa relação logarítmica é definida como Bel, mas de forma mais conveniente emprega-se um décimo desta relação, chamada decibel, designada como dB.

4. RUÍDO CONTÍNUO OU INTERMITENTE

4.1 Conceito

A continuidade ou intermitência do ruído refere-se à variação de sua intensidade durante o período de medição (e não, à sua presença ou ausência), de tal forma que:

Ruído contínuo: é aquele que apresenta variações de níveis de pressão sonora menores que +/- 3dB, variações estas imperceptíveis ao ouvido humano.

Ruído intermitente: é aquele cujo nível de pressão sonora varia em valores superiores a +/- 3dB, de forma perceptível ao ouvido humano.

---

[30] MENDES, René. *Patologia do trabalho*. 3. ed. São Paulo: Atheneu, 2013. v. 1 e 2.

[31] Isso se dá pelo fato de a percepção auditiva humana não ser linear, e sim logarítmica.

[32] MENDES, René. *Patologia do trabalho*. 3. ed. São Paulo: Atheneu, 2013.

370 SEGURANÇA E SAÚDE NO TRABALHO – *Mara Queiroga Camisassa*

Segundo a NR15, para fins de caracterização de insalubridade e aplicação dos limites de tolerância, considera-se *ruído contínuo ou intermitente* aquele que não seja ruído de impacto. Ou seja, de acordo com a norma, a definição de ruído contínuo ou intermitente se dá por exclusão. Mas então o que é ruído de impacto? O ruído de impacto é tratado no Anexo 2 da NR15, que nos apresenta a seguinte definição:

> *Ruído de impacto é aquele que apresenta picos de energia acústica de duração inferior a 1 (um) segundo, a intervalos superiores a 1 (um) segundo, conforme limites de tolerância apresentados naquele anexo.*

4.2 Máxima exposição permitida x nível de ruído

O quadro do Anexo 1 da NR15 apresenta a máxima exposição diária permissível para níveis de ruído entre 85 dB e 115 dB, considerando a jornada de 8 horas:

NÍVEL DE RUÍDO dB (A)	MÁXIMA EXPOSIÇÃO DIÁRIA PERMISSÍVEL
85	8 horas
86	7 horas
87	6 horas
88	5 horas
89	4 horas e 30 minutos
90	4 horas
91	3 horas e 30 minutos
92	3 horas
93	2 horas e 40 minutos
94	2 horas a 15 minutos
95	2 horas
96	1 hora e 45 minutos
98	1 hora e 15 minutos
100	1 hora
102	45 minutos
104	35 minutos
105	30 minutos
106	25 minutos
108	20 minutos
110	15 minutos
112	10 minutos
114	8 minutos
115	7 minutos

A primeira coluna do quadro apresenta o nível de ruído (ou nível de pressão sonora) ao qual o trabalhador está sujeito em seu ambiente de trabalho. A segunda coluna indica, para cada nível de ruído, o tempo máximo de exposição que, para a maioria dos trabalhadores, não implicará danos à sua saúde, considerando a jornada diária de 8 horas. Vemos que, quanto maior o nível de pressão sonora, menor deve ser o tempo de exposição.

Esse quadro deve ser interpretado da seguinte forma: deem uma olhada na primeira linha da tabela: considerando que o ruído contínuo ou intermitente presente no ambiente de trabalho seja 85 dB, o tempo máximo de exposição do trabalhador a esse ruído deverá ser oito horas. Caso o nível de ruído se eleve para 100 dB, o tempo de exposição deve ser reduzido a no máximo uma hora, considerando que esse seja o único ruído presente no ambiente.

Nesse sentido, vejam a questão do CESPE/2013, cujo gabarito é ERRADO:

✍ *O Anexo n.º 1 [da NR15] estabelece em uma hora e 30 minutos a tolerância máxima de exposição diária permissível para ruído contínuo ou intermitente de 100 dB.*

A questão está errada, pois, segundo o Anexo 1, a exposição diária permissível para ruído contínuo ou intermitente de 100 dB é uma hora.

4.3 Avaliação quantitativa da exposição ao ruído – Cálculo da dose

Normalmente o trabalhador está exposto a vários ruídos gerados simultaneamente no seu ambiente de trabalho, de diferentes frequências e níveis de pressão sonora, oriundos de várias fontes geradoras. Para analisar o risco desta exposição (caso haja incerteza quanto à sua aceitabilidade[33]), deve ser realizada uma avaliação quantitativa dessa exposição múltipla, cujo resultado é conhecido como *dose diária de ruído* ou dose de ruído.

O cálculo da dose de ruído considera a **representatividade de cada ruído presente no ambiente durante a jornada de trabalho**, de forma cumulativa, baseado na relação entre os respectivos (i) tempo de exposição e (ii) tempo máximo de exposição permitido (este último indicado na 2ª coluna da tabela do Anexo 1 vista anteriormente). O cálculo da dose também é chamado de cálculo dos efeitos combinados, uma vez que é obtida a partir da **combinação** dos efeitos de cada ruído presente no ambiente, e representa a energia acústica acumulada durante a avaliação[34]. Observem que a dose é um valor numérico adimensional (relação entre grandezas de mesma unidade).

A dose é calculada levando-se em conta que, se durante a jornada de trabalho ocorrerem dois ou mais períodos de exposição a ruído de diferentes níveis, deverão ser considerados os seus efeitos combinados, de forma que, se a soma das frações a seguir **exceder a unidade**, a exposição estará **acima do limite de tolerância.** A dose é obtida pela seguinte fórmula:

$$\frac{C1}{T1} + \frac{C2}{T2} + \frac{C3}{T3} \underline{\hspace{8cm}} + \frac{Cn}{Tn}$$

Onde:

Cn   *Total da duração da exposição a um nível específico de ruído ou tempo total que o trabalhador fica exposto a um nível de ruído específico (Tempo de exposição)*

Tn   *Máxima exposição diária permissível a esse nível de ruído, segundo o quadro do Anexo 1*

---

[33] Sobre a realização de avaliações quantitativas, remeto o leitor ao item 3.2 do capítulo da NR9.

[34] O som é formado por ondas sonoras de diferentes frequências, que "carregam" diferentes níveis de energia. O instrumento que realiza a medição da dose é chamado *audiodosímetro*, e identifica o quanto de energia está associada a cada uma das frequências que compõem os sons avaliados. Para maiores detalhes, remeto o leitor para o Quadro *Além da NR – História do Anexo 1 da NR15*, apresentado a seguir.

Obs.: O valor Cn corresponde ao total da duração da exposição em um dia de trabalho, independentemente de a exposição ser contínua ou a soma de várias exposições de curta duração que ocorreram ao longo da jornada.

Além da NR
História do Anexo 1 da NR15

A equação apresentada anteriormente nos mostra o critério da combinação da exposição a diversos níveis de ruído. Neste critério está embutido o conceito de dose de exposição, pois em 1978, época da publicação do Anexo 1, já se tinha a consciência da importância da dosimetria na adequada caraterização da exposição ocupacional ao ruído.

Diante desta realidade, naturalmente surge a pergunta: Por que não foi adotada a dosimetria como critério e parâmetro para limite, por ocasião da elaboração deste Anexo?

Para esclarecer esta questão, é importante entender a abrangência de um texto legal de âmbito federal e resgatar a realidade técnica da época. Quando o governo federal estabelece a obrigatoriedade do cumprimento de um documento legal, este se aplica a todo o território nacional e devem ser possíveis tanto sua implementação como fiscalização em todo o País. Há mais de 30 anos, o dosímetro constituía uma raridade no Brasil. Não era comum, mesmo para as empresas de grande porte, dispor de dosímetros para avaliação da exposição ocupacional ao ruído. A própria Fundacentro ainda não contava com esses equipamentos.

Portanto, em 1978, a publicação da Portaria 3.214[35], mesmo com as limitações impostas em seu texto, devido às restrições de caráter técnico ainda presentes naquele ano, significou na época um grande avanço técnico do tratamento legal das questões relacionadas à exposição ocupacional ao ruído. Além disso, não se pode negar que o conceito de dosimetria, embutido no critério de considerar os efeitos combinados da exposição a ruído de diferentes níveis, constituiu um elemento motivador para que empresas, entidades de pesquisa, órgãos governamentais e até mesmo os profissionais da área buscassem o conhecimento e as ferramentas necessárias para a realização de dosimetrias de ruído, prática bastante comum nos dias de hoje[36].

Destaco novamente que o limite de tolerância para o ruído não irá proteger todos os trabalhadores contra os efeitos prejudiciais decorrentes da exposição a esse agente. A determinação do limite de tolerância tem por objetivo proteger a <u>maioria</u> da população de trabalhadores atingidos, de forma que a perda auditiva média produzida pelo ruído nas frequências 500 Hz, 1000 Hz e 3000 Hz, durante 40 anos de exposição, não exceda a 2 dB[37].

Exemplo de cálculo da dose: Suponhamos que durante a jornada de trabalho de oito horas o trabalhador fique exposto aos seguintes níveis de ruído com os respectivos tempos de exposição:

NÍVEL DE RUÍDO (dB)	TEMPO DE EXPOSIÇÃO (horas)
86	4
88	3
90	1

---

[35] A Portaria 3.214/1978 aprovou a redação das primeiras 28 NRs (NR1 a NR28).

[36] FANTAZZINI, Mário Luiz *et al*. Artigo técnico. *Revista ABHO*, Edição 21, p. 6, set. 2010.

[37] Limites de Exposição Ocupacional para Substâncias Químicas e Agentes Físicos – ACGIH, 2016. Tradução ABHO, Associação Brasileira de Higienistas Ocupacionais.

NR 15 • ATIVIDADES E OPERAÇÕES INSALUBRES | 373

Consultando o quadro do Anexo 1 da NR15, vemos que o tempo máximo de exposição para os níveis acima são:

    86 dB: 7 horas
    88 dB: 5 horas
    90 dB: 4 horas

Vamos então incluir mais uma coluna na tabela acima, com os valores encontrados de tempo máximo de exposição:

NÍVEL DE RUÍDO (dB)	TEMPO DE EXPOSIÇÃO (HORAS)	TEMPO MÁXIMO DE EXPOSIÇÃO (HORAS)
86	4	7
88	3	5
90	1	4

Temos então que a dose dessa exposição será:

$$\text{Dose} = \underbrace{\left(\frac{4}{7}\right)}_{86dB} + \underbrace{\left(\frac{3}{5}\right)}_{88dB} + \underbrace{\left(\frac{1}{4}\right)}_{90dB} = 1{,}42 > 1,$$ logo, a atividade é insalubre, pois o valor da dose é maior que 1.

Sobre esse assunto, vejam questão do CESPE/2013, cujo gabarito é ERRADO:

> O empregador deverá pagar ao trabalhador adicional de 20% do salário mínimo, referente a insalubridade, se a dose diária de exposição a ruídos estiver entre 50% e 100%, considerada acima do nível de ação.

A questão está errada, pois o adicional de insalubridade somente será devido caso a dose diária de exposição a ruídos ultrapassar 100% (dose >1), ou seja, ultrapassar o limite de tolerância.

De acordo com os itens 9.6.1, "c", e 9.6.1.2 da NR9, caso a dose diária de ruído esteja entre 50% e 100%, estará dentro do nível de ação e, nesse caso, o empregador deve adotar ações de controle sistemático de forma a minimizar a probabilidade de que as exposições ocupacionais ultrapassem os limites de exposição. Vejamos:

> NR9 item 9.6.1 Enquanto não forem estabelecidos os Anexos a esta Norma, devem ser adotados para fins de medidas de prevenção:
>
> [...]
>
> c) como **nível de ação para o agente físico ruído, a metade da dose**. (grifo acrescentado)
>
> 9.6.1.2 Considera-se nível de ação, o valor acima do qual devem ser implementadas ações de controle sistemático de forma a minimizar a probabilidade de que as exposições ocupacionais ultrapassem os limites de exposição.

Observações importantes relativas à dose:

1. Audiodosímetro: o limiar de integração da dose inicia-se a partir de 80dB(A), ou seja, na prática, numa avaliação de ruído, para fins de integração serão computados apenas os níveis de pressão sonora que atingirem ou ultrapassarem este limiar. Isso significa que um ambiente com níveis de pressão sonora inferiores a 80dB(A) terá uma avaliação de dose de ruído igual a zero.

2. As constantes de tempo para integração dos níveis de pressão sonora são:

➢ 1 (um) segundo para o tempo de resposta lento (*slow*)

➢ 125 (cento de vinte e cinco) milissegundos para o tempo de resposta rápido (*fast*)

3. Segundo a ACGIH[38], no caso de **exposições intermitentes** a níveis de pressão sonora elevados, a soma das frações de qualquer dia específico pode exceder a unidade, desde que a soma das frações em um período de sete dias seja menor ou igual a cinco e que nenhuma dose diária ultrapasse três.

Além da NR
Dose diária x atuação recomendada

O quadro a seguir apresenta considerações técnicas e a atuação recomendada em função da dose diária, encontrada na condição de exposição avaliada[39]:

Dose diária (%)	Consideração técnica	Atuação recomendada
0 a 50	Aceitável	No mínimo, manutenção da condição existente
50 a 80	Acima do nível de ação	Adoção de medidas preventivas
80 a 100	Região de incerteza	Adoção de medidas preventivas e corretivas visando à redução da dose diária
Acima de 100	Acima do limite de exposição	Adoção imediata de medidas corretivas

---

Vejam também questão do CESPE/2010 sobre o cálculo da dose:

Tabela I – Registros relacionados à exposição de um grupo de empregados, durante uma jornada de trabalho de 8 horas, a ruídos de diferentes níveis, medidos com utilização de medidor de pressão sonora.

---

[38] ACGIH© – American Conference of Governmental Industrial Hygienists – TLV© e BEI© – Limites de Exposição Ocupacional (TLVs©) para Substâncias Químicas e Agentes Físicos. Índices Biológicos de Exposição (BEIs©). Tradução da ABHO – Associação Brasileira de Higienistas Ocupacionais, 2022.

[39] NHO 01 – *Norma de Higiene Ocupacional* – Avaliação da Exposição Ocupacional ao Ruído. Fundacentro, 2001.

REGISTROS	NÍVEL MEDIDO [EM dB (A)]	TEMPO REAL DE EXPOSIÇÃO DIÁRIA [EM HORA]
1	83	1,0
2	87	2,5
3	90	2,0
4	93	1,5
5	95	1,5

Tabela II – Anexo da NR15

NÍVEL DE RUÍDO dB (A)	MÁXIMA EXPOSIÇÃO DIÁRIA PERMISSÍVEL
85	8 horas
86	7 horas
87	6 horas
88	5 horas
89	4 horas e 30 minutos
90	4 horas
91	3 horas e 30 minutos
92	3 horas
93	2 horas e 40 minutos
94	2 horas e 15 minutos
95	2 horas
96	1 hora e 45 minutos
98	1 hora e 15 minutos
100	1 hora
102	45 minutos
104	35 minutos
105	30 minutos
106	25 minutos
108	20 minutos
110	15 minutos
112	10 minutos
114	8 minutos
115	7 minutos

Considerando os dados apresentados nas tabelas I e II acima, julgue o item seguinte: Analisando-se os dados da tabela I, com base na tabela II, conclui-se que a exposição do referido grupo de empregados a ruídos de diferentes níveis está acima do limite de tolerância previsto na NR15.

376 SEGURANÇA E SAÚDE NO TRABALHO – *Mara Queiroga Camisassa*

Para resolver a questão (para fins de concurso público) devemos desconsiderar a exposição a 83 dB[40] (Registro 1), pois este nível está abaixo do valor a partir do qual é caracterizada insalubridade (85 dB). Primeiramente vejamos como calcular a dose:

$$Dose = \sum \frac{\text{Tempo de Exposição}}{\text{Tempo máximo de exposição}}$$

Temos então que: (valores em minutos)

$$DOSE = \frac{150}{360} + \frac{120}{240} + \frac{90}{160} + \frac{90}{120} = 2,23 > 1$$

Registro 2
Registro 3
Registro 4
Registro 5

Resposta: Como o valor da dose é maior que 1, concluímos que a exposição está acima do limite de tolerância. A questão está correta.

4.4 Cálculo da dose na prática

Na prática, o valor da dose é obtido a partir de um equipamento chamado audio-dosímetro; trata-se de instrumento portátil utilizado pelo próprio trabalhador durante sua jornada de trabalho[41]. O audiodosímetro realiza as medições dos níveis dos ruídos aos quais o trabalhador foi exposto durante o exercício de sua atividade, bem como os respectivos tempos de exposição. E, a partir daí, é obtido o valor da dose. Esse tipo de medição é realizado quando o trabalhador fica exposto a vários níveis de ruído, oriundos de múltiplas fontes, sendo que as leituras (medições) devem ser efetuadas próximas ao ouvido do trabalhador. Então, como vimos anteriormente, o audiodosímetro tem a função de "simular" a percepção do ouvido humano.

Nosso ouvido responde de formas diferentes às diversas frequências (como visto anteriormente, o espectro audível encontra-se aproximadamente entre 20 Hz e 20 kHz); sendo assim, com base em diversos estudos de níveis de audibilidade, e considerando que o ouvido humano não tem a mesma sensibilidade para todas as faixas de frequência, foram elaboradas quatro curvas que representam nossa sensibilidade auditiva, identificadas por Curvas de Compensação ou Curvas de Ponderação A, B, C e D, para tentar reproduzir a resposta auditiva do nosso ouvido.

Tais informações foram, então, parametrizadas e introduzidas nos circuitos medidores dos níveis de pressão sonora, chamados de circuitos de compensação como forma de simulação do comportamento do nosso ouvido. As normas internacionais e a NR15 adotaram a curva de compensação "A" para medições de níveis de ruído contínuo e intermitente devido à sua maior aproximação à resposta do ouvido humano[42]. A tabela a seguir mostra a aplicação desses circuitos:

---

[40] Lembrando que na prática o limiar de integração da dose inicia-se a partir de 80dB(A).

[41] Mesmo em jornadas superiores a 8 horas, o conceito de dose permanece, ou seja, sempre que a dose diária de exposição for superior 100%, o limite de exposição estará excedido.

[42] SALIBA, Tuffi Messias. *Curso básico de segurança e higiene ocupacional*. 4. ed. São Paulo: LTr, 2011.

CIRCUITO DE COMPENSAÇÃO	APLICAÇÕES
A	Levantamentos ocupacionais e dosimetrias
B	Atualmente não é utilizado
C	Ruído de impacto e cálculo de atenuação de protetores auditivos
D	Ruído de aeroportos

Os circuitos de resposta das curvas de compensação podem ser de três tipos (*Slow, Fast* e *Impulse*), que variam de acordo com a velocidade com a qual o instrumento (dosímetro) responde às oscilações de pressão sonora:

- *Slow*: 1s;
- *Fast* ou rápida: 125 ms;
- *Impulse*: 35 ms;

A norma determina que a medição de ruído contínuo ou intermitente deve ser feita com circuitos de resposta lenta (*SLOW*), a fim de permitir a maior abrangência de ruídos medidos. (Veremos o uso dos circuitos *fast* e *impulse* quando estudarmos o Anexo 2 – Limites de Tolerância para Ruídos de Impacto.)

Agora fica fácil entender a redação do item 2 do Anexo 1:

> *Os níveis de ruído contínuo ou intermitente devem ser medidos em decibéis (dB) com instrumento de nível de pressão sonora operando no circuito de compensação "A" e circuito de resposta lenta (SLOW). As leituras devem ser feitas próximas ao ouvido do trabalhador.*

Sobre esse assunto, vejam questão do CESPE/2013, cujo gabarito é ERRADO:

✍ *A unidade dB (A) indica o nível de intensidade sonora medido com instrumento de nível de pressão sonora operando no circuito de resposta alta e amplificada, o que explica a desinência "A" entre parênteses.*

A questão está errada, pois, como acabamos de estudar, a indicação (A) mostra o tipo de circuito de compensação utilizado na medição da intensidade sonora para ruídos contínuos e intermitentes, circuito esse que mais se aproxima à percepção da audibilidade humana.

Importante ressaltar que, antes de se iniciarem as medições, o audiodosímetro deve ser ajustado considerando a legislação ou norma (NR15, NHO1 da Fundacentro, OSHA) que será utilizada para verificação dos resultados, uma vez que os critérios são diferentes de acordo com a referência normativa a ser adotada.

4.5 Fator de Duplicação da Dose

O Fator de Duplicação da Dose (*Exchange Rate*), também chamado de Incremento de Duplicação da Dose, corresponde ao valor em dB entre dois níveis de pressão sonora[43]

---

[43] Destaca-se que não se trata aqui da adição níveis de pressão sonora.

que implicará a redução pela metade do tempo máximo de exposição diária permitido, **duplicando o valor da dose**. Vamos entender esse conceito pelo exemplo a seguir:

Considerando as primeiras linhas do quadro do Anexo 1:

LIMITES DE TOLERÂNCIA PARA RUÍDO CONTÍNUO OU INTERMITENTE

NÍVEL DE RUÍDO dB (A)	MÁXIMA EXPOSIÇÃO DIÁRIA PERMISSÍVEL
85	8 horas
86	7 horas
87	6 horas
88	5 horas
89	4 horas e 30 minutos
90	**4 horas**
91	3 horas e 30 minutos
92	3 horas
93	2 horas e 40 minutos
94	2 horas e 15 minutos
95	2 horas
96	1 hora e 45 minutos

Pela tabela vemos que a máxima exposição diária permissível para um nível de ruído de 85 dB, é 8 horas. Vamos considerar um trabalhador exposto a esse nível de ruído durante 2 horas, e, para simplificar, vamos considerar também que não existam outros níveis de ruído no ambiente.

Então nesse exemplo a dose será: $\dfrac{2}{8} = 0{,}25$

Vamos agora considerar que este trabalhador está exposto a um ruído com nível de pressão sonora de 90dB ("intervalo" de 5 dB com relação ao nível de ruído do exemplo anterior). Consideremos novamente que o tempo de exposição também permanece em 2 horas. Pela tabela vemos que a máxima exposição diária permissível para um nível de ruído de 90 dB é 4 horas:

Nesse caso a dose será: $\dfrac{2}{4} = 0{,}5$

Vemos então que, quando comparamos dois níveis de pressão sonora sendo um deles superior 5dB com relação ao outro, a dose diária de ruído correspondente ao ruído de maior intensidade será duplicada e o tempo máximo de exposição diária permitido cai pela metade (no caso de 85 dB, o valor é 8 horas, mas no caso de 90 dB o valor é 4 horas). **Isso significa que o fator de duplicação da dose considerado pela NR15 é 5.**

Sobre esse tema, veja a questão do CESPE/2013 (alterada), cujo gabarito é CERTO[44]:

 O incremento de duplicação de dose quando adicionado a um determinado nível implica a duplicação da dose de exposição ou a redução para a metade do tempo máximo permitido.

---

[44] A banca considerou a questão correta, apesar de não estar adequada do ponto de vista matemático, uma vez que a adição de níveis de pressão sonora enquanto grandeza logarítmica segue regras específicas diferente das grandezas lineares. Sobre esse assunto, remete-se o leitor para o item 4.8. Adição de níveis de pressão sonora.

> **Além da NR**
> **Fator de Duplicação da Dose**
> Outras normas adotam fator de duplicação da dose = 3. Esse é o caso, por exemplo, da NHO1 (Norma de Higiene Ocupacional 1) da FUNDACENTRO, e também das recomendações da AC-GIH, bem como da legislação de vários países. Esse fator é mais restritivo, pois os tempos máximos de exposição ao ruído são menores, logo, é mais protetivo ao trabalhador do que o fator de duplicação = 5.

4.6 Grave e iminente risco

A exposição a níveis de ruído acima de 115 dB(A) **para indivíduos que não estejam adequadamente protegidos caracteriza situação de risco grave e iminente**, devendo o AFT proceder à interdição das respectivas atividades.

4.7 Níveis de ruído intermediários

Caso sejam medidos níveis de ruído intermediários, deverá ser considerada a máxima exposição diária permissível relativa ao nível imediatamente mais elevado. Por exemplo, no caso de medição de um ruído de 97 dB, deverá ser considerada a máxima exposição diária correspondente a 98 dB: 1 hora e 15 minutos, uma vez que não há na tabela do Anexo I um valor de exposição máxima diária permissível para 97 dB.

4.8 Adição de níveis de pressão sonora

Como dito anteriormente, os níveis de pressão sonora são medidos em *decibel (dB)*. O *decibel* é uma unidade logarítmica, o que significa que operações simples como somar e subtrair níveis de pressão sonora envolvem cálculos logarítmicos complexos. Para adicionar ou subtrair níveis de pressão sonora é necessário calcular a razão média quadrática das pressões de cada nível e em seguida efetuar a soma ou a subtração, obtendo-se o nível de pressão sonora resultante. Contudo, para evitar cálculos complexos, foram criadas as curvas de adição e subtração em dB. Tomemos como exemplo a curva de adição de níveis de pressão sonora apresentada a seguir:

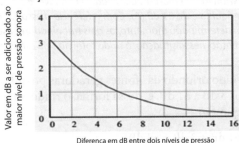

ADIÇÃO DE NÍVEIS DE PRESSÃO SONORA

Fonte: SALIBA, Tuffi Messias. *Manual Prático de Higiene Ocupacional e PPRA*.

Interpretaremos esse gráfico por meio dos seguintes exemplos:

Exemplo 1: Consideremos duas fontes geradoras de ruído localizadas no mesmo ambiente, cada uma delas gerando 70 dB. Qual o ruído total gerado?

Resposta: Esse exemplo nos leva ao cálculo da soma: 70 dB + 70 dB. Para realizar essa soma precisamos seguir os seguintes passos:

1.º passo: Identificar a diferença, em dB, dos dois níveis de pressão sonora a serem adicionados. Nesse caso: 70 dB – 70 dB = 0 dB Chamaremos esse valor de V1.
2.º passo: Identificar no gráfico o valor no eixo das ordenadas (eixo y) correspondente ao valor V1. Chamaremos esse valor de V2. No nosso exemplo, V2 = 3.
3.º passo: Somar V2 ao maior nível de pressão sonora que está sendo somado. No nosso exemplo, como estamos somando dois níveis de pressão sonora iguais, basta somarmos V2 a 70 dB. Então temos que:

70 dB + 70 dB = 70 dB + 3 dB = **73 dB**

Exemplo 2: Consideremos duas fontes geradoras de ruído localizadas no mesmo ambiente, uma delas gera 90 dB e a outra, 84 dB. Qual o ruído total gerado?

Resposta: Esse exemplo nos leva ao cálculo da soma: 90 dB + 84 dB. Para realizar essa soma precisamos seguir novamente os seguintes passos:

1.º passo: Identificar a diferença, em dB, dos dois níveis de pressão sonora a serem adicionados. Nesse caso: 90 dB – 84 dB = 6 dB. Chamaremos esse valor de V1.
2.º passo: Identificar no gráfico o valor no eixo das ordenadas (eixo y) correspondente ao valor V1. Chamaremos esse valor de V2. No nosso exemplo, V2 = 1.
3.º passo: Somar V2 ao maior nível de pressão sonora que está sendo somado, que no nosso exemplo é 90 dB. Então basta somarmos V2 a 90 dB. Logo, temos que:

90 dB + 84 dB = 90 dB + 1 dB = 91 dB

Observe que o maior valor a ser adicionado é 3 db e isso acontece quando os valores a serem somados são iguais. Quanto maior a diferença entre os ruídos presentes no ambiente, mais o acréscimo tende a zero.

Sobre esse assunto vejam a questão do CESPE/2009, cujo gabarito é ERRADO:

 Dois trabalhadores usam enceradeiras industriais, de iguais parâmetros, na limpeza das salas do setor administrativo da empresa. Em cada sala, o nível de pressão sonora (ruído) produzido por cada máquina é de 61 dB (A). Com referência a essas informações, julgue o item seguinte: – Se, em determinado momento, os dois trabalhadores usam as enceradeiras em uma mesma sala, então, nessa situação, o ruído total na sala será superior a 70 dB (A).

Nesse caso, como o ruído oriundo das fontes geradoras possui a mesma intensidade (61 dB), basta somarmos 3 dB a 61 dB, e, dessa forma, o ruído total gerado será 64 dB, e não 70 dB como consta questão:

61 dB + 61 dB = 61 dB + 3 dB = 64 dB

Finalmente, não se pode confundir a adição de níveis de pressão sonora para fins de adoção de medidas de controle conforme demonstrado nesse item, com o cálculo da dose diária de exposição. Este último trata da soma dos efeitos combinados dos diversos ruídos presentes no ambiente de trabalho para fins da avaliação ocupacional da exposição.

ANEXO 2
LIMITES DE TOLERÂNCIA PARA RUÍDOS DE IMPACTO

1. INTRODUÇÃO

Ruído de impacto é aquele que apresenta picos de energia acústica de duração inferior a um segundo, a intervalos superiores a um segundo. São exemplos o disparo de armas de fogo, as explosões e as detonações. Uma das consequências da exposição a esse tipo de ruído é o Trauma Acústico, que é a perda auditiva súbita decorrente de única exposição a pressão sonora intensa. Geralmente, é acompanhado de zumbido imediato, podendo ocorrer rompimento do tímpano, hemorragia ou danos na cadeia ossicular. Para realizar a medição desse tipo de ruído, o circuito de compensação do dosímetro deve estar preparado para identificar e efetuar com precisão a leitura dos níveis alcançados. Por esse motivo, o circuito de resposta deve ser do tipo rápida, com circuito linear. Relembrando que, nos intervalos entre os picos do ruído de impacto, o ruído existente deverá ser avaliado como ruído contínuo ou intermitente.

2. LIMITE DE TOLERÂNCIA

O ruído de impacto tem limite de tolerância fixado em **130 dB** (linear). Em caso de não se dispor de medidor do nível de pressão sonora com circuito de resposta para impacto (*impulse*), a norma destaca que será válida a leitura feita no circuito de resposta rápida (*fast*) e circuito de compensação "C". **Nesse caso, o limite de tolerância será de 120 dB(C).**

3. RISCO GRAVE E IMINENTE

As atividades ou operações que exponham os trabalhadores, sem proteção adequada, a níveis de ruído de impacto superiores a 140 dB (linear), medidos no circuito de resposta para impacto, ou superiores a 130 dB (C), medidos no circuito de resposta rápida (*fast*), oferecerão risco grave e iminente de danos à saúde do trabalhador. A figura a seguir apresenta de forma consolidada os níveis de pressão sonora que correspondem aos limites de tolerância e risco grave e iminente, tanto para ruído contínuo ou intermitente quanto para ruído de impacto:

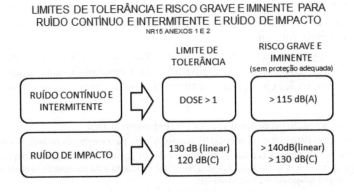

ANEXO 3
LIMITES DE EXPOSIÇÃO OCUPACIONAL AO CALOR

1. OBJETIVO

O objetivo deste Anexo é estabelecer critérios para caracterizar as atividades ou operações insalubres decorrentes da exposição ocupacional ao calor em ambientes fechados ou ambientes com fonte artificial de calor. O Anexo não se aplica a atividades ocupacionais realizadas a céu aberto sem fonte artificial.

Por outro lado, caso a atividade seja realizada a céu aberto **com** fonte artificial de calor, é possível que seja caracterizada a insalubridade, se houver enquadramento nos critérios definidos por este anexo. Um exemplo clássico é o trabalho em carvoarias: trata-se de trabalho a céu aberto **com** exposição simultânea a calor gerado por fonte artificial, no caso, os fornos para queima do carvão.

2. CARACTERIZAÇÃO DA ATIVIDADE OU OPERAÇÃO INSALUBRE

A caracterização da atividade ou operação como insalubre deve ser feita a partir de avaliação quantitativa do calor com base na metodologia e procedimentos descritos na Norma de Higiene Ocupacional NHO 06[45] (2ª edição – 2017) da FUNDACENTRO, nos seguintes aspectos:

a) determinação de sobrecarga térmica por meio do índice IBUTG – Índice de Bulbo Úmido Termômetro de Globo[46];

b) equipamentos de medição e formas de montagem, posicionamento e procedimentos de uso dos mesmos nos locais avaliados;

c) procedimentos quanto à conduta do avaliador; e

d) medições e cálculos.

Segundo a NHO6, a avaliação de calor deve ser feita de forma a caracterizar a exposição de todos os trabalhadores considerados no estudo. Para tanto, identificando-se grupos de trabalhadores que apresentem iguais características de exposição – isto é, que pertençam ao mesmo Grupo de Exposição Similar (GES) –, não será obrigatória a avaliação de todos os trabalhadores. Segundo a NHO6, havendo dúvidas quanto à possibilidade de redução do número de trabalhadores a serem avaliados, a abordagem deve considerar necessariamente a totalidade dos expostos no grupo considerado[47].

O conjunto de medições deve ser representativo das condições reais de exposição ocupacional do grupo de trabalhadores objeto da avaliação, devendo ser desconsideradas as situações de exposições eventuais ou não rotineiras nas quais os trabalhadores não estejam expostos diariamente.

Desta forma, as medições devem cobrir todas as condições habituais – operacionais e ambientais – que envolvem os trabalhadores no exercício de suas funções. Segundo o item 2.4.1. do Anexo 3, exposições eventuais ou não rotineiras nas quais os trabalhadores

---

[45] Avaliação da exposição ocupacional ao calor – Procedimento Técnico.

[46] Para informações detalhadas sobre o IBUTG, remeto o leitor para o capítulo da NR9, Anexo 3 – Calor.

[47] Destaco que, como dito em capítulo anterior, de todos os agentes físicos, o calor é o que provoca a maior variabilidade de efeitos individuais. Logo, deve-se ter em conta esta variabilidade caso seja feita a opção de avaliação por grupo de exposição similar.

não estejam expostos diariamente devem ser desconsideradas na avaliação quantitativa. De qualquer forma, entendo que somente devem realizar atividade com exposição ao calor os trabalhadores com aptidão para o exercício da respectiva atividade conforme avaliação médica prevista na NR7 e no PCMSO da organização.

> ### Saiba Mais
> ### Período de Amostragem
> *Segundo a NHO6, a escolha do período de amostragem deve considerar os 60 minutos corridos de exposição que correspondam à condição de sobrecarga térmica mais desfavorável, por meio da análise conjunta do par de variáveis "condições térmicas do ambiente" e "atividades físicas desenvolvidas pelo trabalhador", e não pela análise isolada de cada uma delas.*
>
> *Havendo dúvidas quanto ao período de 60 minutos corridos de exposição mais desfavorável, este pode ser identificado por meio de avaliação que cubra um período de tempo maior, envolvendo, se necessário, toda a jornada de trabalho. No entanto, a determinação do IBUTG e da Taxa Metabólica para caracterização da exposição ocupacional deve ser feita com base no período de 60 minutos identificado como mais desfavorável.*

Como vimos no capítulo da NR9, além do calor do ambiente, o trabalhador também está exposto ao calor interno do seu corpo. Este calor é gerado pela atividade exercida e é chamado de Taxa Metabólica, que varia em proporção direta ao esforço físico necessário para execução do trabalho. Desta forma, além do IBUTG, a caracterização da insalubridade deve considerar também a Taxa Metabólica.

Entretanto, ao contrário do IBUTG, que é **medido**, a taxa metabólica deve ser **estimada** com base na comparação da atividade realizada pelo trabalhador com as opções apresentadas no Quadro 1 a seguir.

Quadro 1 – Taxa Metabólica por Tipo de Atividade

Atividade	Taxa Metabólica Watt(W)
Sentado, em repouso	100
Trabalho leve com as mãos	126
Trabalho moderado com as mãos	153
Trabalho pesado com as mãos	171
Trabalho leve com um braço	162
Trabalho moderado com um braço	198
Trabalho pesado com um braço	234
Trabalho leve com dois braços	216
Trabalho moderado com dois braços	252
Trabalho pesado com dois braços	288
Trabalho leve com braços e pernas	324
Trabalho moderado com braços e pernas	441
Trabalho pesado com braços e pernas	603
Em pé, agachado ou ajoelhado, em repouso	126
Trabalho leve com as mãos	153
Trabalho moderado com as mãos	180
Trabalho pesado com as mãos	198
Trabalho leve com um braço	189

Atividade	Taxa Metabólica Watt(W)
Trabalho moderado com um braço	225
Trabalho pesado com um braço	261
Trabalho leve com dois braços	243
Trabalho moderado com dois braços	279
Trabalho pesado com dois braços	315
Trabalho leve com o corpo	351
Trabalho moderado com o corpo	468
Trabalho pesado com o corpo	630
Em pé, em movimento, andando no plano, sem carga a 2 km/h	198
Em pé, em movimento, andando no plano, sem carga a 3 km/h	252
Em pé, em movimento, andando no plano, sem carga a 4 km/h	297
Em pé, em movimento, andando no plano, a 5 km/h 3	360
Em pé, em movimento, andando no plano, com carga 10kg a 4 km/h	333
Em pé, em movimento, andando no plano, com carga 30 kg, 4 km/h	450
Em pé, em movimento, correndo no plano, a 9km/h	787
Em pé, em movimento, correndo no plano, a 12 km/h	873
Em pé, em movimento, correndo no plano, a 15km/h	990
Subindo rampa sem carga com 5° de inclinação, 4 km/h	324
Subindo rampa sem carga com 15° de inclinação, 3 km/h	378
Subindo rampa sem carga com 25° de inclinação, 3 km/h	540
Subindo rampa com carga de 20kg com 15° de inclinação, 4 km/h	486
Subindo rampa com carga de 20kg com 25° de inclinação, 4 km/h	738
Descendo rampa (5 km/h) sem carga com 5° de inclinação	243
Descendo rampa (5 km/h) sem carga com 15° de inclinação	252
Descendo rampa (5 km/h) sem carga com 25° de inclinação	324
Subindo escada (80 degraus por minuto – altura do degrau de 0,17 m) sem carga	522
Subindo escada com carga (20 kg)	648
Descendo escada (80 degraus por minuto – altura do degrau de 0,17 m) sem carga	279
Descendo escada (80 degraus por minuto – altura do degrau de 0,17 m) Com carga (20 kg)	400
Trabalho moderado de braços (ex.: varrer, trabalho em almoxarifado)	320
Trabalho moderado de levantar ou empurrar	349
Trabalho de empurrar carrinhos de mão, no mesmo plano, com carga	391
Trabalho de carregar pesos ou com movimentos vigorosos com os braços (ex.: trabalho com foice)	495
Trabalho pesado de levantar, empurrar ou arrastar pesos (ex.: remoção com pá, abertura de valas)	524

Caso a atividade realizada não esteja apresentada no Quadro 2 deste Anexo, o valor da taxa metabólica deverá ser obtido por associação com atividade similar do referido Quadro.

O Quadro 2 a seguir apresenta os limites de exposição ocupacional estabelecidos com base no Índice de Bulbo Úmido Termômetro de Globo (IBUTG_MÁX) e a taxa metabólica correspondente.

Devem ser caracterizadas como insalubres as atividades ou operações realizadas em ambientes fechados ou ambientes com fonte artificial de calor sempre que o IBUTG (médio) medido ultrapassar os limites de exposição ocupacional indicados neste Quadro, para a taxa metabólica correspondente:

Quadro 2 – Limite de Exposição Ocupacional ao Calor

M [W]	IBUTG_MAX [° C]	M [W]	IBUTG_MAX [° C]	M [W]	IBUTG_MAX [° C]
100	33,7	186	30,6	346	27,5
102	33,6	189	30,5	353	27,4
104	33,5	193	30,4	360	27,3
106	33,4	197	30,3	367	27,2
108	33,3	201	30,2	374	27,1
110	33,2	205	30,1	382	27,0
112	33,1	209	30,0	390	26,9
115	33,0	214	29,9	398	26,8
117	32,9	218	29,8	406	26,7
119	32,8	222	29,7	414	26,6
122	32,7	227	29,6	422	26,5
124	32,6	231	29,5	431	26,4
127	32,5	236	29,4	440	26,3
129	32,4	241	29,3	448	26,2
132	32,3	246	29,2	458	26,1
135	32,2	251	29,1	467	26,0
137	32,1	256	29,0	476	25,9
140	32,0	261	28,9	486	25,8
143	31,9	266	28,8	496	25,7
146	31,8	272	28,7	506	25,6
149	31,7	277	28,6	516	25,5
152	31,6	283	28,5	526	25,4
155	31,5	289	28,4	537	25,3
158	31,4	294	28,3	548	25,2
161	31,3	300	28,2	559	25,1
165	31,2	306	28,1	570	25,0
168	31,1	313	28,0	582	24,9
171	31,0	319	27,9	594	24,8
175	30,9	325	27,8	606	24,7
178	30,8	332	27,7		
182	30,7	339	27,6		

Como dito anteriormente, tanto o Índice de Bulbo Úmido Termômetro de Globo Médio IBUTG quanto a Taxa Metabólica Média M a serem considerados na avaliação da exposição ao calor devem ser aqueles que, obtidos no período de 60 minutos corridos, resultem na condição mais crítica de exposição.

O IBUTG Médio corresponde à média ponderada no tempo dos diversos valores de IBUTG alcançados em um intervalo de 60 minutos corridos. A Taxa Metabólica Média corresponde à média ponderada no tempo das taxas metabólicas obtidas em um intervalo de 60 minutos corridos.

As situações de exposição ocupacional ao calor caracterizadas como insalubres serão classificadas em grau médio.

3. LAUDO TÉCNICO PARA CARACTERIZAÇÃO DA EXPOSIÇÃO OCUPACIONAL AO CALOR

A caracterização da exposição ocupacional ao calor deve ser objeto de laudo técnico conclusivo que contemple, no mínimo, os seguintes itens:

a) introdução, objetivos do trabalho e justificativa;

b) avaliação dos riscos, descritos no item 3.2 do Anexo n° 3 da NR9;

c) descrição da metodologia e critério de avaliação, incluindo locais, datas e horários das medições;

d) especificação, identificação dos aparelhos de medição utilizados e respectivos certificados de calibração conforme a NHO 06 da FUNDACENTRO, quando utilizado o medidor de IBUTG[48];

e) avaliação dos resultados;

f) descrição e avaliação de medidas de controle eventualmente já adotadas; e

g) conclusão com a indicação de caracterização ou não de insalubridade.

Observem que, além de relatar todos os detalhes da caracterização da exposição, o laudo deverá, ao final, concluir se a atividade é insalubre, ou não.

Vemos também que o Anexo III da NR15 é silente no que se refere ao responsável pela elaboração do laudo técnico. Obtemos esta informação no texto geral da norma, item 15.4.1.1:

> NR15, item 15.4.1.1: Cabe à autoridade regional competente em matéria de segurança e saúde do trabalhador, comprovada a insalubridade por **laudo técnico de engenheiro de segurança do trabalho ou médico do trabalho**, devidamente habilitado, fixar adicional devido aos empregados expostos à insalubridade quando impraticável sua eliminação ou neutralização.

Este item regulamenta o art. 195 da CLT, *in verbis*:

> Art. 195. A caracterização e a classificação da insalubridade e da periculosidade, segundo as normas do Ministério do Trabalho, far-se-ão através de perícia a cargo de Médico do Trabalho ou Engenheiro do Trabalho, registrados no Ministério do Trabalho.

Destaco também a Orientação Jurisprudencial 165 do Tribunal Superior do Trabalho:

> OJ165 TST. PERÍCIA. ENGENHEIRO OU MÉDICO. ADICIONAL DE INSALUBRIDADE E PERICULOSIDADE. VÁLIDO. ART. 195 DA CLT. O art. 195 da CLT não faz qualquer distinção entre o médico e o engenheiro para efeito de caracterização e classificação da insalubridade e periculosidade, bastando para a elaboração do laudo seja o profissional devidamente qualificado.

Finalmente, de se ressaltar a Resolução 359, de 31 de julho de 1991, do Conselho Federal de Engenharia e Agronomia (CONFEA). Segundo o art. 4.º desta Resolução é

---

[48] Sobre certificados de calibração remeto o leitor para o quadro Saiba Mais – Calibração dos Dispositivos de Medição, no capítulo da NR9.

NR 15 · ATIVIDADES E OPERAÇÕES INSALUBRES | 387

atribuição do Engenheiro de Segurança do Trabalho a emissão de laudos técnicos para caracterização de atividades e operações insalubres, conforme a seguir:

Art. 4.º As atividades dos Engenheiros e Arquitetos, na especialidade de Engenharia de Segurança do Trabalho, são as seguintes:

[...]

4 – Vistoriar, avaliar, realizar perícias, arbitrar, emitir parecer, laudos técnicos e indicar medidas de controle sobre grau de exposição a agentes agressivos de riscos físicos, químicos e biológicos, tais como poluentes atmosféricos, ruídos, calor, radiação em geral e pressões anormais, caracterizando as atividades, operações e locais insalubres e perigosos; (grifo acrescentado)

ANEXO 4
REVOGADO PELA PORTARIA MTPS 3.751, DE 23 DE NOVEMBRO DE 1990

ANEXO 5
RADIAÇÕES IONIZANTES

1. INTRODUÇÃO

O termo *radiação* refere-se à propagação de energia, na forma de ondas eletromagnéticas ou de partículas. As radiações ionizantes são aquelas que produzem íons, radicais e elétrons livres na matéria que sofreu a interação. Ao interagir com a matéria, as radiações ionizantes ionizam seus átomos ou moléculas. A *ionização* ocorre em razão da elevada energia da radiação, o suficiente para quebrar as ligações químicas ou expulsar elétrons dos átomos após colisões. Tal interação pode causar mutações **radioinduzidas** nos indivíduos, o que pode evoluir para um câncer (tais mutações são o primeiro passo para o câncer). Quanto maior a quantidade de radiação ionizante absorvida por um indivíduo (dose absorvida), maior a probabilidade de que ele desenvolva a doença.

As radiações **ionizantes** incluem radiação eletromagnética como os raios gama e raios X, e radiação corpuscular, que é aquela constituída por partículas subatômicas como partículas alfa, partículas beta, nêutrons e prótons.

São inúmeras e importantíssimas as aplicações das radiações ionizantes. No entanto, com intuito de preservação da saúde do trabalhador e da população em geral, há absoluta necessidade de justificação, otimização e limitação em seu emprego. Entre as diversas aplicações das radiações ionizantes e da energia nuclear, destacam-se, entre outros, o uso na medicina (raios X, tomografia, radiologia e radioterapia) e também a radiografia e gamagrafia industrial para ensaios não destrutivos (vejam item 7 – Trabalho com exposição a radiações ionizantes – do capítulo referente à NR34 – Condições e meio ambiente de trabalho na indústria da construção e reparação naval).

Dessa forma, como o uso da radiação e da energia nuclear em qualquer campo de atividade traz, em menor ou maior escala, riscos de acidentes, torna-se necessário minimizá-los por meio de procedimentos técnicos e operacionais de segurança[49].

---

[49] MENDES, René. *Patologia do trabalho.* 3. ed. São Paulo: Atheneu, 2013.

2. LIMITES DE TOLERÂNCIA

O Anexo 5 da NR15 determina que, nas atividades ou operações em que trabalhadores possam ser expostos a radiações ionizantes, os limites de tolerância, os princípios, as obrigações e os controles básicos para a proteção do homem e do seu meio ambiente contra possíveis efeitos indevidos causados pela radiação ionizante são os constantes na Norma CNEN-NN-3.01: "Diretrizes Básicas de Proteção Radiológica", de março de 2014, aprovada pela Resolução CNEN 164/2014, ou naquela que venha a substituí-la.

Saiba mais

Irradiação e contaminação

A diferenciação entre o que é irradiação, também chamada de exposição externa ou simplesmente exposição, e contaminação radiológica é de suma importância. Na Irradiação, o indivíduo, situado no campo de exposição de uma fonte, recebe uma dose de radiação, não entrando, porém, em contato físico direto com o material radioativo da fonte que o está irradiando. Exemplo clássico disso é quando um paciente é submetido ao radiodiagnóstico: ele recebe uma dose de radiação, mas não mantém contato com a fonte que a irradiou.

*Na contaminação radiológica, há contato físico com o material radioativo (fonte aberta). Podemos imaginar um material radioativo sob a forma líquida, atingindo a pele de uma pessoa: nesse caso estamos diante de uma contaminação **externa**. Por outro lado, se um trabalhador entra, sem proteção respiratória adequada, em um ambiente laboral onde haja elementos radioativos dispersos no ar, ele poderá inalar o material em suspensão e, assim, sofrer uma contaminação **interna**. A contaminação interna pode acontecer também pela ingestão de material radioativo, pela penetração através de feridas ou até mesmo pela pele íntegra, no caso peculiar de alguns radionuclídeos. Uma vez penetrando no organismo e vencendo algumas etapas, os radionuclídeos poderão se fixar em um determinado órgão ou tecido (incorporação).[50]*

Sobre esse assunto vejam questão do CESPE/2014, cujo gabarito é CERTO:

✍ *A radiação alfa não é considerada capaz de causar danos à saúde quando emitida por irradiação externa, ainda que seja uma radiação ionizante.*

No tocante à incorporação, no capítulo relativo à NR32 – Segurança e Saúde no Trabalho em Estabelecimentos de Saúde, veremos que cada trabalhador da instalação radioativa deve ter um registro individual atualizado contendo, entre outras informações, as **estimativas de incorporações.**

ANEXO 6
TRABALHO SOB CONDIÇÕES HIPERBÁRICAS

1. INTRODUÇÃO

O trabalho em condições hiperbáricas é aquele realizado sob pressão superior à atmosférica. A caracterização da insalubridade nessas atividades é **qualitativa**, ou seja, para ter direito ao adicional de insalubridade, basta que o trabalhador exerça tais atividades, que são consideradas insalubres em grau máximo. O descumprimento do disposto

---

[50] VALVERDE, Nelson José de Lima. *Patologia do trabalho*. São Paulo: Atheneu, 2013.

nesse anexo caracteriza risco grave e iminente, o que significa que nesse caso as atividades devem ser interditadas pelo AFT. O Anexo 6 trata dos seguintes trabalhos realizados sob condições hiperbáricas:

1.1 Trabalhos sob ar comprimido

Abrangem os trabalhos sob ar comprimido em tubulões pneumáticos e túneis pressurizados.

1.2 Trabalhos submersos

Abrange qualquer trabalho realizado ou conduzido por um mergulhador em meio líquido.

2. TRABALHOS SOB AR COMPRIMIDO

Trabalhos sob ar comprimido são aqueles executados em ambientes onde o trabalhador é obrigado a suportar pressões maiores que a atmosférica e onde se exigem cuidadosos processos de compressão e descompressão.

Esses trabalhos incluem a escavação de tubulões sob ar comprimido[51] e túneis pressurizados em diversas obras de engenharia, como a construção de fundações em prédios, pontes, viadutos e túneis. Nessas situações o emprego da técnica de ar comprimido, faz-se necessário em virtude da presença de água com grande capacidade de carga, impedindo sua entrada no tubulão ou túnel.

Todo trabalho sob ar comprimido, incluindo principalmente os procedimentos de compressão e descompressão, deve ser executado de acordo com as prescrições contidas no Anexo 6. Quaisquer modificações nos procedimentos descritos deverão ser previamente aprovadas pela Subsecretaria de Inspeção do Trabalho (SIT).

Será considerada *pressão de trabalho* a **maior** pressão de ar à qual o trabalhador for submetido no tubulão ou túnel durante o período de trabalho.

2.1 Tubulões pneumáticos ou tubulão de ar comprimido

De forma geral, o *tubulão* é uma estrutura vertical que se estende abaixo da superfície da água e/ou da terra, que receberá os elementos estruturais de uma fundação (armações de aço e concreto). Os trabalhadores de tubulões pressurizados são profissionais

---

[51] Segundo a Portaria 3.733/2020, que aprovou a redação da NR18 (Segurança e saúde na indústria da construção), a escavação de tubulão sob ar comprimido será proibida a partir de 24 meses a contar da entrada em vigor da NR18 com redação aprovada por esta mesma Portaria. A Portaria 6.734/2020, que aprovou a redação da NR7 com entrada em vigor em 2021, incluiu nesta norma (NR7) o Anexo IV – Controle médico ocupacional de exposição a condições hiperbáricas.

390 | SEGURANÇA E SAÚDE NO TRABALHO – *Mara Queiroga Camisassa*

que atuam em condições hiperbáricas, normalmente desenvolvendo atividades ligadas à construção civil pesada, como construção de pontes, viadutos, estradas, túneis e barragens. Para chegar a seus postos de trabalho, esses indivíduos transitam da condição de pressão atmosférica ambiente para uma câmara sob pressão (campânula) e, logo a seguir, entram no tubulão, por meio do qual descem para uma pressão acima da pressão atmosférica[52].

As pressões nessa atividade são bem menores do que aquelas empregadas em trabalhos submersos, como veremos adiante.

2.2 Túneis pressurizados

O túnel pressurizado é uma escavação, abaixo da superfície do solo; seu maior eixo faz um ângulo não superior a 45° (quarenta e cinco graus) com a horizontal, fechado nas duas extremidades, e em seu interior a pressão é superior a uma atmosfera (1 atm = 1 kgf/cm²). Na construção de um túnel, a pressurização pode se tornar necessária para que se obtenha equilíbrio com a pressão externa, oferecida pelos lençóis freáticos do terreno, bem como para evitar desmoronamentos. O trabalhador passa do ar livre para a câmara de trabalho do túnel e vice-versa através de uma câmara chamada de Eclusa de Pessoal.

Esquematizando o assunto relativo às câmaras utilizadas nos trabalhos sob ar comprimido temos:

Trabalhos sob ar comprimido

TIPO DE CÂMARA	UTILIZADA EM
Campânula	Tubulões pneumáticos
Eclusa de Pessoal	Túneis pressurizados

2.3 Duração do trabalho sob ar comprimido

A duração máxima do trabalho sob ar comprimido depende da pressão à qual o trabalhador estará sujeito. Vejam a tabela a seguir:

PRESSÃO DE TRABALHO (kgf/cm²)	DURAÇÃO MÁXIMA DO TRABALHO SOB AR COMPRIMIDO
0 a 1	Até 8 horas
1,1 a 2,5	Até 6 horas
2,6 a 3,4	Até 4 horas

A tabela anterior nos mostra que *3,4 kgf/cm²* é a pressão máxima à qual um trabalhador pode ser submetido em trabalhos sob ar comprimido. O item 1.3.3 traz, porém, uma exceção a essa regra:

> *Durante o transcorrer dos trabalhos sob ar comprimido, nenhuma pessoa poderá ser exposta à pressão superior a 3,4 kgf/cm², exceto em caso de emergência ou durante tratamento em câmara de recompressão, sob supervisão direta do médico responsável.*

2.4 Requisitos dos trabalhadores para exercerem atividades sob ar comprimido

Os trabalhadores que exercerem atividades sob ar comprimido devem:

---

[52] ALVES, Manoel M. Pereira e outros. Avaliação do conhecimento das normas de segurança no trabalho por trabalhadores em tubulões pressurizados. *Rev. Bras. Med. Trab.*, v. 11, 2013.

ATIVIDADES E OPERAÇÕES INSALUBRES | **391**

- ter mais de 18 e menos de 45 anos de idade;
- ser submetidos a exame médico obrigatório, **pré-admissional** e periódico, exigido pelas características e peculiaridades próprias do trabalho;
- portar placa de identificação, de acordo com o modelo apresentado na NR15; essa placa deve ser fornecida no ato da admissão, após a realização do exame médico.

2.5 Procedimentos de compressão e descompressão

Tanto a compressão quanto a descompressão devem seguir os procedimentos dispostos no Anexo 6. O descumprimento das regras apresentadas, por exemplo, uma taxa de compressão com incrementos de pressão maiores do que aqueles previstos, ou uma taxa de descompressão em um período menor que o determinado, pode causar sérias consequências à saúde dos trabalhadores envolvidos, além de caracterizar risco grave e iminente como dito anteriormente. A compressão tem um procedimento único a ser seguido, independentemente da pressão final de trabalho, considerando as exceções previstas no Anexo 6. Já no caso da descompressão os procedimentos a serem seguidos variam de acordo com a pressão de trabalho e o período de trabalho. Após a descompressão, os trabalhadores são obrigados a permanecer, no mínimo, **por duas horas**, no canteiro de obra, cumprindo um período de observação médica, em local a ser determinado pelo médico responsável.

2.5.1 Procedimentos de compressão

1. No primeiro minuto, após o início da compressão:
A pressão não poderá ter incremento maior que 0,3 kgf/cm^2.

2. Atingido o valor 0,3 kgf/cm^2:
A pressão somente poderá ser aumentada depois de decorrido intervalo de tempo que permita ao encarregado da turma observar se todas as pessoas na campânula estão em boas condições.

3. Decorrido o período de observação anterior:
O aumento da pressão deverá ser feito a uma velocidade não superior a 0,7 kgf/cm^2, por minuto, para que nenhum trabalhador seja acometido de mal-estar.

4. Se algum dos trabalhadores se queixar de mal-estar, dores no ouvido ou na cabeça
- A compressão deverá ser imediatamente interrompida;
- O encarregado deverá reduzir gradualmente a pressão da campânula até que o trabalhador se recupere;
- Não ocorrendo a recuperação, a descompressão continuará até a pressão atmosférica, retirando-se, então, o trabalhador e encaminhando-o ao serviço médico.

2.5.2 Procedimentos de descompressão

Os procedimentos de descompressão permitem que o mergulhador elimine do seu organismo o excesso de gases inertes absorvidos durante determinadas condições hiperbáricas, sendo tais procedimentos **absolutamente necessários** ao seu retorno à pressão atmosférica e fundamentais para a preservação da sua integridade física.

As regras de descompressão variam de acordo com a pressão de trabalho e o período do trabalho, ou seja, o tempo durante o qual o trabalhador ficou submetido à pressão maior que a pressão atmosférica. Sempre que duas ou mais pessoas estiverem sofrendo descompressão na mesma campânula ou eclusa e seus períodos de trabalho ou pressão de trabalho não forem coincidentes, a descompressão deverá ser realizada de acordo com o maior período ou maior pressão de trabalho experimentada pelos trabalhadores envolvidos. A descompressão não pode ser feita rapidamente, ela deve ser realizada paulatinamente, em intervalos chamados pela norma de *estágios*. A norma determina que a pressão deve ser reduzida a uma velocidade não superior a 0,4 kgf/cm², por minuto, até o primeiro estágio de descompressão, de acordo com as tabelas do Anexo 6. Além disso, a campânula ou eclusa deverá ser mantida naquela pressão, pelo tempo indicado na tabela (em minutos); em seguida, a pressão deve ser diminuída à mesma velocidade anterior, até o próximo estágio e assim por diante.

Os procedimentos de descompressão estão dispostos em dezesseis tabelas no Anexo 6. O elaborador desse Anexo não teve o cuidado de numerar as tabelas e é claro que não faz sentido reproduzi-las aqui. Vou apresentar apenas uma delas, para que se tenha ideia de um procedimento de descompressão.

Período de trabalho de ⟨2½ a 3:00 horas⟩

PRESSÃO DE TRABALHO *** (kgf/cm²)	ESTÁGIO DE DESCOMPRESSÃO (kgf/cm²)*								TEMPO TOTAL DE DESCOMPRESSÃO** (min.)
	1.6	1.4	1.2	1.0	0.8	0.6	0.4	0.2	
2.0 a 2.2					5	15	35	40	95
2.2 a 2.4					10	25	35	45	115
2.4 a 2.6				5	15	30	35	45	130
2.6 a 2.8			5	10	20	30	35	45	145
2.8 a 3.0			5	20	25	30	35	45	160
3.0 a 3.2		5	10	20	25	30	40	45	175
3.2 a 3.4	5	5	15	25	25	30	40	45	190

NOTAS:

(*) A descompressão tanto para o 1.º estágio quanto entre os estágios subsequentes deverá ser feita com velocidade não superior a 0,4 kgf/cm²/minuto.

(**) Não está incluído o tempo entre estágios.

(***) Para os valores-limite de pressão de trabalho use a maior descompressão.

A tabela anterior mostra o procedimento de descompressão de trabalhador que tenha exercido atividade sob condições hiperbáricas durante um período de trabalho entre duas horas e meia a três horas.

Como podemos ver, a tabela possui três colunas principais, a saber:

1.ª coluna: Pressão de trabalho

Indica a pressão à qual os trabalhadores foram submetidos. A tabela do exemplo mostra o procedimento de descompressão a ser observado para os trabalhadores que tenham sido submetidos à pressão de trabalho entre 2,0 kgf/cm² e 3,4 kgf/cm².

2.ª coluna: Estágio de descompressão

Indica o tempo em minutos que deve durar cada estágio de descompressão. Vejam a primeira nota que dispõe sobre a velocidade da descompressão: a descompressão deverá ser feita a velocidade não superior a 0,4 kgf/cm²/minuto tanto para o 1.º estágio quanto entre os estágios subsequentes.

3.ª coluna: Tempo total de descompressão

Indica a duração total dos estágios de descompressão.

Observem na tabela que, quanto maior os valores de pressão de trabalho, maior a quantidade necessária de estágios de descompressão.

Vamos agora interpretar a tabela, ou seja, identificar os estágios de descompressão e os respectivos valores de pressão e tempo de duração, correspondentes à determinada pressão de trabalho apresentada no exemplo a seguir:

Exemplo:

Consideraremos que a pressão de trabalho tenha sido, por exemplo, uma pressão entre 2,2 a 2,4 kgf/cm² (2.ª linha da tabela).

Primeiro estágio: Considerando uma pressão de trabalho de 2,2 kgf/cm², o primeiro estágio de descompressão deve se iniciar quando a pressão chegar a 0,8 kgf/cm². O trabalhador deve permanecer nessa pressão durante 10 minutos.

Vejam que a **velocidade de descompressão** para se chegar a esse primeiro estágio e também entre os demais estágios não pode ultrapassar 0,4 kgf/cm²/minuto, conforme consta na observação NOTAS, abaixo da tabela.

Segundo estágio: Vemos que a pressão de descompressão do segundo estágio é 0,6 kgf/cm², que deverá ser mantida por 25 minutos.

Terceiro estágio: Pressão de descompressão: 0,4 kgf/cm², mantida por 35 minutos.

Quarto estágio: Pressão de descompressão: 0,2 kgf/cm², mantida por 45 minutos.

Vemos então que nesse exemplo foram necessários quatro estágios de descompressão, sendo que o tempo total de descompressão foi de 115 minutos.

2.6 Períodos computados para fins de remuneração

Para efeito de remuneração, deverão ser computados na jornada de trabalho o período de trabalho, o tempo de compressão, o tempo de descompressão e o período de observação médica.

2.7 Proibições da NR15 relativas aos trabalhos com tubulões pneumáticos e túneis pressurizados

PROIBIÇÃO	OBSERVAÇÃO
O trabalhador não poderá sofrer mais que uma compressão num período de 24 horas.	Os períodos de compressão, descompressão e observação integram a jornada de trabalho.
Durante o transcorrer dos trabalhos sob ar comprimido, nenhuma pessoa poderá ser exposta à pressão superior a 3,4 kgf/cm².	Exceto em caso de emergência ou durante tratamento em câmara de recompressão, sob supervisão direta do médico responsável.
É proibida a entrada em serviço de trabalhadores que apresentem sinais de afecções das vias respiratórias ou outras moléstias.	Antes da jornada de trabalho, os trabalhadores deverão ser inspecionados pelo médico.

PROIBIÇÃO	OBSERVAÇÃO
É vedado o trabalho àqueles que se apresentem alcoolizados ou com sinais de ingestão de bebidas alcoólicas.	É também proibido ingerir bebidas gasosas e fumar dentro dos tubulões e túneis.
Nenhum empregado poderá trabalhar sob ar comprimido, antes de ser examinado por médico qualificado, que atestará, na ficha individual, estar essa pessoa apta para o trabalho.	O candidato considerado inapto não poderá exercer a função, enquanto permanecer sua inaptidão para esse trabalho, sendo que o atestado de aptidão terá validade por seis meses.

Saiba mais

Trabalhadores em tubulões pneumáticos e túneis pressurizados

No Brasil, o maior número de trabalhadores em tubulões pneumáticos foi empregado durante a construção da ponte Rio-Niterói, no Rio de Janeiro, entre 1971 e 1974, com cerca de 700 homens que executaram 452 fundações para os pilares, tendo sido efetuadas cerca de 50.000 compressões e descompressões.

No caso de túneis pressurizados, tem-se como exemplo a construção do Metrô de São Paulo, onde foram escavados, entre 1973 e 1974, 2.195 metros na linha 1, e de 1975 a 1977, 2.680 metros na Linha Vermelha. Atualmente, com o avanço da tecnologia, durante a construção da linha 4 foi utilizado o Shield, espécie de escavador que torna desnecessária a pressurização do túnel, sendo poucos trabalhadores pressurizados apenas em seu cabeçote, para manutenção do sistema, a cada 2 dias ou, no máximo, uma vez por dia.

---

3. TRABALHOS SUBMERSOS

São considerados trabalhos submersos aqueles realizados ou conduzidos por mergulhador em **meio líquido**. O trabalho submerso somente será permitido a trabalhadores com idade mínima de 18 anos. Não há menção expressa sobre a idade máxima permitida para essa atividade (lembrando que trabalhos sob ar comprimido são permitidos somente a trabalhadores entre 18 e 45 anos – previsão expressa da norma). Da mesma forma que nos trabalhos sob ar comprimido, os procedimentos de **descompressão** dos trabalhadores que realizam trabalhos submersos devem ser cuidadosamente realizados.

O local a partir do qual se realiza o mergulho é chamado de **plataforma de mergulho,** podendo ser um navio, embarcação, balsa, estrutura fixa ou flutuante, canteiro de obras, estaleiro ou cais.

3.1 Mergulhador e supervisor de mergulho

O mergulhador é o profissional qualificado e legalmente habilitado para utilização de equipamentos de mergulho, submersos. Além do mergulhador, a norma prevê também a participação de outro profissional na condução dos trabalhos submersos: o supervisor de mergulho.

O supervisor de mergulho também é um mergulhador qualificado e legalmente habilitado, designado pelo empregador para supervisionar a operação de mergulho. **No entanto, quando atuando como supervisor, esse profissional não mergulha durante a operação.** É possível que em uma mesma operação de mergulho existam dois ou mais supervisores.

Classificação dos mergulhadores

Os mergulhadores são classificados nas seguintes categorias:

a) **MR** – mergulhadores habilitados, apenas, para operações de mergulho utilizando **ar comprimido**;

b) **MP** – mergulhadores habilitados para operações de mergulho que exijam a utilização de **mistura respiratória artificial**.

3.2 Técnicas de saturação

As técnicas de saturação são um conjunto de procedimentos que permitem ao mergulhador evitar descompressões sucessivas, permanecendo submetido à pressão ambiente maior que a pressão atmosférica, de tal forma que seu organismo se mantenha saturado com os gases inertes das misturas respiratórias. No Brasil, a maior parte do petróleo no subsolo encontra-se em águas profundas, e na sua obtenção emprega-se, com frequência, a técnica de mergulho de saturação. Essa modalidade permite que o tempo de descompressão final seja o mesmo, independentemente do tempo em que os mergulhadores ficaram pressurizados à pressão constante[53]. A aplicação de técnicas de saturação deve ser realizada somente por profissional devidamente qualificado, chamado de Técnico de Saturação. Nas operações com técnica de saturação deverá haver, no mínimo, dois supervisores e dois técnicos de saturação.

3.3 Condições perigosas

São consideradas condições perigosas em uma operação de mergulho as seguintes situações:

- Uso e manuseio de explosivos;
- Trabalhos submersos de corte e solda;
- Trabalhos em mar aberto;
- Correntezas superiores a dois nós;
- Estado de mar superior a "mar de pequenas vagas" (altura máxima das ondas de 2,00 m);
- Manobras de peso ou trabalhos com ferramentas que impossibilitem o controle da flutuabilidade do mergulhador;
- Trabalhos noturnos;
- Trabalhos em ambientes confinados.

No caso de realização de operação de mergulho nas condições acima, será obrigatório o uso de comunicações verbais (geralmente com o uso de intercomunicador), e, em mergulhos com Misturas Respiratórias Artificiais (MRA), deverão ser incluídos instrumentos capazes de **corrigir** as distorções sonoras provocadas pelos gases na transmissão da voz. As **misturas respiratórias artificiais** são misturas de oxigênio, hélio ou outros gases, apropriadas à respiração durante os trabalhos submersos. Essa mistura deve ser utilizada nos casos em que não seja indicado o uso do ar natural.

3.4 Tabelas de descompressão

A figura a seguir apresenta uma das tabelas de descompressão que devem ser utilizadas nos procedimentos de mergulho a uma profundidade de 33 m. Vejam que quanto maior o tempo de mergulho ("tempo de fundo"), maiores serão o tempo de descompressão (tempo total para subida) e a quantidade de paradas para descompressão:

---

[53] ALVES, Cid; MENEGAZZO, Luciana Maria Martins. *Patologia do trabalho*. São Paulo: Atheneu, 2013.

TABELA-PADRÃO DE DESCOMPRESSÃO COM AR

Profundidade (metros)	Tempo de Fundo (min)	Tempo p/ 1.º Parada (min/ seg)	Paradas p/ Descompressão (minutos)											Tempo Total p/ Subida (min/ seg)	Grupo Repetitivo
			33 m	30 m	27 m	24 m	21 m	18 m	15 m	12 m	9 m	6 m	3 m		
	20												0	1:50	*
	25	1:40											3	4:50	H
	30	1:40											7	8:50	J
	40	1:30										2	21	24:50	L
33	50	1:30										8	26	35:50	M
(110 pés)	60	1:30										18	36	55:50	N
	70	1:20									1	23	48	73:50	O
	80	1:20									7	23	57	88:50	Z
	90	1:20									12	30	64	107:50	Z
	100	1:20									15	37	72	125:50	Z

Como podemos ver, a tabela possui seis colunas principais; são elas:

1.ª coluna: Profundidade: Indica a profundidade do mergulho em *metros* e em *pés*.

2.ª coluna: Tempo de fundo: É o tempo total corrido desde o início do mergulho, quando se deixa a superfície, até o início da subida quando se termina o mergulho, medido em minutos. Observem que, no caso da profundidade de 33 metros, o tempo máximo de fundo é 100 minutos.

3.ª coluna: Tempo para primeira parada: A descompressão deve ser realizada em estágios, chamados de paradas. O tempo para primeira parada é o tempo decorrido desde o momento em que o mergulhador deixa a profundidade máxima até atingir a profundidade da primeira parada, **considerando uma velocidade de subida de 18 metros por minuto**. Por exemplo, no caso de mergulho a uma profundidade de 33 metros durante 40 minutos, a primeira parada deve ocorrer um minuto e trinta segundos após o início da subida.

4.ª coluna: Paradas para descompressão: Corresponde à profundidade específica na qual o mergulhador deverá permanecer por um tempo determinado para eliminar os gases inertes dos tecidos do seu organismo. Nesse exemplo, ao alcançar seis metros de profundidade, o mergulhador deve fazer uma parada durante dois minutos, e ao alcançar três metros deve fazer nova parada, dessa vez por vinte e um minutos.

5.ª coluna: Tempo total para subida: Indica o tempo total de duração da subida incluindo o tempo da primeira parada e os tempos das paradas para descompressão, de acordo com o tempo de fundo e a profundidade do mergulho.

6.ª coluna: Grupo repetitivo: Grupo representado por uma letra que relaciona diretamente o total de nitrogênio residual de um mergulho com outro a ser realizado num período de tempo menor que 12 horas. O nitrogênio residual corresponde à quantidade desse gás que ainda permanece nos tecidos do mergulhador após ter chegado à superfície.

> **Saiba mais**
> **Intoxicação por nitrogênio**
> A intoxicação por nitrogênio, também conhecida como narcose pelo nitrogênio ou embriaguez das profundidades, é causada pela impregnação difusa do sistema nervoso central pelo nitrogênio, provocando diminuição da habilidade cognitiva e psicomotora, chegando a distúrbios neurológicos e do comportamento. Assemelha-se ao quadro de intoxicação alcoólica. Sua gravidade depende primariamente da pressão ou profundidade, e seu início ocorre a aproximadamente 30 metros.
>
> Inúmeros estudos relacionam a potencialidade narcótica dos gases inertes utilizados nas atividades hiperbáricas, como o nitrogênio, hélio, neônio, hidrogênio e outros, com as propriedades de solubilidade nos lipídios, peso molecular, temperatura e solubilidade na água. Essas pesquisas servem de base para a elaboração de misturas respiratórias múltiplas, que permitam o trabalho a grandes pressões e por tempos prolongados, com o mínimo de efeitos adversos.
>
> As manifestações das alterações do caráter e do temperamento dependem em grande parte do tipo de personalidade básica do indivíduo na intoxicação pelo nitrogênio, e todos os distúrbios dessa patologia são prontamente reversíveis, quando se reduz a pressão parcial do nitrogênio, sem sequelas[54].

Sobre esse assunto, vejam questão do CESPE/2001, cujo gabarito é ERRADO:

 Narcose é o termo utilizado para definir a situação de um mergulhador que realize sua atividade sob o efeito induzido de alguma droga alucinógena.

ANEXO 7
RADIAÇÕES NÃO IONIZANTES

1. INTRODUÇÃO

As radiações não ionizantes incluem todas as radiações e campos eletromagnéticos, que em condições normais, e como o próprio nome diz, não conseguem ionizar a matéria, ao contrário das radiações ionizantes conforme visto anteriormente. As radiações não ionizantes abrangidas por este anexo são as micro-ondas, os raios ultravioletas e o *laser*.

A caracterização da insalubridade das atividades que exponham os trabalhadores a radiações não ionizantes sem a proteção adequada é qualitativa, em função de laudo de inspeção realizada no local de trabalho[55]. No que se refere à proteção individual contra radiações não ionizantes, o Anexo 1 da NR6 – Equipamentos de Proteção Individual – lista EPIs apenas para proteção contra exposição aos raios ultravioletas. São eles: óculos de proteção e protetor facial.

---

[54] ALVES, Cid; MENEGAZZO, Luciana Maria Martins. *Patologia do trabalho*. São Paulo: Atheneu, 2013.
[55] Ressalto que normas internacionais preveem limites de tolerância para as radiações micro-ondas, ultravioletas e *laser*, o que leva ao critério de caracterização quantitativa da insalubridade. Entretanto, os elaboradores da NR15 optaram pela adoção do critério de avaliação **qualitativa** para esta caracterização, no caso de exposição a esses agentes.

É de destacar que exposições a radiações não ionizantes sem a proteção adequada podem causar danos à pele e aos olhos.

Segundo o Anexo 7 da NR15, atividades que exponham os trabalhadores às radiações da luz negra (ultravioleta na faixa 400-320 nanômetros – UVA) não serão consideradas insalubres.

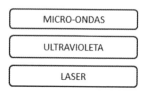

Ressalta-se que as radiações infravermelhas e campos eletromagnéticos também se incluem nas radiações não ionizantes, porém não são abrangidas pela norma.

2. RADIAÇÃO ULTRAVIOLETA

A luz ultravioleta é uma forma de energia radiante em que a emissão de fótons é insuficiente, nas condições normais, para produzir ionização nos átomos das moléculas. Os principais sinais e sintomas causados pela exposição a essa radiação não ionizante são: dores de cabeça, sensação de calor, alterações auditivas, conjuntivites, queimaduras, retinopatia, câncer cutâneo. Das radiações não ionizantes, a radiação ultravioleta é o principal agente causador de danos à pele do trabalhador[56].

A radiação ultravioleta é geralmente dividida em três comprimentos de ondas:

- UVA: 320-400nm (onda longa): apresenta comprimento de onda próximo da luz negra.
- UVB: 280-320nm (onda média): produtora das queimaduras solares.
- UVC: 200-280nm (onda curta): ação germicida.

A radiação ultravioleta está presente na luz solar e na luz proveniente de fontes artificiais como lâmpadas e processos de soldagem, como a solda a arco elétrico e oxiacetileno.

A principal fonte natural de radiação ultravioleta é o sol, e, do ponto de vista ocupacional, as pessoas mais expostas são as que trabalham ao ar livre, sem cobertura, telhado ou abrigo. A exposição é aumentada pelo reflexo da radiação ultravioleta na água, na areia, em salinas ou, onde existir, na neve[57].

A **radiação UVA** é a que chega com mais intensidade à Terra, e é, também, carcinogênica, ainda que em menor grau, se comparada com a radiação UVB. No caso da **radiação UVB**, que é a mais prejudicial para a pele e para os olhos, a maior parte é absorvida pela atmosfera; apesar disso, a parte que chega à superfície terrestre é suficiente para produzir queimaduras solares, sendo essa radiação o principal indutor do câncer de pele. A **radiação UVC** da luz solar é absorvida na atmosfera e não chega à superfície terrestre.

---

[56] ALI, Salim Amed. *Dermatoses ocupacionais*. São Paulo: MTE Fundacentro, 2009.
[57] MENDES, René. *Patologia do trabalho*. São Paulo: Atheneu, 2013.

3. RADIAÇÃO LASER

O *laser (Light Amplification by Stimulated Emission of Radiation)* – ou amplificação de luz por emissão estimulada de radiação – é um feixe luminoso de altíssimo grau de luminosidade, energia e potência. É uma luz rigorosamente monocromática, com feixe luminoso de diâmetro pequeno, porém conduz grandes quantidades de energia.

No contexto de riscos à saúde, os *lasers* são classificados em quatro grupos (Classe 1, Classe 2, Classe 3 e Classe 4), em ordem crescente do risco oferecido, em função da potência de saída e do nível de confinamento. A maioria das normas internacionais sobre segurança no trabalho preconiza medidas de controle baseadas nessas classes de risco. Entretanto, como vimos anteriormente, esse não é o caso da NR15, cuja desatualização nos coloca mais uma vez em posição de atraso relativamente aos demais países.

A norma determina de forma genérica a caraterização da insalubridade nas atividades com exposição a laser sem a proteção adequada, em decorrência de laudo de inspeção realizada no local de trabalho.

ANEXO 8
VIBRAÇÕES

1. INTRODUÇÃO

Como vimos no capítulo da NR9 (Anexo 1), as vibrações são movimentos oscilatórios e periódicos de um corpo, e são classificadas em Vibrações de Mãos e Braços (VMB) e Vibrações de Corpo Inteiro (VCI).

O objetivo deste Anexo é definir os **critérios** para caracterização da condição de trabalho insalubre decorrente da exposição ocupacional a esses dois tipos de vibrações. Tal caracterização é baseada nos resultados das avaliações quantitativas das diversas exposições ocupacionais. A avaliação quantitativa deve ser representativa da exposição, abrangendo aspectos organizacionais e ambientais que envolvam o trabalhador no exercício de suas funções.

A metodologia e os procedimentos a serem adotados nessas avaliações devem observar as disposições das Normas de Higiene Ocupacional NHO9 – Avaliação da exposição ocupacional a vibrações de corpo inteiro e NHO10 – Avaliação da exposição ocupacional a vibrações em mãos e braços, da Fundacentro.

2. CARACTERIZAÇÃO DA INSALUBRIDADE

A atividade com exposição ocupacional a vibrações será caracterizada como insalubre sempre que forem ultrapassados os limites de tolerância.

No caso das Vibrações de Mãos e Braços (VMB) será caracterizada condição insalubre caso seja superado o limite de exposição ocupacional diária correspondente a um valor de aceleração resultante de exposição normalizada (AREN) de 5 m/s². Lembrando que a "aceleração resultante de exposição normalizada (AREN)" corresponde à aceleração resultante de exposição (ARE) convertida para uma jornada diária padrão de 8 horas.

Já no caso das Vibrações de Corpo Inteiro (VCI), será caracterizada condição insalubre caso sejam superados **quaisquer** dos limites de exposição ocupacional diária, considerando:

a) valor da aceleração resultante de exposição normalizada (aren) de 1,1 m/s²;

b) valor da dose de vibração resultante (VDVR) de 21,0 m/s^{1,75}.

Para fins de caracterização da condição insalubre, o empregador deve comprovar a avaliação dos dois parâmetros acima descritos.

Resumindo, caracteriza-se a condição insalubre caso sejam superados os seguintes valores:

	VMB	VCI
Valor da dose de vibração resultante – VDVR (m/s^{1,75})	–	21,0
Aceleração resultante de exposição normalizada (aren) (m/s^2)	5	1,1

3. LAUDO TÉCNICO

A caracterização da exposição deve ser objeto de laudo técnico que contemple, no mínimo, os seguintes itens:

a) Objetivo e datas em que foram desenvolvidos os procedimentos;

b) Descrição e resultado da avaliação preliminar da exposição, realizada de acordo com o item 4 Anexo 1 da NR9;

c) Metodologia e critérios empregados, inclusas a caracterização da exposição e representatividade da amostragem;

d) Instrumentais utilizados, bem como o registro dos certificados de calibração;

e) Dados obtidos e respectiva interpretação;

f) Circunstâncias específicas que envolveram a avaliação;

g) Descrição das medidas preventivas e corretivas eventualmente existentes e indicação das necessárias, bem como a comprovação de sua eficácia;

h) Conclusão.

4. GRAU DE INSALUBRIDADE

As situações de exposição a VMB e VCI superiores aos limites de exposição ocupacional são caracterizadas como insalubres em grau **médio**.

ANEXO 9

FRIO

1. INTRODUÇÃO

O foco da exposição ocupacional ao frio no Brasil é voltado para o trabalho em câmaras frigoríficas[58]. Muito diferente, portanto, dos países de clima frio, onde trabalha-

---

[58] As câmaras frigoríficas não são consideradas espaços confinados, pois não se enquadram neste conceito, conforme o *disposto* no item 33.1.2:

Espaço confinado é qualquer área ou ambiente não projetado para ocupação humana contínua, que possua meios limitados de entrada e saída, cuja ventilação existente é insuficiente para remover contaminantes ou onde possa existir a deficiência ou enriquecimento de oxigênio.

dores que exercem atividades a céu aberto podem estar expostos ao frio intenso durante os meses de inverno.

Tecnicamente, entende-se que ambientes frios são aqueles que provocam um balanço negativo entre a produção e a perda de calor pelo organismo, ou seja, a perda de calor excede a produção de calor. Tal situação pode levar à alteração do equilíbrio homeotérmico, causando hipotermia (corpo inteiro) ou do equilíbrio térmico de extremidades, provocando lesões localizadas.

2. CARACTERIZAÇÃO DA INSALUBRIDADE

As atividades ou operações executadas no interior de câmaras frigoríficas, ou em locais que apresentem condições similares, que exponham os trabalhadores ao frio, sem a proteção adequada, serão consideradas insalubres em decorrência de laudo de inspeção realizada no local de trabalho. Se caracterizada, a insalubridade será de grau médio.

O Anexo 9, porém, é omisso ao não caracterizar o _ambiente frio_.

ANEXO 10
UMIDADE

1. INTRODUÇÃO

As atividades ou operações executadas em locais alagados ou encharcados, com umidade excessiva, capazes de produzir danos à saúde dos trabalhadores, serão consideradas insalubres em decorrência de laudo de inspeção realizada no local de trabalho. Ou seja, a caracterização de insalubridade dessas atividades é qualitativa, e serão consideradas insalubres de grau médio.

Importante salientar novamente que a ___umidade não é agente ambiental___ (___muito menos agente físico___), e sim uma condição adversa presente no ambiente de trabalho: destaco novamente que, segundo a NR1, ___agente físico___ é qualquer ___forma de energia___ que, em função de sua natureza, intensidade e exposição, é capaz de causar lesão ou agravo à saúde do trabalhador.

ANEXO 11
AGENTES QUÍMICOS CUJA INSALUBRIDADE É CARACTERIZADA POR LIMITE DE TOLERÂNCIA E INSPEÇÃO NO LOCAL DE TRABALHO

1. INTRODUÇÃO

O Anexo 11 apresenta os limites de exposição para contaminantes como aerodispersoides, gases e vapores para caracterização de atividade insalubre. Apresenta também os parâmetros para caracterização de situações de risco grave e iminente.

Os limites de tolerância apresentados referem-se às concentrações das substâncias químicas dispersas no ar, com entrada no organismo pela via inalatória, e às quais, acredita-se, a maioria dos trabalhadores possa estar exposta repetidamente, dia após dia, durante toda uma vida de trabalho, sem sofrer efeitos adversos à saúde.

Entretanto, conforme alerta o Instituto Nacional de Pesquisa e Segurança (INRS) francês, os dados de Limites de Tolerância se referem a produtos puros ou isolados, usados em pesquisas. Esses limites **não se aplicam a misturas químicas** geralmente encontradas em ambientes industriais, que envolvem formulações comerciais diversas, produtos de emissão ou degradação térmica, resíduos ambientais, na maioria das vezes pouco definidos e para os quais não se tem conhecimentos confiáveis.

Outro aspecto importante ressaltado pelo instituto é que, como os Limites de Exposição se referem a limites de **absorção respiratória**, não levam em conta qualquer absorção cutânea ou digestiva de produtos, o que pode **aumentar a dose interna** a que está exposto o trabalhador, facilitando a ocorrência de intoxicações não previsíveis, mesmo em situações consideradas dentro dos Limites de Tolerância[59]. Isso significa que, para os agentes onde há indicação de absorção pela via dérmica, os limites de tolerância indicados somente serão válidos, ou seja, a maioria dos trabalhadores não sofrerá danos se exposta a concentrações inferiores a estes limites, caso o trabalhador utilize equipamentos de proteção adequados contra o contato do agente com a pele.

Também devemos ter em conta que, como dito anteriormente, esses limites não representam uma linha divisória entre um ambiente saudável e não saudável, ou um ponto no qual ocorrerá um dano à saúde. Os limites de tolerância não protegerão adequadamente todos os trabalhadores. Algumas pessoas podem apresentar desconforto ou até efeitos adversos mais sérios à saúde quando expostas a substâncias químicas em concentrações iguais ou até mesmo inferiores aos limites de exposição.

Além disso, após algumas exposições, determinadas pessoas (por exemplo, trabalhadores sensibilizados) podem se tornar mais suscetíveis a uma ou mais substâncias químicas. A suscetibilidade aos efeitos das substâncias químicas pode ser alterada inclusive durante diferentes períodos do desenvolvimento fetal e também no decorrer de toda a vida reprodutiva dos indivíduos[60].

Finalmente, de acordo com o documento Análise de Impacto Regulatório das NR9 e NR15[61], deve-se ressaltar que os limites de tolerância definidos atualmente na NR15 não podem ser aplicados para gerenciamento da exposição a agentes químicos cancerígenos, uma vez que se baseiam em valores indicados pela ACGIH da década de 1970, quando a organização americana não incluía ainda nos valores de Limites de Tolerância ("TLV", do inglês *Threshold Limit Values*) informações sobre carcinogênese dos agentes químicos.

2. PROPRIEDADES NOCIVAS DAS SUBSTÂNCIAS QUÍMICAS

Podemos dizer que praticamente todas as substâncias químicas possuem propriedades nocivas, dependendo da quantidade envolvida, das condições do ambiente (temperatura, pressão etc.), do tempo de exposição e da suscetibilidade individual. A capacidade de um agente químico provocar danos ao organismo chama-se *toxicidade*.

Em função das condições de utilização, as substâncias químicas poderão entrar em contato com o corpo humano, interagindo em ação localizada, como no caso de uma queimadura ou irritação da pele, ou em ação sistêmica, chegando aos diferentes órgãos e tecidos do organismo, pela circulação sanguínea.

---

[59]   Nota Técnica 9/2018/CGFIP/DSST/SIT.

[60]   Limites de Exposição Ocupacional para Substâncias Químicas e Agentes Físicos – ACGIH, 2012. Tradução ABHO, Associação Brasileira de Higienistas Ocupacionais.

[61]   Relatório Análise de Impacto Regulatório – Normas regulamentadoras nº 09 e nº 15. Disponível em: https://www.gov.br/economia/pt-br/assuntos/air/relatorios-de-air-2/seprt/strab/sit/relatorio-air-agentes_quimicos_e_agentes_cancerigenos.pdf. Acesso em: 19 fev. 2023.

Exposição pelas vias respiratórias (Absorção por inalação)

Na Toxicologia Ocupacional[62], a principal via de penetração de agentes químicos dispersos no ar ambiente é a inalação. Estima-se que 50% das partículas inaladas são depositadas nas vias respiratórias superiores (fossas nasais, faringe), enquanto cerca de 25% são depositadas nas vias respiratórias inferiores (traqueia, brônquios, bronquíolos e alvéolos pulmonares – os três últimos localizados nos pulmões). No caso da inalação, os principais pontos de absorção são os alvéolos pulmonares.

Exposição pela via dérmica (Absorção através da pele)

A pele, embora seja relativamente impermeável e aja como barreira física, propicia que certas substâncias químicas se difundam através da epiderme. Observem que na Tabela de Limites de Tolerância (Quadro I da NR15), junto aos valores do limite de exposição de substâncias que têm absorção elevada por via dérmica, aparece assinalada a coluna "Pele", alertando o profissional para que, nesses casos, seja fornecida ao trabalhador proteção adicional à pele, pelo uso de luvas, vestimentas ou até mesmo evitando o contato com o agente químico.

Exposição pelo trato gastrointestinal

O trato gastrointestinal é uma via pouco comum de penetração dos agentes químicos no contexto da toxicologia ocupacional, embora a ingestão, voluntária ou não, de substâncias tóxicas possa levar à morte. A penetração de agentes tóxicos por essa via pode ocorrer quando o trabalhador não tem bons hábitos de higiene levando a mão à boca, ou ainda quando fuma ou se alimenta no ambiente de trabalho.

Agente tóxico, ou toxicante, é considerado qualquer agente químico que, introduzido no organismo e absorvido, provoca efeitos adversos ou até mesmo a morte, resultante de uma interação físico-química com um sistema biológico.

Dessa forma, dependendo das condições de exposição, toda substância pode agir como toxicante, causando efeitos nocivos aos seres vivos. A possibilidade de ser absorvido não depende só do agente químico em particular, mas de vários fatores como a forma em que se apresenta (poeira, fumos, névoa, neblina, gases ou vapores), de suas características físico-químicas, da suscetibilidade do trabalhador exposto e também da via de entrada no organismo (inalatória, dérmica ou digestiva).

Assim, a exposição do trabalhador à poeira de cloreto de chumbo, que é muito solúvel em água, leva a uma fácil absorção, ao contrário da exposição ao sulfeto de chumbo, que é totalmente insolúvel, não trazendo risco de intoxicação[63].

Os Anexos 11, 12 e 13 da NR15 tratam de atividades insalubres que envolvam agentes químicos, e no caso do Anexo 12 são abordadas substâncias que se apresentam na forma de poeiras minerais. A diferença entre eles é que nos Anexos 11 e 12 a caracterização da insalubridade das atividades que exponham o trabalhador aos respectivos agentes é **quantitativa**, enquanto no caso do Anexo 13 a caracterização é **qualitativa**.

Finalmente, é importante destacar que, quando se avalia a exposição de um trabalhador no ambiente de trabalho, devem ser consideradas **todas** as rotas de entrada dos

---

[62] Já na Toxicologia tradicional, a principal via de entrada é a digestiva.

[63] TORLONI, Maurício; VIEIRA, Antônio. *Manual de proteção respiratória*. Associação Brasileira de Higiene Ocupacional.

SEGURANÇA E SAÚDE NO TRABALHO – *Mara Queiroga Camisassa*

agentes nocivos. Entretanto, como dito anteriormente, o Quadro I do Anexo 11 (Tabela de Limites de Tolerância) considera, para fins de insalubridade, a exposição pelas vias respiratórias, e destaca os agentes que podem ser absorvidos pela via dérmica.

3. TABELA DE LIMITES DE EXPOSIÇÃO

O Quadro 1 do Anexo 11 da NR15 apresenta os limites de exposição de diversos agentes químicos. Apresentamos a seguir um excerto desse quadro, a fim de conhecermos as informações nele contidas e entendermos os critérios usados para caracterização de atividades insalubres, bem como situações de risco grave e iminente.

AGENTES QUÍMICOS	Valor teto	Absorção também p/ pele	Até 48 horas/semana		Grau de insalubridade a ser considerado no caso de sua caracterização
			ppm*	mg/m3**	
Acetaldeído			78	140	máximo
Acetato de cellosolve		+	78	420	médio
Acetato de éter monoetílico de etileno glicol (vide acetado de cellsolve)			-	-	-
Acetato de etila			310	1090	mínimo
Acetato de 2-etóxi etila (vide acetato de cellosolve)			-	-	-
Acetileno			Axfixiante	simples	-
Acetona			780	1870	mínimo
Acetonitrila			30	55	máximo
Ácido acético			8	20	médio
Ácido cianídrico		+	8	9	máximo
Ácido clorídrico	+		4	5,5	máximo
Ácido crômico (névoa)			-	0,04	máximo
Ácido etanoico (vide ácido acético)			-	-	
Ácido fluorídrico			2,5	1,5	máximo
Ácido fórmico			4	7	médio

Interpretando o Quadro I do Anexo 11:

1.ª coluna – Agentes químicos

Nessa coluna, como o próprio nome diz, são apresentados os agentes químicos, em ordem alfabética. A norma falha em não indicar o respectivo número CAS[64] do agente químico, o que possibilitaria sua identificação de forma inequívoca.

2.ª coluna – Valor teto

Para os agentes químicos que tenham a coluna "Valor Teto" assinalada com o sinal "+", será considerado excedido o limite de tolerância (indicado em ppm ou mg/m³), e consequentemente caracterizada a insalubridade, quando qualquer uma das concentrações obtidas nas amostragens ultrapassar os valores correspondentes fixados no Quadro 1.

---

[64] Números de registro presentes no banco de dados do *Chemical Abstract Service* – CAS, que são designados às substâncias químicas, de forma sequencial, à medida que estas são colocadas nesta base de dados. Dessa forma, cada número de registro CAS é um identificador numérico único, que designa apenas uma substância e que não possui significado químico algum. Os números de registro do CAS podem conter mais de nove dígitos, divididos por hifens em três partes, sendo o último dígito o verificador. Disponível em: <http://www.anvisa.gov.br/datavisa/Substancia/CodigoCAS.htm>.

Como vimos no início deste capítulo, o valor teto (do inglês *Threshold Limit Value – Ceiling*) é um limite de exposição ocupacional para exposições de curta duração que podem causar *irritação física* no trabalhador.

3.ª coluna – Absorção também pela pele

Como dito anteriormente, os valores de Limites de Tolerância apresentados no Quadro 1 são válidos para absorção por via respiratória. Entretanto, vimos que alguns agentes químicos também podem ser absorvidos por via cutânea; estes agentes estão indicados com o sinal "+" na respectiva coluna.

Nos casos de exposição a estes agentes será exigido o uso de luvas adequadas, além do EPI necessário à proteção de outras partes do corpo, por exemplo, proteção dos olhos (óculos de segurança) e membros inferiores ou superiores (vestimentas, perneira etc.). Destaco novamente que, para estes agentes, os limites de tolerância somente terão validade caso o trabalhador esteja adequadamente protegido contra a absorção dérmica. É o caso do ácido cianídrico e do acetato de cellosolve, indicados no excerto do Quadro I apresentado anteriormente.

4.ª coluna – Limites de exposição considerando jornadas de até 48 horas semanais

Os limites de exposição são apresentados em:

ppp   *partes de vapor ou gás por milhão de partes de ar contaminado*
mg/m³   *miligramas por metro cúbico de ar*

Tais limites consideram jornadas de trabalho de até 48 horas semanais. Essa redação é anterior à CF/1988, que fixou a jornada máxima de 44 horas semanais.

5.ª coluna – Grau de insalubridade

Indica o grau de insalubridade que deverá ser considerado (mínimo, médio ou máximo) para fins de pagamento do respectivo adicional.

4. ASFIXIANTES SIMPLES

Os asfixiantes simples são gases inertes que deslocam o oxigênio do ar, provocando asfixia pela diminuição da sua concentração no ar inspirado. Tais agentes não possuem limite de tolerância, uma vez que o fator limitante de sua presença é a concentração de oxigênio disponível no ambiente.

Para essas substâncias existe apenas a indicação "Asfixiante Simples". Precisamos, então, entender o que são os asfixiantes simples e a importância de sua indicação no Quadro 1. Com esse objetivo, apresenta-se a seguir uma brevíssima introdução sobre a classificação fisiológica dos gases e vapores.

Classificação fisiológica dos gases e vapores

Os gases e vapores podem ser classificados nos seguintes tipos, de acordo com seus efeitos fisiológicos sobre o corpo humano:

– Asfixiantes;
– Irritantes;
– Anestésicos.

Vários autores chamam a atenção para o fato de essa classificação não ser perfeita, uma vez que os efeitos fisiológicos causados por vários gases e vapores dependerão de suas concentrações no ar; além disso, alguns contaminantes podem provocar mais de um efeito fisiológico no organismo humano, sendo que um efeito pode predominar sobre o outro. A classificação acima se refere ao efeito principal do respectivo gás ou vapor, sendo que um mesmo gás ou vapor pode apresentar mais de um dos efeitos citados, por exemplo, o acetileno, que produz asfixia e tem efeitos anestésicos.

4.1 Asfixiantes

Os gases asfixiantes são substâncias que, apesar de não atuarem diretamente no organismo, interferem no suprimento de oxigênio aos pulmões. Esses gases podem ser classificados em asfixiantes simples e asfixiantes químicos.

4.1.1 Asfixiantes simples

Os **asfixiantes simples** são gases inertes que **reduzem** o fornecimento de oxigênio ao organismo pela diluição deste último na atmosfera abaixo de concentrações necessárias para sustentar a respiração interna. Em outras palavras, os gases fisiologicamente inertes, ao diluírem o oxigênio do ar, provocam uma atmosfera com deficiência de oxigênio, levando o indivíduo à asfixia. Como os gases inertes interferem no suprimento de oxigênio ao nosso organismo, existem duas determinações importantes no Anexo 11 que devem ser observadas em ambientes de trabalho, nos quais os asfixiantes simples estejam presentes:

1. A concentração mínima de oxigênio deverá ser 18 % em volume.
2. As situações nas quais a concentração de oxigênio estiver abaixo desse valor serão consideradas de risco grave e iminente.

Sobre esse assunto, vejam questão da ESAF/2004, cujo gabarito é ERRADO:

 Agentes químicos caracterizados como "asfixiantes simples" têm sua caracterização de insalubridade feita por meio de valor teto.

A questão está errada, pois no caso de agentes químicos do tipo "asfixiantes simples" não há que falar em caracterização de insalubridade, mas, sim, de risco grave e iminente, que será caracterizado nos casos em que, na presença dessas substâncias, a concentração de oxigênio ficar abaixo de 18 por cento em volume. Também não faz sentido falar em valor teto para esses agentes, conforme veremos adiante no Item 6 – Caracterização da Insalubridade.

4.1.2 Asfixiantes químicos

Os **asfixiantes químicos** impedem que o sangue transporte oxigênio dos pulmões às células ou impedem que as células utilizem o oxigênio para liberar energia necessária à vida. Os asfixiantes químicos podem ser perigosos mesmo em baixas concentrações. Exemplo de asfixiantes químicos: monóxido de carbono, gás cianídrico e as nitrilas (derivados orgânicos do cianeto de hidrogênio, altamente tóxicos). Ao contrário dos asfixiantes simples, os asfixiantes químicos **possuem limite de tolerância**.

4.2 Irritantes

Os agentes químicos irritantes lesam os tecidos pelo contato direto, podendo causar inflamação da pele, conjuntiva ocular e mucosas das vias respiratórias. O local e a intensidade da ação dependem principalmente da solubilidade e concentração do agente[65]. São exemplos de agentes químicos irritantes: gás clorídrico, amônia, cloro, soda cáustica e ácido sulfúrico.

---

[65] TORLONI, Maurício; VIEIRA, Antônio. *Manual de proteção respiratória*. Associação Brasileira de Higiene Ocupacional.

4.3 Anestésicos

Os agentes químicos anestésicos provocam ação depressora do sistema nervoso central, provocando a perda total ou parcial das sensações. Exemplos de agentes químicos anestésicos: álcoois, éter, clorofórmio.

5. CARACTERIZAÇÃO DA INSALUBRIDADE

Nas atividades ou operações nas quais os trabalhadores ficam expostos aos agentes químicos constantes no Anexo 11, a insalubridade será caracterizada quando os resultados das amostragens[66] **ultrapassarem** os limites de exposição, conforme apresentado no Quadro 1 desse anexo.

Atenção: Caso o agente químico que está sendo avaliado tiver assinalado, na coluna correspondente, o VALOR TETO, precisaremos observar se alguma das concentrações obtidas ultrapassou o limite de tolerância indicado no Quadro 1. Caso isto tenha ocorrido, a insalubridade também será caracterizada.

Por outro lado, segundo a atual redação da norma, caso o agente químico avaliado não tenha o VALOR TETO assinalado na coluna correspondente, será necessário calcular a média aritmética das concentrações para verificar se o limite de tolerância foi ultrapassado. Se o resultado da média aritmética exceder o limite de tolerância, a atividade será caracterizada como insalubre. A figura a seguir mostra um esquema que facilitará o entendimento sobre a caracterização de insalubridade nos casos de exposição aos agentes químicos constantes do Anexo 11:

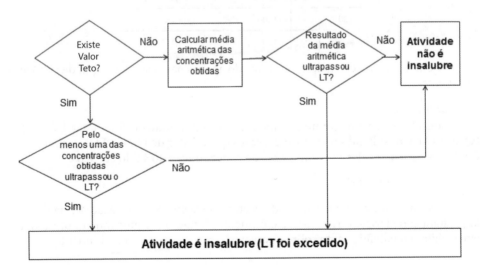

---

[66] Destaco novamente a desatualização da redação do Anexo 11 da NR15! Atualmente vários agentes já possuem métodos analíticos de quantificação indicados por várias entidades internacionais como NIOSH e OSHA.

Vimos até agora como caracterizar a insalubridade nas atividades que expõem o trabalhador a determinados agentes químicos (aqueles constantes no Quadro I da NR15). Passemos agora à identificação de situações de risco grave e iminente que envolvam esses mesmos agentes.

6. CARACTERIZAÇÃO DE RISCO GRAVE E IMINENTE

Na exposição aos agentes químicos indicados no Anexo 11, o risco grave e iminente estará caracterizado caso pelo menos uma das concentrações obtidas nas amostragens **ultrapasse um determinado valor máximo (VM)**.

O valor máximo permitido da concentração de cada agente químico é obtido a partir da seguinte equação:

Valor máximo (VM) = LT x FD

Onde:

LT = limite de tolerância para o agente químico, segundo o Quadro 1

FD = fator de desvio, segundo o Quadro 2 do Anexo 11, apresentado a seguir

QUADRO N.º 2			
LT (ppm ou mg/m³)			FD[67]
0	a	1	3
1	a	10	2
10	a	100	1,5
100	a	1000	1,25
acima	de	1000	1,1

Vejam que o Quadro 2 deve ser utilizado apenas para caracterização de risco grave e iminente.

Exemplo:

Considere o agente químico *Ácido acético*, cujo Limite de Tolerância LT = 8 ppm (Quadro 1). Consultando o Quadro 2, vemos que o Fator de Desvio FD correspondente é 2. Dessa forma, o valor máximo (VM) de concentração do ácido acético é:

$$VM = LT \times FD = (8 \times 2) = 16 \text{ ppm}$$

Caso uma única amostra de ácido acético apresente concentração acima desse valor, restará caracterizado risco grave e iminente. A figura a seguir mostra um esquema que facilitará o entendimento sobre a caracterização de risco grave e iminente:

---

[67] Temos uma incoerência no Quadro 2: sabemos que quanto menor o Limite de Exposição, mais tóxico é o agente. Entretanto, a caracterização do risco grave e iminente considera um FD maior para os agentes mais tóxicos (com menor Limite de Exposição)!!

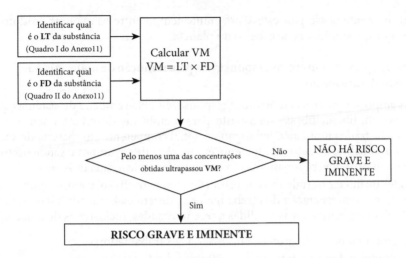

Como vimos anteriormente, na constatação de situação de risco grave e iminente já definido por norma regulamentadora, a interposição do embargo ou interdição será ato vinculado do Auditor Fiscal do Trabalho, ficando dispensado o uso da metodologia constante na NR3 – Embargo e Interdição:

> *NR3, 3.5.1.1 Fica <u>dispensado</u> o uso da metodologia prevista nesta norma para imposição de medida de embargo ou interdição quando constatada condição ou situação definida como grave e iminente risco nas Normas Regulamentadoras. (grifo acrescentado)*

ANEXO 12
LIMITES DE TOLERÂNCIA PARA POEIRAS MINERAIS

O Anexo 12 dispõe sobre os limites de tolerância das seguintes **poeiras minerais**:

- Asbesto;
- Manganês e seus compostos;
- Sílica livre cristalizada (quartzo).

1. ASBESTO

1.1 Introdução

Devido à sua alta toxicidade, dezenas de países já baniram o uso de asbesto em seus processos industriais, porém somente em 2017 foram proibidas no Brasil as atividades de extração, industrialização e comercialização desta fibra, por meio de decisão histórica proferida pelo Supremo Tribunal Federal, conforme vimos em capítulo anterior.

O Anexo 12 da NR15, que trata das atividades com exposição a asbesto, entretanto, permanece em vigor, no que se refere aos trabalhos de **remoção** de sistemas que contêm ou podem liberar esta fibra para o ambiente (como telhas de fibrocimento), bem como demais disposições não alcançadas pela decisão do STF.

Até a data da decisão daquela Corte, o Brasil havia optado pela adoção do uso controlado do asbesto tipo **crisotila**, colocando-nos na contramão da história.

Vergonhosamente nosso país esteve por muito tempo entre os maiores produtores, exportadores e consumidores de asbesto do planeta.

1.2 Obrigações das empresas responsáveis pela remoção de materiais que contenham asbesto

As empresas públicas ou privadas responsáveis pela **remoção** de sistemas que contêm ou podem liberar fibras[68] de asbesto para o ambiente deverão ter seus estabelecimentos cadastrados junto ao atual órgão nacional competente em matéria de segurança e saúde no trabalho, no setor competente em matéria de segurança e saúde do trabalhador. Esse cadastro deverá ser atualizado obrigatoriamente a cada dois anos.

Antes de iniciar os trabalhos de **remoção** e/ou **demolição**, o empregador e/ou contratado, com a representação dos trabalhadores, deverá elaborar um plano de trabalho no qual sejam especificadas as medidas a serem tomadas, inclusive as destinadas a:

a) proporcionar toda proteção necessária aos trabalhadores;
b) limitar o desprendimento da poeira de asbesto no ar;
c) prever a eliminação dos resíduos que contenham asbesto.

1.3 Limite de tolerância

O Anexo 12 da NR15 determina que a expressão "exposição ao asbesto" indica a exposição ocupacional às fibras de asbesto **respiráveis** ou à poeira de asbesto em suspensão no ar originada por este agente ou por minerais, materiais ou produtos que o contenham. Entende-se por "fibras respiráveis de asbesto" aquelas com diâmetro inferior a 3 µm, comprimento maior que 5 µm e relação entre comprimento e diâmetro superior a 3:1.

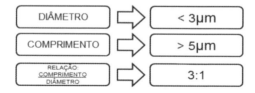

Segundo a NR15, o limite de tolerância para fibras respiráveis de asbesto **crisotila** é de 2,0 fibras/cm³. Para que o leitor tenha uma ideia da desatualização da norma, e do abandono da nossa legislação para com os trabalhadores brasileiros, o limite de exposição recomendado pela ACGIH é 0,1 fibras/cm³ para todas as formas de asbesto, ou seja, **vinte vezes** menor que aquele adotado pela norma brasileira[69].

1.4 Avaliação ambiental

O empregador deverá realizar a avaliação ambiental de poeira de asbesto nos locais de trabalho no máximo a cada seis meses. Os registros dessas avaliações deverão

---
[68] Como vimos anteriormente, são consideradas fibras as partículas de poeira cujo comprimento corresponde a três vezes o seu diâmetro.
[69] TLVs® e BEIs® – Limites de Exposição Ocupacional e Índices Biológicos de Exposição ACGIH 2016.

ser mantidos por um período mínimo de 30 anos. As avaliações deverão ser acompanhadas por representantes indicados pelos trabalhadores, e tanto estes quanto aqueles têm o direito de solicitar avaliação ambiental complementar nos locais de trabalho e/ou impugnar os resultados das avaliações junto à autoridade competente. O empregador é obrigado a afixar o resultado das avaliações ambientais em quadro próprio de avisos para conhecimento dos trabalhadores.

1.5 Proibições relativas ao asbesto

PROIBIÇÃO	EXCEÇÃO
Pulverização (*spray*) de todas as formas do asbesto.	Não há.
Trabalho de menores de 18 anos em setores onde possa haver exposição à poeira de asbesto.	Não há.

1.6 Vestimentas de trabalho

Uma das principais características do asbesto é sua constituição por fibras extremamente finas facilmente separáveis umas das outras, que produzem uma poeira de partículas de dimensões milimétricas que permanecem em suspensão no ar e aderem facilmente às roupas.

O empregador deverá fornecer gratuitamente toda a vestimenta de trabalho com possibilidade de contaminação por asbesto, não podendo esta ser utilizada fora dos locais de trabalho.

O empregador será responsável pela limpeza[70], manutenção e **guarda** da vestimenta de trabalho, **bem como dos EPIs utilizados pelo trabalhador.** Chamo novamente a atenção para a exceção prevista no Anexo 12 da NR15. No capítulo da NR6, vimos que, regra geral, o empregado deve ser o responsável pela **guarda do EPI**. Entretanto, no caso de EPI para proteção contra agentes químicos do tipo asbesto, o **empregador** é que deverá ser o responsável pela sua guarda. Vejam a figura a seguir:

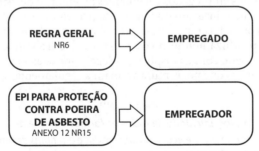

RESPONSABILIDADE RELATIVA À GUARDA DO EPI

A troca de vestimenta de trabalho deverá ocorrer com frequência mínima de duas vezes por semana. Ao final de cada jornada diária de trabalho, o empregador deverá criar condições para troca de roupa e **banho** do trabalhador.

---

[70] Sobre higienização de vestimenta como responsabilidade do empregador, remeto o leitor à Nota de Rodapé 24 do capítulo da NR6.

1.7 Vestiário duplo

A NR15 determina que o empregador deve disponibilizar **vestiário duplo** para os trabalhadores expostos ao asbesto. Entende-se por "vestiário duplo" a instalação que oferece uma área para guarda de roupa pessoal e outra, isolada, para guarda da vestimenta de trabalho, ambas com comunicação direta com os chuveiros.

1.8 Exames médicos

Todos os trabalhadores que desempenham ou tenham funções ligadas à exposição ocupacional ao asbesto devem ser submetidos a exames médicos previstos no item 7.5.6 da NR7, sendo que por ocasião da admissão, demissão e anualmente devem ser realizados, obrigatoriamente, exames complementares, incluindo, além da avaliação clínica, telerradiografia de tórax e prova de função pulmonar (espirometria).

As empresas devem informar aos trabalhadores examinados, em formulário próprio, os resultados dos exames realizados. Mesmo após o término do contrato de trabalho envolvendo exposição ao asbesto, o empregador deverá manter disponível a realização de exames médicos para estes trabalhadores durante 30 (trinta) anos (com início a partir do término do contrato), cuja periodicidade varia de acordo com o período de exposição, conforme apresentado a seguir:

PERÍODO DE EXPOSIÇÃO	PERIODICIDADE
0 a 12 anos	3 anos
12 a 20 anos	2 anos
> 20 anos	Anual

De ressaltar que a obrigação trintenária de manutenção de exames médicos, mesmo para os trabalhadores que já tiveram seu contrato de trabalho rescindido, alcança não somente as empresas atualmente responsáveis pela remoção de sistemas que contêm asbesto, mas também aquelas que no passado realizavam atividades de extração, industrialização e comercialização de asbesto e que agora estão proibidas de fazê-lo.

1.9 Risco ocupacional e ambiental

O asbesto representa um risco não somente ocupacional, mas também ambiental, que afeta os familiares dos empregados e habitantes do entorno de usinas de beneficiamento e outras indústrias que utilizavam esse agente tóxico em seus processos produtivos. Por esse motivo, a norma obriga o empregador a eliminar **os resíduos que contêm asbesto, de maneira que não se produza nenhum risco à saúde dos trabalhadores e da população em geral**, de conformidade com as disposições legais previstas pelos órgãos competentes do meio ambiente e outros que porventura venham a regulamentar a matéria.

Além da NR
Patogenicidade de todas as formas de asbesto

Há mais de cem anos é conhecida a elevada patogenicidade das fibras de amianto/asbesto, quando inaladas. Essa longa e penosa história começou com a descrição da asbestose, uma pneumoconiose grave e totalmente evitável, e seguiu-se com a descoberta das associações causais entre amianto (todos os tipos de fibra, incluindo a crisotila, ou "amianto branco", única modalidade que era extraída no Brasil) e câncer de pulmão (todos os tipos histológicos), e, mais tarde, o mesotelioma maligno de pleura, de peritônio e pericárdio[71].

---

[71]   MENDES, René. *Patologia do trabalho*. São Paulo: Atheneu, 2013. p. 56.

NR 15 • ATIVIDADES E OPERAÇÕES INSALUBRES | 413

2. MANGANÊS E SEUS COMPOSTOS

2.1 Introdução

O manganês é um metal utilizado em vários ramos industriais, como metalurgia, siderurgia e indústria química e farmacêutica. As intoxicações por manganês ocorrem principalmente nas minas e metalurgia dos minérios contendo esse metal e nas fábricas de aços especiais, quando é adicionado com o objetivo de aumentar a dureza e a resistência do aço.

As exposições ocupacionais ocorrem pelos fumos e poeiras do manganês, sendo a via inalatória a principal rota de entrada e absorção desse metal. O manganês também pode ser absorvido pelo intestino delgado quando a entrada ocorre pela via digestiva. Em pequenas quantidades, é essencial para o ser humano, porém, quando presente no organismo em elevadas quantidades, pode causar diversos efeitos tóxicos, principalmente no sistema nervoso central. Entre os principais agravos ocupacionais relacionados à exposição ao manganês podem-se citar: demência, transtornos de personalidade e de comportamento, transtorno mental, episódios depressivos e efeitos tóxicos agudos.

2.2 Limites de tolerância

A NR15 determina limites de tolerância para as atividades envolvendo poeiras e fumos de manganês e seus compostos, de acordo com a atividade exercida. Destaco novamente que, em virtude da desatualização da norma, os valores nela constantes estão ultrapassados, e as normas internacionais recomendam valores inferiores àqueles estabelecidos. Vejam a tabela a seguir:

Limites de tolerância para as operações com manganês e seus compostos, considerando jornadas de até oito horas por dia:

Atividades (8 h/dia)	Limite de tolerância (mg/m^3)
– Extração, tratamento, moagem, transporte do minério, – Outras operações com exposição a poeiras do manganês ou de seus compostos.	5
Metalurgia de minerais de manganês, fabricação de compostos de manganês, fabricação de: baterias e pilhas secas, vidros especiais e cerâmicas, produtos químicos, tintas e fertilizantes, fabricação e uso de eletrodos de solda. E outras operações com exposição a fumos de manganês ou de seus compostos.	1

Vejam que a **poeira** de manganês tem limite de tolerância (5 mg/m³) maior que os **fumos** deste agente, cujo limite de tolerância é 1 mg/m³. Isso ocorre porque os fumos contêm partículas muito menores que as poeiras. Daí a necessidade de o limite de tolerância nas atividades que envolvem fumos ser menor do que o limite de tolerância nas atividades que envolvem somente a poeira desse mineral. Sempre que os limites de tolerância forem ultrapassados, as atividades e operações com o manganês e seus compostos serão consideradas insalubres em grau máximo.

2.3 Recomendações e medidas de prevenção e controle, independentemente de os limites de tolerância terem sido ultrapassados ou não

Relativas aos processos de produção

- Substituição de perfuração a seco por processos úmidos;
- Perfeita ventilação após detonações, antes de se reiniciarem os trabalhos;

- Ventilação adequada, durante os trabalhos, em áreas confinadas;
- Rotatividade das atividades e turnos de trabalho para os perfuradores e outras atividades penosas;
- Controle da poeira em níveis abaixo dos permitidos.

Relativas ao uso de EPIs

- Uso de equipamentos de proteção respiratória com filtros mecânicos para áreas contaminadas;
- Uso de equipamentos de proteção respiratória com linha de ar mandado, para trabalhos, por pequenos períodos, em áreas altamente contaminadas;
- Uso de máscaras autônomas para casos especiais e treinamentos específicos.

2.4 Precauções de ordem médica e de higiene, independentemente de os limites de tolerância terem sido ultrapassados ou não (caráter obrigatório para todos os trabalhadores expostos às operações com manganês e seus compostos)

Relativas a exames médicos/saúde do trabalhador

- Exames médicos pré-admissionais e periódicos;
- Exames adicionais para as causas de absenteísmo prolongado, doença, acidentes ou outros casos;
- Não admissão de empregado portador de lesões respiratórias orgânicas, de sistema nervoso central e disfunções sanguíneas para trabalhos com exposição ao manganês;
- Exames periódicos de acordo com os tipos de atividades de cada trabalhador, variando de períodos de três a seis meses para os trabalhos do subsolo e de seis meses a anualmente para os trabalhadores de superfície;
- Análises biológicas de sangue;
- Afastamento imediato de pessoas com sintomas de intoxicação ou alterações neurológicas ou psicológicas.

Relativas à atividade

- **Banho obrigatório após a jornada de trabalho**;
- Troca de roupas de passeio/serviço/passeio;
- Proibição de se tomarem refeições nos locais de trabalho.

Sobre esse assunto, vejam questão do CESPE/2013, cujo gabarito é CERTO:

 Segundo a norma regulamentadora que trata dos limites de tolerância para poeiras minerais, o banho após a jornada de trabalho é obrigatório para todos os trabalhadores expostos às operações com manganês ou seus compostos, independentemente dos limites de tolerância terem sido ultrapassados ou não.

3. SÍLICA LIVRE CRISTALIZADA

3.1 Introdução

Como vimos em capítulo anterior, a exposição crônica, por inalação, à sílica livre cristalizada pode causar silicose, doença pulmonar fibrogênica caracterizada por nódulos de tecido cicatrizado, disseminados no pulmão.

Vimos anteriormente que o grau de nocividade da sílica varia de acordo com sua forma: a variedade amorfa é a que apresenta menor grau de nocividade e a forma cristalizada (ou cristalina), objeto deste anexo, é a que apresenta maior toxicidade. Para maiores informações sobre os danos à saúde decorrentes da exposição à sílica, remeto o leitor ao capítulo da NR7, Anexo 3 (Controle radiológico e espirométrico da exposição a agentes químicos).

3.2 Limites de tolerância

Os limites de tolerância para exposição à poeira contendo sílica livre cristalizada variam em função da porcentagem deste agente presente na amostra coletada no ambiente de trabalho. Na prática, para a determinação da insalubridade, deve-se coletar a poeira (total[72] ou respirável), calcular sua concentração no tocante à amostra coletada e comparar esse valor com o limite de tolerância correspondente. Caso qualquer das concentrações (poeira respirável ou poeira total) ultrapasse o respectivo limite de tolerância, estará caracterizada insalubridade em grau máximo.

Os limites de tolerância para a sílica livre cristalizada devem ser calculados da seguinte forma:[73]

3.2.1 *Limite de tolerância para poeira respirável[74]*

Esse limite é expresso em mg/m^3, obtido pela seguinte fórmula:

$$LT = \frac{8}{\% \text{ quartzo} + 2} \ mg/m^3$$

Vejam o exemplo a seguir:

Exemplo 1: Amostra coletada de poeira respirável

Peso da amostra	Pa	2,5 mg
Vazão média	Qm	1,60 l/min
Tempo de amostragem	Ta	320 min
Porcentagem de sílica livre cristalizada (quartzo)	%	6%

A verificação da insalubridade deve ser feita utilizando-se dos dados acima na seguinte forma:

1) Cálculo do volume amostrado (Va) em m^3:

$$Va = \frac{Qm \times Ta}{1000} \ m^3 = \frac{1,6 \times 320}{1000} = \textbf{0,512 m}^3$$

---

[72] O próprio Anexo 12 não traz a definição de "poeira total".

[73] Reitero neste ponto a desatualização da NR15 e destaco que, apesar de ainda constar na norma, as fórmulas apresentadas a seguir são ultrapassadas e enquadram dentro do limite de tolerância situações de exposição inaceitáveis; as disposições constantes na norma, e que ainda não foram atualizadas, foram definidas de acordo com a tecnologia disponível à época de sua publicação, que ocorreu inicialmente em 1978, com alterações posteriores pontuais.

[74] De se destacar também que a poeira de sílica na fração respirável não causará danos nos casos de deposição no trato respiratório superior ou ainda na região torácica, mas somente se houver deposição na região de troca de gases, onde se localizam os alvéolos pulmonares.

416 SEGURANÇA E SAÚDE NO TRABALHO – *Mara Queiroga Camisassa*

2) Cálculo da concentração de poeira respirável (Cpr) em mg/m³:

$$\text{Cpr} = \frac{\text{Pa}}{\text{Va}} = \frac{2,0}{0,512} = \textbf{3,91 mg/m}^3$$

3) Cálculo do limite de tolerância LT:

$$\text{LT} = \frac{8}{\% \text{ quartzo} + 2} \text{ mg/m}^3$$

$$\text{LT} = \frac{8}{6 + 2} = \textbf{1 mg/m}^3$$

4) Comparação da concentração de poeira respirável com o Limite de Tolerância (calculado no item anterior: LT = **1 mg/m³**)

Vemos que a concentração de poeira respirável (3,91 mg/m³) é **maior** que o Limite de Tolerância (1 mg/m³). Dessa forma, a atividade deve ser caracterizada como insalubre.

3.2.2 *Limite de tolerância para poeira total*

A poeira total representa a quantidade total de poeira respirável e não respirável, ou seja, nessa avaliação quantitativa não há seleção do tamanho das partículas.

O limite de tolerância para poeira total é dado pela seguinte fórmula:

$$\text{LT} = \frac{24}{\% \text{ quartzo} + 3}$$

Nesse caso, devem-se calcular tanto a concentração de poeira respirável quanto a de poeira total, e compará-las com os respectivos limites de tolerância que devem ser calculados de acordo com a fórmula *supra*.

Caso qualquer das concentrações (poeira respirável ou poeira total) ultrapasse o respectivo limite de tolerância, será caracterizada insalubridade em grau máximo.

Vejam o exemplo a seguir:

Exemplo 2: Amostras coletadas de poeira total

Amostra coletada de poeira total		
Peso da amostra	Pa	1,9 mg
Vazão média	Qm	1,60 l/min
Tempo de amostragem	Ta	380 min
Porcentagem de sílica livre cristalizada (quartzo)	%	2%

1) Cálculo do volume amostrado (Va) em m³:

$$\text{Va} = \frac{\text{Qm} \times \text{Ta}}{1000} \text{ m}^3 = \frac{1,6 \times 380}{1000} = \textbf{0,608 m}^3$$

2) Cálculo da concentração de poeira total (Cpt) em mg/m³:

$$\text{Cpt} = \frac{\text{Ma}}{\text{Va}} = \frac{1,9}{0,608} = \textbf{3,12 mg/m}^3$$

3) Cálculo do limite de tolerância LT:

$$LT = \frac{24}{\% \text{ quartzo} + 3}$$

$$LT = \frac{24}{2 + 3} = \textbf{4,8 mg/m}^3$$

4) Comparação da concentração de poeira total com o Limite de Tolerância:

Vemos que a concentração de poeira total (3,12 mg/m^3) é **menor** que o Limite de Tolerância calculado no item 3 (4,8 mg/m^3). Dessa forma, a princípio, a atividade não deve ser caracterizada como insalubre. Entretanto, como se trata de avaliação da poeira total, precisamos verificar se a concentração de poeira respirável ultrapassou o limite de tolerância. Caso afirmativo, a atividade deve ser considerada insalubre. Vejamos então esse cálculo:

AMOSTRA COLETADA DE POEIRA RESPIRÁVEL		
Peso da amostra	Pa	1,2 mg
Vazão média	Qm	1,20 l/min
Tempo de amostragem	Ta	380 min
Porcentagem de sílica livre cristalizada (quartzo)	%	2%

1) Cálculo do volume amostrado (Va) em m^3:

$$Va = \frac{Qm \times Ta \text{ m}^3}{1000} = \frac{1,2 \times 380}{1000} = \textbf{0,456 m}^3$$

2) Cálculo da concentração de poeira respirável (Cpr) em mg/m^3:

$$Cpr = \frac{Ma}{Va} = \frac{1,2}{0,456} = \textbf{2,63 mg/m}^3$$

3) Cálculo do limite de tolerância LT:

$$LT = \frac{8}{\% \text{ quartzo} + 2}$$

$$LT = \frac{8}{2 + 2} = \textbf{2,0 mg/m}^3$$

4) Comparação da concentração de poeira respirável com o Limite de Tolerância:

Vemos que a concentração de poeira respirável (2,63 mg/m^3) é **maior** que o Limite de Tolerância (2 mg/m^3). Dessa forma, a atividade deve ser caracterizada como insalubre.

3.3 Outras disposições

A partir da publicação da Portaria SIT 99/2004, tornou-se proibido o processo de trabalho de jateamento que utilize areia seca ou úmida como abrasivo, uma vez que estes processos geram partículas de sílica livre na fração respirável. As máquinas e ferramentas utilizadas nos processos de corte e acabamento de rochas ornamentais devem ser dotadas de sistema de umidificação capaz de minimizar ou eliminar a geração de poeira decorrente de seu funcionamento.

ANEXO 13
AGENTES QUÍMICOS

1. INTRODUÇÃO

A caracterização de insalubridade das atividades que envolvem os agentes químicos abrangidos pelo Anexo 13 é **qualitativa**, e se dá pela constatação da execução da atividade conforme o disposto neste anexo.

São abrangidos os seguintes agentes químicos[75]:

- Arsênico;
- Carvão;
- Chumbo;
- Cromo;
- Fósforo;
- Hidrocarbonetos e outros compostos de carbono;
- Silicatos;
- Substâncias cancerígenas.

Para cada um desses agentes a norma determina a atividade correspondente que caracterizará a insalubridade e o respectivo grau, mínimo, médio ou máximo.

ANEXO 13-A
BENZENO

1. INTRODUÇÃO

O benzeno é uma substância potencialmente agressora ao sistema sanguíneo e comprovadamente carcinogênica, para a qual não existem limites seguros de exposição. A intoxicação por benzeno é chamada de benzenismo. A exposição ocupacional a esse agente ocorre principalmente nas coquerias de siderúrgicas, postos de combustíveis, indústrias químicas e petroquímicas.

Apesar de a restrição do uso do benzeno ter surgido em vários países já no final do século XIX, somente na década de 1980 é que esse tema veio à tona no Brasil. Tudo começou quando o Sindicato dos Trabalhadores Metalúrgicos de Santos, em São Paulo, alardeou a "epidemia do benzenismo", denunciando a existência de diversos casos de leucopenia[76] nos trabalhadores da Companhia Siderúrgica Paulista (COSIPA). Naquela época chegaram a ser afastados do trabalho mais de três mil trabalhadores diagnosticados com benzenismo, a esmagadora maioria, oriundos das indústrias siderúrgicas, químicas e petroquímicas. Como resposta a esses fatos, em 1995, foi publicada a Portaria SSST 14/1995, que incluiu na NR15 o Anexo 13-A, que trata da exposição ocupacional

---

[75] Excluem-se desta relação as atividades ou operações com os agentes químicos constantes dos Anexos 11 e 12.

[76] Diminuição da quantidade de leucócitos no sangue – a leucopenia na verdade não é uma doença, mas sim um sintoma que pode indicar uma doença, entre elas o câncer.

ao benzeno. A Instrução Normativa 2 de 8 de novembro de 2021 traz maiores detalhes sobre as avaliações das concentrações de benzeno nos ambientes de trabalho.

2. ABRANGÊNCIA

O Anexo 13-A se aplica às empresas que realizam as seguintes atividades envolvendo benzeno e suas misturas **líquidas** contendo 1% ou mais de volume:

- Produção;
- Transporte;
- Armazenamento;
- Utilização;
- Manipulação.

Esse anexo se aplica também às empresas contratadas, no que couber. As contratantes deverão manter, por **dez anos,** uma relação atualizada das empresas por elas contratadas que atuem nas áreas incluídas na caracterização prevista no Programa de Prevenção à Exposição Ocupacional ao Benzeno (PPEOB).

Atividades não abrangidas pelo Anexo 13A:
Armazenamento, transporte, distribuição, venda e uso de combustíveis derivados de petróleo.

3. PROIBIÇÕES E EXCEÇÕES

Regra geral, desde 1.º de janeiro de 1997 é proibida a utilização do benzeno para qualquer emprego. Entretanto, constam na norma quatro exceções para as indústrias e laboratórios que:

a) o produzem;
b) o utilizem em processos de síntese química;
c) o empreguem em combustíveis derivados de petróleo;
d) o empreguem em trabalhos de análise ou investigação realizados em laboratório, quando não for possível sua substituição.

4. CADASTRO DE EMPRESAS

Empresas que produzem, transportam, armazenam, utilizam ou manipulam benzeno e suas misturas líquidas contendo 1% ou mais de volume devem cadastrar seus estabelecimentos na atual Coordenação-Geral de Segurança e Saúde no Trabalho (CGSST). As fornecedoras de benzeno só poderão comercializar o produto para empresas cadastradas.

5. RESPONSABILIDADES

É responsabilidade dos fornecedores de benzeno, assim como dos fabricantes e fornecedores de produtos contendo benzeno, a rotulagem adequada do produto, destacando sua ação cancerígena de maneira facilmente compreensível pelos trabalhadores e usuários. Também devem ser informados instrução de uso, riscos à saúde e doenças relacionadas, medidas de controle adequadas. Tais informações devem ser apresentadas em cores contrastantes, de forma legível e visível.

6. VALOR DE REFERÊNCIA TECNOLÓGICO

Não existem limites seguros de exposição ao benzeno, entretanto, a norma determina a adoção do Valor de Referência Tecnológico (VRT), que corresponde à concentração de benzeno no ar considerada exequível do ponto de vista técnico, definido em processo de negociação tripartite.

O VRT deve ser considerado como referência para os programas de melhoria contínua das condições dos ambientes de trabalho. O cumprimento do VRT é obrigatório e **não exclui o risco à saúde**. Isso quer dizer que, mesmo adotando-se o VRT para os ambientes de trabalho com exposição ao benzeno, ainda assim haverá risco à saúde.

ANEXO 14
AGENTES BIOLÓGICOS

1. INTRODUÇÃO

O termo "agente biológico" se refere à substância de origem biológica capaz de produzir efeito adverso à saúde do trabalhador. Segundo o Anexo I da NR1, consideram-se agentes biológicos microrganismos, parasitas ou materiais originados de organismos que, em função de sua natureza e do tipo de exposição, são capazes de acarretar lesão ou agravo à saúde do trabalhador.

A caracterização de insalubridade em atividades que envolvam agentes biológicos, conforme consta no Anexo 14, é **qualitativa**. Isso significa que a caraterização é inerente à atividade com exposição aos agentes. Não há eliminação do risco com medidas aplicadas ao ambiente. Ainda que haja uso de EPI, a insalubridade não será descaracterizada. A adoção de sistemas de ventilação pode apenas minimizar o risco[77].

A insalubridade será de grau médio ou máximo, dependendo da atividade exercida. Observem na lista a seguir que a caracterização da insalubridade ocorrerá pelo **contato permanente** com o agente. Entretanto, segundo estudo da Fundacentro[78], a exigência de contato permanente do trabalhador com as fontes de exposição indicadas neste Anexo é um critério absolutamente **insuficiente** para estabelecer a exposição de forma inequívoca e a insalubridade daí decorrente. Pois, nas atividades e operações listadas no Anexo 14, tanto a fonte de exposição pode não conter agente infeccioso algum quanto o contato do trabalhador com essa fonte pode ocorrer sem que haja a transmissão do agente para a porta de entrada apropriada. Nos dois casos constata-se que não há exposição: no primeiro caso, porque o agente está ausente e no segundo porque a transmissão não está ocorrendo.

As atividades e o respectivo grau de insalubridade foram organizados na tabela a seguir para facilitar a distinção entre elas:

INSALUBRIDADE DE GRAU MÁXIMO	INSALUBRIDADE DE GRAU MÉDIO
–	Contato permanente com pacientes, animais ou com material infectocontagiante, em:
Pacientes em isolamento por doenças infectocontagiosas, bem como objetos de seu uso, não previamente esterilizados	Hospitais, serviços de emergência, enfermarias, ambulatórios, postos de vacinação e outros estabelecimentos destinados aos cuidados da saúde humana (aplica-se unicamente ao pessoal que tenha contato com os pacientes, bem como aos que manuseiam objetos de uso desses pacientes, não previamente esterilizados);

---

[77] SALIBA, Tuffi Messias. *Insalubridade e periculosidade*. 11. ed. São Paulo: LTr, 2012. p. 138.

[78] Disponível em: http://participa.br/consulta-publica-estudo-sobre-agentes-biologicos/consulta-publica-estudo-tecnico-anexo-14-da-norma-regulamentadora-no-15-agentes-biologicos.

Carnes, glândulas, vísceras, sangue, ossos, couros, pelos e dejeções de animais portadores de doenças infectocontagiosas (carbunculose, brucelose, tuberculose)	Hospitais, ambulatórios, postos de vacinação e outros estabelecimentos destinados ao atendimento e tratamento de animais (aplica-se apenas ao pessoal que tenha contato com tais animais)
–	Contato em laboratórios, com animais destinados ao preparo de soro, vacinas e outros produtos
	Laboratórios de análise clínica e histopatologia (somente pessoal técnico)
Esgotos (galerias e tanques) Lixo urbano (coleta e industrialização)	Gabinetes de autópsias, de anatomia e histoanatomopatologia (somente pessoal técnico)
	Cemitérios (exumação de corpos)
	Estábulos e cavalariças
	Resíduos de animais deteriorados

O parágrafo único da Portaria SSMT 12/1979, que aprovou a redação do Anexo 14 da NR15, dispõe que:

> *Contato permanente com pacientes, animais ou material infectocontagiante é o trabalho resultante da prestação de serviço contínuo e obrigatório, decorrente da exigência firmada no próprio contrato de trabalho, com exposição permanente aos agentes insalubres.*

Além da NR
Avaliação Quantitativa de Agentes Biológicos

*O Anexo 14 da NR15 determina que a caracterização de insalubridade de atividades com exposição a agentes biológicos é **qualitativa**, e não quantitativa. Dessa forma, de acordo com a atual redação da NR15, não há que falar em nível de ação ou limite de tolerância para agentes biológicos quando o assunto é **insalubridade**.*

No entanto, existe previsão de avaliação quantitativa para agentes biológicos do tipo fungos, conforme consta nos seguintes dispositivos normativos:

*– **Norma Regulamentadora NR17***

O item 5.3 do Anexo 2 da NR17 determina que para a prevenção da chamada "síndrome do edifício doente", deve ser atendida a Lei 13.589, de 4 de janeiro de 2018, e o disposto no subitem 1.5.5.1.1 da NR1, bem como o disposto no regulamento dos Padrões Referenciais de Qualidade do Ar Interior em ambientes climatizados artificialmente de uso público e coletivo, com redação dada pela Resolução RE 9, de 16 de janeiro de 2003, da Agência Nacional de Vigilância Sanitária – ANVISA, ou outra que a venha substituir.

*A resolução da ANVISA citada nesse item prevê a realização de avaliação **quantitativa** de **fungos** visando avaliação da qualidade do ar interior em ambientes climatizados artificialmente de uso público e coletivo. Vejam a redação do item IV dessa resolução:*

IV – PADRÕES REFERENCIAIS

Recomenda os seguintes Padrões Referenciais de Qualidade do Ar Interior em ambientes climatizados de uso público e coletivo:

*1. O Valor Máximo Recomendável – VMR para contaminação microbiológica deve ser £ 750 ufc/m3 de fungos, para a relação I/E £ 1,5, onde I é a **quantidade de fungos no ambiente interior e E é a quantidade de fungos no ambiente exterior.***

Obs. ufc: unidades formadoras de colônia

*– **Norma Regulamentadora NR36***

NR36: Agentes Biológicos: Para fins de aplicação dessa norma, consideram-se agentes biológicos prejudiciais aqueles que pela sua natureza ou intensidade[1] são capazes de produzir danos à saúde dos trabalhadores.

---

[1]   Porém, no que se refere aos agentes biológicos, devemos falar em concentração, e não, intensidade.

AGENTES BIOLÓGICOS

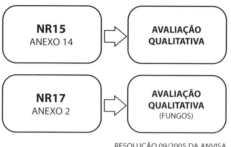

Saiba mais
Adicional de Insalubridade – Lixo urbano

Súmula 448 do TST
ATIVIDADE INSALUBRE. CARACTERIZAÇÃO. PREVISÃO NA NORMA REGULAMENTADORA N.º 15 DA PORTARIA DO MINISTÉRIO DO TRABALHO N.º 3.214/78. INSTALAÇÕES SANITÁRIAS. (conversão da Orientação Jurisprudencial n.º 4 da SBDI-1 com nova redação do item II) – Res. 194/2014, DEJT divulgado em 21, 22 e 23.05.2014.
I – Não basta a constatação da insalubridade por meio de laudo pericial para que o empregado tenha direito ao respectivo adicional, sendo necessária a classificação da atividade insalubre na relação oficial elaborada pelo Ministério do Trabalho.

Comentário

Somente poderão ser consideradas insalubres as atividades classificadas como tal pelo órgão nacional competente em matéria de segurança e saúde no trabalho. E essa classificação encontra-se na NR15. Por exemplo: considere um laudo de perito que constata que a iluminação do ambiente de trabalho é deficiente e caracteriza a atividade naquele ambiente insalubre por causa da deficiência da iluminação. Esse laudo não será válido e as atividades nele referidas não poderão ser consideradas insalubres tendo como causa a iluminação deficiente, pois esse fator não consta na NR15 como agente causador de insalubridade. Por outro lado, se esse laudo apontar, por exemplo, calor excessivo no ambiente, nele deverá constar uma avaliação quantitativa de calor, e, caso o resultado ultrapasse o limite de tolerância do Anexo 3 da NR15, aí, sim, a atividade correspondente deverá ser considerada insalubre, pois o calor é agente causador de insalubridade conforme determina essa NR.

II – A higienização de instalações sanitárias de uso público ou coletivo de grande circulação, e a respectiva coleta de lixo, por não se equiparar à limpeza em residências e escritórios, enseja o pagamento de adicional de insalubridade em grau máximo, incidindo o disposto no Anexo 14 da NR-15 da Portaria do MTE n.º3.214/78 quanto à coleta e industrialização de lixo urbano.

Comentário

Nesse caso, entendeu o Tribunal que a limpeza e o recolhimento de lixo de instalações sanitárias, frequentado por público numeroso, enquadram-se na hipótese do Anexo 14 da NR15 de coleta de lixo urbano, ensejando, portanto, o pagamento do adicional de insalubridade.
Tal situação não alcança a limpeza e o recolhimento de lixo das instalações sanitárias de residências ou escritórios, cuja circulação é limitada a um grupo determinado de pessoas.

NR 16 ATIVIDADES E OPERAÇÕES PERIGOSAS

Classificação: Norma Especial
Última atualização: Portaria SEPRT 1.357, de 9 de dezembro de 2019

1. INTRODUÇÃO

Vimos que a **insalubridade** coloca em risco a **saúde** do trabalhador, afetando-a continuamente enquanto não for eliminada. Já a **periculosidade** põe em risco a **vida** do trabalhador, podendo, repentinamente, atingi-lo de forma violenta, levando-o à incapacidade, invalidez permanente ou até mesmo à morte.

O adicional de periculosidade surgiu no Brasil com a publicação da Lei 2.573, de 15 de agosto de 1955. Essa lei instituiu salário adicional para os trabalhadores que exerciam atividades em contato permanente com **inflamáveis**.

Dezoito anos depois foi publicada a Lei 5.880, de 24 de maio de 1973, estendendo o direito ao adicional para os trabalhadores que exerciam atividades em contato permanente com **explosivos**.

Com a publicação da Lei 6.514/1977, que alterou o Capítulo V do Título II da CLT relativo à segurança e medicina do trabalho, essas atividades foram incluídas textualmente como perigosas no art. 193 da Consolidação. Posteriormente foram incluídas como perigosas, neste mesmo artigo[1], as atividades com energia elétrica, roubos ou outras espécies de violência física e aquelas de trabalhador em motocicleta, como veremos a seguir.

2. ATIVIDADES E OPERAÇÕES PERIGOSAS

A NR16 regulamenta o art. 193 da CLT, que lista as atividades consideradas perigosas para fins de percepção do adicional de periculosidade:

> *Art. 193. São consideradas atividades ou operações perigosas, na forma da regulamentação aprovada pelo Ministério do Trabalho e Emprego, aquelas que, por sua natureza ou métodos de trabalho,* impliquem *risco acentuado* em virtude de *exposição permanente do trabalhador a:*
>
> *I – inflamáveis, explosivos ou energia elétrica;*
>
> *II – roubos ou outras espécies de violência física nas atividades profissionais de segurança pessoal ou patrimonial.*
>
> *[...]*

---

[1] Veremos que atividades e operações perigosas com radiações ionizantes ou substâncias radioativas, apesar de não estarem incluídas no rol do art. 193, também ensejam o pagamento do adicional de periculosidade em função da publicação de portarias específicas. O mesmo se aplica aos bombeiros civis, devido à publicação da Lei 11.901, de 12 de janeiro de 2009.

§ 4.º São também consideradas perigosas as atividades de trabalhador em motocicleta.

Os incisos I e II do art. 193 estabelecem quais atividades devem ser consideradas perigosas, ou seja, atividades nas quais o risco acentuado é presumido. O § 4.º desse artigo, incluído pela Lei 12.997/2014, também inseriu no rol de atividades perigosas as atividades de trabalhadores em motocicletas[2]. É de ressaltar que, apesar de existirem outras atividades que apresentem risco acentuado, por exemplo, atividades na construção civil, elas **não ensejam** o pagamento do adicional de periculosidade, simplesmente por falta de previsão legal.

Deve-se salientar ainda que o art. 191 da CLT estabelece que a **insalubridade** pode ser eliminada com a adoção de medidas coletivas, ou "neutralizada" com o uso de EPI. No entanto, tal entendimento não cabe no caso da **periculosidade**. Sendo assim, mesmo adotadas todas as medidas de segurança, por exemplo, num posto de abastecimento de combustível, a periculosidade será caracterizada, uma vez que ela é inerente à atividade, além de ser considerada de risco acentuado pelos quadros da NR16[3].

2.1 Risco acentuado

Chamo a atenção para a expressão "risco acentuado", presente na redação do art. 193 da CLT. A definição dessa expressão não consta na CLT nem na NR16. Para ajudar no seu entendimento, vejamos os conceitos de *risco* e *perigo:*

- **Risco** é a combinação da *probabilidade* de ocorrer lesão ou agravo à saúde do trabalhador causados por um evento perigoso, exposição a agente nocivo ou exigência da atividade de trabalho, e a correspondente *severidade* da lesão ou agravo à saúde.

- **Perigo** ou fator de risco é a fonte com o potencial de causar lesões ou agravos à saúde.

O risco acentuado, portanto, é a *probabilidade aumentada* da ocorrência de lesões ou agravos à saúde do trabalhador cuja *severidade* também é elevada. Ao regulamentar o art. 193 da CLT, a NR16 enumerou taxativamente as atividades em condição potencial de risco acentuado e nos casos aplicáveis, as respectivas áreas de risco. A norma determina ainda que todas as áreas de risco devem ser delimitadas, sob a responsabilidade do empregador.

---

[2]   Em fevereiro de 2023, a 5ª Turma do TRF da 1ª Região proferiu decisão judicial declarando a nulidade da Portaria MTE 1.565/2014, que havia aprovado a redação do Anexo 5 da NR16, que regulamentava o adicional de periculosidade para trabalhadores em motocicletas. O acórdão exarado declarou a nulidade da citada Portaria por inobservância ao Devido Processo Legal. Segundo a decisão, não foram observados os ditames trazidos na Portaria 1.127, de 2 de outubro de 2003, que trata sobre procedimentos para a elaboração de normas regulamentadoras sobre saúde, segurança e condições gerais do trabalho. O acórdão tem força executória. Porém, destaco: (i) o art. 193, § 4.º permanece vigente, apenas carece agora de regulamentação; (ii) com a declaração de nulidade, estão suspensas as autuações com base na Portaria MTE 1.565/2014; (iii) até a data de fechamento desta edição ainda não havia sido publicado novo anexo regulamentando o adicional de periculosidade para trabalhadores em motocicletas.

[3]   SALIBA, Tuffi Messias. *Insalubridade e periculosidade.* 11. ed. São Paulo: LTr, 2011.

2.2 Contato permanente x Exposição permanente

Segundo Ricardo Araújo Cozer[4], Procurador do Trabalho da 7.ª Região, "a partitura anterior do *caput* do art. 193 da CLT apregoava que se consideravam atividades ou operações perigosas aquelas que implicassem **contato permanente** com inflamáveis ou explosivos em condições de risco acentuado. A vigente redação do mencionado dispositivo condiciona a classificação de atividades ou operações perigosas quando houver risco acentuado decorrente de **exposição permanente** a inflamáveis, explosivos, energia elétrica, ou roubos ou outras espécies de violência física nas atividades profissionais de segurança pessoal ou patrimonial. O sentido do vocábulo **contato** é bem mais restrito do que o de **exposição**. Enquanto o primeiro aponta para toque ou tateio das substâncias ou agentes físicos periculosos, o segundo amplia as situações perigosas para a possibilidade de sujeição ao contato ou às consequências de impactos por acidentes desencadeados pelos agentes químicos e físicos e, agora, fatores sociais qualificados jurídico-normativamente como periculosos. Destaque-se, entretanto, que a Norma Regulamentadora 16 do Ministério do Trabalho já levava em consideração a exposição aos explosivos e inflamáveis, bem como o Regulamento aprovado pelo Decreto 93.412/1986[5] no tocante à exposição à energia elétrica, ao disciplinarem analiticamente as hipóteses de direito ao pagamento do adicional de periculosidade, estabeleceram as áreas de risco dentro das quais, relativamente às atividades ou operações com aqueles agentes químicos e físicos, até os trabalhadores que realizavam atividades distintas faziam jus ao recebimento da verba trabalhista em pauta" (grifos acrescentados).

Destaco, entretanto, que nem a CLT nem a NR16 definiram o que vem a ser "exposição permanente". Com relação a essa expressão, a jurisprudência sumulada do TST nos traz o seguinte entendimento ampliado:

> **SÚMULA 364 ADICIONAL DE PERICULOSIDADE. EXPOSIÇÃO EVENTUAL, PERMANENTE E INTERMITENTE.**
>
> *I – Tem direito ao adicional de periculosidade o empregado exposto permanentemente ou que, de forma intermitente, sujeita-se a condições de risco. Indevido, apenas, quando o contato dá-se de forma eventual, assim considerado o fortuito, ou o que, sendo habitual, dá-se por tempo extremamente reduzido.*

Dessa forma, de acordo com a jurisprudência sumulada do TST, o direito à percepção do adicional de periculosidade não ocorrerá nos casos em que a exposição for eventual, sendo esta caracterizada tanto pela exposição fortuita (não planejada) ou habitual (planejada, porém com tempo de exposição extremamente reduzido)[6].

Finalmente, caso a exposição não seja caracterizada como eventual, provavelmente será enquadrada como permanente ou intermitente, sendo, nesse caso, devido o adicional. Sobre o enquadramento disposto na Súmula 364, remete-se o leitor ao Quadro "Além da NR", apresentado a seguir.

---

4   Disponível em: <http://www.prt7.mpt.gov.br/artigos/2013>. Acesso em: 17 jan. 2014.

5   O Decreto 93.412/1986 regulamentava a Lei 7.369/1985. Essa lei foi revogada pela Lei 12.740/2012. Entende-se que, com a publicação dessa lei, o Decreto 93.412/1986 foi revogado tacitamente (Parecer 095 – CONJUR), apesar de haver entendimentos contrários em sede jurisprudencial.

6   Omitiu o tribunal em esclarecer na Súmula 364 o conceito de "tempo extremamente reduzido".

> **Além da NR**
> **TST – Súmula 364 – Adicional de periculosidade.**
> **Exposição eventual, permanente e intermitente**
> Verifica-se que o TST adotou entendimento no sentido de que, independentemente das condições de risco que ensejam o pagamento do adicional de periculosidade, somente não será devido o valor do benefício nas hipóteses de contato eventual (fortuito), ou, ainda que habitual, ocorra por tempo extremamente reduzido.
> Tal posicionamento não está isento de críticas, haja vista que, se o contato é habitual, diário, mesmo que por tempo reduzido, deveria gerar o pagamento do adicional respectivo, pois, ainda assim, deixa o empregado em situação de risco. Não é o tempo reduzido que deveria afastar o recebimento do adicional, mas sim o risco reduzido[7].

2.3 Adicional de periculosidade – porcentagem e base de cálculo

Os trabalhadores que exercem atividades perigosas têm direito a receber o adicional de periculosidade, no valor de 30% sobre o salário sem os acréscimos resultantes de gratificações, prêmios ou participações nos lucros da empresa. Então, vemos duas importantes diferenças entre o adicional de insalubridade e o de periculosidade:

1. **Não há que falar em graus de periculosidade** (como existem no caso das atividades insalubres: grau mínimo – 10%, médio – 20% ou máximo – 40%). O adicional de periculosidade corresponde a uma única porcentagem (30%) sobre a base de cálculo;

2. A **base de cálculo** do adicional de periculosidade é o salário-base (ao contrário do adicional de insalubridade cuja base de cálculo é o salário mínimo), desconsiderando quaisquer acréscimos resultantes de gratificações, prêmios ou participações nos lucros da empresa.

ANEXO 1
ATIVIDADES E OPERAÇÕES PERIGOSAS COM EXPLOSIVOS

1. INTRODUÇÃO

Segundo o Regulamento para a Fiscalização de Produtos Controlados (R-105) com redação dada pelo Decreto 3.665/2000, explosivo é todo tipo de matéria que, quando *iniciada*, sofre decomposição muito rápida em produtos mais estáveis, com grande liberação de calor e desenvolvimento súbito de pressão. A *iniciação* é um fenômeno que consiste no desencadeamento de um processo ou de uma série de processos explosivos.

Segundo a NR16, são consideradas atividades ou operações perigosas aquelas executadas com explosivos sujeitos a:

a) degradação química ou autocatalítica;

b) ação de agentes exteriores, tais como calor, umidade[8], faíscas, fogo, fenômenos sísmicos, choque e atritos.

---

[7] MIESSA, Élisson; CORREIA, Henrique. *Súmulas e orientações jurisprudenciais do TST*. 52. ed. rev. ampl. e atual. Salvador: JusPodivm, 2015. p. 378.

[8] A exposição à umidade pode provocar fogos falhados.

NR 16 · ATIVIDADES E OPERAÇÕES PERIGOSAS | 427

Na degradação química ou autocatalítica ocorre uma reação química, e o próprio resultado dessa reação funciona como catalisador da explosão. Esse processo é chamado de autocatálise.

2. ATIVIDADES E OPERAÇÕES PERIGOSAS COM EXPLOSIVOS

O Quadro 1 da NR16 detalha quais são as atividades com explosivos que devem ser consideradas perigosas:

QUADRO N.º 1

ATIVIDADES	ADICIONAL DE 30%
a) no armazenamento de explosivos	Todos os trabalhadores nessa atividade ou que permaneçam na área de risco.
b) no transporte de explosivos	Todos os trabalhadores nessa atividade
c) na operação de escorva dos cartuchos de explosivos	Todos os trabalhadores nessa atividade
d) na operação de carregamento de explosivos	Todos os trabalhadores nessa atividade
e) na detonação	Todos os trabalhadores nessa atividade
f) na verificação de denotações falhadas	Todos os trabalhadores nessa atividade
g) na queima e destruição de explosivos deteriorados	Todos os trabalhadores nessa atividade
h) nas operações de manuseio de explosivos	Todos os trabalhadores nessa atividade

Vejam que praticamente todas as atividades que envolvem explosivos são caracterizadas como perigosas, desde o armazenamento até a detonação; consequentemente, todos os trabalhadores que exercem essas atividades têm direito ao adicional de periculosidade.

Entretanto, observem que, no caso da atividade de **armazenamento** de explosivos, farão jus ao recebimento do adicional não somente os trabalhadores nessa atividade, mas também aqueles que permaneçam na área de risco.

Mas qual deve ser a área considerada "área de risco" para fins de pagamento do adicional, no caso dos empregados envolvidos no armazenamento de explosivos?

O raio de delimitação da área de risco dependerá do tipo de explosivo e da quantidade armazenada, de acordo com os grupos apresentados a seguir (vejam que as misturas explosivas, os explosivos iniciadores e os explosivos de ruptura são armazenados separadamente):

I – Locais de armazenagem de *pólvoras químicas, artifícios pirotécnicos e produtos químicos* usados na fabricação de misturas explosivas ou de fogos de artifício

QUADRO N.º 2

QUANTIDADE ARMAZENADA EM QUILO		FAIXA DE TERRENO ATÉ A DISTÂNCIA MÁXIMA
	até 4.500	45 metros
mais de 4.500	até 45.000	90 metros
mais de 45.000	até 90.000	110 metros
mais de 90.000	até 225.000*	180 metros

* quantidade máxima que não pode ser ultrapassada.

II – Locais de armazenagem de *explosivos iniciadores*

QUADRO N.º 3

QUANTIDADE ARMAZENADA EM QUILO		FAIXA DE TERRENO ATÉ A DISTÂNCIA MÁXIMA
	até 20	75 metros
mais de 20	até 200	220 metros
mais de 200	até 900	300 metros
mais de 900	até 2.200	370 metros
mais de 2.200	até 4.500	460 metros
mais de 4.500	até 6.800	500 metros
mais de 6.800	até 9.000*	530 metros

* quantidade máxima que não pode ser ultrapassada.

III – Locais de armazenagem de *explosivos de ruptura e pólvoras mecânicos* (pólvora negra e pólvora chocolate ou parda)

QUADRO N.º 4

QUANTIDADE EM QUILO		FAIXA DE TERRENO ATÉ A DISTÂNCIA MÁXIMA
	até 23	45 metros
mais de 23	até 45	75 metros
mais de 45	até 90	110 metros
mais de 90	até 135	160 metros
mais de 135	até 180	200 metros
mais de 180	até 225	220 metros
mais de 225	até 270	250 metros
mais de 270	até 300	265 metros
mais de 300	até 360	280 metros
mais de 360	até 400	300 metros
mais de 400	até 450	310 metros
mais de 450	até 680	345 metros
mais de 680	até 900	365 metros
mais de 900	até 1.300	405 metros
mais de 1.300	até 1.800	435 metros
mais de1.800	até 2.200	460 metros
mais de 2.200	até 2.700	480 metros
mais de 2.700	até 3.100	490 metros
mais de 3.100	até 3.600	510 metros
mais de 3.600	até 4.000	520 metros
mais de 4.000	até 4.500	530 metros
mais de 4.500	até 6.800	570 metros
mais de 6.800	até 9.000	620 metros
mais de 9.000	até 11.300	660 metros
mais de 11.300	até 13.600	700 metros
mais de 13.600	até 18.100	780 metros
mais de 18.100	até 22.600	860 metros
mais de 22.600	até 34.000	1.000 metros
mais de 34.000	até 45.300	1.100 metros
mais de 45.300	até 68.000	1.150 metros
mais de 68.000	até 90.700	1.250 metros
mais de 90.700	até 113.300	1.350 metros

NR 16 · ATIVIDADES E OPERAÇÕES PERIGOSAS

Para fins de delimitação da área de risco, caso os locais de armazenagem de explosivos de ruptura e pólvoras mecânicos sejam **depósitos barricados ou entrincheirados**, as distâncias previstas no Quadro 4 podem ser reduzidas à metade. Depósitos barricados ou entrincheirados são aqueles protegidos por anteparo natural ou artificial, tecnicamente adequado em tipo, dimensões e construção com o objetivo de limitar os efeitos de eventual explosão.

É obrigatória a *existência física* **de delimitação da área de risco, assim entendido qualquer obstáculo que impeça o ingresso de pessoas não autorizadas.**

Finalmente, a atividade com explosivos será caracterizada como perigosa se houver o respectivo enquadramento em quaisquer das atividades constantes do Quadro 1 ou caso a atividade seja realizada dentro das áreas de riscos estabelecidas nos Quadros 2, 3 e 4.

ANEXO 2
ATIVIDADES E OPERAÇÕES PERIGOSAS COM INFLAMÁVEIS

1. INTRODUÇÃO

As substâncias inflamáveis podem ser líquidas ou gasosas. A NR16 não estabelece o conceito de *inflamável*, definindo apenas o conceito de **líquido combustível**. Segundo a norma, *líquido combustível* é todo aquele que possua **ponto de fulgor** maior que 60 °C (sessenta graus Celsius) e menor ou igual a 93 °C (noventa e três graus Celsius).

O **ponto de fulgor** é um dos parâmetros[9] utilizados para classificação da inflamabilidade de determinada substância química. Corresponde à menor temperatura na qual líquidos começam a desprender gases e vapores inflamáveis que entram em combustão ao contato com uma fonte de calor, porém, uma vez removida a fonte de calor, as chamas não se mantêm devido à insuficiência de gases e vapores desprendidos.

> ### Saiba mais
> #### Ponto de Fulgor
> *Segundo o professor Tarcísio Buschinelli*[10], ponto de fulgor é a temperatura acima da qual um líquido inflamável deve estar para que possa pegar fogo. A combustão de líquidos inflamáveis ocorre sobre a superfície líquida, na qual há a mistura de vapores e oxigênio do ar. O próprio líquido não incendeia, assim, há necessidade de certa evaporação para que o combustível líquido fique inflamável.
>
> Os pontos de fulgor são estabelecidos em laboratório com metodologias normatizadas. Quanto mais baixo o ponto de fulgor, mais inflamável é a substância. Solventes muito voláteis têm, em geral, pontos de fulgor em temperaturas abaixo de 0 °C.
>
> *No caso de misturas, como por exemplo, gasolina, querosene e óleo diesel, o ponto de fulgor corresponde a uma faixa de temperatura.*

Encontramos a definição de **inflamáveis líquidos e gasosos** na NR20: Segurança e saúde no trabalho com inflamáveis e combustíveis:

---

9   Os outros parâmetros para classificação da inflamabilidade são a temperatura de autoignição e os limites de inflamabilidade.

10   BUSCHINELLI, José Tarcísio P. et al. *Manual para interpretação de informações sobre substâncias químicas.* Fundacentro, 2012.

430 SEGURANÇA E SAÚDE NO TRABALHO – *Mara Queiroga Camisassa*

- Inflamáveis líquidos são aqueles que possuem ponto de fulgor ≤ 60ºC;
- Gases inflamáveis são aqueles que inflamam com o ar a 20ºC e a uma pressão padrão de 101,3 kPa.

2. ATIVIDADES E ÁREAS DE RISCO

2.1 Regra

A tabela a seguir apresenta as atividades ou operações com inflamáveis consideradas perigosas, e que, por conseguinte, ensejam o pagamento do adicional de periculosidade:

ATIVIDADES	ADICIONAL DE 30%
a. produção, transporte, processamento e armazenamento de gás liquefeito.	na produção, transporte, processamento e armazenamento de gás liquefeito.
b. transporte e armazenagem de inflamáveis líquidos e gasosos liquefeitos e de vasilhames vazios não desgaseificados ou decantados.	todos os trabalhadores da área de operação.
c. nos postos de reabastecimento de aeronaves.	todos os trabalhadores nessas atividades ou que operam na área de risco.
d. nos locais de carregamento de navios-tanques, vagões-tanques e caminhões-tanques e enchimento de vasilhames, com inflamáveis líquidos ou gasosos liquefeitos.	todos os trabalhadores nessas atividades ou que operam na área de risco.
e. nos locais de descarga de navios-tanques, vagões-tanques e caminhões-tanques com inflamáveis líquidos ou gasosos liquefeitos ou de vasilhames vazios não desgaseificados ou decantados.	todos os trabalhadores nessas atividades ou que operam na área de risco.
f. nos serviços de operações e manutenção de navios-tanques, vagões-tanques, caminhões-tanques, bombas e vasilhames, com inflamáveis líquidos ou gasosos liquefeitos, ou vazios não desgaseificados ou decantados.	todos os trabalhadores nessas atividades ou que operam na área de risco.
g. nas operações de desgaseificação, decantação e reparos de vasilhames não desgaseificados ou decantados.	todos os trabalhadores nessas atividades ou que operam na área de risco.
h. nas operações de testes de aparelhos de consumo do gás e seus equipamentos.	todos os trabalhadores nessas atividades ou que operam na área de risco.
i. no transporte de inflamáveis líquidos e gasosos liquefeitos em caminhão-tanque.	motorista e ajudantes.
j. no transporte de vasilhames (em caminhão de carga), contendo inflamável líquido, em quantidade total igual ou superior a 200 litros, quando não observado o disposto nos subitens 4.1 e 4.2 do Anexo 2.	motorista e ajudantes.
k. no transporte de vasilhames (em carreta ou caminhão de carga), contendo inflamável gasoso e líquido, em quantidade total igual ou superior a 135 quilos.	motorista e ajudantes.
l. nas operações em postos de serviço e bombas de abastecimento de inflamáveis líquidos.	operador de bomba e trabalhadores que operam na área de risco.

2.2 Exceções

2.2.1 *Atividades de transporte de inflamáveis não consideradas perigosas dependendo do volume transportado*

Não são consideradas perigosas as atividades de transporte de inflamáveis em pequenas quantidades, **até** os seguintes limites:

- Inflamáveis líquidos: 200 **litros**
- Inflamáveis gasosos liquefeitos: 135 **quilos**

Observação importante: A quantidade de inflamáveis, contida nos tanques de consumo **próprio** dos veículos e nos tanques de combustível originais de fábrica e suplementares, certificados pelo órgão competente, **não** será considerada para fins de periculosidade. Segundo a Resolução 181/05 do Conselho Nacional de Trânsito (CNT), tanque suplementar é aquele "instalado no veículo após seu registro e licenciamento, para o uso de combustível líquido dedicado à sua propulsão ou operação de seus equipamentos especializados".

2.2.2 Atividades de manuseio, armazenagem e transporte de líquidos inflamáveis não consideradas perigosas sob determinadas condições

Algumas atividades relativas ao manuseio, armazenagem e transporte de líquidos inflamáveis **sob determinadas** condições **não serão consideradas perigosas** para fins de percepção do adicional de periculosidade. No entanto, a não caracterização de periculosidade para essas atividades **somente** será válida caso seja observado o disposto nas NRs, bem como a legislação sobre produtos perigosos relativa aos meios de transporte utilizados. No caso de embalagens também deve ser seguida a NBR 11.564/1991.

Vejam a seguir quais são essas condições:

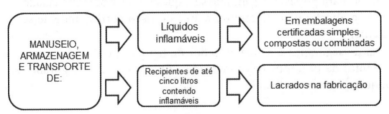

Embalagens × Nível de risco

Para fins de embalagens, os líquidos inflamáveis classificam-se em três grupos, conforme o nível de risco:

- Grupo de Embalagens I – alto risco
- Grupo de Embalagens II – risco médio
- Grupo de Embalagens III – baixo risco

As embalagens são classificadas em: Simples, Compostas ou Combinadas:

- **Embalagens ou Embalagens Simples:** Recipientes ou quaisquer outros componentes ou materiais necessários para embalar, com a função de conter e proteger líquidos inflamáveis.
- **Embalagens Combinadas:** Uma combinação de embalagens, consistindo em uma ou mais embalagens internas acondicionadas numa embalagem externa.

- **Embalagens Compostas:** Consistem em uma embalagem externa e um reci piente interno, que formam uma **unidade integrada**, que se enche, manuseia, armazena, transporta e esvazia como tal.

2.3 Observações sobre as áreas de risco

O item 3 do Anexo 2 apresenta uma tabela onde constam as áreas de risco a serem consideradas de acordo com a atividade perigosa realizada. Elaborei o resumo a seguir com o objetivo de facilitar a memorização das principais informações constantes nessa tabela para fins de prova de concursos:

1. As medidas dos afastamentos/raios dos círculos para delimitar áreas de risco são: 3 metros / 7,5 metros / 15 metros e 30 metros – qualquer medida diferente dessas estará incorreta.
2. Poços de petróleo (em produção de gás) e refinarias (unidade de processamento) em geral são áreas muito extensas necessitando, portanto, do maior afastamento: 30 metros.
3. Existem somente dois tipos de atividades que podem ser realizadas em recinto fechado: Somente nesses casos a área de risco será toda a **área interna do recinto**: 1. Enchimento de vasilhames com inflamáveis líquidos e 2. Armazenamento de vasilhames que contenham inflamáveis líquidos ou vazios não desgaseificados, ou decantados;
4. Atenção para possível pegadinha: se a questão falar que a atividade é realizada em área **aberta**, não faz sentido a área de risco correspondente ser uma área **interna**;
5. Bacia de segurança é a área ao redor de tanques destinada a conter eventuais derrames de produtos neles estocados. Então, Bacia de segurança se refere a tanques, e não a vasilhames.

ANEXO 3
ATIVIDADES E OPERAÇÕES PERIGOSAS COM EXPOSIÇÃO A ROUBOS OU OUTRA ESPÉCIE DE VIOLÊNCIA FÍSICA NAS ATIVIDADES PROFISSIONAIS DE SEGURANÇA PESSOAL OU PROFISSIONAL

1. INTRODUÇÃO

A Portaria 1.885/2013, que aprovou o Anexo 3 da NR16, inovou ao incluir fatores sociais, como roubos e violência física, como motivadores de caracterização de atividades perigosas. A redação desse anexo teve como referência a Lei 7.102/1983, que, entre outras providências, dispõe sobre segurança para estabelecimentos financeiros e estabelece normas para constituição e funcionamento das empresas particulares que exploram serviços de vigilância e de transporte de valores. Importante ressaltar que a norma alcança tanto os empregados das empresas especializadas em segurança quanto as empresas possuidoras de serviço orgânico de segurança, como veremos a seguir.

Empresa especializada é a pessoa jurídica de direito privado autorizada (pela Polícia Federal) a exercer as atividades de vigilância patrimonial, transporte de valores, escolta armada, segurança pessoal e cursos de formação. Nesse caso, a atividade-fim da empresa é a prestação de serviços de segurança privada a terceiros, pessoas físicas ou jurídicas.

Empresa possuidora de serviço orgânico de segurança é a pessoa jurídica de direito privado autorizada a constituir um **setor próprio** de vigilância patrimonial ou de transporte de valores, nos termos do art. 10, § 4.º, da Lei 7.102, de 20.06.1983. Nesse caso, a **atividade-fim da empresa não é a segurança privada**, porém esta optou por ter o seu próprio serviço de segurança, cujos empregados pertencem ao seu quadro.

2. ATIVIDADES ABRANGIDAS PELO ANEXO 3

São considerados profissionais de segurança pessoal ou patrimonial os trabalhadores que atendam a uma das seguintes condições:

a) empregados das empresas prestadoras de serviço nas atividades de segurança privada ou que integrem **serviço orgânico** de segurança privada, devidamente registradas e autorizadas pelo Ministério da Justiça[11] (conforme Lei 7.102/1983 e suas alterações posteriores);

b) empregados que exercem a atividade de segurança patrimonial ou pessoal em instalações metroviárias, ferroviárias, portuárias, rodoviárias, aeroportuárias e de bens públicos, contratados diretamente pela administração pública direta ou indireta.

O quadro a seguir apresenta as atividades ou operações que expõem os empregados a roubos ou outras espécies de violência física:

ATIVIDADES OU OPERAÇÕES	DESCRIÇÃO
Vigilância patrimonial	Segurança patrimonial e/ou pessoal na preservação do patrimônio em estabelecimentos públicos ou privados e da incolumidade física de pessoas.
Segurança de eventos	Segurança patrimonial e/ou pessoal em espaços públicos ou privados, de uso comum do povo.
Segurança nos transportes coletivos	Segurança patrimonial e/ou pessoal nos transportes coletivos e em suas respectivas instalações.
Segurança ambiental e florestal	Segurança patrimonial e/ou pessoal em áreas de conservação de fauna, flora natural e de reflorestamento.
Transporte de valores	Segurança na execução do serviço de transporte de valores.
Escolta armada	Segurança no acompanhamento de qualquer tipo de carga ou de valores.
Segurança pessoal	Acompanhamento e proteção da integridade física de pessoa ou de grupos.
Supervisão/fiscalização Operacional	Supervisão e/ou fiscalização direta dos locais de trabalho para acompanhamento e orientação dos vigilantes.
Telemonitoramento/telecontrole	Execução de controle e/ou monitoramento de locais, por meio de sistemas eletrônicos de segurança.

Destaco que não basta que o trabalhador esteja exposto permanentemente ao risco de roubos ou outras espécies de violência física para fazer jus ao adicional de periculosidade. É necessário que ele exerça atividades ou operações profissionais de segurança pessoal ou patrimonial conforme apresentado no quadro anterior.

Finalmente, destaco que o Anexo 3 se aplica aos empregados que exercem a função de vigilante, mas não se aplica àqueles que exercem a função de vigia. "A função

---

[11] Atual Ministério da Justiça e Segurança Pública, de acordo com a Lei 13.844/2019.

do vigilante se destina precipuamente a resguardar a vida e o patrimônio das pessoas, exigindo porte de arma e requisitos de treinamento específicos, nos termos da Lei n.º 7.102/83, com as alterações introduzidas pela Lei n.º 8.863/94, exercendo função para-policial. Não pode ser confundida com as atividades de um vigia ou porteiro, as quais se destinam à proteção do patrimônio, com tarefas de fiscalização local"[12]. Além disso, o vigia exerce suas atividades sem uso de arma de fogo.

ANEXO 4
ATIVIDADES E OPERAÇÕES PERIGOSAS COM ENERGIA ELÉTRICA

1. INTRODUÇÃO

O Anexo 4 regulamenta o inciso I do art. 193 da CLT, que garantiu o pagamento do adicional de periculosidade aos trabalhadores expostos aos riscos da energia elétrica em sua atividade laboral.

A redação deste anexo delimitou o direito à percepção deste adicional aos seguintes trabalhadores:

a) que executam atividades ou operações em instalações ou equipamentos elétricos energizados em alta-tensão;

b) que realizam atividades ou operações com *trabalho em proximidade;*

c) que realizam atividades ou operações em instalações ou equipamentos elétricos energizados em baixa tensão no **sistema elétrico de consumo** (SEC) que não atendam ao disposto no item 10.2.8 da NR10. Isso significa que, caso um trabalhador realize atividade em instalações de baixa tensão sem que tenham sido adotadas as medidas de proteção coletiva estabelecidas no item 10.2.8 da NR10, ele terá direito à percepção do adicional de periculosidade;

d) das empresas que operam em instalações ou equipamentos integrantes do sistema elétrico de potência – SEP, bem como suas contratadas, em conformidade com as atividades e respectivas áreas de risco descritas no quadro I do Anexo 4.

Segundo a NR10, o *trabalho em proximidade* é aquele durante o qual o trabalhador pode entrar na zona controlada[13], ainda que seja com uma parte do seu corpo ou com extensões condutoras, representadas por materiais, ferramentas ou equipamentos que manipule.

O quadro a seguir apresenta um resumo das atividades que ensejam o pagamento do adicional de periculosidade:

Trabalho em alta-tensão
Trabalho em proximidade
Trabalho no Sistema Elétrico de Consumo (energizado) sem adoção de medidas de proteção coletiva
Trabalho no SEP, conforme áreas de risco indicadas no Quadro I do Anexo 4

---

[12] Processo TRT 3ª Região 0010385-35.2015.5.03.0143.

[13] **Zona Controlada (Zc):** entorno de parte condutora energizada, não segregada, acessível, de dimensões estabelecidas de acordo com o nível de tensão, cuja aproximação só é permitida a profissionais autorizados.

NR 16 • ATIVIDADES E OPERAÇÕES PERIGOSAS | **435**

O pagamento do adicional de periculosidade **não será devido** nas seguintes atividades ou operações:

a) nas atividades ou operações no **sistema elétrico de consumo** em instalações ou equipamentos elétricos desenergizados e liberados para o trabalho, sem possibilidade de energização acidental, conforme estabelece a NR10;

b) nas atividades ou operações em instalações ou equipamentos elétricos alimentados por *extrabaixa tensão*;

c) nas atividades ou operações elementares realizadas em baixa tensão, tais como o uso de equipamentos elétricos energizados e os procedimentos de ligar e desligar circuitos elétricos, desde que os materiais e equipamentos elétricos estejam em conformidade com as normas técnicas oficiais estabelecidas pelos órgãos competentes e, na ausência ou omissão destas, as normas internacionais cabíveis.

Segundo a NR10, as atividades em *extrabaixa tensão* são aquelas realizadas em circuitos elétricos alimentados com tensão não superior a 50 volts em corrente alternada ou 120 volts em corrente contínua, entre fases ou entre fase e terra.

2. SISTEMA ELÉTRICO DE CONSUMO

É considerado **sistema elétrico de consumo** o conjunto de instalações elétricas existentes na unidade consumidora (residências, escritórios, lojas etc.) a partir do medidor de energia.

Importante destacar que as atividades e operações realizadas no Sistema Elétrico de Consumo **poderão ou não** obrigar ao pagamento do adicional de periculosidade, pela empresa, de acordo com o exposto a seguir:

Atividades no Sistema Elétrico de Consumo que ensejam o pagamento do adicional:

Atividades ou operações realizadas em instalações ou equipamentos elétricos **energizados** em baixa tensão sem que tenham sido adotadas as medidas de proteção coletiva estabelecidas no item 10.2.8 da NR10.

Atividades no Sistema Elétrico de Consumo que *não ensejam* o pagamento do adicional: Atividades ou operações em instalações ou equipamentos elétricos **desenergizados e liberados para o trabalho**, sem possibilidade de energização acidental, conforme estabelece a NR10;

Resumindo:

As atividades e operações no Sistema Elétrico de Consumo ensejarão o pagamento do adicional de periculosidade somente caso as duas condições a seguir estejam presentes:

– O sistema esteja *energizado*;

– Não tenham sido adotadas as medidas de proteção aplicáveis conforme item 10.2.8. da NR10[14].

---

[14]   Vimos no início deste capítulo que a periculosidade é inerente à atividade, e que a adoção de medidas de proteção coletiva não elimina o risco, ou seja, não descaracteriza o perigo. Temos, entretanto, uma

436 | SEGURANÇA E SAÚDE NO TRABALHO – *Mara Queiroga Camisassa*

A tabela a seguir apresenta a abrangência do SEP – Sistema Elétrico de Potência e do SEC – Sistema Elétrico de Consumo:

SISTEMA ELÉTRICO DE POTÊNCIA			SISTEMA ELÉTRICO DE CONSUMO
GERAÇÃO	TRANSMISSÃO	DISTRIBUIÇÃO	UNIDADES CONSUMIDORAS

3. TRABALHO INTERMITENTE

Como a redação do art. 193 da CLT trata expressamente da exposição permanente, a redação do Anexo 4 esclarece que o trabalho intermitente também deve ser equiparado à exposição permanente para fins de pagamento integral do adicional de periculosidade. Deve ser excluída, entretanto, a exposição eventual, assim considerado o caso fortuito ou que não faça parte da rotina de trabalho. Isso significa, por exemplo, que, caso o trabalhador realize, eventualmente, trabalho em alta-tensão ou caso esse trabalho apesar de ter sido realizado, não faça parte de sua rotina de trabalho, ele **não terá** direito ao adicional de periculosidade. Quando devido nos casos de trabalho intermitente, o trabalhador terá direito ao **pagamento integral** do adicional (e não proporcional ao tempo de exposição), conforme entendimento do TST, Súmula 364, inciso II:

> **SÚMULA 364. ADICIONAL DE PERICULOSIDADE. EXPOSIÇÃO EVENTUAL, PERMANENTE E INTERMITENTE.**
>
> *II – Não é válida a cláusula de acordo ou convenção coletiva de trabalho fixando o adicional de periculosidade em percentual inferior ao estabelecido em lei e proporcional ao tempo de exposição ao risco, pois tal parcela constitui medida de higiene, saúde e segurança do trabalho, garantida por norma de ordem pública (arts. 7.º, XXII e XXIII, da CF e 193, § 1.º, da CLT).*

ANEXO 5
ATIVIDADES PERIGOSAS EM MOTOCICLETA

A redação deste anexo foi declarada nula por decisão judicial proferida pela 5ª Turma do TRF da 1ª Região. Até a data de fechamento desta edição ainda não havia sido publicada nova redação deste anexo.

ANEXO (*)
(Este Anexo está sem numeração na própria norma)
ATIVIDADES E OPERAÇÕES PERIGOSAS COM RADIAÇÕES IONIZANTES OU SUBSTÂNCIAS RADIOATIVAS

1. INTRODUÇÃO

Vimos no início deste capítulo que a redação da CLT tratou de definir no art. 193 quais atividades devem ser consideradas perigosas. Observem que atividades com

---

situação de exceção a esta regra, no caso das atividades com energia elétrica no Sistema Elétrico de Consumo. Tal exceção foi incluída na redação da NR16 com a publicação da Portaria 1078/2014 e determina que a adoção de medidas de proteção coletiva conforme item 10.2.8 da NR10 e nas situações específicas indicadas no item 1.c do Anexo 4 elimina o risco acentuado e descaracteriza a periculosidade. No entanto, atenção: essa exceção abrange o Sistema Elétrico de Consumo, e não o Sistema Elétrico de Potência.

radiações ionizantes não estão incluídas nesse artigo, porém são consideradas perigosas em virtude da publicação da Portaria GM 518/2003. Por ter sido criado por uma Portaria, vários estudiosos entendem que o adicional de periculosidade para radiações ionizantes é ilegal, uma vez que tais atividades não constam do art. 193 da CLT. No entanto, o TST entende o contrário. Vejam a redação da OJ SDI-I 345 desse tribunal:

> **OJ-SDI1-345 Adicional de periculosidade. Radiação ionizante ou substância radioativa. Devido.**
> A exposição do empregado à radiação ionizante ou à substância radioativa enseja a percepção do adicional de periculosidade, pois a regulamentação ministerial (Portarias do Ministério do Trabalho n.º 3.393, de 17.12.1987, e n.º 518, de 07.04.2003), ao reputar perigosa a atividade, reveste-se de plena eficácia, porquanto expedida por força de delegação legislativa contida no art. 200, "caput", e inciso VI, da CLT. No período de 12.12.2002 a 06.04.2003, enquanto vigeu a Portaria n.º 496 do Ministério do Trabalho, o empregado faz jus ao adicional de insalubridade.

A história sobre a existência desse adicional é a seguinte: em 1987 foi publicada a Portaria 3.393 que determinava o pagamento de adicional de periculosidade para os trabalhadores submetidos às radiações ionizantes (em decorrência do acidente radioativo que ocorreu naquele mesmo ano em Goiânia com o Césio-137).

Contudo, em 2002, foi publicada a Portaria 496/2002 revogando a Portaria 3.393/1987, excluindo as atividades com radiações ionizantes do rol de atividades perigosas. Então, durante a vigência da Portaria 496/2002, os trabalhadores que exercem essas atividades deixaram de receber o adicional de periculosidade. No entanto, em 2003, foi publicada a Portaria 518/2003 que novamente incluiu essas atividades na lista de atividades perigosas da NR16. Então, desde 1987, as atividades com radiações ionizantes são consideradas perigosas, exceto durante o período de vigência da Portaria 496/2002. Vejam essa cronologia na figura a seguir:

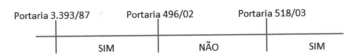

2. ATIVIDADES E OPERAÇÕES PERIGOSAS

A tabela *Atividades e operações perigosas com radiações ionizantes ou substâncias radioativas* contém a lista de atividades consideradas perigosas e as respectivas áreas de risco. Sugiro ao leitor que leia essa tabela. Cito a seguir algumas dessas atividades:

1. Produção, utilização, processamento, transporte, guarda, estocagem e manuseio de materiais radioativos, selados e não selados, de estado físico e forma química quaisquer, naturais ou artificiais;
2. Atividades de operação e manutenção de reatores nucleares;
3. Atividades de operação e manutenção de aceleradores de partículas;
4. Atividades de operação com aparelhos de raios X, com irradiadores de radiação gama, radiação beta ou radiação de nêutrons;

5. Atividades de medicina nuclear;

6. Descomissionamento[15] de instalações nucleares e radioativas;

7. Descomissionamento de minas, moinhos e usinas de tratamento de minerais radioativos.

Segundo a Portaria 595, de 07.05.2015, não são consideradas perigosas, para efeito deste anexo, as atividades desenvolvidas em áreas que utilizam equipamentos móveis de raios X para diagnóstico médico. Áreas tais como emergências, centro de tratamento intensivo, sala de recuperação e leitos de internação não são classificadas como salas de irradiação em razão do uso desse tipo de equipamento.

---

[15] Descomissionamento é o processo de desinstalação, desativação ou encerramento de atividades que envolvem agentes nocivos, como materiais radioativos.

NR 17 ERGONOMIA

Classificação: Norma Geral
Última atualização: Portaria MTP 4.219, de 20 de dezembro de 2022

1. INTRODUÇÃO

A palavra *Ergonomia* é formada pela junção de dois radicais gregos: *ergos* (trabalho) e *nomos* (normas, leis, regras). Portanto, em poucas palavras, *Ergonomia* refere-se à **organização do trabalho**. Seu estudo possibilita a adaptação do trabalho ao homem. Segundo a *International Ergonomics Association* (IEA), a Ergonomia é uma disciplina científica relacionada ao entendimento das interações entre os seres humanos e outros elementos ou sistemas, e à aplicação de teorias, princípios, dados e métodos a projetos a fim de otimizar o bem-estar humano e o desempenho global do sistema. Os ergonomistas contribuem para o planejamento, o projeto e a avaliação de tarefas, postos de trabalho, produtos, ambientes e sistemas, de modo a torná-los compatíveis com as necessidades, habilidades e limitações das pessoas. Ainda segundo a IEA, a Ergonomia pode ser classificada em:

- **Ergonomia Física:** estudo da postura no trabalho, manuseio de materiais e distúrbios musculoesqueléticos devido a posturas e movimentos excessivos de tronco e membros superiores e inferiores como elevação de braços acima dos ombros, esforço estático da coluna, movimentos repetitivos, entre outros;
- **Ergonomia Cognitiva:** estudo da carga mental de trabalho, tomada de decisão, desempenho especializado, confiabilidade humana, estresse profissional e a respectiva formação (especialidades, treinamentos); direciona-se também à percepção, memória, raciocínio e resposta motora ligadas à interface entre o trabalhador e os elementos de um sistema;
- **Ergonomia Organizacional:** estudo do gerenciamento de recursos coletivos de trabalho, organização temporal do trabalho, projeto participativo, novos paradigmas do trabalho, trabalho cooperativo, trabalho em grupo, cultura organizacional, organizações em rede, teletrabalho e gestão de qualidade.

Sobre esse assunto, vejam questão do CESPE/2013, cujo gabarito é ERRADO:

✎ *A ergonomia organizacional trata dos processos mentais, tais como percepção, memória, raciocínio e resposta motora, que afetam as interações entre seres humanos e outros elementos de um sistema.*

A questão está errada, pois a descrição se refere à ergonomia cognitiva, e não à ergonomia organizacional.

A NR17 possui um texto geral que se aplica a todas as atividades econômicas e dois anexos que determinam requisitos relativos à ergonomia para atividades específicas nas quais o risco relacionado a fatores ergonômicos é preponderante; são elas:

Anexo I: Trabalho dos operadores de *checkout*

Anexo II: Trabalho em teleatendimento/*telemarketing*

2. OBJETIVO

A NR17 tem por objetivo estabelecer diretrizes e requisitos que permitam a **adaptação** das condições de trabalho às **características psicofisiológicas** dos trabalhadores, de modo a proporcionar um máximo de **conforto, segurança, saúde e desempenho eficiente** no trabalho. Vejamos a seguir um detalhamento dos termos destacados.

Ao buscar a **adaptação** do trabalho ao homem, "a ergonomia supera a concepção taylorista de *homo economicus*, mostra os limites do ponto de vista reducionista em que apenas o 'trabalho físico' é considerado, revelando a complexidade do trabalhador e a multiplicidade dos fatores que o compõem"[1].

Características psicofisiológicas

As **características psicofisiológicas** dizem respeito a todo o conhecimento referente ao funcionamento do ser humano. Se a ergonomia se distingue pela sua característica de busca da adaptação das condições de trabalho ao homem, a primeira pergunta a se colocar é: quem é esse ou quem são esses seres humanos a quem vou adaptar o trabalho? Nessa questão, todo o conhecimento antropológico, psicológico e fisiológico do ser humano está aí incluído, e não podemos fazer uma listagem completa dessas características. Ainda não se tem um conhecimento acabado sobre o homem. Entretanto, todas as aquisições dos diversos ramos do conhecimento devem ser utilizadas na melhoria das condições de trabalho[2].

Apresento a seguir exemplos das principais características psicofisiológicas do ser humano:

- ✓ apresenta sinais de estresse quando tem sua *performance* avaliada por meio de metas de desempenho;
- ✓ prefere impor seu próprio ritmo de trabalho, incomoda-se com tarefas com tempo de execução reduzido;
- ✓ apresenta uma tendência a acelerar seu ritmo de trabalho quando motivado pecuniariamente ou por outros meios;
- ✓ tem capacidades sensitivas e motoras que funcionam dentro de certos limites, que variam de um indivíduo a outro (variabilidade *interindividual*) e ao longo do tempo para um mesmo indivíduo (variabilidade *intraindividual*);
- ✓ sente-se bem quando solicitado a resolver problemas ligados à execução das tarefas, logo, não pode ser encarado como uma mera máquina, mas sim como um ser que pensa e age;
- ✓ prefere *escolher livremente* sua postura[3] no posto de trabalho.

---

[1] ABRAHÃO, Júlia e outros. *Introdução à ergonomia*. São Paulo: Finatec/Blucher, 2009.

[2] *Manual de Aplicação da NR17*. MTE. 2002.

[3] Porém, é importante destacar que a postura **não é uma escolha consciente**, o trabalhador assume a postura a partir dos equipamentos, dimensões do posto de trabalho, e exigências da atividade. Nosso corpo responde a uma demanda, e esta resposta é a forma de se posicionar diante do trabalho.

Observem, então, que as características psicofisiológicas se referem a comportamentos reacionais físicos e psicológicos diante de determinada atividade ou condição imposta ao trabalhador.

O objetivo final da ergonomia é o bem-estar do obreiro, e o resultado das adaptações por ela propostas deverá proporcionar conforto, segurança e saúde, bem como garantir a eficiência do seu trabalho.

Conforto, segurança, saúde e desempenho eficiente

O **conforto** no contexto da ergonomia diz respeito à sensação de bem-estar dentro de um aspecto individual, e decorre do <u>equilíbrio</u> entre a <u>exigência</u> da atividade (seja uma exigência biomecânica, cognitiva, visual, outras) e a <u>tolerância, capacidade e resistência</u> do trabalhador ao exercer aquela atividade. Vemos, portanto, que *conforto* é um conceito subjetivo, pois como nos ensina a Auditora Fiscal do Trabalho e médica do trabalho Dra. Lailah Vilela, "eu não consigo falar do conforto do outro". Por isso, para avaliar o conforto faz-se necessária a conversa com o trabalhador, uma autoconfrontação, entender os comportamentos e as posturas adotadas, entre outros aspectos. Existem, inclusive, métodos de avaliação de conforto: para exemplificar cito o método *Fanger*, para avaliação de conforto térmico[4]. Lembrando que, em alguns casos, o *desconforto*, que pode se manifestar inicialmente como um leve incômodo, pode ser o primeiro passo para lesões e adoecimentos.

Os aspectos de **segurança e saúde** dizem respeito ao ambiente de trabalho seguro e salubre que não provoque lesões nem agravos à saúde do trabalhador.

O desempenho eficiente relaciona a produtividade com a manutenção da saúde do trabalhador ao longo de sua vida laboral. De nada adianta alcançar as metas de produtividade às custas de prejuízos à sua segurança e saúde.

3. CONDIÇÕES DE TRABALHO

Vimos anteriormente que a NR17 tem por objetivo estabelecer parâmetros que permitam a adaptação das **condições de trabalho** às características psicofisiológicas dos trabalhadores. As condições de trabalho incluem aspectos relacionados à(s) (ao):

- levantamento, transporte e descarga de materiais;
- mobiliário dos postos de trabalho;
- trabalho com máquinas, equipamentos e ferramentas manuais;
- condições de conforto no ambiente de trabalho; e
- **organização do trabalho**.

Importante destacar que estes aspectos não estão dissociados, todos eles interferem de forma integrada na execução da atividade e devem ser observados em conjunto.

A NR17 se aplica a todas as **situações de trabalho**, relacionadas às <u>condições de trabalho</u> indicadas anteriormente. A figura a seguir apresenta alguns dos aspectos relacionados às situações de trabalho.

---

[4] O método *Fanger* é descrito na norma ISO 7730:2005 e determina a estimativa do conforto térmico a partir de dois índices chamados *Predicted Mean Vote* (PMV) e *Predicted Percentage Dissatisfied* (PPD).

Adaptado de: GUÉRIN, F. et al. *Compreender o trabalho para transformá-lo*. São Paulo: Blucher, 2017.

A norma determina ainda que as situações de trabalho sejam avaliadas, para fins do Gerenciamento de Riscos Ocupacionais, por meio de avaliação ergonômica preliminar e em alguns casos, por meio da Análise Ergonômica do Trabalho (AET).

Para o entendimento da aplicação destes dois tipos de avaliação, entretanto, entendo ser fundamental a compreensão prévia de conceitos basilares de ergonomia e disposições específicas que constam na NR17. Por isso, antes de estudarmos a avaliação ergonômica preliminar e a AET, veremos cada um dos aspectos relacionados à expressão **condições de trabalho** e outros detalhamentos importantes.

Antes, entretanto, cabe relembrar o conceito de risco ocupacional conforme vimos no capítulo da NR1 e que deve nortear a gestão dos riscos relacionados a fatores ergonômicos:

> **Risco ocupacional** é a combinação da probabilidade de ocorrer lesão ou agravo à saúde causados por um evento perigoso, exposição a agente nocivo ou **exigência da atividade** de trabalho e da severidade dessa lesão ou agravo à saúde.

A completa e correta identificação das **exigências das atividades**, sejam biomecânicas, cognitivas, visuais, de atenção, de solicitação intelectual, afetivas ou quaisquer outras é de fundamental importância, pois impactam diretamente na probabilidade da lesão ou adoecimento. Outros aspectos como intensidade e tempo de exposição podem impactar tanto na probabilidade quanto na severidade da lesão.

NR 17 • ERGONOMIA | 443

4. LEVANTAMENTO, TRANSPORTE E DESCARGA DE MATERIAIS [5]

O art. 198 da CLT e o item 17.5.1 da NR17 abordam as atividades de transporte manual de cargas. Entretanto, dispõem de forma diversa sobre esse tema. Vejamos inicialmente a redação do art. 198:

> É de 60 kg (sessenta quilogramas) o peso máximo que um empregado pode remover individualmente, ressalvadas as disposições especiais relativas ao trabalho do menor e da mulher.

Saiba mais
A desatualização do art. 198 da CLT

Ao estabelecer o limite de 60 quilos como peso máximo a ser movimentado individualmente por um trabalhador, conforme consta no art. 198 da CLT, o legislador nacional incorreu em um erro técnico e em uma grave inadequação do ponto de vista preventivo. O erro técnico está na unidade de medida utilizada: o elaborador adotou a unidade de massa "kg" (quilo) ao se referir ao peso, cuja unidade correta, segundo o Sistema Internacional de Medidas, é o "kgf" (quilograma-força), ou "N" (Newton).

A inadequação do ponto de vista preventivo decorre da desconsideração de premissas básicas sobre as condições de levantamento da carga, condições físicas do trabalhador e das consequências à sua saúde. A elevação de uma carga de 60 quilos pode provocar lesões na coluna e nas articulações do joelho e cotovelos. A justificativa para a redação do art. 198 é histórica e não técnica e se refere ao "peso" dos sacos de juta usados no transporte de café (60 kg) desde o início de sua produção comercial no Brasil, no século XIX.

A redação do art. 198 da CLT contradiz a Convenção 127 – Peso Máximo das Cargas – da Organização Internacional do Trabalho (OIT), ratificada pelo Brasil em 1970. O artigo III dessa convenção estabelece que: "O transporte manual, por um trabalhador, de cargas cujo peso seria suscetível de comprometer sua saúde ou sua segurança não deverá ser exigido nem admitido".

O art. 198 da CLT também é contrário à Norma ISO 6385:2004 que trata dos Princípios Ergonômicos para Sistemas de Trabalho. Essa norma dispõe que: "As demandas de força devem ser compatíveis com as capacidades físicas do trabalhador, devendo-se considerar os conhecimentos científicos sobre as relações entre forças, frequência de aplicação, postura, fadiga etc.".

Ademais, o artigo em comento também é incompatível com o art. 7.º, XXII, da Constituição Federal de 1988, cuja redação determina que é direito do trabalhador a redução dos riscos inerentes ao trabalho, por meio de normas de saúde, higiene e segurança[6].

Finalmente, esse artigo também é contrário ao item 17.2.2 da NR17, conforme apresentado a seguir.

Já a NR17, com o objetivo de prevenção da fadiga e do estresse muscular nas atividades de transporte manual de cargas, determina em seu item 17.5.1:

---

[5]   Chama a atenção a redação do texto atual que determina que as disposições referentes ao item – Levantamento, transporte e descarga individual de cargas, não se aplicam ao levantamento, transporte e movimentação de **pessoas**. Neste sentido, por exemplo, as atividades de movimentação de **pacientes** realizadas por enfermeiros e técnicos de enfermagem não estariam alcançadas pelas determinações específicas deste item. Não há como explicar tal exclusão pois as atividades de movimentação de pacientes estão associadas a elevados riscos relacionados a fatores ergonômicos. De qualquer forma, podemos e devemos aplicar todos os demais itens da norma a estas atividades; ficamos no aguardo da publicação da nova NR32 que deverá tratar de tema tão importante.

[6]   Nota Técnica 06/2012/DSST/SIT.

444 | SEGURANÇA E SAÚDE NO TRABALHO – *Mara Queiroga Camisassa*

Não deverá ser exigido nem admitido o transporte manual de cargas, por um trabalhador cujo peso seja suscetível de comprometer sua saúde ou sua segurança.

Para analisar qual norma deve prevalecer, se o art. 198 da CLT ou o item 17.5.1 da NR17, deve-se considerar que essa norma é superveniente à CLT e mais favorável ao trabalhador. Dessa forma, entendo que toda e qualquer análise de valor máximo para levantamento de carga deve partir do texto da NR17.

4.1 Equação de NIOSH para levantamento manual de cargas[7]

Em 1981, o instituto americano *National Institute for Occupational Safety and Health* – NIOSH desenvolveu uma equação para **avaliar** os riscos na manipulação de cargas. A intenção era criar uma ferramenta para poder identificar os riscos de lombalgia associados à carga física a que estava submetido o trabalhador e recomendar um limite de peso adequado para cada tarefa em questão, de maneira que uma determinada porcentagem da população – a ser fixada pelo usuário da equação – pudesse realizar a tarefa sem risco elevado de desenvolver lombalgia.

Em 1991, a equação foi revista e novos fatores foram introduzidos: a manipulação assimétrica de cargas, a duração da tarefa, a frequência dos levantamentos e a qualidade da pega. Além disso, discutiram-se as limitações da equação e o uso de um índice para a identificação de riscos.

Tanto a equação de 1981 como a sua versão modificada em 1991 foram elaboradas levando-se em conta três critérios:

- ✓ o **biomecânico**, que limita o estresse na região lombo-sacra, que é o mais importante em levantamentos pouco frequentes que, porém, requerem um sobre esforço;

- ✓ o critério **fisiológico**, que limita o estresse metabólico e a fadiga associada a tarefas de caráter repetitivo; e

- ✓ o critério **psicofísico**, que limita a carga baseando-se na percepção que o trabalhador tem da sua própria capacidade, aplicável a todo tipo de tarefa, exceto àquelas em que a frequência de levantamento é elevada (mais de seis levantamentos por minuto).

Entretanto, ressalto que esta equação não se aplica a atividades realizadas em pisos irregulares, sob temperaturas extremas ou onde haja deslocamento e carregamento simultâneos.

Esse critério adota os seguintes indicadores:

Limite de Peso Recomendado (LPR); e

Índice de Levantamento (IL) (Lifting Risk).

4.1.1 Limite de Peso Recomendado (LPR)

O cálculo do LPR parte do princípio de que a carga (massa) máxima a ser levantada por 90% dos homens e 75% das mulheres, sem causar lesões, é 23 kg em condições ideais,

---

[7] Manual de Aplicação da NR17 com tradução da norma espanhola NTP 477 (*Centro Nacional de Condiciones de Trabajo* (ESPANHA), S/D.

ou seja, em posição sagital (sem torções do dorso nem posturas assimétricas), fazendo levantamento ocasional, com boa pega da carga e levantando a carga a menos de 25 cm de distância do corpo. O levantamento de cargas em condições ideais, com peso inferior a esse valor, não apresentará significativo comprometimento do sistema osteomuscular.

O LPR é obtido a partir da seguinte equação:

LPR = LC * HM * VM * DM * AM * FM * CM, em que:

LC: constante de carga (23 kg)
HM: distância horizontal do indivíduo à carga
VM: localização vertical da carga (na origem, em relação ao trabalhador)
DM: distância vertical (*percorrida* com carga ao ser levantada)
AM: ângulo de assimetria (necessidade de rotação lateral do tronco)
FM: frequência de levantamento
CM: qualidade da pega[8] da carga

O LPR, portanto, é obtido a partir da multiplicação dos fatores indicados acima, à constante de carga. Como dito anteriormente, estes fatores têm como referência **condições ideais** de levantamento e podem variar entre zero e um. O valor efetivo correspondente a cada um deles é estimado em função dos desvios que a tarefa a ser executada apresenta em relação a essas condições, de forma que o valor máximo do LPR é 23 kg.

Quanto mais próximas as condições de levantamento da carga estiverem das condições ideais (valor dos fatores próximos ou iguais a 1), mais *próximo* o LPR estará dos 23 kg. Por outro lado, quanto mais distantes as condições de levantamento da carga estiverem das condições ideais (valor dos fatores menores que 1), mais *distante* o LPR estará dos 23 kg.

Sobre esse assunto, vejam questão do CESPE/2004, cujo gabarito é ERRADO:

 O National Institute for Occupational Safety and Health (NIOSH) estabeleceu alguns critérios para a definição do peso máximo de segurança que pode ser levantado por um trabalhador. Independentemente dos demais critérios, o limite máximo de massa recomendado a ser transportado é de 30 kg.

4.1.2 Índice de Levantamento (IL)

Uma vez determinado o LPR, calcula-se o Índice de Levantamento (IL):

$$IL = \frac{\text{Peso da carga a ser levantada}}{\text{Limite de Peso Recomendado (LPR)}}$$

Com a determinação do Índice de Levantamento, pode-se estimar a magnitude correspondente ao estresse físico de uma tarefa, definir as prioridades das ações de modificação da atividade, utilizar os fatores multiplicadores para identificar problemas específicos relacionados ao trabalho, além de utilizar o peso-limite como peso recomendado para a redução do risco.

---

[8] Se a pega da carga a ser movimentada for *pobre*, a força de compressão na carga será maior.

A tabela a seguir apresenta como deve ser feita a interpretação dos valores obtidos para o Índice de Levantamento:

IR	NÍVEL DE RISCO	TIPO DE INTERVENÇÃO
<= 1,0	AUSÊNCIA DE RISCO	NÃO É NECESSÁRIO INTERVENÇÃO
1,0 < IR <= 3,0	RISCO PARA ALGUNS OPERADORES	ENGENHARIA E ORGANIZAÇÃO DO TRABALHO
> 3,0	RISCO PARA A MAIORIA DOS OPERADORES	ENGENHARIA

Vemos, portanto, que o Índice de Levantamento corresponde à probabilidade de ocorrência da lesão. Combinando, ou associando, esta informação com a correspondente severidade da lesão, obtém-se o **nível do risco** relacionado ao fator ergonômico[9].

Ainda sobre a equação de NIOSH, vejam questão do CESPE/2004 cujo gabarito é CERTO:

 O National Institute for Occupational Safety and Health (NIOSH) estabeleceu alguns critérios para a definição do peso máximo de segurança que pode ser levantado por um trabalhador. Distância horizontal do indivíduo à carga e altura vertical da carga na origem em relação ao trabalhador são dois desses critérios.

4.2 Levantamento, manuseio e transporte individual e não eventual de cargas

As atividades de levantamento, manuseio e transporte de cargas são uma das principais causas de lombalgia. Estas podem aparecer por sobre esforço ou como resultado de esforços repetitivos. Outros fatores como empurrar ou puxar cargas, posturas excessivas ou ainda as vibrações também estão diretamente relacionados com o aparecimento deste distúrbio.

Nas atividades de levantamento, manuseio e transporte individual e não eventual de cargas, devem ser observados os seguintes requisitos:

a) os locais para pega e depósito das cargas, a partir da AEP ou da AET, devem ser organizados de modo que as cargas, acessos, espaços para movimentação, alturas de pega e deposição não obriguem o trabalhador a efetuar flexões, extensões e rotações excessivas do tronco e outros posicionamentos e movimentações forçadas e nocivas dos segmentos corporais; e

b) cargas e equipamentos devem ser posicionados o mais próximo possível do trabalhador, resguardando espaços suficientes para os pés, de maneira a facilitar o alcance, não atrapalhar os movimentos ou provocar outros riscos.

---

[9] Conforme item 1.5.4.4.2 da NR1: Para cada risco deve ser indicado o nível de risco ocupacional, determinado pela combinação da severidade das possíveis lesões ou agravos à saúde com a probabilidade ou chance de sua ocorrência.

A norma proíbe o levantamento não eventual de cargas que possa comprometer a segurança e a saúde do trabalhador quando a distância de alcance horizontal da pega for superior a sessenta centímetros em relação ao corpo. Obviamente, outros fatores importantes também devem ser considerados, mesmo se esta distância for inferior a sessenta centímetros, como a distância vertical da pega da carga até o solo (a carga não deve estar em posição muito baixa ou demasiadamente elevada), diferença entre a altura inicial e final, necessidade de torção do tronco, peso da carga, características biomecânicas do trabalhador, entre outros!

O transporte e a descarga de materiais feitos por impulsão ou tração de vagonetes, carros de mão ou qualquer outro aparelho mecânico devem observar a carga, a frequência, a pega e a distância percorrida, para que não comprometam a saúde ou a segurança do trabalhador, ou seja, o esforço físico realizado deve ser compatível com sua capacidade de força.

Na movimentação e no transporte manual não eventual de cargas, devem ser adotadas uma ou mais das seguintes medidas de prevenção:

a) implantar meios técnicos facilitadores: cito como exemplo o uso de *ventosas* que facilitam a movimentação de materiais;

b) adequar o peso e o tamanho da carga (dimensões e formato) para que não provoquem o aumento do esforço físico que possa comprometer a segurança e a saúde do trabalhador;

c) limitar a duração, a frequência e o número de movimentos a serem efetuados pelos trabalhadores;

d) reduzir as distâncias a percorrer com cargas, quando aplicável; e

e) efetuar a alternância com outras atividades ou **pausas suficientes**, entre períodos não superiores a duas horas: ou seja, a cada duas horas, a organização deve implantar rodízios ou pausas nas atividades de movimentação e transporte não eventual de cargas; a medida a ser adotada (rodízio ou pausa) fica a critério da organização, podendo inclusive serem adotadas ambas, porém, a determinação do período de pausa e das atividades que serão alternadas deve ser realizada a partir de critérios técnicos. Por exemplo, no caso do rodízio é importante que se considere tanto a variação cognitiva quanto biomecânica. Já vi empresas onde os próprios trabalhadores definem as atividades a serem alternadas sem nenhum critério técnico. Vejam que a norma exige também que as pausas sejam **suficientes** no sentido de serem usufruídas durante o tempo necessário para recuperação mental, física e psicofisiológica.

Todo trabalhador designado para o transporte manual não eventual de cargas deve receber orientação quanto aos métodos de levantamento, carregamento e deposição dos materiais. Vejam que a norma não exige que seja ministrado treinamento formal tampouco determina qual a capacitação do profissional que transmitirá estas informações. No silêncio da norma, entendo que, para fins de auditoria, a prestação destas informações deve ser registrada pela organização. E o profissional que deverá transmitir as informações deve ter as competências técnicas relativas ao tema necessárias para orientar os trabalhadores.

4.3 Trabalhadora mulher e trabalhador menor[10]

A carga suportada deve ser reduzida quando se tratar de trabalhadora mulher e de trabalhador menor, nas atividades permitidas por lei. A CLT também possui disposições específicas relativas ao tema, positivadas no art. 390:

> Ao empregador é vedado empregar a mulher em serviço que demande o emprego de força muscular superior a 20 (vinte) quilos para o trabalho contínuo, ou 25 (vinte e cinco) quilos para o trabalho ocasional.
>
> Parágrafo único. Não está compreendida na determinação deste artigo a remoção de material feita por impulsão ou tração de vagonetes sobre trilhos, de carros de mão ou quaisquer aparelhos mecânicos.

Segundo o art. 405, § 5.º, ao trabalhador menor também se aplica o disposto no art. 390 e seu parágrafo único.

Novamente, vemos que a redação da NR17 é bem mais atualizada e adequada, pois considera os limites individuais para as atividades de movimentação de carga.

5. MOBILIÁRIO DOS POSTOS DE TRABALHO

A norma contém várias exigências relativas ao mobiliário como mesas, assentos, pedais, apoio para os pés, entre outros.

O conjunto do mobiliário do posto de trabalho deve apresentar regulagens, em um ou mais de seus elementos, que permitam adaptá-lo às características antropométricas que atendam ao conjunto dos trabalhadores envolvidos e à natureza do trabalho a ser desenvolvido.

Vemos, então que, além de considerar fatores antropométricos, o mobiliário também deve ser adaptado à **natureza do trabalho**, ou seja, às exigências da tarefa. Como vimos anteriormente, além de físicas, estas exigências podem ser cognitivas, visuais, de atenção, de solicitação intelectual, entre outras. Por exemplo: caso exista necessidade de esforço físico da musculatura dos membros superiores, um plano mais baixo permite que a força seja exercida com o antebraço em extensão, que é a posição na qual se consegue maior força. Por outro lado, se há necessidade de controle visual da tarefa (por exemplo, na atividade de costurar), um plano mais elevado facilita a aproximação dos olhos até o detalhe a ser visualizado.

Sempre que o trabalho puder ser executado alternando a posição de pé com a posição sentada, o posto de trabalho deve ser planejado ou adaptado para favorecer a alternância das posições. Vamos lembrar que a postura mais adequada ao trabalhador é aquela que ele escolhe livremente e que pode ser variada ao longo do tempo.

5.1 Apoio para os pés

Para adaptação do mobiliário às dimensões antropométricas do trabalhador, pode ser utilizado apoio para os pés sempre que o trabalhador não puder manter a planta dos pés completamente apoiada no piso.

Apesar de os requisitos do apoio para os pés não estarem expressos no texto geral da norma, para atender aos aspectos de conforto, segurança, saúde e desempenho eficiente, este apoio deve ser <u>independente</u> da cadeira, possuir inclinação e altura ajustáveis

---

[10] Segundo o art. 402 da CLT: Considera-se menor para os efeitos desta Consolidação o trabalhador de quatorze até dezoito anos.

e superfície revestida de material antiderrapante. Ressalto que o aro circular de aço que algumas cadeiras possuem é apenas elemento estrutural da própria cadeira e **não deve ser usado como apoio para pés**.

Importante esclarecer que os planos de trabalho devem ter ajustes suficientes para permitir que a maioria da população de trabalhadores possa sentar com os pés apoiados no chão, evitando-se problemas circulatórios. Nesse sentido, o apoio para os pés deve ser visto como um **acessório**, que pode ser útil para que o trabalhador varie um pouco a sua postura, porém não deve ser usado por períodos prolongados.

5.2 Trabalho manual

Para trabalho manual, os planos de trabalho devem proporcionar ao trabalhador condições de boa postura, visualização e operação e devem atender aos seguintes requisitos mínimos:

a) características dimensionais que possibilitem posicionamento e movimentação dos segmentos corporais, de forma a não comprometer a saúde e não ocasionar amplitudes articulares excessivas ou posturas nocivas de trabalho;

b) altura e características da superfície de trabalho compatíveis com o tipo de atividade, com a distância requerida dos olhos ao campo de trabalho e com a altura do assento;

c) área de trabalho dentro da zona de alcance manual e de fácil visualização pelo trabalhador: por exemplo em algumas situações pode-se considerar o uso de cadeiras com alguns dos rodízios "recuados", como é o caso das costureiras e outras atividades com necessidade de aproximação do campo visual de trabalho;

d) para o trabalho sentado, espaço suficiente para pernas e pés na base do plano de trabalho, para permitir que o trabalhador se aproxime o máximo possível do ponto de operação e possa posicionar completamente a região plantar, podendo utilizar o apoio para os pés, apresentado anteriormente; e

e) para o trabalho em pé, espaço suficiente para os pés na base do plano de trabalho, para permitir que o trabalhador se aproxime o máximo possível do ponto de operação e possa posicionar completamente a região plantar.

5.3 Zona de alcance máximo

O item 17.6.3.1 determina que a área de trabalho dentro da zona de alcance máximo pode ser utilizada para ações que não prejudiquem a segurança e a saúde do trabalhador, sejam elas eventuais ou, também, **conforme AET, as não eventuais**. O trecho destacado chama a atenção, uma vez que o acesso à área de alcance máximo exige posturas extremas, no limite das dimensões antropométricas do trabalhador e que deveriam ocorrem somente de forma **eventual**. Pelo menos, a redação condiciona esta possibilidade (de acesso à zona de alcance máximo de forma não eventual), à previsão na AET.

5.4 Pedais

Os pedais e demais comandos para acionamento pelos pés devem ter posicionamento e dimensões que possibilitem fácil alcance, bem como ângulos adequados entre as diversas partes do corpo do trabalhador, em função das características e peculiaridades do trabalho a ser executado. Os pedais também devem atender aos mesmos requisitos mínimos exigidos para o trabalho manual, apresentado anteriormente.

Destaco que a NR12 – Segurança no Trabalho em Máquinas e Equipamentos determina que a utilização de pedais deve considerar as características biomecânicas e antropométricas dos operadores, sendo até mesmo proibido, em determinadas máquinas como prensas ou similares, o uso de pedais com atuação mecânica ou alavancas.

5.5 Assentos

Os assentos utilizados nos postos de trabalho devem ter altura ajustável à estatura do trabalhador e à natureza da função exercida.

Deve também possuir demais sistemas de ajustes e manuseio acessíveis.

A base do assento deve possuir borda frontal arredondada e características de pouca ou nenhuma conformação. Isso significa que a base não deve se modificar ou modificar muito pouco com o peso do trabalhador. Assentos "anatômicos" nos quais os quadris se "encaixam" não são recomendados. A borda frontal arredondada evita pressão na parte posterior dos joelhos.

O encosto deve ter forma **levemente adaptada** ao corpo para proteção da região **lombar**.

Apesar de não constar expressamente no texto geral da norma[11], também é importante que o material do revestimento do assento possibilite a dissipação do calor e da umidade gerados pelo corpo, não sendo recomendáveis materiais de textura plástica, lisa ou impermeável.

5.6 Trabalho em pé

Para as atividades em que os trabalhos devam ser realizados em pé, devem ser colocados **assentos com encosto para descanso** em locais em que possam ser utilizados pelos trabalhadores durante as **pausas**. Estes assentos estão dispensados do atendimento dos requisitos apresentados anteriormente (altura ajustável, base com borda arredondada, etc.). A intenção aqui é reduzir o tempo na posição em pé. Segundo o Manual de Aplicação da NR17, a manutenção da postura em pé imóvel tem as seguintes desvantagens:

- ✓ tendência à acumulação do sangue nas pernas, o que predispõe ao aparecimento de insuficiência valvular venosa nos membros inferiores, resultando em varizes e sensação de peso nas pernas;
- ✓ sensações dolorosas nas superfícies de contato articulares que suportam o peso do corpo (pés, joelhos, quadris);
- ✓ tensão muscular permanentemente desenvolvida para manter o equilíbrio dificulta a execução de tarefas que exijam precisão;
- ✓ penosidade da posição em pé pode ser reforçada se o trabalhador tiver ainda que manter posturas desfavoráveis dos braços (acima do ombro, por exemplo), inclinação ou torção de tronco ou de outros segmentos corporais;
- ✓ tensão muscular desenvolvida em permanência para manutenção do equilíbrio traz mais dificuldades para a execução de trabalhos de precisão.

---

[11] Veremos que existe disposição expressa sobre este assunto no Anexo I – Trabalhadores em teleatendimento/telemarketing.

NR 17 • ERGONOMIA | **451**

A escolha da postura em pé só será justificada caso a tarefa exija:

✓ deslocamentos contínuos como no caso de carteiros e rondantes;

✓ manipulação de cargas com peso igual ou superior a 4,5 kg;

✓ alcances amplos frequentes, para cima, para frente ou para baixo; no entanto, deve-se tentar reduzir a amplitude desses alcances para que se possa trabalhar sentado;

✓ operações frequentes em vários locais de trabalho, fisicamente separados;

✓ aplicação de forças para baixo, como em empacotamento.

Sobre esse assunto, vejam questão da ESAF/2006, cujo gabarito é a letra C:

✎ *Diversas são as desvantagens apontadas pela ergonomia na manutenção da postura em pé, particularmente em situações de pouca mobilidade. No entanto, reconhece-se que em algumas situações tal postura se justifica, exceto: a) Na manipulação de cargas com peso igual ou superior a 4,5 kg. b) Quando a tarefa exige a aplicação de força para baixo, como em empacotamento. c) Quando a tarefa exige elevado grau de concentração e destreza. d) Quando a tarefa exige operações frequentes em vários locais de trabalho, fisicamente separados. e) Quando a tarefa exige movimentos frequentes para cima e para baixo.*

---

6. TRABALHO COM MÁQUINAS, EQUIPAMENTOS E FERRAMENTAS MANUAIS

Os fabricantes de máquinas e equipamentos devem projetar e construir os componentes, como monitores de vídeo, sinais e comandos, de forma a possibilitar a interação clara e precisa com o operador, objetivando reduzir possibilidades de erros de interpretação ou retorno de informação, nos termos do item 12.9.2 da NR12:

> *12.9.2 Com relação aos aspectos ergonômicos, as máquinas e equipamentos nacionais ou importadas fabricadas a partir da vigência deste item devem ser projetadas e construídas de modo a atender às disposições das normas técnicas oficiais ou normas técnicas internacionais aplicáveis.*

A localização e o posicionamento do painel de controle e dos comandos devem facilitar o acesso, o manejo fácil e seguro e a visibilidade da informação do processo.

Os equipamentos utilizados no processamento eletrônico de dados com terminais de vídeo devem permitir ao trabalhador ajustá-lo de acordo com as tarefas a serem executadas.

Os equipamentos devem ter condições de mobilidade suficiente para permitir o ajuste da tela do equipamento à iluminação do ambiente, protegendo-a contra reflexos, e proporcionar corretos ângulos de visibilidade ao trabalhador. Nos casos de uso de computador portátil de forma não eventual em posto de trabalho, devem ser previstas formas de adaptação do teclado, do mouse ou da tela, a fim de permitir o ajuste às características antropométricas do trabalhador e à natureza das tarefas a serem executadas.

Os equipamentos e ferramentas manuais cujos pesos e utilização na execução das tarefas forem passíveis de comprometer a segurança ou a saúde dos trabalhadores devem ser dotados de dispositivo de sustentação, podendo ser adotada outra medida de prevenção, a partir da avaliação ergonômica preliminar ou da AET. Como exemplo de dispositivo de sustentação cito os *balancins de sustentação* que facilitam a movimentação de equipamentos auxiliares dos processos produtivos mantendo-os suspensos durante sua utilização.

A concepção das ferramentas manuais deve atender, além dos demais itens da NR17, aos seguintes aspectos:

a) facilidade de uso e manuseio; e

b) evitar a compressão da palma da mão ou de um ou mais dedos em arestas ou quinas vivas.

A organização também deve selecionar as ferramentas manuais para que o tipo, formato e a textura da empunhadura sejam apropriados à tarefa e ao eventual uso de luvas.

7. CONDIÇÕES DE CONFORTO NO AMBIENTE DE TRABALHO

A NR17 apresenta diversos requisitos a serem observados para garantir o conforto visual, térmico e acústico nos ambientes internos de trabalho. Como vimos anteriormente, *conforto* é uma avaliação subjetiva, individual, em que pese existirem metodologias para avaliação deste parâmetro. Ao contrário da redação anterior, a atual redação contém disposições muito mais qualitativas que quantitativas, apesar de dispor de exigências quantitativas no que se refere ao conforto acústico, como veremos a seguir.

7.1 Conforto visual

Em todos os locais e situações de trabalho deve haver iluminação, natural ou artificial, geral ou suplementar, apropriada à natureza da atividade.

A iluminação deve ser projetada e instalada de forma a evitar ofuscamento, reflexos incômodos, sombras e contrastes excessivos.

Em todos os locais e situações de trabalho internos, deve haver iluminação em conformidade com os níveis mínimos de iluminamento a serem observados nos locais de trabalho estabelecidos na Norma de Higiene Ocupacional 11 (NHO 11) da Fundacentro – Avaliação dos Níveis de Iluminamento em Ambientes Internos de Trabalho[12], versão 2018.

7.2 Conforto acústico

Nos locais de trabalho em ambientes **internos** onde são executadas atividades que exijam manutenção da **solicitação intelectual e atenção constantes**, devem ser adotadas medidas de conforto acústico a partir de medidas de controle do ruído, a serem adotadas pela organização. Para os **demais casos**[13], o nível de ruído de fundo aceitável para efeito de conforto acústico será de até 65 (sessenta e cinco) decibéis dB(A)[14], nível de pressão sonora contínuo equivalente ponderado em A e no circuito de resposta *Slow* (S).

O nível de ruído de fundo para o conforto deve respeitar os valores de referência para ambientes internos, de acordo com sua finalidade de uso estabelecidos em normas técnicas oficiais.

---

[12] Fica ressalvado o atendimento desta exigência nas situações em que haja normativa específica, com a devida justificativa técnica de que não haverá prejuízo à segurança ou à saúde dos trabalhadores.

[13] Demais casos entenda-se como as atividades em que não são exigidas solicitação intelectual e atenção constantes. Mas será que existe algum trabalho no qual não se exige pelo menos um mínimo de solicitação intelectual e atenção constantes?

[14] Para maiores informações sobre a nomenclatura dB(A) remeto o leitor para o capítulo da NR15, Anexo 1, Limites de Tolerância para Ruído Contínuo ou Intermitente.

Não devemos confundir o nível de conforto acústico (65 dBA) com o nível de pressão sonora máximo admissível para jornada de oito horas previsto no Anexo 1 da NR15 (Atividades e Operações Insalubres), que é de 85 dB e medido para fins de caracterização da insalubridade.

7.3 Conforto térmico

Nos locais de trabalho em ambientes internos onde são executadas atividades que exijam manutenção da solicitação intelectual e atenção constantes, devem ser adotadas medidas de conforto térmico por meio da adoção de medidas de controle da temperatura, da velocidade do ar e da umidade, com a finalidade de proporcionar conforto térmico nas situações de trabalho, observando-se o parâmetro de faixa de temperatura do ar entre 18 (dezoito) e 25 (vinte cinco) graus Celsius para ambientes climatizados[15].

Também devem ser adotadas medidas de controle da ventilação ambiental para minimizar ocorrência de correntes de ar aplicadas diretamente sobre os trabalhadores.

O conforto térmico também não deve ser confundido com sobrecarga térmica avaliada por meio do Índice Bulbo Úmido Termômetro de Globo (IBUTG) e a Taxa Metabólica (estimada, correspondente à atividade realizada), conforme o disposto no Anexo 3 da NR15. A avaliação da sobrecarga térmica é utilizada para caracterização de insalubridade.

8. ORGANIZAÇÃO DO TRABALHO

A organização do trabalho abrange tanto aspectos organizacionais quanto individuais que impactam na forma como o trabalhador usa o seu corpo e sua mente para realizar o trabalho. Kim Vicente, em seu livro **Homens e máquinas**, designa as condições de trabalho como "meios físicos", e a organização do trabalho, como "meios não físicos"[16].

Para efeito da NR17, a **organização do trabalho** deve levar em consideração:

a) as normas de produção;

b) o modo operatório *quando aplicável*[17];

c) a exigência de tempo;

d) o ritmo de trabalho;

e) o conteúdo das tarefas e os instrumentos e meios técnicos disponíveis; e

f) os aspectos cognitivos que possam comprometer a segurança e saúde do trabalhador.

Vejamos a seguir cada um destes aspectos.

8.1 Normas de produção

As **normas de produção** são as regras da empresa, escritas ou tácitas (implícitas), que o trabalhador deve cumprir para realizar suas tarefas, por exemplo: jornada de trabalho, horário de pausas e intervalos, **turnos**, rodízios, metas de produção (por peça, por dia) entre outros.

---

[15] Também fica ressalvado o atendimento desta exigência nas situações em que haja normativa específica, com a devida justificativa técnica de que não haverá prejuízo à segurança ou à saúde dos trabalhadores.

[16] VINCENT, Kim. *Homens e máquinas*. Rio de Janeiro: Ediouro, 2005.

[17] Redação do item 17.4.1. Chama a atenção desta alínea a expressão "*quando aplicável*": Entendo que não há como dissociar o *modo operatório* da *organização do trabalho*; por isso, acredito que este aspecto é sempre aplicável, e deve ser considerado, em maior ou menor grau.

Além da NR
Trabalho em turno noturno[18]

O trabalho noturno é especialmente prejudicial ao ciclo circadiano (período de cerca de 24 horas, no qual se baseia todo o ciclo biológico do corpo humano, sob influência da luz solar).

O ciclo circadiano seria regulador dos ritmos materiais, bem como muitos dos ritmos psicológicos do corpo humano. De acordo com especialistas, teria influência sobre a digestão ou o estado de vigília, passando pelo crescimento e pela renovação das células, assim como sobre a subida ou descida da temperatura corporal. Seis dentre oito estudos epidemiológicos, realizados em diversas regiões geográficas (na Europa e EUA), relataram um modesto aumento nos casos de câncer de mama em funcionárias que trabalham há muito tempo na atividade, principalmente entre enfermeiras que exercem sua atividade no período noturno.

Outro grupo afetado por alterações frequentes no ciclo circadiano é o das comissárias de bordo de voos internacionais, que atravessam vários fusos horários.

Outras pesquisas ainda, envolvendo o trabalho em período noturno, estudaram o efeito da redução das concentrações de melatonina noturnas ou da remoção da glândula pineal (onde é produzida a melatonina) no desenvolvimento de tumores. A maioria destas pesquisas mostrou que há um aumento na incidência ou no crescimento de tumores.

A exposição à luz durante a noite perturba o ciclo circadiano, provocando alterações nos padrões do sono, supressão da produção de melatonina e modificações nos genes circadianos, envolvidos no desenvolvimento do câncer. Nos seres humanos, a privação de sono e consequente redução da melatonina conduzem à deficiência imunológica. Por exemplo, a privação de sono suprime a atividade natural dos linfócitos citotóxicos (chamados killer cells, ou "matadores de células"), levando à redução da defesa imunológica. O trabalho noturno compõe a lista das atividades que provavelmente desenvolvem o câncer em seres humanos.

8.2 Modo operatório

O **modo operatório** abrange tanto o modo operatório prescrito (WAI – *Work As Imagined*), como procedimentos e instruções de trabalho, quanto o modo operatório real (WAD – *Work As Done*), ou, neste caso, modos operatórios.

O modo operatório prescrito é aquele ditado pela organização, materializado, por exemplo, pelos procedimentos de trabalho.

O modo operatório real é a forma como o operador usa seus recursos físicos, cognitivos e mentais para realizar sua atividade e fazer frente às exigências do trabalho que deve ser executado; é o modo particular, individual, que cada trabalhador adota para realizar as tarefas; daí a expressão no plural: *modos operatórios*, pois cada operador tem seu modo operatório próprio, ou seja, há uma variação interindividual (entre cada trabalhador) de modos operatórios. Mas também temos a variação intraindividual, o que significa dizer que o modo operatório real de um mesmo trabalhador pode variar durante a jornada, por exemplo, em função de diferentes condições ambientais ao longo do dia, ou pode variar também ao longo dos anos, por exemplo, devido à redução de suas habilidades motoras e cognitivas. Destaco também que, além das condições psicofisiológicas do trabalhador, seus saberes, sua experiência, habilidade e conhecimento, o modo operatório depende também das condições da matéria-prima, do estado das ferramentas e das máquinas e equipamentos disponíveis e de vários outros fatores. A improvisação

---

[18] Disponível em: https://www.gov.br/fundacentro/pt-br/comunicacao/noticias/noticias/2008/1/os-riscos--do-cancer-em- atividades-de-turno-pintura-e-combate-ao-fogo.

também faz parte do trabalho real. Em outras palavras, o modo operatório real corresponde a um conjunto de ações e operações que os trabalhadores adotam em função da sua competência, das exigências da tarefa e dos meios disponíveis para realizá-la.

Saiba Mais
Estratégias Operatórias[19]

*O conceito de estratégia operatória é utilizado para definir o conjunto ordenado de passos que envolvem o raciocínio e a resolução de problemas, possibilitando a ação (MONTMOLLIN, 1990). Entende-se por estratégia operatória um processo de regulação desenvolvido pelo trabalhador, visando organizar suas competências para responder às exigências da tarefa e aos seus limites pessoais. A estratégia operatória envolve mecanismos cognitivos como atenção e resolução de problemas, resultando em um conjunto de ações denominadas "**modo operatório**".*

8.3 Exigência de tempo

A **exigência de tempo** diz respeito às metas da produção e o tempo necessário para alcançá-las: ou o "quanto deve ser produzido em determinado tempo, sob imposição". Segundo o Manual de Aplicação da NR17, *"O "ideal" em qualquer situação é que não haja exigências estritas de tempo ou, se as houver, que elas levem em conta a variabilidade e os incidentes. Objetivos podem ser fixados, mas é imprescindível que haja margens de liberdade para que o trabalhador possa gerenciar seu tempo. É a única maneira de evitar que entre em esgotamento físico ou estresse emocional."* A exigência de tempo também deve considerar quanto tempo se gasta para realizar cada uma das *subtarefas* necessárias à tarefa principal. Por exemplo, um auxiliar de produção em um frigorífico de aves, que trabalha na área de evisceração (retirada das vísceras): além da tarefa de evisceração propriamente dita, ele precisa amolar e/ou trocar a faca, limpar seu avental com água e ainda limpar seu posto de trabalho. Essas tarefas (amolar a faca, lavar o avental, limpar o posto de trabalho) são subtarefas necessárias para a realização da tarefa principal que é a retirada das vísceras. É importante que o profissional responsável pelas ações ergonômicas leve em consideração a realização dessas subtarefas, seja para reestruturá-las, ou até mesmo redesenhar o arranjo físico. As subtarefas, quando não consideradas no dimensionamento do tempo para realização da tarefa principal, são também chamadas *tarefas invisíveis*.

8.4 Ritmo de trabalho

O **ritmo de trabalho** pode ser livre, ou seja, o próprio trabalhador tem autonomia para determinar a *cadência* de movimentos, ou pode ser imposto por uma esteira ou uma linha de montagem. A *cadência* se refere à velocidade dos movimentos que se repetem em uma dada unidade de tempo, e tem caráter quantitativo. O *ritmo de trabalho* é a maneira como as cadências são ajustadas ou arranjadas, e tem caráter qualitativo. É também classificado como *ritmo de trabalho imposto* aquele que é influenciado por critérios de remuneração, por exemplo, renda variável de acordo com a quantidade de peças fabricadas por dia.

---

[19] ABRAHÃO, Júlia et al. *Introdução à ergonomia.* São Paulo: Finatec/Blucher, 2009.

8.5 Conteúdo das tarefas e instrumentos e meios técnicos disponíveis

O **conteúdo das tarefas** está relacionado ao modo como o trabalhador percebe seu trabalho: socialmente importante, desafiador, monótono. Na análise dos **instrumentos e meios técnicos disponíveis** deve ser observada a relação de reciprocidade ou interação que ocorre entre o trabalhador e estes mesmos instrumentos e meios técnicos, observando-se, por exemplo, as posturas e verbalizações adotadas.

8.6 Aspectos cognitivos

Também se inserem nas **condições de trabalho** os **aspectos cognitivos** que possam comprometer a segurança e saúde do trabalhador. Incluem-se aqui habilidades como concentração, raciocínio, atenção e memória, necessários para execução da tarefa e tomada de decisões. Claro que todo trabalho exige pelo menos um destes aspectos, o que se pretende aqui é avaliar quando tais fatores, de forma individual ou no conjunto, são exigidos a ponto de provocar lesões ou adoecimentos.

Destaco que os riscos psicossociais também devem ser considerados no contexto da organização do trabalho. Apesar de não estarem expressos na NR17, não significa que não devam ser abordados. Existem várias técnicas cientificamente comprovadas para avaliação destes riscos.

Vemos então, que, para conhecermos a organização do trabalho em uma empresa, é preciso observar atentamente como o trabalho é realizado, conversar com os trabalhadores, identificar o modo operatório real, se o trabalho é baseado em metas (às vezes inatingíveis), quem ou o que determina o ritmo do trabalho, aspectos organizacionais como turnos, pausas, rodízios, entre outros. Lembrando também que aspectos como *absenteísmo* podem indicar problemas relacionados a fatores ergonômicos.

Finalmente, apresento a seguir um esquema que auxiliará o entendimento e a fixação dos conceitos **condições de trabalho** e **organização do trabalho**:

Saiba Mais

Postura

Segundo Ettienne Grandjean[20], a postura não é resultado do arbítrio individual do trabalhador, mas sim, de desordens profundas da organização. Neste mesmo sentido, no artigo a "Cadeirologia e o mito da postura correta"[21], a professora doutora Ada Ávila Assunção, da Universidade Federal de Minas Gerais, nos ensina que:

"Postura é o arranjo relativo das partes do corpo. A postura é o principal elemento da atividade do ser humano, ou seja, não se trata apenas de manter-se em pé ou sentado, mas de "agir" dando um suporte à tomada de informações e à ação motora no meio de trabalho. Vista dessa forma, a postura é um meio para localizar as informações exteriores e preparar os segmentos corporais e os músculos a fim de agir no ambiente. Trata-se, assim, de organizar o espaço em referência ao seu corpo, para localizar-se, deslocar-se e agir numa perspectiva dinâmica".

Ao cunhar o termo "Cadeirologia" a professora nos mostra que o foco de grande parte dos estudos posturais está centrado nos assentos (na cadeira) quando deveria focar no indivíduo: o trabalhador. "Desconsideram a dinâmica do aparelho musculoesquelético e desprezam as outras funções do organismo implicadas na fisiologia postural, como a função visual, a mecânica circulatória, a posição dos órgãos internos, o sistema neurológico."

Podemos concluir, portanto, que a postura mais adequada ao trabalhador é aquela que ele escolhe livremente e que pode ser variada ao longo do tempo. O tempo de manutenção de uma postura deve ser o mais breve possível, pois seus efeitos, eventualmente nocivos, dependem do tempo durante o qual ela será mantida.

Neste sentido, a organização do trabalho deve permitir fruição de pausas e mudanças de posição ao longo da jornada. Os materiais a serem utilizados para a realização das tarefas devem estar localizados numa zona que possibilite o seu alcance pelos membros superiores do trabalhador sem levá-lo a adotar posturas extremas[22].

9. MEDIDAS DE PREVENÇÃO

9.1 Atividades com sobrecarga muscular

Nas atividades que exijam sobrecarga muscular estática ou dinâmica do tronco, do pescoço, da cabeça, dos membros superiores e dos membros inferiores, devem ser adotadas medidas técnicas de engenharia, organizacionais e/ou administrativas, com o objetivo de eliminar ou reduzir essas sobrecargas, a partir da avaliação ergonômica preliminar ou da AET. As medidas técnicas de engenharia são as medidas de proteção coletiva e, conforme o disposto no item 1.4.1. alínea "g" inciso II da NR1, devem ser adotadas de forma prioritária às medidas organizacionais e administrativas. Atividades com sobrecarga muscular são uma das principais causas de LER/DORT (Lesões por Esforços Repetitivos/Doenças Osteomusculares Relacionadas ao Trabalho).

---

[20] GRANDJEAN, Etienne. *Manual de ergonomia: adaptando o trabalho ao homem.* Porto Alegre: Bookman, 2004.

[21] Disponível em: https://www.medicina.ufmg.br/nest/portal/materiais/biblioteca/ergonomia/.

[22] Devemos considerar como inadequadas (ou até mesmo um mito) as expressões "postura incorreta" ou "postura correta", pois a postura adotada pelo trabalhador será aquela mais confortável e funcional que lhe permita realizar sua atividade, a partir dos meios que estão disponíveis.

> **Saiba Mais**
> **LER/DORT**
>
> Segundo a Instrução Normativa DC/INSS 98 de 05/12/2003, entende-se LER/DORT como uma síndrome relacionada ao trabalho, caracterizada pela ocorrência de vários sintomas concomitantes ou não, tais como: dor, parestesia, sensação de peso, fadiga, de aparecimento insidioso, geralmente nos membros superiores, mas podendo acometer membros inferiores.
>
> São resultado da combinação da sobrecarga das estruturas anatômicas do sistema osteomuscular com a falta de tempo para sua recuperação.
>
> A sobrecarga pode ocorrer seja pela utilização excessiva de determinados grupos musculares em movimentos repetitivos com ou sem exigência de esforço localizado, seja pela permanência de segmentos do corpo em determinadas posições por tempo prolongado, particularmente quando essas posições exigem esforço ou resistência das estruturas musculoesqueléticas contra a gravidade.
>
> Até há alguns anos, as LER/DORT eram mais comumente associadas às dimensões fisiológicas do ser humano. A tendência atual é associá-las também às dimensões psíquicas, cognitivas e sociais. Neste sentido, as LER DORT não se explicam apenas com base na dimensão fisiológica, mas também por todos os outros aspectos que compõe as situações de trabalho. A necessidade de concentração e atenção do trabalhador para realizar suas atividades e a tensão imposta pela organização do trabalho, são fatores que interferem de forma significativa para a ocorrência das LER/DORT.
>
> Lesões incapacitantes como as LER/DORT também afetam psicologicamente o trabalhador, podem causar transtornos mentais, mas ao contrário também é verdadeiro, sofrimentos ou adoecimentos mentais podem provocar lesões incapacitantes.

9.2 Movimentos contínuos e repetitivos

A organização também deve implementar medidas de prevenção, a partir da avaliação ergonômica preliminar ou da AET, que <u>evitem</u> que os trabalhadores, ao realizar suas atividades, sejam obrigados a efetuar de forma contínua e repetitiva:

a) **posturas extremas** ou nocivas do tronco, do pescoço, da cabeça, dos membros superiores e/ou dos membros inferiores;

b) movimentos **bruscos de impacto** dos membros superiores;

c) **uso excessivo** de força muscular;

d) **frequência** de movimentos dos membros superiores ou inferiores que possam **comprometer** a segurança e a saúde do trabalhador;

e) exposição a **vibrações** [23], nos termos do Anexo I da NR9 – Avaliação e Controle das Exposições Ocupacionais a Agentes Físicos, Químicos e Biológicos; ou

f) exigência cognitiva que possa comprometer a segurança e saúde do trabalhador[24].

---

[23] A exposição a vibrações pode provocar uma série de lesões musculoesqueléticas. Entretanto, no contexto da NR17, a vibração considerada é aquela que inicialmente causa desconforto, pois não se apresenta numa intensidade considerada adoecedora do ponto de vista biomecânico, mas pode vir a ser fonte de lesões ou adoecimentos.

[24] Todo trabalho tem uma exigência cognitiva, seja de maior ou menor intensidade. A preocupação aqui é com as exigências cognitivas com intensidade tal que possam comprometer a segurança e saúde do trabalhador.

9.3 Pausas e rodízios

As medidas de prevenção devem incluir **duas ou mais** das seguintes alternativas:

a) **pausas** para propiciar a recuperação psicofisiológica dos trabalhadores, que devem ser computadas como <u>tempo de trabalho efetivo</u>: observem que em momento algum a norma prescreve qual deve ser o período das pausas, claro, pois este deve ser fundamentado na exigência da atividade (cognitiva, física, visual, biomecânica, dentre outras) e deve ter duração suficiente para garantir a recuperação física, mental e psicofisiológica do trabalhador;

b) **alternância de atividades** com outras tarefas que permitam variar as posturas, os grupos musculares utilizados ou o ritmo de trabalho: apesar de constar na redação a conjunção "ou" entendo que todos estes aspectos devem ser considerados na definição da alternância de atividades;

c) **alteração** da forma de execução ou organização da tarefa; e

d) **outras medidas** técnicas aplicáveis (por exemplo, ações de engenharia), recomendadas na avaliação ergonômica preliminar ou na AET.

Quando não for possível adotar as alternativas previstas nas alíneas "c" e "d" indicadas anteriormente, a organização deve, obrigatoriamente, adotar pausas e alternância de atividades.

Para que as pausas possam propiciar descanso e recuperação psicofisiológica dos trabalhadores devem ser observados os requisitos mínimos:

a) a introdução das pausas não pode ser acompanhada de aumento da cadência individual; e

b) as pausas devem ser usufruídas fora dos postos de trabalho.

Além da fruição das pausas, a organização também deve assegurar a saída dos postos de trabalho para satisfação das necessidades fisiológicas dos trabalhadores, conforme previsto no item 24.9.8 da NR24 – Condições Sanitárias e de Conforto nos Locais de Trabalho:

> 24.9.8. Devem ser garantidas condições para que os trabalhadores possam interromper suas atividades para utilização das instalações sanitárias .

9.4 Avaliação de desempenho

Todo e qualquer sistema de avaliação de desempenho, para efeito de remuneração e vantagens de qualquer espécie, deve levar em consideração as repercussões sobre a saúde dos trabalhadores.

Observem que a norma não proíbe o estabelecimento de sistema de avaliação de desempenho para fins de remuneração e vantagens, exige-se, porém, que sua concepção considere as consequências sobre a saúde dos trabalhadores. Por exemplo, avaliação desempenho baseada na quantidade de peças fabricadas por dia. Neste caso o trabalhador é induzido a uma auto aceleração que não mais respeita sua percepção de fadiga e que poderá ter consequências sobre sua saúde.

9.5 Concepção dos postos e espaços de trabalho

A concepção dos postos de trabalho também deve levar em consideração os fatores organizacionais (como *layouts*, turnos, rodízios, jornadas, etc.) e ambientais (iluminação diurna e noturna – quando for o caso, ruído, temperatura, umidade do ar e velocidade do ar), a natureza da tarefa e das atividades, bem como facilitar a <u>alternância</u> de posturas.

As dimensões dos espaços de trabalho e de circulação, inerentes à execução da tarefa, devem ser suficientes para que o trabalhador possa movimentar os segmentos corporais livremente, de maneira a facilitar o trabalho, reduzir o esforço do trabalhador e não exigir a adoção de posturas extremas ou nocivas.

9.6 Relações hierárquicas

O item 17.4.7 determina que os superiores hierárquicos diretos dos trabalhadores sejam orientados para buscar no exercício de suas atividades:

a) **facilitar a compreensão** das atribuições e responsabilidades de cada função;

b) manter **aberto o diálogo**, de modo que os trabalhadores possam sanar dúvidas quanto ao exercício de suas atividades;

c) facilitar o **trabalho em equipe**; e

d) estimular *tratamento justo e respeitoso* nas relações pessoais no ambiente de trabalho.

Chama a atenção o fato da necessidade de constar expressamente na norma a exigência de comportamentos basilares de qualquer relacionamento humano como tratamento *justo e respeitoso*. Chama ainda mais a atenção o subitem 17.4.7.1 que dispensa a organização com até dez empregados do atendimento às alíneas apresentadas anteriormente.

10. AVALIAÇÃO DAS SITUAÇÕES DE TRABALHO

Vimos no início deste capítulo que a NR17 se aplica a todas as *situações de trabalho* relacionadas às <u>condições de trabalho</u>. Já estudamos também a abrangência do conceito da expressão <u>condições de trabalho</u>.

Veremos agora as disposições relativas às avaliações das *situações de trabalho* para fins do Gerenciamento dos Riscos Ocupacionais.

Estas avaliações abrangem a avaliação ergonômica preliminar e a Análise Ergonômica do Trabalho (AET).

10.1 Avaliação ergonômica preliminar

A organização deve realizar <u>avaliação ergonômica preliminar</u> das situações de trabalho que, em decorrência da natureza e do conteúdo das atividades requeridas, demandam adaptação às características psicofisiológicas dos trabalhadores.

O objetivo da <u>avaliação ergonômica preliminar</u> é subsidiar a implementação das medidas de prevenção e adequações necessárias previstas na NR17. Trata-se de um levantamento para a identificação de perigos relacionados a fatores ergonômicos e que demandam ações de prevenção imediatas. Porém, entendo que o fato de ser *preliminar* não significa que deve ser *superficial*; há que se considerar critérios técnicos durante sua realização. A experiência e julgamento profissional também devem nortear esta avaliação.

Neste sentido, a própria norma determina que a avaliação ergonômica preliminar pode ser realizada por meio de abordagens qualitativas, semiquantitativas, quantitativas ou combinação dessas, dependendo do risco e dos requisitos legais, a fim de identificar os perigos e produzir informações para o planejamento das medidas de prevenção necessárias. A AEP também é subsidiada pelas informações obtidas nas conversas com os trabalhadores a fim de se identificar as diversas variabilidades e estratégias adotadas na realização da atividade.

A conversa com os trabalhadores também deve subsidiar a avaliação ergonômica preliminar para se entender as variabilidades e estratégias utilizadas para execução das atividades, sem pré-julgamentos.

Deve ser registrada pela organização, podendo ser contemplada nas etapas do processo de identificação de perigos e de avaliação dos riscos, descrito na NR1, 1.5.4 – Processo de identificação de perigos e avaliação de riscos ocupacionais.

Apesar de ser uma avaliação preliminar, entendo que o profissional responsável deve reunir os conhecimentos necessários não somente para identificar e utilizar as abordagens corretas aplicáveis a cada caso, mas também identificar as situações nas quais será necessária uma análise mais aprofundada. Entendo, inclusive, que à avaliação ergonômica preliminar se aplica o disposto na Nota técnica 287/2016 CGNOR/DSST/SIT, conforme citado no Quadro *Além da NR – Profissional Responsável pela AET*, apresentado adiante.

10.2 Análise ergonômica do trabalho

10.2.1 Introdução

A **Análise Ergonômica do Trabalho** (AET) é uma abordagem metodológica proposta pela Ergonomia, e corresponde a uma avaliação detalhada e minuciosa das atividades, dos modos operatórios, da comparação entre o trabalho real e o trabalho prescrito, da variabilidade do contexto do trabalho (condições ambientais, características antropométricas, entre outros), bem como dos meios disponíveis para realizá-lo. A partir daí, são apresentadas recomendações específicas e detalhadas relativas a alterações de arranjo físico, mobiliário, máquinas, equipamentos, ferramentas, movimentação de cargas, organização do trabalho, entre outros.

Entretanto, para validar as recomendações é imprescindível submetê-las aos trabalhadores (nova ferramenta, novo processo, novo mobiliário). Além disso, é necessário que o profissional responsável pela AET acompanhe a execução das atividades dos trabalhadores ao longo de determinado período, evitando-se uma visão pontual da execução das tarefas. As atividades devem ser decompostas em indicadores observáveis: deslocamentos, gestos, posturas, comunicações (com a chefia, colegas, clientes, fornecedores), **punições**, movimentos, solicitação visual da tarefa, verbalizações simultâneas ao trabalho, jargões e manifestações de cansaço ou desprazer.

Durante o levantamento de dados da AET, também podem ser utilizados questionários e *check-lists*. Entretanto, alguns estudiosos destacam que, em razão de sua subjetividade, essas ferramentas devem ser usadas apropriadamente, pois podem limitar a verificação do trabalho real em contraposição ao trabalho prescrito.

Ademais, toda introdução de novos métodos ou dispositivos tecnológicos que alterem os modos operatórios dos trabalhadores deve ser alvo de análise ergonômica prévia, estabelecendo-se períodos e procedimentos adequados de capacitação e adaptação.

462 | SEGURANÇA E SAÚDE NO TRABALHO – *Mara Queiroga Camisassa*

Veremos que a NR17 não exige que se faça uma AET de toda a organização, sendo seu ponto de partida a análise da demanda. A norma tampouco determina métodos ou ferramentas para seu desenvolvimento; caberá ao responsável a escolha do método a ser utilizado, de acordo com a demanda a ser abordada. Também não há que se falar em periodicidade de elaboração da AET, que deve ser um programa de aprimoramento contínuo das condições ergonômicas no ambiente de trabalho.

Além da NR
Profissional responsável pela AET

A NR17 não estabelece qual profissional deve realizar a Análise Ergonômica do Trabalho (AET). Essa aparente omissão não é injustificada. No Brasil, a profissão de Ergonomista não apresenta uma formação específica de nível superior; ela se dá por meio de cursos de especialização Lato Sensu, que são frequentados por profissionais de áreas variadas de nível superior. Não há definição explícita de qual profissional está habilitado legalmente a executar esse tipo de avaliação, porém as definições deixam claro que há necessidade de uma formação específica para executar trabalhos nessa área, bem como conhecimento prévio de formação acadêmica de nível superior dos sistemas humanos para poder interpretar e planejar melhorias ergonômicas que protejam o ser humano no seu ambiente de trabalho. Em função do exposto, a empresa deve garantir que o profissional contratado possua efetivamente conhecimento e capacidade para a elaboração da AET. Da mesma forma, na sua elaboração o profissional deve cumprir de forma criteriosa todas as exigências contidas na NR17.

Deve ser elaborada por profissional de nível superior, que se responsabilizará formalmente pelo conteúdo do documento. Frise-se que a AET pode, inclusive, gerar a responsabilização do profissional elaborador, em caso de imperícia ou inabilidade, com eventuais repercussões negativas no ambiente de trabalho [25].

10.2.2 Gatilhos para realização da AET

A organização deve realizar Análise Ergonômica do Trabalho – AET da situação de trabalho quando:

a) observada a necessidade de uma **avaliação mais aprofundada** da situação: ou seja, as informações levantadas durante a avaliação ergonômica preliminar não foram suficientes para a identificação do problema ou mesmo para subsidiar a adoção das medidas de prevenção;

b) identificadas **inadequações ou insuficiência** das ações adotadas;

c) **sugerida pelo acompanhamento de saúde dos trabalhadores**, nos termos do Programa de Controle Médico de Saúde Ocupacional – PCMSO e da alínea "c" do subitem 1.5.5.1.1 da NR1[26]: por exemplo, foi verificada a ocorrência (ou mesmo a suspeição) de lesão ou adoecimento mesmo após a adoção de medidas de prevenção; ou

d) indicada causa relacionada às condições de trabalho na **análise de acidentes e doenças relacionadas ao trabalho**, nos termos do PGR: por exemplo, ocorreu

---

[25]   Nota técnica 287/2016 CGNOR/DSST/SIT.

[26]   "1.5.5.1.1 A organização deve adotar medidas de prevenção para eliminar, reduzir ou controlar os riscos sempre que: [...] c) houver evidências de associação, por meio do controle médico da saúde, entre as lesões e os agravos à saúde dos trabalhadores com os riscos e as situações de trabalho identificados."

um acidente e a análise correspondente identificou como um dos fatores causais risco relacionado a fator ergonômico.

10.2.3 Etapas

A AET deve abordar as **condições de trabalho** incluindo as seguintes etapas Análise-Diagnóstico-Intervenção, conforme apresentado a seguir:

a) **análise da demanda e, quando aplicável, reformulação do problema**: a **demanda** pode ter diversas origens; pode ser a constatação de que em determinado setor há um número elevado de doenças ou acidentes (demanda de saúde) ou reclamações de sindicato de trabalhadores (demanda social) ou a partir de uma notificação de auditores fiscais do trabalho ou de ações civis públicas (demandas legais) que, por sua vez, também se originaram de alguma queixa ou reclamação. A demanda deve ser estudada para direcionar a análise do contexto, ou seja, para situar o problema a ser analisado; a identificação da demanda também deve se apoiar nas queixas dos trabalhadores, adoecimentos, afastamentos, acidentes, entre outros aspectos;

b) **análise do funcionamento da organização, dos processos, das situações de trabalho e da atividade**: devem ser identificados os postos de trabalho e/ou processos ou ainda determinadas situações ou atividades que apresentem riscos no campo de conhecimento da Ergonomia, considerando a gravidade e a urgência da adequação das situações de trabalho encontradas; também devem ser estudados fatores como a política de pessoal, a faixa etária da população trabalhadora, características antropométricas e gênero predominante, nível de escolaridade, capacitação, rotatividade, absenteísmo, níveis hierárquicos, trabalho prescrito x trabalho real, entre vários outros;

c) **descrição e justificativa para definição de métodos, técnicas e ferramentas adequados para a análise e sua aplicação, não estando adstrita à utilização de métodos, técnicas e ferramentas específicos**: a escolha do método a ser utilizado deve ser tecnicamente justificada; cada método tem uma aplicação específica e a escolha daquele a ser utilizado cabe ao profissional responsável pela AET; o método a ser escolhido deve ser pertinente à situação em análise, por exemplo, não se deve aplicar o método OCRA[27] na avaliação de atividade sem exigências biomecânicas em membros superiores;

d) **estabelecimento de diagnóstico**;

e) **recomendações para as situações de trabalho analisadas**: as recomendações devem ser detalhadas e específicas para a situação de trabalho analisada; porém, o que vemos em várias AET são recomendações genéricas e inapropriadas como "*pedir ajuda ao carregar peso*" ou ainda "*ajustar o mobiliário*";

f) **restituição dos resultados, validação e revisão das intervenções efetuadas, quando necessária, com a participação dos trabalhadores**.

---

[27] *Occupational Repetitive Actions*: método de avaliação da exposição dos trabalhadores a fatores de risco de lesão em membros superiores seja por repetição, força, posturas extremas, não fruição de pausas, entre outros aspectos.

A AET deve ser consolidada em um relatório, e ficar à disposição, na organização, pelo prazo de vinte anos.

10.2.4 Tratamento Diferenciado para MEI, ME e EPP

As Microempresas – ME e Empresas de Pequeno Porte – EPP enquadradas como graus de risco 1 e 2 e o Microempreendedor Individual – MEI **não são obrigados a elaborar a AET**, mas devem atender a todos os demais requisitos estabelecidos na NR17, quando aplicáveis. Esta é a regra geral, **porém**, as ME ou EPP enquadradas como graus de risco 1 e 2 estarão **obrigadas** a realizar a AET sempre que:

- ✓ sugerida pelo acompanhamento de saúde dos trabalhadores, nos termos do Programa de Controle Médico de Saúde Ocupacional – PCMSO;
- ✓ houver evidências de associação, por meio do controle médico da saúde, entre as lesões e os agravos à saúde dos trabalhadores com os riscos e as situações de trabalho identificados; ou
- ✓ indicada causa relacionada às condições de trabalho na análise de acidentes e doenças relacionadas ao trabalho, nos termos do Programa de Gerenciamento de Riscos – PGR.

Ou seja, sempre que houver constatação ou suspeição de adoecimento ou lesão, ou ainda ocorrência de acidente cuja análise aponte causa relacionada a fatores ergonômicos, a ME ou EPP (GR1 ou GR2) estará obrigada a elaborar a AET correspondente com o objetivo de subsidiar as medidas de prevenção necessárias.

10.3 Disposições gerais referentes à avaliação ergonômica preliminar e à AET

Devem integrar o inventário de riscos do PGR:

- a) os resultados da avaliação ergonômica preliminar; e
- b) a revisão, quando for o caso, da identificação dos perigos e da avaliação dos riscos, conforme indicado pela AET.

Também devem ser previstos planos de ação, nos termos do PGR, para:

- a) as medidas de prevenção e adequações decorrentes da avaliação ergonômica preliminar, atendido o previsto na norma; e
- b) as recomendações da AET.

A organização deve garantir que os empregados sejam ouvidos durante o processo da avaliação ergonômica preliminar e da AET. Isso significa que todas as etapas de *análise-diagnóstico-intervenção* apresentadas anteriormente devem ser realizadas com a participação dos trabalhadores. Neste sentido, o profissional ou a equipe responsável pelas avaliações e análises ergonômicas deve se valer, entre outros aspectos, do "saber operário", das verbalizações e das estratégias adotadas pelos trabalhadores na realização das tarefas. Destaco também que a organização deve registrar esta participação.

A figura a seguir apresenta as possibilidades de integração da avaliação ergonômica preliminar e da Análise Ergonômica do Trabalho com o PGR:

Possibilidades de integração AEP/AET com o PGR

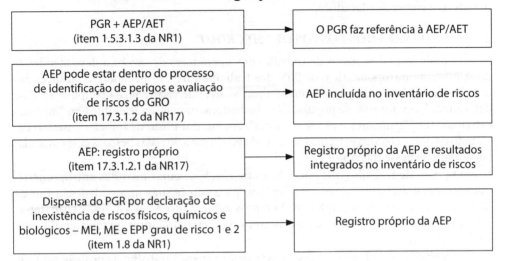

ANEXO I
TRABALHO DOS OPERADORES DE *CHECKOUT*

1. INTRODUÇÃO

Os operadores de *checkout* são responsáveis pelo registro das compras dos consumidores e respectiva cobrança, porém o tipo de atividade exercida é motivo de agravos à saúde física e mental. O corpo sofre com a repetitividade dos movimentos de digitação de códigos, posição estática, movimentação de mercadorias, elevação de membros superiores, pesagem de produtos, inadequação do posto de trabalho, entre outros. O trabalho dos operadores de *checkout* tem como principais características:

1) Uso do corpo:
 – Movimentação e levantamento dos produtos;
 – Posições determinadas pelo mobiliário e pelas exigências das tarefas;
2) Uso das funções cognitivas:
 – Atenção para artigos semelhantes e diferentes;
 – Manuseio de dinheiro, cartões e outros meios de pagamento;
 – Uso dos sistemas de informática.
3) Uso das funções emocionais:
 – Interface com clientes;
 – Amabilidade, sem perder a agilidade no atendimento;
 – Atenção permanente.
4) Pressão temporal.

Publicado em 2007, o Anexo 1 da NR17 tem o objetivo de estabelecer as diretrizes e os requisitos para adequação das condições de trabalho dos operadores de *checkout*, visando à sua saúde e segurança e se aplica às organizações que desenvolvem atividade comercial utilizando sistema de autosserviço e *checkout*, como supermercados, hiper-mercados e comércio atacadista.

2. MOBILIÁRIO DOS POSTOS DE *CHECKOUT*

O mobiliário dos postos de trabalho dos operadores de *checkout* deve atender às características antropométricas de **90% dos trabalhadores**, respeitando os alcances dos membros e da visão de forma a compatibilizar as áreas de visão com a manipulação. Essa determinação exclui 10% da população trabalhadora, ou seja, aqueles que têm "medidas extremas" (as 5% maiores e as 5% menores). Assim, um posto de trabalho, mesmo ex-cluindo os dois percentis extremos, estará adequado para 90% das pessoas cujas medidas encontram-se nesse intervalo[28].

O posto de trabalho dos operadores de *checkout* cujas medidas antropométri-cas não sejam atendidas deve ser adaptado para suprir suas necessidades, a fim de facilitar sua integração ao trabalho. Veremos adiante, no Anexo 2, que existe deter-minação expressa no tocante a esse assunto para trabalhadores de teleatendimento e *telemarketing*.

O mobiliário também deve assegurar a postura para o trabalho na **posição sentada e em pé,** e as posições confortáveis dos membros superiores e inferiores, nessas duas situações. A possibilidade de colocação da cadeira do posto de *checkout* em posição que não atrapalhe o trabalho em pé tem o objetivo de favorecer a variação da postura, para que o trabalhador possa alternar entre a postura sentada e a em pé. Vale destacar nova-mente que a postura mais adequada ao trabalhador é aquela que ele escolhe livremente e que pode ser variada durante a jornada.

O mobiliário também deve respeitar os **ângulos-limite e trajetórias naturais** dos movimentos, durante a execução das tarefas, evitando a flexão e a torção do tronco.

A cadeira do posto de *checkout* deve possuir assento e encosto para apoio lom-bar com estofamento de densidade adequada, ajustáveis à estatura do trabalhador e à natureza da tarefa. Quando a cadeira não possui apoio lombar apropriado, a cavidade lombar se descaracteriza, formando uma cifose[29], invertendo totalmente a curva natural da coluna. Por isso o encosto da cadeira deve ser convexo, a fim de manter o formato das curvaturas originais da coluna. Além disso, assentos com estofamentos muito duros ou muito macios não proporcionam suporte adequado ao peso corporal. Também deve ser disponibilizado **apoio para os pés, independente da cadeira**.

Nos *checkouts* com comprimento igual ou superior a 2,70 m deve ser adotado siste-ma com esteira eletromecânica para facilitar a movimentação de mercadorias. Também deve haver sistema de comunicação com pessoal de apoio e supervisão. O mobiliário deve ser mantido sem quinas vivas ou rebarbas, devendo os elementos de fixação (pre-gos, rebites, parafusos) ser mantidos de forma a não causar acidentes.

De forma geral, na concepção do posto de trabalho do operador de *checkout* deve--se prever a possibilidade de adequações ou ajustes localizados, exceto nos equipamen-tos fixos, considerando o conforto dos operadores.

---

[28] GRANDJEAN, Etienne. *Manual de ergonomia*: adaptando o trabalho ao homem. Porto Alegre: Bookman, 1998.

[29] Cifose: curvatura da coluna que provoca arqueamento ou arredondamento das costas, e leva à postura *corcunda*.

3. MERCADORIAS

3.1 Manipulação

A organização deve envidar esforços a fim de que a manipulação de mercadorias não acarrete o uso de força muscular excessiva por parte dos operadores de *checkout*. Para o cumprimento dessa determinação da norma, deve ser adotado um ou mais dos seguintes itens, cuja escolha fica a critério da própria organização:

a) **negociação do tamanho e volume das embalagens** de mercadorias com fornecedores;

b) uso de equipamentos e instrumentos de **tecnologia adequada**;

c) formas **alternativas de apresentação do código de barras** da mercadoria ao leitor ótico, quando existente;

d) disponibilidade de **pessoal auxiliar**, quando necessário;

e) outras medidas que ajudem a **reduzir a sobrecarga do operador** na manipulação de mercadorias.

3.2 Ensacamento

A atividade de ensacamento de mercadorias não deve se incorporar ao ciclo de trabalho ordinário e habitual dos operadores de *checkout*. Para isso, o empregador deve adotar medidas, tais como (a escolha entre as medidas relacionadas a seguir é prerrogativa do empregador):

a) manter, **no mínimo, um ensacador a cada três *checkouts*** em funcionamento;

b) proporcionar condições que **facilitem o ensacamento pelo cliente**;

c) outras medidas que se destinem ao mesmo fim.

3.3 Pesagem

A pesagem de mercadorias pelo operador de *checkout* só poderá ocorrer quando os seguintes requisitos forem atendidos <u>simultaneamente</u>:

a) balança localizada **frontalmente** e próxima ao operador;

b) **balança nivelada** com a superfície do *checkout*;

c) **continuidade entre as superfícies** do *checkout* e da balança, admitindo-se até dois centímetros de descontinuidade em cada lado da balança;

d) teclado para digitação localizado a uma **distância máxima de 45 centímetros** da borda interna do *checkout*;

e) número **máximo de oito dígitos** para os códigos de mercadorias que sejam pesadas.

Vejam, então, que a norma não proíbe a pesagem de mercadorias pelo operador de *checkout*, mas tal função somente poderá ser a ele atribuída caso sejam observados todos os requisitos anteriores.

4. ORGANIZAÇÃO DO TRABALHO

A disposição física e o número de *checkouts* em atividade (abertos) e de operadores devem ser compatíveis com o fluxo de clientes, de modo a adequar o ritmo de trabalho às características psicofisiológicas de cada operador, por meio da adoção de pelo menos um dos seguintes itens, cuja escolha fica a critério da organização:

a) pessoas para **apoio ou substituição**, quando necessário;

b) **filas únicas** por grupos de *checkouts*;

c) **caixas especiais** (idosos, gestantes, deficientes, clientes com pequenas quantidades de mercadorias);

d) **pausas** durante a jornada de trabalho;

e) **rodízio** entre os operadores de *checkouts* com características diferentes;

f) outras medidas que ajudem a **manter o movimento adequado de atendimento** sem a sobrecarga do operador de *checkout*.

Ao contrário do Anexo II – Trabalho em Teleatendimento/Telemarketing, a norma não estabeleceu a duração das pausas para os operadores de *checkout*, determinando tão somente sua fruição.

A norma exige ainda que sejam garantidas saídas do posto de trabalho, mediante comunicação (e não, *autorização*), a qualquer momento da jornada, para que os operadores atendam às suas necessidades fisiológicas, ressalvado o intervalo para refeição previsto na CLT. Observem, então, que no caso de saída do posto de trabalho para satisfação de necessidades fisiológicas não é necessário que o operador de *checkout solicite autorização*, ele deve apenas *comunicar* sua saída.

A norma também proíbe a promoção, para efeitos de remuneração ou premiação de qualquer espécie, de sistema de avaliação de desempenho com base no número de mercadorias ou compras por operador. Destaco novamente que a avaliação de desempenho não é vedada, a norma apenas proíbe que essa avaliação se baseie na quantidade de mercadorias por operador.

É também atribuição do operador de *checkout* a verificação das mercadorias apresentadas. Entretanto, é vedado atribuir-lhe tarefas de segurança patrimonial. Sua responsabilidade se limita a verificar as mercadorias no sentido de identificar se não há amassados, furos, rasgos, ou seja, verificar a integridade das embalagens. Não é sua função realizar atividades de *segurança patrimonial* buscando identificar tentativas de furtos ou roubos.

5. ASPECTOS PSICOSSOCIAIS DO TRABALHO

Todo trabalhador envolvido com o trabalho em *checkout* deve portar um dispositivo de identificação visível, com nome e/ou sobrenome, **escolhido(s) pelo próprio trabalhador**.

É vedado obrigar o trabalhador ao uso, permanente ou temporário, de vestimentas ou propagandas ou maquilagem temática, que causem constrangimento ou firam sua dignidade pessoal.

6. TREINAMENTO

Considerando que a atividade exercida pelo trabalhador de *checkout* apresenta elevados riscos relacionados a fatores ergonômicos, a NR17 determina que todos os operadores devem receber treinamento a fim de aumentar o conhecimento da relação entre o seu trabalho e a promoção à saúde.

A forma do treinamento (contínuo ou intermitente, presencial ou a distância, por palestras, cursos ou audiovisual) fica a critério de cada organização.

6.1 Conteúdo programático

O treinamento deve conter noções sobre prevenção e os fatores de risco para a saúde, decorrentes da modalidade de trabalho de operador de *checkout*, levando em consideração os aspectos relacionados a:

a) posto de trabalho;
b) manipulação de mercadorias;
c) organização do trabalho;
d) aspectos psicossociais do trabalho;
e) lesões ou agravos à saúde mais encontrados entre operadores de *checkout*.

O treinamento deve incluir, obrigatoriamente, a disponibilização de material didático com o conteúdo programático.

A elaboração do conteúdo técnico e avaliação dos resultados do treinamento devem contar com a participação de integrantes do Serviço Especializado em Segurança e Medicina do Trabalho – SESMT e da Comissão Interna de Prevenção de Acidentes e de Assédio – CIPA, quando houver, do médico responsável pelo Programa de Controle Médico de Saúde Ocupacional – PCMSO e dos responsáveis pela elaboração e implementação do Programa de Gerenciamento de Riscos – PGR.

6.2 Carga horária e prazo de realização

Os operadores de *checkout* devem participar de **treinamento inicial** a ser realizado **até o trigésimo** dia da data da admissão. Também devem participar de **reciclagem anual**. Ambos treinamentos devem ter carga horária mínima de duas horas e serem ministrados durante a jornada de trabalho.

Observem que, ao contrário das demais normas, o **treinamento inicial** do operador de *checkout* poderá ocorrer **após** o início das atividades, devendo ser realizado até o 30.º dia da admissão. Esta situação (treinamento inicial após o início das atividades) é prevista no item 1.7.1.2.1. da NR1 – Disposições Gerais e Gerenciamento de Riscos Ocupacionais:

> *1.7.1.2.1 O treinamento inicial deve ocorrer antes de o trabalhador iniciar suas funções ou de <u>acordo com o prazo especificado em NR</u>.* (grifo acrescentado)

ANEXO II
TRABALHO EM TELEATENDIMENTO/*TELEMARKETING*

1. INTRODUÇÃO

Esse anexo tem por objetivo estabelecer os requisitos para o trabalho em atividades de teleatendimento e *telemarketing* de modo a proporcionar o máximo de conforto, segurança, saúde e desempenho eficiente. Aplica-se a todas as organizações que mantêm esse serviço tanto na modalidade ativo (geração de chamadas) ou receptivo (recebimento de chamadas), em centrais de atendimento telefônico e/ou centrais de relacionamento com clientes (*call centers*), para prestação de serviços, informações e comercialização de produtos.

Vejam, então, que o anexo se aplica às organizações que mantêm teleatendimento e *telemarketing* como atividade _meio_. Esse é o caso, por exemplo, de uma fábrica de laticínios que possui um serviço de atendimento ao cliente, responsável pelo atendimento de chamadas referentes a dúvidas, reclamações, críticas e sugestões (teleatendimento receptivo ou passivo). O setor que realiza esse serviço está obrigado a cumprir as determinações do Anexo 2 da NR17, ainda que essa não seja a atividade principal da empresa.

Entende-se como *call center* o ambiente de trabalho no qual a principal atividade é conduzida via telefone e/ou rádio com utilização simultânea de terminais de computador. Entende-se como trabalho de teleatendimento/*telemarketing* aquele cuja comunicação com interlocutores clientes e usuários é realizada a distância por intermédio da voz e/ou mensagens eletrônicas, com a utilização simultânea de equipamentos de audição/escuta e fala telefônica e sistemas informatizados ou manuais de processamento de dados.

O trabalho dos operadores de teleatendimento/*telemarketing* é cercado de inúmeros riscos relacionados a estressores ergonômicos e psicossociais. Entre os principais fatores de adoecimento destacam-se:

- Forte solicitação da memória e da atenção e emoção contida[30];
- Repetitividade da tarefa em contraste com sua complexidade;
- Ritmos acelerados e insuficiência de pausas;
- Monitoramento pessoal e eletrônico constrangedor;
- Falta de controle sobre o próprio trabalho;
- Relação difícil ou ameaçadora com a supervisão e os clientes/usuários;
- Metas estabelecidas produzem uma exposição entre os "melhores" e os "piores" teleoperadores e disciplinam o coletivo;
- Produtividade fundada na obtenção de lucros e na lógica da competição.

O trabalho em seu ritmo acelerado imprime a automatização do pensamento; síndrome de pânicos e fobias que sinalizam limite no corpo e na mente dos teleoperadores, comprometendo sua saúde. Além disso, o desemprego amedronta e os laços de submissão exigem mais trabalho, ao passo que a solidariedade se perde[31].

---

[30] Neste ponto destaco a exigência de atendimento com *"sorriso na voz"*, imputadas aos operadores pelas organizações de teleatendimento e *telemarketing*.

[31] Disponível em: http://www.estudosdotrabalho.org/anais-vii-7-seminario-trabalho-ret – 2010/Ana_Soraya_Vilasboas_Bomfim_o_trabalho_no_teleatendimento_telemarketing_em_salvador.pdf. Acesso em: 26 mar. 2014.

2. MOBILIÁRIO DO POSTO DE TRABALHO

Para trabalho manual sentado ou que tenha de ser feito em pé deve ser disponibilizado ao trabalhador mobiliário que atenda às determinações do texto geral da norma, conforme vimos anteriormente, e que permita variações posturais, com ajustes de fácil acionamento, de modo a prover espaço suficiente para seu conforto.

O plano de trabalho deve ter bordas arredondadas e as superfícies de trabalho devem ser reguláveis em altura em um intervalo mínimo de 13 centímetros, medidos de sua face superior, permitindo o apoio das plantas dos pés no piso. Nos casos em que os pés do operador não alcançarem o piso, mesmo após a regulagem do assento, deverá ser fornecido apoio para os pés que se adapte ao comprimento das pernas, permitindo o apoio das plantas dos pés, com inclinação e altura ajustáveis e superfície revestida de material antiderrapante.

O monitor de vídeo e o teclado devem estar apoiados em superfícies com mecanismos de **regulagem independentes**, sendo aceita superfície regulável única para teclado e monitor quando este for dotado de regulagem independente de, no mínimo, 26 centímetros no plano vertical. O dispositivo de apontamento na tela (*mouse*) deve estar apoiado na mesma superfície do teclado, colocado em área de fácil alcance e com espaço suficiente para sua livre utilização.

A norma também estabelece requisitos para bancada sem material de consulta e com material de consulta.

A **bancada sem material de consulta** deve ter, no mínimo, profundidade de 75 centímetros medidos a partir de sua borda frontal e largura de 90 centímetros que proporcionem zonas de alcance manual de, no máximo, 65 centímetros de raio em cada lado, medidas centradas nos ombros do operador em posição de trabalho.

A **bancada com material de consulta** deve ter, no mínimo, profundidade de 90 centímetros a partir de sua borda frontal e largura de 100 centímetros que proporcionem zonas de alcance manual de, no máximo, 65 centímetros de raio em cada lado. Essas medidas devem estar centradas nos ombros do operador em posição de trabalho para livre utilização e acesso de documentos.

O espaço sob a superfície de trabalho deve ter profundidade livre mínima de 45 centímetros ao nível dos joelhos e de 70 centímetros ao nível dos pés, medidos de sua borda frontal.

Vejam questão do CESPE/2010 sobre mobiliário dos postos de trabalho de teleatendimento, cujo gabarito é CERTO:

 No posto de trabalho em teleatendimento, o teclado somente poderá ficar na mesma superfície regulável do monitor de vídeo se esse for dotado de regulagem independente de, no mínimo, 26 cm no plano vertical.

2.1 Assentos

Os assentos devem ser dotados de apoio em cinco pés, com rodízios cuja resistência evite deslocamentos involuntários e que não comprometam sua estabilidade. Não devemos confundir esse *apoio em cinco pés* com o *apoio para os pés*. O primeiro funciona

SEGURANÇA E SAÚDE NO TRABALHO – *Mara Queiroga Camisassa*

como apoio da estrutura da própria cadeira, enquanto o segundo, como descanso para os pés do operador.

As superfícies dos assentos onde ocorre contato corporal devem ser estofadas e revestidas de material que permita a perspiração. A base deve ser estofada com material de densidade entre 40 a 50 kg/m³. A altura da superfície superior da base do assento deve ser ajustável, em relação ao piso, entre 37 e 50 centímetros, podendo ser adotados até três tipos de cadeiras com alturas diferentes, de forma a atender as necessidades de todos os operadores. A profundidade útil da base do assento deve estar entre 38 a 46 centímetros. O assento deve ter borda frontal arredondada e características de pouca ou nenhuma conformação na base.

O encosto deve ser ajustável em altura e em sentido anteroposterior, com forma levemente adaptada ao corpo para proteção da região lombar. O assento também deve possuir apoio de braços regulável em altura de 20 a 25 centímetros a partir do assento, e seu comprimento não deve interferir no movimento de aproximação da cadeira em relação à mesa, nem com os movimentos inerentes à execução da tarefa.

3. EQUIPAMENTOS DOS POSTOS DE TRABALHO

3.1 *Headsets*

Devem ser fornecidos gratuitamente conjuntos de microfone e fone de ouvido (*headsets*) individuais, que permitam ao operador a alternância do uso das orelhas ao longo da jornada de trabalho e que sejam substituídos sempre que apresentarem defeitos ou desgaste devido ao uso. Alternativamente, poderá ser fornecido **um headset para cada posto de atendimento**, desde que as **partes que permitam qualquer espécie de contágio ou risco à saúde sejam de uso individual**. Normalmente, tais peças são a espuma do fone de ouvido e o tubo de plástico descartável que cobre o microfone. É importante lembrar que o *headset* **não é Equipamento de Proteção Individual (EPI)**.

Os *headsets* devem:

- Ter seus dispositivos de operação e controles de fácil uso e alcance;
- Permitir ajuste individual da intensidade do nível sonoro e ser providos de sistema de proteção contra choques acústicos e ruídos indesejáveis de alta intensidade, garantindo o entendimento das mensagens.

No tocante aos *headsets*, os empregadores devem:

- Garantir a correta higienização e as condições operacionais recomendadas pelos fabricantes;
- Substituí-los prontamente quando situações irregulares de funcionamento forem detectadas pelo operador.

3.2 Monitores de vídeo

Os monitores de vídeo devem proporcionar corretos ângulos de visão e ser posicionados frontalmente ao operador, devendo ser dotados de regulagem que permita o correto ajuste da tela à iluminação do ambiente, protegendo o trabalhador contra reflexos indesejáveis.

NR 17 · ERGONOMIA — 473

4. CONDIÇÕES AMBIENTAIS DE TRABALHO

4.1 Condições do conforto acústico

Os locais de trabalho dos operadores de *telemarketing*/teleatendimento devem ser providos de condições acústicas adequadas à comunicação telefônica, adotando-se medidas de adequação referentes ao arranjo físico dos locais e dos postos de trabalho, pisos e paredes, isolamento acústico do ruído externo, tamanho, forma, revestimento e distribuição das divisórias entre os postos, com o fim de atender o disposto no item 17.8.4.1 da norma:

> *17.8.4.1 A organização deve adotar medidas de controle do ruído nos ambientes internos, com a finalidade de proporcionar conforto acústico nas situações de trabalho.*

Tais medidas são de extrema importância, pois ajudam a diminuir o ruído de fundo e, consequentemente, o estresse inerente à atividade.

4.2 Condições de conforto térmico

Também devem ser implementados projetos adequados de climatização dos ambientes de trabalho que permitam distribuição homogênea das temperaturas e fluxos de ar utilizando, se necessário, controles locais e/ou setorizados da temperatura, velocidade e direção dos fluxos.

A norma **faculta** às empresas a instalação de equipamentos que permitam ao trabalhador acompanhar a temperatura, velocidade e umidade do ar do ambiente de trabalho.

4.3 Síndrome do edifício doente

Em 1982, a Organização Mundial de Saúde (OMS) definiu a Síndrome do Edifício Doente (SED) como o conjunto de doenças causadas ou estimuladas pela poluição do ar em ambientes fechados. Ocorre quando os ocupantes de determinada edificação experimentam sintomas de forma mais frequente que o restante da população e que não se encaixam no padrão de uma doença em particular, tornando-se difícil localizar uma fonte específica de tais sintomas, como irritação de nariz e garganta, tosse, rouquidão, dor de cabeça, fadiga, letargia, pele seca e falta de concentração.

Esses efeitos parecem estar vinculados ao tempo de permanência no edifício, mas nenhuma doença específica, ou causa, pode ser identificada. Normalmente, a sintomatologia aumenta durante a permanência no local e diminui rapidamente ao sair para almoço e/ou retornar para casa. A maioria dos sintomas, com exceção dos cutâneos, melhora nos fins de semana e desaparece completamente nas férias. Enfim, a Síndrome do Edifício Doente implica, necessariamente, um ambiente de trabalho desagradável, com eficiência reduzida e aumento no absenteísmo[32]. Para a prevenção da "síndrome do edifício doente", deve ser atendido o disposto na(o):

a) Lei 13.589, de 4 de janeiro de 2018: Dispõe sobre a manutenção de instalações e equipamentos de sistemas de climatização de ambientes;

---

[32] MENDES, René. *Patologia do trabalho*. São Paulo: Atheneu, 2013.

b) Subitem 1.5.5.1.1[33] da NR1 – Disposições Gerais e Gerenciamento de Riscos Ocupacionais; e

c) Regulamento dos Padrões Referenciais de Qualidade do Ar Interior em ambientes climatizados artificialmente de uso público e coletivo, com redação dada pela Resolução RE 9, de 16 de janeiro de 2003, da Agência Nacional de Vigilância Sanitária – Anvisa, ou outra que a venha substituir.

Por óbvio, em todos os ambientes climatizados de uso coletivo deve ser cumprido o disposto na legislação para prevenção da Síndrome do Edifício Doente, e não somente nas instalações de teleatendimento e *telemarketing*.

5. ORGANIZAÇÃO DO TRABALHO

5.1 Atividades aos domingos e feriados

A organização do trabalho nas atividades de teleatendimento e *telemarketing* deve ser feita de forma a não haver atividades aos domingos e feriados, total ou parcial, com exceção das atividades previstas em lei e das organizações autorizadas previamente pela autoridade competente em matéria de trabalho, conforme o previsto no art. 68, *caput*, da CLT, reproduzido a seguir:

> Art. 68. O trabalho em domingo, seja total ou parcial, na forma do art. 67, será sempre subordinado à permissão prévia da autoridade competente em matéria de trabalho.

5.2 Repouso semanal remunerado

Aos trabalhadores de teleatendimento/*telemarketing* é assegurado pelo menos um dia de repouso semanal remunerado coincidente com o domingo a cada mês, independentemente de metas, faltas e/ou produtividade.

5.3 Escalas

As escalas de fins de semana e de feriados devem ser especificadas e informadas aos trabalhadores com a antecedência necessária. Os empregadores devem levar em consideração as necessidades dos operadores na elaboração das escalas laborais que acomodem necessidades especiais da vida familiar dos trabalhadores com dependentes sob seus cuidados, especialmente nutrizes, incluindo flexibilidade especial para trocas de horários e fruição das pausas. Tal determinação visa facilitar o planejamento doméstico, principalmente de mães com crianças pequenas ou em fase de amamentação que dependem de terceiros para cuidar de seus filhos.

---

[33] 1.5.5.1.1 A organização deve adotar medidas de prevenção para eliminar, reduzir ou controlar os riscos sempre que:
a) exigências previstas em Normas Regulamentadoras e nos dispositivos legais determinarem;
b) a classificação dos riscos ocupacionais assim determinar, conforme subitem 1.5.4.4.5;
c) houver evidências de associação, por meio do controle médico da saúde, entre as lesões e os agravos à saúde dos trabalhadores com os riscos e as situações de trabalho identificados.

5.4 Tempo de trabalho

O tempo de trabalho em efetiva atividade de teleatendimento/*telemarketing* é de, no máximo, **seis horas diárias, nele incluídas as pausas, sem prejuízo da remuneração**. Para o cálculo do **tempo efetivo em atividade de teleatendimento/*telemarketing*** devem ser computados os períodos em que o operador se encontra no posto de trabalho, os intervalos entre os ciclos laborais e os deslocamentos para solução de questões relacionadas ao trabalho. O tempo necessário para reciclagem e ajustes do posto de trabalho também integra a jornada.

5.4.1 Pausas

As pausas deverão ser concedidas:

a) fora do posto de trabalho;

b) em dois períodos (descontínuos) de 10 minutos contínuos;

c) após os primeiros e antes dos últimos 60 minutos de trabalho.

Para períodos de trabalho efetivo de teleatendimento/*telemarketing* de até 4 horas diárias, deve ser observada a concessão de uma pausa de descanso contínuo de 10 minutos.

As pausas para descanso devem ser consignadas em registro impresso ou eletrônico, que deve ser disponibilizado para a fiscalização do trabalho no curso da inspeção, sempre que exigido (registro impresso). A norma também determina que os trabalhadores tenham acesso aos seus registros de pausas. Devem ser garantidas pausas no trabalho imediatamente após operação na qual tenham ocorrido ameaças, abuso verbal, agressões ou tenha sido especialmente desgastante. Estas pausas têm por objetivo permitir ao operador recuperar-se e socializar conflitos e dificuldades com colegas, supervisores ou profissionais de saúde ocupacional especialmente capacitados para tal acolhimento.

A figura a seguir apresenta uma consolidação sobre as principais informações a respeito das pausas dos operadores de teleatendimento e *telemarketing*:

PAUSAS

FORA DO POSTO DE TRABALHO	EM DOIS PERÍODOS DE 10 MINUTOS CONTÍNUOS (SE ATÉ QUATRO HORAS: UM PERÍODO DE 10 MINUTOS)
APÓS OS PRIMEIROS E ANTES DOS ÚLTIMOS SESSENTA MINUTOS DE TRABALHO NA ATIVIDADE	GARANTIDAS IMEDIATAMENTE APÓS OPERAÇÃO COM AMEAÇAS, ABUSO VERBAL OU AGRESSÕES
REGISTRO IMPRESSO OU ELETRÔNICO	INTEGRAM A JORNADA DE TRABALHO

5.5 Intervalo para repouso e alimentação

A fruição das pausas não prejudica o direito ao intervalo obrigatório para repouso e alimentação previsto no art. 71 da CLT. No caso dos operadores de *telemarketing*/teleatendimento o intervalo para repouso e alimentação deve ter duração de 20 minutos.

476 | SEGURANÇA E SAÚDE NO TRABALHO – *Mara Queiroga Camisassa*

Pausa × Intervalo

Importante ressaltar a diferença entre *pausa* e *intervalo*. O objetivo das *pausas* é prevenir sobrecarga psíquica, muscular estática de pescoço, ombros, dorso e membros superiores. As **pausas integram** a jornada de trabalho. O *intervalo* é o período dedicado ao repouso e alimentação dos trabalhadores. O **intervalo não integra** a jornada de trabalho.

5.6 Idas ao banheiro

Com o fim de permitir a satisfação das necessidades fisiológicas, as empresas devem consentir que os operadores saiam de seus postos de trabalho **a qualquer momento** da jornada, e não somente durante as pausas ou intervalos, sem repercussões sobre suas avaliações e remunerações. Entretanto, o que vemos na prática são empresas que não somente restringem a saída do posto de trabalho para satisfação das necessidades fisiológicas, mas também determinam um limite de tempo diário para idas ao banheiro, de modo a não prejudicar o alcance das metas, em flagrante descumprimento da norma.

5.7 Atividades físicas

A participação em quaisquer modalidades de atividade física, quando adotadas pela empresa, **não é obrigatória**, e a recusa do trabalhador em praticá-la não poderá ser utilizada para efeito de qualquer punição.

5.8 Prorrogação da jornada de trabalho

A prorrogação da jornada de trabalho só será admissível nos termos da legislação, sem prejuízo das pausas previstas e **respeitado o limite de 36 horas semanais** de tempo efetivo em atividade de teleatendimento/*telemarketing*.

A duração das jornadas somente poderá prolongar-se além do limite previsto nos termos da lei em casos excepcionais, por motivo de força maior, necessidade imperiosa ou para a realização ou conclusão de serviços inadiáveis ou cuja inexecução possa acarretar prejuízo manifesto, conforme dispõe o art. 61 da CLT:

> *Art. 61. Ocorrendo necessidade imperiosa, poderá a duração do trabalho exceder do limite legal ou convencionado, seja para fazer face a motivo de força maior, seja para atender à realização ou conclusão de serviços inadiáveis ou cuja inexecução possa acarretar prejuízo manifesto.*
>
> *§ 1.º O excesso, nos casos deste artigo, pode ser exigido independentemente de convenção coletiva ou acordo coletivo de trabalho.*

O contingente de operadores deve ser dimensionado de acordo com as demandas da produção no sentido de não gerar sobrecarga habitual ao trabalhador, e deve ser suficiente para garantir que todos possam usufruir as pausas e intervalos previstos.

6. PROIBIÇÕES IMPUTADAS À ORGANIZAÇÃO

- **Exigir a observância estrita do *script* ou roteiro de atendimento.**

  O *script*, também chamado de roteiro ou fraseologia, tem o objetivo de padronizar os diálogos utilizados nos atendimentos. No entanto, ao mesmo tempo em que padroniza, o *script* leva à automatização do pensamento do trabalhador bloqueando o uso pleno de suas capacidades. Por esse motivo, a norma proíbe que o empregador exija a observância estrita do *script*, devendo ser permitido ao operador realizar variações na fraseologia do atendimento, de modo a diminuir a repetitividade da tarefa e a sobrecarga psíquica. As prescrições de diálogos de trabalho tampouco devem exigir que o trabalhador forneça o sobrenome aos clientes, visando resguardar sua privacidade e segurança pessoal.

- **Imputar ao operador os períodos de tempo ou interrupções no trabalho não dependentes de sua conduta.**

Sempre que houver falhas nos sistemas de informática e de teleatendimento/ *telemarketing* aos quais os operadores não derem causa, a empresa deverá reavaliar os parâmetros utilizados na operação, como Tempo Médio de Atendimento (TMA) e demais metas de tempo de duração de chamadas. A empresa não pode imputar aos operadores as consequências pelo tempo de inatividade por falhas do sistema.

- **Utilização de métodos que causem assédio moral, medo ou constrangimento, tais como:**
  - Estímulo abusivo à competição entre trabalhadores ou grupos/equipes de trabalho;
  - Exigência de que os trabalhadores usem, de forma permanente ou temporária, adereços, acessórios, fantasias e vestimentas com o objetivo de punição, promoção e propaganda;
  - Exposição pública das avaliações de desempenho dos operadores.

De destacar que a norma não proíbe a utilização de procedimentos de monitoramento por escuta e gravação de ligações, entretanto tal procedimento somente poderá ser realizado mediante o **conhecimento** do operador, e não sua autorização.

7. CAPACITAÇÃO E TREINAMENTO

Todos os trabalhadores de **operação e de gestão** e também os empregados temporários, devem receber capacitação que proporcione conhecer as formas de adoecimento relacionadas à sua atividade, suas causas, efeitos sobre a saúde e medidas de prevenção. Essa capacitação deve ser realizada durante a jornada de trabalho. Entre os trabalhadores de **gestão** cito como exemplo os gerentes, supervisores e coordenadores que, apesar de não realizarem o atendimento das chamadas, têm a função de dar suporte aos operadores para execução de suas atividades. Os treinamentos visando a capacitação devem ocorrer na admissão e também periodicamente (treinamento de reciclagem). O treinamento admissional deve ter carga horária de quatro horas. O treinamento de reciclagem deve ser realizado a cada seis meses, independentemente de campanhas educativas promovidas pelos empregadores. Observem então que campanhas educativas não substituem os treinamentos.

O empregador deve garantir a distribuição obrigatória de material didático impresso com o conteúdo apresentado durante o treinamento. A figura a seguir contém as principais informações sobre o treinamento dos operadores de teleatendimento e *telemarketing*:

TREINAMENTO DOS OPERADORES DE TELEATENDIMENTO/*TELEMARKETING*

	TREINAMENTO ADMISSIONAL	TREINAMENTO DE RECICLAGEM
DURAÇÃO MÍNIMA	QUATRO HORAS	—
PRAZO PARA REALIZAÇÃO	—	SEIS MESES
QUALIFICAÇÃO ADICIONAL OBRIGATÓRIA	NOVOS FATORES DE RISCO (MÉTODOS, EQUIPAMENTOS, PROCEDIMENTOS)	

Chamo a atenção para o fato de que a norma é omissa no que se refere ao prazo de realização do treinamento admissional e à duração do treinamento de reciclagem para os operadores de teleatendimento/*telemarketing*. Como o objetivo do treinamento admissional é capacitar e informar os trabalhadores sobre os riscos existentes no seu ambiente de trabalho, entendo que esse deve começar antes de o trabalhador iniciar suas atividades.

7.1 Conteúdo programático

O treinamento deve incluir os seguintes itens:

a) noções sobre os fatores de risco para a saúde em teleatendimento/*telemarketing*;

b) medidas de prevenção indicadas para a redução dos riscos relacionados ao trabalho;

c) informações sobre os sintomas de adoecimento que possam estar relacionados à atividade de teleatendimento/*telemarketing*, principalmente os que envolvem o sistema osteomuscular, a saúde mental, as funções vocais, auditivas e acuidade visual dos trabalhadores;

d) informações sobre a utilização correta dos mecanismos de ajuste do mobiliário e dos equipamentos dos postos de trabalho, incluindo orientação para alternância de orelhas no uso dos fones mono ou biauriculares e limpeza e substituição de tubos de voz (chamados *canotilhos*).

Além disso, os trabalhadores devem receber qualificação adicional à capacitação obrigatória quando forem introduzidos novos fatores de risco decorrentes de métodos, equipamentos, tipos específicos de atendimento, mudanças gerenciais ou de procedimentos.

7.2 Elaboração, execução e avaliação da capacitação

A elaboração do conteúdo técnico a ser ministrado na capacitação, a execução e a avaliação dos resultados dos procedimentos devem contar com a participação de:

a) pessoal de organização e métodos responsável pela organização do trabalho na empresa, quando houver;

b) integrantes do SESMT, quando houver;

c) representantes dos trabalhadores na CIPA, quando houver;

d) médico responsável pelo PCMSO;

e) responsáveis pelo PGR;

f) representantes dos trabalhadores e outras entidades, quando previsto em acordos ou convenções coletivas de trabalho.

8. CONDIÇÕES SANITÁRIAS E DE CONFORTO

A empresa deve garantir a todos os trabalhadores disponibilidade irrestrita e próxima de água potável, atendendo às determinações da NR24. Também devem ser garantidas boas condições sanitárias e de conforto, incluindo sanitários permanentemente adequados ao uso e separados por sexo, local para lanche e armários individuais dotados de chave para guarda de pertences na jornada de trabalho. Sobre os armários individuais, entendo que, no caso das empresas que trabalham em turnos, podem ser disponibilizados a mais de um trabalhador, desde que trabalhem em turnos diferentes (1 armário/1 trabalhador/1 turno). Este entendimento, apesar de não estar expresso na norma, encontra-se explícito no item 24.1.1. da NR24:

> 24.1.1 Esta norma estabelece as condições mínimas de higiene e de conforto a serem observadas pelas organizações, devendo o dimensionamento de todas as instalações regulamentadas por esta NR ter como base o número de trabalhadores usuários do turno com maior contingente.

As empresas também devem manter ambientes confortáveis para descanso e recuperação durante as pausas, fora dos ambientes de trabalho, dimensionados em proporção adequada ao número de operadores usuários, onde estejam disponíveis assentos, facilidades de água potável, instalações sanitárias e lixeiras com tampa.

9. PROGRAMA DE CONTROLE MÉDICO DE SAÚDE OCUPACIONAL (PCMSO)

Em razão da existência de diversos fatores de adoecimento nas atividades de teleatendimento e *telemarketing*, o elaborador da norma preocupou-se em detalhar requisitos específicos a serem observados no PCMSO das empresas de teleatendimento e *telemarketing*.

A organização deve disponibilizar, comprovadamente, aos empregados, os Atestados de Saúde Ocupacional – ASO, que devem ser fornecidos em meio físico, quando solicitados, além de cópia dos resultados dos demais exames.

Também deve ser implementado programa de vigilância epidemiológica para detecção precoce de casos de doenças relacionadas ao trabalho comprovadas ou objeto de suspeita, que inclua procedimentos de vigilância passiva e ativa:

– **Procedimentos de vigilância passiva:** Recebimento de demanda espontânea de trabalhadores que procurem serviços médicos da empresa

– **Procedimentos de vigilância ativa:** Realização de exames médicos **dirigidos** que incluam, além dos exames obrigatórios por norma, coleta de dados sobre sintomas referentes aos aparelhos psíquico, osteomuscular, vocal, visual e auditivo, analisados e apresentados com a utilização de ferramentas estatísticas e epidemiológicas.

Além disso, deve haver especial atenção à saúde vocal dos trabalhadores. Nesse sentido, os empregadores devem implementar, entre outras medidas:

a) modelos de diálogos que favoreçam **micropausas** e evitem carga vocal intensiva do operador;

b) redução do ruído de fundo;

c) estímulo à ingestão frequente de água potável fornecida gratuitamente aos operadores.

Não devemos confundir as *micropausas* supracitadas com as *pausas* de dez minutos às quais o trabalhador tem direito, conforme vimos anteriormente. As micropausas são pequenos momentos de silêncio durante o diálogo de atendimento que permitem ao operador ouvir o cliente, de forma a reduzir a sobrecarga vocal.

10. ANÁLISE ERGONÔMICA DO TRABALHO

A AET, quando indicada por uma das alíneas do item 17.3.2 da NR17, deve contemplar:

a) descrição das características dos postos de trabalho no que se refere ao mobiliário, utensílios, ferramentas, espaço físico para a execução do trabalho e condições de posicionamento e movimentação de segmentos corporais;

b) avaliação da organização do trabalho, demonstrando:

I – trabalho real e trabalho prescrito;

II – descrição da produção em relação ao tempo alocado para as tarefas;

III – variações diárias, semanais e mensais da carga de atendimento, incluindo variações sazonais e intercorrências técnico-operacionais mais frequentes;

IV – número de ciclos de trabalho e sua descrição, incluindo trabalho em turnos e trabalho noturno;

V – ocorrência de pausas interciclos;

VI – explicitação das normas de produção, das exigências de tempo, da determinação do conteúdo de tempo, do ritmo de trabalho e do conteúdo das tarefas executadas;

VII – histórico mensal de horas extras realizadas em cada ano; e

VIII – explicitação da existência de sobrecargas estáticas ou dinâmicas do sistema osteomuscular;

c) relatório estatístico da incidência de queixas de agravos à saúde, colhidas pela Medicina do Trabalho nos prontuários médicos;

d) relatórios de avaliações de satisfação no trabalho e clima organizacional, se realizadas no âmbito da organização;

e) registro e análise de impressões e sugestões dos trabalhadores com relação aos aspectos dos itens anteriores; e

f) recomendações ergonômicas expressas em planos e propostas claros e objetivos, com definição de datas de implantação.

Infelizmente, apesar de todo o detalhamento da norma, o que vemos na prática são análises ergonômicas com abordagens superficiais sobre as questões dos riscos relacionados a fatores ergonômicos, em especial no tocante à organização do trabalho. No geral, o elaborador desse documento apenas reproduz os itens da norma sem qualquer aprofundamento ou diagnóstico das condições laborais específicas do local em análise, não havendo qualquer tipo de proposta significativa para melhorias no ambiente de trabalho.

11. PESSOAS COM DEFICIÊNCIA

A norma dispõe que o mobiliário dos postos de trabalho deve ser adaptado para atender às necessidades das pessoas com deficiência e de pessoas cujas medidas antropométricas não sejam atendidas pelas especificações do Anexo 2. Também devem estar disponíveis ajudas técnicas necessárias no respectivo posto de trabalho levando em consideração as repercussões sobre a saúde desses trabalhadores.

Saiba mais

O adoecimento no trabalho de teleatendimento e telemarketing

O serviço de teleatendimento consiste em fornecer informações ao cliente pelo uso constante da voz, sustentando-se nas tecnologias da informação e comunicação. Os registros, no Sindicato da categoria, de cansaço e esgotamento mental, tristeza e sentimentos de impotência em face das exigências da organização do trabalho são enfáticos e explicitam a associação com os componentes da atividade.

Independentemente das palavras agressivas do cliente, o teleoperador deverá seguir um padrão de frase – o "script" – [...] e manter uma entonação de voz predeterminada pela hierarquia, não diretamente envolvida na execução da atividade. A empresa não prescreve apenas a fraseologia para cada serviço, mas também a entonação de voz, objetivando impedir manifestações emocionais pelo operador, tentando tornar a linguagem um simples instrumento de trabalho e moldando o afeto do indivíduo para ser gentil sem permitir o prolongamento do diálogo.

A principal contradição da organização do trabalho é a valorização excessiva da quantidade de atendimentos realizados e rapidez em detrimento da qualidade de atendimento, apesar do objetivo explícito em satisfazer o cliente. É uma organização paradoxal que fixa normas rígidas, e os seus controles desconsideram uma série de fatores que interferem na execução da tarefa, dificultando seu cumprimento no tempo determinado pela empresa, por exemplo, questionamento de clientes que não se encaixam à fraseologia imposta, dicção imperfeita do cliente, irritação do cliente, ruído externo etc. Ocorrem "imprevistos" e outros acontecimentos aleatórios, lentidão dos sistemas computadorizados, informações inadequadas no sistema... Configura-se a hipótese de Ferreira (p. 142): "contradição entre a máquina, o sistema informatizado e a atividade humana".

A diferença entre o trabalho prescrito nos scripts e manuais de operação e o trabalho real é crescente e exige dos trabalhadores mobilização de rapidez de raciocínio e flexibilidade, explicando a hiperaceleração para compensar imprevistos e obedecer às exigências do Tempo Médio de Atendimento[1].

---

[1] VILELA, L. V. O.; ASSUNÇÃO, A. A. Os mecanismos de controle da atividade no setor de teleatendimento e as queixas de cansaço e esgotamento dos trabalhadores. *Cadernos de Saúde Pública*, 2004.

NR 18 SEGURANÇA E SAÚDE NO TRABALHO NA INDÚSTRIA DA CONSTRUÇÃO

Classificação: Norma Setorial
Última atualização: Portaria 3.733, de 10 de fevereiro de 2020

1. INTRODUÇÃO

A NR18 é norma setorial, pois trata de atividade econômica específica, a indústria da construção. Essa é uma das atividades econômicas responsáveis pelo alto índice de acidentes do trabalho no Brasil. Entre as principais causas desses acidentes estão a queda de altura, o soterramento e o choque elétrico. É fato notório que os acidentes poderiam ser drasticamente reduzidos caso fossem cumpridas as disposições básicas da NR18.

A atividade *indústria da construção* abrange os seguintes segmentos:

- *Construção de edificações, que inclui* as obras habitacionais, comerciais, industriais, de serviços e incorporação de empreendimentos imobiliários;
- *Obras de infraestrutura,* que alcançam grandes obras como construções de rodovias, ferrovias, usinas, geração e transmissão de energia, urbanização, saneamento, sistemas de comunicação, infraestrutura e as chamadas *obras de arte especiais* como pontes, viadutos, túneis e passarelas;
- *Serviços especializados para construção,* que compreendem atividades como demolição e preparação de terrenos, fundações, perfurações, sondagens, terraplenagens, acabamento bem como instalações elétricas e hidráulicas.

Além do texto geral, a atual redação da NR18 conta com dois anexos:

Anexo I – Capacitação: carga horária, periodicidade e conteúdo programático;
Anexo II – Cabos de aço e de fibra sintética.

2. OBJETIVO E CAMPO DE APLICAÇÃO

A NR18 tem por objetivo principal estabelecer diretrizes de ordem administrativa, de planejamento e de organização, visando a implementação de medidas de controle e sistemas preventivos de segurança nos processos, nas condições e no meio ambiente de trabalho na indústria da construção.

- ✓ Entre as diretrizes de ordem *administrativa* cito a obrigatoriedade da Comunicação Prévia de Obra e do registro das ações de manutenção preventivas, corretivas e de inspeção dos equipamentos de guindar.

484 SEGURANÇA E SAÚDE NO TRABALHO – *Mara Queiroga Camisassa*

✓ Entre as diretrizes de ordem *planejamento* cito a obrigatoriedade de elaboração do Programa de Gerenciamento de Riscos (PGR), por obra, independentemente da quantidade de trabalhadores.

✓ Entre as diretrizes de *organização* cito a obrigatoriedade de disponibilização de áreas de vivência, sinalização de segurança, bem como de setores com riscos específicos como carpintaria e armações de aço.

São atividades da indústria da construção, como vimos anteriormente:

1. Aquelas elencadas no Quadro I da NR4, Grupo F, conforme mostra a tabela a seguir:

F	CONSTRUÇÃO	GRAU DE RISCO
41	CONSTRUÇÃO DE EDIFÍCIOS	
41.1	Incorporação de empreendimentos imobiliários	
41.10-7	Incorporação de empreendimentos imobiliários	1
41.2	Construção de edifícios	
41.20-4	Construção de edifícios	3
42	OBRAS DE INFRAESTRUTURA	
42.1	Construção de rodovias, ferrovias, obras urbanas e obras de arte especiais	
42.11-1	Construção de rodovias e ferrovias	4
42.12-0	Construção de obras de arte especiais	4
42.13-8	Obras de urbanização – ruas, praças e calçadas	3
42.2	Obras de infraestrutura para energia elétrica, telecomunicações, água, esgoto e transporte por dutos	
42.21-9	Obras para geração e distribuição de energia elétrica e para telecomunicações	4
42.22-7	Construção de redes de abastecimento de água, coleta de esgoto e construções correlatas	4
42.23-5	Construção de redes de transportes por dutos, exceto para água e esgoto	4
42.9	Construção de outras obras de infraestrutura	
42.91-0	Obras portuárias, marítimas e fluviais	4
42.92-8	Montagem de instalações industriais e de estruturas metálicas	4
42.99-5	Obras de engenharia civil não especificadas anteriormente	3
43	SERVIÇOS ESPECIALIZADOS PARA CONSTRUÇÃO	
43.1	Demolição e preparação do terreno	
43.11-8	Demolição e preparação de canteiros de obras	4
43.12-6	Perfurações e sondagens	4
43.13-4	Obras de terraplenagem	3
43.19-3	Serviços de preparação do terreno não especificados anteriormente	3
43.2	Instalações elétricas, hidráulicas e outras instalações em construções	
43.21-5	Instalações elétricas	3
43.22-3	Instalações hidráulicas, de sistemas de ventilação e refrigeração	3
43.29-1	Obras de instalações em construções não especificadas anteriormente	3
43.3	Obras de acabamento	
43.30-4	Obras de acabamento	3
43.9	Outros serviços especializados para construção	
43.91-6	Obras de fundações	4
43.99-1	Serviços especializados para construção não especificados anteriormente	3

Vejam que atividades relativas a instalações elétricas, instalações hidráulicas e de sistemas de ventilação e refrigeração são também consideradas atividades da indústria da construção.

NR 18 • SEGURANÇA E SAÚDE NO TRABALHO NA INDÚSTRIA DA CONSTRUÇÃO | **485**

2. Além daquelas apresentadas anteriormente, são consideradas atividades e serviços da indústria da construção: Demolição, reparo, pintura, limpeza e manutenção de edifícios em geral, de qualquer número de pavimentos ou tipo de construção, e também manutenção de obras de urbanização e paisagismo.

Sobre esse assunto, vejamos a redação o Precedente Administrativo 66:

> *SEGURANÇA NO TRABALHO. CONSTRUÇÃO CIVIL. CAMPO DE APLICAÇÃO DA NR18. Os comandos constantes da Norma Regulamentadora NR18 não se dirigem exclusivamente aos empregadores cujo objeto social é a construção civil e que, portanto, enquadram-se nos Códigos de Atividade Específica constantes do Quadro I da Norma Regulamentadora – NR4. As obrigações se estendem aos empregadores que realizem atividades ou serviços de demolição, reparo, pintura, limpeza e manutenção de edifícios em geral, de qualquer número de pavimentos ou tipo de construção, de urbanização e paisagismo, independentemente de seu objeto social.*

Veremos que a redação atual da NR18 tem um caráter qualitativo, e não quantitativo como a redação anterior; é também orientada a projeto, o que significa que a intenção dos elaboradores foi reafirmar a responsabilidade dos profissionais legalmente habilitados, tornando obrigatória sua participação direta em todas as fases da obra, incluindo projeto e demolição.

Outros destaques importantes são a simplificação do texto e a harmonização com normas já revisadas. Como exemplo da <u>simplificação</u> cito a referência à NR24 – Condições Sanitárias e de Conforto nos Locais de Trabalho quanto aos detalhamentos das áreas de vivência, com exceção das disposições previstas na própria NR18. No que se refere à <u>harmonização,</u> cito a substituição do Programa das Condições e Meio Ambiente de Trabalho na Indústria da Construção (PCMAT), pelo PGR, conforme o disposto na NR1.

3. RESPONSABILIDADES DA ORGANIZAÇÃO RESPONSÁVEL PELA OBRA

Segundo o Anexo I da NR1, *organização* é a pessoa ou grupo de pessoas com suas próprias funções com responsabilidades, autoridades e relações para alcançar seus objetivos. Inclui, mas não é limitado a empregador, a tomador de serviços, a empresa, a empreendedor individual, produtor rural, companhia, corporação, firma, autoridade, parceria, organização de caridade ou instituição, ou parte ou combinação desses, seja incorporada ou não, pública ou privada.

A organização responsável pela obra deve *vedar o ingresso ou a permanência* de trabalhadores no canteiro de obras[1] sem que estejam resguardados pelas medidas previstas na NR18, conforme redação do item 18.3.1. "a":

> *18.3.1 A organização da obra deve:*
> *a) vedar o ingresso ou a permanência de trabalhadores no **canteiro de obras** sem que estejam resguardados pelas medidas previstas nesta NR (grifo acrescentado).*

E não há exceção a esta regra: todos os trabalhadores, sejam *próprios ou terceiros*, que ingressarem, ainda que temporariamente, ou que permanecerem no canteiro de obras, devem estar resguardados por estas medidas. Claro que esta medida não se aplica

---

[1] Segundo o Glossário, *canteiro de obra* é a área de trabalho fixa e temporária onde se desenvolvem operações de apoio e execução de construção, demolição, montagem, instalação, manutenção ou reforma.

somente ao canteiro de obras, como consta no texto normativo, mas se estende também à obra em construção.

A organização responsável pela obra deve também fazer a **Comunicação Prévia de Obra** _antes_ do início das atividades. Esta comunicação deve ocorrer por meio de sistema informatizado[2] da Subsecretaria de Inspeção do Trabalho (SIT), e tem por objetivo fornecer **subsídios para o planejamento das fiscalizações** no setor da indústria da construção. A não realização da comunicação prévia caracteriza _infração_ à legislação de segurança e saúde e sujeita a empresa à autuação.

Este assunto é motivo de muitos _questionamentos_ por parte das empresas. A maioria entende que as atividades de uma obra começam apenas com o início da construção da edificação propriamente dita, mas isso não está correto. Atividades como análise geológica do solo, perfurações e sondagens ou até mesmo a construção das áreas de vivência já **caracterizam início das atividades da obra e requerem a comunicação prévia à SIT.**

Ressalto que a responsabilidade de comunicação prévia de obra **não se estende às contratadas**.

4. PROGRAMA DE GERENCIAMENTO DE RISCOS (PGR)[3]

Para toda obra deve ser elaborado e implementado um _Programa de Gerenciamento de Riscos (PGR)_ no qual devem ser contemplados todos os riscos ocupacionais e respectivas medidas de prevenção.

O PGR deve ser mantido _atualizado de acordo com a etapa em que se encontram a obra e o canteiro de obras_. Para tanto, é necessário que o **inventário de riscos** previsto na NR1 também permaneça atualizado! Desta forma, para todo e qualquer risco ocupacional identificado no inventário, seja na antecipação, seja no reconhecimento, o programa deve determinar as medidas de prevenção e/ou proteção para eliminá-lo ou reduzi-lo. Destaco que não basta constar no programa uma determinação genérica do tipo "instalar sistema guarda-corpo e rodapé na periferia dos andares com risco de queda de altura". Esta determinação deve ser complementada com o projeto, dimensionamento, especificações técnicas dos materiais, entre outras informações necessárias para a prevenção do risco de queda.

As _empresas contratadas devem fornecer ao contratante_ o **inventário** de riscos ocupacionais específicos de **suas atividades**, o qual deve ser contemplado no PGR do canteiro de obras, sob responsabilidade da contratante.

As frentes de trabalho[4] também devem ser consideradas na elaboração e implementação do PGR. Como exemplo de atividades com frentes de trabalho, cito: obras de sistemas viários, como construção de rodovias e pavimentação asfáltica, capina de canteiros centrais de avenidas, pintura de meio-fio, entre outras.

---

[2]   SCPO – Sistema de Comunicação Prévia de Obra: Manual e Lista de Perguntas e Respostas disponível em: https://enit.trabalho.gov.br/portal/index.php/scpo-sistema-de-comunicacao-previa-de-obras.

[3]   Para informações detalhadas sobre o PGR, remeto o leitor ao capítulo da NR1.

[4]   Segundo o Glossário, _frente de trabalho_ é a área de trabalho móvel e temporária. Este conceito inclui tanto a frente de trabalho rural quanto a área móvel e temporária de apoio e execução de construção, demolição, montagem, instalação, manutenção ou reforma.

4.1 Documentos obrigatórios

Além de contemplar as exigências previstas na NR1, o PGR da obra deve conter os seguintes projetos elaborados por profissionais legalmente habilitados[5]:

a) projeto da área de vivência do canteiro de obras e de eventual frente de trabalho, em conformidade com o item 18.5 da norma;

b) projeto elétrico das instalações *temporárias* (instalações elétricas das *edificações temporárias* que compõem o canteiro de obras e as frentes de trabalho);

c) projetos dos sistemas de proteção coletiva;

d) projetos dos Sistemas de Proteção Individual contra Quedas (SPIQ[6]), quando aplicável.

Destaco que, ao contrário da redação anterior, exige-se o projeto da área de vivência, e não simplesmente seu *layout*.

O profissional legalmente habilitado responsável pelos projetos indicados nas alíneas anteriores é o engenheiro com registro no CREA e **atuação** conforme as resoluções deste conselho profissional. Por exemplo, o projeto elétrico das instalações temporárias deve ser elaborado por engenheiro eletricista.

No PGR da obra deve constar também a relação dos **Equipamentos de Proteção Individual (EPI)** e suas respectivas especificações técnicas, de acordo com os riscos ocupacionais existentes. Vejo como **informação indispensável** nesta relação o **respectivo número do Certificado de Aprovação (CA) ou pelo menos o nível de desempenho requerido, dependendo do EPI**. Não basta uma indicação genérica como "calçado de segurança" ou "óculos de segurança". Claro que podem ser sugeridos mais de um CA para que o empregador tenha opções de compra. Sempre lembrando que o EPI deve ser *adequado aos riscos aos quais o trabalhador está exposto,* atendendo ao disposto na NR6.

4.2 Responsabilidade pela elaboração do PGR

Regra geral, o *PGR da obra deve ser elaborado por profissional legalmente habilitado em segurança do trabalho,* ou seja, um engenheiro de segurança do trabalho. Entretanto, a própria norma traz uma exceção a esta regra: Para *canteiros de obras*[7] com **até sete metros de altura e com, no máximo, dez trabalhadores**, o PGR pode ser elaborado por profissional qualificado[8] em segurança do trabalho, por exemplo, o técnico de segurança do trabalho.

Destaco que esta exceção somente será válida caso ambas as condições estejam presentes. Portanto, caso a obra tenha **mais de sete metros de altura e menos de dez trabalhadores**, ou ainda, *menos* de sete metros de altura, porém **mais de dez trabalhadores**, entendo que a elaboração do PGR por profissional legalmente habilitado se torna obrigatório.

---

[5]   Profissional legalmente habilitado: trabalhador previamente qualificado e com registro no competente conselho de classe.

[6]   Sistema de Proteção Individual contra Quedas, constituído de sistema de ancoragem, elemento de ligação e equipamento de proteção individual, em consonância com a NR35.

[7]   Na verdade, a intenção do elaborador da norma foi dizer que esta exceção se aplica à *obra* com até sete metros de altura (seja atividade de construção, reforma, limpeza ou qualquer outra que se aplique à indústria da construção), e não ao *canteiro de obras*.

[8]   Profissional qualificado: trabalhador que comprove conclusão de curso específico na sua área de atuação, reconhecido pelo sistema oficial de ensino.

SEGURANÇA E SAÚDE NO TRABALHO – *Mara Queiroga Camisassa*

Em qualquer caso, a **implementação** do programa é **responsabilidade da organização**.

4.3 Soluções alternativas

A NR18 permite expressamente que as *empresas construtoras* adotem outras **medidas de prevenção**, além daquelas determinadas pela própria norma, chamadas *medidas alternativas*.

O objetivo destas disposições é garantir que as medidas de segurança do trabalho acompanhem a evolução tecnológica. No entanto, durante o processo de ***escolha*** da solução alternativa, é importante que se faça a ***antecipação* dos riscos potenciais correspondentes**, ou seja, **dos riscos futuros a elas associados**.

As soluções alternativas se referem à ***proteção coletiva, técnicas de trabalho, uso de equipamentos, tecnologias e outros dispositivos***. Para implementação destas medidas, as seguintes condições devem ser atendidas:

- A empresa construtora deve estar devidamente registrada no sistema CONFEA/CREA, sob responsabilidade de profissional legalmente habilitado em segurança do trabalho;
- As soluções alternativas devem:
  - propiciar avanço tecnológico em segurança, higiene e saúde dos trabalhadores;
  - objetivar a implementação de medidas de controle e de sistemas preventivos de segurança nos processos, nas condições e no meio ambiente de trabalho, na indústria da construção;
  - garantir a realização das tarefas e atividades de modo seguro e saudável;
- As tarefas envolvendo a implementação das soluções alternativas somente devem ser iniciadas com autorização especial, precedida de análise de risco e permissão de trabalho, que contemple os treinamentos, os procedimentos operacionais, os materiais, as ferramentas e outros dispositivos necessários à execução segura.

Além disso, devem ser elaborados procedimentos de trabalho específicos para execução das soluções alternativas, nos quais devem constar, no mínimo:

a) os riscos ocupacionais aos quais os trabalhadores estarão expostos;

b) a descrição dos equipamentos e das medidas de proteção coletiva a serem implementadas;

c) a identificação e a indicação dos EPI a serem utilizados;

d) a descrição de uso e a indicação de procedimentos quanto aos Equipamentos de Proteção Coletiva (EPC) e EPI, conforme as etapas das tarefas a serem realizadas;

e) a descrição das medidas de prevenção a serem observadas durante a execução dos serviços, entre outras medidas a serem previstas e prescritas por profissional legalmente habilitado em segurança do trabalho.

Finalmente, toda a documentação relativa à adoção de soluções alternativas deve integrar o PGR do canteiro de obras e estar disponível no local de trabalho e incluir, entre outras informações, memórias de cálculo, especificações técnicas e procedimentos de trabalho.

4.4 Considerações importantes sobre o PGR da obra

- ✓ É um **documento de cada obra**, pois deve conter *detalhes específicos* das proteções coletivas, áreas de vivência, entre outros;
- ✓ Como vimos anteriormente, a responsabilidade pela elaboração do PGR é da organização responsável pela obra; empreiteiras e prestadoras de serviços devem fornecer informações sobre os *riscos específicos de suas atividades*;
- ✓ Deve ser elaborado **antes do início da obra**. No entanto, sendo um programa de gestão da segurança, o PGR é um *documento dinâmico*: poderá sofrer modificações à medida que a obra avança. Entretanto, nenhuma etapa da obra deve ser executada sem a identificação dos riscos envolvidos e respectivas medidas de controle. E estas informações devem constar do PGR;
- ✓ Não precisa ser registrado nem homologado na SRT.

5. ÁREAS DE VIVÊNCIA

As áreas de vivência são destinadas a suprir as necessidades básicas humanas de alimentação, higiene, descanso e lazer, devendo ficar fisicamente separadas das áreas laborais. Devem ser projetadas de forma a oferecer aos trabalhadores condições mínimas de segurança, conforto e privacidade e ser mantidas em perfeito estado de conservação, higiene e limpeza.

A NR18 proíbe a **reutilização**, em áreas de vivência de contêiner originalmente utilizado para transporte de cargas. Vejam então que a norma **não proíbe a utilização de contêiner** de forma geral e irrestrita. A proibição se refere apenas à **reutilização de contêineres que já tenham sido empregados em transporte de cargas, quaisquer que sejam elas**[9].

As áreas de vivência devem contemplar as seguintes instalações:

a) instalação sanitária;
b) vestiário;
c) local para refeição;
d) alojamento, quando houver trabalhador alojado.

A NR18 traz disposições específicas relativas às áreas de vivência; a própria norma determina que estas disposições devem ser *complementadas*, no que for cabível, com aquelas constantes na NR24 (Condições Sanitárias e de Conforto nos Locais de Trabalho).

5.1 Instalação sanitária

A instalação sanitária deve ser composta por quatro itens básicos:

- ✓ Lavatório;
- ✓ Bacia sanitária *sifonada dotada de **assento** com tampo*;

---

9   Até o decurso de 24 meses contados a partir da data de vigência da NR18 aprovada pela Portaria 3.733, de 10 de fevereiro de 2020, só será permitido, em áreas de vivência ou de ocupação de trabalhadores, o uso de contêiner originalmente utilizado para transporte de cargas, se este for acompanhado de laudo das condições ambientais relativo à ausência de riscos químicos, biológicos e físicos (especificamente para radiações), com a identificação da empresa responsável pela adaptação.

490 SEGURANÇA E SAÚDE NO TRABALHO – *Mara Queiroga Camisassa*

✓ Mictório;

✓ Chuveiro.

Chamo a atenção do leitor para o seguinte: a obrigatoriedade de bacia sifonada dotada de **assento com tampo elimina a possibilidade de uso de bacia turca**[10].

5.1.1 Dimensionamento

A instalação sanitária deve ser dimensionada na proporção de 1 (um) conjunto para cada grupo de 20 (vinte) trabalhadores ou fração, bem como de chuveiro, na proporção de 1 (uma) unidade para cada grupo de 10 (dez) trabalhadores ou fração.

> **Exemplo:** *Considere um canteiro de obra no qual trabalhem 31 trabalhadores. Qual deve ser o dimensionamento das instalações sanitárias?*
>
> *I – Conjunto Lavatório/Bacia sanitária/Mictório: dois conjuntos*
>
> *II – Chuveiros: quatro chuveiros*

Importante destacar também que **todos os chuveiros devem ter água quente e fria**. A exigência de água quente não está expressa na redação da norma, porém, como dito anteriormente, suas disposições devem ser complementadas, no que for cabível, pelo disposto na NR24. E, conforme o item 24.3.6, "c", *"os compartimentos destinados aos chuveiros devem dispor de chuveiro de água quente e fria"*.

Exige-se também que o deslocamento do trabalhador do seu posto de trabalho até a instalação sanitária mais próxima seja de, no máximo, 150 m (cento e cinquenta metros).

5.2 Vestiário

A norma traz apenas a obrigação de disponibilização de vestiários nas áreas de vivência, sem nenhum detalhamento sobre este assunto. Vamos, então, novamente recorrer à NR24 – Condições Sanitárias e de Conforto nos Locais de Trabalho para identificar os requisitos mínimos aplicáveis.

Os vestiários devem ser dimensionados em função do número de trabalhadores que necessitarem utilizá-los, até o limite de 750 (setecentos e cinquenta) trabalhadores, conforme o seguinte cálculo: área mínima do vestiário por trabalhador = 1,5 – (n.º de trabalhadores / 1000) m².

Nos canteiros de obra com mais de 750 (setecentos e cinquenta) trabalhadores, os vestiários devem ser dimensionados com área de, no mínimo, 0,75m² (setenta e cinco decímetros quadrados) por trabalhador.

Também devem ter assentos em material lavável e impermeável em número compatível com o de **trabalhadores usuários** e dispor de armários individuais simples e/ou duplos com sistema de trancamento.

Segundo o item 24.1.1.1 da NR24:

> *Para efeitos desta NR,* **trabalhadores usuários**, *doravante denominados trabalhador, é o conjunto de todos os trabalhadores no estabelecimento que* **efetivamente utilizem de forma habitual as instalações regulamentadas nesta NR**. *(grifos acrescentados)*

---

[10] Bacia turca é um tipo de vaso sanitário instalado ao nível do chão, sem assento e sem tampa.

5.3 Local para refeições

A NR18 também não contém disposições específicas sobre os locais para refeições. Vamos novamente recorrer à NR24 para verificar as obrigações mínimas aplicáveis.

A empresa deve garantir, nas proximidades deste local:

a) meios para conservação e aquecimento das refeições;

b) local e material para lavagem de utensílios utilizados; e

c) água potável.

Os locais para refeições devem:

a) ser destinados ou adaptados a este fim;

b) ser arejados e apresentar boas condições de conservação, limpeza e higiene; e

c) ter assentos e mesas para todos os usuários atendidos.

5.4 Alojamento

Alojamento é o conjunto de espaços ou edificações, composto de dormitório, instalações sanitárias, refeitório, áreas de vivência e local para lavagem e secagem de roupas, sob responsabilidade do empregador, para hospedagem temporária de trabalhadores[11]. Desta forma, a disponibilização de alojamento só será obrigatória quando for necessário alojar trabalhadores.

O alojamento pode se localizar **dentro ou fora do canteiro de obras** e deve contemplar as seguintes instalações:

a) cozinha, quando houver preparo de refeições;

b) local para refeição;

c) instalação sanitária;

d) lavanderia, dotada de meios adequados para higienização e passagem das roupas;

e) área de lazer, para recreação dos trabalhadores alojados, podendo ser utilizado o local de refeição para este fim.

Claro que, apesar de não constar nas alíneas anteriores, o alojamento deve ter **dormitórios(s)** conforme o disposto na NR24, por exemplo:

a) ter quantidade de camas correspondente ao número de trabalhadores alojados, **vedado o uso de três ou mais camas na mesma vertical**; e ter espaçamentos vertical e horizontal que permitam ao trabalhador movimentação com segurança;

b) ter colchões, lençóis, fronhas, cobertores e travesseiros limpos e higienizados, **adequados às condições climáticas**;

c) ter armários;

d) deve ser **vedado o preparo de qualquer tipo de alimento dentro dos quartos**.

---

[11] Item 24.1 da NR24 – Condições sanitárias e de conforto nos locais de trabalho.

5.5 Água potável[12]

Nos canteiros de obras, frentes de trabalho e alojamentos deve ser fornecida aos trabalhadores água potável, filtrada e fresca, por meio de bebedouro ou outro dispositivo equivalente, na proporção de 1 (uma) unidade para cada grupo de 25 (vinte e cinco) trabalhadores ou fração.

O fornecimento deve ser garantido de forma que do posto de trabalho ao bebedouro ou ao dispositivo equivalente não haja deslocamento superior a 100 metros (cem metros) no plano horizontal e 15 metros (quinze metros) no plano vertical. Caso não seja possível a instalação de bebedouro ou dispositivo equivalente dentro destes limites, este suprimento deverá ser garantido, **nos postos de trabalho**, por meio de recipientes portáteis herméticos.

É vedado o uso de copos coletivos.

5.6 Frentes de trabalho

Nas frentes de trabalho, devem ser disponibilizados:

a) instalação sanitária, composta de bacia sanitária sifonada dotada de assento com tampo e lavatório para cada grupo de 20 (vinte) trabalhadores ou fração; pode ser utilizado **banheiro com tratamento químico dotado de: mecanismo de descarga ou de isolamento dos dejetos, com respiro e ventilação e material para lavagem e enxugo das mãos**, sendo proibido o uso de toalhas coletivas; deve também ser garantida a **higienização diária** dos módulos;

b) local para refeição dos trabalhadores, observadas as condições mínimas de conforto e higiene, e com a devida proteção contra as intempéries.

A norma prevê expressamente a possibilidade de convênio formal com estabelecimentos nas proximidades da frente de trabalho, para a *disponibilização das instalações sanitárias e local para refeições*, desde que preservados a segurança, a higiene e o conforto. Deve também ser garantido o transporte de todos os trabalhadores até o referido local, quando o caso exigir.

6. INSTALAÇÕES ELÉTRICAS

Este item abrange tanto as instalações elétricas **temporárias,** que garantem o suprimento de energia elétrica durante a execução da obra, quanto as instalações elétricas **definitivas**. Ressalto que o fato de **as instalações elétricas da obra serem temporárias não significa que podem ser precárias**!

É preciso garantir a segurança não somente dos trabalhadores que realizam intervenções nas instalações elétricas, mas também de todos os demais. Neste sentido, a norma exige que a execução das instalações elétricas **temporárias e definitivas** atenda ao disposto na NR10 – Segurança em Instalações e Serviços em Eletricidade. Isso significa,

---

[12] Segundo a NR31, água potável é aquela destinada à ingestão, preparação e produção de alimentos, que atenda ao padrão de potabilidade estabelecido pelas normas governamentais. O padrão de potabilidade exigido para a água destinada ao consumo humano consta na Portaria de Consolidação 5/2017, do Ministério da Saúde, Anexo XX (Do controle e da vigilância da qualidade da água para consumo humano e seu padrão de potabilidade).

por exemplo, que as intervenções devem ser efetuadas somente por **trabalhadores autorizados**[13].

É proibida a existência de partes vivas (energizadas) expostas e acessíveis pelos trabalhadores **não autorizados** em instalações e equipamentos elétricos, ou seja, somente os **trabalhadores autorizados poderão** ter acesso às partes energizadas, pois são eles que têm a qualificação específica, bem como a autorização da empresa para executar intervenções nas instalações elétricas.

As instalações elétricas temporárias devem ser *executadas e mantidas* conforme **projeto** elétrico elaborado por *profissional legalmente habilitado*. Como vimos no início deste capítulo, este projeto deve integrar o PGR da obra.

Os condutores (fios e cabos) elétricos devem ser dispostos de maneira a não obstruir a circulação de pessoas e materiais. Devem estar **protegidos** contra impactos mecânicos, umidade e contra agentes capazes de danificar a isolação, ou seja, devem ser devidamente instalados dentro de conduítes, mangueiras, eletrodutos ou outros meios, conforme designado no projeto. Devem também ter **isolação** em conformidade com as normas técnicas nacionais vigentes. Quando os condutores forem destinados à alimentação de máquinas e equipamentos elétricos móveis ou portáteis, deverão apresentar **isolação dupla ou reforçada**. Em geral, o **isolamento duplo** é indicado na carcaça da própria máquina ou equipamento.

É também obrigatória a utilização do Dispositivo Diferencial Residual (DDR), como medida de segurança adicional nas instalações elétricas. O DDR é medida de proteção coletiva contra choque elétrico e deve ser instalado nas situações previstas nas normas técnicas nacionais vigentes.

Máquinas e equipamentos móveis e ferramentas elétricas portáteis devem ser conectados à rede de alimentação elétrica por intermédio de **conjunto de plugue e tomada** em conformidade com as normas técnicas nacionais vigentes. Isso significa que é expressamente proibida a ligação direta utilizando-se os fios de alimentação à instalação elétrica.

Todos os canteiros de obras devem estar protegidos por **Sistema de Proteção contra Descargas Atmosféricas (SPDA)**, projetado, construído e mantido conforme normas técnicas nacionais vigentes, exceto nos casos em que a própria norma técnica dispense o SPDA. Neste caso, deve ser apresentado laudo correspondente emitido por profissional legalmente habilitado.

O trabalho em **proximidades** de redes elétricas **energizadas, internas ou externas** ao canteiro de obras só é permitido quando **protegido** contra o choque elétrico e arco elétrico.

Aterramento

As instalações elétricas devem ter **sistema de aterramento** elétrico de proteção e devem ser submetidas a inspeções e medições elétricas **periódicas**, com emissão dos respectivos laudos por profissional legalmente habilitado, em conformidade com o projeto das instalações elétricas temporárias e com as normas técnicas nacionais vigentes (NBR 5410). A norma não determina a periodicidade destas inspeções e medições; entendo

---

[13] Segundo o item 10.8.4 da NR10, são considerados **autorizados** os trabalhadores qualificados ou capacitados ou os profissionais habilitados, com anuência formal da empresa para realizarem intervenções em instalações elétricas.

que esta determinação deverá estar a cargo do profissional legalmente habilitado, responsável pelas instalações elétricas. Nas atividades de montagens metálicas, onde houver a possibilidade de acúmulo de energia estática, deve ser realizado **aterramento** da estrutura desde o início da montagem.

Quadros Elétricos

Os quadros de distribuição das instalações elétricas devem ser dimensionados com capacidade para instalar os componentes dos circuitos elétricos que o constituem, ou seja, devem comportar todos os dispositivos previstos no projeto. Devem ser constituídos por materiais resistentes ao calor gerado pelos componentes das próprias instalações elétricas, lembrando que quanto maior a carga suportada, maior o calor gerado.

Também devem ter as partes vivas inacessíveis e protegidas aos trabalhadores **não autorizados.** Novamente destaco que estas partes _poderão_ estar acessíveis aos trabalhadores **autorizados**. O acesso ao quadro deve estar desobstruído. Notem que a norma não exige expressamente que a porta do quadro esteja **trancada**, porém entendo que esta é uma medida importante que deve ser observada nos canteiros de obra.

Os quadros elétricos também devem ser instalados com espaço suficiente para a realização de serviços e operação, estar identificados e sinalizados quanto ao risco elétrico.

Classe de Proteção dos Quadros Elétricos

Os quadros elétricos devem ter seus circuitos identificados e estar em conformidade com a classe de proteção requerida. A classe de proteção é identificada de acordo com o respectivo grau de proteção, conforme o disposto na norma ABNT NBR 60529:2017.

O grau de proteção é indicado por dois algarismos:

✓ o primeiro algarismo indica o grau de proteção contra penetração de corpos sólidos (que vão desde os dedos da mão e ferramentas até partículas de poeiras), e vai de 0 a 6, sendo 0 o menor grau (sem proteção) e 6 o maior grau;

✓ o segundo algarismo indica o grau de proteção contra líquidos, por exemplo, água da chuva ou jato de água, e vai de 0 a 8, sendo 0 o menor grau (sem proteção) e 8 o maior grau.

Para cada quadro elétrico deve ser identificada a respectiva classe de proteção. É muito comum que os quadros dos canteiros de obra apresentem classe de proteção IP-54, e o algarismo 5 corresponde à proteção contra penetração de poeira e areia sem depósito prejudicial e o algarismo 4 indica proteção contra projeção de água de qualquer direção.

Importante lembrar que quaisquer intervenções ou manobras nos quadros elétricos ou até mesmo sua abertura devem ser realizadas somente por profissionais autorizados.

Finalmente, é vedada a guarda de quaisquer materiais ou objetos nos quadros de distribuição.

7. ETAPAS DA OBRA

Neste item, veremos as oito etapas de obra destacadas pela NR18. São elas:

✓ Demolição;
✓ Escavação, fundação e desmonte de rochas;

- ✓ Carpintaria e armação;
- ✓ Estruturas de concreto;
- ✓ Trabalho a quente;
- ✓ Serviços de impermeabilização;
- ✓ Telhados e coberturas.

7.1 Demolição

Os serviços de demolição se dividem, basicamente, em manual, mecanizado e controlado. A demolição <u>manual</u>, como o próprio nome diz, faz uso de mão de obra e ferramentas manuais; a demolição <u>mecânica ou mecanizada</u> utiliza máquinas e equipamentos, como marteletes pneumáticos, carregadeiras, tratores, guindastes, entre outros; a demolição <u>controlada</u> se caracteriza pelo emprego de explosivos.

Toda demolição deve ser realizada de acordo com o **Plano de Demolição** correspondente, que deverá integrar o Programa de Gerenciamento de Riscos (PGR). Este Plano deve ser <u>elaborado e implementado</u> sob responsabilidade de profissional legalmente habilitado. Por óbvio, a complexidade do plano, ou seja, seu nível de detalhamento depende da complexidade da própria demolição, dos riscos envolvidos, das características das áreas e edificações no entorno, entre outros. Nele devem ser contempladas as:

- etapas de antecipação e reconhecimento dos <u>riscos potenciais (futuros) e evidentes (existentes)</u>, em todas as etapas da demolição;
- <u>medidas de prevenção</u> a serem adotadas para preservar a segurança e a saúde dos trabalhadores.

Os riscos envolvidos dependem de diversos fatores, entre eles, o tipo de demolição a ser executada. Por exemplo, ruído e vibração são riscos a serem considerados quando se fizer uso de marteletes e equipamentos de médio de grande porte, bem como a exposição a poeira de sílica. Também deve ser verificado se a construção a ser demolida tem materiais que contêm **asbesto** (amianto); neste caso, devem ser cumpridas as disposições do Anexo 12 da NR15 no que se refere a atividades de <u>remoção e demolição</u> de materiais contendo esta fibra.

O Plano de Demolição deve considerar:

a) **linhas de fornecimento** de energia elétrica, água, inflamáveis líquidos e gasosos liquefeitos, substâncias tóxicas, canalizações de esgoto e de escoamento de água e outros;

b) **construções** vizinhas à obra;

c) **remoção** de materiais e entulhos;

d) **aberturas** existentes no piso;

e) áreas para a **circulação de emergência**;

f) **disposição** dos materiais retirados;

g) propagação e o controle de **poeira**;

h) trânsito de veículos e pessoas.

7.2 Escavação, fundação e desmonte de rochas

Os serviços de escavação, fundação e desmonte de rochas devem ser realizados e supervisionados conforme *projeto elaborado por profissional legalmente habilitado.*

Os principais riscos dessas atividades, que devem estar previstos no PGR, são o **colapso do solo por deslizamento ou desmoronamento** (em razão da ruptura ou desprendimento do solo), queda de altura, queda de materiais e acidentes com máquinas e equipamentos. Para evitar tais riscos devem ser tomadas medidas preventivas, como veremos a seguir.

7.2.1 Escavação

O projeto das escavações deve levar em conta as características do solo, as cargas atuantes, os riscos a que estão expostos os trabalhadores e as medidas de prevenção.

Nas escavações em encostas, devem ser tomadas precauções especiais para evitar o colapso por escorregamentos ou movimentos de grandes proporções no maciço[14] adjacente, devendo merecer cuidado a remoção de blocos e pedras soltas.

Nas bordas da escavação, deve ser mantida uma **faixa de proteção de no mínimo um metro, livre de cargas**, bem como a manutenção de proteção para evitar a entrada de águas superficiais na cava da escavação.

Os **escoramentos** (contenção), normalmente utilizados como medida de prevenção contra deslizamentos e desmoronamentos, devem ser *inspecionados diariamente*. Apesar de não constar expressamente na norma a obrigatoriedade do registro correspondente, a organização responsável pela obra deve adotar meios de comprovar à fiscalização do trabalho a inspeção diária dos escoramentos.

Escavações próximas de edificações devem ser monitoradas e o resultado documentado.

A norma nos apresenta os seguintes critérios a serem observados para adoção das medidas de prevenção em escavações:

Escavações com profundidade igual ou menor a 1,25 m

Para escavações com profundidade igual ou inferior a 1,25 m (um metro e vinte e cinco centímetros), o profissional legalmente habilitado deverá avaliar a existência de riscos ocupacionais e, se necessário, adotar as medidas de prevenção.

Escavações com profundidade superior a 1,25 m

Para escavações com profundidade **superior a 1,25 m** (um metro e vinte e cinco centímetros), a própria norma determina as medidas de prevenção obrigatórias: estas escavações devem ser protegidas com taludes[15] ou escoramentos definidos em projeto elaborado por profissional legalmente habilitado e dispor de escadas ou rampas colocadas próximas aos postos de trabalho, a fim de permitir, em caso de emergência, a saída rápida dos trabalhadores.

Os trabalhos nestas escavações somente podem ser iniciados com a **liberação** e **autorização** do profissional legalmente habilitado, atendendo o disposto nas normas técnicas nacionais vigentes (por exemplo, ABNT NBR 9061 – Segurança de escavação a

---

[14] Formação geológica.
[15] Talude: resultado de uma escavação em solo com determinada inclinação.

céu aberto). Apesar de não constar expressamente no texto da norma, entendo que tanto a liberação quanto a autorização para início dos trabalhos devem ser feitas *por escrito* e mantidas na obra à disposição da fiscalização.

7.2.2 Fundação

Em caso de fundação com utilização de ***bate-estacas***, os cabos de sustentação do pilão, em qualquer posição de trabalho, devem ter comprimento mínimo em torno do tambor definido pelo fabricante ou pelo profissional legalmente habilitado. Quando o bate-estacas não estiver em operação, o pilão deve permanecer em repouso sobre o solo ou no fim da guia do seu curso.

Tubulão

Tubulão é o nome que se dá à abertura de um poço no solo (também chamado de fuste). Após a abertura do fuste, a base será alargada, e o tubulão receberá os elementos estruturais da edificação (armação e concretagem).

Os tubulões podem ter a seção circular ou retangular (nesse caso, chamados de retangulões). Sua profundidade depende de vários fatores, como a edificação a ser construída, o tipo do solo e a localização do lençol freático.

A abertura do tubulão pode ser feita manualmente (chamado na redação anterior de *tubulão a céu aberto*) ou por meio de sistema de ar comprimido, nos casos em que há necessidade de evitar a penetração de água como fundações de pontes. Destaco que escavação por ar comprimido, também chamado de *tubulão com pressão hiperbárica*, **fica proibida a partir de 24 meses após a entrada em vigor da NR18**[16]. Este tipo de escavação (ar comprimido) já é proibido em vários países do mundo em função dos elevados riscos de acidentes, e agora o Brasil se junta a eles.

Tubulão escavado manualmente

A escavação manual de tubulão é atividade extremamente **penosa e perigosa**. Além do esforço físico requerido para a abertura, a descida e o içamento do trabalhador que executa a atividade são também realizados manualmente por um segundo trabalhador por meio de equipamento de descida e içamento. Ambos os trabalhadores são comumente chamados de poceiros.

A redação da NR18 **proíbe a utilização de sistema de tubulão escavado manualmente com profundidade superior a 15 metros (quinze metros). Esta disposição entra em vigor seis meses após a data de vigência da norma.**

Até o decurso deste prazo, a utilização de sistema de tubulão escavado manualmente com profundidade **superior a 15 metros (quinze metros)** somente poderá ser realizada se atender aos seguintes requisitos:

✓ No que se refere à escavação:
   a) ser **encamisado**[17] em toda a sua extensão;

---

[16]   Com a redação aprovada pela Portaria 3.733, de 10 de fevereiro de 2020.

[17]   O encamisamento refere-se ao revestimento e à contenção das paredes do tubulão utilizando-se manilhas/anéis de concreto ou tubos de aço.

b) ser executado após **sondagem ou estudo geotécnico**[18] local, para profundidade superior a 3 m (três metros); e

c) ter **diâmetro mínimo de 0,9 m (noventa centímetros)**.

As determinações citadas nas alíneas anteriores são regras que devem ser cumpri-das em todos os tubulões escavados manualmente; ao contrário da redação anterior, não há mais exceções para nenhuma delas.

✓ No que se refere à operação do equipamento de descida e içamento de trabalhadores:

a) **liberar o serviço** em cada etapa (abertura do fuste e alargamento de base), com registro no livro de registro diário de escavação;

b) dispor de sistema de **ventilação por insuflação de ar por duto**, captado em local isento de fontes de poluição ou, em caso contrário, adotar processo de filtragem do ar: o sistema de ventilação possibilita a troca de ar dentro do tubulão;

c) depositar materiais **longe da borda do tubulão**, com *distância determinada pelo estudo geotécnico*;

d) ter **cobertura** quando o serviço for executado a céu aberto;

e) **isolar, sinalizar e fechar os poços** nos intervalos e no término da jornada de trabalho;

f) **impedir** o trânsito de veículos nos locais de trabalho;

g) **paralisar imediatamente** as atividades de escavação no início de chuvas quando o serviço for executado a céu aberto;

h) utilizar **iluminação blindada e à prova de explosão**.

O tubulão escavado manualmente preenche todos os requisitos de **espaço confinado**; sendo assim, nestas atividades também devem ser observadas as disposições da NR33 – Segurança e Saúde nos trabalhos em espaços confinados e também da NR35 – Trabalho em Altura.

Também devem participar de treinamento inicial com carga horária de 24 horas, sendo pelo menos oito horas para a **parte prática**; e também de treinamento periódico anual com carga horária de oito horas, conforme Anexo I da NR18. Devem também ser submetidos à capacitação específica, de acordo com o disposto na NR33 e na NR35.

As ocorrências e as atividades sequenciais da escavação manual do tubulão devem ser registradas diariamente em livro próprio por profissional legalmente habilitado.

É possível a escavação manual de tubulão acima do nível d'água ou abaixo dele, porém a abertura somente poderá ser executada nos casos em que o solo se mantiver estável, sem risco de desmoronamento, e seja possível controlar a água no seu interior.

Antes do início das atividades de escavação manual de tubulão deve ser elaborado **Plano de Resgate e Remoção**. A norma não traz detalhes sobre este plano nem sobre o responsável por sua elaboração. Entendo que este poderá ser profissional qualificado[19].

---

[18] Estudo geotécnico é aquele necessário à identificação das características do solo ou rocha, e determina-ção dos parâmetros geomecânicos; inclui sondagem, ensaios de campo e/ou ensaios de laboratório.

[19] Glossário: Profissional qualificado é o trabalhador que comprove conclusão de curso específico na sua área de atuação, reconhecido pelo sistema oficial de ensino.

NR 18 • SEGURANÇA E SAÚDE NO TRABALHO NA INDÚSTRIA DA CONSTRUÇÃO | **499**

Importante também que o plano seja aprovado pela organização responsável pela obra. O Anexo I da NR18 prevê a obrigatoriedade de *treinamento inicial* com carga horária de oito horas para os trabalhadores envolvidos nas operações de **resgate e remoção** em atividades nos tubulões escavados manualmente.

No tubulão escavado manualmente, são proibidos:

a) o **trabalho simultâneo** em bases alargadas em tubulões adjacentes, sejam estes trabalhos de escavação e/ou de concretagem;

b) a abertura simultânea de **bases tangentes**.

O equipamento de descida e içamento de trabalhadores e materiais utilizados no processo de escavação manual de tubulão deve:

a) dispor de *sistema de sarilho*, projetado por profissional legalmente habilitado, fixado no terreno, fabricado em material **resistente e com rodapé de 0,2 m (vinte centímetros) em sua base**, dimensionado conforme a carga e apoiado com, no mínimo, 0,5 m (cinquenta centímetros) de **afastamento em relação à borda do tubulão**: *Sarilho* é o equipamento destinado à descida e içamento de materiais, constituído por um cilindro horizontal móvel, acionado por motor ou manivela, onde se enrola a corda ou cabo de aço;

b) ser dotado de sistema de **segurança com travamento**: como esse sistema de descida e içamento é manual, o sistema de travamento impede a liberação inadvertida da corda de sustentação do trabalhador, evitando sua queda;

c) ter **dupla trava de segurança no sarilho**, sendo uma de cada lado;

d) ter corda de cabo de **fibra sintética** que atenda às recomendações do Anexo II da NR18;

e) utilizar corda de *sustentação do balde* com comprimento de modo que haja, em qualquer posição de trabalho, no mínimo seis voltas sobre o tambor;

f) ter *gancho com trava de segurança* na extremidade da corda do balde.

Desmonte de rochas a fogo

A atividade de desmonte de rocha a fogo corresponde à retirada de rochas com explosivos utilizando:

a) Fogo – detonação de explosivo para efetuar o desmonte;

b) Fogacho – detonação complementar ao fogo principal.

Os principais riscos dessa atividade são o *desmoronamento, deslizamento, acidentes com explosivos e projeção de materiais*.

O **armazenamento, o manuseio e o transporte de explosivos** devem obedecer às recomendações de segurança do fabricante e aos regulamentos definidos pelo órgão responsável (Exército Brasileiro).

Para a operação de desmonte de rocha a fogo, com a utilização de explosivos, é obrigatória a elaboração, **para cada detonação**, de um **Plano de Fogo**. Este plano deve ser preparado por profissional legalmente habilitado, considerando os riscos ocupacionais e as medidas de prevenção para assegurar a segurança e saúde dos trabalhadores.

Nas atividades de desmonte de rocha a fogo, fogacho ou mista, deve haver um responsável pelo armazenamento, preparação das cargas, carregamento das minas, ordem

500 | SEGURANÇA E SAÚDE NO TRABALHO – *Mara Queiroga Camisassa*

de fogo, detonação e retirada das cargas que não explodiram (fogos falhados) e sua destinação adequada. Este profissional é chamado de ***blaster***: *profissional qualificado* responsável pela execução do plano de fogo e encarregado de organizar, conectar, dispor e distribuir os explosivos e acessórios empregados no desmonte das rochas.

Durante o carregamento só devem permanecer no local os trabalhadores envolvidos na atividade, conforme condições estabelecidas pelo *blaster*, que também deve definir o *tempo de retorno ao local após a detonação*.

Além disso, a área de fogo deve ser protegida para evitar a projeção de partículas quando expuser a risco trabalhadores e terceiros.

O **aviso final da detonação** deve ser feito por meio de **sirene**, com intensidade de som suficiente para que seja ouvido em todos os setores da obra e no entorno.

Os explosivos e espoletas não utilizados devem ser recolhidos aos seus respectivos depósitos **após cada fogo**.

7.3 Carpintaria e armações de aço

As áreas de trabalho dos serviços de carpintaria e onde são realizadas as atividades de corte, dobragem e armação de vergalhões de aço devem:

a) ter piso **resistente, nivelado e antiderrapante**;

b) ter cobertura capaz de proteger os trabalhadores contra **intempéries e queda de materiais**;

c) ter lâmpadas para iluminação **protegidas contra impactos** provenientes da projeção de partículas;

d) ter coletados e removidos, **diariamente**, os resíduos das atividades.

7.3.1 Carpintaria

A carpintaria é o local onde são executados os cortes de madeira e montadas as caixarias (formas) que serão utilizadas na construção de elementos estruturais como pilares, vigas e lajes. É na carpintaria também onde se localiza uma das máquinas mais perigosas da obra: a **serra circular** que, caso não disponha das proteções adequadas, poderá ser fonte de acidentes gravíssimos como amputação de dedos, mãos e braços. As atividades da carpintaria deverão ser realizadas somente por **trabalhador** *qualificado*, de acordo com o disposto na NR18. Considerando os riscos inerentes a essa atividade, é importante que o acesso ao local seja restrito somente a estes trabalhadores.

Sobre os requisitos da serra circular, remeto o leitor ao item 10.1 deste capítulo.

7.3.2 Armações de aço

Os requisitos desse item se referem às atividades de corte, dobra e armação de vergalhões de aço.

As armações são formadas por vergalhões de aço de diferentes seções e comprimentos. Os vergalhões têm seção circular e superfície lisa ou nervurada, tendo esta última o objetivo de melhorar a aderência ao concreto.

Os vergalhões são dobrados e cortados em formatos específicos, sendo as armações resultantes utilizadas para reforçar as estruturas de concreto. Depois de montadas, as armações serão inseridas nas formas ou caixarias e posteriormente concretadas. Essas formas podem ser horizontais ou verticais, e em ambos os casos poderá haver extremidades

NR 18 • SEGURANÇA E SAÚDE NO TRABALHO NA INDÚSTRIA DA CONSTRUÇÃO | **501**

de vergalhões expostas, colocando em risco a integridade física dos trabalhadores, caso alguma parte do corpo esbarre ou até mesmo alguém caia sobre elas. Nestes casos, as extremidades deverão ser protegidas, independentemente de sua posição, se horizontais, verticais ou diagonais.

A **área de movimentação de vergalhões de aço deve ser isolada** para evitar a circulação de pessoas não envolvidas na atividade.

Os feixes de vergalhões de aço deslocados por equipamentos de guindar devem ser **amarrados** de modo a evitar **escorregamento**.

As armações de pilares, vigas e outras estruturas devem ser apoiadas e escoradas para evitar tombamento e desmoronamento.

É *obrigatória* a colocação de **pranchas** de material resistente firmemente apoiadas sobre as armações para a circulação de trabalhadores. As pranchas servem de piso e evitam que os trabalhadores *tropecem ou pisem em falso* nas aberturas entre os vergalhões das armações já instaladas.

7.4 Estruturas de concreto

As estruturas de concreto são as vigas, fundações, lajes e pilares, entre outros. Para execução dessas estruturas, são utilizadas *montagens provisórias* chamadas **formas** ou caixarias (de vários tipos e materiais, por exemplo, madeira, metal ou mistas), que receberão o concreto e as armações de aço, como dito anteriormente. Sua função é dar forma ao concreto fresco na geometria desejada, bem como suportá-lo enquanto ocorre o processo de *cura* (solidificação do concreto), quando este terá resistência suficiente para o autossuporte.

O projeto das formas e dos escoramentos, indicando a **sequência de retirada das escoras**, deve ser elaborado por profissional legalmente habilitado. Na montagem e na desforma são **obrigatórios o isolamento e a sinalização da área no entorno da atividade.** Devem ser previstas também as **medidas de prevenção necessárias e suficientes para impedir a queda livre das peças.**

Quando o local de lançamento de concreto não for visível pelo operador do equipamento de transporte ou da bomba de concreto, por exemplo, concretagem de edifícios em lajes muito acima do pavimento térreo, deve ser utilizado um **sistema de sinalização, sonoro ou visual**, e, quando isso não for possível, deve haver comunicação entre os trabalhadores que estão no caminhão de concreto e aqueles que realizam o serviço de concretagem. Esta comunicação deve ser realizada por telefone ou rádio com o objetivo principal de determinar o início e o fim do lançamento do concreto.

7.4.1 *Protensão de cabos*

Protensão é a operação de aplicar **tensão** nos cabos ou fios de aço introduzidos no concreto com o objetivo de aumentar sua resistência estrutural. Após esta operação, será chamado de *concreto protendido*.

A protensão (pré-tensão, do inglês: *prestressing*) é aplicada a peças estruturais, de forma a aumentar a sua resistência ou seu comportamento, sob diversas condições de carga. Tal operação é realizada por meio de macacos hidráulicos e bombas de alta pressão que efetuam o esticamento ou tracionamento dos cabos de aço, que, uma vez tensionados, são chamados de *tirantes*.

Uma das principais vantagens do concreto protendido é alcançar vãos maiores que o concreto armado convencional. Como exemplo do uso dessa tecnologia temos a Ponte Rio-Niterói e também o Museu de Arte de São Paulo (MASP).

Durante as operações de protensão e desprotensão dos cabos de aço, a área no entorno da atividade deve ser **isolada e sinalizada**, sendo proibida a permanência de trabalhadores na parte posterior ou sobre os dispositivos de protensão, ou em outro local que ofereça riscos.

7.5 Estruturas metálicas

Toda montagem, manutenção e desmontagem de estrutura metálica devem estar sob responsabilidade de profissional legalmente habilitado.

Na montagem de estruturas metálicas o **SPIQ e os meios de acessos** dos trabalhadores à estrutura devem estar previstos no PGR da obra. Apesar de não estar expresso na norma, entendo que estes elementos também devem estar previstos nas atividades de desmontagem e manutenção.

Nas operações de montagem, desmontagem e manutenção destas estruturas deve ser disponibilizado ao trabalhador *recipiente e/ou suporte adequado para depositar materiais e/ou ferramentas*, para evitar sua queda.

7.6 Trabalhos a quente

Para fins de aplicação da NR18, considera-se *trabalho a quente* as atividades de soldagem, goivagem, esmerilhamento, corte ou outras que possam gerar ***fontes de ignição***, tais como aquecimento, centelha ou chama. E aqui temos um dos principais riscos nestas atividades: incêndio e explosão, principalmente se forem realizadas em ambientes onde haja a possibilidade de ocorrerem atmosferas explosivas, ou seja, áreas classificadas.

Por este motivo, a NR18 exige que seja elaborada **análise de risco específica para trabalho a quente quando**:

a) houver *materiais combustíveis ou inflamáveis no entorno*;

b) for realizado em área *sem prévio isolamento e não destinada para este fim*.

Caso seja definido na análise de risco, deve ser designado **um trabalhador observador** para exercer a vigilância da execução do trabalho a quente até a conclusão do serviço. Mas atenção: o ***trabalhador observador***, como o próprio nome diz, tem a função de **observar, analisar o ambiente e o trabalho que está sendo realizado com o objetivo de avaliar continuamente as condições de segurança**. O trabalhador observador deve ser capacitado[20] em prevenção e combate a incêndio.

Além disso, nos locais onde se realizam **trabalhos a quente**, deve ser efetuada inspeção preliminar, de modo a assegurar que o local de trabalho e áreas adjacentes:

a) estejam limpos, secos e isentos de agentes combustíveis, inflamáveis, tóxicos e contaminantes;

b) sejam liberados após constatação da **ausência de atividades incompatíveis** com o trabalho a quente.

---

[20] Trabalhador capacitado: trabalhador treinado para a realização de atividade específica no âmbito da organização.

NR-18 • SEGURANÇA E SAÚDE NO TRABALHO NA INDÚSTRIA DA CONSTRUÇÃO | **503**

Nos locais onde se realizam trabalhos a quente também devem ser cumpridas as seguintes medidas de prevenção contra incêndio:

a) **eliminar ou manter sob controle** possíveis riscos de incêndios;

b) instalar **proteção** contra fogo, respingos, calor, fagulhas ou borras, de modo a evitar o contato com materiais combustíveis ou inflamáveis, bem como a interferência em atividades paralelas ou na circulação de pessoas;

c) manter **sistema de combate a incêndio desobstruído** e próximo à área de trabalho;

d) inspecionar, ao término do trabalho, o local e as áreas adjacentes, a fim de **evitar princípios de incêndio**.

Atenção especial deve ser dada aos trabalhos a quente que utilizem gases. Nestes casos, devem ser adotadas as seguintes medidas:

a) utilizar somente **gases adequados à aplicação**, de acordo com as informações do fabricante;

b) seguir as determinações indicadas na Ficha de Informação de Segurança de Produtos Químicos (**FISPQ**);

c) utilizar **reguladores de pressão e manômetros calibrados** e em conformidade com o gás empregado;

d) utilizar somente **acendedores apropriados**, que produzam apenas centelhas e não tenham reservatório de combustível, para o acendimento de chama do maçarico;

e) **impedir** o contato de oxigênio à alta pressão com matérias orgânicas, tais como óleos e graxas.

Para o controle de **fumos e demais contaminantes** decorrentes dos trabalhos a quente, devem ser implementadas as seguintes medidas:

a) limpar adequadamente a superfície e remover os produtos de limpeza utilizados antes de realizar qualquer operação;

b) providenciar **renovação de ar** em ambientes fechados a fim de eliminar gases, vapores e fumos empregados e/ou gerados durante os trabalhos a quente, por exemplo, por meio de sistemas de exaustão para retirada destes contaminantes.

No caso de equipamento de oxiacetileno, deve ser utilizado **dispositivo contra retrocesso de chama** nos pontos de alimentação da mangueira e do maçarico. Somente é permitido emendar mangueiras por meio do uso de conector em conformidade com as especificações técnicas do fabricante.

Além disso, os cilindros de gás devem ser:

a) mantidos em posição **vertical** e devidamente fixados;

b) **afastados** de chamas, de fontes de centelhamento, de calor e de produtos inflamáveis;

c) instalados de forma a não se tornar parte de circuito elétrico, mesmo que acidentalmente;

d) transportados na **posição vertical**, com capacete rosqueado, por meio de equipamentos apropriados, devidamente fixados, evitando-se colisões;

e) mantidos com as **válvulas fechadas** e guardados com o protetor de válvulas (capacete rosqueado), quando inoperantes ou vazios.

A norma proíbe a instalação, a utilização e o armazenamento de cilindros de gases em **espaços confinados**.

7.7 Telhados e coberturas

No serviço em telhados e coberturas que excedam dois metros de altura com risco de queda de pessoas, aplica-se o disposto na NR35 – Trabalho em Altura. A NR35 adotou dois metros como a altura de referência por ser a diferença de nível consagrada em várias normas, inclusive internacionais. Entretanto, isso **não significa que não deverão ser adotadas medidas para eliminar, reduzir ou eliminar os riscos** nos trabalhos realizados em altura igual ou *inferior* a dois metros.

Para a realização de trabalhos em telhados e coberturas, deve ser instalado o SPIQ, constituído de sistema de ancoragem, elemento de ligação e equipamento de proteção individual. Os equipamentos de proteção individual devem ser certificados, adequados para a utilização pretendida, considerando os limites de uso e ajustados ao **peso e à altura** do trabalhador.

O **acesso** ao SPIQ nos telhados e coberturas deve ser projetado de forma que não ofereça risco de quedas.

Importante destacar que é proibida a realização de trabalho ou atividades em telhados ou coberturas:

a) sobre superfícies **instáveis** ou que **não apresentem resistência estrutural**;

b) sobre superfícies **escorregadias**;

c) sob chuva, ventos fortes ou **condições climáticas adversas**;

d) sobre **fornos ou qualquer outro equipamento do qual haja emanação de gases** provenientes de processos industriais, devendo o equipamento ser previamente desligado ou ser adotadas *medidas de prevenção no caso da impossibilidade do desligamento*;

e) com a concentração de cargas em um mesmo ponto sobre telhado ou cobertura, exceto se autorizada por profissional legalmente habilitado.

8. ESCADAS, RAMPAS E PASSARELAS

As escadas, rampas e passarelas devem ser dimensionadas e construídas em função das cargas a que estarão submetidas. É obrigatória a instalação de escada ou rampa como meio de circulação de trabalhadores para a transposição de pisos com diferença de nível superior a 0,4m (quarenta centímetros).

A utilização de escadas e rampas deve observar os seguintes ângulos de inclinação:

a) para **rampas**, ângulos inferiores a 15° (quinze graus);

b) para **escadas móveis**, ângulos entre 50° (cinquenta graus) e 75° (setenta e cinco graus), ou de acordo com as recomendações do fabricante;

c) para **escadas fixas tipo vertical**, ângulos entre 75° (setenta e cinco graus) e 90° (noventa graus).

A instalação de passarelas será **obrigatória** quando for necessário o trânsito de pessoas sobre vãos com risco de queda de altura.

A madeira a ser usada para construção de escadas, rampas e passarelas deve ser de boa qualidade, sem nós e rachaduras que comprometam sua resistência, estar **seca**, sendo **proibido o uso de pintura que encubra imperfeições**.

8.1 Escadas

A norma estabelece os requisitos mínimos a serem atendidos para escada fixa de uso coletivo, escada fixa vertical, escada portátil (de uso individual, dupla e extensível). Vejamos esses requisitos a seguir.

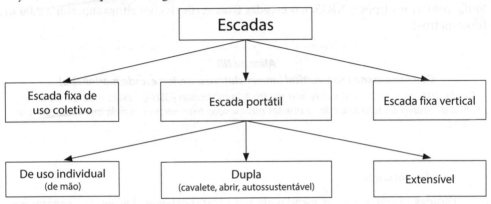

Escada fixa de uso coletivo

As escadas fixas de uso coletivo devem ser dimensionadas em função do **fluxo de trabalhadores** e ter largura mínima de 0,80 m (oitenta centímetros). Também devem ser firmemente fixadas em suas extremidades e ter piso com forração completa e antiderrapante.

A cada 2,90 m (dois metros e noventa centímetros) de altura deve haver um **patamar**[21] **intermediário** com largura e comprimento, no mínimo, iguais à largura da escada.

Devem também ser dotadas de sistema e proteção contra quedas, de acordo com o disposto na norma (itens 18.9.4.1 – fechamento total do vão, ou 18.9.4.2 – sistema guarda-corpo e rodapé).

O **espelho**[22] das escadas deve ter altura uniforme de no máximo 0,2 m (vinte centímetros).

Escada fixa vertical

A escada fixa vertical, chamada *escada marinheiro em redações anteriores da NR18*, é aquela fixada a uma estrutura e utilizada para **transpor diferença de nível**. Pode ser de um único lance ou de múltiplos lances.

Caso seja de um **único lance**, sua altura deve ser de, no **máximo, 10,0 m** (dez metros).

Caso seja de **múltiplos lances**, deverá ter plataforma de descanso com dimensões mínimas de 0,6 m x 0,6 m (sessenta centímetros por sessenta centímetros) e sistema de

---

[21] Patamar: Plataforma entre dois lances da escada.
[22] Espelho é a parede do degrau.

proteção contra quedas conforme itens 18.9.4.1 ou 18.9.4.2. Deverá também **ter altura máxima de 6,00 m (seis metros) entre duas plataformas de descanso**.

Deve suportar os **esforços solicitantes** e ter corrimão ou continuação dos montantes[23] ultrapassando a plataforma de descanso ou o piso superior com altura entre 1,10m (um metro e dez centímetros) e 1,20 m (um metro e vinte centímetros).

Em total alinhamento com legislações internacionais, os elaboradores da norma excluíram a obrigatoriedade de instalação de *gaiola* nas escadas fixas verticais, uma vez que a gaiola **não oferece proteção contra quedas**. A atual redação exige a utilização de SPIQ, conforme dispõe a NR35, nas escadas fixas verticais com altura superior a 2,00 m (dois metros).

Além da NR

Gaiola na escada fixa vertical (nomenclatura anterior: escada marinheiro)

Desde 2018, a Occupational Safety and Health Administration (OSHA)[24] exige a utilização de sistema de proteção individual contra quedas nas escadas fixas verticais, ainda que estas tenham gaiola.

Escadas portáteis

Escadas portáteis são as escadas de mão transportáveis. Devem ter **sapatas antiderrapantes** ou dispositivo que impeça o seu ***escorregamento***. Escadas portáteis de ***madeira*** não devem apresentar farpas, saliências ou emendas.

A escada portátil deve ser selecionada:

a) de acordo com a carga projetada, de forma a resistir ao peso aplicado durante o acesso ou a execução da tarefa;

b) considerando os esforços quando da utilização de sistemas de proteção contra quedas;

c) considerando as situações de resgate.

As escadas portáteis devem ter *espaçamento* uniforme entre os degraus de 0,25 m (vinte e cinco centímetros) a 0,3 m (trinta centímetros) e ser fixadas em seus apoios ou ter dispositivo que impeça seu escorregamento. Os degraus devem ser antiderrapantes.

É ***proibido*** utilizar escada portátil em estruturas sem resistência ou em redes e equipamentos elétricos energizados desprotegidos. *Proibido* também usá-las nas proximidades de portas ou áreas de circulação, de aberturas e vãos e em locais onde haja risco de queda de objetos ou materiais, exceto quando adotadas medidas de prevenção. No caso do uso de escadas portáteis nas *proximidades de portas ou áreas de circulação, a área no entorno dos serviços deve ser isolada e sinalizada.*

As escadas portáteis devem ser usadas por uma pessoa de cada vez, exceto quando especificado pelo fabricante o uso simultâneo, como é o caso, por exemplo, da escada portátil dupla (cavalete).

---

[23]   Montante é a peça estrutural (vertical e horizontal) de escadas, andaimes e torres.

[24]   Disponível em: https://www.osha.gov/laws-regs/regulations/standardnumber/1910/1910.28.

• SEGURANÇA E SAÚDE NO TRABALHO NA INDÚSTRIA DA CONSTRUÇÃO | 507

Durante a subida e descida de escadas portáteis, o trabalhador deve estar <u>apoiado em três pontos</u>[25] (apoio sobre as duas mãos e um pé, ou sobre os dois pés e uma mão).

A NR18 trata dos seguintes tipos de escadas portáteis:

- ✓ Escada portátil de uso individual (escada de mão);
- ✓ Escada portátil dupla (cavalete, abrir ou autossustentável);
- ✓ Escada portátil extensível.

Veremos cada uma destas escadas a seguir:

Escada portátil de uso individual (escada de mão)

Escadas portáteis de uso individual são as escadas de mão com **lance único**. Devem ser utilizadas <u>apenas para acessos temporários e serviços de pequeno porte</u>. Devem ter, no máximo, 7,00m (sete metros) de extensão e ultrapassar em 1,00 m (um metro) o piso superior. A escada de mão deve ter **dois montantes** aos quais serão fixados os degraus, sendo proibido o uso de escada com **montante único**. O montante é a peça estrutural vertical da escada de mão. Os degraus devem ser fixados aos montantes por meios que garantam sua rigidez.

Escada portátil dupla (cavalete, abrir ou autossustentável)

A escada portátil dupla deve ter **comprimento máximo de 6,00 m**, (seis metros) quando fechada e ser utilizada com os limitadores de abertura <u>operantes</u> e nas posições indicadas pelo fabricante.

Deve ser usada apenas nas atividades com ela compatíveis, sendo **proibida sua utilização para transposição de níveis**.

Escada portátil extensível

A escada extensível é aquela que pode ser estendida em **mais de um lance**. Deve ser dotada de dispositivo <u>limitador de curso</u>, que tem por objetivo permitir a **sobreposição segura** de seus montantes. Este limitador deve ser colocado no <u>quarto vão a contar da catraca ou conforme determinação do fabricante</u>. Caso não haja o limitador de curso, a escada deve permitir uma sobreposição de no mínimo um metro, quando estendida.

Deve ser fixada em estrutura resistente e estável em pelo menos um ponto, de <u>preferência no nível superior</u>. Sua base deve ser apoiada a uma distância entre 1/5 (um quinto) e 1/3 (um terço) em relação à altura.

Também deve ser posicionada de forma a **ultrapassar** em pelo menos 1 m (um metro) o nível superior, quando usada para acesso.

---

[25] Esta exigência se refere ao princípio chamado *controle de três pontos*, para uso de escadas e outras estruturas utilizadas para subir ou descer. Este princípio prevê o uso seguro de escadas usando três dos quatro membros (pés e mãos) ao subir ou descer escadas, de forma que as mãos se agarrem firmemente aos montantes horizontais da escada (e não aos montantes verticais) e os pés se apoiem nos montantes horizontais, de forma que a mão possa suportar todo o peso do corpo se necessário, em uma emergência. O objetivo é manter sempre três membros (dois pés e uma mão ou duas mãos e um pé) firmemente em contato com a escada, ao subir ou ao descer. O princípio *controle de três pontos* não deve ser confundido com o *contato de três pontos*, que envolve contato de três partes do corpo, quaisquer que sejam elas. Maiores informações em: https://aeasseincludes.assp.org/professionalsafety/pastissues/057/11/030_036_F1Elli_1112.pdf.

Escadas extensíveis com **mais de 7 m (sete metros)** de comprimento devem ter sistema de **travamento** (tirante ou vareta de segurança) para *impedir* que os montantes fiquem soltos e prejudiquem a estabilidade.

8.2 Rampas e passarelas

As rampas e passarelas devem ter *largura mínima de 0,8 m* (oitenta centímetros), ser firmemente fixadas em suas extremidades e dimensionadas em função de **seu comprimento e das cargas** a que estarão submetidas.

Devem ter sistema de proteção contra quedas em todo o perímetro, conforme os subitens 18.9.4.1 – fechamento total do vão, ou 18.9.4.2 – sistema guarda-corpo e rodapé.

O piso deve ter **forração completa e antiderrapante**.

Nas rampas com inclinação **superior a 6° (seis graus)**, devem ser fixadas peças transversais, espaçadas em, no máximo, 0,4 m (quarenta centímetros) ou outro dispositivo de apoio para os pés para impedir o escorregamento.

9. MEDIDAS DE PREVENÇÃO CONTRA QUEDAS DE ALTURA E QUEDA DE MATERIAIS

As medidas de proteção coletiva tratadas neste item devem ser projetadas por profissional legalmente habilitado e têm o objetivo de eliminar **o risco de queda de altura e o risco de projeção de materiais** em especial nas aberturas dos pisos, nos vãos de acesso às caixas (ou poço) dos elevadores, na periferia da edificação e no entorno da obra.

Veremos que em alguns casos a própria norma define qual e como deve ser a proteção coletiva (por exemplo, no caso de fechamento dos vãos de acesso à caixa do elevador). Em outras situações, o profissional legalmente habilitado terá liberdade de escolher a proteção coletiva a ser instalada (por exemplo, no caso da utilização das plataformas de proteção que como veremos adiante, não são mais obrigatórias).

A **madeira** a ser usada na construção dos sistemas de proteção coletiva deve ser de **boa qualidade, sem nós e rachaduras que comprometam sua resistência, estar seca**, sendo *proibido o uso de pintura que encubra imperfeições.*

9.1 Aberturas no piso

Essas aberturas são orifícios, fendas, *shafts* ou vãos com dimensões variadas e que, de acordo com o projeto, são utilizadas com diversas finalidades, por exemplo, passagem de tubulações e instalações elétricas e hidráulicas. A **proteção coletiva** a ser instalada nas aberturas no piso, independentemente de suas dimensões, é o **fechamento provisório constituído de material resistente travado ou fixado na estrutura ou um sistema de proteção contra quedas** conforme os subitens 18.9.4.1 – fechamento total do vão, ou 18.9.4.2 – sistema guarda-corpo e rodapé, como veremos adiante.

9.2 Vãos de acesso às caixas do elevador

A proteção coletiva a ser instalada nos vãos de acesso às caixas de elevadores (poço do elevador definitivo) deve ter fechamento provisório de **toda a abertura** (e não mais até 1,20 m, como na redação anterior). O fechamento deve ser constituído de material resistente, travado ou fixado à estrutura da edificação (e **não à alvenaria**). Esse fechamento deve ser mantido instalado até a **colocação definitiva das portas**: uma vez instaladas as portas do elevador definitivo, o fechamento provisório poderá ser retirado.

9.3 Periferia da edificação

A partir do início dos serviços necessários à **concretagem da primeira laje** é obrigatória a instalação, na periferia da edificação, de *proteção contra queda de trabalhadores e projeção de materiais.*

Esta proteção deve ser devidamente dimensionada, instalada, mantida e ser constituída de **_anteparos rígidos_**[26], que garantam efetiva proteção para os fins a que se destina. Poderá ser de *fechamento total do vão da periferia* ou por meio de *sistema guarda-corpo e rodapé.*

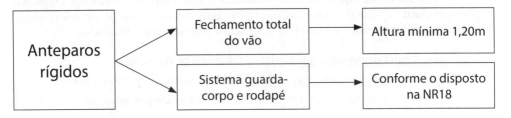

Caso a proteção escolhida seja de **fechamento total do vão da periferia**, deverá ter **altura mínima de 1,20 m** (um metro e vinte centímetros).

Caso seja do tipo **sistema guarda-corpo e rodapé**, deverá ter travessão superior, travessão intermediário e rodapé, atendendo aos seguintes requisitos:

Travessão superior
- **Instalado a 1,20 m** (um metro e vinte centímetros) de altura;
- **Resistência** à carga horizontal de 90 kgf/m (noventa quilogramas-força por metro), sendo que a deflexão máxima não deve ser superior a 0,076 m (setenta e seis milímetros).

Travessão intermediário
- **Instalado a 0,70 m** (setenta centímetros) de altura;
- **Resistência** à carga horizontal de 66 kgf/m (sessenta e seis quilogramas-força por metro).

Rodapé
- Instalado **rente à superfície**;
- Altura **mínima de 0,15 m** (quinze centímetros) – ao contrário de 0,20 m, como na redação anterior;
- **Resistência** à carga horizontal de 22 kgf/m (vinte e dois quilogramas-força por metro).

Os vãos entre o travessão superior o travessão intermediário e também entre o travessão intermediário e o rodapé devem ser *preenchidos com tela ou outro dispositivo que garanta o fechamento seguro da abertura.* Este fechamento tem o objetivo de evitar queda de materiais.

---

[26] Não sendo permitida, portanto, a utilização de faixas ou as famosas *fitas zebradas* que nada mais são que meras sinalizações, não oferecendo nenhuma proteção contra queda de altura.

9.3.1 Proteção contra queda de materiais

Outro tipo de proteção contra queda de materiais é a chamada Plataforma de Proteção, também conhecida como "*apara lixo*" ou "*bandejão*". Entretanto, **a instalação desta plataforma não é mais obrigatória**, principalmente devido aos riscos inerentes à sua instalação e retirada. Além disso, a instalação destas plataformas impedia a utilização de sistemas mais seguros como andaimes fachadeiros. Destaco que a norma não proíbe o uso destas plataformas, apenas sua instalação não é mais obrigatória.

As Plataformas de Proteção são classificadas em *primária, secundária* ou *terciária*, a depender da **altura da laje** onde serão instaladas. Todas têm a mesma função, qual seja a proteção contra queda de materiais (não protegem contra queda de pessoas!); o que variam são suas dimensões e o nível ou pavimento no qual serão instaladas:

- ✓ Plataforma de proteção primária: instalada na primeira laje;
- ✓ Plataforma de proteção secundária: instalada acima da primeira laje;
- ✓ Plataforma de proteção terciária: instalada abaixo da primeira laje.

Caso a organização responsável pela obra decida pela utilização da plataforma de proteção, deverá observar os requisitos apresentados a seguir:

- ✓ Devem ser projetadas e construídas de forma a **resistir aos impactos das quedas de objetos**;
- ✓ Também devem ser **mantidas em adequado estado de conservação e sem sobrecarga** que prejudique a estabilidade de sua estrutura. Muitas empresas acabam por usar a plataforma para depositar entulhos como perfis de madeira e materiais não utilizados. As plataformas são projetadas para suportarem a carga de materiais que eventualmente caiam sobre elas e não devem servir como área permanente de depósito de resíduos. A empresa deve providenciar a limpeza das plataformas sempre que receberem excesso de restos de materiais. Além disso, o estrado das plataformas de proteção deverá ser contínuo, sem aberturas;
- ✓ Devem ser instaladas *em balanço*, o que significa sua **projeção para fora da edificação**, por meio de fixação apropriada. São instaladas na parte externa ao longo da periferia da edificação onde houver risco de queda de materiais; de forma geral, são compostas por chapas de *madeirite* sustentadas por elementos do tipo mão francesa, fixados à estrutura da edificação.

Importante esclarecer novamente que as plataformas de proteção **não oferecem proteção** contra queda de pessoas, mas tão somente contra quedas de materiais. Isso significa que, caso haja risco de queda de altura de trabalhadores em um determinado pavimento onde esteja instalada plataforma de proteção, também deve ser instalada a proteção adequada contra queda de pessoas. Há casos de acidentes fatais em decorrência da falta de proteção contra queda de altura em que o trabalhador *atravessou* a(s) plataforma(s) existente(s), até se chocar com o solo.

9.3.2 Redes de segurança

As redes de segurança são *sistemas de proteção coletiva para amortecer*, ou seja, absorver o impacto da *queda de pessoas*. Também oferecem proteção contra queda de materiais.

A utilização destas redes também não é obrigatória, porém, caso sejam utilizadas, deverão ser confeccionadas e instaladas de acordo com os requisitos de segurança e ensaios previstos nas normas EN 1263-1 e EN 1263-2 ou em normas técnicas nacionais vigentes.

Seu projeto deve contemplar também o procedimento das fases de montagem, ascensão e desmontagem.

A malha da rede deve ser **uniforme em toda a sua extensão**. Caso sejam necessárias emendas na panagem[27], devem ser asseguradas as mesmas características da rede original, com relação à resistência, à tração e à deformação, além da durabilidade. As emendas devem ser feitas por profissional capacitado, sob supervisão de profissional legalmente habilitado. São **proibidas emendas com sobreposições da rede**.

O sistema de redes deve ser submetido a uma *inspeção semanal* para verificação das condições de todos os seus *elementos e pontos de fixação*. Apesar de não constar expressamente na norma, é importante que esta inspeção seja *registrada para fins de auditoria*.

As redes, os elementos de sustentação e os acessórios devem ser armazenados em local apropriado, seco e acondicionados em recipientes adequados.

Quando utilizadas para proteção de periferia, devem estar associadas a um sistema, com *altura mínima de 1,2 m* (um metro e vinte centímetros), que impeça a queda de materiais e objetos.

10. MÁQUINAS, EQUIPAMENTOS E FERRAMENTAS

As *máquinas e os equipamentos* utilizados nas atividades da indústria da construção devem atender ao disposto na NR12 (Segurança no Trabalho em Máquinas e Equipamentos). Aqui temos mais um exemplo de **norma especial** complementando **norma setorial**.

No que se refere às *ferramentas,* a NR18 traz algumas disposições específicas, uma vez que este tema não é abordado em detalhes pela NR12, sendo as ferramentas, principalmente as de pequeno porte, bastante utilizadas na indústria da construção, por exemplo, furadeiras, lixadeiras e serra mármore.

Devem ser elaborados **procedimentos de segurança para o trabalho** com máquinas, equipamentos e ferramentas não contemplados no campo de aplicação da NR12. Como destacado em capítulo anterior, os **procedimentos de trabalho são medidas administrativas**, e não medidas de proteção coletiva.

Nas obras com altura igual ou superior a 10 m (dez metros), é obrigatória a instalação de máquina ou equipamento **de transporte vertical motorizado de materiais**, por exemplo, *gruas de pequeno porte, elevadores de cremalheira ou guinchos de coluna*, como veremos a seguir. Esta altura deve ser contada a partir do subsolo, caso houver. Estas máquinas devem ter dispositivos que impeçam a **descarga acidental do material.**

10.1 Serra circular

A serra circular deve:

a) ser **projetada** por profissional legalmente habilitado;

---

[27] Tecido que forma a rede de proteção.

b) ser dotada de **estrutura metálica estável** (a estrutura da mesa não pode mais ser de madeira, como permitido na redação anterior);

c) ter o **disco afiado e travado**, devendo ser substituído quando apresentar defeito;

d) ter dispositivo que impeça o **aprisionamento** do disco e o **retrocesso** da madeira;

e) dispor de dispositivo que possibilite a regulagem da altura do disco;

f) ter **coletor de serragem**;

g) ser dotada de dispositivo **empurrador e guia de alinhamento**, quando necessário;

h) ter **coifa** ou outro dispositivo que **impeça a projeção do disco de corte**.

A exigência de projeto da serra circular por profissional habilitado tem por objetivo proibir a utilização de serras precárias com montagens artesanais, sem responsabilidade técnica e fonte de inúmeros acidentes graves como amputações de membros superiores.

10.1.1 Componentes da serra circular

Mesa: Onde se apoiam todos os componentes da serra. Pode ser construída em madeira, material metálico ou outro material similar de resistência equivalente. Deve ser estável, ter fechamento das faces inferiores, anterior e posterior, e dimensionamento suficiente para a execução das tarefas.

Disco: Serra circular "dentada" que realiza o corte da madeira. Na extremidade de cada *dente* do disco deve existir uma vídia, elemento que entra em contato com a madeira iniciando o corte. O disco deve estar sempre afiado e ser substituído caso apresente trincas, ou qualquer outro problema, por exemplo, falta de vídias ou vídias quebradas. Neste sentido, é importante a inspeção sistemática da integridade dos discos tanto pelo carpinteiro quanto pelos profissionais de SST. Para que a substituição seja imediata, a organização responsável pela obra deve manter discos em estoque.

Coletor de serragem: Dispositivo destinado a recolher e lançar em local adequado o material particulado proveniente do corte de madeira, evitando que fique espalhado pela carpintaria, o que, pela natureza altamente inflamável da madeira na forma de poeira e partículas, poderia oferecer riscos de incêndio, por exemplo, a partir de centelhas geradas por eletricidade estática.

Coifa protetora: Dispositivo destinado a impedir a projeção do disco da serra circular ou de uma vídia ou até mesmo de um dos dentes da serra, contra o trabalhador ou terceiros nas proximidades. A coifa é um envoltório semicircular que acompanha a curvatura do disco. Deve ter altura regulável de acordo com a madeira a ser cortada, formato suficiente para cobrir a serra o máximo possível, e ser mantida ajustada próxima da superfície da peça a ser cortada.

Cutelo divisor: Lâmina de aço que compõe o conjunto da serra circular e que mantém separadas as partes serradas da madeira. O cutelo divisor atua como uma cunha, impedindo que as partes da peça já cortadas se fechem sobre o disco imediatamente após o corte, evitando o retrocesso da madeira que está sendo serrada em direção ao trabalhador. Deve estar no mesmo plano do disco.

Empurrador: Dispositivo instalado na serra circular, destinado à movimentação da madeira durante o corte, por exemplo, aquele utilizado em serras esquadrejadeiras (serra circular de maior porte, usada nos casos de corte de madeira com ângulos precisos).

Guia de alinhamento: dispositivo, fixo ou móvel, instalado na bancada da serra circular, destinado a orientar a direção e a largura do corte na madeira.

Além destes requisitos, a carcaça do motor deve ser aterrada eletricamente e as transmissões de força mecânica devem estar protegidas obrigatoriamente por anteparos fixos e resistentes, não podendo ser removidos, em hipótese alguma, durante a execução dos trabalhos.

10.2 Máquina autopropelida

Máquinas autopropelidas ou automotrizes são aquelas que se deslocam em meio terrestre mediante sistema de propulsão próprio, como tratores, rolos compactadores, retroescavadeiras, *bobcat*, empilhadeiras, entre outros.

O **processo de enchimento ou esvaziamento dos pneus** destas máquinas deve ser feito de modo gradativo, com medições sucessivas da pressão, dentro de **gaiolas de proteção**, projetadas para esse fim, de modo a resguardar a segurança do trabalhador.

Devem ser tomadas precauções especiais quando da movimentação de máquinas autopropelidas próxima a redes elétricas.

A máquina autopropelida com **massa (tara[28]) superior a 4.500 kg** (quatro mil e quinhentos quilos) deve ter cabine climatizada a fim de propiciar condições ambientais de *temperatura e umidade confortáveis* ao trabalhador. Deve também oferecer proteção contra queda e projeção de objetos e contra incidência de raios solares e intempéries. Caso tenha **massa (tara) igual ou inferior a 4.500 kg** (quatro mil e quinhentos quilos), deve ter **posto de trabalho protegido** contra queda e projeção de objetos e contra incidência de raios solares e intempéries.

10.3 Equipamentos de guindar

Equipamento de guindar é todo aquele utilizado no transporte vertical de materiais, como **gruas, guindastes, guinchos, pórticos, pontes rolantes, caminhões tipo *munck* e equipamentos similares.**

Os equipamentos de guindar devem ser usados de acordo com as **recomendações do fabricante e com o plano de carga**, este último, elaborado por profissional legalmente habilitado e contemplado no PGR.

10.3.1 Plano de cargas

Deve ser elaborado um **plano de carga** para cada equipamento envolvido na movimentação de cargas suspensas. O **plano de carga é um conjunto de documentos** que, além de informações administrativas como dados do equipamento, deve conter informações técnicas para sua operação segura, como sistemas de segurança, registro de intervenções, áreas de cobertura, entre outras. O Plano de Carga deve integrar o PGR da obra e apresentar as seguintes informações:

Informações relativas ao equipamento de guindar

a) endereço do local onde o equipamento estiver instalado;

---

[28] Segundo o Departamento Nacional de Infraestrutura de Transporte (DNIT), *Tara* é o peso próprio do veículo, acrescido dos pesos da carroçaria e equipamento, do combustível, das ferramentas e acessórios, da roda sobressalente, do extintor de incêndio e do fluido de arrefecimento, expresso em quilogramas.

b) duração prevista para sua utilização;

c) razão social, endereço e CNPJ do fabricante, importador, locador ou proprietário do equipamento;

d) razão social, endereço e CNPJ do responsável pela montagem, desmontagem e serviços de manutenção;

e) tipo, modelo, ano de fabricação, capacidade, dimensões e demais dados técnicos.

Informações sobre o local de instalação

a) croquis ou planta baixa, mostrando a área coberta pela operacionalização do equipamento, todas as possíveis **interferências** dentro e fora dos limites da obra e os principais locais de carregamento e descarregamento de materiais.

Informações relativas à movimentação das cargas

a) medidas previstas para **isolamento das áreas sob cargas suspensas** e das áreas adjacentes que eventualmente possam estar sob risco de queda de materiais;

b) dispositivos e acessórios auxiliares de içamento que devem ser utilizados em cada operação, tais como ganchos, lingas[29], calços, contenedores especiais, balancins, manilhas, roldanas auxiliares e quaisquer outros necessários: estes dispositivos são conectados ao gancho do moitão[30] para facilitar a movimentação da carga;

c) procedimentos **especiais** que se façam necessários com relação à movimentação de peças de grande porte, quanto à preparação da área de operações, velocidades e percursos previstos na movimentação da carga, sequenciamento de etapas necessárias, **utilização conjunta de mais de um equipamento de guindar**, ensaios e/ou treinamentos preliminares e qualquer outra situação singular de alto risco;

d) medidas preventivas complementares quando no mesmo local houver outro equipamento de guindar com **risco de interferência** entre seus movimentos.

Estas informações são fundamentais para a movimentação segura das cargas e servirão de entrada para a análise de riscos a ser realizada.

A amarração das cargas não é operação trivial, exige do responsável, chamado **amarrador**, conhecimentos variados como peso e centro de gravidade do material, em especial no caso de cargas assimétricas quando o centro de gravidade é deslocado; escolha dos dispositivos e acessórios de içamento; se necessário, o uso de deslizadores ou cantoneiras para proteger a cinta contra abrasão e cortes devido ao contato com cantos vivos da carga, entre vários outros. Os procedimentos de amarração têm por objetivo, entre outros, evitar quedas acidentais de materiais durante a movimentação ou ainda a falha do conjunto amarração.

O amarrador deve ser profissional capacitado conforme previsto no Anexo 1 da NR18.

Listas de verificação

Também devem integrar o Plano de Cargas as seguintes listas:

---

[29] Dá-se o nome de *linga* ao conjunto de correntes, cabos ou outros materiais utilizados para o içamento de carga.

[30] Dispositivo mecânico utilizado nos equipamentos de guindar para movimentação de carga.

NR 18 · SEGURANÇA E SAÚDE NO TRABALHO NA INDÚSTRIA DA CONSTRUÇÃO | **515**

a) lista de verificação do **equipamento e dos dispositivos auxiliares** de movimentação de carga, emitida pelo fabricante, locador ou profissional legalmente habilitado;

b) lista de verificação para **plataforma de carga e descarga**, emitida por profissional legalmente habilitado.

No caso de gruas, devem ser acrescentadas ao Plano de Cargas as seguintes informações:

✓ a altura inicial e final;

✓ o comprimento da lança e a capacidade de carga na ponta;

✓ a capacidade máxima de carga: refere-se à capacidade máxima de carga que pode ser movimentada quando localizada na extremidade da lança;

✓ se provida ou não de coletor elétrico[31];

✓ planilha de esforços sobre a base de concreto e sobre os locais de ancoragens do equipamento.

10.3.2 Análise de risco

A movimentação de cargas deve ser precedida de análise de riscos, e, quando a movimentação for rotineira, a análise pode estar descrita em **procedimento operacional**.

No caso de movimentação de cargas **não rotineiras**, deve ser elaborada **análise de risco específica**, com a respectiva permissão de trabalho.

A análise de riscos diz respeito ao reconhecimento dos riscos envolvidos na movimentação das cargas. Por óbvio, a norma não determina a metodologia de análise de risco a ser utilizada. Sua escolha dependerá da complexidade da operação de movimentação de cargas. Ademais, é possível que mais de uma técnica de análise seja requerida.

10.3.3 Documentos

Devem ser disponibilizados nos canteiros de obra os seguintes documentos relativos aos equipamentos de guindar, quando aplicável:

a) **plano de cargas**;

b) registro de todas as **ações de manutenção preventivas e corretivas** e de inspeção do equipamento, ocorridas após a instalação no local onde estiver em operação, e os termos de entrega técnica e liberação para uso (conforme disposto no item 12.11 da NR12)[32];

c) comprovantes de **capacitação e autorização** do operador do equipamento de guindar em operação no local;

---

[31] Caso a grua gire mais de três vezes no mesmo sentido, seus condutores elétricos de alimentação poderão ser danificados por causa da torção nos cabos. A fim de evitar estes danos, deverá ser utilizado o coletor elétrico, responsável pela transmissão da alimentação elétrica da parte fixa (torre) da grua à parte rotativa.

[32] Apesar de o item 18.10.1.23, "b", da NR18 fazer referência ao item 12.11 da NR12, numa leitura mais atenta vemos que não consta deste item nenhuma referência aos termos de entrega técnica e liberação para uso. Para elaboração destes termos, sugiro observar os itens 18.10.1.39 ou 18.11.7, "b", da própria NR18, conforme o caso.

d) comprovantes de **capacitação do sinaleiro/amarrador de cargas e do trabalhador designado** para inspecionar plataformas em balanço para recebimento de cargas;

O *sinaleiro* geralmente também é o responsável pela **amarração** das cargas, daí ser chamado sinaleiro/amarrador. Este trabalhador permanece em solo e tem a responsabilidade orientar o operador do equipamento de guindar durante toda a movimentação da carga, por meio de sistema de comunicação apropriado, desde o içamento (movimentação vertical ascendente), rotação (movimentação horizontal, por exemplo, no caso de gruas), até a deposição no local determinado (movimentação vertical descendente). Diz-se comumente que estes profissionais são os olhos do operador do equipamento de guindar.

e) **projeto de fixação** na edificação ou em estrutura independente;
f) no caso de **gruas**, projeto para a passarela de acesso à torre;
g) listas de **verificação** mencionadas na NR18 e instruções de segurança emitidas, específicas à operacionalização do equipamento;
h) **laudo de aterramento elétrico com medição ôhmica**, conforme normas técnicas nacionais vigentes, elaborado por profissional legalmente habilitado e atualizado *semestralmente*: em função da dinâmica da obra, novos equipamentos são instalados, outros retirados, daí a exigência de atualizar o laudo de aterramento a cada seis meses.

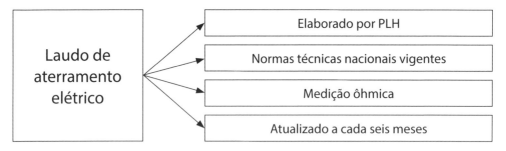

10.3.4 Itens de segurança

Os equipamentos de guindar, de acordo com suas especificidades, devem dispor dos seguintes itens de segurança:

a) limitador de **carga máxima**: possibilita a paralisação do movimento de subida do moitão, caso a carga que está sendo movimentada seja superior à carga máxima projetada para o equipamento;
b) limitador de **altura** que permita a frenagem do moitão na elevação de cargas: este dispositivo evita o impacto mecânico do moitão com a estrutura da própria lança;
c) dispositivo de **monitoramento na descida**, se definido na análise de risco: para evitar o choque da carga/moitão com a superfície onde a carga será depositada;
d) alarme sonoro com acionamento automático quando o **limitador de carga ou de momento estiver atuando**;

NR 18 · SEGURANÇA E SAÚDE NO TRABALHO NA INDÚSTRIA DA CONSTRUÇÃO | **517**

e) **alarme sonoro** para ser acionado pelo operador em situações de risco e/ou alerta;

f) **trava de segurança** no gancho do moitão: evita a queda da carga, no caso de basculamento;

g) dispositivo instalado nas polias que impeça o **escape acidental dos cabos de aço**;

h) **limitadores de curso** para movimento de translação quando instalado sobre trilhos: para evitar o tombamento do equipamento de guindar.

10.3.5 Cabine de comando

Quando o equipamento de guindar tiver cabine de comando, esta deve dispor de:

a) **acesso seguro** e, quando necessário em movimentação vertical para acessar a cabine, tornar obrigatório o uso do SPIQ;

b) **interior climatizado**;

c) assento **ergonômico**;

d) proteção **contra raios solares e intempéries**;

e) tabela de **cargas máximas** em todas as condições de uso, escrita em língua portuguesa, no seu interior e de fácil visualização pelo operador;

f) **extintor de incêndio** adequado ao risco.

10.3.6 Dispositivos auxiliares de içamento

Os dispositivos auxiliares de içamento, como cabos de aço, estropos, cintas, lingas, entre outros, devem atender aos seguintes requisitos:

a) dispor de forma indelével a **razão social** do fabricante ou do locador, **a capacidade de carga e o número de série que permita sua rastreabilidade**;

b) ter certificado ou dispor de projeto elaborado por **profissional legalmente habilitado**, contendo a especificação e a descrição completa das características mecânicas e elétricas, se cabíveis;

c) ser **inspecionado** pelo sinaleiro/amarrador de cargas antes de entrar em uso: trata-se aqui basicamente de inspeção visual.

10.3.7 Guindastes e Gruas

Gruas são equipamentos de guindar que têm uma lança de giro horizontal (e correspondente contralança), suportadas por uma estrutura vertical chamada torre; são utilizadas para movimentação horizontal e vertical de materiais.

Guindastes também são equipamentos de guindar, porém usados para a elevação e movimentação de cargas e materiais **pesados**.

Guindastes e gruas, além das exigências anteriores cabíveis, devem ter:

a) **limitador de momento máximo**[33], impedindo a continuidade do movimento e só permitindo a sua reversão;

---

[33] O limitador de momento máximo impede que ocorra um desequilíbrio de forças entre a carga movimentada e o contrapeso. O momento máximo corresponde ao máximo esforço de momento aplicado na estrutu-

b) **anemômetro** que indique no interior da cabine do equipamento a velocidade do vento;

c) indicadores de **níveis longitudinal e transversal**, exceto para as gruas que não são montadas sobre base móvel.

10.3.8 Proibições

Durante a operação dos equipamentos de guindar são **proibidos**:

a) circulação ou permanência de **pessoas estranhas** nas áreas sob movimentação da carga suspensa;

b) colocação de **placas de publicidade**[34] na estrutura do equipamento, salvo quando especificado pelo fabricante ou profissional legalmente habilitado;

c) movimentação de cargas com **peso desconhecido**;

d) movimentação em ações de *arraste ou com o içamento inclinado em relação à vertical*;

e) içamento de carga que **não esteja totalmente desprendida** da sua superfície de apoio e livre de qualquer interferência que ofereça resistência ao movimento pretendido;

f) utilização de cordas de fibras naturais ou sintéticas como elementos de içamento de cargas, salvo cabos de fibra sintética previstos nas normas técnicas nacionais vigentes;

g) **transporte de pessoas**, salvo nas condições em operação de resgate e salvamento, sob supervisão de profissional legalmente habilitado, ou quando em conformidade com o item 4 – Cestos Suspensos do Anexo XII da NR12– Equipamentos de guindar para elevação de pessoas e realização de trabalho em altura;

h) trabalho em **condições climáticas** adversas ou qualquer outra condição meteorológica que possa afetar a segurança dos trabalhadores.

10.3.9 Gruas

A grua, também chamada de Guindaste Universal de Torre[35], é um tipo de guindaste utilizado exclusivamente para transporte de materiais e muito usada em obras de pequeno, médio ou grande porte. Tem como vantagens principais a mobilidade, a agilidade e a rapidez nas movimentações vertical e horizontal de grandes quantidades de cargas.

---

ra de alguns equipamentos de guindar. Está relacionado com o peso da carga e seu respectivo posicionamento na lança ao ser movimentada. À medida que o carrinho se aproxima do eixo vertical, a capacidade de carga será maior.

[34] A colocação inadvertida de placas de publicidade nas gruas pode oferecer resistência ao vento e provocar acidentes graves.

[35] SCIGLIANO, Walter Antonio. *Manual para utilização de gruas*. 2. ed. São Paulo: Ed. do Autor, 2008.

• SEGURANÇA E SAÚDE NO TRABALHO NA INDÚSTRIA DA CONSTRUÇÃO | 519

> *Saiba Mais*
> *Gruas – Informações Gerais*
> *Uma grua é composta pelos seguintes elementos principais:*
> **Elementos de sustentação**
> *– Torre*
> *– Truques de translação (grua móvel)*
> **Elementos de movimentação de carga**
> *– Lança: estrutura metálica que se projeta horizontalmente a partir da torre, e serve principalmente à sustentação e posicionamento do carrinho e do moitão, que são os elementos responsáveis pelo içamento e deposição das cargas.*
> *– Carrinho da lança: conjunto de rodas e polias montado em uma estrutura que desliza sobre o perfil da parte inferior da lança, sendo movimentado por meio de cabos de aço acionados pelo conjunto motor/redutor/freio/tambor, localizado internamente à lança.*
> *– Moitão: elemento que, por meio de polias, liga o cabo de aço de elevação ao gancho de içamento. O conjunto formado pelo moitão, cabo de aço de elevação e carrinho é responsável pelo içamento e deposição das cargas.*
> *– Contralança: estrutura metálica que se projeta horizontalmente a partir da torre, cuja função é dar equilíbrio ao conjunto Grua, sustentando os contrapesos em sua extremidade distante à torre e também os motores.*
> *– Contrapeso: conjunto de blocos de concreto armado ou vergalhões de aço que fica posicionado próximo à extremidade da contralança, garantindo o equilíbrio da grua, com peso e quantidade de blocos variáveis, de acordo com o comprimento da lança e a capacidade da grua.*
> **Funcionamento**
> *O funcionamento da grua se baseia no princípio do equilíbrio. O peso do contrapeso (localizado na contralança) e sua distância da torre determinarão o peso das cargas a serem movimentadas (pela lança) e sua respectiva distância (também a partir da torre) que devem ser observados durante a movimentação da carga. O resultado da multiplicação do peso do contrapeso pela sua distância horizontal até a torre (chamado de* momento*) deve ser igual ao peso da carga a ser movimentada multiplicado pela sua distância horizontal até a torre.*
> *Cargas mais pesadas devem ser erguidas mais próximas à torre de forma que cada posição do carrinho (que ergue e movimenta a carga) deve corresponder a um valor máximo de carga a ser movimentada para não provocar o basculamento da grua, ou seja, quanto mais distante da torre estiver o material suspenso a ser movimentado, menor a capacidade de carga da grua.*
> *A operação da grua se dá a partir de três movimentos: giro da lança/contralança em 360°, movimento de elevação do carrinho e o correspondente deslocamento ao longo da lança.*

Além das disposições anteriores relativas a equipamentos de guindar, a grua deve dispor de:

a) **cabine de comando**, acoplada à parte giratória do equipamento (exceto para gruas de pequeno porte e automontante);

b) **limitador de fim de curso** para o carro da lança nas duas extremidades (no eixo principal e na extremidade distante deste eixo);

c) sistema automático de controle de **carga admissível ou placas indicativas de carga admissível ao longo da lança**, conforme especificado pelo fabricante ou locador: indicam a condição de momento máximo de acordo com o posicionamento do carrinho;

d) **luz de obstáculo** no ponto mais alto da grua;

e) **SPIQ** para acesso horizontal e vertical onde houver risco de queda: por exemplo, para acesso à cabine e nas atividades de manutenção na lança ou contra lança;

f) **limitador/contador de giro**, mesmo quando a grua dispuser de coletor elétrico;

g) sistema de **proteção contra quedas** na transposição entre a escada de acesso e o posto de trabalho do operador e na contralança, conforme a NR12;

h) **escadas fixas** conforme disposto no item 18.8 da norma;

i) **limitadores de movimento** para lanças retráteis ou basculantes;

j) dispositivo automático com **alarme sonoro** que indique a ocorrência de ventos *superiores a 42 km/h* (quarenta e dois quilômetros por hora): esta situação demonstra que a operação da grua *poderá* ser prejudicada.

Além das proibições assinaladas no item 10.4.7 (*Proibições*), as gruas devem obedecer às seguintes **prescrições restritivas**:

a) o trabalho sob condições de ventos com velocidade acima de 42 km/h (quarenta e dois quilômetros por hora) deve ser precedido de análise de risco específica e autorizado mediante permissão de trabalho;

b) sob nenhuma condição é permitida a operação com gruas quando da ocorrência de ventos com velocidade superior a 72 km/h (setenta e dois quilômetros por hora): nesta condição, a operação da grua deve ser paralisada;

c) a ponta da lança e o cabo de aço de levantamento da carga devem estar afastados da rede elétrica, conforme orientação da concessionária local, e distar, no mínimo, 3 m (três metros) de qualquer obstáculo, e, para distanciamentos inferiores a operacionalização da grua, deve ser realizada análise de risco elaborada por profissional legalmente habilitado: esta determinação é relevante também no caso de gruas operando dentro do mesmo raio de ação.

OPERAÇÃO DE GRUAS

Ventos superiores a **42 km/h**		Ventos superiores a **72 km/h**
↓		↓
Alarme sonoro		Proibida a operação

Quando o equipamento não estiver em funcionamento, a movimentação da lança da grua deve ser livre para não oferecer resistência ao vento, **salvo em situações onde houver obstáculos ao seu giro, que devem estar previstas no plano de carga**.

No término da montagem inicial e após *qualquer* intervenção de inspeção ou manutenção da grua, é obrigatória a **emissão de termo de entrega técnica e liberação para uso**, que deve ser entregue mediante recibo, contendo, no mínimo:

a) descrição de todas as ações executadas;

b) resultados dos testes de carga e sobrecarga, se efetuados;

NR 18 • SEGURANÇA E SAÚDE NO TRABALHO NA INDÚSTRIA DA CONSTRUÇÃO | 521

c) data, identificação e respectivas assinaturas do responsável pelo trabalho executado e por quem o aceita como bem realizado;

d) a explícita afirmação impressa ou carimbada no documento de que *"todos os dispositivos e elementos de segurança do equipamento estão plenamente regulados e atuantes para a sua operacionalização segura"*;

e) **registro** em livro próprio, ficha ou sistema informatizado, de acordo com item 12.11.2[36] da NR12.

O posicionamento e a configuração dos pontos de ancoragens e/ou estaiamento[37] da grua (por exemplo, quantidade e local de fixação) devem:

a) seguir as instruções do fabricante sobre os **esforços aplicados** nesses pontos;

b) ter as estruturas e materiais de fixação definidos em projeto e cálculos elaborados por profissional legalmente habilitado, *vinculado ao locador ou à empresa responsável pela montagem do equipamento.*

Cabe ao empregador prover **instalação sanitária contendo vaso sanitário e lavatório, à distância máxima de 50 m** (cinquenta metros) do posto de trabalho do operador da grua.

Na impossibilidade do cumprimento desta exigência, devem ser disponibilizados no mínimo quatro intervalos para cada turno de trabalho diário, com duração que permita ao operador do equipamento sair e retornar à cabine, para atender suas necessidades fisiológicas.

Laudo estrutural e operacional

O laudo estrutural é o documento conclusivo referente à **resistência e integridade** da grua.

O laudo operacional é o documento conclusivo concernente às condições operacionais e de funcionamento dos **mecanismos, comandos e dispositivos de segurança** da grua, de acordo com as recomendações do fabricante.

O laudo estrutural e operacional deve ser emitido sob responsabilidade de profissional legalmente habilitado e elaborado nas seguintes situações:

a) quando a grua **não dispuser** de identificação do fabricante, **não tiver fabricante ou importador estabelecido;**

b) conforme **periodicidade** estabelecida pelo fabricante ou, no máximo, com 20 (vinte) anos de **uso;**

c) para equipamentos com **mais de 20 (vinte) anos de uso**, o laudo deve ser feito a cada 2 (dois) anos;

d) quando ocorrer algum evento que possa **comprometer** a sua integridade estrutural e eletromecânica, a critério de profissional legalmente habilitado.

---

[36] Segundo o item 12.11.2 da NR12: *As manutenções devem ser registradas em livro próprio, ficha ou sistema informatizado interno da empresa, com os seguintes dados: a) intervenções realizadas; b) data da realização de cada intervenção; c) serviço realizado; d) peças reparadas ou substituídas; e) condições de segurança do equipamento; f) indicação conclusiva quanto às condições de segurança da máquina; e g) nome do responsável pela execução das intervenções.*

[37] Estaiamento: utilização de cabos, hastes metálicas ou outros dispositivos para a sustentação de uma estrutura.

Nos casos indicados nas alíneas anteriores, a operação da grua somente poderá ser liberada após a elaboração de laudo conclusivo acerca de sua operação segura.

Chamo a atenção para a alínea "c": na redação anterior da norma, um dos requisitos para elaboração do laudo estrutural e operacional se referia a equipamentos com mais de **vinte anos da data de fabricação**; entretanto, a redação atual estabelece como prazo de referência ***vinte anos de uso***. Neste sentido, deve ser possível o rastreamento da data de início da primeira operação da grua.

10.3.10 Gruas de pequeno porte

São consideradas gruas de pequeno porte os equipamentos que atendam *simultaneamente* às seguintes características:

a) **raio máximo** de alcance da lança de **6 m (seis metros)**;

b) capacidade de **carga máxima não superior a 500 kg** (quinhentos quilogramas): corresponde à capacidade máxima de carga na extremidade da lança;

c) **altura máxima da torre de 6 m** (seis metros) *acima da laje em construção* (última laje).

A grua de pequeno porte também deve ter:

a) comando elétrico por botoeira ou manipulador a cabo, respeitando tensão máxima de 24 V (vinte e quatro volts);

b) botão de parada de emergência;

c) limitador de carga máxima;

d) limitador de momento máximo, impedindo a continuidade do movimento e só permitindo sua reversão;

e) limitador de altura que permita a frenagem do moitão na elevação de cargas;

f) dispositivo de monitoramento na descida, se definido na análise de risco;

g) luz de obstáculo no ponto mais alto do equipamento;

h) alarme sonoro com acionamento automático quando o limitador de carga ou de momento estiver atuando;

i) alarme sonoro para ser acionado pelo operador em situações de risco e/ou alerta;

j) trava de segurança do gancho do moitão;

k) dispositivo instalado nas polias que impeça o escape acidental dos cabos de aço;

l) SPIQ para utilização quando da operação do equipamento.

Não se aplica à grua de pequeno porte o disposto no subitem 18.10.1.24 da NR18 (*Itens de segurança dos equipamentos de guindar*).

É **proibido** o uso de grua de pequeno porte:

a) com giro da lança inferior a 180° (cento e oitenta graus);

b) que necessite de ação manual para girar a lança.

NR 18 • SEGURANÇA E SAÚDE NO TRABALHO NA INDÚSTRIA DA CONSTRUÇÃO | 523

10.3.11 Guincho de coluna

O guincho de coluna é um equipamento de guindar fixado na edificação ou estrutura independente (normalmente chamada de coluna), destinado ao **içamento de pequenas cargas ou material a granel**.

Para fins de cumprimento dos dispositivos da NR18, o guincho de coluna <u>**deve** atender exclusivamente aos seguintes requisitos</u>:

a) ter **capacidade de carga não superior a 500 kg** (quinhentos quilos);

b) apresentar **análise de risco e procedimento operacional**;

c) ter dispositivos adequados para sua **fixação, especificados no projeto de instalação**;

d) ter seu **tambor nivelado** para garantir o enrolamento adequado do cabo de aço;

e) dispor de proteção para **impedir o contato de qualquer parte do corpo do trabalhador com o tambor de enrolamento**;

f) ter **comando elétrico por botoeira ou manipulador a cabo**, respeitando tensão <u>máxima de 24 V</u> (vinte e quatro volts);

g) ter **botão para parada de emergência**.

10.3.12 Outras disposições relativas a equipamentos de guindar

Quando da utilização de equipamento de guindar sobre base móvel, a sua *estabilidade deve ser garantida*, assim como a da *superfície* onde será utilizado, atendendo às recomendações do fabricante ou do profissional legalmente habilitado.

Devem ser mantidos o <u>**isolamento e a sinalização da área sob carga suspensa**</u>.

Quando no mesmo local houver dois ou mais equipamentos de guindar com risco de interferência entre seus movimentos, deve haver sistema automatizado **<u>anticolisão</u>** instalado nos equipamentos ou sinaleiro capacitado e autorizado para coordenar os movimentos desses equipamentos.

Na impossibilidade de o operador do equipamento visualizar a carga em todo o seu percurso, a operação deve ser orientada por, **no mínimo, um sinaleiro/amarrador de carga**.

Os *controles remotos* utilizados para o comando de equipamento de guindar devem conter a **identificação correspondente ao equipamento** que está sendo usado e ter indicação, em <u>língua portuguesa, dos comandos de operação</u>.

10.4 Ferramentas

Os trabalhadores que utilizem ferramentas devem ser **capacitados** e **instruídos** para tal, de acordo com as recomendações de segurança da NR18 e, quando aplicável, do manual do fabricante. As ferramentas devem ser vistoriadas antes de seu uso.

Para a utilização das ferramentas, deve ser evitado o uso de roupas soltas e adornos como colares e anéis, que possam colocar em risco a segurança do trabalhador. Acrescento ainda que, caso seja necessário o uso de blusas com mangas compridas, estas devem ser justas ao antebraço, de forma a evitar que sejam puxadas por movimentos perigosos de ferramentas, quando for o caso. Cabelos compridos devem ser sempre mantidos presos.

Ferramenta elétrica portátil

Cabos e fios condutores de alimentação das ferramentas elétricas devem ser manuseados de forma a não sofrerem torção, ruptura ou abrasão, a fim de evitar rompimento do isolamento ou do próprio cabo. Também não devem obstruir o trânsito de trabalhadores e equipamentos. Os **dispositivos de proteção removíveis** das ferramentas elétricas só podem ser retirados para limpeza, lubrificação, reparo e ajuste, e após devem ser, **obrigatoriamente**, recolocados.

A ferramenta elétrica utilizada para cortes deve ser provida de **disco específico para o tipo de material a ser cortado**. O tipo de disco a ser usado é determinado pelo fabricante. O emprego de discos inadequados ou diferentes daqueles indicados pelo fabricante é causa de inúmeros acidentes graves e fatais.

É proibida a utilização de ferramenta elétrica portátil sem duplo isolamento.

Ferramenta pneumática[38]

A ferramenta pneumática deve ter dispositivo de **partida** instalado de modo a reduzir ao mínimo a possibilidade de funcionamento **acidental**.

No uso das ferramentas pneumáticas, é **proibido**:

a) utilizá-la para a limpeza das roupas;

b) exceder a pressão máxima do ar.

Trabalhadores que executam atividades com ferramentas pneumáticas, como marteletes (também chamados de rompedores), estão expostos a inúmeros riscos como vibrações de mãos e braços, ruído e inalação de poeiras geradas durante o processo. Todos estes riscos devem estar previstos no PGR.

Ferramenta de fixação a pólvora ou gás

Trata-se de instrumento utilizado para fixação de pinos em elemento estrutural; acionado por meio de pólvora ou gás, também chamado de pistola finca-pino, muito usado por gesseiros. O acionamento do sistema de fixação é semelhante ao processo de disparo de arma de fogo.

Antes da fixação dos pinos, devem ser verificados o tipo e a espessura da parede ou laje, o tipo de pino e finca-pino mais adequados. A região **oposta** à superfície de aplicação deve ser previamente inspecionada.

Deve ter sistema de segurança contra disparos acidentais, sendo seu uso **proibido**:

a) em ambientes contendo substâncias inflamáveis ou explosivas;

b) com a presença de outras pessoas, inclusive o ajudante, nas proximidades do local do disparo, a fim de evitar acidentes, caso ocorra o **retorno do projétil**.

A ferramenta de fixação à pólvora deve estar descarregada (sem o pino e o fincapino) sempre que não estiver em uso.

Ferramenta manual

As ferramentas manuais não devem ser deixadas sobre passagens, escadas, andaimes e outras superfícies de trabalho ou de circulação, devendo ser guardadas em locais

---

[38] Acionada por ar comprimido.

NR 18 · SEGURANÇA E SAÚDE NO TRABALHO NA INDÚSTRIA DA CONSTRUÇÃO | **525**

apropriados, quando não estiverem em uso. As ferramentas manuais utilizadas nas instalações elétricas devem ser totalmente isoladas de acordo com a tensão envolvida, ficando exposta apenas a parte que fará contato com a instalação.

11. MOVIMENTAÇÃO E TRANSPORTE VERTICAL DE MATERIAIS E PESSOAS (elevadores)

As disposições deste item se aplicam à instalação, montagem, desmontagem, operação, teste, manutenção e reparos dos **elevadores de obra (temporários) para transporte vertical de materiais e de trabalhadores** em canteiros de obras ou frentes de trabalho.

Os equipamentos de transporte vertical de materiais e de pessoas devem ser **dimensionados** por profissional legalmente habilitado e atender às normas técnicas nacionais vigentes (ABNT NBR 16200) ou, na sua ausência, às normas técnicas internacionais vigentes.

Os **serviços** de instalação, montagem, operação, desmontagem e manutenção devem ser executados por *profissional capacitado*, com anuência formal da empresa e sob a *responsabilidade de profissional legalmente habilitado*. Aqui temos uma importante alteração com relação à redação anterior: agora a norma permite que estes serviços sejam efetuados por profissional *capacitado* e autorizado pela empresa para a efetivação da atividade. Relembrando: profissional capacitado (ou trabalhador capacitado, conforme consta no Glossário) é o *trabalhador treinado para a realização de atividade específica no âmbito da organização.*

Toda **empresa** fabricante, locadora ou prestadora de serviços de instalação, montagem, desmontagem e manutenção, seja do equipamento em seu conjunto ou de parte dele, deve ser **registrada** no respectivo conselho de classe e estar sob responsabilidade de profissional legalmente habilitado.

11.1 Documentos

Toda empresa usuária de equipamentos de movimentação e transporte vertical de materiais e/ou pessoas deve apresentar os seguintes documentos **disponíveis** no canteiro de obras:

a) *programa de* **manutenção preventiva***, conforme recomendação do locador, importador ou fabricante;*

As empresas usuárias de equipamentos de movimentação e transporte de materiais e/ou pessoas deverão elaborar "Programa de Manutenção Preventiva" com **base** nas recomendações fornecidas pelo locador, importador ou fabricante. Esse programa deve prever, por exemplo, os itens a serem verificados diariamente pelo trabalhador responsável pela operação do equipamento, antes do início das atividades de movimentação de pessoas e materiais.

b) *termo de entrega técnica de acordo com as normas técnicas nacionais vigentes ou, na sua ausência, de acordo com o determinado pelo profissional legalmente habilitado responsável pelo equipamento;*

A utilização dos elevadores deve ser precedida pela elaboração de um documento chamado **Termo de Entrega Técnica**, cujo objetivo é indicar que o elevador tem condições seguras de operação. Obviamente deve ser **elaborado após a montagem inicial** do equipamento e **antes do início de sua operação**.

Apesar de não constar na norma, entendo que também deve ser emitido após intervenções de inspeção e manutenção.

c) **laudo de testes dos freios de emergência** *a serem realizados,* **no máximo, a cada 90 (noventa) dias***, assinado pelo responsável técnico pela manutenção do equipamento ou, na sua ausência, pelo profissional legalmente habilitado responsável pelo equipamento, contendo os parâmetros mínimos determinados por normas técnicas nacionais vigentes;*

Os freios de emergência são *freios de segurança com atuação mecânica, acionados em situações de emergência,* quando não ocorre a atuação dos motofreios. Apesar de não constar na norma, entendo que o período de noventa dias para realização do **primeiro teste** começa a contar a partir da data do respectivo termo de entrega técnica.

d) **registro***, pelo operador, das vistorias diárias realizadas antes do início dos serviços, conforme orientação dada pelo responsável técnico do equipamento, atendidas as recomendações do manual do fabricante;*

Os equipamentos de transporte de materiais e pessoas devem ser **vistoriados diariamente, antes do início dos serviços.** Esta vistoria deve ser *realizada e registrada* pelo próprio operador. O registro pode ser feito em Livro de Inspeção do Equipamento, apesar de, na norma, este não ser mais exigido. Os procedimentos de inspeção devem ser realizados de acordo com orientação do responsável técnico do equipamento e com as recomendações do manual do fabricante.

e) *laudos dos* **ensaios não destrutivos (END)**[39] *** dos eixos dos motofreios e dos freios de emergência***, sendo a periodicidade definida por profissional legalmente habilitado, obedecidos os prazos máximos previstos pelo fabricante no manual de manutenção do equipamento;*

Motofreios e freios de emergência são componentes submetidos a solicitações de força; sua ruptura ou desgaste possa ocasionar acidentes como a **queda livre do elevador**. Daí a necessidade de realização periódica de ensaios não destrutivos. Os ENDs, quando realizados, devem atender às normas técnicas oficiais ou normas técnicas internacionais aplicáveis[40].

f) *manual de orientação do fabricante;*

g) *registro das atividades de manutenção conforme item 12.11 da NR12;*

h) *laudo de aterramento elaborado por profissional legalmente habilitado.*

Segundo o item 12.11.2 da NR12:

As manutenções devem ser registradas em livro próprio, ficha ou sistema informatizado interno da empresa, com os seguintes dados:

---

[39] Ensaios não destrutivos são técnicas de ensaio para determinar a integridade estrutural de um material, componente ou sistema, sem causar danos.

[40] Conforme o item 12.11.4.1 da NR12.

a)intervenções realizadas;

b)data da realização de cada intervenção;

c) serviço realizado;

d)peças reparadas ou substituídas;

e) condições de segurança do equipamento;

f) indicação conclusiva quanto às condições de segurança da máquina; e

g)nome do responsável pela execução das intervenções.

E também segundo o item 12.11.2.1 da NR12:

> *O registro das manutenções deve ficar disponível aos trabalhadores envolvidos na operação, manutenção e reparos, bem como à Comissão Interna de Prevenção de Acidentes e de Assédio (CIPA), ao Serviço de Segurança e Medicina do Trabalho (SESMT) e à Auditoria Fiscal do Trabalho.*

11.2 Atribuições do operador

São atribuições do operador dos equipamentos de movimentação e transporte de materiais e pessoas:

a) **manter** o posto de trabalho limpo e organizado;

b) **organizar** a carga e descarga de material no **interior da cabine**: a carga a ser transportada não pode ultrapassar os limites da cabine; para a movimentação de cargas maiores que a cabine devem ser utilizados equipamentos adequados como gruas, gruas de pequeno porte, guindastes, entre outros;

c) **separar** materiais de pessoas no interior da cabine;

d) **comunicar e registrar** ao técnico responsável pela obra qualquer anomalia no equipamento;

e) acompanhar todos os serviços de manutenção no equipamento.

11.3 Acesso à torre do elevador

As torres dos elevadores devem ser montadas de maneira que a **distância entre a face da cabine e a face da edificação** seja de, no máximo, 0,2 m (vinte centímetros), ou seja, a menor distância possível para evitar que o trabalhador pise em falso sobre a abertura.

Para distâncias **maiores que 0,20 m** (por exemplo, quando a arquitetura da edificação não possibilita esta proximidade) devem ser instaladas *rampas*. Neste caso, as respectivas cargas e os esforços solicitantes **devem ser considerados** no dimensionamento e especificação da torre do elevador.

Deve também haver altura livre de, no mínimo, 2 m (dois metros) sobre a rampa (esta disposição evita que o trabalhador precise se agachar para se movimentar sobre a rampa).

Em todos os acessos de entrada à torre do elevador deve ser instalada **barreira (cancela) que tenha, no mínimo, 1,8 m (um metro e oitenta centímetros) de altura,** *impedindo que pessoas exponham alguma parte de seu corpo em seu interior.*

A barreira (cancela) da torre do elevador deve ser dotada de dispositivo de intertravamento com duplo canal e ruptura positiva, monitorado por interface de segurança[41], impedindo sua abertura quando o **elevador não estiver no nível do pavimento**.

A rampa de acesso à torre de elevador deve:

a) ser provida de **sistema de proteção contra quedas**, conforme o disposto na norma (itens 18.9.4.1 – fechamento total do vão, ou 18.9.4.2 – sistema guarda-corpo e rodapé);

b) ter piso de **material resistente**, sem apresentar aberturas;

c) não ter **inclinação descendente no sentido da torre**;

d) estar fixada à cabine de forma **articulada** no caso do elevador de cremalheira: a rampa pode ser *articulada* por meio de sistema mecânico, elétrico, pneumático ou outros; o objetivo aqui é reduzir os esforços do trabalhador na movimentação desta rampa, uma vez que esta ação é realizada várias vezes durante a jornada.

11.4 Elementos mínimos constitutivos dos elevadores

O elevador de materiais e/ou pessoas deve dispor, no mínimo, de:

a) **cabine metálica com porta**;

b) **horímetro**: dispositivo analógico ou digital que contabiliza as horas de uso do equipamento; deve ser inicializado tão logo o equipamento entre em operação, para fins de registro no programa de manutenção preventiva;

c) **iluminação e ventilação** natural ou artificial durante o uso;

d) indicação do **número máximo de passageiros e peso máximo** equivalente em quilogramas;

e) **botão** em cada pavimento a fim de garantir comunicação única através de painel interno de controle.

Deve dispor também, no mínimo, dos seguintes **itens de segurança**:

a) intertravamento das proteções com o sistema elétrico, por meio de dispositivo de intertravamento com duplo canal e ruptura positiva, monitorado por interface de segurança que impeça a movimentação da cabine quando:

I.   a porta de acesso da cabine, inclusive o alçapão, não estiver devidamente fechada: esta determinação visa impedir a movimentação da cabine caso ocorra a tentativa de transporte de cargas que ultrapassem o limite da cabine exigindo que o alçapão ou a porta de acesso permaneçam abertos durante a operação;

II. a rampa de acesso à cabine não estiver devidamente recolhida no elevador de cremalheira; e

III. a porta da cancela de qualquer um dos pavimentos ou do recinto de proteção da base estiver aberta.

---

[41] Interfaces de segurança são dispositivos responsáveis por realizar o monitoramento de outros dispositivos de segurança, verificando/monitorando sua interligação, posição e funcionamento de forma a impedir a ocorrência de falha que provoque a perda da função de segurança. Exemplo: relés de segurança, controladores configuráveis de segurança e controlador lógico programável – CLP de segurança.

NR 18 • SEGURANÇA E SAÚDE NO TRABALHO NA INDÚSTRIA DA CONSTRUÇÃO | 529

b) dispositivo eletromecânico de emergência que **impeça a queda livre da cabine**, monitorado por interface de segurança, de forma a freá-la quando ultrapassar a velocidade de descida nominal, interrompendo automática e simultaneamente a corrente elétrica da cabine;

c) dispositivo de intertravamento com duplo canal e ruptura positiva, monitorado por interface de segurança, ou outro sistema com a mesma categoria de segurança que impeça que a *cabine ultrapasse a última parada superior ou inferior*;

d) dispositivo mecânico que impeça que a cabine se desprenda acidentalmente da torre do elevador;

e) **amortecedores de impacto** (molas) **de velocidade nominal na base**, caso a cabine ultrapasse os limites de parada final;

f) sistema que possibilite o **bloqueio dos seus dispositivos de acionamento** de modo a impedir o seu acionamento por pessoas não autorizadas;

g) sistema de frenagem automática, a ser acionado em situações que possam gerar a queda livre da cabine;

h) sistema que impeça a movimentação do equipamento quando a carga ultrapassar a capacidade permitida (sensor de carga).

11.5 Movimentação de pessoas

O transporte de passageiros deve ter prioridade sobre o de cargas. Neste sentido, incorrem em infração as empresas que restringem o transporte de trabalhadores a determinados horários.

A instalação de pelo menos um elevador de pessoas será obrigatória nas construções com **altura igual ou superior a 24 m** (vinte e quatro metros). Seu percurso deve alcançar toda a extensão vertical da obra, **considerando o subsolo.**

O elevador de passageiros deve ser **instalado, no máximo, a partir de 15 m** (quinze metros) de deslocamento vertical na obra, ou seja, quando a altura da obra alcançar 15 metros, o elevador já deverá estar instalado para transporte dos trabalhadores. Obviamente esta disposição normativa se aplica também a grandes obras como galpões ou ainda no caso das obras de arte especiais (pontes, viadutos, etc.) devendo ser verificados, caso a caso, a altura entre o ponto mais baixo e o ponto mais alto onde há circulação de trabalhadores, tomando sempre a altura de 24 m como referência.

Nos elevadores do tipo cremalheira, a altura livre para trabalho após a amarração na última laje concretada ou último pavimento será determinada pelo fabricante, em função do tipo de torre e seus acessórios de amarração. Nestes elevadores, o último elemento da torre deve ser montado com a régua invertida ou sem cremalheira, de modo a evitar o tracionamento da cabine.

Saiba mais
Elevador de Cremalheira

O sistema de redução e transmissão de movimento por pinhão e cremalheira foi inventado por Leonardo da Vinci (1452-1519), sendo utilizado por Werner Siemens em 1880, como segurança para seu primeiro elevador elétrico. Em 1890, Elisha Otis aplicou o conceito de pinhão e cremalheira, aumentando a segurança de elevadores verticais e inclinados de caráter provisório (na Torre Eiffel – Paris), sendo o mais seguro até hoje (GSXBRASIL, 2018).

> *A movimentação da cabine (ou das duas cabines, já que existem elevadores de cremalheira com cabine dupla, uma em cada lateral da torre) ao longo da torre do elevador é realizada a partir de movimentos rotativos de uma engrenagem, denominada pinhão, sobre uma estrutura vertical dentada, chamada cremalheira, acionados por motores. A velocidade de deslocamento da cabine varia entre 30 a 60 m/s.*

11.6 Proibições

✓ É proibida a **instalação de elevador tracionado com cabo único** e aqueles **adaptados** com mais de um cabo, na movimentação e transporte vertical de materiais e pessoas, que não atendam as normas técnicas nacionais vigentes[42];

✓ É proibido o **transporte de pessoas com materiais**, exceto quanto ao operador e ao responsável pelo material a ser transportado, desde que isolados da carga por **barreira física**, com altura mínima de 1,8 m (um metro e oitenta centímetros), instalada com dispositivo de intertravamento com duplo canal e ruptura positiva, monitorado por interface de segurança;

✓ Na movimentação de **materiais** por meio de elevador, é **proibido**:

a) transportar materiais com **dimensões maiores** do que a cabine no elevador;

b) transportar materiais **apoiados** nas portas da cabine;

c) transportar materiais do <u>lado externo</u> da cabine, <u>exceto</u> nas operações de montagem e desmontagem do próprio elevador;

d) transportar **material a granel sem acondicionamento apropriado**;

e) **adaptar** a instalação de qualquer equipamento ou dispositivo para **içamento** de materiais em qualquer parte da cabine ou da torre do elevador.

12. ANDAIMES E PLATAFORMAS DE TRABALHO

Os andaimes são plataformas de trabalho com estrutura provisória para realização de atividades em locais elevados. Permitem a execução de trabalho em altura em diversas atividades na indústria da construção, como pintura, revestimento, reforma predial, limpeza de fachadas, demolição, entre outros.

A NR18 aborda os seguintes tipos de andaimes e plataformas de trabalho:

✓ Andaime simplesmente apoiado[43] (de sapatas, fachadeiro e com rodízio);

✓ Andaime suspenso (mecânico – movimentação manual com manivela – e motorizado);

✓ Plataforma de trabalho de cremalheira;

✓ Plataforma elevatória móvel de trabalho (PEMT);

✓ Cadeira suspensa (plataforma de trabalho individual).

---

[42] As normas nacionais vigentes não preveem a instalação de elevador de cabo único, desta forma, na prática, estes elevadores não são mais permitidos. Os elevadores a serem utilizados na movimentação de cargas e transporte de pessoas devem ser os de cremalheira, conforme norma ABNT NBR 16200 e o disposto na NR18.

[43] Andaime simplesmente apoiado: plataforma de trabalho, fixa ou móvel, cujos pontos de sustentação estão apoiados no piso.

NR 18 • SEGURANÇA E SAÚDE NO TRABALHO NA INDÚSTRIA DA CONSTRUÇÃO | 531

12.1 Andaimes

Os andaimes devem ser **dimensionados e construídos** de modo a suportar, com segurança, as _cargas de trabalho_ a que estarão sujeitos. Essas cargas incluem o peso dos trabalhadores que exercerão atividades sobre eles, bem como o peso dos materiais e ferramentas utilizados na execução do serviço. Devem ser projetados por profissionais legalmente habilitados, de acordo com as normas técnicas nacionais vigentes e fabricados por empresas regularmente inscritas no respectivo conselho de classe.

Devem dispor de manuais de instrução, em língua portuguesa, fornecidos pelo fabricante, importador ou locador.

Além disso, os andaimes também devem ter:

- Sistema de proteção contra quedas em todo o perímetro, conforme o disposto na norma (itens 18.9.4.1 – fechamento total do vão, ou 18.9.4.2 – sistema guarda-corpo e rodapé), com **exceção do lado da face de trabalho;** e
- Sistema de acesso aos postos de trabalho, de maneira segura, quando superiores a 0,4 m (quarenta centímetros) de altura.

Montagem e desmontagem de andaimes

As atividades de montagem e desmontagem de andaimes devem ser realizadas por trabalhadores capacitados que recebam **treinamento específico para o tipo de andaime utilizado**. Devem fazer uso de SPIQ conforme NR35 (Trabalho em Altura); as ferramentas devem estar amarradas a fim de impedir sua queda acidental. A área deve ser isolada e sinalizada.

A montagem deve ser executada conforme projeto elaborado por profissional legalmente habilitado.

No caso de **andaime simplesmente apoiado** construído em torre única com altura inferior a quatro vezes a menor dimensão da base de apoio, fica **dispensado o projeto de montagem**, devendo, nesse caso, ser montado de acordo com o manual de instrução. No entanto, caso este andaime tenha interligação de pisos de trabalho, deve ser **elaborado projeto de montagem por profissional legalmente habilitado**, independentemente da altura.

As torres de andaimes, quando _não estaiadas ou não fixadas_ à estrutura, **não podem exceder, em altura, quatro vezes a menor dimensão da base de apoio**, seja a largura ou a profundidade.

Registro de Liberação

Os andaimes devem ter **registro formal de liberação** de uso assinado por profissional qualificado em segurança do trabalho ou pelo responsável pela frente de trabalho ou pela obra.

Piso de trabalho

As superfícies de trabalho dos andaimes, também chamadas de piso ou estrado ou piso de trabalho, devem ter **travamento** que não permita seu deslocamento ou desencaixe.

Devem ser resistentes e ter **forração completa** (não deve ter aberturas no piso), ser antiderrapante e niveladas. Estas são medidas simples, porém, de extrema importância para evitar a queda do trabalhador, por desencaixe do piso do andaime ou pisada em falso, evitando inclusive acidentes fatais.

12.1.1 Andaimes simplesmente apoiados

Os andaimes simplesmente apoiados devem ser montados sobre **sapatas** _em base rígida e nivelada_ capazes de resistir aos esforços solicitantes e às cargas transmitidas. As sapatas são elementos sobre as quais os andaimes se apoiam; devem ser ajustáveis, permitindo seu nivelamento.

Quando _necessário,_ o andaime simplesmente apoiado deve ser _fixado_ à estrutura da construção ou edificação, por **meio de amarração** (a fim de evitar seu tombamento), de modo a resistir aos esforços a que estará sujeito.

O _acesso_ ao andaime simplesmente apoiado, cujo piso de trabalho esteja situado _a mais de 1 m (um metro) de altura_, deve ser feito por meio de **escadas**, observando-se **ao menos uma das seguintes alternativas**:

a) utilizar **escada de mão**, _incorporada ou acoplada aos painéis_, com largura mínima de 0,4 m (quarenta centímetros) e distância uniforme entre os degraus compreendida entre 0,25 m (vinte e cinco centímetros) e 0,3 m (trinta centímetros);

b) utilizar **escada para uso coletivo**, _incorporada interna ou externamente ao andaime_, com largura mínima de 0,6 m (sessenta centímetros), corrimão e degraus antiderrapantes.

O andaime simplesmente apoiado, quando montado nas fachadas das edificações (chamado de andaime fachadeiro), deve ser **externamente revestido por tela**[44] para _impedir a projeção e queda de materiais_. Neste caso, o entelamento deve ser feito _desde a primeira plataforma de trabalho até 2 m_ (dois metros) acima da última.

Andaime Simplesmente Apoiado – utilizando rodízios

O andaime simplesmente apoiado, quando utilizado com **rodízios**, deve:

a) ser apoiado sobre superfície capaz de **resistir** aos esforços solicitantes e às cargas transmitidas;

b) ser utilizado somente sobre superfície **horizontal plana**, que permita sua movimentação segura;

c) **ter travas, de modo a evitar deslocamentos acidentais.**

É proibido o deslocamento das estruturas do andaime com trabalhadores sobre ele.

12.1.2 Andaime suspenso

Andaimes suspensos são plataformas de trabalho **sustentadas por meio de cabos de aço**, _movimentadas no sentido vertical_. Sua movimentação pode ser mecânica (por meio de manivelas acionadas manualmente) ou motorizada.

Os sistemas de fixação e sustentação dos andaimes suspensos, bem como as estruturas de apoio correspondentes, devem suportar, **no mínimo, três vezes os esforços solicitantes**, que devem incluir o peso do próprio andaime, o peso dos trabalhadores, das ferramentas e dos materiais a serem utilizados.

---

[44] Aqui não devemos confundir **_tela_** com **_rede de segurança_**. A rede de segurança deve atender aos requisitos de segurança e ensaios previstos nas normas EN 1263-1 e EN 1263-2 ou em normas técnicas nacionais vigentes, conforme o disposto no item 18.9.4.4 da NR18.

NR 18 • SEGURANÇA E SAÚDE NO TRABALHO NA INDÚSTRIA DA CONSTRUÇÃO | 533

A sustentação de andaimes suspensos em *platibanda*[45] ou beiral de edificação deve ser *precedida* de laudo de verificação estrutural sob responsabilidade de profissional legalmente habilitado.

O andaime suspenso deve:

a) ter placa de identificação fixada em local de fácil visualização; nela devem constar a identificação do fabricante e a capacidade de carga em peso e número de ocupantes;

b) ter garantida a estabilidade durante todo o período de sua utilização, por meio de procedimentos operacionais e dispositivos ou equipamentos específicos para este fim;

c) ter, **no mínimo, quatro pontos de sustentação independentes**;

d) dispor de ponto de ancoragem do SPIQ independente do ponto de ancoragem do andaime;

e) dispor de **sistemas de fixação, sustentação e estruturas de apoio**, precedidos de projeto elaborado por profissional legalmente habilitado;

f) ter largura útil da plataforma de trabalho de, no mínimo, 0,65 m (sessenta e cinco centímetros).

Sistema de contrapeso

Na utilização do sistema contrapeso como forma de fixação da estrutura de sustentação dos andaimes suspensos, este deve atender às seguintes especificações mínimas:

a) ser **invariável** quanto à forma e ao peso especificados no projeto: não podem ser usados, por exemplo, sacos de areia; as peças de contrapeso devem ter forma e peso iguais;

b) ter **peso conhecido e marcado** de forma indelével em cada peça;

c) ser **fixado à estrutura** de sustentação do andaime;

d) ter **contraventamentos** que impeçam seu deslocamento horizontal.

Sistema de suspensão

O sistema de suspensão deve ser feito por **cabos de aço** e garantir o nivelamento do andaime. Deve ser checado **diariamente** pelos usuários e pelo responsável pela obra, antes de iniciarem seus trabalhos. Os usuários e o responsável pela verificação devem receber treinamento sobre os *procedimentos* para a rotina de verificação diária. Apesar de não constar exigência expressa na norma, entendo como importante o registro (datado e assinado) das inspeções diárias dos andaimes, com indicação dos itens averiguados, para fins de fiscalização.

Proibições relativas ao andaime suspenso

Com relação ao andaime suspenso, é **proibido**:

a) utilizar **trechos em balanço** (que se projetam para fora do andaime);

b) **interligar** suas estruturas;

c) **utilizá-lo para transporte de pessoas ou materiais** que não estejam vinculados aos serviços em execução;

---

[45] Mureta construída na periferia da parte mais elevada da edificação.

d) utilizá-lo com **enrolamento de cabo no seu corpo** (este é o caso de andaimes com movimentação por sistema de catraca[46], não mais permitido).

Os guinchos de cabo passante para acionamento manual devem:

a) ter dispositivo que impeça o retrocesso do sistema de movimentação;
b) ser acionados por meio de **manivela ou outro dispositivo,** na descida e subida do andaime.

O andaime suspenso com acionamento manual deve ter piso de trabalho com comprimento máximo de 8 m (oito metros). Quando utilizado apenas um guincho de sustentação por armação, é obrigatório o uso de um segundo cabo de aço de segurança **adicional**, ligado a um dispositivo de bloqueio mecânico automático, observando-se a sobrecarga indicada pelo fabricante do equipamento.

Andaime suspenso motorizado

O andaime suspenso motorizado deve dispor de cabos de alimentação de dupla isolação, plugues/tomadas blindadas e limitador de fim de curso superior e batente. Também devem ter dispositivos que **impeçam** sua movimentação, quando sua **inclinação for superior a 15° (quinze graus)**.

Deve possuir também **dispositivo mecânico de emergência**, utilizado nos casos de queda de energia e que possibilita a descida do andaime com segurança.

12.2 Plataforma de trabalho de cremalheira

A plataforma de trabalho de cremalheira é um tipo de plataforma motorizada cuja movimentação vertical se dá por meio de sistema pinhão (engrenagens)/cremalheira (régua dentada). Trata-se de um dos meios mais seguros para os trabalhos a que se propõe.

Esta plataforma deve dispor de:

a) cabos de alimentação de **dupla isolação**;
b) plugues/tomadas blindadas;
c) **limites elétricos** de percurso inferior e superior;
d) **motofreio**;
e) **freio automático** de segurança;
f) botoeira de comando de operação com atuação por **pressão contínua**;
g) dispositivo mecânico de emergência: utilizado nos casos de queda de energia e que possibilita a descida da plataforma com segurança;
h) **capacidade de carga mínima de piso de trabalho** e das suas extensões telescópicas de 150 kgf/m² (cento e cinquenta quilogramas-força por metro quadrado);
i) botão de parada de emergência;
j) **sinalização sonora automática na movimentação do equipamento**;
k) dispositivo de segurança que garanta o nivelamento do equipamento;

---

[46]   Aqui não devemos confundir movimentação por *catraca* (não mais permitido) com manivela (permitida).

NR 18 • SEGURANÇA E SAÚDE NO TRABALHO NA INDÚSTRIA DA CONSTRUÇÃO | **535**

l) dispositivos eletroeletrônicos que impeçam sua movimentação, **quando abertos os seus acessos**;

m) **ancoragem obrigatória** a partir de 9 m (nove metros) de altura.

A **operação** da plataforma de cremalheira deve ser realizada no percurso vertical, sem interferências no seu deslocamento, por trabalhadores capacitados quanto ao carregamento e posicionamento dos materiais. Os trabalhadores também devem fazer uso de SPIQ **independente** da plataforma ou do dispositivo de ancoragem definido pelo fabricante.

A **área de trabalho sob a plataforma** deve ser sinalizada e ter acesso controlado.

Não é permitido o transporte de pessoas e materiais não vinculados aos serviços em execução na plataforma de cremalheira.

No caso de utilização de plataforma de *chassi móvel*, este deve ficar devidamente nivelado, patolado ou travado no início da montagem das torres verticais de sustentação da plataforma, permanecendo dessa forma durante o seu uso e desmontagem.

12.3 Plataforma Elevatória Móvel de Trabalho (PEMT)

A Plataforma Elevatória Móvel de Trabalho (na redação anterior chamada de PTA – Plataforma de Trabalho Aéreo) é plataforma motorizada de movimentação vertical e horizontal utilizada no **posicionamento** de trabalhadores juntamente com suas ferramentas e materiais necessários ao trabalho.

A diferença da PEMT em relação à plataforma de cremalheira é que a PEMT não é fixada à estrutura, ela também se movimenta no sentido horizontal por meio máquina autopropelida. A PEMT também se diferencia da cesta aérea: a cesta aérea é montada sobre caminhão, deslocando-se, portanto, em via pública. Já a PEMT se desloca somente no ambiente de trabalho.

A PEMT é composta por três elementos principais:

✓ Cesto de trabalho (com controles de operação);

✓ Estrutura extensível;

✓ Chassi.

O **cesto de trabalho** é destinado a posicionar os trabalhadores, ferramentas e materiais de trabalho.

A **estrutura extensível** é responsável pela movimentação vertical do cesto. É conectada ao **chassi**, responsável pela movimentação horizontal.

Os requisitos de segurança e as medidas de prevenção, bem como os meios para a verificação das PEMT devem cumprir as normas técnicas nacionais vigentes (ABNT NBR 16776).

A PEMT deve atender às especificações técnicas do fabricante quanto à aplicação, operação, manutenção e inspeções periódicas. Também deve ser dotada de:

a) dispositivos de segurança que garantam seu perfeito **nivelamento** no ponto de trabalho, conforme especificação do fabricante;

b) **alça de apoio interno;**

c) sistema de **proteção contra quedas** que atenda às especificações do fabricante ou, na falta destas, ao disposto na NR12;

d) botão de **parada de emergência**;

e) <u>dispositivo de emergência</u> que possibilite **baixar o trabalhador e a plataforma** até o solo em caso de pane elétrica, hidráulica ou mecânica;

f) **sistema sonoro automático** de sinalização acionado durante a <u>subida e a descida</u>;

g) proteção contra **choque elétrico**: por exemplo, Dispositivo Diferencial Residual;

h) **horímetro** – que permite contabilizar as horas de uso do equipamento: para fins de manutenção preventiva.

A manutenção da PEMT deve ser efetuada por pessoa com **capacitação específica** para a <u>marca e modelo</u> do equipamento.

Inspeções

Cabe ao operador, previamente capacitado pelo empregador, realizar a **inspeção diária do local de trabalho** onde será utilizada a PEMT. Além disso, **antes do uso diário ou no início de cada turno**, devem ser feitos **inspeção visual e teste funcional na PEMT**, verificando-se o perfeito ajuste e o funcionamento dos seguintes itens:

a) controles de operação e de emergência;

b) dispositivos de segurança do equipamento;

c) dispositivos de proteção individual, incluindo proteção contra quedas;

d) sistemas de ar, hidráulico e de combustível;

e) painéis, cabos e chicotes elétricos;

f) pneus e rodas;

g) placas, sinais de aviso e de controle;

h) estabilizadores, eixos expansíveis e estrutura em geral;

i) demais itens especificados pelo fabricante.

Proibições

No uso da PEMT, são vedados:

a) o **uso de pranchas, escadas e outros dispositivos sobre a plataforma** que visem atingir maior altura ou distância;

b) a sua utilização como guindaste;

c) a realização de qualquer trabalho sob **condições climáticas que exponham trabalhadores a riscos**;

d) a operação de equipamento em situações que contrariem as **especificações do fabricante** quanto à velocidade do ar, inclinação da plataforma em relação ao solo e proximidade a redes de energia elétrica;

e) o **transporte** de trabalhadores e materiais **não relacionados** aos serviços em execução.

Antes e durante a movimentação da PEMT, o operador deve manter:

a) **visão** clara do caminho a ser percorrido;

b) **distância segura** de obstáculos, depressões, rampas e outros fatores de risco, conforme especificado em projeto ou ordem de serviço;

NR 18 • SEGURANÇA E SAÚDE NO TRABALHO NA INDÚSTRIA DA CONSTRUÇÃO | **537**

c) **distância mínima de obstáculos aéreos**, conforme especificado em projeto ou ordem de serviço;

d) **limitação da velocidade de deslocamento** da PEMT, observando as condições da superfície, o trânsito, a visibilidade, a existência de declives, a localização da equipe e outros fatores de risco de acidente.

A PEMT *não deve ser operada* quando posicionada sobre caminhões, trailers, carros, veículos flutuantes, estradas de ferro, andaimes ou outros veículos, vias e equipamentos similares, **a menos que tenha sido projetada para este fim**.

Todos os trabalhadores na PEMT devem utilizar SPIQ conectado em ponto de ancoragem **definido pelo fabricante**.

12.4 Cadeira suspensa

A cadeira suspensa é uma **plataforma de trabalho individual** sustentada por meio de cabos de aço ou de fibra sintética, movimentada manualmente pelo trabalhador, no sentido vertical. Sua utilização deve ocorrer em **situações de exceção**, quando **não for possível a instalação de andaime ou plataforma de trabalho**.

Caso seja sustentada por **cabos de aço**, a cadeira suspensa poderá se movimentar no sentido ascendente ou descendente. Quando sustentada por **cabos de fibra sintética**, poderá se movimentar somente no sentido descendente. Em ambos os casos, os cabos devem atender ao disposto no Anexo II – Cabos de aço e de fibra sintética. O dispositivo de movimentação deve ser dotado de dupla trava de segurança.

Deve apresentar na sua estrutura, em caracteres indeléveis e bem visíveis, a razão social do fabricante/importador, o CNPJ e o número de identificação, a fim de garantir sua rastreabilidade. E também dispor de **cinto de segurança para fixar** o trabalhador na própria cadeira.

Também deve atender aos requisitos, métodos de ensaios, marcação, manual de instrução e embalagem de acordo com as normas técnicas nacionais vigentes.

Quando da utilização da cadeira suspensa, o trabalhador deverá dispor de ponto de ancoragem do SPIQ **independente** do ponto de ancoragem da própria cadeira.

12.5 Ancoragem

Ancoragem é o conjunto de pontos ou elementos de fixação instalados na edificação ou outra estrutura para a sustentação e/ou fixação de equipamento de trabalho ou EPI. *Ancorar* é o ato de fixar por meio de cordas, cabos de aço e vergalhões, propiciando segurança e estabilidade.

A norma exige que, nas edificações com **altura igual ou superior a 12 m (doze metros), a partir do nível do térreo**, devem ser instalados dispositivos destinados à ancoragem de equipamentos e de cabos de segurança para o uso de SPIQ, a serem utilizados nos futuros serviços de limpeza, manutenção e restauração das fachadas.

Os pontos de ancoragem de equipamentos e dos cabos de segurança devem ser ***independentes***[47], com exceção das edificações que apresentarem projetos específicos para instalação de equipamentos definitivos para limpeza, manutenção e restauração de fachadas.

---

[47] Por exemplo: considere um pedreiro executando serviços na fachada de uma edificação em um andaime suspenso. O cinto de segurança usado por esse trabalhador deve utilizar um ponto de ancoragem independente da ancoragem do andaime.

538 | SEGURANÇA E SAÚDE NO TRABALHO – *Mara Queiroga Camisassa*

Os dispositivos de ancoragem devem:

a) estar dispostos de modo a atender **todo o perímetro da edificação**;

b) suportar uma carga de trabalho de, no **mínimo, 1.500 kgf** (mil e quinhentos quilograma-força);

c) constar do **projeto estrutural** da edificação;

d) ser constituídos de material resistente às intempéries, como **aço inoxidável ou material de características equivalentes**.

A norma determina também que a ancoragem deve apresentar na sua estrutura, em caracteres indeléveis e bem visíveis:

a) **razão social** do fabricante e o seu CNPJ;

b) **modelo ou código** do produto;

c) **número** de fabricação/série;

d) **material** do qual é constituído;

e) **indicação da carga**;

f) número máximo de trabalhadores **conectados simultaneamente ou força máxima aplicável**;

g) **pictograma** indicando que o usuário deve ler as informações fornecidas pelo fabricante.

12.6 Proibições relativas aos andaimes e plataformas de trabalho

Com relação aos andaimes e às plataformas de trabalho, é **proibido**:

a) usar andaime construído com estrutura de madeira, exceto quando da **impossibilidade técnica de utilização de andaimes metálicos**;

b) **retirar ou anular** qualquer dispositivo de segurança do andaime, por exemplo, contrapinos e peças de contraventamento: os *contrapinos são pequenas cavilhas* de ferro de duas pernas, que atravessam na ponta de eixos ou parafusos para manter no lugar porcas e arruelas; *contraventamento* é o conjunto de peças de ligação entre os elementos estruturais do andaime que aumenta a rigidez do conjunto;

c) **utilizar escadas e outros meios** sobre o piso de trabalho do andaime para atingir lugares mais altos: neste caso, pode ser utilizada, por exemplo, a PEMT;

d) **trabalhar em plataforma de trabalho sobre cavaletes** que tenham altura superior a 1,5 m (um metro e cinquenta centímetros) e largura inferior a 0,9 m (noventa centímetros).

13. SINALIZAÇÃO DE SEGURANÇA

A sinalização de segurança tem por objetivos principais advertir, alertar, sinalizar sobre os riscos existentes nas proximidades. Como destacado anteriormente, sinalização de segurança **não é medida de proteção coletiva, uma vez que não elimina nem reduz os riscos presentes nos ambientes de trabalho**.

O canteiro de obras deve ser sinalizado com o objetivo de:

a) **identificar** os locais de apoio;

NR 18 • SEGURANÇA E SAÚDE NO TRABALHO NA INDÚSTRIA DA CONSTRUÇÃO | 539

b) **indicar** as saídas de emergência;

c) **advertir** quanto aos riscos existentes, tais como queda de materiais e pessoas e o choque elétrico;

d) **alertar** quanto à obrigatoriedade do uso de EPI;

e) **identificar** o isolamento das áreas de movimentação e transporte de materiais;

f) **identificar** acessos e circulação de veículos e equipamentos;

g) **identificar** locais com substâncias tóxicas, corrosivas, inflamáveis, explosivas e radioativas.

É obrigatório o uso de vestimenta de alta visibilidade, coletes ou quaisquer outros meios, no tórax e costas, quando o trabalhador estiver em serviço em áreas de movimentação de veículos e cargas. Esta vestimenta não é EPI, uma vez que não protege o trabalhador contra riscos, tem apenas o objetivo de alertar, advertir terceiros acerca da presença do trabalhador.

14. CAPACITAÇÃO

A NR18 define a carga horária, a periodicidade e o conteúdo programático dos treinamentos a serem realizados. Ressalto novamente que esses treinamentos não têm caráter de **qualificação**, mas, sim, uma abordagem prevencionista. Devem contemplar os **princípios básicos de segurança compatíveis com os equipamentos e as atividades a ser**em **desenvolvida**s. No que se refere aos treinamentos, as disposições da NR1 (Disposições Gerais e Gerenciamento dos Riscos Ocupacionais) serão aplicadas de forma subsidiária.

O quadro a seguir apresenta informações sobre carga horária e periodicidade dos treinamentos. Sobre o conteúdo programático, remeto o leitor ao Anexo I da NR18.

CAPACITAÇÃO	TRENAMENTO INICIAL		TRENAMENTO PERIÓDICO		OBS.
	Carga horária total (h)	Carga horária Parte prática (h)	Carga horária total (h)	Periodicidade	
Básico em SST	4	--	4	2 anos	No caso de treinamento eventual, a carga horária é definida pelo empregador
Operador de Grua	80	40	A critério do empregador		O operador de gruas e guindastes também deve passar por estágio supervisionado de pelo menos 90 (noventa) dias. Este estágio pode ser dispensado para operadores com experiência comprovada de, no mínimo, 6 (seis) meses na função, a critério e sob responsabilidade do empregador
Operador de Guindaste	120	80	A critério do empregador		
Operador de equipamentos de guindar	A critério do empregador	Pelo menos 50% da carga horária total	A critério do empregador	2 anos	
Sinaleiro/ Amarrador de cargas	16	--	A critério do empregador	2 anos	
Operador de elevador	16	--	4	Anual	

CAPACITAÇÃO	TRENAMENTO INICIAL		TRENAMENTO PERIÓDICO		OBS.
	Carga horária total (h)	Carga horária Parte prática (h)	Carga horária total (h)	Periodicidade	
Instalação, montagem, desmontagem e manutenção de elevadores	A critério do empregador		A critério do empregador	Anual	
Operador de PEMT	4	--	4	2 anos	
Encarregado de ar comprimido	16	--	A critério do empregador		
Resgate e remoção em atividades no tubulão	8	--	A critério do empregador		
Serviços de impermeabilização	4	--	A critério do empregador		
Utilização de cadeira suspensa	16	8	8	Anual	
Atividade de escavação manual de tubulão	24	8	8	Anual	
Demais atividades/ funções	A critério do empregador		A critério do empregador		

Destaco que o **treinamento básico em segurança do trabalho deve ser presencial**, não poderá ser ministrado a distância.

Quando a capacitação envolver a operação de máquina ou equipamento, deverá ser **compatível** com a máquina ou equipamento a ser **utilizado**.

Os treinamentos devem ter avaliação para aferir o conhecimento adquirido pelo trabalhador, **exceto para o treinamento inicial**[48].

15. DISPOSIÇÕES GERAIS

Armazenamento

✓ Os materiais devem ser armazenados e estocados a fim de não ocasionar acidentes, prejudicar o trânsito de pessoas, a circulação de materiais, o acesso aos equipamentos de combate a incêndio e não obstruir portas ou saídas de emergência;

✓ Os locais destinados ao armazenamento de materiais tóxicos, corrosivos, inflamáveis ou explosivos devem ser isolados, apropriados e sinalizados; ter acesso permitido somente a pessoas devidamente autorizadas; nestes locais devem ser mantidas as FISPQ – Fichas de Informação de Segurança de Produtos Químicos – dos materiais armazenados.

Transporte

✓ O transporte coletivo de trabalhadores em veículos automotores deve observar as normas técnicas nacionais vigentes;

---

[48] Entendo que esta disposição se aplica somente ao treinamento inicial *Básico em SST*.

NR 18 • SEGURANÇA E SAÚDE NO TRABALHO NA INDÚSTRIA DA CONSTRUÇÃO | **541**

✓ O transporte coletivo dos trabalhadores deve ser feito por meio de transporte normatizado pelas entidades competentes e adequado às características do percurso;

✓ A condução do veículo utilizado para o transporte coletivo de passageiros deve ser feita por condutor habilitado.

Prevenção contra incêndios

✓ O canteiro de obras deve ser dotado de medidas de prevenção de incêndios, em conformidade com a legislação estadual e as normas técnicas nacionais vigentes;

✓ As saídas e vias de passagem devem ser claramente sinalizadas por meio de placas ou sinais luminosos indicando a direção da saída;

✓ O empregador deve informar todos os trabalhadores sobre utilização dos equipamentos de combate ao incêndio, dispositivos de alarme existentes e procedimentos para abandono dos locais de trabalho com segurança;

✓ O canteiro de obras deve ser mantido organizado, limpo e desimpedido, notadamente nas vias de circulação, passagens e escadarias;

✓ É proibido manter resíduos orgânicos acumulados ou expostos em locais inadequados do canteiro de obras, assim como a sua queima.

Tapumes e galerias

✓ É obrigatória a colocação de tapume, com altura mínima de 2 m (dois metros), sempre que se executarem atividades da indústria da construção, de forma a impedir o acesso de pessoas estranhas aos serviços;

✓ Nas atividades da indústria da construção com mais de dois pavimentos a partir do nível do meio-fio, executadas no alinhamento do logradouro, deve ser construída galeria sobre o passeio ou outra medida de proteção que garanta a segurança dos pedestres e trabalhadores, de acordo com projeto elaborado por profissional legalmente habilitado;

✓ Nas atividades da indústria da construção em que há necessidade da realização de serviços sobre o passeio, deve-se respeitar a legislação do Código de Obras Municipal e de trânsito em vigor.

Acidente fatal

✓ Em caso de ocorrência de acidente fatal, é obrigatória a adoção das seguintes medidas:

a) comunicar de imediato e por escrito ao órgão regional competente em matéria de segurança e saúde no trabalho, que repassará a informação ao sindicato da categoria profissional;

b) isolar o local diretamente relacionado ao acidente, mantendo suas características até sua liberação pela autoridade policial competente e pelo órgão regional competente em matéria de segurança e saúde no trabalho.

A liberação do local, pelo órgão regional competente em matéria de segurança e saúde no trabalho, será concedida em até 72 (setenta e duas) horas, contadas do protocolo de recebimento da comunicação escrita ao referido órgão.

Outras

✓ As vestimentas de trabalho serão fornecidas de acordo com a NR24;

✓ O levantamento manual ou semimecanizado de cargas deve ser executado de acordo com a NR17 (Ergonomia);

✓ Os canteiros de obras devem ter sistema de comunicação de modo a permitir a comunicabilidade externa.

16. CABOS DE AÇO E FIBRA SINTÉTICA

Os **cabos de aço** são empregados na indústria da construção em diversas atividades, como movimentação vertical de cargas (por exemplo, gruas e guindastes) e andaimes suspensos.

Já os **cabos de fibra sintética** têm aplicação restrita e devem ser utilizados somente conforme o disposto na norma, como sustentação de cadeiras suspensas e equipamentos de descida e içamento de trabalhadores e materiais usados na escavação manual de tubulão.

Apresento a seguir os requisitos a serem observados quando da utilização destes cabos:

Cabos de aço

✓ Condições de utilização, dimensionamento e conservação dos cabos de aço usados em obras de construção, conforme o disposto nas normas técnicas nacionais vigentes;

✓ Cabos de aço de tração não podem ter emendas nem pernas quebradas, que possam vir a comprometer sua segurança;

✓ Devem ter carga de ruptura equivalente a, no mínimo, cinco vezes a carga máxima de trabalho a que estiverem sujeitos e resistência à tração de seus fios de, no mínimo, 160 kgf/mm^2 (cento e sessenta quilogramas-força por milímetro quadrado);

✓ Devem atender aos requisitos mínimos contidos nas normas técnicas nacionais vigentes e permitir a sua rastreabilidade.

Cabos de fibra sintética

✓ O cabo de fibra sintética usado no SPIQ como linha de vida vertical deve ser compatível com o trava-queda a ser utilizado;

✓ Deve ser submetido aos ensaios, realizados pelo fabricante, conforme as normas técnicas nacionais vigentes;

✓ Do manual do fabricante devem constar recomendações para inspeção, uso, alongamento, manutenção e armazenamento dos cabos de fibra sintética;

NR 18 • SEGURANÇA E SAÚDE NO TRABALHO NA INDÚSTRIA DA CONSTRUÇÃO | 543

✓ Deve ter no mínimo 22 kN (vinte e dois quilonewton) de carga de ruptura sem os terminais, podendo ser de três capas ou capa e alma, sendo proibida a utilização de polipropileno na sua fabricação.

Cabos de aço e cabos de fibra sintética

✓ Devem ser fixados por meio de dispositivos que impeçam seu deslizamento e desgaste;

✓ Quando utilizados no SPIQ e para sustentação da cadeira suspensa devem ser exclusivos para cada tipo de aplicação;

✓ Devem ser substituídos quando apresentarem condições que comprometam a sua integridade em face da utilização a que estiverem submetidos.

NR 19 EXPLOSIVOS

Classificação: Norma Especial
Última atualização: Portaria MTP 4.219, de 20 de dezembro de 2022

1. INTRODUÇÃO

A NR19 dispõe sobre a segurança nas atividades de fabricação, manuseio[1], armazenagem e transporte de explosivos e tem o objetivo de estabelecer os requisitos e as medidas de prevenção para garantir as condições de segurança e saúde dos trabalhadores nestas atividades.

Além do texto geral, a norma possui três anexos e um glossário.

✓ Anexo 1: Segurança e saúde na indústria e comércio de fogos de artifício e outros artigos pirotécnicos;

✓ Anexo 2: Quantidade x Distâncias[2]

Aplica-se às atividades de armazenamento de explosivos e acessórios e contém tabelas Quantidade x Distâncias, que apresentam:

(i) as distâncias mínimas entre os próprios depósitos e entre depósito e edifício habitado, rodovias e ferrovias, dependendo da quantidade, do tipo de explosivo/acessório armazenado e do alcance dos estilhaços, em caso de explosão. Estas distâncias poderão ser reduzidas à metade, no caso de depósitos barricados ou entrincheirados, a depender da vistoria no local[3]; o armazenamento também deve observar a compatibilidade entre os produtos, conforme o Anexo 3;

(ii) as quantidades máximas de explosivos/acessórios a serem mantidas nas instalações.

✓ Anexo 3: Grupos de incompatibilidade

Apresenta os grupos de incompatibilidade entre os diferentes tipos de explosivos para fins de armazenamento e transporte.

---

[1] Manuseio – atividade de movimentação de explosivos, em todas as suas etapas, contidos em recipientes, tanques portáteis, tambores, bombonas, vasilhames, caixas, latas, frascos e similares. Ato de manusear o produto envasado, embalado ou lacrado.

[2] Na organização das tabelas deste Anexo 2, explosivos e acessórios cujo comércio é permitido, foram agrupados em classes, de modo que os que apresentem riscos semelhantes pertençam à mesma classificação. Porém, a distribuição em classes **não implica armazenar, em conjunto**, elementos de uma mesma classe. Deve-se observar a **compatibilidade** dos mesmos, conforme apresentado na tabela do Anexo 3.

[3] A norma, entretanto, não esclarece de quem é a responsabilidade por esta vistoria. Entende-se que a responsabilidade final por esta vistoria é da organização.

SEGURANÇA E SAÚDE NO TRABALHO – *Mara Queiroga Camisassa*

Além do disposto na NR19, as atividades de fabricação, manuseio, armazenamento e transporte de explosivos devem obedecer ao normativo de explosivos da Diretoria de Fiscalização de Produtos Controlados do Exército Brasileiro[4].

2. DEFINIÇÕES

As atividades com explosivos envolvem vários termos técnicos. A fim de facilitar a entendimento do texto normativo, apresento uma lista em ordem alfabética dos principais termos utilizados.

Acessório explosivo: engenho não muito sensível, de elevada energia de ativação, que tem por finalidade fornecer energia suficiente à continuidade de um trem explosivo e que necessita de um acessório iniciador para ser ativado.

Acessório iniciador: engenho sensível, de pequena energia de ativação, que tem por finalidade fornecer energia suficiente à iniciação de um trem explosivo de forma confiável, no tempo especificado e na sequência correta.

Barricada: barreira intermediária de uso aprovado, natural ou artificial, de tipo, dimensões e construção de forma a limitar, de maneira efetiva, os efeitos de uma explosão eventual nas áreas adjacentes.

Explosivo: para fins da NR19, *explosivo* é todo material ou substância que, quando *iniciada*, sofre decomposição muito rápida, com grande liberação de calor e desenvolvimento súbito de pressão[5]. Chama-se de *iniciação* o fenômeno que consiste no desencadeamento de um processo ou série de processos explosivos.

3. PROIBIÇÕES RELATIVAS A EXPLOSIVOS

3.1 Quanto à fabricação

É proibida a fabricação de explosivos no perímetro urbano das cidades, vilas ou povoados.

3.2 Quanto ao manuseio

No manuseio de explosivos é **proibido**:

a) utilizar ferramentas ou utensílios que possam gerar centelha ou calor por atrito;
b) fumar ou praticar atos suscetíveis de produzir fogo ou centelha;
c) usar calçados cravejados com pregos ou peças metálicas externas, a fim de evitar o acúmulo de energia estática;
d) manter objetos que não tenham relação direta com a atividade.

3.3 Quanto à armazenagem

É proibida a armazenagem de explosivos, em um mesmo depósito de explosivos, com:

a) acessórios iniciadores;
b) pólvoras;

---

[4] Portaria 147 – COLOG, de 21 de novembro de 2019 – EB: 64447.044665/2019-87 (dentre outros), disponível em: http://www.dfpc.eb.mil.br/images/Portarian147.pdf

[5] Regulamento de produtos controlados – Decreto 10.030, de 30 de setembro de 2019.

c) fogos de artifício;

d) ou outros artefatos pirotécnicos.

4. DISPOSIÇÕES GERAIS

4.1 Programa de gerenciamento de riscos ocupacionais (PGR)

A NR19 determina que o PGR das empresas que fabricam, armazenam e transportam explosivos deve contemplar, além do disposto na NR1, os fatores de risco de incêndios e explosão, e a implementação das respectivas medidas de prevenção.

5. FABRICAÇÃO DE EXPLOSIVOS

A fabricação de explosivos somente é permitida às organizações portadoras de Certificado de Conformidade homologado pelo Exército Brasileiro.

O responsável técnico da organização ou profissional legalmente habilitado em segurança do trabalho deve definir quais são as áreas perigosas das fábricas de explosivos. Estas áreas devem ter monitoramento eletrônico permanente, de acordo com o disposto no normativo de explosivos da Diretoria de Fiscalização de Produtos Controlados do Exército Brasileiro. Destaco que, segundo o Glossário da NR19, o responsável técnico deve ser profissional legalmente habilitado da área de química, responsável pela coordenação dos laboratórios de controle de qualidade e/ou controle de processos, assim como das operações de produção, inclusive desenvolvimento de novos produtos, conforme disposto na legislação vigente.

O terreno em que se achar instalado o conjunto de edificações das organizações que fabricam explosivos deve ser provido de cerca adequada e de separação entre os locais de fabricação, armazenagem e administração.

As atividades em que explosivos sejam depositados em invólucros, tal como encartuchamento, devem ser efetuadas em locais isolados, não podendo ter em seu interior mais de quatro trabalhadores ao mesmo tempo.

Os locais de fabricação de explosivos devem ser:

a) mantidos em perfeito estado de conservação;

b) adequadamente arejados;

c) construídos com paredes e tetos de material incombustível e pisos antiestáticos;

d) dotados de equipamentos aterrados e, se necessárias, instalações elétricas especiais de segurança;

e) providos de sistemas de combate a incêndios adequados aos fins a que se destinam, de acordo com a legislação estadual e normas técnicas nacionais vigentes; e

f) livres de materiais combustíveis ou inflamáveis.

Nos locais de manuseio de explosivos, as matérias-primas que ofereçam risco de explosão devem permanecer nas quantidades mínimas possíveis, admitindo-se, no máximo, material para o trabalho de quatro horas.

6. ARMAZENAMENTO DE EXPLOSIVOS

Os depósitos onde são armazenados explosivos devem ser construídos para esta finalidade, independentemente se a armazenagem é permanente ou temporária.

No caso de paióis ou depósitos permanentes, as paredes devem ser duplas, em alvenaria ou concreto, com intervalos vazios entre elas de, no mínimo, cinquenta centímetros.

Os depósitos de explosivos devem obedecer aos seguintes requisitos:

a) ser construídos de materiais incombustíveis e maus condutores de calor, em terreno firme, seco, a salvo de inundações;
b) ser apropriadamente ventilados; e
c) ser dotados de sinalização externa adequada.

Os depósitos de explosivos deverão ter permanente monitoramento eletrônico, de acordo com o disposto no normativo de explosivos da Diretoria de Fiscalização de Produtos Controlados do Exército Brasileiro. Segundo a Portaria 147 – COLOG de 21/11/19, a gravação do monitoramento da área perigosa deve ser armazenada pelo período mínimo de trinta dias.

Na capacidade de armazenamento de depósitos levar-se-á em consideração os seguintes fatores:

I – dimensões das embalagens de explosivos a armazenar;
II – altura máxima de empilhamento;
III – ocupação máxima de sessenta por cento da área, para permitir a circulação do pessoal no interior do depósito e o afastamento das caixas das paredes; e
IV – distância mínima de setenta centímetros entre o teto do depósito e o topo do empilhamento.

Conhecida a quantidade de explosivos a armazenar, em face das tabelas de quantidades-distâncias (Anexo 2), a área do depósito de explosivos poderá ser determinada pela seguinte fórmula:

$A = N.S/0,6.E$, onde:

A – área interna em metros quadrados;
N – número de caixas a serem armazenadas;
S – superfície ocupada por uma caixa, em metros quadrados; e
E – número de caixas que serão empilhadas verticalmente.

Na armazenagem de explosivos em caixas, o empilhamento deve estar afastado das paredes e do teto e sobre material incombustível.

As instalações elétricas dos depósitos de explosivos devem ser específicas para áreas classificadas[6].

Explosivos de <u>diferentes</u> organizações podem ser armazenados num mesmo depósito de explosivo, desde que:

I – os produtos estejam visivelmente separados e identificados;
II – as movimentações de entrada e saída sejam individualizadas; e
III – atendam as regras de segurança de armazenagem previstas nesta Norma.

---

[6] Como vimos anteriormente nesta obra, área classificada é aquela na qual uma atmosfera explosiva está presente ou na qual é provável sua ocorrência a ponto de exigir precauções especiais para construção, instalação e utilização de equipamentos elétricos.

Para efeito da aplicação das Tabelas de Quantidades-Distâncias (Anexo 2), devem ser considerados:

I – como **construção única**, os depósitos de explosivos cujas distâncias entre si sejam inferiores às constantes das Tabelas de Quantidades-Distâncias: neste caso, as quantidades de explosivos armazenadas correspondem à soma das quantidades estocadas em cada um dos depósitos de explosivos; ou

II – como **unidades individuais**, os depósitos de explosivos cujas distâncias entre si sejam iguais ou superiores às constantes das Tabelas de Quantidades-Distâncias.

Caso os depósitos de explosivos armazenem materiais incompatíveis, a Tabela a ser adotada deverá ser a mais restritiva.

7. TRANSPORTE

O transporte de explosivos deve atender às prescrições gerais, de acordo com o meio de transporte a ser utilizado:

I – transporte rodoviário: normas da Agência Nacional de Transportes Terrestres – ANTT;

II – transporte por via marítima, fluvial ou lacustre: normas da Agência Nacional de Transportes Aquaviários – ANTAQ; e

III – transporte por via aérea: normas da Agência Nacional de Aviação Civil – ANAC.

Para o transporte de explosivos devem ser observadas as seguintes prescrições gerais:

a) o material a ser transportado deve estar devidamente acondicionado em embalagem regulamentar;

b) os serviços de embarque e desembarque devem ser supervisionados por trabalhador que tenha sido capacitado, nos termos da NR1, sob responsabilidade do responsável técnico da organização fabricante ou de profissional legalmente habilitado em segurança do trabalho;

c) todos os equipamentos empregados nos serviços de carga, transporte e descarga devem ser verificados quanto às condições de segurança;

d) sinalizações de explosivo devem ser afixadas em lugares visíveis do veículo de transporte;

e) o material deve ser disposto e fixado no veículo de modo a prover segurança e facilitar a inspeção;

f) munições, pólvoras, explosivos, acessórios iniciadores, artifícios pirotécnicos e outros artefatos pirotécnicos devem ser transportados separadamente;

g) o material deve ser protegido contra a umidade e incidência direta dos raios solares;

h) é proibido bater, arrastar, rolar ou jogar os recipientes de explosivos;

i) antes de descarregar os materiais, o local previsto para armazená-los deve ser examinado;

j) é proibida a utilização de sistemas de iluminação que não sejam específicos para áreas classificadas, fósforos, isqueiros, dispositivos e ferramentas capazes de produzir chama ou centelha nos locais de embarque, desembarque e no transporte;

k) salvo casos especiais, de acordo com a análise de riscos da operação, os serviços de carga e descarga de explosivos devem ser feitos durante o dia e com tempo sem ocorrência de intempéries; e

l) quando houver necessidade de carregar ou descarregar explosivos durante a noite, somente será usada iluminação com lanternas e holofotes elétricos que sejam específicos para áreas classificadas.

O transporte de explosivos no território nacional deverá ser realizado em veículo de carroceria fechada tipo baú ou em equipamento tipo contêiner, ressalvados os transportes associados a operações de canhoneio[7].

Os veículos de transporte de explosivos devem possuir:

I – comunicação eficaz com a organização responsável pelo transporte;

II – sistema de rastreamento do veículo em tempo real, por meio de GPS, que permita a sua localização;

III – dispositivos de intervenção remota, que permitam o controle e bloqueio de abertura das portas; e

IV – botão de pânico, com ligação direta com a organização responsável pelo transporte.

---

[7] Segundo a Portaria 147/COLOG, de 21 de novembro de 2019, canhoeio é a operação em que, por meio de equipamento que contém cargas explosivas montadas ao redor de uma estrutura cilíndrica (canhão), são realizadas perfurações de orifícios no revestimento, no cimento, e a formação adjacente, de forma a estabelecer um canal de fluxo entre a formação e o interior do poço.

NR 20 SEGURANÇA E SAÚDE NO TRABALHO COM INFLAMÁVEIS E COMBUSTÍVEIS

Classificação: Norma Especial
Última atualização: Portaria MTP 4.219, de 20 de dezembro de 2022

1. INTRODUÇÃO

A NR20 estabelece os requisitos mínimos para a gestão da segurança e saúde no trabalho contra fatores de riscos provenientes das atividades de extração, produção, armazenamento, transferência, manuseio e manipulação[1] de líquidos inflamáveis, gases inflamáveis e líquidos combustíveis. Segundo o Sistema Globalmente Harmonizado (SGH)[2], estas substâncias são classificadas nas seguintes categorias:

	Categorias de perigo segundo o SGH
Gases inflamáveis	1 e 2
Líquidos inflamáveis	1, 2 e 3
Líquidos combustíveis	4

Os fatores de risco mais significativos destas atividades estão relacionados às explosões e incêndios, decorrentes de vazamentos, derramamentos, emissões fugitivas, entre outros.

O texto da NR20 se desenvolve com base no conceito de *Instalação*. Considera-se *instalação* a **unidade** de extração, produção, armazenamento, transferência, manuseio e manipulação de inflamáveis (líquidos e gases) e líquidos combustíveis, em caráter **permanente ou transitório**, incluindo todos os equipamentos, máquinas, estruturas, tubulações, tanques, edificações, depósitos, terminais e outros necessários para o seu funcionamento.

As instalações são classificadas em 3 classes, Classes I, II e III, em ordem crescente do risco. As exigências referentes ao projeto, análise de riscos, manutenção, inspeção, capacitação, entre outros, variam em função da classe da instalação. Quanto mais complexa a atividade da instalação maior o rigor das disposições da NR20; quanto menos complexa menos rigorosa é a norma.

Além do texto geral e do glossário, a norma possui quatro anexos:

---

[1] Veremos que a norma não se aplica à manipulação de líquidos combustíveis.

[2] Para maiores detalhes sobre o SGH, remeto o leitor para o capítulo da NR26 – Sinalização de Segurança.

✓ Anexo I – Critérios para Capacitação dos Trabalhadores e Conteúdo Programático;

✓ Anexo II – Exceções à aplicação do item 20.4 (Classificação das Instalações);

✓ Anexo III – Tanques de Inflamáveis no Interior de Edifícios; e

✓ Anexo IV – Exposição ocupacional ao benzeno em postos revendedores de combustíveis automotivos[3].

Tanto o texto geral quanto os anexos devem ser utilizados tão somente para fins de prevenção e controle dos riscos no trabalho com inflamáveis e combustíveis. Para fins de caracterização de atividades ou operações insalubres ou perigosas, devem ser aplicadas as disposições previstas na NR15 – Atividades e operações insalubres e NR16 – Atividades e operações perigosas.

Finalmente destaco que vários conceitos e disposições presentes na NR20 têm sua origem na Convenção 174 da OIT – Organização Internacional do Trabalho, que trata da Prevenção de Acidentes Industriais Maiores.

Segundo a Convenção, acidente maior é todo evento súbito, como incêndio ou explosão de grande magnitude, no curso de uma atividade em instalação sujeita a riscos de acidentes maiores, envolvendo uma ou mais substâncias perigosas e que implica grave perigo, imediato ou retardado, para os trabalhadores, a população ou o meio ambiente.

Em outras palavras, acidentes maiores também chamados acidentes ampliados são aqueles que se expandem e têm consequências no tempo e no espaço, ultrapassam os limites da instalação e podem atingir não somente comunidades próximas e às vezes até distantes, como também o meio ambiente.

2. CONCEITOS

Antes de iniciarmos o estudo da NR20 precisamos conhecer o conceito de alguns termos presentes nessa norma:

Combustível

Substância que, na presença de um comburente (por exemplo, o oxigênio) e sob a ação de uma fonte de calor (faísca, centelha) entrará em combustão. Os combustíveis podem ser sólidos (carvão, madeira), líquidos (óleo diesel, querosene, gasolina, etanol) ou gasosos (gás natural, GLP – Gás Liquefeito de Petróleo).

Ponto de Fulgor (*flash point*)

É a temperatura mínima a partir da qual uma substância começa a desprender vapores em quantidade suficiente para formar uma mistura inflamável ao entrar em contato com uma fonte externa de calor, como uma faísca ou centelha. A chama, entretanto, não se mantém em virtude da insuficiência de vapores desprendidos, pois a temperatura do ponto de fulgor não é suficiente para manter a combustão. O ponto de fulgor é o parâmetro que diferencia os líquidos inflamáveis dos líquidos combustíveis.

---

[3] Incluído na NR20, com a publicação da Portaria MTP 427, de 7/9/2021.

Líquidos inflamáveis

São líquidos que possuem ponto de fulgor menor ou igual a 60 °C (sessenta graus Celsius)[4].

Líquidos combustíveis

Líquidos com ponto de fulgor superior a 60 °C (sessenta graus Celsius) e menor ou igual a 93 °C (noventa e três graus Celsius).

Gases inflamáveis

Gases que inflamam com o ar a 20 °C (vinte graus Celsius) e a uma pressão padrão de 101,3 kPa (cento e um vírgula três quilopascal).

Observem que os líquidos são classificados em inflamáveis e combustíveis, em função do ponto de fulgor, que varia de acordo com a temperatura. Já os gases são classificados apenas em inflamáveis em função de determinadas condições de temperatura e pressão.

Emissões fugitivas

Liberações de gás ou vapor inflamável que ocorrem de maneira contínua ou intermitente emanadas durante a carga e descarga de tanques fixos e de veículos transportadores. Incluem liberações em selos ou gaxetas de bombas, vedações de flanges, selos de compressores, drenos de processos, entre outros.

Ponto de ignição

É a temperatura mínima necessária para os gases desprendidos dos combustíveis entrarem em combustão apenas pelo contato com o oxigênio do ar, independentemente de qualquer outra fonte de calor.

Manuseio × Manipulação

Manipulação – Preparação ou operação manual com inflamáveis, com finalidade de misturar ou fracionar os produtos. Considera-se que há manipulação quando ocorre o contato direto do produto com o ambiente.

Manuseio – Atividade de movimentação de inflamáveis contidos em recipientes, tanques portáteis, tambores, bombonas, vasilhames, caixas, latas, frascos e similares, **ou seja, é o ato de manusear o produto envasado, embalado ou lacrado.**

Transferência

Atividade de movimentação de inflamáveis **entre** recipientes, tais como tanques, vasos, tambores, bombonas e similares, **por meio de tubulações.**

Observem que tanto o **manuseio** quanto a **transferência** se referem à movimentação de inflamáveis, entretanto, no caso do manuseio, os produtos estão envasados, embalados ou lacrados. Já no caso da transferência a movimentação se dá **entre recipientes**, por meio de tubulações, conforme a seguir:

---

[4]   Equiparam-se aos líquidos inflamáveis aqueles que possuem ponto de fulgor superior a 60 °C (sessenta graus Celsius), quando armazenados e transferidos aquecidos a temperaturas iguais ou superiores ao seu ponto de fulgor.

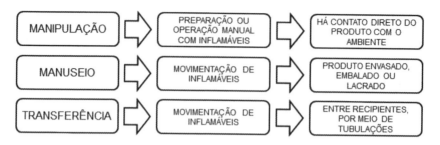

Áreas classificadas

Área na qual uma atmosfera explosiva está presente ou na qual é provável sua ocorrência a ponto de exigir precauções especiais para construção, instalação e utilização de equipamentos elétricos. Atmosfera explosiva é a mistura com o ar, de substâncias inflamáveis na forma de gases, vapores, névoas, poeiras ou fibras na qual após a ignição, a combustão se propaga através da mistura remanescente[5].

Envasado × lacrado

Envasado – Líquido ou gás inflamável acondicionado em recipiente, podendo ser ou não lacrado.

Lacrado – Produto que possui selo e/ou lacre de garantia de qualidade e/ou de inviolabilidade.

3. ABRANGÊNCIA

A NR20 se aplica às atividades de:

a) extração, produção, armazenamento, transferência, manuseio e manipulação de inflamáveis, nas etapas de projeto, construção, montagem, operação, manutenção, inspeção e desativação da instalação;

b) extração, produção, armazenamento, transferência e manuseio de líquidos combustíveis, nas etapas de projeto, construção, montagem, operação, manutenção, inspeção e desativação da instalação.

Como se depreende da alínea "b" anterior, vemos que **a norma não se aplica às atividades de manipulação de líquidos combustíveis**. Isso decorre do fato de esta atividade ser considerada de baixo risco (categoria 4) não havendo, inclusive, pictograma correspondente pela classificação do SGH.

A norma **também não se aplica**:

a) às plataformas e instalações de apoio empregadas com a finalidade de exploração e produção de petróleo e gás do subsolo marinho (plataformas *off-shore*), conforme NR37;

b) às **edificações residenciais unifamiliares**, que são as edificações destinadas exclusivamente ao uso residencial, constituídas de uma única unidade residencial[6].

---

[5] *Manual de bolso de instalações elétricas*. 5. ed. Project Explo.
[6] A norma aplicar-se-á às edificações residenciais multifamiliares, como condomínios, desde que se enquadrem nos critérios de armazenamento apresentados.

4. CLASSIFICAÇÃO DAS INSTALAÇÕES

Como dito anteriormente, as instalações são classificadas em Classe I, Classe II e Classe III, em função do(a):

- Tipo de atividade
- Capacidade de armazenamento de forma permanente ou transitória

A Tabela a seguir apresenta os parâmetros usados para essa classificação[7]:

CLASSE	QUANTO À ATIVIDADE	QUANTO À CAPACIDADE DE ARMAZENAMENTO[8] (Permanente ou transitória)
CLASSE I	a.1 – postos de serviço com inflamáveis e/ou líquidos combustíveis; a.2 – atividades de distribuição canalizada de gases inflamáveis em instalações com Pressão Máxima de Trabalho Admissível – PMTA limitada a 18,0 kgf/cm²	b.1 – gases inflamáveis: acima de 2 t até 60 ton; b.2 – líquidos inflamáveis e/ou combustíveis: acima de 10 m³ até 5.000 m³
CLASSE II	a.1 – engarrafadoras de gases inflamáveis; a.2 – atividades de transporte dutoviário de gases e líquidos inflamáveis e/ou combustíveis; a.3 – atividades de distribuição canalizada de gases inflamáveis em instalações com Pressão Máxima de Trabalho Admissível – PMTA acima de 18,0 kgf/cm²	b.1 – gases inflamáveis: acima de 60 ton até 600 ton; b.2 – líquidos inflamáveis e/ou combustíveis: acima de 5.000 m³ até 50.000 m³
CLASSE III	a.1 – refinarias; a.2 – unidades de processamento de gás natural; a.3 – instalações petroquímicas; a.4 – usinas de fabricação de etanol	b.1 – gases inflamáveis: acima de 600 ton; b.2 – líquidos inflamáveis e/ou combustíveis: acima de 50.000 m³

Critérios a serem utilizados para classificação das instalações:

Para fins de enquadramento em uma das Classes I, II ou III, o **tipo de atividade** possui prioridade sobre a **capacidade de armazenamento**[9], ou seja, a atividade prevalece sobre a capacidade de armazenamento.

Exemplos: (vejam a tabela anterior)

- Posto revendedor de combustíveis será sempre enquadrado na Classe I, independente da capacidade de armazenamento;
- Transporte dutoviário de gases inflamáveis será sempre enquadrado na Classe II, independente da capacidade de armazenamento;
- Instalações petroquímicas serão sempre enquadradas na Classe III, independente da capacidade de armazenamento.

Quando a capacidade de armazenamento da instalação se enquadrar em duas classes distintas, por armazenar líquidos inflamáveis e/ou combustíveis e gases inflamáveis, deve-se utilizar a classe de maior gradação.

---

[7] O Anexo II da NR20 lista as instalações que constituem exceções a esta classificação.
[8] Importante destacar que o enquadramento em determinada classe se refere à capacidade de armazenamento, e não à quantidade efetivamente armazenada.
[9] O tipo de atividade não possuirá prioridade sobre a capacidade de armazenamento quando esta for superior a 250.000 m³ (duzentos e cinquenta mil metros cúbicos) de líquidos inflamáveis e/ou combustíveis e/ou 3.000 (três mil) toneladas de gases inflamáveis.

Exemplo: Instalação com capacidade de armazenamento permanente de 70 toneladas de gases inflamáveis (Classe II) e 60.000 m³ de líquidos combustíveis (Classe III) deve ser classificada como Classe III (maior gradação).

Instalações cujas atividades não se enquadram na tabela anterior devem ser classificadas em função da capacidade de armazenamento. Por exemplo, condomínios residenciais que possuem central de armazenamento de GLP entre 2 e 60 toneladas se enquadram em Instalação Classe I (não devemos confundir o condomínio residencial com a edificação residencial unifamiliar, que é o apartamento residencial: este está fora do escopo da NR20). Outro exemplo: empresas de transporte rodoviário que possuam tanques de combustíveis (óleo diesel, gasolina) para uso da própria frota, se possuírem capacidade de armazenamento de combustíveis acima de 10 m³ até 5.000 m³ também serão enquadradas como Classe I.

5. ANÁLISE DE RISCOS

A Análise de Riscos é um conjunto de métodos e técnicas que, aplicados a operações que envolvam processo ou processamento, identificam os cenários hipotéticos de ocorrências indesejadas (acidentes), as possibilidades de danos, os efeitos e as consequências.

Existem várias metodologias de análise de riscos. A escolha daquela a ser utilizada depende de vários fatores, entre eles, o propósito da análise, as características e a complexidade da instalação. O processo ao qual se pretende aplicar a análise e a fase em que esse processo se encontra (projeto, implantação, produção) também devem ser considerados nessa escolha.

A seguir, apresento uma lista não exaustiva de metodologias de Análise de Risco:

a) Análise Preliminar de Perigos/Riscos (APP/APR);

b) "*What-if* (E SE)";

c) Análise de Riscos e Operabilidade (HAZOP);

d) Análise de Modos e Efeitos de Falhas (FMEA/FMECA);

e) Análise por Árvore de Falhas (AAF);

f) Análise por Árvore de Eventos (AAE);

g) Análise Quantitativa de Riscos (AQR).

A NR20 determina que para todas as instalações (Classes I, II e III) o empregador deve **elaborar e documentar as análises de riscos** das operações que envolvam processo ou processamento nas atividades de extração, produção, armazenamento, transferência, manuseio e manipulação de inflamáveis e de líquidos combustíveis.

A Análise de Riscos deve ser **elaborada por equipe multidisciplinar** com participação de, no mínimo, um trabalhador com experiência na instalação, ou em parte desta, objeto da análise. Essa equipe deve ter conhecimento da instalação, dos riscos respectivos e da aplicação das metodologias.

As análises de riscos das instalações Classes II e III devem ser coordenadas por profissional habilitado[10], com proficiência[11] no assunto. Observem que as instalações Classe I não se enquadram nesta exigência.

ANÁLISE DE RISCO

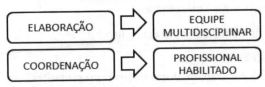

A análise de riscos das instalações Classe I deve ser elaborada utilizando-se a metodologia Análise Preliminar de Perigos/Riscos (APP/APR). Nas demais instalações Classes II e III, devem ser utilizadas metodologias de análise definidas pelo profissional habilitado. A escolha da metodologia deve considerar os riscos, as características e a complexidade da instalação, ser tecnicamente fundamentada, além de registrada na própria análise.

As análises de riscos devem ser revisadas:

a) no prazo recomendado pela própria análise;

b) caso ocorram modificações significativas no processo ou processamento;

c) por solicitação do SESMT ou da CIPA;

d) por recomendação decorrente da análise de acidentes ou incidentes relacionados ao processo ou processamento;

e) quando o histórico de acidentes e incidentes assim o exigir.

As Análises de Riscos devem estar disponíveis para consulta pelos trabalhadores e seus representantes, **exceto nos aspectos ou partes que envolvam informações comerciais confidenciais**.

6. PRONTUÁRIO DA INSTALAÇÃO

O Prontuário é um conjunto de documentos que contêm o registro de todo o histórico da instalação, ou indicações suficientes para a obtenção desse histórico. Tais documentos correspondem a uma **memória dinâmica** das informações técnicas pertinentes às instalações, geradas desde a fase de projeto, operação, inspeção e manutenção. Os documentos que compõem o Prontuário podem ser mantidos em meio físico ou *eletrônico*. O Prontuário da Instalação deve ser organizado, mantido e atualizado pelo empregador e constituído pela seguinte documentação:

a) Projeto da Instalação;

---

[10] Profissional habilitado (ou profissional legalmente habilitado) é aquele com atribuições legais para a atividade a ser desempenhada e que assume a responsabilidade técnica, tendo registro no conselho profissional de classe.

[11] Segundo o Glossário da norma, *proficiência* se refere à competência, aptidão, capacitação e habilidade aliadas à experiência. Para avaliação da proficiência, pode ser verificado o currículo do profissional, a partir do conteúdo programático que ele ministrará. O conhecimento teórico pode ser comprovado através de diplomas, certificados e material didático elaborado pelo profissional. A experiência pode ser avaliada pelo tempo em que o profissional atua na área e serviços prestados.

b) Plano de Inspeção e Manutenção;

c) Análise de Riscos;

d) Plano de prevenção e controle de vazamentos, derramamentos, incêndios e explosões e identificação das fontes de emissões fugitivas;

e) Plano de Resposta a Emergências.

O Prontuário da Instalação deve estar disponível:

- às autoridades competentes;
- para consulta aos trabalhadores e seus representantes.

7. SEGURANÇA OPERACIONAL

O empregador deve elaborar, documentar, implementar, divulgar e manter atualizados procedimentos operacionais em conformidade com as especificações do projeto das instalações Classes I, II e III e com as recomendações das análises de riscos.

Os procedimentos operacionais são um conjunto de instruções claras e suficientes para o desenvolvimento das atividades operacionais de uma instalação, considerando os aspectos de segurança, saúde e meio ambiente que impactem sobre a integridade física dos trabalhadores. Destaco que tais procedimentos são medidas administrativas, complementares e não substitutas das medidas de proteção coletivas necessárias para a garantia da segurança e saúde dos trabalhadores.

Os procedimentos operacionais devem ser revisados e/ou atualizados, no máximo, trienalmente, para instalações Classes I e II, e quinquenalmente, para instalações Classe III ou em uma das seguintes situações:

a) recomendações decorrentes do sistema de gestão de mudanças;

b) recomendações decorrentes das análises de riscos;

c) modificações ou ampliações da instalação;

d) recomendações decorrentes das análises de acidentes e/ou incidentes nos trabalhos relacionados com inflamáveis e líquidos combustíveis;

e) solicitações da CIPA ou SESMT.

Nas instalações industriais Classes II e III, com unidades de processo[12], os procedimentos operacionais devem possuir instruções claras para o desenvolvimento de atividades em cada uma das seguintes fases:

a) pré-operação;

b) operação normal;

c) operação temporária;

d) operação em emergência;

e) parada normal;

f) parada de emergência;

g) operação pós-emergência.

---

[12] Segundo o Glossário da NR13: unidade de processo é conjunto de equipamentos e interligações de unidade(s) destinados ao processamento, à transformação ou ao armazenamento de materiais/substâncias.

• SEGURANÇA E SAÚDE NO TRABALHO COM INFLAMÁVEIS E COMBUSTÍVEIS | 559

8. CAPACITAÇÃO DOS TRABALHADORES

A NR20 determina a obrigatoriedade de realização de diferentes capacitações para os trabalhadores das instalações Classes I, II ou III. A exigência de participação em determinada capacitação depende da atividade desempenhada, da classe da instalação e também se o trabalhador adentra ou não na área e mantém ou não contato direto com o processo ou processamento.

São os seguintes os tipos de capacitação:

- ✓ Curso de iniciação sobre inflamáveis e combustíveis[13];
- ✓ Curso básico;
- ✓ Curso intermediário;
- ✓ Curso avançado I;
- ✓ Curso avançado II;
- ✓ Curso específico.

A tabela a seguir apresenta as atividades, a classe da instalação onde a atividade é realizada e as capacitações exigidas:

Atividade/Classe	Instalação Classe I	Instalação Classe II	Instalação Classe III
Específica, pontual e de curta duração	Curso Básico (4 horas)	Curso Básico (6 horas)	Curso Básico (8 horas)
Manutenção e Inspeção	Curso Intermediário (12 horas)	Curso Intermediário (14 horas)	Curso Intermediário (16 horas)
Operação e atendimento a emergências	Curso Intermediário (12 horas)	Curso Avançado I (20 horas)	Curso Avançado II (32 horas)
Segurança e saúde no trabalho	----	Curso Específico (14 horas)	Curso Específico (16 horas)

Caso o trabalhador tenha participado do curso Básico e venha a necessitar do Curso Intermediário, deverá fazer a complementação de carga horária e nos conteúdos indicados na norma. O mesmo vale para os demais cursos.

Os cursos Básico, Intermediário e Avançado I e II possuem conteúdo prático que deve contemplar conhecimentos e utilização dos sistemas de segurança contra incêndio com inflamáveis existentes na instalação.

O conteúdo programático prático e teórico dos cursos é apresentado no Anexo I – o Critérios para Capacitação dos Trabalhadores e Conteúdo Programático. O conteúdo prático deve necessariamente ser realizado na modalidade presencial, uma vez que não há previsão na redação atual da norma de utilização de modalidade EaD ou semipresencial[14].

---

[13] Devem participar deste curso trabalhadores que exercem atividades em instalações Classe I, II ou III e adentram na área ou local de extração, produção, armazenamento, transferência, manuseio e manipulação de inflamáveis e líquidos combustíveis, mas **não** mantêm contato direto com o processo ou processamento. Para exemplificar cito vigilantes e trabalhadores de serviços de limpeza cuja atividade não está diretamente relacionada à atividade- fim, mas adentram na área operacional.

[14] Segundo a NR1: *O conteúdo prático do treinamento pode ser realizado na modalidade de ensino a distância ou semipresencial desde que previsto em NR específica.*

Deverá ser emitido Certificado para os trabalhadores que, após avaliação, tiverem obtido aproveitamento satisfatório no curso do qual tenham participado. Como a norma não dispõe sobre os critérios para verificação da aprendizagem, como a parametrização do conceito de *aproveitamento satisfatório*, esta definição caberá ao empregador.

A norma também prevê a realização de cursos de **Atualização** na periodicidade a seguir[15]:

CURSO	PERIODICIDADE	CARGA HORÁRIA
Básico	Trienal	
Intermediário (Classe I)	Trienal	
Intermediário (Classe II)	Bienal	
Intermediário (Classe III)	Bienal	4 horas
Avançado I	Bienal	
Avançado II	Anual	

O objetivo do curso de Atualização é realizar revisão e aprimoramento dos conteúdos ministrados anteriormente e seu conteúdo programático deve ser definido pelo empregador.

Este curso também deve ser realizado nas seguintes situações[16]:

a) quando o histórico de acidentes e/ou incidentes assim o exigir;

b) em até 30 (trinta) dias, quando ocorrer modificação significativa[17];

c) em até 45 (quarenta e cinco) dias, quando ocorrerem ferimentos em decorrência de explosão e/ou queimaduras de 2.º (segundo) ou 3.º (terceiro) grau, que implicaram necessidade de internação hospitalar;

d) em até 90 (noventa) dias, quando ocorrer morte de trabalhador.

As capacitações devem ser realizadas durante a jornada de trabalho.

9.   INSTRUÇÃO DE TRABALHO E PERMISSÃO DE TRABALHO

A **instrução de trabalho** é um documento escrito que deve conter os procedimentos a serem adotados em **atividades rotineiras** de inspeção e manutenção.

A **permissão de trabalho** também é um documento escrito que deve conter o conjunto de medidas de segurança e controle visando a execução de trabalho seguro. Em geral, contém também medidas de emergência e resgate. A NR20 determina que a

---

[15] A norma não determina a periodicidade de atualização do Curso Específico. Como este curso tem a mesma carga horária do Curso Intermediário Classes II e III, sugiro seguir a periodicidade indicada para estes cursos.

[16] Neste caso, o curso de Atualização corresponde ao chamado treinamento eventual previsto na NR1, porém, com situações motivadoras específicas. A nomenclatura não é a mesma porque a atual redação da NR20 foi publicada antes da NR1 – Disposições Gerais e Gerenciamento dos Riscos Ocupacionais.

[17] Segundo o Glossário, *modificação* ou *ampliação* das instalações é qualquer alteração de instalação industrial que: I – altere a tecnologia de processo ou processamento empregada; II – altere as condições de segurança da instalação industrial; III – adapte fisicamente instalações e/ou equipamentos de plantas industriais existentes provenientes de outros segmentos produtivos; IV – aumente a capacidade de processamento de quaisquer insumos; V – aumente a capacidade de armazenamento de insumos ou de produtos; VI – altere o perfil de produção ou a qualidade final dos produtos.

Permissão de Trabalho deve ser elaborada no caso de **atividades não rotineiras de intervenção** nos equipamentos, baseada em análise de risco, nos trabalhos:

a) que possam gerar chamas, calor, centelhas ou ainda que envolvam o seu uso;
b) em espaços confinados, conforme NR33;
c) envolvendo isolamento de equipamentos e bloqueio/etiquetagem;
d) em locais elevados com risco de queda;
e) com equipamentos elétricos, conforme NR10;
f) cujas boas práticas de segurança e saúde recomendem.

Também devem ser precedidas de permissão de trabalho as atividades envolvendo o uso de equipamentos que possam gerar chamas, calor ou centelhas, nas áreas sujeitas à existência de atmosferas inflamáveis.

PERMISSÃO DE TRABALHO x INSTRUÇÃO DE TRABALHO

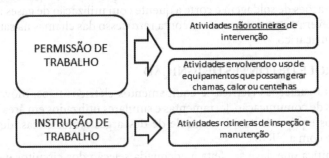

10. MANUTENÇÃO E INSPEÇÃO DAS INSTALAÇÕES

As instalações Classes I, II e III para extração, produção, armazenamento, transferência, manuseio e manipulação de inflamáveis e líquidos combustíveis devem possuir Plano de Inspeção e Manutenção das instalações e equipamentos, devidamente documentado. As inspeções relativas à **segurança e saúde do trabalho** são abordadas no próximo item, e devem ser objeto de cronograma de inspeção.

O Plano de Inspeção e Manutenção deve abranger, no mínimo:

a) tipos de intervenção;
b) procedimentos de inspeção e manutenção;
c) cronograma anual;
d) identificação dos responsáveis;
e) identificação dos equipamentos críticos para a segurança;
f) sistemas e equipamentos de proteção coletiva e individual.

Importante também que o Plano alcance os equipamentos, máquinas, instrumentos, tubulações e acessórios envolvidos nas atividades abrangidas pela norma. Deve contemplar também as tubulações de água utilizadas para combate a incêndio.

A NR20 não determina qual deve ser a periodicidade dos procedimentos de inspeção ou manutenção, mas dispõe que sua determinação deve considerar:

a) o previsto nas NRs e normas técnicas nacionais e, na ausência ou omissão destas, nas normas internacionais;

b) as recomendações do fabricante, em especial dos itens críticos à segurança e saúde do trabalhador;

c) as recomendações dos relatórios de inspeções de segurança e de análise de acidentes e incidentes do trabalho, elaborados pela CIPA ou SESMT;

d) as recomendações decorrentes das análises de riscos;

e) a existência de condições ambientais agressivas.

As atividades de inspeção e manutenção devem ser realizadas por trabalhadores capacitados e com apropriada supervisão. Entendemos que, apesar do silêncio da norma e considerando o elevado risco de acidentes nessas atividades, para ser *apropriada* a supervisão deve ser *presencial* (não remota) e realizada por profissional habilitado.

As recomendações decorrentes das inspeções e manutenções devem ser registradas e implementadas, com determinação de prazos e responsáveis pela sua execução.

Nas operações de soldagem e corte a quente com utilização de gases inflamáveis, as mangueiras devem possuir mecanismo conta retrocesso das chamas na saída do cilindro e chegada do maçarico.

11. CONTROLE DE FONTES DE IGNIÇÃO

Todas as instalações elétricas e equipamentos elétricos fixos, móveis e portáteis, equipamentos de comunicação, ferramentas e similares utilizados em áreas classificadas, assim como os equipamentos de controle de descargas atmosféricas, devem estar em conformidade com a NR10.

Isso significa que deve ser feita a adequada seleção dos circuitos e equipamentos elétricos e eletrônicos, uma vez que os níveis de energia presentes nos circuitos, na maioria das vezes, ultrapassam aqueles mínimos necessários para iniciar um incêndio ou uma explosão.

Saiba mais

Equipamentos elétricos que operam em ambientes com possibilidade de presença de material inflamável são equipamentos especiais, que devem ter incorporados requisitos construtivos específicos que os tornam adequados à operação em atmosferas potencialmente explosivas. São chamados Equipamentos Ex.

Por exemplo, as partes de equipamentos elétricos que podem liberar energia suficiente para inflamar uma atmosfera explosiva devem estar submersas em meio isolante de óleo, areia (quartzo ou vidro) ou resina[18]. A escolha do tipo de proteção depende da aplicação do equipamento.

Em qualquer caso, o meio isolante deve ter capacidade dielétrica compatível com o nível de tensão para o qual será aplicado. Sua qualidade deve ser controlada de forma a manter as características dielétricas. Por exemplo, o óleo não deve conter contaminantes, a areia deve possuir controlado teor de umidade e a resina deve observar o limite de bolhas internas ao meio.

O empregador deve implementar medidas específicas para controle da geração, acúmulo e descarga de eletricidade estática em áreas sujeitas à existência de atmosferas

---

[18] Meio isolante óleo: NBR IEC 60079-1. Meio isolante areia: NBR IEC 60079-5. Meio isolante resina: NBR IEC 60079-18.

inflamáveis em conformidade com normas técnicas nacionais e, na ausência ou omissão destas, normas internacionais. Entre tais medidas citamos a instalação de SPDA – Sistema de Proteção contra Descargas Atmosféricas e outras medidas de proteção contra surtos conforme ABNT NBR 5419:2015.

O empregador deve também sinalizar a proibição do uso de fontes de ignição nas áreas sujeitas à existência de atmosferas inflamáveis. Destaco novamente que a mera sinalização não constitui medida de proteção coletiva, mas, sim, como o próprio nome diz, medida de sinalização ou advertência acerca dos riscos no ambiente.

12. INSPEÇÃO EM SEGURANÇA E SAÚDE NO AMBIENTE DE TRABALHO

As instalações Classes I, II e III para extração, produção, armazenamento, transferência, manuseio e manipulação de inflamáveis e líquidos combustíveis devem ser periodicamente inspecionadas com foco na segurança e saúde no ambiente de trabalho, de acordo com **cronograma** de inspeções.

As inspeções devem ser documentadas e as respectivas recomendações implementadas, com estabelecimento de prazos e responsáveis pela sua execução.

13. PREVENÇÃO E CONTROLE DE VAZAMENTOS, DERRAMAMENTOS, INCÊNDIOS, EXPLOSÕES E EMISSÕES FUGITIVAS

O empregador deve elaborar um plano que contemple a prevenção e o controle de vazamentos, derramamentos, incêndios e explosões. Nos locais sujeitos à atividade de trabalhadores, o plano deve conter também a identificação e o controle das fontes de emissões fugitivas.

O plano deve ser revisado:

a) por recomendações das inspeções de segurança e/ou da análise de riscos, ouvida a CIPA;

b) quando ocorrerem modificações significativas nas instalações;

c) quando da ocorrência de vazamentos, derramamentos, incêndios e/ou explosões.

Os tanques que armazenam líquidos inflamáveis e combustíveis devem possuir sistemas de contenção de vazamentos ou derramamentos, dimensionados e construídos de acordo com as normas técnicas nacionais. No caso de bacias de contenção, é vedado o armazenamento de materiais, recipientes e similares em seu interior, exceto nas atividades de manutenção e inspeção.

Para as instalações que dispõem de tanques esféricos de armazenamento de gases inflamáveis, o plano deve prever testes de funcionamento dos dispositivos e sistemas de segurança envolvidos direta e indiretamente com o armazenamento dos gases.

14. PLANO DE RESPOSTA A EMERGÊNCIAS DA INSTALAÇÃO

O empregador deve elaborar e implementar Plano de Resposta a Emergências que contemple ações específicas a serem adotadas na ocorrência de vazamentos ou derramamentos de inflamáveis e líquidos combustíveis, incêndios ou explosões.

O plano de resposta a emergências das instalações Classes I, II e III deve ser elaborado de acordo com normas técnicas nacionais e, na ausência ou omissão destas, normas internacionais, bem como nas demais regulamentações pertinentes e considerando as características e a complexidade da instalação, contendo, no mínimo:

a) referência técnico-normativa utilizada;

b) nome e função do(s) responsável(eis) técnico(s) pela elaboração e revisão do plano;

c) estabelecimento dos possíveis cenários de emergências, com base nas análises de riscos;

d) procedimentos de resposta à emergência para cada cenário contemplado;

e) cronograma, metodologia e registros de realização de exercícios simulados.

Caso os resultados das análises de riscos indiquem a possibilidade de ocorrência de acidente ampliado, ou seja, aquele cujas consequências ultrapassem os limites da instalação, o empregador deve incorporar no plano de emergência ações que visem **à proteção da comunidade circunvizinha, estabelecendo mecanismos de comunicação e alerta, de isolamento da área atingida e de acionamento das autoridades públicas.**

Os exercícios simulados devem reproduzir da forma mais realista possível o cenário de acidente, durante o qual é testada a eficiência do plano de respostas a emergências, com foco nos procedimentos, na capacitação da equipe, na funcionalidade das instalações e dos equipamentos, entre outros aspectos. Devem ser realizados durante o horário de trabalho, com periodicidade mínima **anual**. Esta periodicidade pode ser reduzida em função de falhas detectadas ou se assim recomendar a análise de riscos.

O Plano de Resposta e Emergências deve ser avaliado após a realização dos exercícios simulados e também na ocorrência de situações reais, com o objetivo de testar sua eficácia, detectar possíveis falhas e proceder aos ajustes necessários.

14.1 Equipe de respostas a emergências

A participação do trabalhador nas equipes de resposta a emergências é **voluntária**, salvo nos casos em que a natureza da função assim o determine.

Os integrantes da equipe de resposta a emergências devem ser submetidos a exames médicos específicos para a função que irão desempenhar, incluindo os fatores de riscos psicossociais, com a emissão do respectivo atestado de saúde ocupacional. Riscos psicossociais são um conjunto de fatores que têm influência na saúde mental dos trabalhadores, provocada pelas tensões da vida diária, pressão do trabalho e outros fatores adversos.

15. TANQUE DE LÍQUIDOS INFLAMÁVEIS NO INTERIOR DE EDIFÍCIOS

Para fins da NR20, considera-se *edifício* a construção com pavimentos, com finalidade de abrigar atividades humanas, e não destinada ao desenvolvimento de atividades industriais.

Os tanques para armazenamento de líquidos inflamáveis, em regra, somente poderão ser instalados no interior dos edifícios sob a forma de **tanque enterrado** e destinados somente a óleo diesel e biodiesel. São exceções a esta regra os tanques de superfície para consumo de óleo diesel e biodiesel destinados à alimentação de motores utilizados para a geração de energia elétrica em situações de emergência, para assegurar a continuidade

• SEGURANÇA E SAÚDE NO TRABALHO COM INFLAMÁVEIS E COMBUSTÍVEIS | 565

operacional ou para o funcionamento das bombas de pressurização da rede de água para combate a incêndios, nos casos em que seja comprovada a impossibilidade de instalá-lo enterrado ou fora da projeção horizontal do edifício.

A instalação do tanque no interior do edifício deve ser precedida de Projeto e de Análise Preliminar de Perigos/Riscos (APP/APR), ambos elaborados por profissional habilitado, contemplando os aspectos de segurança, saúde e meio ambiente previstos nas NRs, normas técnicas nacionais e, na ausência ou omissão destas, nas normas internacionais, bem como nas demais regulamentações pertinentes, e deve obedecer aos critérios descritos a seguir:

Quanto à localização

- Localizar-se no pavimento térreo, subsolo ou pilotis, em área exclusivamente destinada para tal fim;
- Localizar-se de forma a não bloquear, em caso de emergência, o acesso às saídas de emergência e aos sistemas de segurança contra incêndio;
- Ser abrigado em recinto interno fechado por paredes resistentes ao fogo por no mínimo 2 (duas) horas e porta do tipo corta-fogo.

Quanto aos aspectos construtivos

- Dispor de sistema de contenção de vazamentos;
- Ser construído de material metálico.

Quanto à capacidade

- Possuir volume total de armazenagem de no máximo 5.000 (cinco mil) litros, em cada tanque e por recinto, bem como 10.000 (dez mil) litros por edifício, sendo este limite aplicável a cada edifício, independentemente da existência de interligação entre edifícios por meio de garagens, passarelas, túneis, entre outros[19].

Quanto à segurança

- Possuir sistemas automáticos de detecção e combate a incêndios, bem como saídas de emergência dimensionadas conforme normas técnicas;
- Possuir aprovação pela autoridade competente;
- Ser protegidos contra danos físicos e da proximidade de equipamentos ou dutos geradores de calor;
- Deve ser avaliada a necessidade de proteção contra vibração e danos físicos no sistema de interligação entre o tanque e o gerador.

A estrutura da edificação deve ser protegida para suportar um eventual incêndio originado nos locais que abrigam os tanques.

Devem ser adotadas as medidas necessárias para garantir a ventilação dos tanques para alívio de pressão, bem como para a operação segura de abastecimento e destinação dos gases produzidos pelos motores à combustão.

---

[19] Exceto para tanques acoplados à estrutura do gerador.

566 | SEGURANÇA E SAÚDE NO TRABALHO – *Mara Queiroga Camisassa*

16. COMUNICAÇÃO DE OCORRÊNCIAS

As ocorrências como vazamento, incêndio ou explosão que envolvam inflamáveis e líquidos combustíveis e que tenham como consequência qualquer das possibilidades a seguir:

- morte de trabalhador(es);
- ferimentos em decorrência de explosão e/ou queimaduras de 2.º ou 3.º grau com necessidade de internação hospitalar; e
- acionamento do plano de resposta a emergências que tenha requerido medidas de intervenção e controle de grande magnitude,

deverão ser comunicadas até o segundo dia após a ocorrência:

- à unidade descentralizada do Sistema Federal de Inspeção do Trabalho;
- ao sindicato da categoria **profissional predominante** no estabelecimento.

O empregador deve elaborar relatório de investigação e análise da ocorrência contendo as causas básicas e medidas preventivas adotadas, e mantê-lo no local de trabalho à disposição da autoridade competente, dos trabalhadores e seus representantes.

NR 21 TRABALHO A CÉU ABERTO

Classificação: Norma Especial
Última atualização: Portaria GM 2.037, de 15 de dezembro de 1999

1. INTRODUÇÃO

A NR21 trata da proteção dos trabalhadores que exercem atividades a céu aberto. Nessas atividades, é obrigatória a existência de abrigos, ainda que rústicos, capazes de proteger os trabalhadores contra o sol, chuva, ventos. O empregador deve adotar medidas que protejam os trabalhadores contra a insolação excessiva, o calor, o frio, a umidade e os ventos inconvenientes. Para os trabalhos realizados em regiões pantanosas ou alagadiças, serão imperativas as medidas de profilaxia de endemias, de acordo com as normas de saúde pública.

2. ALOJAMENTOS E MORADIAS

Os alojamentos, disponibilizados para os trabalhadores que residirem no local do trabalho, devem apresentar adequadas condições sanitárias. É **vedada**, em qualquer hipótese, a moradia **coletiva** da família. As moradias devem atender aos seguintes requisitos:

a) capacidade dimensionada de acordo com o número de moradores;

b) ventilação e luz direta suficiente;

c) as paredes devem ser caiadas e os pisos construídos de material impermeável.

As casas de moradia devem ser construídas em locais arejados, livres de vegetação e afastadas no mínimo 50 metros dos depósitos de feno ou estercos, currais, estábulos, pocilgas e quaisquer viveiros de criação.

A cobertura será sempre feita de material impermeável, imputrescível e não combustível.

Toda moradia disporá de, pelo menos, um dormitório, uma cozinha e um compartimento sanitário.

As fossas negras deverão estar, no mínimo, a 15 metros do poço e a 10 metros da casa, em lugar livre de enchentes e a **jusante** (e não a montante) do poço. Fossas negras são aquelas que não estão interligadas ao sistema de saneamento.

Os locais destinados às privadas devem ser arejados, com ventilação abundante, mantidos limpos, em boas condições sanitárias e devidamente protegidos contra a proliferação de insetos, ratos, animais e pragas.

NR 22 SEGURANÇA E SAÚDE OCUPACIONAL NA MINERAÇÃO

Classificação: Norma Setorial
Última atualização: Portaria MTP 4.219, de 20 de dezembro de 2022

1. INTRODUÇÃO

Mineração é a atividade dedicada à pesquisa, exploração, extração e beneficiamento de minerais existentes nas rochas e/ou nos solos. Dependendo do mineral a ser extraído, a atividade poderá ser realizada a céu aberto ou no subsolo. A maior parte da extração mineral brasileira é feita a céu aberto, sendo pequena a quantidade de minas subterrâneas.

De acordo com o Decreto 6.481, de 12.06.2008, que trata da proibição das piores formas de trabalho infantil, a atividade em escavações, subterrâneos, pedreiras, garimpos, minas em subsolo e a céu aberto é **proibida** aos menores de 18 anos, salvo nas hipóteses previstas no próprio Decreto.

A NR22 foi uma das primeiras 28 NRs publicadas em 1978. Em 1999, a redação original foi alterada com a inclusão de novas medidas de prevenção de acidentes, com destaque para:

- Inclusão do **direito de recusa** dos trabalhadores em exercer atividades em condições de risco para sua segurança e saúde ou de terceiros;
- Obrigatoriedade de elaboração do **Plano de Gerenciamento de Riscos** (PGR);
- Obrigatoriedade de constituição da **CIPA da mineração** (CIPAMIN);
- Obrigatoriedade de utilização de processos **umidificados** nas operações de perfuração ou corte, a fim de evitar a dispersão da poeira no ambiente de trabalho, como forma de prevenção da silicose[1];
- Obrigatoriedade de fornecimento ao trabalhador do subsolo de **alimentação** compatível com a natureza do trabalho, sob a orientação de **nutricionista**, na forma da legislação vigente.

Essas alterações foram resultado de negociação tripartite iniciada em dezembro de 1997. A redação até então em vigor encontrava-se completamente ultrapassada do ponto de vista técnico e não atendia ao estágio em que se encontrava a atividade minerária no Brasil. O Grupo Técnico que propôs o novo texto da NR22 baseou-se em diretivas da Comunidade Europeia, na legislação da Espanha, da África do Sul, na legislação de alguns estados dos Estados Unidos da América do Norte, em normas francesas, em normas de empresas de mineração brasileiras e na legislação mineral da alçada do

---

[1] Pneumoconiose causada pela exposição à poeira contendo sílica. Esse assunto foi tratado no Capítulo da NR15, item 5. Sílica Livre Cristalizada, para onde remete-se o leitor.

570 | SEGURANÇA E SAÚDE NO TRABALHO – *Mara Queiroga Camisassa*

Departamento Nacional de Produção Mineral (DNPM), autarquia federal vinculada ao Ministério das Minas e Energia[2-3].

Em 2011 houve mais uma pequena modificação nos itens relativos aos transportadores contínuos e em 2013 a norma recebeu novas alterações em alguns itens que tratam da circulação e transporte de pessoas e materiais, escadas, equipamentos de guindar e CIPA da mineração. Também foi incluído o Anexo III – Requisitos Mínimos para Utilização de Equipamentos de guindar de lança fixa.

Em 2018, em função do acidente do rompimento da barragem de Fundão, em Mariana, Minas Gerais, ocorrido em 5 de novembro de 2015, foi publicada a Portaria 1.085, de 18 de dezembro de 2018, que incluiu novas disposições relativas às barragens de rejeitos. Em 2019, novo acidente de rompimento de barragem, desta vez em Brumadinho, também em Minas Gerais, levou à nova alteração da norma, relativa a áreas de vivência.

2. TERMOS TÉCNICOS

A atividade de mineração possui vários termos técnicos utilizados pela NR22. Como essa norma não possui um glossário, apresento uma lista em ordem alfabética dos principais termos utilizados a fim de facilitar sua leitura.

Abatimento de choco: Operação **manual** para retirada de camadas de rochas instáveis nos tetos e/ou paredes em **minas subterrâneas**, com a utilização de hastes apropriadas e/ou por meio de processos mecanizados; quando realizado manualmente, o abatimento de choco é uma atividade que, além de demandar excessivo esforço físico, é extremamente perigosa pelo risco de desmoronamento de blocos instáveis (no teto ou nas paredes laterais das galerias), sobre os trabalhadores, durante o abatimento. As hastes de abater choco devem ser, levando-se em conta a segurança da operação, ergonomicamente compatíveis com o trabalho a ser realizado, tendo comprimento e resistência suficientes e peso o menor possível para não gerar sobrecarga muscular excessiva. Nos últimos anos a operação manual de abatimento de choco vem sendo substituída por processos mecanizados, com o uso de um equipamento chamado *scaler*. Apesar da redução do esforço físico, a utilização desse equipamento não eliminou o risco de acidentes, como a exposição dos trabalhadores a agentes nocivos presentes na atividade de mineração e ao próprio risco de desmoronamento do maciço ou de parte dele.

Beneficiamento: Para fins da NR22, considera-se "mineral" toda substância sólida existente na natureza e da qual seja retirada para produção ou extração de um produto comercializável. Beneficiamento mineral consiste em tratamento dos minérios visando a preparar granulometricamente, purificar ou enriquecer minérios, por métodos físicos ou químicos sem alteração da sua constituição química[4].

Blocos instáveis: Constituídos geralmente de blocos de rocha maiores que o choco (ver definição a seguir). Em algumas situações os blocos instáveis não são passíveis de abatimento, sendo necessário seu tratamento adequado, seja por meio de escoramento

---

[2] FARIA, Mário Parreiras. *Manual de Segurança e Saúde no Setor Mineral para Auditores Fiscais do Trabalho.* DSST, 2011.

[3] Atual Agência Nacional de Mineração (ANM), autarquia federal, vinculada ao Ministério de Minas e Energia, responsável pela gestão da atividade de mineração e dos recursos minerais brasileiros, exceto hidrocarbonetos e substâncias nucleares.

[4] FILGUEIRAS, Vitor Araújo (Org.). *Saúde e Segurança do Trabalho no Brasil.* Brasília: Ministério Público do Trabalho, 2017.

ou fixação adequada e segura de forma a eliminar o risco de sua queda sobre trabalhadores e equipamentos.

Choco: Blocos de rochas instáveis que surgem após detonações ou decorrentes de falhas geológicas. Segundo o Auditor Fiscal e Médico do Trabalho Dr. Mário Parreiras, os chocos são fragmentos desarticulados de rochas localizados nos tetos e laterais das galerias de minas subterrâneas com risco de queda. São originados de movimentações do maciço rochoso, que ocorrem de forma natural ou provocada por detonações e movimentações de máquinas e equipamentos em geral. Os chocos constituem grande risco, visto que, se não abatidos (derrubados ou retirados), podem cair sobre trabalhadores, máquinas e equipamentos, sendo uma das maiores causas de acidentes em minas subterrâneas. O nome "choco" provém do ruído "choco" produzido quando se bate na rocha desarticulada com instrumento, geralmente metálico. Os chocos devem ser abatidos (retirados) tão logo sejam identificados.

Deflagração e detonação: Tanto a deflagração quanto a detonação são processos explosivos para detonação de rochas, que consistem em introduzir no maciço rochoso, por meio de furos, uma quantidade predeterminada de explosivos que permita o fraturamento da rocha.

Deflagração: A deflagração é uma combustão (oxidação) muito rápida, com velocidade crescente.

Detonação: Na detonação, a oxidação ocorre com alta velocidade, porém constante, liberando o máximo da energia do explosivo; exemplos de explosivos detonantes: dinamite e nitrato de amônia.

Estéril: Rocha ou solo que ocorre dentro do corpo de minério ou externamente ao mesmo, **sem valor econômico**, que é extraído na operação de lavra para aproveitamento do minério. Dependendo da quantidade, o estéril pode tornar o custo da exploração do minério muito alto e até inviabilizar a mina ou partes da mina (minério = mineral + estéril).

Fundo de saco: Constituem áreas de galerias em minas subterrâneas que ainda não se comunicaram com outras galerias, tendo, portanto, apenas um único caminho de acesso, o que implica maiores riscos e precariedade de ventilação.

Galerias: As galerias são as áreas de trânsito de equipamentos e pessoas e que dão acesso às áreas de lavra em minas subterrâneas.

Garimpagem ou garimpo: Atividade de extração mineral manual ou artesanal, ou, em alguns casos, parcialmente mecanizada. Segundo o art. 70 do Código de Mineração, Decreto-lei 227/1967, a garimpagem é "o trabalho individual de quem utiliza instrumentos rudimentares, aparelhos manuais ou máquinas simples e portáteis, na extração de pedras preciosas, semipreciosas e minerais metálicos ou não metálicos, valiosos, em depósitos de eluvião ou aluvião, nos álveos de cursos d'água ou nas margens reservadas, bem como nos depósitos secundários ou chapadas (grupiaras), vertentes e altos de morros, depósitos esses genericamente denominados garimpos". Garimpo é o local onde é exercida a atividade de garimpagem.

Garimpo fundo de saco: Tipo de garimpo onde apenas uma galeria conecta o interior e o exterior (há apenas uma galeria ou túnel de entrada e saída), e que serve de meio tanto para renovação do ar como para deslocamento dos trabalhadores, equipamentos e materiais.

Grisutosa (mina): Mina de carvão na qual existe a possibilidade de formação de atmosfera explosiva em virtude da geração de um gás inflamável chamado *grisu*, formado principalmente por metano.

Jazida: Conforme definição do art. 4.º do Código de Mineração, jazida é toda massa individualizada de substância mineral ou fóssil, aflorando à superfície ou existente no interior da terra, e que tenha valor econômico.

Lavra: Atividade de exploração de minério; a lavra pode ser subterrânea ou a céu aberto. Segundo o Código de Mineração, art. 36, a lavra é "o conjunto de operações coordenadas objetivando o aproveitamento industrial da jazida, desde a extração de substâncias minerais úteis que contiver, até o beneficiamento das mesmas". A atividade da lavra consiste na escavação e remoção do minério existente na jazida. O que define a escolha de um método ou outro (subterrâneo ou a céu aberto) é a quantidade de material estéril sobrejacente ao minério e que deve ser removido para possibilitar o acesso a ele.

Leira: Elevação de terra ao longo das vias de trânsito de veículos, nas minas a céu aberto, construídas com o objetivo de protegê-los contra queda.

Maciço desarticulado: Formação constituída de grande volume de rocha instável, com grande risco de desabamento, que deve ser eliminado por meio de sua contenção eficaz.

Maciço rochoso: formação geológica constituída por rochas.

Minas: Segundo o art. 1 da Convenção 176 da OIT – Convenção sobre Segurança e Saúde nas Minas, ratificada pelo Brasil em 2006, o termo "minas" abrange:

a) áreas de superfície ou subterrâneas nas quais se desenvolvem especialmente as seguintes atividades:

   i. exploração de minerais, com exceção do gás e do petróleo, que envolva alteração do solo por meios mecânicos;

   ii. extração de minerais, com exceção do gás e do petróleo;

   iii. preparação do material extraído, inclusive esmagamento, trituração, moagem, concentração ou lavagem;

b) toda máquina, equipamento, acessório, instalação, edifício e estrutura de engenharia civil utilizados com relação às atividades a que se refere o item a) anterior.

São considerados como parte integrante da mina todo edifício, construção, depósitos de materiais, pilhas de minério, estéril ou rejeitos, bacias ou barragens e utilizados para qualquer fim necessário ao aproveitamento mineral ou posterior tratamento dos produtos e materiais de descarga que saiam da mina.

Mineração subterrânea (lavra subterrânea): Forma de exploração e extração adotada quando os depósitos minerais são profundos e a remoção do material que os recobre é difícil e dispendiosa. Apresenta alto custo e maior risco de acidentes graves.

Mineração a céu aberto (lavra a céu aberto): Forma de exploração e extração adotada quando os depósitos minerais estão na superfície do solo ou a pouca profundidade.

Permissionário de lavra garimpeira: Garimpeiro, pessoa física de nacionalidade brasileira ou cooperativa de garimpeiros ao(s) qual(is) é outorgada permissão para atuar diretamente no processo da extração de substâncias minerais garimpáveis.

O regime de Permissão de Lavra Garimpeira foi instituído pela Lei 7.805, de 18 de julho de 1989. Segundo o parágrafo único do art. 1.º da citada Lei, "o regime de lavra garimpeira é o aproveitamento imediato do jazimento mineral que, por sua natureza,

NR 22 • SEGURANÇA E SAÚDE OCUPACIONAL NA MINERAÇÃO | 573

dimensão, localização e utilização econômica, possa ser lavrado, independentemente de prévios trabalhos de pesquisa, segundo critérios fixados pelo DNPM". A permissão de lavra garimpeira é outorgada pelo Diretor-Geral do DNPM, que regula, mediante portaria, o respectivo procedimento para habilitação e dependerá de prévio licenciamento ambiental concedido pelo órgão ambiental competente. Ressalte-se que o PLG é o empregador para fim de responsabilidade na aplicação da NR22.

Pesquisa mineral: O termo pesquisa mineral, conforme o art. 14 do Código de Mineração, abrange a execução dos trabalhos necessários à definição da jazida, sua avaliação e a determinação da exequibilidade do seu aproveitamento econômico, compreendendo, entre outros, os seguintes trabalhos de campo e laboratório:

- a) levantamentos geológicos pormenorizados da área a pesquisar, em escala conveniente;
- b) estudos dos afloramentos e suas correlações;
- c) levantamentos geofísicos e geoquímicos;
- d) aberturas e escavações visitáveis e execução de sondagens no corpo mineral;
- e) amostragens sistemáticas;
- f) análises físicas e químicas das amostras e dos testemunhos de sondagens; e
- g) ensaios de beneficiamento dos minérios ou das substâncias minerais úteis, para obtenção de concentrado de acordo com as especificações do mercado ou aproveitamento industrial.

Rejeito: produto da lavra não aproveitável economicamente.

Rocha encaixante (hospedeira): Rocha preexistente com relação a outra rocha ou outro grupo de rochas que a penetrou. A penetração de uma rocha em outra é chamada de intrusão; daí a rocha encaixante também ser chamada de rocha intrudida. A rocha encaixante é mais antiga que a rocha que a intrudiu.

3. OBJETIVO

A NR22 estabelece parâmetros para a melhoria das condições de trabalho no setor mineral, com o objetivo de reduzir a incidência de doenças e acidentes do trabalho. A norma dispõe sobre os preceitos a serem observados na organização e no ambiente de trabalho, de forma a tornar compatíveis o planejamento e o desenvolvimento da atividade minerária com a busca permanente da segurança e saúde dos trabalhadores.

4. ABRANGÊNCIA

A NR22 aplica-se às seguintes atividades **diretamente** relacionadas à exploração mineral:

- – Mineração subterrânea;
- – Mineração a céu aberto;
- – Garimpos (no que couber).

A norma também se aplica às seguintes atividades **correlatas** à exploração mineral:

- – Beneficiamento;
- – Pesquisa mineral.

A pesquisa mineral é a fase anterior à exploração e corresponde à execução dos trabalhos necessários à definição da jazida, sua avaliação e determinação da exequibilidade do seu aproveitamento econômico.

Toda mina, garimpo e atividades de beneficiamento e pesquisa mineral devem estar sob supervisão técnica de **profissional legalmente habilitado.** As atividades de supervisão técnica efetuadas por esse profissional, incluindo suas observações e intervenções propostas e realizadas, devem ser registradas em livro ou fichas próprias. Estes por sua vez devem ser mantidos no estabelecimento à disposição da fiscalização.

ABRANGÊNCIA DA NR22

5. RISCOS NA ATIVIDADE DE MINERAÇÃO

Os riscos das atividades da mineração dependem de várias condições, como tipo de mineral a ser extraído (granito, ferro, manganês, mármore, talco), formação geológica do mineral e da rocha encaixante, presença de gases, presença de água, condições estruturais da mina, equipamentos utilizados (mecanização), entre outros.

A mineração subterrânea oferece maiores riscos aos trabalhadores do que a mineração a céu aberto, principalmente pelo fato de a mina de subsolo ser um local confinado sujeito a explosões e incêndios e em muitos casos possuir sistemas precários de iluminação e ventilação, além de diversas condições insalubres, como umidade devido a locais encharcados.

Os principais riscos existentes na atividade minerária são:

- **Riscos químicos**
- Agentes químicos como sílica livre cristalizada, dispersos no ar na forma de poeiras geradas, por exemplo, durante os processos de moagem e britagem;
- Agentes químicos dispersos no ar na forma de fumos metálicos gerados por exemplo nas atividades de solda;
- Gases[5] como por exemplo o metano, principalmente em minas de carvão e potássio (risco de explosão e incêndio).

- **Riscos físicos**
- Radiações ionizantes: minerações de urânio;

---

[5] Os fatores operacionais e hidrogeológicos indicados a seguir também são fontes de geração de gases na mineração subterrânea: desmonte de rochas; apodrecimento de substâncias orgânicas; operação de equipamentos com motor a diesel; minerais com enxofre; incêndio; explosão de grisu e pó de carvão.

NR 22 • SEGURANÇA E SAÚDE OCUPACIONAL NA MINERAÇÃO | 575

- Radiações não ionizantes: atividades de solda e corte e decorrentes da exposição a radiação solar (minas a céu aberto);
- Calor: minas a céu aberto ou minas subterrâneas (nesse caso dependente do sistema de ventilação utilizado);
- Ruído: utilização de grandes equipamentos, britagem ou moagem, e atividades de perfuração com marteletes e perfuratrizes;
- Vibrações: marteletes pneumáticos e lixadeiras.

- **Riscos biológicos**
- Fungos, bactérias: condições de higiene precárias no interior das minas.

- **Riscos de acidentes**
- Queda de chocos em minas subterrâneas;
- Desmoronamentos e quedas de blocos;
- Transmissão de força das máquinas e equipamentos sem proteção;
- Queda de altura;
- Incêndio e explosão;
- Choque elétrico.

- **Riscos relacionados a fatores ergonômicos**
- Condições de trabalho: Atividades com exigência de posturas extremas – percurso de galerias com o pé-direito muito baixo, abatimento manual de chocos em minas subterrâneas, trabalhos sobre minério desmontado, trabalhos sobre máquinas e assentos inadequados de equipamentos; iluminação e ventilação deficientes, pisos irregulares, dentre outros;
- Esforço físico excessivo: quebra manual de rochas (uso de marteletes, brocas) ou abatimento manual de chocos (levantamento de hastes de abatimento de choco, geralmente extremamente pesadas) manuseio de pás e movimentação manual de vagonetas;
- Organização do trabalho: Ritmos de trabalho excessivos, jornada de trabalho excessiva, invariabilidade do trabalho, trabalhos em turnos e prorrogação de jornada de trabalho.

A CLT estabelece cuidados especiais para os trabalhadores que exercem atividades no subsolo, reproduzidos a seguir:

Art. 293. A duração normal do trabalho efetivo para os empregados em minas no subsolo não excederá de 6 (seis) horas diárias ou de 36 (trinta e seis) semanais.

Art. 294. O tempo despendido pelo empregado da boca da mina ao local do trabalho e vice-versa será computado para o efeito de pagamento do salário.

Art. 295. A duração normal do trabalho efetivo no subsolo poderá ser elevada até 8 (oito) horas diárias ou 48 (quarenta e oito) semanais, mediante acordo escrito entre empregado e empregador ou contrato coletivo de trabalho, sujeita essa prorrogação à prévia licença da autoridade competente em matéria de higiene do trabalho.

Parágrafo único. A duração normal do trabalho efetivo no subsolo poderá ser inferior a 6 (seis) horas diárias, por determinação da autoridade de que trata esse artigo, tendo em vista condições locais de insalubridade e os métodos e processos do trabalho adotado.

576 | SEGURANÇA E SAÚDE NO TRABALHO – *Mara Queiroga Camisassa*

Art. 298. Em cada período de 3 (três) horas consecutivas de trabalho, será obrigatória uma pausa de 15 (quinze) minutos para repouso, a qual será computada na duração normal de trabalho efetivo.

Art. 301. Trabalho permitido a homens: O trabalho no subsolo somente será permitido a homens, com idade compreendida entre 21 (vinte e um) e 50 (cinquenta) anos [...].

Saiba mais

Trabalho da Mulher – Minas de subsolo

Comentário ao art. 301 da CLT

Considerando que o ordenamento jurídico é um todo unitário, sem incompatibilidades, convido o leitor a fazer uma interpretação sistemática entre art. 301 da CLT, o Decreto 6.481/2008 e a Constituição da República Federativa do Brasil de 1988, art. 5.º, inciso I, e art. 7.º, XXXIII, no que se refere à restrição do trabalho em subsolo somente para homens. A interpretação sistemática impede que as normas jurídicas sejam interpretadas de modo isolado, exigindo que todo o conjunto seja analisado simultaneamente:

O art. 5.º, I, da Constituição da República Federativa do Brasil de 1988 determina que "homens e mulheres são iguais em direitos e obrigações, nos termos desta Constituição".

Já o inciso XXXIII do art. 7.º proíbe o trabalho noturno, perigoso ou insalubre a menores de 18 e de qualquer trabalho a menores de 16 anos, salvo na condição de aprendiz, a partir de 14 anos.

O Decreto 6.481/2008 proíbe o trabalho em minas em subsolo aos menores de 18 anos.

Sendo assim, interpretando sistematicamente o ordenamento jurídico, a partir da promulgação da Constituição Federal, o trabalho em subsolo passou a ser permitido a mulheres, desde que maiores de 21 anos e menores de 50 anos, uma vez que nossa Carta Magna igualou homens e mulheres em direitos e obrigações, restando, portanto, superado o art. 301 da CLT.

---

6. PROGRAMA DE GERENCIAMENTO DE RISCOS (PGR[6])

O Programa de Gerenciamento de Riscos (PGR) é um documento que deverá contemplar ações para eliminar ou controlar os riscos existentes nas diversas fases da atividade minerária. Esse programa também deve abranger todos os aspectos relacionados às avaliações dos riscos para a segurança e saúde dos trabalhadores e indicar as medidas de eliminação, controle ou redução dos riscos identificados e o cronograma de sua implantação. O PGR deve ser elaborado pela empresa ou Permissionário da Lavra Garimpeira e é um dos principais documentos a ser analisado durante uma auditoria em empresa de mineração.

6.1 Conteúdo mínimo do PGR

- Riscos ambientais: agentes químicos, físicos e biológicos;
- Riscos de incêndio e explosão: atmosferas explosivas, deficiências de oxigênio, ventilação;
- Riscos de acidentes: decorrentes do trabalho em altura, em profundidade e em espaços confinados, da utilização de energia elétrica, máquinas, equipamentos, veículos e trabalhos manuais, instabilidade do maciço;
- Riscos ergonômicos: ergonomia e organização do trabalho;

---

[6] Até a data de fechamento desta edição, o texto da NR22 ainda não havia sido harmonizado com a NR1 – Disposições Gerais e Gerenciamento de Riscos Ocupacionais.

- Proteção respiratória, em conformidade com o Capítulo II da Portaria MTP 672/2021;
- Investigação e análise de acidentes do trabalho e Plano de Emergência;
- Equipamentos de proteção individual;
- Outros resultantes da introdução de novas tecnologias.

O PGR, suas alterações e complementações deverão ser apresentados e discutidos na CIPAMIN (CIPA da Mineração), para acompanhamento da implementação e da eficácia das medidas de controle.

6.2 Etapas do PGR

O Programa de Gerenciamento de Riscos (PGR) deve incluir as seguintes etapas:

a) antecipação e identificação de fatores de risco, levando-se em conta, inclusive, as informações do Mapa de Risco elaborado pela CIPAMIN, quando houver;
b) avaliação dos fatores de risco e da exposição dos trabalhadores;
c) estabelecimento de prioridades, metas e cronograma;
d) acompanhamento das medidas de controle implementadas;
e) monitorização da exposição aos fatores de riscos;
f) registro e manutenção dos dados por, no mínimo, **vinte anos**;
g) análise crítica do programa, pelo menos, uma vez ao ano, contemplando a evolução do cronograma, com registro das medidas de controle implantadas e programadas.

7. OBRIGAÇÕES DA EMPRESA, DO PERMISSIONÁRIO DA LAVRA GARIMPEIRA OU RESPONSÁVEL PELA MINA

Cabe à empresa, ao Permissionário de Lavra Garimpeira ou ao responsável pela mina zelar pelo estrito cumprimento da NR22, prestando as informações necessárias aos órgãos fiscalizadores e indicando os técnicos responsáveis por cada setor.

Quando os trabalhos forem realizados por empresas contratadas pela empresa ou Permissionário de Lavra Garimpeira, deverá ser indicado o responsável pelo cumprimento da NR22.

Compete também à empresa ou Permissionário de Lavra Garimpeira:

a) interromper todo e qualquer tipo de atividade que exponha os trabalhadores a condições de risco grave e iminente para sua saúde e segurança;
b) garantir a interrupção das tarefas, quando proposta pelos trabalhadores, em função da existência de risco grave e iminente, desde que confirmado o fato pelo superior hierárquico, que diligenciará as medidas cabíveis (direito de recusa); e
c) fornecer às empresas contratadas as informações sobre os riscos potenciais nas áreas em que desenvolverão suas atividades.

A empresa ou Permissionário de Lavra Garimpeira também deverá coordenar a implementação das medidas relativas à segurança e saúde dos trabalhadores das empresas contratadas e prover os meios e condições para que estas atuem em conformidade com a norma. Finalmente, como vimos anteriormente, também cabe à empresa ou Permissionário de Lavra Garimpeira elaborar e implementar o Programa de Controle Médico e Saúde Ocupacional – PCMSO (NR7) e o Programa de Gerenciamento de Riscos (PGR).

8. OBRIGAÇÕES E DIREITOS DOS TRABALHADORES

A figura a seguir apresenta de forma consolidada as obrigações e os direitos dos trabalhadores conforme o disposto nos itens 22.4 e 22.5:

OBRIGAÇÕES DOS TRABALHADORES

> Zelar pela sua segurança e saúde ou de terceiros que possam ser afetados por suas ações ou omissões no trabalho, colaborando com a empresa ou Permissionário de Lavra Garimpeira no cumprimento das disposições legais e regulamentares, inclusive normas internas

> Comunicar, imediatamente, ao seu superior hierárquico as situações que considerar representar risco para sua segurança e saúde ou de terceiros.

DIREITOS DOS TRABALHADORES

> Interromper suas tarefas sempre que constatar evidências que representem riscos graves e iminentes para sua segurança e saúde ou de terceiros, comunicando imediatamente o fato a seu superior hierárquico que diligenciará as medidas cabíveis

> Ser informados sobre os riscos existentes no local de trabalho que possam afetar sua segurança e saúde

9. TRABALHOS REALIZADOS COM, NO MÍNIMO, DOIS TRABALHADORES[7]

É proibida a execução de determinadas atividades na mineração de forma individual. Nesse sentido, a NR22 determina expressamente que as seguintes atividades devem ser realizadas com, no mínimo, dois trabalhadores:

a) No subsolo:
- Abatimento manual de choco e blocos instáveis;
- Contenção de maciço desarticulado;
- Perfuração manual;
- Retomada de atividades em fundo de saco[8] com extensão acima de **dez metros**;
- Carregamento de explosivos, detonação e retirada de fogos falhados[9].

b) A céu aberto:
- Carregamento de explosivos, detonação e retirada de fogos falhados.

9.1 Trabalho desacompanhado

A realização de atividades de forma individual deve estar prevista em norma interna de segurança, elaborada pela empresa ou Permissionário de Lavra Garimpeira, que deverá estabelecer os procedimentos de supervisão e controle dos locais de atividades onde se poderá trabalhar desacompanhado.

10. ORGANIZAÇÃO DOS LOCAIS DE TRABALHO

A empresa ou Permissionário de Lavra Garimpeira deverá adotar as medidas necessárias para que os locais de trabalho sejam concebidos, construídos, equipados,

---

[7] O *trabalho acompanhado* foi abordado no Capítulo da NR10, item 10, Trabalhos envolvendo alta-tensão, para o qual remete-se o leitor.

[8] Ver item 2 – Termos Técnicos, no início deste capítulo: Fundo de saco e Garimpo fundo de saco.

[9] Fogos falhados são aqueles explosivos que não detonaram durante as atividades de desmonte da rocha e que devem ser retirados utilizando equipamento apropriado não gerador de faíscas.

utilizados e mantidos de forma que os trabalhadores possam desempenhar as funções que lhes forem confiadas, eliminando ou reduzindo ao mínimo, praticável e factível, os riscos para sua segurança e saúde.

As áreas de mineração com atividades operacionais devem possuir entradas identificadas com o nome da empresa ou do Permissionário de Lavra Garimpeira, bem como sinalizados os acessos e as estradas.

Após o acidente do rompimento da barragem de rejeitos da Mina do Córrego do Feijão, em 25 de janeiro de 2019, em Brumadinho – MG, a NR22 sofreu uma importante alteração, com a publicação da Portaria 210, de 11 de abril do mesmo ano (publicada no *DOU* 12.04.2019). A partir dessa data, passaram a ser proibidos[10] a concepção, a construção, a manutenção e o funcionamento de instalações destinadas a atividades administrativas, de vivência[11-12], de saúde e de recreação da empresa ou Permissionário de Lavra Garimpeira localizadas nas áreas a jusante de barragem sujeitas a inundação em caso de rompimento. Essas situações são consideradas como risco grave e iminente à segurança dos trabalhadores e, caso sejam constatadas pela auditoria fiscal do trabalho, devem ter como consequência a interdição da instalação da empresa ou Permissionário de Lavra Garimpeira.

11. CIRCULAÇÃO E TRANSPORTE DE PESSOAS E MATERIAIS

11.1 Plano de Trânsito

Toda mina, subterrânea ou de subsolo, deve possuir Plano de Trânsito cujo objetivo é garantir a segurança do trânsito de pessoas e veículos. O Plano de Trânsito deve estabelecer regras de preferência de movimentação e distâncias mínimas entre máquinas, equipamentos e veículos compatíveis com a segurança, e velocidades permitidas, de acordo com as condições das pistas de rolamento. No caso de transporte em minas a céu aberto, devem ser observados os seguintes requisitos mínimos:

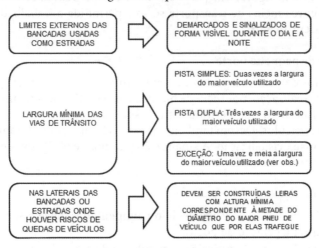

---

[10] No caso de barragens novas, essa proibição não se aplica até o momento de início do enchimento do reservatório.

[11] Consideram-se áreas de vivência: instalações sanitárias; vestiário; alojamento; local de refeições; cozinha; lavanderia; área de lazer; e ambulatório.

[12] Excetuam-se dessa proibição as instalações sanitárias essenciais aos trabalhadores que atuam nas áreas a jusante de barragem sujeitas a inundação em caso de rompimento.

SEGURANÇA E SAÚDE NO TRABALHO – Mara Queiroga Camisassa

Observação quanto à largura mínima das vias de trânsito:

Quando o plano de lavra e a natureza das atividades realizadas ou o porte da mina não permitirem a observância da largura mínima das vias de trânsito, esta poderá ser de no mínimo **uma vez e meia maior que a largura do maior veículo utilizado**, devendo existir baias intercaladas para o estacionamento dos veículos e ser adotados procedimentos e sinalização adicionais para garantir o tráfego com segurança, previstos no Plano de Trânsito.

A tabela a seguir apresenta uma consolidação sobre a largura mínima das vias de trânsito, **tendo como referência a largura do maior veículo utilizado:**

Largura mínima das vias de trânsito (Minas a céu aberto)		
Pista simples	**Pista Dupla**	**Quando não pude ser observada a largura mínima anteriormente especificada**
2x	3x	1,5x

11.2 Equipamentos de transporte de materiais e pessoas

Os equipamentos de transporte de materiais ou pessoas devem possuir dispositivos de bloqueio que impeçam seu acionamento por pessoas não autorizadas.

Equipamentos de transporte sobre pneus devem possuir, em bom estado de conservação e funcionamento, faróis, luz e sinal sonoro de ré acoplado ao sistema de câmbio de marchas, buzina e sinal de indicação de mudança do sentido de deslocamento bem como espelhos retrovisores. A capacidade e a velocidade máxima de operação desses equipamentos devem figurar em placa afixada em local visível. A operação das locomotivas e de outros meios de transporte só será permitida a trabalhador **qualificado, autorizado e identificado**.

11.3 Veículos de pequeno porte

Os veículos de pequeno porte que transitam em áreas de mineração a céu aberto devem possuir sinalização, por meio de **bandeira de sinalização em antena telescópica** ou de outro dispositivo que permita a sua visualização pelos operadores dos demais equipamentos e veículos. Devem também manter os faróis acesos durante todo o dia, de forma a facilitar sua visualização. A sinalização luminosa é obrigatória em condições de visibilidade adversa e à noite.

11.4 Vias de circulação

As vias de circulação de veículos, **não pavimentadas**, devem ser umidificadas de forma a minimizar a geração de poeira.

Sempre que houver **via única** para circulação de pessoal e transporte de material ou trânsito de veículo no subsolo, a galeria deverá ter a largura mínima de um metro e cinquenta centímetros além da largura do maior veículo. Nesse caso, também devem ser estabelecidas regras de circulação.

Quando o plano de lavra e a natureza das atividades não permitirem a existência da distância de segurança prevista, a cada cinquenta metros deverão ser construídas nas paredes das galerias ou rampas, aberturas para abrigo de pessoal com, no mínimo, sessenta centímetros de profundidade, dois metros de altura e um metro e cinquenta centímetros de comprimento, devidamente sinalizadas e desobstruídas.

A tabela a seguir consolida as informações anteriores sobre a largura mínima das vias de trânsito nas minas de subsolo:

LARGURA MÍNIMA DAS VIAS DE TRÂNSITO (MINAS DE SUBSOLO)	
REGRA GERAL	NA IMPOSSIBILIDADE TÉCNICA DE SE OBSERVAR A REGRA GERAL
1,50 m além da largura do maior veículo	Aberturas nas paredes, a cada cinquenta metros, com as seguintes dimensões: 0,6 x 2,0 x 1,5 m (PxAxL)

Guinchos ou vagonetas utilizados no transporte de material em planos inclinados sem vias específicas e não isoladas por barreiras para pedestres devem permanecer parados enquanto houver circulação de pessoal.

Em galerias ou rampas no subsolo, com tráfego nos dois sentidos, deve haver locais próprios para **desvios** em intervalos regulares ou dispositivo de sinalização que indique a prioridade de fluxo, de tal forma que não ocorra o tráfego simultâneo em sentidos contrários. Esses locais são aberturas nas paredes que permitem manobras de forma a liberar a via para o veículo que trafega em sentido contrário.

11.5 Transporte de trabalhadores

O transporte de trabalhadores em todas as áreas das minas deve ser realizado por meio de veículo adequado para transporte de pessoas, que atenda, no mínimo, aos seguintes requisitos:

a) condições seguras de tráfego;

b) assento com encosto;

c) cinto de segurança;

d) proteção contra intempéries ou contato acidental com tetos das galerias; e

e) escada para embarque e desembarque quando necessário.

É de destacar as seguintes disposições:

- Em situações em que o uso de cinto de segurança possa implicar riscos adicionais, ele será dispensado, observando-se normas internas de segurança para essas situações;
- O transporte de pessoas em máquinas ou equipamentos somente será permitido se esses forem projetados ou adaptados para tal fim, por profissional legalmente habilitado;
- A empresa ou Permissionário de Lavra Garimpeira é **corresponsável** pela segurança do transporte dos trabalhadores, caso contrate empresa prestadora de serviço para tal fim[13];
- O transporte conjunto de pessoas e materiais, tais como ferramentas, equipamentos, insumos e matéria-prima, somente será permitido em quantidades compatíveis com a segurança e quando esses estiverem acondicionados de ma-

---

[13] Conforme Lei 6.019/1974, art. 5.º-A, § 3.º – É responsabilidade da contratante garantir as condições de segurança, higiene e salubridade dos trabalhadores, quando o trabalho for realizado em suas dependências ou local previamente convencionado em contrato.

neira segura, em compartimento adequado, fechado e fixado de forma a não causar lesão aos trabalhadores.

11.6 Deslocamento do trabalhador ao subsolo

Quando o somatório das distâncias a serem percorridas **a pé** pelo trabalhador, na ida ou volta de seu local de atividade, em subsolo, for superior **a dois mil metros**, a mina deverá ser dotada de **sistema mecanizado para esse deslocamento**.

11.7 Vagonetas

É permitida a movimentação manual de vagonetas em operações de manobra, em distância **não superior a cinquenta metros** e em inclinação inferior a meio por cento, desde que a força exercida pelos trabalhadores não comprometa sua saúde e segurança.

Cada vagoneta a ser movimentada em planos inclinados deve estar ligada a um dispositivo de acoplamento principal e a um secundário de segurança. O comboio de vagonetas só poderá se movimentar estando acoplado em toda a sua extensão.

É proibido o transporte de material por meio da movimentação manual de vagonetas.

12. TRANSPORTADORES CONTÍNUOS POR MEIO DE CORREIA

Os transportadores contínuos são utilizados, por exemplo, para o transporte do minério extraído do subsolo até a superfície. O dimensionamento e a construção de transportadores contínuos devem considerar o tensionamento do sistema, de forma a garantir uma tensão adequada à segurança da operação, conforme especificado em projeto.

Nos trechos de transportadores contínuos **onde possa haver acesso rotineiro de trabalhadores** será obrigatória a existência de **dispositivo de desligamento**. A **transposição sobre** transportadores contínuos somente será permitida por meio de passarelas dotadas de guarda-corpo e rodapé.

O **trânsito sob** transportadores contínuos somente poderá ocorrer em locais protegidos contra queda de materiais. A **partida** dos transportadores deve ser permitida somente depois de vinte segundos após sinal audível ou outro sistema de comunicação que indique o seu acionamento.

Os transportadores contínuos, cuja altura do lado da carga esteja superior a dois metros do piso, devem ser dotados em toda a sua extensão de passarelas com guarda-corpo e rodapé fechado com altura mínima de vinte centímetros. Caso os transportadores, em função da natureza da operação, não possam suportar a estrutura de passarelas, deverão possuir sistema e procedimento de segurança para inspeção e manutenção.

13. ESCADAS

A transposição de poços, chaminés ou aberturas no piso deve ser realizada por meio de passarelas dotadas de guarda-corpo e rodapé. Quando os meios de acesso aos locais de trabalho possuírem inclinação maior que vinte graus, devem ser utilizadas escadas de acordo com a tabela a seguir:

Utilização de escadas de acordo com a inclinação dos meios de acesso com a horizontal

ENTRE 20° E 50°	MAIOR QUE 50°
Sistema de escadas fixas	Escada de mão
Degraus e lances uniformes	Construção rígida e fixada de modo seguro, de forma a reduzir ao mínimo os riscos de queda
Espelhos entre os degraus com altura entre dezoito e vinte centímetros	Livres de elementos soltos ou quebrados
Distância vertical entre planos ou lances no máximo de três metros e sessenta centímetros;	Distância entre degraus entre vinte e cinco e trinta centímetros
Guarda-corpo resistente e com uma altura entre noventa centímetros e um metro	Espaçamento no mínimo de dez centímetros entre o degrau e a parede ou outra obstrução atrás da escada, proporcionando apoio seguro para os pés
Piso com material antiderrapante	Instalação de plataforma de descanso com no mínimo sessenta centímetros de largura e cento e vinte centímetros de comprimento em intervalos de, no máximo, sete metros, com abertura suficiente para permitir a passagem dos trabalhadores
–	Ultrapassar a plataforma de descanso em pelo menos um metro.

Se a escada possuir inclinação maior que setenta graus com a horizontal, deverá ser dotada de gaiola de proteção[14] a partir de dois metros do piso ou outro dispositivo de proteção contra quedas.

14. MÁQUINAS, EQUIPAMENTOS, FERRAMENTAS E INSTALAÇÕES

Todos os equipamentos, máquinas, instalações elétricas e auxiliares devem ser projetados, montados, operados e mantidos em conformidade com as normas técnicas vigentes e as instruções dos fabricantes e as melhorias realizadas por profissional habilitado.

As máquinas e equipamentos devem ter dispositivos de acionamento e parada instalados de modo que:

a) sejam acionados ou desligados pelo operador na sua posição de trabalho;

b) não se localizem na zona perigosa da máquina ou equipamento nem acarretem riscos adicionais;

c) possam ser acionados ou desligados, em caso de emergência, por outra pessoa que não seja o operador;

d) não possam ser acionados ou desligados involuntariamente pelo operador ou de qualquer outra forma acidental.

---

[14] Sobre a gaiola de proteção, vejam a nota de rodapé 26 no Capítulo da NR18.

584 | SEGURANÇA E SAÚDE NO TRABALHO – *Mara Queiroga Camisassa*

Máquinas, equipamentos, sistemas e demais instalações que funcionem automaticamente devem conter dispositivos de fácil acesso, que interrompam seu funcionamento quando necessário. As máquinas e sistemas de comando automático, uma vez paralisados, somente podem voltar a funcionar com prévia sinalização sonora de advertência. As máquinas e equipamentos de grande porte devem possuir sinal sonoro que indique o início de sua operação e inversão de seu sentido de deslocamento.

Nas operações de início de furos com marteletes pneumáticos deve ser usado dispositivo adequado para firmar a haste, sendo vedada a utilização exclusiva das mãos.

As instalações, máquinas e equipamentos, em locais com possibilidade de ocorrência de **atmosfera explosiva**, devem ser à prova de explosão, observando as especificações constantes na norma ABNT NBR IEC 60079-0 – Atmosferas explosivas Parte 0: Equipamentos – Requisitos gerais.

15. ESTABILIDADE DOS MACIÇOS

Todas as obras de mineração, no subsolo e na superfície, devem ser levantadas topograficamente e representadas em mapas e plantas, além de revistas e atualizadas periodicamente por profissional habilitado. A cada seis meses, no mínimo, devem ser realizadas medições topográficas para verificar a verticalidade das torres dos poços (por exemplo, poços dos equipamentos de transporte de materiais ou pessoas, ou ainda dos sistemas de ventilação).

As seguintes ocorrências são consideradas indicativas de situações de potencial instabilidade no maciço:

a) em minas a céu aberto:
I. fraturas ou blocos desgarrados do corpo principal nas faces dos bancos da cava e abertura de trincas no topo do banco;
II. abertura de fraturas em rochas com eventual surgimento de água;
III. feições de subsidências[15] superficiais;
IV. estruturas em taludes negativos;
V. percolação de água através de planos de fratura ou quebras mecânicas;

b) em minas subterrâneas:
I. quebras mecânicas com blocos desgarrados dos tetos ou paredes;
II. quebras mecânicas no teto, nas encaixantes ou nos pilares de sustentação;
III. surgimento de água em volume anormal durante escavação, perfuração ou após detonação;
IV. deformação acentuada nas estruturas de sustentação.

Ao se verificarem situações potenciais de instabilidade no maciço por meio de avaliações que levem em consideração as condições geotécnicas e geomecânicas do local, as atividades deverão ser imediatamente paralisadas, com afastamento dos trabalhadores da área de risco, e adotadas as medidas corretivas necessárias, que deverão ser executadas sob supervisão e por pessoal qualificado.

---

[15] Processo relativamente lento de afundamento do terreno que pode ter diversas causas, entre elas recalques devido a galerias de mineração de subsolo.

16. ABATIMENTO DE CHOCOS E BLOCOS INSTÁVEIS

Verificada a existência de blocos instáveis, estes devem ter sua área de influência isolada até que sejam tratados ou abatidos. Verificada a existência de chocos, estes devem ser abatidos **imediatamente**. O abatimento de chocos ou blocos instáveis deve ser realizado por meio de dispositivo adequado para a atividade, que deverá estar disponível em todas as frentes de trabalho. O trabalho de abatimento de choco deve ser realizado por trabalhador qualificado, observando normas de procedimentos da empresa ou Permissionário de Lavra Garimpeira. As hastes de abater choco, no caso de abatimento manual, devem ser, levando-se em conta a segurança da operação, ergonomicamente compatíveis com o trabalho a ser realizado, tendo comprimento e resistência suficientes e peso o menor possível para não gerar sobrecarga muscular excessiva. Segundo o Auditor Fiscal e Médico do Trabalho Dr. Mário Parreiras, atualmente encontram-se disponíveis no mercado hastes de material mais leves (alumínio, fibra de vidro ou de carbono) com ponta intercambiável de aço, o que reduz o peso e, consequentemente, o esforço requerido na tarefa.

17. PROTEÇÃO CONTRA POEIRA MINERAL

A poeira é uma das formas de apresentação de agentes químicos que representa maior risco na indústria da mineração.

As obrigações estabelecidas pela NR22 buscam fornecer subsídios para que as empresas estabeleçam um programa consistente e eficaz de prevenção das diversas doenças ocupacionais causadas pela exposição à poeira, entre elas, a silicose. A norma determina que, nos locais onde haja geração de poeiras na superfície ou no subsolo, a empresa ou Permissionário de Lavra Garimpeira deverá realizar o monitoramento periódico da exposição dos trabalhadores, por meio de grupos homogêneos de exposição, com o registro dos dados. Estabelece, ainda, o número de trabalhadores a serem amostrados em função da quantidade de trabalhadores que compõem o Grupo Homogêneo de Exposição (GHE)[16].

O Grupo Homogêneo de Exposição corresponde a um conjunto de trabalhadores, que experimentam exposição semelhante, de forma que o resultado fornecido pela avaliação da exposição de qualquer trabalhador do grupo seja representativo da exposição do restante dos trabalhadores do mesmo grupo. Quando ultrapassados os limites de tolerância à exposição a poeiras minerais (conforme o disposto no Anexo 12 da NR15), devem ser adotadas medidas técnicas e administrativas que reduzam, eliminem ou neutralizem seus efeitos sobre a saúde dos trabalhadores, considerados os níveis de ação estabelecidos.

Ademais, em toda mina deve estar disponível água em condições de uso, com o propósito de controle da geração de poeiras nos postos de trabalho, onde rocha ou minério estiver sendo perfurado, cortado, detonado, carregado, descarregado ou transportado (ver item a seguir).

---

16 Até a data de publicação desta edição a NR22 ainda mantinha a expressão Grupo Homogêneo de Exposição, e não Grupo de Exposição Similar (GES). Entende-se que esta última é a expressão correta, uma vez que a palavra "homogêneo" pode dar a impressão de igualdade de exposição, o que não é necessariamente verdade, pois as exposições podem ser similares, mas não homogêneas.

17.1 Umidificação

A umidificação é uma medida de proteção coletiva que deve ser implantada nos locais onde há geração de poeira.

Na mineração, as operações de **perfuração e corte** são as principais fontes geradoras de poeira, e, por esse motivo, a norma determina que tais operações devem ser realizadas utilizando-se processos umidificados para evitar sua dispersão no ambiente de trabalho. Caso haja impedimento de umidificação, em função das características mineralógicas da rocha, impossibilidade técnica ou quando a água acarretar riscos adicionais deverão ser utilizados outros dispositivos ou técnicas de controle que impeçam a dispersão da poeira no ambiente de trabalho.

Nos locais onde existam equipamentos geradores de poeira com exposição dos trabalhadores, devem-se empregar dispositivos para sua eliminação ou redução. Tais equipamentos devem ser mantidos em condições operacionais de uso. As superfícies de máquinas, instalações e pisos dos locais de trânsito de pessoas e equipamentos devem ser periodicamente umidificados ou limpos, de forma a impedir a dispersão de poeira no ambiente de trabalho.

18. PLANO DE FOGO

O desmonte de uma rocha tem por objetivo sua fragmentação. Nos casos em que esse desmonte utilizar explosivos, deverá ser elaborado, por profissional legalmente habilitado, um documento chamado Plano de Fogo, cuja principal função é orientar os procedimentos de desmonte. Nesse documento devem constar:

a) disposição e profundidade dos furos;
b) quantidade de explosivos;
c) tipos de explosivos e acessórios utilizados;
d) sequência das detonações;
e) razão de carregamento;
f) volume desmontado; e
g) tempo mínimo de retorno após a detonação.

O profissional responsável pela supervisão ou execução do Plano de Fogo, operações de detonação e atividades correlatas é chamado Encarregado do Fogo (blaster). É de destacar que a detonação de explosivos gera gases tóxicos, e por esse motivo o retorno ou reinício dos trabalhos à frente detonada só deve ser permitido com autorização do Encarregado do Fogo, após verificação da dissipação dos gases e poeiras, observando-se o tempo mínimo de retorno determinado pelo Plano de Fogo, além da marcação e eliminação dos fogos falhados.

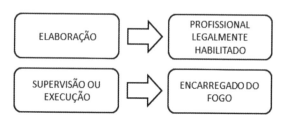

19. PROTEÇÃO CONTRA INCÊNDIOS E EXPLOSÕES ACIDENTAIS

Em minas de carvão, o gás metano é um dos agentes químicos mais perigosos, em virtude de suas características de inflamabilidade e explosividade ao se misturar com o ar. O metano em mistura com o ar na proporção de 5% a 15% torna-se altamente explosivo, bastando o contato com uma fonte de ignição para que ocorra uma explosão, podendo gerar incêndios. O metano retido sob pressão na camada de carvão e da rocha encaixante é liberado durante a exploração do carvão.

Segundo o Anexo 11 da NR15, o metano é classificado como "Asfixiante Simples", o que significa que, nos ambientes onde esse agente estiver presente, a concentração mínima de oxigênio deverá ser 18% em volume. As situações nas quais a concentração de oxigênio estiver abaixo desse valor serão consideradas de risco grave e iminente. Por esse motivo, a NR22 determina expressamente os procedimentos a serem adotados de acordo com a concentração do gás metano no ambiente de trabalho, conforme mostra a figura a seguir (itens 22.28.2 e 22.28.3):

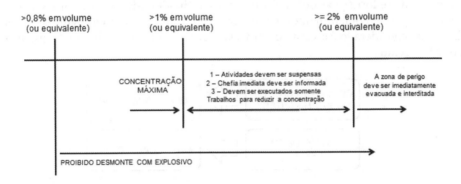

20. VENTILAÇÃO

Um dos maiores desafios da lavra em subsolo é a manutenção da qualidade do ar subterrâneo. Já na segunda metade do século XVI, Georgius Agrícola, em seu livro *De Re-Mettalica*, chamava a atenção para a importância da ventilação nessas atividades. Atualmente, os veículos movidos a diesel têm sido bastante usados na mecanização das atividades operacionais de lavra em subsolo. A utilização desses equipamentos insere novos riscos a essas atividades, relacionados aos gases da combustão do diesel, comprometendo ainda mais a qualidade do ar caso não sejam implementados sistemas de ventilação adequados.

Segundo o item 22.11.7, no subsolo, os motores de combustão interna utilizados só podem ser movidos a óleo diesel e respeitando as seguintes condições:

   a) existir **sistema eficaz de ventilação** em todos os locais de seu funcionamento;
   b) possuir **sistemas de filtragem do ar aspirado pelo motor**, com sistemas de resfriamento e de lavagem de gás de exaustão ou catalisador;
   c) possuir **sistema de prevenção de chamas e faíscas do ar exaurido pelo motor**, em minas com emanações de gases explosivos ou no transporte de explosivos;

d) executar programa de **amostragem periódica** do ar exaurido, em **intervalos que não excedam um mês, nos pontos mais representativos da área afetada**, e de gases de exaustão dos motores; em intervalos que não excedam três meses, realizados em condições de carga plena e sem carga, devendo ser amostrados pelo menos gases nitrosos, monóxido de carbono e dióxido de enxofre.

No caso de minas com ocorrência de gases tóxicos, explosivos ou inflamáveis, ou de minas grisutosas, o **controle da concentração dos gases deve ser feito a cada turno**, nas frentes de trabalho em operação e nos pontos importantes da ventilação.

Todas as frentes de trabalho, em desenvolvimento e lavra, devem ser ventiladas por uma corrente de ar que previna a exposição dos trabalhadores a contaminantes em concentração acima dos limites de tolerância legais. Os limites a serem observados são aqueles dispostos na NR15 – Atividades e Operações Insalubres. Para adoção de medidas de controle deve ser observado o disposto na NR9 – Avaliação e controle das exposições ocupacionais a agentes físicos, químicos e biológicos.

Entretanto, não basta que a **qualidade** do ar esteja em níveis aceitáveis, é preciso também que se forneça ar de qualidade em **quantidades adequadas**. Por isso, além da concentração de contaminantes, parâmetro para avaliação da **qualidade** do ar, outro fator a ser considerado é a **vazão do ar fresco**, parâmetro para avaliação da **quantidade de ar** fornecido.

Regra geral, a **quantidade** do ar fresco nas frentes de trabalho deve ser de, no mínimo, dois metros cúbicos por minuto por pessoa (2m³/min/pessoa). Já nas minas de carvão, em razão da possibilidade aumentada da formação de atmosfera explosiva em função da geração de metano, a vazão de ar para cada frente de trabalho deve ser de, no mínimo, seis metros cúbicos por minuto por pessoa (6m³/min/pessoa).

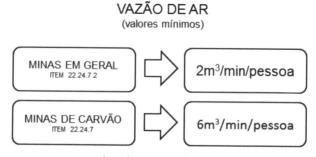

Outros fatores a serem considerados para a determinação da vazão de ar fresco são a qualidade do diesel utilizado em função do teor de enxofre nele presente e o respectivo motor no qual esse combustível será usado.

21. DEPOSIÇÃO DE ESTÉRIL, REJEITOS E PRODUTOS

Os depósitos de estéril, rejeitos e produtos devem ser construídos e mantidos sob supervisão de profissional legalmente habilitado.

Os depósitos de substâncias **sólidas** devem possuir estudos[17] hidrogeológicos e pluviométricos regionais e dispor de monitoramento da percolação de água, do lençol freático e da movimentação e da estabilidade dos maciços.

Os depósitos de substâncias **líquidas** em barragens de mineração e bacias de decantação devem possuir estudos[18] hidrogeológicos, pluviométricos e sismológicos regionais e dispor de monitoramento da percolação de água, do lençol freático e da movimentação e da estabilidade dos maciços. Esse monitoramento é feito por meio da utilização de diversos equipamentos, como piezômetros e indicadores de nível d'água, responsáveis pela indicação dos valores da poropressão gerada pela carga hidráulica, em pontos estratégicos da barragem, fator este condicionante para sua estabilidade. Outros instrumentos não menos importantes, como pluviômetros, régua do reservatório, inclinômetros e medidores de vazão, auxiliam na interpretação dos anteriores. A periodicidade da monitoração dessa instrumentação e os respectivos níveis de segurança[19] serão definidos em um documento chamado Carta de Risco. Cada barragem tem sua própria Carta de Risco.

Empresas com barragens inseridas na Política Nacional de Segurança de Barragens devem manter à disposição do SESMT, da representação sindical profissional da categoria preponderante e da fiscalização do Ministério do Trabalho o Plano de Segurança de Barragens, incluindo o Plano de Ação de Emergência para Barragens de Mineração (PAEBM), quando exigível. Devem também enviar semestralmente cópia da Declaração de Condição de Estabilidade ao SESMT.

A empresa deve informar ao SESMT, à representação sindical profissional da categoria preponderante e ao órgão regional os casos de anomalias que impliquem o desencadeamento de inspeção especial, conforme exigência do órgão regulador nacional.

Nas situações de risco grave e iminente de colapso de depósito de estéril, rejeitos e produtos e de ruptura de barragens de mineração, as áreas de risco devem ser evacuadas, isoladas e a evolução do processo deve ser monitorada, informando-se todo o pessoal potencialmente afetado, conforme previsto no Plano de Atendimento a Emergências – PAE.

O acesso aos depósitos de produtos, estéril, rejeitos e às barragens de mineração deve ser sinalizado e restrito ao pessoal necessário aos trabalhos ali realizados.

A estocagem definitiva ou temporária de produtos tóxicos ou perigosos deve ser realizada com segurança e de acordo com a regulamentação vigente dos órgãos competentes.

22. COMISSÃO INTERNA DE PREVENÇÃO DE ACIDENTES E DE ASSÉDIO NA MINERAÇÃO (CIPAMIN)

A NR22 estabelece critérios diferenciados daqueles previstos na NR5 para a constituição da Comissão Interna de Prevenção de Acidentes e de Assédio na Mineração,

---

[17] Estes estudos poderão ser dispensados por laudo técnico elaborado por profissional legalmente habilitado, conforme as demais legislações pertinentes.

[18] Serão dispensadas destes estudos as barragens de mineração cadastradas no órgão regulador nacional e não inseridas na Política Nacional de Segurança de Barragens.

[19] Em geral, esses níveis são: normal, atenção, alerta e emergência, sendo esta a ordem crescente da probabilidade de ruptura de uma barragem.

chamada CIPAMIN. Tais critérios permitem aos trabalhadores se organizarem de forma autônoma no local do trabalho assumindo seu papel e responsabilidades no controle dos riscos existentes nos ambientes de trabalho.

A CIPAMIN quebra o princípio da paridade consagrada na NR5, uma vez que apenas o presidente e seu suplente serão nomeados pelo empregador, sendo os demais membros eleitos pelos trabalhadores. Essa é uma diferença importante no tocante à CIPA das empresas urbanas: na CIPAMIN há apenas dois únicos representantes do empregador, que são o presidente da Comissão e seu suplente. Ou seja, na CIPAMIN não há paridade entre os representantes do empregador e dos empregados.

A norma também amplia o número de Comissões, uma vez que todas as empresas de mineração ou Permissionários de Lavra Garimpeira com 15 ou mais empregados deverão organizar e manter em regular funcionamento uma Comissão Interna de Prevenção de Acidentes e de Assédio na mineração (CIPAMIN). No caso das empresas enquadradas no Quadro I da NR5, a quantidade mínima para constituição da CIPA é de 20 empregados.

A composição da CIPAMIN deve observar o quadro apresentado a seguir:

N.º de empregados no estabelecimento	15 a 30	31 a 50	51 a 100	101 a 250	251 a 500	501 a 1.000	1.001 a 2.500	2.501 a 5.000	acima de 5.000 para cada grupo de 500 acrescentar
n.º de representantes titulares do empregador	1	1	1	1	1	1	1	1	_____
n.º de representantes suplentes do empregador	1	1	1	1	1	1	1	1	_____
n.º de representantes titulares dos empregados	1	2	3	4	5	6	9	12	4
n.º de representantes suplentes dos empregados	1	1	1	1	2	2	3	4	2

Da mesma forma que na NR5, caso o estabelecimento não se enquadre nos critérios de dimensionamento da CIPAMIN (ou seja, caso tenha menos de 15 empregados), a empresa ou permissionário da lavra deverá designar e treinar em prevenção de acidentes um representante para cumprir os objetivos da CIPAMIN. Observem que a própria redação da norma usa a palavra "representante"; esse deve ser entendido como empregado.

O empregado **designado**[20] deverá promover a participação dos trabalhadores nas ações de prevenção de acidentes e doenças profissionais.

Representatividade dos empregados

Devem ser observados critérios de forma que na composição da CIPAMIN estejam representados os setores que ofereçam maior risco (com base nos dados do PGR) ou aqueles em que haja maior número de acidentes. Para isso, a eleição dos representantes dos empregados será realizada *por área ou setor* e os empregados votarão nos inscritos **de sua área ou setor de trabalho**. Os representantes dos empregados na CIPAMIN serão por estes eleitos seguindo os procedimentos estabelecidos na NR5.

---

[20] Até a data de fechamento desta edição a NR22 ainda não havia sido harmonizada com a NR5, que alterou a nomenclatura "designado" para "nomeado" da CIPA.

Titulares e suplentes

Assumirá a condição de **titular** da CIPAMIN o candidato **mais votado na área ou setor de trabalho**. Assumirá a condição de **suplente**, dentre todos os outros candidatos, o mais votado, **desconsiderando a área ou setor de trabalho.**

Duração do mandato

Um ano, permitida uma reeleição.

Treinamento para os membros da CIPAMIN

Ministrado pelo SESMT (quando houver), entidades sindicais de empregadores ou de trabalhadores ou por profissionais que possuam conhecimentos sobre os temas abordados, escolhidos de comum acordo entre o empregador e os membros da Comissão.

Representantes do empregador

O empregador deverá indicar o Presidente da CIPAMIN e seu suplente.

Vice-Presidente da CIPAMIN

Será escolhido entre os representantes titulares dos empregados.

22.1 Atribuições da CIPAMIN

São atribuições da CIPAMIN relativas aos seguintes itens:

- **Mapa de Riscos:**
  - Elaborar o Mapa de Riscos, conforme NR5[21], encaminhando-o ao empregador e ao SESMT (quando houver): no caso de novos projetos ou alterações significativas no ambiente ou no processo de trabalho, o mapa de riscos deverá ser revisado. Nesses casos, a CIPAMIN deverá requerer do SESMT ou do empregador ciência prévia do impacto à segurança e à saúde dos trabalhadores.

- **Riscos no ambiente de trabalho:**
  - Recomendar a implementação de ações para o controle dos riscos identificados;
  - Estabelecer negociação permanente no âmbito de suas representações para a recomendação e solicitação de medidas de controle ao empregador;
  - Acompanhar a implantação das medidas de controle e do cronograma de ações estabelecido no PGR e no PCMSO;
  - Participar das inspeções periódicas dos ambientes de trabalho programadas pela empresa ou SESMT (quando houver) seguindo cronograma negociado com o empregador; e
  - Incluir temas referentes à prevenção e ao combate ao assédio sexual e a outras formas de violência no trabalho nas suas atividades e práticas.

---

[21] Como vimos no capítulo da NR5, a elaboração do Mapa de Riscos não é mais atribuição obrigatória da CIPA. Entretanto, até a data de fechamento desta edição a NR22 ainda não havia sido alterada. Para maiores informações, remeto o leitor à nota de rodapé 8 do Capítulo da NR5.

SEGURANÇA E SAÚDE NO TRABALHO – *Mara Queiroga Camisassa*

- **Acidentes de trabalho:**
  - Analisar e discutir os acidentes do trabalho e doenças profissionais ocorridos, propondo e solicitando medidas que previnam ocorrências semelhantes e orientando os demais trabalhadores quanto à sua prevenção;
  - Requisitar à empresa ou ao Permissionário de Lavra Garimpeira as cópias das Comunicações de Acidente do Trabalho (CAT) emitidas.

- **Reuniões ordinárias (mensais) e reuniões extraordinárias:**
  - Realizar reuniões mensais em local apropriado e durante o expediente normal da empresa, em obediência ao calendário anual, com lavratura das respectivas atas e nos termos da NR5 – observem que nessa nova redação não há mais a obrigatoriedade do livro de atas da CIPA;
  - Realizar reuniões extraordinárias quando da ocorrência de acidentes de trabalho fatais ou que resultem em lesões graves com perda de membro ou função orgânica ou que cause prejuízo de monta, no prazo máximo de **48 horas** após sua ocorrência.

- **Treinamento admissional:**
  - Apresentar, durante o treinamento admissional dos trabalhadores: os seus objetivos, atribuições e responsabilidades.

- **SIPATMIN**
  - Realizar, anualmente, a Semana Interna de Prevenção de Acidentes do Trabalho na Mineração (SIPATMIN), com divulgação do resultado das ações implementadas pela CIPAMIN.

- **ASSÉDIO**
  - Incluir, nas suas atividades e práticas, temas referentes à prevenção e ao combate ao assédio sexual e a outras formas de violência no trabalho.

23. TREINAMENTO

A empresa ou Permissionário de Lavra Garimpeira deve treinar, qualificar e fornecer aos trabalhadores informações, instruções e reciclagem necessárias para preservação da sua segurança e saúde, levando-se em consideração o grau de risco e a natureza das operações.

A NR22 também dispõe sobre o treinamento **admissional** para os trabalhadores que desenvolverão atividades no setor de mineração, bem como daqueles transferidos da superfície para o subsolo ou vice-versa. Esse treinamento deve ser composto por:

- Treinamento introdutório geral;
- Treinamento específico na função;
- Treinamento específico com reciclagem;
- Orientação em serviço.

23.1 Treinamento introdutório geral

Tem o objetivo de permitir ao trabalhador um reconhecimento do ambiente de trabalho. Deve ter a seguinte duração mínima:

- Atividades de subsolo: seis horas diárias, durante cinco dias;
- Atividades de superfície: oito horas diárias, durante três dias.

Treinamento Introdutório

	CARGA HORÁRIA DIÁRIA	DURAÇÃO
ATIVIDADES EM SUBSOLO	6 HORAS	5 DIAS
ATIVIDADES EM SUPERFÍCIE	8 HORAS	3 DIAS

O treinamento introdutório deve ser realizado durante o horário de trabalho, e terá o seguinte conteúdo mínimo:

a) ciclo de operações da mina;
b) principais equipamentos e suas funções;
c) infraestrutura da mina;
d) distribuição de energia;
e) suprimento de materiais;
f) transporte na mina;
g) regras de circulação de equipamentos e pessoas;
h) procedimentos de emergência;
i) primeiros socorros;
j) divulgação dos riscos existentes nos ambientes de trabalho constantes no PGR e dos acidentes e doenças profissionais;
k) reconhecimento do ambiente do trabalho.

23.2 Treinamento específico na função

O treinamento específico na função consiste de estudo e práticas relacionadas às atividades a serem desenvolvidas, riscos, prevenção, procedimentos corretos e de execução.

Deve ter a seguinte duração mínima:

- Atividades de superfície: 40 horas
- Atividades de subsolo: 48 horas

O treinamento específico na função deve ser realizado durante o horário de trabalho e no período contratual de experiência ou antes da mudança de função.

Treinamento específico na função

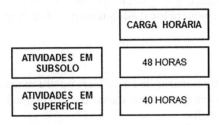

23.3 Treinamento específico com reciclagem

A empresa ou Permissionário de Lavra Garimpeira deve proporcionar treinamento específico, com reciclagem periódica, aos trabalhadores que executem as seguintes operações e atividades:

a) abatimento de chocos e blocos instáveis;

b) tratamento de maciços;

c) manuseio de explosivos e acessórios;

d) perfuração manual;

e) carregamento e transporte de material;

f) transporte por arraste;

g) operações com guinchos e içamentos;

h) inspeções gerais da frente de trabalho;

i) manipulação e manuseio de produtos tóxicos ou perigosos; e

j) outras atividades ou operações de risco especificadas no PGR.

23.4 Orientação em serviço

A orientação em serviço consistirá de período no qual o trabalhador desenvolverá suas atividades, sob orientação de outro trabalhador experiente ou sob supervisão direta, com a duração mínima de 45 dias.

23.5 Outras disposições relativas a treinamentos

A norma determina que deverão ser realizados treinamentos periódicos e para situações específicas, sempre que necessário para a execução das atividades de forma segura.

Para operação de máquinas, equipamentos ou processos diferentes aos quais o operador estiver habituado, deve ser feito novo treinamento, de modo a qualificá-lo para a atividade.

Os trabalhadores afastados por mais de 30 dias consecutivos deverão ser submetidos a orientação que inclua as condições atuais das vias de circulação das minas.

24. DISPOSIÇÕES GERAIS

Alimentação

O empregador deverá fornecer ao trabalhador do subsolo alimentação **compatível com a natureza do trabalho**, sob a orientação de **nutricionista**, na forma da legislação vigente. Havendo fornecimento de alimentação no subsolo, a empresa ou Permissionário de Lavra Garimpeira manterá **local adequado** que atenda às condições de segurança, higiene e conforto.

Instalações sanitárias

A empresa ou Permissionário de Lavra Garimpeira manterá instalações sanitárias tratadas e higienizadas destinadas à satisfação das necessidades fisiológicas, próximas aos locais e frentes de trabalho.

Em subsolo os recipientes coletores dos dejetos gerados deverão ser **removidos ao final de cada turno de trabalho para a superfície**, onde será dado destino conveniente a seu conteúdo, respeitadas as normas de higiene e saúde e a legislação ambiental vigente.

As instalações sanitárias que adotem processamento químico ou biológico dos dejetos deverão observar as normas de higiene e saúde e as instruções do fabricante.

Armários individuais

A empresa ou Permissionário de Lavra Garimpeira poderá **substituir os armários individuais por outros dispositivos** para a guarda de roupa e objetos pessoais que garantam condições de higiene, saúde e conforto.

Havendo locais para a troca e guarda de roupa no subsolo, estes deverão observar o disposto na NR24 – Condições sanitárias e de conforto nos locais de trabalho.

Acidente fatal

Em caso de ocorrência de acidente fatal, é obrigatória a adoção das seguintes medidas:

a) comunicar de imediato, à autoridade policial competente e à SRT, a ocorrência do acidente;

b) isolar o local diretamente relacionado ao acidente, mantendo suas características até sua liberação pela autoridade policial competente.

NR 23 PROTEÇÃO CONTRA INCÊNDIOS

Classificação: Norma Especial
Última atualização: Portaria MTP 2.769, de 5 de setembro de 2022

1. OBJETIVO E CAMPO DE APLICAÇÃO

A NR23 estabelece medidas de prevenção contra incêndios nos ambientes de trabalho. Estas medidas se aplicam aos estabelecimentos e locais de trabalho.

2. MEDIDAS DE PREVENÇÃO CONTRA INCÊNDIOS

Toda organização deve adotar medidas de prevenção contra incêndios em conformidade com a legislação estadual e, quando aplicável, de forma complementar, com as normas técnicas oficiais.

Dentre as normas técnicas oficiais são de destaque as seguintes:

- ABNT NBR ISO 7240/Sistemas de detecção e alarme de incêndio.
- ABNT NBR 15808/Extintores de incêndio portáteis.
- ABNT NBR 14276/Brigada de incêndio – Requisitos.
- ABNT NBR 13231/Proteção contra incêndio em subestações elétricas.

A organização deve providenciar para todos os trabalhadores informações sobre:

a) utilização dos equipamentos de combate ao incêndio;
b) procedimentos de resposta aos cenários de emergências e para evacuação dos locais de trabalho com segurança; e
c) dispositivos de alarme existentes.

A norma não entra em detalhes sobre como tais informações devem ser fornecidas aos trabalhadores. Neste caso, devemos aplicar o item 1.4.4.1 da NR1:

> 1.4.4.1 As informações podem ser transmitidas:
> a) durante os treinamentos; e
> b) por meio de diálogos de segurança, documento físico ou eletrônico.

Os locais de trabalho devem dispor de saídas em número suficiente e dispostas de modo que aqueles que se encontrem nesses locais possam abandoná-los com rapidez e segurança em caso de emergência.

As aberturas, saídas e vias de passagem de emergência devem ser identificadas e sinalizadas de acordo com a legislação estadual e, quando aplicável, de forma complementar, com as normas técnicas oficiais, indicando a direção da saída.

As aberturas, saídas e vias de passagem devem ser mantidas desobstruídas.

Nenhuma saída de emergência deve ser fechada à chave ou presa durante a jornada de trabalho. Porém, a norma esclarece que as saídas de emergência podem ser equipadas com dispositivos de travamento que permitam fácil abertura do interior do estabelecimento.

NR 24 — CONDIÇÕES SANITÁRIAS E DE CONFORTO NOS LOCAIS DE TRABALHO

Classificação: Norma Especial
Última atualização: Portaria MTP 2.772, de 5 de setembro de 2022

1. INTRODUÇÃO

A NR24 trata das condições sanitárias e de conforto nos locais de trabalho. É tipificada como norma especial, pois regulamenta a execução do trabalho considerando as atividades e instalações de forma geral, sem estar condicionada a setores ou atividades econômicos específicos. Desta forma, seus dispositivos:

- complementam norma setorial quando esta não contemplar todas as situações sobre determinado tema; e
- são complementados pelas disposições de norma geral.

A norma dispõe sobre o dimensionamento e os requisitos de conforto e higiene a serem observados pelas organizações nas instalações de uso comum como instalações sanitárias, vestiários, cozinhas, alojamento e locais para refeições. Alguns desses requisitos se aplicam a depender das condições nas quais a atividade é realizada, por exemplo, com exposição a agentes nocivos ou esforço físico intenso.

O dimensionamento das instalações regulamentadas pela norma deve tomar como base o número de trabalhadores usuários do turno com maior contingente. A expressão *trabalhadores usuários* corresponde ao conjunto de trabalhadores no estabelecimento que efetivamente utilizem as instalações de **forma habitual**, e não eventual ou esporádica[1]. Isso significa que empregados da organização que realizem atividades externas não são considerados para fins de dimensionamento. Para facilitar o estudo, apresento ao final deste capítulo uma tabela que consolida os parâmetros numéricos e as proporções estabelecidos pela norma.

2. INSTALAÇÕES SANITÁRIAS

A instalação sanitária compreende obrigatoriamente o conjunto formado por lavatório e bacia sanitária **sifonada**, dotada de **assento com tampo**. A exigência de assento com tampo exclui a possibilidade de utilização de bacias turcas[2,3].

---

[1] Incluindo trabalhadores de empresas contratadas.

[2] Bacia turca é um tipo de vaso sanitário instalado diretamente no chão, não possuindo assento nem tampa.

[3] Entretanto, como vimos anteriormente, a NR24 é classificada como norma especial. Desta forma, é possível que norma setorial venha a dispor de forma diferente, permitindo a utilização de bacia turca nas instalações do respectivo setor econômico.

Deve ser disponibilizada, no mínimo, uma instalação sanitária para cada grupo de 20 (vinte) trabalhadores ou fração, ou seja, uma bacia sanitária e um lavatório para cada 20 trabalhadores ou fração, separada por sexo.

Porém, nas atividades com **exposição a e manuseio** de material infectante, substâncias tóxicas, irritantes, aerodispersoides ou que provoquem a deposição de poeiras, que impregnem a pele e roupas do trabalhador, será exigido um lavatório para cada 10 (dez) trabalhadores. Vejam então que esta regra de dimensionamento se aplica nas atividades em que ocorrer não somente a exposição, mas também o manuseio do produto, concomitantemente. Entretanto, entendo que deveria se aplicar também sempre que ocorrer a exposição, ainda que sem o manuseio.

Instalações sanitárias

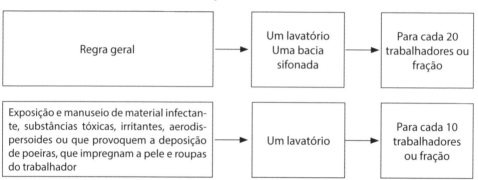

A regra é que as instalações sanitárias sejam separadas por sexo. Entretanto, nos estabelecimentos com funções comerciais, administrativas ou similares, com até 10 (dez) trabalhadores, é permitida a disponibilização de apenas uma instalação sanitária individual de uso comum entre os sexos desde que garantidas condições de privacidade.

As instalações sanitárias devem:

a) ser mantidas em condição de conservação, limpeza e higiene;

b) ter piso e parede revestidos por material impermeável e lavável;

c) ter peças sanitárias íntegras;

d) possuir recipientes para descarte de papéis usados;

e) ser ventiladas para o exterior (ventilação natural) ou com sistema de exaustão forçada;

f) dispor de água canalizada e esgoto ligados à rede geral ou a outro sistema que não gere risco à saúde e que atenda à regulamentação local; e

g) comunicar-se com os locais de trabalho por meio de passagens com piso e cobertura, quando se situarem fora do corpo do estabelecimento.

3. COMPONENTES SANITÁRIOS

3.1 Bacias sanitárias

Como dito anteriormente, a bacia sanitária deve ser sifonada e possuir assento com tampo. Os compartimentos destinados às bacias sanitárias devem ser individuais e ter divisórias com altura que mantenham seu interior indevassável com vão inferior que facilite a limpeza e a ventilação.

Cada bacia sanitária deve possuir porta independente (com fecho) que impeça o devassamento, papel higiênico com suporte e recipiente para descarte de papéis higiênicos usados. Quando não for permitido descarte dos papéis na própria bacia sanitária, o recipiente para descarte deve possuir tampa quando for destinado às mulheres.

As dimensões da bacia sanitária devem observar o código de obras local. Na sua ausência deve haver área livre de pelo menos 0,60 m (sessenta centímetros) de diâmetro entre a borda frontal da bacia sanitária e a porta fechada. Esta distância corresponde ao diâmetro da circunferência ocupada por uma pessoa média, conforme desenho a seguir (NBR 9050:2015):

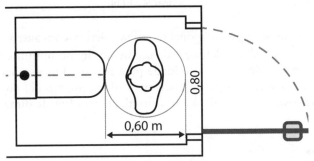

3.2 Mictórios

As instalações sanitárias masculinas devem ser dotadas de **mictório**, exceto quando essencialmente de uso individual. Os mictórios devem ser construídos com material impermeável e mantidos em condições de limpeza e higiene.

Para fins de dimensionamento deve-se observar:

a) "estabelecimentos construídos até 23/09/2019 devem possuir mictórios dimensionados de acordo com o previsto na NR24, com redação dada pela Portaria MTb n.º 3.214/1978". Entretanto, chamo a atenção do leitor para o fato de que o dimensionamento de mictórios consta, na verdade, na NR18[4] (e não, na antiga NR24 com redação da Portaria 3.214/1978) conforme a seguir:

> 18.5.3 A instalação sanitária deve ser constituída de lavatório, bacia sanitária sifonada, dotada de assento com tampo, e **mictório, na proporção de 1 (um) conjunto para cada grupo de 20 (vinte) trabalhadores ou fração**, bem como de chuveiro, na proporção de 1 (uma) unidade para cada grupo de 10 (dez) trabalhadores ou fração (grifo acrescentado).

b) estabelecimentos construídos a partir de 24/09/2019 devem possuir mictórios na proporção de uma unidade para cada 20 (vinte) trabalhadores ou fração, até 100 (cem) trabalhadores, e de uma unidade para cada 50 (cinquenta) trabalhadores ou fração, no que exceder. Exemplo:

---

[4] Redação aprovada pela Portaria 3.733, de 10 de fevereiro de 2020.

Quantidade de Trabalhadores	Quantidade de mictórios
10	1
20	1
21	2
80	4
81	5
100	5
101	6
150	6
151	7

Tabela exemplo: Proporção de mictórios para estabelecimentos construídos a partir de 24/09/2019 (Item 24.2.1.1 b)

O mictório pode ser tipo individual ou calha coletiva, com anteparo.

No mictório tipo calha coletiva, cada segmento de, no mínimo, 0,60m (sessenta centímetros), corresponderá a uma unidade para fins de dimensionamento da calha. Caso inexista anteparo neste tipo de mictório, cada segmento de, no mínimo, 0,80m (oitenta centímetros), corresponderá a uma unidade para fins de dimensionamento da calha.

3.3 Lavatórios

O lavatório poderá ser tipo individual, calha ou de tampo coletivo com várias cubas, possuindo torneiras, sendo que cada segmento de 0,60m (sessenta centímetros) corresponde a uma unidade para fins de dimensionamento. Também deve ser provido de material ou dispositivo para a limpeza, enxugo ou secagem das mãos, sendo **proibido o uso de toalhas coletivas**. Entendo que também estão inseridos nesta proibição os toalheiros com toalhas de tecido contínuo.

Como vimos anteriormente, nas atividades com exposição a e manuseio de material infectante, substâncias tóxicas, irritantes, aerodispersoides ou que provoquem a deposição de poeiras que impregnem na pele e nas roupas do trabalhador deve ser fornecido um lavatório para cada 10 (dez) trabalhadores. Apesar de não constar na norma que deve ser considerada a fração do grupo de dez trabalhadores no dimensionamento dos lavatórios, acredito ser este o entendimento mais acertado. Neste sentido, nas atividades elencadas deve ser fornecido um lavatório para cada 10 (dez) trabalhadores ou *fração*.

3.4 Chuveiros

Será exigido para cada grupo de trabalhadores ou fração 1 (um) chuveiro para cada:

a) 10 (dez) trabalhadores, nas atividades laborais em que haja exposição a e manuseio de material infectante, substâncias tóxicas, irritantes ou aerodispersoides, que impregnem na pele e nas roupas do trabalhador;

b) 20 (vinte) trabalhadores, nas atividades laborais em que haja contato com substâncias que provoquem deposição de poeiras que impregnem a pele e as roupas do trabalhador, ou que exijam esforço físico ou submetidas a condições ambientais de calor intenso.

NR 24 · CONDIÇÕES SANITÁRIAS E DE CONFORTO NOS LOCAIS DE TRABALHO | 603

Exemplo:

Quantidade de trabalhadores	Quantidade de chuveiros	
	Exposição e manuseio de material infectante, substâncias tóxicas, irritantes ou aerodispersoides, que impregnem na pele e nas roupas do trabalhador	Contato com substâncias que provoquem deposição de poeiras que impregnem a pele e as roupas do trabalhador, ou que exijam esforço físico ou submetidas a condições ambientais de calor intenso
9	1	1
10	1	1
19	2	1
20	2	1
35	4	2
45	5	3
50	5	3
51	6	3

Os chuveiros devem ter **obrigatoriamente água quente e fria** e fazer parte ou estar anexos aos vestiários.

Os compartimentos destinados aos chuveiros devem ser individuais e mantidos em condição de conservação, limpeza e higiene; ter portas de acesso que impeçam o devassamento; ter piso e paredes revestidos de material impermeável e lavável[5]; e dispor de suporte para sabonete e toalha.

As dimensões destes compartimentos devem estar de acordo com o código de obras local; na ausência deste, devem possuir dimensões de no mínimo 0,80 m (oitenta centímetros) por 0,80 m (oitenta centímetros).

4. VESTIÁRIOS

A norma determina a disponibilização de vestiários quando a atividade exigir o uso de vestimentas de trabalho ou que seja imposto o uso de uniforme cuja troca deva ser feita no próprio local de trabalho. Os vestiários também são obrigatórios quando a atividade exigir que o estabelecimento disponibilize chuveiros.

Devem ser dimensionados em função do número de trabalhadores que necessitam utilizá-los, por turno, considerando a seguinte área mínima (m²), **por trabalhador**:

- Estabelecimentos com até 750 (setecentos e cinquenta) trabalhadores:
  1,5 – (n.º de trabalhadores /1000);
- Estabelecimentos com mais de 750 (setecentos e cinquenta) trabalhadores:
  0,75m²

Exemplos:

1) Estabelecimentos com 50 (cinquenta) trabalhadores:
   Área mínima por trabalhador = 1,5 – (50/1000) = 1,5 – 0,05 = 1,5 m²
2) Estabelecimentos com 500 (quinhentos) trabalhadores:
   Área mínima por trabalhador = 1,5 – (500/1000) = 1,5 – 0,5 = 1 m²
3) Estabelecimentos com 751 (setecentos e cinquenta e um) trabalhadores:
   Área mínima por trabalhador = 0,75 m²

---

[5] Entendo que a parede deve ser revestida com material impermeável em toda a sua altura, do piso ao teto.

Os vestiários devem ser mantidos em condição de conservação, limpeza e higiene; ter piso e parede revestidos por material impermeável e lavável; ser ventilados para o exterior (ambiente com ventilação natural) ou com sistema de exaustão forçada; ter assentos em material lavável e impermeável em número compatível com o de trabalhadores; e dispor de armários individuais simples e/ou duplos com sistema de trancamento.

Chamo a atenção do leitor para o fato de que não consta na NR24 exigência expressa sobre a separação dos vestiários por sexo. Entretanto, esta é a regra geral e está expressa no art. 389, inciso III, da CLT:

> Art. 389. Toda empresa é obrigada:
>
> III – a instalar vestiários com armários individuais privativos das mulheres, exceto os estabelecimentos comerciais, escritórios, bancos e atividades afins, em que não seja exigida a troca de roupa e outros, a critério da autoridade competente em matéria de segurança e higiene do trabalho, admitindo-se como suficientes as gavetas ou escaninhos, onde possam as empregadas guardar seus pertences. (grifo acrescentado)

4.1 Armários

Os armários devem ser usados para guarda de acessórios e roupas de uso pessoal, vestimentas, uniformes e, em alguns casos, EPIs. Os armários podem ser simples ou duplos.

Armários simples

Devem ter tamanho suficiente para que o trabalhador guarde suas roupas e acessórios de uso pessoal, com as seguintes dimensões mínimas:

- Altura: 0,40 m (quarenta centímetros);
- Largura: 0,30 m (trinta centímetros);
- Profundidade: 0,40 m (quarenta centímetros).

É permitido o uso rotativo, ou seja, compartilhado, dos armários simples entre os trabalhadores, por exemplo, um mesmo armário pode ser usado por trabalhadores que exerçam atividades em diferentes turnos. Esta regra, entretanto, não se aplica quando os armários forem utilizados para a guarda de Equipamentos de Proteção Individual – EPI e de vestimentas expostas a material infectante, substâncias tóxicas, irritantes ou que provoquem sujidade.

Armários duplos

Os armários duplos (ou dois armários simples) devem ser fornecidos nas atividades com exposição a e manuseio de material infectante, substâncias tóxicas, irritantes ou aerodispersoides, bem como naquelas em que haja contato com substâncias que provoquem deposição de poeiras que impregnem na pele e nas roupas do trabalhador.

Os armários de compartimentos duplos devem possuir as seguintes dimensões mínimas:

a) 0,80 m (oitenta centímetros) de altura por 0,30 m (trinta centímetros) de largura e 0,40 m (quarenta centímetros) de profundidade. Neste caso devem possuir separação ou prateleira, de modo que um compartimento, com a altura de 0,40 m

NR 24 · CONDIÇÕES SANITÁRIAS E DE CONFORTO NOS LOCAIS DE TRABALHO | **605**

(quarenta centímetros), se destine à guarda da roupa de uso comum e o outro compartimento, com altura de 0,40 m (quarenta centímetros), à da roupa de trabalho; ou

b) 0,80 m (oitenta centímetros) de altura por 0,50 m (cinquenta centímetros) de largura e 0,40 m (quarenta centímetros) de profundidade. Neste caso, devem possuir divisão no sentido vertical, de forma que os compartimentos, com largura de 0,25 m (vinte e cinco centímetros), estabeleçam, rigorosamente, o isolamento das roupas de uso comum e de trabalho.

As empresas que realizarem a higienização diária de vestimentas ou fornecerem vestimentas descartáveis estão dispensadas de disponibilizar armário duplo (ou dois armários simples) devendo, entretanto, assegurar a disponibilização de 1 (um) armário simples para guarda de roupas comuns de uso pessoal do trabalhador. As empresas que oferecem serviços de guarda volume para a guarda de roupas e acessórios pessoais dos trabalhadores estão dispensadas de fornecer armários.

As empresas desobrigadas de manter vestiário devem fornecer escaninho, gaveta com tranca ou similar que permita a guarda individual de pertences pessoais dos trabalhadores ou serviço de guarda-volumes.

5. LOCAIS PARA REFEIÇÕES

Os empregadores devem oferecer aos seus trabalhadores locais para tomada das refeições por ocasião dos intervalos concedidos durante a jornada de trabalho. Estes locais devem ser mantidos em condições de conforto e higiene.

Próximo ao local para refeições devem ser fornecidos:

- meios para <u>conservação e aquecimento</u> das refeições, como geladeiras, refrigeradores, fornos de micro-ondas, fogões, entre outros;
- local e material para lavagem de utensílios usados na refeição; e
- água potável.

Dentro de um mesmo turno é permitida a divisão dos trabalhadores em grupos para a tomada de refeições, a fim de organizar o <u>fluxo</u> no refeitório para conforto de seus usuários. Considerando esta divisão em grupos, a norma estabelece requisitos a serem observados de acordo com a quantidade de trabalhadores que utilizarão o local para refeições:

- Locais para tomada de refeições que atendam até 30 (trinta) trabalhadores devem:
  - a) ser destinados ou adaptados (de forma permanente) a este fim;
  - b) ser arejados e apresentar boas condições de conservação, limpeza e higiene; e
  - c) possuir assentos e mesas, balcões ou similares suficientes para todos os usuários atendidos.

- Locais para tomada de refeições que atendam mais de 30 (trinta) trabalhadores devem:
  - a) ser destinados a este fim e fora da área de trabalho;
  - b) ter pisos revestidos de material lavável e impermeável;
  - c) ter paredes pintadas ou revestidas com material lavável e impermeável;

d) possuir espaços para circulação;

e) ser ventilados para o exterior ou com sistema de exaustão forçada, salvo em ambientes climatizados artificialmente;

f) possuir lavatórios instalados nas proximidades ou no próprio local, com material ou dispositivo para a limpeza, enxugo ou secagem das mãos, sendo proibido o uso de toalhas coletivas;

g) possuir assentos e mesas com superfícies ou coberturas laváveis ou descartáveis, em número correspondente aos usuários atendidos;

h) ter água potável disponível;

i) possuir condições de conservação, limpeza e higiene;

j) dispor de meios para aquecimento das refeições; e

k) possuir recipientes com tampa para descarte de restos alimentares e descartáveis.

Estão dispensados de disponibilizar local para refeições:

a) estabelecimentos comerciais bancários e atividades afins que interromperem suas atividades por 2 (duas) horas, no período destinado às refeições;

b) estabelecimentos industriais localizados em cidades do interior, quando a empresa mantiver vila operária ou residirem, seus trabalhadores, nas proximidades, permitindo refeições nas próprias residências; e

c) estabelecimentos que oferecem vale-refeição, desde que sejam disponibilizadas condições para conservação e aquecimento da comida, por exemplo refrigerador, fogão, ou forno de micro-ondas; neste caso também deve ser disponibilizado local para a tomada das refeições pelos trabalhadores que trazem refeição de casa.

6. COZINHAS

Caso a empresa possua cozinhas, estas devem:

a) se localizar anexas aos locais para refeições e com ligação para os mesmos;

b) possuir pisos e paredes revestidos com material impermeável e lavável;

c) dispor de aberturas para ventilação protegidas com telas ou ventilação exaustora;

d) possuir lavatório para uso dos trabalhadores do serviço de alimentação, dispondo de material ou dispositivo para a limpeza, enxugo ou secagem das mãos, proibindo-se o uso de toalhas coletivas;

e) ter condições para acondicionamento e disposição do lixo de acordo com as normas locais de controle de resíduos sólidos; e

f) dispor de sanitários próprios para uso exclusivo dos trabalhadores que manipulam gêneros alimentícios, separados por sexo.

Nas câmaras frigoríficas devem ser instalados dispositivos para abertura da porta pelo lado interno, garantida a possibilidade de abertura mesmo que trancada pelo exterior.

Os recipientes de armazenagem de gás liquefeito de petróleo (GLP) devem ser instalados em área externa ventilada, observadas as normas técnicas brasileiras pertinentes.

NR 24 · CONDIÇÕES SANITÁRIAS E DE CONFORTO NOS LOCAIS DE TRABALHO

7. ALOJAMENTO

Considera-se alojamento o conjunto de espaços ou edificações, sob responsabilidade do empregador, para hospedagem temporária de trabalhadores, composto de:

a) dormitório;

b) instalações sanitárias;

c) refeitório;

d) áreas de vivência; e

e) local para lavagem e secagem de roupas.

Os dormitórios dos alojamentos devem:

a) ser mantidos em condições de conservação, higiene e limpeza;

b) ser dotados de quartos;

c) dispor de instalações sanitárias, respeitada a proporção de 01 (uma) instalação sanitária com chuveiro para cada 10 (dez) trabalhadores hospedados ou fração; e

d) ser separados por sexo.

É possível que as instalações sanitárias não sejam parte integrante dos dormitórios, neste caso, devem estar localizadas a uma distância máxima de 50 m (cinquenta metros) dos mesmos, interligadas por passagens com piso lavável e cobertura.

Os quartos dos dormitórios devem possuir:

a) camas correspondentes ao número de trabalhadores alojados em cada quarto, vedado o uso de 3 (três) ou mais camas na mesma vertical; as camas devem ter espaçamentos vertical e horizontal que permitam ao trabalhador se movimentar com segurança;

b) colchões certificados pelo Inmetro[6];

c) colchões, lençóis, fronhas, cobertores e travesseiros limpos e higienizados, adequados às condições climáticas;

d) ventilação natural, devendo esta ser utilizada conjuntamente com a ventilação artificial, levando em consideração as condições climáticas locais;

e) capacidade máxima para 8 (oito) trabalhadores;

f) armários (os armários dos dormitórios destinam-se à guarda das roupas pessoais, pertences e enxoval de cama, já os armários dos vestiários se destinam à guarda da roupa do dia de trabalho);

g) no mínimo, a relação de 3,00 m² (três metros quadrados) por cama simples ou 4,50 m² (quatro metros e cinquenta centímetros quadrados) por beliche, em ambos os casos incluídas a área de circulação e armário; e

---

[6] Segundo o Inmetro (http://www.inmetro.gov.br/consumidor/produtos/colchao.asp), o colchão deve ser adequado ao biotipo (relação peso/altura) de cada pessoa; deve ser firme e flexível, isto é, ser confortável e ao mesmo tempo dar a sustentação suficiente para suportar todo o peso do corpo sem ceder, proporcionando uma posição ortopedicamente correta que apoie o corpo e minimize os esforços musculares durante o repouso. A norma NBR 13579 – Colchão e colchonete de espuma flexível de poliuretano apresenta uma tabela com a adequação entre biotipo e densidade do colchão.

h) conforto acústico conforme NR17: aqui cabe uma ressalva: A NR17 apresenta os requisitos de conforto acústico para ambientes de trabalho, mas não para dormitórios. Para maior conforto dos usuários dos dormitórios sugiro a utilização dos parâmetros da norma NBR 10152: 2020 (Acústica – Níveis de pressão sonora em ambientes internos a edificações).

As camas ou beliches devem atender aos seguintes requisitos:

a) todos os componentes ou peças com os quais o trabalhador possa entrar em contato durante o uso não podem ter rebarbas e arestas cortantes, nem ter tubos abertos;
b) ter resistência compatível com o uso; e
c) ter dimensões compatíveis com o colchão a ser utilizado.

As camas superiores dos beliches devem ter proteção lateral e escada fixas à estrutura.

Os armários dos quartos devem ser dotados de sistema de trancamento e com dimensões compatíveis para a guarda de roupas e pertences pessoais do trabalhador, e enxoval de cama.

Os trabalhadores alojados no mesmo quarto devem pertencer, preferencialmente, ao mesmo turno de trabalho.

Os locais para refeições devem ser compatíveis com os requisitos apresentados anteriormente, podendo ser parte integrante do alojamento ou estar localizados em ambientes externos, sendo vedado o preparo de qualquer tipo de alimento dentro dos quartos, seja com o uso de forno micro-ondas, fogão ou fogareiro. Quando os locais para refeições não fizerem parte do alojamento, deve ser garantido o transporte dos trabalhadores tanto para a ida quanto para o retorno.

Os alojamentos devem dispor de locais e infraestrutura para lavagem e secagem de roupas pessoais dos alojados, ou ser fornecido serviço de lavanderia.

Os pisos dos alojamentos devem ser impermeáveis e laváveis.

Devem ser garantidas:

- coleta de lixo diária;
- lavagem de roupa de cama;
- manutenção das instalações; e
- renovação de vestuário de camas e colchões.

Nos alojamentos deverão ser obedecidas as seguintes instruções gerais de uso:

a) os sanitários deverão ser higienizados diariamente;
b) é vedada, nos quartos, a instalação e utilização de fogão, fogareiro ou similares;
c) ser garantido o controle de vetores conforme legislação local.

Os trabalhadores hospedados com suspeita de doença infectocontagiosa devem ser submetidos à avaliação médica que decidirá pelo afastamento ou permanência no alojamento.

8. VESTIMENTA DE TRABALHO

Vestimenta de trabalho é toda peça ou conjunto de peças de vestuário, destinada a atender exigências de determinadas atividades ou condições de trabalho que impliquem contato com sujidade, agentes químicos, físicos ou biológicos ou para permitir que o trabalhador seja mais bem visualizado, não considerada como uniforme ou EPI. Esta é a definição que consta na própria norma. Entretanto, chamo a atenção do leitor para o Anexo I da NR6:

> E – EPI PARA PROTEÇÃO DO TRONCO
>
> E.1 – Vestimentas
>
> a) vestimentas para proteção do tronco contra riscos de origem térmica;
>
> b) vestimentas para proteção do tronco contra riscos de origem mecânica;
>
> c) vestimentas para proteção do tronco contra agentes químicos;
>
> d) vestimentas para proteção do tronco contra riscos de origem radioativa;
>
> e) vestimenta para proteção do tronco contra umidade proveniente de precipitação pluviométrica;
>
> f) vestimentas para proteção do tronco contra umidade proveniente de operações com uso de água.

Vemos que ***vestimentas*** são também EPIs para proteção do tronco contra riscos específicos. Neste sentido, há que se interpretar a redação da NR24 com as devidas restrições, no que se refere à desconsideração de vestimentas como EPI.

As vestimentas de trabalho devem ser fornecidas gratuitamente pelo empregador e não substituem a necessidade do EPI, podendo seu uso ser conjugado.

Cabe ao empregador quanto às vestimentas de trabalho:

a) fornecer peças que sejam confeccionadas com material e em tamanho adequado, visando o conforto e a segurança necessária à atividade desenvolvida pelo trabalhador;

b) substituir as peças conforme sua vida útil ou sempre que danificadas;

c) fornecer em quantidade adequada ao uso, levando em consideração a necessidade de troca da vestimenta; e

d) responsabilizar-se pela higienização com periodicidade necessária nos casos em que a lavagem ofereça riscos de contaminação[7].

Nos casos em que seja inviável o fornecimento de vestimenta exclusiva para cada trabalhador, deverá ser assegurada a higienização prévia ao uso. As peças de vestimentas de trabalho, quando usadas na cabeça ou face, não devem restringir o campo de visão do trabalhador.

9. DISPOSIÇÕES GERAIS

Água potável

Água potável é aquela que atenda ao padrão de potabilidade estabelecido pelo Ministério da Saúde[8] e que não ofereça riscos à saúde dos trabalhadores.

---

[7] Entendo que a intenção do elaborador na redação desta alínea "d" foi incluir na responsabilidade do empregador tanto os casos em que a lavagem ofereça riscos de contaminação (no sentido de se utilizar na higienização produtos tóxicos) quanto os casos em que o trabalho ofereça riscos de contaminação da vestimenta.

[8] Portaria de Consolidação 5 do Ministério da Saúde, de 28 de setembro de 2017, Anexo XX. Dispõe sobre os procedimentos de controle e de vigilância da qualidade da água para consumo humano e seu padrão de potabilidade.

Em todos os locais de trabalho deverá ser fornecida aos trabalhadores água potável por meio de bebedouros ou outro sistema que ofereça as mesmas condições. Quando não for possível obter água potável corrente, esta deverá ser fornecida em recipientes portáteis próprios e hermeticamente fechados. Em qualquer caso, é proibido o uso de copos coletivos. Deve ser realizada periodicamente análise de potabilidade[9] da água dos reservatórios para verificar sua qualidade, em conformidade com a legislação.

O dimensionamento dos bebedouros deve observar a proporção de, no mínimo, 1 (um) para cada grupo de 50 (cinquenta) trabalhadores ou fração.

Os locais de armazenamento de água potável devem passar periodicamente por limpeza, higienização e manutenção, em conformidade com a legislação local.

A água não potável para uso no local de trabalho deve ficará separada, devendo ser afixado aviso de advertência da sua não potabilidade.

Os locais de armazenamento de água, os poços e as fontes de água potável devem ser protegidos contra a contaminação.

Limpeza

Os locais de trabalho devem ser mantidos em estado de higiene compatível com o gênero de atividade. O serviço de limpeza deve ser realizado, sempre que possível, fora do horário de trabalho e por processo que reduza ao mínimo o levantamento de poeiras.

Edificações

Todos os ambientes previstos na NR24 devem ser construídos de acordo com o código de obras local, devendo:

a) ter cobertura adequada e resistente, que proteja contra intempéries;

b) ter paredes construídas de material resistente;

c) ter pisos de material compatível com o uso e a circulação de pessoas;

d) possuir iluminação que proporcione segurança contra acidentes.

Na ausência de código de obra local, deve ser garantido pé direito mínimo de 2,50 m (dois metros e cinquenta centímetros), exceto nos quartos de dormitórios com beliche; neste caso o pé direito mínimo deve ser 3,00 m (três metros).

As instalações elétricas devem ser protegidas para evitar choques elétricos.

Devem ser garantidas condições para que os trabalhadores possam interromper suas atividades para utilização das instalações sanitárias.

Em edificações com diversos estabelecimentos, todas as instalações previstas na NR24 podem ser atendidas coletivamente por grupo de empregadores ou pelo condomínio, mantendo-se o empregador como o responsável pela disponibilização das instalações. O dimensionamento deve ser feito com base no maior número de trabalhadores por turno.

---

[9] Segundo o art. 13 da Portaria de Consolidação 5 do Ministério da Saúde, de 28 de setembro de 2017, Anexo XX, devem ser assegurados pontos de coleta de água na saída de tratamento e na rede de distribuição, para o controle e a vigilância da qualidade da água.

• CONDIÇÕES SANITÁRIAS E DE CONFORTO NOS LOCAIS DE TRABALHO | 611

10. TABELA-RESUMO

INSTALAÇÃO SANITÁRIA	– Uma instalação sanitária para cada grupo de 20 (vinte) trabalhadores ou fração, separadas por sexo. Nos dormitórios dos alojamentos: Uma instalação sanitária com chuveiro para cada 10 (dez) trabalhadores hospedados ou fração;
MICTÓRIOS	– Estabelecimentos construídos até 23/09/2019: uma unidade para cada grupo de 20 (vinte) trabalhadores ou fração (ver NR18, conforme destacado anteriormente, neste capítulo) – Estabelecimentos construídos a partir de 24/09/2019: uma unidade para cada grupo de 20 (vinte) trabalhadores ou fração, até 100 (cem) trabalhadores, e de uma unidade para cada 50 (cinquenta) trabalhadores ou fração, no que exceder
VESTIÁRIOS – Área mínima por trabalhador	Até 750 trabalhadores: 1,5 – (n°. de trabalhadores/1000m^2) Mais de 750 trabalhadores: 0,75m^2
LAVATÓRIOS	Uma unidade para cada 10 (dez) trabalhadores nas atividades com exposição e manuseio de material infectante, substâncias tóxicas, irritantes, aerodispersoides ou que provoquem a deposição de poeiras, que impregnem na pele e nas roupas do trabalhador.
CHUVEIROS	– Uma unidade para cada grupo de 10 (dez) trabalhadores ou fração: nas atividades laborais em que haja exposição e manuseio de material infectante, substâncias tóxicas, irritantes ou aerodispersoides, que impregnem a pele e roupas do trabalhador; – Uma unidade para cada grupo de 20 (vinte) trabalhadores ou fração, nas atividades laborais em que haja contato com substâncias que provoquem deposição de poeiras que impregnem a pele e as roupas do trabalhador, ou que exijam esforço físico ou submetidas a condições ambientais de calor intenso.
BEBDOUROS	Uma unidade para cada grupo de 50 (cinquenta) trabalhadores ou fração, ou outro sistema que ofereça as mesmas condições.
ALOJAMENTO	Capacidade máxima de cada alojamento: 100 trabalhadores Área de circulação interna, largura mínima: 1,00m Pé direito mínimo, na ausência de código de obras local: a) Todos os ambientes previstos na NR24: 2,5 m b) Quartos de dormitórios com beliche: 3,0m Distância máxima do dormitório até as instalações sanitárias: 50 m

11. ANEXO I – CONDIÇÕES SANITÁRIAS E DE CONFORTO APLICÁVEIS A TRABALHADORES EM *SHOPPING CENTER*

Considera-se "*Shopping Center*" o espaço planejado sob uma administração central sujeito a normas contratuais padronizadas, procurando assegurar convivência integrada, composto por estabelecimentos tais como: lojas de qualquer natureza e quiosques, lanchonetes, restaurantes, salas de cinema e estacionamento, destinados à exploração comercial e à prestação de serviços.

Cada estabelecimento é responsável por disponibilizar aos trabalhadores instalações sanitárias, vestiários e ambientes para tomada de refeições. Porém, caso não disponham de espaço construtivo para cumprir as disposições da norma, a administração central será responsável pela disponibilização destes ambientes.

A administração central também será responsável pela disponibilização de local para conservação, aquecimento da alimentação trazida pelos trabalhadores, bem como para tomada das refeições. Também deve fornecer vestiário para troca de roupa dos trabalhadores quando exigido o uso de uniforme e vestimentas de trabalho, bem como para guarda de pertences.

Os estabelecimentos estão dispensados do cumprimento dos itens relativos a instalações sanitárias, vestiários e locais para refeições, desde que seus trabalhadores possam utilizar as instalações sanitárias e a praça de alimentação do "*Shopping Center*" ou outro espaço destinado a estes fins, conforme o estabelecido na norma. Esta dispensa não se aplica aos trabalhadores de lanchonetes, restaurantes ou similares, nem àqueles com exposição a material infectante, substâncias tóxicas, irritantes ou que provoquem sujidade, conforme a seguir:

- Para os trabalhadores de lanchonetes, restaurantes ou similares devem ser disponibilizados vestiários e instalações sanitárias com chuveiros na proporção de um conjunto para cada grupo de 20 (vinte) trabalhadores ou fração, considerando o turno de maior contingente;
- Para trabalhadores que exercem atividades com exposição a material infectante, substâncias tóxicas, irritantes ou que provoquem sujidade devem ser disponibilizados vestiários e instalações sanitárias com chuveiros na proporção de um conjunto para cada grupo de 10 (dez) trabalhadores ou fração, considerando o turno de maior contingente.

12. ANEXO II – CONDIÇÕES SANITÁRIAS E DE CONFORTO APLICÁVEIS A TRABALHADORES EM TRABALHO EXTERNO DE PRESTAÇÃO DE SERVIÇOS

Para efeito deste Anexo, considera-se trabalho externo todo aquele realizado fora do estabelecimento do empregador cuja execução se dará no estabelecimento do cliente ou em logradouro público. Não são abrangidas por este anexo as atividades relacionadas à construção, aquelas exercidas por leituristas, vendedores, entregadores, carteiros e similares, bem como o de trabalhadores em transporte público rodoviário coletivo urbano de passageiros em atividade externa. Além disso, o trabalho externo abrangido por este anexo não se confunde com o *teletrabalho*.

Quando a atividade for desenvolvida em estabelecimento do cliente, este será o responsável pelas garantias de conforto para satisfação das necessidades básicas de higiene e alimentação dos trabalhadores que prestam serviço no seu estabelecimento. Neste sentido, caso a prestação de serviço seja realizada de forma habitual, o trabalhador prestador deve integrar o contingente de usuários para dimensionamento das instalações, conforme previsto no item 24.1 da NR24.

Sempre que o trabalho externo, móvel ou temporário, ocorrer preponderantemente em logradouro público ou em frente de trabalho[10], deverá ser garantido pelo empregador:

a) instalações sanitárias compostas de bacia sanitária e lavatório para cada grupo de 20 (vinte) trabalhadores ou fração, podendo ser usados banheiros químicos dotados de mecanismo de descarga ou de isolamento dos dejetos, com respiro e ventilação, material para lavagem e enxugo das mãos, sendo proibido o uso de toalhas coletivas, garantida a higienização diária[11] dos módulos;

---

[10] Frente de trabalho conforme NR1 é a área de trabalho móvel e temporária; abrange as frentes de trabalho rural e também as frentes de trabalho móveis da construção civil como aquelas em obras de ferrovias e rodovias.

[11] Dependendo da frequência de utilização do banheiro químico, pode ser necessária mais de uma higienização por dia, de forma a atender as condições de higiene e limpeza.

NR 24 • CONDIÇÕES SANITÁRIAS E DE CONFORTO NOS LOCAIS DE TRABALHO | **613**

b) local para refeição protegido contra intempéries e em condições de higiene, que atenda a todos os trabalhadores ou prover meio de custeio para alimentação em estabelecimentos comerciais; e

c) água fresca e potável acondicionada em recipientes térmicos em bom estado de conservação e em quantidade suficiente.

O uso de instalações sanitárias em trabalhos externos deve ser gratuito para o trabalhador.

Para os trabalhadores em trabalho externo que levem suas próprias refeições devem ser oferecidos dispositivos térmicos para conservação e aquecimento dos alimentos.

Em trabalhos externos o atendimento às disposições do Anexo II poderá ocorrer mediante convênio com estabelecimentos nas proximidades do local do trabalho, garantido o transporte (ida e retorno) de todos os trabalhadores até o referido local.

13. ANEXO III – CONDIÇÕES SANITÁRIAS E DE CONFORTO APLICÁVEIS A TRABALHADORES EM TRANSPORTE PÚBLICO RODOVIÁRIO COLETIVO URBANO DE PASSAGEIROS EM ATIVIDADE EXTERNA

Este Anexo estabelece as condições mínimas aplicáveis às instalações sanitárias e locais para refeição a serem disponibilizados pelo empregador aos trabalhadores que realizam atividade externa na operação do transporte público coletivo urbano e de caráter urbano, quais sejam: motoristas, cobradores e fiscais.

Para fins deste Anexo considera-se:

- Trabalho em transporte público coletivo rodoviário urbano de passageiros: aquele desempenhado pelo pessoal de operação do transporte coletivo urbano e de caráter urbano por ônibus; e

- Pontos iniciais e finais de linhas de ônibus urbano e de caráter urbano: os locais predeterminados pelo poder público competente como pontos extremos das linhas, itinerários ou rotas de ônibus, situados em logradouros públicos, com área destinada ao estacionamento de veículos e instalações mínimas para controle operacional do serviço e acomodação do pessoal de operação nos intervalos entre viagens.

No caso de terminais e estações de passageiros implantados pelo Poder Público, presumem-se cumpridos os dispositivos da norma. Recomenda-se aos órgãos gestores públicos responsáveis pelas redes de transporte público coletivo urbano e de caráter urbano que considerem as disposições deste Anexo no processo de definição dos locais para instalação dos pontos iniciais e finais das linhas que compõem as referidas redes.

13.1 Condições de satisfação de necessidades fisiológicas, alimentação e hidratação

Nos casos de linhas de transporte público coletivo de passageiros por ônibus que não possuem nenhum dos pontos iniciais e finais em edifício terminal, deverão ser garantidos pelo empregador, próximo a pelo menos um dos referidos pontos, instalações sanitárias, local para refeição e hidratação, em distância não superior a 250 m (duzentos e cinquenta metros) de deslocamento a pé.

As instalações sanitárias devem ser compostas de bacia sanitária e lavatório, respeitando a proporção de 1 (um) para cada grupo de 20 (vinte) trabalhadores ou fração, podendo ser dispensada a separação de instalação sanitária por sexo, para grupo de até 10 (dez) trabalhadores desde que sejam garantidas condições de privacidade e higiene.

É permitida a substituição das instalações sanitárias por unidades de banheiros químicos. Estes devem ser dotados de mecanismo de descarga ou de isolamento dos dejetos, com respiro e ventilação, material para lavagem e enxugo das mãos, sendo proibido o uso de toalhas coletivas, garantida a higienização diária dos módulos.

Os locais para refeição devem ser protegidos contra intempéries, estar em boas condições e atender a todos os trabalhadores.

Deve ser fornecida água potável por bebedouro ou equipamento similar, que permita o enchimento de recipientes individuais ou o consumo no próprio local, proibido o uso de copos coletivos. Os bebedouros ou similares devem ser disponibilizados nos pontos inicial ou final e nos terminais.

A troca de recipientes é responsabilidade da empresa permissionária ou concessionária. A frequência das recomposições deve considerar as condições climáticas e o número de trabalhadores, de tal modo que haja sempre suprimento de água a qualquer momento da jornada de trabalho.

Para efeito de dimensionamento das instalações sanitárias e do local para refeição, deverá ser considerado o número máximo existente de trabalhadores presentes ao mesmo tempo, no referido ponto inicial ou final, de acordo com a programação horária oficial das linhas de ônibus.

O cumprimento das disposições relativas a instalações sanitárias, local para refeições e fornecimento de água potável poderá ocorrer mediante convênio ou parceria com estabelecimentos comerciais, industriais ou propriedades privadas.

O uso de instalações sanitárias em trabalhos externos de transporte público coletivo urbano rodoviário não deve ter custo para o trabalhador.

NR 25 RESÍDUOS INDUSTRIAIS

Classificação: Norma Especial
Última atualização: Portaria SIT 3.994, de 5 de dezembro de 2022

1. OBJETIVO

A NR25 tem por objetivo estabelecer requisitos de segurança e saúde no trabalho para o gerenciamento de **resíduos industriais**.

Entendem-se como resíduos industriais aqueles provenientes dos processos industriais, na forma sólida, líquida ou gasosa ou combinação dessas, e que por suas características físicas, químicas ou microbiológicas não se assemelham aos resíduos domésticos, como cinzas, lodos, óleos, materiais alcalinos ou ácidos, escórias, poeiras, borras, substâncias lixiviadas e aqueles gerados em equipamentos e instalações de controle de poluição, bem como demais efluentes líquidos e emissões gasosas contaminantes atmosféricos.

São exemplos de resíduos industriais cinzas, lodos, óleos, materiais alcalinos ou ácidos, escórias, poeiras, borras, substâncias lixiviadas e aqueles gerados em equipamentos e instalações de controle de poluição, bem como demais efluentes líquidos e emissões gasosas de contaminantes atmosféricos.

Atenção: os resíduos industriais **não** estão no campo de aplicação da NR38 – Segurança e saúde no trabalho nas atividades de limpeza urbana e manejo de resíduos sólidos.

2. REQUISITOS DE SEGURANÇA E SAÚDE NAS ATIVIDADES PARA O GERENCIAMENTO DE RESÍDUOS INDUSTRIAIS

As organizações devem buscar a redução da exposição ocupacional aos resíduos industriais por meio da adoção de melhores práticas tecnológicas e organizacionais disponíveis.

Os resíduos industriais devem ter disposição de acordo com a lei ou regulamento específico. É proibido lançar ou liberar no ambiente de trabalho quaisquer contaminantes advindos destes materiais que possam comprometer a segurança e saúde dos trabalhadores.

As medidas, métodos, equipamentos ou dispositivos de controle do lançamento ou liberação dos contaminantes gasosos, líquidos e sólidos devem ser submetidos ao exame e à aprovação dos órgãos competentes.

SEGURANÇA E SAÚDE NO TRABALHO – *Mara Queiroga Camisassa*

Os resíduos sólidos e efluentes líquidos produzidos por processos e operações industriais devem ser coletados, acondicionados, armazenados, transportados, tratados e encaminhados à adequada disposição final pela organização e na forma estabelecida em lei ou regulamento específico. Em cada uma dessas etapas a empresa deve desenvolver medidas de prevenção, de forma a evitar ou controlar os riscos à segurança e saúde dos trabalhadores.

Os resíduos sólidos e efluentes líquidos devem ser dispostos na forma estabelecida em lei ou regulamento específico.

Rejeitos radioativos

Os rejeitos radioativos devem ser dispostos conforme normatização da Autoridade Nacional de Segurança Nuclear (ANSN).

Resíduos que apresentem risco biológico

Os resíduos industriais que configurem fonte de risco biológico devem ser dispostos conforme previsto nas legislações sanitária e ambiental.

Capacitação

Os trabalhadores envolvidos em atividades de coleta, manipulação, acondicionamento, armazenamento, transporte, tratamento e disposição de resíduos industriais devem ser capacitados pela empresa. Essa capacitação deve ocorrer de forma continuada e conter informações sobre os riscos ocupacionais envolvidos e as medidas de prevenção adequadas.

NR 26 — SINALIZAÇÃO DE SEGURANÇA

Classificação: Norma Especial
Última atualização: Portaria MTP 2.770, de 5 de setembro de 2022

1. OBJETIVO E CAMPO DE APLICAÇÃO

A NR26 estabelece medidas quanto à sinalização e identificação de segurança a serem adotadas nos locais de trabalho.

As medidas de prevenção estabelecidas se aplicam aos estabelecimentos e locais de trabalho.

2. SINALIZAÇÃO POR COR

Devem ser adotadas cores para comunicação de segurança com o objetivo de indicar e advertir acerca dos perigos e riscos existentes no ambiente de trabalho.

Destaco novamente que sinalizações de segurança não são medidas de proteção coletiva, pois não têm o condão de eliminar, controlar nem reduzir os riscos existentes nos ambientes de trabalho. Como consta na própria NR23, a sinalização tem a função de advertir sobre os riscos.

O uso de cores deve ser o mais reduzido possível, a fim de não ocasionar distração, confusão ou fadiga ao trabalhador. Além disso, sua utilização não dispensa o emprego de outras formas de prevenção.

As cores utilizadas para identificar os equipamentos de segurança, delimitar áreas, identificar tubulações empregadas para a condução de líquidos e gases e advertir contra riscos devem atender ao disposto nas normas técnicas oficiais.

3. IDENTIFICAÇÃO DE PRODUTO QUÍMICO

O item 26.2 da NR26 regulamenta o art. 197 da CLT:

> *Art. 197. Os materiais e substâncias empregados, manipulados ou transportados nos locais de trabalho, quando perigosos ou nocivos à saúde, devem conter, no rótulo, sua composição, recomendações de socorro imediato e o símbolo de perigo correspondente, segundo a padronização internacional.*
>
> *Parágrafo único. Os estabelecimentos que mantenham as atividades previstas neste artigo afixarão, nos setores de trabalho atingidos, avisos ou cartazes, com advertência quanto aos materiais e substâncias perigosos ou nocivos à saúde.*

Nesse sentido, a norma dispõe sobre a obrigatoriedade de utilização do Sistema Globalmente Harmonizado para a Classificação e Rotulagem de Produtos Químicos (SGH), ou simplesmente Sistema Globalmente Harmonizado (*Globally Harmonized System of Classification and Labelling of Chemicals – GHS*).

O SGH é um sistema que tem por objetivo a padronização **mundial** para a classificação, rotulagem e fichas de dados de segurança de produtos químicos com utilização de símbolos facilmente compreensíveis.

O sistema visa a gestão segura desses produtos, de forma a garantir maior proteção à saúde humana e ao meio ambiente durante o seu manuseio, transporte e uso final. A expressão "produto químico" é usada em sentido amplo para designar substâncias, produtos, misturas, preparados ou quaisquer outros termos adotados nos sistemas existentes.

A padronização do SGH se baseia:

- Na definição dos perigos dos produtos químicos;
- Na criação de processos de classificação que usem os dados disponíveis sobre os produtos químicos que são comparados a critérios de perigo já definidos; e
- Na comunicação da informação de perigo em rótulos e nas Fichas de Informação de Segurança para Produtos Químicos (FISQ).

A figura a seguir apresenta os três "pilares" do SGH:

SISTEMA GLOBALMENTE HARMONIZADO

> CLASSIFICAÇÃO

> ROTULAGEM

> FICHA COM DADOS DE SEGURANÇA

O público-alvo do SGH inclui, principalmente:

- Trabalhadores nos locais de trabalho;
- Consumidores;
- Trabalhadores do transporte;
- Pessoal de serviços que atuam em emergências.

A necessidade da padronização

Muitos países, órgãos e agências reguladoras já têm sistemas implantados para cumprir todos ou alguns dos objetivos estabelecidos pelo SGH. Esses sistemas, no entanto, nem sempre são compatíveis, o que obriga as empresas a manter vários esquemas para atender as exigências de diferentes agências reguladoras dos EUA e dos países para os quais exportam[1].

Apesar de as leis e regulamentações existentes serem similares, elas podem ser suficientemente diferentes para gerar a necessidade de múltiplos rótulos e identificações para um mesmo produto, tanto internamente como no comércio exterior. Várias agências regulatórias dos EUA e de outros países têm requisitos diferentes para definições de perigo, bem como para as informações a serem divulgadas nos rótulos ou nas fichas de dados de segurança. Por exemplo, um produto pode ser considerado inflamável ou tóxico por uma agência ou país, mas não por outro órgão ou país.

---

[1] ABIQUIM/DETEC, 2005. Adaptação de: *U.S. Department of Labor, Dictorate of Standards and Guidance, Ocupational Safety and Health Administration. GHS Guidance Document – draft April 2004.*

O SGH não é uma regulamentação

Importante destacar que o SGH não é uma regulamentação nem um conjunto de normas, portanto sua observância não é obrigatória. No entanto, pela sua importância, várias de suas recomendações já foram adotadas por inúmeros países, entre eles o Brasil, ao incluir na redação da NR26 a obrigatoriedade de utilização dos critérios desse sistema como forma de identificação dos riscos à segurança e saúde dos trabalhadores.

3.1 Classificação dos produtos químicos

O produto químico utilizado no local de trabalho deve ser classificado quanto aos perigos para a segurança e a saúde dos trabalhadores, de acordo com os critérios estabelecidos pelo Sistema Globalmente Harmonizado de Classificação e Rotulagem de Produtos Químicos – SGH, da Organização das Nações Unidas.

A classificação de substâncias perigosas deve ser baseada em lista de classificação harmonizada ou na realização de ensaios exigidos pelo processo de classificação. Na ausência de lista nacional de classificação harmonizada de substâncias perigosas, pode ser utilizada lista internacional. Os aspectos relativos à classificação devem atender ao disposto em norma técnica oficial.

3.2 Rotulagem preventiva

A rotulagem preventiva é um conjunto de elementos com informações escritas, impressas ou gráficas, relativas a um produto químico, que deve ser afixada, impressa ou anexada à embalagem que contém o produto.

Os aspectos relativos à rotulagem preventiva devem atender ao disposto em norma técnica oficial.

A rotulagem preventiva do produto químico classificado como perigoso à segurança e à saúde dos trabalhadores deve utilizar procedimentos definidos pelo SGH, contendo os seguintes elementos:

a) identificação e composição do produto químico;

b) pictograma(s) de perigo;

c) palavra de advertência;

d) frase(s) de perigo;

e) frase(s) de precaução; e

f) informações suplementares.

Caso o produto químico não seja classificado como perigoso à segurança e saúde dos trabalhadores conforme o SGH, ele deverá dispor de **rotulagem preventiva simplificada** que deve conter, no mínimo:

- Indicação do nome;
- Informação de que se trata de produto não classificado como perigoso;
- Recomendações de precaução.

Vejam a figura a seguir:

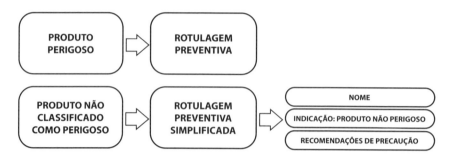

Observem que, no caso de produto não classificado como perigoso, as recomendações no rótulo são de **precaução**, e não de perigo nem de advertência.

Os produtos notificados ou registrados como Saneantes na ANVISA estão dispensados do cumprimento das obrigações de rotulagem preventiva estabelecidas pelos itens 26.2.2, 26.2.2.1, 26.2.2.2 e 26.2.2.3 da norma.

3.3 Ficha com dados de segurança

A ficha com dados de segurança é conhecida como Ficha de Informações de Segurança de Produtos Químicos (FISPQ). Essa ficha deve ser elaborada para todos os produtos químicos classificados como perigosos e também para aqueles não classificados como perigosos, mas cujos usos previstos ou recomendados derem origem a riscos à segurança e à saúde dos trabalhadores.

O formato e o conteúdo da ficha com dados de segurança do produto químico devem seguir o estabelecido pelo SGH.

Os aspectos relativos à ficha com dados de segurança devem atender ao disposto em norma técnica oficial.[2]

Responsabilidade pela elaboração

A responsabilidade pela elaboração e disponibilização da ficha com dados de segurança é do fabricante ou, no caso de importação, do fornecedor nacional do respectivo produto químico.

Misturas

A Ficha com dados de segurança de **misturas** deve conter o nome e a concentração, ou faixa de concentração, das substâncias que:

a) representam perigo para a saúde dos trabalhadores, se estiverem presentes em **concentração igual ou superior** aos valores de corte/limites de concentração estabelecidos pelo GHS para cada classe/categoria de perigo;

b) possuam **limites de exposição** ocupacional estabelecidos.

---

[2] ABNT 14.725-4:2012 e atualizações posteriores: Produtos químicos – Informações sobre segurança, saúde e meio ambiente. Parte 4: Ficha de informações de segurança de produtos químicos (FISPQ).

Treinamento

A organização deve assegurar o acesso dos trabalhadores às fichas com dados de segurança dos produtos químicos que utilizam no local de trabalho.

Os trabalhadores devem receber treinamento:

a) para **compreender** a rotulagem preventiva e a ficha com dados de segurança do produto químico;

b) sobre os perigos, os riscos, as medidas preventivas para o **uso seguro** e os procedimentos para atuação em **situações de emergência** com o produto químico.

NR 28 FISCALIZAÇÃO E PENALIDADES

Classificação: Norma Geral
Última atualização: Portaria MTP 4.406, de 29 de dezembro de 2022

1. INTRODUÇÃO

A NR28 dispõe sobre os procedimentos de fiscalização do cumprimento dos preceitos legais e regulamentares referentes à segurança e saúde do trabalhador e, também, a respeito das penalidades no caso de descumprimento de tais disposições. Além do disposto na norma, os procedimentos de fiscalização também devem se pautar no(a):

- Regulamento da Inspeção do Trabalho – RIT (Decreto 4.552/2002)[1]
- Título VII da CLT (Do Processo de Multas Administrativas)
- Lei 7.855/1989, art. 6.º, § 3.º (Critério da Dupla Visita)

Destaco a desatualização da redação em vigor da NR28, nos seguintes aspectos:

- Os valores impostos pelas multas ainda se baseiam na Unidade de Referência Fiscal (UFIR), extinta em decorrência do § 3.º do art. 29 da Medida Provisória 2095-76. Já as multas aplicadas pelo descumprimento da NR29 – Segurança e Saúde no Trabalho Portuário, com a publicação da Portaria 319/2012, tiveram os respectivos valores atualizados para Reais (R$).
- O chamado agente da inspeção do trabalho, conforme ainda consta no texto da NR28, é o atual Auditor Fiscal do Trabalho (AFT), e a autoridade regional competente é o Superintendente Regional do Trabalho.
- O item 28.1.3 faz referência às normas regulamentadoras rurais, revogadas com a publicação da Portaria 191/2008. Atualmente, os requisitos de segurança e saúde no trabalho rural são determinados pela NR31 – Segurança e saúde no trabalho na agricultura, pecuária silvicultura, exploração florestal e aquicultura.

2. LAVRATURA DO AUTO DE INFRAÇÃO

De acordo com o disposto no art. 628 da CLT:

> *Salvo o disposto nos arts. 627 e 627-A, a toda verificação em que o Auditor-Fiscal do Trabalho concluir pela existência de violação de preceito legal deve corresponder, sob pena de responsabilidade administrativa, a lavratura de auto de infração.*

Isso significa que, considerando as exceções dispostas nos arts. 627 e 627-A, que veremos a seguir, ao constatar a existência de violação à legislação trabalhista para a qual exista no ordenamento jurídico a previsão de penalidade administrativa, o AFT deverá

---

[1] O art. 3.º do RIT revogou os Decretos 55.841/1965 e 97.995/1989, citados no item 28.1.1 da NR28.

624 | SEGURANÇA E SAÚDE NO TRABALHO – *Mara Queiroga Camisassa*

lavrar o correspondente auto de infração. Trata-se de uma atuação explicitada na lei, que não oferece margem de discricionariedade ao agente público. Por esse motivo, o ato de lavrar auto de infração enquadra-se entre os **atos administrativos vinculados**. Não se trata de uma questão de "sensibilidade social" ou "sensibilidade pessoal" do auditor, **nem se sujeita o referido ato a intermediação de uma "livre convicção" do Auditor Fiscal (há livre convicção no que se refere à caracterização ou não da infração trabalhista no caso concreto, mas, uma vez constatada, não há escolha sobre lavrar ou não o auto de infração correspondente)**[2].

Importante destacar que a lavratura do auto de infração não dispensa a empresa de regularizar a situação que o motivou. Caso o empregador insista em não se adequar à legislação (descumprimento reiterado, como veremos a seguir), deverá ser autuado a cada nova fiscalização, até que a situação seja regularizada.

O art. 629 da CLT determina que o auto de infração será lavrado no curso da ação fiscal, preferencialmente, em meio eletrônico, sendo uma via entregue ao infrator, pessoalmente, mediante recibo. Excepcionalmente, poderá ser lavrado por via postal.

Ao processo administrativo gerado pela lavratura do auto de infração poderão ser anexados quaisquer documentos, quer de pormenorização de fatos circunstanciais, quer comprobatórios. O AFT poderá, ainda, no exercício das funções de inspeção do trabalho, usar de todos os meios, inclusive audiovisuais, necessários à comprovação da infração.

Considerando a redação dos arts. 627 e 627-A da CLT, as exceções que se impõem quanto à lavratura do auto de infração são:

– Cabimento de dupla visita;
– Instauração de procedimento especial para ação fiscal.

Vejamos cada uma delas a seguir.

2.1 Dupla visita (CLT, art. 627)

Segundo Amauri Mascaro Nascimento, "a finalidade da fiscalização do trabalho pode ser resumida na tríade orientação, colaboração e punição". Vejam que essas funções se encontram alicerçadas no art. 1.º da Convenção 81 da OIT:

> *1. O sistema de inspeção estará encarregado de:*
>
> *a) zelar pelo cumprimento das disposições legais relativas às condições de trabalho e à proteção dos trabalhadores no exercício de sua profissão, tais como as disposições sobre horas de trabalho, salários, segurança, higiene e bem-estar, emprego de menores e demais disposições afins, na medida em que os inspetores do trabalho estejam encarregados de zelar pelo cumprimento de tais disposições;* (**punição**)
>
> *b) facilitar informação técnica e assessorar os empregadores e os trabalhadores sobre a maneira mais efetiva de cumprir as disposições legais;* (**orientação**)
>
> *c) levar ao conhecimento da autoridade competente as deficiências ou os abusos que não estejam especificamente cobertos pelas disposições legais existentes.* (**colaboração**)

O critério da dupla visita explora o viés da **orientação** da fiscalização do trabalho, e tem por objetivo *instruir* ou *orientar* os empregadores no cumprimento da legislação trabalhista, e surge como uma exceção ao dever legal de autuação. Nesse sentido, dado

---

[2] Nota Técnica DMSC/SIT 62/2010.

o seu caráter excetivo, tem-se que sua aplicação deve seguir estritamente as hipóteses fixadas em lei.

O critério da dupla visita deve ser aplicado nos seguintes casos:

1. Lei nova

- Quando ocorrer promulgação ou expedição de novas leis, regulamentos ou instruções ministeriais, e, no tocante exclusivamente a esses atos, será feita apenas a instrução dos responsáveis (art. 627, "a", da CLT). Segundo o Despacho SEI/ME – 24007758, de 22 de setembro de 2022, por novas leis, regulamentos, instruções ministeriais ou, especificamente, *normas regulamentadoras*, entende-se o ato que compreenda um comando imperativo, abstrato, genérico, impessoal e inovador do conteúdo obrigacional, cujo teor deva ser dado conhecimento a seu destinatário. Dessa forma, evidentemente, não se configura novo conteúdo obrigacional para os fins de dupla visita a mera renumeração de dispositivos já existentes na norma anterior (que vigorou por mais de 90 dias), bem como a mera alteração de seu texto sem modificação da obrigação original. Em outras palavras, o cumprimento do critério da dupla visita deve se dar em relação ao conteúdo obrigacional (dever) da norma.

2. Estabelecimentos recentemente inaugurados ou empreendidos

- Realizando-se a primeira inspeção dos estabelecimentos ou dos locais de trabalho, recentemente inaugurados ou empreendidos *(art. 627, "b", da CLT)*.

Observem que nem a CLT nem a NR28 definem o prazo que deve ser respeitado para a caracterização de lei, regulamento ou instrução ministerial "nova", bem como estabelecimento "recentemente" inaugurado, para fins de aplicação do critério da dupla visita. Encontramos a definição desse prazo pela leitura combinada do art. 23, I e II, e § 1.º, do RIT, apresentados a seguir:

> *Art. 23. Os Auditores Fiscais do Trabalho têm o dever de orientar e advertir as pessoas sujeitas à inspeção do trabalho e os trabalhadores quanto ao cumprimento da legislação trabalhista, e observarão o critério da dupla visita nos seguintes casos:*
>
> *I – quando ocorrer promulgação ou expedição de novas leis, regulamentos ou instruções ministeriais, sendo que, com relação exclusivamente a esses atos, será feita apenas a instrução dos responsáveis;*
>
> *II – quando se tratar de primeira inspeção nos estabelecimentos ou locais de trabalho recentemente inaugurados ou empreendidos;*
>
> *§ 1.º A autuação pelas infrações não dependerá da dupla visita após o decurso do prazo de **noventa dias** da vigência das disposições a que se refere o inciso I ou do efetivo funcionamento do novo estabelecimento ou local de trabalho a que se refere o inciso II (grifo meu).*

Observações importantes:

- 1 – Vejam que, no caso de lei, regulamento ou instrução ministerial nova, os 90 dias são contados da data da sua **vigência**, e não da publicação.
- 2 – Cumpre esclarecer também que a expressão "estabelecimentos recentemente inaugurados ou empreendidos" não deve alcançar estabelecimentos novos de empreendimentos antigos, por exemplo, filial recentemente inaugurada de empresa já estabelecida no mercado. Nesse caso, entende-se que a

oportunidade de esclarecimento da legislação trabalhista já ocorreu no passado quando da instalação do primeiro estabelecimento da empresa. Dessa forma, a expressão "estabelecimentos recentemente inaugurados ou empreendidos" deve abranger apenas novos empreendimentos, com novos estatutos e novos registros.

3 – Destaco que a própria CLT dispõe sobre as seguintes exceções ao critério da dupla visita:

> ➢ Deixar de fazer as anotações obrigatórias na CTPS – Carteira de Trabalho e Previdência Social – conforme art. 29: "*O empregador terá o prazo de 5 (cinco) dias úteis para anotar na CTPS, em relação aos trabalhadores que admitir, a data de admissão, a remuneração e as condições especiais, se houver, facultada a adoção de sistema manual, mecânico ou eletrônico, conforme instruções a serem expedidas pelo Ministério da Economia (Redação dada pela Lei nº 13.874, de 2019)."*

> ➢ Manter trabalhador sem registro conforme o art. 41: "*Em todas as atividades será obrigatório para o empregador o registro dos respectivos trabalhadores, podendo ser adotados livros, fichas ou sistema eletrônico, conforme instruções a serem expedidas pelo Ministério do Trabalho."*

3. Estabelecimentos com até dez empregados

Será observado o critério de dupla visita nas empresas com até dez empregados, salvo quando for constatada infração por falta de registro de empregado, anotação de sua Carteira de Trabalho e Previdência Social e na ocorrência de fraude, resistência ou embaraço à fiscalização (*art. 6.º, § 3.º, Lei 7.855/1989*).

4. Microempresa e Empresa de Pequeno Porte

O art. 55, § 1.º, da Lei Complementar 123/2006, que instituiu o Estatuto Nacional da Microempresa e da Empresa de Pequeno Porte, também estabelece que o critério da dupla visita deve ser observado nas fiscalizações a essas empresas nos seguintes termos:

*Art. 55. A fiscalização, no que se refere aos aspectos trabalhista, metrológico, sanitário, ambiental, de segurança, de relações de consumo e de uso e ocupação do solo das microempresas e das empresas de pequeno porte, deverá ser prioritariamente **orientadora** quando a atividade ou situação, por sua natureza, comportar grau de risco compatível com esse procedimento. (grifo acrescentado)*

§ 1.º Será observado o critério de dupla visita para lavratura de autos de infração, salvo quando for constatada infração por falta de registro de empregado ou anotação da Carteira de Trabalho e Previdência Social – CTPS, ou, ainda, na ocorrência de reincidência, fraude, resistência ou embaraço à fiscalização.

Caso o critério da dupla visita não seja observado de acordo com o disposto no art. 55, o auto de infração lavrado será considerado nulo, independentemente da natureza principal ou acessória da obrigação, objeto da autuação.

Entretanto, a aplicação do art. 55 poderá não se estender a microempresas e empresas de pequeno porte que realizem atividades econômicas cujo grau de risco seja considerado alto. Vejam a redação do § 3.º:

§ 3.º Os órgãos e entidades competentes definirão, em 12 (doze) meses, as atividades e situações cujo grau de risco seja considerado alto, as quais não se sujeitarão ao disposto neste artigo.

Finalmente, destaco o Capítulo VI da Portaria MTP 671, publicada em 8 de novembro de 2021, que trata da *Fiscalização orientadora em microempresas e empresas de pequeno porte*. Este capítulo estabelece as situações que, por sua natureza, não sujeitam as microempresas e empresas de pequeno porte à fiscalização prioritariamente orientadora, prevista no art. 55 da Lei Complementar 123, de 2006. Segundo o art. 300 do Capítulo VI, o benefício da dupla visita <u>não será aplicado</u> a estas organizações quando constatado trabalho em condições análogas às de escravo ou trabalho infantil, bem como para as infrações relacionadas a:

I – atraso no pagamento de salário;

II – acidente de trabalho, no que tange aos fatores diretamente relacionados ao evento, com consequência:

    a) significativa – lesão à integridade física ou à saúde, que implique incapacidade temporária por prazo superior a quinze dias;

    b) severa – que prejudique a integridade física ou a saúde, que provoque lesão ou sequela permanentes; ou

    c) fatal;

III – risco grave e iminente à segurança e saúde do trabalhador, conforme irregularidades indicadas em relatório técnico, nos termos da Norma Regulamentadora – NR3, aprovada pela Portaria SEPRT 1.068, de 23 de setembro de 2019; e

IV – descumprimento de embargo ou interdição.

O critério da dupla visita também se encontra positivado na Lei 5.889.

2.2 Procedimento Especial para Ação Fiscal (CLT, art. 627-A)

A instauração de Procedimento Especial para Ação Fiscal tem como objetivo a orientação sobre o cumprimento das leis de proteção ao trabalho, bem como a prevenção e o saneamento de infrações à legislação mediante Termo de Compromisso. Tal procedimento poderá ser instaurado pelo Auditor Fiscal do Trabalho quando concluir pela ocorrência de motivo grave ou relevante que impossibilite ou dificulte o cumprimento da legislação trabalhista por pessoas ou setor econômico sujeito à inspeção do trabalho, com anuência da chefia imediata[3].

3. NOTIFICAÇÃO

Vimos que o Auditor Fiscal do Trabalho deverá lavrar o respectivo auto de infração à vista de descumprimento dos preceitos legais e/ou regulamentares com exceção das situações em que a dupla visita deve ser considerada. Entretanto, o item 28.1.4 permite que o AFT, com base em critérios técnicos, notifique os empregadores concedendo prazo máximo de 60 dias para a regularização das situações em desconformidade com as normas, encontradas durante a ação fiscalizatória. Ou seja, o AFT deverá autuar pelo descumprimento de algumas disposições das NRs, mas poderá conceder prazo para regularização de outras, com base em critérios técnicos.

---

[3] Decreto 4.552, de 27 de dezembro de 2002, art. 28. Regulamento da Inspeção do Trabalho.

A concessão de prazo para regularização é uma faculdade do AFT, mas, a partir do momento em que ele decide conceder essa oportunidade ao empregador, o que era faculdade torna-se ato vinculado, não sendo possível a lavratura de auto de infração se a irregularidade for sanada dentro do prazo concedido, em razão da proibição da prática de atos contraditórios. Depois de ter sido notificada, a empresa poderá apresentar solicitação de prorrogação do prazo. Essa solicitação deverá:

– ser apresentada por escrito;
– indicar os motivos relevantes para a prorrogação;
– ser apresentada em até dez dias do recebimento da notificação.

Diante dessa solicitação, a autoridade regional competente do Estado onde se localiza a empresa notificada poderá conceder prorrogação para cumprimento da notificação, por até 120 dias, contados da data do Termo de Notificação. É possível a concessão de prazos superiores a 120 dias, condicionada à prévia negociação entre o notificado e o sindicato representante da categoria dos empregados, com a presença da autoridade regional competente.

4. EMBARGO E INTERDIÇÃO

Sobre o assunto embargo e interdição, a NR28 reproduz algumas determinações do art. 161 da CLT, que trata especificamente desse assunto. Segundo a redação do caput desse artigo:

> *O Delegado Regional do Trabalho, à vista do laudo técnico do serviço competente que demonstre grave e iminente risco para o trabalhador, poderá interditar estabelecimento, setor de serviço, máquina ou equipamento, ou embargar obra, indicando na decisão, tomada com a brevidade que a ocorrência exigir, as providências que deverão ser adotadas para prevenção de infortúnios de trabalho.*

Para informações detalhadas sobre os procedimentos de Embargo e Interdição, remeto o leitor para o capítulo da NR3.

5. DESCUMPRIMENTO REITERADO

Caso o AFT constate descumprimento reiterado das disposições legais e/ou regulamentares sobre segurança e saúde do trabalho, deverá apresentar relatório circunstanciado ao Superintendente Regional do Trabalho.

Mas o que é descumprimento reiterado? O item 28.2.3.1 dispõe que o descumprimento reiterado restará caracterizado quando ocorrer uma das seguintes situações:

- Lavratura do auto de infração por três vezes pelo descumprimento do mesmo item de NR;
- Negligência do empregador em cumprir as disposições legais e/ou regulamentares sobre segurança e saúde do trabalhador, violando-as reiteradamente, deixando de atender às advertências, intimações ou sanções e sob reiterada ação fiscal por parte dos agentes da inspeção do trabalho.

À vista do relatório circunstanciado, o Superintendente Regional do Trabalho poderá convocar representante legal da empresa para apurar o motivo da irregularidade e propor solução para corrigir as situações que estejam em desacordo com exigências legais.

6. PENALIDADES

As infrações às normas de segurança e saúde no trabalho são punidas com multas pecuniárias, cujos valores são previstos na NR28, de acordo com cada infração. Já as penalidades referentes ao descumprimento da legislação trabalhista encontram-se em legislação esparsa.

Importante ressaltar também que a lavratura do auto de infração não se confunde com a imposição da multa. O primeiro é ato privativo do AFT, o segundo cabe à autoridade regional.

Caso o auto de infração lavrado seja considerado procedente, transcorrido o prazo para ampla defesa e contraditório pelo empregador, a autoridade regional impõe ao empregador a multa. Caso a multa não seja quitada, o débito é encaminhado à Procuradoria da Fazenda Nacional (PFN), órgão responsável pela inscrição em Dívida Ativa e cobrança executiva.

A multa varia entre um valor mínimo e máximo e também em função da infração cometida (se "mais grave" ou "menos grave"), se relativa à segurança do trabalho ou à saúde (medicina) do trabalho e também em função da quantidade de empregados da empresa (quantidade total, incluindo matriz e filiais). As multas ainda são expressas em BTN[4] (Bônus do Tesouro Nacional), exceto no caso da NR29 que, como dito anteriormente, com a publicação da Portaria 319/2012, passou a ter as multas expressas em reais (R$). A tabela a seguir (Anexo I da NR28) apresenta a gradação das multas em função da quantidade de empregados:

GRADAÇÃO DE MULTAS (EM BTN)*							
Número de Empregados	SEGURANÇA DO TRABALHO				MEDICINA DO TRABALHO			
	I_1	I_2	I_3	I_4	I_1	I_2	I_3	I_4
01-10	630-729	1129-1393	1691-2091	2252-2792	378-482	676-839	1015-1254	1350-1680
11-25	730-830	1394-1664	2092-2495	2793-3334	429-498	840-1002	1255-1500	1681-1998
26-50	831-963	1665-1935	2496-2898	3335-3876	499-580	1003-1166	1501-1746	1999-2320
51-100	964-1104	1936-2200	2899-3302	3877-4418	581-662	1176-1324	1747-1986	2321-2648
101-250	1105-1241	2201-2471	3303-3717	4419-4948	663-744	1325-1482	1987-2225	2649-2976
251-500	1242-1374	2472-2748	3719-4121	4949-5490	745-826	1483-1646	2226-2471	2977-3297
501-1000	1375-1507	2749-3020	4122-4525	5491-6033	827-906	1647-1810	2472-2717	3298-3618
Mais de 1000	1508-1646	3021-3284	4526-4929	6034-6304	907-990	1811-1973	2718-2957	3619-3782

O Anexo II da NR28 estabelece a gradação (1 a 4) relativa a cada infração. A seguir, apresento um excerto deste anexo referente às infrações da NR1:

---

[4] A Lei 8.177/1991 extinguiu o BTN e determinou sua conversão para "cruzeiros". Em 1991, foi promulgada a Lei 8.383, que instituiu a UFIR (Unidade Fiscal de Referência) como parâmetro de atualização monetária de tributos e de valores expressos em cruzeiros na legislação tributária federal, bem como os relativos a multas e penalidades de qualquer natureza; o valor em BTN passou então a ser expresso em UFIR com conversão de 1 para 1. Em 1997, foi publicada a Portaria Ministerial 290 que estabeleceu os valores em UFIR para as multas administrativas previstas na legislação trabalhista. Finalmente, em 2002, a Lei 10.522 extinguiu a UFIR, sendo que a conversão de UFIR em Real correspondeu a R$1,0641. Apesar de ter sido extinto há mais de 20 anos, o BTN ainda consta na NR28 como parâmetro de valoração das multas.

NR 1			
Item/subitem	Código	Infração	Tipo
1.4.1, alínea "a"	101049-2	3	S
1.4.1, alínea "b", incisos I, II, III e IV	101050-6	3	S
1.4.1, alínea "c"	101051-4	2	S
1.4.1, alínea "d"	101052-2	2	S
1.4.1, alínea "e"	101053-0	4	S
1.4.1, alínea "f", e 1.6.5	101054-9	2	S
1.4.1, alínea "g", incisos I, II, III e IV	101055-7	3	S

Na tabela anterior temos que:

Item/Subitem:	Item, subitem e alínea da NR infringida
Código:	Código da ementa a ser indicada no auto de infração.
Infração:	Gradação (1 a 4)
Tipo:	S (segurança) ou M (Medicina)

NR 29 SEGURANÇA E SAÚDE NO TRABALHO PORTUÁRIO

Classificação: Norma Setorial
Última atualização: Portaria MTP 4.219, de 20 de dezembro de 2022

1. BREVE HISTÓRICO DO TRABALHO PORTUÁRIO BRASILEIRO

Segundo o *Manual do Trabalho Portuário e Ementário* (BRASIL, 2001, p. 10-12), no mundo, desde a idade antiga, a movimentação de cargas pelo meio aquaviário é explorada comercialmente. Isso fez com que se criassem, inicialmente, as corporações de carregadores e, com o passar dos anos, surgiram outras categorias de trabalhadores que desempenhavam as suas atividades nos portos.

Em 28 de janeiro de 1908, D. João VI, Rei de Portugal, assinou Carta Régia abrindo os portos brasileiros às nações amigas. Esta abertura foi o impulso que o nosso incipiente comércio exterior necessitava para se desenvolver. Com a abertura dos portos brasileiros, se intensificou a necessidade do trabalho portuário, pois, até então, os serviços de carga e descarga de mercadorias eram efetuados pela própria tripulação das embarcações.

O marco inicial da fiscalização do trabalho portuário no Brasil ocorreu com a publicação do Decreto 23.259, de 20 de outubro de 1933, e a correspondente criação das Delegacias de Trabalho Marítimo. Segundo o art. 1.º deste Decreto:

> Art. 1.º Os serviços de inspeção, disciplina e policiamento do trabalho nos portos incumbirão a órgãos, que, sob a denominação de Delegacias de Trabalho Marítimo, são instituídos pelo presente decreto; e irão sendo organizados consoante as necessidades públicas.

As Delegacias de Trabalho Marítimo (DTM) tinham como função fiscalizar o cumprimento das normas trabalhistas no contexto portuário, tanto no litoral quanto em rios nos quais se verificasse atividades de cabotagem. Cabia ao Delegado de Trabalho Marítimo, dentre outras atribuições relativas ao respectivo porto, a fixação do número de estivadores necessários à movimentação das cargas, fiscalização da jornada de trabalho e fixação da tabela de remuneração.

Com a promulgação da Constituição Federal (1988), o Estado deixa de regulamentar e de intervir no trabalho portuário, delegando aos sindicatos envolvidos a condução do trabalho nos portos. Em decorrência dessa nova ordem, em 1989 foram extintas as Delegacias do Trabalho Marítimo, visto que não mais necessárias, sobretudo no que se referia ao caráter intervencionista nas relações de trabalho até então vigente[1].

Nova mudança significativa ocorreu em 1993, com a publicação da Lei 8.630/1993, conhecida como Lei da Modernização dos Portos, devido à ruptura com o sistema legal

---

[1] MIRANDA, Roberto Sales de. Aspectos do trabalho portuário do Brasil: a contratação de aprendizes na área portuária. *Revista da Escola Nacional de Inspeção do Trabalho* ano 5.

anterior. A partir daí, foi enfatizada a negociação coletiva no setor portuário e criada a figura do Órgão Gestor de Mão de Obra (OGMO) nos portos organizados, que passou a ser o responsável pela intermediação da mão de obra dos trabalhadores avulsos[2], incluindo as atribuições de administração e fornecimento da mão de obra portuária avulsa, controle dos rodízios, remuneração, recolhimento de encargos e responsabilidade pelo cumprimento das normas de segurança e saúde.

O OGMO é pessoa jurídica de direito privado, sem fins lucrativos, revestida de interesse público. Esse órgão deve ser constituído pelo Operador Portuário com o objetivo de administrar o trabalho portuário conforme determina o art. 32 da Lei 12.815/2013, que regulamenta, entre outras, as atividades por ele desempenhadas:

> *Lei 12.815/2013, art. 32. Os operadores portuários devem constituir em cada porto organizado um órgão de gestão de mão de obra do trabalho portuário [...].*

Em 2013, a Lei 8.630/1993 foi revogada pela Lei 12.815/2013, denominada Lei dos Portos, que passou a disciplinar o tema, regulamentando a exploração pela União, direta ou indiretamente, dos portos e instalações portuárias e as atividades desempenhadas pelos operadores portuários. Segundo o art. 30 da Lei 12.815/2013:

> *Art. 33. Compete ao órgão de gestão de mão de obra do trabalho portuário avulso:*
> *V – zelar pelas normas de saúde, higiene e segurança no trabalho portuário avulso;*

2. OBJETIVO

A NR29 é uma norma setorial que tem por objetivo estabelecer as medidas de prevenção em segurança e saúde no trabalho portuário e as diretrizes para a implementação do gerenciamento dos riscos ocupacionais nos ambientes de trabalho.

Os trabalhadores **portuários** são responsáveis pela movimentação e/ou armazenagem de mercadorias destinadas ou provenientes de transporte **aquaviário**. Eles executam suas atividades tanto em terra (serviços de capatazia) quanto a bordo de embarcações atracadas (serviços de estiva).

Mas não devemos confundi-los com os trabalhadores **aquaviários**, que são aqueles que executam atividades a bordo de embarcações (não atracadas) e plataformas e cuja proteção é tratada pela NR30 – Segurança e Saúde no Trabalho Aquaviário.

Os trabalhadores portuários se dividem em *trabalhadores portuários com vínculo empregatício por prazo indeterminado* e *trabalhadores portuários avulsos*, conforme o disposto no art. 40 da Lei 12.815/2013:

> *Art. 40. O trabalho portuário de capatazia, estiva, conferência de carga, conserto de carga, bloco e vigilância de embarcações, nos portos organizados, será realizado por trabalhadores portuários com **vínculo empregatício por prazo indeterminado e por trabalhadores portuários avulsos**. (grifos acrescentados)*

Segundo o art. 9.º, VI, "a" do Decreto 3.048/1999, trabalhador **avulso** é aquele que, "sindicalizado ou não, preste serviço de natureza urbana ou rural a diversas empresas, ou

---

[2] Em 26 de fevereiro de 2021, o Tribunal Superior do Trabalho – TST – Processo TST-RO-0000636-89.2018.5.08.0000 (Brasil, 2018), decidiu, por unanimidade, que os sindicatos representantes da mão de obra avulsa no setor portuário têm legitimidade para intermediar o fornecimento de trabalhadores para os operadores portuários, precedendo o OGMO, desde que prevista em instrumento coletivo de trabalho, conforme expressamente autorizado pelo art. 32, parágrafo único, da Lei 12.815/2013 (Brasil, 2013).

equiparados, sem vínculo empregatício, com intermediação obrigatória do **órgão gestor de mão de obra**, nos termos do disposto na Lei n.º 12.815, de 5 de junho de 2013, ou do sindicato da categoria [...]".

No Brasil temos a predominância da mão de obra avulsa nos portos organizados. A alta rotatividade desses trabalhadores repercute na efetiva implementação das normas de segurança e saúde. Os trabalhadores portuários estão expostos aos mais diversos fatores de riscos como a exposição a agentes químicos, a agentes físicos (calor, ruídos, vibrações) e também a exposição a riscos relacionados a fatores ergonômicos e de acidentes, como queda de altura, choque elétrico e escorregamento, além de incêndios e explosões decorrentes da movimentação de cargas perigosas como inflamáveis e explosivos.

3. CAMPO DE APLICAÇÃO

A NR29 se aplica ao **trabalho portuário**, tanto a bordo como em terra, assim como às demais atividades nos portos e nas instalações portuárias, públicas ou privadas, situadas dentro ou fora da área do porto organizado, e nos terminais retroportuários.

Segundo o Glossário, trabalho portuário se refere às atividades exclusivas definidas em lei especial relacionadas aos serviços de capatazia, estiva, conferência de carga, conserto de carga, bloco e vigilância de embarcações, nos portos organizados e instalações portuárias.

Já vimos que a norma traz vários termos específicos da atividade, é importante o entendimento de cada um deles:

> **Porto** é o local situado em baía, angra, enseada, foz ou margens de rios, que ofereça proteção natural ou artificial contra ventos, marés, ondas e correntes, e ofereça instalações para atracação e amarração de embarcações, áreas de armazenagem e equipamentos de movimentação de carga, que possibilite o embarque e desembarque de mercadorias, cargas diversas e passageiros;

> **Instalação portuária** é a instalação localizada dentro ou fora da área do porto organizado e utilizada em movimentação de passageiros, em movimentação ou armazenagem de mercadorias e cargas diversas destinadas ou provenientes de transporte aquaviário;

> **Porto organizado** é o bem público construído e aparelhado para atender a necessidades de navegação, de movimentação de passageiros ou de movimentação e armazenagem de mercadorias, e cujo tráfego e operações portuárias estejam sob jurisdição de autoridade portuária;

> **Terminal retroportuário** é o estabelecimento situado próximo a um porto organizado ou a uma instalação portuária, compreendida no perímetro de cinco quilômetros dos limites da zona primária, com área demarcada pela autoridade aduaneira local, no qual são executados os serviços de operação, sob controle aduaneiro, com carga de importação e exportação, embarcadas em contêiner, reboque ou semirreboque.

4. TERMOS TÉCNICOS

Agulheiros ou escotilhão: pequenas escotilhas utilizadas para trânsito de pessoal entre pavimentos da embarcação, entre eles o porão; abertura circular ou elíptica, para acesso aos compartimentos da embarcação normalmente não habitados ou frequentados.

Atracação: manobra de fixação da embarcação ao cais.

Berço: qualquer doca, píer, molhe, cais, terminal marítimo, ou estrutura similar flutuante ou não, em que uma embarcação possa atracar com segurança.

Capatazia: movimentação de cargas em terra.

Escada Quebra-peito (escada de marinheiro): escada vertical utilizada para subida e descida, esporádicas, de embarcações, construídas de cordas e madeira, obedecendo a normas marítimas internacionais.

Estiva (estivagem): atividade de movimentação de mercadorias ou cargas diversas nos conveses e nos porões das embarcações, nas operações de carga e descarga, incluindo arrumação, peação e despeação.

Normas da Autoridade Marítima (NORMAN): normas estabelecidas pela autoridade marítima brasileira, com os objetivos de salvaguarda da vida humana e segurança da navegação no mar aberto e hidrovias interiores, bem como pela prevenção da poluição ambiental causada por embarcações, plataformas e suas instalações de apoio, além de outros cometimentos a ela conferidos pela legislação.

Peação: fixação da carga nos porões e conveses da embarcação, visando evitar seu deslocamento e possível avaria em razão dos movimentos da embarcação, objetivando sua preservação e a segurança da navegação.

Portaló: local de entrada da embarcação, onde desemboca a escada que liga o cais à embarcação.

Terminal de uso privado: instalação portuária explorada mediante autorização e localizada fora da área do porto organizado.

Trabalhador capacitado: aquele que recebe capacitação sob orientação e responsabilidade de profissional legalmente habilitado.

Trabalhador qualificado: aquele que comprova conclusão de curso específico para sua atividade em instituição reconhecida pelo sistema oficial de ensino.

Trabalhador portuário: profissional treinado e habilitado para executar as atividades relacionadas ao trabalho portuário, com vínculo empregatício por prazo indeterminado ou avulso, conforme definido em lei especial.

Vigia de portaló: vigia portuário que fica no controle de entrada e saída de pessoas junto à escada de portaló.

5. COMPETÊNCIAS E RESPONSABILIDADES

Os operadores portuários, os tomadores de serviço, os empregadores e o OGMO devem colaborar no cumprimento da NR29 e das demais normas regulamentadoras de segurança e saúde no trabalho.

A operação portuária somente poderá ser iniciada após o comandante da embarcação ou seus prepostos garantirem condições seguras de funcionamento dos equipamentos da embarcação e das áreas da embarcação em que houver sido autorizada a circulação ou permanência dos trabalhadores portuários.

No caso de solicitação de serviços para sindicato dos trabalhadores, mediante contrato, acordo ou convenção coletiva de trabalho, as responsabilidades previstas nesta NR serão do respectivo tomador de serviços.

NR 29 • SEGURANÇA E SAÚDE NO TRABALHO PORTUÁRIO | 635

5.1 Dos operadores portuários e tomadores de serviço

Segundo o Glossário, **tomador de serviço** é a pessoa física ou jurídica que requisita Trabalhador Portuário Avulso (TPA) junto ao OGMO para a execução de operações portuárias fora do Porto Organizado, como ocorre nos Terminais de Uso Privado – TUP. Em alguns portos organizados a requisição de TPA pode ocorrer para movimentar cargas diversas, exemplo de movimentações de carga *offshore* e de rancho (material de bordo).

Compete aos operadores portuários e tomadores de serviço com relação aos trabalhadores avulsos:

a) cumprir e fazer cumprir a NR29 e as demais disposições legais de segurança e saúde aplicáveis ao trabalho portuário;

b) assegurar que as operações ocorram após a implementação das medidas de prevenção, conforme previsto na NR1 (Disposições Gerais e Gerenciamento de Riscos Ocupacionais); e

c) realizar operação portuária com os trabalhadores utilizando corretamente os equipamentos de proteção individual, devendo atender à NR6 (Equipamento de Proteção Individual – EPI).

5.2 Do OGMO com relação aos seus trabalhadores avulsos

a) participar, com os operadores portuários e tomadores de serviço, da definição das medidas de prevenção, nos termos da NR1;

b) proporcionar a todos os trabalhadores formação sobre segurança e saúde no trabalho portuário, conforme previsto nesta NR;

c) escalar trabalhadores capacitados, conforme os riscos informados pelo operador portuário ou tomador de serviço;

d) atender à NR6 em relação ao EPI;

e) elaborar e implementar o Programa de Controle Médico de Saúde Ocupacional – PCMSO, observado o disposto na NR7; e

f) notificar o operador portuário ou tomador de serviço na eventualidade de descumprimento desta NR ou demais disposições legais de segurança e saúde dos trabalhadores.

O OGMO também deve oferecer capacitações aos trabalhadores avulsos quanto às normas de segurança e saúde no trabalho para fins de engajamento do trabalhador no serviço, e somente poderá escalar trabalhadores nas atividades que estes estejam capacitados.

5.3 Dos trabalhadores

a) cumprir as disposições da NR29, bem como as demais disposições legais de segurança e saúde no trabalho, no que lhe couber;

b) informar ao responsável pela operação, as avarias ou deficiências observadas que possam constituir risco para o trabalhador ou para operação; e

SEGURANÇA E SAÚDE NO TRABALHO – *Mara Queiroga Camisassa*

c) utilizar corretamente os dispositivos de segurança, EPI e Equipamentos de Proteção Coletiva – EPC, que lhes sejam fornecidos[3], bem como as instalações que lhes forem destinadas.

5.4 Da administração portuária

As administrações portuárias, dentro dos limites da área do porto organizado, devem zelar para que os seus serviços estejam em conformidade com a NR29 e demais normas regulamentadoras. Compete também à administração do porto garantir infraestrutura adequada para a realização segura da atividade portuária em suas instalações, inclusive aquelas dedicadas às situações de emergência previstas nos planos de controle de emergência.

6. PROGRAMA DE GERENCIAMENTO DE RISCOS

O operador portuário, o tomador de serviço e o empregador devem:

a) elaborar e implementar o Programa de Gerenciamento de Riscos – PGR, no ambiente de trabalho portuário, observado o disposto na NR1;

b) considerar em seus programas as informações sobre riscos ocupacionais que impactam nas operações portuárias, fornecidas pelo OGMO e pela administração portuária, em relação às suas atividades; e

c) fornecer as informações dos riscos ocupacionais sob sua gestão que possam impactar as atividades da administração portuária e do OGMO.

O operador portuário e o tomador de serviço devem incluir as atividades do trabalho avulso em seu PGR.

A administração portuária deve:

a) elaborar e implementar o PGR nos portos organizados, nos termos da NR1, levando em consideração as informações dos riscos ocupacionais que possam impactar nas operações portuárias fornecidas pelos operadores portuários, tomadores de serviço, empregadores e OGMO; e

b) fornecer as informações sobre riscos ocupacionais que impactam na operação portuária aos operadores portuários, tomadores de serviço, empregadores e ao OGMO.

O OGMO deve:

a) elaborar e implementar o PGR levando em consideração as informações sobre riscos ocupacionais fornecidas pelos operadores portuários, tomadores de serviço e pela administração portuária; e

b) fornecer as informações sobre riscos ocupacionais que impactam na operação portuária aos operadores portuários, tomadores de serviço, empregadores e nas atividades da administração portuária.

---

[3] Vemos aqui uma atecnia significativa na redação da NR29, uma vez que EPCs não são fornecidos aos trabalhadores, e sim, instalados no ambiente de trabalho.

NR 29 · SEGURANÇA E SAÚDE NO TRABALHO PORTUÁRIO | 637

O operador portuário, o tomador de serviço e o empregador devem elaborar e manter de forma acessível aos trabalhadores os seguintes procedimentos:

a) acesso seguro a embarcações;

b) transporte, movimentação, armazenamento e manuseio seguro de cargas;

c) segurança do trabalho portuário executado nos porões das embarcações;

d) segurança do trabalho portuário executado em espaço confinado, nos termos da NR33 – Segurança e Saúde nos Trabalhos em Espaços Confinados;

e) segurança para a execução do trabalho portuário em condições climáticas e ambientais adversas e interrupção das atividades nessas situações, quando comprometerem a segurança dos trabalhadores; e

f) segurança para as operações com cargas perigosas.

7. SERVIÇO ESPECIALIZADO EM SEGURANÇA E SAÚDE DO TRABALHADOR PORTUÁRIO (SESSTP)

O SESSTP é um serviço que alcança apenas os **trabalhadores portuários avulsos** e deve ser constituído pelo OGMO, de acordo com o dimensionamento mínimo constante do Quadro I do Anexo I, apresentado a seguir. Porém, o OGMO também tem trabalhadores próprios, celetistas. Para a assistência a estes trabalhadores, o OGMO deve constituir SESMT, nos termos do disposto na NR4, conforme apresentado no próximo item.

Aplicam-se ao SESSTP as disposições da NR4 naquilo que não lhe forem contrárias.

7.1 Dimensionamento

A base de cálculo do SESSTP corresponde à média aritmética obtida pela divisão do número de trabalhadores avulsos tomados no ano civil anterior (1.º de janeiro a 31 de dezembro) pelo número de dias efetivamente trabalhados. Acima de três mil e quinhentos trabalhadores para cada grupo de dois mil trabalhadores, ou fração acima de quinhentos, haverá um acréscimo de um profissional especializado por função, exceto no caso do Técnico de Segurança do Trabalho, no qual haverá um acréscimo de três profissionais.

No caso de instalações portuárias em início de operação, o dimensionamento terá por base o número estimado de trabalhadores avulsos a serem tomados no ano.

ANEXO I
DIMENSIONAMENTO DO SESSTP

PROFISSIONAIS ESPECIALIZADOS	NÚMEROS DE TRABALHADORES			
	20 – 250	251 – 750	751 – 2000	2001 – 3500
Engenheiro de Segurança do Trabalho	----	01	02	03
Técnico de Segurança do Trabalho	01	02	04	11
Médico do Trabalho	----	01*	02	03
Enfermeiro do Trabalho	----	----	01	03
Auxiliar/Técnico de Enfermagem do Trabalho	01	01	02	04

* horário parcial 3 horas.

SEGURANÇA E SAÚDE NO TRABALHO – *Mara Queiroga Camisassa*

Observações importantes sobre o dimensionamento do SESSTP:

- A constituição do SESSTP é obrigatória a partir de 20 empregados, e não a partir de 50 empregados, como é o caso das empresas urbanas que se subordinam à NR4;
- O único profissional com previsão de trabalho parcial (três horas) no SESSTP é o Médico do Trabalho. Todos os demais membros devem cumprir jornada de tempo integral. Lembrando que, no caso do SESMT das empresas urbanas, existe previsão de trabalho a tempo parcial tanto para o Médico do Trabalho quanto para o Engenheiro de Segurança e o Enfermeiro do Trabalho;
- A composição inicial do SESSTP se dá com um Técnico de Segurança e um Auxiliar de Enfermagem do Trabalho (no caso do SESMT das empresas urbanas a composição inicial se dá com apenas um Técnico de Segurança);
- Somente a partir de 251 empregados a composição do SESSTP contará com a participação de um profissional de nível superior.

7.2 Custeio

O custeio do SESSTP será dividido proporcionalmente de acordo com o número de trabalhadores utilizados pelos OGMO, os operadores portuários e os tomadores de serviço, por ocasião da arrecadação dos valores relativos à remuneração dos trabalhadores.

Os operadores portuários, as administrações portuárias e os terminais de uso privado podem firmar convênios para compor o SESSTP local com seus profissionais, a ser coordenado pelo OGMO.

7.3 Atribuições

Compete aos profissionais integrantes do SESSTP as mesmas atribuições do SESMT, nos termos da NR4 e também a realização de inspeção das condições de segurança nas operações portuárias. Esta inspeção deve ser previamente realizada na atracação e a bordo das embarcações e quando houver alterações nas operações portuárias.

A inspeção das condições de segurança deve atender aos seguintes requisitos:

a) verificação das condições para realização das atividades, adotando as medidas necessárias, de acordo com os procedimentos estabelecidos no subitem 29.4.6 da norma[4];

b) identificação de condições impeditivas, devendo a permissão para a execução ou retomada dos trabalhos ocorrer após a adoção de medidas de prevenção; e

c) verificação da necessidade de sinalização de segurança em razão de olhais, escadas, tubulações, aberturas e cantos vivos e execução das medidas, quando for o caso.

---

[4] "Item 29.4.6 O operador portuário, o tomador de serviço e o empregador devem elaborar e manter de forma acessível aos trabalhadores os seguintes procedimentos: a) acesso seguro a embarcações; b) transporte, movimentação, armazenamento e manuseio seguro de cargas; c) segurança do trabalho portuário executado nos porões das embarcações; d) segurança do trabalho portuário executado em espaço confinado, nos termos da NR-33 – Segurança e Saúde nos Trabalhos em Espaços Confinados; e) segurança para a execução do trabalho portuário em condições climáticas e ambientais adversas e interrupção das atividades nessas situações, quando comprometerem a segurança dos trabalhadores; e f) segurança para as operações com cargas perigosas."

NR 29 • SEGURANÇA E SAÚDE NO TRABALHO PORTUÁRIO | **639**

Quando identificados perigos ou riscos adicionais, os integrantes do SESSTP devem:

a) imediatamente adotar medidas de prevenção específicas; e

b) se os riscos não estiverem previstos no PGR, revisar o PGR e os procedimentos.

A inspeção das condições de segurança deve observar o Código Marítimo Internacional para Cargas Sólidas à Granel – MSBC, o Código Marítimo Internacional para Cargas Perigosas – IMDG e as informações de segurança disponibilizadas pelo expedidor de carga.

Os resultados da inspeção devem ser registrados em relatório a ser entregue para a pessoa responsável. Deve ser feita nova inspeção sempre que os trabalhadores verificarem a ocorrência de situações que considerarem representar risco para a sua segurança e saúde ou para a de terceiros.

8. SERVIÇOS ESPECIALIZADOS EM ENGENHARIA DE SEGURANÇA E EM MEDICINA DO TRABALHO (SESMT)

A administração portuária, o OGMO, os operadores portuários e os titulares de instalações portuárias autorizadas devem constituir SESMT para seus **empregados próprios**, de acordo com as disposições da NR4.

8.1. Dimensionamento de Engenheiros de Segurança do Trabalho e Técnicos de Segurança do Trabalho

Além do disposto na NR4, para o dimensionamento dos Engenheiros de Segurança do Trabalho e Técnicos de Segurança do Trabalho do SESMT, deve ser considerada a soma dos seguintes fatores:

a) média aritmética obtida pela divisão entre o número de trabalhadores avulsos tomados no ano civil anterior e o número de dias efetivamente trabalhados; e

b) média do número de empregados portuários com vínculo empregatício do ano civil anterior.

8.2. Atribuições

A inspeção das condições de segurança em instalações de operadores portuários que exploram área no porto organizado e de titulares de instalações portuárias autorizadas deve ser realizada pelos membros do SESMT, em relação a seus empregados; em relação aos trabalhadores avulsos esta inspeção deve ser realizada em conjunto com os respectivos SESSTP.

9. COMISSÃO DE PREVENÇÃO DE ACIDENTES NO TRABALHO PORTUÁRIO – CPATP

Vimos no capítulo da NR5 que a CIPA deve ser constituída por estabelecimento. No caso do trabalho portuário, a comissão, chamada CPATP – Comissão de Prevenção de Acidentes no Trabalho Portuário deve ser constituída por OGMO.

Sendo assim, tanto o OGMO quanto os operadores portuários e os tomadores de serviço ficam obrigados a organizar e manter em funcionamento a CPATP, por OGMO.

640 | SEGURANÇA E SAÚDE NO TRABALHO – *Mara Queiroga Camisassa*

A participação dos operadores portuários e dos tomadores de serviço na CPATP não os desobriga de constituir a CIPA para seus empregados próprios, nos termos da NR5.

As disposições da NR5, enquanto norma geral, se aplicam à CPATP no que não lhe for contrário.

9.1. Objetivo

A CPATP tem como objetivo a prevenção de acidentes e doenças relacionadas ao trabalho, de modo a tornar compatível permanentemente o trabalho com a preservação da vida e da saúde do trabalhador.

9.2. Dimensionamento

A CPATP deve ser constituída de forma paritária, por representantes dos trabalhadores portuários avulsos e por representantes dos operadores portuários e tomadores de serviço integrantes do OGMO, dimensionado, minimamente, de acordo com a tabela a seguir:

ANEXO II
DIMENSIONAMENTO DA CPATP

NÚMERO MÉDIO DE TRABALHADORES AVULSOS	20 a 50	51 a 100	101 a 500	501 a 1.000	1.001 a 2.000	2.001 a 5.000	5.001 a 10.000	ACIMA DE 10.000 A CADA GRUPO DE 2.500 ACRESCENTAR
Número de representantes titulares dos operadores portuários e dos tomadores de serviços	1	2	4	6	9	12	15	2
Número de representantes titulares dos trabalhadores avulsos	1	2	4	6	9	12	15	2

A duração do mandato será de dois anos, permitida uma reeleição.

A quantidade de suplentes deve ser a mesma quantidade dos membros titulares. Haverá na CPATP tantos suplentes quantos forem os representantes titulares.

A composição dos titulares da CPATP obedecerá a critérios que garantam a representação das atividades portuárias, devendo considerar as categorias de maior potencial de risco e ocorrência de acidentes

Quando o OGMO não se enquadrar nos critérios de dimensionamento e não for atendido por SESSTP, deve nomear um trabalhador como representante dos operadores portuários e tomadores de serviço, responsável pelo cumprimento dos objetivos da CPATP, podendo ser adotados mecanismos de participação dos trabalhadores avulsos, por meio de negociação coletiva.

No caso de atendimento pelo SESSTP, este deverá desempenhar as atribuições da CPATP.

A composição da CPATP será proporcional ao número médio do conjunto de trabalhadores portuários avulsos utilizados no ano anterior.

9.3. Eleição

A eleição deve ser realizada durante o expediente, respeitados os turnos, devendo ter a participação de, no mínimo, metade mais um do número médio do conjunto dos trabalhadores portuários utilizados no ano anterior, obtido conforme indicado anteriormente.

O processo de votação da eleição deverá observar o item 5.5.4 e subitens da NR5 – Comissão Interna de Prevenção de Acidentes e de Assédio – CIPA[5] e considerar como número de participantes o número médio do conjunto dos trabalhadores portuários avulsos utilizados no ano anterior.

9.4. Composição

Os representantes dos operadores portuários e tomadores de serviço designarão dentre os seus representantes titulares o presidente da CPATP no primeiro ano de mandato e o vice-presidente no segundo ano.

Os trabalhadores titulares da CPATP elegerão, entre seus pares, o vice-presidente, que assumirá a presidência no segundo ano do mandato.

No caso de afastamento definitivo, a representação na qual o presidente foi indicado nomeará substituto em dois dias úteis, entre os membros da CPATP.

O substituto dos trabalhadores será obrigatoriamente membro da CPATP e o substituto dos operadores portuários será preferencialmente membro.

9.5. Atribuições

Além das atribuições previstas para a CIPA na NR5, a CPATP tem por atribuição:

a) promover, anualmente, em conjunto com o SESSTP, a Semana Interna de Prevenção de Acidente no Trabalho Portuário – SIPATP;

b) oficiar os riscos debatidos e as propostas de medidas de controle às organizações que compõem a CPATP, bem como ao SESSTP, conforme o caso;

c) mensalmente e sempre que houver denúncia de risco, verificar os ambientes e as condições de trabalho, nas dependências das instalações portuárias, visando identificar situações que possam trazer riscos para a segurança e saúde dos trabalhadores; e

d) sugerir a realização de cursos, treinamentos e campanhas que julgar necessárias para melhorar o desempenho dos trabalhadores portuários quanto à segurança e saúde no trabalho.

---

[5] NR5: "Item 5.5.4 Na hipótese de haver participação inferior a cinquenta por cento dos empregados na votação, não haverá a apuração dos votos e a comissão eleitoral deverá prorrogar o período de votação para o dia subsequente, computando-se os votos já registrados no dia anterior, a qual será considerada válida com a participação de, no mínimo, um terço dos empregados.

5.5.4.1 Constatada a participação inferior a um terço dos empregados no segundo dia de votação, não haverá a apuração dos votos e a comissão eleitoral deverá prorrogar o período de votação para o dia subsequente, computando-se os votos já registrados nos dias anteriores, a qual será considerada válida com a participação de qualquer número de empregados.

5.5.4.2 A prorrogação referida nos subitens 5.5.4 e 5.5.4.1 deve ser comunicada ao sindicato da categoria profissional preponderante."

9.6. Treinamento

O treinamento para os membros da CIPA deve ter carga horária de 20 (vinte) horas e realizado antes da posse dos membros de cada mandato, exceto no caso de primeiro mandato. A participação no treinamento é obrigatória para todos os membros da comissão. Como veremos a seguir, a realização do treinamento é de responsabilidade do OGMO.

A NR29 não determina o conteúdo programático do treinamento. A norma apenas determina que seja um treinamento sobre prevenção de acidentes do trabalho, segurança e saúde ocupacional. Entendo que, a critério do OGMO, este treinamento pode ser complementado com o conteúdo programático citado no item 5.7.2 da NR5:

> 5.7.2 O treinamento deve contemplar, no mínimo, os seguintes itens:
>
> a) estudo do ambiente, das condições de trabalho, bem como dos riscos originados do processo produtivo;
>
> b) noções sobre acidentes e doenças relacionadas ao trabalho decorrentes das condições de trabalho e da exposição aos riscos existentes no estabelecimento e suas medidas de prevenção;
>
> c) metodologia de investigação e análise de acidentes e doenças relacionadas ao trabalho;
>
> d) princípios gerais de higiene do trabalho e de medidas de prevenção dos riscos;
>
> e) noções sobre as legislações trabalhista e previdenciária relativas à segurança e saúde no trabalho;
>
> f) noções sobre a inclusão de pessoas com deficiência e reabilitados nos processos de trabalho; e
>
> g) organização da CIPA e outros assuntos necessários ao exercício das atribuições da Comissão.

Caso o OGMO faça a opção pela modalidade de ensino a distância – EaD, deve ser garantida a carga horária de oito horas de treinamento presencial.

9.7. Competências do OGMO

Compete ao OGMO:

a) promover para todos os membros da CPATP, titulares e suplentes, treinamento sobre prevenção de acidentes do trabalho, segurança e saúde ocupacional;

b) convocar eleições para escolha dos membros da nova CPATP, com antecedência mínima de quarenta e cinco dias, realizando-as, no máximo, até trinta dias antes do término do mandato da CPATP em exercício;

c) promover cursos de atualização para os membros da CPATP; e

d) dar condições necessárias para que todos os titulares de representações na CPATP compareçam às reuniões ordinárias e/ou extraordinárias.

9.8. Reuniões

A comissão deve se reunir pelo menos uma vez por mês, em reuniões ordinárias, em local apropriado durante o expediente, obedecendo ao calendário anual.

As reuniões extraordinárias devem ser realizadas no prazo máximo de quarenta e oito horas nos seguintes casos:

a) ocorrência do acidente grave ou fatal; ou

b) solicitação de uma das representações.

NR 29 · SEGURANÇA E SAÚDE NO TRABALHO PORTUÁRIO | 643

No caso de acidente grave ou fatal, a pessoa responsável pela operação portuária deve estar presente na reunião extraordinária.

9.9. Extinção da comissão ou redução do número de membros

A CPATP não pode ter o número de representantes reduzido, e também não pode ser desativada pelo OGMO, pelos operadores portuários ou pelos tomadores de serviço antes do término do mandato de seus membros, ainda que haja redução do número de trabalhadores portuários, exceto nos casos em que houver encerramento da atividade portuária.

10. CONDIÇÕES SANITÁRIAS E DE CONFORTO NOS LOCAIS DE TRABALHO

As instalações sanitárias, vestiários, refeitórios e locais de repouso devem ser mantidos pela administração do porto organizado e pelo titular da instalação portuária, conforme o caso, e observar o disposto na NR24 – Condições sanitárias e de conforto nos locais de trabalho.

Os locais de aguardo devem ser projetados de forma a oferecer aos trabalhadores condições de segurança e de conforto, mantidos em condições de higiene e limpeza e atender ao seguinte:

a) piso impermeável e lavável;

b) paredes de material resistente, impermeável e lavável;

c) cobertura que proteja contra intempéries;

d) proteção contra risco de choque elétrico e aterramento elétrico;

e) possuir área de ventilação natural, composta por, no mínimo, duas aberturas adequadamente dispostas para permitir eficaz ventilação interna;

f) garantir condições de conforto térmico, acústico e de iluminação;

g) ter assentos em número suficiente para atender aos usuários durante a interrupção das atividades; e

h) ser identificado de forma visível, proibida sua utilização para outras finalidades.

Toda instalação portuária deve ser dotada de um local de repouso destinado aos trabalhadores que operem equipamentos portuários de grande porte ou aqueles cuja avaliação ergonômica preliminar ou análise ergonômica do trabalho exija que o trabalhador tenha períodos de pausas na jornada de trabalho.

O local de repouso deve ser climatizado, dotado de isolamento acústico eficiente e mobiliário apropriado ao descanso dos usuários.

O deslocamento do trabalhador até as instalações sanitárias não deve ser superior a 200 m (duzentos metros).

Nas operações a bordo de embarcações que não ofereçam instalações sanitárias com gabinete sanitário e lavatório, em boas condições de higiene e funcionamento, o operador portuário deve dispor, próximo ao acesso à embarcação, de instalações sanitárias móveis.

11. OPERAÇÕES COM CARGAS PERIGOSAS

As cargas perigosas são classificadas de acordo com a tabela de classificação contida no Anexo IV da NR29.

Nos locais de armazenagem deve haver sinalização contendo a identificação das classes e tipos dos produtos perigosos armazenados, em pontos estratégicos e visíveis e em conformidade com os símbolos padronizados pela Organização Marítima Internacional – OMI.

Apenas podem ser operadas ou armazenadas cargas perigosas que possuam ficha de informações de segurança da carga perigosa, que deve estar disponível para os trabalhadores, em língua portuguesa. Caso a ficha não esteja disponível em língua portuguesa, as informações correspondentes devem ser repassadas aos trabalhadores antes da realização da operação.

As operações e o armazenamento de cargas perigosas devem ser realizados por trabalhadores capacitados e estar sob supervisão de profissional capacitado e sob responsabilidade de profissional legalmente habilitado.

O treinamento para operação e armazenagem com cargas perigosas deve ser de vinte horas e ter o seguinte conteúdo:

a) classes e seus perigos;

b) marcação, rotulagem e sinalização;

c) procedimentos de resposta a emergências;

d) noções de primeiros socorros;

e) procedimentos de manuseio seguro;

f) requisitos de segurança nos portos para carga, trânsito e descarga; e

g) regulamentação da instalação portuária, em especial, a limitação de quantidade.

Durante todo o tempo de atracação de uma embarcação com carga perigosa no porto, o comandante deve adotar procedimentos de segurança para operação portuária, os quais devem prever:

a) manobras de emergência, reboque ou propulsão;

b) manuseio seguro de carga e lastro; e

c) controle de avarias.

O comandante deve informar imediatamente à administração do porto e ao operador portuário qualquer incidente ocorrido com as cargas perigosas que transporta, quer na viagem, quer durante sua permanência no porto.

Cabe ao OGMO, tomador de serviço ou empregador:

a) nas escalações de mão de obra avulsa, informar aos trabalhadores quanto à existência de cargas perigosas, os tipos e as quantidades a serem movimentadas; e

b) promover a capacitação dos trabalhadores em operações com cargas perigosas.

Antes do início das operações ou da armazenagem de cargas perigosas, os locais de operação ou armazenagem devem ser previamente limpos e descontaminados por pessoas capacitadas.

Somente devem ser manipuladas, armazenadas ou estivadas as cargas perigosas que estiverem embaladas, sinalizadas e rotuladas de acordo com o IMDG CODE.

Nas operações com cargas perigosas a granel, devem ser observadas as medidas de controle previstas no Código Internacional para a Construção e Equipamento de Embarcações Transportadores de Cargas Perigosas a Granel – IBC-CODE.

NR 29 • SEGURANÇA E SAÚDE NO TRABALHO PORTUÁRIO | 645

As cargas perigosas devem ser submetidas a cuidados especiais considerando suas características, sendo observadas, dentre outras, as providências para adoção das medidas constantes das fichas com informações de segurança de cargas perigosas, inclusive aquelas cujas embalagens estejam avariadas ou que estejam armazenadas próximas a cargas nessas condições.

As cargas relacionadas a seguir não podem ser mantidas nas áreas de operação de carga e descarga, devendo ser removidas para o armazenamento ou outro destino final:

a) explosivos em geral;

b) gases inflamáveis (classe 2.1) e venenosos (classe 2.3);

c) radioativos;

d) chumbo tetraetila;

e) poliestireno expansível;

f) perclorato de amônia; e

g) mercadorias perigosas acondicionadas em contêineres refrigerados.

Operações com embalagens avariadas devem ser autorizadas mediante sistema de permissão de trabalho e conforme sua ficha com informações de segurança de cargas perigosas.

12. PLANO DE CONTROLE DE EMERGÊNCIA (PCE)

Compete à administração do Porto Organizado e aos titulares das instalações portuárias autorizadas e arrendadas a elaboração e implementação do PCE, devendo constar as seguintes situações:

a) incêndios e explosões;

b) vazamento de produtos perigosos;

c) poluição ou acidente ambiental;

d) condições adversas de tempo, como tempestades com ventos fortes que afetem a segurança das operações portuárias, demonstrando quais os possíveis riscos;

e) queda de pessoa na água; e

f) socorro e resgate de acidentados.

O PCE deve ser elaborado considerando as características e a complexidade da instalação e conter:

a) nome e função do(s) responsável(eis) técnico(s) pela elaboração e revisão do plano;

b) nome e função do responsável pelo gerenciamento, coordenação e implementação do plano;

c) designação dos integrantes da equipe de emergência, responsáveis pela execução de cada ação e seus respectivos substitutos;

d) estabelecimento dos possíveis cenários de emergências, com base em análises de riscos e considerando a classe e subclasse de risco de produtos perigosos;

e) descrição dos recursos necessários para resposta a cada cenário contemplado;

f) descrição dos meios de comunicação;

g) procedimentos de resposta à emergência para cada cenário contemplado;

h) procedimentos para comunicação e acionamento das autoridades públicas e desencadeamento da ajuda mútua;

i) procedimentos para orientação de visitantes e demais trabalhadores que não participem da equipe de emergência quanto aos riscos existentes e como proceder em situações de emergência; e

j) cronograma, metodologia e registros de realização de exercícios simulados: o próprio PCE deve estabelecer critérios para avaliação dos resultados dos exercícios simulados.

O PCE deve prever também a adoção de procedimentos de emergência, primeiros socorros e atendimento médico, constando para cada classe de risco a respectiva ficha nos locais de operação das cargas perigosas. O Plano deve ser abrangente, permitindo o controle dos sinistros potenciais, como explosão, contaminação ambiental por produto tóxico, corrosivo, radioativo e outros agentes agressivos, incêndio, abalroamento e colisão de embarcação com o cais. Devem ser previstas ações em terra e a bordo.

Nos casos em que os resultados das análises de riscos indiquem a possibilidade de ocorrência de um acidente cujas consequências ultrapassem os limites da instalação, o PCE deve conter ações que visem à proteção da comunidade circunvizinha, estabelecendo mecanismos de comunicação e alerta, de isolamento da área atingida e de acionamento das autoridades públicas.

Nos relatórios de análise de acidente e de exercícios simulados deve constar uma avaliação do cenário de emergência ocorrido, devendo ser observados:

a) adequação ou inadequação ao PCE; e

b) pontos positivos e negativos.

Os exercícios simulados devem ser realizados durante o horário de trabalho e abranger todos os turnos de trabalho.

A participação do trabalhador nas equipes de resposta a emergências é voluntária, salvo nos casos em que a natureza da função assim o determine. Os integrantes da equipe de resposta a emergências devem receber o treinamento de cada um dos cenários de emergências existentes no PCE em horário normal de trabalho, devendo cada cenário ser registrado em ficha individual do trabalhador.

O OGMO e a administração portuária devem incluir na Semana Interna de Prevenção de Acidentes – SIPAT palestras sobre os planos de atuação do PCE e o Plano de Ajuda Mútua – PAM na área portuária.

O OGMO deve capacitar os trabalhadores portuários avulsos para atuar em emergências.

13. PLANO DE AJUDA MÚTUA – PAM

A administração do porto organizado e os responsáveis pelas instalações portuárias devem compor, inclusive com os <u>atores externos ao porto</u>, um Plano de Ajuda Mútua – PAM.

Na área do porto organizado, a autoridade portuária deverá instituir e organizar o PAM, que deve ser composto por todos os operadores portuários e instalações portuárias sob sua jurisdição.

O OGMO deve participar do PAM em que houver escalação de trabalhadores portuários avulsos.

Os membros do PAM devem compor um sistema comum de comunicação e participar com recursos humanos e materiais para atendimento a emergências. Cada membro deve designar um representante técnico.

14. OPERAÇÕES DE ATRACAÇÃO, DESATRACAÇÃO E MANOBRAS DE EMBARCAÇÕES

Atracação é a manobra de fixação da embarcação ao cais.

Nas operações de atracação, desatracação e manobras de embarcações devem ser adotadas medidas de prevenção de acidentes, considerando:

a) prensagem de membros;

b) rompimento de cabos e espias;

c) esforço excessivo do trabalhador;

d) iluminação; e

e) queda no mesmo nível e ao mar.

É obrigatório o uso de sistema de telecomunicação entre a embarcação e o responsável em terra pela atracação. Todos os trabalhadores envolvidos nessas operações devem fazer uso de coletes salva-vidas, conforme Normas da Autoridade Marítima – NORMAM.

15. ACESSO A EMBARCAÇÕES ATRACADAS E FUNDEADAS

O acesso à embarcação deve ficar fora do alcance do raio da lança do guindaste ou assemelhado. Caso não seja possível cumprir esta exigência normativa, o local de acesso deve ser isolado e sinalizado durante a movimentação de carga suspensa. Em qualquer caso, deve ser garantido acesso seguro para o embarque e desembarque da embarcação.

Não é permitido o acesso à embarcação atracada utilizando-se escadas tipo quebra-peito. Como vimos anteriormente, escada quebra-peito é a escada vertical utilizada esporadicamente para subida e descida de embarcações. É construída utilizando-se cordas e madeira, obedecendo a normas marítimas internacionais. É também conhecida pelo nome escada marinheiro[6].

É proibido o acesso de trabalhadores a embarcações em equipamentos de guindar, exceto:

a) em operações de resgate e salvamento; ou

b) nas operações com contêineres previstas no subitem 29.16.3[7].

Nos locais de trabalho próximos à água e nos pontos de embarque e desembarque de pessoas, devem existir, na razão mínima de <u>uma unidade para cada berço[8] de atraca-</u>

---

[6] Como vemos, as normas regulamentadoras que ainda utilizam este termo o fazem de forma errada.

[7] "29.16.3 Em atividades com trabalhadores sobre contêineres em embarcações, quando a altura seja superior a 2 (dois) contêineres ou a altura da carga seja superior 5 m (cinco metros) de altura, deve ser utilizado: a) cesto suspenso, de acordo com o Anexo XII da NR-12; ou b) gaiola especialmente construída para esta finalidade, com capacidade máxima para dois trabalhadores."

[8] Berço no contexto do trabalho portuário se refere a qualquer doca, píer, molhe, cais, terminal marítimo, ou estrutura similar flutuante ou não, onde uma embarcação possa atracar com segurança.

ção, boias salva-vidas e outros equipamentos necessários ao resgate de vítimas que caiam na água, de acordo com os requisitos contidos nas NORMAM.

As boias salva-vidas devem possuir dispositivo de iluminação automática ou fita reflexiva homologados pelas NORMAM. Nos trabalhos noturnos, as boias salva-vidas devem possuir dispositivo de iluminação automática e serem aprovadas pela Diretoria de Portos e Costas, da Marinha do Brasil.

16. OPERAÇÃO EM CONVESES

Convés corresponde a cada piso da embarcação que subdivide os espaços de carga em compartimentos na direção vertical. O convés principal, em geral, é o primeiro pavimento, acima dos demais, que se estende por toda a área da embarcação, descoberto no todo ou em grande parte, por onde normalmente se ingressa na embarcação e se tem acesso a todos os seus demais compartimentos. A palavra convés também é usada como sinônimo de coberta.

Os conveses devem:

a) estar sempre limpos e desobstruídos;

b) dispor de área de circulação que permita o trânsito seguro dos trabalhadores;

c) possuir aberturas protegidas contra queda de pessoas e objetos; e

d) possuir piso livre do risco de escorregamento.

Durante a movimentação de carga suspensa é vedada a circulação de pessoas no convés principal no perímetro de risco de queda de objetos.

O perímetro de risco de queda de objetos deve ser sinalizado e isolado com barreira física. A arrumação do convés deve oferecer boas condições de visibilidade aos operadores dos equipamentos de içar, sinaleiros[9] e outros, a fim de que não sejam prejudicadas as manobras de movimentação de carga.

As cargas ou os objetos depositados no convés devem estar fixos de forma a impedir a sua movimentação acidental.

17. PORÕES

As bocas dos agulheiros devem estar protegidas por braçolas[10] e serem providas de tampas com travas de segurança. Como vimos, agulheiros (também chamados de escotilhão) são pequenas escotilhas utilizadas para trânsito de pessoal entre os pavimentos da embarcação, entre eles o porão. Possuem abertura circular ou elíptica, para acesso aos compartimentos da embarcação normalmente não habitados ou frequentados.

Quando não houver condições de utilização dos agulheiros, o acesso ao porão da embarcação deverá ser efetuado por escada de mão de no máximo 7 m (sete metros) de comprimento, afixada junto à estrutura da embarcação, devendo ultrapassar a borda da estrutura de apoio em 1 m (um metro). Não é permitido o uso de escada do tipo quebra-peito.

---

9 Sinaleiro – é o trabalhador portuário com curso de sinalização para movimentação de carga. A função do sinaleiro é realizar a comunicação com o operador do equipamento de içar para a correta orientação espacial da manobra de movimentação da carga.

10 Chapa vertical colocada no contorno da escotilha acima do convés, com o objetivo de impedir a entrada de água ou queda de objetos no compartimento inferior.

NR 30 SEGURANÇA E SAÚDE NO TRABALHO AQUAVIÁRIO

Classificação: Norma Setorial
Última atualização: Portaria MTP 4.219, de 20 de dezembro de 2022

1. INTRODUÇÃO

Aquaviários são trabalhadores com habilitação certificada pela autoridade marítima para operar embarcações em caráter **profissional**.

O trabalhador aquaviário, diante das características que lhe são inerentes, é trabalhador diferenciado em relação às demais profissões. Tem particularidades tão próprias que muitos, inclusive, o consideram como ensejador de um ramo específico do Direito do Trabalho. Tais características remetem ao seu ambiente de trabalho, inteiramente atípico, com singularidades que permitem confundi-lo com a própria residência do trabalhador. Suas limitações físicas privam-no do convívio familiar por longos períodos. O trabalho é confinado de forma permanente e exercido, muitas vezes, em diferentes portos brasileiros e até estrangeiros, sujeitando-o a uma ampla gama de variações climáticas e culturais, além de ser permanentemente submetido a balanços e trepidações.

Além disso, a necessidade de prontidão para o trabalho exige que, mesmo nos momentos de descanso, o trabalhador mantenha-se alerta para agir em eventuais emergências ou imprevistos no navio. Esse conjunto de características singulariza o trabalhador aquaviário a tal ponto que a Organização Internacional do Trabalho (OIT) lhe dedica várias convenções[1], por exemplo:

- ✓ Convenção 145: Continuidade no emprego do marítimo;
- ✓ Convenção 147: Normas mínimas da marinha mercante;
- ✓ Convenção 164: Proteção à saúde e assistência médica aos trabalhadores marítimos; e
- ✓ Convenção 178: Inspeção das condições de vida e de trabalho dos trabalhadores marítimos.

2. OBJETIVO

A NR30 tem por objetivo estabelecer requisitos para a proteção e o resguardo da segurança e da saúde no trabalho aquaviário, disciplinando medidas a serem observadas nas organizações e nos ambientes de trabalho para a prevenção de possíveis lesões.

---

[1] *Manual do Trabalho Aquaviário,* SIT, MTE, 2005.

3. TERMOS TÉCNICOS

No trabalho aquaviário são usados vários termos e expressões específicos à atividade, cujos conceitos são apresentados a seguir:

AB (Arqueação Bruta): A AB é um valor relacionado ao volume interno total de um navio, indicativo de sua capacidade; apesar da sua derivação estar ligada à capacidade volumétrica expressa em metros cúbicos, trata-se de um valor adimensional, não sendo assim definido por qualquer unidade física de medida como o metro cúbico ou a tonelada. A AB é usada para classificar um navio. O objetivo dessa classificação é determinar as suas regras de governo, de segurança e outras obrigações legais.

Amador: Todo aquele com habilitação certificada pela autoridade marítima para operar embarcações de esporte e recreio, em caráter não profissional.

Armador: Pessoa física ou jurídica que, em seu nome e sob sua responsabilidade, prepara a embarcação com fins comerciais, pondo-a ou não a navegar por sua conta.

Embarcação: Qualquer construção, inclusive as plataformas flutuantes e, quando rebocadas, as fixas, sujeita à inscrição na Autoridade Marítima e suscetível de se locomover na água, por meios próprios ou não, transportando pessoas ou cargas.

GSSTB: Grupo de Segurança e Saúde no Trabalho a Bordo das Embarcações.

Lotação: Quantidade máxima de pessoas autorizadas a embarcar.

Prático: Aquaviário não tripulante que presta serviços de praticagem embarcado.

4. CAMPO DE APLICAÇÃO

A NR30 se aplica aos trabalhos realizados em embarcações comerciais, de bandeira nacional, bem como às de bandeiras estrangeiras, nos termos do disposto em Convenções Internacionais ratificadas em vigor, utilizadas no transporte de cargas ou de passageiros, inclusive naquelas embarcações usadas na prestação de serviços.

No caso dos trabalhadores de embarcações classificadas como comerciais de pesca se aplica apenas o Anexo 1 – Pesca Comercial, sem prejuízo das disposições previstas nas demais NRs.

A observância da NR30 não desobriga a organização do cumprimento das demais normas regulamentadoras gerais e especiais, de outras disposições legais com relação à matéria e, ainda, daquelas oriundas de convenções, acordos e contratos coletivos de trabalho.

Às embarcações classificadas de acordo com a Convenção Solas[2], cujas normas de segurança são auditadas pelas sociedades classificadoras, não se aplicam as seguintes normas regulamentadoras: NR10, NR13 e NR23, desde que apresentados os certificados de classe.

Os aquaviários constituem os seguintes grupos:

1.º Grupo – *Marítimos:* tripulantes que operam embarcações classificadas para navegação em mar aberto, apoio portuário e para a navegação interior nos canais, lagoas, baías, angras, enseadas e áreas marítimas consideradas abrigadas;

2.º Grupo – *Fluviários:* tripulantes que operam embarcações classificadas para a navegação interior nos lagos, rios e de apoio fluvial;

---

[2] *International Convention for the Safety of Life at Sea*, 1974/1988 Convenção Internacional para a Salvaguarda da Vida Humana no Mar, 1974/1988.

3.º Grupo – *Pescadores:* tripulantes que exercem atividades a bordo de embarcação de pesca;

4.º Grupo – *Mergulhadores:* tripulantes ou profissionais não tripulantes com habilitação certificada pela autoridade marítima para exercer atribuições diretamente ligadas à operação da embarcação e prestar serviços eventuais a bordo às atividades subaquáticas;

5.º Grupo – *Práticos:* aquaviários não tripulantes que prestam serviços de praticagem[3] embarcados;

6.º Grupo – *Agentes de Manobra e Docagem:* aquaviários não tripulantes que manobram navios nas fainas em diques, estaleiros e carreiras.

Aqueles que possuem habilitação certificada pela autoridade marítima para operar embarcações de **esporte e recreio**, em caráter **não profissional**, são considerados amadores e a eles não se aplica a NR30. Ou seja, nem toda embarcação é tripulada por aquaviários.

Assim, o AFT, ao se ao deparar com uma embarcação, deverá identificar preliminarmente qual o seu uso – comercial ou não comercial –, tal qual autorizado pela Autoridade Marítima, para que possa determinar o estatuto jurídico a ser aplicado aos tripulantes a bordo.

No caso em que o proprietário ("amador") de embarcação de esporte e recreio, usada para fins não comerciais, contratar terceiro para tripulá-la, este deverá ser aquaviário (já que exerce a atividade profissionalmente), mas, não obstante, poderá ser considerado como empregado doméstico daquele se aplicando neste caso, normas próprias.

O local de trabalho do aquaviário, na maioria das vezes, é uma embarcação, local móvel, muitas vezes difícil de ser encontrado, pois, pela sua própria natureza, passa a maior parte de sua vida útil no mar. Assim, a fiscalização do trabalho aquaviário deverá dispor da flexibilidade necessária à sua atuação eficaz, implicando o estabelecimento de postos avançados da Inspeção do Trabalho nos principais portos, integrados à comunidade aquaviária, especialmente no atendimento às embarcações que demandam o porto, e que, em geral, permanecem somente por algumas horas, mas com trabalhadores que veem na atuação da auditoria fiscal a possibilidade de solução de problemas ansiosamente aguardada em longos períodos no mar.

5. DIREITOS E DEVERES

Cabe ao empregador ou equiparado[4], além das obrigações previstas no item 1.4 da NR1, designar formalmente e capacitar no mínimo um tripulante efetivamente embarcado como responsável pela aplicação da NR30.

Cabe aos trabalhadores, além do previsto no item 1.4 da NR1, informar ao oficial de serviço ou a qualquer membro do Grupo de Segurança e Saúde no Trabalho a Bordo das Embarcações – GSSTB, as avarias ou deficiências observadas que possam constituir fatores de risco para o trabalhador ou para a embarcação.

---

[3] Atividade de apoio à navegação, realizada pelo prático, profissional responsável pela segurança das manobras da embarcação.

[4] Considera-se equiparado ao empregador a pessoa física ou jurídica com algum tipo de gestão sobre a embarcação ou sobre seus tripulantes, seja na posição de proprietário, armador, afretador, operador ou preposto.

6. PROGRAMA DE GERENCIAMENTO DE RISCOS NO TRABALHO AQUAVIÁRIO – PGRTA

O empregador ou equiparado deve elaborar e implementar o PGRTA, **por embarcação**, nos termos da NR1 e do disposto na própria NR30, de acordo com as necessidades e peculiaridades das atividades aquaviárias.

A elaboração do PGRTA não dispensa a organização de elaborar e implementar o PGR em seus **estabelecimentos** (em terra), nos termos da NR1.

Nas embarcações com até 500 (quinhentos) de arqueação bruta (AB), o empregador ou equiparado pode optar pela utilização de **ferramenta de avaliação de risco,** a ser disponibilizada pelo Ministério do Trabalho, para estruturar o PGRTA e elaborar plano de ação, considerando o relatório produzido por esta ferramenta.

O PGRTA deve ser revisto a cada 3 (três) anos, ou quando ocorrerem inovações e modificações nas tecnologias, ambientes, processos, condições, procedimentos e organização do trabalho, ou quando identificadas inadequações ou insuficiência na avaliação dos riscos e na adoção das medidas de prevenção. Esta determinação nos mostra que, tal com o PGR, o PGRTA é programa dinâmico, permanente, de melhoria contínua das condições de trabalho.

7. PROTEÇÃO À SAÚDE

Além do disposto na NR7, o Programa de Controle Médico de Saúde Ocupacional – PCMSO deve contemplar também as determinações da NR30.

Para os trabalhadores aquaviários do grupo marítimos, devem ser adotados os padrões médicos e o modelo de Certificado Médico (*Health Certificate* – Convenção Internacional sobre Padrões de Instrução, Certificação e Serviço de Quarto para Marítimos – STCW) estabelecidos no QUADRO III da norma, sem prejuízo da elaboração do Atestado de Saúde Ocupacional – ASO (conforme NR7) e disposições da NR30 sobre o tema.

Uma cópia do Atestado de Saúde Ocupacional – ASO deve ser mantida na embarcação em meio físico ou eletrônico.

Caso o prazo de validade do exame médico expire no decorrer de uma travessia, fica prorrogado até a data da escala da embarcação em porto onde haja condições necessárias para realização desses exames, observado o prazo máximo de 45 (quarenta e cinco) dias.

Toda embarcação deverá estar equipada com material necessário à prestação dos primeiros socorros, considerando-se as características da atividade desenvolvida, mantendo esse material guardado em local adequado e aos cuidados de pessoa treinada para prestar os primeiros socorros.

A enfermaria, quando existente, deve:

a) ser separada de outras dependências;

b) ter espaço apropriado para guarda os materiais e medicamentos do navio;

c) possuir instalações de água quente e fria; e

d) dispor de drenagem de líquidos e resíduos.

A enfermaria não poderá ser utilizada para outros fins que não sejam aqueles destinados ao atendimento de doentes.

O empregador ou equiparado deve viabilizar o acesso dos trabalhadores aos órgãos de saúde com a finalidade de:

NR 30 · SEGURANÇA E SAÚDE NO TRABALHO AQUAVIÁRIO | 653

a) prevenção e profilaxia de doenças endêmicas; e

b) aplicação de vacinas.

8. COMISSÃO INTERNA DE PREVENÇÃO DE ACIDENTES E DE ASSÉDIO – CIPA

A CIPA das organizações que empregam aquaviários será constituída pelos **empregados de cada estabelecimento, inclusive os aquaviários, efetivamente trabalhando em embarcações próprias ou de terceiros**, na forma estabelecida pela NR30, sendo que a NR5 se aplica de forma subsidiária, naquilo que não lhe for contrário.

Os aquaviários serão representados na CIPA do **estabelecimento com maior número de trabalhadores**, na razão de um membro titular para cada dez embarcações da organização, ou fração, e de um suplente para cada vinte embarcações da organização, ou fração.

Os aquaviários candidatos à CIPA serão eleitos em **votação em separado**, tendo todos os direitos assegurados pela legislação vigente.

Os aquaviários que estejam em período de **descanso poderão participar** do processo eleitoral da CIPA marítima devendo a organização garantir os meios necessários para o exercício do voto.

O empregador deve adotar os meios necessários para a participação do(s) trabalhador(es) eleito(s) nas reuniões da CIPA, **inclusive, mediante a adoção de meios eletrônicos de comunicação**.

A participação por meio eletrônico de comunicação será consignada em ata, assinada pelos demais presentes, que suprirá sua assinatura.

Os membros da CIPA eleitos, titulares e suplentes, quando embarcados, devem participar da reunião mensal do GSSTB.

9. GRUPO DE SEGURANÇA E SAÚDE NO TRABALHO A BORDO DAS EMBARCAÇÕES (GSSTB)

As embarcações de bandeira nacional com, no mínimo, 500 de arqueação bruta (AB) devem constituir Grupo de Segurança e Saúde no Trabalho a Bordo das Embarcações (GSSTB)[5]. O GSSTB tem como finalidade manter procedimentos que visem à preservação da segurança e saúde no trabalho, procurando atuar de forma preventiva.

As embarcações de bandeira estrangeira também estarão obrigadas a constituir o GSSTB sempre que operarem por mais de 180 (cento e oitenta) dias em águas jurisdicionais brasileiras e com trabalhadores brasileiros a bordo[6].

---

[5] Temos aqui uma importante alteração com relação à redação anterior, que exigia a constituição do GSSTB a partir de 100 (AB).

[6] O texto anterior determinava a constituição do GSSTB a partir de 90 dias de operação em águas jurisdicionais brasileiras. A alteração para 180 dias foi necessária para harmonizar a NR30 com a Resolução Normativa – RN 6, de 01 de dezembro de 2017, do Conselho Nacional de Imigração, com redação dada pela Resolução CNIGMJSP 42, de 23 de julho de 2020, que disciplina a concessão de autorização de residência para fins de trabalho sem vínculo empregatício no Brasil, para atuação como marítimo a bordo de embarcação ou plataforma de bandeira estrangeira. Segundo o inciso III, do artigo 4.º, RN 06/2017, as embarcações estrangeiras, utilizadas na navegação de cabotagem, que operarem em áreas jurisdicionais brasileiras devem seguir as seguintes regras: a) por mais de 90 (noventa) dias: deverá contar com um quinto de marítimos brasileiros; b) por mais de 180 (cento e oitenta) dias: deverá contar com um terço de

654 SEGURANÇA E SAÚDE NO TRABALHO – *Mara Queiroga Camisassa*

O GSSTB funcionará sob orientação e apoio técnico dos serviços especializados em engenharia de segurança e em medicina do trabalho, observando o disposto na NR4.

9.1 Composição do GSSTB

O Grupo de Segurança e Saúde do Trabalho a Bordo deve ficar sob a responsabilidade do comandante da embarcação e ser integrado pelos seguintes tripulantes:

a) encarregado da segurança;

b) chefe de máquinas;

c) representante do nível técnico de subalterno da seção de convés;

d) responsável pela seção de saúde, se existente; e

e) representante do nível técnico de subalterno da seção de máquinas.

Caso a embarcação não disponha dos tripulantes supramencionados, os integrantes poderão ser substituídos por outros tripulantes com funções assemelhadas.

Quando a lotação da embarcação for composta de registro em rol portuário, o GSSTB será constituído por um representante de cada seção de aquaviários da lotação do rol, sendo, no mínimo, 1 (um) GSSTB para cada 5 (cinco) embarcações ou fração existentes na empresa.

9.2 Atribuições

São atribuições do GSSTB:

a) zelar pelo cumprimento das normas de segurança e saúde, objetivando a preservação da segurança e saúde no trabalho a bordo;

b) avaliar se as medidas existentes a bordo para prevenção de acidentes e doenças relacionadas ao trabalho atendem ao estabelecido no PGRTA;

c) informar possíveis riscos ocupacionais não previstos no PGRTA e sugerir medidas de prevenção;

d) verificar e informar deficiências de sistemas e equipamentos de segurança e de salvatagem;

e) preencher o quadro estatístico de acidentes, conforme modelo constante no Quadro I, e elaborar relatório, encaminhando-os ao empregador;

f) participar do planejamento para a execução dos exercícios regulamentares de segurança, previstos nas NR e nas NORMAM, avaliando os resultados e propondo medidas corretivas;

g) promover, a bordo, palestras e debates de caráter educativo, assim como a distribuição de publicações e/ou recursos audiovisuais relacionados com os propósitos do grupo;

h) identificar as necessidades de treinamento sobre segurança e saúde no trabalho;

---

marítimos brasileiros. Assim, com a regra anterior da NR30, em muitos casos, o número de trabalhadores brasileiros a bordo não era suficiente para constituir o GSSTB.

NR 30 · SEGURANÇA E SAÚDE NO TRABALHO AQUAVIÁRIO | 655

i) contribuir para a melhoria das condições de trabalho e de bem-estar a bordo; e

j) verificar a adoção de medidas de proteção coletiva e que todos a bordo recebam e usem equipamentos de proteção individual adequados ao risco.

9.3 Reuniões

Ordinárias

O GSSTB reunir-se-á, em sessão ordinária, de caráter obrigatório, pelo menos uma vez a cada 30 dias.

Extraordinárias

As reuniões extraordinárias ocorrerão nas seguintes situações:

a) por iniciativa do comandante da embarcação;

b) por solicitação escrita da maioria dos componentes do GSSTB ao comandante da embarcação;

c) quando da ocorrência de acidente a bordo em que haja morte ou desaparecimento, lesão grave ou prejuízo material de grande monta; e

d) na ocorrência de incidente, práticas ou procedimentos que possam gerar riscos ao trabalho a bordo.

Atas das reuniões

As atas das reuniões ficarão arquivadas a bordo, sendo extraídas cópias para o envio à direção da organização ou quando houver, diretamente ao Serviço Especializado em Engenharia de Segurança e em Medicina do Trabalho (SESMT), devendo ser apresentada na próxima reunião ordinária da CIPA.

O GSSTB deve ser reunir, anualmente, a bordo com representantes do SESMT da organização, em **porto nacional** escolhido por esta, para acompanhamento, monitoramento e avaliação das atividades do referido grupo.

Na inviabilidade da presença a bordo do representante do SESMT da organização, a reunião pode ocorrer por videoconferência, contemplando no máximo 20% (vinte por cento) da frota da organização nessa modalidade de reunião virtual.

10. TREINAMENTO E CAPACITAÇÃO

Além do previsto na NR1, a capacitação e treinamento em segurança e saúde no trabalho aquaviário deve atender o disposto na NR30.

O tomador de serviços de profissionais não tripulantes deve exigir do prestador de serviços o(s) certificado(s) de capacitação para o exercício das atividades que irão realizar.

Toda capacitação que envolver a operação de máquina ou de equipamento deverá ter conteúdo programático compatível com a máquina ou o equipamento a ser utilizado.

10.1 Treinamento inicial

O treinamento inicial deve ser ministrado na modalidade **presencial**, aplicado a todos os tripulantes, com carga horária mínima de 4 (quatro) horas, abordando, no mínimo, o seguinte conteúdo programático:

a) capacitação básica em segurança do trabalho:
 I – as condições do local de trabalho;
 II – os riscos inerentes às atividades desenvolvidas;
 III – o uso adequado dos equipamentos de proteção individual e coletiva; e
b) em caso de operação de máquina ou de equipamento, o conteúdo programático compatível com a máquina ou o equipamento a ser utilizado.

Os treinamentos periódicos deverão ser ministrados a cada 2 (dois) anos e abranger no <u>mínimo</u> o conteúdo programático do treinamento inicial.

11. ALIMENTAÇÃO

Toda embarcação comercial deve ter a bordo o aprovisionamento de víveres e água potável, observados:

a) a duração e a natureza da viagem;
b) o número de tripulantes; e
c) as situações de emergência.

Os víveres e a água potável devem ser acondicionados em local que preserve suas características e propriedades para consumo.

Destaco as disposições a seguir referentes ao preparo, execução e fornecimento de alimentação a bordo garantindo condições higiênico-sanitárias em conformidade com as NORMAM e a legislação sanitária, inclusive para as embarcações com singradura inferior a 12 horas e que contam com facilidades em terra:

✓ Para manutenção da saúde e higiene dos trabalhadores naquelas embarcações onde houver a confecção de refeições a bordo, se faz necessário que as atividades relacionadas ao preparo e execução das refeições estabelecidas no cardápio balanceado sejam realizadas por cozinheiro, em conformidade com a NORMAM e com a legislação sanitária aplicável.

✓ Estão dispensadas de cozinheiro as embarcações cujas singraduras sejam inferiores a doze horas e trafeguem em área onde seja possível o apoio de alimentação proveniente de facilidades em terra, garantidas condições higiênico-sanitárias em conformidade com a legislação sanitária aplicável.

12. CAMAROTES

A redação atual traz duas alterações importantes com relação aos camarotes: as dimensões internas das camas foram aumentadas para se adequar ao previsto na Convenção OIT n.º 186 – Convenção do Trabalho Marítimo. Também foram excluídas as especificações de densidade e espessura dos colchões, sendo exigida apenas a sua certificação junto a organismo certificador em harmonia com o disposto na NR24, item 24.7.3 alínea "b":

NR 30 • SEGURANÇA E SAÚDE NO TRABALHO AQUAVIÁRIO | 657

24.7.3 Os quartos dos dormitórios devem:
b) possuir colchões certificados pelo INMETRO

Neste sentido, a NR30 determina que as camas dos camarotes devem:

a) estar dispostas a mais de trinta centímetros do piso;

b) ter dimensões internas **não inferiores a um metro e noventa e oito centímetros por oitenta centímetros**;

c) dispor de colchões **certificados** pelo Instituto Nacional de Metrologia, Qualidade e Tecnologia – Inmetro ou Organismo Certificador Internacional; e

d) dispor de iluminação artificial ou suplementar.

13. SEGURANÇA NA MANUTENÇÃO EM EMBARCAÇÃO EM OPERAÇÃO[7]

As disposições referentes a este item foram incluídas na atual redação a fim de garantir o gerenciamento dos riscos ocupacionais presentes nas atividades de manutenção que fazem parte da rotina de trabalho das embarcações em operação[8].

São estabelecidas as obrigações de realização de **análise de risco** das atividades de manutenção e, quando aplicável, a emissão de permissão de trabalho, bem com a aplicabilidade da NR33 para realização de trabalhos em espaços confinados e da NR35 para a realização de trabalhos em altura a bordo.

A norma determina que cabe ao comandante da embarcação:

a) assegurar a implementação das medidas de prevenção antes do início de qualquer trabalho de manutenção;

b) assegurar a realização da Análise de Risco - AR e, quando aplicável, a emissão da Permissão de Trabalho - PT;

c) informar aos trabalhadores sobre os riscos da atividade de manutenção e as medidas de prevenção a serem adotadas

d) assegurar que os trabalhos sejam imediatamente interrompidos, quando houver mudanças nas condições ambientais que os tornem potencialmente perigosos à integridade física dos trabalhadores; e

e) proporcionar condições para que os tripulantes possam colaborar com a implementação das medidas previstas nesta Norma, bem como interromper imediatamente o trabalho, conforme previsto na alínea "d" deste subitem.

Todo trabalho de manutenção em embarcação em operação deve ser precedido de AR. A AR deve indicar a necessidade de emissão de PT e deve ser:

a) realizada pela equipe técnica envolvida na atividade de manutenção;

b) coordenada pelo responsável pela aplicação desta NR a bordo;

c) registrada em documento; e

---

[7] As disposições deste item não se aplicam às embarcações em comissionamento.

[8] Essa lacuna normativa da redação anterior causava prejuízo ao gerenciamento dos riscos ocupacionais e conflito normativo com a aplicação da NR34 em atividades de manutenção em embarcações em operação similares às que ocorrem nas embarcações que estão no momento de construção e reparação naval sob responsabilidade da indústria da construção naval.

d) assinada por todos os participantes da análise, podendo a assinatura ser eletrônica.

A permissão de trabalho não poderá exceder o período de vinte e quatro horas, e deve conter:

a) as disposições e medidas estabelecidas na AR;

b) os requisitos mínimos a serem atendidos para a execução das atividades; e

c) os participantes da equipe de trabalho e suas autorizações.

Os serviços em espaços confinados somente devem ser realizados de acordo com a NR33 – Segurança e Saúde no Trabalho em Espaços Confinados.

Na execução do trabalho em altura, além do cumprimento da NR35 – Trabalho em Altura, devem ser tomadas as seguintes providências:

a) isolamento e sinalização de toda a área afetada pelo serviço antes do início das atividades; e

b) adoção de medidas para evitar a queda de ferramentas e materiais, inclusive no caso de paralisação dos trabalhos.

O trabalho em altura deve ser interrompido imediatamente em caso de:

a) iluminação insuficiente;

b) condições meteorológicas adversas como chuvas, ventos relativos com intensidades superiores a vinte nós e ondas com altura acima de dois metros e meio; e

c) na ocorrência de balanços longitudinais e transversais que possam causar riscos ao trabalhador.

Finalmente, a NR30 determina que o tripulante não deve realizar trabalhos de manutenção **cumulativamente** com atividades de vigilância, navegação, carga ou descarga.

NR 31 SEGURANÇA E SAÚDE NO TRABALHO NA AGRICULTURA, PECUÁRIA, SILVICULTURA, EXPLORAÇÃO FLORESTAL E AQUICULTURA

Classificação: Norma Setorial
Última atualização: Portaria MTP 4.371, de 28 de dezembro de 2022

1. INTRODUÇÃO

A NR31 tem por objetivo estabelecer os preceitos a serem observados na organização e no ambiente de trabalho rural, de forma a tornar compatível o planejamento e o desenvolvimento das atividades com a prevenção de acidentes e doenças relacionadas ao trabalho rural.

Os trabalhadores abrangidos pela NR31 são os trabalhadores rurais, regidos por lei própria, a Lei 5.889/1973. O art. 1.º dessa lei dispõe que:

> [...] as relações de trabalho rural serão reguladas por esta Lei e, no que com ela não colidirem, pelas normas da Consolidação das Leis do Trabalho.

Vejam, portanto, que a CLT também regulamenta o trabalho rural, porém de forma subsidiária, no que não colidir com o disposto na Lei 5.889/1973.

O texto da NR31 sofreu profunda alteração com a publicação da Portaria SEPRT 22.677/2020 conforme veremos nos itens a seguir.

Além do texto geral, a norma possui glossário e dois anexos:

- ANEXO I – Meios de acesso a máquinas, equipamentos e implementos[1];
- ANEXO II – Quadros e figuras auxiliares.

2. ABRANGÊNCIA

A NR31 se aplica a **quaisquer atividades** listadas a seguir, verificadas as formas de relações de trabalho e emprego, bem como o local onde são realizadas:

- Agricultura;
- Pecuária: criação de bovinos, bufalinos, suínos, caprinos, ovinos, equinos e aves;

---

[1] Destaco que ainda consta no item 15 do Anexo I da NR31, como meio de acesso em máquinas estacionárias, a antiga expressão "escada fixas do tipo marinheiro", quando deveria constar "escadas fixas verticais", e mais, consta também a exigência de instalação de gaiolas de proteção nestas escadas. Porém, como vimos no capítulo da NR18, a gaiola não oferece proteção contra quedas, devendo nestes casos ser usado SPIQ – Sistema de Proteção Individual contra Quedas.

- Silvicultura: cultivo de árvores;
- Exploração florestal: abate, preparação e encaminhamento da madeira para o local de beneficiamento; desmatamento de áreas;
- Aquicultura: criação de organismos aquáticos como rãs – ranicultura, peixes – piscicultura, ostras – ostreicultura, entre outros.

Vejam a amplitude desta abrangência: caso a atividade esteja sob o escopo da norma (agricultura, pecuária, etc.), as demais atividades a ela relacionadas também estarão enquadradas na NR31. Por exemplo, atividades de manutenção de colhedoras forrageiras[2] ou limpeza do colar[3] do silo também se enquadram na NR31.

A NR31 também se aplica às atividades de exploração industrial desenvolvidas em estabelecimentos rurais. De acordo com o Decreto 10.854/2021[4], consideram-se como exploração industrial em estabelecimento *agrário* (entenda-se estabelecimento *rural*, para fins da NR31) as atividades que compreendem o primeiro tratamento dos produtos agrários *in natura* sem transformá-los em sua natureza, tais como:

I – o beneficiamento, a primeira modificação e o preparo dos produtos agropecuários e hortigranjeiros e das matérias-primas de origem animal ou vegetal para posterior venda ou industrialização[5]; e

II – o aproveitamento dos subprodutos oriundos das operações de preparo e modificação dos produtos *in natura*, referidas no inciso I.

O Decreto 10.854/2021 ainda esclarece que não se considera indústria rural aquela que, ao operar a primeira modificação do produto agrário, transforme a sua natureza a ponto de perder a condição de matéria-prima.

Porém, várias dúvidas surgem com relação ao enquadramento de determinadas atividades como trabalho rural. Por exemplo, entendo que atividades de armazenamento de grãos não estão sob o escopo da NR31, independente se o armazenamento é feito em área rural ou urbana, pois não se enquadram como atividades agroeconômicas nem nas hipóteses de exploração industrial, conforme disciplina o Decreto 10.854/2021.

3. APLICABILIDADE DAS DEMAIS NRs AO TRABALHO RURAL

Uma das grandes novidades trazidas pela nova redação é a disposição expressa sobre a aplicabilidade ao trabalho rural das demais normas gerais e especiais – assim classificadas conforme Portaria 672/2021.

De acordo com a atual redação da norma, o disposto nas demais NRs somente se aplicará ao trabalho rural nas seguintes situações:

a) quando houver remissão expressa à aplicação de outras NRs no texto da NR31;

b) em caso de embargo e interdição (NR3);

---

[2] Colhedora de forragem ou forrageira autopropelida: equipamento agrícola automotriz apropriado para colheita e forragem de milho, sorgo, girassol e outros. Oferece corte preciso da planta, sendo capaz de colher ou recolher, triturar e recolher a cultura cortada em contentores ou veículos separados de transbordo.

[3] Colar é a parte extrema superior do silo, acima do telhado.

[4] Disciplina a aplicação das normas reguladoras (*sic*) do trabalho rural, nos termos do disposto na Lei 5.889/1973. O Decreto 10.854/2021 revogou o Decreto 73.626/1974, que inicialmente regulamentava a Lei do Trabalho Rural.

[5] Como, por exemplo, as atividades de beneficiamento primário de fibras de algodão após a colheita.

NR 31 • SEGURANÇA E SAÚDE NO TRABALHO NA AGRICULTURA | 661

c) em caso de caldeiras, vasos de pressão, tubulações e tanques metálicos de armazenamento (NR13), quando aplicável;

d) quanto aos aspectos de insalubridade (NR15);

e) quanto aos aspectos de periculosidade (NR16);

f) em caso de inflamáveis e combustíveis (NR20), quando aplicável; e

g) quanto aos aspectos de fiscalização e penalidades (NR28).

Além das normas citadas nas alíneas "b" a "g", consta na NR31 remissão às seguintes NRs e/ou seus anexos, cuja aplicabilidade no trabalho rural se restringe conforme explicitado a seguir:

- Anexo II da NR1 – Disposições Gerais e Gerenciamento de Riscos Ocupacionais:
  ✓ Diretrizes e requisitos mínimos para utilização da modalidade de ensino a distância e semipresencial. Ou seja, com relação à NR1, somente o Anexo II se aplica ao trabalho rural, o restante do texto da NR1 não se aplica. Isso significa que as disposições relativas ao PGR da NR1 não se aplicam à NR31, mas veremos que é obrigatória a elaboração e implementação de Programa de Gerenciamento de Riscos específico para a atividade rural chamado PGRTR – Programa de Gerenciamento de Riscos do Trabalho Rural;

- NR6 – Equipamentos de Proteção Individual (EPI):
  ✓ Aplica-se à NR31 todo o texto da NR6;

- Anexos da NR7 – Programa de Controle Médico de Saúde Ocupacional:
  ✓ As disposições dos Anexos da NR7 devem ser observadas para realização dos exames complementares dos trabalhadores rurais. Entretanto, o texto geral da NR7 não se aplica ao trabalho rural, ou seja, a elaboração e implementação do PCMSO não é de cumprimento obrigatório. Mas veremos que disposições específicas relativas aos exames médicos constam na própria NR31;

- Anexos da NR9 – Avaliação e Controle das Exposições Ocupacionais a Agentes Físicos, Químicos e Biológicos:
  ✓ O texto geral da NR9 não se aplica ao trabalho rural, somente seus anexos. Também veremos que a NR31 dispõe sobre avaliação e controle da exposição ocupacional aos agentes ambientais no trabalho rural;

- Anexo XI da NR12 – Segurança no Trabalho em Máquinas e Equipamentos, publicada pela Portaria SIT 197/2010 e suas alterações posteriores:
  ✓ A própria NR31 contém disposições específicas relativas a máquinas e equipamentos, mas também deve ser observado o disposto no Anexo XI da NR12.

Demais normas não elencadas na lista acima não se aplicam ao trabalho rural, como por exemplo, NR4 – Serviços Especializados em Segurança e Medicina do Trabalho (SESMT) e NR5 – Comissão Interna de Prevenção de Acidentes e de Assédio (CIPA). Mas veremos que os elaboradores da norma se encarregaram de incluir disposições específicas para constituição de SESMT e CIPA no trabalho rural, denominados respetivamente SESTR e CIPATR.

Outras normas especiais como a NR33 – Espaços Confinados e NR35 – Trabalho em Altura também não se aplicam ao trabalho rural. Mas é claro que encontramos nas atividades rurais espaços confinados e trabalho em altura. Por isso a nova redação contém itens específicos que tratam destes assuntos e que foram baseados, inclusive, na redação das respectivas normas.

4. TERMOS TÉCNICOS

Como toda norma setorial, a NR31 faz uso de diversos termos técnicos muitas vezes desconhecidos por aqueles que não têm contato com atividades rurais. Por isso, apresento a seguir a descrição de vários termos que ajudarão na interpretação do texto normativo.

Agrotóxicos, aditivos, adjuvantes e produtos afins:

- **Agrotóxicos:** Produtos químicos com propriedades tóxicas utilizados para combater organismos vivos como insetos, ácaros, moluscos, plantas invasoras (ervas daninhas), dentre outros, em determinadas culturas;
- **Aditivos:** Substância ou produto adicionado a agrotóxicos, componentes e afins para: (i) melhorar sua função; (ii) melhorar sua ação; (iii) aumentar sua durabilidade; (iv) aumentar sua estabilidade; (v) facilitar sua detecção como resíduo nos diferentes processos (vi) facilitar o processo de produção;
- **Adjuvante:** Produtos utilizados em mistura com produtos formulados para melhorar sua aplicação e eficiência; em alguns casos o adjuvante aumenta o tempo de residência ou tempo de permanência do agrotóxico quando aplicado sobre determinada cultura;
- **Produtos afins:** Produtos com características ou funções semelhantes aos agrotóxicos; agem em conjunto com o agrotóxico para que o controle de pragas, doenças e plantas daninhas seja atingido.

Área tratada: área que foi submetida à aplicação de agrotóxicos e/ou produtos afins.

Assento instrucional: assento de máquina autopropelida projetado para fins exclusivamente instrucionais (treinamento).

Atividade itinerante: aquela realizada em contínuo deslocamento, de lugar em lugar, no exercício de uma função, e que não utilize um ponto de apoio para sua realização, como por exemplo, as atividades de vaqueiro.

Atomizador mecanizado tracionado: implemento agrícola que, quando acoplado a um trator agrícola, realiza a operação de pulverização de agrotóxicos, afins e nutrientes, por força de uma corrente de ar de grande velocidade.

Cultivo protegido: consiste em uma técnica que possibilita certo controle de variáveis climáticas como temperatura, umidade do ar, radiação solar e vento. O mais conhecido é aquele realizado em estufas.

Deriva: fração dos ingredientes ativos de agrotóxicos e afins que não atinge o alvo[6]. Apesar de este conceito estar no Glossário, não consta na NR31 nenhuma determinação sobre o controle de deriva na pulverização aérea dos agrotóxicos, como, por exemplo: i – aplicar o produto dentro da faixa de pressão recomendada pelo fabricante da ponta (bico de aplicação), considerando o volume do produto a ser aplicado e o tamanho de gotas, uma vez que pressões mais elevadas geram gotas de dimensões reduzidas, o que

---

[6] Devido, por exemplo, à evaporação ou transporte pelo vento.

NR 31 • SEGURANÇA E SAÚDE NO TRABALHO NA AGRICULTURA | **663**

pode favorecer a deriva; ii – observar a altura recomendada do voo; iii – aplicar apenas em condições ambientais favoráveis: a baixa umidade relativa do ar e altas temperaturas aumentam o risco da evaporação da calda de pulverização, reduzindo o tamanho das gotas e aumentando o potencial de deriva[7].

Empregado rural: toda pessoa natural que, em propriedade rural ou prédio rústico, preste serviços de natureza não eventual a empregador rural, sob a dependência deste e mediante o pagamento de salário[8].

Empregador rural: pessoa física ou jurídica, proprietário ou não, que explore **atividade agroeconômica**[9], em caráter permanente ou temporário, diretamente ou através de prepostos e com auxílio de empregados.

Equiparado ao empregador rural: Equipara-se ao empregador rural, a pessoa física ou jurídica que, habitualmente, em caráter profissional, e por conta de terceiros, execute serviços de natureza agrária, mediante utilização do trabalho de outrem[10].

Estabelecimento rural: propriedade ou extensão de terra, situada fora ou dentro dos limites urbanos, que se destina à exploração de atividade agroeconômica, agricultura, pecuária, silvicultura, exploração florestal e aquicultura, em caráter temporário ou permanente, diretamente ou através de prepostos e com auxílio de trabalhadores, **considerando-se as frentes de trabalho como extensão daquela**.

Derriçadeira: aparelho mecânico manejado manualmente e acionado por motor lateral ou costal, que faz vibrar as varetas existentes em suas extremidades promovendo a derriçagem (queda e posterior colheita) dos frutos.

Implemento Agrícola e Florestal: dispositivo sem força motriz própria que é conectado a uma máquina e que, quando puxado, arrastado ou operado, permite a execução de operações específicas voltadas para a agricultura, pecuária e trato florestal, como preparo do solo, tratos culturais, plantio, colheita, abertura de valas para irrigação e drenagem, transporte, distribuição de ração ou adubos, poda e abate de árvores.

Risco: probabilidade da ocorrência de danos para a integridade física e saúde do trabalhador. Destaco que o conceito de risco que consta no Glossário da NR31 não considera a <u>severidade</u> do dano, porém é notório que este parâmetro também deve ser considerado na determinação do nível do risco. Desta forma, deve-se determinar o nível de risco considerando tanto a <u>probabilidade</u> de ocorrer lesão ou agravo à saúde quanto a <u>severidade</u> da correspondente lesão ou agravo.

Roçadeira costal motorizada: equipamento mecânico, manejado manualmente e acionado por motor, utilizado para cortar gramíneas e outros tipos de vegetação.

Trabalhador em exposição direta: Trabalhadores que <u>manipulam</u> os agrotóxicos, aditivos, adjuvantes e produtos afins, em qualquer uma das etapas de armazenamento,

---

[7] Disponível em: https://www.adapar.pr.gov.br/sites/adapar/arquivos_restritos/files/documento/2020-11/rounduporiginalmais1120.pdf.

[8] Decreto 10.854/2021, art. 85.

[9] Segundo o Decreto 10.854/2021, art. 84, § 3.º: Considera-se como atividade agroeconômica, além da exploração industrial em estabelecimento agrário não compreendido na Consolidação das Leis do Trabalho, aprovada pelo Decreto-Lei 5.452, de 1943, a exploração do turismo rural ancilar à exploração agroeconômica.

[10] O Decreto 10.854/2021 acrescenta que também se equipara ao empregador rural o consórcio simplificado de produtores rurais de que trata o art. 25-A da Lei 8.212, de 1991.

664 | SEGURANÇA E SAÚDE NO TRABALHO – *Mara Queiroga Camisassa*

transporte, preparo, aplicação, descarte e descontaminação[11] de equipamentos e vestimenta.

Trabalhador em exposição indireta: Trabalhadores que não manipulam diretamente os agrotóxicos, aditivos, adjuvantes e produtos afins, mas circulam e desempenham suas atividades de trabalho em áreas vizinhas aos locais onde se faz a manipulação dos agrotóxicos em qualquer uma das etapas de armazenamento, transporte, preparo, aplicação, descarte e descontaminação de equipamentos e vestimentas, ou, ainda, os que desempenham atividades de trabalho em áreas recém-tratadas.

5. RESPONSABILIDADES

5.1 Responsabilidades do empregador rural ou equiparado

Nas atividades urbanas vimos que a responsabilidade pelo cumprimento das normas regulamentadoras é da *organização*. No caso das atividades rurais esta responsabilidade é do *empregador rural ou equiparado*.

Cabe ao empregador rural ou equiparado **cumprir e fazer cumprir as disposições legais e regulamentares sobre segurança e saúde no trabalho rural**, de forma a garantir aos trabalhadores rurais adequadas condições de trabalho, higiene e conforto. A expressão *"cumprir e fazer cumprir"* significa que o empregador rural ou equiparado deve não somente cumprir a legislação aplicável ao trabalho rural como também exigir seu cumprimento pelos trabalhadores e terceiros que adentrarem o estabelecimento rural.

Deve também adotar **medidas de *prevenção e proteção*** para garantir que todas as atividades, locais de trabalho, máquinas, equipamentos e ferramentas sejam seguros. Como vimos no capítulo da NR1, as medidas de *prevenção* são aquelas implementadas no ambiente de trabalho e têm por objetivo eliminar, reduzir ou controlar os riscos ocupacionais, já as medidas de *proteção* são aquelas que dizem respeito ao trabalhador, seja pelo fornecimento de EPI ou de orientações relativas a bons hábitos de higiene nos locais de trabalho.

É também responsabilidade do empregador rural ou equiparado a adoção dos **procedimentos necessários quando da ocorrência de acidentes e doenças do trabalho, incluindo a análise das respectivas causas**. Como vimos em capítulo anterior, os procedimentos a serem adotados se referem à *prevenção reativa* e abrangem a adoção de medidas de controle dos riscos a fim de evitar que aconteçam novos acidentes e/ou adoecimentos.

De se destacar também que **todos** os empregadores rurais e equiparados devem realizar análise de acidentes e doenças do trabalho, independente da atividade ou do porte do estabelecimento rural, ou ainda se têm ou não SESTR constituído. Vale a pena lembrar que acidentes do trabalho são eventos multifatoriais ou multicausais e por este motivo a análise correspondente deve alcançar os *aspectos organizacionais e outros fatores latentes, determinantes e "invisíveis"*, muito além dos fatores visíveis e imediatos que possam ter contribuído ou interferido na sua ocorrência. É considerada infração a análise de acidente apresentada à fiscalização que conclua como causa única do acidente a ação do trabalhador que, regra geral, é a última ocorrência antes do evento súbito, atribuindo a ele a "culpa" do acidente (o "famoso" ato *inseguro*). O objetivo da análise dos

---

[11] A descontaminação das vestimentas é responsabilidade do empregador, podendo ser realizada no próprio estabelecimento ou por empresas especializadas.

acidentes não é identificar os culpados, mas sim, suas causas para evitar que ocorram novamente.

Também deve ser assegurado aos trabalhadores o **fornecimento de instruções compreensíveis**, em matéria de segurança e saúde, seus direitos, deveres e obrigações, bem como a orientação e supervisão necessárias ao trabalho seguro. Não se trata aqui de treinamento formal, ficando a cargo do empregador rural ou equiparado a **forma** como estas instruções serão repassadas aos trabalhadores, se durante o Diálogo Diário de Segurança (DDS), pela distribuição de folhetos ou quaisquer outros meios. Porém, entendo como importante e necessário o **registro**, pelo empregador rural ou equiparado, do cumprimento deste item, para fins de auditoria.

O empregador rural ou equiparado também deve **informar aos trabalhadores**:

- Os riscos decorrentes do trabalho e as medidas de prevenção implantadas, inclusive em relação a novas tecnologias adotadas, como por exemplo, novas máquinas, equipamentos, ferramentas ou implementos agrícolas;
- Os resultados dos exames médicos e complementares a que foram submetidos, quando realizados por serviço médico contratado pelo empregador; e
- Os resultados das avaliações ambientais realizadas nos locais de trabalho.

Cabe também ao empregador rural ou equiparado permitir que representante dos trabalhadores, legalmente constituído, acompanhe a fiscalização dos preceitos legais e regulamentares sobre segurança e saúde no trabalho. Entendo que este representante pode ser um dos membros da representação dos empregados na CIPATR ou ainda representante sindical.

Deve também **disponibilizar à Inspeção do Trabalho** todas as informações relativas à segurança e saúde no trabalho rural.

Combate ao assédio e demais formas de violência no trabalho rural

Os empregadores rurais ou equiparados obrigados a constituir CIPATR devem adotar as seguintes medidas, além de outras que entenderem necessárias, com vistas à prevenção e ao combate ao assédio sexual e às demais formas de violência no âmbito do trabalho:

- a) inclusão de regras de conduta a respeito do assédio sexual e de outras formas de violência nas normas internas da empresa, com ampla divulgação do seu conteúdo aos empregados e às empregadas;
- b) fixação de procedimentos para recebimento e acompanhamento de denúncias, para apuração dos fatos e, quando for o caso, para aplicação de sanções administrativas aos responsáveis diretos e indiretos pelos atos de assédio sexual e de violência, garantido o anonimato da pessoa denunciante, sem prejuízo dos procedimentos jurídicos cabíveis; e
- c) realização, no mínimo a cada 12 (doze) meses, de ações de capacitação, de orientação e de sensibilização dos empregados e das empregadas de todos os níveis hierárquicos da empresa sobre temas relacionados à violência, ao assédio, à igualdade e à diversidade no âmbito do trabalho, em formatos acessíveis, apropriados e que apresentem máxima efetividade de tais ações.

5.2 Responsabilidades dos trabalhadores

Os trabalhadores devem cumprir as determinações sobre as formas seguras de desenvolver suas atividades, especialmente quanto às Ordens de Serviço emitidas para este fim. Apesar de esta ser a única referência na NR31 relativa às ordens de serviço, devemos nos lembrar que se trata de documento escrito, específico e auditável, emitido pelo empregador, devendo conter, no mínimo, a descrição do serviço, a data, o local, nome e a função dos trabalhadores e dos responsáveis pelo serviço e por sua emissão e os procedimentos de trabalho e segurança.

Os trabalhadores também devem adotar as medidas de prevenção (e *proteção*) determinadas pelo empregador, em conformidade com a NR31, sob pena de constituir ato faltoso a recusa injustificada. Entendo que recusas <u>injustificadas reiteradas</u>, por exemplo, de uso de EPI ou de se submeter a exames médicos, podem levar até à demissão por justa causa conforme art. 482 da CLT, alínea "h"[12], por se tratar de ato de indisciplina ou insubordinação.

Também devem se submeter aos exames médicos previstos na NR31 e colaborar com o empregador rural ou equiparado na sua aplicação.

Não devem danificar as áreas de vivência, preservando as condições oferecidas e cumprir todas as orientações relativas aos procedimentos seguros de operação, alimentação, abastecimento, limpeza, manutenção, inspeção, transporte, desativação, desmonte e descarte das ferramentas, máquinas e equipamentos. Incluo aqui também os procedimentos seguros relativos aos implementos agrícolas no que for aplicável.

Os trabalhadores não devem realizar qualquer tipo de alteração nas ferramentas e nas proteções mecânicas ou dispositivos de segurança de máquinas e equipamentos, de maneira que possa colocar em risco sua saúde e integridade física, ou de terceiros.

Também devem comunicar a seu superior imediato se alguma ferramenta, máquina ou equipamento for danificado ou perder sua função. Devemos entender aqui a *perda de função* em sentido amplo, seja operacional ou relacionada à perda de proteção contra acesso indevido nas zonas de perigo.

6. DIREITOS DOS TRABALHADORES

Os trabalhadores rurais têm direito a ambientes de trabalho seguros e saudáveis, e também a ser consultados, por meio de seus representantes na CIPATR, sobre as medidas de prevenção que serão adotadas pelo empregador rural ou equiparado.

Eles devem poder escolher sua representação em matéria de segurança e saúde no trabalho e também receber instruções sobre este tema, bem como orientação para atuar no processo de implementação das medidas de prevenção.

Também é garantido aos trabalhadores o direito de recusa, que é o direito de interromper as atividades sempre que constatarem uma situação que, a seu ver, ou seja, de acordo com sua experiência e conhecimento, envolva risco grave e iminente para sua vida e saúde, informando imediatamente ao seu superior hierárquico. Caso comprovada pelo empregador a situação de grave e iminente risco, a volta dos trabalhadores à atividade somente poderá ser exigida após a adoção das medidas corretivas para eliminar o risco grave e iminente. Como vimos em capítulo anterior, o direito de recusa encontra-se positivado na Convenção 155 da OIT, art. 19, "f":

---

[12] CLT, art. 482 – Constituem justa causa para rescisão do contrato de trabalho pelo empregador: (...) h) ato de indisciplina ou de insubordinação.

NR 31 • SEGURANÇA E SAÚDE NO TRABALHO NA AGRICULTURA | 667

Art. 19. Deverão ser adotadas disposições, em nível de empresa, em virtude das quais: f) o trabalhador informará imediatamente o seu superior hierárquico direto sobre qualquer situação de trabalho que, a seu ver e por motivos razoáveis, envolva um perigo iminente e grave para sua vida ou sua saúde; enquanto o empregador não tiver tomado medidas corretivas, se forem necessárias, não poderá exigir dos trabalhadores a sua volta a uma situação de trabalho onde exista, em caráter contínuo, um perigo grave ou iminente para sua vida ou sua saúde.

7. PROGRAMA DE GERENCIAMENTO DE RISCOS NO TRABALHO RURAL – PGRTR

O empregador rural ou equiparado deve elaborar, implementar e custear o Programa de Gerenciamento de Riscos no Trabalho Rural – PGRTR.

O PGRTR deve ser elaborado e implementado **por estabelecimento rural**, por meio de ações de segurança e saúde que visem à prevenção de acidentes e doenças decorrentes do trabalho nas atividades rurais. Deve contemplar os riscos químicos, físicos, biológicos, de acidentes e os riscos relacionados a fatores ergonômicos, sendo sua abrangência e complexidade dependentes das características destes mesmos riscos e das necessidades de controle.

Apesar de não constar expressamente na norma, entendo que o PGRTR deve ser datado e assinado. A NR31, entretanto, não determina qual é o profissional ou quais são os profissionais responsáveis pela elaboração do PGRTR, lembrando que a responsabilidade pela implementação é do empregador rural ou equiparado. De qualquer forma, dependendo da complexidade das atividades rurais, é importante contar com equipe multidisciplinar na elaboração deste programa.

> No caso dos estabelecimentos rurais de pequeno porte, entendidos como aqueles com até 50 (cinquenta) empregados contratados por prazo determinado e/ou indeterminado, a elaboração do PGRTR poderá utilizar a ferramenta (on line) de avaliação de riscos disponibilizada pela Secretaria Especial de Previdência e Trabalho – SEPRT. Esta ferramenta deve ser utilizada para estruturar o PGRTR e elaborar o respectivo plano de ação, a partir do relatório que será produzido.

Os trabalhadores devem ser comunicados sobre os riscos consolidados no inventário de riscos e as medidas de prevenção do plano de ação do PGRTR.

7.1 Etapas do PGRTR

O PGRTR deve incluir, no mínimo, as seguintes etapas:

a) levantamento preliminar dos perigos e sua eliminação, quando possível;

b) avaliação dos riscos ocupacionais que não puderem ser completamente eliminados;

c) estabelecimento de medidas de prevenção, com prioridades e cronograma;

d) implementação de medidas de prevenção, de acordo com a seguinte ordem de prioridade:

I. eliminação dos fatores de risco;

668 | SEGURANÇA E SAÚDE NO TRABALHO – *Mara Queiroga Camisassa*

II. minimização e controle dos fatores de risco com a adoção de medidas de proteção coletiva[13];

III. minimização e controle dos fatores de risco com a adoção de medidas administrativas ou de organização do trabalho; e

IV. adoção de medidas de proteção individual;

e) acompanhamento do controle dos riscos ocupacionais; e

f) investigação e análise de acidentes e doenças ocupacionais.

O empregador rural ou equiparado deverá realizar o **levantamento preliminar dos perigos *existentes*** no ambiente de trabalho (observação diagnóstica preliminar) para identificar aqueles que possam ser imediatamente eliminados. Nos casos em que os perigos não puderem ser eliminados, deverá ser feita a avaliação dos riscos ocupacionais. Como destacado no início deste capítulo, o conceito de **risco** que consta na NR31 considera apenas a probabilidade da ocorrência de danos para a integridade física e saúde do trabalhador. Entretanto, a **severidade** do dano também deve ser considerada na avaliação dos riscos nas atividades rurais.

Uma vez realizada a avaliação dos riscos devem ser identificadas as respectivas medidas de prevenção (temos aqui, a *prevenção ativa*) com o estabelecimento da priorização de implementação e cronograma. A implementação destas medidas deve observar a hierarquia das medidas de controle listadas anteriormente (incisos I a IV).

Após a implementação das medidas de prevenção, e considerando o caráter permanente e de melhoria contínua do PGRTR, o empregador rural ou equiparado deve acompanhar e monitorar o efetivo controle dos riscos.

Na ocorrência de acidente ou doença do trabalho, deve ser realizada a correspondente investigação, para identificação de suas causas e adoção das medidas de prevenção necessárias ou alteração das já existentes (*prevenção reativa*).

Os parâmetros para avaliações dos riscos e da exposição dos trabalhadores aos agentes físicos, químicos e *biológicos*[14], e os critérios para a prevenção dos riscos à saúde dos trabalhadores decorrentes das exposições ocupacionais devem considerar o disposto nos Anexos da NR9 – Avaliação e Controle das Exposições Ocupacionais a Agentes Físicos, Químicos e Biológicos.

7.2 Documentos do PGRTR

O PGRTR deve conter, no mínimo, os seguintes documentos:

a) inventário de riscos ocupacionais; e

b) plano de ação.

O Inventário de Riscos Ocupacionais deve contemplar, no mínimo, as seguintes informações:

a) caracterização dos processos e ambientes de trabalho;

---

[13] Chamo a atenção do leitor para a definição de *Proteção coletiva* que consta no Glossário: "dispositivo, sistema ou meio, fixo ou móvel, de **abrangência coletiva**, destinado a preservar a integridade física e a saúde dos trabalhadores e terceiros". Destaco que, apesar do nome "***coletiva***" esta proteção pode alcançar um único trabalhador, e não necessariamente a coletividade, como é caso do fechamento da cabine do trator de aplicação de agrotóxicos ou ainda o sistema de amortecimento do assento de máquinas autopropelidas.

[14] No item 31.3.3.1 consta apenas a referência aos parâmetros para avaliação dos riscos físicos e químicos.

NR 31 • SEGURANÇA E SAÚDE NO TRABALHO NA AGRICULTURA | 669

b) caracterização das atividades;

c) descrição de perigos e de possíveis lesões ou agravos à saúde dos trabalhadores, com a identificação das fontes ou circunstâncias, descrição de riscos gerados pelos perigos, com a indicação dos grupos de trabalhadores sujeitos a esses riscos, e descrição de medidas de prevenção implementadas;

d) dados da análise preliminar ou do monitoramento das exposições a agentes físicos, químicos e biológicos, e os resultados da avaliação de ergonomia, nos termos do item 31.8 – Ergonomia – da NR31;

e) avaliação dos riscos, incluindo a classificação para fins de elaboração do plano de ação; e

f) critérios adotados para avaliação dos riscos e tomada de decisão.

O PGRTR deve ser revisto <u>sempre</u> que ocorrerem inovações e modificações nas tecnologias, ambientes, processos, condições, procedimentos e organização do trabalho, ou quando identificadas inadequações ou insuficiência na avaliação dos perigos e na adoção das medidas de prevenção. Ainda que as condições de trabalho permaneçam inalteradas, o PGRTR deve ser revisado a cada três anos.

7.3 Especificidades do trabalho rural

Considerando as inúmeras especificidades do trabalho rural e a diversidade de ambientes onde as atividades são realizadas, também devem constar no PGRTR medidas para:

a) trabalhos com animais, incluindo <u>imunização dos trabalhadores</u>, manipulação e eliminação de secreções, excreções e restos de animais, e as formas corretas e locais adequados de aproximação, contato e imobilização, e reconhecimento e precauções relativas a doenças transmissíveis;

b) orientação a trabalhadores quanto aos procedimentos a serem adotados na ocorrência de <u>condições climáticas extremas</u> e interrupção das atividades nessas situações, quando comprometerem sua segurança;

c) organização do trabalho, de forma que as atividades que exijam <u>maior esforço físico, quando possível, sejam desenvolvidas no período da manhã ou no final da tarde</u>, e para minimização dos impactos sobre a segurança e saúde do trabalhador nas atividades em terrenos acidentados;

d) definição de <u>condições seguras de trânsito</u> de trabalhadores e veículos nas vias próprias internas de circulação do estabelecimento rural, com sinalização visível e proteções físicas onde houver risco de quedas dos veículos;

e) eliminação, nos locais de trabalho, de <u>resíduos</u> provenientes dos processos produtivos que possam gerar riscos à segurança e à saúde dos trabalhadores; e

f) realização de trabalhos em faixa de segurança de linhas de distribuição de energia elétrica[15], considerando os possíveis riscos de acidentes.

---

[15] Apesar de ser esta a redação da norma, entendo que esta alínea se aplica às redes de **transmissão** de energia elétrica (e não às redes de distribuição). Segundo a ABNT 5422:1985, a largura da faixa de segurança de uma linha aérea de transmissão de energia elétrica é determinada considerando o balanço dos cabos devido à ação dos ventos, efeitos elétricos, bem como o posicionamento das fundações de suportes e estais. Sugiro a consulta à concessionária local antes da realização de atividades próximas a linhas de transmissão de energia elétrica.

7.4 Exames médicos

A NR31 não obriga o empregador rural ou equiparado a elaborar um documento contendo o Programa de Controle Médico de Saúde Ocupacional (PCMSO). Entretanto, isso não o dispensa da obrigação de manter a vigilância da saúde de seus empregados. Neste sentido, o empregador rural ou equiparado deve planejar e executar ações de preservação da saúde ocupacional dos trabalhadores bem como ações de prevenção e controle dos agravos decorrentes do trabalho. Estas ações devem ser planejadas e executadas com base na identificação dos perigos e nas necessidades e peculiaridades das atividades rurais.

Neste sentido a norma determina que o empregador rural ou equiparado garanta a realização de exames médicos, obedecendo aos seguintes requisitos quanto ao exame clínico:

a) **exame admissional:** realizado antes que o trabalhador assuma suas atividades;

b) **exame periódico:** realizado anualmente ou em intervalos menores, quando disposto em acordo ou convenção coletiva de trabalho ou a critério médico;

c) **exame de retorno ao trabalho:** realizado no primeiro dia do retorno à atividade do trabalhador ausente por período igual ou superior a 30 (trinta) dias devido a qualquer doença ou acidente (ocupacional ou não);

d) **exame de mudança de risco ocupacional:** realizado antes da data da mudança – neste caso o controle médico deve se adequar aos novos riscos;

e) **exame demissional:** realizado em até 10 (dez) dias, contados do término do contrato. O exame demissional pode ser dispensado caso o exame clínico mais recente tenha sido realizado há menos de 90 dias (também contados do término do contrato), salvo o disposto em acordo ou convenção coletiva de trabalho.

Os exames médicos incluem o exame clínico e exames complementares determinados em função dos riscos aos quais o trabalhador estiver exposto e de acordo com os parâmetros definidos nos Anexos da NR7 – Programa de Controle Médico de Saúde Ocupacional – PCMSO.

Os exames complementares devem ser realizados sempre que houver exposição ocupacional acima dos níveis de ação[16], conforme o disposto nos Anexos da NR9 ou se a classificação dos riscos do PGRTR assim indicar. Devem ser executados por laboratório que tenha autorização legal para funcionamento e interpretados com base nos critérios que também constam nos Anexos da NR7.

Os exames previstos no Quadro 1 (Indicadores Biológicos de Exposição Excessiva – IBE/EE) e Quadro 2 (Indicadores Biológicos de Exposição com Significado Clínico – IBE/SC) do Anexo I da NR7 devem ser realizados a cada seis meses, podendo ser antecipados ou postergados por até 45 (quarenta e cinco) dias, a critério do médico responsável, mediante justificativa técnica. O objetivo é realizar os exames em situações mais representativas da exposição do empregado aos agentes. Para maiores detalhes sobre estes quadros do Anexo I da NR7 remeto o leitor ao capítulo correspondente.

---

[16] Nada impede, entretanto, que o empregador decida pela realização de exames médicos mesmo que a exposição ocupacional esteja abaixo dos níveis de ação, como forma de alcançar também os trabalhadores menos expostos.

A critério do médico responsável também podem ser realizados outros exames complementares, <u>desde</u> que relacionados aos riscos ocupacionais identificados e classificados no PGRTR.

7.4.1 Atestado de Saúde Ocupacional

Para cada exame clínico ocupacional, deve ser emitido um Atestado de Saúde Ocupacional – ASO, em duas vias, contendo, no mínimo[17]:

a) nome completo do trabalhador rural, o número de seu CPF e sua função;

b) a descrição dos perigos ou fatores de riscos identificados e classificados no PGRTR que necessitem de controle médico, ou indicação de sua inexistência;

c) indicação e data de realização dos exames clínicos ocupacionais e complementares a que foi submetido o trabalhador;

d) definição de apto ou inapto para a função que o trabalhador vai exercer, exerce ou exerceu;

e) data e assinatura do médico encarregado do exame, contendo seu número de inscrição no Conselho Regional de Medicina.

Pode acontecer de o exame complementar ser realizado em data diversa do exame clínico. Neste caso, quando forem realizados exames complementares sem que tenha ocorrido exame clínico, deve ser emitido recibo de entrega do resultado do exame complementar, devendo este ser fornecido ao trabalhador em meio físico, mediante recibo, não sendo necessária a emissão do ASO.

A primeira via do ASO deve estar à disposição da fiscalização do trabalho, podendo ser em meio físico ou eletrônico, e a segunda via deve ser entregue ao trabalhador em meio físico, mediante recibo. Ou seja, no caso dos trabalhadores rurais, a segunda via deve ser entregue sempre em meio físico, já no caso dos trabalhadores urbanos, a segunda via deve ser fornecida em meio físico quando solicitado, como vimos no capítulo da NR7.

Lembro novamente ao leitor que o ASO não atesta que o trabalhador é uma pessoa saudável, mas atesta, sim, sua **saúde ocupacional**, ou seja, sua aptidão (ou não) para exercer determinada atividade. Neste sentido, como também vimos no capítulo da NR7, o trabalhador pode ter uma doença, por exemplo, hipertensão arterial controlada, e mesmo assim ser apto para exercer várias atividades.

7.5 *Kit* de primeiros socorros

Todo estabelecimento rural, independente da atividade e da quantidade de empregados, deve estar equipado com material necessário à prestação de primeiros socorros, considerando-se as características da atividade desenvolvida.

O *kit* de primeiros socorros também será obrigatório para as frentes de trabalho com 10 (dez) ou mais trabalhadores. Esta é a determinação normativa, mas é claro que o empregador rural ou equiparado pode manter este *kit* mesmo nas frentes com menos de dez trabalhadores, considerando que as disposições normativas apresentam um grau mínimo de exigibilidade a ser cumprido.

---

[17] Observem que a NR31 não exige que conste no ASO a indicação do empregador rural ou equiparado, seja o respectivo CAEPF ou o CNPJ, ao contrário da NR7 para as empresas urbanas.

672 | SEGURANÇA E SAÚDE NO TRABALHO – *Mara Queiroga Camisassa*

Em ambos os casos, este material deve permanecer sob cuidados de pessoa treinada para a prestação dos primeiros socorros, não necessariamente profissional da área da saúde.

7.6 Vacinação

Deve ser possibilitado o acesso dos trabalhadores aos órgãos de saúde com fins a:

a) prevenção e a profilaxia de doenças endêmicas;

b) aplicação de vacina antitetânica.

7.7 Acidentes e doenças ocupacionais

O empregador rural ou equiparado deve garantir a remoção do acidentado em caso de urgência e arcar com as despesas correspondentes.

Em casos de acidentes com animais peçonhentos, após os procedimentos de primeiros socorros, o trabalhador acidentado deve ser encaminhado imediatamente à unidade de saúde mais próxima do local.

Sempre que for constatada a ocorrência ou agravamento de doenças ocupacionais, por meio dos resultados dos exames complementares, ou sendo verificadas alterações em indicador biológico com significado clínico (IBE/SC), mesmo sem sintomatologia, o empregador rural ou equiparado, deverá, mediante orientação formal com base em laudo ou atestado do médico encarregado dos exames:

a) emitir a Comunicação de Acidentes do Trabalho – CAT;

b) afastar o trabalhador da exposição ao risco, ou do trabalho; e

c) encaminhar o trabalhador à Previdência Social para estabelecimento de nexo causal, avaliação de incapacidade e definição da conduta previdenciária em relação ao trabalho.

Ainda que não esteja expresso na NR31, o empregador rural ou equiparado também tem a obrigação de notificar ao Ministério da Saúde a ocorrência de doenças, agravos e eventos de saúde pública, conforme Portaria de Consolidação 4, de 28 de setembro de 2017 – Anexo I (Sistema Nacional de Vigilância Epidemiológica), Capítulo I.

8. MEDIDAS DE PROTEÇÃO PESSOAL

Para fins da NR31, as medidas de proteção pessoal se dividem em:

✓ Equipamentos de Proteção Individual;

✓ Dispositivos de Proteção Pessoal.

Temos aqui a correção de um erro histórico que constava na antiga redação da NR31. Agora, com a nova redação, os EPIs a serem obrigatoriamente fornecidos são aqueles constantes no Anexo I da NR6 (na redação anterior não havia menção a esta norma). E devem ser fornecidos gratuitamente pelo empregador rural ou equiparado aos trabalhadores rurais, nos termos da NR6. Ou seja, todo o texto da NR6 se aplica ao trabalho rural.

A correção a que me referi é a classificação de alguns dispositivos, considerados como EPI na redação anterior (mas que na verdade não são EPIs), como Dispositivos de Proteção Pessoal. Trata-se de equipamentos de proteção há muito tempo empregados e consagrados no meio rural, mas que não possuem metodologia de testes de certificação para obtenção do CA – Certificado de Aprovação, como no caso dos EPIs.

Neste sentido, de acordo com a NR31, e para fins de sua aplicação, consideram-se dispositivos de proteção pessoal os equipamentos destinados à proteção do trabalhador, mas que não são enquadrados como EPI pelo Anexo I da NR6, ou seja, não constam do Anexo 1 da NR6, nem possuem CA.

De acordo com o item 31.6.2, além dos EPI previstos na NR6, cabe ao empregador, de acordo com os riscos de cada atividade, fornecer aos trabalhadores[18] os seguintes dispositivos de proteção pessoal – lista exaustiva:

a) chapéu ou boné tipo árabe ou legionário contra o sol:

Chapéu e boné são barreiras físicas importantes a serem usadas nas atividades a céu aberto, para proteção contra radiação solar;

b) protetor facial contra lesões ocasionadas por partículas, respingos, vapores de produtos químicos, ou óculos contra a ação de líquidos agressivos;

c) perneira contra picadas de animais peçonhentos;

O risco de acidentes com animais peçonhentos é inerente a quase todas as atividades rurais, por exemplo, na cultura de cana-de-açúcar, e por isso as perneiras nestes casos são uma das principais barreiras de proteção do trabalhador. Porém, perneiras que oferecem proteção contra picadas de animais peçonhentos como cobras, aranhas, escorpiões, dentre outros, são dispositivos de proteção pessoal, mas não são EPI.

Destaco, entretanto, que o Anexo I da NR6 contém uma lista de perneiras que oferecem proteção contra agentes abrasivos e escoriantes, agentes térmicos, agentes químicos, agentes cortantes e perfurantes e também proteção da perna contra umidade proveniente de operações com uso de água. Estas perneiras sim, são EPIs – claro, se tiverem CA. Desta forma, a resposta à pergunta *"Perneira é EPI?"* é: *Depende!...*

d) colete refletivo ou tiras refletivas para sinalização;

Tanto o colete quanto as tiras ou faixas refletivas servem apenas para advertir terceiros acerca da presença dos trabalhadores;

e) vestimenta de corpo inteiro para proteção biológica;

f) bota ou botina com solado sem ranhuras para atividades que envolvam montaria de animais; e

O solado sem ranhura impede que o calçado "trave" no estribo do animal (cavalos, principalmente), no momento da montaria. O empregador rural ou equiparado é obrigado a fornecer a bota sem ranhuras somente nas atividades que envolvam montaria de animais;

g) roupas especiais para atividades específicas.

Como exemplo cito as vestimentas dos apicultores.

Os equipamentos de proteção individual e os dispositivos de proteção pessoal devem ser adequados aos riscos, mantidos conservados e em condições de funcionamento.

---

[18] Apesar de não constar expressamente na norma, este fornecimento deve ser gratuito.

O empregador rural ou equiparado deve orientar o empregado sobre o uso dos EPI e dos dispositivos de proteção pessoal bem como exigir sua utilização.

Cabe ao empregado quanto ao EPI e aos dispositivos de proteção pessoal:

a) utilizá-los apenas para a finalidade a que se destinam;

b) responsabilizar-se pela guarda e conservação;

c) comunicar ao empregador qualquer alteração que os tornem impróprios para uso; e

d) cumprir as determinações do empregador sobre o uso adequado.

Protetor Solar

Vimos no capítulo da NR6 que protetor solar não é EPI. A NR31 tampouco considera o protetor solar como dispositivo de proteção pessoal. Mas os elaboradores da norma cuidaram de incluir a obrigação de o empregador rural ou equiparado disponibilizar protetor solar aos empregados nas seguintes situações:

- Se indicado no PGRTR; ou
- Se configurada exposição à radiação solar sem adoção de medidas de proteção coletiva ou individual.

O protetor solar pode ser disponibilizado por meio de dispensador coletivo e seu uso é **facultativo** pelo trabalhador.

Vemos, portanto, que o uso do protetor solar não precisa estar necessariamente indicado no PGRTR para que o empregador seja obrigado a fornecê-lo. Basta ocorrer a exposição do trabalhador à radiação solar sem adoção de medidas de controle que o fornecimento passa a ser obrigatório. O uso pelo empregado é que será facultativo.

Porém, como vimos no início deste capítulo, uma das obrigações do empregador rural ou equiparado é **fornecer aos trabalhadores instruções compreensíveis em matéria de segurança e saúde**, seus direitos, deveres e obrigações, bem como a orientação e supervisão necessárias ao trabalho seguro; dentre as informações a serem fornecidas está a orientação sobre a importância do uso do protetor solar e a correspondente supervisão do seu uso.

9. AGROTÓXICOS, ADITIVOS, ADJUVANTES E PRODUTOS AFINS

9.1 Introdução

Uma das maiores preocupações com os agrotóxicos diz respeito a sua longevidade: estes produtos possuem moléculas grandes, que por sua vez possuem baixa pressão de vapor, ou seja, têm pouca tendência a se volatilizar – já que o objetivo, após a aplicação do produto[19], é que ele atue na planta e permaneça nela o maior tempo possível, suficiente para provocar os efeitos desejados.

O reconhecimento dos riscos relativos aos agrotóxicos deve considerar, entre outras informações, aquelas constantes na FISPQ – Ficha de Informações de Produtos Químicos, na bula e no rótulo do produto, bem como a identificação dos meios veiculantes

---

[19]   A aplicação deve seguir as recomendações do fabricante.

• SEGURANÇA E SAÚDE NO TRABALHO NA AGRICULTURA | 675

– tipo de aplicação (por exemplo, aérea[20] ou por bomba costal), vestimentas, se há ou não exposição etc.

9.2 Atividades abrangidas

Os itens da norma relativos a agrotóxicos, aditivos, adjuvantes e produtos afins abrangem as atividades de transporte, armazenamento, manipulação, aplicação, descarte e descontaminação de equipamentos e vestimentas.

9.3 Classificações dos agrotóxicos

Com relação ao organismo alvo e grupo químico

Dependendo do organismo alvo que pretendem combater, os agrotóxicos são classificados em, dentre outros:

- Herbicidas (plantas invasoras);
- Fungicidas (fungos);
- Inseticidas (insetos, larvas e formigas);
- Acaricidas (ácaros);
- Fumigantes (pragas e bactérias);
- Molusquicidas (moluscos, como lesmas, caracóis e caramujos).

Com relação à toxicidade[21]

Os agrotóxicos são classificados em categorias toxicológicas em função da toxicidade aguda oral (DL50), cutânea (DL50) e inalatória (CL50).

Em 2019 foi publicada pela ANVISA – Agência de Vigilância à Saúde a Resolução da Diretoria Colegiada 294 que aprovou a seguinte classificação toxicológica dos agrotóxicos:

Categoria		Categoria 1	Categoria 2	Categoria 3	Categoria 4	Categoria 5	Não classificado
Nome da categoria		Extremamente tóxico	Altamente tóxico	Medianamente tóxico	Pouco tóxico	Improvável de causar dano agudo	Não classificado
Via de exposição oral (mg/kg.p.c.)		< = 5	> 5 - 50	> 50 - 300	> 300 - 2.000	> 2.000 - 5.000	> 5.000
Via de exposição cutânea (mg/kg p.c.)		< = 50	> 50 - 200	> 200 - 1.000	> 1.000 - 2.000	> 2.000 - 5.000	> 5.000
Via de exposição inalatória	Gases (ppm/V)	< = 100	> 100 - 500	> 500 - 2.500	> 2.500 - 20.000	> 20.000 - 50.000	
	Vapores (mg/L)	< = 0,5	> 0,5 - < = 2,0	> 2,0 - < = 10	>10 < = 20	> 20 - 50	
	Produtos sólidos e líquidos (mg/L)	< = 0,05	> 0,05 - 0,5	> 0,5 - 1,0	> 1,0 - 5,0	> 5,0 - 12,5	

---

[20] Os requisitos da pulverização aérea são estabelecidos pela Agência Nacional de Aviação Civil – ANAC.
[21] Resolução RDC/ANVISA 294, de 29.07.2019.

676 SEGURANÇA E SAÚDE NO TRABALHO – *Mara Queiroga Camisassa*

Temos então as seguintes categorias toxicológicas:

- Categoria 1: Extremamente tóxico (vermelho)
- Categoria 2: Altamente tóxico (vermelho)
- Categoria 3: Medianamente tóxico (amarelo)
- Categoria 4: Pouco tóxico (azul)
- Categoria 5: Improvável de causar dano agudo (azul)
- Não classificado (verde)

Além da NR

Dose Letal 50 (DL50) e Concentração Letal 50 (CL50)[22]

Dose letal 50 (DL50) é a dose que levou à morte metade (50%) da população de animais de laboratório submetida à administração (exposição) daquela determinada dose.

A administração pode ser por diferentes vias: oral, intravenosa ou outras (intraperitoneal, subcutânea, dérmica).

Os dados obtidos são extrapolados com reservas para os seres humanos, mas podem dar uma ideia do perigo imediato de uma substância química, no nosso contexto, os agrotóxicos. Os resultados variam de acordo com a espécie, a idade, o sexo do animal e a via de introdução.

Já a concentração Letal 50 (CL50) tem o mesmo conceito da DL50, mas é definida para a concentração média da substância no ar ambiente inaladas por animais de laboratórios, variando de acordo com a espécie do animal e o tempo de exposição. É semelhante à exposição ocupacional no que diz respeito à via de introdução no organismo, pois se refere à contaminação no ar inalado. (BUSCHINELLI; KATO, 2012).

Com relação à composição química

Neste contexto, os agrotóxicos podem ser classificados nos seguintes grupos químicos: organoclorados, organofosforados, organometálicos, dentre outros.

Destaco que o PGRTR deve conter todos os agentes químicos que funcionam como princípios ativos dos agrotóxicos e a partir daí o médico responsável deve identificar os exames complementares que devem ser realizados, pois, conforme determina o item 31.3.7.1.3, podem ser realizados outros exames complementares (além daqueles previstos nos Anexos da NR7), a critério do médico responsável, desde que relacionados aos riscos ocupacionais identificados e classificados no PGRTR. Por exemplo, atualmente vários agrotóxicos utilizam herbicidas que podem causar danos hepáticos, podendo ser indicado neste caso, teste da função hepática.

9.4 Trabalhadores em exposição direta e indireta

Os elaboradores da norma também se preocuparam em manter as disposições que já existiam na redação anterior com relação aos trabalhadores com exposição direta e exposição indireta a agrotóxicos.

Neste sentido, para fins da NR31 são considerados:

a) **trabalhadores em exposição direta**, os que **manipulam** os agrotóxicos, aditivos, adjuvantes e produtos afins, em qualquer uma das etapas de armazenamento, transporte, preparo, aplicação, descarte e descontaminação de equipamentos e vestimentas; e

---

[22] Quanto menor a DL50 e/ou a CL50 mais tóxico é o agrotóxico.

NR 31 • SEGURANÇA E SAÚDE NO TRABALHO NA AGRICULTURA | 677

b) **trabalhadores em exposição indireta**, os que **não manipulam diretamente** os agrotóxicos, aditivos, adjuvantes e produtos afins, mas **circulam e desempenham suas atividades de trabalho em áreas vizinhas aos locais** onde se faz a manipulação dos agrotóxicos em qualquer uma das etapas de armazenamento, transporte, preparo, aplicação, descarte e descontaminação de equipamentos e vestimentas, ou, ainda, os que desempenham atividades de trabalho em áreas recém-tratadas.

Entendo ser fundamental que o trabalhador em exposição direta seja **alfabetizado**, pois deverá ler e interpretar os rótulos, bulas e procedimentos de preparo. Além disso, como a toxicidade do produto é indicada também por meio de cores, trabalhadores daltônicos devem passar por avaliação criteriosa antes de serem considerados aptos a exercer atividades com agrotóxicos

Também são considerados trabalhadores em **exposição indireta** aqueles que transportam e armazenam[23] **embalagens lacradas e não violadas**. Estes trabalhadores devem receber instruções por meio de DDS – Diálogo Diário de Segurança, panfletos escritos em linguagem acessível ou outro meio a critério do empregador rural ou equiparado.

Porém, se houver embalagens **não lacradas ou violadas** tanto no transporte quanto no local de armazenamento, os trabalhadores envolvidos serão considerados em **exposição direta**.

Trabalhadoras gestantes e lactantes[24]

Tão logo seja informado da gestação, o empregador rural ou equiparado deve afastar as trabalhadoras gestantes e também aquelas em período de lactação das atividades com exposição direta ou indireta a agrotóxicos, aditivos, adjuvantes e produtos afins. As trabalhadoras nestas condições também devem ser afastadas dos locais de armazenamento.

9.5 Proibições

São vedados:

a) a manipulação de quaisquer agrotóxicos, aditivos, adjuvantes e produtos afins que não estejam registrados e autorizados pelos órgãos governamentais competentes;

b) a manipulação de quaisquer agrotóxicos, aditivos, adjuvantes e produtos afins por menores de 18 (dezoito) anos, por maiores de 60 (sessenta) anos e por mulheres gestantes e em período de lactação;

c) a manipulação de quaisquer agrotóxicos, aditivos, adjuvantes e produtos afins, nos ambientes de trabalho, em desacordo com a receita e as indicações do rótulo e bula, previstos em legislação vigente[25];

d) o trabalho em áreas recém-tratadas antes do término do intervalo de reentrada[26] estabelecido nos rótulos dos produtos, salvo com o uso de equipamento de proteção recomendado;

---

[23] Apesar da conjunção aditiva "e" (transportam E armazenam), entendo que basta o exercício de uma destas atividades para que seja caracterizada a exposição direta ou indireta, a depender das condições das embalagens.

[24] Na redação anterior havia previsão de afastamento somente da trabalhadora gestante.

[25] Em especial: RDC 294/2019 da ANVISA; Lei 7.802/1989, regulamentada pelo Decreto 4.704/2002.

[26] Segundo o Anexo IX do Decreto 4.074/2002, o intervalo de reentrada de pessoas nas culturas e áreas tratadas deve constar obrigatoriamente da bula de agrotóxicos e afins.

678 | SEGURANÇA E SAÚDE NO TRABALHO – *Mara Queiroga Camisassa*

e) a entrada e a permanência de qualquer pessoa na área a ser tratada durante a pulverização aérea;

f) a entrada e a permanência de qualquer pessoa na área a ser tratada durante a aplicação de agrotóxicos em cultivos protegidos, exceto o aplicador[27];

g) o uso de roupas pessoais quando da aplicação de agrotóxicos: claro, pois além de expor o próprio trabalhador, expõe também sua família, ao voltar para casa com a mesma roupa;

h) a reutilização, para qualquer fim, das embalagens vazias de agrotóxicos, aditivos, adjuvantes e produtos afins, incluindo as respectivas tampas, cuja destinação final deve atender à legislação vigente: é muito comum encontrarmos nas fiscalizações, principalmente em pequenos produtores, baldes de agrotóxicos reutilizados para armazenamento de alimentos. É proibido reutilizá-los até mesmo como lixeira.

i) a armazenagem de embalagens vazias ou cheias de agrotóxicos, aditivos, adjuvantes e produtos afins, em desacordo com o estabelecido na bula do fabricante;

j) o transporte de agrotóxicos, aditivos, adjuvantes e produtos afins em um mesmo compartimento que contenha alimentos, rações, forragens, utensílios de uso pessoal e doméstico;

k) o uso de tanque utilizado no transporte de agrotóxicos, mesmo que higienizado, para transporte de água potável ou qualquer outro produto destinado ao consumo humano ou de animais;

l) a lavagem de veículos transportadores de agrotóxicos, aditivos, adjuvantes e produtos afins em coleções de água[28]; e

m) o transporte simultâneo de trabalhadores e agrotóxicos, aditivos, adjuvantes e produtos afins em veículos que não possuam compartimentos estanques projetados para tal fim.

9.6 Disposições específicas relativas a agrotóxicos

Atomizador Mecanizado Tracionado

A aplicação de agrotóxicos com a utilização de atomizador mecanizado tracionado somente pode ser realizada por meio de máquina com cabine fechada[29,30], original do

---

[27] Cultivos protegidos são aqueles em que a área cultivada é coberta, como por exemplo, as estufas. Nestes casos, a proteção /cobertura não permite a dissipação do agrotóxico, e quaisquer pessoas que permanecerem no ambiente estarão expostas a uma concentração maior do produto, se comparado com a aplicação em ambiente externo. Daí a norma limitar a presença apenas do aplicador.

[28] Coleções de água são os rios, lagos, lagoas, açudes, riachos, dentre outros.

[29] Segundo o Glossário da NR31, *cabine fechada* é a parte da máquina que envolve completamente o posto de trabalho do operador, fechada, dotada de sistema de climatização e na qual a entrada de ar ocorre exclusivamente por meio de um sistema de purificação de ar.

[30] É possível que o uso de atomizador mecanizado tracionado sem cabine fechada seja considerado situação de risco grave e iminente, nas situações em que seu uso é obrigatório, o que deve levar à interdição da atividade conforme a NR3, caso seja caracterizado o excesso de risco em função, por exemplo, da toxicidade do produto que está sendo aplicado e a inadequação da vestimenta (por exemplo, a calda do agrotóxico é a base de água e a vestimenta não é hidro-repelente).

fabricante ou adaptada[31]. A utilização do atomizador gera uma névoa, daí a exigência do fechamento da cabine, para evitar a exposição do trabalhador[32].

O atomizador mecanizado tracionado é um implemento agrícola que, quando acoplado a um trator agrícola, realiza a operação de pulverização de agrotóxicos, afins e nutrientes, por força de uma corrente de ar de grande velocidade, sendo sua utilização bastante comum nas culturas de laranja, maçã e café. O objetivo é atingir insetos, pragas, etc. que se alojam no interior das plantas.

A cabine fechada adaptada deve possuir EPC – Estrutura de Proteção na Capotagem, conforme normas técnicas oficiais nacionais ou, na sua ausência, em normas técnicas internacionais aplicáveis. Nos métodos de cultivo em que o uso de cabine fechada original ou adaptada seja inviável em função da altura livre ou do espaçamento entre linhas, o empregador rural ou equiparado pode utilizar atomizador mecanizado tracionado em máquina sem cabine fechada, desde que atendidas simultaneamente as seguintes condições:

a) indicação dos fatores determinantes da inviabilidade no PGRTR, com a indicação objetiva das medidas de prevenção a serem adotadas;

b) vedação da utilização de atomizador mecanizado acoplado;

c) vedação da realização da aplicação no mesmo sentido do fluxo do vento; e

d) vedação da realização da aplicação em outras condições meteorológicas que possam gerar deriva na direção do aplicador.

O empregador rural ou equiparado deve interromper imediatamente a operação se a névoa gerada na aplicação atingir o operador.

Banho

Para todos os trabalhadores envolvidos em trabalhos com agrotóxicos, é obrigatório o banho, após finalizadas todas as atividades envolvendo o preparo e/ou aplicação de agrotóxicos, aditivos, adjuvantes e produtos afins, conforme procedimento estabelecido no PGRTR.

Informações a todos os trabalhadores

O empregador rural ou equiparado deve disponibilizar a **todos** os trabalhadores informações sobre o uso de agrotóxicos, aditivos, adjuvantes e produtos afins no estabelecimento. Vejam que esta obrigação se estende necessariamente a todos os **trabalhadores que exercem atividades no estabelecimento**, independente se estão envolvidos ou não com agrotóxicos. A forma como estas informações serão disponibilizadas fica a critério do empregador rural ou equiparado. Apesar de a norma não exigir, entendo ser necessário o registro correspondente.

Estas informações devem abordar os seguintes aspectos:

a) área tratada: descrição das características gerais da área, da localização, e do tipo de aplicação a ser feita, incluindo o equipamento a ser utilizado;

---

[31] A obrigatoriedade da adequação da máquina com cabine fechada original ou adaptada deve atender aos prazos indicados no art. 3.º da Portaria MTP 4.223, de 20 de dezembro de 2022.

[32] O fechamento da cabine é proteção coletiva, que alcança apenas um único trabalhador – o operador. Porém, para que seja eficaz, o fechamento e o sistema de climatização devem ser devidamente dimensionados, instalados e mantidos.

680 | SEGURANÇA E SAÚDE NO TRABALHO – *Mara Queiroga Camisassa*

b) nome comercial do produto utilizado;

c) classificação toxicológica;

d) data e hora da aplicação;

e) intervalo de reentrada: é o intervalo de tempo entre a aplicação de agrotóxicos ou produtos afins e a entrada de pessoas na área tratada sem a necessidade de uso de EPI;

f) intervalo de segurança/período de carência (veja o quadro a seguir);

g) medidas de proteção necessárias aos trabalhadores em exposição direta e indireta; e

h) medidas a serem adotadas em caso de intoxicação.

Saiba mais

Intervalo de segurança ou período de carência

Segundo o Decreto 4.704/2002, o intervalo de segurança ou período de carência na aplicação de agrotóxicos ou afins varia em função da situação ou local ao qual se refere, da seguinte forma:

a) *antes da colheita*: é o intervalo de tempo entre a última aplicação e a colheita;

b) *pós-colheita*: é o intervalo de tempo entre a última aplicação e a comercialização do produto tratado;

c) *em pastagens*: é o intervalo de tempo entre a última aplicação e o consumo do pasto;

d) *em ambientes hídricos*: é o intervalo de tempo entre a última aplicação e o reinício das atividades de irrigação, dessedentação de animais, balneabilidade, consumo de alimentos provenientes do local e captação para abastecimento público; e

e) *em relação a culturas subsequentes*: é o intervalo de tempo transcorrido entre a última aplicação e o plantio consecutivo de outra cultura.

Intervalo de reentrada

O intervalo de reentrada corresponde ao intervalo de tempo entre a aplicação dos agrotóxicos ou produtos afins e a entrada de pessoas na área tratada sem a necessidade de uso de EPI. A NR31 exige que o empregador rural ou equiparado sinalize as áreas tratadas informando o período de reentrada.

Como vimos anteriormente, a norma proíbe o trabalho em áreas recém-tratadas antes do término do intervalo de reentrada estabelecido nos rótulos dos produtos, salvo com o uso de equipamento de proteção recomendado.

9.7 Agrotóxicos e o PGRTR

No que se refere a agrotóxicos é importante que os responsáveis pela elaboração do PGRTR considerem as informações contidas na FISPQ, na bula e no rótulo dos produtos.

Como dito anteriormente, devem ser informados os princípios ativos do produto (e não o nome comercial), grupo químico correspondente (como carbamatos, feromônio e piretroides), classificação toxicológica, dentre outros.

Devem ser considerados também as inúmeras fontes com potencial de causar danos ou lesões decorrentes das diversas situações que envolvem agrotóxicos, como por exemplo:

NR 31 • SEGURANÇA E SAÚDE NO TRABALHO NA AGRICULTURA | 681

- Condições de armazenamento, por exemplo, se há ou não fracionamento;
- Procedimentos de manuseio e manipulação;
- Procedimentos de higienização de uniformes e ferramentas;
- Procedimentos de descarte das embalagens;
- Preparação da calda e transferências do produto;
- Intervenções de manutenção nas máquinas e equipamentos utilizados nas operações com agrotóxicos: por exemplo, pode ocorrer exposição durante a **aferição** dos bicos dos equipamentos usados na aplicação do produto, para que a vazão seja dosada de acordo com o receituário agronômico;
- Características intrínsecas do produto (toxicidade, efeitos agudos, efeitos crônicos, vias de absorção, dentre outros);
- Exposições acidentais.

Além disso, na identificação dos perigos decorrentes da aplicação há que se considerar o método correspondente, se usando bomba costal ou trator cabinado com filtro de carvão ativado e ar-condicionado, ou pulverização aérea ou até mesmo drones, pois cada método corresponde a diferentes formas e níveis de exposição a diferentes perigos, consequentemente a diferentes níveis de risco. Estas informações servem de subsídio para a definição das medidas de controle que devem constar no Plano de Ação.

Também deve ser considerada tanto a exposição crônica, que ocorre por exemplo, durante o preparo da calda, a baixas concentrações, porém continuadas no tempo, quanto a exposição aguda decorrente, por exemplo, de exposições acidentais.

10. ERGONOMIA

O empregador rural ou equiparado deve adotar princípios ergonômicos que visem a adaptação das **condições de trabalho** às características psicofisiológicas dos trabalhadores, de modo a proporcionar adequadas condições de conforto e segurança no trabalho. As **condições de trabalho** incluem aspectos relacionados à(ao):

- levantamento, transporte e descarga de materiais;
- mobiliário;
- máquinas e equipamentos;
- condições ambientais do posto de trabalho;
- organização do trabalho.

Levantamento preliminar dos riscos relacionados a fatores ergonômicos

O empregador rural ou equiparado deve realizar o levantamento preliminar das situações de trabalho que demandem adaptação às características psicofisiológicas dos trabalhadores, com o objetivo de identificar a necessidade de adoção de medidas preventivas, que devem constar do PGRTR.

Após o levantamento preliminar, havendo necessidade de adoção de medidas preventivas em situações de trabalho nas quais o empregador possa agir **diretamente** com a implementação de melhorias ou de soluções já conhecidas, devem ser elaborados e implementados planos de ação específicos.

Por exemplo, a ausência de espelho retrovisor em tratores é risco relacionado a fator ergonômico, pois obriga o trabalhador a fazer uma torção do tronco direcionada para a parte traseira do trator. Este tipo de situação é passível de ser identificado no levantamento preliminar, com possibilidade de ação imediata (instalação do espelho retrovisor) por parte do empregador rural ou equiparado.

Porém, caso a implantação destas ações não conduza a um resultado eficaz ou demandem estudos ou análises mais aprofundadas, deve ser realizada Análise Ergonômica do Trabalho – AET da situação de trabalho, conforme os princípios ergonômicos aplicáveis.

Estes procedimentos são apresentados a seguir:

Vemos, portanto, que a análise ergonômica do trabalho é ação residual, ou seja, complementar, pois a regra é o levantamento preliminar e correspondente adoção de medidas preventivas a partir de planos de ação específicos.

Pausas

O empregador rural ou equiparado deve garantir a fruição de pausas para descanso nas atividades que forem realizadas necessariamente em pé, como por exemplo, capina e roçagem.

Nas atividades que exijam sobrecarga muscular estática ou dinâmica, como operação de máquinas, corte de cana, movimentação de materiais e colheita, além das pausas também devem ser adotadas outras medidas organizacionais e administrativas como rodízios ou limitação do tempo na atividade.

Estas pausas devem ser definidas no PGRTR. Ressalto, entretanto, que a NR31 não determina o período trabalho-pausa-trabalho, ficando a cargo do empregador rural ou equiparado esta definição. Apesar de a NR17 – Ergonomia não se aplicar ao trabalho rural, entendo que pelo menos nos casos de atividades rurais com sobrecarga de trabalho estática, pode-se utilizar como referência o item 17.4.2 da NR17:

> NR17, 17.4.2 Nas atividades que exijam sobrecarga muscular estática ou dinâmica do tronco, do pescoço, da cabeça, dos membros superiores e dos membros inferiores, devem ser adotadas medidas técnicas de engenharia, organizacionais e/ou administrativas, com o objetivo de eliminar ou reduzir essas sobrecargas, a partir da avaliação ergonômica preliminar ou da AET.

11. TRANSPORTE DE TRABALHADORES

Para que o transporte de trabalhadores previsto na NR31 se caracterize como transporte coletivo de trabalhadores rurais devemos nos atentar para o enquadramento do veículo que será utilizado, se ônibus ou micro-ônibus, de acordo com o Código de Trânsito Brasileiro (CTB), Anexo I, da seguinte forma:

NR 31 • SEGURANÇA E SAÚDE NO TRABALHO NA AGRICULTURA | 683

- Micro-ônibus: Veículo automotor de transporte coletivo com capacidade para até vinte passageiros;
- Ônibus: Veículo automotor de transporte coletivo com capacidade para mais de vinte passageiros, ainda que, em virtude de adaptações com vista à maior comodidade destes, transporte de número menor.

Se o veículo não se enquadrar como ônibus ou micro-ônibus conforme o CTB, o transporte **não será caracterizado** como transporte coletivo de trabalhadores. Para fins de enquadramento deverá ser considerada a **capacidade original** do veículo conforme consta no respectivo CRLV – Certificado de Registro e Licenciamento do Veículo.

O Glossário da NR31, em consonância com o Anexo I do CTB dispõe que é considerado transporte COLETIVO de trabalhadores aquele realizado em veículos normalizados, com autorização emitida pela autoridade de trânsito competente, que **exceda** oito passageiros, excluído o motorista.

De acordo com o item 31.9.1, o transporte coletivo de trabalhadores deve observar os seguintes requisitos:

a) possuir autorização específica para o transporte coletivo de passageiros, emitida pela autoridade de trânsito competente, acompanhada da respectiva vistoria anual do veículo[33,34]: Caso o transporte coletivo de trabalhadores seja realizado diretamente pelo próprio empregador rural ou equiparado e, por esse motivo, o ente público competente não conceder autorização para transporte de trabalhadores, esta autorização será dispensada. Neste caso, o veículo utilizado deve possuir certificado de inspeção veicular emitido por empresa credenciada junto ao órgão de trânsito[35], ou por profissional legalmente habilitado com emissão de Anotação de Responsabilidade Técnica – ART.

b) transportar todos os passageiros sentados;

c) ser conduzido por motorista habilitado, devidamente identificado;

d) possuir compartimento resistente e fixo, separado dos passageiros, onde devem ser transportadas as ferramentas e materiais que acarretem riscos à saúde e à segurança do trabalhador, com exceção dos objetos de uso pessoal[36];

e) possuir em regular funcionamento registrador instantâneo e inalterável de velocidade (tacógrafo) quando a capacidade for superior a 10 (dez) lugares; e

---

[33] Esta autorização depende das vias nas quais o veículo irá transitar, por exemplo, se vias municipais, vicinais e/ou estaduais, neste último caso, as disposições variam entre os estados.

[34] Alguns estados não emitem esta autorização porque entendem que, por envolver interesse privado do empregador, o transporte não seria caracterizado como transporte público. Esta situação caracteriza "transporte próprio" como definido no art. 3.º IX, da Resolução ANTT 4.777/2015: *Transporte próprio: viagem realizada sem fins comerciais e sem ônus para os passageiros, desde que comprovadamente os passageiros mantenham vínculo empregatício ou familiar com a autorizatária ou com o transportador.*

[35] Em: www.gov.br/infraestrutura/pt-br/assuntos/transito/conteudo-denatran/instituicao-tecnica-licenciada.

[36] O cumprimento desta alínea é de extrema importância: o objetivo é evitar que, em caso de acidentes, as ferramentas e materiais se desloquem e atinjam o trabalhador. É muito comum encontrarmos, durante as fiscalizações, materiais como enxadas, extintores de incêndio, facas, facões, cadeiras e até mesmo pneus e galões de óleo sendo transportados junto com os trabalhadores, em flagrante descumprimento da norma. Destaco que este item também já constava na redação anterior da norma, porém, é um dos mais descumpridos.

f) possuir, em local visível, todas as instruções de segurança cabíveis aos passageiros durante o transporte, conforme legislações pertinentes.

Esclareço que este item não abrange o transporte realizado por conta do próprio empregado, seja público ou privado, ainda que o empregador pague o vale transporte.

Também **não será considerado** transporte <u>coletivo</u> de trabalhadores no caso de automóveis com **capacidade** igual ou menor a oito passageiros, excluído o motorista[37], ainda que disponibilizado pelo empregador e/ou que sejam transportados mais trabalhadores que a **capacidade original** do automóvel.

Mas caso o veículo utilizado no transporte de trabalhadores seja por exemplo, um micro-ônibus (**capacidade** para até 20 passageiros) restará caracterizado o transporte coletivo de trabalhadores e deverá ser aplicado o item 31.9, mesmo que estejam sendo transportados apenas cinco trabalhadores.

Transporte coletivo de trabalhadores em veículos adaptados

O transporte coletivo de trabalhadores em veículos adaptados somente pode ser realizado em situações excepcionais, mediante autorização prévia da autoridade competente em matéria de trânsito, devendo o veículo possuir:

a) Certificado de Segurança Veicular – CSV, expedido por Instituição Técnica Licenciada – ITL, e Termo de Vistoria Anual, emitido pela autoridade competente para conceder a autorização de trânsito;

b) escada para acesso, com corrimão, posicionada em local de fácil visualização pelo motorista;

c) carroceria com cobertura, barras de apoio para as mãos e proteção lateral rígida, com 2,10 m (dois metros e dez centímetros) de altura livre, e constituída de material de boa qualidade e resistência estrutural, que evite o esmagamento e a projeção de pessoas em caso de acidente com o veículo;

d) cabina e carroceria com sistemas de ventilação, garantida a comunicação entre o motorista e os passageiros;

e) assentos, na quantidade suficiente para todos os passageiros, revestidos de espuma, com encosto e cinto de segurança, e fixados na estrutura da carroceria;

f) compartimento resistente e fixo, separado dos passageiros, onde devem ser transportadas as ferramentas e materiais que acarretem riscos à saúde e à segurança do trabalhador, com exceção dos objetos de uso pessoal; e

g) em local visível, todas as instruções de segurança cabíveis aos passageiros durante o transporte conforme legislações pertinentes.

Entretanto, o empregador rural ou equiparado também deve consultar as disposições da legislação estadual aplicável ao tema, pois, em alguns estados é **proibido** o transporte coletivo de trabalhadores em veículos adaptados, uma vez que, na maioria das vezes o veículo adaptado não oferece o nível de segurança necessário para o transporte dos trabalhadores.

---

[37] Esta disposição decorre do Anexo I do Código de Trânsito Brasileiro, que nos apresenta o conceito de Automóvel: veículo automotor destinado ao transporte de passageiros, capacidade para até oito pessoas, exclusive o condutor.

NR 31 • SEGURANÇA E SAÚDE NO TRABALHO NA AGRICULTURA | **685**

12. INSTALAÇÕES ELÉTRICAS

Todas as partes das instalações elétricas devem ser projetadas, construídas, operadas e <u>mantidas</u> de modo que seja possível prevenir, por meios seguros, os perigos de choque elétrico e outros tipos de acidentes.

Os quadros ou painéis de distribuição de energia elétrica devem possuir porta de acesso mantida permanentemente fechada. Vejam que a norma não exige que a porta seja mantida <u>trancada</u>.

Os quadros ou painéis de distribuição também devem estar em conformidade com a classe de proteção requerida. A classe de proteção é estabelecida pelo projeto elétrico considerando o local onde o quadro elétrico será instalado, e de acordo com as disposições da norma ABNT NBR IEC 60529:2017 – Graus de proteção providos por invólucros (Códigos IP).

As instalações elétricas que estejam ou possam estar em contato direto ou indireto com <u>água</u> devem ser projetadas com meios e dispositivos que garantam sua blindagem, estanqueidade, isolamento e aterramento, de modo a prevenir a ocorrência de acidentes. Para exemplificar cito o processo de beneficiamento dos frutos do café, no qual são utilizados equipamentos que trabalham à base de água (como o despolpador e o lavador): as instalações elétricas dos locais onde estes equipamentos estão instalados devem atender às características citadas (blindagem, estanqueidade etc.) para que, caso sejam atingidos pela água, não ocorra curto-circuito ou outro tipo de acidente.

Nas instalações elétricas em áreas classificadas ou sujeitas a risco acentuado de incêndio ou explosões, como por exemplo os locais de descarregamento de grãos, devem ser adotados os dispositivos adequados de proteção, conforme as normas técnicas oficiais.

13. FERRAMENTAS MANUAIS

O empregador deve disponibilizar, gratuitamente, ferramentas e acessórios adequados ao trabalho, substituindo-as sempre que necessário.

São exemplos de ferramentas manuais: enxadas, foices, machados, marretas, serrotes, derriçadeira, motosserra, roçadeira, motopoda[38], furadeira, carrinho de mão.

São exemplos de instrumentos e acessórios: bags e sacolas usadas na colheita manual da laranja, cestos e panos para colheita manual do café.

São exemplos de <u>inadequação das ferramentas e acessórios</u>:

(i)   enxadas com cabo de comprimento reduzido, exigindo postura extrema de flexão do tronco;

(ii) lima para afiação sem proteção das mãos;

(iii) cabos de alimentação das ferramentas elétricas com fiação exposta, oferecendo risco de choque elétrico;

(iv) machado não fixado ao cabo podendo se soltar e atingir trabalhadores próximos ou o próprio trabalhador;

---

[38]   Geralmente, a *motopoda* é utilizada para a poda de galhos mais internos que não estão na periferia da árvore, muito utilizada na cultura da laranja. Já a *motosserra* em geral é usada para serrar o tronco de árvores secas ou doentes.

686 SEGURANÇA E SAÚDE NO TRABALHO – *Mara Queiroga Camisassa*

(v) podão (facão) para corte de cana de açúcar desgastado ou com cabo liso: o desgaste do podão exige uma força maior do trabalhador no momento do corte, e o cabo liso prejudica a pega (aderência da mão);

(vi) ferramentas sem a bainha – para serem transportadas.

Destaco que foi suprimida da redação atual a obrigatoriedade de o empregador rural ou equiparado disponibilizar as ferramentas já afiadas, como nos casos de facão, podão, machado, etc. Ou seja, é possível que o próprio trabalhador faça a afiação da sua ferramenta: este procedimento é comum entre os cortadores de cana.

14. SEGURANÇA NO TRABALHO EM MÁQUINAS, EQUIPAMENTOS E IMPLEMENTOS

As disposições deste item se aplicam às máquinas, equipamentos e implementos utilizados nas atividades de agricultura, pecuária, silvicultura, exploração florestal, aquicultura e de exploração industrial desenvolvidas em estabelecimentos rurais, como por exemplo, derriçadeiras, adubadoras, colhedoras, forrageiras, motosserras, plantadeiras, pulverizadores, tratores e máquinas agrícolas florestais utilizadas nas atividades de exploração florestal para corte de madeiras (por exemplo, tratores agrícolas florestais como *feller buncher*[39] e *harvester*[40] – ceifeiras).

As proteções, dispositivos e sistemas de segurança previstos na norma devem integrar as máquinas, equipamentos e implementos desde a sua **fabricação**, **não podendo ser considerados itens opcionais** para quaisquer fins.

As máquinas, equipamentos e implementos devem ser utilizados segundo as especificações técnicas do fabricante e dentro dos limites operacionais e restrições por ele indicados, e operados por trabalhadores capacitados, qualificados ou habilitados para tais funções.

A NR12 – Segurança no trabalho com máquinas e equipamentos não se aplica à NR31[41]. Porém, vários requisitos constantes na NR31 relativos à segurança no trabalho em máquinas, equipamentos e implementos agrícolas são semelhantes aos da NR12, como por exemplo, aquelas relativas aos dispositivos de partida, acionamento e parada, sistemas de segurança e manutenção.

Motosserras

As motosserras devem dispor dos seguintes dispositivos de segurança:

---

[39] *Feller Buncher* é um trator florestal cortador-enfeixador de troncos para abate de árvores inteiras, por meio do uso de implemento de corte com disco ou serra circular e garras para segurar e enfeixar vários troncos simultaneamente.

[40] *Harvester* é um trator florestal cortador de troncos para abate de árvores, utilizando cabeçote processador que corta troncos, um por vez, e que tem capacidade de processar a limpeza dos galhos e corte subsequente em toras de tamanho padronizado.

[41] A exceção à esta regra consta no item 31.12.2.3: Não é obrigatória a observação de novas exigências advindas de normas técnicas publicadas posteriormente à data de fabricação, importação ou adequação das máquinas e equipamentos, desde que atendam ao Anexo XI da Norma Regulamentadora 12 – Segurança no Trabalho em Máquinas e Equipamentos, publicada pela Portaria SIT 197, de 17 de dezembro de 2010, *DOU* de 24.12.2010, e suas alterações posteriores, bem como às normas técnicas vigentes à época de sua fabricação, importação ou adequação.

NR 31 • SEGURANÇA E SAÚDE NO TRABALHO NA AGRICULTURA | 687

a) freio manual e automático de corrente[42];

b) pino pega-corrente;

c) protetor da mão direita;

d) protetor da mão esquerda;

e) trava de segurança do acelerador; e

f) sistema de amortecimento contra vibração (incluído na nova redação).

Motopodas e similares devem possuir os dispositivos elencados anteriormente, no que couber.

Algumas disposições específicas da NR31 relativas a máquinas, equipamentos e implementos

- É vedado o transporte de **pessoas** (inclusive o próprio empregador!) em máquinas autopropelidas e nos seus implementos. Esta é a regra geral. A exceção a esta regra se aplica somente às máquinas autopropelidas e seus implementos que possuam **postos de trabalho projetados para este fim** pelo fabricante ou por profissional legalmente habilitado, desde que garantidas as condições de segurança, conforme o disposto na própria norma. Este é o caso de máquinas com assento instrucional, concebido para treinamento e capacitação de operadores, e projetado exclusivamente para estes fins;

- É **vedada** a adaptação de máquinas forrageiras tracionadas e equipadas com sistema de autoalimentação para sistema de alimentação manual (ver item a seguir);

- As máquinas forrageiras tracionadas fabricadas após 120 (cento e vinte) dias da publicação da nova redação da norma devem dispor de sistema de reversão dos rolos recolhedores, por meio de acionamento mecânico utilizando-se ferramenta específica para reversão fornecida pelo fabricante, considerando as instruções de uso e segurança descritas no manual de operações: A inclusão deste item na redação da norma foi motivada pela ocorrência de vários acidentes no sistema de alimentação da forrageira. É muito comum a ocorrência de acidentes graves e até mesmo fatais nos casos de *atolamento* ou travamento do sistema de alimentação desta máquina (os trabalhadores dizem que o sistema "embuchou"). O atolamento ocorre por motivos diversos como material muito volumoso, velocidade baixa, etc. E o acidente ocorre quando o trabalhador tenta *desatolar* manualmente a entrada da forragem puxando o material para fora ou empurrando-o para dentro, com as mãos, ao mesmo tempo em que se aproxima da zona de risco onde o material é cortado/triturado. Daí a necessidade de instalação de sistema de reversão dos rolos recolhedores do sistema de alimentação que é basicamente uma alavanca/catraca que, por meio de acionamento mecânico, permite o retrocesso do material, *desatolando* a entrada da forragem;

- As máquinas, equipamentos e implementos que ofereçam risco de ruptura de suas partes, projeção de peças ou material em processamento devem possuir proteções que garantam a saúde e a segurança dos trabalhadores, salvo as exceções constantes dos Quadros 1 e 2 do Anexo II da norma;

---

[42] Na nova redação ambos os freios são exigidos simultaneamente: freio manual automático E freio de corrente. Trago este destaque porque na redação anterior constava: freio manual OU de corrente.

- As roçadeiras devem possuir dispositivos de proteção contra a projeção de materiais sólidos; nestas situações, o arremesso é tão forte que, se o material lançado atingir o trabalhador pode provocar acidente fatal. A proteção deve alcançar todo o perímetro de onde possa haver lançamento de material. Destaco que as hélices das roçadeiras cortam por impacto, não são afiadas.
- As máquinas autopropelidas fabricadas a partir de maio de 2008, sob a égide da redação da NR31 aprovada pela Portaria MTE 86, de 3 de março de 2005, devem possuir faróis, lanternas traseiras de posição, buzina, espelho retrovisor e sinal sonoro automático de ré acoplado ao sistema de transmissão, salvo as exceções previstas no Quadro 1 do Anexo II da norma; já as máquinas autopropelidas fabricadas antes de maio de 2008 devem possuir faróis, buzina e espelho retrovisor.

15. SECADORES, SILOS E ESPAÇOS CONFINADOS

15.1 Silos

Silos são depósitos agrícolas cujo objetivo principal é o armazenamento de grãos, de forma a garantir sua duração, qualidades biológicas, químicas e físicas, imediatamente após a colheita e secagem adequadas.

Existem no Brasil vários tipos de silos com diferentes capacidades de armazenamento, que podem chegar a milhares de toneladas de grãos.

São vários os riscos inerentes às atividades de carregamento, armazenamento e descarregamento de grãos em silos. Entre eles podemos citar:

- Queda de altura durante o deslonamento do caminhão carregado de grãos: risco de queda de altura no momento da retirada da lona do caminhão para dar início ao descarregamento. Esta atividade deve ser realizada com sinalização adequada, faixa para circulação de pessoas, e a devida proteção dos trabalhadores que exercem trabalho em altura como por exemplo, SPIQ – Sistema de Proteção Individual contra Quedas, incluindo linha de vida devidamente dimensionada;
- Atropelamento na chegada e descarga dos caminhões carregados de grãos: principalmente em unidades maiores onde há movimentação constante de caminhões;
- Sufocamento: carregamento da massa de grãos com trabalhadores no interior dos silos;
- Engolfamento: envolvimento e captura do trabalhador pela massa de grãos armazenada no silo, após uma queda; os grãos são aspirados e podem causar a morte por enchimento ou obstrução mecânica das vias respiratórias;
- Afogamento: arraste do trabalhador pela massa de grãos em movimento, durante o descarregamento do silo;
- Soterramento: desmoronamento das placas verticais de grãos compactados (tal como o desmoronamento na construção civil);
- Incêndio e explosões: em razão das nuvens de poeira que se acumulam nos elevadores e túneis pelos quais os grãos passam durante todo o processo desde o descarregamento do caminhão[43], secagem, até a armazenagem.

---

[43] O processo de descarregamento pode gerar risco de incêndio e explosão, dependendo, dentre outros fatores, da velocidade com que os grãos são descarregados, por causa da nuvem de poeira gerada. Deve ser feita uma análise da área de descarregamento para enquadrá-la ou não como área classificada (área com possibilidade de formação de atmosfera explosiva). Há também o risco de inalação da poeira pelo trabalhador.

> **Saiba mais**
> **Faixa de Explosividade**
> *Uma explosão pode ocorrer quando uma mistura (por exemplo, gases, vapores e poeiras) está presente em uma determinada proporção (em volume) com o oxigênio do ar atmosférico e é atingida por uma fonte de ignição (fagulha). Se a mistura estiver abaixo ou acima da faixa de explosividade, não haverá ocorrência de explosão. Essa faixa de explosividade é definida por parâmetros chamados Limite Inferior de Explosividade (LIE) e Limite Superior de Explosividade (LSE). Quanto mais ampla a faixa, maior é o risco de explosão daquela mistura. Portanto, existe uma faixa de condições propícias à combustão. Essa faixa está entre o LIE e o LSE.*
> *Podemos entender o LIE como a mínima concentração na qual uma mistura se torna inflamável, e o LSE como a concentração em que a mistura possui uma porcentagem de gases e vapores tão elevada, que a quantidade de oxigênio presente no ambiente não é suficiente para possibilitar que uma eventual ignição dê início à combustão.*

Os silos devem ser projetados, montados e mantidos sob a responsabilidade de profissional legalmente habilitado, de acordo com as cargas e esforços prescritos pelo fabricante, em solo com resistência compatível com as cargas de trabalho. A montagem, desmontagem e instalação dos silos e estruturas a eles interligadas devem ser realizadas somente pelo fabricante ou por empresa por ele recomendada ou autorizada.

Armazenamento

Os silos devem ser **utilizados para armazenar apenas produtos para os quais foram dimensionados**. Importante atentarmos para esta exigência da norma: Infelizmente ainda é comum a prática de utilização de silos para armazenamentos diversos aos quais se destina, por exemplo, silo projetado para armazenamento de aveia, sendo utilizado para armazenamento de soja. Ocorre que a soja tem peso específico elevado (0,75 ton/m^3), maior que o peso específico da aveia (0,48 ton/m^3). Logo, um silo projetado para armazenamento de aveia não irá suportar o armazenamento de soja.

Outro parâmetro a se considerar é o ângulo de repouso[44] da massa de grãos armazenada. Por exemplo, o ângulo de repouso da soja é menor que o ângulo de repouso do arroz. Isso significa que a massa de grãos de soja exerce uma força nas laterais das paredes internas no silo, enquanto a massa de grãos de arroz exercer uma força na base do silo. Todos estes parâmetros, dentre outros, devem ser considerados no projeto do silo. Claro que a primeira ideia que vem à cabeça é que o projeto do silo poderia ser feito para a "pior" situação, considerando o maior peso específico e o menor ângulo de repouso, porém os custos envolvidos serão maiores.

Geralmente, as chapas das paredes internas dos silos são corrugadas (onduladas) a fim de diminuir o ângulo de repouso dos grãos para que não se formem barreiras (placas) laterais. Alguns silos, inclusive, possuem sistema de vibração para impedir ou dificultar a formação de barreiras e acúmulo de grãos.

A própria NR31 exige que os silos possuam revestimento interno[45], elevadores e sistemas de alimentação que impeçam o acúmulo de grãos (por exemplo, por meio

---

[44] Ângulo de repouso é uma das propriedades físicas aplicadas a materiais granulados e/ou a granel, como sementes, grãos, farinhas e frutas. Corresponde à inclinação máxima, medida em graus a partir da horizontal, em que a pilha do material permanecerá estável, sem deslizamentos.

[45] O revestimento interno dos silos tem dupla função: (i) impermeabilizante, evitando o ingresso de umidade que pode comprometer a estrutura do silo pelo processo de corrosão e também provocar a formação de blocos de grãos/sementes; e (ii) antiabrasiva, evitando a abrasão por atrito, impacto ou lixamento (em silos graneleiros de arroz, por exemplo, um dos grãos mais abrasivos).

de pareces inclinadas), poeiras (por exemplo, por meio de sistemas de exaustão) e a **formação de barreiras**, bem como dispositivos que controlem os riscos de combustão espontânea[46].

Acesso à parte superior do silo

O acesso à parte superior deve:

a) ser feito por meio de escada com degraus, tipo caracol ou similar (por exemplo, escada em zigue-zague), com plataformas de descanso e chegada, incorporadas à estrutura do silo, e construída de material resistente a intempéries e corrosão;

b) quando houver risco de queda, possuir escada inclinada com degraus no trecho do telhado e plataforma no colar[47] central do silo; e

c) possuir guarda-corpo, com travessão superior entre 1,10 m (um metro e dez centímetros) e 1,20 m (um metro e vinte centímetros), travessão intermediário com altura de 0,70 m (setenta centímetros) e rodapé com altura de 0,20 m (vinte centímetros), instalado nas escadas, plataformas e parte externa superior do silo.

Acesso ao interior do silo

O **acesso ao interior dos silos é situação de exceção**, e deve ser realizado somente quando extremamente necessário, e desde que o silo não esteja em operação. Ou seja, o acesso ao interior deve ser feito somente nos intervalos de operação do silo e também desde que cumpridas as seguintes disposições:

- Presença de, no mínimo, 2 (dois) trabalhadores, devendo um deles permanecer no exterior do silo;
- Utilização de Sistema de Proteção Coletiva contra Queda – SPCQ ou Sistema de Proteção Individual contra Queda – SPIQ, ancorado na estrutura do silo, permitindo o resgate do trabalhador em situações de emergência[48]; e
- Após a avaliação dos riscos de engolfamento, afogamento, soterramento e sufocamento, bem como a adoção de medidas para controlar esses riscos.

Saiba mais

Explosão e incêndio envolvendo material particulado[49]

Não é difícil entender que poeira de madeira ou de carvão mineral pode ser causa de incêndios, afinal, madeira e carvão são materiais combustíveis. Contudo, uma nuvem de material particulado de muitos compostos orgânicos ou inorgânicos também pode ser fonte de explosão se as condições do ambiente forem propícias para a formação de atmosfera explosiva.

---

[46] O excesso da umidade na massa de grãos provoca a fermentação, o que leva ao aumento da temperatura, podendo em alguns casos, ocorrer a combustão espontânea.

[47] Como vimos, colar é a parte extrema superior do silo, acima do telhado.

[48] Destaco que a instalação no silo de elementos como linhas de vida na parte interna superior (especialmente silos metálicos) poderá gerar esforços solicitantes para os quais o silo não foi projetado, com risco de colapso da estrutura. Por isso, como dito anteriormente, a norma exige que a instalação em silos e estruturas interligadas devem ser realizados pelo fabricante ou empresa por ele recomendada ou autorizada.

[49] *Manual para interpretação de informações sobre substâncias químicas* – Fundacentro, 2012.

> *Em uma determinada faixa de concentração, um produto químico finamente dividido no ar pode incendiar-se houver uma fonte de ignição. Se a combustão for deflagrada em uma área confinada, pode induzir a uma explosão. Vários fatores influenciam nesse processo, como a umidade, a circulação e a quantidade de oxigênio no espaço, o diâmetro da partícula (quanto mais fina, maior a superfície de combustão), as dimensões do espaço confinado, além da energia da fonte de ignição. No entanto, a combustão pode também ser iniciada pelo simples atrito entre as partículas ou pelo aquecimento de silos de armazenamento.*

Silos hermeticamente fechados

Nos silos hermeticamente fechados, só deve ser permitida a entrada de trabalhadores após a <u>renovação do ar</u> ou com proteção respiratória adequada devido ao risco de intoxicação pela deficiência de oxigênio, presença de dióxido de carbono ou ainda fosfina (sobre a fosfina, vejam o Quadro *Saiba Mais*, a seguir). A renovação do ar é uma das principais medidas para redução da concentração de contaminantes.

Silos "bag" e "trincheira"

Silos tipo "bag" e "trincheira" são silos de superfície, em alguns casos usados para armazenamento provisório. Devem ser montados, mantidos e desmontados conforme recomendações do fabricante e/ou responsável técnico.

> **Saiba mais**
> **Métodos químicos de controle de pragas – Fosfina**
>
> *São muitas as espécies de pragas que atacam os grãos e sementes armazenados em silos. Dentre elas, destacam-se os insetos como um dos mais importantes agentes responsáveis pelas perdas no período pós-colheita.*
>
> *Um dos métodos de controle desta praga é o chamado controle curativo (também conhecido como expurgo ou fumigação) utilizando-se inseticida à base de pastilhas de fosfina.*
>
> *A fosfina (PH_3) é uma substância química altamente tóxica[50] utilizada como inseticida fumigante. A manutenção da concentração do gás fosfina durante o expurgo é essencial para a eficácia do tratamento.*
>
> *A liberação do gás se inicia logo após a disponibilização das pastilhas no ambiente. O gás liberado ou introduzido no interior da massa de grãos deve permanecer nesse ambiente em concentração letal para as pragas. Por isso, qualquer saída ou entrada de ar deve ser evitada utilizando-se materiais apropriados, como lona de expurgo.*

15.2 Secadores

Secadores são equipamentos (não incluindo estufas) destinados à secagem artificial de produtos agrícolas, em geral, grãos. Regra geral, a secagem é feita por circulação de ar quente entre os grãos em câmaras de secagem (sendo o calor gerado por fornos a lenha, a gás, elétrico, dentre outros); em seguida são resfriados em câmaras de resfriamento, para então serem conduzidos ao silo de armazenagem final e posterior expedição.

O objetivo da secagem dos grãos é retirar parte da água (remoção da umidade) neles contida possibilitando a retenção da germinação, por longos períodos.

---

[50] Limite de exposição 0,23 ppm de acordo com Anexo 11 da NR15; e 0,05 ppm de acordo com a ACGIH.

692 | SEGURANÇA E SAÚDE NO TRABALHO – *Mara Queiroga Camisassa*

Os secadores devem ser projetados e montados sob a responsabilidade de profissional legalmente habilitado, de forma a garantir a segurança e a saúde dos trabalhadores durante as suas operações.

Os secadores alimentados por combustíveis gasosos ou líquidos devem possuir sistema de proteção:

a) para evitar explosão por falha da chama de aquecimento e/ou no acionamento do queimador: porque, se a chama falhar, o fluxo de gás não será interrompido, o que aumenta o risco de incêndio e explosão; e

b) para evitar retrocesso da chama.

15.3 Espaços confinados

Considera-se espaço confinado qualquer área não projetada para ocupação humana contínua, a qual tenha meios limitados de entrada e saída **ou uma configuração interna que possa causar aprisionamento ou asfixia de trabalhador**, e na qual a ventilação seja inexistente ou insuficiente para remover contaminantes perigosos e/ou **deficiência/enriquecimento** de oxigênio[51] que possam existir ou se desenvolver, **ou que contenha um material com potencial para engolfar/afogar um trabalhador que entre no espaço**.

Um exemplo de atmosfera deficiente em oxigênio ocorre nos silos de armazenagem de grãos. Nesses locais, quando o processo de secagem não é feito da forma adequada, pode ocorrer a fermentação de materiais orgânicos por decomposição, o que leva ao aumento da concentração de determinados agentes químicos gerados neste processo, como dióxido de carbono, metano e nitrogênio, e diminuição da concentração de oxigênio.

Vejam que a definição de espaço confinado dado pela NR31 tem algumas diferenças com relação ao conceito da NR33 – Segurança e saúde no trabalho em espaços confinados: de acordo com a definição da NR31, basta que o local contenha material para engolfar e/ou afogar qualquer trabalhador que já estará caracterizado como espaço confinado, ainda que as demais condições não estejam presentes.

É com base nestas condições que deverá ser feita a caracterização, como espaço confinado, dos silos, moegas, caixas de grãos, túneis, poços de elevadores de canecas, tremonhas, tanques, túneis, transportadores enclausurados de materiais, secadores e cisternas, dentre outros espaços, existentes nas atividades rurais.

A NR31 determina expressamente as seguintes responsabilidades do empregador rural ou equiparado com relação aos espaços confinados:

a) indicar formalmente o responsável técnico pelos espaços confinados do estabelecimento rural: (i) a norma não exige que o responsável técnico seja empregado contratado; (ii) entendo que a indicação pode ser registrada em meio eletrônico,

---

[51] A NR31 é omissa na definição dos parâmetros para se considerar uma atmosfera com deficiência/enriquecimento de oxigênio. Destaco, a título informativo, que a NR33 – Segurança e Saúde no Trabalho em Espaços Confinados dispõe que uma atmosfera com enriquecimento de oxigênio é aquela com mais de 23% de oxigênio em volume; e uma atmosfera com deficiência de oxigênio é aquela que contém menos de 20,9% de oxigênio em volume na pressão atmosférica normal. Porém, destaco novamente que a NR33 **não** se aplica ao trabalho rural. No caso de espaços confinados em atividades rurais, devem ser observados os itens correspondentes que constam na própria NR31.

NR 31 • SEGURANÇA E SAÚDE NO TRABALHO NA AGRICULTURA | **693**

devendo estar disponível para a fiscalização (iii) dentre as atribuições do responsável técnico cito planejar a gestão de segurança nos espaços confinados no que se refere ao reconhecimento dos riscos, medidas de prevenção, definição dos instrumentos e equipamentos a serem utilizados incluindo os equipamentos de proteção individual, procedimentos de trabalho, dentre outros.

b) providenciar a sinalização e o bloqueio do espaço confinado, para evitar a entrada de pessoas não autorizadas: por meio por exemplo, da utilização de travas, bloqueios, lacres e etiquetagem (*lock out, tag out*);

c) proceder à avaliação e controle dos riscos físicos, químicos, biológicos, ergonômicos e mecânicos, por exemplo: **riscos físicos**: (i) ruído, tendo como fonte geradora os motores das esteiras de movimentação dos grãos, roscas sem fim, canecas dos elevadores, caminhões; (ii) calor: devido à ventilação deficiente, esforço físico exigido pela atividade (taxa metabólica); (iii) radiações não ionizantes nos casos de atividades de solda dentro do espaço confinado; (iv) frio; **riscos biológicos** (v) micro-organismos vivos presentes em restos de animais mortos, fezes; (vi) **riscos relacionados a fatores ergonômicos**: geometria do espaço, acesso, iluminamento precário, fatores da organização do trabalho; (vii) **riscos de acidentes**: picadas de animais peçonhentos, queda de altura, choque elétrico; (viii) **riscos mecânicos**: transmissões de força sem proteção, máquinas e equipamentos com zona de risco acessível; (ix) **riscos químicos**: presença de contaminantes como gás sulfídrico (H_2S), metano, fosfina;

d) avaliar a atmosfera no espaço confinado, antes da entrada de trabalhadores, para verificar as condições atmosféricas no seu interior: neste caso o empregador rural ou equiparado deve garantir a realização da avaliação atmosférica, por exemplo, disponibilizando equipamentos para avaliação de riscos atmosféricos devidamente calibrados e submetidos periodicamente a testes de resposta (para avaliar a saturação dos sensores de detecção dos gases), bem como garantindo a elaboração dos respectivos procedimentos;

e) implementar medidas necessárias para eliminação ou controle dos riscos atmosféricos em espaço confinado, como sistemas de insuflação ou exaustão;

f) garantir que o acesso ao espaço confinado somente ocorra após a emissão, por escrito, da Permissão de Entrada e Trabalho;

g) monitorar continuamente a atmosfera no espaço confinado, durante toda a realização dos trabalhos; e

h) manter condições atmosféricas aceitáveis na entrada e durante a execução das atividades por meio de sistema de ventilação adequada.

Os seguintes trabalhadores estão envolvidos nas atividades em espaços confinados:

- trabalhadores autorizados a entrar no espaço confinado;
- vigias (também chamados "observadores");
- supervisores.

Cabe ao supervisor de entrada:

- emitir a Permissão de Entrada e Trabalho **antes** do início das atividades;
- executar os testes (por exemplo, de avaliação atmosférica);

SEGURANÇA E SAÚDE NO TRABALHO – *Mara Queiroga Camisassa*

- conferir os equipamentos e os procedimentos contidos na Permissão de Entrada e Trabalho; e
- encerrar a Permissão de Entrada e Trabalho após o término dos serviços.

Cabe ao vigia:

- manter continuamente a contagem precisa do número de trabalhadores autorizados no espaço confinado;
- assegurar que todos saiam ao término da atividade;
- permanecer **fora** do espaço confinado, junto à entrada, em contato permanente com os trabalhadores autorizados;
- operar os movimentadores de pessoas; e
- ordenar o abandono do espaço confinado quando reconhecer algum risco.

Sobre a capacitação destes trabalhadores remeto o leitor para o item 21 – Capacitação e Treinamento, neste capítulo.

O trabalho em espaços confinados deve ser acompanhado, no exterior, por supervisor de entrada ou vigia durante todo o período.

16. MOVIMENTAÇÃO E ARMAZENAMENTO DE MATERIAIS

O levantamento, o transporte, a carga, a descarga, a manipulação e o armazenamento de produtos e materiais devem ser executados de forma que o esforço físico realizado pelo trabalhador seja compatível com sua segurança, saúde e capacidade de força.

Sempre que possível tecnicamente e quando não inviabilize a atividade, a movimentação de cargas deve ser realizada de forma mecanizada, com uso de máquinas e equipamentos apropriados, como por exemplo, com o uso de correias transportadoras, pontes rolantes, talhas elétricas, guindastes, elevadores de carga, empilhadeiras, transpaleteiras elétricas, transportadores de rosca sem fim, elevadores de caneca, plataformas hidráulicas e mesas hidráulicas pantográficas.

Caso a mecanização do transporte e movimentação de cargas seja tecnicamente inviável, o empregador rural ou equiparado deve adotar as medidas indicadas a seguir, relacionadas à organização do trabalho, e em conformidade com o levantamento preliminar ou Análise Ergonômica do Trabalho – AET:

a) limitar a duração, a frequência e o número de movimentos a serem efetuados pelos trabalhadores;

b) adequar o peso e o volume da carga;

c) reduzir as distâncias a serem percorridas com a carga; e

d) efetuar a alternância com outras atividades ou implantar pausas suficientes.

Na operação manual de carga e descarga de **sacos** situados acima de 2 m (dois metros) de altura, o trabalhador deve ter o auxílio de ajudante. Apesar de a norma fazer referência somente a sacos, devemos entender que esta disposição se aplica a quaisquer objetos usados na movimentação manual de materiais, como os **cestos** de carvão no carregamento dos caminhões das carvoarias.

O armazenamento deve obedecer aos requisitos de segurança específicos de cada tipo de material, observando-se a capacidade de carga do piso, a não obstrução de passagens e a distância mínima de pelo menos 0,50 m (cinquenta centímetros) das estruturas

NR 31 • SEGURANÇA E SAÚDE NO TRABALHO NA AGRICULTURA | **695**

laterais da edificação (minimizando o risco de desabamento). Quando o empilhamento das cargas é feito da forma correta vê-se uma acomodação natural do material empilhado, sem risco de tombamento.

17. TRABALHO EM ALTURA

Este item se aplica somente às atividades de instalação, montagem, manutenção, inspeção, limpeza ou conservação de máquinas, equipamentos, implementos ou edificações rurais, executadas acima de 2 m (dois metros) do nível inferior, onde haja risco de queda. Ou seja, todas as atividades citadas devem estar inseridas no campo de aplicação da NR31 (agricultura, pecuária, silvicultura, exploração florestal, aquicultura e atividades de exploração industrial desenvolvidas em estabelecimentos rurais). Observem que não consta desta lista a atividade de operação, pois são abrangidas apenas atividades realizadas em locais que geralmente não são postos de trabalho.

As medidas de prevenção contra risco de queda nas atividades de colheita e tratos culturais devem ser estabelecidas no PGRTR, aplicando-se neste caso apenas o subitem 31.15.9 e subitens, que tratam do treinamento para trabalho em altura. Atividades de colheita e tratos culturais são atividades de cultura vegetal como, por exemplo, trabalho em pomares e colheitas de frutas, onde o risco de queda é significativo (não é o caso de plantações rasteiras). A abordagem nestes casos deve ser diferenciada porque são muitas as variáveis envolvidas no processo de colheita, ou seja, nestes casos as medidas de proteção contra queda de altura dependem das especificidades da colheita, que é feita em níveis acima do solo, como nas plantações de maçã, laranja, açaí, coco, dendê, dentre outras. Por isso a NR31 exige que nestes casos o PGR estabeleça as medidas de proteção específicas.

O empregador rural ou equiparado deve identificar, por meio de Análise de Risco – AR, as atividades rotineiras[52] e não rotineiras de trabalho em altura, determinar e implementar as medidas de proteção contra risco de queda, considerando os riscos inerentes ao trabalho em altura, o local onde os serviços serão executados, as condições meteorológicas, o risco de queda de materiais e os riscos adicionais.

Todo trabalho em altura deve ser realizado sob supervisão, cuja forma deve ser definida pela análise de risco de acordo com as peculiaridades da atividade. A supervisão pode ser, portanto, presencial ou à distância, por exemplo, via rádio comunicação.

As medidas de proteção contra queda devem:

a) ser definidas no PGRTR;

b) ser adequadas à tarefa a ser executada; e

c) ser selecionadas por profissional qualificado em segurança do trabalho, por exemplo, o técnico de segurança do trabalho.

As atividades rotineiras de trabalho em altura devem ser precedidas de procedimento operacional. Já as atividades de trabalho em altura não rotineiras devem ser previamente autorizadas mediante Permissão de Trabalho.

O empregador rural ou equiparado deve assegurar que os procedimentos de emergência e resgate em trabalhos em altura também estejam contemplados no PGRTR.

---

52   A NR31 é omissa no que se refere à definição de atividades rotineiras. Minha sugestão é considerar o conceito que consta no Manual de Aplicação da NR35, com as devidas adaptações: atividades rotineiras são aquelas habituais, independentes da frequência, que fazem parte dos processos de trabalho do estabelecimento rural.

SEGURANÇA E SAÚDE NO TRABALHO – *Mara Queiroga Camisassa*

Com relação ao treinamento para trabalho em altura, remeto o leitor para o item 21 – Capacitação e Treinamento, neste capítulo.

Exames médicos

Todo trabalhador designado para trabalhos em altura deve ser submetido a exames clínicos e complementares específicos para a função que irá desempenhar, conforme definido no PGRTR, com a emissão do respectivo Atestado de Saúde Ocupacional – ASO.

A aptidão para trabalho em altura deve ser consignada no ASO do trabalhador.

18. CONDIÇÕES SANITÁRIAS E DE CONFORTO NO TRABALHO RURAL

O empregador rural ou equiparado deve disponibilizar aos trabalhadores áreas de vivência compostas de:

a) instalações sanitárias;

b) locais para refeição.

Se houver trabalhadores alojados, as áreas de vivência também devem ter:

a) alojamentos;

b) local adequado para preparo de alimentos, exceto quando os alimentos forem preparados fora da propriedade; e

c) lavanderias.

As paredes das áreas de vivência devem ser de alvenaria, madeira, ou outro material equivalente, que garanta resistência estrutural. O piso deve ser cimentado, de madeira ou outro material equivalente.

A norma permite o uso das áreas de vivência para fins diversos daqueles à que se destinam, desde que:

a) não ofereçam risco para a segurança e a saúde dos trabalhadores;

b) não restrinjam seu uso; e

c) não tragam prejuízo para as condições de conforto e repouso para os trabalhadores.

18.1 Instalações sanitárias fixas

As instalações sanitárias fixas devem ser constituídas de lavatório, bacia sanitária sifonada, mictório e chuveiro[53]. A tabela a seguir apresenta as proporções correspondentes a cada um destes itens:

ITEM	PROPORÇÃO
Lavatório	
Bacia sanitária sifonada	1 (uma) unidade para cada grupo de 20 (vinte) trabalhadores ou fração
Mictório	
Chuveiro	1 (uma) unidade para cada grupo de 10 (dez) trabalhadores ou fração

---

[53] Entendo que a chamada "barraca sanitária" somente é permitida se atender às disposições relativas às instalações sanitárias fixas.

Observações:

1 – A bacia sanitária sifonada deve possuir assento e tampa, o que exclui a possibilidade de uso de bacia turca (vaso sanitário instalado – enterrado – no piso, sem assento e sem tampa);

2 – O chuveiro deve ser disponibilizado quando houver exposição ou manuseio de substâncias tóxicas e/ou[54] quando houver trabalhadores alojados;

3 – A água para banho deve ser disponibilizada com temperatura em conformidade com os usos e costumes da região, sendo que a norma não exige que o chuveiro tenha água quente.

As instalações sanitárias fixas devem ser separadas por sexo, sendo que nos setores administrativos com até 10 (dez) trabalhadores, por exemplo, na sede do estabelecimento rural, pode ser disponibilizada apenas uma instalação sanitária individual de uso comum entre os sexos, desde que garantidas condições de higiene e de privacidade. A exigência de separação por sexos também não se aplica aos estabelecimentos rurais com até 5 (cinco) trabalhadores que utilizem a instalação sanitária de sua sede, desde que garantidas condições de higiene e privacidade.

18.2 Locais fixos para refeições

Os locais fixos para refeição devem atender aos seguintes requisitos:

a) ter condições de higiene e conforto;

b) ter capacidade para atender aos trabalhadores, com assentos em número suficiente, observadas as escalas de intervalos para refeição;

c) dispor de água limpa para higienização;

d) ter mesas com superfícies ou coberturas lisas, laváveis ou descartáveis;

e) dispor de água potável em condições higiênicas, sendo proibido o uso de copo coletivo;

f) ter recipientes para lixo, com tampas; e

g) dispor de local ou recipiente para guarda e conservação de refeições em condições higiênicas.

Água potável é aquela destinada à ingestão, preparação e produção de alimentos, que atenda ao padrão de potabilidade estabelecido pelo Anexo XX da Portaria de Consolidação 5 do Ministério da Saúde, de 28 de setembro de 2017[55]. Apesar de não estar expresso na norma, entendo que deve ser realizada periodicamente a análise da potabilidade da água, que somente poderá ser assegurada mediante apresentação de laudo técnico específico. Claro que, sem prejuízo do laudo técnico, as condições e os locais de coleta e armazenamento, bem como a aparência da água devem ser criteriosamente observados.

---

[54] Apesar de a redação do item 31.17.3.1. alínea "d" dar a entender que ambas as condições devem estar presentes para a disponibilização dos chuveiros (exposição/manuseio de substâncias tóxicas E trabalhadores alojados), entendo que esta não foi a intenção dos elaboradores da norma. Ou seja, basta que uma das condições esteja presente (exposição/manuseio de substâncias tóxicas OU trabalhadores alojados) para que seja obrigatória a disponibilização do chuveiro.

[55] Portaria de Consolidação 5 do Ministério da Saúde, de 28 de setembro de 2017, Anexo XX, com alteração dada pela Portaria GM/MS 888, de 4 de maio de 2021: "Dispõe sobre os procedimentos de controle e de vigilância da qualidade da água para consumo humano e seu padrão de potabilidade".

18.3 Instalações sanitárias nas frentes de trabalho[56, 57]

Nas frentes de trabalho devem ser disponibilizadas instalações sanitárias, fixas ou móveis, compostas por vaso sanitário e lavatório, na proporção de 1 (um) conjunto para cada grupo de 40 (quarenta) trabalhadores ou fração.

Quando a frente de trabalho se localizar em terrenos alagadiços, as instalações sanitárias devem ser instaladas em local seco, fora da área alagada, sendo garantido o acesso aos trabalhadores.

Instalações sanitárias fixas nas frentes de trabalho

A instalação sanitária fixa deve atender aos requisitos dos subitens 31.17.2 e 31.17.3.3 conforme a seguir:

> *31.17.2 As áreas de vivência devem:*
>
> *a)ser mantidas em condições de conservação, limpeza e higiene;*
>
> *b)ter paredes[58] de alvenaria, madeira ou outro material equivalente que garanta resistência estrutural;*
>
> *c) ter piso cimentado, de madeira ou outro material equivalente;*
>
> *d)ter cobertura que proteja contra as intempéries; e*
>
> *e) ser providas de iluminação e ventilação adequadas.*
>
> *31.17.3.3 As instalações sanitárias fixas devem:*
>
> *a)ter portas de acesso que impeçam o devassamento, construídas de modo a manter o resguardo;*
>
> *b)ser separadas por sexo;*
>
> *c) estar situadas em locais de fácil e seguro acesso;*
>
> *d)dispor de água limpa, sabão ou sabonete e papel toalha;*
>
> *e) estar ligadas a sistema de esgoto, fossa séptica ou sistema equivalente; e*
>
> *f) dispor de papel higiênico e possuir recipiente para coleta de lixo.*

Instalações sanitárias móveis nas frentes de trabalho

As instalações sanitárias móveis devem atender ao subitem 31.17.3.3 apresentado anteriormente, devendo também atender às seguintes exigências:

a) ser mantidas em condições de conservação, limpeza e higiene;

b) ter fechamento lateral e cobertura que garantam condições estruturais seguras;

c) ser ancoradas e fixadas de forma que garantam estabilidade e resistência às condições climáticas; e

d) ser providas de iluminação e ventilação adequadas.

---

[56] O glossário da NR31 não apresenta a conceito de frente de trabalho, apenas consta a definição de que a frente de trabalho é uma extensão do estabelecimento rural. Devemos buscar este conceito na NR1: frente de trabalho é área de trabalho móvel e temporária.

[57] As exigências relativas às instalações sanitárias e locais para refeição e descanso nas frentes de trabalho não se aplicam às atividades itinerantes, (por exemplo, atividade do vaqueiro), desde que seja garantido ao trabalhador, por qualquer meio de deslocamento, o acesso a instalações sanitárias e locais para refeição.

[58] O "fechamento" de áreas de vivência com lonas não cumpre este requisito normativo e é considerado uma improvisação.

NR 31 • SEGURANÇA E SAÚDE NO TRABALHO NA AGRICULTURA | **699**

Nas instalações sanitárias móveis é permitido o uso de fossa seca, que é a escavação, com ou sem revestimento interno, feita no terreno para receber os dejetos de instalação sanitária.

18.4 Locais para refeição e descanso nas frentes de trabalho

Nas frentes de trabalho, os locais para refeição e descanso devem oferecer proteção para **todos** os trabalhadores contra as intempéries e atender aos mesmos requisitos dos locais fixos para refeição.

Quando a frente de trabalho se localizar em terrenos alagadiços, os locais para refeição devem ser instalados em local seco, fora da área alagada, sendo garantido o acesso aos trabalhadores.

18.5 Alojamentos

Os dormitórios dos alojamentos devem ser separados por sexo, possuir iluminação e ventilação adequadas, recipientes para coleta de lixo e portas e janelas capazes de oferecer vedação e segurança.

Devem possuir também armários com compartimentos individuais para guarda de objetos pessoais. Como se trata de guarda-roupas, a NR31 não determina as dimensões destes armários (somente os armários dos <u>vestiários</u> têm dimensões definidas pela norma).

É **proibida** a utilização de fogões, fogareiros ou <u>similares</u> no interior dos dormitórios dos alojamentos. Como <u>similares</u> entenda-se, por exemplo, forno de micro-ondas.

Os trabalhadores alojados com suspeita de doença infectocontagiosa devem ser submetidos à avaliação médica, que decidirá pelo afastamento ou permanência no alojamento.

As instalações sanitárias dos alojamentos e os locais para refeição devem atender, respectivamente, às mesmas exigências das instalações sanitárias fixas e dos locais fixos para refeição.

Deve ser previsto local para convivência ou lazer dos trabalhadores alojados, podendo ser utilizado o local de refeições para este fim.

As casas para alojamento podem se situar **fora** do estabelecimento rural, por exemplo, em cidade próxima, desde que atendam a todos os requisitos do alojamento definidos pela NR31, com exceção das alíneas "c" e "d" do subitem 31.17.6.7[59].

Área dos alojamentos

Os alojamentos devem possuir a relação de, no mínimo:

- 3,00 m² (três metros quadrados) por cama simples, ou
- 4,50 m² (quatro metros e cinquenta centímetros quadrados) por beliche.

Incluídas em ambos os casos, o armário e a área de circulação, ou, alternativamente, camas separadas por, no mínimo, 1 m (um metro).

---

[59] Item 31.17.6.7 Os locais para preparo de refeições devem: [...]
c) ter instalações sanitárias exclusivas para o pessoal que manipula alimentos; e
d) não ter ligação direta com instalações sanitárias e com dormitórios.

Camas dos alojamentos

Os alojamentos devem possuir camas em quantidade correspondente ao número de trabalhadores alojados no quarto, sendo vedado o uso de 3 (três) ou mais camas na mesma vertical, devendo haver espaçamentos vertical e horizontal que permitam ao trabalhador se movimentar com segurança. As camas superiores dos beliches devem possuir proteção lateral e escada fixada na estrutura.

As camas podem ser substituídas por **redes**, de acordo com o costume local, obedecendo-se o espaçamento mínimo de 1 m (um metro) entre elas.

A roupa de cama (lençóis, fronhas, travesseiros, etc.) deve ser fornecida pelo empregador rural ou equiparado, e ser adequada às condições climáticas locais.

Os colchões devem ser certificados pelo INMETRO[60]. Segundo este instituto, o colchão deve ser **adequado ao biotipo** (relação peso/altura) de cada pessoa. Também deve ser firme e flexível, isto é, ser confortável e ao mesmo tempo dar a sustentação suficiente para suportar todo o peso do corpo sem ceder, proporcionando uma posição ortopedicamente correta que apoie o corpo e minimize os esforços musculares durante o repouso.

Lavanderias

As lavanderias devem ser instaladas em local coberto e ventilado para que os trabalhadores alojados possam lavar as roupas de uso pessoal.

Devem possuir tanques individuais ou coletivos e água limpa.

18.6 Disposições gerais sanitárias e de conforto no trabalho

Água potável

O empregador rural ou equiparado deve disponibilizar água potável e fresca em quantidade suficiente nos locais de trabalho. A água potável deve ser disponibilizada em condições higiênicas, sendo proibida a utilização de copos coletivos.

Serviços externos de hospedagem

A norma permite que o empregador opte pela utilização de serviços externos de hospedagem, lavanderias, fornecimento de refeições e restaurantes, desde que a prestação desses serviços esteja autorizada pelo poder público. Entretanto, ao contratar serviços externos de hospedagem, o empregador deve:

a) observar a capacidade estabelecida no alvará de funcionamento, não podendo hospedar mais trabalhadores do que o autorizado pelo poder público;

b) avaliar as condições de higiene e conforto do local;

c) separar os trabalhadores por sexo, ressalvados os vínculos familiares.

Nos casos em que o empregador utilizar a ocupação total do serviço externo de hospedagem, deve ser observada no contrato de prestação de serviços a manutenção das condições de higiene.

---

[60] Para maiores informações sobre a certificação de colchões pelo INMETRO, consulte o site http://www.inmetro.gov.br/consumidor/produtos/colchao.asp.

19. SERVIÇO ESPECIALIZADO EM SEGURANÇA E SAÚDE NO TRABALHO RURAL (SESTR)

Como vimos no início deste capítulo, as disposições da NR4 não se aplicam ao trabalho rural. Por este motivo, os elaboradores da NR31 se encarregaram de incluir na norma as disposições relativas aos serviços especializados em engenharia de segurança e medicina do trabalho, para o trabalho rural, denominado SESTR.

Este serviço tem por objetivo o desenvolvimento de ações técnicas, integradas às práticas de gestão de segurança e saúde para tornar o meio ambiente de trabalho compatível com a promoção da segurança e saúde e a preservação da integridade física do trabalhador rural.

Da mesma forma que o SESMT urbano (NR4), o SESTR também é um serviço composto por profissionais especializados na área de segurança e medicina do trabalho, de nível técnico e de nível superior, com as seguintes especialidades:

PROFISSIONAIS DE NÍVEL SUPERIOR	
Segurança do Trabalho	Saúde do Trabalho
Engenheiro de Segurança do Trabalho	Médico do Trabalho Enfermeiro do Trabalho
PROFISSIONAIS DE NÍVEL MÉDIO	
Segurança do Trabalho	Saúde do Trabalho
Técnico de Segurança do Trabalho	Auxiliar ou técnico de Enfermagem do trabalho

Entretanto, nem todo empregador rural ou equiparado é obrigado a constituir o SESTR. Veremos nos itens a seguir os critérios de obrigatoriedade da constituição e respectivo dimensionamento deste serviço.

Os membros do SESTR podem ser contratados (registrados) diretamente pelo empregador rural ou equiparado, ou por meio de empresa especializada em serviços de segurança e saúde no trabalho rural.

As empresas obrigadas a constituir SESTR e SESMT (previsto na NR4), podem constituir apenas um destes serviços, considerando como base de cálculo o somatório de empregados de ambas as atividades (urbanas e rurais) a serem atendidos.

19.1 Competências

Compete aos membros do SESTR:

a) *elaborar plano de trabalho e monitorar metas, indicadores e resultados de segurança e saúde no trabalho*:

Não devemos confundir o plano de trabalho do SESTR com o plano de ação do PGRTR. O primeiro deve conter ações relativas às competências específicas deste serviço. Já o plano de ação do PGRTR contém as medidas de prevenção a serem adotadas pela empresa e respectivo cronograma. Veremos na alínea "d" a seguir que os membros do SESTR também têm participação importante na elaboração do PGRTR. Acrescento que, apesar de não constar na NR31, entendo que o plano de trabalho deve ser revisado periodicamente. Dentre os indicadores e resultados de segurança e saúde no trabalho a serem monitorados, cito de forma exemplificativa aqueles constantes na norma NBR 14280:2001 (Cadastro de Acidente do Trabalho – Procedimentos e Classificação), como:

taxa de frequência de acidentes, taxa de frequência de acidentados com lesão com afastamento, taxa de frequência de acidentados com lesão sem afastamento, taxa de gravidade, dentre outros.

b) *responsabilizar-se tecnicamente pela orientação dos empregadores e trabalhadores quanto ao cumprimento do disposto na NR31;*

Como profissionais especializados, os membros desse serviço também são responsáveis pela orientação <u>técnica</u> – tanto dos empregadores rurais ou equiparados quanto dos empregados, com relação ao cumprimento da NR31. Cito principalmente as orientações ao empregador relativas à observância da hierarquia das medidas de controle. Considero importante também que estas orientações sejam registradas.

c) *promover atividades de orientação, informação e conscientização dos trabalhadores para a prevenção de acidentes e doenças relacionadas ao trabalho;*

Fica a cargo dos membros do SESTR a definição de como e quando promover estas atividades de orientação, informação e conscientização. Esta é uma das principais atribuições do SESTR, pois muitas vezes o trabalhador não tem a percepção dos riscos aos quais está exposto. Entendo ser importante também o registro destas orientações.

d) *estabelecer no PGRTR as medidas de prevenção em segurança e saúde no trabalho;*

Vemos aqui que os membros do SESTR devem integrar a equipe multidisciplinar que será responsável pela elaboração do PGRTR, em especial no que diz respeito à determinação das medidas de prevenção para minimização e controle dos riscos ocupacionais.

e) *manter permanente interação com a CIPATR, quando houver;*

Destaco que não existe nenhuma relação de hierarquia entre SESTR e CIPATR. Seus membros devem manter relacionamento de colaboração.

f) *propor imediatamente a interrupção das atividades e a adoção de medidas corretivas e/ou de controle quando constatadas condições ou situações de trabalho que estejam associadas a grave e iminente risco para a segurança ou saúde dos trabalhadores;*

Vimos no início deste capítulo que é garantido ao trabalhador rural o direito de recusa, ou seja, o direito de interromper suas atividades sempre que constatar uma situação que, a seu ver, ou seja de acordo com sua experiência e conhecimento, envolva risco grave e iminente para sua vida e saúde. Esta alínea retrata a importância da visão técnica do profissional membro do SESTR de identificar situações de grave e iminente risco e propor ao empregador rural ou equiparado a interrupção das atividades e adoção imediata de medidas de controle.

g) *conduzir as investigações e análises dos acidentes e doenças relacionadas ao trabalho, como objetivo de definir os fatores causais e as medidas preventivas a serem adotadas.*

Vimos que o empregador rural ou equiparado deve adotar os procedimentos necessários quando da ocorrência de acidentes e doenças do trabalho, **incluindo a análise de suas causas**. Na prática, os profissionais do SESTR, caso o empregador rural ou equiparado tenha a obrigação de constituí-lo, é que deverão conduzir as investigações das causas que levaram ao acidente, não com o objetivo de buscar culpados, mas sim, de definir as medidas preventivas que devem ser adotadas para evitar que o acidente ocorra novamente. **Entretanto, a dispensa de constituição do SESTR** (pelo não enquadramento nos critérios da norma) **não desobriga o empregador rural ou equiparado de realizar a análise dos acidentes**, o que pode ser feito por meio de contratação de profissionais especializados.

O empregador rural ou equiparado deve proporcionar os meios e recursos necessários para o cumprimento dos objetivos e atribuições do SESTR.

19.2 Modalidades

O SESTR pode ser constituído nas seguintes modalidades:

- Individual
- Coletivo

SESTR Individual

O SESTR Individual deve ser constituído nos estabelecimentos que possuírem 51 (cinquenta e um) ou mais trabalhadores contratados por prazo indeterminado, de acordo com o dimensionamento do Quadro 1 apresentado no próximo item[61].

O SESTR Individual deve ser dimensionado e constituído por estabelecimento rural. Não se permite o atendimento do SESTR individual a mais de um estabelecimento rural, ainda que pertencentes ao mesmo empregador rural ou equiparado.

Sempre que o empregador rural ou equiparado contratar trabalhadores por prazo determinado e/ou de empresa contratada e o somatório dos trabalhadores próprios e contratados se enquadrar nos critérios de dimensionamento do Quadro 1, o SESTR deve **ser e permanecer** constituído, durante o período de vigência da contratação.

Exemplo

Considere um estabelecimento rural com 40 (quarenta) empregados contratados por prazo indeterminado. De acordo com o Quadro I, não há obrigatoriedade de constituição do SESTR. Caso sejam contratados mais 10 (dez) empregados por prazo determinado e um empregado de empresa contratada, totalizando 51 (cinquenta e um) empregados (entre contratos por prazo indeterminado, prazo determinado e terceiros) o empregador rural estará obrigado a constituir o SESTR durante a vigência da contratação dos empregados por prazo determinado e de empresas terceiras. Se um destes empregados for demitido, e a quantidade de empregados não mais se enquadrar nos critérios de dimensionamento, o SESTR poderá ser desconstituído.

SESTR Coletivo

A constituição do SESTR Coletivo é uma **opção** dos empregadores rurais ou equiparados que sejam obrigados a constituir o SESTR Individual[62], nos casos em que se configure uma das seguintes situações:

---

[61] Como dito anteriormente, os membros do SESTR podem ser contratados (registrados) diretamente pelo empregador rural ou equiparado, OU por meio de empresa especializada em serviços de segurança e saúde no trabalho rural.

[62] Neste caso, o empregador rural não constituirá o SESTR individual, optando pela assistência de seus empregados por SESTR Coletivo.

- Vários empregadores rurais ou equiparados instalados em um **mesmo estabelecimento**;
- Empregadores rurais ou equiparados cujos estabelecimentos que distem entre si até 200 km (duzentos quilômetros) por **vias de acesso** (e não, em linha reta). A distância de 200 km deve ser contada a partir da **sede** de cada propriedade rural;
- Vários estabelecimentos sob controle acionário de um **mesmo grupo econômico**, que distem entre si até 200 km (duzentos quilômetros) por **vias de acesso** (e não, em linha reta). A distância de 200 km deve ser contada a partir da **sede** de cada propriedade rural;
- Consórcio de empregadores e cooperativas de produção.

19.3 Dimensionamento

O Quadro 1 a seguir apresenta o dimensionamento a ser considerado tanto para o SESTR Individual quanto para o Coletivo.

QUADRO 1 – DIMENSIONAMENTO DO SESTR

Número de trabalhadores	Profissionais legalmente habilitados				
	Eng. Seg.	Med. Trab	Téc. Seg.	Enf. trab	Aux. ou Téc. Enf.
51 a 100	--	-	1*	-	-
101 a 150	-	-	1	-	-
151 a 300	-	-	1	-	1**
301 a 500	-	1***	2	-	1****
501 a 1.000	1	1	2	1	1
1001 a 3.000	1	1	3	1	2
Acima de 3.000 para cada grupo de 2.000 ou fração	1	1	3	1	2
* Técnico em segurança do trabalho em tempo parcial (20 horas semanais).					
** O empregador pode optar pela contratação de um enfermeiro do trabalho em tempo integral, em substituição ao auxiliar ou técnico de enfermagem do trabalho.					
*** Médico do trabalho em tempo parcial (15 horas semanais).					
**** O empregador pode optar pela contratação de um enfermeiro do trabalho em tempo parcial, em substituição ao auxiliar ou técnico de enfermagem do trabalho.					
Observações:					
1) A jornada de trabalho do auxiliar ou técnico de enfermagem sempre será em tempo integral.					
2) A ausência de asterisco corresponde às cargas horárias de 30 (trinta) horas para os profissionais de nível superior, e de 36 (trinta e seis) horas para os profissionais de nível médio.					

Os seguintes trabalhadores não devem ser considerados no dimensionamento do SESTR, ou seja, não devem integrar a base de cálculo para dimensionamento do serviço:

- Trabalhadores de empresas contratadas já atendidos por outro SESTR individual ou SESMT urbano (conforme NR4): ou seja, caso os trabalhadores das empresas contratadas já integrem a base de cálculo de SESTR individual ou de SESMT da própria empresa contratada (para atendimento à NR4), eles não devem ser considerados na base de cálculo para dimensionamento do SESTR;
- Trabalhadores eventuais, autônomos ou regidos por legislação específica, como os trabalhadores avulsos regidos pela Lei 12.023/2009.

NR 31 • SEGURANÇA E SAÚDE NO TRABALHO NA AGRICULTURA | **705**

19.3.1 Considerações importantes sobre o dimensionamento do SESTR

- Em caso de necessidade de **ampliação dos integrantes** do SESTR decorrente da contratação de trabalhadores por prazo determinado, o SESTR, individual ou coletivo, constituído por profissionais registrados pelo empregador ou equiparado, pode ser **complementado** por meio de contratação de empresa especializada em serviços de segurança e saúde para atender ao dimensionamento conforme Quadro 1 da norma;
- O SESTR coletivo pode ser estendido a empregadores rurais cujos estabelecimentos não se enquadrem no Quadro 1; neste caso o dimensionamento deve considerar o somatório dos trabalhadores assistidos;
- O dimensionamento do SESTR coletivo deve ser realizado pelo somatório de trabalhadores de todos os estabelecimentos assistidos, observado o Quadro 1;

19.4 Composição, formação e jornada

19.4.1 Composição

Vimos que o SESTR deve ser composto por médico do trabalho, engenheiro de segurança do trabalho, técnico em segurança do trabalho, enfermeiro do trabalho e auxiliar/técnico em enfermagem do trabalho, obedecido o dimensionamento previsto no Quadro 1. Porém a própria norma prevê a possibilidade de inclusão de outros profissionais especializados, de acordo com as recomendações do SESTR e PGRTR. Importante que a inclusão de profissionais de outras especialidades observe as especificidades e os riscos das atividades realizadas no estabelecimento rural.

O SESTR deve ser coordenado por um dos profissionais integrantes do serviço.

19.4.2 Formação

Os profissionais integrantes do SESTR devem possuir formação e registro profissional em conformidade com o disposto na regulamentação da profissão e nos instrumentos normativos emitidos pelo respectivo Conselho Profissional, quando existente.

19.4.3 Jornada

A nova redação da NR31 não determina a jornada diária dos membros do SESMT, mas sim, sua jornada semanal, como veremos a seguir. De qualquer forma, a jornada de trabalho deve coincidir com o expediente do estabelecimento rural e respeitar a legislação pertinente em vigor[63].

---

[63] De acordo com a Lei 5.889/1973 – Lei do Trabalho Rural:

Art. 5.º Em qualquer trabalho contínuo de duração superior a seis horas, será obrigatória a concessão de um intervalo para repouso ou alimentação observados os usos e costumes da região, não se computando este intervalo na duração do trabalho. Entre duas jornadas de trabalho haverá um período mínimo de onze horas consecutivas para descanso.

Art. 7.º Para os efeitos desta Lei, considera-se trabalho noturno o executado entre as vinte e uma horas de um dia e as cinco horas do dia seguinte, na lavoura, e entre as vinte horas de um dia e as quatro horas do dia seguinte, na atividade pecuária.

Técnico em segurança do trabalho

O técnico de segurança do trabalho pode ser contratado por tempo parcial ou por tempo integral. Pode ser contratado por tempo parcial no caso dos estabelecimentos rurais que possuírem desde 51 a 100 empregados.

Quando contratado por tempo parcial, a jornada do técnico em segurança do trabalho deve ser, no mínimo, 20 (vinte) horas semanais. Se contratado por tempo integral, a jornada deve ser de 36 (trinta e seis) horas, por semana.

Auxiliar/técnico em enfermagem do trabalho

A jornada de trabalho do auxiliar ou técnico em enfermagem do trabalho será sempre em tempo integral, cumprida durante 36 (trinta e seis) horas, por semana.

Engenheiro de segurança do trabalho, médico do trabalho e enfermeiro do trabalho

Estes profissionais devem cumprir jornada parcial ou integral. No caso de jornada parcial, devem dedicar, no mínimo, 15 (quinze) horas semanais, e no caso de jornada integral, devem dedicar 30 (trinta) horas, por semana.

Para cumprimento das atividades dos SESTR em tempo integral, o empregador rural ou equiparado pode contratar mais de um destes profissionais, desde que cada um dedique no mínimo a metade da carga horária semanal.

Importante destacar a possibilidade de substituição do auxiliar ou técnico de enfermagem do trabalho por um enfermeiro do trabalho que, neste caso, deverá cumprir jornada em tempo integral[64].

Aos profissionais integrantes do SESTR, é <u>vedado</u> o exercício de outras atividades durante o horário de sua atuação neste serviço.

19.5 Registro

Segundo o art. 155 da Portaria 672/2021, o registro de SESTR deve ser efetuado <u>diretamente</u> nas unidades descentralizadas da inspeção do trabalho, **preferencialmente** por meio do protocolo eletrônico do Sistema Eletrônico de Informações (SEI), não devendo ser utilizado o Sistema SESMT para esses casos.

O empregador rural ou equiparado que possuir SESTR individual ou coletivo constituído por profissionais por ele registrados como empregados deve informar e manter atualizados os seguintes dados:

a) CPF dos profissionais do SESTR;

b) qualificação e número de registro dos profissionais;

c) número de trabalhadores no estabelecimento;

d) especificação dos turnos de trabalho no estabelecimento; e

e) jornada de trabalho dos profissionais do SESTR.

Quando da constituição de SESTR coletivo, o registro do serviço deve conter as informações de cada um dos estabelecimentos atendidos.

Em caso de contratação de empresa especializada para atender o SESTR, o empregador rural ou equiparado deve informar o CNPJ da contratada. Neste caso, cabe

---

[64] Já a substituição de profissionais no caso do SESMT urbano (NR4) não é permitida.

à empresa especializada em segurança e saúde no trabalho rural contratada informar e manter atualizados os dados do SESTR para cada um dos estabelecimentos em que presta serviço.

19.6 Prestação de serviço por empresa especializada

Como vimos, o empregador rural ou equiparado pode contratar empresa especializada em serviços de segurança e saúde para *atender **integralmente*** o SESTR, em qualquer de suas modalidades. Atender ***integralmente*** significa que todos os membros do SESTR podem ser contratados por empresas especializadas, não há mais obrigatoriedade de serem contratados e registrados diretamente pelo empregador rural ou equiparado.

A condição para contratação de empresa especializada é que conste em seu <u>contrato social</u> a atividade de prestação de serviços em segurança e saúde no trabalho.

Claro que, independentemente de os membros do SESTR serem contratados por empresa especializada em serviços de segurança e saúde ou diretamente pelo empregador rural ou equiparado, o dimensionamento do serviço deve obedecer ao estabelecido no Quadro 1, para cada estabelecimento.

Claro também que a contratação de empresa especializada em serviços de segurança e saúde **não dispensa** o empregador rural ou equiparado do cumprimento das normas de segurança e saúde no trabalho.

Responsabilidades da empresa especializada

- Registrar cada SESTR sob sua responsabilidade, informando e mantendo atualizados os dados listados anteriormente bem como a forma de controle do cumprimento da carga horária dos profissionais no estabelecimento do contratante;
- Arquivar os documentos relativos à prestação dos serviços especializados, por contratante, pelo prazo de 5 (cinco) anos[65];
- Cumprir as atribuições do SESTR previstas na NR31.

19.7 Dispensa de constituição do SESTR

O estabelecimento que possuir desde 11 (onze) até 50 (cinquenta) empregados fica dispensado de constituir SESTR, com a condição que o próprio empregador rural ou preposto tenha capacitação sobre prevenção de acidentes e doenças relacionadas ao trabalho, necessária ao cumprimento dos objetivos da NR31. A referida capacitação deve possuir carga horária e conteúdo programático observando os itens relativos ao treinamento para a CIPATR (itens 31.5.24 e 31.5.25).

Caso o empregador rural ou preposto <u>não possua a capacitação requerida</u>, deverá constituir <u>SESTR individual</u>, composto, no mínimo, por um técnico em segurança do trabalho, com jornada compatível com a necessidade de elaboração e implementação das ações de gestão em segurança, saúde e meio ambiente do trabalho rural, ou SESTR coletivo, considerando o somatório de trabalhadores de todos os estabelecimentos assistidos.

---

[65] Entendo que a contagem de cinco anos se inicia a partir da assinatura do contrato de prestação de serviços, apesar de a norma não esclarecer.

20. COMISSÃO INTERNA DE PREVENÇÃO DE ACIDENTES E DE ASSÉDIO DO TRABALHO RURAL (CIPATR)

Como vimos no início deste capítulo, as determinações da NR5 não se aplicam ao trabalho rural. Por este motivo, os elaboradores da NR31 se encarregaram de incluir na norma disposições específicas relativas à CIPA no trabalho rural, denominada CIPATR.

A CIPATR tem como objetivo a promoção da saúde e prevenção de acidentes e doenças relacionados ao trabalho, de modo a compatibilizar, permanentemente, o trabalho com a preservação da vida do trabalhador.

Como o próprio nome indica, se trata de uma comissão que é composta por duas representações: representantes dos empregados e representantes do empregador rural ou equiparado.

20.1 Constituição

Da mesma forma que a CIPA prevista na NR5 (urbana) que deve ser constituída por estabelecimento, o empregador rural ou equiparado também é obrigado a constituir e manter em funcionamento, **por estabelecimento rural**, uma CIPATR, sempre que mantenha **vinte ou mais empregados contratados por prazo indeterminado**.

A CIPATR deve ser composta por representantes indicados pelo empregador e representantes eleitos pelos empregados, de forma paritária, de acordo com a **proporção mínima** estabelecida no Quadro 2 apresentado a seguir (vemos, portanto, que o empregador rural ou equiparado poderá, a seu critério, constituir a CIPATR em composição superior ao Quadro 2):

CIPTATR – OBRIGATORIEDADE DE CONSTITUIÇÃO

> VINTE OU MAIS EMPREGADOS
> CONTRATADOS POR PRAZO
> INDETERMINADO

Os representantes dos empregados na CIPATR serão eleitos em escrutínio secreto, sendo que os candidatos votados e não eleitos devem ser relacionados na ata de eleição, em ordem decrescente de votos, possibilitando a posse como membros da comissão em caso de vacância.

O mandato dos membros eleitos da CIPATR terá duração de 2 (dois) anos, permitida uma reeleição.

O coordenador da CIPATR deve ser escolhido dentre seus membros pela representação do empregador, no primeiro ano do mandato, e pela representação dos trabalhadores, no segundo ano do mandato. Vejam que na CIPATR não temos a figura do Presidente nem do Vice-presidente, como na CIPA das empresas urbanas (NR5).

As atas de eleição e posse e o calendário das reuniões devem ser mantidos no estabelecimento à disposição da fiscalização do trabalho.

A CIPATR não pode ter seu número de representantes reduzido, e também não pode ser desativada pelo empregador antes do término do mandato de seus membros, ainda que haja redução do número de empregados, exceto no caso de encerramento das atividades do estabelecimento rural.

NR 31 • SEGURANÇA E SAÚDE NO TRABALHO NA AGRICULTURA | 709

20.2 Atribuições da CIPATR

A CIPATR terá as seguintes atribuições:

a) **acompanhar** o processo de avaliação de riscos e a adoção de medidas de controle desenvolvidos pelo empregador rural ou equiparado e/ou SESTR, quando houver;

Não há exigência que os membros da CIPA tenham capacitação em segurança e saúde no trabalho, mas enquanto representantes dos trabalhadores rurais é importante que eles acompanhem todo o processo de gerenciamento dos riscos desde a avaliação até a adoção das medidas de controle.

b) realizar, **periodicamente**, verificações nos ambientes e condições de trabalho visando à identificação de situações que possam trazer riscos para a segurança e a saúde dos trabalhadores:

A NR31 não determina a periodicidade das inspeções; entendo que dependerá das especificidades e complexidade das atividades e do processo produtivo; a periodicidade das verificações deve ser definida pela própria comissão.

c) elaborar **plano de trabalho** que possibilite a ação preventiva em segurança e saúde no trabalho:

Tal como o SESTR, a CIPATR também deve elaborar seu próprio plano de trabalho, baseado nas atribuições delegadas pela norma;

d) **colaborar** no desenvolvimento e implementação do PGRTR:

Esta colaboração se fundamenta não somente na percepção que os trabalhadores têm a respeito dos riscos existentes nos ambientes de trabalho, mas também na sua experiência e conhecimento das particularidades de cada atividade.

e) **participar** da análise das causas dos acidentes e doenças relacionadas ao trabalho e propor medidas de solução para os problemas identificados:

Vimos que a análise dos acidentes e doenças relacionadas ao trabalho é responsabilidade do empregador rural ou equiparado, sendo uma das atribuições dos membros do SESTR. Vimos também que o objetivo desta análise é identificar as múltiplas causas do acidente ou doença. Neste sentido, a participação dos membros da CIPA é de fundamental importância pois podem contribuir com informações valiosas sobre o trabalho realizado (modo operatório) auxiliando na identificação das causas do acidente.

f) **promover**, anualmente, em conjunto com o SESTR, onde houver, a Semana Interna de Prevenção de Acidentes do Trabalho Rural – SIPATR, em dias e turnos definidos conforme cronograma;

Um dos objetivos da SIPATR é a conscientização dos trabalhadores rurais sobre a importância da segurança e saúde no trabalho, pois como vimos no capítulo da NR7, segundo a Carta de Ottawa, a construção de um meio ambiente de trabalho é também um processo com foco na conscientização da comunidade trabalhadora, incluindo uma maior participação neste processo. Os organizadores devem ter em mente que a melhor forma de sedimentar o conteúdo repassado é a partir do desenvolvimento do interesse do trabalhador pelos temas abordados. A programação de SIPATR deve ser direcionada para as atividades desenvolvidas considerando principalmente o nível de conhecimento e percepção dos trabalhadores com relação às questões de segurança e saúde no trabalho.

g) **propor** ao empregador a realização de cursos e treinamentos que julgar necessários para os trabalhadores, visando à melhoria das condições de segurança e saúde no trabalho:

Além dos treinamentos e capacitações previstos na NR31, a CIPATR pode sugerir ao empregador a realização de cursos complementares, considerando as especificidades e peculiaridades das atividades realizadas, com vistas a garantir maior segurança na sua execução.

h) elaborar o **calendário bianual** de suas reuniões ordinárias; e

i) incluir temas referentes à prevenção e ao combate ao assédio sexual e a outras formas de violência no trabalho nas suas atividades e práticas.

A comissão se reunirá ordinariamente de acordo com o calendário bianual.

20.3 Responsabilidades do empregador quanto à CIPATR

O empregador rural ou equiparado deve proporcionar aos membros da CIPATR tempo suficiente e os meios necessários ao desempenho de suas atribuições. Deve permitir também a colaboração dos trabalhadores na gestão da CIPATR.

Sempre que requisitadas, deve fornecer à comissão as informações necessárias ao desempenho das suas atribuições.

Também é atribuição do empregador rural ou equiparado convocar as reuniões ordinárias e extraordinárias da CIPATR bem como analisar suas as recomendações e determinar a adoção das medidas necessárias, mantendo-a informada.

20.4 Eleição e posse

O processo eleitoral da CIPATR deve observar o disposto no item 31.5.14 e subitens.

Caso participem da votação quantidade de empregados inferior a 50% (cinquenta por cento), não haverá apuração dos votos, e a comissão eleitoral deve organizar nova votação, que deve ocorrer no prazo máximo de 10 (dez) dias, que será considerada válida com a participação de, no mínimo, um terço dos empregados.

A posse dos membros da CIPATR deve ocorrer no primeiro dia útil após o término do mandato anterior. Em caso de primeiro mandato, a posse deve ser realizada no prazo máximo de 45 (quarenta e cinco) dias após a eleição.

Os candidatos mais votados devem assumir a representação dos empregados como membros eleitos. Caso ocorra empate, deve assumir como membro eleito aquele que tiver maior tempo de serviço no estabelecimento rural.

20.5 Funcionamento

As reuniões ordinárias devem ocorrer a cada dois meses, em local apropriado e em horário normal de trabalho, obedecendo ao calendário bianual. Para cada reunião deve ser lavrada uma ata, que deve ser assinada pelos presentes.

Em caso de acidente de trabalho grave ou fatal, a CIPATR deve se reunir em caráter extraordinário, no máximo, até cinco dias úteis após a ocorrência, **com a presença do responsável pelo setor em que ocorreu o acidente**. Entendo que a reunião extraordinária deve ocorrer o quanto antes, e tem por objetivo principal a discussão sobre as condições nas quais o acidente ocorreu. As informações da ata da reunião extraordinária podem auxiliar na análise do acidente.

Os membros da representação dos empregados não podem sofrer despedida arbitrária, entendendo-se como tal a que não se fundar em motivo disciplinar, técnico, econômico ou financeiro.

O membro da CIPATR perderá o mandato quando faltar a mais de quatro reuniões ordinárias sem justificativa (não necessariamente consecutivas).

Quando o empregador rural ou equiparado contratar prestadores de serviço, a CIPATR da empresa contratante deve, em conjunto com a contratada, definir mecanismos de integração e participação de todos os trabalhadores em relação às decisões da referida comissão.

20.6 Treinamento

Antes da posse, os membros da CIPATR devem participar de treinamento promovido pelo empregador.

No caso de comissão em primeiro mandato, o treinamento deve ser realizado no prazo máximo de 30 (trinta) dias, contados a partir da data da posse.

O treinamento deve ter carga horária mínima de 20 (vinte) horas, distribuídas em, no máximo, 8 (oito) horas diárias e contemplar o seguinte conteúdo mínimo:

a) noções de organização, funcionamento, importância e atuação da CIPATR;

b) estudo das condições de trabalho com análise dos riscos originados do processo produtivo no campo, bem como medidas de controle;

c) caracterização e estudo de acidentes ou doenças do trabalho, metodologia de investigação e análise;

d) noções de primeiros socorros;

e) noções sobre legislação trabalhista e previdenciária relativa à segurança e à saúde no trabalho;

f) noções sobre prevenção e combate a incêndios;

g) princípios gerais de higiene no trabalho;

h) proteção de máquinas e equipamentos;

i) noções de ergonomia; e

j) prevenção e combate ao assédio sexual e a outras formas de violência no trabalho.

A norma esclarece que este treinamento pode ser semipresencial, porém não determina o conteúdo a ser ministrado na modalidade presencial nem a carga horária mínima da parte presencial.

Entretanto, considerando que o treinamento da CIPATR, da mesma forma que o treinamento da CIPA (NR5) tem como objetivos principais garantir que os trabalhadores possam conhecer e discutir os fatores de riscos e as condições de exposição em seu ambiente de trabalho e também que se conheçam e interajam enquanto um coletivo a fim de possibilitar a efetividade dos trabalhos futuros[66], entendo ser de fundamental importância a realização do treinamento na modalidade **presencial**, ainda que a NR31 permita a modalidade semipresencial. Porém, caso o empregador rural ou equiparado

---

[66] Nota técnica 259/2009/DSST/SIT.

712 | SEGURANÇA E SAÚDE NO TRABALHO – *Mara Queiroga Camisassa*

opte por esta última, sugiro que pelo menos o conteúdo das alíneas *b, d, f* e *h* seja ministrado presencialmente.

O empregador rural ou equiparado deve promover o treinamento para os empregados mais votados e não eleitos, limitado ao número de membros eleitos da CIPATR. Esta disposição da norma decorre do fato de que, como os membros que integram a comissão não possuem suplentes, no caso de vacância de membro eleito o empregado que o substituirá já terá participado do treinamento.

21. CAPACITAÇÃO E TREINAMENTO

O empregador rural ou equiparado deve promover capacitação e treinamento dos trabalhadores de acordo com as disposições que veremos a seguir.

A capacitação se refere a um processo mais abrangente de transmissão do conhecimento, pois além do treinamento, pode incluir também:

a) estágio prático, prática profissional supervisionada ou orientação em serviço;

b) exercícios simulados; ou

c) habilitação para operação de veículos, embarcações, máquinas ou equipamentos.

O tempo despendido em treinamentos e capacitações previstos na NR31 é considerado como de trabalho efetivo. Isso significa que treinamentos e capacitações realizados fora do horário de trabalho devem ser remunerados como hora extra.

A NR31 prevê a realização dos seguintes tipos de treinamento:

- **Inicial:** Deve ocorrer antes de o trabalhador iniciar suas funções, seja no caso de admissão ou mudança de função;
- **Periódico ou de reciclagem:** Deve ocorrer de acordo com a periodicidade estabelecida nos itens específicos da NR31 ou, quando não estabelecida, em prazo determinado pelo Programa de Gerenciamento de Riscos no Trabalho Rural – PGRTR.

Os treinamentos ou capacitações podem ser ministrados nas modalidades presencial, semipresencial ou de ensino a distância, desde que atendidos os requisitos operacionais, administrativos, tecnológicos e de estruturação pedagógica previstos no Anexo II da Norma Regulamentadora 1 – Disposições Gerais e Gerenciamento de Riscos Ocupacionais. Entretanto, o conteúdo **prático** do treinamento ou capacitação deve ser ministrado na modalidade **presencial**.

21.1 Complementação e convalidação de treinamentos

É permitido o aproveitamento de conteúdos de treinamentos ministrados pelo mesmo empregador desde que:

a) o conteúdo e a carga horária requeridos no novo treinamento estejam compreendidos no treinamento anterior;

b) o conteúdo do treinamento anterior tenha sido ministrado em prazo inferior ao estabelecido na NR31 ou há menos de 2 (dois) anos quando não estabelecida esta periodicidade; e

c) seja validado pelo responsável técnico do treinamento.

O aproveitamento dos conteúdos deve ser registrado no certificado, mencionando-se o conteúdo e a data de realização do treinamento aproveitado. A validade do novo treinamento deve considerar a data do treinamento mais antigo aproveitado.

Os treinamentos realizados pelo trabalhador podem ser avaliados pelo empregador e convalidados ou complementados.

- A convalidação implica no aproveitamento total do conteúdo do treinamento aproveitado.
- A complementação implica no aproveitamento parcial do conteúdo do treinamento aproveitado.

O aproveitamento, total ou parcial, de treinamentos anteriores não dispensa o empregador rural ou equiparado da emissão do certificado de capacitação. Neste caso, deve ser indicado no certificado a data de realização dos treinamentos convalidados ou complementados.

Tanto a convalidação quanto a complementação devem considerar:

a) as atividades desenvolvidas pelo trabalhador no empregador anterior, quando for o caso;

b) as atividades que desempenhará;

c) o conteúdo e carga horária cumpridos;

d) o conteúdo e carga horária exigidos; e

e) que o último treinamento tenha sido realizado em período inferior ao estabelecido na NR31, ou há menos de 2 (dois) anos, quando não estabelecida esta periodicidade.

Para efeito de periodicidade de realização de novo treinamento, deve ser considerada a data do treinamento mais antigo convalidado ou complementado.

Destaco que não há previsão de convalidação de capacitações, mas somente de treinamentos.

21.2 Certificado de participação

Para todo treinamento ou capacitação realizada deve ser emitido certificado contendo:

- Nome do trabalhador;
- Conteúdo programático;
- Carga horária;
- Data e local de realização;
- Nome e a qualificação dos instrutores;
- Assinatura do responsável técnico.

O certificado deve ser disponibilizado ao trabalhador, e uma cópia deve ser arquivada pelo empregador rural ou equiparado em meio físico ou eletrônico. A assinatura do trabalhador deve constar em lista de presença ou no próprio certificado.

Regra geral, a norma não determina a qualificação do instrutor que irá ministrar o treinamento, cuja seleção fica a cargo do empregador rural ou equiparado. Veremos a seguir as exceções a esta regra.

714 | SEGURANÇA E SAÚDE NO TRABALHO – *Mara Queiroga Camisassa*

Responsável técnico é o profissional habilitado para a supervisão da capacitação sendo considerado aquele que comprove conclusão de curso específico na área de atuação, compatível com o curso a ser ministrado, com registro no competente conselho de classe, se necessário. Instrutor e responsável técnico podem, inclusive, ser a mesma pessoa.

Veremos a seguir os treinamentos e capacitações específicos exigidos pela NR31. Lembro que de acordo com o item 31.5.10 e visando à melhoria das condições de segurança e saúde no trabalho, a CIPATR poderá propor ao empregador a realização de outros treinamentos que julgar necessários para os trabalhadores, além daqueles previstos na norma.

21.3 Capacitações e treinamentos específicos previstos na NR31

Neste item estão consolidados todos os treinamentos previstos na NR31, exceto o treinamento para os membros da CIPA, que consta no item 21.6.

Além da parte teórica, alguns treinamentos incluem também a parte prática. Ressalto que, conforme item 31.2.6.9.1, o conteúdo prático do treinamento ou capacitação deve ser ministrado na modalidade **presencial**.

21.3.1 Trabalhadores que operam máquinas, equipamentos e implementos

O empregador rural ou equiparado deve se responsabilizar pela capacitação dos trabalhadores visando ao manuseio e à operação segura de máquinas, equipamentos e implementos, de forma compatível com suas funções e atividades.

A capacitação deve ocorrer por conta do empregador rural ou equiparado, sem ônus para o empregado e ser específica para máquina, equipamento ou implemento na qual o empregado irá exercer as suas funções. Por óbvio, a capacitação deve ocorrer **antes** de o trabalhador assumir a função de operador.

A NR31 não determina a carga horária da capacitação para operadores de máquinas estacionárias, porém deverá ser respeitado o limite diário da jornada de trabalho.

Instrutores

A capacitação deve ser ministrada por:

- SESTR do empregador rural ou equiparado;
- Fabricantes das respectivas máquinas, equipamentos ou implementos;
- Órgãos e serviços oficiais de extensão rural;
- Instituições de ensino de níveis médio e superior em ciências agrárias;
- Serviço Nacional de Aprendizagem Rural – SENAR;
- Entidades sindicais;
- Associações de produtores rurais;
- Associação de profissionais;
- Cooperativas de produção agropecuária ou florestal; ou
- Profissionais qualificados para este fim.

Supervisão

A capacitação deve ser realizada sob supervisão de profissional habilitado, que se responsabilizará pela adequação do conteúdo, forma, carga horária, qualificação dos instrutores e avaliação dos alunos. Como vimos anteriormente, este profissional habilitado é o responsável técnico pela supervisão e também poderá ser também o instrutor, desde que se enquadre em um dos requisitos listados anteriormente.

Máquinas estacionárias

O programa de capacitação de máquinas estacionárias deve ser composto por etapas teórica e prática, com o seguinte conteúdo mínimo:

a) descrição e identificação dos riscos associados com cada máquina, equipamento e implemento e as proteções específicas contra cada risco;

b) funcionamento das proteções, como e porque devem ser usadas;

c) como, por quem e em quais circunstâncias pode ser removida uma proteção;

d) o que fazer se uma proteção for danificada ou perder sua função, deixando de garantir a segurança adequada;

e) princípios de segurança na utilização da máquina;

f) segurança para riscos mecânicos, elétricos e outros relevantes;

g) procedimento seguro de trabalho;

h) ordem ou permissão de trabalho; e

i) sistema de bloqueio de funcionamento das máquinas e implementos durante a inspeção e manutenção.

Máquinas autopropelidas e implementos

A capacitação de operadores de máquinas autopropelidas deve possuir etapas teórica e prática e carga horária mínima de 24 (vinte e quatro) horas, distribuídas em no máximo 8 (oito horas) diárias, com respeito à jornada diária de trabalho.

Deve atender ao seguinte conteúdo programático:

a) legislação de segurança e saúde no trabalho e noções de legislação de trânsito;

b) identificação das fontes geradoras dos riscos à integridade física e à saúde do trabalhador;

c) noções sobre acidentes e doenças decorrentes da exposição aos riscos existentes na máquina e implementos;

d) medidas de controle dos riscos: Proteção Coletiva e Equipamento de Proteção Individual;

e) operação da máquina e implementos com segurança;

f) inspeção, regulagem e manutenção com segurança;

g) sinalização de segurança;

h) procedimentos em situação de emergência; e

i) noções sobre prestação de primeiros socorros.

A parte prática da capacitação **pode** ser realizada na máquina, equipamento ou implemento que o trabalhador irá operar e deve ter carga horária mínima de 12 (doze) horas, ser supervisionada e documentada. Apesar da faculdade dada ao empregador rural ou equiparado, entendo que aqui temos um **poder-dever** do empregador de garantir que a parte prática seja realizada na máquina, equipamento ou implemento que o **trabalhador irá operar**.

O material didático escrito ou audiovisual utilizado nesta capacitação deve ser produzido em língua portuguesa - Brasil e em linguagem adequada aos trabalhadores.

Capacitação de reciclagem

Os trabalhadores rurais devem participar de capacitação de reciclagem sempre que ocorrerem modificações significativas nas instalações e na operação de máquinas, equipamentos e implementos e também no caso de alterações de métodos, processos e na organização do trabalho. Esta capacitação para reciclagem corresponde à capacitação eventual prevista no item 17.1.2.3 alínea "a", da NR1.

O conteúdo programático da reciclagem e a carga horária deste treinamento são definidas pelo próprio empregador rural ou equiparado. O conteúdo programático deve atender às necessidades da situação que a motivou, ou seja, a complexidade e profundidade do treinamento deve corresponder à complexidade das alterações. A carga horária deve ser suficiente para permitir aos trabalhadores executarem suas atividades com segurança, observando-se, claro, o limite diário da jornada de trabalho.

21.3.2 Operadores de motosserra e moto poda

Todos os operadores de motosserra e moto poda devem participar de treinamento semipresencial ou presencial sobre a utilização segura destes equipamentos, promovido pelo empregador rural ou equiparado, com carga horária mínima de 16 (dezesseis) horas.

O conteúdo programático deve obedecer às orientações do manual de instruções, acrescido dos seguintes conteúdos **práticos**:

a) riscos no uso de motosserras e moto podas, incluindo ruído, vibração, queimaduras, partes cortantes, manuseio de combustíveis e lubrificantes e afiação de correntes de motosserras;

b) técnicas de cortes de árvores, incluindo derrubada, direcionamento de queda, remoção de árvores cortadas que permanecem suspensas por galhos de outras árvores, desgalhamento, traçamento/toragem; e

c) posturas corporais para preservar a coluna vertebral e manter o equilíbrio durante operação de motosserras e moto podas.

O conteúdo prático deve ser realizado na modalidade **presencial**, uma vez que não há previsão expressa de sua realização na modalidade à distância ou semipresencial.

21.3.3 Operadores de roçadeira costal motorizada e derriçadeira

O empregador rural ou equiparado deve promover, para todos os operadores de roçadeira costal motorizada e derriçadeira, treinamento semipresencial ou presencial para utilização segura destas máquinas, com carga horária mínima de 4 (quatro) horas e conteúdo programático conforme o manual de instruções.

21.3.4 Empregados que realizam atividades em espaços confinados

Os supervisores de entrada, vigias e trabalhadores autorizados devem participar de capacitação teórica e prática, providenciado pelo empregador rural ou equiparado, com conteúdo programático que inclua seus deveres, direitos, riscos e medidas de controle a serem adotadas nas atividades que envolvam espaços confinados.

NR 31 • SEGURANÇA E SAÚDE NO TRABALHO NA AGRICULTURA | 717

O certificado a ser emitido ao término do treinamento deve conter:

- Nome do trabalhador;
- Nome dos instrutores;
- Conteúdo programático;
- Carga horária;
- **Especificação do tipo de trabalho e espaço confinado**;
- Data e local de realização do treinamento;
- Assinatura do responsável técnico.

Capacitação inicial dos supervisores de entrada

A capacitação inicial dos supervisores de entrada deve ter carga horária de 40 (quarenta) horas, com o seguinte conteúdo:

a) definições;

b) reconhecimento, avaliação e controle dos riscos;

c) funcionamento de equipamentos utilizados;

d) procedimentos e utilização da Permissão de Entrada e Trabalho;

e) noções de resgate e primeiros socorros;

f) identificação dos espaços confinados;

g) critérios de indicação e uso de equipamentos para controle de riscos;

h) conhecimentos sobre práticas seguras em espaços confinados;

i) legislação de segurança e saúde no trabalho;

j) programa de proteção respiratória;

k) área classificada; e

l) operações de salvamento.

Capacitação inicial dos vigias e trabalhadores autorizados

A capacitação inicial dos vigias e trabalhadores autorizados deve ter carga horária de 16 (dezesseis) horas, com o conteúdo programático previsto nas alíneas a), b), c), d), e g) listadas anteriormente.

Capacitação periódica

Os supervisores de entrada, vigias e trabalhadores autorizados devem receber capacitação periódica a cada 12 (doze) meses, com carga horária mínima de 8 (oito) horas.

Equipe de emergência e resgate em espaços confinados

Os trabalhadores designados pelo empregador rural ou equiparado para atender a situações de emergência e resgate devem receber capacitação com carga horária compatível com a complexidade dos espaços confinados existentes no estabelecimento e atividades realizadas, bem como os possíveis cenários de acidente.

21.3.5 Operadores de equipamentos de transporte com força motriz própria

Os operadores dos equipamentos de transporte com força motriz própria, utilizados na movimentação e armazenamento de materiais, devem receber treinamento

específico para realização da operação na área interna da propriedade. Entendo que o **treinamento específico** se refere ao treinamento no equipamento que o trabalhador irá operar. A definição da carga horária e conteúdo programático ficam a cargo do empregador.

Claro que este treinamento não se confunde com a habilitação para dirigir em vias públicas prevista no Código de Trânsito Brasileiro. Neste caso, o operador deve possuir a habilitação conforme a legislação em vigor.

21.3.6 Trabalhador designado para movimentação de cargas

Todo trabalhador designado para o levantamento, manuseio e transporte manual regular de cargas deve receber treinamento ou instruções quanto aos métodos de trabalho que deve utilizar, com vistas a salvaguardar sua saúde e prevenir acidentes. A definição da carga horária e conteúdo programático ficam a cargo do empregador rural ou equiparado.

21.3.7 Trabalhadores que realizam trabalho em altura

Todo trabalhador que realiza trabalho em altura deve ser submetido e **aprovado** em treinamento semipresencial ou presencial, teórico e prático, com carga horária mínima de 8 (oito) horas. A norma, entretanto, não detalha os critérios para a **aprovação** no treinamento para trabalho em altura. A aprovação deve ser baseada em Avaliação de Aprendizagem que visa aferir o conhecimento adquirido pelo trabalhador e o respectivo grau de assimilação após a realização da capacitação. Neste caso, vamos recorrer ao Anexo II da NR1 (que se aplica à NR31, conforme expresso no item 31.2.6.9):

> **Anexo II da NR1 – Diretrizes e requisitos mínimos para utilização da modalidade de ensino a distância e semipresencial**
>
> **4. Requisitos operacionais e administrativos**
>
> *4.6 A verificação de aprendizagem deve ser realizada de acordo com a estratégia pedagógica adotada para a capacitação, estabelecendo a classificação com o conceito satisfatório ou insatisfatório.*
>
> *4.6.1 A avaliação da aprendizagem se dará pela aplicação da prova no formato presencial, obtendo, dessa forma, o registro da assinatura do empregado, ou pelo formato digital, exigindo a sua identificação e senha individual.*
>
> *4.6.2 Quando a avaliação da aprendizagem for online, devem ser preservadas condições de rastreabilidade que garantam a confiabilidade do processo.*
>
> *4.6.3 O processo de avaliação da aprendizagem deve contemplar situações práticas que representem a rotina laboral do trabalhador para a adequada tomada de decisões com vistas à prevenção de acidentes e doenças relacionadas ao trabalho.*
>
> *4.7 Após o término do curso, as empresas devem registrar sua realização, mantendo o resultado das avaliações de aprendizagem e informações sobre acesso dos participantes (logs).*

O conteúdo programático deste treinamento deve incluir, no mínimo:

a) normas e regulamentos aplicáveis ao trabalho em altura;

b) análise de risco e condições impeditivas;

c) riscos potenciais inerentes ao trabalho em altura e medidas de prevenção e controle;

NR 31 • SEGURANÇA E SAÚDE NO TRABALHO NA AGRICULTURA | 719

d) sistemas, equipamentos e procedimentos de proteção coletiva[67];

e) equipamentos de proteção individual para trabalho em altura: seleção, inspeção, conservação e limitação de uso; e

f) condutas em situações de emergência, incluindo noções de técnicas de resgate e de primeiros socorros.

Ao término do treinamento, deve ser emitido certificado contendo:

- Nome do trabalhador;
- Conteúdo programático;
- Carga horária;
- Data e local de realização do treinamento;
- Nome e a qualificação dos instrutores;
- Assinatura do responsável técnico.

O treinamento deve ser ministrado por instrutores com comprovada proficiência[68] no assunto, sob a responsabilidade de profissional qualificado em segurança no trabalho. Vejam então, que no caso de trabalho em altura os elaboradores da norma determinaram que o responsável técnico deve ser *profissional qualificado em segurança no trabalho*.

Os treinamentos para trabalho em altura podem ser ministrados em conjunto com outros treinamentos.

Nas atividades de tratos culturais e colheitas a carga horária do treinamento semipresencial ou presencial para trabalho em altura deve ser prevista no PGRTR, não podendo ser inferior a 2 (duas) horas.

21.3.8 *Trabalhadores diretamente expostos a agrotóxicos, aditivos, adjuvantes e produtos afins*

Os trabalhadores **diretamente expostos** devem receber capacitação semipresencial ou presencial disponibilizada pelo empregador rural ou equiparado sobre prevenção de acidentes com agrotóxicos, aditivos, adjuvantes e produtos afins.

Vamos lembrar que os trabalhadores **expostos diretamente** são aqueles que manipulam os agrotóxicos, aditivos, adjuvantes e produtos afins, em qualquer uma das etapas de armazenamento, transporte, preparo, aplicação, descarte e descontaminação de equipamentos e vestimentas.

A capacitação deve ter carga horária mínima de 20 (vinte) horas, com conteúdo teórico e prático, com o seguinte conteúdo mínimo:

a) conhecimento das formas de exposição direta e indireta aos agrotóxicos, aditivos, adjuvantes e produtos afins;

---

[67] Entendo como incorreta a expressão "procedimentos de proteção coletiva", conforme consta no item 31.15.9 "d".

[68] Segundo o Glossário da NR20, proficiência é a competência, aptidão, capacitação e habilidade aliadas à experiência. Para avaliação da proficiência, pode ser verificado o currículo do profissional, a partir do conteúdo programático que ele ministrará. O conhecimento teórico pode ser comprovado através de diplomas, certificados e material didático elaborado pelo profissional. A experiência pode ser avaliada pelo tempo em que o profissional atua na área e serviços prestados.

b) conhecimento de sinais e sintomas de intoxicação e medidas de primeiros socorros;

c) rotulagem e sinalização de segurança;

d) medidas higiênicas durante e após o trabalho;

e) uso, limpeza e manutenção de vestimentas de trabalho e equipamentos de proteção individual; e

f) uso correto dos equipamentos de aplicação.

Considerando a extensão e complexidade do conteúdo deste treinamento, entendo também que deve estar cargo de equipe multidisciplinar.

Instrutores

A capacitação deve ser ministrada por:

- Órgãos e serviços oficiais de extensão rural;
- Instituições de ensino de níveis médio e superior em ciências agrárias;
- Serviço Nacional de Aprendizagem Rural – SENAR;
- SESTR do empregador rural ou equiparado;
- Sindicatos;
- Associações de produtores rurais;
- Associação de profissionais;
- Cooperativas de produção agropecuária ou florestal;
- Fabricantes dos respectivos produtos; ou
- Profissionais qualificados para este fim.

Complementação ou nova capacitação

O empregador rural ou equiparado deve complementar ou realizar novo programa quando comprovada a insuficiência da capacitação proporcionada ao trabalhador, devendo a carga horária ser no mínimo de 8 (oito) horas, no caso de complementação, e 16 (dezesseis) horas, no caso de novo programa de capacitação.

Na prática, a insuficiência da capacitação pode ser constatada pelo auditor fiscal do trabalho em entrevista com o trabalhador, por exemplo, o tratorista que opera o trator de aplicação de agrotóxicos, sobre seu conhecimento acerca do produto aplicado, danos à saúde decorrentes da exposição, classificação toxicológica, intervalo de reentrada, dentre outras informações.

Responsável técnico

A capacitação deve ser realizada sob a responsabilidade técnica de profissional habilitado, que se responsabilizará pela adequação do conteúdo, forma, carga horária, qualificação dos instrutores e avaliação dos alunos. O responsável técnico também poderá ser instrutor, desde que se enquadre em um dos requisitos listados anteriormente.

NR 32 SEGURANÇA E SAÚDE NO TRABALHO EM SERVIÇOS DE SAÚDE

Classificação: Norma Setorial
Última atualização: Portaria MTP 4.219, de 20 de dezembro de 2022

1. INTRODUÇÃO

A NR32 tem por finalidade estabelecer as diretrizes básicas para a implementação de medidas de proteção à segurança e à saúde dos trabalhadores dos **serviços de saúde**, bem como daqueles que exercem atividades de promoção e assistência à saúde em geral. Ou seja, o objetivo da norma é cuidar da saúde e segurança dos profissionais que cuidam da nossa saúde.

Atenção para a expressão: "serviços de saúde": O item 32.1.2 nos mostra que, para fins de aplicação da norma, essa expressão tem a seguinte abrangência:

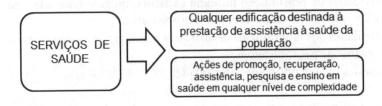

Observem então que a definição de serviços de saúde incorpora o conceito de **edificação.** Isso significa que todos os trabalhadores que **exerçam atividades** (relacionadas ou não com a promoção e assistência à saúde) nas edificações destinadas à prestação de assistência à saúde da população estarão também abrangidos pelas determinações da NR32. Por exemplo, o trabalhador que presta serviços de segurança patrimonial em um hospital, ou um servente de pedreiro que realiza um serviço de reforma em uma clínica de oftalmologia. Nestes casos, a probabilidade da exposição ao risco decorre da proximidade, e não da função exercida.

Além da edificação, todas as **ações** de promoção, recuperação, assistência, pesquisa e ensino em saúde, em qualquer nível de complexidade, também são alcançadas pela expressão "serviços de saúde". As atividades de pesquisa e ensino em saúde humana compreendem aquelas que envolvem a participação de seres humanos, animais ou o uso de suas amostras biológicas, sob protocolo de experimentação definido e aprovado previamente, em qualquer nível de complexidade.

Contudo, destaco que a NR32 **não se aplica aos serviços de saúde animal,** por exemplo, trabalhadores de clínicas e hospitais veterinários, mas somente aos serviços de saúde humana[1].

Como norma setorial, conforme classificação dada pela Portaria 672/2021, os aspectos de segurança e saúde no trabalho abordados nas demais normas regulamentadoras gerais e especiais e não especificados na NR32 também devem ser cumpridos de forma subsidiária (exceto se houver disposição em sentido contrário, na própria norma). Por exemplo, a utilização de vasos de pressão (seja como reservatório de gases ou autoclaves) e caldeiras é muito comum nos serviços de saúde e, portanto, para esses equipamentos, devem ser atendidas as exigências estabelecidas na NR13 – Caldeiras, vasos de pressão, tubulações e tanques metálicos de armazenamento, sempre que houver enquadramento.

2. ATIVIDADES ABRANGIDAS PELA NR32

Apresento a seguir uma lista **não exaustiva** das atividades abrangidas pela NR32[2]. Não incluí nela os serviços óbvios como atendimento hospitalar, atendimento em clínicas especializadas etc., mas sim alguns serviços que poderiam gerar dúvidas se são alcançados ou não pela norma:

1. Atividades de consultas e tratamento médico [...] **realizadas no domicílio do paciente;**
2. Atividades de unidades móveis **fluviais** equipadas apenas de consultório médico e sem leitos para internação;
3. Serviços de **vacinação e imunização** humana;
4. Atividades de **reprodução humana assistida,** quando realizadas em unidades independentes de estabelecimentos hospitalares;
5. Atividades dos **laboratórios** de anatomia patológica e citológica, tais como:
   - exame de peças histológicas;
   - testes para definição de paternidade;
   - autópsias;
6. Serviços prestados pelos **bancos de sangue e demais serviços de hemoterapia;**
7. Serviços de **litotripsia** (tratamento para cálculo renal);
8. Atividades realizadas por **nutricionistas;**
9. Atividades de **psicólogos e de psicanalistas;**
10. Atividades de **fisioterapeutas** realizadas em centros e núcleos de reabilitação física ou realizadas por fisioterapeutas legalmente habilitados exercidas de forma independente;
11. Atividades de **terapeutas ocupacionais;**
12. Atividades de **fonoaudiólogos;**
13. Serviços de terapia de **nutrição enteral** (alimento para fins especiais, com ingestão controlada de nutrientes, e composição especialmente formulada e elaborada para uso por sondas ou via oral), e **parenteral** (por exemplo, intravenosa, intramuscular, subcutânea);

---

[1] Riscos Biológicos – Guia Técnico. SIT, MTE, 2008.
[2] Riscos Biológicos – Guia Técnico. SIT, MTE. 2008.

14. Atividades de **optometristas** (profissionais habilitados a examinar e avaliar a visão – A Optometria é curso superior reconhecido pelo MEC);

15. Atividades de **instrumentadores cirúrgicos**;

16. Atividades relacionadas a **terapias alternativas**, como cromoterapia, *do-in*, *shiatsu* e similares;

17. **Acupuntura**;

18. Atividades dos **bancos de leite humano**, quando realizadas em locais independentes de unidades hospitalares;

19. Atividades de **podologia** e similares;

20. Atividades de **parteiras**;

21. **Transformação do sangue** e a fabricação de seus derivados;

22. Fabricação de **soros e vacinas**;

23. **Comércio varejista** de produtos farmacêuticos para uso humano sem manipulação de fórmulas;

24. **Drogarias**;

25. Comércio varejista de produtos farmacêuticos para uso humano manipulados no próprio estabelecimento por meio de **fórmulas magistrais** (receitas médicas) e da **farmacopeia brasileira**;

26. Comércio varejista de produtos farmacêuticos, **homeopáticos, fitoterápicos e produtos a flora medicinal com manipulação de fórmula**;

27. **Farmácias homeopáticas**;

28. Serviços de **lavagem de roupas hospitalares**;

29. **Lavanderia** hospitalar;

30. Serviços de eliminação de micro-organismos nocivos por meio de **esterilização em produtos agrícolas, livros, equipamentos médico-hospitalares e outros**.

Ressalto que hospitais de centros penitenciários, navios-hospital, unidades móveis terrestres e aéreas (ambulâncias) também são abrangidos pela norma. Mesmo que o serviço da ambulância seja unicamente o de remoção de enfermos, sem envolver atendimento ao paciente. A remoção de pacientes não é, em geral, acompanhada por médico, mas por profissional de saúde (técnico ou auxiliar de enfermagem).

3. RISCOS BIOLÓGICOS

Nos termos da NR32, risco biológico é a probabilidade de exposição ocupacional a agentes biológicos[3]. Consideram-se agentes biológicos os micro-organismos, geneticamente modificados ou não; as culturas de células; os parasitas; as toxinas e os príons. Os agentes biológicos são os fatores de risco de maior prevalência nos serviços e saúde.

Esses agentes são capazes de provocar os mais diversos danos à saúde humana, como infecções, parasitoses, intoxicações, alergias, doenças autoimunes, além de danos carcinogênicos e teratogênicos.

---

[3] Segundo a NR1 – Disposições Gerais e Gerenciamento de Riscos Ocupacionais, risco ocupacional (entre eles incluído o risco biológico) é a combinação da probabilidade de ocorrer uma lesão ou adoecimento e a severidade desta lesão ou adoecimento. Até a data de fechamento desta edição, a NR32 ainda não havia sido harmonizada com a NR1.

Micro-organismos são formas de vida de dimensões microscópicas, visíveis individualmente apenas ao microscópio – entre aqueles que causam danos à saúde humana, incluem-se bactérias, fungos, alguns parasitas (protozoários) e vírus.

Micro-organismos geneticamente modificados são aqueles que tiveram seu material genético alterado por meio de técnicas da biotecnologia moderna.

Culturas de células se referem ao crescimento in vitro de células derivadas de tecidos ou órgãos de organismos multicelulares em meio nutriente e em condições de esterilidade – podem causar danos à saúde humana quando contiverem agentes biológicos patogênicos.

Parasitas são organismos que sobrevivem e se desenvolvem às expensas de um hospedeiro, unicelulares ou multicelulares – as parasitoses são causadas por protozoários, helmintos (vermes) e artrópodes (piolhos e pulgas).

Toxinas são substâncias químicas sintetizadas por organismos, que causam danos à saúde humana, podendo provocar a morte.

Príons são estruturas proteicas alteradas relacionadas como agentes etiológicos (agentes causadores) de doenças degenerativas do sistema nervoso central. Em virtude da degeneração das células nervosas, o tecido cerebral adquire um aspecto esponjoso, e por isso as doenças causadas por príons são conhecidas como encefalopatias espongiformes (como o mal da vaca louca).

Os trabalhadores da área da saúde são os profissionais com maior exposição aos riscos biológicos, bem como os trabalhadores da limpeza urbana, abatedouros e setor alimentício, dentre outros.

3.1 Exposição deliberada e não deliberada

A exposição ocupacional a agentes biológicos decorre da presença desses agentes no ambiente de trabalho, podendo-se distinguir duas categorias de exposição:

> 1. Exposição derivada da atividade laboral que implique a utilização ou manipulação direta do agente biológico, uma vez que este constitui o objeto principal do trabalho. Exemplos: atividades realizadas em laboratórios de diagnóstico microbiológico e atividades ligadas à biotecnologia (desenvolvimento de antibióticos, enzimas e vacinas, entre outros).

Essa exposição é conhecida também como exposição com intenção **deliberada**.

O reconhecimento dos riscos nesses casos será relativamente simples, pois as características do agente são conhecidas e os procedimentos de manipulação estão bem determinados, assim como os riscos de exposição.

> 2. Exposição que decorre da atividade laboral sem que essa implique a manipulação direta deliberada do agente biológico como objeto principal do trabalho. Exemplos: atividades de atendimento em saúde, consultórios médicos e odontológicos, limpeza e lavanderia em serviços de saúde.

Nesses casos, a exposição é considerada não deliberada. As medidas e procedimentos de proteção específicos desse tipo de exposição são definidos após a avaliação dos riscos biológicos, realizada durante a elaboração do PGR ou em situações emergenciais, e podem incluir desde alterações nos procedimentos operacionais até reformas no espaço físico. A diferenciação desses dois tipos de exposição é importante porque condiciona o método de análise dos riscos e consequentemente as medidas de proteção a serem adotadas.

3.2 Classificação

O Anexo I da NR32 classifica os agentes biológicos em classes de risco de 1 a 4, em função do risco de contaminação, tomando como referência os seguintes aspectos:

- Os **riscos** que representam para a saúde do trabalhador;
- Sua capacidade de **propagação** para a coletividade;
- A existência ou não de **profilaxia** e tratamento.

A classificação dos agentes biológicos em classes de riscos torna-se necessária para a definição de cuidados específicos a serem tomados, de acordo com cada classe. Esses cuidados, bem como outras determinações, são definidos em um documento chamado "Diretrizes Gerais para o Trabalho em Contenção com Material Biológico", elaborado pelo Ministério da Saúde.

As classificações referentes aos agentes biológicos existentes nos vários países apresentam algumas variações, embora coincidam em relação à grande maioria dos agentes.

A tabela a seguir apresenta essa classificação de forma consolidada:

CLASSIFICAÇÃO DOS AGENTES BIOLÓGICOS

CLASSE DE RISCO	RISCO INDIVIDUAL	RISCO DE PROPAGAÇÃO À COLETIVIDADE	PROFILAXIA OU TRATAMENTO EFICAZ
1	BAIXO	BAIXO	-------
2	MODERADO	BAIXO	EXISTE
3	ELEVADO	MODERADO	NEM SEMPRE EXISTE
4	ELEVADO	ELEVADO	ATUALMENTE NÃO EXISTE

Na tabela *anterior*, o risco individual se refere à probabilidade de o trabalhador contrair a doença e também à gravidade dos danos à saúde que essa doença pode ocasionar.

O Anexo II da norma apresenta uma tabela com a classificação de alguns agentes biológicos, de acordo as classes de riscos anteriormente identificadas.

A seguir, apresento um excerto dessa tabela:

AGENTES BIOLÓGICOS	Classificação (grupos)	Notas
Bactérias		
Acinetobacter baumannii (anteriormente *Acinetobacter calcoaceticus*)	2	
Actinobacillus spp	2	
Actinomadura madurae	2	
Actinomadura pelletieri	2	
Actinomyces gerencseriae	2	
Actinomyces israelii	2	
Actinomyces pyogenes (anteriormente *Corynebacterium pyogenes*)	2	
Actinomyces spp	2	
Aeromonas hydrophyla	2	
Amycolata autotrophica	2	
Archanobacterium haemolyticum (*Corynebacterium haemolyticum*)	2	

Na classificação dos agentes biológicos foram considerados os possíveis efeitos para os trabalhadores **sadios**. Isso significa que não foram considerados os efeitos particulares para os trabalhadores cuja suscetibilidade possa estar afetada, como nos casos de patologia prévia, medicação, transtornos imunológicos, gravidez ou lactação.

Na interpretação dessa tabela deve-se considerar que:

a) a não identificação de determinado agente não implica sua inclusão automática na classe de risco 1 (se vocês observarem na tabela do Anexo II, só estão classificados agentes biológicos com classes de risco 2, 3 e 4) – nesses casos deve ser realizada uma avaliação de risco, baseada nas propriedades conhecidas ou potenciais desses agentes e de outros representantes do mesmo gênero ou família;

b) os organismos geneticamente modificados **não** estão incluídos na tabela;

c) no caso dos agentes em que está indicado apenas o gênero, devem-se considerar excluídas as espécies e cepas não patogênicas para o homem;

d) todos os vírus isolados em seres humanos, porém não incluídos na tabela, devem ser classificados na **classe de risco 2**, até que estudos para sua classificação estejam concluídos.

3.3 Programa de Gerenciamento de Riscos – PGR

Os documentos que compõem o Programa de Gerenciamento de Riscos – PGR dos serviços de saúde devem estar disponíveis aos trabalhadores.

A NR32 também determina que na etapa de identificação de perigos, o PGR deve conter, além do previsto na NR1:

3.3.1 Identificação dos riscos biológicos mais prováveis

A identificação dos agentes biológicos deve considerar aqueles epidemiologicamente mais frequentes, tendo em vista o perfil epidemiológico da região, do próprio serviço e dos trabalhadores, devendo, portanto, considerar tanto a localização geográfica quanto a característica do serviço de saúde e seus setores.

A identificação dos agentes biológicos deve ir além da discriminação genérica do agente, por exemplo, fungos ou bactérias: deve ser especificado o micro-organismo prevalente de acordo com a classificação da Tabela de Classificação dos Agentes Biológicos, constante no Anexo II da norma. Por exemplo, *Vírus da Leucose Bovina Enzoótica*, bactéria *Bacillus anthracis* ou ainda fungo *Coccidioides immitis*.

Atenção especial deve ser dada aos vírus. Uma análise mais atenta à tabela do Anexo II nos mostra que a maioria dos vírus são classificados em Classe 3 ou Classe 4, ou seja, são vírus que podem causar doenças e infecções graves ao ser humano, algumas delas de progressão muito rápida, podendo levar à morte em poucos dias e para as quais nem sempre existem meios eficazes de profilaxia ou tratamento.

Na identificação dos riscos biológicos devem ser considerados os aspectos listados a seguir para fins de determinação das medidas de proteção a serem adotadas, bem como sua prioridade:

a) fontes de exposição e reservatórios;

b) vias de transmissão e de entrada;

c) transmissibilidade, patogenicidade e virulência do agente;

d) persistência do agente biológico no ambiente;

NR 32 • SEGURANÇA E SAÚDE NO TRABALHO EM SERVIÇOS DE SAÚDE | 727

e) estudos epidemiológicos ou dados estatísticos;

f) outras informações científicas.

As **fontes de exposição** incluem pessoas, animais, objetos ou substâncias que abrigam agentes biológicos, a partir dos quais torna-se possível a transmissão a um hospedeiro ou a um reservatório. *Reservatório* é a pessoa, animal, objeto ou substância no qual um agente biológico pode persistir, manter sua viabilidade, crescer ou multiplicar-se, de modo a poder ser transmitido a um hospedeiro. A identificação da fonte de exposição e do reservatório é fundamental para se estabelecerem as medidas de proteção a serem adotadas. Exemplos: o uso de máscara de proteção para doentes portadores de tuberculose pulmonar, a higienização das mãos após procedimentos como a troca de fraldas em unidades de neonatologia para diminuir o risco de transmissão de hepatite A.

Vias de transmissão correspondem ao percurso feito pelo agente biológico a partir da fonte de exposição até o hospedeiro, podendo ser direta (transmissão do agente biológico sem a intermediação de veículos ou vetores, exemplo: transmissão aérea por bioaerossóis) ou indireta (transmissão do agente biológico por meio de veículos ou vetores, exemplo: transmissão por meio de perfurocortantes).

Vias de entrada são os tecidos ou órgãos por onde um agente penetra em um organismo, podendo ocasionar uma doença. A entrada pode ser por via cutânea (contato direto com a pele), parenteral (inoculação intravenosa, intramuscular, subcutânea), por contato direto com as mucosas, por via respiratória (inalação) e por via oral (ingestão). A identificação das vias de entrada subsidia a escolha das medidas de proteção, por exemplo, proteção respiratória, proteção dérmica, procedimentos de descarte adequado de seringas e agulhas, dentre outros.

Transmissibilidade é a capacidade de transmissão de um agente a um hospedeiro. O período de transmissibilidade corresponde ao intervalo de tempo durante o qual um organismo pode transmitir um agente biológico. *Patogenicidade* dos agentes biológicos é a sua capacidade de causar doença em um hospedeiro suscetível. *Virulência* é o grau de agressividade de um agente biológico, isto é, uma alta virulência de um agente pode levar a uma forma grave ou fatal de uma doença.

Persistência no ambiente é a capacidade de o agente permanecer no ambiente, mantendo a possibilidade de causar doença.

3.3.2 Avaliação do local de trabalho e do trabalhador

O objetivo da avaliação do local de trabalho e do trabalhador é conhecer e descrever as situações de trabalho que podem influenciar na saúde e segurança do trabalhador do serviço de saúde, bem como daqueles que exercem atividades de promoção e assistência à saúde. Nesse sentido, devem ser considerados tanto os aspectos físicos e de organização do local de trabalho quanto os aspectos psicológicos e sociais do grupo de trabalho.

A avaliação do local de trabalho e do trabalhador deve, portanto, considerar:

a) a finalidade e descrição do local de trabalho;

b) a organização e os procedimentos de trabalho;

c) a possibilidade de exposição;

d) a descrição das atividades e funções de cada local de trabalho; e

e) as medidas preventivas aplicáveis e seu acompanhamento.

728 | SEGURANÇA E SAÚDE NO TRABALHO – *Mara Queiroga Camisassa*

Além do disposto no subitem 1.5.4.4.6[4] na NR1, o PGR deve ser reavaliado sempre que ocorra uma mudança nas condições de trabalho que possa alterar a exposição aos agentes biológicos ou quando a análise dos acidentes e incidentes assim o determinar.

Caso as análises dos acidentes e incidentes identificar a ineficácia das medidas de prevenção indicadas no Plano de Ação do PGR ou a presença de riscos biológicos não identificados, o documento deverá ser reavaliado e sofrer as devidas alterações, visando a melhoria contínua das condições de segurança e saúde. Neste caso, temos a chamada *"prevenção reativa"*, como vimos em capítulo anterior.

3.4 Programa de Controle Médico de Saúde Ocupacional (PCMSO)

Além das determinações da NR7, o PCMSO das empresas de serviços em saúde deve contemplar:

- Reconhecimento e avaliação dos riscos biológicos;
- Localização das áreas de risco;
- Lista com o **nome** dos trabalhadores, sua função, o local em que desempenham suas atividades e o risco a que estão expostos;
- Vigilância médica dos trabalhadores potencialmente expostos;
- **Programa de vacinação**.

A lista com o nome dos trabalhadores deve ser mantida sempre atualizada.

Lista com o NOME dos trabalhadores no PCMSO	
PCMSO – NR7	Não consta na norma tal obrigação
PCMSO – NR32	**Obrigatório**

Sempre que houver transferência permanente ou ocasional de um trabalhador para outro posto de trabalho, que implique **mudança de risco**, esta deve ser comunicada de imediato ao médico responsável pelo PCMSO.

No tocante à possibilidade de exposição acidental aos agentes biológicos, devem constar no PCMSO:

a) Os procedimentos a serem adotados para diagnóstico, acompanhamento e prevenção da soroconversão e das doenças;

b) As medidas para descontaminação do local de trabalho;

c) O tratamento médico de emergência para os trabalhadores;

d) A identificação dos responsáveis pela aplicação das medidas pertinentes;

e) A relação dos estabelecimentos de saúde que podem prestar assistência aos trabalhadores;

---

[4]   NR1: "Item 1.5.4.4.6 A avaliação de riscos deve constituir um processo contínuo e ser revista a cada dois anos ou quando da ocorrência das seguintes situações: a) após implementação das medidas de prevenção, para avaliação de riscos residuais; b) após inovações e modificações nas tecnologias, ambientes, processos, condições, procedimentos e organização do trabalho que impliquem em novos riscos ou modifiquem os riscos existentes; c) quando identificadas inadequações, insuficiências ou ineficácias das medidas de prevenção; d) na ocorrência de acidentes ou doenças relacionadas ao trabalho; e) quando houver mudança nos requisitos legais aplicáveis."

NR 32 • SEGURANÇA E SAÚDE NO TRABALHO EM SERVIÇOS DE SAÚDE | 729

f) As formas de remoção para atendimento dos trabalhadores;

g) A relação dos estabelecimentos de assistência à saúde depositários de imunoglobulinas, vacinas, medicamentos necessários, materiais e insumos especiais.

Sobre esse tema, vejam questão do CESPE/2013, cujo gabarito é CERTO:

> 🖎 *No PCMSO de estabelecimento [de saúde], deve constar relação de estabelecimentos de assistência à saúde, depositários de imunoglobulinas e vacinas.*

3.5 Comunicação de Acidente do Trabalho (CAT)

Em toda ocorrência de acidente envolvendo riscos biológicos, **com ou sem afastamento do trabalhador**, deve ser emitida a Comunicação de Acidente de Trabalho – CAT (vejam bem: a letra "A" da sigla CAT se refere à palavra Acidente, e não Afastamento).

Os acidentes com material biológico devem ser considerados emergências, tendo em vista que os resultados do tratamento profilático são mais eficientes quando o atendimento e a adoção das medidas pertinentes ocorrem no menor prazo possível após o acidente.

A **Comunicação de Acidente do Trabalho** está prevista no art. 22 da Lei 8.213/1991, que determina que "a empresa deverá comunicar o acidente do trabalho à Previdência Social até o 1.º (primeiro) dia útil seguinte ao da ocorrência e, em caso de morte, de imediato, à autoridade competente, sob pena de multa variável entre o limite mínimo e o limite máximo do salário de contribuição, sucessivamente aumentada nas reincidências, aplicada e cobrada pela Previdência Social".

Importante lembrar que:

- A CAT deve ser emitida mesmo que o trabalhador **não tenha sido afastado**;
- Caso haja mais de um trabalhador acidentado, **deverá ser emitida uma CAT para cada um deles**.

Caso a empresa **não** faça a comunicação do acidente do trabalho, poderão fazê-lo:

- O próprio acidentado;
- Os dependentes do acidentado;
- A entidade sindical competente;
- O médico que o assistiu ou qualquer autoridade pública.

Nos casos acima:

- **Não prevalecerá o prazo de comunicação;**
- **A empresa não fica dispensada da responsabilidade pela não emissão da CAT.**

3.6 Medidas de proteção

As medidas de proteção devem ser adotadas a partir do resultado da avaliação de riscos ocupacionais, previstas no PGR, observando o disposto no item 32.2.2 que trata do PGR dos serviços de saúde.

Em caso de exposição acidental ou incidental, medidas de proteção devem ser adotadas imediatamente, mesmo que não previstas no PGR.

730 | SEGURANÇA E SAÚDE NO TRABALHO – *Mara Queiroga Camisassa*

A manipulação em ambiente laboratorial deve seguir as orientações contidas na publicação do Ministério da Saúde – Diretrizes Gerais para o Trabalho em Contenção com Material Biológico, correspondentes aos respectivos microrganismos.

Higiene das mãos

Todo local onde exista possibilidade de exposição ao agente biológico deve possuir lavatório exclusivo para higiene das mãos provido de:

- Água corrente;
- Sabonete líquido;
- Toalha **descartável**; e
- Lixeira provida de sistema de abertura **sem contato manual**.

Os quartos ou enfermarias destinados ao isolamento de pacientes portadores de doenças infectocontagiosas devem conter lavatório em seu interior. Segundo o Guia Técnico da NR32, essas exigências dizem respeito à necessidade de higienização das mãos como medida de precaução-padrão. A técnica de fricção antisséptica das mãos com a utilização de preparações alcoólicas não substitui a exigência de lavatórios, por não poder ser adotada na presença de sujidade.

O uso de luvas não substitui o processo de lavagem das mãos, o que deve ocorrer, no mínimo, antes e depois de seu uso. Tem sido constatado que o uso de luvas é um dos fatores que faz com que o profissional de saúde não realize a higienização das mãos. No entanto, a perda de integridade, a existência de microfuros não perceptíveis ou a utilização de técnica incorreta na remoção das luvas possibilitam a contaminação das mãos.

Feridas nos membros superiores

Os trabalhadores com feridas ou lesões nos membros superiores só podem iniciar suas atividades após avaliação médica obrigatória com emissão de documento de liberação para o trabalho. Feridas ou lesões (pele não íntegra) são porta de entrada para agentes biológicos. Por isso, recomenda-se que o trabalhador seja avaliado por um médico, que deverá verificar a gravidade da ferida ou lesão para, baseado nessa verificação, liberá-lo ou não para o trabalho. O médico também poderá recomendar que a ferida ou lesão seja coberta com curativo impermeável ou ainda que, caso isso não seja possível, o trabalhador deva evitar o contato direto com pacientes.

Vestimentas

Todo trabalhador com possibilidade de exposição a agentes biológicos deve utilizar vestimenta de trabalho adequada e em condições de conforto. Esta vestimenta não é EPI e deve ser fornecida sem ônus para o empregado[5]. O empregador deve providenciar locais apropriados para fornecimento de vestimentas limpas e para deposição das usadas. A higienização daquelas utilizadas nos centros cirúrgicos e obstétricos, nos serviços de tratamento intensivo, nas unidades de pacientes com doenças infectocontagiosas e quando houver contato direto da vestimenta com material orgânico deve ser de responsabilidade do empregador[6].

---

[5] O único EPI para proteção contra agentes biológicos que consta no Anexo 1 da NR6 são as luvas.

[6] Sobre higienização de vestimentas como responsabilidade do empregador remeto o leitor à Nota de Rodapé 24 do capítulo da NR6.

3.7 Proibições

Segundo a NR32, é proibido:

- Utilizar pias de trabalho para fins diversos dos previstos: por exemplo, lavar utensílios como pratos e copos usados na refeição;
- Consumir alimentos e bebidas nos postos de trabalho;
- Guardar alimentos em locais não destinados para esse fim;
- Usar calçados abertos: entende-se por calçado aberto aquele que proporciona exposição da região do calcâneo (calcanhar), do dorso ("peito") ou das laterais do pé;
- Deixar o local de trabalho com os equipamentos de proteção individual e as vestimentas utilizadas em suas atividades laborais;
- Realizar o reencape e a desconexão manual de agulhas: o objetivo desse item é diminuir a ocorrência dos acidentes com agulhas. Estudos nacionais e internacionais relatam que práticas de risco são responsáveis por parte significativa da ocorrência de acidentes de trabalho com perfurocortantes; e
- Fumar, usar adornos e manusear lentes de contato nos postos de trabalho.

O uso de adornos como anéis, pulseiras, relógios, entre outros, interfere no uso correto das luvas e na higienização das mãos, além da possibilidade de terem contato com sangue. O uso de colares também deve ser vedado, pois podem ter contato direto com leitos se forem compridos; uma situação que também pode acontecer é o caso de um paciente em agitação se debatendo, agarrando o colar e puxando o pescoço do trabalhador. Segundo o Guia Técnico da NR32, essa proibição estende-se a crachás pendurados com cordão e gravatas. O objetivo é evitar a contaminação cruzada entre adornos/superfícies contaminadas/trabalhador.

3.8 Capacitações

Os trabalhadores devem receber capacitação **antes** do início das atividades, e de forma continuada. A capacitação deve ser ministrada sempre que ocorrer uma mudança das condições de exposição aos agentes biológicos. Deve ser ministrada durante a jornada de trabalho por profissionais de saúde familiarizados com os riscos inerentes aos agentes biológicos. Vejam que a norma não determina que a capacitação seja realizada necessariamente por um médico.

3.9 Plano de Prevenção de Riscos de Acidentes com Materiais Perfurocortantes

A Portaria 1.748, de 30 de junho de 2011, incluiu, na NR32, o Anexo III que instituiu a obrigatoriedade de elaboração de um **Plano de Prevenção de Riscos de Acidentes com Materiais Perfurocortantes** com probabilidade de exposição a agentes biológicos.

Perfurocortantes são materiais que têm ponta ou gume, e, como o próprio nome diz, podem perfurar ou cortar. Além do ferimento em si, o acidente de trabalho com um perfurocortante envolve também o risco de infecção com um patógeno de transmissão sanguínea, por exemplo, os vírus da hepatite B ou C.

A elaboração e implementação desse plano possibilitam tornar mais seguro o ambiente de trabalho não só dos profissionais da saúde, mas também de todos os trabalhadores que atuam nesses serviços[7].

---

[7] De se ressaltar o elevado índice de acidentes sofridos pelos empregados de lavanderias hospitalares, que realizam higienização e esterilização de enxovais e uniformes hospitalares com destaque para aqueles

A exposição ocupacional a patógenos de transmissão sanguínea provocada por acidentes com agulhas e outros materiais perfurocortantes é um problema grave, mas muitas vezes pode ser prevenida. Os *Centers for Diseases Control and Prevention* (CDC), nos EUA, estimam que anualmente ocorram aproximadamente 385.000 acidentes com materiais perfurocortantes envolvendo trabalhadores da saúde que atuam em hospitais. Exposições semelhantes também acontecem em outros serviços de assistência à saúde, como instituições de longa permanência para pessoas idosas, clínicas de atendimento ambulatorial, serviços de atendimento domiciliar (*home care*), serviços de atendimento de emergência e consultórios particulares[8].

Dentre os principais perfurocortantes envolvidos em acidentes percutâneos (por meio da pele) destacam-se:

- Seringas descartáveis/agulhas hipodérmicas;
- Agulhas de sutura;
- Escalpes;
- Lâminas de bisturi;
- Estiletes de cateteres intravenosos;
- Agulhas para coleta de sangue.

Comissão gestora multidisciplinar

O Plano de Prevenção de Riscos de Acidentes com Materiais Perfurocortantes deverá ser elaborado, implementado e atualizado por uma Comissão gestora multidisciplinar, a ser constituída **pelo empregador**.

Medidas de controle para a prevenção de acidentes com materiais perfurocortantes

A adoção das medidas de controle deve obedecer à seguinte hierarquia:

a) **substituir o uso de agulhas e outros perfurocortantes quando for** *tecnicamente* **possível**;

b) adotar controles de engenharia no ambiente (por exemplo, coletores de descarte);

c) adotar o uso de material perfurocortante com **dispositivo de segurança**, quando existente, disponível e tecnicamente possível;

d) mudanças na organização e nas práticas de trabalho.

O **dispositivo de segurança** é um item integrado a um conjunto do qual faça parte o elemento perfurocortante ou uma tecnologia capaz de reduzir o risco de acidente, seja qual for o mecanismo de ativação do mesmo. As empresas que produzem ou comercializam materiais perfurocortantes devem disponibilizar, para os trabalhadores dos serviços de saúde, capacitação sobre a correta utilização do dispositivo de segurança.

---

que exercem suas atividades na área "suja" (de recepção). A falta de procedimentos de descarte de perfurocortantes como agulhas, lâminas e pinças, ou seu descarte inadequado pelos empregados dos serviços de saúde faz com que estes materiais cheguem junto com os enxovais e uniformes até as lavanderias e sejam manuseados por aqueles empregados provocando cortes e perfurações. Ainda que usem Luvas para proteção das mãos contra agentes cortantes e *perfurantes*, é comum as luvas fornecidas apresentarem **grau de desempenho reduzido** para cortes e perfurações o que aumenta o risco de acidentes nestas atividades (EPI não adequado ao risco).

[8] Programa de prevenção de acidentes com materiais perfurocortantes em serviços de saúde. MTE, 2010.

NR 32 • SEGURANÇA E SAÚDE NO TRABALHO EM SERVIÇOS DE SAÚDE | 733

Capacitação dos trabalhadores

Na implementação do plano, os trabalhadores devem ser capacitados antes da adoção de qualquer medida de controle e de forma continuada para a prevenção de acidentes com materiais perfurocortantes.

Monitoramento do plano

Deve ser realizada monitoração sistemática da exposição dos trabalhadores a agentes biológicos na utilização de materiais perfurocortantes, adotando a análise das situações de risco e acidentes do trabalho ocorridos antes e após a sua implementação como indicadores de acompanhamento.

Avaliação da eficácia do plano

A avaliação do plano deve ser **anual**, no mínimo, e sempre que se produza uma mudança nas condições de trabalho e quando a análise das situações de risco e dos acidentes assim o determinar.

3.10 Vacinação

A todo trabalhador dos serviços de saúde deve ser fornecido, gratuitamente, programa de imunização ativa contra tétano, difteria, hepatite B. Outras vacinas também podem ser indicadas no PCMSO se for constatado o risco de exposição dos trabalhadores a outros agentes para os quais existam vacinas disponíveis. Sempre que houver vacinas eficazes contra outros agentes biológicos a que os trabalhadores estão ou poderão estar expostos, o empregador também deverá fornecê-las gratuitamente.

O empregador deve fazer o **controle da eficácia** da vacinação sempre que for recomendado pelo Ministério da Saúde e seus órgãos, e providenciar, se necessário, seu reforço. Também deve assegurar que os trabalhadores sejam informados das vantagens e dos efeitos colaterais, assim como dos riscos a que estarão expostos por falta ou recusa de vacinação, devendo, nesses casos, guardar documento comprobatório e mantê-lo disponível à inspeção do trabalho. A vacinação deve ser registrada no prontuário médico individual, previsto na NR7, devendo ser fornecido ao trabalhador **comprovante das vacinas recebidas**.

4. DOS RISCOS QUÍMICOS

Todo recipiente contendo produto químico manipulado ou fracionado deve ser identificado, de forma legível, por etiqueta com o nome do produto, composição química, sua concentração, data de envase e de validade e nome do responsável pela manipulação ou fracionamento.

4.1 Programa de Gerenciamento de Riscos (PGR)

No PGR dos serviços de saúde deve constar um **inventário** de todos os produtos químicos, inclusive intermediários e resíduos, com indicação daqueles que impliquem riscos à segurança e saúde do trabalhador. Nesse inventário devem estar incluídas no mínimo as seguintes informações:

- Características e formas de utilização;
- Riscos à segurança e saúde do trabalhador e ao meio ambiente, considerando as formas de utilização;

734 | SEGURANÇA E SAÚDE NO TRABALHO – *Mara Queiroga Camisassa*

- Medidas de proteção coletiva, individual e controle médico da saúde dos trabalhadores;
- Condições e local de estocagem; e
- Procedimentos em situações de emergência.

Essas informações devem constar em fichas correspondentes a cada produto, e comporão o inventário dos produtos químicos. Uma cópia de cada ficha deve ser mantida nos locais onde o produto é utilizado.

4.2 Programa de Controle Médico de Saúde Ocupacional (PCMSO)

Na elaboração e implementação do PCMSO dos serviços de saúde deverão ser consideradas as informações contidas nas fichas dos produtos químicos, para que, a partir do levantamento dos riscos oferecidos, o médico possa identificar os exames complementares que deverão ser realizados, bem como sua periodicidade.

4.3 Capacitação

O empregador deverá capacitar, inicialmente e de forma continuada, os trabalhadores envolvidos para a utilização segura de produtos químicos.

Da mesma forma que na capacitação relativa aos riscos biológicos, o termo "inicialmente" se refere à capacitação anterior ao início das atividades.

Conteúdo mínimo da capacitação:

- Apresentação das fichas descritivas com explicação das informações nelas contidas;
- Procedimentos de segurança relativos à utilização;
- Procedimentos a serem adotados em caso de incidentes, acidentes e em situações de emergência.

4.4 Das medidas de proteção

O empregador deve destinar local adequado para a manipulação ou fracionamento de produtos químicos que impliquem riscos à segurança e saúde do trabalhador, sendo vedada a realização desses procedimentos em qualquer local que não o apropriado para esse fim. São exceções a essa regra a preparação e a associação de medicamentos para **administração imediata** aos pacientes.

A manipulação ou fracionamento dos produtos químicos deve ser feita por trabalhador qualificado, e o seu transporte deve ser realizado considerando os riscos à segurança e saúde do trabalhador e ao meio ambiente.

Nos locais onde se utilizam e armazenam produtos inflamáveis, o sistema de prevenção de incêndio deve adotar medidas especiais de segurança e procedimentos de emergência. Também devem ser previstas áreas de armazenamento próprias para produtos químicos incompatíveis.

4.5 Dos gases medicinais

Gases medicinais são aqueles utilizados em ambientes hospitalares para o atendimento a pacientes. Vários tipos de gases são usados, por exemplo, oxigênio, nitrogênio, hidrogênio, ar comprimido, hélio, entre outros.

NR 32 • SEGURANÇA E SAÚDE NO TRABALHO EM SERVIÇOS DE SAÚDE | 735

Alguns desses gases são inflamáveis (como hidrogênio e acetileno). Nesses casos, os cilindros devem ser armazenados a uma **distância mínima de oito metros daqueles contendo gases oxidantes**, tais como oxigênio e óxido nitroso, ou por meio de barreiras vedadas e resistentes ao fogo.

ARMAZENAMENTO DE CILINDROS DE GASES MEDICINAIS INFLAMÁVEIS

DISTÂNCIA MÍNIMA DE CILINDROS DE GASES OXIDANTES: OITO METROS

OU

BARREIRAS VEDADAS E RESISTENTES AO FOGO

Alguns hospitais utilizam um sistema centralizado de gases medicinais. Nesses casos, devem ser fixadas placas, em local visível, com caracteres indeléveis e legíveis, com as seguintes informações:

- Nomes das pessoas autorizadas a terem acesso ao local e treinadas na operação e manutenção do sistema;
- Procedimentos a serem adotados em caso de emergência;
- Número de telefone para uso em caso de emergência;
- Sinalização alusiva a perigo.

4.5.1 Proibições relativas aos gases medicinais

a) Utilização de equipamentos em que se constate **vazamento** de gás;

b) Submeter equipamentos a **pressões superiores** àquelas para as quais foram projetados;

c) Utilizar cilindros que **não tenham a identificação do gás** e a **válvula de segurança**;

d) Movimentar os cilindros **sem a utilização** dos equipamentos de proteção individual adequados;

e) Submeter os cilindros a **temperaturas extremas**;

f) Utilizar oxigênio e ar comprimido para **fins diversos** aos que se destinam;

g) Permitir o **contato** de óleos, graxas, hidrocarbonetos ou materiais orgânicos similares com gases oxidantes;

h) Utilizar cilindros de oxigênio **sem a válvula de retenção ou o dispositivo apropriado para impedir o fluxo reverso**;

i) Realizar a transferência de gases de um cilindro para outro, **independentemente** de sua capacidade;

j) Transportar cilindros soltos, em posição horizontal e sem capacetes[9].

---

[9] O capacete é uma peça destinada a proteger a válvula do cilindro, podendo ser fixo ou móvel.

4.6 Dos medicamentos e das drogas de risco

Deve constar no PGR, além do previsto na NR1, a descrição dos perigos inerentes às atividades de recebimento, armazenamento, preparo, distribuição, administração dos medicamentos e das drogas de risco. São considerados medicamentos e **drogas de risco** aqueles que possam causar genotoxicidade, carcinogenicidade, teratogenicidade e toxicidade séria e seletiva sobre órgãos e sistemas.

Genotoxidade é a capacidade que alguns agentes possuem de causar dano ao DNA de organismos a eles expostos. Quando são induzidas mutações, os agentes são chamados de mutagênicos.

Carcinogenicidade é a capacidade que alguns agentes possuem de induzir ou causar câncer.

Teratogenicidade é a capacidade de um determinado agente químico, físico ou biológico causar anormalidades no feto, quando administrado a gestantes, por exemplo, desenvolvimento anormal gestacional ou na fase pós-natal, que pode resultar em morte, malformações ou retardo do desenvolvimento.

4.6.1 Dos gases e vapores anestésicos

Esse item se refere às anestesias inalatórias, e não venosas, uma vez que trata de gases e vapores. Uma das causas de contaminação das salas cirúrgicas por agentes anestésicos **inalatórios** é o vazamento de gases durante a administração de anestesia inalatória. Os gases anestésicos agem sobre o Sistema Nervoso Central (SNC). Por esse motivo, a NR32 determina que todos os equipamentos utilizados para a administração dos gases ou vapores anestésicos devem ser submetidos à manutenção corretiva e preventiva, dando-se especial atenção aos pontos de vazamentos para o ambiente de trabalho, buscando sua eliminação.

A manutenção consiste, no mínimo, na verificação dos cilindros de gases, conectores, conexões, mangueiras, balões, traqueias, válvulas, aparelhos de anestesia e máscaras faciais para ventilação pulmonar. Outras falhas de contaminação das salas cirúrgicas são o não desligamento de todas as válvulas de controle do fluxo (oxigênio, óxido nitroso e ar) quando o sistema anestésico é desconectado do paciente ou ainda uma máscara facial mal adaptada.

Os locais onde se administrem gases ou vapores anestésicos devem ter sistemas de **ventilação e exaustão**, com o objetivo de manter a concentração ambiental sob controle.

A trabalhadora gestante só poderá ser liberada para o trabalho em áreas com possibilidade de exposição a gases ou vapores anestésicos após autorização por escrito do médico responsável pelo PCMSO, considerando as informações contidas no PGR.

4.6.2 Quimioterápicos antineoplásicos

Quimioterápicos antineoplásicos são medicamentos utilizados no tratamento do câncer. Esses medicamentos inibem ou previnem o crescimento e disseminação de alguns tipos de células cancerosas, usados no tratamento de pacientes portadores de neoplasias malignas. São produtos altamente tóxicos e que podem causar mutagênese, teratogênese, e carcinogênese com diferentes graus de risco.

Em virtude da alta nocividade desses medicamentos, a NR32 determina a observância de procedimentos rigorosos, tais como:

- Área exclusiva de preparação e com acesso restrito aos profissionais **diretamente** envolvidos.

NR 32 • SEGURANÇA E SAÚDE NO TRABALHO EM SERVIÇOS DE SAÚDE | 737

- A área deve dispor no mínimo de:
  - ✓ Vestiário de barreira com dupla câmara;
  - ✓ Sala de preparo dos quimioterápicos;
  - ✓ Local destinado para as atividades administrativas;
  - ✓ Local de armazenamento exclusivo para estocagem.

O vestiário deve dispor de:

a) pia e material para lavar e secar as mãos;

b) lava olhos[10], podendo ser substituído por ducha tipo higiênica;

c) chuveiro de emergência;

d) equipamentos de proteção individual e vestimentas para uso e reposição;

e) armários para guarda de pertences;

f) recipientes para descarte de vestimentas usadas.

A sala de preparo dos quimioterápicos antineoplásicos deve ser dotada de Cabine de Segurança Biológica Classe II B2. Esse tipo de cabine tem a finalidade de oferecer proteção aos trabalhadores e ao meio ambiente contra exposição a produtos químicos, radionuclídeos e agentes biológicos que se enquadram no critério de Biossegurança Nível 3. Também protege o produto ou ensaio executado no interior da cabine, dos contaminantes existentes no local onde ela está instalada e da contaminação cruzada no interior da própria cabine.

Na instalação dessa cabine devem ser previstos, no mínimo:

a) suprimento de ar necessário ao seu funcionamento;

b) local e posicionamento, de forma a evitar a formação de turbulência aérea.

4.6.2.1 Obrigações do empregador

Quanto às atividades que envolvem os quimioterápicos antineoplásicos, compete ao empregador:

a) proibir os trabalhadores de **fumar, comer ou beber, bem como portar adornos ou se maquiar;**

b) afastar das atividades as trabalhadoras **gestantes e nutrizes**;

c) proibir que os trabalhadores expostos realizem atividades com **possibilidade de exposição aos agentes ionizantes;**

d) fornecer aos trabalhadores avental confeccionado de **material impermeável, com frente resistente e fechado nas costas, manga comprida e punho justo**, quando do seu preparo e administração;

e) fornecer aos trabalhadores **dispositivos de segurança que minimizem a geração de aerossóis** e a ocorrência de acidentes durante a manipulação e administração;

---

[10] Destaco novamente que lava-olhos e chuveiros de emergência não são equipamentos de proteção coletiva, pois não eliminam nem reduzem o risco de exposição a agentes químicos; além disso, são usados após a ocorrência da exposição, com o objetivo de se tentar minimizar suas consequências. Podem ser classificados como medidas de primeiros socorros, até que o empregado seja encaminhado ao atendimento médico.

f) fornecer aos trabalhadores dispositivos de segurança para a prevenção de acidentes durante o transporte.

Sobre esse assunto, vejam questão do CESPE/2010, cujo gabarito é CERTO:

 Para trabalhadores que manipulam quimioterápicos antineoplásicos deve-se providenciar avental confeccionado com material impermeável, com frente resistente e fechado nas costas, manga comprida e punhos justos.

4.6.2.2 Procedimentos operacionais em caso de ocorrência de acidentes ambientais ou pessoais

No tocante aos quimioterápicos entende-se por acidente ambiental a contaminação do ambiente em razão da saída do medicamento do envase no qual esteja acondicionado, seja por derramamento ou por aerodispersoides sólidos ou líquidos.

Já o acidente pessoal é aquele ocasionado pela contaminação por contato ou inalação dos medicamentos da terapia quimioterápica antineoplásica em qualquer das etapas do processo.

Nas áreas de preparação, armazenamento e administração e para o transporte deve ser mantido um **"Kit" de derramamento identificado e disponível**, que deve conter, no mínimo: luvas de procedimento, avental impermeável, compressas absorventes, proteção respiratória, proteção ocular, sabão, recipiente identificado para recolhimento de resíduos e descrição do procedimento.

Sobre esse assunto, vejam questão do CESPE/2010, cujo gabarito é CERTO:

 Deve-se manter um kit de derramamento identificado e disponível, nas áreas de preparo, armazenamento, administração e transporte de quimioterápicos.

4.7 Capacitação

Os trabalhadores envolvidos com quimioterápicos antineoplásicos devem receber capacitação inicial e continuada com o seguinte conteúdo mínimo:

a) principais vias de exposição ocupacional;

b) efeitos terapêuticos e adversos desses medicamentos e o possível risco à saúde, a longo e curto prazo;

c) normas e procedimentos padronizados relativos ao manuseio, preparo, transporte, administração, distribuição e descarte;

d) normas e procedimentos a serem adotados no caso de ocorrência de acidentes.

A capacitação deve ser ministrada por profissionais de saúde familiarizados com os riscos inerentes aos quimioterápicos antineoplásicos.

5. RADIAÇÕES IONIZANTES

Como vimos em capítulo anterior, são várias e importantíssimas as aplicações das radiações ionizantes e da energia nuclear na área da saúde, tais como raios X, tomografia computadorizada, radiologia com caráter diagnóstico ou caráter preventivo em larga escala (mamografia), radioterapia (que usa a propriedade da ionização para destruição de tecidos tumorais), esterilização de material médico cirúrgico, entre várias outras. No entanto, o uso da radiação e da energia nuclear em qualquer campo de atividade traz, em maior ou menor escala, riscos de acidentes, sendo mandatório minimizá-los por meio da implantação de medidas de proteção, conforme veremos nos itens a seguir.

Além do atendimento das exigências da NR32 no tocante às radiações ionizantes, o empregador também deve observar as disposições estabelecidas pelas normas específicas da Comissão Nacional de Energia Nuclear (CNEN) e da Agência Nacional de Vigilância Sanitária (ANVISA) do Ministério da Saúde.

5.1 Plano de Proteção Radiológica

O empregador deve manter no local de trabalho e à disposição da inspeção do trabalho o **Plano de Proteção Radiológica** aprovado pela CNEN, e para os serviços de radiodiagnóstico aprovado pela Vigilância Sanitária.

O Plano de Proteção Radiológica (PPR) é um documento exigido para fins de licenciamento da instalação.

O PPR deve:

a) estar dentro do **prazo de vigência**;

b) **identificar o profissional responsável e seu substituto eventual** como membros efetivos da equipe de trabalho do serviço;

c) fazer **parte do PGR** do estabelecimento;

d) ser **considerado na elaboração e implementação do PCMSO**;

e) ser **apresentado na CIPA**, quando existente na empresa, sendo sua cópia anexada às atas dessa comissão.

O trabalhador que realize atividades em áreas onde existam fontes de radiações ionizantes deve:

a) permanecer nessas áreas o **menor tempo possível** para a realização do procedimento;

b) ter **conhecimento dos riscos radiológicos** associados ao seu trabalho;

c) estar **capacitado inicialmente e de forma continuada** em proteção radiológica;

d) usar os **EPI adequados** para a minimização dos riscos[11];

e) estar **sob monitoração individual** de dose de radiação ionizante, nos casos em que a exposição seja ocupacional.

5.1.1 Monitoração

Toda instalação radiativa deve dispor de monitoração individual e de áreas.

---

[11] Destaco que o único EPI que consta no Anexo I da NR6 para proteção contra radiações ionizantes são as **luvas**.

740 | SEGURANÇA E SAÚDE NO TRABALHO – *Mara Queiroga Camisassa*

5.1.1.1 Monitoração individual

A monitoração individual é realizada por meio de um aparelho chamado **dosímetro**, que quantifica os valores de radiação recebidos e deve ser usado junto a partes do corpo do trabalhador.

O dosímetro individual, também chamado de monitor individual, é um dispositivo utilizado junto a partes do corpo de um indivíduo, com o objetivo de avaliar a dose efetiva ou a dose equivalente acumulada em um dado período. É construído de material *tecido-equivalente* com fator de calibração estabelecido e rastreado junto à rede nacional e internacional de metrologia, cujas características são regidas pelas Normas ISO 4037 e IEC 731.

Os dosímetros individuais devem ser obtidos, calibrados e avaliados **exclusivamente** em laboratórios de monitoração individual acreditados pela CNEN. A monitoração individual externa, de corpo inteiro ou de extremidades, deve ser feita por meio de dosimetria com **periodicidade mensal** e levando-se em conta a natureza e a intensidade das exposições normais e potenciais previstas.

Exposição acidental

Na ocorrência ou **suspeita** de exposição acidental a radiação ionizante, os dosímetros devem ser encaminhados para leitura no prazo máximo de 24 horas, devendo ser adotadas medidas de acordo com a tabela a seguir:

NO CASO DE FONTES SELADAS	NO CASO DE FONTES NÃO SELADAS, SUJEITAS A EXPOSIÇÃO EXTERNA OU COM CONTAMINAÇÃO INTERNA
Monitoração individual	
Avaliação clínica	
Exames complementares, incluindo a dosimetria citogenética, a critério médico.	Exames complementares, incluindo a dosimetria citogenética, a análise *in vivo* e *in vitro*, a critério médico.

Fontes não seladas são aquelas em que o material radioativo está sob a forma sólida (pó), líquida ou, mais raramente, gasosa, em recipientes que permitem o fracionamento do conteúdo em condições normais de uso.

Fontes seladas são materiais radioativos, hermeticamente encapsulados de modo a evitar vazamentos e contato com o referido material, sob condições de aplicação específicas.

A **dosimetria citogenética**, citada na tabela, corresponde à avaliação da dose de radiação absorvida por meio da contagem da frequência de *aberrações cromossômicas* (alterações estruturais ou numéricas de cromossomos nas células) em cultura de linfócitos do indivíduo irradiado. É utilizada principalmente para confirmar doses elevadas registradas em dosímetros individuais.

5.1.1.2 Monitoração de áreas

Deve ser elaborado e implementado um programa de monitoração periódica de áreas, constante do Plano de Proteção Radiológica, para todas as áreas da instalação radiativa. A norma não determina qual deve ser a periodicidade da monitoração de áreas.

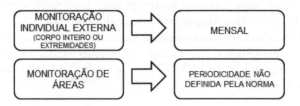

5.2 PCMSO

O Anexo V da NR7[12] – Controle médico ocupacional da exposição a substâncias químicas cancerígenas e a radiações ionizantes determina que, no caso de exposição ocupacional acidental a níveis elevados de radiação ionizante, deve ser realizada nova avaliação médica, com coleta de hemograma completo imediatamente e 24 horas após a exposição.

O registro individual do trabalhador deve conter as seguintes informações:

a) **identificação** (Nome, Registro, CPF), endereço e nível de instrução;
b) datas de **admissão e de saída** do emprego;
c) nome e endereço do **responsável pela proteção radiológica** de cada período trabalhado;
d) **funções associadas às fontes de radiação** com as respectivas áreas de trabalho, os riscos radiológicos a que está ou esteve exposto, data de início e término da atividade com radiação, horários e períodos de ocupação;
e) **tipos de dosímetros individuais utilizados**;
f) **registro de doses mensais e anuais** (doze meses consecutivos) recebidas e relatórios de investigação de doses;
g) **capacitações realizadas**;
h) estimativas de **incorporações**;
i) **relatórios** sobre exposições de emergência e de acidente;
j) **exposições ocupacionais** anteriores a fonte de radiação.

A expressão **incorporação** indicada na alínea "a" anterior se refere à ação de determinado material radioativo no instante de sua admissão no corpo humano por ingestão, inalação ou penetração por meio da pele ou de ferimentos.

5.3 Obrigações do empregador

Dentre as obrigações do empregador no tocante às radiações ionizantes destaco:

- Manter profissional habilitado, responsável pela proteção radiológica em cada área específica: esse profissional deve ter vínculo empregatício com a empresa;
- Promover capacitação em proteção radiológica, inicialmente e de forma continuada, para os trabalhadores **ocupacionalmente** e **paraocupacionalmente** expostos às radiações ionizantes: Considera-se trabalhador exposto **paraocupa-**

---

[12] Redação aprovada pela Portaria 6.734/2020.

cionalmente aquele cujas atividades laborais **não estão relacionadas direta-mente a radiações ionizantes**, mas que ocasionalmente também podem vir a receber doses superiores aos limites primários estabelecidos na Norma CNEN--NE 3.01 "Diretrizes Básicas de Proteção Radiológica";

- Dar ciência dos resultados das doses referentes às exposições de rotina, acidentais e de emergências, por escrito e mediante recibo, a cada trabalhador e ao médico responsável do PCMSO ou médico encarregado dos exames médicos previstos na NR7.

6. RESÍDUOS

Resíduos de serviços de saúde são todos aqueles resultantes de atividades exercidas nesses serviços que, por suas características, **necessitam de processos diferenciados em seu manejo,** *exigindo ou não* tratamento prévio à sua **disposição** final, por exemplo, incineração e autoclavagem.

A **disposição final** é a prática de dispor os resíduos sólidos no **solo previamente preparado** para recebê-los, de acordo com critérios técnico-construtivos e operacionais adequados, em consonância com as exigências dos órgãos ambientais competentes.

Os procedimentos de manejo dos resíduos nos serviços de saúde devem ser direcionados tanto para o manuseio interno ao estabelecimento quanto externo, e devem abranger várias etapas que vão desde a segregação e acondicionamento até a coleta e o transporte externo.

A segregação consiste na separação dos resíduos no **momento e local de sua geração**, de acordo com as características físicas, químicas, biológicas, o seu estado físico e os riscos envolvidos.

6.1 Capacitação

Cabe ao empregador capacitar, inicialmente e de forma continuada, os trabalhadores nos seguintes assuntos relativos a resíduos sólidos:

a) **segregação, acondicionamento e transporte**;

b) **definições, classificação e potencial de risco**;

c) **sistema de gerenciamento** adotado internamente no estabelecimento;

d) formas de **reduzir sua geração**;

e) conhecimento das **responsabilidades** e de tarefas;

f) reconhecimento dos **símbolos de identificação** das classes de resíduos;

g) conhecimento sobre a utilização dos **veículos de coleta**;

h) orientações quanto ao uso de **Equipamentos de Proteção Individual**.

6.2 Acondicionamento

Segundo a Resolução da Diretoria Colegiada RDC 222/2018[13] da Agência Nacional de Vigilância Sanitária (ANVISA), o *acondicionamento* consiste no ato de embalar os resíduos segregados, em sacos ou recipientes que evitem vazamentos e resistam às ações de punctura e ruptura. A capacidade dos recipientes de acondicionamento deve ser compatível com a geração diária de cada tipo de resíduo.

---

[13] Regulamenta as Boas Práticas de Gerenciamento dos Resíduos de Serviços de Saúde e dá outras providências.

Sacos plásticos e outros recipientes de acondicionamento

Os sacos plásticos utilizados no acondicionamento dos resíduos de saúde devem atender ao disposto na NBR 9191 e ainda ser:

a) preenchidos até **2/3 de sua capacidade**;
b) fechados de tal forma que **não se permita o seu derramamento**, mesmo que virados com a abertura para baixo;
c) **retirados imediatamente** do local de geração após o preenchimento e fechamento;
d) mantidos **íntegros** até o tratamento ou a disposição final do resíduo.

Para os recipientes destinados à coleta de material perfurocortante, o limite máximo de enchimento deve estar localizado **5 cm** abaixo do bocal. Esses recipientes devem ser mantidos em suporte exclusivo e em altura que permita a **visualização da abertura** para descarte.

Sobre esse assunto, vejam questão do CESPE/2011, cujo gabarito é ERRADO:

 Os sacos plásticos utilizados no acondicionamento dos resíduos de saúde devem ser preenchidos até 80 % de sua capacidade de armazenamento e poderão ser deixados no local de uso por, no máximo, 24 horas após seu fechamento.

A segregação dos resíduos deve ser realizada no local onde são gerados, e próximo da fonte geradora. Os recipientes devem ser constituídos de material lavável, resistente à punctura, ruptura e vazamento, com tampa provida de sistema de abertura sem contato manual, com cantos arredondados e que sejam resistentes ao tombamento.

Atenção: os recipientes existentes nas salas de cirurgia e de parto NÃO necessitam de tampa para vedação.

Transporte dos resíduos

O transporte manual do recipiente de segregação deve ser realizado de forma que não exista o contato do mesmo com outras partes do corpo, sendo **vedado o arrasto**.

A sala de armazenamento temporário dos recipientes de transporte deve atender, no mínimo, às seguintes características:

I. ser dotada de:
   a) pisos e paredes laváveis;
   b) ralo sifonado;
   c) ponto de água;

d) ponto de luz;

e) ventilação adequada;

f) abertura dimensionada de forma a permitir a entrada dos recipientes de transporte;

II. ser mantida limpa e com controle de vetores;

III. conter somente os recipientes de coleta, armazenamento ou transporte;

IV. ser utilizada apenas para os fins a que se destina;

V. estar devidamente sinalizada e identificada.

O transporte dos resíduos para a área de armazenamento externo deve atender aos seguintes requisitos:

a) ser feito por meio de carros constituídos de material rígido, lavável, impermeável, provido de tampo articulado ao próprio corpo do equipamento e cantos arredondados;

b) ser realizado em sentido único com roteiro definido em horários não coincidentes com a distribuição de roupas, alimentos e medicamentos, períodos de visita ou de maior fluxo de pessoas.

Os recipientes de transporte com **mais de 400 litros de capacidade** devem possuir **válvula de dreno no fundo**.

Em **todos** os serviços de saúde deve existir **local apropriado para o armazenamento externo dos resíduos**, até que sejam recolhidos pelo sistema de coleta externa. Esse local deve ser dimensionado de forma a permitir a **separação dos recipientes conforme o tipo de resíduo**.

7. DAS CONDIÇÕES DE CONFORTO POR OCASIÃO DAS REFEIÇÕES

Os refeitórios dos serviços de saúde devem atender ao disposto na NR24.

Os estabelecimentos com até 300 trabalhadores devem ser dotados de locais para refeição, que atendam aos seguintes requisitos mínimos:

a) localização fora da área do posto de trabalho;

b) piso lavável;

c) limpeza, arejamento e boa iluminação;

d) mesas e assentos dimensionados de acordo com o número de trabalhadores por intervalo de descanso e refeição;

e) lavatórios instalados nas proximidades ou no próprio local;

f) fornecimento de água potável;

g) possuir equipamento apropriado e seguro para aquecimento de refeições.

Os lavatórios para higiene das mãos devem ser providos de papel toalha, sabonete líquido e lixeira com tampa, de **acionamento por pedal**.

8. LAVANDERIAS

A lavanderia deve possuir duas áreas distintas, sendo uma chamada **área suja** e outra **área limpa**. Na área **suja** deve ocorrer o recebimento, classificação, pesagem e lavagem de roupas. Na área **limpa** deve ocorrer a manipulação das roupas já lavadas. A comunicação entre as duas áreas deve ser feita somente por meio de visores ou intercomunicadores.

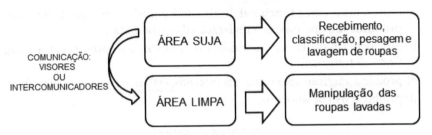

Independentemente do porte da lavanderia, as máquinas de lavar devem ser de porta dupla ou de barreira, em que a roupa utilizada é inserida pela porta situada na área suja, por um operador e, após lavada, retirada na área limpa, por outro operador.

8.1 Calandra

A calandra, também chamada de passadeira, é um equipamento muito usado nas lavanderias hospitalares para secagem e passagem de roupas lisas, como lençóis. Consiste basicamente de um conjunto de cilindros e caso não tenha as devidas proteções pode ser fonte geradora de riscos de acidentes como queimaduras, devido às superfícies aquecidas e também amputações e até mesmo acidentes fatais devido à falta de proteção na área de convergência dos cilindros. Segundo a redação da NR32, a calandra deve ter:

a) termômetro para cada câmara de aquecimento, indicando a temperatura das calhas ou do cilindro aquecido;
b) termostato; e
c) dispositivo de proteção que impeça a inserção de segmentos corporais dos trabalhadores junto aos cilindros ou partes móveis da máquina.

A calandra é um equipamento extremamente perigoso. O dispositivo de proteção indicado na alínea "c" *supra* deve atender às recomendações da NR12 (proteção fixa, proteção móvel ou proteção móvel intertravada), no que se refere à proteção da zona de convergência dos cilindros e partes móveis.

Já as máquinas de lavar, centrífugas e secadoras devem ser dotadas de *dispositivos eletromecânicos* que interrompam seu funcionamento quando da abertura de seus compartimentos. Devemos entender que a expressão "dispositivos eletromecânicos" insere-se na abrangência do item 12.5.1 da NR12, que por sua vez alcança todas as máquinas e equipamentos utilizados nos serviços de saúde:

> *12.5.1 As zonas de perigo das máquinas e equipamentos devem possuir sistemas de segurança, caracterizados por proteções fixas, proteções móveis e dispositivos de segurança interligados, que resguardem proteção à saúde e à integridade física dos trabalhadores.*

9. LIMPEZA E CONSERVAÇÃO

Os trabalhadores que realizam atividades de limpeza em serviços de saúde **também devem ser capacitados**, inicialmente e de forma continuada, quanto aos princípios de higiene pessoal, risco biológico, risco químico, sinalização, rotulagem, EPI, EPC e procedimentos em situações de emergência.

746 SEGURANÇA E SAÚDE NO TRABALHO – *Mara Queiroga Camisassa*

Para as atividades de limpeza e conservação, cabe ao empregador, no mínimo:

a) providenciar **carro funcional destinado à guarda e transporte dos materiais e produtos indispensáveis à realização das atividades**;

b) providenciar materiais e utensílios de limpeza que **preservem a integridade** física do trabalhador;

c) **proibir a varrição seca nas áreas internas**, evitando o levantamento de poeira; e

d) **proibir o uso de adornos**.

SERVIÇOS DE SAÚDE
É PROIBIDO O USO DE ADORNOS

NOS POSTOS DE
TRABALHO

PELOS TRABALHADORES
RESPONSÁVEIS PELA
LIMPEZA

10. ANIMAIS SINANTRÓPICOS

Animais sinantrópicos são espécies que indesejavelmente coabitam com o homem e que podem transmitir doenças ou causar agravos à saúde humana, tais como roedores, baratas, moscas, pernilongos, pombos, formigas, pulgas e outros.

Em todo serviço de saúde deve existir um programa de controle de animais *sinantrópicos*, que deve ser comprovado sempre que exigido pela inspeção do trabalho.

11. PROIBIÇÕES

A tabela a seguir apresenta as principais proibições constantes da NR32:

PROIBIÇÕES RELATIVAS AOS RISCOS QUÍMICOS
Reutilização das embalagens de produtos químicos.
Realização de manipulação ou fracionamento de produtos químicos que impliquem riscos à segurança e saúde do trabalhador em qualquer local que não o apropriado para esse fim (exceção: preparação e associação de medicamentos para administração imediata aos pacientes).

PROIBIÇÕES RELATIVAS AOS GASES MEDICINAIS
Utilização de equipamentos em que se constate vazamento de gás.
Submeter equipamentos a pressões superiores àquelas para as quais foram projetados.
Utilização de cilindros que não tenham a identificação do gás e a válvula de segurança.
Movimentação dos cilindros sem a utilização dos equipamentos de proteção individual adequados.
Submissão dos cilindros a temperaturas extremas.
Utilização do oxigênio e do ar comprimido para fins diversos aos que se destinam.
Contato de óleos, graxas, hidrocarbonetos ou materiais orgânicos similares com gases oxidantes.
Utilização de cilindros de oxigênio sem a válvula de retenção ou o dispositivo apropriado para impedir o fluxo reverso.
Transferência de gases de um cilindro para outro, independentemente da capacidade dos cilindros.
Transporte de cilindros soltos, em posição horizontal e sem capacetes.

• SEGURANÇA E SAÚDE NO TRABALHO EM SERVIÇOS DE SAÚDE

PROIBIÇÕES RELATIVAS AOS QUIMIOTERÁPICOS ANTINEOPLÁSICOS
Iniciar qualquer atividade na falta de EPI.
Dar continuidade às atividades de manipulação quando ocorrer qualquer interrupção do funcionamento da cabine de segurança biológica.

PROIBIÇÕES RELATIVAS AOS LOCAIS ONDE SÃO MANIPULADOS MATERIAIS RADIOATIVOS OU REJEITOS
Aplicar cosméticos, alimentar-se, beber, fumar e repousar.
Guardar alimentos, bebidas e bens pessoais.

PROIBIÇÕES RELATIVAS AOS SERVIÇOS DE RADIODIAGNÓSTICO MÉDICO
Instalação de mais de um equipamento de raios X por sala.

PROIBIÇÕES RELATIVAS ÀS PIPETAS
É proibido pipetar com a boca. Pipeta é um tubo utilizado para medir e transferir líquidos de um recipiente para outro. A norma proíbe pipetar com a boca, pois existe o risco de aspiração da substância e transmissão oral de agentes infecciosos.

NR 33 SEGURANÇA E SAÚDE NOS TRABALHOS EM ESPAÇOS CONFINADOS

Classificação: Norma Especial
Última atualização: Portaria 1.690, de 15 de junho de 2022

1. INTRODUÇÃO

Os espaços confinados são encontrados nas mais diversas atividades econômicas como construção civil, indústrias petroquímicas, siderurgias, fundições, mineração, indústrias alimentícias, dentre várias outras. A entrada de trabalhadores no interior destes espaços pode ocorrer para a realização de inúmeras atividades como construção, instalação, comissionamento, manutenção, reparação, inspeção, limpeza, pintura e resgate.

Antes da publicação da primeira redação da NR33, várias normas setoriais já estabeleciam medidas de segurança para reduzir os riscos de acidentes nesses locais, dentre as quais destaco:

➢ NR10 – Segurança em Instalações e Serviços em Eletricidade: aborda os ambientes confinados no conteúdo programático do curso básico de Segurança em Instalações e Serviços com Eletricidade.

➢ NR29 – Segurança e Saúde no Trabalho Portuário: estabelece medidas de segurança nos trabalhos nos espaços confinados existentes no interior das embarcações.

➢ NR30 – Segurança e Saúde no Trabalho Aquaviário: estabelece medidas de segurança nos trabalhos nos espaços confinados existentes nas embarcações, como sala de máquinas e porões.

➢ NR31 – Segurança e Saúde no Trabalho na Agricultura, Pecuária, Silvicultura, Exploração Florestal e Aquicultura: dispõe sobre medidas de segurança para reduzir os riscos nos trabalhos em espaços confinados existentes nestas atividades como silos, secadores, moegas, tremonhas, dentre outros[1].

---

[1] De se destacar, entretanto, que a NR33 não se aplica às atividades abrangidas pela NR31. Neste caso, para o trabalho rural devem ser observadas as disposições sobre espaços confinados que constam na própria NR31. Este entendimento decorre da redação dos seguintes itens da norma:

"31.2.1 Esta Norma se aplica a quaisquer atividades da agricultura, pecuária, silvicultura, exploração florestal e aquicultura, verificadas as formas de relações de trabalho e emprego e o local das atividades.

31.2.1.1 Nas atividades previstas no subitem 31.2.1, aplica-se somente o disposto nesta NR, salvo: a) quando houver remissão expressa à aplicação de outras NR na presente Norma; b) em caso de embargo e interdição (Norma Regulamentadora nº 3); c) em caso de caldeiras, vasos de pressão, tubulações e tanques metálicos de armazenamento (Norma Regulamentadora nº 13), quando aplicável; d) quanto aos aspectos de insalubridade (Norma Regulamentadora nº 15); e) quanto aos aspectos de periculosidade (Norma Regulamentadora nº 16); f) em caso de inflamáveis e combustíveis (Norma Regulamentadora nº 20), quando aplicável; e g) quanto aos aspectos de fiscalização e penalidades (Norma Regulamentadora nº 28)."

750 | SEGURANÇA E SAÚDE NO TRABALHO – *Mara Queiroga Camisassa*

A diversidade de espaços confinados existentes, como túneis, tanques, secadores, moegas, caldeiras, porões, contêineres, silos, tubulões e outros, o elevado número de acidentes de trabalho nesses locais, a gravidade desses acidentes muitas vezes caracterizados por "mortes em série", entre vários outros fatores, levaram à decisão da publicação de uma norma que abordasse o tema de forma mais detalhada e estruturada. A NR33 – Segurança e Saúde nos Trabalhos em Espaços Confinados, cuja primeira redação foi publicada em dezembro de 2006, veio preencher essa lacuna na legislação de Segurança e Saúde no Trabalho.

Os trabalhadores que exercem atividades em espaços confinados estão sujeitos a diversos acidentes, dentre os quais destacam-se: intoxicação, incêndio, explosão, afogamento, engolfamento, soterramento, quedas de altura, entre inúmeros outros.

A norma exige que os trabalhadores devem ser informados sobre os perigos identificados e as medidas de controle previstas e adotadas antes da entrada no espaço confinado.

A NR33 deve ser aplicada de forma subsidiária às normas setoriais que tratam do mesmo tema, como por exemplo, a NR18 (com exceção da NR31, como dito anteriormente).

2. OBJETIVO E CAMPO DE APLICAÇÃO

A NR33 tem por objetivo garantir a segurança e saúde dos trabalhadores que interagem **direta ou indiretamente** nos espaços confinados, estabelecendo:

- requisitos para caracterização dos espaços confinados existentes nos estabelecimentos;
- critérios para gerenciamento dos riscos ocupacionais em espaços confinados: a NR1 – Disposições Gerais e Gerenciamento dos Riscos Ocupacionais deve ser observada subsidiariamente;
- medidas de prevenção.

Entende-se como trabalhadores que interagem **indiretamente** nos espaços confinados aqueles que, apesar de não entrarem nestes espaços, trabalham em suas proximidades, podendo sua atividade interferir nas condições do interior do espaço confinado. Neste sentido, é importante determinar o impacto do ambiente externo sobre o interior do espaço confinado, bem como as condições e as atividades realizadas no seu interior que também possam afetar as áreas adjacentes, inclusive comunidades vizinhas e o meio ambiente.

Desta forma, devem ser avaliados, dentre outros, riscos adicionais gerados por máquinas e equipamentos, possibilidade de vazamentos de produtos perigosos, proximidade com linhas de energia energizadas, tubulações subterrâneas, trânsito de animais, pessoas e veículos e condições climáticas.

É importante esclarecer que a NR33 **não identifica nem classifica** espaços confinados. Apenas estabelece os parâmetros de referência para que o próprio empregador realize a identificação desses espaços no seu estabelecimento, incluindo os <u>desativados</u>.

As **medidas de prevenção** têm por objetivo garantir a entrada, o trabalho e a saída, de forma segura, dos espaços confinados. Os riscos existentes nesses espaços são muitas vezes *invisíveis*, por exemplo, atmosferas explosivas, daí a importância do seu reconhecimento, avaliação, monitoramento e controle.

A NR33 se aplica tanto às organizações que **possuem** espaços confinados em seus estabelecimentos quanto àquelas que **executam atividades** nestes espaços.

3. DEFINIÇÃO DE ESPAÇO CONFINADO

Espaço confinado é qualquer área ou ambiente que atenda **simultaneamente** aos seguintes requisitos:

- não ser projetado para ocupação humana **contínua**;
- possuir meios **limitados** de entrada e saída; e
- em que exista ou possa existir atmosfera **perigosa** (definição adiante).

O não atendimento a qualquer um dos requisitos anteriores – geometria, acesso e atmosfera – descaracteriza a área ou ambiente como espaço confinado.

O quadro a seguir apresenta a avaliação que deve ser feita para se caracterizar um ambiente como espaço confinado:

Foi projetado e construído para ocupação humana contínua?	Possui meios limitados de entrada e saída?	Pode ocorrer uma atmosfera perigosa?	É espaço confinado?
SIM	SIM	SIM	NÃO
SIM	NÃO	NÃO	NÃO
NÃO	SIM	SIM	SIM
NÃO	NÃO	NÃO	NÃO

Também são caracterizados como espaços confinados aqueles (a própria norma é repetitiva quanto aos dois primeiros itens):

- não **destinados** à ocupação humana;
- que possuam meios **limitados** de entrada e saída; e
- utilizados para armazenagem de material com **potencial** para _engolfar_ ou _afogar_ o trabalhador.

Engolfamento é o envolvimento e a captura de uma pessoa por material particulado sólido capaz de causar a inconsciência ou morte. Por esse motivo, a entrada e o trabalho em espaços confinados que armazenem materiais particulados sólidos (com potencial de engolfar ou afogar o trabalhador) devem ser feitos com **talabarte, cinto de segurança e cabo-guia,** caso contrário, se o trabalhador for coberto (engolfado) pelo material armazenado, dificilmente a equipe de resgate conseguirá içá-lo do interior do espaço confinado. Destaco novamente que a NR33 **não** se aplica aos espaços confinados existentes no trabalho rural, mas sim aos espaços confinados _urbanos,_ não alcançados pela NR31, como por exemplo, silos de indústrias alimentícias em áreas urbanas.

Afogamento é a aspiração de **sólido ou líquido não corporal** por submersão ou imersão do trabalhador.

3.1 Atmosfera perigosa

Considera-se atmosfera perigosa aquela em que esteja presente pelo menos **uma das seguintes condições**:

a) **deficiência ou enriquecimento** de oxigênio;

752 | SEGURANÇA E SAÚDE NO TRABALHO – *Mara Queiroga Camisassa*

b) presença de **contaminantes**[2] com **potencial de causar danos** à saúde do trabalhador; ou

c) seja caracterizada como uma atmosfera **explosiva**.

Vejamos alguns esclarecimentos sobre estes itens:

A atmosfera pobre em oxigênio ou com **deficiência de oxigênio** é aquela contendo menos de 20,9% de oxigênio em volume[3] na pressão atmosférica normal, a não ser que a redução do percentual seja devidamente monitorada e controlada.

Já a atmosfera rica em oxigênio ou com **enriquecimento de oxigênio** é aquela contendo mais de 23% de oxigênio em volume na pressão atmosférica normal[4].

Vejam que não basta a simples presença de **contaminantes** no espaço confinado para caracterizar a atmosfera no seu interior como perigosa: é necessário que a **concentração ou toxicidade** destes contaminantes tenha potencial de provocar danos à saúde do trabalhador, imediatos ou não. Outro aspecto a ser considerado é a existência de sistema de ventilação operante.

A atmosfera **explosiva** se caracteriza basicamente pela presença de mistura do ar com materiais inflamáveis na forma de gás, vapor, névoa, poeira ou fibras.

Além da NR
Riscos Atmosféricos[5]

Principal causa de acidentes em espaços confinados, segundo a *Occupational Safety and Health Administration (OSHA),* os riscos atmosféricos devem ser preferencialmente eliminados antes da entrada e mantidos sob controle durante a permanência dos trabalhadores no interior dos espaços confinados. A concentração de contaminantes, a presença de inflamáveis e o percentual inadequado de oxigênio, seja por deficiência ou enriquecimento, são riscos atmosféricos que podem provocar intoxicação e asfixia dos trabalhadores ou a formação de uma atmosfera inflamável/explosiva.

Para avaliar adequadamente os riscos atmosféricos é necessário conhecer:

– a classificação da ação fisiológica da substância;

– o Limite de Exposição Ocupacional (LEO);

– o valor Imediatamente Perigoso à Vida e à Saúde (IPVS);

– o limiar de odor;

– a densidade;

– os Limites Inferior e Superior de Explosividade (LIE e LSE);

– o ponto de fulgor;

– a temperatura de autoignição; e,

– a Ficha de Informações de Segurança de Produtos Químicos (FISPQ).

---

[2] Vamos lembrar que contaminantes são agentes químicos que se apresentam na forma de particulados sólidos (fumos e poeiras), particulados líquidos (névoas e neblinas), gases ou vapores.

[3] Esta expressão *"em volume"* se refere ao volume da massa de ar existente no ambiente: por exemplo, 20,9% em volume indica que a cada 100 litros de ar respirável, 20,9 litros correspondem ao oxigênio.

[4] Segundo o item 33.5.15.2: "O percentual de oxigênio (O_2) indicado para entrada em espaços confinados é de 20,9%, sendo aceitável o percentual entre 19,5% até 23% em volume, desde que a causa da redução ou enriquecimento do O_2 seja conhecida e controlada."

[5] Guia Técnico da NR33. Secretaria de Inspeção do Trabalho, MTE, 2013.

NR 33 • SEGURANÇA E SAÚDE NOS TRABALHOS EM ESPAÇOS CONFINADOS | 753

Vários gases podem estar presentes nos espaços confinados.

O metano (CH_4), formado pela decomposição de resíduos orgânicos, é um gás inflamável e asfixiante simples. Em altas concentrações, desloca o oxigênio do ar existente no espaço confinado.

O gás sulfídrico ou sulfeto de hidrogênio (H_2S), formado em processos de biodegradação da matéria orgânica, é um gás tóxico, asfixiante químico e inflamável.

O monóxido de carbono (CO), formado pela queima em presença de pouco oxigênio (combustão incompleta) e/ou alta temperatura de carvão ou outros materiais ricos em carbono, é um gás altamente tóxico e inflamável. Possui grande afinidade com a hemoglobina do sangue, impedindo a oxigenação dos tecidos. Isto pode levar à morte por asfixia química. Já o dióxido de carbono (CO_2) é um asfixiante simples e, apesar de deslocar o oxigênio em altas concentrações, possui valor IPVS.

Gases como H_2S e CO só podem ser medidos por meio de sensores dedicados de gás sulfídrico e monóxido de carbono. A configuração padrão para instrumentos medidores de múltiplos gases (multigás) é composta por quatro sensores, sendo um sensor de oxigênio, com alarmes para deficiência (19,5% em volume) e enriquecimento (23% em volume); um sensor de explosividade com alarme a 10% do LIE; um sensor de CO e um de H_2S. Os alarmes de H_2S e CO podem ser ajustados para o Limite de Tolerância ou para o Nível de Ação. A configuração padrão contempla os gases encontrados com maior frequência em espaços confinados, mas **não dispensa**, em hipótese alguma, um estudo aprofundado dos riscos atmosféricos para seleção dos sensores adequados para cada caso.

4.   PERMISSÃO DE ENTRADA E TRABALHO (PET)

A entrada e a execução de quaisquer atividades em um espaço confinado somente devem ocorrer após a emissão de autorização específica **escrita**, impressa ou digital. Essa autorização é chamada de Permissão de Entrada e Trabalho (PET) e trata-se de **medida administrativa de prevenção**.

O Anexo II da norma apresenta o *modelo* de PET que deverá ser adaptado pela organização[6] de acordo com as peculiaridades de cada espaço confinado existente no estabelecimento.

A PET adotada pela organização deve conter, no mínimo, os seguintes campos:

a) identificação do espaço confinado a ser adentrado;

b) objetivo da entrada;

c) perigos identificados e medidas de controle, incluindo o controle de energias perigosas, resultantes da avaliação de riscos do Programa de Gerenciamento de Riscos, em função das atividades realizadas;

d) perigos identificados e medidas de prevenção estabelecidas no momento da entrada;

e) avaliação quantitativa da atmosfera, imediatamente **antes** da entrada no espaço confinado;

---

[6]   Veremos a seguir que a reponsabilidade por esta adaptação é do profissional identificado como Responsável Técnico.

754 | SEGURANÇA E SAÚDE NO TRABALHO – *Mara Queiroga Camisassa*

f) relação de supervisores de entrada, vigias e trabalhadores autorizados a entrar no espaço confinado, devidamente relacionados pelo nome completo e função que irão desempenhar;

g) data e horário da emissão e encerramento; e

h) assinatura dos supervisores de entrada e vigias.

4.1. Emissão

A PET deve ser emitida em meio físico ou digital.

A PET emitida em meio físico deve conter 2 (duas) vias: a primeira via deve permanecer com o supervisor de entrada e a segunda entregue ao vigia.

Já a PET emitida em meio digital deve atender aos seguintes requisitos:

a) estar acessível permanentemente ao vigia durante a execução da atividade; e

b) ser adotado procedimento de certificação de assinatura em conformidade com o disposto na NR1.

Os dispositivos eletrônicos utilizados para a emissão da PET digital devem:

a) possuir **grau de proteção**[7] adequado ao local de utilização; e

b) estar certificados ou possuir documento contemplado no âmbito do Sistema Nacional de Metrologia, Normalização e Qualidade Industrial – SINMETRO, quando em **área classificada**.

Saiba mais
Áreas classificadas

Áreas classificadas são aquelas onde existe atmosfera potencialmente explosiva ou há a probabilidade de sua ocorrência.

Como vimos em capítulo anterior, segundo o Manual de Bolso de Instalações Elétricas em Atmosferas Explosivas (5. ed. Project Explo), *área classificada* é todo local sujeito à probabilidade da existência ou formação de misturas explosivas pela presença de gases, vapores, poeiras ou fibras combustíveis misturadas com o ar (ou com oxigênio).

Segundo o mesmo manual, *atmosfera explosiva* é a mistura com o ar de substâncias inflamáveis na forma de gases, vapores, névoas, poeiras ou fibras na qual, após a ignição, a combustão se propaga através da mistura remanescente.

Atividades de instalação, manutenção, inspeção e utilização de equipamentos, instrumentos e acessórios empregados em instalações elétricas em áreas classificadas exigem precauções especiais devido à possibilidade de geração de fagulhas, faíscas, centelhas, dentre outras fontes de calor.

Como vimos, em áreas classificadas, a norma exige que os equipamentos elétricos e eletrônicos estejam certificados ou possuam documento contemplado no âmbito do SINMETRO. Esta certificação atesta que estes equipamentos são *intrinsecamente seguros,* indicando que o respectivo invólucro impede a liberação de energia elétrica ou térmica que seriam suficientes para, em condições normais ou anormais, causar a ignição de uma dada atmosfera explosiva.

---

[7] Como vimos em capítulo anterior, o *Grau de Proteção* é um código numérico que identifica as características de um invólucro quanto à proteção: (i) para o equipamento, contra penetração de objetos sólidos ou líquidos; e (ii) para proteção das pessoas contra acesso às partes perigosas, conforme ABNT NBR IEC 60529 – Grau de proteção provido por invólucros – Códigos IP.

4.2. Rastreabilidade e arquivamento

As PETs emitidas devem ser:

➢ Rastreáveis: neste sentido, as organizações devem utilizar códigos identificadores que permitam a rastreabilidade indicando, por exemplo, dia, mês e ano de emissão; e
➢ Arquivadas pelo período de 5 (cinco) anos: durante este período devem estar disponíveis aos trabalhadores, quando solicitado.

4.3. Encerramento

A PET deve ser encerrada quando:

a) as atividades forem completadas;
b) ocorrer uma condição não prevista;
c) ocorrer a saída de todos os trabalhadores do espaço confinado; ou
d) houver a substituição de vigia por outro não relacionado na PET.

4.4. Validade e prorrogação

A validade da PET deve ser limitada a **uma jornada de trabalho**. Entretanto, a própria norma prevê a possibilidade de **prorrogação** da permissão desde que as atividades realizadas *na prorrogação* estejam relacionadas às mesmas atividades e riscos da PET emitida inicialmente. Os seguintes requisitos também devem ser cumpridos:

➢ indicação dos intervalos de parada e retomada de todas as equipes de trabalho;
➢ relação dos trabalhadores autorizados, vigias e supervisores de entrada;
➢ registro da continuidade da atividade e da substituição da equipe a cada entrada e saída;
➢ garantia de monitoramento contínuo de toda a atmosfera do espaço confinado e a manutenção das condições atmosféricas ou realização de nova avaliação da atmosfera a cada entrada;
➢ garantia da presença contínua do vigia junto ou próximo à entrada do espaço confinado, inclusive durante as pausas e intervalos, observada a possibilidade de o vigia acompanhar as atividades de mais de um espaço confinado (conforme subitem 33.3.4.1); e
➢ reavaliação das medidas de prevenção descritas na PET a cada entrada.

A validade da PET, incluindo as prorrogações, não pode exceder a 24 (vinte e quatro) horas.

5. PROFISSIONAIS ENVOLVIDOS NO TRABALHO EM ESPAÇOS CONFINADOS

Em virtude dos riscos existentes nos espaços confinados, a norma estabelece quais são os profissionais envolvidos nas atividades relacionadas a estes espaços e respectivas atribuições. São eles:

SEGURANÇA E SAÚDE NO TRABALHO – *Mara Queiroga Camisassa*

- **Responsável técnico**: profissional legalmente habilitado ou qualificado, em segurança do trabalho. *Vejam então que o responsável técnico deve ser engenheiro de segurança do trabalho ou técnico de segurança do trabalho;*
- **Supervisor de entrada:** pessoa capacitada para operar a Permissão de Entrada e Trabalho (PET) com responsabilidade para preenchê-la e assiná-la visando ao desenvolvimento de entrada e trabalho seguro no interior de espaços confinados;
- **Vigia:** trabalhador capacitado e designado para permanecer <u>fora</u> do espaço confinado e que é responsável pelo acompanhamento, pela comunicação e pela ordem de abandono para os trabalhadores autorizados que estiverem exercendo atividades dentro do espaço confinado;
- **Trabalhador autorizado:** trabalhador capacitado para entrar no espaço confinado, ciente dos seus direitos e deveres e com conhecimento dos riscos e das medidas de controle existentes;
- **Equipe de emergência e salvamento:** trabalhadores capacitados e equipados para resgatar e prestar os primeiros socorros a trabalhadores em caso de emergência: *a norma não define critérios de dimensionamento da equipe de emergência e salvamento.*

Vejamos a seguir as atribuições de cada um destes profissionais:

5.1. Responsável técnico

Cabe ao responsável técnico:

a) **identificar** e **elaborar** o cadastro de espaços confinados: *cada espaço confinado deve ser identificado por código ou número de rastreio conforme consta no respectivo cadastro; o cadastro deve ser mantido atualizado em cada estabelecimento da organização onde houver espaços confinados;*

b) **adaptar** o modelo da Permissão de Entrada e Trabalho – PET, constante no Anexo II, de modo a contemplar as peculiaridades de cada espaço confinado existente no estabelecimento: *os campos indicados no modelo da PET podem ser aproveitados no todo ou em parte; entendo ser possível também incluir campos adicionais de acordo com as especificidades dos espaços confinados;*

c) elaborar os **procedimentos de segurança** relacionados ao espaço confinado;

d) **indicar** os equipamentos para trabalho em espaços confinados: *o responsável técnico, enquanto profissional da área de segurança do trabalho, deverá definir quais equipamentos devem ser usados nas atividades em espaços confinados, por exemplo, equipamentos detectores de gases, e até mesmo os equipamentos de proteção respiratória, quando for o caso;*

e) **elaborar** o plano de resgate; e

f) **coordenar** a capacitação **inicial e periódica** dos supervisores de entrada, vigias, trabalhadores autorizados e da equipe de emergência e salvamento: *o treinamento eventual também integra a capacitação destes profissionais, como apresentado adiante.*

Entendo que as organizações que possuam mais de um estabelecimento com espaços confinados podem ter apenas um único responsável técnico.

NR 33 • SEGURANÇA E SAÚDE NOS TRABALHOS EM ESPAÇOS CONFINADOS | **757**

5.2. Supervisor de entrada

Cabe ao supervisor de entrada:

a) emitir a PET **antes** do início das atividades;

b) **executar** os testes e conferir os equipamentos, antes da utilização: *enquanto o responsável técnico é o responsável por indicar os equipamentos a serem utilizados, é o supervisor de entrada quem executa os respectivos testes e verifica a operabilidade dos equipamentos;*

c) **implementar** os procedimentos contidos na PET;

d) **assegurar** que os serviços de emergência e salvamento estejam disponíveis e que os meios para acioná-los estejam operantes:

e) **cancelar** os procedimentos de entrada e trabalho, quando necessário;

f) **encerrar** a PET após o término dos serviços[8];

g) **desempenhar** a função de vigia, quando previsto na PET; e

h) **assegurar** que o vigia esteja operante durante a realização dos trabalhos em espaço confinado.

5.3. Trabalhador autorizado

Cabe aos trabalhadores autorizados:

a) cumprir as orientações recebidas nos treinamentos e os procedimentos de trabalho previstos na PET;

b) utilizar adequadamente os meios e equipamentos fornecidos pela organização; e

c) comunicar ao vigia ou supervisor de entrada as situações de risco para segurança e saúde dos trabalhadores e terceiros, que sejam do seu conhecimento: *como vazamentos, contaminações, presença de energias perigosas, presença de animais peçonhentos, rompimento de tubulações, dentre outras.*

É possível que apenas um único trabalhador autorizado realize trabalho dentro do espaço confinado, porém, deverá ser **sempre** acompanhado por um vigia, que deve **permanecer fora do espaço confinado**, de forma que o trabalhador não fique desassistido em caso de ocorrência de acidente ou qualquer situação não prevista.

5.4. Vigia

Cabe ao vigia:

a) permitir **somente a entrada** de trabalhadores autorizados em espaços confinados relacionados na PET;

b) manter **continuamente o controle** do número de trabalhadores autorizados a entrar no espaço confinado e assegurar que todos saiam ao término da atividade;

c) permanecer **fora** do espaço confinado, **junto à entrada**, em contato ou comunicação permanente com os trabalhadores autorizados;

---

8   Vejam que existe uma diferença entre as alíneas "e" e "f": a PET será *cancelada* sempre que ocorrer alguma situação não prevista. Já o *encerramento* ocorre ao final das atividades.

d) **acionar** a equipe de emergência e salvamento, interna ou externa, quando necessário: *os membros da equipe interna pertencem ao quadro de empregados da organização; já a equipe externa pode ser privada ou pública;*

e) **operar os movimentadores de pessoas**: por exemplo, nos casos de acesso vertical ao espaço confinado;

f) **ordenar o abandono** do espaço confinado sempre que reconhecer algum sinal de alarme, perigo, sintoma, queixa, condição proibida, acidente, situação não prevista ou quando não puder desempenhar efetivamente suas tarefas, nem ser substituído por outro vigia;

g) **não realizar** outras tarefas durante as operações em espaços confinados; e

h) **comunicar** ao supervisor de entrada qualquer evento não previsto ou estranho à operação de vigilância, inclusive quando da ordenação do abandono.

O vigia deve sempre se posicionar **fora** do espaço confinado, junto à entrada, e monitorar os trabalhadores autorizados. O controle de entrada e saída dos trabalhadores autorizados deve ser rigoroso para que não ocorra o fechamento do espaço com trabalhadores no seu interior.

Vimos que a norma permite que o supervisor de entrada também desempenhe a função de vigia, quando previsto na PET. No entanto, o contrário não é permitido: o vigia não poderá realizar outras tarefas que possam comprometer seu dever principal que é monitorar e proteger os trabalhadores autorizados que estejam realizando suas atividades dentro do espaço confinado.

Entretanto, é permitido ao vigia acompanhar as atividades realizadas em **mais de um espaço confinado**, desde que os seguintes requisitos sejam atendidos:

a) permanecer **junto à entrada** dos espaços confinados ou nas suas proximidades, podendo ser assistido por sistema de vigilância e comunicação eletrônicas;

b) que todos os espaços confinados estejam no seu **campo visual**, sem o uso de equipamentos eletrônicos;

c) que o número de espaços confinados **não prejudique** suas funções de vigia;

d) que a **mesma atividade** seja executada em todos os espaços confinados sob sua responsabilidade;

e) seja **limitada** a permanência de 2 (dois) trabalhadores no interior de cada espaço confinado; e

f) seja possível a **visualização** dos trabalhadores através do acesso do espaço confinado.

Caso o vigia tenha a assistência de sistema de vigilância e comunicação eletrônicas, em conformidade com a análise de riscos e conforme previsto no procedimento de segurança, podem ser **dispensadas** as seguintes exigências (alíneas "e" e "f" anteriores):

➢ Limite de permanência de dois trabalhadores no interior de cada espaço confinado;

➢ Visualização dos trabalhadores através do acesso do espaço confinado.

5.5. Equipe de emergência e salvamento

Compete à equipe de emergência e salvamento:

NR 33 • SEGURANÇA E SAÚDE NOS TRABALHOS EM ESPAÇOS CONFINADOS | 759

a) assegurar que as medidas de salvamento e primeiros socorros estejam operantes e executá-las em caso de emergência; e

b) participar do exercício de simulado anual de salvamento que contemple os possíveis cenários de acidentes em espaços confinados, conforme previsto no plano de resgate.

6. RESPONSABILIDADES DA ORGANIZAÇÃO

São responsabilidades da organização:

a) **indicar formalmente** o responsável técnico pelo cumprimento das atribuições previstas na NR33:

A norma não estabelece como deve ser a formalização desta indicação, ficando a critério da organização. A indicação deve ser registrada, para fins de auditoria;

b) **assegurar** os meios e recursos para o responsável técnico cumprir as suas atribuições;

c) **assegurar** que o gerenciamento de riscos ocupacionais contemple as medidas de prevenção para garantir a segurança e a saúde dos trabalhadores que interagem direta ou indiretamente com os espaços confinados;

d) **providenciar** a sinalização de segurança e bloqueio dos espaços confinados para evitar a entrada de pessoas não autorizadas: *veremos que a NR33 prevê as seguintes sinalizações nos espaços confinados: permanente, complementar e provisória. Ressalto novamente que sinalização de segurança e procedimentos de bloqueio não são medidas de proteção coletiva, mas sim, medidas administrativas;*

e) **providenciar** a capacitação inicial e periódica dos supervisores de entrada, vigias, trabalhadores autorizados e da equipe de emergência e salvamento: *a organização também é responsável pela capacitação eventual, de todos estes profissionais, como veremos adiante;*

f) **fornecer** as informações sobre os riscos e as medidas de prevenção, previstos no Programa de Gerenciamento de Riscos conforme o disposto na NR1, aos trabalhadores que interagem direta ou indiretamente com os espaços confinados: *a diversidade dos espaços confinados, os riscos atmosféricos e os serviços executados exigem que o empregador informe ao trabalhador, antes de cada entrada, os riscos e as medidas adotadas para eliminar ou controlar tais riscos. Devem ser considerados (i) os riscos existentes ou gerados no período em que o espaço confinado permanecer fechado, (ii) os riscos que podem ser formados durante a execução da atividade, (iii) os riscos do ambiente externo que possam afetar o espaço confinado como chuvas, ventos fortes, animais, tráfego de animais, pessoas e veículos, bem como (iv) os riscos do próprio local como vazamentos e emissões de gases tóxicos de equipamentos que possam vir a afetar os ambientes interno e externo;*

g) **garantir** os equipamentos necessários para o controle de riscos previstos no Programa de Gerenciamento de Riscos: *como, por exemplo, equipamentos detectores de gases e de combate a incêndios. Deve ser garantido que os equipamentos estejam disponíveis e operantes;*

h) **assegurar** a disponibilidade dos serviços de emergência e salvamento, e de simulados, quando da realização de trabalhos em espaços confinados: *veremos que os exercícios simulados devem ser realizados anualmente*;

i) **supervisionar** as atividades em espaços confinados executadas pelas organizações contratadas, observado o subitem 1.5.8.1 da NR1, visando ao atendimento do disposto na própria NR33.

7. GERENCIAMENTO DE RISCOS OCUPACIONAIS EM ESPAÇOS CONFINADOS

A NR33 apresenta disposições específicas relativas ao processo de identificação de perigos e avaliação de riscos ocupacionais nos trabalhos em espaços confinados, conforme apresentado a seguir. Estas disposições devem ser complementadas considerando o disposto na NR1.[9]

De destacar que os espaços confinados possuem condições propícias para a proliferação de microrganismos e algumas espécies de animais, em virtude da umidade alta, da iluminação deficiente, da água estagnada e da presença de nutrientes. Ratos, morcegos, pombos e outros animais que possuem acesso fácil a espaços confinados, e os utilizam como abrigo contra seus predadores, são vetores de doenças transmissíveis ou hospedeiros intermediários. Cobras, insetos e outros artrópodes podem provocar intoxicações e doenças. As poeiras presentes nos espaços confinados podem conter material biológico potencialmente patogênico, pela presença de excrementos, urina, saliva e demais fluidos orgânicos provenientes desses animais[10].

Os riscos relacionados a fatores ergonômicos também devem ser considerados, pois o acesso e a movimentação no espaço confinado podem ser dificultados em razão do tamanho das aberturas de entrada e da sua geometria. Como geralmente a iluminação é deficiente, algumas atividades podem exigir esforços excessivos e posturas extremas.

Desta forma, o gerenciamento dos riscos ocupacionais nos espaços confinados deve ser permanente e, muitas vezes, exige a melhoria, adaptação ou alteração das medidas inicialmente adotadas.

A etapa de levantamento preliminar de perigos nos trabalhos em espaços confinados deve considerar:

a) a existência ou construção de **novos** espaços confinados em que trabalhos possam ser realizados;

b) a **alteração** da geometria ou meios de acessos dos espaços confinados existentes; e

c) a utilização dos espaços confinados que implique **alteração** dos perigos anteriormente identificados.

A entrada no espaço confinado, sempre que possível, deve ser evitada. Por exemplo, a realização do serviço com os trabalhadores fora do espaço confinado e a utilização de equipamentos para a inspeção (vídeo), manutenção (robótica) e limpeza (vácuo ou hidrojato) devem ser analisadas e priorizadas. Porém, quando o trabalho no espaço confinado não puder ser evitado, a identificação de perigos e a avaliação de riscos ocupacionais devem considerar:

---

[9] Conforme redação do art. 124, inciso II, da Portaria 672/2021: norma regulamentadora especial pode ser complementada por norma regulamentadora geral.

[10] Guia Técnico da NR33. Secretaria de Inspeção do Trabalho, MTE, 2013.

NR 33 • SEGURANÇA E SAÚDE NOS TRABALHOS EM ESPAÇOS CONFINADOS

a) os perigos existentes nas **adjacências** do espaço confinado que possam interferir nas condições de segurança do trabalho em seu interior: *como trânsito de animais, veículos e pessoas, locais alagados, condições climáticas, e riscos adicionais gerados por máquinas e equipamentos nas proximidades – por exemplo, o nível de pressão sonora gerado por fontes externas ou internas pode provocar efeitos indesejáveis pela sua reflexão nas paredes e no teto do espaço confinado;*

b) a possibilidade de **formação** de atmosferas perigosas;

c) a necessidade de **controle** de energias perigosas nos espaços confinados: *por exemplo, por meio de procedimentos de bloqueio;* e

d) as demais medidas de prevenção descritas na NR33.

A organização que **possuir** espaços confinados deve **elaborar e manter** o respectivo cadastro, contemplando:

a) **identificação** do espaço confinado, podendo para esse fim, ser utilizado código ou número de rastreio: *a codificação do espaço confinado fica a critério da organização;*

b) volume do espaço confinado;

c) **número** de aberturas de entrada e "bocas de visita", e suas dimensões: *bocas de visita também chamadas bocas de acesso, têm este nome por serem aberturas de dimensões reduzidas, para acesso ao espaço confinado;*

d) **formas de acesso, suas dimensões e geometria:** *a configuração do espaço confinado pode dificultar a realização da atividade potencializando os riscos envolvidos;*

e) condição do espaço confinado (**ativo ou inativo**);

f) **croqui** do espaço confinado (com previsão de bloqueios e raquetes): *o bloqueio é um dispositivo que impede a liberação de energias perigosas, tais como pressão, vapor, fluidos, combustíveis, água e outros;* e

g) **utilização e/ou produto armazenado** e indicação dos possíveis perigos existentes antes da liberação de entrada.

Quando o trabalho em espaço confinado for realizado por prestador de serviço, a contratante e a contratada, além das atribuições previstas no item 1.5.8[11] da NR1, devem observar o seguinte:

---

[11] NR1, item 1.5.8 Disposições gerais do gerenciamento de riscos ocupacionais:
"1.5.8.1 Sempre que várias organizações realizem, simultaneamente, atividades no mesmo local de trabalho devem executar ações integradas para aplicar as medidas de prevenção, visando à proteção de todos os trabalhadores expostos aos riscos ocupacionais.
1.5.8.2 O PGR da empresa contratante poderá incluir as medidas de prevenção para as empresas contratadas para prestação de serviços que atuem em suas dependências ou local previamente convencionado em contrato ou referenciar os programas d contratadas.
1.5.8.3 As organizações contratantes devem fornecer às contratadas informações sobre os riscos ocupacionais sob sua gestão e que possam impactar nas atividades das contratadas.
1.5.8.4 As organizações contratadas devem fornecer ao contratante o Inventário de Riscos Ocupacionais específicos de suas atividades que são realizadas nas dependências da contratante ou local previamente convencionado em contrato."

a) a contratante deve fornecer à contratada o cadastro dos espaços confinados em que a contratada realizará os trabalhos;

b) a contratante deve fornecer à contratada as informações sobre os riscos ocupacionais sob sua gestão e que possam impactar nas atividades da contratada e, quando aplicável, as medidas de prevenção a serem adotadas; e

c) a contratada deve fornecer o inventário de riscos do trabalho em espaço confinado realizando a identificação dos perigos e a avaliação dos riscos, de acordo com a especificidade do trabalho a ser realizado e promovendo a adequação das medidas de prevenção conforme o disposto na NR33.

A não obrigatoriedade da contratante do cumprimento da NR33 não exime a contratada de levantar as informações necessárias e implementar as medidas de prevenção cabíveis para o trabalho seguro nos espaços confinados.

8. MEDIDAS DE PREVENÇÃO EM ESPAÇOS CONFINADOS

Como vimos anteriormente, a Permissão de Entrada e Trabalho (PET) é uma das medidas administrativas de prevenção exigidas pela NR33. Além da PET, outras medidas devem ser adotadas pela organização para eliminar ou controlar os riscos nas atividades em espaços confinados.

8.1. Riscos de incêndio ou explosão – trabalhos a quente

Em trabalhos a quente tais como solda, aquecimento, esmerilhamento, corte ou outros que liberem chama aberta, faísca ou calor, o risco de incêndio ou explosões é maior. Por isso, a norma exige que sejam adotadas medidas para eliminar ou controlar os riscos em trabalhos a quente. Em alguns casos, pode ser necessária a permanência da brigada de incêndio nas proximidades do espaço confinado.

8.2. Procedimentos de segurança

A organização que realiza o trabalho em espaços confinados deve elaborar procedimentos de segurança que contemplem:

a) preparação, emissão, cancelamento e encerramento da PET;

b) requisitos para o trabalho seguro nos espaços confinados; e

c) critérios para operação dos movimentadores dos trabalhadores autorizados, quando aplicável.

Os procedimentos para trabalhos em espaço confinado devem ser revistos sempre que ocorrer:

- alteração do nível de risco previsto no PGR;
- entrada não autorizada;
- acidente; ou
- condição não prevista durante a entrada.

A organização deve elaborar e implementar procedimento com requisitos e critérios para seleção e uso de respiradores para uso rotineiro e em situações de emergência, em conformidade com os riscos respiratórios.

NR 33 · SEGURANÇA E SAÚDE NOS TRABALHOS EM ESPAÇOS CONFINADOS | 763

Destaco que devem ser observados os critérios para seleção e uso de respiradores conforme descrito no Programa de Proteção Respiratória elaborado pela Fundacentro (2016), de acordo com o art. 44 da Portaria 672/2021:

> *Art. 44. O empregador deverá adotar um conjunto de medidas para adequar a utilização dos equipamentos de proteção respiratória, quando necessário para complementar as medidas de proteção coletiva implementadas, ou enquanto elas estiverem sendo implantadas, com a finalidade de garantir uma completa proteção ao trabalhador contra os riscos existentes nos ambientes de trabalho.*
>
> *§ 2.º Para a adequada observância dos princípios previstos neste artigo, **o empregador deve seguir, além do disposto nas normas regulamentadoras de segurança e saúde no trabalho, no que couber, as recomendações da Fundação Jorge Duprat Figueiredo de Segurança e Medicina do Trabalho – Fundacentro, contidas na publicação intitulada "Programa de Proteção Respiratória – Recomendações, Seleção e Uso de Respiradores"**, e também as normas técnicas oficiais vigentes, quando houver. (grifos acrescentados)*

De acordo com o PPR da Fundacentro, os espaços confinados devem ser avaliados quanto ao risco respiratório quando ainda não perturbados e, também, durante a realização de tarefas (soldagem, limpeza, etc.)

Cabe destacar também o item 6.5.3 da NR6:

> *A seleção, uso e manutenção de EPI deve, ainda, considerar os <u>programas</u> e <u>regulamentações</u> relacionados a EPI. (grifos acrescentados)*

8.3. Sinalização de segurança

A NR33 exige a adoção das seguintes sinalizações nos espaços confinados: permanente, complementar e provisória, como apresentado a seguir:

Sinalização permanente

A organização deve manter sinalização **permanente** junto à entrada de todos os espaços confinados, conforme modelo constante do Anexo I. As dimensões da sinalização permanente devem ter tais que permitam sua fácil visualização.

Em locais com exposição a agentes agressivos ou circulação de pessoas, veículos ou equipamentos, a sinalização permanente deve ser indelével, de forma a garantir que não seja danificada ou retirada. Esta exigência não se aplica a espaços confinados já existentes em vias públicas, exceto quando ocorrer a substituição da tampa de acesso. Ou seja, a partir da vigência da norma, somente quando ocorrer a troca da tampa de acesso dos espaços confinados já existentes nas vias públicas, como por exemplo, redes subterrâneas de energia e telecomunicações, será exigido que a sinalização permanente seja indelével, não se aplicando a exigência do uso de cores.

Sinalização complementar

Caso a sinalização permanente não se torne visível após a abertura do espaço confinado, deve ser providenciada sinalização **complementar**, conforme o mesmo modelo constante do Anexo I.

Sinalização provisória

Nas operações de entrada e trabalho em espaço confinado deve ser utilizada sinalização **provisória**, indicando a liberação, ou não, da entrada dos trabalhadores autorizados. O objetivo desta sinalização é que se tenha um controle de entrada e saída do espaço confinado durante as operações.

8.4. Controle de energias perigosas

Deve ser implementado o controle de energias perigosas nos espaços confinados, considerando as seguintes etapas:

a) preparação e comunicação a todos os trabalhadores envolvidos sobre o desligamento do equipamento ou sistema;

b) isolamento ou neutralização dos equipamentos ou sistemas que possam intervir na atividade;

c) isolamento ou desenergização das fontes de energia do equipamento ou sistema;

d) **bloqueio**;

e) **etiquetagem**;

f) liberação ou controle das energias armazenadas;

g) verificação do isolamento ou da desenergização do equipamento ou sistema;

h) liberação para o início da atividade;

i) retirada dos trabalhadores, ferramentas e resíduos após o término da atividade;

j) comunicação, após o encerramento da atividade, sobre a retirada dos dispositivos de bloqueio e etiquetagem, a reenergização e o religamento do equipamento ou sistema;

k) retirada dos bloqueios e das etiquetas após a execução das atividades;

l) reenergização ou retirada dos dispositivos de isolamento do equipamento ou sistema; e

m) liberação para a retomada da operação.

A **etiquetagem** consiste na colocação de rótulo num dispositivo isolador de energia para indicar que o dispositivo e o equipamento a ser controlado não podem ser utilizados até a remoção da etiqueta.

Já o **bloqueio**, como dito anteriormente, é um dispositivo que impede a liberação de energias perigosas, tais como pressão, vapor, fluidos, combustíveis, água e outros, visando à contenção destas energias a fim de garantir o trabalho seguro em espaços confinados.

O procedimento de bloqueio deve assegurar que:

a) cada trabalhador que execute intervenções nos equipamentos ou sistemas possua dispositivo de bloqueio individual **independente**;

b) os dispositivos de bloqueio possibilitem o **uso de etiquetas individuais**, afixadas nos pontos de bloqueio e preenchidas pelos trabalhadores que o executaram, contendo o serviço executado, o nome do trabalhador, a data e a hora de realização do bloqueio;

c) as etiquetas **não possam ser removidas involuntariamente** ou danificadas sob a ação de intempéries; e

d) os dispositivos de bloqueio e etiquetas sejam substituídos em caso de trocas de turnos ou alteração na equipe de trabalho.

• SEGURANÇA E SAÚDE NOS TRABALHOS EM ESPAÇOS CONFINADOS | 765

É proibida a retirada ou substituição de dispositivo de bloqueio ou etiquetas por pessoas não autorizadas. Também é proibido efetuar a neutralização da energia interrompendo somente o circuito de controle do equipamento ou sistema por meio de sistemas de comando ou de emergência.

8.5. Avaliações atmosféricas

As avaliações atmosféricas iniciais do interior do espaço confinado devem ser realizadas com o supervisor de entrada <u>fora</u> do espaço confinado, imediatamente <u>antes</u> da entrada dos trabalhadores, para verificar se o seu interior é seguro.

O percentual de oxigênio (O_2) indicado para entrada em espaços confinados é de 20,9%, sendo aceitável o percentual entre 19,5% até 23% de volume, desde que a causa da redução ou enriquecimento do O_2 seja conhecida e controlada.

O monitoramento da atmosfera deve ser <u>contínuo</u> durante a permanência dos trabalhadores no espaço confinado, de forma remota ou presencial, conforme previsto no procedimento de segurança.

Os equipamentos utilizados para avaliações atmosféricas devem:

a) atender o disposto nas normas técnicas nacionais ou, na sua ausência, normas técnicas internacionais aplicáveis;

b) efetuar **leitura instantânea**: leitura em tempo <u>real</u> da concentração dos contaminantes, também chamada de leitura direta;

c) ser **intrinsecamente seguros**: os equipamentos intrinsecamente seguros são aqueles cujo invólucro impede a liberação de energia elétrica ou térmica que seriam suficientes para, em condições normais ou anormais, causar a ignição de uma atmosfera explosiva, conforme expresso no certificado de conformidade do equipamento;

d) ser protegidos contra interferências eletromagnéticas de radiofrequência, devendo suportar campo elétrico de 10 V/m (dez Volts por metro);

e) possuir alarmes sonoro, visual e vibratório, acionados **simultaneamente**;

f) possuir adequado **grau de proteção** contra o ingresso de poeira e água; e

g) possuir manual em **português**.

Além da NR
Avaliações atmosféricas iniciais[12]

A avaliação inicial da atmosfera é importante para se determinar quais os riscos atmosféricos existentes no espaço confinado, quando da sua abertura ou para se detectar vazamentos ocorridos durante períodos em que o espaço confinado permaneceu aberto sem trabalhadores no seu interior.

Antes de adentrar no espaço confinado, é necessário determinar a concentração de oxigênio e a presença de agentes tóxicos. As avaliações iniciais deverão ser realizadas fora do espaço confinado, por meio de sonda ou mangueira inserida no seu interior. A utilização de mangueiras com comprimento e diâmetro diferentes dos recomendados pelo fabricante pode alterar significativamente os resultados das avaliações.

Também não é seguro utilizar uma corda para baixar o equipamento e efetuar avaliações no interior de espaço confinado com abertura vertical. Esta prática não permite a leitura dos resultados em tempo real e pode levar a conclusões erradas.

---

[12] Guia Técnico da NR33. Secretaria de Inspeção do Trabalho, MTE, 2013.

O autozero ou ajuste de ar limpo

O autozero ou ajuste de ar limpo é um recurso presente nos detectores de gases para que se estabeleça a referência zero para os sensores de monitoramento de gases e vapores inflamáveis e contaminantes. Permite também ajustar o sensor de oxigênio para a concentração normal dessa substância no ar. Este procedimento deve ser realizado em local com ar limpo, mantendo o botão liga/desliga do equipamento pressionado por determinado período para limpar (*resetar*) as leituras e retirar eventual pressão existente no equipamento.

O autozero e o teste de resposta do equipamento de avaliação, quando utilizados, devem ser realizados diariamente <u>antes</u> do início das avaliações. Quando o autozero ou teste de resposta falharem, o equipamento de avaliação deve ser ajustado ou parametrizado pelo trabalhador, desde que devidamente capacitado.

A calibração do equipamento de avaliação deve ser realizada por laboratório de calibração acreditado pelo Instituto Nacional de Metrologia, Qualidade e Tecnologia – INMETRO.

8.6. Ventilação

Antes do início da atividade em espaço confinado devem ser garantidas condições de entrada seguras, com ventilação, purga, lavagem ou inertização do espaço confinado.

Ventilação

Em espaços confinados, a ventilação deficiente ou inexistente pode potencializar os riscos existentes ou gerados pela atividade. O dimensionamento do sistema de ventilação deve considerar, dentre outros aspectos, a forma como o risco atmosférico é gerado, os contaminantes presentes e a respectiva concentração, as dimensões do espaço confinado e o número e tamanho das aberturas. O ar deve ser captado de fonte limpa, livre de gases provenientes dos motores à combustão. Destaca-se que mangueiras longas e curvas reduzem significativamente a eficiência do sistema de ventilação.

A ventilação deve ser realizada para manter o percentual de oxigênio dentro dos limites de segurança (ar respirável), bem como proporcionar conforto térmico e respiratório aos trabalhadores. Segundo o Guia Técnico da NR33, podem ser usados sistemas de insuflação, exaustão ou ambos. O emprego simultâneo da insuflação e da exaustão oferece melhor eficácia. Ao se insuflar o ar, o contaminante é diluído e expelido do espaço confinado pela formação de pressão positiva. No processo de exaustão, o ar contaminado é retirado do interior do espaço confinado, enquanto ocorre a admissão de ar pela formação de pressão negativa.

As boas práticas de segurança em espaço confinado exigem ventilação contínua, que deve ser iniciada antes da entrada e mantida durante a entrada e também no decorrer da atividade.

Sistemas de ventilação mecânica são a medida mais eficiente para controlar atmosferas perigosas em virtude da presença de gases e vapores tóxicos e inflamáveis e deficiência de oxigênio. Além de renovar o ar, esses sistemas auxiliam no controle do calor e da umidade no interior dos espaços confinados.

A ventilação natural **não** apresenta resultado satisfatório em razão das seguintes características:

- intensa variabilidade da velocidade e vazão do ar;
- dificuldade de controle do direcionamento do ar;

NR 33 • SEGURANÇA E SAÚDE NOS TRABALHOS EM ESPAÇOS CONFINADOS

- frequência irregular do efeito dos ventos;
- deficiente circulação de ar pelo reduzido número e tamanho das aberturas da maioria dos espaços confinados; e
- inadequada diferença de altura entre as entradas e as saídas do ar do espaço confinado.

Purga

Método de limpeza que torna a atmosfera interior do espaço confinado isenta de gases, vapores e outras impurezas indesejáveis por meio de ventilação ou lavagem com água ou vapor.

Inertização

Deslocamento da atmosfera existente em um espaço confinado por um gás inerte, resultando numa atmosfera não combustível e com deficiência de oxigênio.

Durante a realização da atividade em espaço confinado, devem ser atendidos os seguintes requisitos:

a) o sistema de ventilação deve ser selecionado e dimensionado de acordo com as características dos espaços confinados, observando as recomendações previstas em normas técnicas nacionais ou, de forma complementar, as normas internacionais aplicáveis, a fim de garantir a renovação do ar; e

b) as condições térmicas devem observar o disposto no Anexo III da NR9 (Calor).

Os espaços confinados **NÃO podem ser ventilados com oxigênio puro**: tal procedimento aumenta o risco de explosão. É importante lembrar que a instalação de sistema de ventilação **não dispensa** o monitoramento contínuo da atmosfera no interior do espaço.

8.7. Equipamentos

Em áreas classificadas, os equipamentos elétricos e eletrônicos devem estar certificados ou possuir documento contemplado no âmbito do Sistema Nacional de Metrologia, Normalização e Qualidade Industrial – Sinmetro. Relembre o conceito de *áreas classificadas* no Quadro *Saiba Mais*, apresentado anteriormente neste capítulo.

O acesso ao espaço confinado com atmosfera **Imediatamente Perigosa à Vida ou à Saúde – IPVS** somente é permitido com a utilização de máscara autônoma de demanda com pressão positiva ou com respirador de linha de ar comprimido com cilindro auxiliar para escape. A máscara com pressão positiva é aquela na qual a pressão dentro da cobertura das vias respiratórias, durante a inalação, é positiva em relação à pressão do ambiente, impedindo que o ar externo seja inalado.

Segundo o glossário da norma, **atmosfera IPVS** é qualquer atmosfera que apresente risco imediato à vida ou produza imediato efeito debilitante à saúde.

O PPR da Fundacentro apresenta o seguinte conceito:

Um local é considerado IPVS quando:

a) o contaminante presente ou a sua concentração é desconhecida; ou

b) a concentração do contaminante é maior que a concentração IPVS; ou

768 SEGURANÇA E SAÚDE NO TRABALHO – *Mara Queiroga Camisassa*

c) é um espaço confinado com teor de oxigênio menor que o normal (20,9% em volume ao nível do mar ou $ppO_2 = 159$ mmHg), a menos que a causa da redução do teor de oxigênio seja devidamente monitorada e controlada; ou

d) é um espaço confinado não avaliado; ou

e) o teor de oxigênio é menor que 12,5% ao nível do mar (ppO_2 menor que 95 mmHg); ou

f) para um indivíduo aclimatado ao nível do mar, a pressão atmosférica do local é menor que 450 mmHg (equivalente a 4.240 m de altitude) ou qualquer combinação de redução na porcentagem de oxigênio ou redução na pressão que leve a uma pressão parcial de oxigênio menor que 95 mmHg.

8.8. Plano de ação

As medidas de prevenção para espaços confinados devem estar contempladas no plano de ação, nos termos do subitem 1.5.5.2 da NR1.

8.9. Acompanhamento da saúde dos trabalhadores

Os trabalhadores designados para atividades em espaços confinados devem ser avaliados quanto à aptidão física e mental, considerando os fatores de riscos psicossociais[13].

A aptidão para trabalhos em espaços confinados deve estar consignada no Atestado de Saúde Ocupacional – ASO, nos termos da NR7 (Programa de Controle Médico de Saúde Ocupacional – PCMSO), em especial o disposto no item 7.5.19.2:

> *7.5.19.2. A aptidão para trabalho em atividades específicas, quando assim definido em Normas Regulamentadoras e seus Anexos, deve ser consignada no ASO.*

8.10. Preparação para emergências

A organização deve, além do previsto na preparação para emergências estabelecida pela NR1, elaborar um *Plano de Resgate para Espaços Confinados*, podendo estar integrado ao plano de emergência.

O plano de resgate deve conter:

a) identificação dos perigos associados à operação de resgate;

b) designação da equipe de emergência e salvamento, interna ou externa, dimensionada conforme a geometria, acessos e riscos das atividades e operação de resgate;

c) tempo de resposta para atendimento à emergência;

d) seleção das técnicas apropriadas, equipamentos pessoais e/ou coletivos específicos e sistema de resgate disponíveis, de forma a reduzir o tempo de suspensão inerte do trabalhador e sua exposição aos perigos existentes; e

e) previsão da realização de simulados dos cenários identificados.

---

[13] Influência na saúde mental dos trabalhadores, provocada pelas tensões da vida diária, pressão do trabalho e outros fatores adversos.

NR 33 • SEGURANÇA E SAÚDE NOS TRABALHOS EM ESPAÇOS CONFINADOS | **769**

O plano de resgate deve ser **elaborado** pela organização que **realiza trabalho** em espaço confinado e deve estar **articulado** com o plano de atendimento de emergência da organização que **possui** espaço confinado.

A organização deve assegurar que a equipe de emergência e salvamento atenda ao tempo de resposta à emergência indicada no plano de resgate.

8.11. Documentação

A organização que **possui** espaços confinados deve manter no estabelecimento:

a) cadastro dos espaços confinados;

b) PETs emitidas; e

c) inventário de riscos do trabalho em espaço confinado realizado pela contratada, quando aplicável.

A organização que **realiza** trabalho em espaços confinados deve manter os seguintes documentos:

a) modelo de PET;

b) procedimentos de segurança; e

c) plano de resgate.

Quando a mesma organização possuir e realizar trabalhos em espaços confinados deve manter no estabelecimento os documentos listados anteriormente.

8.12. Capacitação

A capacitação dos trabalhadores designados para trabalhos em espaços confinados deve ser feita de acordo com o estabelecido na NR1. Desta forma, a NR33 também prevê a realização de **capacitação inicial, periódica e eventual** para os supervisores de entrada, vigias, trabalhadores autorizados e equipe de emergência e salvamento.

O conteúdo programático, a carga horária e a periodicidade dos treinamentos são definidos pela própria norma.

A capacitação deve considerar o tipo de espaço confinado e as atividades desenvolvidas, devendo estas informações e a anuência do responsável técnico constarem no certificado do trabalhador, além do disposto na NR1. Em outras palavras, o certificado de treinamento em espaços confinados deve conter:

Conteúdo do certificado de treinamento em espaços confinados
Tipo do espaço confinado
Atividades desenvolvidas
Anuência do responsável técnico
Nome e assinatura do trabalhador
Conteúdo programático e carga horária
Data e local
Nome e qualificação dos instrutores
Assinatura do responsável técnico

770 | SEGURANÇA E SAÚDE NO TRABALHO – *Mara Queiroga Camisassa*

8.12.1. Carga horária

Profissional a ser capacitado	Carga horária		
	Treinamento inicial	Treinamento periódico	Treinamento eventual
Supervisor de entrada	40 horas	8 horas/anual	Conforme o disposto na NR1 ou quando houver desvios na utilização de equipamentos ou nos procedimentos de entrada nos espaços confinados
Vigia e trabalhador autorizado	16 horas		
Equipe de emergência e salvamento	Conforme Plano de Emergência, 24 ou 32 horas, observado o nível profissional do resgatista	Conforme Plano de Emergência, 24 ou 32 horas, observado o nível profissional do resgatista/bianual	Conforme o disposto na NR1 ou quando identificados desvios na operação de resgate ou nos simulados

8.12.2. Conteúdo programático

O conteúdo programático do **treinamento inicial** deve conter informações:

a) para o supervisor de entrada:

I. definições;

II. identificação dos espaços confinados;

III. reconhecimento, avaliação e controle de riscos;

IV. funcionamento de equipamentos utilizados;

V. procedimentos e utilização da PET;

VI. critérios de indicação e uso de equipamentos para controle de riscos;

VII. conhecimento sobre práticas seguras em espaços confinados;

VIII. legislação de segurança e saúde no trabalho;

IX. Programa de Proteção Respiratória;

X. área classificada;

XI. noções de resgate e primeiros socorros; e

XII. operações de salvamento.

b) para o vigia e trabalhador autorizado:

I. definições;

II. reconhecimento, avaliação e controle de riscos;

III. funcionamento de equipamentos utilizados;

IV. procedimentos e utilização da PET; e

V. noções de resgate e primeiros socorros.

c) para a equipe de emergência e salvamento:

Temas estabelecidos em normas técnicas nacionais vigentes que tratam de resgate técnico em espaços confinados e, na sua ausência, em normas técnicas internacionais.

O conteúdo programático dos treinamentos periódicos e eventuais deve ser definido pela organização e contemplar os princípios básicos de segurança compatíveis com os tipos de espaços confinados existentes no estabelecimento e as atividades desenvolvidas no seu interior. No caso do treinamento eventual a norma define apenas as *situações* que devem motivar sua realização.

Os equipamentos utilizados nos treinamentos devem ser selecionados de forma que garantam o aprendizado dos participantes em situações similares às encontradas em seus locais de trabalho.

8.12.3. Instrutores

Os instrutores devem possuir comprovada *proficiência* no conteúdo que irão ministrar. Segundo o glossário da NR33, *proficiência* se refere à competência, aptidão, capacitação e habilidade aliadas à experiência do profissional. Vemos, então, que a norma não exige uma qualificação específica para os instrutores. Porém, destaco novamente que o *responsável técnico* pelo treinamento deve ser **profissional legalmente habilitado ou qualificado em segurança do trabalho**, ou seja, engenheiro de segurança ou técnico de segurança.

8.12.4. Avaliação

Os treinamentos devem ser avaliados de modo a **aferir os conhecimentos** adquiridos pelos trabalhadores. A norma não apresenta detalhes sobre o formato da avaliação nem os critérios a serem considerados, ficando, portanto, a critério da organização. Os registros das avaliações devem ser mantidos para fins de auditoria.

NR 34 CONDIÇÕES E MEIO AMBIENTE DE TRABALHO NA INDÚSTRIA DA CONSTRUÇÃO, REPARAÇÃO E DESMONTE NAVAL

Classificação: Norma Setorial
Última atualização: Portaria MTP 4.219, de 20 de dezembro de 2022

1. INTRODUÇÃO

A construção, reparação e desmonte naval são as atividades industriais responsáveis pela fabricação e manutenção de embarcações e veículos de transporte aquático. São consideradas atividades dessa indústria todas aquelas desenvolvidas no âmbito das instalações empregadas para esse fim ou nas próprias embarcações e estruturas, tais como navios, barcos, lanchas, plataformas fixas ou flutuantes, entre outras.

A construção naval brasileira tem como marco a inauguração, em 1846, pelo Barão de Mauá, do primeiro estaleiro no País, localizado no Rio de Janeiro. Considera-se que a indústria da construção naval como parque industrial tenha sido efetivamente criada no governo do Presidente Juscelino Kubitschek (1956-1961). Entretanto, apesar de essa indústria ser parte importante da história do Brasil e empregar atualmente milhares de trabalhadores, somente em 2011 foi publicada a norma regulamentadora NR34, tendo como objetivo principal estabelecer os requisitos mínimos e as medidas de proteção à segurança, à saúde e ao meio ambiente de trabalho nas atividades da indústria de construção, reparação e desmonte[1] naval.

Os principais riscos desta atividade são os acidentes provocados por queda de altura, incêndios e explosões devidos, entre outros, aos trabalhos realizados a quente.

A norma propõe a utilização dos preceitos da antecipação dos riscos para a implantação de medidas de proteção adequadas, pela utilização de metodologias de análise de risco e de instrumentos administrativos como as Permissões de Trabalho, para que este se realize com a máxima segurança.

2. RESPONSABILIDADES DO EMPREGADOR

O empregador deve garantir a efetiva implementação das medidas de proteção estabelecidas pela NR34 e designar formalmente um responsável pela implementação dessas medidas e garantir sua adoção antes do início de qualquer trabalho.

---

[1] A atividade de *desmonte naval,* incluída na NR34 com a publicação da Portaria MTb 790/2017, ampliou a abrangência da norma que antes alcançava apenas atividades de concepção, projeto, construção e reparação da embarcação.

Deve também assegurar que os trabalhos sejam imediatamente interrompidos quando houver mudanças nas condições ambientais que os tornem potencialmente perigosos à integridade física e psíquica dos trabalhadores.

Também é responsabilidade do empregador garantir a realização da Análise Preliminar de Riscos (APR) e, quando aplicável, a emissão da Permissão de Trabalho (PT).

E também que sejam realizados os Diálogos Diários de Segurança (DDS), antes do início das atividades operacionais, abordando as atividades que serão desenvolvidas, o processo de trabalho, os riscos e as medidas de proteção. Os temas abordados nesses diálogos devem ser registrados em documento rubricado pelos participantes e arquivados, com a lista de presença.

O empregador também deve adotar as providências necessárias para acompanhar o cumprimento das medidas de proteção pelas empresas contratadas e garantir aos trabalhadores informações atualizadas acerca dos riscos da atividade e as medidas de controle adotadas.

3. ANÁLISE PRELIMINAR DE RISCO

A Análise Preliminar de Risco (APR) consiste na avaliação inicial dos riscos potenciais, suas causas, consequências e medidas de controle. Deve ser efetuada por equipe técnica multidisciplinar e coordenada por profissional de segurança e saúde no trabalho ou, na inexistência deste, pelo responsável pelo cumprimento da NR34, devendo ser assinada por todos os participantes. Caberá ao empregador a decisão pela metodologia de Análise de Riscos a ser utilizada em função da complexidade do trabalho a ser desenvolvido.

4. PERMISSÃO DE TRABALHO

A Permissão de Trabalho (PT) é um documento escrito que contém o conjunto de medidas de controle necessárias para que o trabalho seja desenvolvido de forma segura. Deve indicar também as medidas de emergência e resgate, os requisitos mínimos a serem atendidos para a execução dos trabalhos e, quando aplicáveis, as disposições estabelecidas na APR.

A PT deve ser emitida em três vias, com a seguinte destinação:

- Afixação no local de trabalho;
- Entrega à chefia imediata dos trabalhadores que realizarão o trabalho;
- Arquivamento, de forma a ser facilmente localizada.

Deve ser assinada pelos integrantes da equipe de trabalho, pela chefia imediata e pelo profissional de segurança e saúde no trabalho ou, na inexistência deste, pelo responsável pelo cumprimento da norma.

A validade da PT é limitada à duração da atividade, **restrita ao turno de trabalho**, podendo ser revalidada pelo responsável pela aprovação nas situações em que não ocorram mudanças nas condições estabelecidas ou na equipe de trabalho.

5. TRABALHO A QUENTE

Considera-se trabalho a quente as atividades de soldagem, goivagem, esmerilhamento, corte ou outras que possam gerar fontes de ignição, tais como aquecimento, centelha ou chama. Goivagem é o processo de corte por eletrodo de grafite para remoção de

NR 34 • INDÚSTRIA DA CONSTRUÇÃO, REPARAÇÃO E DESMONTE NAVAL | 775

raízes de solda imperfeitas e dispositivos auxiliares de montagem, entre outros. A norma estabelece como medidas de proteção medidas de ordem geral e medidas específicas, aplicáveis, respectivamente, a todas as atividades inerentes ao trabalho a quente e aos trabalhos em áreas não previamente destinadas a esse fim.

5.1 Medidas de ordem geral

5.1.1 Inspeção preliminar

Nos locais onde se realizam trabalhos a quente deve ser efetuada inspeção preliminar, de modo a assegurar que:

a) o local de trabalho e áreas adjacentes estejam limpos, secos e isentos de agentes combustíveis, inflamáveis, tóxicos e contaminantes;

b) a área somente seja liberada após constatação da ausência de atividades incompatíveis com o trabalho a quente;

c) o trabalho a quente seja executado por trabalhador capacitado, com conteúdo programático conforme o disposto no item 4 do Anexo I.

5.1.2 Proteção contra incêndio

Cabe aos empregadores tomar as seguintes medidas de proteção contra incêndio nos locais onde se realizam trabalhos a quente:

a) providenciar a eliminação ou manter sob controle possíveis riscos de incêndios;

b) instalar proteção física adequada contra fogo, respingos, calor, fagulhas ou borras, de modo a evitar o contato com materiais combustíveis ou inflamáveis, bem como interferir em atividades paralelas ou na circulação de pessoas;

c) manter desimpedido e próximo à área de trabalho sistema de combate a incêndio, especificado conforme tipo e quantidade de inflamáveis e/ou combustíveis presentes;

d) inspecionar o local e as áreas adjacentes ao término do trabalho, a fim de evitar princípios de incêndio.

5.1.3 Controle de fumos e contaminantes

Para o controle de fumos e contaminantes decorrentes dos trabalhos a quente devem ser implementadas as seguintes medidas:

a) limpar adequadamente a superfície e remover os produtos de limpeza utilizados, antes de realizar qualquer operação;

b) providenciar **renovação de ar** a fim de eliminar gases, vapores e fumos empregados e/ou gerados durante os trabalhos a quente.

Sempre que ocorrer mudança nas condições ambientais estabelecidas, as atividades devem ser interrompidas, avaliando-se as condições ambientais e adotando-se as medidas necessárias para adequar a renovação de ar.

Quando a composição do revestimento da peça ou dos gases liberados no processo de solda/aquecimento não for conhecida, deve ser utilizado equipamento autônomo de proteção respiratória ou proteção respiratória de adução por linha de ar comprimido, de acordo com o previsto no Programa de Proteção Respiratória (PPR[2]).

5.1.4 Utilização de gases

Nos trabalhos a quente que utilizem gases devem ser usados somente aqueles adequados à aplicação, de acordo com as informações do fabricante. Os trabalhadores envolvidos nessa atividade devem seguir as determinações indicadas na Ficha de Informação de Segurança de Produtos Químicos (FISPQ). Os reguladores de pressão devem estar calibrados e em conformidade com o gás empregado. É **proibida a instalação de adaptadores** entre o cilindro e o regulador de pressão. No caso de **equipamento de oxiacetileno**, deve ser utilizado dispositivo contra retrocesso de chama nas alimentações da mangueira e do maçarico.

Quanto ao circuito de gás, devem ser observadas:

a) a inspeção antes do início do trabalho, de modo a assegurar a ausência de vazamentos e o seu perfeito estado de funcionamento;

b) a manutenção com a periodicidade estabelecida no procedimento da empresa, conforme especificações técnicas do fabricante/fornecedor.

Somente é permitido emendar mangueiras por meio do uso de conector, em conformidade com as especificações técnicas do fornecedor/fabricante.

Os cilindros de gás devem ser mantidos em posição vertical, fixados e distantes de chamas, fontes de centelhamento, calor ou de produtos inflamáveis. Devem ser instalados de forma a não se tornar parte de circuito elétrico, mesmo que acidentalmente. Quando transportados, também deverão estar na **posição vertical**, com capacete rosqueado, por meio de equipamentos apropriados, devidamente fixados, evitando-se colisões. Quando inoperantes e/ou vazios, devem ser mantidos com as **válvulas fechadas** e guardados com o protetor de válvulas (capacete rosqueado). É proibida a instalação de cilindros de gases em ambientes confinados. Os equipamentos inoperantes e as mangueiras de gases devem ser mantidos fora dos espaços confinados. Sempre que o serviço for interrompido, devem ser fechadas as válvulas dos cilindros, dos maçaricos e dos distribuidores de gases.

CILINDROS DE GÁS

Mantidos e transportados na posição vertical

Proibida a instalação em ambientes confinados

Instalados de forma a não se tornar parte de circuito elétrico, mesmo que acidentalmente

---

[2] O PPR elaborado pela empresa deve seguir as recomendações do Programa de Proteção Respiratória, 4ª edição, publicado pela Fundacentro/2016.

NR 34 • INDÚSTRIA DA CONSTRUÇÃO, REPARAÇÃO E DESMONTE NAVAL | **777**

5.1.5 Equipamentos elétricos

Os equipamentos elétricos e seus acessórios devem ser aterrados a um ponto seguro de aterramento e instalados de acordo com as instruções do fabricante. Os terminais de saída devem ser mantidos em bom estado, sem partes quebradas ou isolação trincada, principalmente aquele ligado à peça a ser soldada.

Deve ser assegurado que as conexões elétricas estejam bem ajustadas, limpas e secas.

5.2 Medidas específicas

Devem ser empregadas técnicas de Análise Preliminar de Risco (APR), para:

a) determinar as medidas de controle;

b) definir o raio de abrangência;

c) sinalizar e isolar a área;

d) avaliar a necessidade de vigilância especial contra incêndios (**observador**) e de sistema de alarme;

e) outras providências, sempre que necessário.

A função do *observador* é realizar a **vigilância especial contra incêndios,** permanecendo em contato permanente com os trabalhadores que executam **trabalhos a quente,** monitorando os trabalhos e o seu entorno, visando detectar e combater possíveis princípios de incêndio.

Antes do início dos trabalhos a quente, o local deverá ser inspecionado, e o resultado da inspeção ser registrado na Permissão de Trabalho. As aberturas e canaletas devem ser fechadas ou protegidas para evitar projeção de fagulhas, combustão ou interferência em outras atividades. Quando definido na APR, o **observador** deve permanecer no local, em contato permanente com as frentes de trabalho, até a conclusão do serviço. Deve também receber treinamento ministrado por trabalhador capacitado em prevenção e combate a incêndio, com conteúdo programático e carga horária mínima de oito horas, conforme o item 1 do Anexo I dessa Norma.

6. TRABALHO EM ALTURA

Uma das principais causas de acidentes de trabalho graves e fatais se deve a eventos envolvendo quedas de trabalhadores de diferentes níveis. Os riscos de queda em altura estão presentes em várias atividades econômicas, incluindo a indústria da construção naval. As medidas de proteção contra quedas de altura devem atender à NR35, que é a norma geral de trabalhos em altura, e devem cumprir também as determinações contidas na NR34, específicas para as atividades na indústria da construção e reparação naval.

6.1 Metodologia de trabalho

a) Isolamento e sinalização de toda a área sob o serviço antes do início das atividades;

b) Adoção de medidas para evitar a queda de ferramentas e materiais, inclusive no caso de paralisação dos trabalhos;

c) Desenergização, bloqueio e etiquetagem de toda a instalação elétrica aérea nas proximidades do serviço;

d) Instalação de proteção ou barreiras que evitem contato acidental com instalações elétricas aéreas, conforme procedimento da concessionária local, na inviabilidade técnica de sua desenergização;

e) Interrupção imediata do trabalho em altura em caso de iluminação insuficiente ou condições meteorológicas adversas, como chuva e **ventos superiores a quarenta quilômetros por hora**, entre outras.

Entre as medidas a serem adotadas para evitar a queda de ferramentas estão a utilização de sistemas de guarda-corpo e rodapé, o uso de porta ferramentas ou até mesmo a amarração das ferramentas e materiais ou quaisquer outros que evitem esse risco. Excepcionalmente, é permitida a execução de trabalho em altura sob ventos superiores a 40 km/h e inferiores a 55 km/h, mediante a observância de determinados requisitos. Vejam item 13 – Trabalho sob intempéries – Ventos, neste capítulo.

6.2 Escadas, rampas e passarelas

Escadas, rampas e passarelas devem ser construídas com madeira seca e de boa qualidade, sendo, entretanto, **vedada a utilização de escadas de madeira nos trabalhos a quente**. A madeira usada nas escadas, rampas e passarelas não deve apresentar nós e rachaduras que possam comprometer sua resistência, sendo vedado o uso de pintura para encobrir imperfeições. A transposição de pisos com diferença de nível **superior a trinta centímetros** deve ser feita por meio de escadas ou rampas.

6.2.1 Escadas

É proibida a utilização de escadas de mão com montante único e junto a redes e equipamentos elétricos desprotegidos, bem como sua colocação nas proximidades de portas ou áreas de circulação, de aberturas e vãos e em locais onde haja risco de queda de objetos ou materiais. As escadas fixas tipo marinheiro que possuam seis metros ou mais de altura devem ter gaiola protetora a partir de dois metros acima da base até um metro acima da última superfície de trabalho e patamar intermediário de descanso, protegido por guarda-corpo e rodapé, **para cada lance de nove metros**.

6.2.2 Rampas e passarelas

As rampas provisórias devem ser fixadas no piso inferior e superior, não ultrapassando **trinta graus** de inclinação em relação ao piso.

RAMPAS E PASSARELAS

Nas rampas provisórias, com inclinação superior a dezoito graus, devem ser fixadas peças transversais, espaçadas em quarenta centímetros, no máximo, para apoio dos pés. Não devem existir ressaltos entre o piso da passarela e o piso do terreno.

6.3 Plataformas fixas

O projeto de plataformas e de sua estrutura de sustentação e fixação deve ser realizado por profissional legalmente habilitado, e a memória de cálculo do respectivo projeto

NR 34 · INDÚSTRIA DA CONSTRUÇÃO, REPARAÇÃO E DESMONTE NAVAL

deve ser mantida no estabelecimento. É proibida a utilização de quaisquer meios para se atingir lugares mais altos sobre o piso de trabalho de plataformas. As plataformas devem possuir placa afixada, de forma visível e indelével, indicando a carga máxima permitida.

6.4 Plataformas elevatórias

As plataformas de trabalho com sistema de movimentação vertical em pinhão e cremalheira e as plataformas hidráulicas devem observar as especificações técnicas do fabricante quanto à montagem, operação, manutenção, desmontagem e inspeções periódicas, sob responsabilidade técnica de profissional legalmente habilitado.

Em caso de equipamentos importados, os projetos, especificações técnicas e manuais de montagem, operação, manutenção, inspeção e desmontagem devem ser **revisados e referendados por profissional legalmente habilitado no País**, atendendo o previsto nas normas técnicas da Associação Brasileira de Normas Técnicas (ABNT) ou de entidades internacionais por ela referendadas, ou, ainda, outra entidade credenciada pelo Conselho Nacional de Metrologia, Normalização e Qualidade Industrial.

A instalação, manutenção e inspeção periódica dessas plataformas de trabalho devem ser feitas por trabalhador capacitado, sob supervisão e responsabilidade técnica de profissional legalmente habilitado. Os equipamentos da plataforma elevatória somente devem ser operados por trabalhador capacitado, devendo os trabalhadores usuários receber orientação quanto ao correto carregamento e posicionamento dos materiais na plataforma.

O responsável pela verificação diária das condições de uso dos equipamentos deve receber manual de procedimentos para a rotina de verificação diária. A capacidade de **carga mínima** no piso de trabalho deve ser **150 kgf/m²**.

As extensões telescópicas, quando utilizadas, devem oferecer a **mesma resistência** do piso da plataforma. São proibidas a improvisação na montagem de trechos em balanço e a interligação de plataformas. É responsabilidade do fabricante ou locador a indicação dos esforços na estrutura e apoios das plataformas e dos pontos que resistam a esses esforços. A área sob as plataformas de trabalho deve ser devidamente sinalizada e delimitada, sendo proibida a circulação de trabalhadores dentro daquele espaço.

As plataformas elevatórias devem dispor de:

a) sistema de **sinalização sonora** acionado automaticamente durante sua **subida e descida;**

b) botão de parada de **emergência** no painel de comando;

c) dispositivos de segurança que garantam o perfeito **nivelamento no ponto de trabalho,** que não pode exceder a inclinação máxima indicada pelo fabricante.

No percurso vertical das plataformas não pode haver interferências que possam obstruir seu livre deslocamento. Em caso de pane elétrica, os equipamentos devem ser dotados de dispositivos mecânicos de emergência que **mantenham a plataforma parada** permitindo o alívio manual por parte do operador, para descida segura desta até sua base. O último elemento superior da torre deve ser **cego,** não contendo engrenagens de cremalheira, de forma a garantir que os roletes permaneçam em contato com as guias.

A **ancoragem** da torre é obrigatória quando a altura desta for **superior a nove metros**. É possível a utilização das plataformas elevatórias sem ancoragem ou entroncamento, porém, nesse caso, devem ser rigorosamente seguidas as condições de cada modelo indicadas pelo fabricante.

780 | SEGURANÇA E SAÚDE NO TRABALHO – *Mara Queiroga Camisassa*

No caso de utilização de plataformas elevatórias com chassi móvel, este deve estar devidamente nivelado, patolado e/ou travado no início de montagem das torres verticais de sustentação das plataformas, permanecendo dessa forma durante seu uso e desmontagem.

6.5 Acesso por corda

Na execução das atividades com acesso por cordas devem ser utilizados procedimentos técnicos de **escalada industrial**, conforme estabelecido em norma técnica nacional ou, na sua ausência, em normas internacionais. A empresa responsável pelo serviço e a equipe de trabalhadores devem ser certificadas em conformidade com norma técnica nacional ou, na sua ausência, com normas internacionais.

A equipe de trabalho deve ser capacitada para resgate em altura e composta por no mínimo **três pessoas**, sendo um supervisor. Para cada local de trabalho deve haver um plano de autorresgate e resgate dos profissionais. A equipe também deve portar rádio comunicador ou equipamento de telefonia similar. Durante a execução da atividade, o trabalhador deve estar conectado a **pelo menos dois pontos de ancoragem**. O trabalho de acesso por corda deve ser interrompido imediatamente em caso de iluminação insuficiente e condições meteorológicas adversas, como chuva e ventos superiores a 40 km/h. A norma permite a execução de trabalho de acesso por corda sob ventos superiores a 40 km/h e inferiores a 46 km/h, mediante a observância de determinados requisitos. Vejam item 13 – Trabalho sob intempéries – Ventos, neste capítulo.

6.6 Plataformas para trabalho em altura inferior a 2 metros

Nas situações em que os trabalhos sejam executados em altura inferior a 2 metros, podem ser usadas plataformas que devem atender aos seguintes requisitos:

a) ter capacidade de carga indicada de forma indelével;

b) dispor de meio de acesso incorporado à mesma;

c) dispor de guarda-corpo com altura mínima de 1 metro com vãos inferiores a 50 cm;

d) dispor de rodapé com 20 cm de altura, no caso de plataformas com pisos acima de 1 metro.

As plataformas para trabalho em altura inferior a 2 metros não podem utilizar estrutura de madeira, e, caso se apoiem sobre rodízios, estes devem possuir travas, devendo as plataformas ser apoiadas somente sobre superfícies horizontais planas.

7. TRABALHO COM EXPOSIÇÃO A RADIAÇÕES IONIZANTES

Devem ser adotadas medidas de segurança para execução dos serviços envolvendo radiações ionizantes como radiografia e gamagrafia, visando a proteger os trabalhadores e meio ambiente contra os efeitos nocivos da radiação. A radiografia e a gamagrafia são ensaios não destrutivos que possibilitam a avaliação da integridade de diferentes estruturas sólidas, por meio da utilização de fontes de radiação ionizante. A radiografia utiliza raios X e a gamagrafia, raios gama.

Na verdade, a gamagrafia é um tipo de radiografia, com algumas semelhanças como a que se faz, por exemplo, na área médica para identificar fissuras e quebras da estrutura óssea. Em ambos os casos é possível gerar imagens que refletem a integridade de material sólido[3]. Com a gamagrafia é possível verificar, por exemplo, se as estruturas metálicas que compõem um navio, como também as soldas que ligam as partes de sua estrutura, estão intactas, sem fissuras ou outro sinal de comprometimento. Os serviços de radiografia e gamagrafia devem ser executados conforme instruções da Permissão de Trabalho.

Supervisor de Proteção Radiológica

A empresa executante deve designar um Supervisor de Proteção Radiológica (SPR), responsável pela supervisão dos trabalhos com exposição a radiações ionizantes.

Interrupção dos trabalhos

O trabalho com exposição a radiações ionizantes deverá ser imediatamente interrompido caso ocorra mudança nas condições ambientais que o tornem potencialmente perigoso.

Documentos

Os seguintes documentos devem ser elaborados e mantidos atualizados no estabelecimento:

a) Plano de Proteção Radiológica, aprovado pela Comissão Nacional de Energia Nuclear (CNEN);

b) autorização para operação, expedida pela CNEN;

c) relação dos profissionais registrados pela CNEN para execução dos serviços;

d) certificados de calibração dos monitores de radiação, conforme regulamentação da CNEN;

e) certificados das fontes radioativas e as respectivas tabelas de *decaimento*[4].

No caso da execução dos serviços por empresas contratadas, cópias dos documentos relacionados anteriormente devem permanecer na contratante.

O Plano de Proteção Radiológica deve estar articulado com os demais programas da organização, especialmente com o Programa de Gerenciamento de Riscos (PGR) e o Programa de Controle Médico de Saúde Ocupacional (PCMSO).

---

[3] Disponível em: http://www.radiologiarj.com.br/cnen-promove-workshop-nacional-sobre-prevencao-de--acidentes-em-gamagrafia-industrial/. Acesso em: 3 mar. 2014.

[4] Transição nuclear caracterizada pela emissão de partículas alfa, beta, prótons e nêutrons de um estado excitado (núcleos instáveis) para um estado de mais baixa energia (núcleos estáveis).

782 | SEGURANÇA E SAÚDE NO TRABALHO – *Mara Queiroga Camisassa*

Plano específico de radioproteção

Antes do início da execução dos serviços envolvendo radiações ionizantes, deve ser elaborado Plano Específico de Radioproteção, contendo:

a) as características da fonte radioativa (atividade máxima);

b) as características do equipamento (tipo de foco, potência máxima etc.);

c) a memória de cálculo do balizamento[5];

d) o método de armazenamento da fonte radioativa;

e) a movimentação da fonte radioativa;

f) a relação dos acessórios e instrumentos a serem utilizados em situações de emergência;

g) a relação de trabalhadores envolvidos;

h) o plano de atuação para situações de emergência.

Guarda dos registros

A empresa executante deve prover a guarda dos registros de dose para cada Indivíduo Ocupacionalmente Exposto (IOE). No caso de haver IOE por parte da empresa contratante, os registros de dose desses trabalhadores devem ser guardados na empresa contratante. Os registros devem ser preservados até os IOE atingirem a **idade de setenta e cinco anos** e, pelo menos, por **trinta anos após o término de sua ocupação, mesmo que já tenham falecido.**

Medidas preventivas

Devem ser aplicadas medidas preventivas de segurança nos serviços envolvendo radiações ionizantes. **Antes** da exposição da fonte de radiação, devem ser tomadas as seguintes providências:

a) dotar o local onde é executada a radiografia e/ou gamagrafia do objeto de acessos e condições adequados;

b) isolar a área controlada, sinalizando-a com placas de advertência contendo o símbolo internacional de radiação ionizante e providenciando iluminação de alerta e controle nos locais de acesso.

Durante a exposição da fonte de radiação, devem ser adotadas as seguintes medidas:

a) monitoração individual de dose de radiação ionizante de todo o pessoal envolvido, por dispositivo de leitura direta e indireta, conforme o plano de proteção radiológica;

b) monitoração da área controlada quando do acionamento da fonte de radiação, por meio de medidor portátil de radiação, por profissional registrado pela CNEN e equipamento calibrado.

8. TRABALHOS DE JATEAMENTO E HIDROJATEAMENTO

Jateamento refere-se ao tratamento prévio de superfícies por meio de projeção de partículas abrasivas em alta velocidade. O **hidrojateamento** é o tratamento prévio

---

[5] O balizamento corresponde à delimitação da área controlada, calculada em função da atividade da fonte radioativa e do tempo de exposição, em ensaios de radiografia e gamagrafia.

NR 34 · INDÚSTRIA DA CONSTRUÇÃO, REPARAÇÃO E DESMONTE NAVAL | 783

de superfícies por meio de jato d'água pressurizado para remover depósitos aderidos, podendo ser de baixa pressão (até cinco mil psi), alta pressão (de cinco mil psi a vinte mil psi) ou ultra-alta pressão (superiores a vinte mil psi). Os serviços de jateamento/hidrojateamento somente devem ser realizados por trabalhadores capacitados.

8.1 Medidas de proteção

Na execução dos trabalhos de jateamento e hidrojateamento, devem ser tomados os seguintes cuidados:

a) demarcar, sinalizar e isolar a área de trabalho;

b) aterrar a máquina de jato/hidrojato;

c) empregar mangueira/mangote dotada de revestimento em malha de aço e dispositivo de segurança em suas conexões que impeça o chicoteamento;

d) verificar as condições dos equipamentos, acessórios e travas de segurança;

e) eliminar vazamentos no sistema de jateamento/hidrojateamento;

f) somente ligar a máquina após a autorização do jatista/hidrojatista;

g) operar o equipamento conforme recomendações do fabricante, proibindo pressões operacionais superiores às especificadas para as mangueiras/mangotes;

h) impedir dobras, torções e a colocação de mangueiras/mangotes sobre arestas sem proteção;

i) manter o contato visual entre operadores e jatista/hidrojatista ou empregar observador intermediário;

j) realizar revezamento entre jatista/hidrojatista, obedecendo à resistência física do trabalhador.

8.2 Requisitos a serem observados nas atividades de jateamento e hidrojateamento

a) A atividade de hidrojateamento de alta pressão deve ser realizada em tempo contínuo de até uma hora; com intervalos de igual período, em jornada de trabalho máxima de oito horas;

b) É proibido o travamento ou amarração do gatilho da pistola do equipamento;

c) Deve ser mantido sistema de drenagem para retirar a água liberada durante o hidrojateamento;

d) O dispositivo de segurança (trava) da pistola deve ser acionado quando da interrupção do trabalho, sobretudo durante a mudança de nível ou compartimento;

e) Deve ser utilizada iluminação estanque alimentada por extrabaixa tensão;

f) É obrigatório o uso de equipamento de adução por linha de ar comprimido nas atividades de jateamento;

g) Todo o sistema deve ser despressurizado quando o equipamento estiver fora de uso, em manutenção ou limpeza.

É proibido o jateamento com areia ou a utilização de materiais que contenham concentração de sílica superior ao permitido pela legislação em vigor. Atualmente, os limites de exposição ocupacional à poeira contendo sílica constam no Anexo 12 da NR15 – Poeiras Minerais.

9. ATIVIDADES DE PINTURA

Na realização de serviços de pintura, devem ser observadas as seguintes medidas:

a) designar somente trabalhador capacitado;

b) emitir Permissão de Trabalho em conformidade com a atividade a ser desenvolvida, exceto em serviços realizados em cabines de pintura;

c) impedir a realização de trabalhos incompatíveis nas adjacências;

d) demarcar, sinalizar e isolar a área de trabalho;

e) utilizar equipamentos e iluminação à prova de explosão, com cabo de alimentação elétrica sem emendas, para pintura em espaço confinado ou com pistola pneumática (*Airless*);

f) aterrar a bomba empregada no sistema de pistola pneumática.

É proibido consumir alimentos e portar materiais capazes de gerar centelha, fagulha ou chama na área da pintura e em seu entorno. Durante a realização do serviço de pintura deve ser providenciada a renovação de ar para eliminar gases e vapores gerados nesse processo. Além disso, a concentração de contaminantes no ar deve ser continuamente monitorada. Quando a concentração de contaminantes for **igual ou superior a dez por cento do Limite Inferior de Explosividade (LIE),** o serviço deve ser imediatamente interrompido e o compartimento evacuado, implementando-se ventilação adicional.

9.1 Higiene e proteção do trabalhador

Deve ser fornecido ao trabalhador **armário individual duplo,** de forma que os compartimentos estabeleçam, rigorosamente, o isolamento das roupas de uso comum e as de trabalho. A **higienização e substituição da vestimenta de trabalho** devem ser realizadas **diariamente** ou, havendo impossibilidade, deve ser fornecida vestimenta de material **descartável.** Devem ser mantidos lava-olhos de emergência próximo ao local da pintura e disponibilizados chuveiros de emergência em locais definidos pela Análise Preliminar de Risco (APR).

10. MOVIMENTAÇÃO DE CARGAS

As operações de movimentação eletromecânicas de cargas somente devem ser realizadas por trabalhador capacitado e autorizado. É **proibida** a utilização de cabos de fibras **naturais** na movimentação de cargas ou de pessoas. Deve ser elaborado o **Prontuário dos Equipamentos** utilizados na movimentação de cargas.

10.1 Inspeção de equipamentos

Inspeção pelo operador

Antes de iniciar a jornada de trabalho, o **operador** deve inspecionar e registrar em lista de verificação, no mínimo, os seguintes itens:

a) freios;

b) embreagens;

c) controles;

d) mecanismos da lança;

NR 34 • INDÚSTRIA DA CONSTRUÇÃO, REPARAÇÃO E DESMONTE NAVAL | **785**

e) anemômetro;

f) mecanismo de deslocamento;

g) dispositivos de segurança de peso e curso;

h) níveis de lubrificantes, combustível e fluido refrigerante;

i) instrumentos de controle no painel;

j) cabos de alimentação dos equipamentos;

k) sinal sonoro e luminoso;

l) eletroímã.

Inspeção pelo sinaleiro

O **sinaleiro** (ou amarrador de cargas) é o trabalhador capacitado que realiza e verifica a amarração da carga, emitindo os sinais necessários ao operador do equipamento durante a sua movimentação. Antes de iniciar a jornada de trabalho, o sinaleiro deve inspecionar e registrar em lista de verificação os acessórios de movimentação de cargas, contemplando, no mínimo, os seguintes itens:

a) moitões;

b) grampos;

c) ganchos;

d) manilhas;

e) destorcedores;

f) cintas, estropos e correntes;

g) cabos de aço;

h) *clips*;

i) pinos de conexões, parafusos, travas e demais dispositivos;

j) roldanas da ponta da lança e do moitão;

k) olhais;

l) patolas;

m) grampo de içamento;

n) balanças.

O Relatório de Inspeção deve conter:

a) os itens inspecionados e as não conformidades encontradas, descrevendo as **impeditivas e as não impeditivas** à operação do equipamento de guindar;

b) as medidas corretivas adotadas para as não conformidades impeditivas;

c) o cronograma de correção para as irregularidades não impeditivas, que não representem perigo à segurança e à saúde, isoladamente ou em conjunto.

Os equipamentos de movimentação de cargas e seus assessórios devem ser certificados por profissional legalmente habilitado, com registro no Conselho Regional de Engenharia e Agronomia (CREA). A certificação deve ser registrada no Relatório de Inspeção e atender à periodicidade especificada pelo órgão certificador e/ou fabricante. O equipamento somente deve ser liberado para operar após a correção das não conformidades impeditivas. O equipamento reprovado e/ou inoperante deve ter essa situação consignada em seu Prontuário, e somente poderá operar após nova certificação.

10.2 Procedimentos de movimentação de cargas

Para a realização de procedimentos de movimentação de carga, a APR deve ser realizada sempre que a Segurança no Trabalho e/ou responsável da operação considerar necessário. A operação de movimentação de cargas deve ser impedida em condições climáticas adversas e/ou iluminação deficiente. Os locais destinados aos **patolamentos** dos equipamentos de guindar devem obedecer a projeto elaborado por profissional legalmente habilitado, que deve estar disponível no estabelecimento. A operação de patolamento deve obedecer às recomendações do fabricante. O **patolamento** consiste na fixação ao solo do equipamento de guindar, por meio da utilização de sistema de braços (patolas). Tal procedimento permite estabilizar o equipamento a fim de evitar seu tombamento, durante a movimentação da carga.

A utilização de gruas em condições de ventos superiores a quarenta e dois quilômetros por hora só será permitida mediante trabalho assistido, limitada a setenta e dois quilômetros por hora. Esses são os mesmos valores daqueles determinados pela NR18 – Condições de Segurança e saúde no trabalho na indústria da construção.

10.3 Sinalização

A movimentação aérea de carga deve ser orientada por sinaleiro, que deverá estar sempre no raio de visão do operador. Na impossibilidade da visualização do operador, deve ser empregada comunicação via rádio e/ou sinaleiro intermediário. O sinaleiro deve usar identificação de fácil visualização, diurna/noturna, que o **diferencie** dos demais trabalhadores da área de operação. **O operador deve obedecer unicamente às instruções dadas pelo sinaleiro, exceto quando for constatado risco de acidente.**

10.4 Treinamento e avaliação

O sinaleiro deve receber treinamento com carga horária mínima de vinte horas e conteúdo programático em conformidade com o Anexo I, item 2, da norma. Para os operadores dos equipamentos de guindar, além do treinamento ministrado aos sinaleiros, também deve ser ministrado treinamento complementar com carga horária de vinte horas, de acordo com o Anexo I, item 3, da norma.

11. ANDAIMES

11.1 Medidas de ordem geral

Os andaimes devem ser dimensionados e construídos de modo a suportar, com segurança, as cargas de trabalho a que estarão sujeitos. O dimensionamento dos andaimes e de sua estrutura de sustentação e fixação deve ser realizado por profissional legalmente habilitado. Os andaimes devem ser fixados a estruturas firmes, estaiadas ou ancoradas em pontos que apresentem resistência suficiente à ação dos ventos e às cargas a serem suportadas. Poderá ser dispensada a fixação quando a torre do andaime não ultrapassar, em altura, três vezes a menor dimensão da base de apoio.

A estrutura do andaime em balanço deve ser contraventada e ancorada para eliminar oscilações. As peças de contraventamento devem ser fixadas, travadas e ajustadas nos montantes por meio de parafusos, abraçadeiras ou por encaixe em pinos. Os montantes devem ser firmemente apoiados em sapatas sobre base sólida e nivelada capaz de resistir aos esforços solicitantes e às cargas transmitidas. Somente devem ser utilizados **andaimes móveis até seis metros de altura, com rodízios providos de travas e**

apoiados em superfícies planas. A plataforma do andaime deve ser protegida em todo o seu perímetro, exceto na face de trabalho, com:

a) guarda-corpo rígido, fixo e formado por dois tubos metálicos, colocados horizontalmente a distâncias do tablado de setenta centímetros e um metro e vinte centímetros;

b) rodapés, junto à prancha, com altura mínima de vinte centímetros.

Quando houver possibilidade de queda em direção **à face interna**, deve ser prevista proteção adequada de guarda-corpo e rodapé. As aberturas nos pisos também devem ser protegidas com guarda-corpo fixo e rodapé. Os andaimes com pisos situados a mais de um metro de altura devem ser providos de escadas ou rampas.

11.2 Requisitos para trabalhos em andaimes

É proibido(a):

a) a retirada ou bloqueio de dispositivos de segurança do andaime;

b) o deslocamento de andaimes com trabalhadores e/ou ferramentas sobre eles;

c) o uso de escadas ou outras estruturas para se atingir lugares mais altos, a partir do piso de trabalho de andaimes, quando não previsto em projeto.

11.3 Montagem e desmontagem de andaimes

Deve ser emitida Permissão de Trabalho para montagem, desmontagem e manutenção de andaimes. Essas atividades devem ser executadas por trabalhador capacitado, sob a supervisão e responsabilidade da chefia imediata. O trabalho de montagem e desmontagem deve ser interrompido imediatamente em caso de iluminação insuficiente e condições climáticas adversas, como chuva, ventos superiores a quarenta quilômetros por hora, entre outras. É obrigatório o uso de cinto de segurança do tipo paraquedista, dotado de **talabarte duplo** pelos montadores de andaimes. Os andaimes somente devem ser utilizados após serem aprovados pelo profissional de segurança e saúde no trabalho ou, na inexistência deste, pelo responsável pelo cumprimento da NR34, em conjunto com o encarregado do serviço. A aprovação deve ser consignada na "Ficha de Liberação de Andaime" que será preenchida, assinada e afixada no andaime.

12. TESTE DE ESTANQUEIDADE

Teste de estanqueidade é o ensaio não destrutivo realizado pela aplicação de pressão em peça, compartimento ou tubulação para **detecção de vazamentos**. A elaboração e a qualificação do procedimento, bem como a execução e a supervisão do ensaio, devem ser realizadas por profissional **capacitado**. Considera-se trabalhador capacitado para realização de testes de estanqueidade aquele que foi submetido a treinamento teórico e prático com carga horária mínima de vinte e quatro horas e conteúdo programático em conformidade com o item 5 do Anexo I. A carga horária de vinte e quatro horas deve ser distribuída da seguinte forma:

- Treinamento teórico: oito horas;
- Treinamento prático: dezesseis horas.

SEGURANÇA E SAÚDE NO TRABALHO – *Mara Queiroga Camisassa*

O trabalhador capacitado em teste de estanqueidade deve receber treinamento **periódico** a cada doze meses, com carga horária mínima de oito horas. Os treinamentos devem ser ministrados por instrutores com comprovada proficiência no assunto, sob a responsabilidade de profissional legalmente habilitado.

TESTE DE ESTANQUEIDADE

TRABALHADOR CAPACITADO

TREINAMENTO TEÓRICO:
8 HORAS

TREINAMENTO PRÁTICO:
16 HORAS

TREINAMENTO PERIÓDICO:
A CADA 12 MESES
CARGA HORÁRIA: 8 HORAS

Os trabalhadores que executam o teste de estanqueidade devem usar uma identificação de fácil visualização que os diferencie dos demais.

Antes do início das atividades, devem ser adotadas as seguintes medidas de segurança:

a) emitir a PT;

b) evacuar, isolar e sinalizar a área de risco definida no procedimento;

c) implementar EPC;

d) na inviabilidade técnica do uso de EPC, deve ser elaborada APR contendo medidas alternativas que assegurem a integridade física do trabalhador.

As juntas de expansão, acessórios, instrumentos e vidros de manômetros que não possam ser submetidos aos testes de pressão devem ser retirados e isolados.

É proibido reparo, reaperto ou martelamento no sistema testado quando pressurizado.

13. TRABALHO SOB INTEMPÉRIES – VENTOS

A NR34 estabelece alguns requisitos para trabalhos sob condições de ventos fortes. Dependendo da velocidade do vento, os trabalhos devem ser interrompidos. Vejam o quadro a seguir:

TRABALHO	VELOCIDADE DO VENTO	AÇÃO
Trabalho em altura	> 40 km/h	Interrupção imediata do trabalho
Trabalho de acesso por corda		
Trabalho de montagem e desmontagem de andaimes		
Trabalho em altura	40 km/h < Velocidade < 55 km/h	Trabalho pode ser autorizado desde que atendidos determinados requisitos
Trabalho de acesso por corda	40 km/h < Velocidade < 46 km/h	Trabalho pode ser autorizado desde que atendidos determinados requisitos
Utilização de gruas	> 42 km/h	Somente operação assistida (Limitada a 72 km/h)

NR 34 · INDÚSTRIA DA CONSTRUÇÃO, REPARAÇÃO E DESMONTE NAVAL | 789

Requisitos especiais a serem observados para autorização de **trabalho em altura em condições de ventos superiores a quarenta quilômetros por hora e inferiores a cinquenta e cinco quilômetros por hora**:

a) deve ser justificada a impossibilidade do adiamento dos serviços por meio de documento apensado à APR, assinado por profissional de segurança no trabalho e pelo responsável pela execução dos serviços, consignando as medidas de proteção adicionais aplicáveis;

b) o trabalho deve ser realizado mediante operação assistida por profissional de segurança no trabalho e pelo responsável pela execução das atividades.

Os mesmos requisitos anteriores devem ser observados para autorização de **trabalho de acesso por corda** e também montagem, desmontagem e manutenção de andaimes em condições com ventos **superiores a quarenta quilômetros por hora e inferiores a quarenta e seis quilômetros por hora**.

14. CAPACITAÇÃO E TREINAMENTO

Treinamento admissional

O treinamento admissional deve ter carga horária mínima de seis horas com o seguinte conteúdo programático:

a) Riscos inerentes à atividade;

b) Condições e meio ambiente de trabalho;

c) Equipamentos de Proteção Coletiva (EPC) existentes no estabelecimento;

d) Uso adequado dos Equipamentos de Proteção Individual (EPI).

Treinamento periódico

O treinamento periódico deve ter carga horária mínima de quatro horas e ser realizado anualmente ou quando do retorno de afastamento ao trabalho por período superior a noventa dias.

Trabalhador qualificado, habilitado e capacitado

Trabalhador **qualificado** é aquele que comprovar conclusão de curso específico para sua atividade em instituição reconhecida pelo sistema oficial de ensino.

Profissional **legalmente habilitado** é o trabalhador previamente qualificado e com registro no competente conselho de classe.

Trabalhador **capacitado** é aquele que recebeu capacitação sob orientação e responsabilidade de profissional legalmente habilitado.

15. PROIBIÇÕES DA NR34

É proibido(a):

Instalação de adaptadores entre o cilindro de gás o regulador de pressão, nos trabalhos a quente que utilizem gases.
Instalação de cilindros de gases em ambientes confinados.
Trabalho em altura de forma isolada.
Utilização de escadas de mão com montante único e junto a redes e equipamentos elétricos desprotegidos.
Utilização de quaisquer meios para se atingir lugares mais altos sobre o piso de trabalho de plataformas.

Improvisação na montagem de trechos em balanço e a interligação de plataformas.
Circulação de trabalhadores na área sob as plataformas de trabalho.
Utilização das plataformas elevatórias de trabalho para o transporte de pessoas e materiais não vinculados aos serviços em execução.
Utilização de pressões operacionais superiores às especificadas para as mangueiras/mangotes.
Travamento ou amarração do gatilho da pistola do equipamento de hidrojateamento de alta pressão.
Ao jatista/hidrojatista desviar o jato do seu foco de trabalho.
Jateamento de areia ou a utilização de materiais com concentração de sílica superior ao permitido pela legislação vigente.
Consumo de alimentos e porte de materiais capazes de gerar centelha, fagulha ou chama na área da pintura e em seu entorno.
Utilização de cabos de fibras naturais na movimentação de cargas ou de pessoas.
Manter ferramentas ou qualquer outro objeto solto, na movimentação de cargas.
Trânsito ou a permanência de pessoas sob a carga suspensa, na movimentação de cargas.
Jogar e arrastar os acessórios de movimentação de cargas.
Movimentação simultânea de cargas com o mesmo equipamento.
Interrupção da movimentação mantendo a carga suspensa.
Uso de pintura que encubra imperfeições nas pranchas e escadas de madeira.
Retirada ou bloqueio de dispositivos de segurança dos andaimes.
Uso de escadas e outros meios para se atingir lugares mais altos, a partir do piso de trabalho de andaimes.
Deslocamento de andaimes com trabalhadores e/ou ferramentas sobre eles.
Uso de andaimes em processo de montagem, desmontagem ou manutenção.
Retirar a coifa de proteção das máquinas que utilizam disco rígido.
Utilização de equipamentos portáteis rotativos para afiar ferramentas.
Utilização de cabo de alimentação para movimentar ou desconectar o equipamento.
Utilização de disco de corte para desbastar.
Utilização de equipamento portátil como máquina de bancada, exceto quando especificado pelo fabricante.
Reparo, reaperto ou martelamento no sistema testado, quando pressurizado, no que se refere aos testes de estanqueidade.
Uso de adorno pessoal na área industrial.
Uso de lentes de contato nos trabalhos a quente.
Uso de solvente, ar comprimido e gases pressurizados para limpar a pele ou as vestimentas.
Uso de ar comprimido como processo de limpeza.
Uso de copos coletivos.
Utilização de escadas de madeira nos trabalhos a quente.
Colocação de escadas de mão nas proximidades de portas ou áreas de circulação, de aberturas e vãos e em locais onde haja risco de queda de objetos ou materiais.

16. SOLUÇÕES ALTERNATIVAS

A NR34 faculta às empresas a adoção de soluções alternativas referentes às medidas de proteção coletiva, às técnicas de trabalho e ao uso de equipamentos, tecnologias e outros dispositivos. Tal faculdade se aplica somente a situações não previstas na norma, mediante cumprimento dos requisitos nela indicados.

Nesses casos, os equipamentos, tecnologias e dispositivos devem:

a) propiciar avanço tecnológico em segurança e saúde dos trabalhadores;

b) objetivar a implementação de medidas de controle e de sistemas preventivos de segurança nos processos, nas condições e no meio ambiente de trabalho;

c) garantir a realização das tarefas e atividades de modo seguro e saudável.

As soluções alternativas devem também:

a) estar sob responsabilidade técnica de profissionais legalmente habilitados;
b) ser precedida de Análise de Risco – AR e Permissão de Trabalho – PT;
c) ser descrita em Procedimento de Segurança no Trabalho.

A responsabilidade técnica das soluções alternativas cabe ao engenheiro legalmente habilitado na modalidade envolvida e por engenheiro de segurança no trabalho.

17. PLANO DE RESPOSTAS A EMERGÊNCIAS (PRE)

A empresa deve elaborar e implementar o PRE com o seguinte conteúdo:

a) identificação da empresa (razão social e número do CNPJ) e forma de contato (endereço, telefone, endereço eletrônico);
b) identificação do responsável técnico pela elaboração e revisão do PRE;
c) delimitação da abrangência das ações do PRE;
d) ações de resposta para cada cenário de emergência;
e) matriz de atribuições;
f) dimensionamento dos recursos em função dos cenários de emergências identificados, incluindo primeiros socorros;
g) definição dos meios de acessos e de evacuação das instalações industriais e das embarcações, abrangendo as estruturas flutuantes, quando couber;
h) procedimento de comunicação com empresas contratadas;
i) procedimentos para orientação de visitantes quanto aos riscos existentes e como proceder em situações de emergência;
j) procedimentos para acionamento de recursos e estruturas de resposta complementares e das autoridades públicas pertinentes, bem como o desencadeamento do Plano de Ajuda Mútua (PAM), caso haja;
k) procedimentos para comunicação do evento que desencadeou o acionamento do PRE;
l) a periodicidade, o conteúdo programático e a carga horária dos treinamentos da equipe de emergência.

O PRE deve ser elaborado por profissional legalmente habilitado em segurança do trabalho e revisado periodicamente por profissional legalmente habilitado em segurança do trabalho.

Deve ser elaborado de acordo com os cenários de emergência, selecionados entre os possíveis cenários acidentais, identificados em análises de risco. Deverá também contemplar as ações a serem adotadas nos cenários de emergência, considerando as características e a complexidade das edificações, embarcações, estruturas, e características da Instalação.

Devem ser previstas orientações adequadas para cada nível de envolvimento dos trabalhadores próprios, terceirizados e visitantes.

A empresa deve também realizar exercícios simulados para avaliar a eficácia do PRE.

18. CONSIDERAÇÕES FINAIS

O trabalhador deve estar protegido contra insolação excessiva, calor, frio e umidade em serviços a céu aberto.

O serviço de limpeza deve ser realizado por processo que reduza, ao mínimo, o levantamento de poeira.

A embarcação deve ser dotada de sinalização e iluminação de emergência, de forma a possibilitar a saída em caso de falta de energia.

É obrigatório o fornecimento gratuito pelo empregador de **vestimentas** de trabalho e sua reposição quando danificadas.

Água potável

É obrigatório o fornecimento de água potável, filtrada e fresca para os trabalhadores por meio de bebedouro de jato inclinado ou equipamento similar que garanta as mesmas condições, na proporção de um para cada grupo de **vinte e cinco trabalhadores ou fração.**

O deslocamento do posto de trabalho ao bebedouro deve ser de no máximo cem metros, no plano horizontal e cinco metros no plano vertical, e na impossibilidade da instalação de bebedouros dentro desses limites o empregador deve garantir, nos postos de trabalho, suprimento de água potável, filtrada e fresca fornecida em recipientes portáteis hermeticamente fechados, confeccionados em material apropriado, sendo **proibido o uso de copos coletivos**.

Em regiões do País ou estações do ano de clima quente deve ser garantido o fornecimento de água **refrigerada**.

NR 35 TRABALHO EM ALTURA

Classificação: Norma Especial
Portaria MTP 4.218, de 20 de dezembro de 2022

1. INTRODUÇÃO

A queda de altura é uma das principais causas de acidentes graves e fatais no Brasil, nas mais diversas atividades econômicas, sendo uma das principais a construção civil.

Segundo o Manual de auxílio na interpretação e aplicação da NR35[1], a criação de um instrumento normativo não significa contemplar todas as situações existentes na realidade fática. No mundo do trabalho, existem realidades complexas e dinâmicas e uma norma regulamentadora para trabalhos em altura precisaria contemplar a mais variada gama de atividades. Não poderiam ficar de fora o meio ambiente de trabalho das atividades de telefonia, do transporte de cargas por veículos, da transmissão e distribuição de energia elétrica, da montagem e desmontagem de estruturas, plantas industriais, armazenamento de materiais, dentre outros. Por mais detalhadas que as medidas de proteção estejam estabelecidas na NR, esta não compreenderia as particularidades existentes em cada setor. Por isso, a NR35 foi elaborada pensando nos aspectos da gestão de segurança e saúde do trabalho para todas as atividades desenvolvidas em altura com risco de queda.

Além do texto geral, a atual redação possui um Glossário e três anexos:

- ➢ Anexo I   – Acesso por Cordas[2]
- ➢ Anexo II   – Sistemas de Ancoragem
- ➢ Anexo III – Escadas

> **Saiba mais**
>
> **Interpretação dos Anexos da NR35**
>
> Segundo o art. 118 da Portaria 672/2021, os Anexos das normas regulamentadoras de segurança e saúde no trabalho são classificados em:
>
> I – anexo tipo 1: complementa diretamente a parte geral da norma regulamentadora de segurança e saúde no trabalho, exemplifica ou define seus termos; e
>
> II – anexo tipo 2: dispõe sobre situação específica.

---

[1]   Manual de auxílio na interpretação e aplicação da norma regulamentadora nº35 – Trabalho em altura. 2. ed. MTb, 2018.

[2]   O acesso por cordas é também conhecido pela expressão alpinismo industrial. A adoção desta técnica, quando avaliada no planejamento de trabalho, pode ser uma opção mais segura se comparada a outras alternativas, tais como andaimes, balancins, escadas, plataformas elevatórias, etc. Os pontos fortes que têm levado à expansão do seu uso são:

a) permitir acesso a locais que apresentem restrições de acesso por outros métodos;

b) ser uma opção quando outros métodos resultarem em risco maior aos trabalhadores direta ou indiretamente envolvidos.

> Segundo a Portaria MTP 4.218, de 20 de dezembro de 2022, que aprovou a atual redação da NR35, os anexos da norma são classificados da seguinte forma:
>
> Anexo I: Tipo 2
>
> Anexo II: Tipo 1
>
> Anexo III: Tipo 1
>
> Desta forma, temos que, no conflito entre os dispositivos do Anexo 1 e do texto geral da NR35, prevalece o disposto no Anexo I.
>
> Já o conteúdo dos Anexos II e III apenas complementa o texto geral da norma.

O trabalho em altura é atividade que deve ser planejada, evitando-se, caso possível, a exposição do trabalhador ao risco, quer seja pela execução do trabalho de outra forma ou por medidas que eliminem o risco de queda. Veremos que esse planejamento deve envolver metodologias de análise de risco e mecanismos de execução da atividade, como a elaboração de Procedimentos de Trabalho e a emissão de Permissões de Trabalho.

Conforme a complexidade e os riscos dos trabalhos em altura o empregador deverá adotar medidas complementares inerentes a essas atividades.

2. TERMOS TÉCNICOS

Antes de iniciarmos o estudo da NR35, é importante conhecermos alguns dos principais termos técnicos presentes na sua redação:

Absorvedor de energia: elemento com função de limitar a força de impacto transmitida ao trabalhador pela dissipação da energia cinética.

Ancoragem estrutural: elemento fixado de forma permanente na estrutura, no qual um dispositivo de ancoragem ou um EPI pode ser conectado.

Avaliação prévia: é uma avaliação, não necessariamente na forma escrita, realizada no local de trabalho para a identificação e a antecipação dos eventos indesejáveis e acidentes, não passíveis de previsão nas análises de risco realizadas ou não considerados nos procedimentos, em função de situações específicas que fogem à normalidade ou previsibilidade de ocorrência.

Dispositivo de ancoragem: dispositivo removível da estrutura, projetado para utilização como parte de um sistema pessoal de proteção contra queda, cujos elementos incorporam um ou mais pontos de ancoragem fixos ou móveis.

Distância de frenagem: distância percorrida durante a atuação do sistema de absorção de energia, normalmente compreendida entre o início da frenagem e o término da queda.

Distância de queda livre: distância compreendida entre o início da queda e o início da retenção.

Elemento de engate: elemento de um cinturão de segurança para conexão de um elemento de ligação.

Ponto de ancoragem: parte integrante de um sistema de ancoragem na qual o equipamento de proteção individual é conectado.

Riscos adicionais: todos os demais grupos ou fatores de risco, além dos existentes no trabalho em altura, específicos de cada ambiente ou atividade que, direta ou indiretamente, possam afetar a segurança e a saúde no trabalho.

Supervisão para trabalho em altura: é um ato que implica promover orientações – presencial, semipresencial ou de forma remota – para a realização segura de trabalho em altura.

Talabarte: dispositivo de conexão de um sistema de segurança, regulável ou não, para sustentar, posicionar e/ou limitar a movimentação do trabalhador.

Trabalhador qualificado: trabalhador que comprove conclusão de curso específico para sua atividade em instituição reconhecida pelo sistema oficial de ensino.

Trava-queda: dispositivo de segurança para proteção do usuário contra quedas em operações com movimentação vertical ou horizontal, quando conectado com cinturão de segurança para proteção contra quedas. De se destacar que a maioria dos trava-quedas possui limitações quanto ao ângulo de utilização. Caso esta limitação não seja observada o equipamento pode não acionar a trava corretamente quando for necessário.

Zona livre de queda – ZLQ: região compreendida entre o ponto de ancoragem e o obstáculo inferior mais próximo contra o qual o trabalhador possa colidir em caso de queda, tal como o nível do chão ou o piso inferior.

3. CONCEITO

Considera-se trabalho em altura toda atividade executada **acima** de dois metros do nível inferior, **em que haja risco de queda**. A pergunta que se faz é: as atividades realizadas em alturas menores ou iguais a dois metros do nível inferior, em que haja risco de queda, devem ser incorporadas ao PGR? A resposta é: Sim! Neste caso, não há obrigatoriedade de atendimento à NR35, porém, deve ser cumprido o item 1.4.1, alínea "g", da NR1:

> 1.4.1. Cabe ao empregador: [...]
> g) implementar medidas de prevenção, ouvidos os trabalhadores, de acordo com a seguinte ordem de prioridade:
> I. eliminação dos fatores de risco;
> II. minimização e controle dos fatores de risco, com a adoção de medidas de proteção coletiva;
> III. minimização e controle dos fatores de risco, com a adoção de medidas administrativas ou de organização do trabalho; e
> IV. adoção de medidas de proteção individual.

Nas atividades em altura abaixo ou igual a dois metros, a zona livre de queda é reduzida. Nestas situações, caso não seja possível eliminar o trabalho em altura, devem ser adotadas medidas de proteção coletiva.

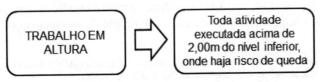

> **Saiba mais**
> **Trabalho em Altura ao redor do mundo[3]**
> Vários países ao redor do mundo também possuem normas de prevenção contra os riscos re-
> lacionados à queda de altura. Inclusive o conceito de trabalho em altura varia entre os países,
> como apresentado a seguir:
> ➢ Estados Unidos: atividades realizadas a mais de 1,80 m (um metro e oitenta centímetros);
> ➢ Colômbia: qualquer atividade ou deslocamento de trabalhador com risco de queda de
>   diferente nível maior ou igual a 1,5 m (um metro e cinquenta centímetros) em relação ao
>   plano horizontal mais próximo;
> ➢ Singapura: trabalho em local elevado, perto de abertura, borda, superfície frágil, ou em
>   qualquer lugar (acima ou abaixo do solo) de onde uma pessoa poderia cair de um nível
>   para outro;
> ➢ Reino Unido: qualquer lugar de onde, se não houver precauções, o trabalhador poderia
>   cair de certa distância, podendo causar lesões.
> *Como podemos ver, em Singapura e no Reino Unido não há limite mínimo de altura.*
> *De se ressaltar que, dependendo das circunstâncias, pode haver risco de morte mesmo em quedas*
> *abaixo de dois metros.*

4. TRABALHO EM ALTURA E O PGR

Segundo o item 1.5.4.4.2 da NR1:

> Para cada risco deve ser indicado o nível de risco ocupacional, determinado pela
> combinação da severidade das possíveis lesões ou agravos à saúde com a probabi-
> lidade ou chance de sua ocorrência. (grifos acrescentados)

Vejamos, então, alguns aspectos a serem considerados para determinação destes parâmetros (severidade e probabilidade) nos trabalhos em altura:

4.1 Gradação da severidade de lesões decorrentes da queda de altura

Segundo o item 1.5.4.4.3 da NR1:

> A gradação da severidade das lesões ou agravos à saúde deve levar em conta a
> magnitude da consequência e o número de trabalhadores possivelmente afetados.
> (grifos acrescentados)

A magnitude da consequência da queda de altura depende de vários fatores, dentre eles o tempo de resgate após a queda, considerando que o trabalhador esteja usando cinto de segurança. Ocorre que, após a queda, o trabalhador permanecerá suspenso pelo cinto de segurança até a chegada da equipe de resgate. Essa condição é chamada de suspensão inerte e devido à compressão dos vasos sanguíneos pode provocar danos como dificuldade respiratória, perda de consciência, trombose ou até mesmo a morte. Desta forma, o período de tempo decorrido entre o momento da suspensão inerte e a remoção do trabalhador (ou sua estabilização numa condição que não possa causar agravos à saúde) impacta diretamente na magnitude da consequência, o que significa

---

[3] *Live* Trabalho em altura. Disponível em: https://www.youtube.com/watch?v=Ut4MhFmyiuE&t=1848s&ab_channel=ENITEscolaNacionaldaInspe%C3%A7%C3%A3odoTrabalho.

que é importante que este parâmetro seja considerado na avaliação do risco de queda, no processo de gerenciamento de riscos.

Além disso, o número de trabalhadores expostos ao risco de queda também impacta na gradação da severidade, uma vez que o resgate de uma quantidade maior de trabalhadores é procedimento mais complexo que o resgate de um único trabalhador.

Neste sentido, é importante garantir a chegada do resgate o mais rápido possível após a queda, a fim de reduzir o período em que o trabalhador permanece suspenso.

Outro exemplo a ser considerado para gradação da magnitude da consequência: considere uma escada fixa vertical que possua gaiola. Como vimos em capítulo anterior, a gaiola não é equipamento de proteção coletiva pois não elimina nem controla o risco de queda. Pelo contrário, além de potencializar as consequências da queda, pode dificultar o resgate. Vemos, portanto, que a existência da gaiola nas escadas fixas verticais é fator de majoração da magnitude da consequência da queda de altura.

4.2 Gradação da probabilidade de ocorrência de lesões decorrentes da queda de altura

Segundo o item 1.5.4.4.4 da NR1:

> A gradação da probabilidade de ocorrência das lesões ou agravos à saúde deve levar em conta:
>
> a) os requisitos estabelecidos em Normas Regulamentadoras: no caso do trabalho em altura devem ser considerados os próprios requisitos da NR35, e também, por exemplo: a adequação do EPI, a condição de saúde do trabalhador (apto/inapto a realizar o trabalho), os meios de acesso ao local do trabalho em altura, dentre outros.
>
> b) as medidas de prevenção implementadas: caso a empresa tenha adotado medidas de prevenção adequadas, menor será o risco de queda;
>
> c) as exigências da atividade de trabalho: por exemplo, dificuldades de acesso, necessidade de supervisão, dentre outros;
>
> d) a comparação do perfil de exposição ocupacional com valores de referência estabelecidos na NR9: por exemplo, trabalho em altura com exposição a calor, frio ou ruído excessivo.

5. OBJETIVO E CAMPO DE APLICAÇÃO

A NR35 tem por objetivo estabelecer os requisitos e as medidas de proteção para o trabalho em altura, envolvendo o planejamento, a organização e a execução, de forma a garantir a segurança e a saúde dos trabalhadores envolvidos **direta ou indiretamente** com essa atividade. Entende-se como trabalhadores indiretamente envolvidos aqueles que não exercem atividades com diferença de níveis, porém permanecem no entorno dos locais onde outros trabalhadores realizam trabalho em altura.

A norma se aplica a toda atividade com diferença de nível acima de 2,0 m (dois metros) do nível inferior, em que haja risco de queda.

6. RESPONSABILIDADES

6.1 Da organização

Cabe à organização:

a) garantir a implementação das medidas de prevenção estabelecidas na norma;

b) assegurar a realização da Análise de Risco – AR e, <u>quando aplicável</u>, a emissão da Permissão de Trabalho – PT;

c) elaborar <u>procedimento operacional</u> para as atividades <u>rotineiras</u> de trabalho em altura;

d) disponibilizar, pelos meios de comunicação da organização de fácil acesso ao trabalhador, <u>instruções de segurança</u> contempladas na AR, na PT e procedimentos operacionais a todos os integrantes da equipe de trabalho;

e) assegurar a realização de <u>avaliação prévia</u> das condições no local do trabalho em altura, pelo estudo, planejamento e implementação das ações e das medidas complementares de segurança aplicáveis: a avaliação prévia das condições no local do trabalho em altura permite a antecipação de situações específicas do local onde o serviço será realizado e, consequentemente, a identificação de possíveis riscos, não previstos na Análise de Risco e nos procedimentos. A avaliação prévia deve ser realizada no local onde a atividade será executada e deve ser realizada pelo trabalhador ou equipe de trabalho, considerando as boas práticas de segurança e saúde no trabalho, possibilitando:

i) Equalizar o entendimento de todos, dirimindo eventuais dúvidas, proporcionando o emprego de práticas seguras de trabalho;

ii) Identificar e alertar acerca de possíveis riscos, não previstos na Análise de Risco e nos procedimentos;

iii) Discutir a divisão de tarefas e responsabilidades;

iv) Identificar a necessidade de revisão dos procedimentos. Embora não necessariamente na forma escrita, o empregador deve proporcionar mecanismos para assegurar a sua realização.

f) adotar as providências necessárias para acompanhar o cumprimento, pelas organizações prestadoras de serviços, das <u>medidas de prevenção</u> estabelecidas na norma;

g) garantir que qualquer trabalho em altura só se inicie depois de adotadas as medidas de prevenção definidas na norma;

h) assegurar a <u>suspensão</u> dos trabalhos em altura quando verificar situação ou condição de risco não prevista, cuja eliminação ou neutralização imediata não seja possível;

i) estabelecer uma <u>sistemática de autorização</u> dos trabalhadores para trabalho em altura: a sistemática de autorização para trabalho em altura deve possibilitar, a qualquer momento, a identificação dos trabalhadores que possuem permissão formal para sua execução; e

j) assegurar a <u>organização e o arquivamento</u> da documentação prevista na norma, por período mínimo de 5 (cinco) anos, exceto se houver disposição específica em outra NR.

6.2 Dos trabalhadores

Cabe aos trabalhadores cumprir as disposições previstas nesta norma e no item 1.4.2[4] da NR1 – Disposições Gerais e Gerenciamento de Riscos Ocupacionais, bem como os procedimentos operacionais expedidos pelo empregador.

7. PLANEJAMENTO E ORGANIZAÇÃO

Todo trabalho em altura deve ser planejado e organizado. No planejamento do trabalho devem ser adotadas as medidas indicadas a seguir, observando-se a seguinte hierarquia:

a) medidas para **evitar** o trabalho em altura, sempre que existir meio alternativo de execução;

b) medidas que **eliminem** o risco de queda dos trabalhadores, na impossibilidade de execução do trabalho de outra forma; e

c) medidas que **minimizem** as consequências da queda, quando o risco de queda não puder ser eliminado.

Vemos que, inicialmente, deve ser verificada a possibilidade de realizar o trabalho no nível do solo ou partir do nível do solo. Essa opção deve ser priorizada, sempre que possível.

Caso não seja possível evitar o trabalho em altura, devem ser adotadas medidas de proteção coletiva que eliminem o risco de queda, por exemplo, a instalação de sistema de guarda-corpo e rodapé em periferia de edificação em construção.

Na impossibilidade de adoção de medidas de proteção coletiva que eliminem o risco de queda de altura, devem ser consideradas medidas para minimizar as consequências da queda, como a utilização de proteção individual.

TRABALHO EM ALTURA
Hierarquia das medidas de prevenção

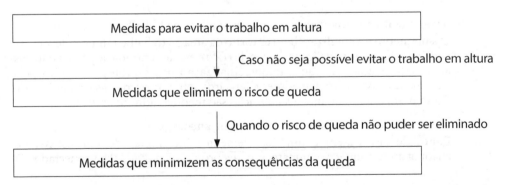

---

[4] NR1: "Item 1.4.2 Cabe ao trabalhador: a) cumprir as disposições legais e regulamentares sobre segurança e saúde no trabalho, inclusive as ordens de serviço expedidas pelo empregador; b) submeter-se aos exames médicos previstos nas NR; c) colaborar com a organização na aplicação das NR; e d) usar o equipamento de proteção individual fornecido pelo empregador."

7.1 Análise de risco

Todo trabalho em altura deve ser <u>precedido</u> de Análise de Risco.

A **Análise de Risco** é o método sistemático de exame crítico e avaliação detalhada da sequência de procedimentos necessários para execução de determinada tarefa e a correspondente identificação dos riscos potenciais, suas causas, consequências e medidas de controle. Permite a identificação e a antecipação dos eventos indesejáveis e acidentes possíveis de ocorrência durante a execução de determinada atividade, possibilitando a adoção de medidas preventivas de segurança e de saúde do trabalhador, do usuário, de terceiros e do meio ambiente, e até mesmo medidas preventivas de danos aos equipamentos e interrupção dos processos produtivos.

Existem várias metodologias consagradas de análise de risco (HAZOP, APR, FMEA, ART, outras)[5], entretanto a norma **não determina** qual delas deve ser utilizada. Tal decisão fica a cargo do empregador, e dependerá da complexidade e especificidades do serviço, objeto da análise.

Para atividades **rotineiras** de trabalho em altura a análise de risco poderá estar contemplada no respectivo procedimento operacional[6].

As atividades de trabalho em altura **não rotineiras** devem ser previamente autorizadas mediante permissão de trabalho: como são atividades não habituais, não há exigência de procedimento operacional. Desta forma, é necessária a autorização da sua execução por meio de Permissão de Trabalho.

Veremos adiante o detalhamento sobre a análise de risco, os procedimentos operacionais e a permissão de trabalho.

Além dos riscos inerentes ao trabalho em altura, a Análise de Risco deve considerar:

a) o **local** onde os serviços serão executados e seu entorno;

Tanto o local da execução do serviço, contemplando os trabalhadores diretamente envolvidos, quanto o seu entorno, contemplando os trabalhadores indiretamente envolvidos, devem ser considerados na Análise de Risco, levando-se em conta, por exemplo, a existência de redes de energia elétrica, declividade do terreno, trânsito de carros e pedestres, entre vários outros fatores. Se, por exemplo, para realizar uma atividade foi planejada a utilização de andaime móvel é necessário verificar se o terreno é resistente, plano e nivelado. Caso contrário, outra solução deverá ser utilizada.

b) o **isolamento e a sinalização** no entorno da área de trabalho;

O **isolamento e a sinalização no entorno** da área de trabalho também devem ser considerados e visam delimitar a área de risco e evitar a entrada de pessoas alheias ao serviço. Destaco novamente que <u>**sinalização**</u> não é proteção coletiva pois visa apenas advertir trabalhadores e terceiros sobre os riscos nas proximidades. Tanto o isolamento quanto a sinalização são medidas administrativas.

c) o estabelecimento dos sistemas e pontos de **ancoragem**;

Ponto de ancoragem é um dos elementos integrantes de um sistema de ancoragem em que o equipamento de proteção individual é conectado. O

---

[5] HAZOP – *Hazard and Operability Studies*; APR – Análise Preliminar de Risco; FMEA – *Failure Mode and Effects Analysis*; ART – Análise de Risco da Tarefa.

[6] Temos aqui a exclusão da obrigatoriedade de realização de uma análise de risco documentada previamente a cada momento de execução das atividades rotineiras, desde que os requisitos técnicos da análise de risco estejam contidos nos respectivos procedimentos operacionais.

ponto de ancoragem deve ser fixado a elemento estrutural e possuir capacidade nominal adequada, ou seja, deve ser adequadamente dimensionado.

Sistemas de ancoragem são os componentes definitivos ou temporários, entre eles, o(s) ponto(s) de ancoragem, dimensionados para suportar impactos de queda, aos quais o trabalhador possa conectar seu Equipamento de Proteção Individual, diretamente ou por meio de outro dispositivo de segurança (por exemplo, o talabarte), de modo a permanecer conectado em caso de perda de equilíbrio, desfalecimento ou queda. Além de resistirem a uma provável queda do trabalhador, os sistemas de ancoragem são utilizados com o objetivo de restringir sua movimentação, evitando ou impedindo que ele se aproxime de locais com risco de queda de altura.

d) as condições **meteorológicas** adversas;

A Análise de Risco deve considerar as **condições meteorológicas adversas**, que são aquelas que podem comprometer a saúde e a segurança dos trabalhadores durante a execução do trabalho em altura, por exemplo, ventos fortes, chuvas, radiação solar intensa e descargas atmosféricas.

e) a seleção, inspeção, forma de utilização e limitação de uso dos **sistemas de proteção** coletiva e individual, atendendo às normas técnicas vigentes[7], às orientações do fabricante ou projetista e aos princípios da redução do impacto e dos fatores de queda;

O fator de queda é um indicador relacionado à gravidade da queda e é calculado pela razão entre a distância que o trabalhador percorreria na queda e o comprimento do equipamento que irá detê-lo. Estudaremos o fator de queda mais adiante, neste capítulo.

f) o risco de **queda de materiais e ferramentas**;

A Análise de Risco deverá identificar também os locais onde haja **risco de queda** de materiais e ferramentas, bem como as medidas de proteção a serem adotadas de forma e evitar tal ocorrência, por exemplo, implantação de sistema de guarda-corpo e rodapé, amarração das ferramentas, utilização de redes de proteção, utilização de porta ferramentas, entre outras aplicáveis.

g) os **trabalhos simultâneos** que apresentem riscos específicos;

Além dos riscos inerentes ao trabalho em altura a ser realizado, devem ser considerados outros trabalhos que venham a ser executados **simultaneamente** e que possam colocar em risco a segurança e a saúde do trabalhador, por exemplo, trabalho de soldagem executado nas proximidades de atividades de pintura necessariamente deve requerer medidas adicionais que devem ser consideradas na análise de risco.

h) o **atendimento aos requisitos de segurança e saúde** contidos nas demais normas regulamentadoras;

A NR35 não exclui a aplicabilidade de outras normas regulamentadoras. Os requisitos normativos devem ser compreendidos de forma sistemática. Quando houver outros riscos como, por exemplo, choque elétrico, atmosfera explosiva em áreas classificadas e espaços confinados, as NR10, NR20 e NR33, respectivamente, deverão ser cumpridas.

---

[7] Dentre as normas técnicas nacionais destaco a NBR 16.489: trata-se de norma de extrema importância e complementar à NR35 quanto às recomendações referentes à seleção e ao uso de SPIQ e seus componentes.

i) os **riscos adicionais**;

Os **riscos adicionais também deverão ser avaliados**. Incluem-se nesses riscos todos os demais grupos ou fatores de risco, além dos existentes no trabalho em altura, específicos de cada ambiente ou atividade que, direta ou indiretamente, possam afetar a segurança e a saúde no trabalho, por exemplo, iluminação deficiente, choque elétrico, no caso de execução de serviços próximos a redes elétricas, espaço inadequado, trabalho de soldagem, presença de agentes químicos, temperaturas extremas, entre vários outros.

j) as **condições impeditivas**;

Condições impeditivas são situações que impedem ou impossibilitam a realização ou a continuidade do serviço e que podem colocar em risco a saúde ou a integridade física do trabalhador. Essas condições não se restringem às do ambiente de trabalho. A própria percepção do trabalhador em relação ao seu estado de saúde no momento da realização da tarefa ou atividade, assim como a do seu supervisor, também podem ser consideradas condições impeditivas.

k) as **situações de emergência** e o planejamento do resgate e primeiros socorros, de forma a reduzir o tempo da suspensão inerte do trabalhador;

A Análise de Risco também deve considerar as situações de emergência e o planejamento do resgate e primeiros socorros, de forma a reduzir o tempo da **suspensão inerte do trabalhador.** Como vimos anteriormente, suspensão inerte é a situação em que um trabalhador, após sofrer a queda, permanece suspenso pelo sistema de segurança até o momento do seu resgate. Para reduzir os riscos relacionados à suspensão inerte, o empregador deve implantar planos de emergência para evitar a suspensão prolongada e realizar o resgate o mais rápido possível. Quanto mais tempo a vítima ficar suspensa, maiores serão os riscos para sua saúde e segurança.

l) a necessidade de **sistema de comunicação**;

Vemos que a redação normativa **não exige** a adoção de sistemas de comunicação. Sua necessidade deve ser considerada pela Análise de Risco, e, se assim for o caso, determinada a utilização. Segundo o Manual de Auxílio na Interpretação e Aplicação da NR35, a necessidade de sistema de comunicação deve ser considerada em sentido amplo, não só entre os trabalhadores que estão executando as tarefas em altura, como entre eles e os demais envolvidos direta ou indiretamente na execução dos serviços, inclusive em situações de emergências.

m) a forma de **supervisão**.

Já a supervisão do trabalho em altura, esta sim, é obrigatória. Cabe à Análise de Risco definir a forma como se dará esta supervisão, por exemplo, se presencial ou à distância, de acordo com as peculiaridades da atividade e as situações de emergência.

A execução do trabalho em altura também deve considerar as influências externas que possam alterar as condições do local de trabalho já previstas na análise de risco. Segundo o Glossário, as influências externas são variáveis que devem ser consideradas na definição e na seleção das medidas de proteção, para segurança das pessoas, cujo controle não é possível implementar de forma antecipada.

7.2 Procedimento operacional

A empresa deve desenvolver procedimento operacional para as atividades **rotineiras** de trabalho em altura. As atividades rotineiras são aquelas habituais, independente da frequência, que fazem parte do processo de trabalho da organização. Para tais atividades a empresa deve elaborar um documento escrito chamado Procedimento Operacional.

Os procedimentos operacionais para as atividades rotineiras de trabalho em altura devem conter:

a) o detalhamento da tarefa;
b) as medidas de prevenção características à rotina;
c) as condições impeditivas;
d) os sistemas de proteção coletiva e individual necessários; e
e) as competências e responsabilidades.

Como vimos, para atividades rotineiras de trabalho em altura a análise de risco poderá estar contemplada no respectivo procedimento operacional. Dessa forma, fica excluída a obrigatoriedade de realização de uma análise de risco documentada anteriormente a cada momento de execução dessas atividades, desde que os requisitos técnicos da análise estejam contidos nos respectivos procedimentos operacionais.

É importante que o procedimento operacional seja documentado, divulgado, conhecido, entendido e cumprido por todos os trabalhadores.

7.3 Permissão de Trabalho (PT)

A Permissão de Trabalho é um documento escrito no qual constam as medidas de controle visando o desenvolvimento de trabalho seguro, além de medidas de emergência e resgate. Nesse sentido, o objetivo da Permissão de Trabalho é autorizar o trabalho em altura, bem como descrever e delimitar sua execução.

Como vimos, as atividades de trabalho em altura **não rotineiras** devem ser previamente autorizadas mediante Permissão de Trabalho. Como são atividades não habituais, não há exigência de procedimento operacional. A utilização, porém, da Permissão de Trabalho não exclui a realização da análise de risco, que poderá ser feita separadamente ou inserida na própria Permissão de Trabalho.

Para as atividades não rotineiras as medidas de prevenção devem ser evidenciadas tanto na Análise de Risco quanto na Permissão de Trabalho.

A Permissão de Trabalho deve ser emitida, em meio físico ou digital, aprovada pelo responsável por sua autorização, e acessível no local de execução da atividade. Ao final, a Permissão de Trabalho deve ser encerrada e arquivada de forma a permitir sua rastreabilidade.

A Permissão de Trabalho deve conter:

a) os requisitos mínimos a serem atendidos para a execução dos trabalhos;

b) as disposições e medidas estabelecidas na Análise de Risco;

c) a relação de todos os envolvidos na atividade.

A Permissão de Trabalho tem validade limitada à duração da atividade, sendo restrita ao turno ou à jornada de trabalho. Entretanto, uma mesma Permissão de Trabalho pode ser revalidada pelo responsável por sua aprovação nas situações em que não ocorram mudanças nas condições estabelecidas ou na equipe de trabalho.

Resumindo:

*1 – A Permissão de Trabalho para trabalhos em altura deve ser elaborada para atividades **não rotineiras**;*

2 – Nesses casos, terá validade limitada à duração da atividade, sendo restrita ao turno ou jornada de trabalho. Ou seja, para cada atividade não rotineira deve ser elaborada uma Permissão de Trabalho;

3 – A norma prevê uma exceção: a Permissão de Trabalho poderá ser revalidada, pelo responsável por sua aprovação nas situações em que não ocorram mudanças nas condições estabelecidas ou na equipe de trabalho.

8. AUTORIZAÇÃO, CAPACITAÇÃO E APTIDÃO

Todo trabalho em altura deve ser realizado por trabalhador formalmente autorizado pela organização.

8.1 Trabalhador autorizado

Considera-se trabalhador autorizado para trabalho em altura aquele capacitado cujo estado de saúde foi avaliado, tendo sido considerado apto para executar suas atividades. A autorização para trabalho em altura deve considerar:

a) as atividades que serão desenvolvidas pelo trabalhador;

b) a capacitação a que o trabalhador foi submetido; e

c) a aptidão clínica para desempenhar as atividades.

A autorização deve ser consignada nos documentos funcionais do empregado. Considera-se como documento funcional do trabalhador, por exemplo, a sua ficha de registro.

A organização deve estabelecer sistema de identificação que permita a qualquer tempo conhecer a abrangência da autorização de cada trabalhador.

8.2 Trabalhador capacitado

Considera-se trabalhador capacitado para trabalho em altura aquele que foi submetido e aprovado em processo de capacitação, envolvendo treinamento, teórico e prático, inicial, periódico e eventual, observado o disposto na NR1.

NR 35 • TRABALHO EM ALTURA | 805

Os treinamentos devem ser ministrados por instrutores com comprovada proficiência no assunto, sob a responsabilidade de profissional qualificado ou legalmente habilitado em segurança no trabalho.

Segundo o Glossário, a proficiência se refere à competência, aptidão, capacitação e habilidade aliadas à experiência profissional, comprovadas por meio de diplomas, registro na carteira de trabalho, contratos específicos na área em questão ou outros documentos. A comprovada proficiência no assunto não significa formação em curso específico, mas habilidades, experiência e conhecimentos capazes de ministrar os ensinamentos referentes aos tópicos abordados nos treinamentos.

Treinamento inicial

O treinamento inicial, com carga horária mínima de 8 (oito) horas, deve ser realizado antes de o trabalhador iniciar a atividade e contemplar:

a) normas e regulamentos aplicáveis ao trabalho em altura;

b) análise de risco e condições impeditivas;

c) riscos potenciais inerentes ao trabalho em altura e medidas de prevenção e controle;

d) sistemas, equipamentos e procedimentos de proteção coletiva;

e) EPI para trabalho em altura: seleção, inspeção, conservação e limitação de uso;

f) acidentes típicos em trabalhos em altura; e

g) condutas em situações de emergência, incluindo noções básicas de técnicas de resgate e de primeiros socorros.

Treinamento periódico

O treinamento periódico deve ser realizado a cada dois anos, com carga horária mínima de oito horas, conforme conteúdo programático definido pelo empregador.

Treinamento eventual

Segundo o item 1.7.1.2.3 da NR1[8], o treinamento eventual deve ocorrer:

a) quando houver mudança nos procedimentos, condições ou operações de trabalho, que impliquem alteração dos riscos ocupacionais;

b) na ocorrência de acidente grave ou fatal, que indique a necessidade de novo treinamento; ou

c) após retorno de afastamento ao trabalho por período superior a 180 (cento e oitenta) dias.

A carga horária, o prazo para realização e o conteúdo programático do treinamento eventual devem atender à situação que o motivou.

---

[8] A NR1, enquanto norma geral, complementa a NR35, norma especial, conforme o art. 122 da Portaria 672/2021: "Art. 122. *As disposições previstas em normas setoriais se complementam com as disposições previstas em normas especiais no que não lhes forem contrárias, e estas, com as disposições das normas gerais.*" Desta forma, na ausência de informações sobre treinamento eventual na redação da NR35, aplica-se o disposto na NR1.

806 SEGURANÇA E SAÚDE NO TRABALHO – *Mara Queiroga Camisassa*

8.3 Aptidão para trabalho em altura

Cabe à organização avaliar o estado de saúde dos empregados que exercem atividades de trabalho em altura de acordo com o estabelecido na NR7 (Programa de Controle Médico de Saúde Ocupacional), em especial o item 7.5.3[9], considerando patologias que poderão originar mal súbito e queda de altura, bem como os fatores psicossociais.

Segundo o Manual de Aplicação da NR35, os fatores psicossociais podem ser definidos como as características do trabalho que funcionam como "estressores", ou seja, implicam grandes exigências no trabalho, combinadas com recursos insuficientes para o enfrentamento das mesmas.

A aptidão para trabalho em altura deve ser consignada no atestado de saúde ocupacional do trabalhador.

9. SISTEMAS DE PROTEÇÃO CONTRA QUEDAS

Vimos anteriormente que medidas para evitar o trabalho em altura devem ter prioridade no planejamento do trabalho, sempre que existir meio alternativo de execução.

Porém, quando não for possível evitar o trabalho em altura, será obrigatória a utilização de Sistema de Proteção Contra Quedas – SPQ.

O SPQ deve:

a) ser adequado à tarefa a ser executada;

b) ser selecionado de acordo com a análise de risco;

c) ser selecionado por profissional qualificado ou legalmente habilitado em segurança do trabalho;

d) ter resistência para suportar a força máxima aplicável prevista quando de uma queda: corresponde à maior força que pode ser aplicada em um elemento de um sistema de ancoragem;

e) atender às normas técnicas nacionais ou, na sua inexistência, às normas internacionais aplicáveis vigentes à época de sua fabricação ou construção; e

f) ter todos os seus elementos compatíveis e submetidos a uma sistemática de inspeção.

A seleção do sistema de proteção contra quedas deve considerar a utilização:

a) de **Sistema de Proteção Coletiva contra Quedas** – SPCQ[10], projetado por profissional legalmente habilitado; ou

b) de **Sistema de Proteção Individual contra Quedas** – SPIQ[11].

---

[9] NR7, item 7.5.3: "O PCMSO deve incluir a avaliação do estado de saúde dos empregados em atividades críticas, como definidas nesta Norma, considerando os riscos envolvidos em cada situação e a investigação de patologias que possam impedir o exercício de tais atividades com segurança."

[10] Considera-se proteção coletiva contra queda de altura todo equipamento ou sistema que elimine ou reduza os riscos da queda, por exemplo, sistema guarda-corpo e rodapé devidamente dimensionado, instalado e mantido. Ao contrário do que se encontra em diversos livros e sites na internet, não são medidas de proteção contra queda de altura cones e/ou faixas de sinalização, pois tais dispositivos não eliminam nem controlam o risco de queda e, como o próprio nome diz, têm apenas a função de sinalizar e advertir contra os riscos existentes no ambiente.

[11] De se destacar que o SPIQ não evita a queda, apenas minimiza suas consequências.

O SPIQ deve ser utilizado:

1) na impossibilidade de adoção do SPCQ;

2) sempre que o SPCQ não ofereça completa proteção contra os riscos de queda;

3) para atender situações de emergência.

9.1. Sistema de Proteção Individual contra Quedas (SPIQ)

Tipos de SPIQ

A norma prevê os seguintes tipos de Sistemas de Proteção Individual Contra Quedas:

➤ De restrição de movimentação
Limita a movimentação de modo que o trabalhador não fique exposto a risco de queda. Os sistemas de ancoragem destinados à restrição de movimentação devem ser dimensionados para resistir às forças que possam vir a ser aplicadas[12].

➤ De retenção de queda
Deve ser utilizado quando existe a possibilidade de ocorrência de queda com diferença de nível. Este sistema não evita a queda, mas a interrompe depois de iniciada, reduzindo suas consequências. Neste tipo de SPIQ o equipamento de proteção individual deve ser o cinturão de segurança tipo paraquedista.

O cinturão de segurança tipo paraquedista é constituído por um dispositivo preso ao corpo destinado a deter e distribuir as forças de queda pelo menos na parte superior das coxas, na pélvis, no peito e no tronco.

O cinturão de segurança tipo paraquedista, quando utilizado em retenção de queda, deve estar conectado pelo seu elemento de engate para retenção de queda indicado pelo fabricante e ser dotado de talabarte integrado com absorvedor de energia.

A utilização do sistema de retenção de queda por trava-queda deslizante guiado deve atender às recomendações do fabricante, em particular no que se refere:

a) à compatibilidade do trava-quedas deslizante guiado com a linha de vida vertical; e

b) ao comprimento máximo dos extensores.

O talabarte e o dispositivo trava-quedas devem ser posicionados:

a) de modo a restringir a distância de queda livre; e

b) de forma que, em caso de ocorrência de queda, o trabalhador não colida com estrutura inferior.

O talabarte, exceto quando especificado pelo fabricante e considerando suas limitações de uso[13], não pode ser utilizado:

a) conectado a outro talabarte, elemento de ligação ou extensor; ou

b) com nós ou laços.

---

[12] Havendo possibilidade de ocorrência de queda com diferença de nível, em conformidade com a análise de risco, o sistema de restrição de movimentação deve ser dimensionado como de retenção de queda.

[13] Informações sobre limitações de uso podem ser obtidas por meio de consulta às normas técnicas vigentes e orientações do fabricante.

SEGURANÇA E SAÚDE NO TRABALHO – *Mara Queiroga Camisassa*

> ➢ De posicionamento no trabalho
> Configurado para permitir que o trabalhador permaneça posicionado no local de trabalho, total ou parcialmente suspenso, sem o uso das mãos.

> ➢ De acesso por cordas
> Neste tipo de SPIQ são utilizadas cordas como meio de acesso e como proteção contra quedas. O equipamento de proteção individual também deve ser o cinturão de segurança tipo paraquedista.

Seleção

O SPIQ deve ser selecionado de forma que a força de impacto transmitida ao trabalhador seja de no máximo 6kN (seis kilo Newton), quando de uma eventual queda. A força de impacto corresponde à força dinâmica gerada pela frenagem de um trabalhador durante a retenção de uma queda.

Equipamentos de Proteção Individual

A norma também determina que é obrigação do fabricante ou importador de Equipamento de Proteção Individual disponibilizar informações quanto ao desempenho dos equipamentos e limites de uso, considerando a massa total aplicada ao sistema (trabalhador e equipamentos) e demais aspectos que devem constar na Análise de Risco referente ao SPIQ, quais sejam:

a) que o trabalhador deve permanecer conectado ao sistema durante todo o período de exposição ao risco de queda;

b) a distância de queda livre: distância compreendida entre o início da queda e o início da retenção;

c) o fator de queda: razão entre a distância que o trabalhador percorreria na queda e o comprimento do equipamento que irá detê-lo;

d) a utilização de um elemento de ligação[14] que garanta que um impacto de no máximo 6kN (seis kilo Newton) seja transmitido ao trabalhador quando da retenção de uma queda;

e) a zona livre de queda: região compreendida entre o ponto de ancoragem e o obstáculo inferior mais próximo contra o qual o trabalhador possa colidir em caso de queda, tal como o nível do chão ou o piso inferior; e

f) a compatibilidade entre os elementos do SPIQ.

> ### Saiba mais
> ### Sistemas de proteção ativa e sistemas de proteção passiva
> *Os SPIQ também são chamados de sistema de proteção ativa contra quedas porque necessitam de ações do usuário para que a proteção se concretize. Por exemplo, é necessário que o trabalhador vista um cinturão de segurança, ajuste-o a seu corpo, conecte-o a um sistema de ancoragem para que esteja protegido, e para isso deve ter recebido o necessário treinamento.*
> *Por outro lado, os SPCQ também são chamados de sistema de proteção passiva contra quedas, por serem geralmente independentes de ações do trabalhador. Por isso, na hierarquia das medidas de controle, são priorizadas as de caráter coletivo.*

---

[14] Segundo o Glossário, elemento de ligação é aquele que tem a função de conectar o cinturão de segurança ao sistema de ancoragem, podendo incorporar um absorvedor de energia. Este último tem por objetivo limitar a força de impacto transmitida ao trabalhador pela dissipação da energia cinética.

Inspeções

O SPIQ deve passar por inspeções inicial, rotineira e periódica, observadas as recomendações do fabricante ou projetista, recusando-se os elementos que apresentem defeitos ou deformações.

A inspeção inicial é aquela realizada entre o recebimento e a primeira utilização do SPIQ. Tem por objetivo assegurar que o SPIQ é apropriado para a aplicação pretendida, que funciona corretamente, que atende aos requisitos normativos e que está em boas condições.

A inspeção rotineira é aquela realizada antes do início dos trabalhos, sendo visual e táctil, executada pelo trabalhador antes de utilizar os equipamentos que compõem o SPIQ.

A inspeção periódica deve ser realizada no mínimo uma vez a cada doze meses, podendo este intervalo ser reduzido em função do tipo de utilização, da frequência de uso ou da exposição a agentes agressivos. Tem por objetivo detectar defeitos, danos ou desgastes, respeitando as instruções do projetista ou fabricante.

Inspeções do SPIQ

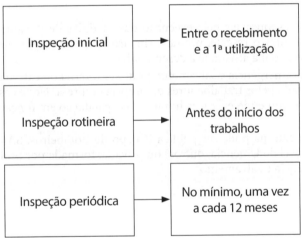

As inspeções iniciais, periódicas e aquelas rotineiras que tiverem os elementos do SPIQ recusados devem ser registradas. Observamos então que a norma não exige o registro de todas as inspeções, mas tão somente daquelas cujos SPIQ tiverem os elementos recusados. Claro que a organização, a seu critério, poderá registrar todas as demais inspeções.

A norma também não dispõe sobre as informações que devem constar no registro destas inspeções, mas é importante que sejam informados, pelo menos: data, local, nome do trabalhador usuário; tipo do equipamento (retenção, restrição, etc.), fabricante, modelo e motivo da recusa.

A norma tampouco determina os itens a serem inspecionados. Ressalto que é importante, pelo menos, a verificação de: legibilidade da etiqueta do fabricante, cortes, furos, estiramentos nas fitas, estado das costuras e peças metálicas.

Os elementos do SPIQ que apresentarem defeitos, degradação, deformações ou **sofrerem impactos de queda** devem ser **inutilizados e descartados**, exceto quando sua restauração for prevista em normas técnicas nacionais ou, na sua ausência, em normas internacionais e de acordo com as recomendações do fabricante.

10. EMERGÊNCIA E SALVAMENTO

A organização deve estabelecer, implementar e manter procedimentos de respostas aos cenários de emergências de trabalho em altura, considerando, além do disposto na NR1:

a) os perigos associados à operação de resgate;

b) a equipe de emergência e salvamento necessária e o seu dimensionamento;

c) o tempo estimado para o resgate; e

d) as técnicas apropriadas, os equipamentos pessoais e/ou coletivos específicos e os sistema de resgate disponível, de forma a reduzir o tempo de suspensão inerte do trabalhador e sua exposição aos perigos existentes.

A organização também deve:

➢ realizar análise de risco dos cenários de emergência de trabalho em altura identificados; e

➢ assegurar que a equipe possua os recursos necessários para as respostas às emergências.

As pessoas responsáveis pela execução das medidas de salvamento devem estar capacitadas a executar o resgate, prestar primeiros socorros e possuir aptidão física e mental compatível com a atividade a desempenhar.

A equipe de emergência e salvamento pode ser interna ou externa. A equipe interna é aquela formada pelos trabalhadores da própria empresa. Neste caso, a organização deve estabelecer o conteúdo e a carga horária da capacitação em função dos cenários de emergência.

Já a equipe externa pode ser pública (Corpo de Bombeiros, SAMU – Serviço de Atendimento Móvel de Urgência, outros) ou privada, formada por profissionais capacitados em emergência e salvamento.

NR 36 SEGURANÇA E SAÚDE NO TRABALHO EM EMPRESAS DE ABATE E PROCESSAMENTO DE CARNES E DERIVADOS

Classificação: Norma Setorial
Última atualização: Portaria MTP 4.219, de 20 de dezembro de 2022

1. INTRODUÇÃO

A carne é um dos principais produtos do agronegócio brasileiro no cenário internacional, sendo o Brasil um dos maiores produtores mundiais de carne bovina, suína e de frango. Entretanto, os prêmios da alta produtividade e qualidade da carne brasileira são alcançados à margem do adoecimento dos milhares de trabalhadores nas empresas de abate e processamento de carnes.

Jornadas excessivas, inexistência ou não cumprimento de pausas para descanso, manutenção de posturas ortostáticas/estáticas, condições ergonômicas desfavoráveis, movimentos repetitivos, imposição de metas de produção muitas vezes inalcançáveis, estresse, fadiga, e vários outros fatores têm, inquestionavelmente, contribuído para o elevado índice de adoecimento e acidentes de trabalho nessa atividade econômica. Também não são raros os casos de afastamento com incapacidade permanente para o trabalho. Tais situações são encontradas nas empresas dos mais variáveis níveis tecnológicos, que vão desde aquelas que abatem animais em condições sanitárias precárias até as que atendem ao mercado internacional.

Em razão desse cenário adverso, bem como pela complexidade e abrangência do setor econômico envolvido, o processo de criação da NR36 foi longo, iniciando-se em 2011, sendo sua primeira redação publicada em 2013. Como norma setorial, ganharam destaque os riscos específicos do setor, quais sejam, físicos, químicos, biológicos, riscos de acidentes e riscos relacionados a fatores ergonômicos[1].

Oportuno ressaltar que importantes conquistas começaram a ser alcançadas com a publicação da NR36, entre elas, a organização temporal, ou seja, obrigatoriedade de introdução de rodízios e pausas para descanso, bem como a exigência de alternância de posturas, possibilitando que o trabalhador exerça atividades que demandem diferentes exigências físico-motoras, de forma a evitar posturas estáticas e movimentos excessivamente repetitivos.

---

[1] Manual de Auxílio na Interpretação e Aplicação da Norma Regulamentadora NR36. MTb. 2017.

2. OBJETIVO

A norma tem por objetivo dar plena eficácia aos direitos constitucionais de trabalho e segurança, constituindo-se em verdadeira medida de prevenção de acidentes de trabalho, bem como de promoção da saúde no ambiente laboral. Nesse sentido, estabelece os requisitos mínimos para avaliação, controle e monitoramento dos riscos existentes nas atividades desenvolvidas na indústria de abate e processamento de carnes e derivados destinados ao *consumo humano*, para garantir permanentemente a segurança, a saúde e a qualidade de vida no trabalho, sem prejuízo da observância do disposto nas demais Normas Regulamentadoras.

A expressão "abate e processamento de carnes e derivados" abrange as atividades de abate de bovinos e suínos, aves, pescados e outras espécies animais, realizadas para obtenção de carne e de seus derivados, como salsichas, linguiças, patês, entre outros.

Entretanto, é importante esclarecer que, ainda que a atividade da empresa seja **somente o abate** ou somente o processamento da carne (já abatida) e derivados, seus trabalhadores estarão, indistintamente, protegidos pelo disposto na norma.

3. TERMOS TÉCNICOS

Como norma setorial que trata de atividade econômica específica, a NR36 traz em sua redação vários termos provavelmente desconhecidos para a maioria dos leitores. Por esse motivo, apresento a seguir alguns desses termos, em ordem alfabética, a fim de ajudar no seu estudo.

Chairação: Ato de chairar ou afiar facas, utilizando-se peça de aço chamada chaira. Para maior segurança do trabalhador, a chaira nunca deve ser menor que a lâmina da faca a ser afiada.

Espostejamento: É a etapa em que ocorre o corte da carcaça, ou seja, do animal já abatido, em diversas partes, também chamadas postas.

Evisceração: Retirada das vísceras do animal abatido.

Graxaria: Como consequência das operações de abate para obtenção de carne e derivados, originam-se vários subprodutos e/ou resíduos que devem sofrer processamentos específicos: couros, sangue, ossos, gorduras, aparas de carne, tripas, animais ou suas partes condenadas pela inspeção sanitária etc. A Graxaria é o setor destinado ao processamento desses subprodutos, tendo como fabricação principal o sebo ou gordura animal, cuja principal destinação é a indústria de sabões/sabonetes e a indústria química. Na graxaria são gerados os chamados Compostos Orgânicos Voláteis (COV), resultados da emissão de vários compostos – inorgânicos e orgânicos complexos e responsáveis por odores desagradáveis presentes nesse setor.

Nória: Parte móvel do sistema de trilhagem aérea na qual o animal, já abatido, é pendurado para ser submetido, em linha, às etapas seguintes, como evisceração e espostejamento.

Trilhagem aérea: Sistema mecanizado de transporte suspenso dos animais abatidos. A norma determina que os sistemas de trilhagem aérea, esteiras transportadoras, roscas sem fim ou nórias **devem estar equipados com um ou mais dispositivos de parada de emergência**, que permitam a interrupção do seu funcionamento por segmentos curtos, a **partir de qualquer um dos operadores em seus postos de trabalho**.

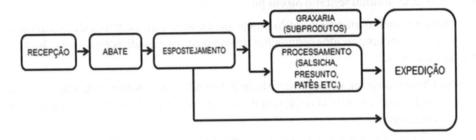

FLUXOGRAMA DAS PRINCIPAIS ETAPAS DE EMPRESA DE ABATE E PROCESSAMENTO DE CARNES

4. MOBILIÁRIO DOS POSTOS DE TRABALHO

As dimensões dos diversos espaços de trabalho existentes devem ser suficientes para que o trabalhador possa movimentar os segmentos corporais livremente, de forma segura, de maneira a facilitar o trabalho, reduzir o esforço e não exigir a adoção de posturas extremas.

4.1 Alternância de posturas – Assentos

Não se pode dizer que exista uma postura *correta* para a execução de determinada tarefa. O ideal é que o posto de trabalho seja concebido de tal forma que o trabalhador possa variar sua postura livremente ao longo da sua jornada de trabalho. Nesse sentido, seria incorreto falarmos em "postura ideal", pois a melhor postura é a dinâmica, ou seja, aquela que permite o máximo de variação. A norma determina que, sempre que o trabalho puder ser executado alternando a posição de pé com a posição sentada, o posto de trabalho deve ser planejado ou adaptado para favorecer a alternância dessas posições. A fim de atender a essa determinação, o empregador deverá disponibilizar assentos nos postos de trabalho para os trabalhadores cujas atividades possam ser realizadas na posição sentada. Esses postos de trabalho são chamados pela norma de postos de trabalho estacionários.

Os assentos devem atender às recomendações da Análise Ergonômica do Trabalho, porém a própria norma determina que esses assentos devem ser fornecidos observando-se a **quantidade mínima de um assento para cada três trabalhadores**.

Os assentos devem:

- Possuir sistemas de ajustes de fácil manuseio;
- Ser construídos com material que priorize o conforto térmico, obedecidas as características higiênico-sanitárias legais.

ASSENTOS

UM PARA CADA TRÊS
TRABALHADORES

SISTEMAS DE AJUSTES

CONFORTO TÉRMICO

4.2 Trabalho manual sentado ou em pé

Para o trabalho manual sentado ou em pé, as bancadas, esteiras, nórias, mesas ou máquinas devem proporcionar condições de boa postura, visualização e operação, atendendo, no mínimo:

a) altura e características da superfície de trabalho compatíveis com o tipo de atividade, com a distância requerida dos olhos ao campo de trabalho e com a altura do assento;

b) características dimensionais que possibilitem posicionamento e movimentação adequados dos segmentos corporais isentos de amplitudes articulares excessivas, tanto para o trabalho na posição sentada quanto na posição em pé;

c) área de trabalho dentro da zona de alcance manual permitindo o posicionamento adequado dos segmentos corporais;

d) ausência de quinas vivas ou rebarbas.

Sabemos que a postura adotada pelo trabalhador é determinada pela interação entre seu corpo, os meios de trabalho e as exigências da tarefa. Ele adotará a postura que for necessária para realizar seu trabalho. Por isso é fundamental que o mobiliário ofereça mecanismos de ajustes às características antropométricas dos trabalhadores. Nesse sentido, a altura da mesa de trabalho é muito importante, principalmente, para o trabalho sentado, sendo duas variáveis as responsáveis para sua determinação: a altura do cotovelo, que dependerá da altura do assento, e o tipo de trabalho a ser executado[2]. Por exemplo, dependendo da altura em que for instalada, a trilhagem aérea poderá exigir do trabalhador a elevação de membros superiores, ao passo que uma mesa baixa demais pode obrigá-lo a flexionar a coluna lombar para cortar a carne.

O plano de trabalho também deve ser adequado às necessidades de manuseio das ferramentas utilizadas, por exemplo, as facas, evitando-se angulações extremas de punho, flexão cervical ou lombar. Além disso, não devem existir quinas vivas que tragam desconforto para o trabalhador, comprimindo segmentos corporais de forma incisiva. Cantos vivos, superfícies ásperas, cortantes e quinas em ângulos agudos ou rebarbas nos pontos de contato com segmentos do corpo do operador são também fatores de riscos de acidentes.

---

[2] IIDA, I. *Ergonomia*: projeto e produção. São Paulo: Edgard Blucher, 2005.

4.3 Apoio para os pés

O empregador deve disponibilizar apoio para os pés que se adapte ao comprimento das pernas do trabalhador, **nos casos em que os pés não alcançarem o piso**, mesmo após a regulagem do assento.

O apoio para os pés deve ter as seguintes características:

- Dimensões que possibilitem o posicionamento e a movimentação adequada dos segmentos corporais, permitindo as **mudanças de posição e o apoio total das plantas dos pés**;
- Altura e inclinação ajustáveis e de fácil acionamento;
- Superfície revestida com material antiderrapante, obedecidas as características higiênico-sanitárias legais.

O apoio para os pés não deve ser usado por períodos prolongados. Trata-se de um **acessório** que pode ser útil para que o trabalhador varie um pouco sua postura, para que possa descansar. Lembremos que toda postura fica desconfortável se for mantida por longos períodos, é importante permitir que o trabalhador possa realizar pequenos movimentos mesmo sentado, mudar o posicionamento dos pés, dos braços e do tronco. Entretanto, o melhor mesmo é poder se levantar quando quiser e sentir necessidade[3].

4.4 Trabalho realizado exclusivamente em pé

Para o trabalho realizado exclusivamente em pé, devem ser atendidos os seguintes requisitos mínimos:

a) zonas de alcance horizontal e vertical que favoreçam a adoção de posturas adequadas, e que não ocasionem amplitudes articulares excessivas, tais como elevação dos ombros, extensão excessiva dos braços e da nuca, flexão ou torção do tronco;

b) espaço suficiente para pernas e pés na base do plano de trabalho, para permitir que o trabalhador se aproxime o máximo possível do ponto de operação e possa posicionar completamente a região plantar;

c) barras de apoio para os pés para alternância dos membros inferiores, quando a atividade permitir;

d) existência de assentos ou bancos próximos ao local de trabalho para as pausas permitidas pelo trabalho, atendendo no **mínimo 50% do efetivo** que usufruirá dessas pausas.

Observem que, da mesma forma que a NR17, a NR36 também prevê o fornecimento de assentos para os trabalhadores que realizam atividades exclusivamente em pé.

---

[3] ABRAHÃO, Júlia e outros. *Introdução à ergonomia*. São Paulo: Finatec/Blucher, 2009.

4.5 Uso de pedais

Para as atividades que necessitam do uso de pedais e comandos acionados com os pés ou outras partes do corpo de forma permanente e repetitiva, os trabalhadores devem **efetuar alternância com atividades que demandem diferentes exigências físico-motoras**. Nenhuma postura ou ritmo repetitivo deve ser mantido por um longo período, pois esses são muito fatigantes, podendo causar lesões nos músculos e articulações. Caso os comandos sejam acionados por outras partes do corpo, devem ter posicionamento e dimensões que possibilitem alcance fácil e seguro e movimentação adequada dos segmentos corporais.

4.6 Câmaras frias

As câmaras frias devem possuir **dispositivo que possibilite abertura das portas pelo interior sem muito esforço**, além de alarme ou outro sistema de comunicação, que possa ser acionado **pelo interior**, em caso de emergência. Tal determinação se faz necessária, pois é possível que a porta da câmara seja fechada inadvertidamente enquanto o trabalhador ainda esteja no seu interior. As câmaras frias cuja temperatura for igual ou inferior a – **18ºC** devem possuir indicação do tempo máximo de permanência no local.

Sobre esse assunto, vejam questão do CESPE/2013, cujo gabarito é CERTO:

 Conforme a norma regulamentadora que trata da segurança e saúde no trabalho em empresas de abate e processamento de carnes e derivados, as câmaras frias em que a temperatura ambiente interior for igual ou inferior a – 18oC devem possuir indicação de tempo máximo de permanência no local.

5. ESTRADOS, PASSARELAS E PLATAFORMAS

Nas atividades realizadas em pé, é comum a utilização de estrados para a adequação da altura do plano de trabalho. Nesses casos, os estrados deverão ter dimensões, profundidade, largura e altura que permitam a movimentação segura do trabalhador.

É vedado improvisar a adequação da altura do posto de trabalho com materiais não destinados para esse fim.

As plataformas, escadas fixas e passarelas devem atender ao disposto na NR12 (Segurança no Trabalho em Máquinas e Equipamentos). Caso seja **tecnicamente** inviável a colocação do guarda-corpo em plataformas elevadas, como nas fases de evisceração e espostejamento de animais de grande e médio porte, o empregador deverá adotar medidas preventivas que garantam a segurança dos trabalhadores e o posicionamento adequado dos segmentos corporais.

A altura, posicionamento e dimensões das plataformas devem ser adequados às características da atividade, de maneira a facilitar a tarefa a ser exercida com segurança, sem uso excessivo de força e sem exigência de adoção de posturas extremas ou nocivas de trabalho.

6. MANUSEIO DE PRODUTOS

O empregador deve adotar meios técnicos e organizacionais para reduzir os esforços nas atividades de manuseio de produtos. O ritmo intenso das atividades de manuseio das partes dos animais abatidos é fator de risco de distúrbios osteomusculares

NR 36 • EMPRESAS DE ABATE E PROCESSAMENTO DE CARNES E DERIVADOS | **817**

relacionados ao trabalho (DORT), pois para a execução são necessários esforços intensos e repetitivos, podendo ocasionar lesões nos membros superiores, principalmente pulsos e mãos.

O manuseio de animais ou produtos não deve exigir o uso de força muscular excessiva por parte dos trabalhadores, devendo ser atendidos, no mínimo, os seguintes requisitos:

a) os elementos a serem manipulados, devem estar dispostos **dentro da área** de alcance principal para o trabalhador, tanto para a posição sentada como em pé;

b) a altura das esteiras ou de outro mecanismo utilizado para depósito de produtos e de partes dos produtos manuseados deve ser **dimensionada de maneira a não propiciar extensões e/ou elevações excessivas dos braços e ombros**;

c) as caixas e outros *continentes*[4] utilizados para depósito de produtos devem estar localizados de modo a **facilitar a pega** e não propiciar a adoção excessiva e continuada de torção e inclinações do tronco, elevação e/ou extensão dos braços e ombros.

A localização da **pega** das caixas afetará a força que o trabalhador irá exercer para movimentá-la. Uma boa pega irá reduzir a força máxima requerida e aumentar o peso aceitável de levantamento, enquanto uma pega *pobre* aumentará essa força e reduzirá o peso aceitável.

Além disso, as características anatômicas das pegas devem ser adequadas às características da mão humana, de modo a propiciar conforto durante sua utilização. As pegas também devem ter a aderência adequada para a função, e o tamanho bem relacionado com as medidas antropométricas da mão.

Devem ser implementadas medidas de controle que evitem que os trabalhadores, ao realizar suas atividades, sejam obrigados a efetuar de forma contínua e repetitiva:

a) movimentos bruscos de impacto dos membros superiores;

b) uso excessivo de força muscular;

c) frequência de movimentos dos membros superiores que possam comprometer a segurança e saúde do trabalhador;

d) exposição prolongada a vibrações;

e) **imersão ou contato permanente das mãos com água**.

Nas atividades de processamento de animais, principalmente os de grande e médio porte, devem ser adotados:

a) sistemas de transporte e ajudas mecânicas na sustentação de cargas, partes de animais e ferramentas pesadas;

b) medidas organizacionais e administrativas para redução da frequência e do tempo total nas atividades de manuseio, quando a mecanização for **tecnicamente** inviável;

c) medidas técnicas para prevenir que a movimentação do animal durante a realização da tarefa possa ocasionar riscos de acidentes, tais como corte, tombamento e prensagem do trabalhador.

---

4   Segundo o Glossário, *continente* também chamado de contentor, é todo o material que envolve ou acondiciona o alimento, total ou parcialmente, para comércio e distribuição como unidade isolada.

7. LEVANTAMENTO E TRANSPORTE DE PRODUTOS E CARGAS

O empregador deve adotar medidas técnicas e organizacionais apropriadas e fornecer os meios adequados para reduzir a necessidade de carregamento manual constante de produtos e cargas cujo peso possa comprometer a segurança e a saúde dos trabalhadores.

O levantamento, transporte, descarga, manipulação e armazenamento de produtos, partes de animais e materiais devem ser executados de forma que o esforço físico realizado pelo trabalhador seja compatível com sua segurança, saúde e capacidade de força.

O empregador deve efetuar **Análise Ergonômica do Trabalho** para avaliar a compatibilidade do esforço físico dos trabalhadores com a sua capacidade de força, nas atividades que exijam levantamento, transporte, descarga, manipulação e armazenamento de animais, produtos e materiais de forma constante e repetitiva.

A duração e a frequência da tarefa de carregamento manual de cargas que possam comprometer a segurança e saúde do trabalhador devem ser limitadas, devendo-se efetuar alternância com outras atividades ou pausas adequadas, **entre períodos não superiores a duas horas, ressalvadas outras disposições legais**.

Devem ser adotadas medidas para adequação do peso e do tamanho da carga, do número de movimentos a serem efetuados, da frequência de levantamento e carregamento e das distâncias a percorrer com cargas que possam comprometer a segurança e saúde dos trabalhadores.

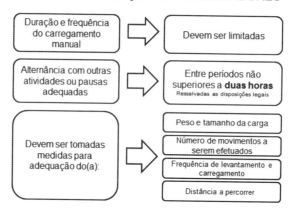

No levantamento, manuseio e transporte individual de cargas devem ser observados, além do disposto no item 17.5 da NR17 (Ergonomia – Levantamento, transporte e descarga individual de materiais) os seguintes requisitos:

a) os locais para pega e depósito das cargas devem ser organizados de modo que as cargas, acessos, espaços para movimentação, alturas de pega e deposição não obriguem o trabalhador a efetuar flexões, extensões e rotações excessivas do tronco e outros posicionamentos e movimentações forçadas e nocivas aos segmentos corporais;

b) a estocagem dos materiais e produtos deve ser organizada em função dos pesos e da frequência de manuseio, de maneira a não exigir manipulação constante de carga com pesos que possam comprometer a segurança e saúde do trabalhador;

NR 36 • EMPRESAS DE ABATE E PROCESSAMENTO DE CARNES E DERIVADOS | 819

c) devem ser adotadas medidas, sempre que tecnicamente possível, para que quaisquer materiais e produtos a serem erguidos, retirados, armazenados ou carregados de forma frequente não estejam localizados próximos ao solo ou acima dos ombros;

d) cargas e equipamentos devem ser posicionados o mais próximo possível do trabalhador, resguardando espaços suficientes para os pés, de maneira a facilitar o alcance, não atrapalhar os movimentos ou ocasionar outros riscos.

Devem ser evitadas as torções no tronco, pois causam tensões indesejáveis nas vértebras, e também exaustão muscular, e quando ela ocorre, há um tempo necessário para recuperação da musculatura. Ao movimentar uma carga, o trabalhador deverá conservá-la o mais próximo possível ao corpo. Quanto mais as cargas estiverem afastadas do corpo, mais os braços serão estendidos e o corpo penderá para frente.

É vedado o levantamento não eventual de cargas quando a distância de alcance horizontal da pega for superior a 60 cm em relação ao corpo. A distância de alcance horizontal da pega corresponde à distância horizontal entre a pega do objeto a ser transportado e o corpo do operador.

Devem ser adotados meios técnicos, administrativos e organizacionais, a fim de evitar esforços contínuos e prolongados do trabalhador, para impulsão e tração de cargas. A duração do esforço muscular contínuo deve ser a menor possível a fim de se evitarem fadigas musculares localizadas.

Transporte por impulsão ou meios mecânicos

Sempre que **tecnicamente** possível, devem ser disponibilizados vagonetes com rodas apropriadas ou movidos a eletricidade ou outro sistema de transporte por impulsão ou tração que facilite a movimentação e reduza o esforço do trabalhador.

O transporte e a descarga de materiais feitos por impulsão ou tração de vagonetes sobre trilhos, carros de mão ou qualquer outro aparelho mecânico devem ter mecanismos que propiciem posicionamento e **movimentação adequados dos segmentos corporais**, de forma que o esforço físico realizado pelo trabalhador seja compatível com sua capacidade de força e não comprometa a sua segurança ou saúde.

Os equipamentos de transporte devem ser submetidos a manutenções periódicas.

8. RECEPÇÃO E DESCARGA DE ANIMAIS

As atividades de descarga e recepção de animais devem ser devidamente organizadas e planejadas, de forma a alcançar não somente os trabalhadores diretamente nelas envolvidos, como também contratados e terceiros.

O planejamento dessas atividades deve envolver, no mínimo:

a) procedimentos específicos e regras de segurança na recepção e descarga de animais para os trabalhadores e terceiros, incluindo os motoristas e ajudantes;

b) sinalização e/ou separação das áreas de passagem de veículos, animais e pessoas;

c) plataformas de descarregamento de animais isoladas de outros setores ou locais de trabalho;

d) postos de trabalho, da recepção até o curral de animais de grande porte, protegidos contra intempéries;

820 SEGURANÇA E SAÚDE NO TRABALHO – *Mara Queiroga Camisassa*

e) medidas de proteção contra a movimentação intempestiva e perigosa dos animais de grande porte que possam gerar risco aos trabalhadores;

f) passarelas para circulação dos trabalhadores ao lado ou acima da plataforma quando o acesso aos animais assim o exigir;

g) informação aos trabalhadores sobre os riscos e as medidas de prevenção no trabalho com animais vivos;

h) estabelecimento de procedimentos de orientação aos contratados e terceiros acerca das disposições relativas aos riscos ocupacionais.

Para a atividade de descarga de animais de grande porte é proibido o trabalho isolado, ou seja, o trabalho individual.

Devem ser previstos dispositivos para reter o animal de médio e grande porte no caso de um atordoamento falho ou de procedimentos de não atordoamento que possam gerar riscos ao trabalhador em virtude da movimentação dos animais.

Também devem ser adotadas medidas de prevenção para que as atividades de segurar e degolar animais sejam efetuadas de modo a permitir a movimentação adequada e segura dos trabalhadores. Nestas atividades e também na sangria manual devem ser adotados **rodízios ou pausas** ou outras **medidas preventivas** para minimizar a exposição dos trabalhadores aos riscos.

Poeira de aves

A norma determina que na **recepção e descarga de aves** devem ser adotadas medidas de **controle de poeiras** de maneira a garantir que os níveis não sejam prejudiciais à saúde dos trabalhadores.

Saiba mais
Poeiras em Aviários

As tarefas principais do trabalhador de um aviário são disponibilizar água e ração, recolher e retirar aves mortas, remover a cama do aviário (forração do piso) e realizar a limpeza do local e arredores. Esses locais podem conter amônia (proveniente do metabolismo animal), monóxido de carbono (proveniente do aquecimento a gás), ácido sulfídrico (proveniente do esterco líquido) e poeiras orgânicas que permanecem no ar como bioaerossóis. [...]

A poeira orgânica pode conter partículas de grãos, pólen, esporos de fungos, hifas, microtoxinas, bactérias e endotoxinas, além de penas, células da pele das aves e excrementos. Os principais distúrbios relacionados à exposição a esse tipo de contaminante são: rinite, asma ocupacional, alveolite extrínseca alérgica, síndrome da poeira orgânica tóxica, sintomas respiratórios agudos não alérgicos e doença pulmonar obstrutiva crônica.

As poeiras encontradas nos aviários são classificadas como bioaerossóis e se enquadram na definição de partículas não especificadas de outra maneira (PNOS – *Particles Not Otherwise Specified*). São classificadas como PNOS, porque, apesar de não causarem fibrose pulmonar, não são biologicamente inertes, podendo *provocar* efeitos adversos; então, recomenda-se que as concentrações ambientais sejam mantidas abaixo de 3 mg/m^3 para partículas respiráveis e 10 mg/m^3 para partículas inaláveis.[5-6]

---

[5] FERNANDES, Francisco Cortes. Poeira em aviários. *Rev. Bras. Med. Trab.*, v. 2, 2004.

[6] Informações sobre partículas respiráveis e inaláveis são apresentadas no capítulo da NR15 – Anexo 12 – Limites de Tolerância para poeiras minerais, para o qual remete-se o leitor.

NR 36 • EMPRESAS DE ABATE E PROCESSAMENTO DE CARNES E DERIVADOS | **821**

A NR15 – Atividades e Operações Insalubres não determina limites de tolerância para poeiras orgânicas[7]. Para a adoção de **medidas de controle** relativas à exposição à poeira de aves devem ser usados os valores limites de exposição ocupacional recomendados pela *American Conference of Governmental Industrial Higyenists* (ACGIH) conforme o disposto no item 9.6.1.1 da NR9[8]:

> *Na ausência de limites de tolerância previstos na NR15 e seus anexos, devem ser utilizados como referência para a adoção de medidas de prevenção aqueles previstos pela American Conference of Governmental Industrial Hygienists – ACGIH.*

9. MÁQUINAS

As máquinas e equipamentos utilizados nas empresas de abate e processamento de carnes e derivados devem atender ao disposto na NR12 (Segurança no Trabalho em Máquinas e Equipamentos).

Os sistemas de trilhagem aérea, esteiras transportadoras, roscas sem fim ou nórias devem estar equipados com **um ou mais dispositivos de parada de emergência**, que permitam a interrupção do seu funcionamento por segmentos curtos, por **qualquer um dos operadores em seus postos de trabalho.**

As atividades de **manutenção e higienização** de máquinas e equipamentos que possam ocasionar riscos de acidentes devem ser realizadas **por mais de um trabalhador, desde que a análise de risco da máquina ou equipamento assim o exigir.**

Devem ser adotadas medidas de controle para proteger os trabalhadores dos riscos adicionais provenientes:

a) da emissão ou liberação de agentes físicos ou químicos pelas máquinas e equipamentos;

b) das emanações aquecidas de máquinas, equipamentos e tubulações;

c) do contato do trabalhador com superfícies quentes de máquinas e equipamentos que possam ocasionar queimaduras.

Nos locais fechados e sem ventilação é proibida a utilização de máquinas e equipamentos movidos a combustão interna, **salvo se providos de dispositivos neutralizadores adequados.**

As instalações elétricas das máquinas e equipamentos devem ser projetadas e mantidas de modo a prevenir, por meios seguros, os riscos de choque elétrico e todos os outros tipos de acidentes, atendendo, além das disposições contidas na NR12 (Segurança no Trabalho em Máquinas e Equipamentos), aquelas dispostas pela NR10 (Segurança em Instalações e Serviços em Eletricidade).

Oportuno destacar o Anexo 1 da norma, que trata dos requisitos de segurança específicos para máquinas utilizadas nas indústrias de abate e processamento de carnes e derivados destinados ao consumo humano, sendo a NR12, nesse caso, aplicada de forma subsidiária. No Anexo I são abordadas as seguintes máquinas:

---

[7] Exceção para as operações com **bagaço de cana** nas fases de grande exposição à poeira, que são consideradas insalubres em grau médio, com caracterização qualitativa. A norma é omissa na conceituação da expressão "**grande** exposição".

[8] Redação aprovada com a publicação da Portaria 6.735, de 10 de março de 2020.

822 | SEGURANÇA E SAÚDE NO TRABALHO – *Mara Queiroga Camisassa*

I. Máquina automática para descourear e retirar pele e película;

II. Máquina aberta para descourear e retirar pele;

III. Máquina de repasse de moela;

IV. Máquina Serra de Fita.

10. EQUIPAMENTOS E FERRAMENTAS

Os diversos equipamentos e ferramentas utilizados nas empresas de abate e processamento de carne, como facas e serras de corte, são fatores de riscos relacionados a fatores não ergonômicos e riscos de acidentes. Os equipamentos e ferramentas disponibilizados devem favorecer a adoção de posturas e movimentos adequados, facilidade de uso e conforto, de maneira a não obrigar o trabalhador ao uso excessivo de força, pressão, preensão, flexão, extensão ou torção dos segmentos corporais.

Os equipamentos manuais, cujos pesos forem passíveis de comprometer a segurança e a saúde dos trabalhadores, devem ser dotados de dispositivo de sustentação. Devem ser consideradas as **sugestões** dos trabalhadores na escolha das ferramentas e dos equipamentos manuais. Também devem ser adotadas medidas preventivas para permitir o uso correto de ferramentas ou equipamentos manuais de forma a evitar a compressão da palma da mão ou de um ou mais dedos em arestas ou quinas vivas dos equipamentos. Tais medidas devem incluir, no mínimo:

a) afiação e adequação de ferramentas e equipamentos;

b) treinamento e orientação, na admissão e periodicamente.

Facas

O tipo, o formato e a textura da empunhadura das facas devem ser **apropriados à tarefa**, à mão do trabalhador e ao eventual uso de luvas.

Saiba mais

Facas

Atualmente existem diversos tipos de facas, cada uma delas apropriada à determinada etapa produtiva da atividade de abate e processamento de carnes, como facas para sangrias, retirada do couro, raspagem de ossos, corte de carnes penduradas na trilhagem aérea e até carnes para cortes especiais. Ainda, em alguns frigoríficos direcionados à exportação ao mercado muçulmano, há a exigência, por parte do comprador, de que o animal seja abatido com procedimentos especiais (abate HALAL), em razão da cultura religiosa do país.

Os empregadores devem:

a) estabelecer critérios de exigências para a escolha das características das facas, com a **participação dos trabalhadores**, em função das necessidades das tarefas existentes na empresa;

b) implementar sistema para **controle de afiação** das facas;

c) estabelecer mecanismos de reposição constante de facas afiadas, em quantidade adequada em função da demanda de produção;

d) instruir os supervisores sobre a importância da reposição de facas afiadas;

e) treinar os trabalhadores no uso da chaira, quando aplicável à atividade, especialmente os recém-admitidos ou nos casos de mudança de função.

NR 36 • EMPRESAS DE ABATE E PROCESSAMENTO DE CARNES E DERIVADOS | 823

O setor ou local destinado à afiação de facas, onde houver, deve possuir espaço físico e mobiliário adequado e seguro.

11. CONDIÇÕES AMBIENTAIS DE TRABALHO

A NR36 estabelece procedimentos específicos a serem adotados relativos às seguintes condições ambientais e agentes ambientais:

1. Ruído;
2. Qualidade do ar nos ambientes artificialmente climatizados;
3. Agentes químicos;
4. Agentes biológicos;
5. Conforto térmico.

11.1 Ruído

São inúmeras as fontes geradoras de ruído nas empresas de abate e processamento de carne. Dentre as principais destaco:

- Movimentação das esteiras e a trilhagem aérea;
- Operação de serras de corte;
- Sistemas de refrigeração (vasos de pressão, compressores, condensadores e evaporadores);
- Produção de vapor (setor de caldeiras).

Para controlar a exposição ao ruído ambiental devem ser adotadas medidas que priorizem a sua eliminação, a redução da sua emissão e a redução da exposição dos trabalhadores, nessa ordem. Todas as condições de trabalho com níveis de ruído excessivo devem ser objeto de estudo para determinar as mudanças estruturais necessárias nos equipamentos e no modo de produção, a fim de eliminar ou reduzir estes níveis. Uma das medidas que podem ser utilizadas é a segregação ou o enclausuramento da fonte do ruído, com material fonoabsorvente. No entanto, é importante lembrar que, conforme disposto no item 1.5.5.2.2 da NR1, após a implementação de uma medida de controle, deve-se realizar aferição dos resultados: no caso do ruído, deve-se realizar nova avaliação quantitativa para medição dos níveis de pressão sonora presentes no ambiente, após a segregação ou o enclausuramento da fonte. As recomendações para adequações e melhorias devem ser expressas em programas claros e objetivos, com definição de datas de implantação.

Tal como determinado na NR1, a NR36 também estabelece que, caso não seja possível **tecnicamente** eliminar ou reduzir a emissão do ruído ou quando as medidas de proteção adotadas não forem suficientes ou encontrarem-se em fase de estudo, planejamento ou implantação, ou ainda em caráter complementar ou emergencial, devem ser adotadas medidas para redução da exposição dos trabalhadores obedecendo à seguinte hierarquia:

a) medidas de caráter administrativo ou de organização do trabalho;

b) utilização de equipamento de proteção individual (EPI).

11.2 Qualidade do ar nos ambientes artificialmente climatizados

As empresas de abate e processamento de carnes e derivados devem efetuar o controle do ar nos ambientes artificialmente climatizados a fim de manter a boa qualidade do ar interno e garantir a prevenção de riscos à saúde dos trabalhadores, devendo-se adotar, no mínimo, o seguinte:

a) limpeza dos componentes do sistema de climatização de forma a evitar a difusão ou multiplicação de agentes nocivos à saúde humana;

b) verificação periódica das condições físicas dos filtros mantendo-os em condições de operação e substituindo-os quando necessário;

c) adequada renovação do ar no interior dos ambientes climatizados.

Indicador de renovação do ar interno

Deve ser observada, como indicador de renovação de ar interno, uma concentração de dióxido de carbono (CO_2) igual ou inferior a 1.000 ppm; uma medição de CO_2 acima de 1.000 ppm não significa que o critério não é satisfeito, desde que a medição não ultrapasse mais de 700 ppm a concentração no ar exterior.

11.3 Agentes químicos

As atividades de abate e processamento de carnes requerem a utilização de vários produtos químicos com diversas finalidades, por exemplo, produtos de higienização de facas e do próprio ambiente de trabalho, constituídos por compostos específicos para cada tipo de sujidade, substâncias sanitizantes para limpeza da trilhagem aérea, nórias etc. A norma determina que a empresa deve adotar medidas de prevenção **coletivas e individuais** quando da utilização de produtos químicos.

Além da utilização destes produtos, é de ressaltar que inúmeros agentes químicos são **gerados** durante o processo produtivo, como gases da combustão das caldeiras (quando não operam de forma otimizada, com a máxima eficiência de combustão). Há também o risco potencial de liberação de gases refrigerantes, como a amônia, utilizados nos sistemas de refrigeração, em virtude das perdas fugitivas ou acidentais.

Outro problema comum aos frigoríficos é a emissão de substâncias odoríferas – como gás sulfídrico (Sulfeto de hidrogênio – H_2S, altamente tóxico e inflamável, sob pressão) e várias outras substâncias contendo enxofre, como também diversos compostos orgânicos voláteis (COV). Uma vez que as operações dessas indústrias envolvem a geração e o manuseio de materiais altamente *putrescíveis*, a origem dessas substâncias está principalmente no gerenciamento inadequado desses materiais.

11.3.1 Amônia

A amônia (NH_3)é um gás irritante das vias respiratórias, olhos e pele. Apesar de ser um excepcional agente refrigerante, pois absorve grande quantidade de calor quando passa do estado líquido para o gasoso é altamente tóxica e pode se tornar explosiva em concentrações de 15% a 30% em volume.

A amônia é facilmente detectada a partir de pequeníssimas concentrações (5 ppm) no ar pelo seu cheiro *sui generis*. Dependendo do tempo e do nível de exposição, podem ocorrer efeitos que vão de irritações leves a severas lesões corporais. A inalação pode provocar elevada irritação das vias respiratórias, olhos e pele, podendo causar

NR 36 • EMPRESAS DE ABATE E PROCESSAMENTO DE CARNES E DERIVADOS | **825**

dificuldades respiratórias, broncoespasmo, queimadura da mucosa nasal, faringe e laringe, dor no peito e edema pulmonar.

Em virtude da grande utilização de sistemas de refrigeração com uso de **amônia** nas empresas de abate e processamento de carnes, e também do histórico de graves acidentes, inclusive com vítimas fatais em situações de vazamento e explosões, a norma prevê cuidados específicos no seu uso.

Os sistemas de refrigeração por amônia consistem de uma série de vasos de pressão e tubulações interconectados, que comprimem e bombeiam esse gás para um ou mais ambientes, com a finalidade de resfriá-los ou congelá-los a uma temperatura específica[9]. Os vasos de pressão contendo amônia devem atender ao disposto na NR13 – Caldeiras, Vasos de Pressão, Tubulações e Tanques Metálicos de Armazenamento.

A NR36, em seu item 36.9.3.2, estabelece uma **lista não exaustiva de medidas de proteção coletiva** que devem ser adotadas quando da utilização de amônia[10]. São elas:

a) manutenção das concentrações ambientais aos níveis mais baixos possíveis e sempre abaixo do **nível de ação** (NR9), por meio de ventilação adequada;

b) implantação de mecanismos para a detecção precoce de vazamentos nos pontos críticos, acoplados a sistema de alarme;

c) instalação de painel de controle do sistema de refrigeração;

d) instalação de chuveiros de segurança e lava-olhos;

e) manutenção de saídas de emergência desobstruídas e adequadamente sinalizadas;

f) manutenção de sistemas apropriados de prevenção e combate a incêndios, em perfeito estado de funcionamento;

g) instalação de chuveiros ou *sprinklers* acima dos grandes vasos de amônia, para mantê-los resfriados em caso de fogo, de acordo com a análise de risco;

h) manutenção das instalações elétricas à prova de explosão, próximas aos tanques;

i) sinalização e identificação dos componentes, inclusive as tubulações;

j) permanência apenas das pessoas autorizadas para realizar atividades de inspeção, manutenção ou operação de equipamentos na sala de máquinas.

As concentrações ambientais de amônia devem ser mantidas abaixo do nível de ação, que, no caso de agentes químicos, corresponde a 50% do limite de tolerância. Como a NR15 estabelece o valor 20 ppm como limite de tolerância para amônia, a concentração desse agente químico deve ser mantida abaixo de 10 ppm, sendo importante que os respectivos sensores sejam calibrados para atuarem neste nível (10 ppm). Nos locais críticos, devem ser instalados monitores ambientais acoplados ao sistema de alarme. Todos os equipamentos do sistema de refrigeração devem ser adequadamente dimensionados e instalados, além de testados antes de sua operação. É essencial que os componentes, inclusive tubulações, sejam devidamente sinalizados e identificados. Nas salas de

---

[9] Nota Técnica 03/2004. Refrigeração industrial por amônia – riscos, segurança e auditoria fiscal. Secretaria de Inspeção do Trabalho. MTE, 2004.

[10] Temos aqui uma atecnia da NR36, pois a maioria dos itens desta lista não são medidas de proteção coletiva, por exemplo, lava-olhos, chuveiros de emergência e sprinklers. Outros, como sinalização e identificação de componentes, como o próprio o nome sugere, são medidas de advertência com relação aos riscos existentes.

máquinas deve permanecer o menor número possível de trabalhadores e somente os que realizam manutenção e operação dos equipamentos. Além disso, sistemas de prevenção e combate a incêndios devem estar presentes e em perfeito estado de funcionamento.

Em caso de vazamento de amônia, o **painel de controle do sistema de refrigeração** deve:

a) acionar automaticamente o sistema de alarme;

b) acionar o sistema de controle e eliminação da amônia.

O empregador deve elaborar Plano de Resposta a Emergências que contemple ações específicas a serem adotadas na ocorrência de vazamentos de amônia.

O Plano de Resposta a Emergências deve conter, no mínimo:

a) nome e função do **responsável técnico** pela **elaboração e revisão** do plano;

b) nome e função do **responsável pelo gerenciamento e execução** do plano;

c) designação dos integrantes da **equipe de emergência**, responsáveis pela execução de cada ação;

d) estabelecimento dos **possíveis cenários** de emergências, com base na análise de riscos;

e) descrição das **medidas necessárias para resposta** a cada cenário contemplado;

f) descrição dos **procedimentos de resposta à emergência**, incluindo medidas de evacuação das áreas, remoção das fontes de ignição, quando necessário, formas de redução da concentração de amônia e procedimentos de contenção de vazamento;

g) descrição das **medidas de proteção coletiva e individual**;

h) **indicação dos EPI** adequados ao risco;

i) registro dos **exercícios simulados** realizados com periodicidade mínima anual envolvendo todos os empregados da área.

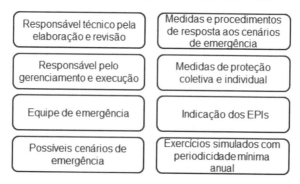

Sempre que ocorrerem acidentes que impliquem vazamento de amônia nos ambientes de trabalho, antes que seja autorizado o retorno dos trabalhadores às suas atividades, deverá ser efetuada a medição da concentração no ambiente.

NR 36 • EMPRESAS DE ABATE E PROCESSAMENTO DE CARNES E DERIVADOS | 827

Deve ser realizada avaliação das causas e consequências do acidente, com registro das ocorrências, postos e locais afetados, identificação dos trabalhadores expostos, resultados das avaliações clínicas e medidas de prevenção a serem adotadas.

Segundo nos ensina o professor Tarcísio Buschinelli[11], a maioria dos gases e vapores irritantes fortes como a amônia, não possui Índice Biológico de Exposição (IBE) pois são muito reativos e têm efeitos basicamente em mucosas nos locais de contato. A parcela absorvida como íon pela mucosa será pouco significativa do ponto de vista quantitativo em relação às quantidades que em geral existem no organismo.

11.4 Agentes biológicos

Segundo o Glossário, para fins de aplicação da NR36, consideram-se agentes biológicos prejudiciais aqueles que pela sua **natureza ou intensidade** são capazes de produzir danos à saúde dos trabalhadores. Observem, então, que é possível a avaliação **quantitativa** de um agente biológico, medida pela sua **intensidade**, e não somente sua avaliação **qualitativa**. A norma estabelece que devem ser identificadas as atividades e especificadas as tarefas suscetíveis de expor os trabalhadores a contaminação biológica, por meio de:

a) estudo do local de trabalho, considerando as medidas de controle e higiene estabelecidas pelas Boas Práticas de Fabricação (BPF)[12];

b) controles mitigadores estabelecidos pelos serviços de inspeção sanitária, desde a criação até o abate;

c) identificação dos agentes patogênicos e meios de transmissão;

d) dados epidemiológicos referentes ao agente identificado, incluindo aqueles constantes dos registros dos serviços de inspeção sanitária;

e) acompanhamento de quadro clínico ou subclínico dos trabalhadores, conforme Programa de Controle Médico de Saúde Ocupacional (PCMSO).

Nas atividades que possam expor o trabalhador ao contato com excrementos, vísceras e resíduos animais, devem ser adotadas medidas técnicas, administrativas e organizacionais a fim de **eliminar, minimizar ou reduzir** o contato direto do trabalhador com esses produtos ou resíduos.

11.5 Conforto térmico

Nas atividades de abate e processamento de carnes são encontrados ambientes com temperaturas extremas: calor e frio. Com o objetivo de propiciar conforto térmico aos trabalhadores expostos a tais agentes devem ser adotadas medidas preventivas individuais e coletivas – técnicas, organizacionais e administrativas, em razão da exposição em ambientes artificialmente refrigerados e ao calor excessivo. Tais medidas devem abranger, no mínimo:

a) **controle** da temperatura, da velocidade do ar e da umidade;

b) **manutenção** constante dos equipamentos;

c) **acesso fácil e irrestrito a água fresca;**

---

[11] BUSCHINELLI, José Tarcísio P. *Toxicologia ocupacional*. Fundacentro, 2020.

[12] Procedimentos necessários para obtenção de alimentos inócuos, saudáveis e sãos.

d) uso de **EPI e vestimenta de trabalho compatível** com a temperatura do local e da atividade desenvolvida;

e) outras medidas de proteção visando o **conforto térmico**.

Medidas coletivas específicas para trabalhadores expostos ao calor

Quando as condições do ambiente forem desconfortáveis, em virtude da exposição ao calor, além das medidas indicadas anteriormente, devem ser adotadas as seguintes:

a) **alternância de tarefas**, buscando a redução da exposição ao calor;

b) **medidas técnicas para minimizar os esforços físicos**.

Medidas coletivas específicas para trabalhadores expostos ao frio

Deve ser disponibilizado sistema para **aquecimento das mãos** próximo dos sanitários ou dos locais de fruição de pausas, quando as atividades manuais forem realizadas em ambientes frios ou exigirem contato constante com superfícies e produtos frios.

Devem ser adotadas medidas de controle da ventilação ambiental para minimizar a ocorrência de correntes de ar aplicadas diretamente sobre os trabalhadores.

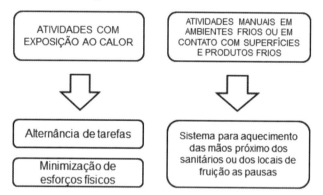

12. EQUIPAMENTOS DE PROTEÇÃO INDIVIDUAL (EPI)

Os Equipamentos de Proteção Individual (EPI) devem ser selecionados de forma a garantir conforto e controle da exposição ao risco. É muito comum a necessidade de uso simultâneo de EPI, como capacete com óculos e/ou protetor auditivo. Nesse caso, os EPI devem ser compatíveis entre si, confortáveis e não acarretar riscos adicionais. A empresa pode optar também pelo uso de EPIs conjugados.

Meias

Nas atividades com exposição ao frio devem ser fornecidas meias limpas e higienizadas diariamente. Lembrando que essas meias são EPIs para proteção dos pés contra baixas temperaturas.

Como vimos no capítulo da NR6, segundo a Portaria 672/2021, o EPI tipo meia de segurança terá sua conformidade atestada mediante Termo de Responsabilidade (e não por Certificado de Aprovação – CA), emitido pelo próprio fabricante ou importador, no qual assegure a eficácia do equipamento para o fim a que se destina e declare ciência quanto às consequências legais, civis e criminais em caso de falsa declaração e falsidade ideológica.

Luvas

As luvas devem ser:

a) compatíveis com a natureza das tarefas, com as condições ambientais e com o tamanho das mãos dos trabalhadores;
b) substituídas, quando necessário, a fim de evitar o comprometimento de sua eficácia.

Nas atividades em que as mãos dos trabalhadores ficam totalmente molhadas e **não seja possível a utilização de luvas em razão da geração de riscos adicionais**, deve ser efetuado rodízio com outras tarefas.

Vestimentas

O empregador deve fornecer vestimentas de trabalho de maneira que:

a) os trabalhadores possam dispor de mais de uma peça para utilizar de maneira sobreposta, a seu critério, e em função da atividade e da temperatura do local, atendendo às características higiênico-sanitárias legais e ao conforto térmico;
b) as extremidades sejam compatíveis com a atividade e o local de trabalho;
c) sejam substituídas quando necessário, a fim de evitar o comprometimento de sua eficácia.

As vestimentas de trabalho devem ser **trocadas diariamente**, sendo sua higienização responsabilidade do empregador[13].

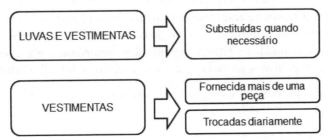

13. GERENCIAMENTO DOS RISCOS

A NR36 determina que o empregador deve colocar em prática uma abordagem planejada, estruturada e global da prevenção, por meio do gerenciamento dos fatores de risco em Segurança e Saúde no Trabalho utilizando-se de todos os meios técnicos, organizacionais e administrativos para assegurar o bem-estar dos trabalhadores e garantir que os ambientes e condições de trabalho sejam seguros e saudáveis.

Por sua abrangência e importância, o gerenciamento de riscos é uma decisão da alta administração, não devendo ser uma atitude ou decisão isolada da CIPA ou do SESMT da empresa. Por esse motivo, as ações de prevenção deverão estar integradas às atividades de gestão e à dinâmica da produção. A norma determina ainda que devem ser

---

[13] Sobre higienização de vestimentas como responsabilidade do empregador, remete-se o leitor à Nota de Rodapé 24 do capítulo da NR6.

830 SEGURANÇA E SAÚDE NO TRABALHO – *Mara Queiroga Camisassa*

consideradas a competência e a experiência dos trabalhadores e de um representante indicado pelo sindicato da categoria preponderante, a fim de **aperfeiçoar de maneira contínua os níveis de proteção e desempenho no campo da segurança e saúde no trabalho**.

Nesse mesmo sentido, a implementação de projetos de novas instalações, métodos ou processos de trabalho, ou de modificação dos já existentes e das medidas de controle, deve envolver a análise das repercussões sobre a segurança e saúde dos trabalhadores. Nesses casos deve-se assegurar que os trabalhadores envolvidos tenham sido adequadamente informados e treinados.

A prevenção também deve ser tema integrante das atividades de capacitação e treinamento dos trabalhadores, incluindo os níveis gerenciais.

A avaliação dos riscos tem como objetivo introduzir medidas de prevenção para a sua eliminação ou redução, assim como para determinar se as medidas previstas ou existentes são adequadas, de forma a minimizar o impacto desses riscos à segurança e saúde dos trabalhadores. A norma não estabelece quais técnicas ou critérios de avaliação dos riscos devem ser empregados, cabendo à própria empresa a definição das metodologias que deverão ser adotadas na avaliação de riscos, incluindo parâmetros e critérios necessários para tomada de decisão.

As ações em SST devem abranger todos os riscos à segurança e saúde e abordar, no mínimo:

a) riscos mecânicos: aqueles gerados por máquinas e equipamentos;

b) riscos de acidentes como choque elétrico, queda de altura, queimaduras, geladuras[14], explosões, entre outros;

c) riscos existentes no ambiente de trabalho, entre eles os decorrentes da exposição a agentes físicos, químicos e biológicos, como definidos na NR1;

d) riscos relacionados a fatores ergonômicos decorrentes, por exemplo, de movimentos repetitivos, jornadas excessivas e ritmo de trabalho intenso.

As medidas preventivas e de proteção devem ser implementadas de acordo com a seguinte ordem de prioridade:

a) eliminação dos fatores de risco;

b) minimização e controle dos fatores de risco, com a adoção de medidas coletivas – técnicas, administrativas e organizacionais;

c) uso de Equipamentos de Proteção Individual (EPI).

14. PROGRAMAS DE PREVENÇÃO DOS RISCOS AMBIENTAIS E DE CONTROLE MÉDICO DE SAÚDE OCUPACIONAL (PPRA[15] e PCMSO)

A NR36 é uma das normas que estabelece expressamente a obrigatoriedade de **previsão dos riscos relacionados a fatores ergonômicos** no PCMSO e no PPRA das empresas de abate e processamento de carnes. Vejam a redação do item 36.12.1:

---

[14] Lesões decorrentes da exposição a baixas temperaturas.

[15] Até a data de fechamento desta edição, a redação da NR36 ainda não havia sido harmonizada com a NR1 – Disposições Gerais e Gerenciamento de Riscos Ocupacionais. Por este motivo, ainda consta em seu texto a referência ao PPRA.

NR 36 • EMPRESAS DE ABATE E PROCESSAMENTO DE CARNES E DERIVADOS

> *O Programa de Prevenção de Riscos Ambientais – PPRA e o Programa de Controle Médico de Saúde Ocupacional – PCMSO devem estar articulados entre si e com as demais normas, **em particular com a NR17** (grifo meu).*

Para fins de elaboração de programas preventivos devem ser considerados, entre outros, os seguintes aspectos da organização do trabalho:

a) compatibilização das metas com as condições de trabalho e de tempo oferecidas;

b) repercussões sobre a saúde do trabalhador de todo e qualquer sistema de avaliação de desempenho para efeito de remuneração e vantagens de qualquer espécie;

c) períodos para adaptação e readaptação de trabalhadores à atividade.

Relembrando que, de acordo com o item 17.4.1 da NR17, a organização do trabalho deve levar em consideração:

a) as normas de produção;

b) o modo operatório, quando aplicável;

c) a exigência de tempo;

d) o ritmo de trabalho;

e) o conteúdo das tarefas e os instrumentos e meios técnicos disponíveis; e

f) os aspectos cognitivos que possam comprometer a segurança e a saúde do trabalhador.

Deve ser utilizado, no PCMSO, instrumental clínico-epidemiológico que oriente as medidas a serem implementadas no PPRA e nos programas de melhorias ergonômicas e de condições gerais de trabalho, por meio de tratamento de informações coletivas e individuais, incluindo, no mínimo:

a) vigilância **passiva**, por meio do estudo causal em trabalhadores que procurem o serviço médico: "o trabalhador vai até o médico";

b) vigilância **ativa**, por meio da utilização de questionários, análise de séries históricas dos exames médicos, avaliações clínicas e resultados dos exames complementares.

Devem ser estabelecidos **critérios e mecanismos de avaliação da eficácia** das medidas de prevenção implantadas, considerando os dados obtidos nas avaliações e estudos realizados e no controle médico de saúde ocupacional.

O médico coordenador[16] do PCMSO deve informar aos responsáveis pelo PPRA e ao empregador as situações geradoras de riscos aos trabalhadores, especialmente quando observar, no controle médico ocupacional, nexo causal entre as queixas e agravos à saúde dos trabalhadores e as situações de trabalho a que ficam expostos.

---

[16] Até a data de fechamento desta edição, a redação da NR36 ainda não havia sido harmonizada com a NR7 – Programa de Controle Médico de Saúde Ocupacional com redação aprovada pela Portaria 6.734/2020. A nova redação da NR7 alterou a nomenclatura de *Médico Coordenador* para *Médico Responsável*.

Também deve elaborar o Relatório Anual[17] com os dados da evolução clínica e epidemiológica dos trabalhadores, contemplando as medidas administrativas e técnicas a serem adotadas na comprovação do nexo causal entre as alterações detectadas nos exames e a atividade exercida.

Além do previsto na NR7, o Relatório Anual do PCMSO deve discriminar número e duração de afastamentos do trabalho, estatísticas de queixas dos trabalhadores, estatísticas de alterações encontradas em avaliações clínicas e exames complementares, com a indicação dos setores e postos de trabalho respectivos.

Infelizmente, ainda é muito comum nas empresas de abate e processamento de carnes, a ocorrência de incapacidades em virtude de inúmeros fatores, principalmente ergonômicos, devido, por exemplo, à realização de movimentos repetitivos com exigência de um único grupo muscular. Nos casos de incapacidade para o trabalho, cabe ao empregador, conforme orientação do médico coordenador do PCMSO, proceder, quando necessário, à **readaptação funcional** em atividade **compatível com o grau de incapacidade** apresentada pelo trabalhador.

Programa de Conservação Auditiva (PCA)

O Programa de Conservação Auditiva (PCA) é um conjunto de medidas técnicas e administrativas que têm por objetivo garantir a saúde auditiva dos trabalhadores por elas alcançados. A norma obriga a implementação de Programa de Conservação Auditiva para os trabalhadores **expostos a níveis de pressão sonora acima dos níveis de ação**, contendo, no mínimo:

a) controles técnicos e administrativos da exposição ao ruído;
b) monitoramento periódico da exposição e das medidas de controle;
c) treinamento e informação aos trabalhadores;
d) determinação dos Equipamentos de Proteção Individual (EPI);
e) audiometrias conforme Anexo II da NR7[18];
f) histórico clínico e ocupacional do trabalhador.

Destaco novamente o item 6.5.3 da NR6, que determina que a seleção, o uso e a manutenção de EPI deve considerar os programas e regulamentações relacionados a EPI. Dentre os programas relacionados à proteção auditiva sugiro a consideração do Programa de Conservação Auditiva (PCA) elaborado pela Fundacentro.

15. ORGANIZAÇÃO TEMPORAL DO TRABALHO

Em trabalhos realizados no abate e processamento de carnes que demandam movimentos repetitivos e uso excessivo de grupos musculares específicos é importante que a empresa adote um sistema de pausas com o objetivo de permitir a recuperação física, fisiológica e psicológica do trabalhador. As pausas para descanso promovem não somente melhorias no ambiente de trabalho, como também influenciam na qualidade de vida do trabalhador (direta e indiretamente).

---

[17] Até a data de fechamento desta edição, a redação da NR36 ainda não havia sido harmonizada com a NR7 – Programa de Controle Médico de Saúde Ocupacional com redação aprovada pela Portaria 6.734/2020. A nova redação da NR7 alterou a nomenclatura do *Relatório Anual* para *Relatório Analítico*.

[18] ANEXO II da NR7 – Controle médico ocupacional da exposição a níveis de pressão sonora elevados, com redação aprovada pela Portaria 6.734/2020.

NR 36 · EMPRESAS DE ABATE E PROCESSAMENTO DE CARNES E DERIVADOS | 833

A NR36 determina a **adoção de pausas no trabalho**, de acordo com a atividade a ser realizada, a saber:

– *Empregados que trabalham no interior das câmaras frigoríficas e para os que movimentam mercadorias do ambiente quente ou normal para o frio e vice-versa;*
– *Empregados que exercem suas atividades **diretamente no processo produtivo**, onde são exigidas repetitividade e/ou sobrecarga muscular estática ou dinâmica do pescoço, ombros, dorso e membros superiores e inferiores.*

Segundo o item 36.13.3, constatada a simultaneidade das situações previstas anteriormente, não deve haver aplicação cumulativa das respectivas pausas previstas na norma. Mas então qual pausa adotar? Entendo que nesse caso a empresa deve empregar a pausa mais benéfica ao trabalhador entre aquelas estabelecidas pela norma.

15.1 Trabalho no interior de câmaras frigoríficas e em ambiente quente e frio

Para os empregados que trabalham no interior das câmaras frigoríficas e aqueles que movimentam mercadorias do ambiente quente ou normal para o frio e vice-versa, depois de uma hora e quarenta minutos de trabalho contínuo, será assegurado um período de vinte minutos de repouso, computado esse intervalo como de trabalho efetivo.

Tal determinação encontra fundamento no art. 253 da CLT:

> *Art. 253. Para os empregados que trabalham no interior das câmaras frigoríficas e para os que movimentam mercadorias do ambiente quente ou normal para o frio e vice-versa, depois de 1 (uma) hora e 40 (quarenta) minutos de trabalho contínuo, será assegurado um período de 20 (vinte) minutos de repouso, computado esse intervalo como de trabalho efetivo.*

15.2 Pausas psicofisiológicas

Como vimos anteriormente, devem ser garantidas **pausas de recuperação psicofisiológicas** aos trabalhadores que exercem suas atividades **diretamente no processo produtivo**, onde são exigidas repetitividade e/ou sobrecarga muscular estática ou dinâmica do pescoço, ombros, dorso e membros superiores e inferiores. As pausas **integram** a jornada de trabalho.

Entende-se como **processo produtivo** aquele que se inicia com a recepção e termina com a expedição do produto.

O quadro a seguir mostra as pausas a serem adotadas de acordo com a jornada de trabalho. Importante destacar que o tempo de pausa corresponde ao período **total** de pausa por jornada, sendo que os períodos unitários devem ser de, no mínimo, 10 minutos e, no máximo, 20 minutos.

JORNADA DE TRABALHO (h:min)	TEMPO DE TOLERÂNCIA PARA APLICAÇÃO DA PAUSA (h:min)	TEMPO DE PAUSA (min)	PROCEDIMENTO A SER ADOTADO CASO A JORNADA ULTRAPASSE O TEMPO DE TOLERÂNCIA
Até 6:00	Até 6:20	20	Deve ser observado o tempo de pausa da jornada de até 7h20.
Até 7:20	Até 7:40	45	Deve ser observado o tempo de pausa da jornada de até 8h48.
Até 8:48	Até 9:10	60	Deve ser concedida pausa de 10 minutos após as 8h48 de jornada (nos casos em que ocorra jornada extraordinária)

Requisitos a serem observados na implementação da Tabela de Pausas:

1. Caso a jornada ultrapasse 9h58, excluído o tempo de troca de uniforme e de deslocamento até o setor de trabalho, devem ser concedidas pausas de 10 minutos a cada 50 minutos trabalhados.
2. O tempo de troca de uniforme e de deslocamento até o setor de trabalho **não** deve ser considerado na contagem da jornada.
3. A empresa deve medir o tempo de troca de uniforme e de deslocamento até o setor de trabalho e consigná-lo no PPRA ou nos relatórios de estudos ergonômicos. Caso esse registro não seja feito, presumem-se, para fins de aplicação da tabela, os registros de ponto do trabalhador.

A distribuição das pausas deve ser de maneira a não incidir:

– na primeira hora de trabalho;
– no período contíguo ao intervalo de refeição;
– no final da última hora da jornada.

A figura a seguir apresenta como deve ser a distribuição das pausas:

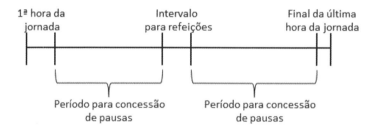

15.3 Requisitos a serem observados na concessão das pausas

Para que as pausas possam propiciar a recuperação psicofisiológica dos trabalhadores, devem ser observados os seguintes requisitos:

a) a introdução de pausas **não pode ser acompanhada do aumento da cadência individual**;
b) as pausas devem ser obrigatoriamente usufruídas fora dos locais de trabalho, em ambientes que ofereçam **conforto térmico e acústico**[19], disponibilidade de bancos ou cadeiras e água potável;
c) as pausas previstas no item 15.2 apresentado anteriormente devem ser obrigatoriamente usufruídas fora dos postos de trabalho, em local com disponibilidade de bancos ou cadeiras e água potável.

---

[19] Ressalto que a NR36 não determina parâmetros quantitativos de conforto térmico e acústico; neste caso a norma deve ser complementada com o disposto nas normas especiais, dentre as quais a NR17.

NR 36 · EMPRESAS DE ABATE E PROCESSAMENTO DE CARNES E DERIVADOS | 835

15.4 Atividade física

A participação em quaisquer modalidades de atividade física, quando ofertada pela empresa, por exemplo, ginástica laboral, pode ser realizada **apenas em um dos intervalos destinado a pausas, não sendo obrigatória a participação do trabalhador**. Tal determinação se justifica pelo fato de que atividade física **não representa inatividade** e, portanto, sua adoção pode acarretar, por si só, sobrecarga muscular adicional, e o que deveria ser um momento de repouso passaria a ser mais um período de atividade muscular. A recusa do trabalhador em praticar a atividade física ofertada pela empresa **não é passível de punição**.

15.5 Outras disposições

Saídas dos postos de trabalho – necessidades fisiológicas

As saídas dos postos de trabalho para satisfação das necessidades fisiológicas dos trabalhadores devem ser asseguradas a **qualquer tempo**, independentemente da fruição das pausas.

Relógio

No local de repouso deve existir **relógio** de fácil visualização pelos trabalhadores para que eles possam controlar o tempo das pausas.

Lanches

É facultado à empresa o fornecimento de lanches durante a fruição das pausas, resguardas as exigências sanitárias.

16. ORGANIZAÇÃO DAS ATIVIDADES

Devem ser adotadas medidas técnicas de engenharia, organizacionais e administrativas com o objetivo de eliminar ou reduzir os fatores de risco, **especialmente a repetição de movimentos dos membros superiores.**

Os empregadores devem elaborar um **cronograma** com prazos para implementação de medidas que visem promover melhorias e, sempre que possível, adequações no processo produtivo nas situações de risco identificado.

A organização das tarefas deve ser efetuada com base em estudos e procedimentos de forma a atender os seguintes objetivos:

a) a cadência requerida na realização de movimentos de membros superiores e inferiores não deve comprometer a segurança e a saúde dos trabalhadores;

b) as exigências de desempenho devem ser compatíveis com as capacidades dos trabalhadores, de maneira a minimizar os esforços físicos estáticos e dinâmicos que possam comprometer a sua segurança e saúde;

c) o andamento da atividade deve ser efetuado de forma menos árdua e mais confortável aos trabalhadores;

d) facilitar a comunicação entre trabalhadores, entre trabalhadores e supervisores, e com outros setores afins.

A empresa deve possuir contingente de trabalhadores em atividade **compatível com as demandas e exigências de produção**, bem como **mecanismos para suprir**

eventuais faltas de trabalhadores e exigências relacionadas ao aumento de volume de produção, de modo a não gerar sobrecarga excessiva aos trabalhadores.

Tanto o SESMT quanto a CIPA, em conjunto com os supervisores imediatos, devem **participar** dos processos de **mudanças significativas** no processo produtivo com **impacto** no dimensionamento do efetivo de empregados.

Na organização do processo e na velocidade da linha de produção deve ser considerada a variabilidade temporal requerida por diferentes demandas de produção e produtos, devendo ser computados, pelo menos, os tempos necessários para atender as seguintes tarefas:

a) afiação/chairação das facas;

b) limpeza das mesas;

c) outras atividades complementares à tarefa, tais como mudança de posto de trabalho, troca de equipamentos e ajuste dos assentos.

As tarefas listadas anteriormente são chamadas de subtarefas. Falamos sobre as subtarefas quando estudamos o item 17.4.1, "c", da NR17, que trata da determinação da exigência de tempo, como aspecto da Organização do Trabalho. As subtarefas se referem às tarefas "invisíveis", porém necessárias para a execução da atividade principal.

Os mecanismos de monitoramento da produtividade ou outros aspectos da produção **não** podem ser usados para aceleração do ritmo individual de trabalho para além dos limites considerados seguros.

17. RODÍZIOS

Os rodízios se referem à alternância de atividades e devem ser efetuados, sempre que possível, entre as tarefas com cadência estabelecida por máquinas, esteiras, nórias e outras tarefas em que o trabalhador possa determinar livremente seu ritmo de trabalho. Os trabalhadores deverão estar treinados para as diferentes atividades que irão executar, em virtude dos rodízios. Na implementação dos rodízios o empregador deve sempre observar os aspectos higiênico-sanitários.

A implementação dos rodízios dentro da jornada diária deve propiciar o atendimento de **pelo menos** uma das seguintes situações:

a) **alternância das posições de trabalho**, tais como postura sentada com a postura em pé;

b) **alternância dos grupos musculares** solicitados;

c) **alternância com atividades sem exigências de repetitividade**;

NR 36 · EMPRESAS DE ABATE E PROCESSAMENTO DE CARNES E DERIVADOS | **837**

d) **redução de exigências posturais**, como elevações, flexões/extensões extremas dos segmentos corporais, desvios cúbitos-radiais excessivos dos punhos, entre outros;

e) **redução ou minimização dos esforços estáticos e dinâmicos** mais frequentes;

f) **alternância com atividades cuja exposição ambiental ao ruído, umidade, calor, frio, seja mais confortável;**

g) **redução de carregamento, manuseio e levantamento de cargas e pesos;**

h) **redução da monotonia.**

Os rodízios devem ser definidos pelos profissionais do SESMT e implantados com a participação da CIPA e dos trabalhadores envolvidos. O SESMT e o Comitê de Ergonomia da empresa, quando houver, devem avaliar os benefícios dos rodízios implantados e monitorar a eficácia dos procedimentos na redução de riscos e queixas dos trabalhadores, com a participação destes.

Oportuno destacar que os *rodízios não substituem as pausas* **para recuperação psicofisiológica.**

RODIZIOS

NÃO SUBSTITUEM AS PAUSAS PARA RECUPERAÇÃO PSICOFISOLÓGICA

DEFINIDOS ⟹ Pelos profissionais do SESMT

IMPLANTADOS ⟹ Com a participação da CIPA e trabalhadores envolvidos

18. ASPECTOS PSICOSSOCIAIS

Os **superiores hierárquicos diretos** dos **trabalhadores da área industrial** devem ser treinados para buscar no exercício de suas atividades:

a) facilitar a compreensão das atribuições e responsabilidades de cada função;

b) manter aberto o diálogo de modo que os trabalhadores possam sanar dúvidas quanto ao exercício de suas atividades;

c) facilitar o trabalho em equipe;

d) conhecer os procedimentos para prestar auxílio em caso de emergência ou mal-estar;

e) estimular tratamento justo e respeitoso nas relações pessoais no ambiente de trabalho.

19. ANÁLISE ERGONÔMICA DO TRABALHO

As análises ergonômicas do trabalho devem ser realizadas para avaliar a adaptação das condições de trabalho às características psicofisiológicas dos trabalhadores e subsidiar a implementação das medidas e adequações necessárias conforme previsto na NR17.

As características psicofisiológicas englobam o que constitui o caráter distintivo, particular de uma pessoa, incluindo suas capacidades sensitivas, motoras, psíquicas e cognitivas, destacando, entre outras, questões relativas aos reflexos, à postura, ao equilíbrio, à coordenação motora e aos mecanismos de execução dos movimentos que variam intra e interindivíduos. Incluem, no mínimo, o conhecimento antropológico, psicológico, fisiológico relativo ao ser humano. Englobam, ainda, temas como níveis de vigilância, sono, motivação e emoção, memória e aprendizagem.

As análises ergonômicas do trabalho devem incluir as seguintes etapas:

a) discussão e divulgação dos resultados com os trabalhadores e instâncias hierárquicas envolvidas, assim como apresentação e discussão do documento na CIPA;

b) recomendações ergonômicas específicas para os postos e atividades avaliadas;

c) avaliação e revisão das intervenções efetuadas com a participação dos trabalhadores, supervisores e gerentes;

d) avaliação e validação da eficácia das recomendações implementadas.

20. INFORMAÇÕES E TREINAMENTO

Todos os trabalhadores devem receber informações sobre os riscos relacionados ao trabalho, suas causas potenciais, efeitos sobre a saúde e medidas de prevenção.

Os trabalhadores devem estar treinados e suficientemente informados sobre:

a) os métodos e procedimentos de trabalho;

b) o uso correto e os riscos associados à utilização de equipamentos e ferramentas;

c) as variações posturais e operações manuais que ajudem a prevenir a sobrecarga osteomuscular e reduzir a fadiga, especificadas na Análise Ergonômica do Trabalho;

d) os riscos existentes e as medidas de controle;

e) o uso de EPI e suas limitações;

f) as ações de emergência.

Além do exposto anteriormente e quando aplicável, os trabalhadores que exercem atividades de limpeza e desinfecção de materiais, equipamentos e locais de trabalho devem receber informações sobre os eventuais fatores de risco dessas atividades, em especial:

a) agentes ambientais físicos, químicos, biológicos;

b) riscos de queda;

c) riscos biomecânicos;

d) riscos gerados por máquinas e seus componentes;

e) uso de equipamentos e ferramentas.

Em todas as etapas dos processos de trabalhos com animais que antecedem o serviço de inspeção sanitária, devem ser disponibilizadas aos trabalhadores informações sobre:

a) formas corretas e locais adequados de aproximação, contato e imobilização;

b) maneiras de higienização pessoal e do ambiente;

c) precauções relativas a doenças transmissíveis.

Além disso, como forma de conscientizar os superiores hierárquicos cuja **atividade influencie diretamente na linha de produção operacional**, a norma determina que eles sejam informados sobre:

a) os eventuais riscos existentes;
b) as possíveis consequências dos riscos para os trabalhadores;
c) a importância da gestão dos problemas;
d) os meios de comunicação adotados pela empresa na relação empregado-empregador.

Treinamento admissional

Deve ser realizado treinamento na admissão com carga horária mínima de quatro horas. O treinamento admissional previsto na NR36 corresponde ao treinamento inicial disposto na NR1 – Disposições Gerais e Gerenciamento de Riscos Ocupacionais e deve ocorrer antes de o trabalhador iniciar suas funções.

Treinamento periódico anual

Deve ser realizado treinamento periódico anual com carga horária mínima de duas horas.

Treinamento eventual

Os trabalhadores devem receber instruções adicionais ao treinamento periódico quando forem introduzidos novos métodos, equipamentos, mudanças no processo ou procedimentos que possam implicar novos fatores de riscos ou alterações significativas.

Ressalte-se que esses treinamentos não têm caráter de capacitação, e sim preventivo, de forma a subsidiar os empregados com informações para que exerçam suas atividades com segurança.

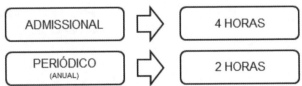

A elaboração do conteúdo, a execução e a avaliação dos resultados dos treinamentos em SST devem contar com a participação de:

a) representante da empresa com conhecimento técnico sobre o processo produtivo;
b) integrantes do Serviço Especializado em Segurança e Medicina do Trabalho, quando houver;
c) membros da Comissão Interna de Prevenção de Acidentes e de Assédio;

840 SEGURANÇA E SAÚDE NO TRABALHO – *Mara Queiroga Camisassa*

d) médico coordenador do Programa de Controle Médico de Saúde Ocupacional;

e) responsáveis pelo Programa de Prevenção de Riscos Ambientais.

A representação sindical pode encaminhar sugestões para melhorias dos treinamentos ministrados pelas empresas e tais sugestões devem ser analisadas.

As informações de SST também devem ser disponibilizadas aos trabalhadores terceirizados.

21. PROIBIÇÕES DA NR36

É PROIBIDO(A)

A utilização de máquinas e equipamentos movidos à combustão interna nos locais fechados e sem ventilação (salvo se providos de dispositivos neutralizadores)

O trabalho individual nas atividades de descarga de animais de grande porte

Improvisar a adequação da altura do posto de trabalho ao trabalhador com materiais não destinados a este fim

O levantamento não eventual de cargas quando a distância de alcance horizonte da pega for superior a 60cm em relação ao corpo.

NR 37 SEGURANÇA E SAÚDE EM PLATAFORMAS DE PETRÓLEO

Classificação: Norma Setorial
Última atualização: Portaria 4.219, de 20 de dezembro de 2022

1. INTRODUÇÃO

A NR37 estabelece os requisitos de segurança, saúde e condições de vivência no trabalho a bordo de plataformas de petróleo em operação nas Águas Jurisdicionais Brasileiras – AJB.

Plataforma é a instalação ou estrutura utilizada para perfuração, produção, intervenção, armazenamento ou transferência de óleo e/ou gás. A plataforma pode ser fixa ou flutuante. É destinada às atividades relacionadas à pesquisa, exploração, produção ou armazenamento de óleo e/ou gás oriundos do subsolo, das águas interiores ou do mar, inclusive da plataforma continental.

A plataforma também pode ser habitada ou desabitada. A plataforma desabitada é aquela que não possui tripulação embarcada em caráter permanente. Para as plataformas habitadas, a norma contém disposições específicas a fim de garantir a segurança, a saúde e o conforto da tripulação, por exemplo, a obrigatoriedade de refeitório, possuir profissional de saúde embarcado para prestar assistência à saúde e atendimentos de primeiros socorros e ser dotada de enfermaria conforme regramentos aplicáveis.

A expressão "Águas Jurisdicionais Brasileiras" abrange as águas interiores e os espaços marítimos[1], nos quais o Brasil exerce jurisdição, em algum grau, sobre atividades, pessoas, instalações, embarcações e recursos naturais vivos e não vivos, encontrados na massa líquida, no leito ou no subsolo marinho, para fins de controle e fiscalização, dentro dos limites da legislação internacional e nacional.

O ciclo de vida do petróleo é baseado nas seguintes etapas:

1 – Exploração e Produção (E & P);

2 – Transporte e armazenamento;

3 – Processamento e refino;

4 – Distribuição e comercialização.

A NR37 abrange a primeira etapa – exploração e produção –, na qual são identificadas as possíveis reservas de petróleo, determinadas suas características e viabilidade econômica e implantada a infraestrutura para sua extração e consequente operação, por meio, portanto, das plataformas de petróleo.

---

[1] Esses espaços marítimos compreendem a faixa de duzentas milhas marítimas contadas a partir das linhas de base, acrescida das águas sobrejacentes à extensão da plataforma continental além das duzentas milhas marítimas, onde ela ocorrer.

A etapa de exploração e produção é composta por quatro fases:

1 – Encontrar a reserva;

2 – Construir a estrutura para extração;

3 – Extrair o petróleo;

4 – Desativar e desmobilizar a infraestrutura: descomissionamento, que tem por objetivo o restabelecimento das condições iniciais encontradas no campo de extração.

A exploração tem como objetivo delimitar e caracterizar a reserva. Nesta fase são realizados estudos geológicos e geofísicos para identificação de potenciais reservatórios bem como a perfuração de poços exploratórios, que visam a descoberta de acumulações e estimativas de reservas[2].

Entre os principais riscos das atividades em plataforma estão queda de altura, choque elétrico, incêndios, explosões, exposição a agentes químicos nas suas diversas formas de apresentação, exposição a agentes físicos, como calor, ruído, vibração, condições hiperbáricas, radiações ionizantes e não ionizantes, riscos psicossociais, entre inúmeros outros.

Os riscos psicossociais dos trabalhadores embarcados em plataformas decorrem de vários estressores, como jornada prolongada, atividade em turnos e noturno[3-4], trabalho em regime de confinamento, isolamento do convívio com família e amigos, períodos de repousos às vezes insuficientes, elevadas solicitações cognitivas associadas aos níveis de alerta exigidos em determinadas tarefas, e até mesmo compromisso com os procedimentos de segurança em conflito permanente com as metas de produção. Dificuldades decorrem também em se adaptar ao trabalho em espaços exíguos, e até mesmo ao intenso balanço da plataforma pelas ondas do mar.

Para nós, está claro que cada petroleiro poderá criar possibilidades singulares de convívio com as vicissitudes que caracterizam o trabalho offshore e que esse conjunto de fatores não resultará, inexoravelmente, em acidente, doença ou sofrimento patogênico. Entretanto, alguns dos fatores aqui implicados, além de outros aspectos relacionados à organização do trabalho, abrem flanco, a nosso ver, para a potencialização do risco em um ambiente já bastante perigoso[5].

2. CAMPO DE APLICAÇÃO

Esta norma se aplica ao trabalho nas plataformas nacionais e estrangeiras, bem como nas Unidades de Manutenção e Segurança – UMS, devidamente autorizadas a operar nas AJB.

---

[2] Associação Brasileira das Empresas de Serviços de Petróleo – ABESPETRO.

[3] O art. 73 da CLT trata de garantir a remuneração do trabalho noturno superior ao diurno, sem, entretanto, se preocupar com os efeitos deletérios da atividade noturna à saúde do trabalhador. No mesmo sentido a Lei 5.811, de 11 de outubro de 1972, que dispõe sobre o regime de trabalho dos empregados nas atividades de exploração, perfuração, produção e refinação de petróleo, entre outros. Por outro lado, a legislação previdenciária, por meio do Decreto 3.048/1999, inclui o trabalho em turnos ou noturno como fatores de risco de natureza ocupacional nos benefícios a serem concedidos aos trabalhadores em caso de acidente e doenças profissionais.

[4] Como se não bastassem as alterações do ciclo circadiano decorrente do trabalho noturno, algumas empresas petroleiras se valem de ministrar aos trabalhadores "técnicas de administração do sono" a fim de "minimizar" os efeitos negativos da perda do sono, como se isso fosse possível.

[5] ALVAREZ, Denise *et al. Revista Brasileira de Saúde Ocupacional*, São Paulo, v. 35, n. 122, jul.-dez. 2010.

NR 37 • SEGURANÇA E SAÚDE EM PLATAFORMAS DE PETRÓLEO | 843

As chamadas UMS são embarcações dedicadas à manutenção, construção e montagem de plataformas, com sistema para interligação à plataforma por meio de passarela chamada *gangway*[6].

As plataformas interligadas de maneira permanente, que possibilitam a circulação de trabalhadores, são consideradas uma única instalação marítima para fins de aplicação da NR37.

Plataformas e UMS **estrangeiras** com previsão de operação temporária, de até seis meses, em AJB, e que não tenham suas instalações adequadas aos requisitos da NR37, devem atender às regras estabelecidas em convenções internacionais e ser certificadas e mantidas em classe por sociedade classificadora, reconhecida pela autoridade marítima brasileira, com delegação de competência para tal[7].

Finalmente, a norma **não se aplica** às embarcações de apoio marítimo, às embarcações de levantamento sísmico e às embarcações de operação de mergulho.

3. RESPONSABILIDADES

A NR37 determina obrigações para os seguintes atores, envolvidos nas atividades de exploração e produção de petróleo e gás: operador do contrato, operadora da instalação, empresas prestadoras de serviços, bem como trabalhadores.

Enquanto norma setorial, a NR37 deve ser observada prioritariamente pela operadora da instalação e pelo operador do contrato, que deverão cumprir e fazer cumprir suas disposições, ou seja, deverão também exigir dos trabalhadores e empresas prestadoras de serviços o cumprimento da norma.

3.1 Operadora da instalação

Operadora da instalação é a empresa responsável pelo gerenciamento e execução de todas as operações e atividades de uma plataforma.

Além da NR37, a operadora da instalação deve cumprir também o disposto nas demais normas regulamentadoras gerais e especiais, as disposições legais relativas à matéria e, ainda, aquelas oriundas de convenções, acordos e contratos coletivos de trabalho.

Acesso à plataforma

Com relação ao **acesso à plataforma**, cabe à operadora da instalação:

- garantir, pelos meios usuais de transporte e sem ônus para a inspeção do trabalho, o acesso à plataforma aos Auditores Fiscais do Trabalho – AFT em serviço, onde não houver transporte público;
- garantir o acesso à plataforma ao representante dos trabalhadores da categoria da operadora da instalação, da operadora do contrato ou da categoria preponderante, para acompanhar a inspeção do trabalho, pelos meios usuais de transporte e sem ônus, onde não houver transporte público[8];

---

6   Passarela estabilizada que permite o embarque e desembarque de trabalhadores à plataforma.

7   Esta disposição não se aplica quando o intervalo entre dois períodos consecutivos das operações temporárias dessas plataformas for inferior a três meses.

8   Entenda-se aqui o transporte público até o local a partir do qual será realizado o transporte para a plataforma.

- garantir que os requisitos de segurança e saúde e as condições de acesso à plataforma, higiene e condições de vivência dos trabalhadores de empresas prestadoras de serviço a bordo sejam os mesmos assegurados aos seus empregados; e
- controlar o acesso, permanência e desembarque da plataforma, seja de seus próprios trabalhadores, da concessionária ou das empresas prestadoras de serviço a bordo, devendo manter essas informações, em meio físico ou digital, por **pelo menos doze meses.**

Treinamentos e informações

Com relação aos **treinamentos e informações** prestados aos trabalhadores, cabe à operadora da instalação:

- assegurar que os trabalhadores da empresa prestadora de serviço também participem da capacitação e treinamento em segurança e saúde no trabalho conforme o disposto na norma;
- prestar as informações em matéria de segurança e saúde requeridas pela empresa contratada relacionadas aos serviços por esta realizados.

A operadora da instalação deve também aprovar previamente as ordens de serviço, as permissões de trabalho e as permissões de entrada e trabalho em espaços confinados referentes aos serviços a serem executados pelos empregados.

3.2 Operador do contrato

Operador do contrato é a empresa detentora de direitos de exploração e produção de petróleo e gás natural com contrato com a Agência Nacional do Petróleo, gás natural e biocombustíveis – ANP e responsável pela condução e execução, direta ou indireta, de todas as atividades de exploração, avaliação, desenvolvimento, produção, desativação e abandono.

Cabe à operadora do contrato, além do disposto nas demais NRs, garantir que seja realizada auditoria, na forma prevista em sistema de gestão, na operadora da instalação quanto ao cumprimento das obrigações previstas na NR37.

3.3 Empresas prestadoras de serviços

A empresa prestadora de serviços deve cumprir os requisitos de segurança e saúde especificados pela contratante, pela NR37 e pelas demais NRs.

3.4 Trabalhadores

Cabe aos trabalhadores, além do disposto nas demais NRs:

a) colaborar com a operadora da instalação para o cumprimento das disposições legais e regulamentares, inclusive dos procedimentos internos sobre segurança e saúde no trabalho e de bem-estar a bordo; e

b) portar a quantidade adequada de medicamentos de uso contínuo próprio, acompanhada da prescrição médica e dentro do prazo de validade.

4.   DIREITOS DOS TRABALHADORES

São direitos dos trabalhadores:

NR 37 • SEGURANÇA E SAÚDE EM PLATAFORMAS DE PETRÓLEO | 845

a) interromper a sua tarefa, com base em sua capacitação e experiência, quando constatar evidência de risco grave e iminente para sua segurança e saúde ou de outras pessoas, informando imediatamente ao seu superior hierárquico ou, na ausência deste, ao representante da operadora da instalação, e à CIPLAT[9], para que sejam tomadas as medidas adequadas às correções das não conformidades;

b) ser comunicado pela organização sobre ordens, instruções, recomendações ou notificações relativas a suas atividades ou ambientes de trabalho, feitas pela inspeção do trabalho relacionadas com o ambiente laboral; e

c) comunicar ao empregador e à inspeção do trabalho sobre qualquer risco potencial que considere capaz de gerar um acidente ampliado[10].

5. DECLARAÇÃO DA INSTALAÇÃO MARÍTIMA – DIM

A operadora da instalação deve protocolizar a Declaração da Instalação Marítima – DIM da plataforma por meio de sistema eletrônico indicado pela inspeção do trabalho.

A DIM deve conter as seguintes informações:

a) razão social e CNPJ da operadora da instalação;

b) localização (bacia, bloco ou campo e suas coordenadas geográficas);

c) descrição sucinta da plataforma;

d) tipo de operação;

e) início e término previstos da operação; e

f) número máximo de trabalhadores embarcados.

A DIM deve ser protocolizada, no mínimo, noventa dias antes:

a) do início da primeira operação de perfuração, no caso de plataforma de perfuração;

b) do final da ancoragem no local de operação, em se tratando de plataforma de produção flutuante; e

c) do término da montagem no local de operação, no caso de plataforma fixa.

A operadora da instalação deve atualizar a DIM em até trinta dias após a efetivação de mudanças nas informações listadas anteriormente.

No caso de mudança da locação da plataforma, a operadora da instalação deve atualizar a DIM **antes** do início do deslocamento. Caso a mudança de locação seja decorrente de situações de emergência, a comunicação (atualização da DIM) deve ser feita em até sete dias corridos após a ocorrência do sinistro, anexando cópia da comunicação do incidente, prevista na própria NR37 subitem 37.29.1.1.

---

9   Comissão Interna de Prevenção de Acidentes e de Assédio em Plataformas.

10   Segundo a Convenção 174 – Convenção sobre a prevenção de acidentes industriais maiores, acidente ampliado (chamado pela Convenção de "acidente maior") é o evento subitâneo (súbito), como emissão, incêndio ou explosão de grande magnitude, no curso de uma atividade em instalação sujeita a riscos de acidentes maiores, envolvendo uma ou mais substâncias perigosas e que implica grave perigo, imediato ou retardado, para os trabalhadores, a população ou o meio ambiente.

6. PROGRAMA DE GERENCIAMENTO DE RISCOS – PGR E ANÁLISE DE RISCOS DAS INSTALAÇÕES E PROCESSOS

6.1 Elaboração e implementação

A operadora da instalação e as empresas prestadoras de serviços **permanentes** a bordo devem elaborar e implementar os seus respectivos PGR, **por plataforma**, observando o disposto na NR37, e de forma subsidiária, o disposto na NR1 – Disposições Gerais e Gerenciamento de Riscos Ocupacionais.

Na elaboração do PGR, as organizações[11] devem considerar:

a) as metodologias para avaliação de riscos ambientais preconizadas na legislação brasileira, sendo que, na sua ausência, podem ser adotadas outras já consagradas internacionalmente ou estabelecidas em acordo ou convenção coletiva de trabalho, desde que mais rigorosas do que os critérios técnico-legais estabelecidos;

b) os riscos gerados pelas prestadoras de serviços a bordo da plataforma[12]; e

c) a adequação dos critérios e dos limites de tolerância e de exposição, considerando o tempo de exposição e os diferentes regimes de trabalho a bordo.

Quando solicitado, a operadora da instalação deve permitir que as empresas prestadoras de serviços procedam, *in loco*, às avaliações dos riscos e das exposições ocupacionais aos agentes identificados no PGR da plataforma. Alternativamente, a operadora da instalação pode realizar essas avaliações, informando os resultados obtidos às empresas prestadoras de serviços, por escrito e mediante recibo.

6.2 Revisão

A operadora da instalação deve revisar o PGR ou elaborar um programa específico sempre que ocorrer *modificação*, ampliação, paradas programadas da plataforma e respectivos comissionamento ou descomissionamento. Entendo que a *modificação* alcança quaisquer alterações nos processos, procedimentos, máquinas, equipamentos, condições ambientais, *layout*, fatores organizacionais, dentre outros.

6.3 Inventário de riscos e plano de ação

O inventário de riscos e o plano de ação do PGR devem estar disponíveis para consulta pelos trabalhadores e seus representantes.

As organizações, em conformidade com o PGR da plataforma, devem indicar e registrar atividades e serviços que exijam:

a) análise preliminar de risco da tarefa;

b) liberação por um profissional de segurança do trabalho;

c) emissão de permissão de trabalho; e

d) operações de risco ou simultâneas com acompanhamento/supervisão da atividade por profissional de segurança do trabalho.

---

[11] No contexto deste item, a palavra "organizações" abrange tanto a operadora da instalação quanto as prestadoras de serviço.

[12] Entenda-se: os riscos gerados pelas atividades realizadas pelas prestadoras de serviço.

6.4 Análises de riscos

O PGR deve estar articulado com a análise de riscos das instalações e processos, elaborada conforme requisitos estabelecidos pela ANP.

As análises de riscos das instalações e processos devem ter seus cenários, barreiras, observações e recomendações divulgados aos trabalhadores, de acordo com suas atividades, bem como estar disponíveis para consulta de todos os trabalhadores a bordo.

A análise de riscos das instalações e processos deve ser revisada ou revalidada, no máximo, a cada **cinco anos**.

A operadora da instalação deve designar, formalmente, um ou mais profissionais legalmente habilitados como responsáveis por elaborar e validar as análises de riscos das instalações e processos, bem como por definir a metodologia a ser utilizada e **fundamentar tecnicamente** a sua escolha no relatório da análise de riscos.

Os relatórios das análises de riscos devem ser elaborados conforme requisitos do regulamento de segurança operacional da ANP.

Ao menos um profissional de segurança do trabalho do SESMT da operadora da instalação lotado a bordo da plataforma em questão e um trabalhador com experiência na instalação objeto do estudo devem participar das análises de riscos. Na fase de projeto da plataforma, o cumprimento dessa determinação é facultativo.

A partir das análises de riscos, a operadora da instalação deve definir a dotação e localização de lava-olhos e chuveiros de emergência na plataforma, os quais devem ser mantidos em perfeito estado de funcionamento e em local com fácil acesso. Vemos, portanto, que a localização, dimensionamento e localização desses equipamentos serão definidos por análise de risco.

No caso de plataforma desobrigada de dispor de SESMT complementar[13] a bordo, a operadora da instalação deverá indicar outro empregado próprio, que seja profissional de segurança do trabalho, para compor a equipe multidisciplinar prevista no regulamento de segurança operacional da ANP.

O profissional de maior nível hierárquico embarcado na plataforma deve tomar ciência formal do relatório das análises de riscos.

A operadora da instalação deve elaborar cronograma, definindo prazos e responsáveis para implementar as recomendações aprovadas. A inobservância da implementação das recomendações ou dos prazos definidos no cronograma deve ser justificada e documentada, desde que não representem, separadamente ou em conjunto, risco grave e iminente aos trabalhadores.

As análises de riscos devem ser reavaliadas, sob pena de caracterização de risco grave e iminente, nas seguintes situações:

a) quando ocorrer mudança na locação da plataforma;

b) quando ocorrer mudança da operadora da instalação;

c) quando forem colocadas instalações temporárias a bordo, inclusive módulos de acomodação temporária;

d) antes da ampliação ou modificação da instalação, processo ou processamento, quando indicado pela gestão de mudanças;

---

[13] Veremos adiante que, para a operadora da instalação, a NR37 dispõe acerca do SESMT em terra e SESMT a bordo, este último chamado de SESMT Complementar.

e) por solicitação do SESMT ou da CIPLAT, quando aprovada tecnicamente pelo responsável legal pela plataforma; e

f) por recomendação decorrente de análise de incidente.

Segundo o Manual de Comunicação de Incidentes de Exploração e Produção de Petróleo e Gás Natural[14], incidente é qualquer ocorrência, decorrente de fato ou ato intencional ou acidental, envolvendo:

a) risco de dano ao meio ambiente ou à saúde humana;

b) dano ao meio ambiente ou à saúde humana;

c) prejuízos materiais ao patrimônio próprio ou de terceiros;

d) ocorrência de fatalidades ou ferimentos graves para o pessoal próprio ou para terceiros; ou

e) interrupção não programada das operações da instalação por mais de 24 horas.

Ainda segundo o Manual:

- No conceito de incidente, se incluem os quase acidentes e os acidentes relacionados com a segurança operacional.
- Quase acidente é qualquer evento inesperado com potencial de risco para a segurança operacional, o qual não tenha causado danos à saúde humana ou ao meio ambiente.

7. ATENÇÃO À SAÚDE NA PLATAFORMA

7.1 Programa de Controle Médico de Saúde Ocupacional – PCMSO

A operadora da instalação e cada uma das empresas prestadoras de serviços permanentes a bordo devem elaborar os seus respectivos Programa de Controle Médico de Saúde Ocupacional – PCMSO, por plataforma[15], cumprindo as disposições da NR37 prioritariamente, e a NR7, de forma subsidiária.

A operadora da instalação e as empresas prestadoras de serviços devem adotar medidas que visem à promoção, à proteção, à recuperação e à prevenção de agravos à saúde de todos os seus trabalhadores a bordo, de maneira a compreender ações em terra e a bordo e contemplar:

a) serviços gratuitos de assistência à saúde a bordo e em terra pela operadora da instalação ou por empresas especializadas na prestação desses serviços, que sejam decorrentes de acidentes ou doenças ocorridas no trabalho, com os empregados próprios e terceirizados;

b) desembarque e remoção do trabalhador para unidade de saúde em terra, no caso de necessidade de cuidados médicos complementares;

c) programas de educação em saúde, incluindo temas sobre alimentação saudável;

---

[14] Manual de Comunicação de Incidentes. Versão 3, ANP, disponível em: https://www.gov.br/anp/pt-br/assuntos/exploracao-e-producao-de-oleo-e-gas/seguranca-operacional-e-meio-ambiente/manual/manual-de-comunicacao-de-incidentes-e-p-rev-3.pdf.

[15] As plataformas desabitadas estão dispensadas da elaboração de PCMSO.

NR 37 · SEGURANÇA E SAÚDE EM PLATAFORMAS DE PETRÓLEO | **849**

d) programas de promoção e prevenção em saúde, visando implantar medidas para mitigar os fatores de riscos psicossociais identificados, assim como prevenir **constrangimentos** nos locais de trabalho decorrentes de agressão, assédio moral, assédio sexual, dentre outros; e

e) acompanhamento pelos médicos responsáveis pelos PCMSO da operadora da instalação e das empresas prestadoras de serviços, em todos os casos de acidentes e adoecimentos ocupacionais ocorridos a bordo com os trabalhadores próprios e terceirizados.

Cabe ao empregador avaliar o estado de saúde dos trabalhadores que acessam a plataforma ou embarcação por intermédio de **cesta de transferência**[16], de modo que os seguintes aspectos sejam considerados:

a) inclusão no PCMSO dos exames e sistemática de avaliação;

b) avaliação periódica dos riscos envolvidos na operação de **transbordo**, consignando no Atestado de Saúde Ocupacional – ASO[17] a aptidão para essa atividade; e

c) apreciação das patologias que podem originar mal súbito e riscos psicossociais.

7.2 Plataforma habitada

A **plataforma habitada** deve:

a) possuir profissional de saúde, registrado no respectivo conselho de classe, **embarcado** para prestar assistência à saúde e atendimentos de primeiros socorros, de acordo com as Normas da Autoridade Marítima para Embarcações Empregadas na Navegação de Mar Aberto, da Diretoria de Portos e Costas – DPC da Marinha do Brasil, a Normam-01/DPC, na seguinte proporção:

Trabalhadores a bordo	Profissional de saúde	Supervisão
A partir de 31 até 250	1 técnico de enfermagem	1 enfermeiro ou 1 médico
Entre 251 e 400	+1 (pelo menos um deles com curso superior)	–
Acima de 401	+1	–

b) ser dotada de **enfermaria** conforme o Capítulo 9 da Normam-01/DPC e também conforme o disposto na NR32 (Segurança e Saúde no Trabalho em Serviços de Saúde), no que couber; e

c) disponibilizar sistema de **telemedicina** entre o profissional de saúde a bordo e os médicos especialistas em terra, a qualquer hora do dia ou da noite, operado por trabalhador capacitado, conforme resoluções do Conselho Federal de Medicina e demais legislações pertinentes.

---

[16] Trabalhadores que utilizam a cesta de transferência apenas para situações de emergência estão dispensados da avaliação e exames indicados.

[17] Cópia da primeira via do ASO, em meio físico ou eletrônico, deve estar disponível na enfermaria a bordo.

7.3 Treinamentos

Profissionais de nível superior

Os profissionais de saúde de nível superior devem ter os treinamentos **avançados em suporte cardiológico e trauma pré-hospitalar**, certificados por instituições especializadas, obedecendo às suas respectivas validades.

Profissionais de nível médio

Os profissionais de saúde de nível médio devem ter os treinamentos em **suporte básico de vida e trauma pré-hospitalar**, certificados por instituições especializadas, obedecendo às suas respectivas validades e formações profissionais.

7.4 Equipamentos, materiais e medicamentos

Os equipamentos, materiais e medicamentos para prestar a assistência à saúde e o atendimento de primeiros socorros aos trabalhadores a bordo devem ser definidos e descritos pelo médico responsável pelo PCMSO da plataforma, elaborado pela operadora da instalação.

Os tipos de equipamentos, materiais e medicamentos necessários devem estar disponíveis a bordo, em quantidades suficientes e dentro dos seus respectivos prazos de validade.

No caso de o trabalhador não dispor da quantidade necessária do medicamento de uso contínuo próprio, a operadora da instalação deve providenciar, imediatamente, o medicamento adequado ou o desembarque do trabalhador.

8. CAPACITAÇÃO E TREINAMENTO EM SEGURANÇA E SAÚDE NO TRABALHO

8.1 Modalidades

O operador da instalação deve implementar programa de capacitação em segurança e saúde no trabalho em plataforma, compreendendo as seguintes modalidades:

a) orientações gerais por ocasião de cada embarque (*briefing* de segurança da plataforma);

b) treinamento básico;

c) treinamento avançado;

d) treinamento eventual; e

e) Diálogo Diário de Segurança – DDS.

Os treinamentos citados nas alíneas "b", "c" e "d" do item 37.9.6 devem ter engenheiro de segurança do trabalho como responsável técnico.

As capacitações citadas nas alíneas "a" e "e" são dispensadas de emissão de certificado.

8.1.1 Briefing

A operadora da instalação deve ministrar instruções gerais (*briefing*), consignadas em lista de presença, por ocasião de cada embarque, ao chegar a bordo da plataforma, com o seguinte conteúdo mínimo:

NR 37 · SEGURANÇA E SAÚDE EM PLATAFORMAS DE PETRÓLEO | 851

a) a descrição sucinta das características da plataforma e o seu estado (operacional, parada, comissionamento, operações críticas e simultâneas, entre outros);

b) os tipos de alarme disponíveis a bordo, destacados os de emergência;

c) os procedimentos de agrupamento (pontos de encontro) e de evacuação em caso de emergência;

d) as rotas de fuga;

e) as localizações dos recursos de salvatagem (coletes, boias, baleeiras, balsas, botes de resgate, entre outros);

f) a identificação das lideranças de bordo;

g) as regras de convívio a bordo, especialmente no que diz respeito ao silêncio nas áreas das acomodações; e

h) cuidados básicos de higiene e saúde pessoal.

O *briefing* deve ser atualizado pela operadora da instalação sempre que houver mudança no Plano de Resposta a Emergências – PRE.

8.1.2 Treinamento básico

O treinamento básico[18] deve ser realizado **antes do primeiro embarque**, ter carga horária mínima de seis horas e abordar o inventário de riscos e as medidas de controle estabelecidas no PGR da plataforma, em especial:

a) meios e procedimentos de acesso à plataforma;

b) condições e meio ambiente de trabalho;

c) substâncias combustíveis e inflamáveis presentes a bordo: características, propriedades, perigos e riscos;

d) áreas classificadas, fontes de ignição e seu controle;

e) riscos ambientais existentes na área da plataforma;

f) medidas de segurança disponíveis para o controle dos riscos operacionais a bordo;

g) outros riscos inerentes às atividades específicas dos trabalhadores e as respectivas medidas de controle e eliminação;

h) riscos psicossociais decorrentes de vários estressores, como jornada prolongada, trabalho em turnos e noturno, abordando seus efeitos nas atividades laborais e na saúde;

i) riscos radiológicos de origem industrial ou de ocorrência natural, quando existentes;

j) produtos químicos perigosos e explosivos armazenados e manuseados a bordo;

k) Ficha de Informação de Segurança de Produtos Químicos – FISPQ;

l) Equipamentos de Proteção Coletiva – EPC;

m) Equipamentos de Proteção Individual – EPI; e

n) procedimentos a serem adotados em situações de emergência.

---

[18] O treinamento básico não é obrigatório para as comitivas, visitantes e atividades exclusivamente administrativas.

852 | SEGURANÇA E SAÚDE NO TRABALHO – *Mara Queiroga Camisassa*

8.1.3 Treinamento avançado

O treinamento avançado deve ser ministrado para os trabalhadores que adentram na área operacional, efetuando atividades específicas, pontuais ou eventuais relacionadas à operação, manutenção ou integridade, bem como em resposta a situações de emergência.

Deve ter carga horária de, no mínimo, oito horas, com o seguinte conteúdo programático:

a) análise preliminar de riscos da tarefa – conceitos e exercícios;

b) permissão para trabalho, a frio ou a quente, na presença de combustíveis e inflamáveis;

c) aditivos químicos e composição dos fluidos empregados nas operações de perfuração, completação, restauração e estimulação, quando aplicável;

d) noções dos sistemas de prevenção e combate a incêndio da plataforma;

e) acidentes com inflamáveis: suas causas e as medidas preventivas existentes na área operacional;

f) resposta a emergências com combustíveis e inflamáveis;

g) noções de segurança de processo para plataformas;

h) segurança na operação das instalações elétricas em atmosferas explosivas; e

i) atividade prática a bordo, de no mínimo uma hora, com a indicação *in loco* dos sistemas e equipamentos disponíveis para o combate a incêndio.

8.1.4 Treinamento eventual

Segundo a NR1, 1.7.1.2.3 e subitem:

> 1.7.1.2.3. O treinamento eventual deve ocorrer:
>
> a) quando houver mudança nos procedimentos, condições ou operações de trabalho, que impliquem em alteração dos riscos ocupacionais;
>
> b) na ocorrência de acidente grave ou fatal, que indique a necessidade de novo treinamento; ou
>
> c) após retorno de afastamento ao trabalho por período superior a 180 (cento e oitenta) dias.
>
> 1.7.1.2.3.1 A carga horária, o prazo para sua realização e o conteúdo programático do treinamento eventual deve atender à situação que o motivou.

Além do disposto na NR1, o treinamento eventual nas plataformas deve ser realizado nas seguintes situações:

a) incidente de grande relevância ou acidente grave ou fatal, na própria instalação ou em outras plataformas, próprias ou afretadas, da mesma operadora;

b) doença ocupacional que acarrete lesão grave à integridade física do(s) trabalhador(es);

c) parada para a realização de campanhas de manutenção, reparação ou ampliação realizadas pela própria operadora ou por prestadores de serviços;

d) comissionamento, descomissionamento ou desmonte da plataforma; e

e) retorno de afastamento do trabalho por **período superior a noventa dias**: vemos que neste caso o período de afastamento que motiva a realização de treina-

NR 37 • SEGURANÇA E SAÚDE EM PLATAFORMAS DE PETRÓLEO 853

mento eventual nas plataformas (superior a 90 dias) difere daquele determinado pela NR1 (superior a 180 dias): neste caso prevalece o ditame da NR37.

A carga horária, o conteúdo programático do treinamento eventual e os trabalhadores a serem capacitados devem ser definidos pela operadora da instalação, em função da complexidade, levando-se em conta o inventário de riscos e as medidas de prevenção estabelecidas no PGR para a atividade em questão.

Para operações simultâneas de risco, em conformidade com o PGR e a análise preliminar de risco da tarefa, também deve ser realizado treinamento eventual ou DDS anterior à operação.

8.1.5 Reciclagem

Deve ser realizada reciclagem do treinamento básico e avançado, com carga horária mínima de quatro horas, a cada cinco anos, ou quando houver:

a) indicação do PGR pela atualização; ou

b) retorno de afastamento do trabalho por período superior a cento e oitenta dias.

A reciclagem do treinamento avançado deve contemplar a parte prática.

8.1.6 Diálogo Diário de Segurança – DDS

A operadora da instalação deve realizar, antes do início das atividades operacionais, o DDS, considerando:

a) as tarefas que serão desenvolvidas, de forma simultânea ou não;

b) o processo de trabalho, os riscos e as medidas de proteção;

c) os alarmes de evacuação a bordo e as respectivas medidas de segurança a serem adotadas; e

d) os cuidados para evitar o acionamento inadvertido de sistemas de segurança levando a paradas não programadas.

Para comprovar a realização do DDS, as informações da lista de presença podem ser incluídas na própria permissão de trabalho, quando aplicável.

8.2 Treinamentos a distância e semipresencial

Os treinamentos podem ser ministrados na modalidade de ensino a distância ou semipresencial, desde que atendidos os requisitos operacionais, administrativos, tecnológicos e de estruturação pedagógica previstos no Anexo II da NR1.

Para cada treinamento presencial, deve ser elaborada lista de presença que contenha:

a) o título do curso ministrado;

b) o conteúdo ministrado, data, local e carga horária;

c) os nomes e as assinaturas dos participantes; e

d) a identificação e a qualificação do instrutor.

Os conteúdos práticos podem ser realizados com a utilização de simuladores aprovados pelo fabricante do equipamento, ou aqueles utilizados ou reconhecidos por órgãos da administração pública ou sociedades classificadoras.

8.3 Instrutores

Os instrutores dos treinamentos devem possuir:

a) curso de formação de instrutor;

b) qualificação ou habilitação no tema; e

c) comprovada experiência mínima de dois anos na atividade.

8.4 Disposições gerais

Todos os treinamentos previstos devem observar o disposto na NR1 e ser realizados durante a jornada de trabalho, a cargo e custo da organização, conforme disposto na NR37.

O tempo despendido durante qualquer treinamento é considerado como horas trabalhadas, sendo proibida a participação em cursos nos períodos de férias, afastamentos ou descanso do trabalhador a bordo.

9. ACESSO À PLATAFORMA

Regra geral, os deslocamentos dos trabalhadores entre o continente e a plataforma ou entre plataformas não interligadas, e vice-versa, devem ser realizados por meio de **helicópteros**. Neste caso, as aeronaves, os heliportos e os procedimentos de transporte aéreo devem obedecer aos requisitos de segurança exigidos pelas autoridades competentes.

Transporte por meio de embarcações

A norma também permite o transporte dos trabalhadores por meio de embarcações, desde que:

a) estejam regularizadas junto à autoridade marítima;

b) a distância a ser percorrida entre o continente e a plataforma seja **inferior ou igual a trinta e cinco milhas náuticas**[19];

c) sejam atendidas as condições adequadas de conforto para o trabalhador durante a navegação;

d) a altura de onda seja de até dois metros e setenta centímetros e a velocidade de vento de até vinte e sete nós;

e) na situação de interdição do helideque, por mais de vinte e quatro horas, é permitida a evacuação do pessoal não essencial à segurança e habitabilidade da plataforma, independentemente da distância a ser percorrida entre o continente e a plataforma, sendo vedada a troca de turma; e

f) em caso de **evacuação emergencial**, **independentemente** da distância a ser percorrida entre o continente e a plataforma.

No caso de transporte marítimo, a **transferência** de trabalhadores entre as embarcações e a plataforma, e vice-versa, deve ser realizada mediante passarela estabilizada (*gangway*), cesta de transferência de pessoal ou, em plataforma fixa, atracadouro especial para a embarcação apropriada ao transporte de trabalhadores com segurança e conforto.

---

[19] Milhas náuticas ou milhas marítimas. Uma milha náutica corresponde a 1.852 metros.

Cestas de transferência

As operações de transferência de trabalhadores, por cestas de transferência ou atracadouro, devem obedecer aos seguintes requisitos:

a) ser realizadas durante o **período diurno** e com boa visibilidade;

b) todos os trabalhadores devem receber treinamentos de segurança e, antes de cada transporte e transferência, as instruções preliminares de segurança (*briefing*);

c) os trabalhadores transportados devem dispor e, quando transferidos, devem usar colete salva-vidas, conforme Normam-01/DPC;

d) os trabalhadores a serem transferidos **não devem** carregar materiais, inclusive mochilas, durante a transferência, de modo a terem as mãos livres;

e) um tripulante capacitado da embarcação deve dar orientação prática acerca do processo de transferência, devendo o trabalhador seguir estritamente as suas determinações;

f) o trabalhador não pode ser submetido à operação de transferência sem o seu consentimento, **podendo recusar a qualquer momento** mediante justificativa; e

g) existindo pessoa sem condições físicas ou psicológicas para a transferência ou que se recuse a cumprir as determinações do tripulante, o comandante da embarcação deve interromper imediatamente a operação, solicitando a retirada desse trabalhador da área de embarque, informando a ocorrência à operadora da instalação.

É vedado o uso de cordas, **correntes ou qualquer outro tipo de cabos** para a transferência de trabalhadores entre as embarcações e a plataforma, e vice-versa.

A transferência de trabalhadores, por meio de cesta, deve ser realizada apenas sob as seguintes condições meteorológicas e oceanográficas:

a) a altura de onda seja de até dois metros e setenta centímetros e a velocidade de vento de até vinte e sete nós;

b) visibilidade superior a três quilômetros; e

c) balanço (*roll*) máximo de três graus, para plataformas flutuantes.

A operadora da instalação deve assegurar que a cesta obedeça aos seguintes requisitos mínimos:

a) possuir certificado de homologação pela autoridade marítima, em conformidade com a Normam-05/DPC e alterações posteriores; e

b) estar **íntegra** e sempre **disponível** para utilização.

As áreas de saída e de chegada da cesta devem:

a) ter a presença de tripulante capacitado para a execução das manobras de transferência;

b) estar desimpedidas; e

c) manter trabalhador de prontidão para lançamento da boia circular, em caso de homem ao mar.

Os sinaleiros[20] e seus auxiliares devem estar visivelmente identificados e, juntamente com os passageiros, são as únicas pessoas que podem permanecer nas áreas de chegada ou saída da cesta.

É proibida a utilização da cesta de transbordo:

a) para o transporte de materiais ou equipamentos, com exceção da bagagem dos trabalhadores transportados, que deve ser conduzida no centro da cesta;

b) com carga acima de sua capacidade máxima de transporte;

c) como a primeira carga do dia de operação do guindaste, devendo ser usado outro elemento de carga semelhante no lugar da cesta, com no mínimo duas vezes a sua capacidade máxima de transporte para fazer as devidas verificações; e

d) quando não houver permanente comunicação visual e via rádio entre o operador do guindaste e os sinaleiros da plataforma e da embarcação.

O operador do guindaste deve obedecer unicamente às instruções dadas pelos sinaleiros, exceto quando for constatado risco de acidente e sinalizada a parada de emergência por qualquer pessoa situada na área de embarque ou desembarque.

A norma permite o transbordo de pessoas por meio de cesta de transferência no **período noturno** somente em situações de:

a) emergência;

b) execução de serviços emergenciais que visem à proteção dos trabalhadores ou à segurança operacional;

c) socorro médico de urgência; e

d) resgate de náufrago.

O atracadouro deve ter projeto elaborado por profissional legalmente habilitado e ser aprovado pela autoridade marítima.

Acesso por meio de embarcação

O procedimento de acesso à plataforma, por meio de embarcação apropriada para o transporte de trabalhadores com segurança e conforto, deve obedecer aos seguintes requisitos:

a) as operações de transferência somente devem ser realizadas em condições de altura de onda de até dois metros e setenta centímetros, velocidade de vento de até vinte e sete nós e corrente marítima de até 1,5 nós; e

b) as condições de mar, vento e visibilidade no momento da manobra devem ser avaliadas e consignadas em documento próprio, pelo comandante da embarcação, a ser arquivado na embarcação ou na plataforma habitada, por período não inferior a um ano, em local de fácil acesso à inspeção do trabalho.

---

[20] Os sinaleiros são responsáveis pela orientação da **movimentação** da cesta de transferência e de quaisquer outras movimentações que envolvam guindastes por meio de comunicação com os operadores desses equipamentos, seja via rádio ou visual.

NR 37 • SEGURANÇA E SAÚDE EM PLATAFORMAS DE PETRÓLEO | 857

Quando a movimentação de trabalhadores entre a plataforma, fixa ou flutuante, e embarcação adjacente for realizada por meio de passarela estabilizada (*gangway*), devem ser obedecidos os seguintes requisitos mínimos:

a) manter a via desobstruída, **dotada de corrimãos e piso antiderrapante**;

b) garantir ângulo de **inclinação seguro** para o deslocamento dos trabalhadores, conforme o projeto da passarela estabilizada;

c) utilizar passarela estabilizada dotada de **fechamento lateral**;

d) instalar **rede de proteção contra quedas no entorno da base da passarela** estabilizada nas plataformas, quando requerida nas análises de riscos;

e) guarnecer **cada extremidade** da passarela estabilizada com sistema de sinalização e alarmes automáticos sonoros e luminosos ou vigia treinado, identificado e portando colete com faixa reflexiva, para orientação ou interrupção do fluxo de trabalhadores;

f) equipar os vigias com meios de comunicação entre a plataforma e a embarcação adjacente;

g) designar área segura, sinalizada, desimpedida e abrigada como ponto de espera para travessia, baseada nas análises de riscos específicas;

h) elaborar procedimento de movimentação, interrupção de passagem e evacuação de trabalhadores da passarela, em caso de condições climáticas e marítimas adversas ou emergências operacionais;

i) possuir partes móveis protegidas e sinalizadas; e

j) ser dotada de meio de acesso através de escada ou rampa posicionada no máximo a trinta graus de um plano horizontal e equipada com dispositivo rotativo que lhe permita acompanhar o movimento involuntário da embarcação.

Finalmente, a NR37 **proíbe o acesso** de trabalhador à plataforma sem que a cópia, em meio físico ou digital, do seu **ASO** esteja disponível a bordo ou **cuja validade esteja vencida ou a vencer dentro do período de embarque**.

10. CONDIÇÕES DE VIVÊNCIA A BORDO

As condições de vivência a bordo são reguladas pelo disposto na própria norma e também nas regulamentações do Ministério da Saúde e da Agência Nacional de Vigilância Sanitária – Anvisa, **não sendo aplicáveis os dispositivos constantes da NR24**. Temos aqui uma exceção à regra de aplicação subsidiária de norma especial à norma setorial.

A operadora da instalação deve assegurar áreas de vivência das plataformas habitadas compostas por:

a) alojamentos;

b) instalações sanitárias;

c) refeitório;

d) cozinha;

e) lavanderia;

f) sala de recreação;

858 SEGURANÇA E SAÚDE NO TRABALHO – *Mara Queiroga Camisassa*

g) sala de leitura[21];

h) sala para uso da internet e outros serviços; e

i) espaço para prática de atividade física.

10.1 Alojamentos

A operadora da instalação deve assegurar que, nos leitos dos camarotes e módulos de acomodação temporária, os níveis de ruídos não sejam superiores a 60 dB(A), sendo que a partir de 55 dB(A) devem ser adotadas medidas preventivas.

10.2 Instalações sanitárias

As instalações sanitárias devem:

a) possuir uma área mínima de 1,00 m² para cada vaso sanitário;

b) ser abastecidas por água canalizada;

c) dispor de água tratada nos chuveiros e pias, para fins de higiene pessoal, **sendo disponibilizada água quente** nos chuveiros;

d) ser separadas por sexo;

e) ter porta principal **inteiriça**, para manter a privacidade, e que permita a ventilação, seja ejetável ou provida de painel de escape com dimensões de acordo com a Normam-01/DPC;

f) possuir portas com fechamento interno sem, contudo, impedir sua **abertura emergencial** pelo lado externo mediante chave mestra ou similar;

g) possuir piso impermeável, lavável, antiderrapante, com caimento para o ralo sifonado e sem ressaltos e depressões;

h) ter lixeira com tampa, com dispositivo de abertura que dispense a necessidade de contato manual;

i) ser providas de rede de iluminação, protegida externamente por eletrodutos ou embutida nas anteparas, com iluminamento geral e difuso;

j) possuir sistema de exaustão eficaz, direcionado para fora da área de vivência e sem contaminar os seus demais ambientes;

k) ter disponível protetor descartável ou dispositivo desinfetante para o assento do vaso sanitário; e

l) ser dotada de, no mínimo, uma tomada de energia elétrica junto aos lavatórios.

A plataforma deve possuir instalações sanitárias para uso coletivo distribuídas pelos diferentes pisos ou *decks*, **na proporção de, no mínimo, um vaso sanitário e um lavatório para cada quinze trabalhadores ou fração**, considerando o turno de trabalho com maior efetivo. Nestas instalações é permitida a substituição de cinquenta por cento dos vasos por mictórios para uso coletivo, desde que sejam assegurados, no mínimo, dois vasos.

A plataforma deve possuir também instalações sanitárias para uso coletivo dotadas de **chuveiro**, na proporção de **um para cada trinta trabalhadores ou fração, considerando o turno de trabalho com maior efetivo**.

---

[21] A sala de leitura pode ser compartilhada com a sala da internet desde que sejam separadas de forma a manter as condições para concentração e estudo.

É proibida a utilização de **toalhas de uso coletivo.**

Além das disposições da NR37, os compartimentos destinados aos chuveiros devem possuir alças de apoio, exceto nas plataformas fixas.

A operadora da instalação deve assegurar, no mínimo, **sessenta litros diários de água tratada, por trabalhador,** para serem utilizados nas instalações sanitárias.

Banheiro químico

Regra geral, a norma proíbe o uso de banheiro químico, inclusive no módulo de acomodação temporária. A exceção a esta regra ocorre no caso de inoperância do sistema de esgotamento de todas as instalações sanitárias, apresentado a seguir. Nesta situação a operadora da instalação deve providenciar banheiro químico para os trabalhadores que compõem o contingenciamento mínimo (para a regularização do sistema de esgotamento), até a normalização do sistema de esgotamento.

Inoperância do sistema de esgotamento

Ao constatar a inoperância do sistema de esgotamento de todas as instalações sanitárias, **sem o devido restabelecimento em até três horas,** os seguintes procedimentos devem ser adotados:

a) iniciar os procedimentos de parada da produção da plataforma;

b) providenciar, imediatamente, a logística para o desembarque de todos os trabalhadores, com o retorno da tripulação somente após a normalização do sistema de esgotamento;

c) manter a bordo apenas o contingente mínimo para garantir a segurança da instalação e o reparo do sistema; e

d) providenciar banheiros químicos para os trabalhadores que compõem o contingenciamento mínimo, até a normalização do sistema de esgotamento.

10.3 Higiene, segurança e conforto por ocasião das refeições

Nas plataformas **habitadas,** é obrigatória a existência de refeitório para os trabalhadores. O refeitório deve atender, nesta ordem, aos requisitos da NR37 e de forma subsidiária aos itens constantes das resoluções da Anvisa, conforme descrito a seguir:

a) ser instalado em local apropriado, não se comunicando diretamente com os locais de trabalho, instalações sanitárias e locais insalubres ou perigosos;

b) possuir área mínima de 1,50 m^2 por usuário, com a quantidade de mesas e assentos que atenda a 1/3 do total de empregados do turno de trabalho com o maior efetivo;

c) possuir corredor principal com largura de 0,75 m e garantia de corredor secundário de acesso a todos os assentos com largura de 0,55 m;

d) ser provido de rede de iluminação, protegida externamente por eletrodutos ou embutida nas anteparas ou teto, com iluminamento geral e difuso;

e) ter piso impermeável, antiderrapante e revestido de material que permita a limpeza e desinfecção;

f) ter anteparas revestidas com material liso, resistente, impermeável e que permita a limpeza e desinfecção;

g) dispor de água potável;

h) possuir mesas providas de tampo liso e de material impermeável;

i) possuir mesas e bancos ou cadeiras de fácil higienização e mantidos permanentemente limpos;

j) possuir protetor salivar nos balcões em que o usuário tiver acesso ao alimento; e

k) dispor de álcool em gel ou outro saneante na área de acesso aos balcões de autosserviço.

Plataformas flutuantes

As mesas do refeitório de plataformas flutuantes devem ser dotadas de tampo com **ressalto arredondado nas bordas**, acompanhada por bancos ou cadeiras **fixas ou com pés de alto atrito**.

Lavatórios

Além do quantitativo de lavatórios para uso coletivo previsto no subitem 37.12.4.3, o refeitório também deve dispor de, pelo menos, um lavatório localizado nas proximidades de sua entrada, no mesmo piso, ou no seu interior, na proporção de um para cada trinta assentos.

É proibida, **ainda que em caráter provisório**, a utilização do refeitório como depósito.

Plataformas desabitadas

As plataformas desabitadas devem dispor de condições sanitárias, de higiene e de conforto suficientes para as refeições dos trabalhadores, bem como atender aos seguintes requisitos mínimos:

a) dispor de local adequado e isolado da área de trabalho;

b) possuir piso e anteparas apropriados para limpeza e desinfecção;

c) ter ventilação artificial ou natural;

d) ter iluminação geral e difusa, com nível de iluminamento, conforme previsto em norma técnica;

e) dispor de mesas e assentos em número compatível com a quantidade de trabalhadores a bordo;

f) possuir lavatório nas proximidades;

g) fornecer água potável;

h) dispor de equipamento para aquecer a refeição ou de dispositivo térmico que a mantenha aquecida em condições de higiene, conservação e consumo até o final do horário da refeição;

i) fornecer refeições que atendam às exigências de conservação da alimentação em recipientes apropriados, adequados aos equipamentos de aquecimento disponíveis;

j) disponibilizar pratos, talheres e copos individuais higienizados, podendo ser descartáveis; e

k) possuir compartimento para guarda e proteção dos utensílios.

NR 37 · SEGURANÇA E SAÚDE EM PLATAFORMAS DE PETRÓLEO | 861

Em plataforma desabitada que **não ofereça ambiente com condições para as refeições**, o tempo de permanência dos trabalhadores a bordo deve ser de, no **máximo, quatro horas**.

10.4 Cozinha

A cozinha deve ficar interligada ao refeitório através de aberturas do tipo passa-pratos ou portas distintas, uma para servir as refeições e a outra para a devolução dos utensílios.

As áreas previstas para cozinha, depósito de gêneros alimentícios secos e dispositivos de refrigeração de alimentos devem ser compatíveis com o número diário de refeições servidas e a quantidade de provisões que devem ser armazenadas, considerando-se ainda uma **reserva de emergência**.

É vedada a utilização de toalha de uso coletivo nos lavatórios utilizados pelos profissionais da cozinha.

As plataformas devem possuir instalações sanitárias adicionais, exclusivas para uso coletivo dos trabalhadores da cozinha, na proporção de um vaso sanitário e um lavatório para cada dez trabalhadores ou fração, considerando o sexo e o turno de trabalho do pessoal da cozinha com maior efetivo.

A câmara de refrigeração deve ter botoeira de emergência no seu interior e dispositivo que permita a abertura internamente.

Plataformas flutuantes

Os equipamentos e acessórios de cocção utilizados nas cozinhas das plataformas flutuantes devem possuir **dispositivo de fixação** que permita a sua remoção para utilização e limpeza.

10.5 Camarotes

Os camarotes, camarotes provisórios e módulos de acomodação temporária devem atender aos seguintes requisitos gerais, **dentre outros** constantes na NR37:

- dispor de anteparas, revestimento, forro, piso e juntas construídos com **materiais específicos para uso marítimo** e resistentes ao fogo, de acordo com os requisitos definidos pela *International Maritime Organization – IMO, Code for Construction and Equipment of Mobile Offshore Drilling Units* (Código MODU), SOLAS e suas alterações posteriores;
- ser construídos com materiais termoacústicos, impermeáveis, atóxicos, adequados à sua utilização e que garantam um ambiente saudável e sua perfeita higienização;
- ser separados por sexo durante todo o seu tempo de ocupação, sendo **proibida a alternância diurna/noturna entre os sexos masculino e feminino** nesse período;
- acomodar no **máximo quatro pessoas**;
- ser dotados de mobiliário e acessórios constituídos de material de fácil higienização, sem cantos vivos, mantidos em boas condições de uso e que **não produzam gases ou partículas tóxicas quando expostos ao fogo**;
- apresentar **valores máximos de vibração de corpo inteiro inferiores ao nível de ação** para a exposição ocupacional diária à vibração de corpo inteiro citada

no Anexo I – Vibração da NR9 (Avaliação e Controle das Exposições Ocupacionais a Agentes Físicos, Químicos e Biológicos);

- ter **manta antichamas, não alergênica**, na proporção mínima de uma peça para cada ocupante.

A área de circulação para acesso aos alojamentos deve ter a largura mínima de 1,20 m.

Módulo de acomodação temporária

A instalação e a permanência do módulo de acomodação temporária nas plataformas habitadas devem ser solicitadas ao órgão regional da inspeção do trabalho, correspondente à locação da plataforma e, em caso de plataformas desabitadas, somente mediante negociação tripartite.

A solicitação deve ser feita mediante a apresentação das análises de riscos e plantas baixa e de corte.

Além do disposto da norma, o módulo de acomodação temporária deve atender às seguintes exigências, **dentre outras** constantes na NR37:

- não ter sido utilizado para outros fins, como o armazenamento ou manuseio de substâncias perigosas à saúde;
- dispor de anteparas, piso e teto construídos com o material de classe A-60, conforme descrito no Código MODU;
- ser apoiado sobre estruturas de sustentação com apoios resilientes para absorções de ruídos e vibrações, salvo laudo técnico conclusivo que dispense tais apoios, elaborado por profissional legalmente habilitado;
- dispor de antecâmara para isolamento do ruído exterior, das intempéries e do devassamento, podendo tal função ser exercida pelo corredor que interliga os módulos;
- dispor de saída de emergência alternativa.

É **vedado** o transbordo de trabalhadores registrados no *People On Board*[22] – POB de uma plataforma para o pernoite em alojamento de outra plataforma, com a finalidade de suprir ausência de acomodações.

10.6 Lavanderia

A plataforma **habitada** deve possuir lavanderia para a lavagem e a secagem das roupas de trabalho, de cama, de banho e de uso pessoal.

A lavanderia da plataforma deve:

a) ser dimensionada de acordo com a quantidade de turnos e a lotação total de trabalhadores embarcados;

b) ter a área de lavagem e secagem projetada e isolada acusticamente para manter os níveis de ruído dentro dos limites de tolerância nos demais compartimentos;

c) possuir piso de circulação sem saliências e depressões;

d) possuir sistema de exaustão e ventilação;

---

[22] *People On Board* (POB) – número total de pessoas a bordo da plataforma.

e) ser abastecida com água tratada; e
f) ter facilidades para passagem de roupas.

10.7 Serviços de bem-estar a bordo

Na plataforma **habitada**, devem existir os seguintes meios e instalações para proporcionar condições de bem-estar a todos os trabalhadores a bordo:
 a) sala de ginástica ou aparelhos para exercícios físicos, instalados em locais destinados para essa finalidade;
 b) sala(s) de recreação com música, rádio, televisão, exibição de vídeos com conteúdos variados e renovados em intervalos regulares, além de jogos de mesa com seus acessórios;
 c) sala de leitura dotada de uma biblioteca, cujo acervo contenha periódicos e livros de conteúdos variados, em quantidade suficiente e renovados em intervalos regulares;
 d) acesso viável à internet, do tipo sem fio (*wi-fi*), ao menos nas áreas de vivência e camarotes, para utilização recreativa e comunicação interpessoal, de acesso reservado a correio eletrônico, redes sociais e outros sistemas privativos, dimensionada de modo a atender ao quantitativo de trabalhadores no período de folga, diuturnamente; e
 e) sala de internet recreativa e para comunicação interpessoal, dotada de computadores de uso individual, conectados à rede, na razão de, no mínimo, um para cada cinquenta trabalhadores ou fração, considerados os trabalhadores em período de folga.

Em caso de inviabilidade técnica de instalação de internet sem fio (*wi-fi*), a operadora da instalação deve disponibilizar computadores de uso individual, conectados à rede citada, na razão de, no mínimo, um para cada quinze trabalhadores ou fração, considerados os trabalhadores em período de folga.

10.8 Espaço para atividades físicas

A sala para a prática das atividades físicas deve:
 a) ser dimensionada para os trabalhadores embarcados na plataforma, em horário de folga;
 b) possuir piso apropriado, livre de rachaduras, imperfeições, elementos cortantes e perfurantes;
 c) ter suportes ou compartimentos exclusivos para a guarda de material de apoio (anilhas, barras, cordas e outros);
 d) estar limpa;
 e) ser climatizada; e
 f) ter as áreas de circulação livres e seguras.

Para realizar atividade física a bordo, o trabalhador deve ser previamente orientado por profissional legalmente habilitado, apresentando o comprovante ao profissional de saúde da plataforma.

11. SERVIÇOS ESPECIALIZADOS EM SEGURANÇA E MEDICINA DO TRABALHO – SESMT

A NR37 prevê a constituição de dois tipos de SESMT: o SESMT a bordo de cada plataforma[23], também chamado de SESMT complementar, e o SESMT em terra. Tanto SESMT em terra quanto o SESMT a bordo devem ser constituídos pela operadora da instalação e pelas empresas que prestam serviços a bordo da plataforma, de acordo com o estabelecido na NR37 de forma prioritária, e na NR4 (Serviços Especializados em Segurança e Medicina do Trabalho – SESMT), de forma subsidiária.

11.1 SESMT em terra

A operadora da instalação e as empresas que prestam serviços a bordo de plataformas devem dimensionar os seus SESMT situados em terra conforme o estabelecido na NR4.

Dimensionamento

O dimensionamento dos SESMT em terra deve considerar a **gradação do risco da atividade principal de cada organização e o número total de empregados**. O número total de empregados é calculado pelo somatório dos empregados próprios lotados nas unidades terrestres e também daqueles lotados nas plataformas.

Assistência

Compete ao SESMT constituído em terra dar assistência tanto aos empregados lotados em terra como aos embarcados.

11.2 SESMT a bordo da plataforma constituído pela operadora da instalação

A operadora da instalação também deve constituir SESMT a bordo da plataforma.

A constituição do SESMT a bordo depende da quantidade total dos empregados da operadora e dos empregados das empresas prestadoras de serviços. Caso este somatório seja igual ou superior a vinte e cinco, o SESMT a bordo deve ser constituído por técnico(s) de segurança do trabalho. A norma determina que o dimensionamento do SESMT a bordo deve ser composto por, no mínimo, um técnico de segurança do trabalho para cada grupo de cinquenta trabalhadores embarcados ou fração.

Substituição de profissionais – em função do dimensionamento

Quando o dimensionamento do SESMT a bordo da plataforma exigir a contratação de **três ou mais técnicos de segurança do trabalho**, a operadora da instalação pode substituir um desses profissionais por **um engenheiro de segurança do trabalho**.

Substituição de profissionais – devido a afastamentos

A operadora da instalação poderá substituir o profissional de segurança a bordo por outro profissional com a mesma qualificação, sem a obrigatoriedade de atualização da composição do SESMT junto à inspeção do trabalho, nos seguintes casos:

---

[23] Plataformas interligadas de maneira permanente, que possibilitam a circulação de trabalhadores, serão consideradas como uma única instalação marítima para efeito de dimensionamento do SESMT a bordo.

NR 37 • SEGURANÇA E SAÚDE EM PLATAFORMAS DE PETRÓLEO | 865

a) por motivos de **férias**, licenças, capacitação e outros afastamentos legais, pelo prazo máximo de sessenta dias; e

b) para realizar **atividades na base da operadora**, pelo prazo máximo de cento e oitenta dias, em ciclos superiores a três anos.

11.3 SESMT a bordo da plataforma constituído pela empresa prestadora de serviços

A empresa prestadora de serviços, em caráter permanente ou intermitente na plataforma, deve lotar a bordo técnico de segurança do trabalho, quando o número total de seus empregados embarcados for igual ou superior a cinquenta, **durante** o período de prestação de serviços a bordo.

A partir de cem empregados, a empresa prestadora de serviços deve lotar a bordo mais um técnico de segurança do trabalho para cada grupo de cinquenta empregados ou fração.

Os técnicos de segurança do trabalho das empresas prestadoras de serviços devem atuar de forma integrada com o SESMT da operadora da instalação.

11.4 SESMT a bordo – atividades noturnas

Nas atividades noturnas realizadas por cinquenta ou mais trabalhadores, pelo menos um dos profissionais da área de segurança do trabalho da operadora da instalação, lotados a bordo da plataforma, deve cumprir sua jornada nesse período.

Quando o número de trabalhadores no turno da noite for inferior a cinquenta, qualquer atividade nesse período que exija a presença de profissional de segurança do trabalho deve ser planejada com antecedência mínima de vinte e quatro horas, exceto em situações de emergência.

11.5 SESMT a bordo – dimensionamento

O dimensionamento do SESMT a bordo deve considerar a média do número de trabalhadores embarcados no trimestre anterior, excluindo o aumento temporário **inferior** a três meses de vinte e cinco ou mais trabalhadores embarcados[24].

Para as plataformas novas, o dimensionamento do SESMT a bordo deve ser baseado no efetivo estimado no item 37.18.5 apresentado a seguir:

> 37.18.5 A operadora da instalação deve dimensionar o efetivo suficiente de trabalhadores para a realização de todas as tarefas operacionais com segurança, analisando, no mínimo, os seguintes aspectos:
>
> a) os diferentes níveis de capacitação técnica;
>
> b) os postos de trabalho;
>
> c) a organização do trabalho;
>
> d) as turmas de embarque;
>
> e) os horários e turnos de trabalho;
>
> f) os treinamentos necessários; e
>
> g) a definição de responsabilidades de supervisão e execução das atividades laborais.

---

[24] O atendimento decorrente do aumento temporário de trabalhadores embarcados deve ser feito por profissionais de segurança adicionais, na proporção estabelecida no subitem 37.7.3.1 e seus subitens.

12. COMISSÃO INTERNA DE PREVENÇÃO DE ACIDENTES E DE ASSÉDIO EM PLATAFORMAS – CIPLAT

A NR37 determina que a operadora da instalação e as empresas prestadoras de serviços permanentes a bordo devem constituir **CIPLAT por plataforma, com dimensionamento por turma de embarque**, de acordo com o estabelecido na própria norma, de forma prioritária, e também considerando o disposto na NR5 (Comissão Interna de Prevenção de Acidentes e de Assédio – CIPA) de forma subsidiária, no que não conflitar com a norma setorial.

Neste sentido, destaco a obrigatoriedade de realização de reuniões **extraordinárias** nos termos da NR5, uma vez que a NR37 é silente com relação a este tema. Segundo o item 5.6.4 da NR5:

> *5.6.4. As reuniões extraordinárias devem ser realizadas quando:*
> *a) ocorrer acidente do trabalho grave ou fatal; ou*
> *b) houver solicitação de uma das representações.*

12.1 Constituição

As CIPLAT da **operadora da instalação e das prestadoras de serviços permanentes** a bordo serão constituídas por representantes indicados pelo empregador e representantes eleitos pelos empregados, quando o número destes for igual ou **superior a oito por turma de embarque**.

Serão eleitos pelos empregados um representante titular e um suplente, em cada turma de embarque, com vínculo empregatício no Brasil, sendo um dos titulares definido como vice-presidente pelos representantes eleitos.

As organizações deverão formalizar seus representantes em paridade com o número de membros eleitos, indicando como presidente da CIPLAT o empregado de maior nível hierárquico lotado na plataforma, com vínculo empregatício no Brasil.

A norma proíbe a transferência para outra plataforma ou estabelecimento em terra, durante o mandato, de trabalhador eleito para a CIPLAT, sem sua anuência.

12.2 Empregado nomeado

Quando a turma de embarque for inferior a oito trabalhadores, considerados os lotados na plataforma, a organização deve nomear um empregado responsável pelo cumprimento dos objetivos da CIPLAT para essa turma.

12.3 CIPA das empresas prestadoras de serviços temporários

O dimensionamento da Comissão Interna de Prevenção de Acidentes e de Assédio – CIPA da empresa prestadora de serviços itinerantes em plataformas deve considerar como estabelecimento a sua unidade em terra, obedecendo ao estabelecido na NR5. No caso de prestação de serviços a bordo em períodos **iguais ou inferiores a doze meses**, a empresa deve **nomear** um trabalhador responsável pelo cumprimento dos objetivos da CIPLAT.

12.4 Processo eleitoral

Os períodos de inscrições e de eleições dos candidatos a membros da CIPLAT devem considerar todo o ciclo de embarque, de modo a permitir a participação de todos os empregados embarcados.

A eleição dos representantes dos empregados de cada turma de embarque deve ser realizada a bordo, sendo facultada a eleição por meio eletrônico.

As organizações que possuam ou atuem em mais de uma plataforma de uma mesma bacia petrolífera podem constituir uma única comissão eleitoral para a eleição da CIPLAT.

12.5 Reuniões

Os membros da CIPLAT devem se reunir mensalmente em reuniões ordinárias a serem realizadas a bordo, de acordo com calendário previamente estabelecido. A participação dos membros nas reuniões pode ocorrer de forma presencial ou remota.

O calendário de reuniões ordinárias mensais da CIPLAT deve considerar a participação de todas as turmas de embarque ao longo do mandato.

As reuniões ordinárias devem contar com a presença de cada bancada representativa, devendo o suplente comparecer às reuniões no caso de impedimento do membro titular.

As reuniões da CIPLAT da operadora da instalação devem ainda:

a) ter a participação de profissional de segurança do trabalho embarcado;

b) permitir a participação de membro eleito da CIPLAT ou dos nomeados das prestadoras de serviços, quando estiverem embarcados, sendo a prévia convocação obrigatória; e

c) permitir a presença de qualquer profissional que esteja a bordo, inclusive de representante designado pelo sindicato.

Os profissionais citados anteriormente não possuem direito a voto nas reuniões da CIPLAT.

Caso não haja consenso nas deliberações discutidas na CIPLAT, será instalado processo de votação, permanecendo na reunião, de forma paritária, somente os representantes do empregador e dos empregados da operadora da instalação.

As deliberações e encaminhamentos das reuniões da CIPLAT devem ser disponibilizadas a todos os trabalhadores no local onde é realizado o *briefing* ou por meio eletrônico, observada a Lei Geral de Proteção de Dados – Lei 13.709, de 14 de agosto de 2018.

13. INSPEÇÕES DE SEGURANÇA E SAÚDE A BORDO

As plataformas devem ser inspecionadas **mensalmente** pela operadora da instalação com foco nos aspectos de segurança e saúde no trabalho, considerando os riscos das atividades e as operações desenvolvidas a bordo, conforme cronograma anual elaborado pelo SESMT e informado previamente à CIPLAT. Apesar de não estar expresso na norma, esta atribuição de elaboração de cronograma anual se refere ao SESMT a bordo, constituído pela operadora da instalação nos termos da NR37.

As inspeções mensais de segurança e saúde devem ser planejadas com a **participação do membro eleito, titular ou suplente, da CIPLAT** e ser coordenadas, realizadas e consignadas em relatório pelos **profissionais do SESMT lotados na plataforma**.

868 SEGURANÇA E SAÚDE NO TRABALHO – *Mara Queiroga Camisassa*

Quando houver a participação de membro eleito, titular ou suplente, da CIPLAT na inspeção, esta servirá para o atendimento da verificação dos ambientes e condições de trabalho pela CIPLAT, conforme previsto na NR5[25].

As inspeções devem ser documentadas mediante relatórios, com o seguinte conteúdo mínimo:

a) nome da plataforma, data e local inspecionado;

b) participantes e suas respectivas assinaturas;

c) pendências anteriores e situação atual;

d) registro das não conformidades que impliquem riscos à segurança e à saúde dos trabalhadores;

e) recomendações; e

f) cronograma com a proposta de prazos e de responsáveis pela execução das recomendações.

O responsável legal pela plataforma deve tomar ciência do conteúdo do relatório de inspeção de segurança e saúde a bordo, mediante assinatura ao final desse documento, aprovando o cronograma com prazos e responsáveis pelo atendimento das recomendações.

Os relatórios das inspeções de segurança e saúde devem ser apresentados à CIPLAT durante a reunião ordinária subsequente ao término de sua elaboração, sendo uma cópia anexada à ata.

14. CALDEIRAS, VASOS DE PRESSÃO E TUBULAÇÕES

Aplicam-se às caldeiras, aos vasos de pressão e às tubulações das plataformas as disposições da NR37 e também o disposto na NR13 (Caldeiras, Vasos de Pressão, Tubulações e Tanques Metálicos de Armazenamento).

Os vasos **originariamente transportáveis**, que estejam permanentemente solidários às instalações da plataforma e que não sofram qualquer tipo de movimentação durante a operação, devem atender às disposições contidas na NR13. Destaco que, regra geral, os vasos transportáveis não são alcançados pela NR13. A NR37, entretanto, traz uma exceção a essa regra. Aos vasos de pressão destinados exclusivamente aos sistemas navais e de propulsão de embarcações convertidas em plataformas não se aplica a NR13, desde que:

- essas embarcações possuam certificado de classe atualizado emitido por sociedades classificadoras reconhecidas pela Autoridade Marítima;
- não estejam integrados ou interligados à planta de processo da plataforma.

Devido às características dos ambientes das plataformas, para caldeira instalada em ambiente fechado não são aplicáveis as seguintes exigências do subitem 13.4.2.4 da NR13:

- prédio separado para a casa de caldeiras ou praça de máquinas;
- ventilação permanente que não possa ser bloqueada;

---

[25] NR5, item 5.3.1: "A CIPA tem por atribuição: (...) c) verificar os ambientes e as condições de trabalho visando identificar situações que possam trazer riscos para a segurança e saúde dos trabalhadores;".

NR 37 • SEGURANÇA E SAÚDE EM PLATAFORMAS DE PETRÓLEO | 869

- proibição da utilização de casa de caldeiras ou praça de máquinas para outras finalidades.

Da mesma forma, para os vasos de pressão instalados em ambiente fechado não é aplicável a exigência de ventilação permanente, com entradas de ar que não possam ser bloqueadas.

Operador da caldeira ou da unidade de processo

É considerado trabalhador capacitado como operador de caldeira ou de unidade de processo o estrangeiro que possuir treinamento e estágio ou treinamento e experiência maior que dois anos, realizados no exterior ou no Brasil.

A capacitação deve ser reconhecida formalmente pelo profissional legalmente habilitado e designado pela operadora da instalação como responsável técnico pela(s) caldeira(s) ou unidade(s) de processo(s).

A operadora da instalação deve manter a bordo documentos que comprovem treinamento, estágio e reciclagem dos operadores de caldeira e dos profissionais com treinamento de segurança na operação de unidades de processo.

15. SISTEMA DE DETECÇÃO E ALARME DE INCÊNDIO E GASES

Segundo o item 37.26.1, a plataforma deve possuir sistemas de detecções e de alarmes para monitorar, continuamente, a possibilidade[26] de perda de contenção de materiais tóxicos, inflamáveis e incêndio, utilizando metodologia específica para esses sistemas, com projeto que atenda aos itens da NR37, bem como normas técnicas nacionais e internacionais.

Os detectores e alarmes fixos devem ser instalados de acordo com o dimensionamento de projeto e suas atualizações, inclusive nas instalações temporárias. O projeto deve levar em conta o estudo de dispersão de gases e vapores tóxicos ou inflamáveis no meio ambiente laboral, para a seleção do tipo, quantidade, distribuição e sensibilidade dos detectores. Em caso da ausência de estudo de dispersão de gases, a operadora da instalação deve adotar a quantidade e o posicionamento de detectores e alarmes previstos em norma técnica nacional ou internacional.

Os sistemas de alarme e comunicação com o pessoal de bordo devem ser capazes de emitir sinais sonoros e visuais perceptíveis e inconfundíveis, bem como veicular mensagens audíveis em todos os locais da plataforma destinados à ocupação humana.

Nas áreas em que o nível de ruído contínuo ou intermitente estiver acima de 90 dB(A) devem ser instalados também sinais luminosos.

O ajuste do alarme (*set point*) deve considerar, quando aplicável, os seguintes aspectos:

a) a toxidez dos materiais presentes;

b) os limites inferior e superior de explosividade dos materiais inflamáveis;

c) o tempo máximo requerido para a resposta do detector;

d) as ações a serem tomadas após soar o alarme; e

---

[26] Na verdade, os sistemas de alarmes não monitoram a possibilidade de perda de contenção, mas monitoram sim a própria perda de contenção.

870 | SEGURANÇA E SAÚDE NO TRABALHO – *Mara Queiroga Camisassa*

e) o tempo necessário para evacuar os trabalhadores do ambiente contaminado ou em chamas.

Para os detectores fixos dedicados a pontos de emanação contínua ou intermitente de gases tóxicos, o primeiro nível de alarme deve ser ajustado para os limites de exposição estabelecidos pelas normas brasileiras ou internacionais.

Após instalação e comissionamento, os detectores e alarmes devem ser testados periodicamente por profissional capacitado, conforme instruções do fabricante ou fornecedor, devendo os resultados ser consignados em relatório.

Ao menos dois instrumentos portáteis devem estar disponíveis a bordo para detecção de CH_4, H_2S, O_2, CO e Compostos Orgânicos Voláteis – COV.

Os detectores portáteis devem ser calibrados, aprovados e certificados por laboratório acreditado pelo Inmetro.

Nos locais onde são preparados, armazenados ou tratados os fluidos de perfuração, completação, estimulação e restauração de poços de petróleo, com características combustíveis ou inflamáveis, devem ser instalados detectores para alertar a formação de atmosferas explosivas ou tóxicas.

A sala de baterias deve possuir sistema de detecção e alarme de hidrogênio (H_2), considerando na sua localização a influência do sistema de exaustão e insuflação do ar no compartimento.

O funcionamento adequado do sistema de exaustão da sala de baterias deve ser sinalizado na sala de controle da plataforma.

16. PREVENÇÃO E CONTROLE DE VAZAMENTOS, DERRAMAMENTOS, INCÊNDIOS E EXPLOSÕES

A operadora da instalação deve continuamente implementar medidas, desde a fase de projeto, para prevenir e controlar vazamentos, derramamentos, incêndios e explosões. Estas medidas devem contemplar os meios necessários para minimizar a ocorrência e mitigar as suas consequências, em caso de falhas nos sistemas de prevenção e controle.

Para as emissões fugitivas, o projeto original da plataforma e suas alterações, modificações nas condições de processo, manutenção e reparo devem incluir procedimentos para minimizar os riscos, de acordo com a viabilidade técnica, após a identificação das suas fontes.

As medidas de prevenção e controle de vazamentos, derramamentos, incêndios e explosões devem ser revisadas, após as análises críticas das medidas adotadas em decorrência desses eventos ou quando ocorrer:

a) recomendação decorrente de inspeção de segurança, das avaliações de riscos do PGR ou das análises de riscos das instalações;

b) recomendações decorrentes das análises de incidentes ocorridos na instalação, ou mesmo fora dela, que possam ter afetado as condições normais de operação da plataforma;

c) casos de abrangência decorrentes de incidentes ocorridos nas suas próprias plataformas ou divulgados pela ANP, cuja avaliação deve ser realizada pela operadora da instalação;

d) solicitação do SESMT;

e) solicitação da CIPLAT, mediante avaliação técnica do SESMT; e

f) notificação da inspeção do trabalho.

Um representante eleito da CIPLAT ou, na sua falta, o nomeado de cada organização que atue no processo a ser analisado deve ser consultado pela operadora da instalação durante a elaboração das medidas específicas e suas revisões para prevenir e controlar vazamentos, derramamentos, incêndios e explosões.

Os tanques, vasos e equipamentos e outros componentes da plataforma que armazenam líquidos combustíveis e inflamáveis devem possuir **sistemas de contenção** de vazamentos ou derramamentos, como diques, bandejas ou **similares**[27], dimensionados e construídos de acordo com as normas técnicas nacionais ou, na sua ausência, com as normas internacionais.

Os sistemas utilizados para preparar, armazenar ou tratar os fluidos de perfuração, completação, estimulação e restauração de poços de petróleo, com características combustíveis ou inflamáveis, devem ser dotados de equipamentos e instrumentos de medida e controle para impedir a formação de **atmosferas explosivas**, obedecendo à seguinte hierarquia:

a) prevenir a liberação ou disseminação desses agentes no meio ambiente de trabalho;

b) reduzir a concentração desses agentes no ambiente de trabalho; e

c) eliminar o risco de incêndio e explosão.

Em áreas sujeitas à existência ou à formação de atmosferas explosivas ou misturas inflamáveis, a operadora da instalação é responsável por implementar medidas específicas para **controlar as fontes de ignição**.

Os equipamentos elétricos, de instrumentação, de automação e de telecomunicações instalados em áreas classificadas devem atender aos requisitos legais vigentes de certificação, sendo que os respectivos serviços de projeto, seleção, instalação, inspeção, manutenção e recuperação devem estar de acordo com a NR10 e partes aplicáveis da norma técnica ABNT NBR IEC 60079 – Atmosferas explosivas e alterações posteriores.

Os equipamentos mecânicos instalados em áreas classificadas devem ser avaliados de acordo com os requisitos especificados na norma técnica ABNT NBR ISO 80079-36 – Atmosferas explosivas – Parte 36: Equipamentos não elétricos para atmosferas explosivas – Métodos e requisitos básicos, ou ABNT NBR ISO 80079-37 – Atmosferas explosivas – Parte 37: Equipamentos não elétricos para atmosferas explosivas – Tipos de proteção não elétricos: segurança construtiva "c", controle de ignição de fontes "b" e imersão em líquido "k" e alterações posteriores.

A operadora da instalação deve assinalar e classificar nas plantas da plataforma as áreas, externas e internas, sujeitas à existência ou à formação de atmosferas contendo misturas inflamáveis ou explosivas, de acordo com a norma ABNT NBR IEC 60079 e alterações posteriores.

As áreas classificadas devem possuir sinalização de segurança, visível e legível, indicando a proibição da presença de fontes de ignição.

---

[27] No caso de bacias de contenção, é vedado o armazenamento de materiais, recipientes e similares em seu interior, exceto durante as atividades de manutenção, reparo, ampliação, inspeção, descomissionamento e desmonte do equipamento protegido pelas referidas bacias.

Os serviços envolvendo o uso de equipamentos, instrumentos, ferramentas e demais serviços que possam gerar chamas, fagulhas, calor ou centelhas, nas áreas sujeitas à existência ou à formação de atmosferas explosivas ou misturas inflamáveis, devem obedecer aos requisitos da NR34, exceto em relação à permissão de trabalho prevista no Capítulo 37.17 desta NR.

17. PROTEÇÃO E COMBATE A INCÊNDIOS

Aplicam-se às plataformas o disposto neste Capítulo, no Capítulo 9 da Normam-01/DPC e na norma técnica ISO 13702 – *Petroleum and natural gas industries – Control and mitigation of fires and explosions on offshore production installations – Requirements and guidelines,* e suas alterações posteriores, nessa ordem.

A proteção contra incêndios nas plataformas deve ser desenvolvida por meio de uma abordagem estruturada, considerar os riscos existentes para os trabalhadores e ter os seguintes objetivos:

a) reduzir a possibilidade de ocorrência de incêndio;

b) detectar e alarmar a ocorrência de incêndio na zona de origem;

c) limitar a possibilidade de propagação de incêndio;

d) proteger a atuação dos trabalhadores envolvidos nas atividades de resposta a emergências;

e) controlar e, quando for seguro, extinguir focos de incêndio; e

f) salvaguardar a segurança e a saúde dos trabalhadores durante o abandono da plataforma.

O sistema de proteção contra incêndio deve ser composto, no mínimo, pelos seguintes requisitos:

a) instrumentos de detecção e alarmes da presença de gases, fumaça e chama;

b) controle e parada do processo de produção ou perfuração;

c) fonte de energia elétrica autônoma de emergência;

d) equipamentos suficientes para combater incêndios em seu início, conforme prescreve a Normam-01/DPC;

e) trabalhadores treinados no uso correto dos equipamentos supracitados, conforme estabelecido na Normam-01/DPC;

f) EPI adequados para combater o fogo e com Certificados de Aprovação – CA; e

g) rotas de fuga, saídas de emergência e iluminação de emergência para a rápida retirada do pessoal a bordo, em caso de incêndio ou explosão.

17.1 Dispositivos de controle e parada de emergência

Na plataforma devem existir sistemas automáticos que paralisem o processo, isolem parte dele, despressurizem a unidade ou limitem o escalonamento de situações anormais.

A partir das análises de riscos das instalações e avaliações de riscos do PGR, a operadora da instalação deve elaborar procedimentos operacionais para o sistema de parada da plataforma, em função do local e tipo de emergência.

A plataforma deve possuir sistema de **acionamento remoto a bordo** para comandar a parada de emergência de equipamentos e sistemas que possam propagar ou alimentar o incêndio com material combustível ou inflamável. Deve também possuir controle das admissões e descargas do ar e do funcionamento da ventilação das estações de controle, das áreas de vivência e dos compartimentos de serviço, de carga e de máquinas.

Os meios de fechamento dos dutos e de controle dos ventiladores devem:

a) ficar protegidos do fogo;

b) ser facilmente acessíveis;

c) ser localizados fora dos compartimentos que estão sendo ventilados;

d) estar identificados de forma visível e legível;

e) indicar se os dutos estão abertos ou fechados; e

f) mostrar se os ventiladores estão ligados ou desligados.

A operadora da instalação deve realizar exercícios de combate a incêndio e treinamento específico para a brigada de incêndio dentro da periodicidade e com conteúdo determinado pela Autoridade Marítima (Normam-01/DPC).

17.2 Sistemas fixos de combate a incêndio

As plataformas devem ser dotadas de sistemas de combate a incêndio, com água pressurizada, que assegure a resposta à emergência em tempo suficiente para preservar a segurança dos trabalhadores.

O suprimento de água para a rede de combate a incêndio deve ser provido por, pelo menos, dois conjuntos motobombas capazes de serem acionadas independentemente do sistema elétrico principal da plataforma, mediante motor a combustão ou sistema elétrico de emergência.

A plataforma deve ter conjunto motobomba de combate a incêndio pronto para operar, com capacidade plena para o **cenário de maior demanda**. Caso haja ampliação ou modificações que alterem o cenário de maior demanda, a operadora da instalação deve reavaliar e redimensionar o sistema de combate a incêndio, quando aplicável.

As bombas de combate a incêndio devem ser testadas, anualmente, quanto ao seu desempenho, mediante a elaboração das suas curvas características (altura manométrica total *versus* vazão), utilizando instrumentos para medir a vazão, a pressão e a rotação.

17.3 Extintores de incêndio portáteis

A plataforma deve ser provida de extintores para permitir o combate a incêndio em sua fase inicial. O número, distribuição, tipo e carga dos extintores devem estar relacionados com a sua capacidade extintora, as classes de fogo possíveis a bordo e o potencial de incêndio na área a ser protegida, conforme a Normam-01/DPC, ou, na sua omissão, as normas técnicas nacionais.

O extintor de incêndio sobre rodas **só é contabilizado** na capacidade extintora quando o seu agente puder **atingir a área a ser protegida**.

18. PLANO DE RESPOSTA A EMERGÊNCIAS – PRE

A operadora da instalação deve, a partir dos cenários das análises de riscos, elaborar, implementar e disponibilizar a bordo o Plano de Resposta a Emergências – PRE, que contemple ações específicas a serem adotadas na ocorrência de eventos que configurem situações de risco grave e iminente à segurança e à saúde dos trabalhadores.

O PRE deve ser elaborado considerando as características e a complexidade da plataforma e contemplar, no mínimo, os seguintes tópicos:

- identificação da plataforma e do responsável legal, designado pela operadora da instalação;
- função do(s) responsável(eis) técnico(s), legalmente habilitado(s), pela sua elaboração e revisão;
- função do responsável pelo gerenciamento, coordenação e implementação;
- funções com os respectivos quantitativos;
- estabelecimento dos cenários de emergências definidos com base nas análises de riscos e legislação vigente, capazes de conduzir a plataforma a um estado de emergência;
- procedimentos de resposta à emergência para cada cenário contemplado, incluindo resposta a emergências médicas e demais cenários acidentais de helicópteros previstos na Normam 27/DPC;
- descrição de equipamentos e materiais necessários para resposta a cada cenário contemplado;
- descrição dos meios de comunicação;
- sistemas de detecção de fogo e gás;
- sistemas de parada de emergência;
- equipamentos e sistemas de combate a incêndio;
- procedimentos para orientação de não residentes, quanto aos riscos existentes e como proceder em situações de emergência;
- procedimento para acionamento de recursos e estruturas de resposta complementares e das autoridades públicas;
- procedimentos para comunicação do acidente;
- cronograma, metodologia, registros e critérios para avaliação dos resultados dos exercícios simulados;
- EPI para combater incêndios, adentrar o fogo total e outros, de acordo com os riscos descritos na alínea "e" supracitada.

A operadora da instalação deve manter em local visível a tabela atualizada de postos de emergência, relacionando nominalmente os trabalhadores integrantes das equipes que compõem o PRE a bordo.

A norma prevê também a obrigatoriedade de realização de exercícios simulados, que devem envolver os trabalhadores designados e contemplar os cenários e a periodicidade definidos no próprio PRE. Após a realização dos exercícios simulados ou na ocorrência de sinistros a bordo, deve ser avaliado o atendimento do PRE, com o objetivo de se verificar a sua eficácia, detectar possíveis desvios e proceder aos ajustes necessários.

As equipes de respostas às emergências devem:

- ser compostas considerando todos os turnos de trabalho por, no mínimo, 20% da quantidade de pessoas a bordo (POB – *People On Board)*;

NR 37 • SEGURANÇA E SAÚDE EM PLATAFORMAS DE PETRÓLEO | 875

- ser submetidas a exames médicos específicos para a função que irão desempenhar, incluindo os fatores de riscos psicossociais, consignando a sua aptidão no respectivo ASO;
- possuir conhecimento das instalações;
- ser treinadas de acordo com a função que cada um dos seus membros irá executar conforme item 37.9 da NR37.

19. COMUNICAÇÃO E INVESTIGAÇÃO DE INCIDENTES

A operadora da instalação deve comunicar, à inspeção do trabalho da jurisdição da plataforma, a ocorrência de doenças ocupacionais, acidentes graves, fatais e demais incidentes, conforme critérios estabelecidos no Manual de Comunicação de Incidentes de Exploração e Produção de Petróleo e Gás Natural, emitido pela ANP, para danos à saúde humana.

A comunicação deve ser protocolizada, em sistema eletrônico disponibilizado pela inspeção do trabalho, até o segundo dia útil após a ocorrência do incidente a bordo da plataforma, conforme formulário do Anexo VI da norma.

Para fins da NR37, considera-se **incidente** qualquer ocorrência envolvendo risco de dano ou dano à integridade física ou à saúde dos trabalhadores, conforme critérios estabelecidos no próprio Manual de Comunicação de Incidentes de Exploração e Produção de Petróleo e Gás Natural, emitido pela ANP, para danos à saúde humana.

A operadora da instalação deve:

- comunicar, em até setenta e duas horas, a ocorrência de doenças ou acidentes ocupacionais, graves ou fatais, ao representante sindical preponderante da categoria embarcada; e
- encaminhar o relatório de investigação e análise do incidente à inspeção do trabalho da jurisdição da plataforma, em até sessenta dias após a ocorrência do incidente.

O relatório de investigação e análise do incidente deve conter, além do disposto no Anexo VI da NR37, as seguintes informações:

a) metodologia da investigação;

b) descrição do evento;

c) informações documentais e testemunhais, quando aplicável;

d) histórico de incidentes ocorridos na instalação, envolvendo o sistema em análise;

e) descrição das causas básicas, subjacentes e imediatas que possibilitaram a ocorrência do incidente;

f) medidas corretivas e preventivas recomendadas; e

g) cronograma de implementação.

No caso de incidente a bordo com empregado de empresa prestadora de serviço, a contratada também deve elaborar seu próprio relatório de investigação.

A operadora da instalação deve disponibilizar cópia do relatório de investigação de doenças ou acidentes ocupacionais, graves ou fatais, a todos os participantes da comissão e ao representante sindical, quando houver a sua participação na respectiva comissão e concordância com as conclusões do relatório, condicionado ao compromisso de confidencialidade.

As causas e recomendações do relatório de investigação e análise do incidente devem ser divulgadas nas reuniões da CIPLAT, sendo uma cópia anexada à sua ata.

Em caso de **ocorrência de acidente fatal**, é obrigatória a adoção das seguintes medidas:

a) comunicar de imediato e por escrito à inspeção do trabalho da jurisdição onde se encontra a plataforma e ao sindicato da categoria profissional; e

b) isolar o local e não alterar a cena do acidente, desde que não coloque em risco a segurança e a integridade física das pessoas e da instalação.

A inspeção do trabalho se manifestará, no prazo máximo de setenta e duas horas a partir do recebimento do protocolo da comunicação citada na alínea "a" do subitem 37.29.6, em relação à ação fiscalizatória e à liberação do local.

Após esse prazo, e se não houver manifestação por parte da inspeção do trabalho, podem ser suspensas as medidas referidas na alínea "b" do item 37.29.6, exceto se determinado de forma diferente por outras autoridades igualmente competentes para tal.

NR 38 SEGURANÇA E SAÚDE NO TRABALHO NAS ATIVIDADES DE LIMPEZA URBANA E MANEJO DE RESÍDUOS SÓLIDOS

Classificação: Norma Setorial
Portaria 4.101, de 16 de dezembro de 2022
Vigência: 2 de janeiro de 2024

1. INTRODUÇÃO

Os trabalhadores que exercem atividades de limpeza urbana e manejo de resíduos sólidos estão presentes na quase totalidade dos municípios do Brasil, sendo contratados diretamente por empresas privadas ou por meio de contratos com entes municipais. Trata-se de atividades que expõem os trabalhadores a inúmeros fatores de riscos como agentes físicos (calor, frio, vibrações), agentes biológicos, fatores ergonômicos, por exemplo, grandes distâncias percorridas de um ponto a outro de coleta, modo operatório repetitivo, posturas extremas, movimentação de materiais com elevação de membros superiores, ritmo intenso de trabalho com alta demanda cognitiva e trabalho noturno, além dos fatores de risco relacionados a acidentes, como execução da atividade em vias públicas e operação de equipamentos, como é o caso dos sistemas de compactação de resíduos, presentes nos veículos coletores compactadores.

Segundo informações obtidas por meio da base de dados de Comunicação de Acidente de Trabalho (CAT) foram registrados três acidentes por dia no setor, no período de janeiro de 2011 a dezembro de 2020, tendo-se, em média, uma morte a cada 10 dias[1].

A redação atual foi aprovada por consenso entre as bancadas do governo, dos empregados e dos empregadores, durante a 16.ª reunião ordinária da Comissão Tripartite Paritária Permanente, realizada em 21, 22 e 23 de novembro de 2022 em Brasília/DF.

2. OBJETIVO

A NR38 tem o objetivo de estabelecer os requisitos e as medidas de prevenção para garantir as condições de segurança e saúde dos trabalhadores nas atividades de limpeza urbana e manejo de resíduos sólidos.

---

[1] Boletim Semana SIT NR38. Disponível em: https://www.gov.br/trabalho-e-previdencia/pt-br/composicao/orgaos-especificos/secretaria-de-trabalho/inspecao/boletim-semana-sit/boletim-semana-sit/copy17_of_boletim-22-de-dezembro-2022/copy48_of_BOLETIM%20SEMANA%20SIT.

Segundo a Lei 11.445, de 5 de janeiro de 2007, conhecida como marco regulatório do saneamento básico, atualizada pela Lei 14.026, de 15 de julho de 2020, as atividades de <u>limpeza urbana e manejo de resíduos sólidos</u> são conceituadas como:

> Art. 3.º (...)
>
> c) limpeza urbana e manejo de resíduos sólidos: constituídos pelas atividades e pela disponibilização e manutenção de infraestruturas e instalações operacionais de coleta, varrição manual e mecanizada, asseio e conservação urbana, transporte, transbordo, tratamento e destinação final ambientalmente adequada dos resíduos sólidos domiciliares e dos resíduos de limpeza urbana;
>
> (...)

Segundo o Glossário, a expressão *resíduos sólidos* abrange os materiais, as substâncias, os objetos ou os bens descartados nos estados sólido ou semissólido resultante de atividades humanas em sociedade.

3. CAMPO DE APLICAÇÃO

As disposições da norma se aplicam às seguintes atividades[2] de limpeza urbana e manejo de resíduos sólidos:

a) coleta, transporte e transbordo de <u>resíduos sólidos urbanos</u> e <u>resíduos de serviços de saúde</u>[3] até a descarga para <u>destinação final</u>: a destinação final corresponde à reutilização, reciclagem, compostagem, recuperação e/ou aproveitamento energético de resíduos sólidos (não devemos confundir *destinação final* com *disposição final*, este último apresentado na alínea "k", a seguir);

Para os fins da NR38, consideram-se resíduos sólidos urbanos:

i. resíduos domésticos;

ii. resíduos originários de atividades comerciais, industriais e de serviços, em quantidade e qualidade similares às dos resíduos domésticos, que, por decisão do titular, sejam considerados resíduos sólidos urbanos, desde que tais resíduos não sejam de responsabilidade de seu gerador nos termos da norma legal ou administrativa, de decisão judicial ou de termo de ajustamento de conduta; e

iii. resíduos originários das atividades referidas no item 38.2.1.

b) varrição e lavagem de feiras, vias e logradouros públicos;

c) capina, roçagem e poda de árvores[4];

---

[2] Estas atividades poderão ser contempladas em anexos específicos da NR38, em momento futuro.

[3] No caso dos serviços de saúde, devem ser atendidos, além do disposto na NR38, a regulamentação aplicável ao tema, com destaque para a ABNT NBR 12810:2020 – Resíduos de serviços de saúde – Gerenciamento extraestabelecimento – Requisitos – ou alterações posteriores.

[4] Segundo a Nota Técnica SEI 1966/2022/MTP a bancada dos empregadores se posicionou inicialmente pela exclusão da <u>poda de árvores</u> para desobstrução de redes elétricas e/ou zona controlada, nos termos da NR10 (Segurança em instalações em serviços em eletricidade), do escopo da NR38 sob a alegação de que este tipo de atividade não era realizado pelo serviço de limpeza urbana, mas pelas concessionárias de serviço público de energia elétrica. No entanto, face ao mundo fático em que, sim, essas atividades são realizadas também por prestadores de serviços de limpeza urbana e manejo de resíduos sólidos, a bancada dos trabalhadores e o governo se posicionaram contrários à proposta da bancada dos empregadores. Tal divergência entre as bancadas foi superada durante a reunião da CTPP e a bancada dos empregadores concordou pela não exclusão da atividade do alcance da NR38.

NR 38 · LIMPEZA URBANA E MANEJO DE RESÍDUOS SÓLIDOS | 879

d) manutenção de áreas verdes;

e) raspagem e pintura de meio-fio;

f) limpeza e conservação de mobiliário urbano, monumentos, túneis, pontes e viadutos;

g) desobstrução e limpeza de bueiros, bocas de lobo e correlatos;

h) triagem e manejo de resíduos sólidos urbanos recicláveis;

i) limpeza de praias;

j) pontos de recebimento de resíduos sólidos urbanos; e

k) disposição final: atividade de distribuição ordenada de rejeitos em aterros, observando normas operacionais específicas de modo a evitar danos ou riscos à saúde pública e à segurança e a minimizar os impactos ambientais adversos.

A norma se aplica <u>somente</u> às atividades listadas anteriormente, trata-se portanto, de lista taxativa, não exemplificativa.

Saiba Mais
Resíduos de Serviços de Saúde
(RDC 222/18)

Resíduos de serviços de saúde são aqueles gerados nos serviços de:

i.   *atenção à saúde humana e animal, inclusive assistência domiciliar;*

ii.   *laboratórios analíticos de produtos para saúde;*

iii. *necrotérios, funerárias, serviços de embalsamamento;*

iv. *serviços de medicina legal;*

v.   *drogarias e farmácias;*

vi. *estabelecimentos de ensino e pesquisa na área da saúde;*

vii. *centros de controle de zoonose;*

viii. *distribuidores de produtos farmacêuticos, importadores, distribuidores de materiais e controles para diagnóstico in vitro;*

ix. *unidades móveis de atendimento à saúde;*

x.   *serviços de acupuntura;*

xi. *serviços de piercing e tatuagem, salões de beleza e estética, dentre outros afins.*

A norma <u>não se aplica</u> às atividades de manejo de:

a) resíduos industriais abrangidos pela NR25 – Resíduos Industriais: resíduos gerados nos processos produtivos e instalações industriais;

b) resíduos dos serviços públicos de saneamento básico;

c) resíduos da construção civil: os gerados nas construções, reformas, reparos e demolições de obras de construção civil, incluídos os resultantes da preparação e escavação de terrenos para obras civis;

d) resíduos agrossilvipastoris: resíduos gerados nas atividades agropecuárias e silviculturais, incluídos os relacionados a insumos utilizados nessas atividades;

e) resíduos de serviços de transportes: os originários de portos, aeroportos, terminais alfandegários, rodoviários e ferroviários e passagens de fronteira; e

f) resíduos de mineração: resíduos gerados na atividade de pesquisa, extração ou beneficiamento de minérios.

4. VEÍCULOS, MÁQUINAS E EQUIPAMENTOS

Nas atividades de limpeza urbana e manejo de resíduos sólidos são utilizados diversos tipos de ferramentas, veículos, máquinas e equipamentos, dentre os quais se destacam:

- – Veículo coletor;
- – Veículo coletor/compactador;
- – Mecanismo para compactação;
- – Serras, serrotes, tesouras de poda, alicates de poda; e
- – Carrinho coletor (*lutocar*): carrinho coletor com duas rodas, cujo corpo central apresenta características para acomodar saco descartável.

Todos os veículos, máquinas e equipamentos utilizados devem ser submetidos a processos de limpeza que assegurem condições de higiene.

As máquinas autopropelidas[5] utilizadas nas atividades elencadas no campo de aplicação da NR38 devem atender, além do disposto na NR12 – Segurança no Trabalho em Máquinas e Equipamentos, às seguintes medidas:

a) as zonas de perigo e as partes móveis devem possuir proteções de modo a impedir o acesso de partes do corpo do trabalhador: estas partes podem ser retiradas somente para limpeza, lubrificação, reparo e ajuste, e, após, devem ser, obrigatoriamente, recolocadas;

b) os operadores não podem se afastar do equipamento sob sua responsabilidade quando em funcionamento;

c) nas paradas temporárias ou prolongadas, devem ser adotadas medidas com o objetivo de eliminar riscos provenientes de funcionamento acidental;

d) quando o operador do equipamento tiver a visão dificultada por obstáculos, deve ser exigida a presença de um trabalhador capacitado para orientar o operador;

e) em caso de superaquecimento de pneus e sistema de freio, devem ser tomadas precauções especiais, prevenindo-se de possíveis explosões ou incêndios;

f) possuir retrovisores e alarme sonoro acoplado ao sistema de câmbio quando operada em marcha a ré;

g) não devem ser operadas em posição que comprometa sua estabilidade;

h) antes de iniciar a movimentação ou dar partida no motor, é preciso certificar-se de que não há ninguém sobre, debaixo ou perto dos mesmos, de modo a garantir que a movimentação da máquina não exponha trabalhadores ou terceiros a acidentes; e

i) assegurar que, antes da operação, estejam brecadas e com suas rodas travadas, implementando medidas adicionais no caso de pisos inclinados ou irregulares.

O veículo coletor-compactador de resíduos sólidos deve possuir, no mínimo:

---

[5] Máquina automotriz ou autopropulsada, que se desloca em meio terrestre a partir de sistema próprio de propulsão, com motor e transmissão próprios, trabalhando de maneira independente de outros equipamentos ou máquinas.

NR 38 • LIMPEZA URBANA E MANEJO DE RESÍDUOS SÓLIDOS | 881

a) controles do ciclo de compactação, devendo estar localizados em sua lateral, de modo que o operador tenha uma visão clara tanto do ponto de operação quanto da abertura de carga;

b) sinalizador rotativo ou intermitente na parte traseira e dianteira, instalado de forma a não ofuscar a visão dos trabalhadores;

c) câmera de monitoramento sem captação de som, de forma que seja possível ao motorista a visualização da operação na parte traseira do veículo, com o acionamento automático em marcha a ré, sem prejuízo de outras medidas de visualização dos trabalhadores;

d) sinal sonoro de ré;

e) sistema de iluminação acima das áreas de carregamento e descarregamento, para permitir visibilidade nos trabalhos noturnos ou de baixa luminosidade;

f) estofamento em bom estado de conservação e limpeza;

g) sinal sonoro, com acionamento na parte traseira do equipamento; e

h) dispositivos de parada de emergência do mecanismo de compactação, em cada lateral do veículo.

A organização deve elaborar e implementar procedimento para que os trabalhadores permaneçam na lateral do veículo coletor compactador durante a operação do mecanismo de compactação.

A operação de marcha à ré somente poderá ser realizada quando o motorista tiver a visão de todos os trabalhadores da operação, sendo proibida a presença de trabalhadores no trajeto da manobra e na parte traseira do veículo.

5. COLETA DE RESÍDUOS SÓLIDOS

É vedado o transporte dos trabalhadores nas partes externas dos veículos utilizados na coleta de resíduos sólidos no deslocamento entre a organização e as áreas de coleta e vice-versa, entre setores de coleta não adjacentes, bem como para o transbordo e a destinação final.

O deslocamento do trabalhador em plataforma operacional deve observar as disposições estabelecidas na NR38. Segundo o Glossário, entende-se por *deslocamento de trabalhadores na plataforma operacional* o deslocamento de trabalhadores em plataformas de trabalho acopladas a veículos coletores compactadores, **exclusivamente em marcha à frente** durante a atividade de coleta e nos limites das áreas de trabalho (setores) de coleta, em velocidades e distâncias reduzidas, seguindo rotas e limites predeterminados.

Já a expressão *transporte de trabalhadores* se refere ao transporte de trabalhadores em veículos legalmente habilitados para circulação, fornecidos pela organização, em trânsito de qualquer estabelecimento da empresa para as áreas (setores) de coleta e vice-versa, entre setores de coleta, não adjacentes, bem como para os locais de transbordo e/ou destinação final dos resíduos sólidos urbanos.

A colocação de resíduos no caminhão deve ocorrer somente com o veículo parado. Esta exigência tem por objetivo evitar o esforço físico do trabalhador ao se ver obrigado a correr atrás do caminhão, bem como a ocorrência de lesões.

Os pontos de descarga da combustão dos veículos de coleta de resíduos devem estar situados acima da carroceria do veículo, de forma a não expor os trabalhadores aos gases da combustão, devendo possuir catalisador e silencioso, sendo objeto de manutenção em periodicidade de acordo com o fabricante.

5.1. Plataforma operacional

A plataforma operacional tem por objetivo garantir o transporte seguro dos trabalhadores nos veículos coletores compactadores, sendo que esta plataforma deve ser utilizada somente neste tipo de veículo.

Saiba mais

Plataforma operacional[6]

A coleta de lixo é uma atividade essencial dentro das sociedades e fundamental para a preservação da saúde das pessoas. O lixo é vetor de doenças e, por isso, os serviços de coleta, transporte e armazenamento são alvo de políticas públicas voltadas para a saúde coletiva. Sendo assim, o Estado fiscaliza a atividade tendo como prioridade o bem-estar da sociedade de modo a evitar o adoecimento da população e gastos desnecessários com a área de saúde.

Ocorre que, por trás desse serviço tão essencial para as pessoas, há trabalhadores que realizam essa atividade e que estão expostos a diversos riscos ocupacionais, entre eles o transporte durante a realização das atividades. Esses trabalhadores, na maioria das vezes, são transportados de maneira <u>irregular</u>, <u>externamente</u> à cabine dos veículos, pendurados em plataformas ou estribos. Esse tipo de transporte fere a legislação vigente e coloca os trabalhadores em situação de risco grave e iminente para a ocorrência de acidentes de trabalho. Para combater essa situação de trabalho foi incluída na NR38 a exigência de utilização de plataforma operacional para transporte dos trabalhadores, no sentido de garantir a saúde e a integridade física dos trabalhadores envolvidos.

Neste sentido, a norma <u>proíbe</u> que o transporte dos trabalhadores seja realizado nas partes externas dos veículos tanto no deslocamento entre a organização e as áreas de coleta e vice-versa, entre setores de coleta não adjacentes, bem como para o transbordo e a destinação final.

Além da NR

Utilização e avaliação da plataforma operacional

Segundo o art. 3.º e parágrafos da Portaria 4.101/2022, que aprovou a redação da NR38, a utilização desta plataforma operacional será objeto de acompanhamento e de avaliação pelo prazo de 5 (cinco) anos, com base em indicadores de acidentalidade e outros que se façam pertinentes. A proposta de indicadores deve ser apreciada pela Comissão Tripartite Paritária Permanente – CTPP. A avaliação deve indicar, de forma fundamentada, a manutenção das medidas previstas na NR38, o acréscimo de requisitos normativos ou outra forma de organização da atividade de coleta de resíduos. Caso a avaliação indique a realização da atividade de coleta sem a utilização de plataforma operacional ou outra forma de organização da atividade, deve ser estabelecido prazo de adequação das organizações.

Os trabalhadores não devem permanecer na plataforma operacional durante a operação do mecanismo de compactação.

Esta plataforma somente poderá ser utilizada pelos coletores nas áreas de trabalho (setores) de coleta desde que sejam observados os seguintes procedimentos de segurança:

a) subida e descida da plataforma apenas com o veículo parado;

---

[6] Relatório Análise de Impacto Regulatório (AIR): Segurança e saúde no trabalho para o setor de limpeza urbana e manejo de resíduos sólidos. Ministério do Trabalho e Previdência. Brasília, 2022.

b) limitação da velocidade do caminhão a 10 km/h no deslocamento nas áreas de trabalho (setores);

c) o motorista deve esperar o coletor acionar o sinal sonoro (com acionamento na parte traseira), antes de mover o veículo; e

d) é vedada a permanência dos coletores na plataforma quando o veículo operar em marcha à ré.

O deslocamento dos trabalhadores de um setor para outro adjacente, com o uso da plataforma operacional, somente pode ser realizado quando houver sequência da execução da atividade de coleta entre os setores.

A organização deve acompanhar a adoção do limite de velocidade dos caminhões coletores, por meio de monitoramento de seus veículos, tais como análises dos registros dos tacógrafos, do sistema de rastreamento, ou outro meio adequado.

Especificações

A plataforma operacional deve atender às especificações da norma técnica oficial vigente. O fabricante de implemento deve informar a capacidade de carga da plataforma operacional e dos balaústres. o projeto da plataforma operacional deve ser elaborado para que esta seja capaz de suportar no mínimo 250 kg (duzentos e cinquenta quilos) no ponto mais distante de seu ponto de fixação. Os balaústres devem ser capazes de suportar 250 kg (duzentos e cinquenta quilos) cada um.

Para os veículos compactadores adquiridos após 20 de dezembro de 2022[7], o projeto técnico da plataforma operacional deve atender ao disposto na NR38. As plataformas existentes nesta data, se necessário, devem ser adaptadas mediante projeto técnico e execução sob responsabilidade de profissional legalmente habilitado.

5.2. Contentores móveis

Contentores móveis são contêineres ou recipientes, de material plástico ou metálico, geralmente de grandes dimensões, usados para transporte, acondicionamento ou transporte de materiais.

Os contentores móveis destinados à coleta de resíduos sólidos, fornecidos ou mantidos pela organização, deverão seguir as normas técnicas oficiais vigentes e, em sua falta, as normas internacionais, observando ainda as seguintes características:

a) não possuir bordas ou arestas cortantes;

b) ser estanques, não permitindo o vazamento de lixo ou qualquer líquido de seu interior; e

c) ser fabricados em dimensão apropriada, em material resistente e que permita fácil deslocamento, possuindo rodízios, sendo que seu raio de giro não poderá exceder os limites externos do quadro estrutural superior.

Os contentores móveis devem ser posicionados em locais de fácil acesso e movimentação, sendo vedada a coleta de resíduos utilizando recipientes improvisados. O objetivo desta disposição é não gerar ao coletor esforços desnecessários que prejudiquem sua saúde e segurança durante a execução da atividade.

---

[7] Data de publicação no *Diário Oficial da União* da Portaria 4.101/2022, que aprovou a redação da NR38.

5.3. Resíduos sólidos domiciliares

Resíduos sólidos domiciliares são os resíduos sólidos originários de atividades domésticas em residências urbanas.

A coleta de resíduos sólidos domiciliares deve ser realizada em veículo que não exija a movimentação habitual de material em altura superior à do ombro dos trabalhadores.

Nas vias públicas nas quais o veículo coletor não puder ingressar para realizar o serviço de coleta, deverão ser utilizadas alternativas facilitadoras, de modo a reduzir o esforço no transporte manual de cargas pelos coletores.

6. VARRIÇÃO

A execução do serviço de varrição deve **preferencialmente** ser realizada no **contrafluxo** do trânsito.

A organização deve ser responsável pelo transporte e pela guarda do carrinho coletor (conhecido também como *lutocar*) antes e depois do término do trabalho. Esta é uma determinação que pode parecer óbvia, porém se justifica devido às situações encontradas na prática em que os próprios trabalhadores se tornavam, tacitamente, responsáveis pelo transporte e pela guarda do carrinho coletor.

O carrinho coletor deve possuir as seguintes características:

a) ser constituído de materiais leves e de fácil higienização;

b) possuir altura que não dificulte a colocação do resíduo;

c) possuir suporte para o transporte de ferramentas;

d) possuir pneus e/ou rodas que facilitem sua movimentação; e

e) possuir faixas refletivas quando utilizado no trabalho noturno.

O carrinho coletor deverá ser mantido em boas condições de uso, cabendo à organização realizar manutenções periódicas.

É vedado o acondicionamento de alimentos, bebidas e itens pessoais no carrinho coletor, exceto quando acondicionados em compartimento apropriado para essa finalidade.

7. PODA DE ÁRVORES

Entende-se por poda de árvores a atividade de retirada seletiva de partes indesejadas ou danificadas de árvores, as quais se caracterizam como plantas lenhosas perenes, com tronco e copa definidos, com **mais de cinco metros de altura**.

A poda de árvores também alcança a poda para desobstrução de redes de eletricidade: este tipo de poda também é atividade de retirada seletiva de árvores, porém pode ser realizada em zona livre ou com trabalho em proximidade do Sistema Elétrico de Potência – SEP, com técnicas e equipamentos específicos.

As atividades de poda de árvore em proximidade de instalações elétricas e de desobstrução de redes de eletricidade, esta última quando prevista em contrato de limpeza urbana e manejo de resíduos sólidos, devem atender ao previsto na NR10.

É vedada a designação de trabalhador sem prévia capacitação para atividades de poda de árvore.

NR 38 • LIMPEZA URBANA E MANEJO DE RESÍDUOS SÓLIDOS | 885

Nos processos de poda de árvores devem ser utilizadas serras, serrotes, tesouras de poda, alicates de poda, apropriados para a tarefa, não sendo permitido o uso de ferramenta de corte por impacto, como foices, machados e facões, não adequados para poda de galhos e árvores.

7.1. Análise de riscos

Todo trabalho de poda de árvores deve ser precedido de Análise de Riscos – AR. A AR deve indicar a emissão de Permissão de Trabalho – PT, quando necessário.

A AR deve ser:

a) realizada pela equipe envolvida na atividade de poda de árvores;

b) coordenada pelo supervisor responsável pela atividade;

c) registrada em documento, podendo ser eletrônico; e

d) assinada por todos os participantes da análise.

A AR deve considerar:

a) o local em que os serviços serão executados e seu entorno, incluindo a área de projeção da queda dos galhos;

b) o isolamento e a sinalização no entorno da área de trabalho;

c) a avaliação da integridade física da árvore a ser submetida a poda, por meio de análise visual externa: a análise visual externa tem por objetivo a identificação de sinais e sintomas de pragas, patógenos e doenças, rachaduras, injúrias e cavidades, assim como a presença de ninhos e de animais peçonhentos;

d) a seleção de ferramentas e de técnicas de trabalho, devendo ser adotadas medidas para evitar o trabalho em altura, sempre que existir meio alternativo de execução dos serviços;

e) as condições impeditivas de trabalho, incluindo condições meteorológicas adversas e iluminação insuficiente; e

f) os riscos adicionais, especialmente relacionados à proximidade das instalações elétricas.

7.2. Permissão de Trabalho (PT)

A PT deve conter:

a) as disposições e medidas estabelecidas na AR;

b) os requisitos a serem atendidos para a execução segura das atividades;

c) os participantes da equipe de trabalho e as atividades autorizadas; e

d) a forma de comunicação entre o podador e os trabalhadores auxiliares da retirada de galhos.

A PT deve ser:

a) aprovada pelo supervisor responsável pela atividade;

b) assinada pelos participantes da equipe de trabalho; e

c) disponibilizada no local de execução das atividades.

A PT deve ter validade limitada à duração da atividade, podendo ser revalidada pelo responsável pela aprovação nas situações em que não ocorram mudanças nas condições estabelecidas ou na equipe de trabalho. A validade da PT não poderá exceder o período de 24 (vinte e quatro) horas.

7.3. Trabalho em altura

Na execução de trabalho em altura, além do cumprimento da NR35 – Trabalho em Altura, devem ser tomadas as seguintes providências:

a) isolamento e sinalização de toda a área afetada pelo serviço antes do início das atividades; e

b) adoção de medidas para evitar a queda de ferramentas e materiais, inclusive no caso de interrupção dos trabalhos.

É **proibida** a utilização da escalada livre para execução das atividades de poda, bem como a ancoragem do trabalhador nos galhos a serem cortados.

Nas atividades de poda de árvore

São proibidas:
- A utilização de escalada livre
- A ancoragem do trabalhador nos galhos a serem cortados

Segundo o Glossário, entende-se como escalada livre a escalada para acesso ou trabalho em altura sem a utilização de Sistema de Proteção contra Quedas – SPQ, destinado a eliminar o risco de queda dos trabalhadores (Sistema de Proteção Coletiva contra Quedas – SPCQ) ou a minimizar as consequências da queda (Sistema de Proteção Individual contra Quedas – SPIQ).

8. TREINAMENTO

A organização deve realizar treinamento dos empregados, observados a atividade realizada e os riscos a que estão expostos. Os treinamentos previstos na NR38 devem observar o disposto na NR1 – Disposições Gerais e Gerenciamento de Riscos Ocupacionais, e ser realizados durante a jornada de trabalho, a cargo e custo da organização.

Destaco que a NR1 dispõe que o tempo despendido em treinamentos deve ser considerado como trabalho efetivo, o que indica que treinamentos realizados fora do horário de trabalho devem ser remunerados como hora extra. Porém, como a NR38 (norma setorial) determina que os treinamentos devem ser realizados durante a jornada de trabalho, não se aplica a disposição da NR1 sobre o tema.

O material didático utilizado nos treinamentos deve ser disponibilizado aos empregados, em meio físico ou digital.

NR 38 • LIMPEZA URBANA E MANEJO DE RESÍDUOS SÓLIDOS | 887

8.1. Treinamento inicial

O treinamento inicial deve ser dividido em partes teórica e prática, ambas com carga horária de quatro horas[8]. O conteúdo teórico do treinamento inicial deve abordar[9]:

a) condições e meio ambiente de trabalho, incluindo situações de grave e iminente risco e o exercício do direito de recusa, conforme previsto na NR1, especialmente quanto ao risco de descarga atmosférica e atropelamento;

b) perigos identificados, riscos avaliados e as medidas adotadas no PGR relacionadas às atividades de trabalho;

c) uso e conservação da vestimenta de trabalho e dos Equipamentos de Proteção Individual – EPI;

d) orientações sobre aspectos ergonômicos do trabalho, incluindo técnicas de movimentação de carga;

e) procedimentos em caso de acidentes de trabalho, inclusive com material biológico;

f) noções de sinalização de segurança no trânsito; e

g) noções de primeiros socorros.

O conteúdo prático do treinamento inicial deve abordar no mínimo:

a) manuseio e movimentação de carga;

b) operação de máquinas, equipamentos e ferramentas manuais, quando aplicável;

c) sinalização de segurança no trânsito; e

d) meios e recursos necessários para os primeiros socorros, encaminhamento de acidentados e abandono da área de trabalho, quando necessário.

Além do treinamento inicial, o trabalhador da atividade de poda de árvore deve ser treinado para operação segura de máquinas de acordo com a NR12.

As máquinas, os equipamentos e as ferramentas manuais utilizados no treinamento devem ser selecionados de forma que proporcionem o aprendizado dos participantes em condições similares às existentes em suas atividades de trabalho.

Durante os primeiros 10 (dez) dias de trabalho na atividade, os coletores e varredores devem integrar equipe de trabalho que inclua empregado com experiência prévia nas funções, a fim de receberem instruções sobre a atividade.

8.2. Treinamento periódico

A carga horária e o conteúdo dos treinamentos periódicos devem ser definidos pela organização e devem contemplar os princípios básicos de segurança e saúde relacionados à atividade de trabalho.

---

[8]   Para o trabalhador que realiza a atividade de poda de árvores o conteúdo do treinamento deve incluir:
a) técnicas de cortes de árvores, incluindo derrubada, direcionamento de queda, remoção de árvores cortadas que permanecem suspensas por galhos de outras árvores, desgalhamento, traçamento/toragem; e
b) posturas corporais para preservar a coluna vertebral e manter o equilíbrio durante operação de motosserras, motopodas e similares.

[9]   Para o trabalhador que realiza atividade de coleta de resíduos, o conteúdo do treinamento também deve incluir orientações sobre as situações nas quais os resíduos estejam acondicionados de forma que ofereçam risco à sua segurança ou saúde.

8.3. Treinamento eventual

A NR38 não dispõe expressamente sobre a realização de treinamento eventual. Neste caso, devemos complementar a lacuna desta norma setorial com as determinações da norma geral[10], no caso, a NR1, que contém as seguintes disposições sobre treinamento eventual:

> *NR1*
>
> *1.7.1.2.3 O treinamento eventual deve ocorrer:*
>
> *a) quando houver mudança nos procedimentos, condições ou operações de trabalho, que impliquem em alteração dos riscos ocupacionais;*
>
> *b) na ocorrência de acidente grave ou fatal, que indique a necessidade de novo treinamento; ou*
>
> *c) após retorno de afastamento ao trabalho por período superior a 180 (cento e oitenta) dias.*
>
> *1.7.1.2.3.1 A carga horária, o prazo para sua realização e o conteúdo programático do treinamento eventual devem atender à situação que o motivou.*

9. PROGRAMA DE CONTROLE MÉDICO DE SAÚDE OCUPACIONAL – PCMSO

O PCMSO das organizações que realizam atividades de limpeza urbana e manejo de resíduos sólidos deve prever programa de imunização ativa, principalmente contra tétano e hepatite B, considerando a avaliação de riscos ocupacionais previstos no Programa de Gerenciamento de Riscos – PGR.

O programa de vacinação deve obedecer às recomendações do Ministério da Saúde, podendo ser aceita vacinação anterior, a <u>critério médico</u>.

A organização deve assegurar que os trabalhadores tenham acesso à material informativo sobre a necessidade da vacinação identificada no PCMSO e seus benefícios, assim como dos possíveis riscos a que estarão expostos por falta ou recusa dessa vacinação. A norma não exige que seja feito o registro da prestação destas informações aos empregados, porém é importante que este registro seja feito, para fins de auditoria.

Deve ser fornecido ao empregado comprovante das vacinas quando fornecidas pela organização. Vejam que a norma não obriga que a organização providencie a vacinação, porém entendo que deve ser assegurado aos empregados o acesso aos órgãos de saúde.

Quando a vacinação for realizada na rede pública, a organização deve solicitar aos empregados que apresentem o respectivo certificado de vacinação. A vacinação, ou sua recusa, deve ser registrada no prontuário clínico individual do empregado. Apesar de a norma não esclarecer, também entendo ser importante que a organização mantenha cópia dos comprovantes de vacinação.

Devem ser previstos no PCMSO os protocolos de saúde de acordo com a identificação dos perigos e avaliação dos riscos do PGR. O PCMSO, caso haja risco avaliado no PGR, deve estabelecer procedimento específico para o caso de acidente de trabalho envolvendo perfurocortantes, com ou sem afastamento do trabalhador, incluindo acompanhamento da evolução clínica do quadro do trabalhador. Cortes com perfurocortantes

---

[10] Conforme redação da Portaria 672/2021, art. 124: "Em caso de lacunas na aplicação de norma regulamentadora de segurança e saúde no trabalho, aplicam-se as regras seguintes:

I – norma regulamentadora setorial pode ser complementada por norma regulamentadora especial ou geral quando aquela não contemple todas as situações sobre determinado tema; [...]"

NR 38 · LIMPEZA URBANA E MANEJO DE RESÍDUOS SÓLIDOS · 889

são demasiadamente comuns nas atividades de limpeza urbana. Daí a importância do reconhecimento deste risco no PGR e avaliação correspondente de nível de risco elevado, na maioria dos casos. Destaco também que a seleção do EPI para proteção dos trabalhadores contra este risco (luvas e calçados para proteção das mãos e pés contra agentes cortantes e perfurantes) deve observar o **nível de desempenho** do produto informado no respectivo Certificado de Aprovação. Algumas luvas e calçados, apesar de oferecerem proteção contra agentes perfurantes e cortantes, possuem nível de desempenho baixo e não oferecem a proteção adequada e necessária para riscos elevados de corte e perfuração.

10. DISPOSIÇÕES GERAIS

10.1. Registro dos logradouros

A organização deve manter registro atualizado de todos os logradouros em que desenvolve suas atividades, por rota, frente de serviço ou pontos de coleta, com identificação dos pontos de apoio, suas características e definição do tipo de atendimento prestado aos trabalhadores. Este registro previsto deve conter informações para a realização de avaliação ergonômica preliminar das situações de trabalho e de Análise Ergonômica do Trabalho – AET[11] quando aplicável, e também informações relativas a:

a) rota e extensão da área de trabalho (setor);

b) distâncias percorridas pelos empregados e as características da área de trabalho;

c) rota dos veículos de coleta;

d) tempo estimado para o cumprimento de cada uma das rotas, sem considerar intercorrências;

e) composição mínima das equipes de trabalho por rota e atividade; e

f) relação de veículos, máquinas e equipamentos.

10.2. Pontos de apoio

A organização deve providenciar pontos de apoio em locais estratégicos, considerando suas rotas de trabalho, para a satisfação de necessidades fisiológicas e a tomada de refeições dos trabalhadores que realizam atividades externas, observando-se o Anexo II – Condições Sanitárias e de Conforto Aplicáveis a Trabalhadores em Trabalho Externo de Prestação de Serviços – da NR24 – Condições Sanitárias e de Conforto nos Locais de Trabalho.

Para garantir o atendimento a esta determinação normativa, o empregador deve monitorar as condições de uso das instalações disponibilizadas aos trabalhadores, quando da utilização de pontos de apoio conveniados, nos termos do Anexo II da NR24.

A organização também deve:

➤ Disponibilizar canais de comunicação para que os trabalhadores possam relatar as condições encontradas nos pontos de apoio;

➤ Disponibilizar água, sabão e material para enxugo das mãos nos veículos utilizados nas atividades que exponham o trabalhador a sujidade; e

---

[11] As informações da Avaliação Ergonômica Preliminar e AET devem permanecer à disposição dos membros da Comissão Interna de Prevenção de Acidentes e de Assédio – CIPA, quando solicitado, podendo ser utilizado sistema informatizado.

890 SEGURANÇA E SAÚDE NO TRABALHO – *Mara Queiroga Camisassa*

➢ Garantir nas rotas e frentes de serviço suprimento de água potável e fresca, para consumo no local de trabalho durante as atividades, fornecida em recipientes portáteis hermeticamente fechados: os recipientes individuais para consumo de água devem ser transportados em compartimentos com adequada condição de higiene, sendo proibido o seu uso coletivo; além disso, a organização deve garantir que os recipientes de armazenamento sejam abastecidos no início da jornada e higienizados periodicamente ou ao final de cada jornada.

10.3. Transporte dos trabalhadores ao local de prestação de serviço

O veículo de transporte de trabalhadores ao local de prestação de serviço deve observar os seguintes requisitos:

a) estar em conformidade com as normas de trânsito; e

b) possuir compartimento resistente e fixo, separado dos passageiros, quando necessário o transporte de ferramentas e materiais de trabalho.

Para as atividades que exponham os empregados a risco de acidentes de trânsito em via pública, a organização deve implementar procedimento de segurança incluindo a sinalização de advertência, observadas as atividades realizadas e em conformidade, no que for aplicável, com as normas de trânsito.

A organização também deve estabelecer plano de contingência para a recuperação de evento adverso durante a execução das operações, considerando riscos adicionais e sobrecarga para os trabalhadores. Por evento adverso, entende-se ser qualquer ocorrência de natureza indesejável relacionada direta ou indiretamente ao trabalho, incluindo acidente de trabalho, incidente ou circunstância indesejada[12].

---

[12] Este conceito consta no Glossário da norma e tem como referência o Guia de Análise de Acidente do Trabalho publicado em 2010 pelo Ministério do Trabalho e Emprego (tem). Disponível em: https://www.gov.br/trabalho-e-previdencia/pt-br/composicao/orgaos-especificos/secretaria-detrabalho/inspecao/escola/e-biblioteca/guia-de-analise-de-acidentes-ano-2010.pdf/view.

BIBLIOGRAFIA

ABRAHÃO, Júlia et al. *Introdução à ergonomia*. São Paulo: Finatec/Blucher, 2009.

ALI, Salim Amed. *Dermatoses ocupacionais*. São Paulo: MTE Fundacentro, 2009.

ALVES, Manoel M. Pereira et al. Avaliação do conhecimento das normas de segurança no trabalho por trabalhadores em tubulões pressurizados. *Rev. Bras. Med. Trab.*, v. 11, 2013.

AMORIM JÚNIOR, Cleber Nilson Ferreira. *Previdenciário/Trabalhista – 2013/1394*. FiscoSOFT Impresso.

AMORIM JÚNIOR, Cleber Nilson Ferreira. *Segurança e saúde no trabalho*. Princípios norteadores. 2. ed. São Paulo: LTr, 2017.

ASSUNÇÃO, Ada Ávila; REIS, Felipe Rovere Diniz. *Condições ergonômicas em uma fábrica de embalagens de alumínio* – Relatório Final, set. 2002.

BARUKI, Luciana Veloso. *Riscos psicossociais e saúde mental do trabalhador*. São Paulo: LTr, 2015.

BASÍLIO, Paulo Sérgio. O trabalho portuário. Disponível em: http://lacier.com.br/cursos/artigos/periodicos/O%20Trabalho%20Portuario%20-%20Artigo%20revisado.pdf.

BINDER, Maria C. et al. Árvore de causas. Método de investigação de acidente do trabalho. São Paulo: Limiar, 1996.BURGESS, William A. *Identificação de possíveis riscos à saúde do trabalhador nos diversos processos industriais*. Tradução Ricardo Batista. Belo Horizonte: Ergo, 1997. (Título original: *Recognition of health hazards in industry* – A review of material and processes.)

BUDD, Diandra; HOUSE, Ron. *Examining the Usefulness of ISO 10819 Anti-Vibration Glove Certification*. Department of Occupational and Environmental Health, St. Michael's Hospital, Toronto, Ontario M5B 1W8, Canada. 2016.

BURGESS, William A. *Identificação de possíveis riscos à saúde do trabalhador nos diversos processos industriais*. Tradução Ricardo Batista. Belo Horizonte: Ergo, 1997. (Título original: *Recognition of health hazards in industry* – A review of material and processes.)

BUSCHINELLI, José Tarcísio P. *Manual de orientação sobre controle médico ocupacional da exposição a substâncias químicas*. Fundacentro, 2014.

BUSCHINELLI, José Tarcísio P. *Toxicologia ocupacional*. Fundacentro, 2020.

BUSCHINELLI, José Tarcísio P. et al. *Manual para interpretação de informações sobre substâncias químicas*. Fundacentro, 2012.

CARRION, Valentin. *Comentários à Consolidação das Leis do Trabalho*. São Paulo: Saraiva, 2011.

DELGADO, Maurício Godinho. *Curso de direito do trabalho*. 17. ed. São Paulo: LTr, 2018.

FANTAZZINI, Mário Luiz et al. Artigo técnico. *Revista ABHO*, Edição 21, set. 2010.

FANTAZZINI, Mário Luiz. *Manual SESI/técnicas de avaliação de agentes ambientais*, 2007.

FERNANDES, Francisco Cortes. Poeira em aviários. *Rev. Bras. Med. Trab.*, v. 2, 2004.

FERREIRA FILHO, Nelson; GONTIJO, Leila Amaral. Estratégias cognitivas e a opacidade entre o trabalho prescrito e o trabalho real. Disponível em: http://www.revistas.udesc.br/index.php/hfd/article/view/5849.

FERREIRA JÚNIOR, Mário. *Perda auditiva induzida por ruído*. Bom senso e consenso. São Paulo: Ed. VK, 1998.

FILGUEIRAS, Vitor Araújo (org.). *Saúde e segurança do trabalho no Brasil*. Ministério Público do Trabalho, Brasília. 2017.

FILGUEIRAS, Vitor Araújo (org.). *Segurança e saúde do trabalho na construção civil brasileira*. Ministério Público do Trabalho, Procuradoria Regional do Trabalho da 20.ª Região – Sergipe. Agosto 2015.

GERGES, Samir N.Y. *Protetores auditivos*. Florianópolis: NR Consultoria e Treinamento LTDA, 2003.

GOELZER, Berenice I.F. Diferença entre prevenção e gestão. Disponível em: http://nneventos.com.br/new/2imagens/repositorio/N%C3%B3ticias%20-%20BERENICE.pdf.

GOELZER, Berenice I.F. Notas sobre introdução à higiene ocupacional, antecipação e reconhecimento de fatores de risco nos locais de trabalho. *Curso básico de higiene ocupacional*. São Paulo, 2011.

GOELZER, Berenice I.F. *Reconhecimento, avaliação, prevenção e controle de riscos ocupacionais*. Disponível em http://www.saude.ufpr.br/portal/medtrab/wp-content/uploads/sites/25/2016/08/HO-por-Berenice-Goelzer.pdf.

GOELZER, Berenice I.F. *Substituição como medida de prevenção e controle de riscos ocupacionais*. Disponível em: www.saude.ufpr.br, Acesso em: 2 out. 2020.

GONÇALVES FILHO, Anastácio Pinto. *Foi obra do acaso?* São Caetano do Sul: LURA Editorial, 2019.

GRANDJEAN, Etienne. *Manual de ergonomia*: adaptando o trabalho ao homem. Porto Alegre: Bookman, 2004.

GUÉRIN, F. et al. *Compreender o trabalho para transformá-lo*. São Paulo: Blucher, 2017.

IIDA, I. *Ergonomia*: projeto e produção. São Paulo: Edgard Blucher, 2005.

JORDÃO, Dácio de Miranda. *Pequeno manual de instalações elétricas em atmosferas potencialmente explosivas*. São Paulo: Blucher, 2015.

LAPA, Reginaldo Pedreira. *Simplificando a gestão de risco*. São Paulo: Zero Harm Consulting, 2020.

LLORY, Michel; MONTMAYEUL, René. *O acidente e a organização*. Belo Horizonte: Fabrefactum, 2014.

LORINI, I. et al. *Monitoramento da liberação do gás PH3 por pastilhas de fosfina usadas para expurgo de semente*. Disponível em: https://www.embrapa.br/busca-de-publicacoes/-/publicacao/916899/monitoramento-da-liberacao-do-gas-ph-3-por-pastilhas-de-fosfina-usadas-para-expurgo-de-sementes

MACHADO, Hermano Gomes. *Gestão de riscos em minas subterrânea*: avaliação da ventilação de minas profundas. 2011. Dissertação (Mestrado) – Escola de Minas, Universidade Federal de Ouro Preto – UFOP, 2011.

MAGALHÃES, Leandro. *101 perguntas e respostas sobre agentes químicos para higiene ocupacional*. São Paulo: Editora LUX, 2019.

MARINHO, Airton. *PCMSO/Epidemiologia*. São Paulo: MTE, 2007.

MENDES, René. *Dicionário de saúde e segurança do trabalhador*. Novo Hamburgo: Proteção, 2018.

MENDES, René. *Máquinas e acidentes de trabalho*. Coleção Previdência Social, v. 13.

MENDES, René. *Patologia do trabalho*. 3. ed. São Paulo: Atheneu, 2013. v. 1 e 2.

BIBLIOGRAFIA 893

MONTEIRO, Antônio Lopes; BERTAGNI, Roberto. *Acidentes do trabalho e doenças ocupacionais*. 5. ed. São Paulo: Saraiva, 2008.

OGA, Seizi et al. *Fundamentos de toxicologia*. 3. ed. São Paulo: Atheneu, 2008.

OLIVEIRA, Sebastião Geraldo de. Estrutura normativa da segurança e saúde do trabalhador no Brasil. *Rev. Trib. Reg. Trab. 3.ª Reg.*, Belo Horizonte, v. 45, n. 75, jan./jun. 2007.

OLIVEIRA, Sebastião Geraldo de. *Proteção jurídica à saúde do trabalhador*. 6. ed. São Paulo: LTr, 2011.

PATNAIK, Pradyot. *Propriedades nocivas das substâncias químicas*. Belo Horizonte: Ergo, 2002. v. 1 e 2.

RAMAZZINI, Bernardino. *As doenças dos trabalhadores*. Tradução Raimundo Estrela. 3. ed. São Paulo: Fundacentro, 2000.

RESENDE, Ricardo. *Direito do trabalho esquematizado*. 3. ed. São Paulo: Método, 2013.

ROCHA, Luiz Antônio Rabelo. *PCMSO*: teoria e prática. São Paulo: LTr, 2011.

ROCHA, Rosemberg; BASTOS, Marcos. *Higiene ocupacional do alcance de todos*. Rio de Janeiro: Autografia, 2016.

SALIBA, Tuffi Messias. *Curso básico de segurança e higiene ocupacional*. 4. ed. São Paulo: LTr, 2011.

SALIBA, Tuffi Messias. *Insalubridade e periculosidade*: aspectos técnicos e práticos. 11. ed. São Paulo: LTr, 2012.

SALIBA, Tuffi Messias. *Manual prático de avaliação e controle de calor*. 3. ed. São Paulo: LTr, 2010.

SALIBA, Tuffi Messias. *Manual prático de avaliação e controle de poeira e outros particulados*. 5. ed. São Paulo: LTr, 2012.

SALIBA, Tuffi Messias. *Manual prático de avaliação e controle de ruído*. 6. ed. São Paulo: LTr, 2011.

SALIBA, Tuffi Messias. *Manual prático de avaliação e controle de vibração*. São Paulo: LTr, 2009.

SALIBA, Tuffi Messias. *Manual prático de higiene ocupacional e PPRA*. 9. ed. São Paulo: LTr, 2013.

SALIBA, Tuffi Messias. *Estratégia de avaliação dos riscos ambientais*. Tratamento estatístico dos dados. 2. ed. São Paulo: LTr, 2018.

SANTOS, Ubiratan de Paula. *Ruído: riscos e prevenção*. 3. ed. São Paulo: Hucitec, 1999.

SCIGLIANO, Walter Antônio. *Manual para utilização de gruas*. 2. ed. São Paulo: Ed. do Autor, 2008.

TORLONI, Maurício. *Programa de proteção respiratória*. São Paulo: Fundacentro, 2002.

TORLONI, Maurício; VIEIRA, Antônio Vladimir. *Manual de proteção respiratória*. ABHO – Associação Brasileira de Higienistas Ocupacionais, 2003.

VASCONCELOS, F.D. Cad. *Saúde Pública*, Rio de Janeiro v. 11, n. 4, out./dez. 1995

VIEIRA, Cleber Correa. *Guia de proteção respiratória industrial*. São Paulo: AllPrint, 2006.

VILELA, Lailah Vasconcelos O.; ASSUNÇÃO, Ada Ávila. *Lesões por esforços repetitivos –* Guia para profissionais de saúde. Centro de Referência em Saúde do Trabalhador, CEREST, Piracicaba. 2009.

VILELA, Lailah Vasconcelos O.; ASSUNÇÃO, Ada Ávila. Os mecanismos de controle da atividade no setor de teleatendimento e as queixas de cansaço e esgotamento dos trabalhadores. *Cadernos de Saúde Pública*, 2004.

VINCENT, Kim. *Homens e máquinas*. Rio de Janeiro: Ediouro, 2005.

ZAPATA, Sandor Ramiro Darn. *As Convenções da OIT no ordenamento jurídico brasileiro*. São Paulo: Paco Editorial, 2016.

RELATÓRIOS, MANUAIS E GUIAS ELABORADOS PELO MINISTÉRIO DO TRABALHO

Guia Técnico da NR33. Secretaria de Inspeção do Trabalho, MTE, 2013.

Manual de orientação para especificação das vestimentas de proteção contra os efeitos térmicos do arco elétrico e do fogo repentino. Secretaria de Inspeção do Trabalho – SIT. Departamento de Segurança e Saúde no Trabalho – DSST.

Manual do Trabalho Portuário e Ementário. SIT, MTE, 2001.

Manual de Aplicação da NR17. MTE, 2002.

Manual do Trabalho Aquaviário. SIT, MTE, 2005.

Manual de Caldeiras, MTE, 2006.

Manual de Auxílio na Interpretação e Aplicação da NR10. MTE, 2011.

Manual de Inspeção do Trabalho. Ministério do Trabalho. 2017.

Manual de Segurança e Saúde no Setor Mineral para Auditores Fiscais do Trabalho, DSST/MTE, 2011. FARIA, Mário Parreiras.

Manual para interpretação de informações sobre substâncias químicas – Fundacentro, 2012.

NR7 – PCMSO – Despacho da Secretaria de Segurança e Saúde no Trabalho, 1996.

NR35 Trabalho em Altura – Comentada, MTE, 2013.

Manual de auxílio na interpretação e aplicação da norma regulamentadora n.º 35 – Trabalho em altura. 2. ed. MTb, 2018.

Manual de auxílio na interpretação e aplicação do Anexo "Acesso por corda" da norma regulamentadora n.º 35 – Trabalho em altura, MTE, 2014.

Manual da CIPA, MTE revisão 2016.

Manual de auxílio na interpretação e aplicação da NR36. MTb, 2017.

Manual do trabalho portuário e ementário. Ministério do Trabalho e Emprego, 2001.

Perguntas frequentes – gerenciamento de risco ocupacional da NR1. Ministério da Economia. Secretaria Especial de Previdência e Trabalho. Secretaria do Trabalho. Versão 01 – 2022.

Relatório Análise de Impacto Regulatório – segurança e saúde no trabalho para o setor de limpeza urbana e manejo de resíduos sólidos. Ministério do Trabalho e Previdência. Brasília, 2022.

Riscos Biológicos – Guia Técnico. SIT, MTE, 2008.

Observação: Os manuais podem ser encontrados no site da Secretaria de Trabalho (trabalho. gov.br), porém alguns deles estão parcialmente desatualizados e sua leitura deve ser feita com as devidas restrições.

OUTRAS FONTES

ABIQUIM/DETEC, 2005. Adaptação de: *U.S. Department of Labor, Dictorate of Standards and Guidance, Occupational Safety and Health Administration. GHS Guidance Document – draft April* 2004.

ABNT NBR ISO 4309:2009 – *Equipamentos de movimentação de carga* – Cabos de aço – Cuidados, manutenção, instalação, inspeção e descarte.

ACGIH© – *American Conference of Governmental Industrial Hygienists – TLV© e BEI© – Limites de Exposição Ocupacional (TLVs©) para Substâncias Químicas e Agentes Físicos. Índices Biológicos de Exposição (BEIs©).* Tradução da ABHO – Associação Brasileira de Higienistas Ocupacionais, 2022.

Aspectos de prevenção e controle de acidentes no trabalho com agrotóxicos. Fundacentro. 2005.

Atlas do câncer relacionado ao trabalho no Brasil. Ministério da Saúde. 2018

Avaliação qualitativa de riscos químicos. Fundacentro. 2012

Biblioteca virtual em saúde: http://decs.bvs.br/homepage.htm

Código de mineração, Decreto-lei n.º 227/1967.

Convenções da OIT – Organização Internacional do Trabalho.

Decreto 8.894, de 3 de novembro de 2016.

Decreto 23.259, de 20 de outubro de 1933.

Embargo e Interdição – Instrumentos de preservação da vida e da saúde dos trabalhadores / SEGUR/SRTE/RS, Ministério do Trabalho e Emprego 2010.

Fundacentro. *Aspectos de prevenção e controle de acidentes no trabalho com agrotóxicos.* 2005.

Guia de Análise de Acidentes de Trabalho. MTE 2010.Guia OIT – Organização Internacional do Trabalho. Diretrizes sobre Sistemas de Gestão. Tradução Gilmar da Cunha Trivelato.

Instrução Normativa 31/2008, INSS.

International Agency for Research on Cancer (IARC).

International Labour Office (ILO). *Psychosocial Factors at work: Recognition and control Report of the Joint ILO/WHO Committee on Occupational Health Ninth Session Geneva, 18-24 September 1984.*

Manual de Bolso de Instalações Elétricas em Atmosferas Explosivas. 5. ed. Project Explo.

Manual de Comunicação de Incidentes de Exploração e Produção de Petróleo e Gás Natural. Agência Nacional do Petróleo, Gás Natural e Biocombustíveis. Versão 3.

MATOS, Ubirajara; FREITAS, Nilton. *Cadernos de Saúde Pública.* Rio de Janeiro, 1994.

MIRANDA, Roberto Sales de. Aspectos do trabalho portuário do Brasil: a contratação de aprendizes na área portuária. Revista da Escola Nacional de Inspeção do Trabalho ano 5.

NHO 01 – *Norma de Higiene Ocupacional* – Avaliação da Exposição Ocupacional ao Ruído. Fundacentro, 2001.

NHO 6 – *Norma de Higiene Ocupacional* – Avaliação da exposição ocupacional ao calor. Fundacentro 2017.

NHO 11 – *Norma de Higiene Ocupacional* – Avaliação dos níveis de iluminamento em ambientes internos de trabalho.

NORMAM/15 – DPC. 2ª revisão

Nota Informativa SEI 710/2020/ME

Nota Técnica 03/2004. *Refrigeração industrial por amônia – riscos, segurança e auditoria fiscal.* Secretaria de Inspeção do Trabalho. MTE, 2004.

Nota Técnica 259/2009/DSST/SIT.

Nota Técnica 98/2010/DSST/SIT.

Nota Técnica DMSC/SIT 62/2010.

Nota Técnica 300/2010/DSST/SIT/MTE.

Nota Técnica 86/2011/DSST/SIT.

Nota Técnica 339/2011/DSST/SIT.

Nota Técnica 06/2012/DSST/SIT.

Nota Técnica 250/2012/DSST/SIT.

Nota Técnica 83/2013/CGNOR/DSST/SIT.

Nota Técnica 154/2014/CGNOR/DSST/SIT.

Nota Técnica 146/2015/CGNOR/DSST/SIT.

Nota Técnica 48/2016/CGNOT/DSST/SIT/MTPS.

Nota Técnica 57/2016/ CGNOR/DSST/SIT/MTPS.

Nota Técnica 110/2016/ CGNOR/DSST/SIT/MTPS.

Nota Técnica 130 /2016/CGFIP/DSST/SIT.

Nota Técnica 150/2016/CGNOR/DSST/SIT.

Nota Técnica 162/2016/CGNOR/DSST/SIT

Nota Técnica 176/2016/CGNORIDSST/SIT.

Nota Técnica 213/2016/CGNOR/DSST/SIT/MTb.

Nota Técnica 220/2016/ CGNOR/DSST/SIT/MTb.

Nota Técnica 227/2016/CGNOR/DSST/SIT.

Nota Técnica 286/2016/CGNOR/DSST/SIT.

Nota Técnica 9/2018/CGFIP/DSST/SIT.

Notificação de acidentes do trabalho – fatais, graves e com crianças e adolescentes. Ministério da Saúde, 2006.

Novo dicionário Aurélio da língua portuguesa. 3. ed. Curitiba: Positivo, 2004.

Occupational Exposure to Heat and Hot Environments, Criteria for a Recommended Standard. National Institute for Occupational Safety and Health – NIOSH.

Perda Auditiva Induzida por Ruído (PAIR) – Protocolos de Complexidade Diferenciada. Ministério da Saúde, 2006.

Precedentes Administrativos do MTE.

Programa de Proteção Respiratória, PPR. Fundacentro, 2016.

Programa de Conservação Auditiva, PCA. Fundacentro, 2018.

QUADROS, Bruna Carolina et al. *Matriz de nível de risco ocupacional: proposta de um modelo segundo os requisitos normativos da norma regulamentadora nº 01. Revista da Escola Nacional de Inspeção do Trabalho,* ano 6, Brasília, 2022.

Resolução da Diretoria Colegiada RDC n.º 306/2004 da ANVISA.

Revista Portuguesa de Saúde Ocupacional on line. 2020, v. 9, 1-16. DOI: 10.31252/ RPSO.01.05.2020 – Luvas antivibratórias: qual a evidência científica?

RIBEIRO, Marcela Gerardo et al. *Avaliação qualitativa de riscos químicos. Orientações básicas para o controle da exposição a produtos químicos.* São Paulo: Fundacentro, 2012.

Serviço de Radioproteção. Comissão Nacional de Energia Nuclear. CNEN-NE-3.02, 1988.

Sociedade Brasileira de Medicina Hiperbárica. *Diretrizes de Segurança, Qualidade e Ética,* 6.ª revisão, 2016-2018.

The GHS Column Model 2020. Disponível em: https://www.dguv.de/ifa/praxishilfen/hazardous-substances/ghs-spaltenmodell-zur-substitutionspruefung/index.jsp

WHO – World Health Organization, Healthy Workplace Framework and Model Synthesis Report, Jan. 2010.

www.saudeesegurancanotrabalho.org.br por Cibele Flores, Auditora-Fiscal do Trabalho.

Artigo: O trabalho na história. Disponível em: https://www.dmtemdebate.com.br/20-de-outubro-de-1933-sao-criadas-as-delegacias-do-trabalho-maritimo-que-durante-decadas-fiscalizaram-as-relacoes-trabalhistas-no-ambiente-portuario/.

https://www.youtube.com/@leandro_magalhaes.

https://www.youtube.com/@professorgustavorezendehigiene.